2017
中国音像与数字出版年鉴

CHINA AUDIO-VIDEO
AND DIGITAL PUBLISHING
YEARBOOK

图书在版编目（CIP）数据

中国音像与数字出版年鉴.2017 / 中国音像与数字出版年鉴编委会编.
-- 北京：国家图书馆出版社，2018.4

ISBN 978-7-5013-6339-1

Ⅰ.①中… Ⅱ.①中… Ⅲ.①电子出版物—出版工作—中国—2017—年鉴 Ⅳ.① G237.6-54

中国版本图书馆 CIP 数据核字（2017）第 327889 号

国家图书馆出版社官方微信

书　　名	中国音像与数字出版年鉴（2017）
著　　者	中国音像与数字出版年鉴编委会　编
责任编辑	于春媚　王俊锋
特邀编审	夏红兵　王　飚　刘祖燕

出　　版	国家图书馆出版社（100034　北京市西城区文津街 7 号） （原书目文献出版社　北京图书馆出版社） 北京伯通电子出版社（100015　北京市朝阳区将台路 5 号院 5 号楼）
发　　行	010-66114536　66126153　66151313　66175620 　　　　66121706（传真）　66126156（门市部）
E-mail	nlcpress@nlc.cn（邮购）
Website	www.nlcpress.com →投稿中心
经　　销	新华书店
印　　装	河北三河弘翰印务有限公司
版　　次	2018 年 4 月第 1 版　2018 年 4 月第 1 次印刷

开　　本	889×1194（毫米）　1/16
印　　张	55.5
字　　数	1361 千字

书　　号	ISBN 978-7-5013-6339-1
定　　价	280.00 元

2016年4月13日，以"创新·共享·绿色"为主题的2016年第二届中国数字阅读大会在杭州开幕。本届大会由国家新闻出版广电总局、浙江省人民政府指导，中国音像与数字出版协会、浙江省新闻出版广电局、杭州市文化创意产业办公室主办　　（摄影／李忠）

2016年4月13日，国家新闻出版广电总局副局长孙寿山（右二）等领导出席第二届中国数字阅读大会"悦读中国年"启动仪式　　　（摄影／黄宗治）

2016年4月18日,由中国音像与数字出版协会主办、中国音像与数字出版协会游戏出版工作委员会承办的国际游戏商务大会暨互动娱乐展在北京国家会议中心举行。本届大会除关注中国游戏产业最新动向外,游戏企业进军泛娱乐产业也成为重要议题　　　　　　　　　　　　　　　　　　（供稿／中国音像与数字出版协会游戏出版工作委员会）

2016年4月20日,由中国音像与数字出版协会指导、中国音像与数字出版协会数字音像工作委员会主办、天擎华媒（北京）科技有限公司承办的"版权云北京之夜暨426SO平台上线周年庆"在京拉开帷幕。本次活动以"打击网络盗版　保护知识产权　擎起共同蓝天　共享云上生活"为主题。中国音像与数字出版协会常务副会长兼秘书长王炬出席"版权云北京之夜"活动并发表演讲　　　　　　　　　　（供稿／中国音像与数字出版协会秘书处）

2016年4月23日,在"4·23"世界读书日和全民阅读十周年之际,国家新闻出版广电总局孙寿山副局长(前排右一)与中国邮政集团公司李国华总经理(前排左一)出席在北京举行的战略合作签约仪式和全民阅读十周年特种邮票首发式,并启动了第四届"寻找最爱阅读的中国孩子"活动　　　　　　　　　　　　　　(来源／国家新闻出版广电总局官方网站)

2016年5月9日,中国音像与数字出版协会常务副会长兼秘书长王炬在MPR国家标准应用示范工作阶段性会议暨ISLI/MPR标准与全媒体融合出版技术系统应用者大会上做主旨汇报　　　(供稿／中国音像与数字出版协会秘书处)

2016年5月12日，以"国家数字出版基地的建设与发展"为题的2016国家数字出版基地高端论坛在第十二届中国（深圳）国际文化产业博览交易会上开幕。国家新闻出版广电总局数字出版司司长张毅君出席论坛并做主旨报告 （摄影／邓杨）

2016年5月13日，中国新闻出版研究院院长魏玉山出席2016深圳文博会国家数字出版基地展馆签约仪式

（摄影／邓杨）

2016年5月13日,国家新闻出版广电总局副局长阎晓宏(中)、数字出版司副司长冯宏声(左一)等领导出席深圳文博会签约仪式　　　　　　　　　　　　　　　　　　　　　　　　　　　　　　(摄影/邓杨)

2016年5月13日,深圳文博会现场江西省数字出版项目签约仪式　　　　　　　　　　　　(摄影/卢兴求)

2016年深圳文博会国家数字出版基地展台——安徽　　　　　　　　　　　　　　　　　　　　　　（摄影／邓杨）

2016年深圳文博会国家数字出版基地展台——北京　　　　　　　　　　　　　　　　　　　　　　（摄影／邓杨）

2016年深圳文博会国家数字出版基地展台——福建 （摄影／邓杨）

2016年深圳文博会国家数字出版基地展台——广东 （摄影／邓杨）

2016年深圳文博会国家数字出版基地展台——杭州　　　　　　　　　　　　　　　　　　　　　　（摄影／邓杨）

2016年深圳文博会国家数字出版基地展台——华中　　　　　　　　　　　　　　　　　　　　　　（摄影／邓杨）

2016年深圳文博会国家数字出版基地展台——江苏 （摄影／邓杨）

2016年深圳文博会国家数字出版基地展台——江西 （摄影／邓杨）

2016年深圳文博会国家数字出版基地展台——青岛　　　　　　　　　　　　　　　　　　　　　　　　　　　　（摄影／邓杨）

2016年深圳文博会国家数字出版基地展台——上海张江　　　　　　　　　　　　　　　　　　　　　　　　　（摄影／邓杨）

2016年深圳文博会国家数字出版基地展台——天津 （摄影／邓杨）

2016年深圳文博会国家数字出版基地展台——西安 （摄影／邓杨）

2016年深圳文博会国家数字出版基地展台——中南　　　　　　　　　　　　　　　　　　　　　　　　　　　　　　（摄影／邓杨）

2016年深圳文博会国家数字出版基地展台——重庆　　　　　　　　　　　　　　　　　　　　　　　　　　　　　　（摄影／邓杨）

2016年6月3日至6日，中国音像与数字出版协会受国家新闻出版广电总局委托，组织中国音像代表团参加在法国戛纳举办的第50届世界音乐博览会（MIDEM）　　（供稿／中国音像与数字出版协会秘书处）

2016年6月23日，中国音像与数字出版协会游戏出版工作委员在北京举办网络游戏内容管理培训会

（供稿／中国音像与数字出版协会游戏出版工作委员会）

2016年7月27日,中国国际数字娱乐产业大会在上海举办(供稿/中国音像与数字出版协会游戏出版工作委员会)

2016年8月23日,以"我爱读书,我爱生活"为主题的上海书展暨"书香中国"上海周在上海展览中心举行,书展凸显"互联网+"特色 (摄影/陈玉宇)

2016年9月5日,国家新闻出版广电总局出版管理司副司长许正明在全国部分音像电子出版社社长(总编辑、总经理)岗位调训班做总结讲话 (摄影／李惟佳)

2016年9月8日,由国家新闻出版广电总局举办的推进实施国家重点出版物出版规划经验交流会在京举行。会议对"十三五"出版规划组织实施工作进行了再部署、再落实。国家新闻出版广电总局副局长吴尚之(中)出席会议并讲话 (来源／国家新闻出版广电总局官方网站)

2016年9月19日,"网络文学版权保护研讨会"在北京举行。在本次会议上,咪咕数媒、掌阅科技、阅文集团等30余家单位共同发起成立中国网络文学版权联盟 （来源／人民网）

2016年10月19日,中国音像与数字出版协会游戏出版工作委员会在上海举办移动游戏出版培训班

（供稿／中国音像与数字出版协会游戏出版工作委员会）

2016年12月15日，国家新闻出版广电总局副局长孙寿山出席2016年度中国游戏产业年会并发表主旨演讲
（供稿／中国音像与数字出版协会游戏出版工作委员会）

2016年12月15日，国家新闻出版广电总局数字出版司司长张毅君出席2016年游戏产业年会十强颁奖典礼
（供稿／中国音像与数字出版协会游戏出版工作委员会）

2016年12月16日,网易云音乐副总裁丁博在"第四届中国音乐产业大会"上以"粉丝经济与社群经济发展路径"为主题做演讲发言　　　　　　　　　　　　　　　　　　　　　　　　　　　　（来源／网易娱乐）

2016年12月27日,国家新闻出版广电总局数字出版司副司长冯宏声(右中)在新华文轩出版传媒股份有限公司开展新闻出版业转型升级融合发展调研工作　　　　　　　　　　　　　　　　　　　　　　　（摄影／李琨）

《中国音像与数字出版年鉴（2017）》编纂委员会

主　任

孙寿山　国家新闻出版广电总局原副局长　中国音像与数字出版协会理事长

副主任

张毅君　国家新闻出版广电总局数字出版司原司长　中国音像与数字出版协会第一副理事长

魏玉山　中国新闻出版研究院院长

王　炬　中国音像与数字出版协会常务副理事长兼秘书长

张彦博　国家图书馆原副馆长　文化部全国文化信息资源建设管理中心原主任

委　员

张　立　中国新闻出版研究院副院长

张　苏　北京市新闻出版广电局副局长

李和林　山西省新闻出版广电局副局长

马国柱　辽宁省新闻出版广电局局长助理

姚玉和　吉林省新闻出版广电局副局长

唐衍伟　黑龙江省新闻出版广电局巡视员

朱德宝　黑龙江省新闻出版广电局副局长

彭卫国　上海市新闻出版局副局长

孙杏林　山东省新闻出版广电局副局长

王立信　安徽省新闻出版广电局副巡视员

王国庆　湖南省新闻出版广电局党组成员

钟庆才　广东省新闻出版广电局副局长

朱为范　广西壮族自治区新闻出版广电局副局长

陈　莹　海南省文化广电出版体育厅副厅长

赵明全　重庆市文化委员会党委委员　副巡视员

张亚杰　甘肃省新闻出版广电局党组成员

肖贵新　福建省新闻出版广电局副局长

《中国音像与数字出版年鉴（2017）》专家指导委员会

主　任
　　王　炬　中国音像与数字出版协会常务副理事长兼秘书长

副主任
　　朱　禾　中国音像与数字出版协会副秘书长
　　王　飚　中国新闻出版研究院数字出版研究所所长

委　员
　　马德献　北京市新闻出版广电局数字出版处处长
　　孙承鉴　国家图书馆原副馆长
　　魏　崇　国家图书馆出版社社长
　　刘颖丽　中国新闻出版研究院标准化研究所所长
　　李　弘　中国工信出版传媒集团科研部主任
　　杨海平　南京大学出版研究院副院长　教授　博士生导师
　　徐丽芳　武汉大学数字出版研究所所长
　　　　　　信息管理学院出版科学系系主任　教授　博士生导师
　　张传静　中国音像与数字出版协会秘书长助理
　　　　　　中国ISLI注册中心主任
　　海　粟　中国音像与数字出版协会信息咨询部副主任
　　　　　　北京伯通电子出版社副社长
　　秦新利　军事科学出版社副编审
　　　　　　中国音像与数字出版协会专业数字出版工作委员会副主任委员

《中国音像与数字出版年鉴（2017）》特约编辑

祖铁刚　北京市新闻出版广电局数字出版处干部
张有生　山西省新闻出版广电局数字出版处处长
吕传利　辽宁省新闻出版广电局数字出版处处长
苏宇阳　吉林省新闻出版广电局数字出版处处长
王恩民　黑龙江省新闻出版广电局出版管理处处长
徐　滨　黑龙江省新闻出版广电局数字出版处处长
陆以威　上海市新闻出版局科技与数字出版处副处长
刘子文　山东省新闻出版广电局数字出版处处长
莫国富　安徽省新闻出版广电局出版管理处处长
汤　坦　安徽省新闻出版广电局数字出版处处长
张云峰　湖南省新闻出版广电局数字出版处处长
张燕卿　广东省新闻出版广电局数字出版处处长
利来友　广西壮族自治区新闻出版广电局出版管理处处长
周三胜　广西壮族自治区新闻出版广电局数字出版处处长
曾柏林　海南省文化广电出版体育厅数字出版处处长
向　辉　四川省新闻出版广电局数字出版处处长
聂昌红　重庆市文化委员会出版管理处处长
温相勇　重庆市文化委员会数字出版处处长
张松柳　陕西省新闻出版广电局科技事业与数字出版管理处处长
李连斌　甘肃省新闻出版广电局数字出版处处长
翁孟武　福建省新闻出版广电局出版管理处处长
余梅琼　福建省新闻出版广电局网络视听节目管理处处长

《中国音像与数字出版年鉴（2017）》鸣谢单位

国家新闻出版广电总局数字出版司　　　　　　国家新闻出版广电总局出版管理司
国家新闻出版广电总局研修学院（培训中心）　　北京市新闻出版广电局
中国新闻出版研究院　　　　　　　　　　　　南京大学新闻出版研究院
中国工信出版传媒集团　　　　　　　　　　　中国新闻出版广电报社
中国出版传媒商报社　　　　　　　　　　　　中国出版网
北京伽马新媒文化传播有限公司（伽马数据）　　北京汉威信恒展览有限公司

《中国音像与数字出版年鉴（2017）》编辑部

主　　编　孙寿山
副 主 编　张毅君　魏玉山　王　炬　张彦博
执行主编　张金晖
编　　辑　周泽军　亚一超　王　飞　冯思然　贾大林　肖文惠
　　　　　　　杨　娇　韩　蕊　孙建平　及　烁　刘佳超　宋世超

责任编辑　于春媚　王俊锋
责任校对　刘鑫伟　乔　爽
特约编审　夏红兵　王　飚　刘祖燕

地方通联　田绪莹　王　昱

编 纂 说 明

一、本卷年鉴主要辑录2016年全国音像电子与数字出版相关产业发展的综合概况、大事要事、国家法律法规和行政管理部门规定、统计数据。

二、本卷年鉴采用分类编辑法。根据2016年我国音像电子与数字出版管理的基本情况与主要特点，全书共设11个类目，部分类目下设分目。类目内容主要包括文章、条文和图表。其中：

特载：主要辑录2016年行业内重要的宏观发展计划。

专文：辑录国家新闻出版广电总局领导针对行业内工作的重要讲话。

年度报告：辑录2016年行业年度产业发展报告。

音像电子与数字出版工作概况：全面记录2016年我国各级行政管理部门开展的行业管理工作情况，包括新闻出版业转型升级与融合发展工作盘点。

国家重点工程：主要辑录2016年具有代表性的国家数字出版基地、数字农家书屋工程、中国MPR注册工作、北京市数字编辑职称评价试点项目、建设20个出版融合发展重点实验室、数字版权保护技术研发工程、CCDI版权云等国家重点工程项目。

标准化工作及相关应用：主要辑录2016年国内数字出版标准化工作情况及标准应用的情况。

产业发展范例：主要辑录2016年行业内部分企业的发展范例。

理论研究：主要辑录2016年行业主要理论成果。

产业细分市场研究：主要辑录2016年各个细分市场领域的调查发展报告。

大事记：采用编年体记述2016年度音像电子与数字出版事业领域发生的大事、要事、新事、特事。因本卷年鉴属首卷，故本卷大事记中收录了本年鉴时限外2005—2015年的大事、要事、新事、特事。

附录：主要辑录2016年国家新闻出版广电总局有关领导重要讲话、国家有关音像电子与数字出版方面的政策法规、中国音像与数字出版协会概况、国家数字出版基地名录，以及2016年音像电子与数字出版重要活动简介。因本卷年鉴属首卷，为追根溯源，梳理音像电子与数字出版行业发展脉络，本卷附录中还特别收录了2005—2015年国家有关音像电子与数字出版方面的重要政策法规，便于参考。

三、本卷年鉴中所载内容无特别说明外，均按时间先后顺序排列；涉及各省（自治区、直辖市）的内容，均以民政部规定的全国行政区划排列为序。本卷年鉴未包含香港、澳门特别行政区和台湾省的工作概况及相关统计数据。本卷年鉴中"总局"特指国家新闻出版广电总局。

四、本卷年鉴配备双重检索系统：书前刊有详细目录，书后备有内容索引。

五、本卷年鉴中全国和部分地方音像电子与数字出版统计数据及相关信息均由国家新闻出版广电总局数字出版司、国家新闻出版广电总局出版管理司、中国新闻出版研究院数字出版研究所，以及各省（自治区、直辖市）数字出版处和出版管理处提供。

六、本卷年鉴由国家图书馆出版社出版纸质版，北京伯通电子出版社出版电子版。电子版采用多媒体和全文检索技术制作，并将通过中国音像与数字出版协会官方网站www.cadpa.org.cn、中国音像与数字出版协会官方微信公众号等数字化平台与纸质版同步发行。

《中国音像与数字出版年鉴（2017）》编辑部
2018年1月

序　言

孙寿山

按照国家新闻出版广电总局的工作部署，根据数字出版产业发展的形势及业界需求，由中国音像与数字出版协会牵头组织，编纂及出版《中国音像与数字出版年鉴》（以下简称《年鉴》）。目前，《年鉴》2017卷亦即首卷的组稿及编辑工作业已完成，即将付梓。

习近平总书记在党的十九大报告中指出："中国特色社会主义进入新时代，我国社会主要矛盾已转化成人民日益增长的美好生活需要和不平衡不充分的发展之间的矛盾。"习总书记这一重大政治判断对我国新闻出版业和整个文化事业和产业如何更好地满足人民日益增长的文化需求提出了更高的要求，这当然意味着新闻出版业迎来了更大的发展机遇和发展空间，意味着整个文化事业和产业迎来了发展的黄金期。

当前，我国经济已由高速增长阶段转向高质量发展阶段，文化产业在国民经济发展中的地位日益重要。同时，伴随着数字经济的崛起，以数字出版为代表的新兴产业逐渐成为文化产业发展的中坚力量。我国的数字出版经历十多年的发展，已经成为新闻出版业的重点战略发展方向。作为新兴出版产业的核心，"数字出版"写入国家"十三五"规划纲要，新兴产业地位得到充分肯定，在国民经济发展中的战略地位更为重要。随着互联网和移动互联网的迅猛发展、技术的日新月异，数字出版新形态、新领域、新产品不断涌现，呈现出蓬勃发展的崭新局面。2016年，全国数字出版产业收入规模再创新高，达到5720亿元，增长率达到30%，约占新闻出版业总收入的24.2%。据初步统计，2017年全国数字出版产业收入规模超过7000亿元，产业整体实力不断增强，为出版业带来了理念更新、技术革新与模式创新，在推动传统出版转型升级、推进传统出版与新兴出版融合发展等方面均起到了决定性作用，对新闻出版业的整体拉动作用进一步提升。

与此同时，传统音像出版产业借助新兴技术和市场环境，在加快转型升级方面也迈出了坚实步伐。以音乐产业发展为例：近年来，我国音乐行业发展迅猛，主要表现在进入正版音乐时代，音乐作品销售回到正轨；艺人形象的价值因粉丝经济效应成倍放大；互联网演艺平台的快速发展，给行业发展注入新动力；IP开发体系不断完善，音乐作为优质IP资源的价值得到充分挖掘。再举一个例子，就是目前有声读物发展势头良好，以"黑马"姿态成为数字阅读的一股新生力量，让阅读实现了从视觉到听觉的感官转移。相关数据显示，2016年中国有声阅读市场增长48.3%，达到29.1亿元。其爆发的巨大潜力引起了出版单位和互联网内容创业者的广泛关注。中国出版集团推出了有声阅读客户端"去听"，并建立了自己的专业录音间，对于有声书在内容改编、后期制作等环节进行全程控制。可以看出，数字阅读内容需求日益多元，在催生新的产业形态的同时，也让传统音像出版产业有了新的生机。

从"十二五"时期以来，新闻出版数字化转型升级就成为行业的一项重点工作。而后，传统出版与以数字出版为核心的新兴出版融合发展更是成为新闻出版业转型升级的阶段性目标。国家新闻出版广电总局在深入推进转型升级和融合发展方面做了大量工作，目前，新闻出版转型升级迈向深化，融合发展态势渐显。《新闻出版广播影视业"十三五"时期发展规划》和《数字出版"十三五"时期发展规划》均已制定出台，转型升级、融合发展成为重中之重。经过多年实践探索，传统新闻出版单位不再仅仅满足作为内容提供商的角色，转型升级思路日益清晰，路径日渐明确，持续进行内容、技术、模式、管理等方面的创新，在专业、教育、大众等出版领域，均形成了较为清晰、可持续化的商业模式，涌现了一批特色产品，并积极探索版权运营、开展跨界合作。近年来，互联网企业、电子商务企业、电信运营商等纷纷实施数字内容业务布局，成为产业发展的一支重要力量，尤其是以BAT为代表的新兴出版企业通过并购收购等方式深入布局网络文学、网络游戏、网络影视等数字内容领域，旨在打通数字内容传播产业链，开拓多元融合的发展路径。由此可见，数字出版产业的开放特性日益明显，市场主体日趋多元，产业结构和产业格局业已发生巨大变化。因此，无论是从政策层面，还是产业发展层面，数字出版都将步入从高速度转向高质量发展的攻坚阶段。

在这样的背景下，《年鉴》的编纂出版不仅非常必要，而且非常有价值。它是党和国家建设中国特色社会主义文化强国重要决策在新闻出版业的具体反映，是对国家新闻出版广电总局及地方出版行政管理部门有关音像出版及数字出版管理工作的回顾总结，是对行业年度重大事件和重要活动的真实记录，是对产业及其细分领域的发展状况进行梳理与归纳，以便更深入把握其发展态势和内在规律的研究成果展现。它顺应了数字出版和音像出版产业发展的变化，顺应了传统出版与新兴出版融合发展的趋势，顺应了业界了解产业发展整体状况和把握发展重点的需求。

在《年鉴》的编纂上，主要遵循以下重要原则：一是突出主旋律，展现时代特色。

充分反映中央和国家有关新兴出版产业的政策举措，以及总局有关产业发展和推进融合发展的部署安排。二是全景展现发展状况，突出展示发展重点。既对整个年度的数字出版产业发展情况进行全面归纳梳理，阐释年度产业发展的特色亮点，展望产业未来发展趋势；也通过专题论述，对数字出版产业的各个细分领域进行深入细致的研究分析，充分展现行业发展的新热点、新动向、新布局。三是集中数据资源，充分运用数据分析。通过翔实的数据，深入分析产业现状以及需要解决的重点问题，形成有价值、有特色的数据分析报告。四是整理提供有重要价值的学术信息，充分运用全文、摘编、索引的方法，充分展现新兴出版产业最新理论及学术研究成果，使之成为一个权威的出版学术信息平台。

这是《年鉴》的首次编纂出版，中国音像与数字出版协会做了大量认真细致的工作，业内多家单位和多位专家学者也给予鼎力支持，保证了年鉴的内容质量。在《年鉴》的编纂上，着力把握住了以下几个关键点：一是把握"准"，首先保证《年鉴》的政治导向，做到全部内容均完全符合党和国家的路线、方针、政策的精神，坚决和党中央保持一致。二是把握"信"，《年鉴》是工具书，要保证引用资料准确可靠，有权威性。因此在《年鉴》的稿件审定上，延请业内知名专家学者，严格把关，反复审核校订。三是把握"专"，《年鉴》的编纂出版聚拢了一支在数字出版各领域颇具建树的专家作者团队，保证了内容的科学性、专业性。四是把握"新"，《年鉴》是产业新知识、新成果、新动向的总汇集成，因此在编纂过程中，力求做到内容新、观点新、论点新、案例新。五是把握"精"，即为"精炼"。坚决摒弃假大虚空，做到选材精炼、文字精练，篇篇都是"干货"。六是把握"便"，注重书稿结构上的系统性，建立一套检索系统和参见系统，有助于读者更加便捷、全面地了解《年鉴》所记事物的来龙去脉。

由于《年鉴》编纂出版尚属首次，不足之处在所难免，盼望业界各位人士提出宝贵建议，以便我们不断完善进步。同时，也希望大家一起努力，共同做好《年鉴》后续各卷的编纂出版工作，共同把《年鉴》打造成为音像与数字出版产业研究领域的新品牌，为建设新闻出版强国贡献智慧和力量。

是为序。

2018 年 1 月

目 录

特 载

002 新闻出版广播影视"十三五"发展规划

027 "十三五"国家重点图书、音像、电子出版物出版规划

043 新闻出版业数字出版"十三五"时期发展规划

专 文

050 在2017年数字出版管理工作会上的讲话

055 2017年度数字出版管理工作会议发言

060 在全国部分音像电子出版社社长（总编辑、总经理）岗位调训班上的总结讲话

年度报告

066 2016中国数字出版产业年度报告

音像电子与数字出版工作概况

092 **2016年全国音像电子与数字出版行政管理工作**

092 2016年全国音像电子出版管理工作

095 2016年全国数字出版管理工作

099 **2016年部分地方音像电子与数字出版行政管理工作**

099 北京市

102 山西省

104 辽宁省

- 111　吉林省
- 118　黑龙江省
- 122　上海市
- 150　江苏省
- 153　安徽省
- 157　福建省
- 163　山东省
- 167　湖北省
- 170　湖南省
- 174　广东省
- 184　广西壮族自治区
- 189　海南省
- 194　重庆市
- 204　四川省
- 206　贵州省
- 207　云南省
- 210　陕西省
- 212　甘肃省
- 216　青海省

219　**新闻出版业转型升级与融合发展工作盘点**

- 219　新闻出版业转型升级、融合发展背景
- 220　转型升级、融合发展阶段与基本形态
- 222　2016 转型升级、融合发展成果

国家重点工程

- 230　国家数字出版基地
- 237　数字农家书屋工程
- 241　中国 MPR 注册工作
- 243　北京市数字编辑职称评价试点项目
- 244　建设 20 个出版融合发展重点实验室
- 246　数字版权保护技术研发工程
- 263　CCDI 版权云

标准化工作及相关应用

270　2016 年出版标准化年度报告

276　ISLI & MPR 标准应用工作报告

产业发展范例

282　有声读物（以喜马拉雅平台为例）

283　在线音乐（以腾讯、虾米音乐为例）

285　数字阅读（以咪咕阅读为例）

288　数字期刊（以中国知网为例）

292　腾讯：依托庞大用户量抢占市场

295　网易：以自研游戏制造爆款产品

298　完美世界：以影游融合成就泛娱乐龙头企业

理论研究

304　互联网出版的三种新业态

314　互联网时代教育出版新模式的思考与实践

319　人工智能与数字出版的创新应用

324　施普林格数字出版之路

330　坚持专业化　拓展多元化

产业细分市场研究

336　2016 年中国游戏产业年度报告

361　2016 年中国网络（数字）动漫出版产业年度报告

368　2016 年中国移动出版产业年度报告

376　2016 年中国数字出版教育年度报告

381　2016 年中国移动听书产业年度报告

387　2016 年中国电子图书产业年度报告

393　2016 年中国数字报纸产业年度报告

399　2016 年中国互联网期刊出版产业年度报告

404　2016 年中国网络社交媒体出版产业发展报告

413　2016 年中国数字教育出版发展报告

419　2016 年中国电竞行业年度报告

- 425　2016年中国独立游戏年度报告
- 433　2016年中国移动游戏行业年度报告
- 437　2016年中国游戏直播行业研究分析
- 441　2016年中国自主研发网络游戏境外出口研究分析

大事记

- 446　大事记（2016年）

468　大事回顾（2005—2015年）

- 468　2005年音像与数字出版大事回顾
- 479　2006年音像与数字出版大事回顾
- 493　2007年音像与数字出版大事回顾
- 516　2008年音像与数字出版大事回顾
- 524　2009年音像与数字出版大事回顾
- 544　2010年音像与数字出版大事回顾
- 546　2011年音像与数字出版大事回顾
- 572　2012年音像与数字出版大事回顾
- 599　2013年音像与数字出版大事回顾
- 617　2014年音像与数字出版大事回顾
- 637　2015年音像与数字出版大事回顾

附　录

658　重要讲话

- 658　孙寿山在2016年中国数字阅读大会上的致辞
- 659　吴尚之在2016北京国际出版论坛上的嘉宾演讲
- 661　孙寿山在2016年度中国游戏产业年会上的讲话

665　政策法规

- 665　2016年重要政策法规
- 665　音像制品管理条例
- 672　网络出版服务管理规定
- 679　新闻出版许可证管理办法

682	国家新闻出版广电总局（国家版权局）新闻出版行政许可工作规程
686	国家新闻出版广电总局关于实施《"十三五"国家重点图书、音像、电子出版物出版规划》的通知
687	关于进一步明确进口用于出版的音像制品审批工作相关要求的通知
688	关于移动游戏出版服务管理的通知
690	关于加快新闻出版业实验室建设的指导意见
693	关于加强网络文学作品版权管理的通知
694	国家新闻出版广电总局关于印发《全民阅读"十三五"时期发展规划》的通知

701　2005—2015年重要政策法规回顾

701	关于加强音像制品、电子出版物和网络出版物审读工作的通知
703	关于加强对进口网络游戏审批管理的通知
704	关于加快我国数字出版产业发展的若干意见
707	关于发展电子书产业的意见
710	关于启动网络游戏防沉迷实名验证工作的通知
711	关于深入开展网络游戏防沉迷实名验证工作的通知
713	关于推动网络文学健康发展的指导意见

716　新闻出版转型升级与融合发展相关政策法规回顾（2005—2016）

716	关于中央文化企业数字化转型升级项目技术需求的编制说明
718	关于推荐中央文化企业数字化转型升级项目资源加工和系统集成服务商的通知
720	关于加强数字出版内容投送平台建设和管理的指导意见
723	国家新闻出版广电总局　财政部关于推动新闻出版业数字化转型升级的指导意见
726	关于中央文化企业数字资源库建设项目技术需求编制及相关问题的说明
727	关于开展专业数字内容资源知识服务模式试点工作的通知
730	关于推动传统出版和新兴出版融合发展的指导意见
733	关于中央文化企业行业级数字内容运营平台项目技术需求编制及相关问题的说明
735	关于申报新闻出版产业示范项目的通知
737	关于征集专业数字内容资源知识服务模式试点工作技术支持单位的通知
740	关于推荐专业数字内容资源知识服务模式试点工作技术支持单位的通知
741	关于征求对《新闻出版企业数字化转型升级软件系统技术需求框架（征求意见稿）》意见的通知
742	关于征集新闻出版业数字化转型升级软件技术服务商的通知
744	关于加快新闻出版业实验室建设的指导意见
747	关于开展首批新闻出版业科技与标准重点实验室申报工作的通知
749	关于发布《新闻出版业数字化转型升级软件技术服务商推荐名录（2016）》的通知
763	关于发布首批新闻出版业科技与标准重点实验室的通知

766　标准化工作相关政策法规回顾（2005—2016）

766	关于征求《数字复合出版标准工作管理办法》《〈国家数字复合出版系统工程〉标准研制工作方案》意见的通知

767　关于贯彻实施《MPR出版物》系列国家标准的通知

769　关于征集《中国出版物在线信息交换（CNONIX）》国家标准应用示范工作技术服务商的通知

772　**中国音像与数字出版协会概况**

787　**国家数字出版基地简介**

790　**2016年音像电子与数字出版重要活动简介**

索　引 / 795

后　记 / 847

特 载

新闻出版广播影视"十三五"发展规划

（公开版）

2017年9月

"十三五"时期是全面建成小康社会决胜阶段，也是推动我国由新闻出版广播影视大国向新闻出版广播影视强国迈进的关键时期。为加快促进新闻出版广播影视繁荣发展，根据《中共中央关于制定国民经济和社会发展第十三个五年规划的建议》《中华人民共和国国民经济和社会发展第十三个五年规划纲要》和《国家"十三五"时期文化发展改革规划纲要》，编制本规划。

一、发展基础

（一）主要成就

"十二五"时期，新闻出版广播影视紧紧围绕党和国家工作大局，深入贯彻落实党中央、国务院各项决策部署，深化改革，创新发展，转型升级，取得显著成就。

1. 新闻宣传深入创新，舆论引导能力不断增强。各级党报党刊、电台电视台、出版单位牢牢把握正确舆论导向，大力推进新闻宣传内容形式、方式方法、手段业态、体制机制等改革创新，深入学习宣传贯彻习近平总书记系列重要讲话精神，深入宣传阐释党中央治国理政新理念新思想新战略，围绕重要会议、重大活动和重要时间节点，聚焦中国梦、"五位一体"总体布局、"四个全面"战略布局、新发展理念、供给侧结构改革、社会主义核心价值观、中华优秀传统文化等主题主线，开展了全方位、多层次、多媒体的宣传报道，唱响了主旋律，传播了正能量，舆论引导能力和水平显著提升，新闻出版广播影视媒体传播力、引导力、影响力、公信力进一步加强。与此同时，新闻出版广播影视传统媒体和新兴媒体融合发展向深度迈进，全媒体、多平台、多终端采编播能力显著增强，新闻宣传阵地不断扩大。

2. 内容创作生产持续繁荣，精品力作不断涌现。2015年，全国制作广播节目时间达772万小时，较2010年增长13.27%；全国制作电视节目时间为353万小时，较2010年增长28.75%；全国电视剧产量达394部16540集，较2010年增长12.8%；全国故事影片产量686部，较2010年增长30.4%；出版图书总印数86.6亿册（张），较2010年增长21.3%；著作权登记总量达164万件，比2010年增加105万件，增长177.97%。报刊结构进一步优化，多形态媒体产品日益丰富，多渠道立体传播体系日益形成，报刊信息传播更加广泛。网络剧、微电影等网络视听节目丰富多彩，网络文学蓬勃发展。在数量稳定增长的同时，大力实施精品战略，广播电视节目栏目、电影电视剧、网络视听节目、图书报纸刊物内容质量不断提高，优秀作品和原创作品大幅增加，公益性节目播出比例不断提升,中国梦主题创作生产取得显著成效,涌现出一批两个效益俱佳、叫好又叫座的精品力作。

3. 惠民工程扎实推进,新闻出版广播影视公共服务体系加快升级。广播电视村村通工程"十二五"规划任务顺利完成,实现82万个20户以下已通电自然村"盲村"通广播电视,直播卫星公共服务加快推进,全国用户超过6500万户。中央广播电视节目无线数字化覆盖启动实施,1000余个市县建设了本地节目地面数字电视传输覆盖网。部分地区应急广播大喇叭系统建设取得重要进展,对农服务进一步丰富。2015年,全国广播、电视综合人口覆盖率为98.17%和98.77%,较2010年分别提高了1.39个百分点和1.15个百分点。西新工程实现了藏(卫藏、安多、康巴)、维、哈、蒙、朝等主要少数民族语言广播影视节目上星传输,并为少数民族群众提供了大量"听得懂""看得懂"的本民族语言节目。农村电影放映工程加快升级,到2015年底,全国县级城市基本实现数字放映场所全覆盖,按期实现了中央确定的目标。全国2116个县级城市中,已拥有数字影院3241家、银幕12777块。农家书屋建设提质增效,农民迫切需要的图书比例增加,全国已建成农家书屋600449家,覆盖了全国具备基本条件的行政村,建成数字农家书屋3.5万家,其中卫星数字农家书屋2.2万家。全国出版物网点22万个,较2010年增长40.9%,其中农村出版物发行网点4.74万个,较2010年增长82.31%。全民阅读工程深入推进,全国已建成城乡阅报栏(屏)超过10万个,每年全国城乡有8亿人次参加各类全民阅读活动,国民综合阅读率从2010年的77.1%提高到2015年的79.6%。少数民族新闻出版东风工程覆盖全国五个少数民族自治区、四省藏区和新疆生产建设兵团,"十二五"期间,通过中央财政转移支付资助的民文和双语出版物超过6000种,少数民族语言文字书报刊出版和发行能力明显提高。

4. 体制机制改革稳步推进,内部活力和运行效率大幅提升。行政管理体制改革顺利推进,总局机构整合、业务融合、职能转变步伐加快,取消和下放行政审批事项28项,全国省级新闻出版、广播影视行政部门基本完成机构和职责整合。国有文化企业改革向纵深迈进,国有影视剧制作机构、电影发行放映机构、印刷复制单位、发行单位、经营性图书音像电子出版社、非时政类报刊出版单位全面完成转企改制。市场体系不断健全,产品交易、内容消费、影视播映等市场进一步完善。通过"十二五"时期的深入改革,新闻出版广播影视实现了政府职能、体制机制、发展方式等重大转变,形成了扶持精品生产的引导机制、支持改革发展的政策机制、加快技术创新的推进机制、参与国际竞争的激励机制等重大机制。

5. 产业发展迅速,整体实力明显提升。"十二五"时期,新闻出版广播影视产业继续保持高速增长态势。2015年,全国出版、印刷和发行服务实现营业收入21655.9亿元,较2010年增长70.5%;利润总额1662.1亿元,增长54.5%;全国广播电视行业总收入达4635亿元,较2010年增长101.35%。电影、电视剧、动画片、纪录片、图书、期刊等内容产业继续繁荣发展,全国共有《广播电视节目制作经营许可证》持证机构10232家,较2010年翻了一番,全国电影票房连续十年保持30%左右的高速增长。新媒体产业异军突起,发展迅速。数字出版营业收入超过4400亿元,较2010年增长318.7%,在新闻出版营业收入中所占比重由2010年的8.5%增加到2015年的20.5%;视听新媒体8已经成为互联网流量贡献率最大的应用领域,产业规模达到378.4亿元,展现出强大的发展活力。绿色印刷实施成效显著,每年12亿册中小学教科书绿色印刷全覆盖,近200万印刷从业人员的工作环境得到改善。产业资源整合和结构优化力度进一步加大,成立了中国广播电视网络有限公司,推动组建了130多家出版传媒集团,中国出版集团、中国教育出版传媒集团、凤凰出版传媒集团、中南出版传媒集团四家出版集团进入全球出版企业50强,全国已有23家影视企业、

33家出版传媒企业在境内主板和创业板上市，国家中影数字制作基地、浙江横店影视产业实验区、无锡国家数字电影产业园、张江国家数字出版产业基地等国家级产业园区基地孵化效应和集聚效应进一步增强，新闻出版广播影视产业规模化、集约化、专业化水平明显提升。目前，我国日报发行量、图书出版量、广播电视传输覆盖规模、电视剧动画片产量位居世界首位，电影产业、数字出版、印刷业整体规模均居世界第二，我国已经成为名副其实的新闻出版广播影视大国。

6. 科技创新步伐加快，数字化水平大幅提高。实施了广播电视数字化工程、电影高新技术应用工程、国家数字复合出版系统工程、数字版权保护技术研发工程、中华字库工程等重大科技项目，全行业数字化发展大大加快。一批推动数字出版发展的关键技术得到广泛应用，170家出版机构被确定为数字出版转型示范单位。传统印刷与互联网加快融合，印刷电子商务平台约300家，数字印刷企业近3000家。各级广播电视台基本实现数字化，省级以上广播电视台实现网络化制作播出。全国2.39亿有线电视用户中，数字电视用户1.96亿，高清电视用户超过6000万，下一代广播电视网建设取得重大进展，三网融合业务承载能力明显提升，电影数字化放映全面覆盖。新闻出版广播影视数字内容加工、集成、传播平台建设步伐加快，数字播映、数字出版、数字印刷、数字发行、数字传输等新业态发展迅速，"一个内容多种创意、多重开发"模式正在形成。新闻出版广播影视重点领域自主创新迈上新台阶。机载卫星电视、无线双向覆盖技术试验取得重大成果，地面数字音频广播（CDR）技术标准体系初步建立，先进音视频编码技术标准（AVS+）以及智能电视操作系统（TVOS）逐步推广，由我国主导研制的《国际标准关联标识符（ISLI）》国际标准正式发布，ISLI标准国际注册中心落户中国。应急广播关键技术取得重大进展，有线、无线、卫星融合网试点正式启动，自主知识产权的"中国巨幕"和激光放映技术发展迅速。

7. 国际传播能力建设深入推进，"走出去"成效进一步显现。"经典中国"国际出版工程、中国图书对外推广计划、中国出版物国际营销渠道拓展工程、重点新闻出版企业海外发展扶持计划等新闻出版"走出去"重点工程取得重大进展，打开了190多个国家和地区出版物市场，版权输出和引进品种比例从2010年的1∶2.9提高到2015年的1∶1.6。丝绸之路影视桥工程带动广电领域全产业链，服务"一带一路"倡议，丝绸之路国际电影节、中国影视剧本土化译配及推广工程等已形成品牌效应。丝路书香工程推进了一大批合作项目。中非影视合作工程在非洲主流社会产生重要影响。国际一流媒体建设取得重大进展，中央三台和中国电视长城平台在境外落地和覆盖范围不断扩大，国际传播布局不断完善，传播能力不断加强。边疆省区广播电视节目、图书报纸在周边国家和地区的覆盖进一步扩大。民营企业积极参与文化"走出去"，已成为新闻出版广播影视走出去的重要力量。新闻出版企业在境外投资或设立分支机构超过400家，跨国兼并收购成为我国出版业国际化发展的重要途径。新闻出版广播影视产品和服务出口规模持续增长，数字出版产品出口超过50亿美元。重要国际书展和国际影视节展中国主宾国活动、上海国际电影节、北京国际图书博览会、中国国际广播电视信息网络展览会等已成为国际新闻出版广播影视业交流的重要平台。两岸四地合作交流活跃。

8. 行业管理与法治建设不断加强，党风廉政建设与人才培养扎实推进。行业管理与调控不断改进创新。深入开展打击新闻敲诈和假新闻专项行动，清理整顿中央新闻单位驻地方机构，撤销合并1181家，撤并比例达37%；加大报刊、记者站、记者证清理和退出力度，停办注销报刊144种、注销新闻记者证34419个，规范了新闻采编出版发行秩序。深入开展虚假违规广告、电视购物短片广告专项治理，坚决查处违规占用广播电视频率、违规生产直播卫星接收设备、非法安装地面接收设施等行为，规范了广播电视制作传播秩序。《电影产业促进法》《公共文化服务保障法》等立法取得重大突破，新闻出版广播影视（版权）法律体系进一步完善，依法行政、法制宣传、执法监督工作深入推进。党风廉政建设深入落实，从严管党治党常态化长效化机制进一步健全。新闻出版广播影视队伍建设不断加强，2015年全国新闻出版广播电视行业从业人员达579万人，人才结构进一步优化，人才工作机制进一步完善，人才教育培训和管理服务取得新进展。

9.安全保障能力全面提升，监测监管体系进一步完善。广播影视安全播出管理制度体系不断健全，制定发布了广播中心、电视中心、卫星、无线、有线、微波、视听新媒体等10个专业的安全播出实施细则，出台了多个有关信息安全等级保护的标准文件，技术系统可靠性和信息化水平明显提升。进一步加强了安全播出基础设施和技术系统建设，完善了安全播出应急预案，健全了指挥调度机制，有效提高了广播电视安全播出保障能力，圆满完成了党的十八大、纪念抗战胜利70周年系列活动等重大活动、重点时段、重要节目的安全播出工作。建立健全重大虚假新闻报刊主要负责人问责制度、报刊违规处理社会通报制度、重大违法违规问题的查办督办机制、"双移送"工作机制。深入开展"固边""净网""秋风""护苗"专项行动，持续推进"护城河工程""南岭工程""天山工程""珠峰工程"和"长白山工程"，2011年至2015年全国共收缴各类非法出版物1.1亿件，查处各类案件5.9万余起。加强了对视听新媒体和网络出版的监管，建立健全了全国报刊数字监测审读平台和国家版权监管平台，深入开展非法电视网络接收设备专项整治行动和打击网络侵权盗版"剑网"行动，查处关闭了一批侵权网站和有害网站，有效规范了网络传播秩序，净化了广播电视、阅读载体和网络空间，维护了意识形态和文化安全，保障了人民群众文化权益。

（二）面临的新形势和存在的问题

当前，经济全球化和高新技术迅猛发展，我国经济发展进入新常态，新闻出版广播影视改革发展面临新的重大机遇：

一是以习近平同志为核心的党中央治国理政新理念新思想新战略，开辟了中国特色社会主义新境界。实现中华民族伟大复兴的中国梦，统筹推进"五位一体"总体布局和协调推进"四个全面"战略布局，引领经济发展新常态等，为新闻出版广播影视业提供了强大动力和广阔平台。

二是习近平总书记站在党和国家事业全局战略高度，对宣传思想文化工作提出一系列新思想新观点新论断新要求，为新闻出版广播影视改革发展指明了方向，提供了重要遵循，提出了更高要求。

三是中央坚持稳中求进工作总基调，确立适应经济发展新常态的政策框架，形成以"创新、协调、绿色、开放、共享"新发展理念为指导、以供给侧结构性改革为主线的政策体系，为新闻出版广播影视带来重大政策利好。

四是经过多年建设发展，新闻出版广播影视产品产量、覆盖规模不断壮大，多项指标位居世界前列，进一步做强做大的物质技术条件更加雄厚，转型升级、跨越发展的基础更加完备。

五是全面深化改革各项工作扎实推进，进一步解放和发展新闻出版广播影视生产力，必将带来事业大繁荣、产业大发展和整个行业传播力竞争力影响力大跨越。

六是随着经济社会全面发展和物质生活不断改善，人民群众精神文化需求快速增长，为促进文化消费、推动新闻出版广播影视发展提供了巨大空间。

七是以互联网为代表的数字、网络、信息技术的裂变、融合发展，为重构媒体格局、创新文化业态带来前所未有的机遇。

同时也要清醒看到，我国新闻出版广播影视发展仍存在一些薄弱环节和问题：

一是在传统媒体和新兴媒体融合发展方面，虽然传统媒体的新兴媒体业务发展势头迅猛，但所占比重不高，传统媒体转型升级任务较重，还没有从相"加"迈向相"融"，同时网络舆论引导能力和实际效果有待提升。

二是在内容产品质量方面，有数量缺质量、有"高原"缺"高峰"的问题依然存在，与人民群众日益增长的精神文化需求还存在差距，推出精品力作的任务依然繁重。

三是在公共文化服务体系建设方面，还存在城乡区域发展不平衡、标准化均等化水平不够、数字化覆盖水平不高、长效机制不健全等问题，与全面建成小康社会的要求还不相适应。

四是在产业发展方面，束缚新闻出版广播影视产业发展的体制机制性障碍尚未彻底消除，成熟的市场主体、完善的现代企业制度、健全的现代市场体系还处于建设之中，产业竞争力不强，规模化集约化水平不高，对文化信息消费和国民经济的拉动作用尚未充分显现。

五是在科技创新方面，网络化、融合化、智能化水平不高，推动新闻出版广播影视技术与新一代信息技术的融合发展，实现全业务、全流程、全网络从数字化向智能化的战略转型任务依然艰巨。

六是在国际传播能力建设方面，我国传媒机构的整体实力和竞争力与世界知名传媒企业还存在较大差距，生产世界级、划时代内容产品的能力还较欠缺，海外传播力和影响力有待进一步提高，传播效果有待进一步提升，与我国文化资源大国形象和日益提高的国际地位还不相称。

七是在保障文化和信息安全方面，应对突发事件能力有待进一步加强，监管体系有待进一步健全，监管技术水平有待进一步提升。

八是行政管理和法治建设方面，依法行政的意识和能力还需要进一步提升，综合运用法律、经济、行政、科技等进行管理的方式方法不够丰富，部分法律法规还不能充分适应新闻出版广播影视业改革和发展需要。

二、指导思想和基本原则

（一）指导思想

高举中国特色社会主义伟大旗帜，全面贯彻党的十八大和十八届三中、四中、五中、六中全会精神，以马克思列宁主义、毛泽东思想、邓小平理论、"三个代表"重要思想、科学发展观为指导，深入学习贯彻习近平总书记系列重要讲话精神和治国理政新理念新思想新战略，牢固树立政治意识、大局意识、核心意识、看齐意识，紧紧围绕统筹推进"五位一体"总体布局和协调推进"四个全面"战略布局，深入贯彻创新、协调、绿色、开放、共享的发展理念，坚持以社会主义核心价值观为引领，坚持以人民为中心的发展思想和工作导向，坚持把社会效益放在首位、社会效益和经济效益相统一，切实加强统筹协调、资源整合、业务聚合、媒体融合，深入推进改革创新、繁荣发展，着力推动转型升级、提质增效，全面提升新闻出版广播影视舆论引导能力和事业产业发展能力，全面完成文化小康建设中新闻出版广播影视各项任务，为推动从新闻出版广播影视大国向强国迈进奠定坚实基础，为实现"两个一百年"奋斗目标、实现中华民族伟大复兴的中国梦提供思想保证、精神力量、道德滋养和文化条件。

（二）基本原则

1. 坚持正确政治方向。正确的政治方向是新闻出版广播影视工作的灵魂和统帅。必须坚持把政治方向摆在第一位，紧密团结在以习近平同志为核心的党中央周围，牢固树立政治意识、大局意识、核心意识、看齐意识，牢牢坚持党性原则，牢牢坚持马克思主义新闻观，牢牢坚持正确舆论导向，牢牢坚持正面宣传为主，切实践行好"高举旗帜、引领导向，围绕中心、服务大局，团结人民、鼓舞士气，成风化人，凝心聚力，澄清谬误、明辨是非，联接中外、沟通世界"的职责使命。

2. 坚持党的领导。新闻出版广播影视媒体是党和政府的宣传阵地，必须坚持党媒姓党，坚持党管媒体、党管意识形态，坚持政治家办报、办刊、办台、办网。新闻出版广播影视的一切工作都要坚持党性原则，体现党的意志、反映党的主张，维护党中央的权威、维护党的团结，在思想上、政治上、行动上同党中央保持高度一致，做到爱党、护党、为党。这是新闻出版广播影视持续健康发展的根本政治保证。

3. 坚持人民主体地位。人民是推动发展的根本力量。新闻出版广播影视必须坚持以人民为中心的工作导向，发挥人民主体作用，实现好、维护好、发展好最广大人民的根本利益，努力利民惠民，保障人民基本文化权益，满足人民日益增长的精神文化需求，做到发展为了人民、依靠人民、服务人民。

4. 坚持科学发展。发展是硬道理。必须自觉践行"创新、协调、绿色、开放、共享"的发展理念，从新闻出版广播影视工作实际出发，把握新闻宣传和事业产业发展新特征，加快转变发展方式，大力推动由以数量规模增长为主向以质量效益提高为主的转变，实现更高质量、更有效率、更加公平、更可持续的发展。

5. 坚持深化改革。改革是发展的强大动力。必须推动新闻出版广播影视工作理念、内容、体裁、形式、方法、手段、业态、体制、机制等全方位改革创新，以改革激发动力、增强活力、释放潜力，解放和发展新闻出版广播影视创造力、生产力，为发展提供持续动力。

6. 坚持依法行政。法治是改革发展的坚强保障。必须强化法治思维和法治方式，大力推进新闻出版广播影视法治建设，进一步完善中国特色社会主义新闻出版广播影视法律法规体系，提升依法行政、依法管理的能力和水平，积极推进治理体系和治理能力现代化，确保新闻出版广播影视健康有序发展。

三、发展目标和主要任务

（一）发展目标

经过五年努力奋斗，到2020年争取实现以下目标：

——舆论传播力、引导力、影响力、公信力大幅提升。中国梦和社会主义核心价值观更加深入人心，优秀新闻出版广播影视产品创作繁荣发展。新闻出版广播电视媒体巩固壮大主流舆论的效果更加突出，传统媒体和新兴媒体深度融合取得突破性进展，形成一批新型主流媒体，打造几家具有传播力公信力影响力的新型媒体集团，建成技术先进、形态多样、传输快捷、覆盖广泛的现代传播体系，努力达到世界一流水平。

——公共文化服务全面升级。全面完成国家基本公共文化服务指导标准（2015—2020年）提出的服务项目，现代新闻出版广播影视公共服务体系基本建成，基本服务均等化、标准化水平稳步提高。到"十三五"期末，实现国民综合阅读率达到81.6%，国民数字化阅读率达到70%，年人均图书阅读量5.0册，年人均电子书阅读量4.0册，每家农家书屋年均新增出版物不少于60种，作品自愿登记数量达到278万件，有线广播电视网络和地面无线电视基本实现数字化，城市网络基本实现双向化，全国有线电视网络基本实现互联互通，直播卫星公共服务基本覆盖有线电视网络未通达的农村地区，全国广播、电视节目综合人口覆盖率均达到99%以上，基本实现数字广播电视户户通，应急广播系统基本建成，农村电影放映服务、少数民族语电影译制服务层次全面提升。

——对经济的拉动作用显著增强。新闻出版广播影视产业体系和市场体系进一步完善，产业整体实力、综合效益和市场竞争力大幅提升，对国民经济增长的贡献率逐步提升，在推动文化产业成为国民经济支柱产业方面的作用更加凸显。"十三五"时期，新闻出版产业营业收入年均增速不低于8%，利润年均增速不低于7%，到"十三五"期末实现全行业营业收入32000亿元，实现利润总额2300亿元。数字新产品新服务增长提速，到"十三五"期末，数字出版营业收入达到9600亿元，年均增速不低于17%；新兴产品中电子书收入达到107亿元，数字报纸收入达到14亿元，数字期刊收入达到37亿元，移动出版收入达到2700亿元。电影产业继续保持快速发展势头，到2020年，电影票房突破600亿元，国产影片市场份额达到55%以上，全国城市影院银幕数达到6万块，3D银幕数达到5万块，巨幕影厅达到700个左右。

——"智慧广电"战略和新闻出版数字化转型升级行动全面推进。全国省级以上广播电视台基本建立全媒体制播云平台和全台网，地市级以上基本实现高清化，县级全部实现数字化网络化，高清电视和超高清电视得到进一步推广，开播4K超高清电视试验频道。有线、无线、卫星与互联网的全媒体服务云平台加快构建，广播电视网络综合业务承载能力大幅提高，广电终端标准化智能化应用能力显著提升。建立健全电影制作发行放映技术新工艺新体系，促进电影融合发展和产业战略升级。推进传统新闻出版业在人员、理念、模式、市场和服务等更高层面全面加快数字化转型升级步伐。绿色印刷、数字印刷、按需印刷发展加快，智慧印厂建设加速，发行流通的信息化、智能化、标准化、集约化水平全面提升。

——保障国家文化安全的能力显著提高。新闻出版广播影视治理体系和治理能力现代化取得积极进展，"扫黄打非"工作进一步加强，版权治理与工作体系进一步健全，安全播出管理体制与运行机制进一步完善，网络与信息安全技术体系和管理体系基本建立，全国广播电视和网络统一监测监管结构化体系和监测监管系统基本建成。

——传播中国声音、提升中国形象、产品服务走出去的成效和作用更加凸显。服务党和国家外交大局能力进一步提升，"走出去"重点工程和项目扎实推进，国际传播体系和国际传播能力建设取得重要进展，着力打造2—3家具有国际一流水平的广电媒体集团，新闻报道的原创率、首发率、采用率、落地率、议题设置能力和本土化传播水平进一步提高，我国新闻出版广播影视产品和服务在国际市场的竞争力和市场份额扩大。"十三五"时期，版权输出的增长速度达到5%，到"十三五"期末版权输出规模突破13000种；数字出版产品出口增长速度达到17%，到"十三五"期末数字出版产品出口规模达到110亿美元。

（二）主要任务

1. 加强主流媒体建设，提高舆论引导能力

坚持党性原则，坚持党媒姓党，牢牢掌握党报党刊广播电视媒体的领导权和舆论引导的话语权，

旗帜鲜明、守好阵地，始终在思想上政治上行动上同以习近平同志为核心的党中央保持高度一致。切实组织开展好习近平总书记系列重要讲话精神和党中央治国理政新理念新思想新战略宣传阐释，认真做好中国特色社会主义、中国梦、"五位一体"总体布局、"四个全面"战略布局、新发展理念、社会主义核心价值观、中华优秀传统文化等主题宣传和主题出版，引导党员干部牢固树立"四个意识"，引导干部群众进一步增强中国特色社会主义道路自信、理论自信、制度自信、文化自信。牢牢把握正确政治方向和舆论导向，坚持"三贴近"，深化"走转改"，完善重大宣传报道一体化统筹机制，坚持传统媒体与新媒体同频共振，内宣与外宣共同发力，不断提高党报党刊、电台电视台等宣传报道水平，着力提升主流媒体传播力引导力影响力公信力。强化各级党报党刊、电台电视台"头条"建设，让党的主张成为时代最强音。坚持新闻立台，加强采编播能力建设，优化采编流程，强化内容建设，发挥专业采编优势和信息资源优势，提高新闻报道的快速反应能力，提升专业化、品牌化水平。深入推进发展思路、运行机制、内容形式创新创优，着力优化结构、提高质量，推出更多具有原创价值、自主知识产权和核心竞争力的栏目节目。适应分众化、差异化传播趋势，积极运用新兴传播渠道，综合运用微博、微信、移动客户端等，增强针对性和实效性，加快构建舆论引导新格局。做好重大突发事件新闻报道和权威信息发布，把握舆论引导的时度效。

<table>
<tr><td colspan="2">专栏1　社会主义核心价值观传播项目</td></tr>
<tr><td>01</td><td>社会主义核心价值观出版传播平台工程
　　资助出版一批培育和践行社会主义核心价值观的优秀学术出版物、一批优秀通俗读物、一批优秀青少年文学读物。建设社会主义核心价值观出版传播平台，搭建弘扬社会主义核心价值观内容资源共享平台，实现多渠道多介质传播。</td></tr>
<tr><td>02</td><td>马克思主义思想理论研究和建设出版传播工程
　　支持出版一批马克思主义思想理论研究和建设工程的最新成果，建设马克思主义思想理论传播平台，丰富和扩展马克思主义思想理论出版传播渠道和手段。</td></tr>
<tr><td>03</td><td>重点报刊舆论引导力建设工程
　　加强重点报刊内容建设，对报刊开展主题宣传加大政策和资金的支持，支持主流媒体加强重点栏目、节目建设，培育一批知名栏目、节目和公众号，打造融媒体服务、智慧化传播的新型主流媒体。</td></tr>
<tr><td>04</td><td>中华优秀传统文化（图书音像）版权资源传承工程
　　归集中华优秀传统文化经典图书音像非公版版权资源，遴选一批优秀公版版权资源，搭建中华优秀传统文化版权资源公共服务平台。建立中华优秀传统文化公益出版传播的版权资源免费使用、再创作回馈的文化传承良性运行机制，推动中华优秀传统文化的大众化、国际化传播。</td></tr>
</table>

2. 弘扬社会主义核心价值观，提高内容生产和创新能力

坚持以人民为中心的创作导向，紧紧抓住创作生产优秀作品这一中心环节，努力推出更多弘扬中国梦主题、传播当代中国价值观念、体现中华文化精神，思想性、艺术性、观赏性有机统一的优秀作品。发扬精益求精的工匠精神，在提高原创力上下功夫，在拓展题材、内容、形式、手法上下功夫，推动观念和手段相结合、内容和形式相融合、各种艺术要素和技术要素相辉映，努力保高原、攀高峰。加大扶持力度，集中优势力量抓精品，着力推进实施一批对文化传承具有深远意义、反映时代精神、体现国家水平的重大精品工程，鼓励生产更多反映人民主体地位和现实生活、群众喜闻乐见的，思想精深、艺术精湛、制作精良的优秀作品，延展提升内容产业价值链。建设若干家中华优秀传统文化出版基地和国家学术出版中心。加大公益类节目和公益广告的扶持力度，扩大制播比例。健全电台、电视台、报刊社、出版社、网络视听和网络出版网站社会效益综合评价体系和机制，

加大政治导向、内容质量、品位格调、社会影响等指标权重，着力解决片面强调收视率、收听率、上座率、点击率、排行榜、发行量等问题。

专栏2　国家新闻出版影视精品创作生产工程

01　主题出版工程

紧密结合党和国家工作大局，统筹做好重大选题出版工作，凸显党中央治国理政新理念新思想新战略、中国特色社会主义和中国梦、社会主义核心价值观，围绕重大活动、重大会议、重大事件、重大节庆等主题，特别组织实施好聚焦党的十九大、中国共产党成立95周年、改革开放40周年、中华人民共和国成立70周年、中国人民解放军成立90周年等国家重大主题出版工程。

02　中华精品出版工程

重大精品出版工程实施中国大百科全书（第三版）、中国历代绘画大系、辞海（第七版）等一批重大出版工程。

中国文艺原创精品出版工程重点扶持一批弘扬社会主义核心价值观、传承中华优秀传统文化、体现时代文化成就、代表国家文化形象的优秀原创文艺作品出版传播。

网络文学精品出版工程开展优秀网络文学原创作品推介活动，重点在选题立项、创作研发、出版传播、宣传推广、版权开发等环节予以扶持，不断推出网络文学精品。

中华民族音乐传承出版工程挖掘整理中华民族传统音乐资源，建立分类名录。选取代表性的音乐精品出版。加强传统音乐数字化典藏工作，推动对珍贵录音、录像资料的数字化保护，建设中华民族音乐资源库，支持民族音乐创新出版传播方式。

有声读物精品出版工程加强有声读物精品的创作生产，组织出版一批具有较高艺术水准和精良制作水平、受到广大人民群众喜爱的有声读物，加快有声读物资源库与服务平台建设，加强对有声读物的质量管理。

03　中华典籍整理出版工程

实施2011—2020年国家古籍整理出版规划，围绕基础性古籍、佚失海外中华古籍、出土文献、古代社会档案整理，完成300种重点古籍整理出版。系统整理出版近代以来重要典籍文献，加快推进古籍数字化，完善建设国家古籍整理出版数字平台，加快建设国家古籍资源数据库。

04　"原动力"中国原创动漫出版扶持计划

重点对漫画图书、漫画期刊、多媒体动漫、民文译制、少数民族动漫作品、网络游戏等优秀原创动漫作品进行扶持。通过扶持一批优秀项目，搭建中国原创动漫出版网络服务平台，实施"原动力"中国高校动漫出版孵化计划，引导促进国产原创动漫出版精品创作生产，推动优秀国产原创动漫出版"走出去"。

05　国家学术出版工程

依托专业出版机构，培育若干家国家学术出版中心，建设3—5个国家学术出版基地。搭建国家学术出版网络平台，实施国家学术出版奖励计划，健全学术出版评价机制，提高学术出版质量。

06　影视作品创作生产引导

在现有电影、电视剧、少儿广播电视节目、动画片、纪录片、网络原创视听节目、节目创新创优、公益广告等创作生产引导专项资金基础上，进一步加大对弘扬中国梦主题、体现社会主义核心价值观、承载当代中国价值观念以及弘扬中华民族传统文化的广播影视作品创作生产扶持力度。

07　少数民族语言影视剧片源补助

中央财政安排资金对少数民族语言影视剧片源给予补助，重点解决包含新疆、西藏在内的少数民族语言译制片源不足、时新性不强等问题，让广大少数民族群众听好、看好广播影视节目，共享广播影视发展的文化成果。

08　中国经典民间故事动漫创作工程

以中国经典民间故事为蓝本，组织生产系列动漫作品，塑造经典动漫形象，推出一批中国经典民间故事精品电视动画、动画电影、动漫出版物、移动端动漫。

09　中华文化电视传播工程

进一步加大对文化类节目的扶持引导力度，加强经验总结和宣传推介，以引领示范，营造热潮。

3. 深化一体发展，推动媒体融合取得新突破

把深度融合、一体发展作为关系行业生存发展的战略工程，在思想认识上再深化，在资源配置上再倾斜，在工作推进上再抓紧，在方法举措上再创新，以自我革命的精神推进融合发展。推动传统媒体与新兴媒体在内容、渠道、平台、经营、管理等各方面加快深度融合，实现内容产品、技术应用、平台终端、人才队伍的共享融通，形成一体化的组织机构、传播体系和管理机制。加快流程再造、平台再造、体制机制再造，着力打造融媒体服务、智慧化传播的新型主流媒体，建成若干家具有强大实力和传播力、公信力、影响力的新型传媒集团。打通制作生产环节，推进制作流程一体化、资源共享便捷化，实现内容产品融媒化。打通传播分发环节，构建支撑业务运营、媒体服务的集成播控平台，推进内容的碎片化集成、亮点化索取、最优化组合，实现传播分发融媒化，满足需求应用个性化。打通内部管理环节，创新运行管理机制，一体化配置资源。中央和省级媒体要走在前、先突破，实现化学反应，取得融合一体化的实质飞跃。支持建设统一指挥调度的融媒体中心、全媒体采编平台等"中央厨房"，重构新闻采编生产流程，生产全媒体产品，提高内容供给、产品生产、信息传播和服务能力。推动设立国家出版融合发展投资引导资金，带动社会资本积极参与传统出版与新兴出版融合发展。探索以资本为纽带的媒体融合发展路径，支持传统新闻出版广播电视媒体控股或参股互联网企业和科技企业。

专栏3　传统出版与新兴出版融合发展项目

01　新闻出版业关键技术研发与应用工程

　　研发应用虚拟现实（VR）、增强现实（AR）等丰富内容呈现方式的关键技术；研发应用人工智能技术，包括基于深度学习、类脑智能的机器写作、机器翻译、机器智能选题策划、智能内容分发的关键技术；研发应用知识组织、知识管理及知识服务的关键技术；研发应用数字印刷、按需印刷装备制造和材料等关键技术；研发应用提升产品供应链效率的关键技术；研发应用提高数字版权管理与保护能力的关键技术；研发应用印刷电子、纳米印刷等关键技术；研发应用"机器人＋出版"的关键技术，包括印刷、发行物流、数据加工、数字教育、数字娱乐等领域的关键技术；创新互联网技术应用。

02　国家数字出版创新促进工程

　　建立数字出版技术研发中心，建设国家数字出版技术服务平台，充分利用国家数字复合出版工程、数字版权保护技术研发工程、中华字库工程等新闻出版重大科技工程项目成果，推进技术应用；加快《国际标准关联标识符（ISLI）》、电子书标准等数字出版领域标准的应用推广。

03　国家知识资源数据库工程

　　建立国家知识资源服务中心，研发关键技术，研制相关标准、规范，建设国家知识服务平台及其数据、营运、技术支撑中心；支持新闻出版企业建设专业领域的知识资源数据库、服务平台；创新信息内容服务模式，提供知识服务解决方案。

04　国家出版发行大数据工程

　　汇聚新闻出版行政管理机构及新闻出版单位的基础业务数据，建设行业信息数据库，建设出版产品信息交换平台和新闻出版大数据综合服务平台，实现行业基础数据的开放与共享，支持新闻出版企业开展大数据应用。

05　数字出版产业化应用服务示范工程

　　在教育出版领域，支持出版单位开发数字教育内容资源产品、课程体系和服务平台，推出一批服务于教育领域的整体解决方案；在专业出版领域，支持出版单位整合同类资源，开发专业内容知识资源产品和垂直服务平台；在大众出版领域，支持出版单位创新产业化推广模式；在全民阅读及信息服务等领域，开展数字出版模式创新。

06　出版融合发展示范引导工程

　　支持传统新闻出版单位与新媒体企业、渠道运营企业、技术企业开展合作。设立出版融合发展课题研究专项资金和出版融合发展项目引导资金。到2020年，鼓励支持100家出版融合发展示范单位，建立一批国家级出版融合发展研究重点实验室。

专栏4　广播电视传统媒体与新兴媒体融合发展工程

01　中国广播云平台

以中央人民广播电台为主体，建设广播行业云采编系统，以"中国广播Radio.cn"为原型，构建移动互联网网络平台，打造具有中国广播特色的新闻、音频和全媒体客户端产品、社交媒体矩阵，面向移动互联网用户提供新闻咨询、声音媒体和社交等新媒体服务。

02　新型多媒体融合平台——"中华云"

以中国国际广播电台为主体，建设"中华云平台"统一技术支撑平台、打造"中华"系列品牌媒体产品、建设全球用户评估系统，实现智能内容聚合、用户引导，为国际传播和国家决策提供舆情参考。

03　中央电视台新媒体工程

以中央电视台为主体，坚持"电视+新媒体"的模式，建设中国电视云服务平台，包括新媒体集成播控平台、网络视频数据库、用户数据库、全球视频分发平台等；建设下一代社交电视平台，为电视节目、直播类节目电视应用提供统一的用户及社交管理、收视关联服务和行为分析；建设直播中国，打造覆盖广泛、内容丰富、效果显著的新媒体全球传播平台；建设新媒体研究院，打造网络视频行业的技术"硅谷"和新媒体产品"孵化器"。

04　广播电视媒体融合承载网关键技术研究与应用示范

研究广播电视技术与云计算、大数据等新一代信息技术的融合创新技术，研究突破支撑融合媒体发展的新一代广播电视有线、无线、卫星融合关键技术，构建省级以上规模化试验网，提供涵盖"电视、宽带、通信、物联网"等服务的融合业务，促进广电有线、无线、卫星三种不同传输网络在技术体制、运营体制、管理体制方面的融合和协同。

05　广电全媒体制播与服务云关键技术研究及应用示范

研究构建传统媒体与新媒体融合的内容制播平台和集成播控服务平台，智能重构台网联动流程、接口和架构，集成整合智能电视操作系统（TVOS）、可下载条件接收系统（DCAS）、数字版权保护（DRM）等智能终端关键技术。

4. 构建现代新闻出版广播影视公共服务体系，促进公共文化服务提质增效

贯彻落实《中华人民共和国公共文化服务保障法》《中共中央办公厅国务院办公厅印发〈关于加快构建现代公共文化服务体系的意见〉的通知》（中办发〔2015〕2号）、《"十三五"推进基本公共服务均等化规划》，以人民群众基本文化需求为导向，围绕看电视、听广播、读书看报、看电影等群众基本文化权益，进一步加强新闻出版广播影视基础设施标准化建设，全面实施基本公共服务清单项目，着力提高新闻出版广播影视公共产品服务供给能力和管理运行水平，不断满足人民群众日益增长的精神文化需求。

一是全面提升公共服务效能。坚持政府主导、社会参与、重心下移、共建共享，补齐发展短板，强化资源整合，创新管理体制，完善运行机制，统筹推动新闻出版广播影视公共服务提质增效。坚持政府主导和充分利用市场资源并重，坚持基础设施建设和运行维护并重，坚持完善网络与丰富内容并重，坚持传统方式与新兴方式并重，推进基本公共服务标准化均等化，在确保基本公共服务的基础上，积极开发市场服务，满足群众基本文化需求和多样化文化需求。积极研究推动基层农村新闻出版和广播影视资源共享、渠道互通、统筹分配，探索公共服务产品联合制作、"打包"传播、综合服务的有效方式。采取政府购买、项目补贴、以奖代补、定向资助、贷款贴息、保费补贴等方式，支持社会各类组织和机构参与新闻出版广播影视公共服务。鼓励符合政策的新闻出版广播影视公共服务项目采用政府和社会资本合作（PPP）模式开展项目建设，促进公共服务提供主体和提供方式多元化。推动设立全民阅读基金，建立健全政府主导、社会参与的全民阅读、农村电影放映等公共服务公益资金筹措体系。着眼建立健全长效机制，加强对农家书屋工程资源的统筹管理和互联互通，完善出版物补充更新机制。进一步加强省、市、县新闻出版广播影视公共服务运行机构和人

员队伍建设，健全广播电视监管平台和服务网点，逐步形成"县级及以上有机构管理、乡镇有网点支撑、村组有专人负责"的公共服务长效运行维护体系。

二是着力推进惠民工程建设。全面实施全民阅读工程。广泛开展"书香中国"系列活动。推动建立全民阅读工作组织协调机制，加快推动出台《全民阅读促进条例》。推动全民阅读进家庭、进社区、进校园、进农村、进企业、进机关。推动数字阅读，统筹建设社区阅读中心、数字农家书屋、公共数字阅读终端等设施，打造基于移动互联网的国家级全民阅读公共服务平台，实现全民阅读线上线下协同推进。开展学龄前儿童基础阅读促进工作，实施儿童阅读书报发放计划、市民阅读发放计划。建设一批复合型特色实体书店，支持书店和图书馆合作开展"借阅、购买、馆藏"活动[1]；加快实现全国所有乡镇实体书店网点、出版物代销代购店全覆盖。加快城乡阅报栏（屏）工程建设。继续推动送书下乡，推进"三农"出版物出版发行工作，鼓励党报党刊、"三农"类报刊在农村免费赠阅。制定并落实扶持实体书店发展的各项政策措施，积极发挥实体书店在全民阅读等公共文化服务中的作用，实施城镇实体书店精神地标示范推广项目。建设国家盲文出版基地，实施盲文出版工程。贯彻落实《国务院办公厅关于加快推进广播电视村村通向户户通升级工作的通知》（国办发〔2016〕20号），在全面实现村村通的基础上，由各地科学统筹无线、有线、卫星三种技术方式，因地制宜、因户制宜选择适合本地特点和用户需求的方式，推进数字广播电视入户接收，实现数字广播电视户户通。加快实施中央和地方广播电视节目无线数字化覆盖工程，加快地面无线模拟电视向数字化转换，加快地面无线数字音频广播（CDR）的试点与应用推广，向城乡居民提供无线数字广播电视公共服务。加强广播电视无线发射台、广播电视监测台（站）、广播电视播出机构、监管机构基础设施建设。加强中国乡村之声广播节目覆盖和中国交通广播建设。进一步发挥广播电视应对突发公共事件的独特作用，加快实施国家和地方应急广播建设工程，按照"统一联动、安全可靠、快速高效、平战结合"的原则，统筹利用现有广播电视资源，加快建立各级应急广播制作发和调度控制平台，升级改造传输覆盖网络，布置应急广播终端，形成中央、省、市、县四级联动、信息共享、分级负责、反应快捷、安全可靠的全国应急广播体系，提供灾害预警应急广播和基层政务信息发布、政策宣讲服务。加强飞机、列车、轮船、高速公路等的应急广播系统建设和覆盖。巩固农村电影放映"一村一月一场"成果，引导社会资本投资农村电影固定放映点，着力推动流动放映向固定放映、室外放映向室内放映转变，同时进一步丰富影片供给。继续实施县级城市数字影院建设工程，扩大到有条件的乡镇。

三是加大老少边穷地区扶持力度。全面落实党中央国务院对边疆民族地区长治久安、贫困地区脱贫攻坚等各项工作部署，从基础设施建设、内容产品供给、特殊政策支持等方面进一步加大扶持力度，提高自我发展能力。继续加强新闻出版广播影视少数民族语言、文字产品的制作、译制、出版和传播能力，丰富产品类型，提高内容质量水平，更好地满足边疆民族地区群众的精神文化需求。继续实施少数民族新闻出版东风工程，扩大实施范围，拓展实施项目。推动国家民文出版基地建设。大力推进阅读推广志愿服务，发展各类阅读群众组织。努力保障特殊和困难群体基本文化权益，重点支持贫困地区公共阅读设施建设，保障特殊群体的基本阅读权益。支持西藏、新疆等地域广阔的边疆民族地区，将地方省级和地市级台开办的少数民族语言广播电视节目通过直播卫星传输，定向覆盖本地。对边疆民族地区广播电视无线发射台基础设施建设、应急广播建设、基层广播电视播出

---

[1] "借阅、购买、馆藏"活动，是指图书馆与书店开展合作，读者在书店选书，图书馆向书店支付图书费用，并办理馆藏和借阅手续，阅后归还图书馆。

机构服务能力建设、广播影视监管平台建设等方面给予倾斜支持。加强贫困地区县级广播电视播出机构制播能力建设，丰富和完善本地广播电视节目，提升基层广播电视信息服务能力。加强广西、云南、吉林、辽宁等边境地区的广播电视覆盖。配合实施"贫困地区百县万村综合文化服务中心示范工程"和"贫困地区民族自治县、边境县村综合文化服务中心覆盖工程"，做好广播器材配备工作。进一步做好中小学爱国主义影片放映，切实解决城镇低收入居民以及进城务工人员等特殊群体看电影难问题。

专栏5　新闻出版广播影视重大公共服务项目

01　全民阅读工程

举办"书香中国"系列活动，培育和巩固一批全民阅读活动品牌；建立青少年阅读体验中心、社区阅读中心、机关与企业阅读中心、公共读物投放点和数字农家书屋、公共数字阅读终端等全民阅读基础设施；组织优秀出版物推荐，打造中国好书推荐平台。继续深入推进"少儿报刊阅读季"活动，逐步实施儿童阅读书报刊发放计划、市民阅读发放计划；开展学生分级阅读体系和阅读能力测试体系建设；建设全民阅读网络推广平台；推广数字阅读；建设书香社会评价指标体系。推动社会各领域广泛开展"你看书，我买单"活动[1]。实施红色文化传播项目，重点宣传一批红色文化出版物精品，继续向全国青少年推荐优秀党史、军史等红色文化出版物，开展红色文化出版物精品进校园、进课堂、进家庭活动。

02　少数民族新闻出版东风工程

加强民文出版译制和印刷发行能力建设。继续支持少数民族自治区、自治州改善新闻出版基础设施条件，提升技术装备水平。继续实施民族文化数字出版促进工程，建设民族文化数字出版产品公共传播服务平台和民族语言教育资源库。开展向少数民族地区基层群众出版物赠阅项目。提升出版物市场监管能力。

03　数字农家书屋工程

积极利用卫星、互联网、有线等传播渠道，推动有条件的地方建立多种形式的数字农家书屋。在集中连片特殊困难地区和民族地区推进卫星数字农家书屋的建设工作，建立图文声像并茂的卫星数字服务平台，逐步丰富服务内容。

04　盲文出版工程

开展盲人阅读推广工作，实施盲人听书项目，构建数字有声资源平台，推动实施盲人读物出版工程，制定盲用数字出版行业标准，建设盲用数字出版加工平台与服务体系。

05　公共电子阅报栏（屏）建设工程

在城乡主要街道、公共场所、社区等人流密集地点设置电子阅报栏（屏、亭）等综合文化服务智能终端，提供实时的精神文化产品服务和便民服务。推动纳入地方政府民生工程。

06　实体书店建设扶持工程

推动将实体书店建设纳入基层宣传思想文化工作考核评价体系，落实实体书店扶持政策，积极支持推动城乡实体书店建设。鼓励建设红色、古旧、民俗、景区等特色实体书店。规划、建设覆盖大中专院校及中小学校的校园书店。加快实体书店服务升级，鼓励实体书店和影院融合发展，倡导建设一批以阅读为主题的商业中心，创新商业模式和经营业态，推动一批优秀实体书店成为城市精神地标和"最美书店"。

07　中国出版博物馆建设项目

系统征集、收藏、保护、研究、展示出版文化资源和文物，打造集收藏、展示、传播、体验、学术研究等公共文化服务于一体的国家级博物馆，建成国家出版文献战略储备基地、国家出版文物回归中心。

---

[1] "你看书，我买单"活动，是指为推广全民阅读，公交、地铁、公园、影院等各类公共服务设施运营机构针对读者开展优惠活动，读者阅读一定数量的图书后，即可减免部分公共服务设施使用费用。

续表

08	广播电视节目无线数字化覆盖

按照国家基本公共服务标准，充分利用现有无线发射台站，增配数字广播电视发射机，更新改造节目源、天馈线等配套系统，进行大中功率无线数字广播电视覆盖，同时根据技术需要，在现有乡镇级发射台站中，增配小功率数字广播电视发射系统进行补点建设，最终实现中央和地方15套电视节目、15套广播节目在全国的无线数字化覆盖，为城乡居民提供更高质量的无线广播电视公共服务。

09	广播电视户户通

按照"技术先进、安全可靠、经济可行、保证长效"的原则，兼顾考虑补充覆盖和安全备份的需要，由各地因地制宜、因户制宜，科学统筹无线、有线、卫星三种方式，选择适合本地特点和用户需求的方式，在距离城镇较近、有条件的农村鼓励采取有线光缆联网方式，在有线电视未通达的农村地区鼓励群众自愿选择直播卫星、地面数字电视或直播卫星＋地面数字电视等方式，推进数字广播电视入户接收，到2020年底基本实现数字广播电视户户通。

10	广播电视无线发射台基础设施建设二期

在"十二五"期间已实施的高山发射台基础设施建设基础上，"十三五"期间实施二期工程，继续对其余条件较差的转播中央广播电视节目的无线发射台基础设施进行建设，重点改造机房、道路、围墙、供配电、给排水等设施设备，改善播出和工作条件。

11	国家应急广播建设

推进国家应急广播中心技术业务用房、国家应急广播信息制作播发平台及国家应急广播调度控制平台建设，在中短波调频覆盖网、直播卫星覆盖网等广播电视覆盖网增加应急广播设备和功能等。

12	地方应急广播建设

充分利用现有广播电视基础设施和传输手段，建设省、市、县三级应急广播平台，在中短波调频覆盖网、移动多媒体广播电视传输网、地面数字电视覆盖网、有线数字电视覆盖网、数字音频广播覆盖网等广播电视覆盖网增加应急广播设备和功能，建设应急广播大喇叭系统，并布置应急广播终端，建设覆盖到行政村的应急广播系统，最终实现应急广播全覆盖。

13	县级广播电视播出机构服务能力建设

按照广播电视工程相关建设标准，改善县级广播电视播出机构基础设施，加强采编播设备配置，重点对中西部地区尤其是贫困县给予支持，进一步提高广播电视公益节目制播能力，为基层群众提供本地广播电视公共信息和文化娱乐服务。

5. 加强科技创新，构建现代传播体系

一是加快广播电视智慧化发展和新闻出版数字化转型升级。着眼于广播电视智慧化发展，全面推进省级地市级广播电视台高清制播能力建设，适时开播4K超高清电视试验频道，推动构建高清、4K超高清电视混合播出系统；积极推动融合媒体制播云平台和融合媒体服务云平台建设、全国有线电视互联互通平台建设、移动多媒体交互广播电视网建设，推进有线无线卫星传输网络互联互通和智能协同覆盖，加快建设下一代广播电视网，构建宽带、融合、安全、泛在的新一代广电信息化基础设施和现代传播体系。力争到2020年，全国省级以上广播电视台基本建立"融合云"平台，地市级以上广播电视基本实现高清化，县级广播电视实现数字化网络化。着眼于新闻出版数字化转型升级，继续推动出版单位数字化改造和技术升级，全面提升数字化管理、生产、传播、服务能力。加快推进数字印刷、智慧印厂发展。

二是深入推进电影科技创新。进一步加强高新技术电影的研发、标准制定与推广应用，提升电影生产制作、加工储存、发行放映与市场监管等诸多系统和环节的科技水平，推进电影全业务、全流程高度统筹的信息化管理，形成互联互通、可管可控、信息安全、资源共享的现代化数字电影发行放映体系和适应产业化发展的数字电影信息化服务体系。积极发展巨幕电影、3D电影、高清晰

高帧率电影、动感电影、沉浸式声音和新型光源电影放映。

三是大力推进具有自主知识产权、基础性战略性技术的研发和应用推广。强化自主创新，重点加强交互融合传输覆盖网、智能媒体网关、移动多媒体等关键技术和标准研发应用。建立若干家国家级出版融合发展研究重点实验室，对出版融合发展重大项目实施集智攻关。指导、扶持新闻出版科技与标准重点实验室，开展科技情报收集，组织关键技术攻关，开展新技术应用研究，推动技术孵化。大力推进智能电视操作系统（TVOS）在有线、无线、卫星和互联网等广电终端的应用，基本实现机顶盒、一体机、媒体网关和智能终端等广电终端的标准化智能化，形成广播电视和互联网融合的"广电+"生态，将广电智能终端打造为智慧家庭、智慧社区和智慧城市的重要基础。加快新闻出版和科技融合的技术研发及成果应用，加快发展新闻出版装备制造业。加快推进数字版权保护技术应用。继续推动绿色印刷，完善绿色印刷体系，推进印刷业转型升级。启动ISLI[1]国家标准的应用推广工作，继续推进中国出版物在线信息交换（CNONIX）、电子书内容、知识服务、绿色印刷等标准的应用推广工作，加强对物联网、无线射频技术（RFID）在出版物生产、流通、零售等环节应用的研究。加强云计算、物联网、人工智能等科技成果在出版领域应用，大力发展微博、微信、客户端、听书等网络出版新形态，确立一批示范单位、示范项目、示范基地（园区）。

专栏6　广播影视数字化提升工程

01　宽带广电战略

　　加快建设下一代广播电视网，将互联网的创新成果与广播影视深度融合，开发智能融合终端和高清、超高清、互动电视、电视图书馆等新业态，发展"电视+语音+互联网+智能家居+智慧社区+智慧城市"等多种综合业务，实现广播影视技术、内容、业务、形态、功能等各方面的转型升级。

02　提升直播卫星公共服务平台数字化支撑能力

　　建设直播卫星异地集成播出分平台；扩容改造直播卫星前端集成播出平台、加密授权系统、用户管理系统和直播卫星呼叫中心等；建设业务资源共享系统、应急广播播出系统、互动业务系统、用户收视行为统计分析系统、信息安全系统和公共服务统一门户系统等。

03　全国城市影院网络化信息化体系建设

　　按照统筹规划、合理布局、企业经营、资源共享、政府资助、事业管理的原则，建设国家级电影发行放映信息化服务管理平台以及覆盖全国城市影院的影院管理系统、计算机售票系统、影片密钥分发管理系统、影院数字拷贝卫星分发传输系统、影院网络运维中心。

04　电影高新技术应用基地建设

　　依托中影集团的规模、品牌、技术和资产优势，在中影数字基地一期工程取得成功的基础上，加强电影高新技术研发与推广应用，建设一个以影视外景拍摄功能为主，与现有基地功能相配套、特点鲜明、科技含量高、服务理念新的电影产业园区，提高电影科技化、现代化制作能力和工业化水平，增强电影文化软实力和国际竞争力，加固"中国制造"品牌。

---

6. 做优做大做强新闻出版广播影视产业，进一步提高规模化、集约化、专业化水平

一是积极培育产业发展主体。打破层级和区域限制，加快图书、报刊、广播、电影、电视资源聚合、产业融合。鼓励支持传媒企业跨地区跨行业跨所有制兼并重组，培育一批主业突出、具有创新能力和竞争力的新型骨干传媒公司。继续大力培育走内涵式发展道路的"专、精、特、新"现代

---

[1] ISLI：《国际标准关联标识符（ISLI）》国际标准、《中国标准关联标识符（ISLI）》国家标准。

传媒企业。探索以国有资本金注入方式推动新闻出版企业兼并重组，培育国家级骨干出版传媒企业。认真落实中宣部、财政部、新闻出版广电总局《关于加快推进全国有线电视网络整合发展的意见》，加大全国有线电视网络整合工作力度，协同推进互联互通平台建设和全国性业务开展，到"十三五"末期基本完成全国有线网络整合，成立全国性股份公司，实现全国一张网。支持符合条件的新闻出版广播影视企业通过资本市场上市融资、再融资和并购重组做大做强。推动金融与新闻出版广播影视产业融合发展，鼓励电子商务平台发挥技术、信息、资金优势为新闻出版广播影视企业提供特色服务。

二是加快推动重点产业发展。加快发展内容产业。充分发挥新闻出版广播影视业在内容方面的核心优势，巩固提升图书、报纸、期刊产业，大力繁荣电影、电视剧、影视动画、纪录片、网络剧、微电影产业。加快发展新媒体新服务产业。加快文化与科技的融合，大力发展数字音乐、数字教育、网络文学、动漫游戏、高清电视、移动多媒体广播电视、手机电视、数字广播、回看点播、电视院线、电视图书馆、宽带服务、智能家居、智慧社区、智慧城市等新兴新闻出版广播影视业务。加快发展网络产业。积极推进三网融合，加速技术升级、业务创新和战略转型，着力将广电网络建设成以音视频服务为主、提供多种信息服务、可管可控、安全可靠的广播电视全功能全业务综合信息网络，全面提升网络综合效益。加快发展印刷产业。推动印刷产业向绿色化、数字化、智能化、融合化方向发展，加强绿色印刷质量监督检测，推动传统印刷数字网络化发展，加强与互联网、云计算大数据的融合，支持智能印厂建设，支持纳米印刷等各类新材料和新技术的研发和应用，鼓励印刷业加快融合发展，继续建设国家印刷复制示范企业。

三是优化产业布局，调整产业结构。围绕"一带一路"建设、京津冀协同发展，长江经济带建设等国家战略，加强新闻出版广播影视产业基地（园区）和特色小镇建设，充分发挥其带动产业发展中的示范引领作用，着力打造产业集群。加快调整光盘复制业产能结构，推进大容量光存储技术研发与应用，推动产业资源整合升级。组织一批对新闻出版广播影视产业发展和结构调整全局带动性强的重大工程，推出一批对推进产业发展效果显著的重大项目，出台一批促进产业更快更好发展的重大政策，进一步提高新闻出版广播影视产业在国民经济增长中的贡献率。

专栏7　新闻出版广播影视产业发展项目

01　新闻出版广播影视产业项目示范工程
　　开展新闻出版广播影视产业项目示范推广工作，每年确定一批新闻出版广播影视改革发展项目库重点项目、示范项目，拓宽项目支持渠道，充分发挥财政专项资金、基金等各级各类资金的引导作用，鼓励和支持优质项目实施。推动项目创新合作，开展多种形式的项目推介活动。

02　国家音乐产业促进工程
　　建设现代音乐产业体系，搭建大型专业音乐平台，推进音乐行业标准化建设，推动音乐产业融合发展。加强国家音乐产业基地建设。实施音乐产业人才培养计划。支持原创音乐作品创作和出版。推动优秀音乐企业上市，培育一批具有国际竞争力的音乐企业。推动中国音乐"走出去"。

03　绿色印刷推广工程
　　积极培育绿色印刷消费市场，鼓励引导印刷企业实施绿色印刷，支持绿色印刷产业示范项目；扩大绿色印刷产品范围和绿色印刷市场，完善绿色印刷系列标准；提高绿色印刷质量监督检测能力，加快建设绿色印刷质检实验室；不断提高绿色印刷产能在印刷业中的比重。继续支持珠三角、长三角和京津冀等绿色印刷复制产业带建设，实施振兴东北印刷产业计划和促进中西部印刷产业开发与崛起工程。

续表

04	产业基地建设工程

加快建设广播影视产业基地、出版创意基地、数字出版基地、印刷产业基地、音乐产业基地、版权创新基地,形成较为完整的内容创意、加工、存储、复制、传播、消费、物流产业链,集聚行业资源,培育新型业态,形成规模效应,转变基地(园区)发展方式,规范基地(园区)管理,建立和完善退出机制。建设国家新闻出版广播影视传媒融合发展基地工程。鼓励和推动书香小镇、影视小镇、音乐小镇、动漫小镇、游戏小镇、IP小镇等具有新闻出版影视特色的文化小镇建设。

05	广电网络资源整合

以中国广播电视网络有限公司为主体,加快全国有线电视网络整合和智能化建设,尽快实现全国一张网,建立互联互通、安全可控的全国性数字化文化传播渠道,推进三网融合。

06	影视强国建设

全面提升影视剧制作水平,加快数字影院和影视基地建设,推动电视剧、影视动画、纪录片产业规模不断壮大,培育一批有市场竞争力和影响力的影视传媒集团。

7. 加快构建现代新闻出版广播影视市场体系

建立多层次新闻出版广播影视产品和要素市场,大力发展图书报刊、数字出版、影视剧等产品市场,加快培育产权、版权、技术、人才等要素市场,促进市场要素合理流动,鼓励各类市场主体公平竞争、优胜劣汰。积极拓展后产品、衍生产品市场,延伸产业链,促进产业良性循环和综合效益增长。创新新闻出版广播影视投融资市场,进一步推动金融资本、社会资本与新闻出版广播影视产业资源相结合,建立适合新闻出版广播影视发展的多样化、多元化投融资体系。推动建立新闻出版(版权)产业投资基金。鼓励大型新闻出版广播影视企业发起设立股权投资基金或公司,鼓励有条件的新闻出版广播影视单位设立财务公司等非银行金融机构。探索建立新闻出版广播影视企业上市资源储备库。支持新闻出版广播影视企业通过全国中小企业股份转让系统和区域性股权交易市场实现股权融资。鼓励大中型企业采取短期融资券、中期票据、资产支持票据等债务融资工具优化融资结构。支持具备高成长性的中小新闻出版广播影视企业通过发行集合债券、区域集优债券、行业集优债券等拓宽融资渠道。引导私募股权投资基金、创业投资基金等各类投资机构投资政策许可的新闻出版广播影视领域。加快发展流通市场。着眼于拓展大众文化消费、信息消费,大力发展连锁经营、电影院线等现代流通形式。积极引导电影院线开展特色经营和差异化竞争,大力促进电影院线规模化、集约化发展和城市数字多厅影院建设。建设聚合出版发行资源的互联网发行平台,推动网上书店健康发展,提高发行流通的信息化、智能化、标准化、集约化水平,建立布局合理、技术先进、便捷高效、绿色环保、安全有序的现代出版物流服务体系。办好重点新闻出版广播影视展会,培育新的消费增长点。

支持有条件的新闻出版广播影视企业利用众创、众包、众扶、众筹等大众创业、万众创新支撑平台快速发展。鼓励各类出版产业基地(园区)加快与互联网融合创新,推动基于"互联网+"的专业空间众创;支持开放式平台积极通过众包方式实行知识内容的创造、更新和汇集;鼓励大中型出版企业通过生产协作、开放平台、共享资源、开放标准等方式,带动上下游小微出版服务企业发展,分享众扶;在加强内容管理的同时,支持出版、印刷、发行等创意项目依法开展实物众筹。顺应网络文化消费新趋势,推出更多适合在网上体验和消费的新闻出版广播影视产品和服务,形成需求升级和产业升级协同共进的格局。

着力加强市场管理和调控。切实加强电影、电视剧、影视动画和纪录片播映市场的宏观调控,积极发展影视剧新媒体传播。进一步加强网络传播市场建设和管理，对网络传播影视剧包括境外影视剧等，实行同一尺度、同一标准。进一步规范出版物市场和电影放映市场，开展市场治理专项行动，优化市场环境。进一步加强版权市场管理。全面强化新闻出版广播电视内容版权保护、利用和管理，健全节目版权保护开发机制，盘活版权资源，巩固核心竞争力。探索版权资产的经营开发，研究建立内容版权交易云平台，促进节目交换，提升节目价值。加强新闻出版广播影视机构自主商标的保护和运用，提高自主商标的国际知名度和影响力。加快市场诚信体系建设，建立健全市场准入和退出机制，完善相关登记备案和年度核验制度，营造良好市场秩序。有效发挥行业协会和中介组织的作用。

加强新闻出版广播影视行业新型智库建设，重点建设一批具有较大影响力的高端产业智库，造就一支坚持正确政治方向、德才兼备、富于创新精神的政策研究和决策咨询队伍，通过项目招标、政府采购、直接委托、课题合作等方式，引导相关智库开展新闻出版广播影视政策研究、决策评估、政策解读等工作。

专栏8　新闻出版广播影视市场体系建设项目

01　出版物现代发行网络建设工程
　　依托互联网技术，构建覆盖城乡、布局合理、便捷高效、线上线下相结合、垂直纵深的现代发行网络体系。加快建设乡镇网点、城镇社区网点，推动大型出版物物流配送中心升级改造，完善出版物在线交易系统，鼓励相关服务企业开展出版物经营业务，推动网上书店健康发展，鼓励在农村开展多种形式的出版物代购、代销和流动销售服务。

02　全国新闻出版征信系统建设工程
　　整合新闻出版行业内信用信息资源，建立新闻出版企业基本信息、奖励表彰、行政许可、行政处罚、重大违法违规行为记录等基础信息档案，建设行业信用信息基础数据库，构建新闻出版行业基础信用服务系统。探索建立国有新闻出版企业社会责任报告制度，建立和规范新闻出版企业信用信息发布制度、信用监管制度和失信惩戒制度。

03　国家新闻出版智库建设工程
　　统筹整合优质资源，建设若干家国家亟须、特色鲜明、制度创新、引领发展的新闻出版专业化智库，支持有条件的新闻出版科研单位先行开展高端智库建设试点，鼓励国有及国有控股新闻出版企业兴办产学研用紧密结合的新型智库。

---

8. 深化新闻出版广播影视改革，健全确保把社会效益放在首位、实现社会效益和经济效益相统一的体制机制

进一步深化行政审批制度改革。推进"互联网＋政务服务"，着力转变政府职能，提高政府效能，简政放权、放管结合、优化服务。在坚持新闻出版主管主办制度前提下，稳步推动党政部门与其所办新闻出版企业脱钩。进一步加快推进新闻出版广播影视供给侧结构性改革。从提高供给质量出发，大力优化新闻出版广播影视产业结构、产品结构、消费结构等，着力解决频道频率、报刊发展中的同质化、低效率等问题，扩大有效供给，提高全要素生产率，更好满足广大人民群众的需求。进一步深化国有新闻出版广播影视企业改革。以提高国有资本效率、增强国有新闻出版广播影视企业市场竞争力为中心，继续大力推动已转制的新华书店、图书出版社、电子音像出版社、有线网络企业、电影发行放映企业、影视剧制作企业、非时政类报刊社等新闻出版广播影视企业进行公司制、股份制改造，建立健全现代企业制度和法人治理结构。完善新闻出版广播影视企业内部运行管理机制，建立健全双效统一的评价考核机制，完善新闻出版企业总编（主编）职责管理办法。开展国有控股上市传媒企业股权激励试点,探索建立国有传媒企业股权激励机制。抓紧在网络出版、网络视听节目领域开展特殊管理股制度试点。进一步引导民营企业健康有序发展。允许非公有制广播影视企业以控股形式参与广播影视制作机构改制经营。继续推进非公有制文化企业参与对外专项出版试点工作。在坚持出版权特许经营的前提下,开展出版与制作分开试点。进一步深化公益性新闻出版广播影视机构改革。与国家事业单位分类改革相衔接,深化新闻出版广播影视事业单位劳动人事、收入分配、社会保障、经费保障等制度改革。以党报党刊所属非时政类报刊、实力雄厚的行业报刊为龙头整合报刊资源,对长期经营困难的新闻出版单位实行关停并转。稳步推进不具有独立法人资格的报刊编辑部改革。完善新闻出版单位事业与企业分开、采编与经营分开工作机制,允许公益性新闻出版单位中经营性部分转制为企业进行公司制、股份制运作,增强自身活力。

专栏9 新闻出版广播影视体制改革

01 深化行政审批制度改革

持续推进简政放权、放管结合、优化服务,进一步深化审批制度改革,全面推进政务公开和依法决策,推行政府权力清单,推动实现网络审批,完善新闻出版许可准入制度,改革年审年检制度,进一步放宽发行、印刷等企业的准入条件。

02 国家级骨干出版传媒企业培育工程

推动以党报党刊所属非时政类报刊和实力雄厚的行业报刊出版单位为龙头,整合本区域本行业报刊资源,打造一批形态多样、手段先进、具有竞争力的新型主流媒体集团。加快推进中国出版集团、中国教育出版集团、中国科技出版传媒集团等中央出版企业和有实力的地方出版传媒公司上市。大力推动出版、发行集团以资本为纽带,跨地区、跨行业、跨所有制、跨国兼并重组,以上市出版传媒公司为龙头,加快建成一批拥有强大实力的国内一流出版传媒集团,培育若干家国际知名世界一流的大型跨国出版传媒集团。

03 引导社会资本有序参与出版影视经营

在从事网络出版、信息网络传播视听节目服务等须取得行政许可业务的互联网企业,以及按规定转制的重要国有传媒企业开展特殊管理股制度试点。继续实施非公有制文化企业参与对外专项出版试点,制定实施规范图书制作与出版分开的管理办法。推出一批试点企业,总结试点经验,适时推广试点成果。扶持"专、精、特、新"小微出版影视服务企业发展。

04 "双效俱佳"新闻出版单位奖励计划

建立新闻出版单位"双效"建设评价考核指标体系,制定实施图书、音像电子、报纸、期刊及网络文学出版和新华书店等出版发行企业加强社会效益评价考核办法。表彰鼓励一批"双效"俱佳新闻出版单位,加大对社会效益突出的产业项目扶持力度,推动新闻出版单位自觉把社会效益放在首位,实现"双效统一"。

05 国家新闻出版广播影视领军人才工程

开展新闻出版广播影视领军人才工程和青年创新人才培养工程,逐步实施重大项目首席专家制度。实施媒体融合千人培养计划,建立新闻出版广播影视高端人才和专业人才库。创新人才评选表彰评价和激励机制。探索实行职业经理人制度,推进建立首席播音员主持人、首席记者、首席编辑制度。

9. 加强国际传播能力建设,传播中国声音、展现中国精神、提升中国影响

一是打造新闻出版广播影视公共外交新亮点。服务国家战略,围绕党和国家领导人高访和主场外交,配合重大国家外交行动,精心策划图书和影视节展等活动,着力推动新闻出版广播影视对外交流合作重点项目和品牌活动。做好国家重大主场外交活动的宣传报道,落实好中外媒体交流年、媒体峰会等各项任务,巩固提升北京国际图书博览会、上海国际电视节、北京国际电影节等重要节展的国际影响力,做好对港澳台宣传、媒体交流和青年媒体人工作,进一步扩大对台出版交流。

二是大力实施重点工程项目,完善国际传播网络。以"一带一路"沿线国家为重点,深入实施丝绸之路影视桥、丝路书香等工程，构建与丝路国家新闻出版广播影视合作新格局。统筹各类资源，推动重点出版集团开拓国际市场。开展中国影视剧品牌提升行动，加大介绍中国发展变化、反映当代中国精神风貌、传播优秀中华文化的精品出版物的翻译出版和国际推广力度。积极拓展海外互联网营销渠道。办好重要国际书展中国主宾国活动。

三是进一步增强"走出去"合力。坚持内外统筹、政企统筹，完善政府主导、多主体参与、市场运作的"走出去"工作机制。拓展渠道，推动我国企业与海外主流企业深入挖掘合作资源，鼓励通过合资、合作、参股等方式在外办出版社、开店建厂、合拍影视剧、合作出版图书，更好开拓国际市场。支持影视机构参与国外数字电视投资、建设和运营。积极参与全球新闻出版产品供给，深化与跨国销售机构的合作，积极拓展海外互联网营销渠道。加强对外推介平台建设，支持各类机构和企业参加国际图书和影视节展。加强与国外作家、汉学家、翻译家、出版家的合作，实施外国人写作中国计划和国外译者、作者、出版人发展计划，提升中华图书特殊贡献奖影响力，创作出版中国主题图书。加大优秀影视作品的翻译和译制扶持力度。推进实施边疆地区新闻出版"走出去"扶持计划，积极支持新闻出版企业充分依托自贸区的有关政策"走出去"。

专栏10　新闻出版广播影视国际传播能力建设项目

01　新闻出版海外发展扶持工程

重点扶持一批外向型骨干企业，鼓励多种所有制出版企业以资本为纽带，通过合资、合作、参股、控股等方式，到境外建社建站、办报办刊、开厂开店，扩大境外投资，输出重点产品。实施海外出版本土化项目。支持有实力、有实绩的民营企业开拓境外市场，设立海外出版营销企业，实现跨国经营。鼓励金融机构支持新闻出版企业海外并购、境外投资。

02　丝绸之路影视桥工程

以"一带一路"为主线，以内容建设、渠道建设、品牌建设和技术设备输出等为主要内容，着重推动面向丝绸之路国家和地区的影视作品创作和发行，办好"丝绸之路国际电影节"、开展面向沿线国家的影视精品译配和创作，组织沿线国家跨境采访、媒体活动等品牌活动，推动广播影视对外技术合作和工程承包等。

03　丝路书香工程

面向周边国家和"一带一路"沿线国家，深入实施翻译资助、图书展会、国际出版合作、人才培养等项目，推动双边和多边在精品翻译、教材推广、网络游戏和出版物数据库推广、重点图书展会和出版本土化等方面开展广泛、深入、务实、共赢的交流与合作，集中优势打造一批知名品牌。每年资助翻译出版多语种、小语种图书150种左右。

10. 加强文化信息安全建设，提升新闻出版广播影视安全保障能力

一是建立健全网络与信息安全保障体系。针对云计算、大数据等技术在融合媒体网络与业务的广泛应用，基于内容管控、日常运营、系统建设、业务管理等方面的新闻出版广播影视网络与信息安全需求，建立健全安全保障体制机制，构建适应新技术发展的立体化信息安全防护体系。研究建立覆盖行业内生产业务相关信息系统、新媒体相关信息系统以及各类互联网业务系统的网络安全态势感知平台、技术标准和制度机制，提升新闻出版广播影视融合媒体信息安全纵深防御和服务能力，全面提高行业网络与信息安全保障水平。培养支持行业内科研院所建立网络安全技术平台、人员队伍和专家团队，为行业网络安全工作提供有力支撑。

二是进一步加强广播电视安全播出保障体系建设。按照国家和行业信息安全要求，适应媒体融合发展方向和信息技术演进趋势，积极开展融合媒体安全播出技术体系研究，完善符合融合媒体运管特征的监防体系，重点加强技术装备、基础设施建设和网络化、智能化建设，完善制播传输、安全管理、指挥调度、预警监测、应急处置等方面技术保障系统，健全体制机制，加强队伍建设和经费保障，

强化统一联动、上下贯通、分级负责，建立健全新技术条件下的安全播出管理体制和运行机制，打造一体化的可信、可控、可管的广播电视安全播出保障体系，为确保广播电视安全播出提供有力支撑。

三是加强意识形态及文化信息安全保障能力建设。充分用好"扫黄打非"平台，有效整合相关部门资源，深入开展专项行动，坚决打击新闻出版广播影视领域的违法犯罪活动。持续开展网上"扫黄打非"，建立高效、完备、有力的网上"扫黄打非"工作体制机制。坚持传统媒体和新兴媒体管理一个标准、一把尺子，督导网站落实主体责任和项治理相结合，先审后播后发制度。坚持日常监管与专坚决遏制过度娱乐化和低俗倾向。加强综艺娱乐类节目管理和宏观调控。加强对重点报刊使用网络低俗语言的监测、监督和检查。加强网络视听节目直播服务管理。保持打击新闻敲诈、假新闻以及假媒体、假记者站、假记者的高压态势。加大报刊和广播电视虚假违法广告整治力度。加强印刷复制发行市场监管，加大对内部资料性出版物、网上书店等重点领域治理力度。依托广播电视有线网络专网优势，为未成年人和用户提供绿色健康的互联网内容。着力加强广播电视台站安全防护、应急体系建设，继续丰富和拓展联防协作工程，深入推进"扫黄打非"进基层，不断夯实工作基础。

四是全面提升新闻出版广播影视监测监管能力。紧密结合广播电视公共服务和融合媒体业务发展，充分运用大数据、云计算等先进技术，同步进行监测监管系统升级改造和建设，推进监测监管系统的网络化、智能化、协同化。以中央和省为重点，统筹兼顾内容与技术、传统媒体与新兴媒体、国内与国外，建设技术监测、视听新媒体监管、内容监管、安全播出、信息安全五位一体的全国广播电视监测监管系统。创新监管机制，再造监管流程，构建包含制度规范、机制运行、技术标准、研判分析、应急处置等方面的全国统一监测监管结构化体系，对内容、业务、网络、终端等进行全流程监测监管。完善数字电影技术服务监管平台建设，强化电影市场和质量监管，提升电影监管的现代化水平。建立全国报刊年检信息化系统，推动网络文学作品数字内容标识试点应用。

专栏11　新闻出版广播影视文化信息安全保障能力建设项目

01　广播电视监测监管体系建设工程
　　完善传统广播电视媒体监测监管业务系统、广播电视监督投诉系统；建设全国广播电视监测监管云平台，建设广播电视监测监管标准体系、内容监管系统、监测监管综合值守系统、智能研判与决策支撑系统、应急广播调度控制平台与应急广播效果监测评估系统。

02　国家新闻报刊数字监管系统
　　建设标准统一的全国报刊数据中心和全国报刊年度核验信息化系统。建设完整的报刊出版版式和数字化报刊内容数据库，完成对重点报刊的建库，实现对报刊内容多维度挖掘和分析，提高报刊内容监管能力。进一步改进优化"全国新闻记者证管理及核验网络系统"，加强对新闻从业人员的监管。

---

11. 加强版权管理，大力发展版权产业

加强版权保护体系建设。大力推进互联网环境下的版权治理与流通体系建设，坚持先授权后使用、先授权后传播原则，完善原创作品版权保护和有偿使用制度，建设与完善国家版权监管与服务平台。加大网络版权监管，重点打击各种利用新技术手段侵权盗版的行为。推进建立软件正版化长效机制，实行适合我国发展国情的著作权保护制度，维护著作权人合法权益，营造公平、开放、透明的版权产业环境，增强市场主体创新创业动力。加强版权社会服务体系建设。完善著作权登记制度，推进全国版权示范城市、示范单位、示范园区（基地）建设。加快版权产业发展，提高版权产业的经济贡献。推动设立版权贸易引导资金和版权产业发展基金。建立并完善全国性版权贸易、版权交易协作联盟，加强在线版权交易服务平台建设，以互联网思维创新版权交易模式。

完善版权贸易的配套机制，建立健全版权金融服务体系，完善版权评估、质押、投资、融资相关制度。加快构建数字版权唯一标识符（DCI）体系。创新互联网环境下版权的确权授权、版权公示、代理、争议解决、收益分配新机制。加强在线版权交易、使用与保护的相关技术研发。鼓励社会力量创办和参与各类版权中介服务机构，发挥其在反盗维权及版权社会管理和服务方面的作用，加强行业自律。加强版权涉外应对体系建设，妥善处理多双边关系，维护国家核心利益，树立中国版权良好国际形象。

专栏12 国家版权监管和版权产业推进项目
01　版权监管与服务平台项目 　　完善国家版权监管平台，实现版权执法、著作权登记和软件正版化等版权工作信息的及时报送、统计、公告和查询，实现对网络侵权盗版行为的有效监管，建设对著作权集体管理组织及著作权涉外认证机构的监管与服务网络，构建地方版权管理与执法机构的联系沟通信息网。
02　数字版权唯一标识符体系建设工程 　　建设数字版权唯一标识符（DCI）体系业务支撑平台，重点在数字版权登记、版权交易结算、版权智能监测取证等环节推广数字版权唯一标识符标准，搭建全国数字版权基础信息数据库。
03　国家版权示范工作推进工程 　　持续开展全国版权示范城市、示范单位、示范基地（园区）创建工作，争取创建5—10个示范城市、50—100个示范单位、10—20个示范基地（园区），充分发挥各示范主体的引领和带动作用。
04　全国版权交易体系建设推进工程 　　重点培育5—10个在"一带一路"沿线、国家综合改革试验区、自由贸易区内的版权交易中心（基地），建立并完善全国性的版权贸易、版权交易协作联盟。推进"版权云"建设项目。建设国家版权交易平台，实现国内版权交易大数据应用。

四、保障措施

（一）加强党的建设，强化组织保障

按照中央全面从严治党的重要部署，强化各级党组织管党治党政治责任，健全和完善党对新闻出版广播影视工作的领导体制机制。大力推进新闻出版广播影视单位党的建设和思想政治工作，深入学习贯彻习近平总书记系列重要讲话精神，深入开展马克思主义文艺观、新闻观、出版观教育，引导广大新闻出版广播影视工作者牢固树立"四个意识"，自觉坚决向党中央看齐、向习近平总书记看齐、向党的理论和路线方针政策看齐、向党中央决策部署看齐，做党的政策主张的传播者、时代风云的记录者、社会进步的推动者、公平正义的守望者。积极探索新形势下加强党的建设的新途径新方法，改进工作体制机制和方式方法，制定在国有新闻出版广播影视企业加强党的建设的指导意见，明确党组织在公司法人治理结构中的法定地位，推动党的组织和党的工作在新闻出版广播影视各社会组织的全覆盖，切实发挥党组织的政治核心和保证监督作用。落实《关于新形势下党内政治生活的若干准则》和《中国共产党党内监督条例》，严明党的纪律和规矩，严格落实民主集中制、党内政治生活、重大问题请示报告等制度，加强党内监督，健全问责机制，强化对权力运行的制约和监督。大力推进精神文明建设和行风建设，贯彻落实《新闻出版广播影视从业人员廉洁行为若干规定》和《新闻出版广播影视从业人员职业道德自律公约》，强化行业治理，弘扬新风正气。压紧压实党风廉政建设主体责任

和监督责任，巩固反腐败成果，增强拒腐防变和抵御风险能力，构建清正、清廉、清明的行业生态。

（二）加强依法管理，强化法治保障

坚持以管理保导向保安全、以法治促改革促发展，推进新闻出版广播影视治理体系和治理能力现代化。切实加强法治建设，着力推动新闻出版广播影视重点立法项目，完善依法行政工作机制。重点推进《中华人民共和国电影产业促进法》《中华人民共和国公共文化服务保障法》贯彻实施，推进《中华人民共和国著作权法》及其配套法规的立、改、废工作，配合国务院法制办公室推进《全民阅读促进条例》《广播电视传输保障法》立法进程，完成《广播电视法》在本行业内的基础调研和研究论证，配合有关部门推动《文化产业促进法》尽快出台。落实《党政主要负责人履行推进法治建设第一责任人》《法治政府建设实施纲要（2015—2020）》，围绕建设服务政府、法治政府、责任政府、廉洁政府，进一步深化行政审批制度改革，全面推进政务公开和依法决策，推行政府权力清单，完善管理体制，理顺管理关系，落实管理职责，不断完善权责统一、权威高效的新闻出版广播影视依法行政体制。围绕强化事中事后监管，加强新闻出版广播影视机构准入管理和日常监管，规范和完善畅销书等各类排行榜，建立健全科学合理的出版产品评价体系、质量监督检验管理体系及认证体系。把党管媒体的原则贯彻到新媒体领域，将从事新闻信息服务、具有媒体属性和舆论动员功能的传播平台纳入管理范围。深入开展"扫黄打非"工作，坚决惩处各类违法违规行为，进一步营造公平有序的市场环境。全面规范广播影视播出秩序，重点加强广播电视节目、电影、电视剧、网络视听节目、广告播出等的管理，改进宏观调控，强化行业准入，建立违规主体退出机制；坚决依法查处非法设立台站、违规开办频率频道、擅自调整频率频道定位、违规跨地区合办频率频道、擅自开展地面数字电视广播等问题；坚决抵制违法犯罪和丑闻劣迹者在广播影视节目中发声出镜，坚决打击偷漏瞒虚报电影票房及盗录盗播电影行为，认真开展违规广告、违规视听节目整治工作。加强报刊年度核验工作，停办退出一批严重违法违规、无法正常出版的报刊。

（三）加快科技创新，强化技术保障

充分发挥政策引导作用，建立健全科技工作政策与相关规章制度，着力推进科技人力资源、基础科技环境、前沿技术跟踪研发、科技应用支撑领域建设，完善新闻出版广播影视科技创新体系。落实国家大数据战略要求，大力推进新闻出版大数据体系建设。深入实施"宽带广电"战略和"广电+"行动计划，大力推进广播电视传统媒体与新兴媒体融合发展工程、广播影视数字化提升工程、广播电视文化信息安全保障能力建设和广播电视监测监管体系建设工程。整合相关资源，加强新闻出版广播影视科技机构建设。紧紧围绕国家科技发展战略和新闻出版广播影视发展需求，积极引入国家和社会资金支持，在电子政务、公共服务、行业服务、产业发展四个层面，推动实施一批具有战略性、创新性和引导性的重点工程项目，建设一批技术水平高、带动性强、服务性好的创新型综合服务平台，更多运用财政后补助、间接投入等方式，支持企业自主创新、先行投入开展重大关键共性技术及装备研发攻关，实现关键共性技术和装备研制突破，为新闻出版广播影视业科学发展提供科技支撑。深入推进新闻出版广播影视标准化建设，建设数字出版标识符体系，推进《国际标准关联标识符（ISLI）》《中国出版物在线信息交换（CNONIX）》《数字版权唯一标识符（DCI）》、出版物质量检测标准、电子书内容、绿色印刷等新闻出版领域相关标准的应用，加强大数据、云计算、虚拟现实、人工智能、物联网等在新闻出版广播影视领域应用的研究，推进中国巨幕、智能电视操作系统、无线双向覆盖等自主知识产权科技项目成果推广应用。建立完善新闻出版广播影视技术标准体系，积极推动自主研发的国内新闻出版广播影视标准走向国际。

（四）加强政策支持，强化政策保障

认真贯彻党中央、国务院关于加强党的新闻舆论工作和宣传思想工作、深化文化体制改革、加强社会主义核心价值体系建设、弘扬中华优秀传统文化、加强文艺工作、推进媒体融合发展、构建现代公共文化服务体系、推进三网融合、建设网络强国、促进信息消费等方面的一系列重大政策措施，加大政策创新和执行落实力度，发挥好政策扶持激励和引导调控作用，保障新闻出版广播影视改革发展顺利推进。结合新闻出版广播影视实际和发展需求，积极争取发改、财政、金融、税务、国资等部门的支持，形成支持新闻出版广播影视发展的稳定的财政保障机制和投融资体系；积极协调规划、国土、建设、环保、市政等部门，为新闻出版广播影视发展创造良好的基础设施条件；积极加强与宣传、文化、网信等部门的沟通联系，确保新闻出版广播影视事业产业发展形成合力。进一步加强新闻出版广播影视行业统计分析、整体政策研究和发展绩效评估，为新闻出版广播影视改革发展提供可持续的顶层设计和系统规划。

（五）加强队伍建设，强化人才保障

积极适应新闻出版广播影视改革发展新形势新任务新要求，按照坚持正确政治方向、舆论导向、新闻志向、工作取向的要求，进一步加强新闻出版广播影视各级各类干部人才队伍的政治素养、理论水平、政策水平、法治意识和业务能力建设，培养造就一支政治坚定、业务精湛、作风优良、党和人民放心的新闻出版广播影视工作队伍。加强专业人才队伍建设，实施重点人才培养工程，全面规划、系统培养领导人才、经营管理人才、专业技术人才，特别是复合型人才与行业急需紧缺人才。落实好文化名家工程暨"四个一批"人才工程部署，继续深入开展新闻出版广播影视行业领军人才工程、名人名品工程和青年英才、创新人才培养工程，实施媒体融合千人培养计划，切实抓好"影视创作百人计划""优秀青年导演编剧扶持计划"等人才项目，实施"新闻出版广播影视专业技术人才知识更新工程"，逐步实施重大项目首席专家制度。服务行业发展，开展大规模教育培训，完善新闻出版广播影视专业技术人员继续教育制度，分类组织开展行业急需紧缺人才和专业技术人才继续教育，积极推进行业教育培训师资队伍建设和培训教材建设，加强培训基地建设，拓展培训手段，丰富培训内容，提高培训的针对性和实效性，充分发挥教育指导委员会和行业指导委员会作用。支持高等院校开办新闻出版广播影视相关专业，大力培养新闻出版广播影视融合发展各类新型人才。加大在基层实践中培养锻炼人才力度，积极选派优秀人才到基层单位挂职锻炼。以职业准入和岗位准入为抓手，加强基层和西部边疆地区人才队伍及专业技术力量培养建设，实施内地与新疆出版专业人才互派交流工作。严格新闻采编从业人员职业资格准入制度，完善新闻出版广播影视专业技术人员职业资格制度，制定新闻采编、数字编辑人员职业资格制度及职业资格考试办法，实现对新闻出版工作者管理的全覆盖。进一步加强广播电视编辑、记者、播音员、主持人职业资格管理，研究建立视听新媒体从业人员职业资格制度，做好体制外人员的管理服务工作。推进职称评审与专业技术人才继续教育制度衔接，加快专业技术人才知识更新。根据行业发展需要，推进新闻出版广播影视职称制度改革工作，修订新闻出版广播影视职称评价标准，健全高级职称层级设置。加大新兴媒体内容生产、研发、资本运作和经营管理等各类人才培养引进力度。把非公有新闻出版广电机构的人才队伍纳入行业人才队伍建设体系。通过市场化选聘人才的办法，探索实行职业经理人制度，推进建立首席播音员主持人、首席记者、首席编辑制度。创新人才选拔、人才评选表彰评价和激励机制，加强对优秀人才和先进模范的培养、发现、宣传和激励，营造人才成长良好氛围，形成有利于各类人才脱颖而出的体制环境。

（六）加强组织领导，强化规划落实

全国新闻出版广播影视系统各部门、各单位要从全局和战略高度，充分认识"十三五"时期新闻出版广播影视发展规划的重要地位和作用，切实加强组织领导，明确规划实施责任，把规划提出的目标任务纳入本部门、本单位重点工作计划，结合实际细化目标、细化措施、细化分工，强化统筹协调、强化督促检查，按照"课题式设计、项目式管理、工程式推进、台账式督查、绩效式考核"工作方法，切实抓好各项任务的落实。同时，要积极争取各级党委政府的重视和支持，确保新闻出版广播影视始终在各级党委政府的有力领导下沿着正确方向不断前进，确保新闻出版广播影视改革发展重大任务纳入本地区经济社会发展全局，确保新闻出版广播影视改革发展成果惠及于民。要完善规划监测评估机制，在规划实施的中期对实施情况进行跟踪分析并可根据实际情况适当调整目标任务，在规划实施的终期对实施情况进行总结评估，并将评估结果与规划实施责任部门和责任人绩效评价考核相挂钩。各地区新闻出版广电部门要结合本地实际，编制好本地区新闻出版广播影视发展规划并与本规划做好衔接，确保各项任务措施落到实处。

"十三五"国家重点图书、音像、电子出版物出版规划

目 录

一、图书

  （一）主题出版规划（100项）

  （二）重大出版工程规划（32项）

  （三）文艺原创精品出版规划（42项）

  （四）未成年人出版物出版规划（76项）

  （五）少数民族出版规划（162项）

  （六）古籍出版规划（76项）

  （七）辞书出版规划（52项）

  （八）社会科学与人文科学出版规划（783项）

    1. 哲学（37项）

    2. 政治（75项）

    3. 法律（35项）

    4. 军事（22项）

    5. 经济（109项）

    6. 历史（125项）

    7. 地理（17项）

    8. 文化（92项）

    9. 教育（38项）

    10. 语言文字（24项）

    11. 中国文学（48项）

    12. 外国文学（29项）

    13. 艺术（132项）

  （九）自然科学与工程技术出版规划（548项）

    1. 自然科学总论（33项）

    2. 数理科学和化学（22项）

    3. 天文学、地球科学（32项）

    4. 生物科学（29项）

    5. 医药卫生（108项）

    6. 农业科学（46项）

    7. 工业技术（24项）

    8. 矿业工程（14项）

9. 石油·化工（25项）

10. 冶金（7项）

11. 机械（6项）

12. 电子·信息（15项）

13. 计算机技术（13项）

14. 轻工业（16项）

15. 建筑科学（47项）

16. 水利·电力（18项）

17. 铁路·交通（27项）

18. 航空航天（23项）

19. 新材料技术（9项）

20. 环境科学（34项）

二、音像制品、电子出版物

（一）音像制品出版规划（177项）

1. 骨干工程（20项）

2. 社科（31项）

3. 文化（48项）

4. 艺术（27项）

5. 教育（4项）

6. 少儿（3项）

7. 科技（29项）

8. 少数民族（15项）

（二）电子出版物出版规划（123项）

1. 骨干工程（10项）

2. 社科（24项）

3. 文化（17项）

4. 教育（13项）

5. 少儿（5项）

6. 科技（28项）

7. 古籍（2项）

8. 参考及工具（19项）

9. 少数民族（5项）

注：规划项目共2171项。规划项目名称后标注"★"的为"十二五"国家重点出版物出版规划延续性项目。

一、图书（略）

（一）主题出版规划（100项）

（二）重大出版工程规划（32项）

（三）文艺原创精品出版规划（42项）

（四）未成年人出版物出版规划（76项）

（五）少数民族出版规划（162项）

（六）古籍出版规划（76项）

（七）辞书出版规划（52项）

（八）社会科学与人文科学出版规划（783项）

（九）自然科学与工程技术出版规划（548项）

二、音像制品、电子出版物

（一）音像制品出版规划（177项）

1.骨干工程（20项）

序号	项目名称	出版单位	载体形式或语种	主创	计划出版时间
1	大道之行——"四个全面"战略布局	学习出版社	DVD	董俊山、林尚立、张胜友	2016年2月
2	中国精神	英华电子音像出版社	DVD	中组部党员教育中心、中央文献研究室、中央电视台等	2018年12月
3	大棋局——从"开罗宣言"到《波茨坦公告》	解放军音像出版社	DVD	张宛沙、魏纪奎	2016年2月
4	中国重要农业文化遗产（一期）	农业教育声像出版社	DVD	袁平、陈永民、廖文靖	2017年12月
5	中华经典资源库	人民教育电子音像出版社	DVD	殷忠民、韦志榕、郭戈	2016年8月
6	中国音乐文化遗产典藏	中国唱片总公司	CD	张晓红	2016年12月
7	中国戏曲艺术家唱腔选	中国唱片总公司	CD	李聪辉	2016年12月
8	"中国无障碍电影"音像出版工程	中国盲文出版社	DVD	马波	2016年3月
9	一带一路	中央教育科学研究所音像出版社	DVD	所广一、金越、李亚玮	2016年11月
10	世界闽南话音视频数据库	厦门文广影音有限公司	DVD	詹朝晖、高慧芬	2020年6月
11	"金色年华"老年听书工程	广东大音音像出版社	CD	吴玉韶	2018年12月

续表

序号	项目名称	出版单位	载体形式或语种	主创	计划出版时间
12	武术中国	河南电子音像出版社	DVD	李惠、李素玲、林北生	2020年10月
13	民族瑰宝——中国少数民族戏剧经典百种	湖南电子音像出版社	DVD	廖奔	2017年10月
14	家风·家教·家训	上海教育音像出版社有限责任公司	DVD	傅杰、夏德元	2019年12月
15	中华文物百年钩沉	浙江电子音像出版社	DVD	蒋迎春、苏忠、张力	2016年6月
16	中国京剧大典	北京电子音像出版社	DVD	王金璐、梅葆玖、尚长荣	2020年12月
17	中国民族器乐典藏——中国古琴	太平洋影音公司	CD	刘钦隆、范华格	2018年12月
18	全国职工技能培训系列教程	中国职工音像出版社	DVD	中国职工音像出版社	2017年12月
19	智障儿童无障碍学习全媒体出版工程	方圆电子音像出版社	DVD	吕相斌	2017年12月
20	百名院士专家讲科普（第二辑）	中央广播电视大学音像出版社	移动U盘	陈和生、秦伯益、丁一汇	2018年6月

2. 社科（31项）

序号	项目名称	出版单位	载体形式或语种	主创	计划出版时间
1	丝绸之路沿线国家概况全解读	时代新媒体出版社	DVD	王岳川、谢宏	2018年12月
2	胜利之盾	金城音像出版社	DVD	徐海鹰、王海平、余虹	2016年4月
3	美丽乡村——和谐农家	农业教育声像出版社	CD	邵明旭、袁平、陈艳红	2016年10月
4	中国港口	人民交通出版社	DVD	吴胜钟	2016年6月
5	中国梦动漫梦——百部社会主义核心价值观原创动漫短片集锦	三辰影库音像出版社有限公司	DVD	王六一	2017年6月
6	入党	英华电子音像出版社	DVD	党建读物出版社	2018年12月
7	中国共产党影像史	英华电子音像出版社	DVD	中共中央党史研究室、党建读物出版社、广东广播电视台等	2020年12月
8	文化战争	中共中央党校求索音像出版社	DVD	戴有山、朱奎	2016年5月
9	巨变中国	中共中央党校求索音像出版社	DVD	张胜友、陈真	2016年9月
10	中国抗战记忆	中国传媒大学电子音像出版社	DVD	中国传媒大学口述历史研究中心	2017年6月
11	新中国新电影	中国传媒大学电子音像出版社	DVD	中国传媒大学口述历史研究中心	2017年12月
12	法治中国——全国检察机关依法治国典型案例选	中国检察出版社	DVD	陈复军、肖方	2016年6月
13	"三农"职务犯罪案件警示录	中国检察出版社	DVD	陈复军	2016年1月

续表

序号	项目名称	出版单位	载体形式或语种	主创	计划出版时间
14	生态文明五十讲	中央广播电视大学音像出版社	移动U盘	钱易、倪维斗、金涌	2016年12月
15	让高尚归于平凡——中、小学生社会主义核心价值观故事系列	广东大音音像出版社	CD	朱小蔓	2016年9月
16	"互联网+"粤商新锐——改革开放40年广东中小企业发展史	深圳市书城电子出版物有限责任公司	DVD、移动U盘	杭州蓝狮子文化创意有限公司、深圳市华文国际传媒有限公司	2017年8月
17	精神的力量	方圆电子音像出版社	DVD	求是影视中心、中组部党员教育中心、中央新闻纪录电影制片厂	2016年6月
18	放飞中国梦	湖南电子音像出版社	DVD	黄中平	2016年10月
19	榜样——双百人物英雄故事	湖南电子音像出版社	DVD	罗岚、陈金龙、潘昌礼	2019年8月
20	铁证如山——吉林省档案馆馆藏日本侵华档案研究	吉林银声音像出版社	DVD	杨川	2018年10月
21	城殇	江苏凤凰电子音像出版社	DVD	南京广播电视集团专题部	2016年3月
22	中国南海	江苏音像出版社	DVD	蒋文博	2016年6月
23	1946南京审判	江苏音像出版社	DVD	曹海滨	2016年8月
24	长征路上的"红小鬼"	江西高校电子音像出版社	VCD	陈洪生	2017年12月
25	中美之间	江西教育音像电子出版社	BD	高峰、顾筠、陶文钊	2018年10月
26	新农村普法情景剧大全	辽宁音像出版社	DVD	杨常云	2017年12月
27	记录西藏	雪域音像电子出版社	DVD	曾恒	2018年12月
28	共和国不会忘记	解放军音像出版社	DVD	张宛沙、张冬烨	2016年12月
29	中国抗战图记	解放军音像出版社	DVD	张宛沙、刘岳	2016年12月
30	中华兵道	解放军音像出版社	DVD	唐水福、张宛沙	2016年8月
31	铁在烧	解放军音像出版社	DVD	张宛沙、魏纪奎	2017年6月

3. 文化（48项）

序号	项目名称	出版单位	载体形式或语种	主创	计划出版时间
1	中国民族古文字导论多媒体系列	时代新媒体出版社	DVD	孙伯君、聂鸿音、孙宏开	2017年5月
2	中华经典文化盲童听书馆	时代新媒体出版社	DVD	沈石溪、薛贤荣	2016年7月
3	风情中国——大型少数民族文化系列纪录片（1—3季）	北京天盛科学技术音像出版社	英语DVD	《风情中国》编委会	2018年6月
4	世界看：中国历史文化名城	世图音像电子出版社	DVD	阮仪三	2017年6月
5	"一带一路"国家译制音像出版工程	五洲传播出版社	DVD	李缅	2018年12月
6	薪火相传——中国非物质文化遗产	五洲传播出版社	DVD	杨艳珺、王佐	2020年12月
7	中国民生影像志	五洲传播出版社	DVD	孙良刚、刘丛倩	2020年12月
8	审美的历程	中共中央党校求索音像出版社	DVD	朱亦一	2016年10月

续表

序号	项目名称	出版单位	载体形式或语种	主创	计划出版时间
9	谭门七代	中国唱片总公司	CD	李聪辉	2016年12月
10	蝉噪林愈静：中国动画现状纪实	中国传媒大学电子音像出版社	BD	薛燕平	2016年12月
11	中华戏剧资源库	中国人民大学出版社	DVD	熊源伟	2019年7月
12	中国古代建筑文化	中央广播电视大学音像出版社	DVD	郭黛姮、楼庆西、陈志华	2018年10月
13	海上丝绸之路	中央教育科学研究所音像出版社	DVD	所广一、金越、顾筠	2016年11月
14	中国优秀传统文化经典分阶读本	广东海燕电子音像出版社	CD	柯汉琳	2019年5月
15	广东汉剧库	广东嘉应音像出版社	DVD	梁素珍、李仙花、钟礼俊	2018年6月
16	至美岭南文化巡礼	广东省语言音像电子出版社	DVD	广东省语言音像电子出版社	2019年12月
17	岭南声音档案	广东音像出版社有限公司	移动硬盘	林敏	2017年12月
18	国家非物质文化遗产——中国戏曲史上的活化石·白字戏	太平洋影音公司	DVD	吴佩锦、刘钦隆	2019年12月
19	广西世居民族影像志	广西金海湾电子音像出版社	DVD	梁庭望、李富强、俸代瑜	2018年6月
20	寻找美丽家园——贵州17个世居少数民族歌舞大系	贵州文化音像出版社有限公司	移动U盘	王庆	2020年12月
21	黄帝史诗	河南电子音像出版社	DVD	张真宇、周凤英	2016年10月
22	教子有方——中华传统家风家教故事	吉林音像出版社	DVD	龙震海	2016年9月
23	中国景德镇窑炉变迁史	红星电子音像出版社	DVD	冯青、陈武平、汪和平	2018年12月
24	青海湖之波	青海昆仑音像出版社	DVD	张宾	2016年12月
25	天下文庙	山东电子音像出版社	DVD	中国孔子基金会、山东教育电视台、山东电子音像出版社	2019年5月
26	孔子大学堂	山东电子音像出版社	DVD	杨朝明、徐国静、曲黎敏	2018年12月
27	中国吕剧艺术百科	山东电子音像出版社	DVD	王文清	2019年8月
28	陕西帝王陵	陕西音像出版社	DVD	游进	2018年12月
29	指尖上的中国	上海教育音像出版社有限责任公司	DVD	夏德元	2019年12月
30	剧坛瑰宝	上海声像出版社	DVD	马博敏	2016年5月
31	《诗经》新唱	上海世纪出版股份有限公司教育电子声像出版社	CD	范慧英	2020年12月
32	群众文化艺术鉴赏与示范之合唱系列	上海音像出版社	DVD	上海音像出版社有限公司	2018年12月
33	川剧	四川文艺音像出版社	DVD	王起久	2017年12月
34	京剧知识	天津市文化艺术音像出版社	DVD	刘连群、邓沐玮、康万生	2018年12月
35	布达拉宫	西藏音像出版社	DVD	傅西红、扎西平措、德吉卓嘎	2019年12月
36	西藏民间故事	雪域音像电子出版社	DVD	曾恒	2018年12月
37	中国传统文化动漫（译制片）	雪域音像电子出版社	DVD	曾恒	2018年12月

续表

序号	项目名称	出版单位	载体形式或语种	主创	计划出版时间
38	文化遗产在新疆	新疆音像出版社	维吾尔语、汉语、哈萨克语 DVD	徐鹿	2020年10月
39	中华文明教育宝典	新疆音像出版社	汉语、维吾尔语 DVD	张新泰、白垒	2017年10月
40	怒江之声	云南大学电子音像出版社	DVD	赵科、吴建钢、江晓春等	2016年5月
41	救亡之旅——怒江各民族群众援救中国远征军人员纪实	云南民族文化音像出版社	DVD	谢朝红、白燕、李道生	2017年12月
42	浙江学堂	浙江电子音像出版社	DVD	赵达雄	2016年11月
43	两岸三地文化名人访谈录	浙江电子音像出版社	DVD	王明青	2018年4月
44	乌镇	浙江音像出版社	DVD	《乌镇》节目组	2016年12月
45	一本书一座城	浙江音像出版社	DVD	《一本书一座城》节目组	2017年12月
46	艺术北纬三十度	浙江音像出版社	DVD	《艺术北纬三十度》节目组	2016年9月
47	巴渝曲艺系列	重庆天健电子音像出版有限公司	DVD	重庆天健电子音像出版有限公司	2019年12月
48	艺海军魂	解放军音像出版社	DVD	张宛沙、王兵	2016年12月

4. 艺术（27项）

序号	项目名称	出版单位	载体形式或语种	主创	计划出版时间
1	中国古琴名师名曲典藏	广东音像出版社有限公司	移动硬盘	管平湖、龚一、吴景略	2017年12月
2	粤剧粤曲名家名曲大典	太平洋影音公司	DVD	张志宏、麦嘉、刘钦隆	2019年12月
3	中国黄河	太平洋影音公司	CD	刘钦隆、范华格	2017年12月
4	江南丝竹·韵	太平洋影音公司	CD	刘钦隆、范华格	2016年6月
5	国乐——中国优秀民乐独奏曲大全	湖南文化音像出版社	DVD	王中山、陈耀星	2020年12月
6	中华鼓曲精选集	沈阳电子出版社	DVD	汤敏	2016年12月
7	留住逝去的声音——失传评弹曲牌抢救工程	上海音像出版社	CD	上海音像出版社有限公司	2020年10月
8	中央乐团40年（1956—1996）代表录音作品集（古典部分）	中国唱片上海公司	CD	宋炜	2016年5月
9	中央乐团40年（1956—1996）代表录音作品集（中国音乐部分）	中国唱片上海公司	CD	宋炜	2017年5月
10	国艺之光	中国唱片上海公司	CD	张磊	2020年12月
11	传说——藏羌彝原生态民族音乐精粹	四川数字出版传媒有限公司	CD	罗念一	2017年1月
12	七彩绘影——藏族唐卡艺术	西藏音像出版社	DVD	傅西红、扎西平措、德吉卓嘎	2019年10月

续表

序号	项目名称	出版单位	载体形式或语种	主创	计划出版时间
13	西藏音乐大全	雪域音像电子出版社	DVD	曾恒	2019年12月
14	乌力格尔蒙古族说唱艺术大师系列（第一辑）	九洲音像出版公司	DVD	王金山、满都拉	2017年5月
15	中国当代音乐家系列	人民音乐电子音像出版社	CD	朱亦兵、金辉、戴玉强	2019年10月
16	百年梦圆——庆贺香港回归20周年	中国唱片总公司	CD	卢映雪	2017年6月
17	中国当代杰出音乐家系列	中国唱片总公司	CD	王洁	2020年11月
18	中国歌唱艺术家典藏系列	中国唱片总公司	CD	侯钧、王洁	2020年10月
19	一方水土一方乐——中国地域音乐文化	中央广播电视大学音像出版社	DVD	乔建中、赵塔里木、李月红	2016年12月
20	客家山歌库	广东嘉应音像出版社	CD	胡希张、汤明哲、余耀南	2019年12月
21	中华音乐地图	太平洋影音公司	CD	李旭伟、刘钦隆	2018年12月
22	南粤乐韵	中国唱片广州公司	CD	邹德民、李庭辉、马小南	2016年5月
23	周信芳全集·音像卷	红星电子音像出版社	DVD	黎中城、单跃进	2017年12月
24	中国蒙古族民歌大全Ⅱ	内蒙古文化音像出版社	CD	乌兰杰、阿拉泰、臧志君	2018年12月
25	蒙古族传统音乐——阿斯尔	内蒙古文化音像出版社	CD	臧志君、艾日布	2017年12月
26	沪剧大典	中国唱片上海公司	CD	张磊	2020年12月
27	中国维吾尔民间口头文化遗产——达斯坦	新疆音像出版社	维吾尔语、汉语、英语DVD	新疆音像出版社	2020年10月

5. 教育（4项）

序号	项目名称	出版单位	载体形式或语种	主创	计划出版时间
1	汉语国际教育本科网络课程	外语教学与研究出版社	移动U盘	许嘉璐、李雪涛、张晓慧	2019年12月
2	阳光下的成长对话——与家长谈孩子的心理与教育问题	中央广播电视大学音像出版社	DVD	张向葵、王淑娟	2017年12月
3	魅力汉字	湖南电子音像出版社	DVD	汤可敬、郑贤章、陈红波	2017年12月
4	中国民族民间舞传习教材	上海文艺音像电子出版社	DVD	赵铁春	2016年12月

6. 少儿（3项）

序号	项目名称	出版单位	载体形式或语种	主创	计划出版时间
1	我的中国梦	二十一世纪音像电子出版社	DVD	董宏猷	2016年12月
2	巧手鲁班	青岛电子音像出版社	DVD	赵先德	2016年6月
3	乡土童年红旗渠	上海城市动漫出版传媒有限公司	DVD	刘亚军	2016年6月

7. 科技（29项）

序号	项目名称	出版单位	载体形式或语种	主创	计划出版时间
1	永恒的生命记忆——西藏生物多样性影像资源库	北京电子音像出版社	DVD	罗浩	2019年10月
2	中国当代中医名家特色手法	北京科学技术出版社	DVD	刘柏龄、贺普仁	2019年12月
3	煤矿安全规程动画版	煤炭工业音像出版社	移动U盘	臧小文、徐越	2017年3月
4	中华临床基本操作规范	人民卫生电子音像出版社	DVD	万学红	2020年12月
5	农村电网配电线路带电作业培训	中国电力音像电子出版社	移动U盘	江建成、胡海瑞、张永华	2017年1月
6	中国电力建设标准工艺示范	中国电力音像电子出版社	DVD	徐志军、沙宏明、李仲秋	2019年12月
7	鸟瞰国脉——巡航中国电网	中国电力音像电子出版社	DVD	张渝、吴石光、张为龙	2019年12月
8	建工视频课	中国建筑工业出版社	其他	中国建筑工业出版社	2020年12月
9	大国油气	中国石油大学出版社	DVD	山红红	2019年12月
10	铁路专业标准化作业	中国铁道出版社	DVD	中国铁道出版社	2020年10月
11	中华传统医学针灸疗法资源库建设工程	中华医学电子音像出版社	DVD	刘保延	2020年12月
12	深潜	中央教育科学研究所音像出版社	DVD	所广一、金越、廖烨	2016年10月
13	仁心济世——国医大师说中医	湖南电子音像出版社	DVD	孙光荣、何清湖	2018年6月
14	中医故事	湖南电子音像出版社	DVD	邵湘宁、姚勤、姚卓武	2017年12月
15	中国慢性疾病营养与膳食指导	湖南科学技术电子音像出版社	DVD	向红丁、胡大一、钮文异	2017年11月
16	远逝的辉煌：数字圆明园建筑园林研究与保护	上海科技音像出版社	DVD	郭黛姮	2017年6月
17	科学第一课——公民科学素养影像工程	北京科影音像出版社	DVD	陈峰	2017年8月
18	沧海桑田——中华大地时空之旅	北京科影音像出版社	DVD	谢九如、陈峰、柯仲华	2017年6月
19	坐着时间去飞行	中国科学技术大学音像出版社	DVD	张燕翔	2017年12月
20	少儿科普系列——趣味农业	中国农影音像出版社	DVD	李振中	2016年9月
21	中华医学健康科普工程	中华医学电子音像出版社	DVD	郎景和、张滨、周晓农	2020年12月
22	家庭低碳改造	中央广播电视大学音像出版社	移动U盘	徐征、何建平、张林霖	2016年5月
23	数学聊斋	中央广播电视大学音像出版社	移动U盘	李从珠、刘来福、李尚志	2017年10月
24	灾难预防与救助	方圆电子音像出版社	DVD	刘宝玲	2019年12月
25	公民健康素养	江苏凤凰电子音像出版社	DVD	李小宁、蒋岳	2019年12月
26	我要回家	浙江电子音像出版社	DVD	郑鹤龄、朱小莉、张页川	2017年4月
27	深海：探索与发现	同济大学电子音像出版社	DVD	翦知湣	2017年7月
28	关注粮食安全	中国农影音像出版社	DVD	李振中	2016年10月
29	中国畜禽遗传资源保护品种	农业教育声像出版社	DVD	刘天金、袁平、陈永民	2019年12月

8. 少数民族（15项）

序号	项目名称	出版单位	载体形式或语种	主创	计划出版时间
1	延边朝鲜族自治州七十年	吉林民族音像出版社	DVD	池淑子	2018年8月
2	中国朝鲜族传统文化	吉林民族音像出版社	DVD	千寿山	2019年10月
3	"最美民族风"中国少数民族经典动画片（第一辑）	上海城市动漫出版传媒有限公司	DVD	刘亚军	2016年12月
4	唐蕃古道	青海昆仑音像出版社	藏语	张宾	2016年12月
5	"去极端化"系列讲座	新疆电子音像出版社	维吾尔语	新疆电子音像出版社	2016年12月
6	中国回族非物质文化遗产概览	宁夏黄河电子音像出版社	阿拉伯语	靳宗伟、李伟	2020年1月
7	哈萨克族音乐宝库	新疆电子音像出版社	哈萨克语	新疆电子音像出版社	2020年12月
8	中国新疆少数民族原创文学有声读物	新疆音像出版社	蒙古语，维吾尔语，哈萨克语，柯尔克孜语	新疆音像出版社、徐鹿	2020年10月
9	云南少数民族民间戏剧	云南民族文化音像出版社	彝语，傣语，壮语	谢朝红、杨黎坚、白燕	2018年12月
10	《河湟民间故事》系列剧	西海民族音像出版社	DVD	武国龙、彭毛扎西	2020年12月
11	《格萨尔王传》系列剧	西海民族音像出版社	DVD	武国龙、彭毛扎西	2020年12月
12	格萨尔说唱艺人电子有声读物	甘肃民族出版社	藏语	切排	2020年1月
13	云南少数民族民间传统民族医药系列——傣医药、彝医药、藏医药	云南民族文化音像出版社	藏语，彝语，傣语，汉语，英语	谢朝红、杨黎坚、白燕	2018年12月
14	藏族地区牦牛养殖技术	飞天电子音像出版社	藏语	张学斌、杨杜录	2019年12月
15	藏族地区藏羊养殖技术	飞天电子音像出版社	藏语	杨杜录、张学斌	2019年12月

（二）电子出版物出版规划（123项）

1. 骨干工程（10项）

序号	项目名称	出版单位	载体形式或语种	主创	计划出版时间
1	皮书数据库	北京社科智库电子音像出版社	其他	李培林、周宏仁	2020年12月
2	中国特色社会主义理论与实践主题资源库	高等教育电子音像出版社	其他	郭建宁、韩庆祥、秦宣	2018年6月
3	不朽的丰碑——纪念长征胜利80周年	江苏凤凰电子音像出版社	CD-ROM	谢小鹏	2016年10月
4	复原遗失的中国古文明3D出版工程（第一期）	时代新媒体出版社	CD-ROM	徐旭	2018年12月
5	从汉字渊源看中华文明道德传承	北京师范大学音像出版社	其他	何铁山	2019年12月

续表

序号	项目名称	出版单位	载体形式或语种	主创	计划出版时间
6	国家重点科研项目博硕士学位论文数据库	《中国学术期刊（光盘版）》电子杂志社有限公司	CD-ROM	刘学东、吴鸿雁	2020年12月
7	中国县级医院医生临床能力提升视听工程	人民卫生电子音像出版社	硬磁盘	王辰、葛均波	2020年12月
8	中华医学会医师培训工程	中华医学电子音像出版社	CD-ROM	赵玉沛、郎景和	2020年12月
9	中华古籍整理出版资源平台	中华书局	其他	古联（北京）数字传媒科技有限公司、中华书局有限公司	2020年12月
10	音乐全媒体专业检索平台	上海文艺音像电子出版社	其他	上海音乐出版社有限公司、上海文艺音像电子出版社有限公司	2019年12月

2. 社科（24项）

序号	项目名称	出版单位	载体形式或语种	主创	计划出版时间
1	青春中国梦	时代新媒体出版社	DVD-ROM	共青团中央宣传部、中国青年报社、中共安徽省委组织部	2016年6月
2	共和国日记（1949—2009年卷）多媒体数据库	北京大学出版社	DVD-ROM	中央党史研究室、中央文献研究室科研管理部	2019年12月
3	"一带一路"数据库	北京社科智库电子音像出版社	其他	李永、李向阳、苏文菁	2016年12月
4	中国经济史资料数据库	北京社科智库电子音像出版社	其他	魏明孔	2020年12月
5	中国史话	北京社科智库电子音像出版社	其他	武寅、刘庆柱、刘跃进	2020年12月
6	荆楚国家级非物质文化遗产精粹	湖北九通电子音像出版社	DVD-ROM	黄永林	2016年10月
7	中国乡村研究数据库	北京社科智库电子音像出版社	其他	李培林、王春光、张乐天	2018年6月
8	中国减贫数据库	北京社科智库电子音像出版社	其他	左常升、何晓军、冷志明	2018年10月
9	中国梦体验馆	北京希望电子出版社	DVD-ROM	刘鉴君	2016年10月
10	法制三农——农村普法系列专题广播讲座	农业教育声像出版社	移动U盘	邵明旭、袁平、陈艳红	2017年10月
11	民国期刊全文检索数据库（10种）	商务印书馆	其他	冯建民	2019年12月
12	三联书店历史期刊全文数据库（1932—1949）	生活·读书·新知三联书店	DVD-ROM	生活·读书·新知三联书店	2017年12月
13	领导干部学习文库	英华电子音像出版社	移动U盘	党建读物出版社、英华电子音像出版社	2018年12月
14	交互动画版红色经典连环画合集	中版集团数字传媒有限公司	其他	沈尧伊、赖雪梅、杜都	2018年7月

续表

序号	项目名称	出版单位	载体形式或语种	主创	计划出版时间
15	中国人民解放军军史（1927—2017）	中国大百科全书电子音像出版社	CD-ROM	中国军事百科全书编审室	2017年7月
16	国家级继续医学教育项目教材	中华医学电子音像出版社	CD-ROM	郎景和、张建中、孙宁玲	2020年12月
17	海疆学术资料馆数字化知识服务	厦门大学电子出版社	其他	陈明光	2019年1月
18	中国历史地理信息系统	山东数字出版传媒有限公司	移动U盘	葛剑雄、张晓红、杨伟兵	2018年12月
19	中国疫灾历史地理信息系统	山东数字出版传媒有限公司	移动U盘	龚胜生、刘鹏程、张涛	2017年12月
20	中流砥柱——八路军抗战将领	山西春秋电子音像出版社	DVD-ROM	史永平、李国伟、李东光	2016年9月
21	东京审判文献数据库	上海交通大学电子音像出版社	其他	程兆奇、季卫东	2016年9月
22	创业创新新天堂	杭州汉书数字出版传播有限公司	CD-ROM	王力、赵芳洲、毛长久	2020年12月
23	五水共治守护"西湖蓝"	杭州汉书数字出版传播有限公司	CD-ROM	周丹红、任彦、孙钥	2020年12月
24	微党课	重庆天健电子音像出版有限公司	移动U盘	重庆天健电子音像出版有限公司、重庆红岩革命历史博物馆	2018年10月

3. 文化（17项）

序号	项目名称	出版单位	载体形式或语种	主创	计划出版时间
1	中国古代神话人物图文库	安徽新华电子音像出版社	其他	路海燕	2020年4月
2	"博物馆里的中国"多媒体资源库	时代新媒体出版社	DVD-ROM	张鹏	2017年10月
3	造物的智慧——中国传统器具原理与设计	人民教育电子音像出版社	DVD-ROM	王岳、郑旺全、张晓东	2016年12月
4	中国非物质文化遗产（总卷及华东系列分册）	中华地图学社	DVD-ROM	熊月之	2019年12月
5	中国手艺传承人丛书	深圳市书城电子出版物有限责任公司	DVD-ROM、移动U盘	潘鲁生	2017年12月
6	中国汉字美学史	深圳市书城电子出版物有限责任公司	DVD-ROM、移动U盘	李学勤、余秉楠、靳埭强	2017年12月
7	文白对照全译《史记》	河北冠林数字出版有限公司	其他	杨钟贤、郝志达	2016年12月
8	中国戏曲数据库	河南电子音像出版社	其他	刘剑、费飞、杨超	2018年10月
9	编钟乐舞	华中科技大学电子音像出版社	其他	万全文、姜新祺、费俊	2017年12月
10	长江流域非物质文化遗产	武汉大学出版社	DVD-ROM	刘锋、何晓明	2016年12月
11	奥伊伦堡电子总谱	湖南国风电子音像出版社	其他	德国朔特国际音乐出版集团	2020年12月
12	齐白石大全集	湖南美术电子音像出版社	移动U盘	齐白石、郎绍君	2019年1月
13	良渚古城——五千年文明的辉煌起点	南京大学电子音像出版社	DVD-ROM	徐士进	2017年6月

续表

序号	项目名称	出版单位	载体形式或语种	主创	计划出版时间
14	柳子戏与明中叶以前宫廷弦索关系考论	山东商报电子音像出版社	DVD-ROM	张金栋	2019年10月
15	上海博物馆	上海海文音像出版社	DVD-ROM	燮君	2020年2月
16	中国经典文学作品汉英平行语料库	上海外语教育出版社	DVD-ROM	冯庆华	2018年9月
17	笔尖下的传承——"六法框架式"书法	北京交通大学出版社	其他	周志高、罗红胜	2020年12月

4. 教育（13项）

序号	项目名称	出版单位	载体形式或语种	主创	计划出版时间
1	成长快乐——初高中移动交互式趣味课堂	北京理工大学出版社	其他	曾志平	2016年10月
2	高等院校突发事件应急管理与安全教育演练平台	北京理工大学出版社	DVD-ROM	北京东方正通科技有限公司、闪淳昌	2018年1月
3	数字创意教室系列	北京希望电子出版社	DVD-ROM	倪栋、刘涛、王中谋	2018年12月
4	科学育儿规范指导	北京协和医学音像电子出版社	DVD-ROM	朱宗涵、张霆	2019年5月
5	iSmart语言教学数字化智能解决方案	高等教育电子音像出版社	硬磁盘	高等教育电子音像出版社	2016年6月
6	iSmart Chinese国际汉语在线教学资源平台	高等教育电子音像出版社	其他	高等教育电子音像出版社	2018年6月
7	守护生命黄金法则	高等教育电子音像出版社	移动硬盘	陈明	2017年12月
8	BB Bear学汉语系列新媒体故事书	中版集团数字传媒有限公司	其他	赖雪梅、杜都、李波	2018年6月
9	劳动力转型培训多媒体教程	中国石油大学出版社	DVD-ROM	人力资源和社会保障部中国就业培训技术指导中心	2017年9月
10	中小学生海洋意识在线教育平台	中译出版社	其他	张高里、吴良柱	2020年12月
11	动漫学堂——新版《中小学生守则》	河南教育电子音像出版社	DVD-ROM	周志勇	2017年12月
12	卓越IT工程师数字课程	大连东软电子出版社	CD-ROM	温涛、王鲁、王公儒	2017年12月
13	国际青少年汉语学习在线教育平台	浙江电子音像出版社	DVD-ROM	朱瑞平、吴中伟	2018年6月

5. 少儿（5项）

序号	项目名称	出版单位	载体形式或语种	主创	计划出版时间
1	青春月龄	中国人口出版社	DVD	张超、刘意、夏晓辉	2017年8月
2	孤独症儿童教育辅助工具	北京师范大学音像出版社	其他	胡晓毅	2019年12月
3	数字化幼儿园角色性主题游戏课程及应用系统	北京师范大学音像出版社	其他	于渊莘	2016年8月

续表

序号	项目名称	出版单位	载体形式或语种	主创	计划出版时间
4	接力婴幼原创图画书产品群	接力音像电子出版社	SD卡	彭懿、王晓明、（英）郁蓉	2018年12月
5	幼儿探究式创新活动系列	江苏凤凰电子音像出版社	CD-ROM	虞永平	2017年12月

6. 科技（28项）

序号	项目名称	出版单位	载体形式或语种	主创	计划出版时间
1	神奇的古代化学	安徽新华电子音像出版社	其他	梁琰	2017年6月
2	中华中医中药针灸推拿大全	北京协和医学音像电子出版社	移动硬盘	靳振洋	2018年5月
3	基因分子生物学实验技术	北京协和医学音像电子出版社	DVD-ROM	詹启敏、蒋澄宇	2019年9月
4	细胞分子生物学实验技术	北京协和医学音像电子出版社	DVD-ROM	曹雪涛、张业、彭小忠	2019年1月
5	实验室安全及防护知识培训系统	高等教育电子音像出版社	CD-I	黄驰	2018年10月
6	世界无人系统大全	航空工业出版社	DVD-ROM	《世界无人系统大全》编写组	2016年12月
7	机械工程手册	机械工业出版社	DVD-ROM	《机械工程手册 数字版》编辑委员会	2020年10月
8	中国名院名科名医经典手术	人民卫生电子音像出版社	硬磁盘	赵玉沛	2020年12月
9	钻井工程技术服务平台	石油工业出版社	其他	李琪	2016年12月
10	中国特高压	中国电力音像电子出版社	DVD-ROM	吴石光、李跃、钟瑾	2016年8月
11	裸眼3D外科手术	华南理工大学出版社	其他	李国新	2016年1月
12	环境监察趣培训	华中科技大学电子音像出版社	其他	湖北省环保厅、华中科技大学电子音像出版社	2017年11月
13	车辆工程专业核心课程3D电子系列教材	湖南大学出版社	DVD-ROM	张维刚、周兵、宋晓琳	2017年12月
14	迈向创新之路——案例解说青少年科技创新的知识与方法	湖南教育音像电子出版社	DVD-ROM	肖云龙、谭迪熬	2017年12月
15	中西医结合皮肤性病学立体教育	湖南科学技术电子音像出版社	DVD-ROM	杨志波、李元文、谢红付	2017年8月
16	青少年科技创新教育	江苏凤凰电子音像出版社	DVD-ROM	顾建军	2017年6月
17	页岩气原理与技术基础（中英文）	华东理工大学电子音像出版社	CD-ROM	张金川	2017年11月
18	节水总动员	奔流电子音像出版社	CD-I	许新发、许继军、成静清	2016年12月
19	古生物动起来——3D互动游戏绘本	科学普及出版社	其他	宋小波、冯伟民、卓谨信息科技有限公司	2017年1月
20	发现之旅——家庭趣味图解百科丛书	中国和平出版社	其他	Eaglemoss出版公司、新光灿烂传媒有限公司	2017年1月

续表

序号	项目名称	出版单位	载体形式或语种	主创	计划出版时间
21	安全操作规程培训	华中科技大学电子音像出版社	其他	华中科技大学电子音像出版社、湖北省安全生产监督管理局	2017年9月
22	康复新模式服务于社区和家庭的构建和实施	华中科技大学电子音像出版社	DVD-ROM	郑蕾	2016年6月
23	自然灾害与人	南京大学电子音像出版社	DVD-ROM	徐士进	2016年12月
24	仰望星空——青少年航天知识e读本	浙江电子音像出版社	DVD-ROM	刘进军	2016年6月
25	军人健康教室	解放军卫生音像出版社	其他	解放军卫生音像出版社	2020年12月
26	从农田到餐桌	农业教育声像出版社	移动U盘	刘天金、袁平、陈永民	2018年12月
27	特色农业技术指导系列	重庆天健电子音像出版有限公司	其他	重庆天健电子音像出版有限公司	2019年7月
28	青少年地质灾害科普教育	地质出版社	其他	李铁锋	2019年12月

7. 古籍（2项）

序号	项目名称	出版单位	载体形式或语种	主创	计划出版时间
1	中国古代河渠图	奔流电子音像出版社	CD-ROM	席会东	2020年12月
2	中华经典古籍库	中华书局	其他	古联（北京）数字传媒科技有限公司	2016年12月

8. 参考及工具（19项）

序号	项目名称	出版单位	载体形式或语种	主创	计划出版时间
1	汽车科技文献智能资源库及服务平台	北京理工大学出版社	DVD-ROM	北京理工大学出版社	2017年1月
2	国际汉语课堂教学参考案例	北京语言大学出版社	移动U盘	姜丽萍、崔永华	2018年6月
3	新HSK学习与评估系统	北京语言大学出版社	移动U盘	北京语言大学对外汉语教材研发中心	2016年11月
4	典型小水电工程设计图数据库	奔流电子音像出版社	DVD-ROM	中国水利水电出版社	2020年12月
5	水利水电工程设计图元标准化数据库	奔流电子音像出版社	DVD-ROM	中国水利水电出版社	2019年12月
6	中国水利古地图数字资源库	奔流电子音像出版社	CD-ROM	《中国水利史典》编委会	2020年12月
7	中国企业走出去的语言服务数据库研制及应用	对外经济贸易大学出版社	其他	王立非、蒙永业	2019年1月
8	"四有好教师"师德教育案例资源库	高等教育电子音像出版社	DVD-ROM	顾明远、林崇德	2017年9月
9	丝绸之路文献数据库	高等教育电子音像出版社	其他	王邦维、段晴、叶少勇	2020年6月
10	商务馆成语工具书	商务印书馆	其他	孙述学、王永耀	2018年12月
11	商务馆多语工具书	商务印书馆	其他	孙述学、马益新	2018年10月

续表

序号	项目名称	出版单位	载体形式或语种	主　创	计划出版时间
12	商务馆古汉语工具书	商务印书馆	其他	孙述学、王永耀	2019年12月
13	商务馆汉外外汉语言学习系列数字工具书	商务印书馆	其他	于晓燕、明磊	2020年1月
14	中国大百科全书综合术语数据库	中国大百科全书电子音像出版社	其他	中国社会科学院、中国工程院、中国科学院等	2020年12月
15	中国军事百科全书数据库	中国大百科全书电子音像出版社	DVD-ROM	编委会	2017年5月
16	安全生产知识数据库	中国劳动社会保障出版社	移动U盘	范维澄、吴宗之、黄卫来	2019年10月
17	古琴减字谱富媒体数字化应用平台	上海文艺音像电子出版社	其他	上海文艺音像电子出版社有限公司、上海音乐出版社有限公司	2019年12月
18	星球地图库	星球电子出版社	SD卡	星球地图出版社	2017年6月
19	中国战争史地图集	星球电子出版社	SD卡	星球地图出版社	2017年6月

9. 少数民族（5项）

序号	项目名称	出版单位	载体形式或语种	主创	计划出版时间
1	孙子兵法	江河电子出版社	藏语，汉语	普日哇	2019年12月
2	哈萨克古谚语	新疆电子音像出版社	哈萨克语	新疆电子音像出版社	2016年2月
3	西域文物考古全集	新疆电子音像出版社	维吾尔语，哈萨克语	新疆电子音像出版社	2016年12月
4	西域岩画艺术	新疆电子音像出版社	维吾尔语，哈萨克语	新疆电子音像出版社	2016年8月
5	汉英蒙对照科学技术名词术语系列电子词典	内蒙古教育出版社	蒙古语，汉语，英语	内蒙古教育出版社	2019年6月

新闻出版业数字出版"十三五"时期发展规划

数字出版在"十二五"时期迅猛发展,已经成为新闻出版业的第二大产业,对于新闻出版业实现结构调整和提质增效、加快转型升级和促进融合发展起到了重要的促进作用,其作为战略性新兴产业和出版业发展主要方向的重要地位日益凸显。"十三五"时期,是落实"四个全面"战略布局的关键时期,也是实现传统新闻出版转型升级并与新兴出版融合发展的关键时期。为推动数字出版业健康、快速、可持续发展,实现新闻出版业又好又快发展,加快我国向新闻出版强国迈进的步伐,根据《中共中央关于深化文化体制改革、推动社会主义文化大发展大繁荣若干重大问题的决定》《中华人民共和国国民经济和社会发展第十三个五年规划纲要》《国家"十三五"时期文化体制改革和发展规划纲要》和《新闻出版业"十三五"时期发展规划》,编制本规划。

本规划周期从2016年至2020年。

一、"十二五"时期我国数字出版业发展现状

"十二五"时期,数字出版业围绕党和国家工作大局,按照新闻出版业改革发展总体部署要求,积极顺应产业变革趋势,主动创新求变,在满足人民群众多层次、多样化、多方面精神文化需求的过程中,产业规模由小到大,服务模式多种多样,自身发展充满活力,呈现出由"单点实验"到"全面启动"、由"被动应对挑战"到"积极探索前沿"的显著转变,发展态势良好,取得了突出成绩,主要表现在以下几个方面。

(一)产业规模不断壮大,新兴媒体发展迅猛。"十二五"时期,数字出版一直保持了快速发展态势,2014年营业收入达到3387.70亿元,占新闻出版产业总收入的17%,居行业第二,已经成为新闻出版业重要的经济增长点和主体产业。新型数字出版企业体制机制灵活,创新意识强烈,发展迅猛,潜力突出。

(二)产品类型日益丰富,消费市场逐渐活跃。"十二五"时期,技术发展日新月异,在新闻出版领域的应用水平不断深化,极大丰富了数字出版产品类型和数量,电子图书从2011年的90万种,增加至2014年的160万种,互联网原创作品增加至201万种。数字阅读已成趋势,2014年底达到58.1%,首次超过纸介质阅读率;移动互联网的快速发展和智能终端的普及,使得数字出版产品和信息得以更为广泛传播,消费市场逐渐活跃,数字出版业全球累计用户超过十亿;走出去步伐明显加快,成效显著,2014年数字出版产品海外市场收入超过30亿美元。

(三)产业链条逐步完善,跨界融合不断深入。"十二五"时期,数字出版从业主体日益多元,从内容生产、加工转换、产品开发、传播运营到消费市场的产业链条逐步完善,产业生态环境基本建立,协作方式灵活多样,合作共赢成为主流。与此同时,以内容为纽带,通过数字化方式,出版与科技、教育、卫生、旅游和影视等领域的跨界融合不断深入。

转型升级稳步推进,融合发展初现端倪。"十二五"时期,传统新闻出版业数字化转型升级全

面展开。中央出版企业率先启动,数字产品生产技术和装备水平显著提升,资源整合能力得以强化,垂直领域的行业级分销平台开始建设;全行业转型升级工作稳步推进,两批170家数字出版转型示范单位取得阶段性成果。传统出版与新兴出版融合发展意识在全行业形成普遍共识,内容、渠道、平台、经营和管理等方面的融合初现端倪。

(四)政策体系不断完善,协同推进力度加大。"十二五"时期,《国家"十二五"时期文化改革发展规划纲要》《十七届六中全会决定》《关于促进信息消费扩大内需的若干意见》《关于推动传统媒体和新兴媒体融合发展的指导意见》相继发布,对数字出版业发展提出明确要求,数字出版产业政策体系不断完善。总局和财政部先后联合印发《关于推动新闻出版业数字化转型升级的指导意见》和《关于推动传统出版和新兴出版融合发展的指导意见》,新闻出版业数字化转型升级和融合发展分别被列为文化产业专项资金支持重点,各地纷纷出台关于加快数字出版发展的专门文件,中央有关部门和地方协同推进数字出版业发展力度明显加大。

与此同时,数字出版业发展也存在着一些亟待解决的问题,突出表现在:支撑经济社会发展、服务中心工作的作用表现不充分;产品数量多、精品少,优质资源的产品转换率不高;数字出版营收比例严重失衡,产业结构不合理;内容资源信息网络传播权的缺失导致出版企业对优质资源的掌控力不足;传统新闻出版领域仍然存在部分体制障碍,机制上创新不够;面向未来数字出版业务的人才建设步伐相对滞后,专门人才和高端复合型人才缺乏;法律法规有待完善,侵权盗版现象屡禁不绝。

二、"十三五"时期我国数字出版业面临的形势

"十三五"时期是新闻出版强国建设的关键时期,在此过程中,数字出版将承担重要任务。尽管我国经济发展进入新常态,但数字出版业仍具备高速发展潜能,整个行业也将逐步从培育期进入成长期;随着经济全球化和我国对外开放不断扩大,多元文化将在同一平台交锋交融,竞争日趋激烈;高新技术迅猛发展,消费需求日益多变,给数字出版产品和服务提出了更高要求,数字出版业面临着全新的挑战。

挑战面前也蕴涵着巨大的发展机遇。总体来看,"十三五"时期,数字出版作为未来新闻出版业发展方向的定位显然没变,大力发展数字出版的共识仍然存在,数字出版继续保持较快发展速度依然可期,将处于稳步发展的重要战略机遇期。一是在全面建成小康社会和建设社会主义文化强国的过程中,数字文化产品和服务的消费需求更加旺盛,数字出版将承担更为重要的任务,市场广阔,潜力巨大。二是在"一带一路""中国制造2025"等一系列国家重大战略推进过程中,更加需要知识支撑和智力支持,更加需要加快信息传播和流动,数字出版具有无可比拟的优势。三是新兴技术快速发展和应用水平不断深入,带来内容生产服务格局的深刻调整,在重构内容生产方式、重塑内容消费模式、重划内容服务市场的过程中,数字出版具有天然后发优势。四是数字出版产业生态环境日臻完善,产业链日趋成熟,政策保障更加有力,为数字出版业的繁荣发展提供了良好的内外部环境。五是我国国际地位显著提高,文化软实力明显提升,国际社会了解中国的需求越来越强烈,期待越来越热切,数字出版进入国际市场、参与国际竞争、服务全球用户面临着新的契机。

三、"十三五"时期我国数字出版业发展的指导思想和基本原则

（一）指导思想

高举中国特色社会主义伟大旗帜，以马克思列宁主义、毛泽东思想、邓小平理论、"三个代表"重要思想、科学发展观为指导，深入贯彻落实习近平总书记系列重要讲话精神，紧紧围绕"四个全面"战略布局，自觉服务于党和国家中心工作大局，自觉服务于人民群众精神文化需求，自觉服务于新闻出版强国建设，将社会效益放在首位，实现两个效益统一，以深化改革为动力，以科技创新为支撑，以内容建设为根本，创新内容生产方式、产品表现样式、出版传播形式和运营服务模式，进一步加快传统新闻出版业转型升级，促进融合发展，提高新闻出版业的影响力、传播力和竞争力，推动新闻出版业健康持续快速发展。

（二）基本原则

1. 效益优先、服务为重。牢牢把握新闻出版业根本属性，把社会效益放在首位，实现社会效益和经济效益相统一；重视消费市场变化，推动数字出版业从"产品生产"向"服务供给"转型，不断提高满足人民群众精神文化需求的服务能力，以服务赢得市场、赢得消费者、赢得发展。

2. 立足当前、兼顾长远。紧密结合现有资源和条件，立足当前实际，有序推进资源整合、装备更新、流程再造、产品开发等工作，夯实发展基础；树立前沿思维和长远意识，准确研判未来产业发展走势，洞悉消费市场和服务方式变化趋势，科学谋划未来发展道路。

3. 分类推进、同步发展。充分考虑书报刊和音像电子出版企业之间、新兴媒体企业与传统新闻出版企业之间、东中部区域和西部区域之间、汉语言文化和少数民族文化之间的现实差异，分类推进，逐步缩小"数字鸿沟"和发展差距，实现同步发展。

4. 做强主业、做大产业。坚持以内容为基础、质量为保证，充分借助技术和资本的力量，做强数字出版主业，提升新闻出版业的知识和信息服务能力；大力发展网络游戏、网络文学、移动出版等优势产业，拓展服务领域和市场，做大数字出版产业，增强国际竞争力。

四、主要目标

到"十三五"期末，新闻出版业数字化转型升级全面完成，传统出版与新兴出版融合发展初见成效；打造一批新兴出版与传统出版俱佳、具有示范效应和强大国际竞争力的复合型出版机构，培育一批具有国际领先水平的新兴数字出版企业；出版一批导向正确、质量上乘、形态多样、效益突出的数字出版精品；培养一批面向未来产业发展需要的数字出版专门人才和高端复合型人才；数字出版业服务于经济社会发展和公共文化服务体系建设的能力显著提升。

具体指标：数字出版总营收保持年均17%的增长速度，国民数字阅读率达到70%，数字化产品和服务在公共文化服务内容采购中的比例达到40%，产品海外市场收入超过60亿美元，传统内容资源数字化转换率达到80%。

五、重点任务

（一）全面完成传统新闻出版业数字化转型升级。在完成装备、流程、生产能力和产品形态转型的基础上，推动传统新闻出版业在人员、理念、模式、市场和服务等更高层面全面完成数字化转型升级。在教育出版领域，大力发展在线学习与培训业务平台，实现由教育出版商向教育服务商转型；在专业出版领域，加快内容资源知识化、体系化、产品化开发，实现向知识和专业信息服务商转型；在大众出版领域，加大内容资源IP运营开发力度，拓展延伸产业链条，提高内容增值服务能力，实现向综合文化服务商转型；在音像电子出版领域，增强内容资源高清化、系统化、移动化开发力度，提升产品交互性和用户体验性，实现向全媒体产品服务商转型。

（二）初步实现传统媒体与新兴媒体融合发展。按照积极推进、科学发展、规范管理、确保导向的要求，顺应互联网传播移动化、社交化、视频化、互动化趋势，积极运用大数据、云计算等新技术，大力发展新应用新业态，不断提高技术研发水平，以新技术引领媒体融合发展，驱动媒体转型升级。适应新兴媒体传播特点，加强内容建设，创新采编流程，优化信息服务，以内容优势赢得发展优势。适时建立用户资源库，实现由单一经营内容信息转变为以经营内容信息为基础，向经营用户转变，推动传统媒体和新兴媒体在内容、渠道、平台、经营、管理等方面深度融合。建设学术期刊网络发布平台，支持学术期刊数字化优先出版。

（三）大力提升数字出版产品质量。加快新闻出版企业软硬件升级改造，配备数字化生产专用系统，提高数字出版产品生产能力；积极整合优质资源，优化内容资产版权结构，加大数字出版产品开发力度，丰富数字产品类型，创新内容服务形式，提高内容供给、传播和服务能力；适时建立数字出版产品质量保障和评价体系，开展产品质量监督检查，提高数字出版产品整体质量。

（四）基本建成数字出版公共文化服务体系。继续加大对老少边穷、少数民族地区新闻出版企业和公益性新闻出版单位的资金支持力度，开发更多更好数字化产品及针对民族地区的双语教育数字化出版物，满足不同地区、不同群体特殊人群的精神文化需求；继续推进卫星数字农家书屋建设，积极利用移动互联网和卫星直投网，推动数字化产品全面覆盖、精确落地；优化数字阅读社会环境，改善数字阅读氛围，持续开展"书香中国E阅读"等公益性数字阅读活动；利用资本和市场双重手段，调动更多社会力量参与数字出版产品推广，推动数字出版产品进入更多公共图书馆、博物馆、纪念馆、文化馆和其他公共文化服务场所。

（五）努力拓展数字出版服务领域。积极推动"互联网+"行动在新闻出版领域落地，充分运用互联网思维，探索"内容十互联网"的有效模式，提升内容资源运营服务能力；贯彻落实"大数据战略"，利用大数据以及数据挖掘、语义分析、高性能计算和物联网等新兴技术，开展出版物智能选题、自动生产、协同编辑、精准发行和个性化定制试验；建立基于大数据的出版产品研发体系、市场交易体系和行业监管体系，推动出版管理过程的数据化，建立基于数字出版业务的数据分析评价体系；开展用户行为大数据分析，创新数字出版服务运营模式；加快移动出版产业链建设，鼓励开发基于场景和网络社区的新型信息和知识服务产品，进一步培育细分市场；鼓励出版单位借助政府和行业资源，开发数据出版业务；鼓励出版单位基于工作、学习和生活环境建立数字内容融合发展业务，拓展数字出版服务领域。

（六）积极探索新兴管理体制机制，以推动实现融合发展为目标，进一步深化改革，创新管理体制，努力消除体制障碍；在投资参股、兼并重组、绩效考评、股权激励、团队持股、人才引进等方面，积极探索面向未来发展的新兴机制，进一步激发潜力，解放和释放生产力。

（七）继续推动数字出版"走出去"。继续鼓励各类企业通过合资、合作、参股、控股、收购等方式，在境外设立数字出版分支机构，开拓海外市场；培育一批具有国际影响力、竞争力和较大海外市场用户规模的骨干企业，推动中国品牌"走出去"；支持新闻出版企业、互联网企业针对海外市场和用户，加大优质数字出版产品开发和运营力度，运用中国元素、讲述中国故事、传播中国声音、阐释中国文化；大力开展海峡两岸四地合作，共享技术、市场、用户和发展机会，携手推动具有中华文化特色的数字出版产品走出国门。

（八）加强数字出版人才队伍建设。综合运用政府机关、高校、科研机构和社会力量，创新数字出版人才培养模式，加大培养力度；推动传统出版企业改革引进人才、使用人才、培养人才和留住人才的制度，创新考核激励机制，吸引并留住优秀高端人才；推动互联网企业与传统出版企业的人才流动和交流，改变数字出版复合人才短缺的现状；大力推进数字编辑职称资格考试，推动数字编辑职称评定体系建设。

六、重点项目

（一）数字出版产业化应用服务示范工程

分类支持出版单位针对特定领域开展数字出版产业化应用服务示范。在教育出版领域，支持出版单位开发数字教育内容资源产品、课程体系和服务平台，推出一批服务于教育领域的整体解决方案；研发数字教材教辅资源系列标准规范；结合教育信息化发展规划要求，分类遴选一批出版机构，探索数字出版在基础教育、高等教育、职业教育和在线培训等领域的服务模式，提升教育出版内容资源运营能力和水平，为教育出版的转型升级和融合发展积累经验。在专业出版领域，支持出版单位整合同类资源，开发成体系的专业内容知识资源产品和垂直服务平台，探索知识服务产业化应用模式。在大众出版领域，支持出版单位加快内容资源数字化转换进程，发挥资源优势，开发多种产品，在全民阅读、公共文化服务体系建设和信息服务等领域探索产业化推广模式，加快融合发展步伐。

（二）全民数字阅读推广工程

组织开展系列专题数字阅读活动，大力提升全民数字阅读率；支持建设一批数字阅读服务平台，通过政府采购公共数字阅读产品和服务，满足老少边穷和少数民族地区人民群众精神文化需求，助力全民阅读普及，提升数字出版在公共文化服务体系建设中的支撑能力。

（三）少数民族文化数字出版促进工程

支持少数民族出版单位对软硬件进行升级完善，提升技术装备和信息化水平；改造传统出版流程，建设开发数字出版业务应用系统；支持少数民族文化内容资源数字化建设，丰富少数民族文化数字出版产品，提升内容供给能力；建设少数民族文化数字出版产品公共传播服务平台。

（四）数字出版创新促进工程

建立数字出版技术研发中心，建设国家数字出版技术服务平台，充分利用国家数字复合出版工程、数字版权保护技术研发工程、中华字库工程等新闻出版重大科技成果，推进技术应用；贯彻实施《国际标准关联标识符（ISLI）标准》、电子书系列标准等数字出版领域标准，创新互联网技术应用。

（五）数字出版千人培养计划。

支持各类型高等院校开办层次各异的数字出版专业；鼓励出版单位与研究机构、高等院校联合开展数字出版人才培养；研究制定数字出版人才培养方案和选拔方案，在书报刊和音像电子出版领域分别遴选一批一线骨干从业人员，进行定向培养，丰富数字出版人才体系；建立数字出版高端人才和专业人才数据库，开展年度例行培训。

七、保障措施

（一）强化导向意识。坚持把社会效益放在首位，力争实现社会效益与经济效益相统一，把握正确舆论导向；坚持以社会主义核心价值观为引领，大力开发数字出版精品力作，发展社会主义先进文化。

（二）创新发展理念。牢固树立"创新、协调、绿色、开放、共享"的发展理念，发挥数字出版优势，培育产业发展新动力；用好国际国内两个市场，拓展数字出版产业发展空间。

（三）加强科技支撑。积极深化成熟技术和标准应用水平，注重标准体系优化与衔接，大力开展产业化应用试点推广工作；充分发挥科技支撑作用，着力改造优化出版流程，提升数字化生产能力，提高运营服务能力。

（四）加大财政投入。进一步拓展财政资金支持渠道和来源，继续在财政资金上支持传统出版单位实施开展数字化转型升级，探索融合发展道路的重大项目；鼓励政府机关和企事业单位加大公共数字阅读服务和产品的采购力度。

（五）开展人才培养。积极推进"数字出版千人培养计划"，加大数字出版专门人才和高端复合型人才培养力度；鼓励企业与高等院校和科研机构联合开展数字出版定向人才培养；积极推动数字编辑纳入职称评定序列。

专 文

在 2017 年数字出版管理工作会上的讲话

孙寿山

（2017 年 3 月 23 日）

同志们：

经总局党组批准，我们在此按计划召开 2017 年度数字出版管理工作会议。本次会议确定的主要任务是：深入学习习近平总书记系列重要讲话，全面贯彻党的十八大和十八届三中、四中、五中、六中全会精神，按照全国宣传部长会议和新闻出版广播影视工作会议部署，总结工作，分析形势，交流经验，安排新年度数字出版具体工作任务，以优异成绩迎接党的十九大胜利召开。

下面，我代表总局党组从三个方面谈几点工作意见。

一、扎实起步，数字出版工作踏上"十三五"新征程

2016 年是"十三五"开局之年，各项工作任务十分繁重。总体来看，过去一年在总局党组和各地党委政府的坚强领导下，全行业认真学习贯彻习近平总书记系列重要讲话精神，坚持正确导向，围绕中心，服务大局，包括数字出版在内的各方面工作开局良好，为总局"十三五"规划的全面推进落实奠定了坚实基础。

第一，产业发展继续保持良好势头，转型升级成效斐然。据初步测算，2016 年，经全行业共同努力，数字出版产业总营收超过 5300 亿元，同比增长 20.5%，产业规模进一步扩大。令我们感到振奋的是，许多传统新闻出版企业都在数字化转型升级道路上展开积极探索，并取得鼓舞人心的成效。例如通过软硬件设施的配置升级，数字化生产和管理水平大幅提升；例如通过优势资源整合开发，推出了一系列创新产品；例如通过多元运营，数字化业务占比稳步提升，有的甚至已达 70% 左右；例如通过模式探索，服务功能不断优化，服务范围更加广泛。应该说，经过多年的不懈努力，新闻出版行业转型升级成效初显，数字出版的发展基础更为稳固，产品更为丰富，业务更为多元。去年底，刘延东副总理在总局呈报的专题报告上做出重要批示，对数字出版取得的成绩给予充分肯定，要求我们继续把新闻出版业数字化转型升级工作抓好抓实抓出成效。

第二，创新网络出版监管方式和手段，管理效能明显增强。一是在网络游戏出版领域深入推进"放管服"改革。在制定并公布游戏审批审查工作细则、规范受理审批工作流程基础上，主动实施移动游戏分类审批管理，扩大国产网络游戏属地管理试点范围，制定游戏内容质量规范，启动"中国原创游戏精品出版工程"，不仅有效压缩了移动游戏作品审查审批时限，而且极大扭转了移动游戏出版服务中的失序失范状况，有力保障了网络游戏领域的"双创"活力。二是在网络文学出版领域把导向引领挺在前面。网络文学企业特殊管理股试点工作稳步推进，优秀网络文学原创作品评选

推介活动得到读者广泛好评，重点网络文学网站作品阅评工作成效初显，网络文学行业自律意识不断提升，把社会效益放在首位、实现"双效统一"逐渐成为业界共识。三是网络出版监管联动机制初步形成。总局与各地方局以及各大型出版网站沟通渠道通畅、信息反馈及时，不仅初步形成齐抓共管、有效协同的日常监管机制，而且形成上下联动、快速反应的案件查处机制。通过管理信息的及时传递和违法违规案件的严肃查处，政治有害内容得以有效管控，淫秽色情网络传播活动受到明显遏制。四是监管服务信息更加公开透明。监管政策文件、游戏受理审批、案件查处情况等信息，已做到能公开的尽量公开，进一步扩大了各级管理部门和行政相对人的知情范围。特别是《网络出版服务管理规定》和《关于移动游戏出版服务管理的通知》发布后，面对业内外的极大关注，数字出版司通过网络媒体阐释、专题培训讲解、来电来函来人咨询和面对面沟通等多种方式，及时解疑释惑、听取意见，有效回应了社会关切，获得了广泛的理解和认同。

第三，科技服务意识能力稳步提升，支撑作用更加稳固有效。一是电子政务项目建设初见成效。总局电子政务综合平台、版权监管平台等项目建设有序推进，为政府管理提供了有力的技术手段。二是支持行业数字化转型升级的服务体系初步形成。2016年，总局发布《新闻出版企业数字化转型升级软件系统需求框架（2016）》，全面梳理了8个方面、54类技术需求，征集并推荐了能够不同程度满足这些技术需求的67家技术企业。三是标准引领项目、项目带动发展的工作模式日趋成熟。四是新闻出版大数据体系建设布局已见雏形。在整合已有工作成果基础上，已经初步打通了内容资源数据、资源与产品元数据、产品信息数据、市场数据的汇聚路径，开始探索数据价值挖掘和数据应用，并完成"新闻出版大数据应用工程"的论证与立项申报。就在本次会议前夕，该工程已由国家发改委正式批准立项，成为首批38个国家级重点大数据工程之一。

但与此同时，我们也要看到，数字出版在蓬勃发展的同时，也还存在诸多不足：服务经济社会发展大局的作用还不够显著，产业结构还不够合理，新技术新装备的运用还不够充分，内容产品质量还不够优良，公共服务能力还不够强大，人才队伍建设的短板依然比较突出，等等。这些问题都需要我们认真地思考、研究、破解。

二、与时俱进，数字出版工作必须落实中央新要求

数字出版经过多年的快速发展，已成为新闻出版业的重要组成部分，更是党和国家在新形势下重要的意识形态和宣传文化阵地。党的十八大以来，习近平总书记高度重视宣传思想文化和舆论舆情引导工作，先后发表了一系列重要讲话，为我们做好数字出版工作提出了根本遵循。因此，我们必须与时俱进，在工作中贯彻落实中央的各项新要求。具体来说，要着重在三个方面下功夫。

第一个方面，要在守好阵地上下功夫，坚决维护网络意识形态和网络文化安全。近年来，我们根据中央要求，不断强化网络出版监管力度，持续打击违法违规网络出版活动，有效遏制了政治有害、淫秽色情等不良网络内容的传播。但也必须充分认识网络出版监管工作的长期性、艰巨性和复杂性。一方面，伴随新一代信息技术，特别是移动互联技术的快速发展和普及应用，网络出版主体更加多元、形态更加多样、内容更加多彩，监管难度不断加大；另一方面，西方反华势力处心积虑把网络出版作为对我渗透破坏、西化分化的渠道和手段；境内一些别有用心的人也极力通过网络出版散布"极左"或"极右"观点和言论。从目前来看，网络出版领域的各种风险依然存在，而我们的监管水平还处于较低层次，监管条件和能力还难以满足客观需要，相当部分地区监管队伍、工作

经费、技术手段仍严重不足。在新的更加严峻的挑战面前，我们必须按照中央和总局党组要求，强化阵地意识，严格遵循党对意识形态和宣传思想文化阵地的各项要求，坚决维护以习近平同志为核心的党中央权威，决不允许数字出版领域和数字出版产品为政治噪音杂音提供传播渠道，始终确保正确导向，努力维护网络意识形态和网络文化的绝对安全。

第二个方面，要在多出精品上下功夫，努力提升网络出版内容质量。 数字出版与传统出版一样，都肩负着传承文明、传播文化、塑造灵魂、提升品位、不断满足广大人民群众精神文化需求的神圣使命。经过业界各方多年的努力，我国数字出版产业规模在迅速扩大的同时，内容质量也在逐年提高，涌现出不少人民群众喜闻乐见、内涵丰富、健康向上的优秀作品。但毋庸讳言的是，数字出版作品数量大质量低、有"高原"缺"高峰"局面在网络出版总体领域中尚未根本扭转。习近平总书记在文艺工作座谈会、党的新闻舆论工作座谈会、网络安全和信息化工作座谈会、中国文联作协代表大会等一系列会议的重要讲话中指出的许多问题，在数字出版作品中都有不同程度的体现。要改变这种局面、解决存在的问题，就必须坚持以人民为中心的工作导向，坚持把社会效益放首位、两个效益相统一，把创作出版优秀数字作品作为中心环节，努力推出更多传播当代中国价值观念、体现中华文化精神，集思想性、艺术性和可读性于一体的精品力作。要弘扬精益求精的工匠精神，在提高原创力上下功夫，在拓展题材、内容、形式、手法上下功夫，推动观念和手段有机结合、内容和形式深度融合、艺术和技术要素交相辉映，真正做到思想精深、内容精彩、艺术精湛、制作精良，切实做到立足高原、勇攀高峰。

第三个方面，要在引领创新上下功夫，不断增强数字出版的传播力和影响力。 要注意把握以下几个重点：一是创新的目标要立足于行业发展现状，以市场需求为导向，以科学的方法、严谨的过程和灵活的方式，通过不断创新推动新闻出版业深化转型升级，走向融合发展。二是创新的基础要立足于完善激励措施，建立容错纠错机制，营造鼓励创新、崇尚创新的良好氛围；要强化创新意识，增强创新魄力，提高创新的内在动力，探索总结创新的基本规律。三是创新的路径要立足于以技术进步为基础，着力解决制约产业发展的关键点；要以应用创新为重点，不断提升技术装备水平，提高数字资源汇聚与管理能力、数据共享与应用能力、产品开发与运营能力，最终归结到对内容的掌控与运用能力上。四是创新的方法要立足于基础理论研究，及时跟踪前沿技术的应用研发，加强对创新成果的采用推广，不断总结经验，提升创新成果的有效转化率；要加大投入，在工作实践中要特别注意加强与各级财政部门的沟通协调，积极争取财政支持。五是创新主体要立足于形成政产学研用合力，将政府部门、行业科技单位、科研院所与高校、市场化服务机构、出版企业、技术企业有机整合，纳入创新主体之中，鼓励成立产业化科技创新联盟，开展协同创新，形成优势互补和良性互动，引导、支持市场主体加大科技创新投入。

三、统筹兼顾，数字出版工作要聚焦工作新重点

党的十九大将于今年秋季召开，这是今年我们党和国家政治生活中最为重要的一件大事，也必然成为各项工作最为重要的聚焦点。为此，数字出版所有工作都务必把迎接、宣传、贯彻党的十九大精神作为首要政治任务，放在突出位置安排部署。

首先，努力营造良好的网络舆论环境。 数字出版工作部门和数字出版领域都必须以高度的政治责任感和使命感，加强网络出版的引导与监管，为党的十九大胜利召开营造良好的思想舆论氛围。

一方面，要加大主题主线网络出版力度，突出正面宣传和引领。各级数字出版管理部门要围绕坚持和发展中国特色社会主义、实现中华民族伟大复兴中国梦这个主题，围绕迎接宣传贯彻党的十九大这条主线，指导支持网络出版单位设置专频专栏，集中推出宣传阐释习近平总书记系列重要讲话精神，体现党中央治国理政新理念新思想新战略，体现社会主义核心价值观和中华优秀传统文化的网络出版物，努力做到网络出版与传统出版同步部署、统一要求，确保网上网下同频共振、形成合力。要加大与传统出版企业合作，充分发挥数字出版反应迅速、方便快捷、灵活多样、覆盖广泛的优势，第一时间将主题出版精品和系统阐释党的十八大以来各方面成果的出版物，以数字化方式扩大覆盖范围，增强传播效果。另一方面，要加大监测监管力度，形成防惩结合态势。要强化网络出版舆情实时监测和分析研判，健全完善网络出版导向前端预警通报机制，及时妥善防范网络出版中的错误倾向。要严格网络出版内容审读鉴定和网络游戏前置审核把关，在网络出版领域集中开展迎接党的十九大净化舆论环境、"扫黄打非"系列集中整治等专项行动，及时组织查处非法违禁网络出版内容，坚决维护网络意识形态和网络文化安全。

其次，切实规范网络出版服务秩序。面对纷繁复杂的行业现状，各级数字出版管理部门要在抓好常规管理工作同时，坚持导向引领与监管查处相结合，把网络文学和网络游戏作为重点，采取切实有效措施。一要抓住大型出版网站。各级管理部门都要梳理、联系一批属地内规模较大、影响广泛的出版网站，建立并通过大型出版网站网络出版监管工作情况通报等制度，及时沟通情况，共同分析问题，指导其健全完善内部管理体制和内容管控机制。二要明确重点监管内容。要在对淫秽色情网络出版内容保持高压态势同时，着重加大对政治有害网络出版内容的监测、查处力度，坚决清理诋毁党的领导、否定中国特色社会主义道路、抹黑党史国史军史、破坏国家统一、散布历史虚无主义、鼓吹西方自由宪政、煽动宗教极端主义、宣扬民族分裂思想等网络出版内容。三要健全各项管理措施。年内总局将制定出台网络文学出版单位社会效益评估办法、网络文学网站管理办法，稳妥推进网络文学企业特殊管理股试点工作，积极推动网络文学作品数字内容标识试点应用，改进年度优秀网络文学原创作品评选推介和重点网络文学网站作品阅评方式。还要继续优化网络游戏审批管理工作，组织开展重点移动游戏事中事后监督管理，推动网络游戏出版单位建立健全编辑责任制度，扩大国产网络游戏属地管理试点范围，研究起草《网络游戏出版管理办法》，组织实施"中国原创游戏精品出版工程"。各地也要做好相应准备，按照总局总体部署开展工作。四要紧盯移动网络出版。当前移动互联网以其泛在、连接、智能、普惠等优势，成为人们学习、工作、生活的新空间和网络出版的新渠道。移动网络出版在有力助推数字出版产业快速发展的同时，也给监管工作提出了许多前所未有的新课题和新挑战。各级管理部门务必尽早加强对移动网络出版的研究和应对，不得使其游离于我们的监管视野之外。

第三，坚定不移深化新闻出版业转型升级。要继续深化新闻出版业数字化转型升级，不断夯实融合发展的前提和基础。目前，相当部分企业已完成技术选择、流程再造、平台搭建、内容转换和产品研发等阶段性工作，具备了深化数字化转型升级的基础条件。总局近期将联合财政部印发《关于深化新闻出版业数字化转型升级工作的通知》，进一步明确深化阶段的具体任务。希望大家坚决把思想认识统一到中央的决策上来，按照总局党组部署，组织带领好本地区新闻出版业企业持续发力，以坚定的信念和无畏的精神，一步一个脚印，稳步推进数字化转型升级向纵深发展，为早日走上融合发展之路做出不懈努力。

第四，着力构建数字出版公共文化服务体系。去年12月25日，全国人大常委会正式发布《中华人民共和国公共文化服务保障法》，并已于今年3月1日起施行。该法明确指出"国务院文化主管部门、新闻出版广电部门依照本法和国务院规定的职责，负责全国的公共文化服务工作"；同时具体表示"国家支持开发数字文化产品，推动利用宽带互联网、移动互联网、广播电视网和卫星网络提供公共文化服务"。在刚刚闭幕的十二届全国人大五次会议上，李克强总理在2017年政府工作报告中指出，"要大力推动全民阅读，加强科学普及"，将全民阅读的重要性提升到了一个全新的高度。我们要充分发挥数字出版在公共文化服务，特别是在满足和服务少数民族和边疆地区，人口较少民族和特殊人群的公共文化需求方面所具有的得天独厚的优势。总局在数字出版"十三五"规划中明确提出要加快构建数字出版公共文化服务体系，并通过实施"全民数字阅读促进工程"和"少数民族文化数字出版促进工程"予以推进。各地方局应把这项工作提上日程，通过组织公益性数字阅读活动、实施少数民族新闻出版单位数字化项目等多种方式，加快本地区公共文化服务体系建设步伐，并在此过程中发挥数字出版的独特作用和独特优势。

第五，加快科技创新体系建设步伐。 要在基础环境、技术研发、产业应用、标准引领等方面加快科技创新体系建设步伐。一要加强基础科技环境建设。要认真研究国家科技体制改革和支持文化科技创新的各项政策，结合实际情况制定本地区的新闻出版业科技创新政策；要推动科技创新智库建设，汇聚技术基础理论研究与技术应用研发等各方面的专家学者、领军人才。要继续推进新闻出版大数据中心、知识资源服务中心、出版发行数据服务中心、行业技术服务中心、出版融合发展重点实验室、科技与标准重点实验室建设，为产业发展奠定坚实基础。二要加大对前沿技术的跟踪力度。要以总局确定的新闻出版业科技与标准重点实验室为样板，加快区域性实验室布局，加强对企业实验室建设的指导和服务，共同开展对新技术的跟踪研发与消化吸收。三要加强科技成果转化应用。要加快对复合出版工程、版权保护工程、中华字库工程和相关试点示范项目取得的技术成果应用；要及时总结各地技术企业经过实践验证的适用技术，大力开展宣传推广。四要充分发挥标准的引领作用。要及时发现具备实力的企业和先进的技术产品，引导支持其制定团体标准、企业标准，适时升级为行业标准、国家标准乃至国际标准；要强化标准宣贯与应用指导。在这里要特别强调，《关于实施ISLI国家标准的通知》已于2017年1月发布，该标准将是一个关乎新闻出版业在新一轮产业升级进程中能否强化资源管控、丰富产品形态、提高运营能力的重要抓手，各地要积极组织本辖区培训工作，指导出版单位执行ISLI标准、实施ISLI标准应用项目。还要鼓励企业大胆参与国际标准化活动，加大标准"引进来、走出去"工作力度，以标准走出去，带动数字出版走出去。

同志们，数字出版产业方兴未艾，既充满无限希望，也面临无数挑战。让我们更加紧密地团结在以习近平同志为核心的党中央周围，以习近平总书记系列重要讲话精神为指引，全面贯彻落实党中央和总局党组各项工作部署，以强烈的责任感和使命感不断推动数字出版工作取得新进展，以优异的成绩迎接党的十九大胜利召开。

谢谢大家！

供稿：国家新闻出版广电总局数字出版司

2017年度数字出版管理工作会议发言

张毅君

2017 年 3 月 23 日

同志们：

刚才，寿山同志代表总局党组分别从"十三五"开局之年数字出版工作得失，新年度如何贯彻落实中央的新要求和数字出版工作究竟向哪里聚焦三方面发表了重要意见，需要我们认真学习领会并体现到新年度数字出版各项工作之中。下面按会议日程安排，由我代表总局数字出版司对 2016 年度重点工作落实情况作简要通报，同时根据总局党组总体工作部署，对 2017 年度数字出版重点工作安排做具体说明。

一、2016 年度数字出版司重点工作执行情况

在推进产业发展方面， 编制发布《新闻出版业数字出版"十三五"时期发展规划》；完成《数字出版千人培养计划》和《少数民族文化数字出版促进工程》实施方案编制工作；如期召开第二次数字出版转型示范现场会，发布转型示范跟踪研究报告，完成《转型示范动态评估体系》制定；举办第二届中国数字阅读大会，发布《2015 年中国数字阅读白皮书》，受到社会各界广泛关注；组织开展"书香中国 E 阅读"活动，重点面向进城务工人员，覆盖人群超过 1500 万；14 家国家数字出版基地再度集中亮相深圳文博会，其间举办的高端论坛备受好评；会同总局规划发展司完成国家数字出版基地审核评估；四季度就新闻出版业数字化转型升级推进情况向国务院提交专题报告，得到中央领导同志充分肯定。

在网络出版监管方面， 部署开展《网络出版服务管理规定》宣讲解读、贯彻落实和舆情应对工作；启动建设网络出版监管系统（二期）工程；稳妥推进网络文学企业特殊管理股试点；继续组织年度优秀网络文学原创作品评选推介和重点网络文学网站作品阅评活动；研究起草《网络文学出版服务单位社会效益评估试行办法》；初步建成网络文学作品内容标识管理系统；全年完成近 6000 款网络游戏受理和超过 4000 款审批，同比增长超过 500%；印发《关于移动游戏出版服务管理的通知》和《移动游戏内容规范（2016 年版）》，实施移动游戏分类审批管理；将属地国产网络游戏内容审查试点范围扩大至广东，并着手北京试点前期筹备工作；组织完成网络游戏防沉迷标准制定和申报；启动实施"中国原创游戏精品出版工程"。

在科技和标准工作方面， 完成《新闻出版业"十三五"时期科技发展规划》编制，并有机融入《新闻出版广播影视"十三五"科技发展规划》；数字版权保护技术研发工程全面竣工，复合出版工程 1.0 版本开发初步完成；发布《关于加快新闻出版业实验室建设的指导意见》，确定 42 家新闻出

版业科技与标准重点实验室；根据《新闻出版企业数字化转型升级技术需求框架（2016）》，面向全行业推荐67家技术企业；启动行业数据交换平台建设，组织22家示范单位，完成近7万条书目数据和近4000万条市场销售数据的测验性交换；指导建设国家知识资源服务中心，着手启动知识服务平台建设；完成"新闻出版大数据应用工程"论证，成为获国家发改委批准的38个国家级大数据工程之一；推动发布国际标准2项、国家标准1项，发布行业标准13项、示范项目标准19项，完成459项推荐性标准的集中复审；批准组建中国ISLI注册中心；持续推进MPR、CNONIX等重点标准的产业应用，并获得6400万元国家财政资金支持。

二、2016年度地方局配合完成工作情况

在推进产业转型升级方面，一是基地管理水平逐年提升，相关地方局积极组织所属基地参加深圳文博会，按时完成基地审核及上报工作，其中天津、上海、江苏、杭州、安徽、福建、江西、重庆、西安等九家基地荣获总局通报表扬；二是数字阅读推广工作取得明显成效，北京推动成立"阅读新媒体联盟"，湖北拨专款升级"书香荆楚、文化湖北"数字阅读平台，黑龙江局与省委宣传部、团省委联合印发通知，举办面向青少年的公益阅读系列活动；三是人才队伍建设工作持续深化，湖北、贵州、海南、河北、河南、辽宁等地举办专题培训，辽宁还组织成立了"数字出版人才培养互助联盟"。

在创新网络出版监管方式方面，一方面，各地配合总局网络出版监管工作总体部署完成大量规定性动作，积极主动开展《网络出版服务管理规定》和移动游戏管理通知等文件的宣传贯彻，并严格依规实施网络游戏申报与管理，其中排在申报量前五位的依次为北京、上海、广东、浙江和江苏，排在申报质量前五位的依次为天津、广东、江苏、福建和河北；各地积极组织属地企业参加年度优秀网络文学原创作品评选推介活动，共有12个省区市报送285部作品，排在前五位的依次为北京、上海、安徽、江苏和海南，在最终获得推介的18部作品中，北京为9部，占据半壁江山，上海为3部，广西和浙江各为2部；各地认真开展年度"中国原创游戏精品出版工程"审核推荐工作，共有17个省区市报送173款作品，排在前五位的依次为广东、上海、北京、天津和湖北；各地均较好完成总局下达的查处任务，并及时回复查处落实情况，其中江苏、广西、陕西、湖北、海南、安徽、吉林、重庆等地还运用自有监测系统，主动进行属地网络出版案件监测查处工作；广西、福建、江苏、吉林、安徽、陕西、海南、广东等地能够及时反映管理工作中遇到的新情况、新问题和新变化。另一方面，许多地方都在细化管理措施或补齐短板、弥补薄弱环节，有的体现在建章立制上，云南印发《关于加强全省网络出版管理的通知》，辽宁印发《关于加强网络出版监管工作的通知》，四川制定《加强网络出版服务管理实施办法》，山西制定《山西省网络出版审读办法》；有的体现在强化技术手段上，河北、河南、湖南、云南、浙江、辽宁、黑龙江、内蒙古等地积极推进网络出版监管系统建设或升级改造；有的则体现在创新管理工作方式上，北京、上海、广西、海南等组织开展网络文学审读阅评，北京、上海、广西、湖北等组织网络文学征文大赛和优秀作品推介活动，福建、黑龙江还主动开展了移动游戏出版运营后监督审查工作。

在优化科技支撑和服务方面，一是积极指导并组织本地相关单位参与科技与标准重点实验室申报工作，山东、北京、广西等地较为突出；二是积极配合总局开展数字化转型升级技术服务商征集工作，江苏、重庆、辽宁等精挑细选，积极向总局推荐本地优秀技术企业，并指导其面向全国新闻

出版单位开展服务；三是积极组织属地企业单位参与科技创新试点示范工作，其中湖北、湖南、江西、河南、陕西、广东、重庆、新疆等地较为突出。

回顾过去一年，我们深感在数字出版工作领域中上下联动、相互配合、全国一盘棋的趋向更加鲜明，各级各地管理部门结合自身实际、主动开展工作的积极性更加高涨。为此，各项工作计划的顺利实施，既得益于总局党组和各地党委政府的坚强领导，更得益于各地方局同志们的艰苦努力和辛勤奉献。在此，我代表总局数字出版主管部门对各地给予的支持和取得的成绩表示诚挚的感谢和由衷的敬意。

根据年初新闻出版广电影视工作会议确定的2017年度重点任务，本年度数字出版工作将继续坚持"一手抓发展，一手抓管理"的总原则，加快构建"一体两翼"工作格局。所谓"一体"就是把深化新闻出版业数字化转型升级作为工作主体，使之居于核心位置；所谓"两翼"就是一方面建立健全新闻出版科技与标准创新体系，另一方面通过正面引导与依法治理紧密结合，营造网络出版市场优良秩序。据此，2017度各级各地管理部门都要在围绕中心、服务大局和紧扣主题主线前提下，具体抓紧抓好以下各项重点工作。

第一，全面落实两个专项规划。《新闻出版业数字出版"十三五"时期发展规划》和《新闻出版广播影视"十三五"科技发展规划》已经发布将近一年，明确了新兴出版业态今后一个时期的发展方向、重点任务、重大项目和保障措施，部分地方局也编制发布了本地区的专项规划。各级各地数字出版管理部门都应善于把规划科学地分解转化为年度工作计划，并逐年逐项加以落实。要力戒规划一经发布便束之高阁，与年度工作再不相干，最终沦落成"两张皮"。

第二，主动参与既定重点工程。总局专项规划中的"数字出版千人培养计划"和"少数民族文化数字出版促进工程"都将于今年启动，各地应高度重视并积极参与。"数字出版千人培养计划"拟试点举办针对传统新闻出版企业管理层的"战略班"（每期20人）和针对数字出版执行层的"骨干班"（每期30人）各两期，需要较长的脱产学习时间。会后各地要着手两项工作：一是属地有数字出版基地的，请立即调查了解本地数字出版领军企业，有承担"数字出版千人培养计划实训基地"意愿的，可向总局推荐参与遴选；二是待总局正式通知下达后，应及时做好属地相关企业单位的组织动员工作，引导其积极参加培训。此外，列入国家专项资金重点支持的"少数民族文化数字出版促进工程"，具体项目申报工作已经开始，请内蒙古等13个相关地方局数字出版业务部门，务必按总局办公厅印发的《关于做好民文出版资金管理工作的通知》要求，主动加强与本地财政部门的沟通联系，在项目申报、评审和资金安排方面，适当向民文出版企业的数字化项目倾斜，抓住机遇补齐短板。

第三，持续推进数字化转型升级。总局将遵照刘延东副总理批示精神，继续推动新闻出版业数字化转型升级工作。近期拟与财政部联合印发《关于深化新闻出版业数字化转型升级工作的通知》，各地要注意做好以下相关工作：一是结合属地企业数字出版实际水平，指导落实《通知》确定的五项主要任务；二是参照《新闻出版业数字化转型升级制度保障体系参考范本》，指导本地有关单位加快制度体系建设；三是按照总局通知要求，组织属地企业高质量参与即将举办的深圳文博会"数字化转型升级成果展"和专题论坛活动；四是按照总局统一部署，配合做好转型示范动态评估。

第四，紧扣主题组织数字阅读活动。自2016年起数字阅读活动已由专题化向常态化转型，并与总局全民阅读活动办公室的总体部署保持同步。今年各地在设计和组织数字阅读活动时，主要是围绕迎接党的十九大、抗战爆发80周年、建军90周年和香港回归20周年等重大主题，策划组织特色鲜明、丰富多彩的数字阅读活动。年底总局将对各地开展的活动进行评比表彰。

第五，强化网络文学发展导向。一是推进网络文学企业特殊管理股试点工作。首批试点实施方案已获中央文改办和总局批准，今年主要是落实方案并适时部署第二批试点。二是健全网络文学管理制度。近期将印发《网络文学出版服务单位社会效益评估试行办法》，同时还将研究制定网络文学网站管理办法，进一步规范网络文学出版服务秩序，各地一方面要积极建言献策，另一方面也应研究制定本地的具体实施细则。三是部署网络文学作品标识试点。目前中国版本图书馆已初步建成网络文学作品数字内容标识系统，正在5家大型网络文学网站试用试行，请各地密切关注其进展和效果，为将此技术手段引入本地提前做好准备。四是探索建立网络文学阅评联动机制，并以此为抓手，引导网络文学创作出版把握正确导向、提升作品质量。

第六，创新网络游戏监管方式。一是建立健全网络游戏出版企业编辑责任制度。总局计划年内举办三期专题培训，请各地密切配合落实这一工作计划，游戏企业较为集中的地区，也应积极组织属地培训工作。二是继续扩大国产网络游戏属地管理试点范围。目前北京局筹备工作已基本就绪，有望近期进入试点运行，其他具备条件的地方，也可表达意愿、提出申请。三是组织对已出版移动游戏进行督查。《关于移动游戏出版服务管理的通知》明确规定，各地对属地出版的移动游戏负有监督审查责任。为此，要采取得力措施，对属地移动游戏有计划实施监督审查，并及时向总局通报相关工作信息，以便形成监督管理合力。四是研究起草《网络游戏出版服务管理办法》（暂定）。旨在总结近年来游戏出版审批管理实践经验和规律，形成统一明晰的工作规程，有关地方局也应主动开展属地行业调研，为文件起草建言献策，为措施落地提供支撑。

第七，突出网络出版管理重点。今年网络出版管理重中之重就是落实迎接党的十九大这一首要政治任务。一是严厉打击各种违法违规网络出版活动。各地务必在完成总局下达查处任务的同时，主动开展属地监测查处工作，力争从源头上解决问题。二是提升网络出版监管技术手段。目前数字出版司正指导协调各有关方面，按计划推进网络出版监管系统（二期）工程建设，各地若有与此相关的工作需求，我们会予以响应和支持。三是拟会同总局综合业务司组织网络出版服务单位年度核验，目前正着手拟定具体核验规则，待有关工作通知下达后，请各地及时与我们沟通协调，共同组织实施好年度核验工作。

第八，指导科技成果推广应用。一是配合开展对国家数字复合出版工程和中华字库工程的宣传，推动阶段性成果的产业推广应用。总局即将在京举办"国家数字复合出版系统工程V1.0成果发布会"，组织成果展示与技术培训活动，欢迎各地届时前来参与。二是加强对相关应用试点单位的指导与管理。在复合出版工程研发阶段，总局已先后选取62家出版发行单位参与同步试点应用，望各相关地方局加强指导，督促属地企业单位按时保质保量完成试点任务。三是配合新闻出版研究院加大对数字版权保护技术研发工程成果推广工作，加快相关成果在本地出版发行单位及相关行业的落地应用。

第九，推动属地重点实验室建设。总局即将印发《新闻出版业科技与标准重点实验室管理办法》，各地应据此加强对属地重点实验室的指导，督促其加快对新技术的跟踪研发和对新成果的推广应用。各地还可以总局确定的重点实验室为标杆，筹划本区域重点实验室建设，以便形成东西南北中呼应、政产学研用联动的理想格局。据我们了解，目前吉林局已经先行一步，于本月初启动了本省重点实验室建设工作。

最后，我再向大家简要通报一下"新闻出版大数据应用工程"建设进展情况。在总局持续推动下，该工程目前已在国家发改委正式立项。接下来需立即着手的主要工作有：完善顶层设计，加强统筹协调，凝聚行业力量，切实把工程建好、管好、用好。总局正在与国家主管部门沟通协调，力争其对工程主体建设提供必要的资金支持；同时协商财政部，通过深化数字化转型升级工作中既定的优化装备、数据共享与应用、知识服务模式建设等计划，加大对该工程产业化部分的支持。在此希望有关地方局也积极争取当地主管部门的支持。目前具体工作包括：一是抓紧新闻出版大数据机构建设；二是加快技术研发与基础数据的采集和汇聚，尤其要充分利用ISLI标准的关联属性和CNONIX标准的交换功能，采用知识服务模式试点项目标准，依托适用技术工具和技术平台，使内容元数据、产品数据、市场数据和知识资源数据得以有效汇聚；三是完善大数据管理规范与制度；四是抓紧大数据管理人才的培养，提倡有条件企业尝试设立"企业数据官"岗位，提早引进与培养专业大数据管理人才；五是积极促进大数据应用。数字出版司将与各地密切配合，采取多种举措，引导、鼓励市场主体以科学、合理、规范和可控方式开展数据挖掘与分析，充分发挥数据资源支撑创新的积极作用，以大数据的实际应用为新闻出版业可持续发展挖掘潜力、提供动力，为数字出版跨领域、跨行业融合发展开辟渠道、提供支撑。今天下午的现场会，冯宏声同志还将对工程背景、总体思路和具体工作部署作进一步介绍，这里就不再赘述。

我就讲这些，谢谢各位。

供稿：国家新闻出版广电总局数字出版司

在全国部分音像电子出版社社长（总编辑、总经理）岗位调训班上的总结讲话

许正明

（2016年9月5日）

各位学员：

在这收获的金秋时节，经过一周的学习，大家顺利结业，既收获了知识又增进了交流。在这里，我谨代表总局出版管理司对大家表示祝贺。

音像电子出版物作为一种精神产品，具有鲜明的文化属性和意识形态属性，深刻影响着人们的世界观、人生观、价值观。导向是否正确，决定着出版物的成败，内容的优劣，决定着出版物的水平。而作为内容的选择者和把关人，音像电子出版单位人员特别是负责同志的政治素质、文化素质和业务素质至关重要。调训班到今年已是第5年，成为音像电子出版行业的培训品牌。下面，我就音像电子业的发展和具体工作讲两个方面意见，供大家参考。

一、音像电子出版业取得的重要成绩和重要进展

1. 始终坚持正确导向，精品力作不断涌现。

从"十二五"规划完成情况来看，389个音像电子出版项目中，到目前为止，获得国家出版基金资助的46项，向全国青少年推荐了16项，列为主题出版重点选题的23项。从国家出版基金近年来扶持资助的情况看，2013—2015年的3年中，国家出版基金共资助1003个图书、音像电子出版物项目近11亿元，其中音像电子出版物项目96个（不足1/10），获得资助2.05亿元（近1/5），说明音像电子出版物资助的额度远高于平均水平，是有一批大制作、好项目的。

2. 围绕中心、服务大局，主题出版持续发力。

2013年以来，中宣部和总局围绕深入学习宣传贯彻党的十八大和十八届三中、四中、五中全会精神，宣传阐释习近平总书记系列重要讲话精神，中国梦宣传教育和社会主义核心价值观宣传阐释，纪念建党95周年、新中国成立65周年、抗战胜利70周年、红军长征胜利80周年等重大活动推出主题出版重点音像电子出版物140种。

3. 大力倡导全民阅读，公共文化服务水平不断提升。

一是坚持不懈地在青少年中倡导"爱读书、读好书、善读书"。为推动青少年阅读广泛深入开展，从2013年起，已连续4次开展向全国青少年推荐优秀音像电子出版物活动，累计推荐优秀音像制品和电子出版物322种，关注度和影响力逐年上升。

二是推出一大批服务特殊群体的出版物。以国家"十二五""十三五"重点出版规划的民族出版子规划带动，出版了大批服务少数民族群众的出版物。音像电子出版物对于盲人读者能发挥特殊而重要的作用，通过打造盲人中、小学生无障碍阅读工程、中国无障碍电影音像出版工程等精品工程，实现对特殊群体文化教育的精准服务。

三是加大老龄读物出版工作力度。从贴近老年人生活、关注老年人身心健康等方面，策划出版一批老年人喜闻乐见的优秀出版物。在老年人中开展内容丰富、形式多样的阅读推广活动，从2014年起，已连续两年为老年读者推荐适合他们阅读的优秀音像电子出版物。

4. 着力融合发展，探索转型发展途径。

相比纸质出版，音像出版、电子出版本身就是数字介质，音像电子出版的自身基础最具融合条件，是传统媒体和新兴媒体结合的方式之一。不少音像电子出版社在巨大的压力和挑战下，开始了媒体融合发展的实践探索，并取得了一定的进展。

5. 围绕音乐产业链建设，大力推动音乐产业发展。

一是出台了一个文件，即《关于大力推进我国音乐产业发展的若干意见》，2015年11月总局颁布实施该文件是国家部委层面出台第一个全面系统阐释音乐产业发展的文件，在社会上产生了强烈反响。

二是成立了一个工作委员会，即在中国音像与数字出版协会之下成立音乐产业促进工作委员会。音乐产业促进工作委员会以国家音乐产业基地建设为抓手，建立起了音乐关联产业间的桥梁，搭建了总局与音乐产业各企业单位之间的桥梁，全社会共同促进音乐产业发展的合力正在形成。

三是发布了一个报告，即《中国音乐产业发展报告》。在总局出版管理司的直接指导下，中国传媒大学从2014年开始，每年发布一个《中国音乐产业发展报告》。2015年11月6日，《2015中国音乐产业发展报告》发布。音乐产业总体上处于过渡转型、稳步上升期，伴随信息技术的进步，音乐产业开启了"互联网＋"时代下的发展新格局。

四是成立了四个基地，即北京、上海、广东和成都四个国家音乐产业基地。2009年以来，经原新闻出版总署批准，北京、上海、广东和成都四个国家音乐产业基地相继挂牌成立。各基地园区正在逐步成为音乐创作和音乐人才汇聚的孵化器，成为大众创业、万众创新的助推器。

6. 管理力度不断加大，市场环境整体向好。

一是严格执行重大选题备案制度。将重大选题备案工作与在线审读工作相衔接，通过音像电子出版物专用书号实名申领系统实时监测重大选题备案执行情况，未严格执行重大选题备案的选题一律暂停，补办手续。

二是加强在线审读管理。2015年1月，音像电子专用书号实名申领系统正式上线，同步建立了审读工作制度。去年以来，已约谈书号申领不规范、低俗选题较多的出版单位，进一步明确了管理范畴、划清了管理底线。

三是进一步规范进口音像制品工作。从今年年初开始，进口音像制品审批纳入总局"一个窗口"受理，受理过程在总局一楼受理大厅进行。受理人员当场核验报审材料，对送审样盘进行试播（初审），对不符合要求的材料退回进行补正，符合要求的进入正式审批环节。

四是严格落实责任追究制度。对发现存在违规出版情况的出版单位，建立严格的责任追究制度，加大查处力度。2014年以来，先后对多家存在问题的出版单位进行处理，采取了通报主管主办单位，进行诫勉谈话，下发警示通知书，停业整顿，直至吊销出版许可证的各项处罚措施。

五是"剑网"行动持续亮剑，网络版权生态环境日益向好。去年的"剑网2015"专项行动在治理网络音乐方面下大力气整治，国家版权局于2015年7月下发了《关于责令网络音乐服务商停止未经授权传播音乐作品的通知》，通知下发两个月之内，各网络音乐服务商共下线未经授权的音乐作品220余万首，极大净化了网络空间、震慑了盗版厂商、提高了版权意识、鼓舞了音像业界。据国际唱片业协会统计，受益于版权保护，2015年我国音乐作品销量上涨63.8%。

7. 联接中外、沟通世界，讲好中国故事。

文化的一个重要作用是连接中外、沟通世界。音像电子出版物特别是录音制品，用音乐、画面这些人类共同的语言来表达感情，天生地就具有对外交往的属性。

一是做好进口音像制品工作，做到洋为中用。引进的音像制品中，科技科普、少儿教育类占比不断提高，目前已达15%，其他艺术门类日益丰富，引进国家和地区日渐均衡，有效满足了人民群众文化需求。

二是以进口促出口，加大走出去力度。把音像进口与出口结合起来，充分利用国内国际两个市场，通过多种途径和方式输出我国优秀音像节目。对于版权输出表现优秀的进口音像单位，在进口额度上予以积极支持，要加大向国际市场输出中国音像制品的力度，以更好传播中国声音。

三是充分利用国际音乐展会平台。受总局委托，中国音像与数字出版协会连续8年组织中国代表团参加法国戛纳世界音乐博览会。我们应该充分利用好这种趋势，积极准备，热情参与，不断扩大中国音乐和音像制品的影响。

二、音像电子出版业下步发展思路和工作举措

下面，我从三个方面就音像电子出版业下步的发展、总局的重点工作给大家做一介绍。

（一）实施精品战略，不断提高出版质量

1. 进一步调整和优化产业结构。整体上来说，就是按照做强做优一批、整合重组一批、停办退出一批，即"三个一批"的要求，进一步调整和优化产业结构。

2. 做好国家规划实施。近年来，总局通过加强音像电子中长期出版规划引导，省、社两级出版规划指导，推动了一批精品力作的出版，带动了音像电子出版行业整体水平的提升。各社对主题出版物要精心组织，要跟国家规划出版物同等对待。

3. 加强工作源头管理。一是通过年度选题审读和音像电子专用书号实名申领系统在线审读，撤销或压缩一批质量不高的选题，减少重复出版的选题。二是将书号管理与导向管理、质量管理和调整出版产品结构相结合，加大对各类违法违规出版行为的查处力度。三是建设音像电子出版、制作单位管理系统。按照总局电子政务系统建设安排，建成音像电子出版单位信息库、音像制作单位信息库和相关元数据库，实现音像电子出版、制作单位的信息化管理。

4. 抓好质量专项检查。一是开展进口音像制品专项检查。开展送审材料专项检查和成品出版及样品缴送率核查。二是盘配书图书质量专项检查。总局每年对"盘配书"试点单位出版图书进行专项质量检查。三是电子书质量专项检查。去年，总局委托质检中心对电子书进行了一次专项检查。今年总局还将开展专项检查，并将公开通报检查结果、对相关单位进行处理。

（二）强化制度建设，提高科学管理水平

1. 建章立制，不断完善管理制度。

一是依法开展行政审批工作。音像电子方面现有的行政许可事项共三项。音像电子出版物重大选题备案核准，进口用于出版的音像制品审批，出版境外著作权人授权的电子出版物审批。下一步将进一步规范、细化审批流程，明确各环节人员责任，以进一步优化审批流程、压缩审批时间、提高行政效率。

二是修订《电子出版物出版管理规定》。自《电子出版物出版管理规定》（总署令第34号）2008年4月15日起施行以来，电子出版物的介质已经发生了重大变化。为适应形势需要，总局从2014年开始启动《电子出版物出版管理规定》修订工作，2015年，修订稿公开征求了社会意见。

三是进一步规范进口音像管理工作。下一步，总局将修改《国家新闻出版广电总局进口音像制品内容审查标准》，进一步细化不符合国情和社会制度，有损国家形象，危害国家统一和社会稳定，歪曲民族优秀文化传统等方面的审查标准。

2. 坚持多措并举，不断净化市场环境。

一是加强对音像电子专用书号实名申领工作的指导和管理。音像电子专用书号实名申领信息系统2015年1月正式上线，通过建立审读工作制度，信息收集汇总制度，问题选题报告制度等，对音像电子出版物从选题到成品实现全流程有效监管。

二是建立第三方监管机制，加强对新业态的监管力度。推动数字音乐第三方监管平台建设，完善数字音像监管技术，实现网络数字音像产品交易、结算的公正和透明。建设进口电子书和音乐网络监管系统，实现对进口电子书和音乐产品的预警、监测和审查，有效维护国家文化安全。

三是积极参与"剑网2016"专项行动，不断加大版权保护力度。今年7月，国家版权局下发《关于开展打击网络侵权盗版"剑网2016"专项行动的通知》。今年的剑网行动重点任务是开展打击网络文学侵权盗版专项整治行动和开展打击App侵权盗版专项整治行动。出版管理司将与版权管理司紧密配合，共同开展相关执法工作，各出版单位也要积极参与，主动反映存在问题，积极提供案件线索，为音像电子行业发展营造良好环境。

（三）推进转型升级，大力抓好音乐产业发展

音乐产业是总局近年来大力推进的一项工作，也是音像电子出版业和相关产业融合发展的一个方向。通过几年来的努力，音乐产业发展的基础和政策框架基本已搭建好。下一步主要做好以下几方面工作。

1. 整体发展思路是"抓住一个中心、坚持两手发展、强化三项管理"。①抓住一个中心。就是要牢牢抓住多出优秀音乐作品特别是原创音乐作品这一中心环节。各音像出版社特别是文艺类出版社，一定要牢牢抓住这一中心环节，锻造精品力作，把最美好的音乐作品奉献给人民。②坚持两手发展。一方面抓生产引导。通过健全音乐精品创作生产机制，评奖推优引导机制，催生更多音乐精品。一方面抓消费引领。通过统筹考虑群众的基本文化需求和多样化文化需求，实现音乐的标准化和个性化服务的有机统一。③强化三项管理。首先，要强化质量管理。音乐出版要讲品位、重格调，弃低俗、戒庸俗，体现社会主义先进文化前进方向。其次，要强化版权管理。进一步提升版权保护水平。第三，要强化市场管理。坚持依法行政、依法管理，为音乐产业繁荣发展创造良好市场环境。

2.产业发展依据是国家"十三五"文化发展规划纲要和中华文化传承发展的意见。在即将公布的国家"十三五"文化发展规划纲要中，有两处提到音乐产业。第一处是在文化产业发展章节，专门一个项目是"音乐产业发展：充分释放音乐创作活力，出版一批原创音乐精品，加快建设现代音乐产业综合体系，推动音乐产业与其他产业融合发展"。第二处是在中华文化传承发展章节，专门一个项目是"中华民族音乐传承出版：搜集整理出版民族传统音乐乐谱，完成对珍贵录音录像资料的数字化保护，建设民族音乐资源库，支持民族音乐创新出版传播方式"。

3.产业发展实现途径是实施项目带动战略。全面启动中华民族音乐传承出版工程。在中央即将下发的《关于实施中华文化传承工程的意见》中，中华民族音乐传承出版工程是文件所列14项主要工程项目之一。该工程包含3个部分：一是中华民族音乐精品收集整理出版计划，建立完整的分类目录，选取其中有代表性的音乐精品出版；二是中华民族音乐乐谱整理出版计划。重新编辑整理校订已经出版的中华民族音乐乐谱，对尚无乐谱的中华民族音乐记谱并整理、出版；三是中华民族音乐珍贵录音录像资料修复计划。工程计划建设周期5年。该工程投资大、建设周期长，它的实施，将全面带动音像出版业务，整合全国的音像出版资源，将是音像出版业新时期发展的一个重要契机。

4.规范有声阅读市场。2015年有声阅读市场规模达16.6亿元，同比增长29.0%。2016年市场规模预计将达到22亿元，市场规模快速增长，将有希望成为音像电子出版业的一个利润增长点。同时面向盲人群体，实施"盲人听书工程"和重点"有声读物"出版工程，在保障盲人阅读基本权益的情况下，推动有声阅读的进一步发展。

供稿：国家新闻出版广电总局出版管理司

年度报告

2016中国数字出版产业年度报告

中国数字出版产业年度报告课题组

2016年，以互联网和移动互联网为核心的新兴媒体在技术革新推动下，焕发着强劲生命力，推动全球数字出版产业持续发展。国际上，大型出版商转型模式不断成熟；电子书市场趋于饱和；国内，作为"十三五"开局之年，在经济发展的新起点和新形势下，我国数字出版也迎来了发展新机遇。数字出版产值超过5700亿元，再创新高；新闻出版业转型升级持续深化，融合发展初见成效。

一、数字出版产业形势综述

（一）国际产业形势

2016年是以欧美国家为代表的国际数字出版发展相对平静的一年，可以用"波澜不惊"来形容。当然，大型出版商和传统媒体并未停止数字化转型的脚步，模式不断成熟，业务日臻完善。同时也可以看到，国内外产业发展形势越来越趋于同步，在产业形态发展、企业经营模式、技术应用等方面，走向渐趋一致。

1. 开展数字媒体业务多元化经营

2016年，国外报刊媒体在互联网和移动互联网高速发展的背景下，加快数字化转型步伐。由于纸媒广告收入的持续缩水，对媒体经营带来巨大压力，英国《独立报》、杂志男人帮《FHM》，美国杂志《阁楼》，等多家报刊媒体在2016年停止纸质印刷版发行，仅刊发数字版。[1]与此同时，各家媒体在2016年持续完善并进一步拓展自身数字业务，谋求多元化发展。近年来，《华尔街日报》《纽约时报》等知名媒体都实施了"付费墙"策略，以保障数字业务收益。2016年8月，作为美国付费发行量最大的财经报纸，也是媒体在线付费阅读的先行者，《华尔街日报》对其"付费墙"做出了尝试性改动，通过多种方式吸引付费用户。一是允许订阅用户在社交媒体上分享链接，非订阅者可以免费浏览他们分享到社交媒体上的这些文章，并在每篇会员或记者分享的文章里，都会放进入会申请，此举让用户从单纯的读者成为了推广者；二是给予非订阅用户24小时的"访客权限"，允许他们在权限期内免费浏览《华尔街日报》网站上的一些文章样本，以此吸引用户订阅[2]。此外，《华尔街日报》还对用户付费订阅理由进行分析，了解用户消费心理和订阅习惯，持续优化订阅体验。在纸媒广告收入不景气的当下，《华尔街日报》面临巨大的经营压力，在其宣布裁员和收购以精简新闻编辑室规模，逐步实现现代化以改善该部门移动与专业信息商业产品的同时，数字订阅用户量

---

[1] 再也见不到你！国内外这些媒体"死"在了2016年［EB/OL］.http：//mt.sohu.com/20161207/n475224124.shtml

[2] 华尔街日报将付费订阅做到极致："卖会员"更吸粉［EB/OL］.http：//news.163.com/16/1213/09/C85IJ5E1000181KO.html

却不断增长，这也证明了其"付费墙"策略的完善已初见成效。同样，英国《电讯报》也调整了其"付费墙"策略，以期获得更多的付费订阅者，并推出了一项订阅《电讯报》的附加付费服务，《电讯报》中大约有20%的内容将只向附加服务的订阅者提供[1]，目的是为用户提供更好更精准的服务。

除了实行并改善"付费墙"策略，各大媒体还不断完善数字媒体业务，创新产品及服务。以《纽约时报》为例，2016年《纽约时报》的数字业务营收接近5亿美元，远超过许多顶尖出版机构在同领域的收入。一年来，《纽约时报》在先进技术研发应用方面取得了较大突破，于2016年春天成立了名为"Story[X]"的新部门，专门尝试机器学习和机器翻译等新兴技术。[2] 在2016度美国大选中，《纽约时报》就利用人工智能技术开发了聊天机器人播报每日选情。《纽约时报》还是新闻界中试水VR技术的先行者，是全球最早开设VR频道的媒体，其与谷歌公司一起将Google地图服务与一项36小时旅游系列报道巧妙结合，做成"虚拟现实体验包"；2016年，《纽约时报》还收购了实验性VR/AR设计工作室Fake Love，将其并入《纽约时报》内部的原生广告团队T Brand Studio。2016年6月18日，在被誉为广告界的奥斯卡戛纳国际创意节上，《纽约时报》虚拟现实应用NYT VR获得了移动类全场大奖和娱乐类全场大奖。这款虚拟现实App目前已经上线了20多部VR纪录片。VR技术为《纽约时报》提供了一种新的叙事方式，并将VR融入到现有的和未来的广告产品中，成为其数字广告收入的又一个全新来源。此外，《纽约时报》不断拓展自身的业务范畴，开展跨界融合。如2016年5月，《纽约时报》推出外卖业务，宣布与创业公司Chef'd合作出售配料，所有食谱均取自《纽约时报》美食专栏。用户只需订购自己喜欢的食谱，Chef'd便会在24至48小时内将新鲜的半成品送货上门。[3]

在互联网快速普及的今天，视频逐渐成为数字媒体的创新点，各大传媒巨头相继在视频领域发力。《纽约时报》倾力打造全新的视频直播团队，并于2016年底创立"每日360度"全方位视频新闻中心，保证每天有一条全方位视频新闻报道；《华盛顿邮报》也在2017年初宣布将其视频团队的工作岗位增加30个[4]，以满足其视频产品布局计划，新增员工主要承担视频脚本撰写工作；美国最大报业出版商《今日美国》也开启了"视频优先"编辑模式，尝试将原本由100多个地方媒体机构组成的"传媒帝国"进行整合，发力在线视频，将其作为新媒体战略的核心内容[5]。

2. 出版商转型融合取得进一步突破

过去一年来，国际大型出版商持续推进自我转型，壮大自身实力，各个领域均取得了较大突破。一是出版商加速数字出版业务布局。如在2016年电子书收入下降的态势下，阿歇特收购了多家电子书公司，并通过布局App市场，加速推进数字出版。2016年4月，阿歇特联手《唐顿庄园》作者朱莉安·菲罗斯推出历史剧连载App"Belgravia"；5月，与两家游戏开发商合作，推出App"足球新星自传"（New Star Soccer G-Story）；6月，收购了移动游戏开发公司Neon Play；12月，收购移动游戏公司Brainbow[6]。二是提升专业化服务质量。作为一家专业出版社，美国威利出版公司通过策

---

[1] 英国《电讯报》调整"付费墙"战略 提供更精准服务［EB/OL］.http://news.xinhuanet.com/zgjx/2016-11/15/c_135830068.htm

[2] 拯救传媒帝国:《纽约时报》的数字化革命之路［EB/OL］.http://tech.163.com/17/0219/07/CDKCS1N900097U7R.html

[3] 你没有看错:《纽约时报》要做食材外卖了［EB/OL］.http://tech.sina.com.cn/i/2016-05-06/doc-ifxryhhh1662168.shtml

[4] 《华盛顿邮报》: 视频领域再发力以求新增长［EB/OL］.http://www.guanmedia.com/news/detail_5437.html

[5] 《今日美国》: 开启"视频优先"编辑模式［EB/OL］.http://www.dvbcn.com/2016/10/09-133659.html

[6] 2016国际大众类出版集团年报分析［EB/OL］.http://www.cbbr.com.cn/article/111774.html

略投资推进转型,并不断拓展数字平台的功能及服务,以增强其提供知识型数字服务的能力。2016年,威利公司更加专注于提供知识型服务,如升级线上图书馆(Wiley Online Library)功能,提供直观导航、增强可见性、拓展功能并提供一系列定制选项。WOL 开发的 Early View 软件,方便用户在文章付印前浏览单篇内容;WOL 开发的期刊 App 则方便用户用平板电脑和其他移动设备获取 200 多种图书上的文章和相关内容[1];并开设 Wiley Author Services 平台,帮助作者追踪其论文发表进度,并开始涉足非传统的出版技术领域,斥资 1.2 亿美元收购出版软件及服务供应商 Atypon,开发招聘平台和专业技能培养工具。2016 年财年,威利集团的 17 亿美元收入中,有 63% 来自数字产品和服务平台上的突破。[2] 而爱思唯尔在 2016 年同样致力于为科研用户提供智能化的系列产品及服务。如为满足科研及政府管理人员的需求,其科研管理工具 SciVal 基于文摘及引文数据库 Scopus,将文献数据、衡量指标、专利引用及高度可视化进行整合,为科研决策提供循证依据,帮助机构制定、实施及评估研究策略。分析服务团队通过整合高质量数据源及技术研究指标的专业知识,对研究结果提供准确、公正的分析。此外,爱思唯尔还通过提供 Science Direct 高级推荐、通过 Mendeley 建立社交媒体合作等增值服务来提升用户满意度,并通过创立新刊、增加 OA 期刊及扩大新兴市场的份额,继续提升品牌内容的质量,实现业务的不断增长。三是创新业务模式。过去一年来,出版商的转型更加注重以人为本,从用户角度出发,为用户提供优质服务。如企鹅兰登书屋(英国)研发了一款在线荐书引擎 Flipper,帮助读者在圣诞期间在线挑选图书礼物。用户可以在 Flipper 上输入心仪对象的性格和年龄,系统就可以在超过 400 种图书中帮他们选择适合的一种,范围涵盖该社当年的重点图书、精美礼品书、精装本和有声书。哈珀·柯林斯则推出了一款在线平台 Book Gig,英国的所有作者都能在该平台上进行谈话、签售、问答、朗读工作坊等活动直播,每场活动的官方主页上都附有售票链接,同时用户还能通过活动举办地官网购书,由此通过线上作者活动增进作者与读者的联系。

学术出版在内容获取与共享方面取得新突破。2016 年 3 月,施普林格·自然集团宣布将该集团在 2014 年发起的面向学术科研界的内容共享计划无限期推行。在此次新计划当中,自然集团向旗下学术期刊的所有作者、该集团下属主要研究期刊的作者及获得所有者授权的主要学术期刊提供可以免费分享的阅读链接。包括 BBC、《经济学人》和《纽约时报》在内的主要媒体也在此范围内。由此施普林格·自然集团将在每年向全球学术科研界提供 30 万单位最新学术论文共分享。而在教育出版领域,过去一年来,由于大学入学率降低、经济走势不明朗、家庭可支配收入减少、毕业生就业率不高、分销渠道盘整、教材租赁市场兴起等因素的影响,高教市场面临前所未有的巨大挑战,教育市场整体下滑了 14%,尤其是教材租赁市场以 7% 的速度增长,导致出版社的收入受到严重影响,由此教育出版商纷纷加快数字业务的调整。2016 年,培生教育出版集团对产品线进行了评估与整合,使产品研发更关注于学生学习和用户体验的设计,更符合学生对新一代课件和在线服务的适应性、个性化学习。培生开发了数字课件工具 Revel,该工具融入作者授课、交互媒介、评估等内容,学生支付 65 美元即可下载 Revel 到电脑、平板和移动手机上使用。针对解决教材价格高及供应不及时的问题,培生还开展了数字直达(Digital Direct Access)项目,学生在秋季上课第一天就可以拿到数字课件,费用也能节省 60%。此外,培生教育出版集团还与 IBM Watson 公司合作推出虚拟

---

[1] 国际学术及教育出版集团 2016 年报分析[EB/OL].http://www.cbbr.com.cn/article/111769.html
[2] 国际出版转型 出版的核心仍要落实到人[EB/OL].http://www.cbbr.com.cn/article/108914.html

的导师软件,指导学生的学习进度。2016 年,培生共投入 7 亿英镑推动数字转型,数字业务收入占比增至 68%。

3. 电子书市场发展渐趋平缓

电子书作为数字出版最早的产品形态之一,在数字出版市场中居于核心地位。据数据统计互联网公司 Statista 发布的 2016 年全球数字出版领域报告显示[1],2016 年全球包括电子书、数字期刊、数字报纸等在内的数字出版市场规模达 153 亿美元,占数字媒体市场的 18.2%。美国、欧洲、中国位列全球数字出版市场前三名。其中,2016 年电子书收入为 108 亿美元,占全球数字出版市场总收入的 71.1%。

然而,经过早期的爆发式增长,近年来英美等国的电子书虽然仍占据不容忽视的一席之地,但其市场饱和现象日益凸显。据尼尔森发布的数据显示,2016 年全球电子书的销量与 2015 年相比,同比下降了 16%。[2] 其中,少年小说销量下降尤其明显,同比下降了 28%,成年人小说销量同比下降了 15%。以英国为例,根据英国发行商协会的数据,2016 年英国市场消费类电子书的销售同比下降 17%。[3] 哈珀·柯林斯出版集团是英国众多出版巨头中唯一一家在电子书销售方面实现增长的出版商。而据尼尔森和英国消费者协会的数据显示[4],电子书的市场份额下降了 4%。2016 年,英国虚构类和非虚构类小说电子书的市场份额下降了 2%,少儿读物的电子书市场份额与 2015 年持平,自出版的电子书销售额也有所减少。与电子书市场疲软状态不同的是,2016 年英国有声书的市场规模上升了 11%,成为出版业颇具潜力的新生市场。美国电子书市场与英国相似,据美国出版商协会统计数据,2016 年前 9 个月度中,美国电子书销售量下滑了 18.7%。不仅仅是美英两国,德国等欧洲主要地区的电子书市场发展同样面临停滞。

全球电子书销量下降主要有以下几点原因:一是电子书价格上涨,2016 年电子书的价格相比于 2015 年平均上涨了 3 美元,每本电子书的售价大约为 8 美元,有部分电子书价格甚至超过了原版纸质书;与此同时电子书的品质也未得到明显提升,消费者的购买意愿自然大大降低。二是随着智能手机和平板电脑的普及,专用阅读设备使用率降低。在 2011 年第一季度,70% 的电子书购买者使用电子书阅读器阅读电子书,到 2016 年,仅有 24% 的电子书购买者使用电子书阅读器阅读电子书。美国拥有阅读器和平板电脑的用户,只有 28% 的时间用于阅读电子书,智能手机用户阅读电子书的比例只占 12%。三是纸质书出现回暖现象。2016 年纸质精装书的销量较 2015 年同比上涨了 5%,自 2012 年以来,纸质书首次以 1.88 亿元的销量超过电子书。英、美两国 2016 年纸质书市场都出现了回暖,英国纸质书和期刊的销售同比增长 7%,儿童纸质书的销售同比增长 16%;美国平装书销售同比增长 7.5%,精装书销售同比增长 4.1%。在数字设备和数字媒体充斥的背景下,消费者逐渐产生了对数字内容的疲劳感。要缓解当下电子书市场的颓势,出版商的当务之急是重新制定营销策略,包括定价、销售方式的调整,同时进一步提高电子书内容品质,优化消费者阅读体验。

4. 全版权开发运营渐成全球趋势

近年来,IP 在中国如火如荼,从网络文学、动漫、游戏到影视剧及周边产品的版权开发全产业

---

[1] 人民网:2016 全球数字出版报告[EB/OL].http://media.people.com.cn/n1/2016/1229/c14677-28986361.html
[2] 三大因素成电子书销量下滑主因[EB/OL].http://www.ce.cn/culture/gd/201702/20/t20170220_20349245.shtml
[3] Publishers Association:2016 年英国电子书消费量下滑 17%[EB/OL].http://www.199it.com/archives/588012.html
[4] 尼尔森公布 2016 年英国出版业相关数据[EB/OL].http://www.cptoday.cn/news/detail/3033

链已初步形成,在国际上也掀起了同一IP多元开发的浪潮。事实上,国外IP运作由来已久且运作模式相当成熟,最著名的莫过于迪士尼,已形成了动漫、电影、周边、游戏乐园等完备的产业链体系;《哈利波特》系列小说也是全球知名IP。与国内文化产业大部分围绕网络文学为核心进行版权开发运作的模式不同,长期以来,国外的版权运营以围绕动漫形象居多,擅长利用成熟的IP运作,如通过开展影游联动和跨界营销,撬动高额回报。无论是脍炙人口的经典漫画人物超人、蝙蝠侠,抑或是《疯狂的小鸟》《古墓丽影》等热门游戏,由这些IP改编的电影在全球范围都具有超高人气,并取得了不俗的票房成绩。围绕IP开展游戏、动漫、图书出版、影视等领域的多元开发运作,已成为全球文娱产业的共同趋势。

游戏是国外IP市场的重要组成部分,随着IP效应的持续扩大,也加快了游戏领域向出版业的跨界融合。2016年,全球互动娱乐市场取得了迅猛发展,据美国咨询机构Super Data发布的《全球游戏市场报告》显示,2016年全球互动娱乐市场总收入达到了910亿美元,其中数字游戏市场和播放媒体市场创造了历史新高。同时在与新媒体和多平台的合作之下,游戏市场的发展空间也在进一步拓展。在这样的形势下,为了对游戏IP进行深度内容开发而进军出版业,成为众多游戏开发公司的共同选择。2016年末,国际游戏巨头暴雪公司宣布成立暴雪出版社,全面涉足原创出版业务[1]。暴雪出版社将负责开发和发行暴雪公司旗下图书产品,以及运营"魔兽"系列、"星际争霸"系列等暴雪品牌图书产品的版权工作。同时,该出版社也将复活绝版的《最后的守护者》《氏族之王》《部落的崛起》等。除此之外,未来暴雪出版社还将推出漫画线,以《魔兽传奇》第一卷和第二卷为起点,逐渐推出全彩的《炉石传说的艺术》和《星际争霸的影像艺术》等。同时,进一步拓展《暴雪传奇》小说及其他品牌也在计划范围之列。2016年夏天,改编自暴雪公司经典游戏《魔兽》的同名大电影在全球收获了4.3亿美元的超高票房,也成功展现了游戏粉丝在电影市场上的巨大消费力。除了魔兽之外,暴雪旗下还拥有守望先锋、暗黑破坏神、星际争霸等多个超强IP。因此在2016年,除成立出版社外,暴雪公司先后成立了暴雪影业、暴雪电竞等业务,旨在利用现有的游戏IP扩大自己的业务范围,实现商业价值的最大化。

围绕游戏向衍生图书、影视等领域进行IP多元开发,一方面提升了游戏的影响力和用户黏性;另一方面,游戏衍生书同样也可以凭借庞大的粉丝群体,创造巨大的红利。近年来,游戏衍生书已成为出版行业热点,更成为青少年图书的重要组成门类,具有良好的发展潜力和市场空间。如2016年7月,游戏开发商任天堂发布新的手机应用游戏《口袋妖怪Go》,一经发布,火爆全球。美国学乐社借势推出配套图书《口袋妖怪官方指南》和《口袋妖怪收藏家官方贴画指南》,销量迅速突破50万册大关。学乐社乘胜追击推出的相关系列图书,均都成为玩家热情追捧的产品。2016年初,由美国漫画出版商Dark Horse Comics推出的《魔兽世界编年史》(第一卷)内含超过20页全彩插图,在亚马逊、知乎论坛上都引发了网友热烈讨论。

(二)国内产业形势

2016年,国内数字出版产业发展环境日益趋好。数字经济成为推进我国国民经济发展的新动能;文化产业在国民经济中的地位日益凸显,数字出版的新兴产业地位得到充分肯定;技术革命为产业发展提供有力支撑;数字阅读需求日益旺盛。

---

[1] 游戏公司做出版衍生书红利可观[EB/OL].http://www.cbbr.com.cn/article/109878.html

1. 数字经济为经济发展注入新动力

2016年是"十三五"规划的开局之年，文化产业在国民经济中占据更重要的位置。据国家统计局发布数据显示，2016年文化产业增加值首次突破3万亿元，占GDP比重为4.07%，首次突破4%[1]，意味着中国文化产业站上新台阶，向成为国民经济支柱性产业迈出坚实一步。与此同时，"互联网+"行动计划加速推进传统产业与互联网行业的跨界融合，推动各类生产和消费活动的快速数字化。伴随互联网、云计算、大数据等新兴科技成为各领域发展的重要支撑，带动产业革新和消费升级，数字经济成为发展最快、创新最活跃、辐射最广的经济领域。2016年，中国数字经济规模首次超过20万亿元人民币，达22.4万亿元，增速高达16.6%，占GDP的比重达到30.1%，已超过美国、法国和德国[2]，增速位居世界第一。腾讯、阿里巴巴、百度、蚂蚁金服、小米、京东、滴滴出行等7家企业位居全球互联网企业20强，中国企业在数字经济领域已走在了世界前列。由此可见，以互联网为依托、数据资源为核心要素、信息技术为内生动力、融合创新为典型特征的数字经济作为一种新的经济形态，正在成为我国转型升级的重要驱动力和推动新常态下国民经济发展的新引擎，在扩展新的经济发展空间、促进经济可持续发展、推进供给侧改革、推动传统产业转型升级、带动创新等方面发挥重要作用。2016年G20杭州峰会上，中国作为主席国，首次将"数字经济"列为G20创新增长蓝图中的一项重要议题，由中国主持起草、与会各国联合发表了《二十国集团数字经济发展与合作倡议》，探讨共同利用数字机遇、应对挑战，促进数字经济推动经济实现包容性增长和发展的路径，表明发展数字经济已成为全球共识。数字经济首次被写入2017年政府工作报告，提出将"促进数字经济加快成长"，明确了数字经济在国家经济整体转型升级中的重要作用和战略意义。而数字内容产业作为数字经济在文化领域的重要体现同样具有巨大的发展潜力。

分享经济作为数字经济中的一大亮点，正在全球高速发展。在我国，分享经济由产业创新带动，由万众创业崛起，顺应国家"大众创业，万众创新"战略，得到政府的多方支持。资本的大量涌入，移动支付日渐普及，为分享经济的发展提供了有益环境。大数据时代的到来，让分享有了更为强劲的技术支撑。分享经济包括产品分享、空间分享、知识技能分享、劳务分享、资金分享及生产能力分享等，对人们的消费方式和行业服务供给模式与商业模式都带来巨大改变。据国家信息中心分享经济研究中心发布的报告显示，2016年，我国分享经济市场交易额约为34520亿元，比上年增长103%，已涵盖了生活服务、生产能力、交通出行、知识技能、房屋住宿、医疗手术、P2P网贷、网络众筹等重点领域。如Uber、滴滴出行等打车软件的兴起，为生活带来巨大便利的同时，基于实时位置的分享，让消费者和各个领域的创业者都认识到了分享的价值和意义所在。对于分享经济的概念范畴，已不再过多纠结于个人资源的闲置与否，而是以分享的理念，在更广阔的经济视野中激活经济剩余，进而形成新的业态和消费增长点。分享经济市场为社会创造巨大的经济效益和民生价值。越来越多的人成为了分享经济的参与者、推动者和受益者。在过去一年来，中国分享经济可谓遍地开花，途家、小猪短租等公寓民宿预订平台以及Airbnb民宿预订平台进入中国市场，公寓和民宿共享日益普遍；而在出行领域，分享经济更是爆发出惊人的活力，2016年8月滴滴和优步中国合并，

---

[1] 中国文化产业增加值：站上3万亿元新台阶[EB/OL].http://mt.sohu.com/business/d20170525/143473402_586041.shtml

[2] 中国2016年数字经济占GDP比重30.1% 增速居世界第一[EB/OL].http://finance.sina.com.cn/chanjing/cyxw/2017-05-26/doc-ifyfqqyh8541879.shtml

网络约车、租车已成为人们生活常态，另一方面，从2016年下半年开始，以摩拜单车、ofo单车为代表的共享单车席卷全国各个一二线城市，成为街头巷尾的一条独特风景线，共享单车逐渐已成为市内短途出行的新选择。此外，共享雨伞、共享充电宝等分享经济形态也纷纷涌现。与此同时，分享经济的发展大大推动互联网信用体系的日益完善。随着分享经济的深入发展，未来会有越来越多的行业以分享经济为契机在市场中掀起众享模式，为各行各业带来重大变革。当前知识付费的兴起，正是分享经济在知识服务领域的集中体现。

2. 新兴产业发展空间进一步扩大

2016年3月，《中华人民共和国国民经济和社会发展第十三个五年规划纲要》正式颁布，文化产业在今后五年的国家发展战略中占据更加重要的位置，包括数字出版在内的新兴文化产业在其中有着浓墨重彩的一笔。国家"十三五"规划纲要中提出"要加快发展网络视听、移动多媒体、数字出版、动漫游戏等新兴产业"。虽然早在国家"十一五"规划纲要中，就提出要"发展数字出版"，但两者的内涵与范畴是有很大差别的。"十一五"时期，我国数字出版的刚刚起步，那时的数字出版范畴主要为传统书报刊内容的数字化。经过了"十一五"的萌芽期和"十二五"的成长期，在已经步入"十三五"的今天，数字出版已经成为意识形态传播的主要阵地和新闻出版产业发展的重要方向。大数据、云计算、机器学习、VR/AR等新技术日新月异，传统媒体与新兴媒体相互交融，特别是近年来IP思维的盛行，内容价值日益凸显，新闻出版业乃至整个文化产业的环境与结构得以重塑。故而，数字出版被纳入国家"十三五"规划纲要，所蕴含的意义更加深远，应该着眼于更加宽泛的数字内容产业乃至数字创意产业的范畴。此外，国家"十三五"规划纲要中，涉及新闻出版业8个方面的工作，新闻出版"一大三小"工程（"全民阅读工程""国家重大出版工程""少数民族新闻出版东风工程"和"国家重点古籍整理出版项目"）列入国家级文化重大工程，而数字出版在这"一大三小"工程中也将发挥重要作用。

2016年11月29日，国务院发布《"十三五"国家战略性新兴产业发展规划》，将数字创意产业与网络经济、高端制造、生物经济、绿色低碳共同列为"十三五"时期五大战略新兴产业，并指出要"促进数字创意产业蓬勃发展，创造引领新消费，以数字技术和先进理念推动文化创意与创新设计等产业加快发展，促进文化科技深度融合、相关产业相互渗透。到2020年，形成文化引领、技术先进、链条完整的数字创意产业发展格局，相关行业产值规模达到8万亿元"的具体目标。数字创意产业纳入战略性新兴产业发展规划，是数字出版产业发展的重大利好。由此表明数字创意产业在当下国家经济发展的突出战略性地位，包括数字出版在内的数字内容产业作为数字创意产业的重要构成，在"十三五"时期将迎来更大的发展机遇和发展空间。

同时，国家对于文化产业的支持力度进一步加大。财政部下达2016年文化产业发展专项资金44.2亿元，支持项目944个，推动传统媒体和新兴媒体融合发展仍然作为重点支持方向。[1] 与往年相比，2016年文化产业发展专项资金做出重大改革，实行"市场化配置+重大项目"双驱动，做到"三个首次"：一是立足理顺政府与市场关系，首次大幅引入市场化运作机制。财政部出资15.6亿元，完善参股基金等股权出资模式，创新通过重点省级文投集团开展债权投资路径，放大财政杠杆和乘数效应，提高资源配置效率。二是围绕党中央、国务院重大决策部署，首次取消一般扶持项目，其他28.6亿元全部投入重大项目，聚焦媒体融合、文化创意、影视产业、实体书店等八个方

---

[1] 财政部下达44.2亿元文化产业发展专项资金［EB/OL］.http：//news.xinhuanet.com/fortune/2016-08/05/c_1119342868.htm

面，着力提高财政推动文化领域供给侧改革贡献度。三是与宣传文化部门统筹谋划、共同实施，首次建立牵头部门负责制。自2016年起，财政资金的支持重点将是"扶强扶优"，而不是"扶贫扶弱"，引入市场化运作模式，改革资金分配方式，进一步理顺政府与市场的关系，优化资金投向，更大程度地发挥财政资金的杠杆作用，实现财政资金效益最大化。

3. 技术革命方兴未艾

科学技术的发展是产业革新升级和经济社会进步的重要推动力。过去的300多年里，人类所经历的历次重大产业革命都沿袭着这样的规律：现有产业+新技术=新产业。当今社会，新一轮科技革命和产业革命方兴未艾，其根本动力在于信息技术指数级增长、数字化网络化普及应用、人工智能技术战略突破、大数据的爆发和集成创新兴起。人类社会已步入智能时代，智能革命一次又一次地颠覆人们现有的认知。人与互联网，人与人，产业之间的连接更加紧密。所谓"科技发展一小步，人类文明一大步"，科学技术从来没有像今天这样对社会带来深刻影响，也从未像今天这样与人们的生活息息相关。同时，可以看到当前社会发展和产业变革不再单纯依靠某种单一技术的发展，而是多种新兴技术的交叉融合演进，协同驱动构建未来智能社会的基础架构。

近两年，区块链概念迅速兴起，成为互联网、金融等领域关注热点。区块链技术是一种分布式数据库技术，具有去中介化、不可篡改、集体维护、公开透明等特征，其发端于虚拟货币，自2009年虚拟货币在全球范围内兴起，区块链技术逐步走入人们的视野，被视为继蒸汽机、电力、信息和互联网科技之后，目前最有潜力触发第五轮颠覆性革命浪潮的核心技术。本质上，区块链是一种高度可信的数据库技术，是以TCP/IP为代表的信息互联网向以数字货币为代表的价值互联网演变的主要承载技术，对于互联网诚信机制的建立发挥着重要作用，可以解决复杂场景下多方协作和互信问题。区块链技术的核心是沿时间轴记录数据与合约，并且只能读取和写入，不能修改和删除。在应用层面，区块链的安全、透明、高效三大优势，有助于规范互联网金融的发展，以及促进物联网和共享经济的普及与创新；在资本市场，采用分布式数据库和智能合约可以大幅减少人工核对工作，为金融机构节省成本，实现价值交换双方直接挂钩。区块链将在数字货币、金融服务、医疗健康、知识产权保护、供应链管理、电子政务等领域都会有很广的应用前景，对于构建数字经济发展的新生态具有十分重要意义。目前，区块链技术基本属于研究领域，但国内外的一些大型企业已经嗅到商机，率先开始布局。

智能机器人AlphaGo在比赛中大胜世界排名第一的围棋名将柯洁，让人工智能技术成为世人皆知并为之震惊。在过去一年里，人工智能技术的发展，一次次地颠覆着人们的想象力。人工智能已逐渐应用于工业制造、农业、医疗、教育、金融等各个领域、多个方面，其应用场景和应用范围的边界正在不断拓展、融合与重塑。对人们的生活和生产形成潜移默化却又意义深远的影响。在工业领域，人工智能大幅改善工业机器人的工作性能，推进制造流程的自动化和无人化；在零售行业，人工智能将通过用户画像为消费者推送他们可能喜欢的商品；在金融领域，人工智能可识别安全隐患，预测股市走向等；在医疗领域，人工智能技术为医生提供外脑支持，为患者提供更为精准和个性化的医疗解决方案，有效提高诊断效率和手术成功率。过去一年里，国内外的互联网企业、IT企业都在技术布局方面都达成了空前的一致，就是人工智能。百度、阿里巴巴、小米、华为等企业均在人工智能领域大力投入，并将其视为公司未来发展的重要方向。百度就宣称未来的百度不应被称为互联网公司，而是应该称为人工智能公司。近年来，百度的确在人工智能方面取得了突出成绩，在国内外享有盛誉。2016年2月，《麻省理工科技评论》将百度的Deep Speech2深度语音学习技术评为十大突破性技术，并与航天科技、纳米工程等并列，也是中国唯一一家入选公司；当年10月，《财富》杂志又将百度与谷歌、微软、脸书并列称为AI四巨头，同时也是唯一的中国企业。2016年的百度世界大会上[1]，百度发布了基于人工智能的百度大脑产品，分别具有语音技术、图像识别技术、自然语言处理技术、用户画像技术等方面能力。其中，百度的语音识别的准确率高达97%；人脸识别检测准确率达到99.7%，已被运用达到了无人车领域，负责识别道路上的各种物体，对于整个无人车行业的发展有着加速推动作用。阿里巴巴在人工智能方面也进行了积极探索。2016年8月，阿里云推出人工智能ET。其基于阿里云强大的计算能力，目前已具备智能语音交互、图像/视频识别、交通预测、情感分析等技能，并能够在交通、工业生产、健康等领域输出决策。如阿里巴巴帮助浙江交通厅，让其监测交通成本降低了90%，对未来路况预测的准确率也达到了90%。此外，人工智能重塑信息传播流程与方式，在新闻出版、数字娱乐等领域的应用的不断深入，将对数字内容产业带来深远影响。

4. 数字阅读率持续提高

据中国互联网络信息中心（CNNIC）发布的《第39次中国互联网发展状况统计报告》显示，截至2016年12月，我国网民规模达到7.31亿人，普及率达到53.2%，超过全球平均水平3.1个百分点，超过亚洲平均水平7.6个百分点。其中，手机网民规模达到6.95亿人，占整体网民的95.1%。相较之下，台式电脑、笔记本电脑的使用率均出现下降，手机已成为国民上网的绝对主流载体。同时可以看到，互联网和移动互联网用户已达到一定的体量与规模，近几年网民增长幅度整体趋缓，表现出平稳增长的特性。随着易转化人群规模的逐渐减少，我国非网民的转化速度将逐步转慢。2016年，即时通信、搜索引擎、网络新闻、网络视频、网络音乐、网上支付、网络购物、网络游戏、地图查询、网上银行为2016年中国网民互联网应用使用率前10名，同时，新闻、音乐、网络视频、网络文学等数字内容类应用向移动端发展更加明显，人们用手机看新闻、听音乐、看视频、看小说已成为生活、娱乐的常态。以网络新闻应用为例，截至2016年12月，我国网络新闻用户规模为6.14亿，年增长率为8.8%，网民使用比例达到84.0%。其中，手机网络新闻用户规模达到5.71亿，占手机网民的82.2%，年增长率为18.6%。

据中国新闻出版研究院"第十四次全国国民阅读调查报告"结果显示，2016年，我国成年国民各媒介综合阅读率为79.9%，较2015年的79.6%略有提升，成年国民图书阅读率为58.8%，同比上升0.4个百分点；数字化阅读方式的接触率为68.2%，同比上升4.2个百分点，数字阅读率连续八年增长。我国成年国民每天接触新兴媒介的时长整体上有不同程度的提升，手机接触时长增长显著，我国成年国民人均每天手机触时长为74.40分钟，比2015年增加了12.19分钟；人均每天微信阅读时长为26分钟，较2015年增加了3.37分钟。另外，调查还显示，对于同样内容的纸质版和电子版图书，在数字化阅读方式接触者中，有51.2%的人更倾向于购买电子版，但有13.8%的国民表示2016年"增加了数字内容的阅读"。由此表明数字阅读的阅读需求和消费意愿不断提升。

从数字化阅读方式的人群分布特征来看，我国成年数字化阅读方式接触者中，18—29周岁人群占到36.3%，30—39周岁人群占27.1%，40—49周岁人群占22.9%，50—59周岁人群占9.7%。可见，我国成年数字化阅读接触者中的86.3%是18—49周岁人群，仍然是偏年轻化，而这部分恰恰是消费力最旺盛的群体。总体来看，移动阅读、社交阅读正在成为国民新的阅读趋势。国民对阅读的需求日趋旺盛，对个人的阅读需求和全民阅读公共服务的需求均不断提高，意味着开展全民阅读活动正面临良好的发展机会。随着全民阅读纳入国家战略，全民阅读的首个国家级五年规划《全民阅读"十三五"时期发

---

[1] 百度人工智能布局效果显著［EB/OL］. http://www.eepw.com.cn/article/201610/312034.htm

展规划》的出台，以及全民阅读立法的持续推进，数字阅读在全民阅读工作中将发挥日益重要的作用。

二、数字出版产业规模分析

2016年，我国数字出版产业继续保持强势增长势头，全年收入规模超过5700亿元。其中，互联网广告、移动出版与网络游戏依然占据收入榜前三位。

（一）收入规模整体向好

1. 整体收入规模持续增长

2016年国内数字出版产业整体收入规模为5720.85亿元，比2015年增长29.9%。其中，互联网期刊收入达17.5亿元，电子书达52亿元，数字报纸（不含手机报）达9亿元，博客类应用达45.3亿元，在线音乐达61亿元，网络动漫达155亿元，移动出版（手机彩铃、铃音、移动游戏等）达1399.5亿元，网络游戏达827.85亿元，在线教育达251亿元，互联网广告达2902.7亿元。整体情况见表1。

表1　数字出版产业收入情况

单位：亿元

数字出版分类	2007年	2008年	2009年	2010年	2011年	2012年	2013年	2014年	2015年	2016年
互联网期刊	6+1.6（多媒体互动期刊）	5.13	6	7.49	9.34	10.83	12.15	14.3	15.85	17.5
电子书	2（电子图书）	3（电子图书）	14（电子图书4+电子阅读器10）	24.8（电子图书5+电子阅读器19.8）	16.5（电子图书7+电子阅读器9.5）	31	38	45	49	52
数字报纸	1.5+8.5（网络报+手机报）	2.5（网络版）	3.1（网络版）	6（网络版）	12（不含手机报）	15.9（不含手机报）	11.6（不含手机报）	10.5（不含手机报）	9.6（不含手机报）	9（不含手机报）
博客类应用	9.75	—	—	10	24	40	15	33.2	11.8	45.3
在线音乐	1.52	1.3	—	2.8	3.8	18.2	43.6	52.4	55	61
移动出版	150	190.8	314	349.8（未包括手机动漫）	367.34（未包括手机动漫）	472.21（未包括手机动漫）	579.6（未包括手机动漫）	784.9（未包括手机动漫）	1055.9（未包括移动动漫）	1399.5（未包括移动动漫）
网络游戏	105.7	183.79	256.2	323.7	428.5	569.6	718.4	869.4	888.8	827.85
网络动漫	0.25	—	—	6	3.5	5	22	38	44.2	155
在线教育	—	—	—	—	—	—	—	—	180	251[1]
互联网广告	75.6	170.04	206.1	321.2	512.9	753.1	1100	1540	2093.7	2902.7[2]
合计	362.42	556.56	799.4	1051.79	1377.88	1935.49	2540.35	3387.7	4403.85	5720.85

---

[1]　数据来源：吕森林，邵银娟，孙洪湛，冯超，庄淑雅.2016—2017中国互联网教育行业蓝皮书[M].北京大学出版社.2017年5月第1版.主要包括学前教育、中小学教育、高等教育、职业教育、语言学习、企业培训、才艺教育等领域。

[2]　数据来源：艾瑞咨询《2017年中国网络广告市场年度监测报告（简版）》。

从表 1 中我们可以看出：互联网期刊的收入规模从 2006 年的 5 亿元增长至 2016 年的 17.5 亿元，虽在 12 年间增幅出现过些微起伏波动，但总体依旧呈现增长趋势，且近几年来态势趋稳。电子图书（e-book）收入规模 2006 年为 1.5 亿元，2007 年为 2 亿元，2008 年为 3 亿元，2009 为 4 亿元，2010 年为 5 亿元，2011 年为 7 亿元，2012 年为 31 亿元，2013 年为 38 亿元，2014 年为 45 亿元，2015 年为 49 亿元，2016 年为 52 亿元，虽然其收入总量与纸版图书销售收入相比，所占比例依然很少，但从 2012 年开始，呈现快速增长态势，年平均增长幅度达 16.13%。这与国家大力推广全民阅读、建设书香社会，出版企业生产制作能力提升、平台运营商推动运营模式创新、智能移动阅读终端的广泛普及和用户数字阅读习惯的逐步养成等诸多因素密不可分。

移动出版和网络游戏的收入分别为 1399.5 亿元和 827.85 亿元，在数字出版总收入中所占比例分别为 24.46% 和 14.47%，两者合计占比 38.93%，接近全年总收入规模的 40%，这说明虽然网络游戏在全年总收入中占比有所下降，但移动出版和网络游戏依然是拉动数字出版产业收入的主力军，地位比较稳固，也意味着休闲、娱乐类产品在数字出版产品形态中占据了相当比重。网络广告在 2006 年至 2016 年的十一年间都实现了大幅度增长，表现出强劲的发展势头。

2. 传统书报刊数字化占比仍在下降

图书、报纸、期刊作为我国传统新闻出版单位的主营业务，一直颇受重视。近些年来，这些单位纷纷开始进行转型升级工作，开展数字出版业务，但是相对来说仍存在转型速度较慢、升级不彻底等问题。

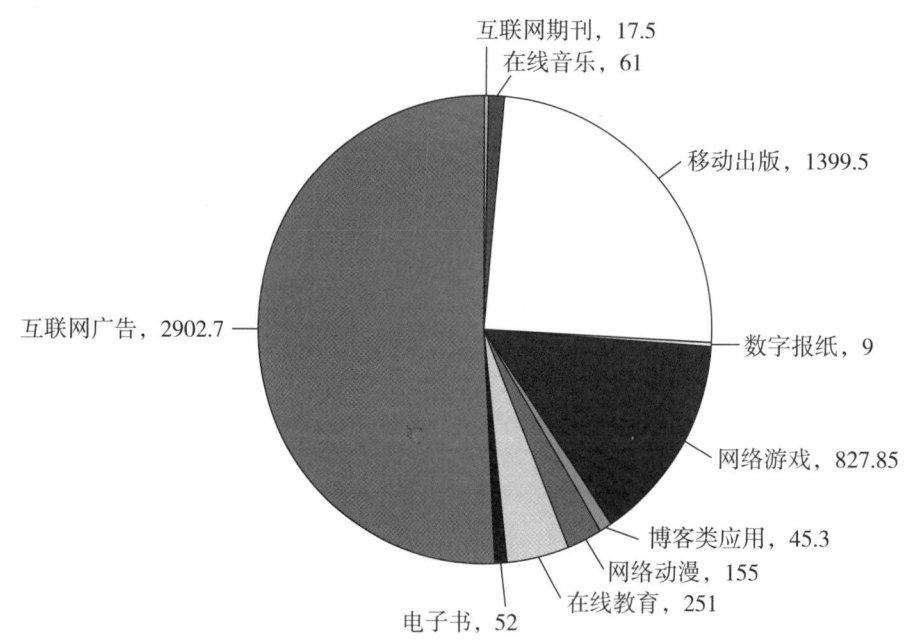

图 1　2016 年数字出版产业收入情况（单位：亿元）

从图 1 的数据我们可以看出，2016 年互联网期刊、电子图书、数字报纸的总收入为 78.5 亿元，比 2015 年增长了 5.44%，在数字出版总收入中所占比例为 1.37%，相较于 2015 年的 1.69% 和 2014 年的 2.06% 来说，继续处于下降阶段。这说明传统出版单位在数字化转型升级、融合发展方面仍需要加大力度，要加强转型升级与融合发展路径与方向规划，以内容为中心，深度挖掘内容价值，充分利用互联网等渠道，开展新业务，开发新产品，提供新服务；要加强对存量资源的盘活与充分应用，使内容资源优势得到最大化发挥；要甄别使用高新技术，实现内容与技术的有效融合，保证增量资源的持续拓展，形成存量资源与增量资源的良性互动，增强市场竞争能力，巩固和提升已有的市场份额。

3. 新兴板块发展强劲

2016年，移动出版收入规模为1399.5亿元，在线教育收入规模为251亿元，网络动漫收入规模为155亿元，三者占数字出版收入规模的比例为31.56%，比2015年增加了2.49%，表明移动出版依然是数字出版的重要发展方向，具有雄厚的发展潜力；在线教育作为数字教育出版的核心部分，经过多年布局与市场竞争，产业取得进一步发展；网络动漫经过多年的探索与坚持，在IP运营日益受到重视的情况下，已经进入发展的快车道。

（二）用户规模保持平稳

从表2可以看出：截至2016年底，我国数字出版产业的累计用户规模达到16.73亿人（家/个）（包含了重复注册和历年尘封的用户等）。网络游戏的用户规模数在2008年至2016年都有一个跨越式的大幅增长过程。在线音乐用户数保持平稳增长。另外，虽然原创网络文学注册用户数从2009年开始统计，但也保持着高速增长的势头。

表2 2007—2015年中国数字出版产业用户规模

单位：人/家/个

数字出版物	2007年	2008年	2009年	2011年	2012年	2013年	2014年	2015年	2016年	来源
互联网期刊用户数	7600万人	8700万人	9500万人	数据缺失	数据缺失	数据缺失	数据缺失	数据缺失	数据缺失	—
电子图书机构用户数	3800家	4000家	4500家	8000家	8500家	数据缺失	数据缺失	数据缺失	数据缺失	—
数字报纸用户数	手机报2500万	5500万人	6500万人	>3亿人	数据缺失	数据缺失	数据缺失	数据缺失	数据缺失	—
博客类应用注册用户数	9100万	1.62亿	2.21亿	3.1864亿	3.7299亿	4.37亿	1.1亿	4.7457亿	2.71亿[1]	《第39次中国互联网络发展状况统计报告》
在线音乐用户数	1.45亿	2.48亿人	3.2亿人	3.8亿人	4.36亿人	4.5亿人	4.78亿人	5.01亿人	5.03亿人	《第39次中国互联网络发展状况统计报告》
网络游戏用户数	4017万人	4935万人	6587万人	1.2亿人	1.4亿人	1.5亿人	3.66亿人	4.51亿人	5.66亿人	分报告
手机阅读活跃用户数	—	1.04亿	1.55亿	3.09亿	数据缺失	数据缺失	数据缺失	数据缺失	数据缺失	—
原创网络文学注册用户数	—	—	1.62亿人	2.03亿（数据截止于2011年12月）	2.33亿（数据截止于2012年12月）	2.74亿（数据截止于2013年12月）	2.94亿（数据截止于2014年12月）	2.97亿（数据截止于2015年12月）	3.33亿（数据截止于2016年12月）	《第39次中国互联网络发展状况统计报告》
合计[2]	—	—	10.84亿	16.31亿	11.82亿	13.11亿	12.48亿	17.2357亿	16.73亿	—

---

[1] 这里主要采集的是2016年微博用户数据。

[2] 电子图书机构用户数没有计算在内；2012、2013、2014、2015、2016互联网期刊用户数、数字报纸用户数和手机阅读活跃用户数缺失，未计算。

三、数字出版产业态势分析

产业发展进入变速期，从高速发展步入中高速发展阶段。2016年是"十三五"的开局之年，也是蓄势沉淀、积蓄能量的一年。过去一年来，主管部门对产业转型融合的规划部署和引导力度进一步加强，政策举措更加精准到位，出版单位转型融合不断取得突破。多领域发展成绩显著：网络文学发展势头持续强劲；数字教育出版路径、模式渐趋清晰；知识服务取得阶段性成果；有声阅读成为数字阅读的新兴增长点，发展前景广阔。行业管理机制不断健全，主管部门引导与行业自律机制逐渐形成；保障体系进一步完善。

（一）政策引导扶持力度进一步增强

2016年是"十三五"开局之年，国家对于文化产业予以更加充分的重视和全面部署。主管部门以国家政策为依循，推动新闻出版转型升级、融合发展的政策指向性更加明确，部署更加全面、具体、细化，推进转型融合的成效日益显著。

2016年，《新闻出版广播影视业"十三五"时期发展规划》已完成编制，数字出版"十三五"时期发展规划、新闻出版业科技"十三五"时期发展规划等十多个专项规划业已出台，转型升级仍将是新闻出版业"十三五"时期的重点任务，并在全面完成转型升级的基础上，实现初步融合发展。"十三五"期间，国家新闻出版广电总局将通过实施数字出版产业化应用示范工程，分类支持出版单位针对特定领域开展数字出版产业化应用服务示范，探索不同领域的模式创新及产业化应用。在教育出版领域，支持出版单位开发数字教育内容资源产品、课程体系和服务平台，推出一批服务于教育领域的整体解决方案，提升教育出版内容资源运营能力和水平；在专业出版领域，支持出版单位整合同类资源，开发成体系的专业内容知识资源产品和垂直服务平台，探索知识服务产业化应用模式；在大众出版领域，支持出版单位加快内容资源数字化转换进程，发挥资源优势，开发多种产品，在全民阅读、公共文化服务体系建设和信息服务等领域探索产业化推广模式。

2016年，国家新闻出版广电总局把推进行业机构建设和智库建设作为布局重点。当年5月，总局发布《关于申报出版融合发展重点实验室有关工作的通知》，并于12月底公布了20家出版融合发展重点实验室依托单位和共建名单。各家实验室将围绕出版融合发展的重大课题、重大项目和重点发展方向开展集智攻关，为新闻出版业转型升级、融合发展提供示范经验和智力支撑，更为有效地发挥行业带动示范效应，以推进转型升级的整体进程。目前，已有部分实验室挂牌并正式投入运营。同年10月，为逐步完善新闻出版业科技创新体系，提高新闻出版领域科技自主创新能力，总局发布《关于开展首批新闻出版业科技与标准重点实验室申报工作的通知》，并同样于2016年底公布了"首批新闻出版业科技与标准重点实验室名单"。2016年10月，总局出台《关于加快新闻出版业实验室建设的指导意见》。该意见指出："到'十三五'期末，通过建设重点突出、布局合理、规模适度的实验室群，全面推进关键技术研发，深入开展标准研制，提升行业科技成果的应用水平，全面推动数字化转型升级，积极探索融合发展的模式创新，促进人才培养与队伍建设，优化创新环境，发挥新闻出版业实验室群的创新驱动力，推动新闻出版业创新体系建设。"

2016年8月，国家新闻出版广电总局发布《关于征集新闻出版业数字化转型升级软件技术服务商的通知》，面向全国开展新闻出版业数字化转型升级软件技术服务商的征集工作，并于当年10月确定《新闻出版业数字化转型升级软件技术服务商推荐名录（2016）》，供各新闻出版企业在开展数字化转型升级工作时参考。此项措施为传统出版单位和技术企业之间的合作搭建了有益桥梁，将有效引导、推进新闻出版业转型升级、融合发展。由此可见，主管部门的服务能力、引导力有了显著提升。

2016年，在政策有效指引下，出版单位的转型升级思路更加明确，视野更加开阔，融合发展的步伐迈得更大，取得了突出成效。如中国出版集团发布了《中国出版集团公司"十三五"时期融合发展规划》[1]，进一步完善了企业转型融合的顶层设计。在数字化推进的战略重点、战术手段方面，中版集团提出了强内核、强平台、强运营、强优势、强融合、强管理；在举措上"三抓"——抓开放融合、抓机制融合、抓投入产出的"六强三抓"的数字出版推进的战略重点和战术手段。此外，中版集团向金融、投资机构推介了各具特色的12大数字化融合发展项目，如以机器翻译和大数据等新技术为核心的"中译语"通项目，以在线平台建设为基础的"易阅通""译云""新华发行网"项目，将传统内容立体开发的中版昆仑传媒IP影视孵化项目、中版数字传媒"去听"项目等。一方面表明出版单位对于转型升级、融合发展有了全局化视野和清晰的模式，另一方面也体现了出版单位正在逐渐扭转以往单纯依靠财政资金扶持推进升级的模式，不断拓展融资方式。2016年10月，江苏凤凰出版传媒集团与江苏凤凰出版传媒股份有限公司共同出资成立凤凰集团财务公司，注册资本10亿元。[2] 这是江苏省首家、国内第二家由文化出版企业成立的企业集团财务公司。财务公司将通过集约化金融服务、集团化金融管理和产业链金融支持，提高集团整体资金的使用效率，创新文化产业金融服务，这表明出版单位资金运作和管理机制更加灵活。

（二）网络文学发展持续强劲

经过2015年的发展高峰，2016年网络文学仍然保持良好的发展势头。据中国互联网络信息中心（CNNIC）统计，2016年，我国网络文学用户近3.3亿。文学网站日更新总字数达2亿汉字，文学网页平均日浏览量达15亿次。这一年，网络写作者数量持续增加，总数已超过400万人。与此同时，网络文学在数字阅读中的主流地位日益突出。据《2016年数字阅读白皮书》显示，相对于2015年，2016年数字阅读内容总量增长率达到88.2%。其中，原创占比从69%上升到79.7%。

2016年，网络文学主流化进程加快。现实主义题材日益增多，以阐释改革历程、紧扣社会热点、书写生活变迁、纪录文化传承、弘扬奋斗精神、体现职业生涯等为创作主题的优秀作品不断涌现，展现着时代风貌，更加注重贴近社会现实本质、深入群众生活，让用户从其中感受到更大的共鸣。如2016年上半年大热的《欢乐颂》《翻译官》等都是引起较大社会反响的现实主义题材作品。特别是《欢乐颂》，通过故事中五个性格、年龄、身份各异的女孩，分别代表了现代社会中不同家庭的生存状态，展现了不同的价值观，是现实生活的一个缩影，她们在面临生活中的境遇所做出的选择，引发了对于感情、事业、生活态度方面的全民热议。网络文学毫无疑问已成为大众文化消费的重要部分，并涌现了不少精品佳品，所体现的价值正向，积极向上、励志清新，不仅受到广大读者的认可，更受到主管部门与业内的普遍认同。有越来越多的网络作家加入作协等行业组织机构，多个省

---

[1] 中版集团发布数字专项规划 推进12项目资本融合 [EB/OL].http://www.cbbr.com.cn/article/108820.html
[2] 江苏凤凰出版传媒集团财务有限公司正式开业 [EB/OL].http://www.js.xinhuanet.com/2016-10/27/c_1119800097.htm

市作协和行业作协相继成立网络文学组织，如公安作协和河南作协成立了网络文学学会，江苏作协和重庆作协成立了网络作家协会，山东省作协成立了网络文学委员会等，标志着网络作家和网络文学作品正逐渐获得全社会以及业界的身份认同和价值认同，价值逐渐受到主流文化认可。传统文学与网络文学从彼此独立甚至相互排斥，逐渐走向相融相通，未来网络文学与传统文学之间不再有十分鲜明的边界区分。

网络文学作为重要的IP资源，在2016年仍然具有巨大的效应。除依靠付费阅读收入外，IP运营已成为网络文学行业的重要商业模式，自网络文学改编的游戏、网络剧、影视剧等文化形态，创造广泛社会影响和可观的商业价值。随着版权环境得到显著改善，网络文学IP运作模式从一次性售卖转向对内容的深度、长线开发，产业链不断延展，带来越来越多的跨界合作。

2016年网络文学"走出去"取得重大突破。多部网络文学作品走出国门，畅销海外市场。中国网络文学已在多个海外翻译网站走红。网络文学网站纷纷开展海外市场布局，如中文在线已在美国旧金山和欧洲设立了分公司。网络文学逐渐成为彰显中国文化软实力，夯实文化自信的重要文化形态。

（三）数字教育出版取得显著突破

"十三五"时期，国家新闻出版广电总局对数字出版提出了"传统出版数字化转型升级全面完成，基本实现融合发展"的目标任务。教育出版是我国出版业的重要组成部分，推动教育出版领域的转型升级、融合发展是提升整个出版业融合发展提质增效的有力抓手。互联网+推动的不仅仅是教育资源开放和教学方式的创新实践，更是借助互联网力量对智力资源、资金、社会教育相关各类资源的汇集和重组，创造新的机制、新的教育产品和新的服务形态。在线教育、翻转课堂、MOOCs、SPOCs、数字教材、电子书包、微课等教育教学服务模式与产品不断涌现。而在线教育打破了传统教育的时空限制，让优质教育资源的共享成为可能，知识的可视化使学习变得轻松高效，真正实现了学生与教师之间的互动，已成为传统教育模式的有益补充，也是数字教育领域中最具成长性的板块，各类教育创新应用蓬勃发展。数字教育所蕴藏着巨大发展潜力，一方面吸引了腾讯、阿里巴巴、网易等互联网大型企业在数字教育领域的集中布局；另一方面，也先涌现出一批如一起作业网、学科网这样的互联网教育公司。

目前，传统教育出版单位转型升级渐趋深入，在政策引导与项目推动下，在学前教育、基础教育（K12）、高等教育、职业教育、在线培训等数字教育出版的不同层面，逐步找到适合自身的发展路径，思路更加清晰，对"十三五"时期的融合发展路径，也已形成了较为明确规划目标，并已具备了一定的项目基础。基础教育领域方面，人民教育出版社、南方出版传媒、北教传媒、时代传媒、江苏凤凰等教育出版企业纷纷开展技术攻关，在基础教育的不同领域都积累了较为坚实的基础。高等教育领域方面，高等教育出版社、浙江大学出版社、广东高等教育出版社等出版企业加快数字资源建设步伐，积极探索新的数字教育模式，其中，高等教育出版社是高教出版领域的领头羊，浙江大学出版社依托于母体大学，广东高等教育出版社依托于本地教育出版市场需求。在职业教育领域，江苏凤凰职业教育图书有限公司、人民邮电出版社、广东高等教育出版社等出版企业结合我国职业教育特点，提出了有特色的实施方案。在线培训领域，上海睿泰信息科技有限公司、高等教育出版社、教育科学出版社等出版企业抓住国家大力发展"互联网+"的有利时机，提出了独具特色的解决方案。

（四）知识服务取得阶段性成果

信息技术广泛应用促进各个领域智能化、网络化，推进知识经济发展，知识成为重要的资源和生产要素，由此也成为具有专业优势的出版企业的转型方向。政府主管部门、科研院所、出版企业三方协力，加强了对知识服务业务的探索与实践，共同推动知识服务发展。自2015年初国家新闻出版广电总局下发《关于确定专业数字内容资源知识服务模式试点单位的通知》和《关于推荐专业数字内容资源知识服务模式试点工作技术支持单位的通知》，遴选28家出版社作为知识服务试点单位，在核心技术支持单位，知识体系建设、知识加工、管理技术单位，以及运营技术支持单位的选择与合作方面，提供了参考范围与指南，有利于试点单位与技术单位深度合作，进一步推进专业出版向知识服务的转型。2016年，总局正式批复中国新闻出版研究院筹建知识资源服务中心。该中心作为面向社会提供知识服务的国家级公共服务机构，建设完成后将有效提高新闻出版业知识资源聚合度与知识资源生产供给能力，提供专业领域专家智库完成行业资源的整合汇聚，为构建国家级知识资源服务体系提供基础性组织保障。2016年一年来，行业内以"知识服务"为标签的数字化产品或服务平台不断涌现，出版单位的数字化转型升级逐渐从数字出版系统搭建、资源库建设等基础环节建设过渡到搭建知识资源服务平台，向社会提供知识资源服务的建设阶段转变；逐渐从满足用户的简单文献获取需求向利用信息动态重组形成解决方案的更高层次转变，努力探索从"内容提供商"向"知识服务提供商"的定位转型。除了搭建平台，专业出版社还利用自身优势，精选内容资源并进行结构化、知识化深加工，利用知识地图、知识导航等方式对知识体系进行展现，提供知识分类，打造多种产品形态和服务形态，帮助用户快速、系统、深入地学习相关知识，寻求解决问题的思路与方案。电子工业出版社在2016年推出了"悦读·悦学"系统与"E知元"产品，采用"内容+平台+终端"的知识服务销售模式，进行知识服务创新的探索。同时，专业出版社通过积极推动传统出版与新兴出版在编辑、创作、科研等多领域进行深度融合，提高知识服务能力；通过与行业资源合作、打造行业专家团队、进行行业学术营销等举措，打造"行业细分类、企业精服务"的特色。知识服务的发展也直接推进了大数据在出版领域逐步实现落地应用，逐步实现智慧出版，将出版社、读者、作者三者密切联系起来，出版社根据用户需求和作者所拥有的资源，推出更符合受众的产品形态。

（五）有声读物成为数字阅读新兴增长极

过去一年来，有声读物迎来发展高峰。据《2016年数字阅读白皮书》的数据显示，2016年中国有声阅读市场增长48.3%，达到29.1亿元[1]。近七成的数字阅读用户用过听书功能，月活跃用户超过1亿，月使用10次以上的占比24.2%，且付费意愿较高，达到65.3%。有声读物已成为数字阅读领域成为数字阅读领域继电子书之后的新兴增长极。随着生活节奏的不断加快，阅读的碎片化发展加剧；移动端的普及，数字阅读的需求日益旺盛，有声读物实现了阅读从视觉到听觉的感官转移，为用户带来了新的阅读体验，并有效满足了碎片化环境下人们多场景的阅读需求。

过去一年来，有声读物行业呈平台化发展态势。目前，国内已经先后出现200多个带有听书功能的移动平台，喜马拉雅FM、蜻蜓FM等有声读物平台知名龙头已然兴起，市场竞争格局初步形成。在内容方面，2016年有声平台纷纷加强与出版机构的合作，加大在有声书领域的布局。8月，喜马

---

[1] 数字阅读助推全民阅读时代［EB/OL］.http：//media.people.com.cn/n1/2017/0424/c40606-29230126.html

拉雅FM与中信出版集团、中南出版集团、上海译文出版社、果麦文化、企鹅兰登等出版商在有声改编、IP孵化、版权保护等方面达成深度战略合作[1]。而此前，喜马拉雅FM已与阅文集团达成排他性合作，目前已拥有市场上70%畅销书的有声版权，在有声书领域具有绝对优势。此外，有声读物为很多内容创业者及团队提供了机遇，将有声读物作为其传递价值观及专业知识的重点方式，如由主持人转行做内容创业者的王凯、音乐人高晓松、马东及其《奇葩说》团队、财经自媒体人吴晓波、罗振宇的《罗辑思维》等都推出了各自的有声读物产品，获得良好市场反响。财经、科技等专业垂直细分领域的内容成为有声读物发展的又一重点，通过有声读物可以在碎片化的时间里进行高效的学习，由此有声读物有望成为知识服务的新模式。

随着有声读物内容质量的不断提升，在知识付费浪潮下，各大有声读物平台纷纷推出了付费精品有声内容，有声读物行业进入了内容变现阶段，反之进一步推进有声读物在内容品质上的精耕细作。与此同时，有声读物也成为了IP生态链中的一环，网络文学、影视剧、网剧等内容转化为有声读物已然非常普遍，《盗墓笔记》《花千骨》《人民的名义》等优质IP被改编成有声读物，在各大音频平台大受欢迎。此外，以有声读物作为第一输出方式的优质内容本身就可以作为IP进行开发运作，充分发挥商业价值。

（六）社交媒体实现多元化发展多样化效应

移动互联网的迅猛发展，强烈激发了人们基于社交的信息传播需求。近年来，从微博到微信，社交媒体在人们的生活中扮演着越来越重要的角色，广泛存在于虚拟社区、即时通信、移动直播、微博微信、音视频等互联网应用的各个方面。当前，社交媒体已成为重要的资讯来源，据CNNIC数据显示，在评论方面，最近半年内，在微信、微博上参与新闻评论的网民比例分别达到62.8%和50.2%，而在手机新闻客户端和新闻网站下评论的网民比例为42.5%和35%。在新闻转发方面，朋友圈、微信公众号渠道转发率最高，分别为43.2%和29.2%。[2]微博、微信等移动端社交媒体已成为新闻获取、评论、转发、跳转的重要渠道，以及网络舆论重要源头。随着互联网和新媒体的发展，社交媒体的组织形态也发生变化，并逐渐形成强大的媒介平台。微博、微信是当前发展最快、影响力最大的社交平台。其范围广、时效性强的传播特点不断将热点事件引发成全民话题，并形成了广泛的社会效应。微博发展至今已近8年，除了业绩收入持续增长，微博已不再是一个具象的产品，而是一个综合多种细分领域的大型社交媒体平台，并已成为社会化营销的主流阵地和标配。特别是微博话题讨论量和关注度不断创出新高，源源不断地产生新的社会热点，产生广泛的社会效应。近年来，微博顺应移动互联网规律，不断实施自我转型，特别是垂直化战略的推进，不断加大对垂直领域自媒体的扶持力度。2016年第三季度，自媒体日均发布头条文章13万篇，阅读量超过1亿次，日均发布图片1.6亿张，浏览量47亿次。截至2016年10月，微博上已有45个垂直领域月阅读量超过10亿，其中18个领域更是超过了100亿。[3]其中，财经、电商、时尚、娱乐等领域已经领先开始商业化，不断巩固强化从内容生产到内容消费，再到商业变现的良性垂直生态。同时，借助多

---

[1] 喜马拉雅FM与多家出版社达成合作　开启有声出版元年［EB/OL］.http：//sh.qq.com/a/20160824/041165.htm

[2] CNNIC：2016年中国互联网新闻市场研究报告［EB/OL］.http：//www.sohu.com/a/124331109_483389

[3] 自媒体年入117亿　微博"赋能"构建新媒体生态闭环［EB/OL］.http：//tech.sina.com.cn/i/2016-10-25/doc-ifxwztrt0377201.shtml

媒体化战略，微博的内容呈现方式更加多元化。近年来，微博在内容发布方面放开140字的限制，加入了视频和直播功能，成功转型成集"文字+图片+视频+直播"的综合性内容平台。此外，微博近年来通过打赏、付费订阅加速内容变现，收入持续创出新高。

而同样发展迅速的另一个社交平台型应用——微信，虽然社交是其发展原点，即时通信是其基础功能，但其媒体属性也在不断增强。2016年，微信用户规模保持高速增长，服务人群更为广泛。据官方公布数据显示，2016年12月，微信及WeChat合并月活跃用户数达8.89亿，同比增长28%；公众平台汇聚超1000万公众账号、20万第三方开发者。[1] 据调查，近三分之二的用户最常用互联网应用是微信，超过50%的用户每天使用微信1.5小时以上，超过三分之一的用户每天使用微信4小时以上。微信快捷连接用户，极大地提升社交效率，微信帮助好友随时联络，通过朋友圈分享好友生活动态，方便朋友间增进了解、集聚话题。微信红包则进一步强化了用户间的社交关系。据微信发布《2017微信春节数据报告》[2] 显示，2017年春节期间（从除夕到初五），微信红包收发总量已达到460亿个，较2016年同比增长43.3%，再创历史新高，微信红包已成为大众传递感情的一种重要方式。与此同时，微信的媒体属性也在不断强化，万物互联的时代，社交成为所有内容的基本属性，微信以"连接一切"的理解，成为海量信息内容的聚集窗口。同时，微信公众平台为用户提供了丰富全面的信息内容，其中兴趣爱好类公众号最受用户喜爱，有41.1%的用户关注，其次是新闻资讯类公众号，有36.1%的用户关注。无论是传统媒体还是新媒体都将微信公众号作为信息发布和品牌营销的重点。如2016年12月29日《京华时报》宣布于从2017年1月1日起休刊，微信公众号、京华圈App成为其发布各类新闻资讯的重要平台，不仅包括图文资讯，每天还会发布有声内容。此外，2016年9月21日，微信小程序开始内测，作为微信提供的开放窗口，微信小程序开发成本低，被视为对App的挑战。通过公众号关联，用户可以实现公众号与小程序之间相互跳转。2017年1月9日，第一批微信小程序正式上线，"新华社微悦读"是首个上线的新闻类微信小程序[3]，具有卡片式现场阅读、记者互动等特色功能。微信小程序无须安装、轻量化的特点，开启传统媒体转型新的探索方向。

与社交平台媒体化相似的是，新闻资讯客户端也向社交媒体方向发展，强化社交功能。如以今日头条等基于机器算法的资讯客户端，就是依托于微博、微信、QQ等社交平台的分享数据作为参考，向用户推荐他们感兴趣的资讯内容。同时，无论是网易、百度、搜狐等互联网新闻客户端，还是澎湃新闻、人民日报等传统媒体新闻资讯客户端也越来越注重自身社交属性的培养，并加大了对自媒体的培育与扶持力度，建立自己的社群关系，打造自身的媒体生态闭环。可以看到，无论是社交平台媒体化，还是媒体平台社交化，社交与媒体已融为一体。同时，当前社交媒体不再盲目追求一时的热度，而是更加注重内容的持续效应，而网络直播、短视频、音频等领域的兴起，社交媒体的迭代升级多元化发展仍在继续。

（七）行业管理机制进一步健全

过去一年来，国家新闻出版广电总局加大了对数字出版的管理力度，出台了一系列管理制度与

---

[1]《微信社会经济影响力研究报告（2016）》[EB/OL].http://www.tisi.org/4861
[2] 微信公布《2017微信春节数据报告》[EB/OL].http://news.163.com/17/0224/07/CE1A2TLS000187VE.html
[3] 抢鲜看！新华社微悦读开启新闻阅读新模式[EB/OL].http://news.xinhuanet.com/politics/2017-01/09/c_1120270488.htm

指导意见，对数字出版环境的进一步优化提供了有力保障。

2016年2月4日，国家新闻出版广电总局、工业和信息化部联合颁布《网络出版服务管理规定》，自当年3月10日起施行。规定对网络出版服务许可、网络出版服务管理、监督管理、保障与奖励，以及法律责任做出说明。该规定是对2002年颁布的《互联网出版管理暂行规定》的补充与修订，自《暂行修订》颁布以来的十几年内，互联网出版环境发生了巨大改变，《网络出版服务管理规定》的颁布既是出于产业发展的实践需要，也是出于中央层面对网络管理的基本要求。一是网络出版服务业快速发展，亟待加强引导与规范。近年来，伴随网络技术的迅猛发展，网络基础条件的显著改善，网络应用的日益普及，网络信息服务内容得到极大丰富，网络出版服务行业得以迅猛发展，网络出版形式日益多元，网络出版服务网站不断涌现。与此同时，也出现了大量未经批准的非法网站和淫秽色情、有害信息等违禁内容在网络传播，依法监管面临更大挑战。为进一步规范网络出版市场秩序，维护国家网络出版领域的文化安全，亟须完善有关法规和规章。二是，近年来中央关于加强文化建设和管理，出台了一系列重要文件精神和国务院对于国家新闻出版广电总局提出的相关职责要求，亟须纳入规章要求。近年来，随着网络服务业的快速发展，中央对于网络文化建设和管理不断提出更高要求，并对国家新闻出版广电总局开展网络出版服务管理的范围、边界等进行了划分和调整。通过《网络出版服务管理规定》，进一步规范了网络出版服务行为，加强内容监管，对于网络出版产业将起到有力促进作用。

针对数字出版具体业务领域，主管部门也加大了管理力度。2016年6月，总局出台了《关于移动游戏出版服务管理的通知》（简称《通知》），推动了移动游戏出版的规范化管理。《通知》针对移动端游戏全面细化了游戏出版服务单位的内容审核、出版申报以及游戏出版号申领等相关规定。要求对移动游戏出版进行前置审批，明确了移动游戏出版的管理流程，针对不同类型的移动游戏提出了不同的审批要求，强化了移动游戏出版服务单位的内容质量审核责任。该《通知》充分考虑了移动游戏的特点和行业特性，采取诸如分类审批管理、简化审批程序等措施，将有效提高移动游戏审批效率，优化服务方式，提升服务水平。2016年11月，总局下发了《关于加强网络文学作品版权管理的通知》，进一步明确了通过信息网络提供文学作品以及提供相关网络服务的网络服务商在版权管理方面的责任义务，细化了著作权法律法规的相关规定，强化了版权执法部门的将官职责，通过尝试推行"黑白名单"制度为突破口，最终建立健全网络文学版权使用传播的长效机制。该《通知》是国家版权局加强网络文学版权保护的一项重要举措，对规范网络文学版权秩序具有重要的意义。

（八）保障体系进一步完善

2016年，我国数字出版产业保障体系在诸多方面得以完善与丰富，尤其是在标准建设和版权保护方面取得了新的进展，成为产业发展的有力支撑。

数字出版标准体系族群化建设得到进一步加强。2016年，最新修订的《出版管理条例》与《新闻出版行业标准化管理办法》，以及《中华人民共和国标准化法》等上位法，共同构建了数字出版标准化工作的法律环境，丰富了以标准为抓手的管理手段。以《数字期刊术语》为代表的五项数字期刊标准主要涉及术语、分类与代码、核心业务流程、质量管理等，有利于夯实行业基础，提高行业运作水准。《数字出版内容卫星传输规范》系列标准的颁布，对利用卫星手段传输数字出版内容的技术方式提出了详尽的要求，有利于加强对数字出版内容卫星传输渠道与行为的规范。《中小学数字教材质量要求及检测方法》等4项标准不仅对数字教材和电子课本进行明确定位，而且为中小学数字出版物进行了清晰的行业归属划分：电子课本和数字教材为电子图书的一个分支。总局的重大工程以标准制定与建设为抓手，有序开展与工程项目相关的各项技术标准化工作，并逐步形成一系列相互关联的技术标准。由中国新闻出版研究院牵头研究制定的复合出版工程标准族群，基本涵盖了数字内容出版、分发、消费过程中多项共性关键基础技术和核心应用技术，有力地从技术角度支持了工程顺畅实施建设。

数字版权保护是数字出版产业发展的基石。为了保护作者权益、夯实企业发展基础与动力、兼顾各方利益的平衡，建立良好、合理的网络传播秩序，多方力量进行了不懈的探索与创新。

数字版权保护技术研发工程已进入全面应用推广阶段。2016年，工程通过技术终验、财务终验与整体验收，标志着该工程的全面竣工。该工程历时10年，研究制定了四类25项工程标准与接口规范，形成了一套数字版权保护技术标准体系。在此基础上，突破传统版权保护技术手段，研发并形成了内容分段控制、多硬件绑定等版权保护核心支撑技术；完成了五类数字版权保护技术集成应用示范；搭建了数字内容注册与管理、版权保护可信交易数据管理、网络侵权追踪三个公共服务子平台，能够保证用户对内容资源的绝对控制。服务对象涵盖传统书报刊出版单位、新媒体公司、动漫及艺术设计企业、技术企业、基地（园区）、律师事务所、知识产权服务公司以及相关行业组织等。

数字版权保护立法工作取得新进展。2016年11月发布的《中华人民共和国电影产业促进法》第一次以国家法律的形式对电影产业予以全面规范，对与电影有关的知识产权的保护内容进行明确规定，对信息网络传播的公映电影进行规范。同月，《关于加强网络文学作品版权管理的通知》的实施，细化了著作权法律法规在网络文学版权领域的相关规定，是国家版权局加强网络文学版权保护的一项重要举措，网络服务商的主体责任和注意义务进一步明确，版权执法部门的监管职责进一步强化；2016年8月实施的《移动互联网应用程序信息服务管理规定》加强了对移动互联网应用程序（App）信息服务领域的版权保护规范。

司法与行政保护力度加强，成效显著。各级法院受理的知识产权案件数量再创新高，审理难度逐步增大，审判质效稳中向好，赔偿力度有所提升。在著作权案件中，网络文学案件数量达到总量的24%。"剑网行动"成果显著，有效规范了网络作品的传播秩序，净化了网络版权环境。在2016年开展的专项行动中，共查处案件514起，移送司法机关刑事处理33起，关闭违法网站290家。在网络文学、私人影院、App、网络广告联盟等领域开展的专项整治行动，也取得较好效果。

社会保护获得新进展。社会保护与司法保护、行政保护、技术保护"四位一体"共同全方位推动数字版权保护工作。由中国作协网络文学委员会与中国音像与数字出版协会数字阅读工作委员会于2016年7月共同发起了《网络文学行业自律倡议书》，呼吁网文行业要出精品、重导向、践"双效"、提质量、护版权、抵盗版，营造良好发展环境。2016年9月，由主要网络文学企业和原创小说网站发起的中国网络文学版权联盟成立，联盟成员承诺积极配合政府部门开展网络反盗版维权活动，努力营造良好的网络文学版权保护社会氛围。同时，百度、奇虎360、新浪、迅雷等作为网络服务提供商等企业纷纷针对贴吧、网盘等领域开展自查整改工作。2016年12月，首都版权产业联盟联合百度网盟推广、360广告联盟、阿里妈妈广告联盟和腾讯广告联盟发出了《网络广告联盟版权自律倡议》，表示将积极配合国家主管部门的监管工作，共同维护健康良好的网络版权秩序。

四、数字出版产业问题与对策分析

2016年，尽管我国数字出版产业规模持续创出新高，保持较快发展，出版业融合发展态势初步形成，但一些突出问题仍然存在：一是融合发展的思路有待进一步开拓，产品、模式有待进一步创新；二是数字出版产品内容整体水平有待提升，核心竞争力有待进一步加强；三是科技研发与应用水平与产业发展需求尚有较大差距；四是市场运营能力仍有较大提升空间。为了进一步推进新闻出版业转型升级、融合发展进程，未来一段时间内，要从以下几方面予以推进。

（一）创新融合发展方式

当前新闻出版的转型升级、融合发展发展已经步入提档增速的新阶段，向深层次迈进，应当充分统筹考虑其战略地位，综合提升新闻出版的融合发展水平。要着力开拓转型升级思路，创新融合发展手段和业务模式，以切实推进融合发展提质增效、扩容提速。需从以下几个方面予以着力。

一是不断提升对融合发展的认识与理解。不断更新融合发展的思路与观念，牢牢把握政策导向和市场规律，牢牢把握时代发展契机。当前的融合发展，不仅是传统出版与新兴出版的融合发展，而是应该从传统媒体与新兴媒体融合发展的角度出发，把融合发展放到整个媒体环境乃至互联网环境中，具有融合发展的全局视野。二是进行服务形态创新融合。通过数据分析整合用户叠加的多重需求，发挥内容资源优势，实现以用户为核心的"内容+"产品模式与服务形态，探索基于互联网个性化定制、精准化营销、协作化创新、网络化共享、场景化服务等新型商业模式和文化业态。三是加大与外部产业跨界融合。推进数字内容与先进制造业、消费品工业融合发展，与教育业、信息业、旅游业、广告业等现代服务业融合发展，与实体经济深度融合。四是开放发展加强国际交流融合。立足国际国内两个市场，走开放式创新和国际化发展道路。五是建立融合发展效果评估体系，建立客观、科学、全面的评价标准，善于总结融合发展中的经验与不足，对融合发展效果进行动态管理，及时调整融合发展的布局。

（二）提升内容生产能力

新闻出版转型升级、融合发展无论到了哪个阶段，都要把内容生产放在核心位置，始终坚持把社会效益放在首位，实现社会效益和经济效益相统一，实现内容质量和市场效应的双赢。虽然近年来数字出版产品整体水平不断提升，但尚未满足当前日益旺盛和多元化的市场需求。移动互联网的发展，对内容的选择有了无限的空间，因此对内容的选择诉求更强。提升内容生产能力，是打造数字出版产品核心竞争力的根本保障。

在提升内容质量方面，企业应发扬严谨专注、精益求精、精雕细琢的工匠精神，不断提升内容品质，切实推进转型融合从数量到质量的跨越升级，改变数字出版有"高原"无"高峰"的普遍状态。要做到传统出版与数字出版的同一标准、同一底色、同一底线，注重原创生产，提升数字内容的原创能力及文化品位，为大众提供导向正确、质量优良、情趣健康的数字内容精品，丰富数字内容文化内涵；在内容生产方面，进行内容生产的整体布局，进行内容生产流程的重组与优化，实现内容生产流程起点多元化、内容生产流程路径多样化，实现优质内容资源的充分整合利用；创新内容呈现方式，善用图文声像影等不同形式的结合呈现，提升内容的传播能力和传播效果。同时，着力拓展题材、内容、形式、手法，推动内容和形式的有机结合；根据不同终端、平台、媒介，进行内容的多元化、多层次处理，以满足不同应用场景下的内容获取需求。此外，要以内容主题为核心，强化IP思维，进行同一内容的全媒体版权的多元开发，最大限度地挖掘内容价值。

（三）运用技术手段推进供给优化

出版单位要想真正做到"内容为王"，仅有资源远远不够，还需要与技术创新深度融合。内容与技术的融合，不是两者简单相加。融合必须是利用先进的技术优化出版流程，实现内容与技术的相互支撑、内容与渠道的有机结合，使数字出版产品立体化传播、多样化呈现、多渠道推送，运用技术让内容优势得到充分发挥。因此，要做到科学统筹内容与技术之间的关系。通常情况下，技术是为内容服务的，要科学运用技术手段，推动数字内容、技术、模式和业态创新，推动有效优质供给，实现技术与内容、产品的良好适配。与此同时，技术对内容又具有引领作用。技术的发展，对内容的呈现方式、传播手段、生产形态等方面都有巨大影响。要充分发挥技术对内容创作、产品开发、模式创新的支撑作用。运用技术手段，加强对内容资源的管理，进行内容资源库建设，调整内容的组织方式、生产方式、提供方式与管理方式；对内容进行知识关联、语义挖掘、数据分析、算法分析，以用户需求为出发点和落脚点，满足其对信息处理和知识获取的现实需求。

推动大数据技术在出版流程中的落地应用，将推动产业的供给优化。互联网、数据与计算是推动数字时代与社会进步的三大支柱。时代的进步，使得互联网成为基础设施，计算成为一种公共服务，而数据则成为一种重要的生产资源。在数字时代，出版业的未来，属于那些能够有效利用这一新的生产资源洞见市场与客户，能够精准把握客户需求，提供精准服务和营销推广的企业。目前，传统出版单位对数据这一生产资源的理解和应用能力还有待进一步提升。

随着互联网、大数据和云计算的发展，出版单位可以通过各种终端、平台、社区随时获取用户数据，而且数据真实、准确。这不仅大大提高了工作效率，还使得生产者对用户需求和存在的问题有准确的把握、对市场趋势的判断更也更加科学。只有利用好历史数据和源源不断产生的新数据进行分析、描述、预测和决策，挖掘数据价值，才能更好地创造效益。传统出版单位要收集数据，更要利用数据做好服务。数据不应仅停留在收集存储阶段，应该进行结构化，能够被出版单位不同岗位的生产者随时随地调用，巨量数据需要与产品有关系才能产生有用的小数据，进而产生效益。数据本身并无存在的价值，而是看如何找到和行业的关联性。只有以数据为依据指导生产，才能在降低成本的同时，为用户提供精准的内容和服务，实现产品的优化供给。

（四）强化互联网运营能力

近年来，传统出版单位在数字化转型升级方面有了长足发展，技术的应用水平有了显著提高，数字出版产品数量保持快速增长态势。然而总体而言，影响力仍然普遍偏低。一方面是因为某些单位的数字出版产品质量尚未能满足当下的用户需求，而很大程度上是源于传统出版单位缺乏在互联网环境下的运营能力，导致产品缺乏关注度和品牌影响力。企业的运营能力对转型升级的实质效益具有关键性影响，也是衡量企业是否实现转型融合的重要标准。其中，包括面对快速变化的市场环境具备快速的市场反应能力、高效的运营管理水平、持续的创新能力。如果传统出版单位能够在互联网运营能力方面有所增强，那么其服务能力和盈利能力也将获得显著提升。传统出版单位天生缺乏互联网基因，对于互联网运营缺乏经验，对于互联网环境缺乏敏感度和反应力，同时传统出版单位的数字出版产品大多都缺乏在互联网环境下的市场化运作和系统化运营能力。新兴业务运营缺少有效的管控手段，管理缺乏创新；平台运营和内容运营缺乏经验，运营手段缺乏创新；新兴业务发展没有脱离传统模式惯性的影响，缺乏互联网环境下的市场驾驭能力和运营能力。也就是意味着，无论是产品和市场,很多出版单位都未能实现与互联网环境的充分接轨,转型成果未能真正经受市场考验,与互联网企业相比造成产品运营效果较差,大大影响其产品的知名度和影响力以及盈利能力。我们常说,互联网经济就是注意力经济,互联网时代,内容传播空前的便利和高效,这也导致用户注意力资源十分稀缺,非常容易分散与流失,如果没有建立一个互联网运营系统,就难以把握市场,缺乏竞争力。

出版单位要提高互联网环境下的市场运营能力,可从以下几个方面入手。

一是强化互联网和移动互联网思维,要加强对互联网和移动互联网发展规律和特性的认识和研究,提高对互联网和移动互联网的适应度和敏感度,真正融入互联网和移动互联网环境,并根据互联网环境下的市场需求变化,及时调整运营策略和手段,做好战略定位、产品定位和用户定位。

二是要强化用户思维,加大对市场研究投入力度,加强对用户需求和消费行为的分析,运用大数据、机器算法等先进技术,通过数据分析用户喜好,充分把握用户需求,以提供内容和服务的精准化、定制化推送,注重运营细节,注重及时吸纳用户反馈,及时更新服务内容,完善用户体验。

三是提高在互联网环境下的产品运营能力,推进产品的市场化运作,实现运营的专业化、市场化。出版单位要让转型升级的产品参与到激烈的互联网市场竞争中去,做到与互联网环境的真正接轨,可向互联网企业学习成功做法和经验,创新运营手段,提升运营效能。

四是树立品牌观念,综合运用各种渠道、媒介、平台进行产品推广,不断刷新产品在市场中的存在感,以提升产品的市场知名度和品牌影响力。让用户看得见、留下来,同时通过加强与用户的紧密联系,强化与用户之间的互动,让用户活跃起来,通过社群建立口碑营销,让用户从产品的使用者、购买者,变成推广者,让用户成为产品市场运营中的一环。

五是顺应转型需求,吸纳运营人才,应加快引进和培养大数据、云计算、金融、资本经营、商业模式策划、软硬件、移动互联网等方面专业人才。

(五)加强数字内容评价体系建设

随着我国数字内容产业的迅猛发展,对数字内容评价的需求越来越迫切。目前我国数字内容评价市场混乱,普遍存在IP资产的术语概念认识不统一,对各类数字出版产品价值的影响因素多样界定不全面。

数字内容的评价体系建设,应把社会效益放在首位、实现社会效益和经济效益相统一的考核评价标准。《关于推动国有文化企业把社会效益放在首位、实现社会效益和经济效益相统一的指导意见》指出:"充分考虑不同类型国有文化企业的功能作用,明确社会效益指标考核权重应占50%以上,并将社会效益考核细化量化到政治导向、文化创作生产和服务、受众反应、社会影响、内部制度和队伍建设等具体指标中,形成对社会效益的可量化、可核查要求;科学合理设置反映市场接受程度的经济考核指标,坚决反对唯票房、唯收视率、唯发行量、唯点击率"。这对于数字内容评价体系的建立给予了有益指引。

当前数字内容的评价,多集中在网络文学领域,为推进网络文学的健康有序发展,其评价体系的建立也是近年来主管部门和业内较为关注的问题。如近年来,总局开展网络文学阅评工作,以及地方省市开展网络推优活动,或是各种排行榜单的发布,都对网络文学评价体系建立起到了有益推进作用,而各网络文学网站也有自己对网络文学的一套评价标准。但当前网络文学的价值评估存在标准不统一,很多企业以高价获得的IP经过开发,却未能达到市场预期。从而造成版权交易中的成本浪费。当前企业大多偏重于网络文学的品牌影响力、商业价值，缺乏有关社会效益的考量。进行网络文学的价值评估应从内容、品牌、商业价值三个维度展开建立评价标准。需由主管部门出台版权价值评估操作的相关指导意见，统一术语规范，同时持续推进并完善网络文学的阅评及推介工作，并由主管部门、文学网站、科研机构、高校等从不同角度共同探讨，建立统一的网络文学评价体系。此外，不仅仅是网络文学领域，动漫游戏、数字教育、知识服务等领域都应建立起各自的评价标准体系。

（六）推动行业智库建设

中国特色新型智库建设，是哲学社会科学界贯彻落实治国理政新理念新思想新战略的重要举措。2015年1月，中共中央办公厅、国务院办公厅颁布《关于加强中国特色新型智库建设的意见》，提出中国特色新型智库是国家软实力的重要组成部分。要大力加强智库建设，以科学咨询支撑科学决策，以科学决策引领科学发展。并提出"加强智库建设整体规划和科学布局，统筹整合现有智库优质资源，重点建设50至100个国家亟须、特色鲜明、制度创新、引领发展的专业化高端智库。"

为贯彻国家战略，推进转型升级迈向深入，满足融合发展需求，出版业要加快新型智库建设的步伐。目前以出版研究为主的各种类型智库大约有数十个，包括高校智库、科研机构智库，企业机构建设受到广泛关注。当前，出版新型智库建设尚处于初级阶段，与融合发展的需求尚存在一定差距，出版领域有影响的智库数量较少。2016年7月12日，光明日报智库研究与发布中心和南京大学中国智库研究与评价中心联合发布的《中国智库网络影响力评价报告》，中国新闻出版研究院是唯一列入"中国智库网络影响力"榜单的出版类智库，排名位列第33位。但距离中央提出的高端智库尚存在不小的差距。

当前，传统出版业处于转型升级、融合发展的重要时期，在知识经济、信息社会的大环境下，大数据、云计算、人工智能、虚拟现实等新技术层出不穷，新产品、新模式快速迭代，产业融合加速发展，以往的经验以及预测未来的方法被不断颠覆。主管部门、出版机构以及出版业的从业者迫切需要行业智库提供具有前瞻性的战略研究和咨询服务，需要行业实验室来培养人才、展示转化研究成果。行业智库在提供思想产品、搭建交流平台、培养公共人才、凝聚行业共识等方面将发挥不可忽视的重要作用。

未来在建设出版智库方面，若要使其在促进产业融合发展、输出人才、推动成果落地方面发挥更大更重要的作用，需要政府主管部门和企业的重视与投入。一方面，主管部门要制定行业智库建设规划。做好顶层设计。重视企业智库建设，企业智库要注重与高校、科研单位结合，建立各类智库的互动合作机制，吸纳多方力量，形成产学研一体化智库。另一方面，大型出版传媒集团也要结合出版实践与技术和平台优势，做好出版行业研究工作，成立企业层级的研究机构，注重科研成果转化。智库是行业发展的智囊团，在研究方面，要具备高度的前瞻性、战略性、引领性；加强对发展决策的参与程度和深度；在引领行业发展方面发挥充分作用；打造高水平人才队伍，通过打造优质团队，提升智库水平。

另外，行业实验室事实上同样也充当着智库的角色。目前总局已公布了新闻出版融合发展实验室和新闻出版科技与标准实验室的首批名单，并有部分实验室已投入运营。在行业实验室建设方面，应紧盯前沿技术和发展趋势，把握自身核心优势，新技术前沿和发展趋势，积极借鉴、善加利用先进技术和渠道，大力实施新闻出版业转型升级重大项目，通过研究攻关，尽快形成一批可复制、可推广的新技术、新成果、新模式、新标准,尽快使成果转化为推动产业发展的生产力,更好服务于行业、服务于社会,为传统出版和新兴出版融合发展提供智力支撑、技术保障和示范经验。

供稿：中国新闻出版研究院数字出版研究所
课题组组长：张　立
副组长：王　飚　李广宇
课题组成员：毛文思　徐　瑶　刘玉柱　孟晓明
　　　　　　郝园园　宋迪莹　李　熙

音像电子与数字出版工作概况

2016年全国音像电子与数字出版行政管理工作

2016年全国音像电子出版管理工作

一、精心组织主题出版工作

1. 开展主题出版重点选题推荐工作。按照中宣部和国家新闻出版广电总局办公厅《关于做好2016年主题出版工作的通知》，4月15日，开展了专家论证、筛选，从各地申报的305种选题中，最终确定了24种音像电子出版物选题作为2016年主题出版重点选题。如《入党》《历历在幕——没有共产党就没有新中国》《震撼世界的长征——纪念红军长征胜利80周年》等。

2. 对重点主题出版物实施台账管理。为确保重点主题出版物的"时度效"，制定了重点主题出版物进度台账表，安排专人负责，每周了解一次进度，掌握情况、解决问题，切实保障了出版时效。

3. 开展重点主题出版物宣传工作。及时与人民日报、新华社、光明日报、中央电视台、经济日报等主要中央媒体和中国新闻出版广电报等行业媒体进行沟通，加大协调力度，扩大主题出版物社会影响力。10月，围绕纪念红军长征胜利80周年主题出版物出版，组织中央电视台《新闻联播》《人民日报》《光明日报》及《中国新闻出版广电报》等媒体进行了集中宣传，取得良好效果。

二、推进音乐产业发展

1. 贯彻落实《关于大力推进我国音乐产业发展的若干意见》。1月18日至19日，在广州召开贯彻落实《关于大力推进我国音乐产业发展的若干意见》座谈会，管理部门、行业协会、音乐基地和音乐产业代表50余人参会。通过会议进一步摸清了音乐产业发展情况，理清了下一步工作思路和着力点，为贯彻落实总局文件、进一步推动音乐产业健康良性发展描画了蓝图。在即将出台的《国家"十三五"文化发展规划纲要》中，音乐产业发展作为文化产业的一项重要工程列入其中。

2. 启动中华民族音乐传承出版工程。为贯彻落实《关于大力推进我国音乐产业发展的若干意见》中提出的"实施项目带动战略"。在对出版社、音乐类院校、音乐研究机构调研的基础上，提出实施中华民族音乐传承出版工程，中宣部景俊海副部长召开专门会议研究论证工程可行性。目前工程已列入《国家"十三五"文化发展规划纲要》，写进了《关于实施中华文化传承工程的意见》中，并列为14项重点工程之一。待中央文件印发后将正式启动。

3. 发布《2016年中国音乐产业发展报告》。指导中国音像与数字出版协会音乐产业促进工作委员会和报告具体承担部门中国传媒大学按照进度和计划推进。多次召开会议对报告起草进行指导，对主报告进行多轮修改。11月8日，在中国传媒大学举办的音乐产业高端论坛上，产业报告正式发布，引发业内外高度关注。当天中央电视台《新闻联播》对此进行了报道。

三、推动电子出版物规范发展

1. 修订《电子出版物出版管理规定》。2016年2月6日至3月10日，国务院法制办公室就《电子出版物出版管理规定（修订征求意见稿）》向社会公开征集意见。4月至8月，配合总局政策法规司进一步整理并修订规章条款内容。9月，组织论证会，再次听取了部分省级出版行政主管部门、出版单位和行业专家的意见。择机发布实施。

2. 策划听书精品出版工程。配合中宣部网络内容建设工程，结合近年来有声读物发展迅速的实际情况，制定了听书精品出版工程。该工程着力推动有声读物出版精品化，积极引导音像电子出版制作单位面向少年儿童、老年人、盲人等特殊群体制作出版导向正确、内容生动、形式多样，具有较高艺术水准和制作水平的有声读物。

四、督促实施"十三五"国家重点音像电子出版规划

今年4月，总局公布了"十三五"国家重点音像电子出版规划。积极督促各音像电子出版单位加快"十三五"重点音像电子出版选题出版进度，对30项骨干工程实行台账管理，专人督办。承担骨干工程的各出版单位高度重视，均已启动项目并按照计划推进。同时，利用出差、调研、开会的机会，到相关出版集团和出版单位进行调研，督促其重视规划实施和推进。

五、深入推进全民阅读工作

为配合全民阅读活动的开展，进一步丰富青少年的阅读形式，按照总局下发的《关于开展2016年向全国青少年推荐百种优秀出版物活动的通知》要求，全国有91家音像电子出版单位报送了230种音像电子出版物，其中音像制品205种，电子出版物25种。6月经专家两轮评审，确定了22种优秀音像电子出版物进入推荐目录，召开了出版座谈会，在各大媒体进行了宣传推介。

六、进一步强化管理

1. 研究制订图书、音像电子出版企业社会效益评价考核办法和指标体系。按照中央全面深化改革领导小组要求和总局工作部署，从年初开始即着手制订图书、音像电子出版企业社会效益评价考核办法和指标体系。通过先期对在京具有代表性的文学、社科、科技类出版社进行调研的基础上，制订了《图书、音像电子出版企业社会效益评价考核办法（初稿）》。赴湖北湖南两省实地调研，召开了4次研讨会，听取了40余家出版单位对初稿的意见。同时还充分吸收高校教师参与，

努力实现理论与实践相结合。6月，在吸收各方面意见基础上形成了《图书、音像电子出版企业社会效益评价考核办法（暂行）》。

2. 进一步加强音像电子出版物专用书号实名申领系统审读工作。端口前移，加强前置把关工作，完善了审读制度；为切实做好系统信息的线上收集、审读，线下汇总分析及专项汇报等工作，在原有基础上形成总局、版本馆与审读专家三方联动机制；叫停问题选题，手续不完备选题重新补报并完备相关材料和手续。

3. 规范行政审批工作。

（1）修订并完善音像电子出版物《行政许可服务指南》等20部规范性文件；

（2）对重大选题备案实施分类管理，加大和审读部门沟通力度，加快了重点出版物、主题出版物等选题的审读进度；

（3）进口音像审查工作，通过宏观调控使各类型各题材选题、引进国家（地区）分布、载体形态更加趋于合理，在严格审查把关的前提下缩短周期、提高审查效率和服务质量；

（4）进一步规范进口音像著作权合同登记工作，今年2月，国务院印发《关于第二批清理规范192项国务院部门行政审批中介服务事项的决定》，要求进口用于出版的音像制品审批环节中"著作权合同登记"此项中介业务不再作为行政审批前置条件，不再要求申请人提供著作权合同登记文件，改由国家新闻出版广电总局统一委托中国版权保护中心开展合同登记工作。针对这一情况，总局出版管理司与中国版权保护中心商定，从2016年开始不再向进口用于出版的音像制品著作权合同登记单位收取费用，相关工作经费由总局拨付。5月19日，总局下发《关于进一步明确进口用于出版的音像制品审批工作相关要求的通知》，明确了著作权合同登记相关要求，细化了进口音像审批需提交文件材料。新规实施半年来，各项工作协调到位，审批工作未受影响，为送审单位减轻了负担，社会反响良好。

4. 进一步规范"盘配书"试点工作。针对"盘配书"试点工作中出现的问题，根据相关规定对盘配书试点单位和所在地省市新闻出版广电局提出了进一步优化图书品种、围绕出版社优势领域和专业特色开展图书出版的要求；同时对"盘配书"成品进行了质量检查。

5. 开展第四届中国出版政府奖音像制品、电子出版物和网络出版物奖评奖工作。起草了《第四届中国出版政府奖音像制品、电子出版物和网络出版物奖评奖办法》；10月至12月受理、初评工作顺利完成，为复评终评工作打好基础。

6. 举办2016年全国部分音像电子出版社负责人岗位调训班。按照总局2016年干部教育培训计划，2016年8月29日至9月5日在北京举办了全国部分音像电子出版社社长、总编辑、总经理岗位调训班。本次调训班是总局举办的第五次面向音像电子出版单位负责人的调训班。调训对象包括各出版集团内综合类音像电子出版单位、部分综合性、文化、艺术、影视、音乐类音像电子出版单位等100位单位负责同志和16位省局管理部门的同志。通过开班动员、课堂教学、观摩交流、分组讨论和大会总结等形式，组织学员进行了培训。课题丰富，授课内容符合学员需求，达到了调训目的。

供稿：国家新闻出版广电总局出版管理司

2016年全国数字出版管理工作

2016年是"十三五"规划的开局之年,数字出版司认真学习习近平总书记系列讲话,在总局党组正确领导下,紧紧围绕党和国家中心工作,全面贯彻落实党的十八大和十八届五中、六中全会精神,按照总局党组的统一部署,通过全司共同努力,按照预定计划,在启动"十三五"规划、深入推进转型升级、切实履行监管职责、加快提升科技水平和扎实开展党建工作等方面取得了预期工作成效。现将2016年工作总结如下。

一、全面启动"十三五"规划,开启产业发展新时代

1. "十三五"时期数字出版规划部分工作完成预研。数字出版司成立数字出版千人培养计划课题小组,经过广泛调研,编制完成《数字出版千人培养计划项目实施方案》,明确培养任务、对象、内容、方式和资金筹措方式。委托中国航天数字传媒有限公司成立少数民族文化数字出版促进工程工作组,赴云南、贵州、四川、青海、宁夏等地开展实地调研,编制完成《少数民族文化数字出版促进工程项目书》。

2. "十三五"时期科技发展规划多项工作取得实质进展。一是出版发行数据共享体系建设取得阶段性成果,截至11月底,数据交换实验平台已汇聚12家出版单位书目数据6.2万种,9家发行单位销售数据和库存数据3379万条,出版发行信息公共服务平台建设已正式启动建设。二是完成《新闻出版企业数字化转型升级软件系统需求框架(2016版)》,并向行业推荐67家新闻出版业数字化转型升级软件技术服务商。三是发布《关于开展首批新闻出版业科技与标准重点实验室申报工作的通知》,启动实验室征集工作。四是启动AR等前沿技术在新闻出版业中的应用研究工作。

二、深入推进转型升级,夯实产业发展基础

1. 深入推进数字出版转型。组织召开"2016数字出版年会",指导中国新闻出版研究院发布《2015—2016中国数字出版产业年度报告》,2015年国内数字出版产业整体收入规模为4403.85亿元,比2014年增长30%,数字出版产业收入在新闻出版产业收入的总比由2014年的17.1%提升至20.5%。联合总局新闻报刊司组织召开了2016年报刊数字化转型培训班,来自29个省市的73名报刊负责人参加培训,并交流报刊单位转型工作经验,厘清工作思路,破解工作难题。在南昌召开第二次转型示范现场会,发布全国数字出版转型示范跟踪研究报告。出版企业通过探讨数字出版转型战略规划、产品设计、思路布局、盈利模式等,进一步增强了转型升级的信心和动力。

2. 继续开展数字阅读活动。指导中国音像与数字出版协会召开第二届"中国数字阅读大会",大会期间不仅首次发布数字阅读白皮书、成立青少年绿色数字阅读联盟、评选出"2015十大数字阅读作品、人物、创新案例和城市",同时还举行数字阅读产品展览会,启动"希望工程数字阅读室"等

项目。联合总局出版管理司继续开展"书香中国 e 阅读"活动,将不少于4000万字的反映中华优秀传统文化、社会主义核心价值观及中国梦的优质文化内容精准提供给超过2000万进城务工人员。

3. 加强数字出版基地建设。组织全国14家国家数字出版基地的194家企业参加第十二届中国(深圳)文化博览会,其间召开以"国家数字出版基地建设与发展"为主题的高端论坛,举办了首次国家数字出版基地数字出版业务专题培训。配合总局规划发展司,对华中、重庆、陕西和广东数字出版基地进行抽检,总结建设经验,分析发展问题,推动国家数字出版基地的建设管理。

4. 稳步开展基础性工作。组织召开2016年数字出版管理工作会,部署重点工作,交流工作经验。优化游戏受理流程,提高受理效率,增加受理人员,开通移动游戏快捷申报系统,积极应对移动游戏申报呈现爆炸式增长的情况。

三、切实履行监管职责,完善产业发展环境

1. 发布实施《网络出版服务管理规定》。2016年2月4日总局与工业和信息化部联合发布《网络出版服务管理规定》(以下简称"规定"),于3月10日正式实施。该规定厘清了网络出版服务概念表述、明确了管理职责、设定了准入条件、细化了从业要求、明确了企业社会责任、强化了监管要求,为网络出版服务规范有序运行提供了制度保障。

2. 努力强化网络文学出版引导。积极推进特殊管理股试点,确定三家网络文学企业特殊管理股试点方案。组织开展2016年优秀网络文学原创作品评选推介、2016年度重点网络文学网站作品阅评,以及网络文学网站社会效益评价体系研究,着手起草《网络文学出版服务单位社会效益评估试行办法》。指导行业机构发布《网络文学行业自律倡议书》。

3. 着力提升游戏审批管理效能。公布出版进口/国产网络游戏作品和电子游戏出版物审批审查工作细则、服务指南、服务规范。将广东省纳入属地国产网络游戏内容审查试点工作范围。2016年5月底,发布《关于移动游戏出版服务管理的通知》和《移动游戏内容规范(2016年版)》,实施移动游戏分类审批管理。完成移动游戏快捷申报系统开发建设。截至11月15日,共审批进口网络游戏173款(其中移动游戏58款)、国产网络游戏2246款(其中移动游戏1985款)、进口电子游戏1款。

4. 切实加强网络出版日常监管。按季度召开大型出版网站网络出版监管工作情况通报会。在"文革"发动50周年、建党95周年、长征胜利80周年、党的十八届六中全会等重要时间节点前积极部署网络出版内容管控,加强网络出版舆情监测工作。积极开展"净网、清源、护苗、固边2016""清朗""清理网上歪曲党史国史内容并加强宣传引导"等专项行动,查处登载传播政治有害、淫秽色情内容的境内网站219家;封堵登载传播政治有害、淫秽色情内容的境外网站186家;向全国"扫黄打非"办公室提供相关案件线索18批,涉案境内网站90家、境外网站75家。指导总署信息中心开展网络出版监管系统(二期)工程建设工作。

5. 认真开展网络出版服务许可评估。配合总局综合业务司开展网络出版服务许可审批、《互联网出版许可证》换证等工作。完成对136家单位(国有或国有资本占主导企业58家,民营企业78家)网络出版服务许可申请的评估工作。

6. 积极助推游戏出版行业健康繁荣发展。完成2016年"中国原创游戏精品出版工程"评选工作;继续实施"中国原创网络游戏海外推广计划",指导组织中国游戏企业组成联合展团参加美国E3游

戏展、德国科隆游戏展；继续指导举办第十四届中国国际数码互动娱乐展览会（ChinaJoy）和"2016年度中国游戏产业年会"。

四、加快提升科技水平，做实产业发展支撑

1. 推进重大科技工程。国家数字复合出版工程已完成软件1.0阶段的任务，正积极开展培训和试用工作。数字版权保护技术研发工程已完成所有建设任务，待通过技术验收和财务验收后，将召开工程竣工大会。中华字库工程解决中间字库问题后，实现了各环节的顺畅运转，研发工作取得实质性的推进，工程已完成第4节点任务。

2. 深入开展试点项目。CNONIX国家标准应用示范工作进展顺利，中南出版传媒集团"中国出版物在线信息交换标准应用示范工程"项目通过专家验收，7家单位获得4700万财政资金支持。ISLI/MPR国家标准应用示范工作成果显著，截至2016年10月底，共登记MPR出版单位330家，MPR出版物4010种，发放MPR编码181.42万个，销售码洋累计超13亿元，2家单位获得1700万财政资金支持。专业领域知识资源服务模式试点工作稳步推进，各试点单位已完成知识服务产品50款、在建产品41款、规划产品12款，总投资达到5.9亿元，知识资源服务平台建设已启动。以试点项目的成果为基础，结合新闻出版业大数据体系建设整体规划，提出新闻出版大数据应用工程，并通过国家发展和改革委员会初审、复审，进入最后答辩阶段，有望列入首批国家大数据应用工程。与总局规划发展司沟通，将新闻出版大数据建设纳入《新闻出版改革发展项目库2017年度项目申报指南》。

3. 扎实推进标准工作。截至目前，完成1项国际标准和1项国家标准的制定，发布行业标准13项，工程项目标准19项。我国主导制定的首个印刷领域国际标准ISO 16763《印刷技术——印后加工——装订产品要求》国际标准于2016年3月由国际标准化组织（ISO）正式发布。经国务院批准，将ISLI部际联席会更名为《国际标准关联标识符（ISLI）》国际标准管理推广工作部际联席会。完成459项推荐性标准及计划项目的复审。指导标委会、出版企业和技术企业开展"ISLI与现有标识符互操作规则及模式预研究"等多项标准研究工作。参加第43届ISO/TC 46年会，指导印刷标委会组织ISO/TC 130第30届春季和秋季工作组会议。组织各标委会开展超过10期ISLI/MPR、CNONIX等重点标准培训班，加强标准的宣传。

4. 有序开展科技管理工作。配合总局科技司开展信息系统安全检查，指导8家直属单位完成信息安全等级保护测评。指导相关单位完成"科技文献动态数字出版技术研发与应用示范"等12个课题以及"动态数字出版关键支撑技术研发与应用示范"项目验收。完成2016年度国家科技进步奖（科普奖）、全国优秀科普作品奖的推荐工作。完成国家出版基金管理信息系统等项目的立项工作，指导出版物管理信息系统三期（网络文学标识试点）等项目开展项目建设工作。

五、以"两学一做"为抓手，扎实开展党建工作

1. 持续加强理论学习。不折不扣执行"三会一课"、组织生活会、民主评议等制度，把学习习近平总书记系列重要讲话精神作为重中之重，进一步提高党员干部的理论水平、主体责任意识和履职尽责本领。

2.创新学习教育方式。6月,全体党员参加了总局党组成员、副局长孙寿山同志专题党课活动。7月1日,数字出版司党支部与基层单位党支部举办共建活动,第一时间学习习近平总书记在纪念建党95周年大会上的重要讲话。9月,数字出版司组织了党员讲党课活动,在纪念长征胜利80周年之际弘扬传承长征精神。

3.抓好党风廉政建设。认真落实党组织书记"一岗双责",党支部书记、司长及领导班子成员带头遵守党风廉政建设各项规定,支部副书记、纪检委员加强监督,对全体党员干部强化对廉政风险的预警和防范工作,确保党风廉政建设各项规定落到实处。

4.落实党员组织关系集中排查和党费补交工作。数字出版司为每一党员建立党员基本信息档案,加强党员组织关系管理。认真开展执行党费按月收缴和补交党费工作,制定《数字出版司党支部关于党员自查补交党费的工作安排》,要求每位党员增强党员意识,提高党性觉悟,及时、足额交纳党费。

供稿:国家新闻出版广电总局数字出版司

2016年部分地方音像电子与数字出版行政管理工作

北京市

● **音像电子与数字出版工作**

一、2016年重点工作

1. 强化法规意识，靠制度规范行业行为

旗帜鲜明抓好行业管理。总书记强调，要从维护国家意识形态安全、政治安全的高度，把党管媒体的原则贯彻到新媒体领域。数字出版领域管理的重点是新媒体及其从业人员，头脑中清楚管什么，知道怎么管。重点抓住网络文学和网络游戏这两个民营出版单位聚集的领域。进一步完善网络文学规范化管理，切实加强对网络文学导向的引导，全力提升网络文学内容质量。起草了《北京市网络文学出版规范管理》《网络文学阅评制度》等，使网络文学作者创作、作品编辑等环节从自由发展到有序规范。为了使网络文学网站及时了解国家对出版的要求，年初召开了网络文学网站负责人工作会，及时将总局2016年对传统出版单位出版的指导思想、出版重点、主题出版的重点等出版要求进行了宣讲，把中央的要求传递到监管对象，落实到管理行为上。确保线上线下同一原则、同一要求、同一标准、同一底色。

制定了《游戏出版物内容审查标准》《国产游戏审查报告》《游戏审读工作保密制度》《网络游戏内容审查专家工作职责》等，规范网络游戏管理行为，引导网络游戏从打打杀杀向健康益智方向发展，从抄袭模仿向弘扬传统文化方向发展。

2016年初，《网络出版服务管理规定》出台，社会十分关注。6月底组织北京市300多家网络出版单位召开了《网络出版服务管理规定》政策宣贯会，邀请总局数字出版司张怀海处长对新法规进行了深入解读，取得了很好的效果。

2. 加强网络监管，正确把握导向

组建了网络出版监管专家队伍，通过"系统"+"专家"的监管方式，对重点网站采取系统筛查和人工审读相结合的方法，有效地减少违规内容的传播，净化网络出版环境，扫除"网络雾霾"，促进网络出版健康有序发展。监管专家将每月定期上报《网络出版监管审查报告》。《北京网络出版动态》内部资料定期刊发网络出版监管工作情况，及时将政策规定及工作动态向行业通报。每年的"净网""清朗"等专项行动，北京市新闻出版广电局认真组织落实及时向总局汇报。同时注意做好日常违规网络出版物的查处工作。

9月初，北京市新闻出版广电局正式启动开展网络文学阅评活动，阅评工作会议也得到了总局网络监管处和北京市委宣传部出版处负责同志的肯定与指导。网络文学出版引导与管理得到强化，建立了重点网络文学网站作品阅评制度，每一个重点网络文学网站都有一名专家进行实时监督，要求专家每月撰写一篇阅评，做到了有效监督积极引导。不碰"红线"、坚守"底线"，杜绝内容粗俗、格调低下的作品上线。定期归纳整理阅评意见并及时反馈。各网站根据反馈意见，切实加强管理，坚持弘扬主旋律，创作优秀作品，传播正能量，促进网络文学健康发展。

3. 注重行业引领，推动网络文学健康发展

北京市新闻出版广电局在全国率先开展网络文学推优活动，对年度推荐的14部优秀网络文学作品组织报刊、网络等媒体进行宣传推广。从500万的奖励扶持专项资金划出70万用于奖励评出的14部优秀作品。推出的14部优秀作品受到影视动漫和游戏企业的关注。绝大部分作品已经签订相关合作协议。总局推出的21部网络文学作品其中北京网络文学网站占11部，占全部优秀作品的50%多。北京市新闻出版广电局经过2015年在全国率先开展网络文学推优活动的经验，2016年网络文学推优活动继续有条不紊地进行，与北京十月文艺出版社合作，在10月份推出20部优秀网络文学作品，参与市委宣传部组织的十月文学月活动。北京十月文学月活动安排专门设置网络文学版块，共推出25项活动，其中，线上活动21场，线下活动7场。通过免费阅读、精品推荐、专家座谈等形式，既丰富了北京十月文学月活动，又达到了推动网络文学健康发展的目的。北京市新闻出版广电局数字出版处将组织网络文学推优活动的发布活动。通过开展活动，扩大了网络文学的社会影响，提升网络文学的创作水平。

4. 致力打造精品，充分发挥奖励扶持专项资金作用

2016年，根据《北京市音像电子网络出版物奖励扶持专项资金管理办法（试行）》规定，经过单位申报、材料收集、审核、评审等相关程序，北京地区的74家音像制品、电子出版物和网络出版单位申报了115个选题项目。经初审105个选题项目符合申报要求，其中"补贴"类选题76个、"奖励"类选题29个。在项目评审流程中严格遵循"统一标准突出主题、扶优助强、科学统筹"的原则，通过奖励优秀产品、扶持主题出版选题等方法，引导音像电子网络出版物围绕党的中心工作开展出版活动。

5. 重视年度出版计划，围绕中心工作开展出版活动

以年度选题审核工作为契机，把好全年出版选题关，确保导向正确。2016年音像上报选题4633个，电子出版物上报选题5824个，引导出版单位做好主题出版选题策划，组织上报主题出版54个，上报向全国青少年推荐百种优秀出版物13个。

6. 适应新的形势，促进媒体融合

在北京市新闻出版广电局宣传管理处邀请下，参与了北京电视节目交易会，组织了12家文学网站1000余部作品参与。参展期间，各网络文学网站通过专项推介会、论坛发言、发放作品资料等形式进行了作品的宣传推广，引起了媒体的关注。中央电视台、北京青年报等主要媒体和知名网站进行了报道。对网络文学网站和电视剧制作单位起到了桥梁和纽带作用。参展企业与500多家电视剧制作企业建立了联系，有200多部网络文学作品签订了意向协议。上半年还组织了40多家动漫企业与公共服务处一起举办了儿童书展说明会，鼓励动漫企业跨界参与儿童书展活动。

7. 当好桥梁纽带，助力北京游戏走出去

先后组织北京 40 余家游戏企业走出去。2016 年组织北京游戏企业参加德国科隆游戏展暨北京游戏欧洲主题日活动。目前，北京大约有 200 多家游戏企业（60 余家有出版资质）有走出去项目，每年外汇收入约 20 亿美元。与法国大使馆相关部门建立了联系，法国电子游戏协会（AFJV）组团到北京考察，与北京的游戏企业进行商务交流和项目洽谈。2016 年 9 月 27 日，中法两国创业者汇聚北京，开展主题活动为"电子游戏市场新挑战：更好的中法合作"。就电子游戏技术创新、玩家行为、消费习惯、商业模式为主题，探索国际市场的发展机遇。乐视视频同步现场直播。

8. 成立行业协会，发挥协会作用

作为北京版权保护协会的分支机构，目前北京版权保护协会网络出版工作委员会共有会员单位 300 余家，包含网络游戏、网络文学、网络动漫等国内网络出版的各种细分行业。未来计划按照行业细分成立若干行业办公室，加强细分行业内的企业之间的联系，促进跨界合作，同时推动网络出版业与金融、资本、影视等其他行业深度交流，带动行业发展。

9. 重视行政审批，认真落实"放、管、服"

北京市新闻出版广电局数字出版处共有 12 项行政审批事项，其中 10 项在综合审批处受理，有 2 项在北京市新闻出版广电局数字出版处受理。上半年与综合审批处配合良好，没有发生因行政审批投诉事件。上半年共受理行政审批事项 200 多个，主要包括新设立音像、电子、网络出版单位 29 家（音像 2 电子 1 网络 26），出版单位变更 34 项，申请连续型电子出版物 3 种，配合本版出版物 15 种，引进电子出版 2 种，重大选题申报 4 种；换发许可证 69 个。审批设立音像制品制作企业 19 家，审批设立电子出版物制作企业 5 家。完成服务事项 1 万余个。主要包括游戏审核、换发许可证、发放委托书、音像电子专用书号等。审核音像电子出版物书号 4500 多个，发放音像电子出版物委托书 5000 余份。审核报送游戏出版物申请 1000 余项，协助办理网络非法出版物案件 3 起，电子出版物 1 起。

10. 较好地完成了"关于启动北京古籍数字化工程建设"的政协提案

根据北京市人民政府办公厅下发的《市人大代表建议、市政协委员提案批量交办通知单》通知，北京市新闻出版广电局数字出版处呈办了市政协第 0318 号《关于启动北京古籍数字化工程建设的提案》。针对提案提出的问题、意见及建议，制定了具体工作方案，经过收集资料、召开座谈会、走访有关部门、召开专家咨询会、征求提案专家意见等工作，形成了书面材料，回复受到提案政协委员的好评。起草了北京古籍数字化出版工程实施方案，为下一步开展此项目打下了比较好的基础。

二、工作中存在的困难和问题

数字出版与其他媒体融合还有较大的空间。北京的数字出版企业数量全国最多（320 家），但多种媒体融合发展的航母级企业不多，绝大部分单位都是单一的出版模式，特别是传统出版单位。主要是受体制机制限制、资金不足、专业人才缺乏及出版单位动力不足等原因。

当前北京市共有 7 家传统出版单位入选转型示范单位。3 家报纸，4 家期刊（北京日报报业集团、北京承启文化传播有限公司、建筑技术杂志社、《职业女性》杂志社、《前线》杂志社、京华时报和北京青年报），在全国排名中等偏上。而北京市传统出版单位图书13家、报纸35家、期刊174家、音像电子13家，合计235家，与当前新媒体的发展及上级关于传统媒体占领新媒体阵地的要求有一定的差距。

供稿：北京市新闻出版广电局数字出版处
执笔人：祖铁刚

山西省

● 音像电子与数字出版工作

一、行政审批

2016年办理的行政许可业务主要有两类：一、审批配合本版出版音像电子出版物6件产品，均已获条码；二、办理了太原朝阳升科技有限公司从事音像制品制作的行政许可业务。

二、音像电子选题管理

（一）选题和重点选题

组织所属3家音像电子出版单位对2016年选题计划和增补计划进行论证，经审核，共有273个音像电子选题上报总局备案并办理音像电子专用书号申领事宜201个。

组织电子音像出版社上报2016年重点选题，召开了2016年度音像电子重点选题论证审定会，经审定，有16种电子音像选题（新增11种）入选2016年重点选题。音像电子非卖品审核共计59件产品。

（二）年检

根据总局要求，对山西省内22家取得网络出版许可证的出版单位进行企业信息统计，将相关数据进行汇总，并撰写了网络出版发展情况报告。

三、音像电子产品审读

从2016年10月起，组织开展了2016年音像电子产品审读工作。此次审读共抽取31种，电子产品9种、音像制品16种、书配盘6种。

四、选题管理

组织音像电子出版单位申报向全省青少年推荐优秀音像电子出版物。推荐山西春秋电子音像出版社《英雄与祖国同在系列之爸爸读过的英雄故事》《国家舞台艺术精品工程精选——立秋、立春》《千古风流话裴氏》《听刘慈欣讲科幻》，山西教育音像出版社有限责任公司《大型电视教学片——新汉字宫》等5种音像电子出版物参评。

（一）组织音像电子出版社和互联网出版单位申报第四届出版政府奖。其中由山西省新闻出版广电局推荐音像产品（《立秋》《太谷秧歌》《太行奶娘》《中国蒲剧表演特技》）、电子出版物（《丰碑——久久为功的塞外奇迹》《新编大型教学电视片——新汉字宫》）参评音像电子出版物奖，《太谷秧歌》参评装帧奖。

（二）组织选送的山西春秋电子音像出版社出版的《爸爸读过的英雄故事》入选国家新闻出版广电总局2016年重点主题出版物。

（三）组织开展第一届山西出版奖。制定了第一届山西出版奖中涉及山西省新闻出版广电局数字出版处的3个奖项的评奖细则及评审程序，收集参评所有作品。优秀音像电子网络出版物奖共申报25个产品，其中音像类15个，电子类3个，网络出版物类7个；优秀音像电子装帧设计奖共申报8个产品，全部为音像类产品；优秀音像电子出版物畅销奖共申报4个产品，全部为音像类产品。经过音像电子网络出版物子奖项评审委员会对申报材料审查、内容质量审读、分类对比、特色分析，最终评选出2个特别奖、8个正式奖和8个提名奖。

（四）组织3家音像电子出版单位的7种产品参评第六届中华优秀出版物奖。其中山西春秋电子音像出版社的《红色记忆——武乡人民抗战的歌》和山西教育音像出版社的《新编大型教学电视片——新汉字宫》等2种音像电子产品获音像电子游戏出版物提名奖。

五、互联网监管

（一）网络出版监管

对英语周报社、山西人民出版社、山西春秋电子音像出版社3家网络出版单位5年网络出版工作情况进行调查，审核其出版资质，并进行许可证换发。

（二）查处

组织山西互联网出版企业和备案网站35家单位开展"清朗"专项行动，同时联合网络视听处和反非法和违禁出版处对37类违法违规有害信息进行了筛查，形成《"清朗"行动专项报告》上报总局。

2016年，根据总局要求，山西省新闻出版广电局共查处6起14家网站登载的17篇违禁网络出版物，关闭7家网站，并将查处情况及时上报总局。

六、推动数字出版

（一）数字化转型升级项目：根据《关于开展新闻出版业数字化转型升级项目实施情况调查的通知》（新广出办发〔2016〕33号）文件精神，协助总局对山西2015年度获得中央文化产业资金的4家单位项目资金使用情况进行了调查。

山西教育出版社的《基于"问题导学"的开放在线课程平台》获得2016年中央文化产业400万元资金扶持。

（二）征集软件技术服务商：组织推荐山西同方知网数字出版技术有限公司《数字化编辑出版工具系统》《知识服务支持工具系统》，语文报社有限责任公司《在线学习平台》应征总局新闻出版业数字化转型升级软件技术服务商。山西同方知网数字出版技术有限公司被选入新闻出版业数字化转型升级软件技术服务商推荐名录。

（三）调研：对山西春秋电子音像出版社等7家单位进行政策研究专题调研，收集相关材料。对其中新课程有限责任公司、英语周报社有限公司、山西科技新闻出版传媒集团进行现场调研。撰写了《山西数字出版振兴崛起政策研究报告》。

（四）座谈：组织山西4家获得中央文化产业发展专项资金企业进行座谈，由各单位汇报项目进展情况、任务时间表、路线图，会议最后要求各家单位保质保量完成项目任务，保证资金使用一致性。

（五）互联网出版许可证换证：山西共有22家互联网出版单位。今年共有3家互联网出版单位许可证到期，经审核，3家单位互联网出版工作开展良好，已备案换发许可证。

（六）新闻出版业科技与标准重点实验室：组织出版企业申报首批新闻出版业科技与标准重点实验室上报总局。

供稿：山西省新闻出版广电局数字出版处
执笔人：张有生

辽宁省

● 音像电子和数字出版工作

一、出版导向

（一）做好选题管理。一是把好事前审读关。做好2016年音像电子出版物出版计划，认真审核全省17家音像出版单位和13家电子出版物出版单位254个音像制品和157个电子出版物选题计划并形成分析报告上报总局。全年审核出版音像制品293种、电子出版物183种。二是抓好事后审读。对全年出版的音像电子出版物进行样带收缴，组织相关专家对部分重点音像制品和电子出版物进行审读，切实履行好事后监管职责。三是做好重大选题备案。严格落实重大选题备案制度，全年共审核转报需备案的重大选题 6 种，已获批准 3 种，其余 3 种正在审核中。

（二）签订《导向安全责任书》。与 24 家音像电子和互联网出版单位签订了导向安全责任书，进一步强化导向安全制落实，确保出版导向安全。

（三）做好网络出版监管工作。辽宁省新闻出版广电局印发了《关于加强网络出版监管工作的通知》《关于落实"清朗"专项行动 加强互联网出版监管工作的意见》等指导性文件，按照总局要求进一步明确目标方向，突出工作重点，落实监管责任。强化重要节点的监管，在全国"两会"等重要时间节点实行日报告制度，对监测出的违规违法出版内容随时报告，及时处理，扎实做好网络出版监管工作。协调解决监管系统升级及监管网络费用等问题，保证监管设备正常运营，确保全省网络出版环境健康有序。

（四）落实好各项法律法规规定。一是加强学习。系统深入学习了《网络出版服务管理规定》《出版物市场管理规定》等新颁布和新修订的法律法规规定，对新涉及的法律概念的内涵外延进行了详细分析，进一步理清行业秩序管理与导向安全把关工作职责。结合行政审批服务简政放权要求，对工作职责涉及的行政许可事项的申报流程单、申报材料及相关表格、文件版式进行完善并及时与政务服务中心对接，简化审批流程，提高工作效率。二是落实好总局《关于移动游戏出版服务管理的通知》，明确移动游戏出版服务管理职责，要求符合条件的出版单位严格落实相关法规要求，不断规范移动游戏出版服务管理，确保出版导向安全。

二、打造出版精品

（一）举办选题策划培训班。举办了出版选题策划和项目管理业务培训班。邀请中国音像与数字出版协会副秘书长王勤等在专家授课，培训班结合辽宁省实际，从出版角度详细解读了《关于振兴东北老工业基地若干意见》与出版选题（项目）策划设计、数字出版项目管理与资源建设的相关问题。全省 27 家图书、音像电子、数字出版单位 110 余人参加了培训。进一步明确选题策划思路，提高聚焦国家方针政策的水平，有效指导出版单位策划社会效益和经济效益兼具的优秀选题。

（二）力推出版精品。一是抓好主题出版重点出版物。全省 2 种音像电子选题入选 2016 年主题出版重点出版物，入选数量在全国地方省份中位列第一。二是抓好出版基金项目。大连东软电子出版社有限公司的音像制品《一诺千金》获得 2016 年度国家出版基金 18 万元资助。三是抓好"十三五"国家重点出版物规划选题。全省 3 种音像电子出版物入选《"十三五"国家重点图书、音像、电子出版物出版规划》。为争取更多国家支持，印发了《关于做好"十三五"期间音像、电子重点出版物选题计划增补调整准备工作的通知》，要求出版单位提早谋划，做好申报"十三五"重点出版物规划增补项目准备工作。向总局推荐 21 种音像电子出版物参评第四届中国出版政府奖音像制品、电子出版物和网络出版物奖。开展辽宁省第六届优秀音像电子出版物评选活动，组织相关专家召开"辽宁省第六届优秀音像电子出版物奖"评审会，邀请相关专家对参评作品进行集中评选，将获奖情况进行公示，广泛征求意见，并对获奖作品和个人颁发证书。

三、展开数字出版调研

对全省数字出版单位开展全面调研,形成了《辽宁省数字出版调研报告》。目前,全省大部分出版单位已基本完成数字化转型升级,一部分优质数字出版项目(产品)稳步推进,经济效益逐步显现。近年来,全省数字出版项目获得国家扶持资金累计超过亿元,传统出版单位数字化产品收入超过5000万元,打造了"中国组织工程""大耳娃""哪吒看书"教育类互动平台等一批数字出版精品项目,市场认可度较高,形成了品牌效益。但全省数字出版还存在占比不均衡,技术人才缺乏,部分传统出版单位对数字出版认识和拓展不够,数字出版特色服务未形成,盈利模式不清晰等问题。为进一步推进传统出版和新兴出版融合发展,会同产业处、出版管理处、报刊处、科技处分别到辽宁广播电视台、辽宁出版集团、辽报集团、辽宁北方广电网络公司就媒体融合发展问题开展调研并形成调研报告,并与产业处联合印发了《关于推动传统出版和新兴出版融合发展的指导意见》。

四、数字出版产业发展

(一)成功举办首届北方数字出版高峰论坛。邀请国家新闻出版广电总局数字出版司、中国音像与数字出版协会等单位相关负责人做政策解读和经验分享。黑龙江局、吉林局、河北局、辽宁日报报业集团、辽宁党刊集团、辽宁出版集团等40多家单位160余人参加论坛。

(二)强化数字出版人才培养。为进一步推动辽宁省数字出版复合人才培养工作,组织辽宁北方期刊出版集团、东北财经大学出版社、辽宁人民出版社、辽宁大学新闻学院等10余家单位成立了"数字出版人才培养互助联盟",在行业人才培养、教学实践、学生实习就业等方面深入合作。经协调,辽宁大学也将设立数字出版专业,通过建立校企联动机制,有针对性地培养数字出版复合型人才。

(三)全力争取国家政策支持。一是组织申报国家出版融合发展重点实验室事宜。结合辽宁省实际提出了构建"一个实验室,多个实验工作站"的建议,组织辽宁出版集团、大连理工大学出版社、东软集团3家共建单位联合申报国家出版融合发展重点实验室,入选全国20家出版融合发展重点实验室。二是组织申报新闻出版业数字化转型升级软件技术服务商,全省2家单位入选总局推荐名录。三是按照总局《关于开展首批新闻出版业科技与标准重点实验室申报工作的通知》(新广出办发〔2016〕82号)要求,组织相关单位积极申报。经总局评选,渤海大学入选全国16家跨领域综合实验室。

(四)推动音乐产业发展。深入挖掘全省优质音乐资源,积极与总局进行政策对接,深入调研辽宁省音乐产业发展现状,起草了《全国音乐产业发展现状调研报告》。

五、数字阅读

(一)搭建"书香辽宁"手机数字阅读平台。多次组织局信息中心、沈阳电子出版社、大连云观信息技术有限公司召开专题会议,研究数字阅读相关事宜。成功搭建了"书香辽宁"手机数字阅读平台。实现了辽宁阅读网、阅读辽宁微信平台、书香辽宁手机阅读平台3个平台互联互通。印发了《关于辽宁省第五届全民读书节"数字阅读平台"征集电子书资源的通知》《关于加强"书香辽宁"手机数字阅读平台和"书香辽宁"微信公众平台内容管理工作的通知》《关于在"书香辽宁"微信公众平台宣传辽宁出版和优秀辽版出版物的通知》，大力推送精品图书，进一步丰富阅读平台的推送内容，确保平台发布内容导向安全，实现社会效益和经济效益双赢。

（二）广泛宣传数字阅读平台。开展线下宣传活动即"关注'书香辽宁'手机数字阅读平台和'书香辽宁'微信公众平台即赠书或二维码纪念书签"活动。仅揭幕仪式当天就赠送了200余册图书和100余套纪念书签，有效提升了2个平台的关注度。结合"六一"儿童节和暑假等节点开展持续宣传活动。

六、融合发展范例：辽宁出版集团

辽宁出版集团有限公司于2000年1月经中央宣传部、国家新闻出版总署和辽宁省委、省政府批准正式成立，与原行政管理机关（辽宁省新闻出版局）彻底脱钩，成为中国出版界第一家真正实现政企分开、政事分开，并获得国有资产授权经营的出版产业集团。2015年8月，辽宁出版集团新班子成立后提出：全面拥抱互联网，全面加快实施数字化转型战略。2016年，在辽宁出版集团新班子的推动下，在数字化转型工作领导小组统筹引导下，搭建了高端人才领军的转型团队，完成了20余项转型项目的全面评估和重新梳理，完成了对数字化产品及项目的精准定位。

（一）加速融合发展的顶层设计

2016年5月31日，辽宁出版集团与国家新闻出版广电总局信息中心在沈阳签署《融合发展（数字化转型）战略合作协议》。针对辽宁出版集团融合发展战略规划，国家新闻出版广电总局向辽宁出版集团提供咨询服务，结合国家数字复合出版系统工程的先进技术和经验，为辽宁出版集团提供融合发展的实施方案。国家新闻出版广电总局信息中心通过对辽宁出版集团数字转型整体布局和具体项目的两轮调研，并对原有转型项目进行评审，对数字化转型项目做什么、怎么做进行充分论证，围绕转型产品的开发、关键技术的贯通、业务机制的明晰及整体转型的协调等方面，提出了一系列实操性较强的意见建议。

（二）完成转型融合发展机制和团队初步建设

作为辽宁出版集团二次创业战略中的重要组成部分，数字化转型发展工作在辽宁出版集团深化改革领导小组的领导下全面展开，辽宁出版集团成立了数字化转型发展工作领导小组，负责组织实施集团数字化转型发展工作的具体任务。辽宁出版集团设立了数字产业发展部，引入高端人才，引领转型融合，统筹和支持集团各个经营主体的数字项目发展，并提供技术及市场等方面的解决方案。

辽宁出版集团确立了转型融合保障机制。全面推动版权、渠道、技术等资源的集约化运营，配套出台相应管理办法，传统图书的数字版权签约率及续约率得到明显提升。辽宁出版集团对整体的信息化建设系统平台的开发实施了统一规划设计、统一招标管理、协同运营管理，同时，还建立数字化转型指数，全面考核监测各个经营单位的转型融合发展进度及成效。

2016年9月，辽宁出版集团成立数字产业发展部，设立了总工程师和副总工程师职位。集团通过对外招聘方式，确定总工程师一名、副总工程师两名，集团内部选派副总工程师一名，共同组成总工程师团队，同时引进10余名数字出版专才，主导推进集团数字化转型全面升级。工程师团队全面把控集团公司数字化转型大局，全面负责整体信息化技术规划管理、重点项目管理、集团层级的技术应用平台建设和管理、数字产品研发、新业务考察和建立新业务项目库、出版融合发展重点实验室前期筹备等工作。

（三）建立转型融合四大平台

1. 建设文创领域投资平台

2016年6月，辽宁出版集团投资2.5亿元联手国内知名券商国泰君安，成立了辽宁省第一支以市场化运作模式设立的文化产业投资基金——辽宁博鸿文化产业创业投资基金，这也是国泰君安运营的第一支文化基金。基金成立后，重点对虚拟现实、教育培训等20多个项目进行分析研究，到2016年底，两个项目完成立项，获得国家财政支持5000万元资金。

2. 建设产业融合孵化平台

通过办公空间集约，辽宁出版集团挂牌申请了国家级文化产业融合发展基地，产业孵化基地定名为"北方文化新谷"，基地成立专项股权基金、投资基地优质项目等运作模式，实现聚焦产业、激活资本、拉动区域产业发展，成为集团新项目产业基地、上市公司做大做强的后援基地、人才培养的成长基地、出版社与新媒体新技术融合基地。

3. 建设产业引领平台

除北京公司、上海公司外，辽宁出版集团还与大连金普新区签订了战略合作框架协议，以打造大型文化综合体为发展点，实现沈阳、大连两大城市文化产业发展联动。

4. 构建整合辽宁省文化资源发展项目平台

2016年上半年，辽宁出版集团整合了辽宁北方期刊出版集团，该集团拥有发行量超百万的《数学周报》《教育周报》等3报11刊；注册成立了辽宁新华教育产业发展有限公司，完成了对省内教材教辅市场具有较强实力的华育公司的重组；注册成立辽宁省新华书店控股有限公司，建立全省发行市场"一张网"；推动文化与科技融合，与辽宁省内两家最优质上市公司合作，与东软集团联合筹建国家级融合发展实验室，加速推进与新松机器人在职业教育领域的深入合作。

（四）完成管理信息系统第一阶段工程

2016年，辽宁出版集团将信息系统平台的建设列入重点工程，总计投入2000万元资金，搭建三大平台，主要包括了基础平台，集团管控平台和出版业务平台。

2016年5月中旬，辽宁出版集团完成了基础平台的搭建部署，基础平台主要由架构由服务器、存储阵列、光纤交换机、虚拟化软件等部分组成，通过虚拟化技术达到30台虚拟服务器的量级，从而提高服务器的使用效率，实现业务系统的高可用性。同时，辽宁出版集团完成了对原有的网络控制中心进行网络通信电缆更换、静电地板更换等局部改造工作。

2016年5月26日，集团管控平台建设项目正式启动，建设内容主要包括财务管理系统、人力资源系统、协同管理系统和智能决策系统等，该平台的建设主要用于满足现有生产、运营的财务管理、人力资源管理和协同管理需求，提高工作效率和质量，对集团战略经营情况进行分析和优化提升。同时基于集团统一的核心财务平台，实现与集团编、印、发、供等业务系统的全面集成。项目总工期为 12 个月，预计在 2017 年 5 月前完成。

出版业务平台主要包括出版 ERP 系统、协同编纂系统、资源管理系统、资源加工系统等，其中出版 ERP 系统由编务管理、出版管理、发行管理、财务控制管理、智能决策等主要功能组成。北京云章科技有限公司于 2016 年 2 月 19 日中标该项目，3 月 1 日起正式启动建设。2016 年 5 月，出版 ERP 系统上线，实现了各出版单位发行系统关键业务数据与配送公司信息系统的对接。同时编务和出版管理系统也进入了试运行阶段。

（五）转型融合发展项目向效益转化

2016 年，辽宁出版集团积累的一批转型项目加速落地实施。智慧党建、专职委员在线、建筑设计等专业数据库平台的内容建设得到稳固增强，收益水平在逐步提高。

延伸 IP 版权运营

2016 年 6 月 1 日，首家"大耳娃魔法帝国"在沈阳中街豫珑城开业，"大耳娃魔法帝国"是辽宁出版集团斥资 2000 万元打造的国内首家全媒体型儿童主题乐园。"大耳娃魔法帝国"以数字化体验为核心，旨在打造兼顾高端品质、数字体验、寓教于乐、潮流聚合为一体的新型儿童室内主题乐园。

辽宁少年儿童出版社开发的"作文派——小学生优秀作文全媒体 O2O 交互平台"项目，是一个全媒体、开放式的数字化复合出版工程，是少年儿童（中小学生）阅读与写作的 O2O 解决方案和全媒体交互平台。2016 年 5 月 4 日，该项目已申报国家财政部 2016 年文化产业发展专项资金重大项目。

2016 年 9 月 30 日，辽宁北方出版物配送有限公司北方教育 App 开始上线运行，该 App 是一款专门为学生、老师和各大教育机构、企业提供课外辅导的在线教育平台，北方教育广泛搜罗国内名师，进行精确、专业、智能的内容推送，对受众进行高效的线下教育辅导。同时让全社会更多优秀教师参与到北方教育的 App 平台上，达成知识共享、教育共享、师生共赢，为教师和培训机构提供方便的互联网推广途径。

慧谷阅读平台由辽宁出版集团新媒体公司开发，融合集团内容资源，提供高效、便捷的"工具化建站"模式，为出版社、作者、学校打造专有的个性化、场景化、全功能的"阅读云"。2016 年，该平台已为集团多位签约作家建设了个人官网，增强了辽宁出版集团经营作者资源的综合能力。基于慧谷阅读开发的智慧党建平台，上线了辽宁出版集团 2000 多种时政党建类红色主题图书，可通过 PC 端、移动终端、触控一体机等渠道实现全网全媒体传播。该平台已成为辽宁省思想文化建设专项重点扶持项目。

（六）推动新闻出版改革发展项目申报及入库工作

2016 年 6 月 1 日，国家新闻出版广电总局新闻出版改革发展项目库 2016 年入库项目揭晓，经有关专家论证评审，辽宁少年儿童出版社"作文派——小学生优秀作文全媒体 O2O 交互平台"项目、辽宁无限穿越新媒体有限公司"慧谷文创创客空间平台项目"、春风文艺出版社"春风微出版平台"项目入选国家新闻出版改革发展项目库。

2016 年 12 月 14 日，辽宁出版集团高度重视 2017 年总局新闻出版改革发展项目库入库项目申报工作，辽宁出版集团各单位结合自身发展要求和能力现状，共报送 31 个融合发展项目申请入库。在辽宁出版集团领导全面把控、集团总工程师团队协同审议下，辽宁出版集团向总局推荐报送了 11

个项目申请入库，完成总局改革发展项目库线上线下申报工作。

（七）拓展在线教育新市场

2016年7月25日，辽宁出版集团与联通辽宁分公司签署《互联网+教育项目合作协议》战略合作协议，联通辽宁分公司将充分发挥全业务运营网络的优势，协助集团开拓全省教育信息化数字资源市场，全力推广人教数字资源项目实施，以各市建设"三通两平台"项目为契机，按照教育行政和校园市场拓展两条主线，与辽宁出版集团联合，全面开展营销和推广。同时，辽宁出版集团也充分发挥内容资源和渠道的综合优势，为中国联通"沃·教育资源云平台"提供优质的内容资源支持，协同占领全省教育文化数字传媒产业领域市场主体地位，并共同探索教育文化数字传媒产业发展的新形态、新模式、新领域、新商机。

辽宁出版集团与北方广电集团合作，共同开发在线教育云服务平台，以北方广电网络作为平台渠道，开展辽宁省内中小学电视数字教育市场合作。

（八）创新数字出版与数字化营销新形态

单一的电子书出版已经不适应全媒体融合的传播需要，辽宁出版集团各出版社依据自身产品优势，在有声书、AR（增强现实）/VR（虚拟现实）书、微课堂等新形态产品开发上形成了特色。

辽宁科技出版社与西班牙派拉蒙出版公司合作应用第二代AR新技术打造了儿童科普系列图书《酷玩科学系列》，借助AR、VR技术，使图书中的插图成为立体动画，为读者增加阅读体验，从而赋予出版物更强的消费引力。2016年8月23日，在第23届北京国际图书博览会上，该产品大受欢迎，AR/VR类图书已经输出至11个国家。

春风文艺出版社对"小布老虎"品牌童书进行再开发，形成数千小时的有声童话产品，在全媒体渠道上发布。春风文艺出版社还在与新媒体公司积极推进"自出版"平台的建设运营。

辽海出版社《新课程能力培养》项目已经生产了近万节微视频课程。移动微课堂技术与《新课程能力培养》的融合，使原来形式单一的纸媒教辅以影像和声音的形式立体呈现。

辽宁北方期刊出版集团的《钓鱼》杂志开展全媒体运营，已经积累了十几万粉丝。

辽宁出版集团电商运营团队，凭借核心的电商全平台运营能力、助推辽宁出版集团产品在线销售快速增长。在天猫、京东、亚马逊、当当开设图书专营店，完成线上一次引流；整合辽宁出版集团200万粉丝资源，通过微信二次开发及微店运营，精耕200多个粉丝社群，完成线上二次引流；重点以IP主题为核心的自有电商平台及出版社电商群，凸现出主题导读、社群互动、文创开发的特色。

新媒体公司引领各出版社进行优秀IP的跨界开发，推动大数据应用，以提升IP热度为目标，进行创意互动、有声书、视频、动漫、微课等全媒体开发，打造"IP估值+全版权保护+读者画像+竞品分析+创意孵化"的五维IP解决方案。

供稿：辽宁省新闻出版广电局数字出版处
执笔人：于娜

吉林省

● 数字出版工作总结

一、筹划制定"十三五"规划工作

"十三五"期间发展目标，以每年20家的规模，培育一批传统出版单位向数字化转型的典型示范单位，到2020年省级数字化转型示范单位争取达到100家。积极搭建数字化出版传媒新平台，精心打造一批吉林图书、报纸、期刊、音乐、文学、游戏、动漫等数字出版平台，每年推出2至3个具有地方特色和典型引领作用的数字化平台项目，争取到2020年达到10至15个，全民数字阅读率达60%以上。力争在"十三五"末期，将吉林省数字出版总产值由3亿元人民币，增长到10亿元人民币。

二、推动数字化转型升级，打造数字出版重点项目

（一）继续推进传统出版单位数字化转型升级

吉林省以国家第二次数字出版转型示范单位现场会为契机，为进一步深化吉林数字出版转型示范工作，加快传统出版向数字出版转型升级步伐，吉林省新闻出版广电局组织实施了吉林省"第二批"数字化转型示范单位评估申报工作，此前吉林2014年"第一批"确定的省内数字出版转型示范单位为22家。第二批申报，以总局数字出版转型示范工作要求为指导，结合吉林传统出版单位现状，旨在遴选出一批在数字出版领域探索较早，思路清晰，重点明确，成效明显的转型单位，充分发挥其示范引领作用。现评估工作已经结束，经过单位申报、材料审核、专家评估，共评选出12家示范单位。

（二）打造数字出版品牌项目

在积极推进、科学发展、规范管理、确保导向基础上，指导传统出版单位打造优秀数字出版项目，为其争取政策及资金扶持。吉林出版集团（吉林文史出版社）的"中华传统文化多媒体在线教育与数据库平台"项目、（吉林音像出版社）的"汉字故事全媒体在线平台"项目；延边教育出版社"中国朝鲜族双语教育新媒体应用聚合平台"项目入选2016年新闻出版改革发展项目库。吉林民族音像出版社的"购置民文数字出版制作设备项目"、延边教育出版社的"朝鲜文数字出版图书编辑平台建设项目"、延边人民出版社的"图书采编信息化协同编撰建设项目"、延边日报社的"电子阅报栏建设项目"、支部生活杂志社的"朝鲜文党刊数字化建设项目"入选国家少数民族新闻出版东风工程并获专项资金支持。长春知和动漫产业股份有限公司的"动漫研究院集群区"入选中央文产资金项目库。

吉林风雷网络科技股份有限公司成为吉林省首家登陆新三板的文化企业，成为国内游戏产业成功资本动作的典范，旗下游戏产品覆盖电脑、手机、电视机顶盒等终端设备，实现了数据相互交互、

互动游戏，风雷游戏中心在吉林市场占有率达90%以上，注册用户已突破5000万。

（三）融合发展，助推吉林数字出版转型升级步伐

为进一步深化新闻出版转型升级，吉林省新闻出版广电局和吉林银声音像出版社经过半年的筹划，于2016年3月14日成立北京编辑研发制作中心。该中心是集文化教育知识传播和网络教育模式研究、优质教育资源建设与现代化信息技术整合、多媒体教学技术研发与网络资源集约化运用于一体的现代化高科技教育教学产品研发、推广部门，业务涉及数字化多媒体教育产品开发，教育资源信息化推广，教育类电子商务平台建设等领域。现已制作推出"全媒体数字资源系统""美丽中国多媒体资源库应用系统""多媒体教学资源库系统"等数字资源库系统平台，目前其部分产品已应用于全民阅读数字化工作中。

三、全面开展全民数字阅读工作

吉林省新闻出版广电局为深入贯彻落实党的十八大和十八届三中全会精神，进一步丰富人民群众的精神生活，满足人民群众日益增长的数字阅读需求，每年根据总局《关于开展全民数字阅读专题活动的通知》要求，吉林省新闻出版广电局组织省内有关单位在4月23日世界读书日、纪念世界反法西斯战争暨中国人民抗日战争胜利70周年、中国共产党成立95周年、红军长征胜利80周年、"六一"国际儿童节、"十一"国庆节等重要时间节点，开展主题宣传和数字阅读活动，营造良好的阅读氛围。积极围绕相关纪念活动开展专题阅读，宣传中国人民抗日战争胜利的伟大历史意义、宣传抗日战争在世界反法西斯战争中的重要地位、宣传中国共产党在全民族团结抗战中的中流砥柱作用，推进爱国主义教育，弘扬民族精神，凝聚民族力量，增强民族自尊心、自信心和自豪感。要求各单位策划制定数字阅读活动实施方案，从活动主题契合度、承办单位能力、媒体影响力、内容丰富程度、预期效果、覆盖人群、可持续性等方面综合评估开展全民数字阅读活动，并先后涌现出一大批优秀作品和特色活动，如吉林人民出版社有限责任公司选题《东北抗联精神永存》、吉林音像出版社有限责任公司组织的《百首抗日战争歌曲集》音乐会展演、长春出版传媒集团有限责任公司开展的小学生社会主义核心价值观素质竞赛、延边新闻网组织的纪念反法西斯战争胜利70周年全民数字阅读专题活动——《记住》《我的爷爷是抗联》大型高清专题片展播及赠送活动等多种主题出版和数字阅读活动。

四、预制规划，积极筹备申报数字出版基地

（一）基地发展目标及功能。吉林数字出版基地的发展目标是：发挥市场机制在资源配置中的基础性与导向性作用，促进数字内容资源的共享。坚持技术引进和自主开发相结合的原则。既要吸收当今世界最先进的数字技术，同时依靠自主创新技术带动数字出版的发展。通过建立数字出版印刷培训机构，辐射带动数字出版及动漫制作技术的研发和应用，推动数字出版企业的发展壮大，培养相关数字出版人才，建立数字出版人才队伍。到"十三五"前期，培养出一批具有综合素质的数字出版人才，自主研发、创作、出版的网络动漫、游戏出版物实现一定的规模和数量，并形成自主的品牌；通过基地的建设，培育出10个年产值在千万以上、有一定规模和影响的数字出版企业，以

此推进和带动吉林省数字出版产业的大幅提升，使吉林的数字出版成为重要的出版形式，由现在的"边缘"出版走向"中心"。到 2018 年，建立起吉林数字化出版编辑平台、新闻出版管理服务信息系统、出版资源数据库、出版物物流配送平台等工程，实现传统出版的数字化转型，做到出版资源、出版环节的数字化管理，全省数字出版在整个出版产业中所占的比重力争达到 30%。

（二）基地发展规划框架。总体构想是建立国内有突出影响力的数字出版印刷培训机构，并以数字出版人才培养基地为特色和主导，辐射带动周边地区的相关产业和平台建设，形成集聚效应。构建数字出版印刷人才培训平台、数字化出版采编平台、手机移动媒体阅读制作管理平台、动漫研发制作平台、网络教育及娱乐平台。并设立版权交易服务机构及相关配套服务设施。

建设北方数字出版职业技术学院，学院的立意是：建立"大出版观念"，立足职业教育，以社会需求为先导，打造吉林省出版教育特色品牌，拟开设传播学（数字出版）、数字媒体艺术（游戏、动漫、包装、网络艺术等专业倾向）、数字媒体技术（新阅读技术、动漫游戏技术、3G 技术等多专业倾向）和数字印刷（传统及数字形式排版、设计、印刷等专业内容）等 8 个以数字为显著特征的新专业。分为数字内容创意与表达、数字内容经营与推广和数字出版技术应用 3 个培养方向。内设原创研发制作中心、影视研发制作中心、数字出版实训中心、标高清后期编辑和输出中心、版权交易实践中心、发行策划实践中心。可同时满足创意、制作、研发、后期编剪、出版发行等动漫、游戏、数字出版文化创意产业技术需要，培养出复合型实用人才。

2016 年 10 月 26 日，《吉林省新闻出版广电联合融合发展战略协议》签约仪式在吉林省国家广告产业园举行。这一战略协议的签订，是吉林新闻出版广电实现集聚化、产业化和市场化迈出的新步伐，是吉林新闻出版广电改革发展与产业提升取得的又一新成果，也是吉林新闻出版产业向园区化、集群化、模块化发展的契机。中共吉林省委宣传部、吉林省新闻出版广电局、吉林人民广播电台、吉林电视台、东北师范大学、吉林师范大学、吉林艺术学院、吉广控股有限公司、时代文艺出版社有限责任公司、吉林省传媒学会等 10 家单位，代表近 70 家机构、企业在协议上签字。12 月 19 日，吉林省新闻出版与影视广播文化创意创作产业园区正式投入运行。该园区是吉林省新闻出版广电局贯彻落实吉林服务业发展攻坚战的决策部署，持续深化改革，积极转变增长方式，推动文化创意产业成为全省服务业支柱性产业的积极探索和实际举措。园区联合省电台和省电视台、省内文化企业、省内高校的优势资源共同建设，以市场主体为核心，走联合融合发展之路，利用全省新闻出版广播影视的现有生产制作优势资源，打造全省广播影视资源整合的中心和服务平台，也是全省广播影视、戏剧舞台艺术文化产品的交易码头，致力于建成东北地区具有品牌影响力的文化产业园区。截至目前已有新闻出版广播影视行业的 96 家企业入驻园区。建立数字出版采编平台，实现传统出版的数字化转型。主要依托省内外新兴数字网络出版服务公司的技术优势，将吉林传统出版单位的出版内容资源通过数字技术转化，实现网上在线及移动终端阅读。项目先期为省内部分出版单位的部分出版物的移动数字推广合作，后期将实现股份合作，设立数字出版运营企业，逐步推出有影响力和竞争力的数字出版品牌产品。项目的盈利模式主要为在线阅读收费、网上销售及其他收益。利用吉林现有图书资源，打造针对"全民阅读"需求的数字出版平台。

2016 年末，吉林《职业技术教育》杂志社作为国家级转型示范单位，启动了长春市职业教育园区建设，结合中职院校、市属高职院校和优质院校资源，打造以"文化"为主题，以"互联网 +""产业 +"为特征的园区"升级版"，以此创建首个国家级职业教育文化建设实验区。

五、关于网络游戏审批工作

现阶段，网络游戏和手机游戏产业飞速发展，已经成为新闻出版产业新的增长点，而吉林网络游戏相较发达省份略显不足，起步晚，主要原因是还没有成型的游戏产业构架，具备出版游戏资质的电子出版单位和网络出版服务单位少。吉林原有经总局批准的游戏有大型网游产品《乾坤在线》《幻魔之眼》《山海奇缘》《关公传奇》《"城市部落"数字竞技娱乐》平台等已经制作完成，开始上线试运营。

2016年度吉林经总局批准出版国产移动网络游戏达到19款，其中吉祥棋牌类游戏12款、风雷棋牌类游戏6款、《神域天堂》国产移动网络游戏1款，充分说明吉林国产网络游戏正处于快速增长阶段，出版上线运营需求较大，急需在游戏出版研发、出版资质、团队建设领域取得突破，推动吉林网络游戏产业健康有序发展。同时，吉林省新闻出版广电局对经总局批准上网出版运营的游戏产品，严格监督审查其出版情况，要求有关游戏运营企业做好内容自查，禁止增加法律和法规规定禁载的内容，建立健全"网络实名登录"制度、"游戏防沉迷实名验证系统"，要求游戏在运行过程中登载《健康游戏忠告》，严格按照《关于禁止利用网络游戏从事赌博活动的通知》等要求开展经营活动。在推动吉林游戏产业健康发展的过程中，盼望总局在考虑出版单位总量、结构、布局规划的同时为吉林在网络游戏出版资质的取得等方面给予帮助和指导。

六、有序监管，推动网络文学健康发展

（一）把握正确导向，完善管理机制。吉林积极践行总局《关于推动网络文学健康发展的指导意见》，旨在推动吉林网络文学健康有序发展，繁荣文学创作，引导文艺创新，提升数字出版产品质量和服务水平，培育出版产业新的增长点，丰富网络内容建设，激发民族文化创造活力，满足人民群众精神文化需求。吉林省新闻出版广电局聘请专人对省内涉及出版内容的网站进行梳理，将全省主要图书、音像、电子、报纸、期刊、数字出版单位网站、涉及出版内容的民营网站，以及其他网站中涉及网络文学等网络出版内容纳入监管范围。要求有关单位努力完善网络文学编辑人员管理机制，落实持证上岗制度，建立健全网络文学发表作品的作者实名注册、责任编辑及出版单位署名等管理制度，加强网络文学编辑人员内容导向判断和艺术水准把关的发稿能力建设。完善网络出版企业网络文学作品送审编校制度。

（二）投入审读力量，加强监督管理。从加强网络文学管理方面，吉林省新闻出版广电局建立了全省网络出版数据库，对近300家互联网出版单位实行分类监管。扩大网络阅评员队伍，按照总局要求加大网络出版审读、网络文学阅评工作力度，吉林省新闻出版广电局互联网监管平台平均每天监控约300个网站，近千个网页，平均每月抓取网络监管信息7000余万字，网络阅评员平均每月审读近500万字，全年共审读约6000万字，切实做到加强网络出版监管，保证了全省网络安全，同时及时做好信息反馈，按时完成全年网络出版监管季报工作。

（三）组织特色活动，引导文学创作。为深入贯彻落实习近平总书记系列重要讲话精神和《中共中央关于繁荣发展社会主义文艺的意见》，吉林省新闻出版广电局2016年组织开展了"书香吉林"全民阅读系列活动获得总局高度评价，在全社会范围内掀起了原创文学创作的高潮，进一步引导网

络文学企业把创作生产优秀作品作为中心环节，推出更多思想性、艺术性和观赏性有机统一的优秀原创作品，为传播正能量，活跃网络文化，营造良好的书香氛围。

七、创新监管方法，营造网络出版的良好环境

（一）获批国家级网络出版服务资质。有鉴于现阶段网络出版行为有所增多，形式纷繁复杂，吉林省新闻出版广电局针对现况，指导扶持主流媒体网站做好网络出版服务审批事项，在审批过程中能严格按照法律法规办事。2016年共批准国家级网络出版服务资质企业3家，吉林文史出版社有限责任公司的"史记通鉴"网、吉林音像出版社有限责任公司"尚音在线原创音乐网"、吉林银声音像出版社有限公司，使吉林由原来5家国家级网络出版资质（中国吉林网、延边新闻网、长春出版社、吉林教育出版社、延边教育出版社）增加至8家，加快了网络出版的数字化进程，巩固了网络出版导向和意识形态的规范化管理。

（二）强化基础管理。依据《出版管理条例》和《互联网出版管理暂行规定》的相关规定开展全省网络出版服务单位年度核验工作，着重审查网站是否认真履行管理职责，导向是否正确，网站出版和传播发送内容是否符合出版法律法规的规定，是否存在登载、传播超越出版业务范围内容的违规出版行为，网站登载广告是否存在违法违规现象。完成总局部署的属地互联网出版企业调查工作，分别上报网络游戏、网络文学、手机游戏出版三份调查材料。

（三）利用网络监管平台全面开展网络出版监管工作。利用升级改造后的互联网出版监管系统，实现对省内相关网站及有互联网出版内容的网站的定点监测。按照总局整体工作部署，持续对各类政治有害和淫秽色情等违法违规网络出版内容保持高压态势，开展了为期3个月的"清朗"专项行动，以及总局关于清理"文化大革命"有害信息的专项行动。及时更新吉林网络监管平台数据库，达到总局对网络监督日常管理工作和网络舆论监测工作的具体要求，建立健全有效的网络出版监管机制。对省内网络图书、网络报刊、网络文学出版内容进行了专项清理整治，全面加强对37类违法违规有害信息的发现、研判和处置工作，并以专项治理工作为契机，制定了《数字出版处网络出版监管平台管理制度》，逐步建立违法违规有害信息巡查审核、处置防范的工作机制。并向总局报送了吉林省新闻出版广电局贯彻落实各项专项行动的情况汇报。

八、开发重大项目，推动科技创新

（一）继续推进重大科技工程项目实施。吉林省新闻出版广电局致力于促进媒体融合发展，打造数字出版品牌。在积极推进、科学发展、规范管理、确保导向基础上，指导传统出版单位打造优秀数字出版项目，为其争取政策及资金扶持。长春出版传媒集团有限责任公司"少年中国"传统教育、青少年读物优势出版资源与新兴媒体融合项目入选"新闻出版改革发展项目库"；延边晨报社入选"国家数字复合出版系统工程应用试点单位"。东北师大出版社有限责任公司的"数字化转型升级平台"、吉林出版集团股份有限公司的"数字出版流程管理与应用系统"获国家文化产业发展专项资金支持。

（二）发挥标准引领作用，推动行业大数据体系建设。按照总局战略部署，继续推进相关国家标准普及，带动新闻出版业标识符体系建设。继续布局知识服务试点，催生新的产品形态和服务模

式。主要成果有长春出版传媒集团有限责任公司"少年中国"传统教育、青少年读物优势出版资源与新兴媒体融合项目、吉林出版集团有限责任公司"出版集团数字化标准和大数据应用""MPR国家标准和技术应用下的多媒体融合项目"3个项目入选中央文化产业发展专项资金新闻出版类重点推荐项目，获得专项资金扶持，并纳入新闻出版改革发展项目库。

（三）重点推进新闻出版领域科技实验室建设。为贯彻落实总局《关于加快新闻出版业实验室建设的指导意见》，逐步完善新闻出版业科技创新体系，逐步提高吉林出版领域科技自主创新能力，吉林也着手开展了新闻出版业科技与标准重点实验室申报工作，组织新闻出版企业、高等院校、研究院所做好实验室的规划、考评、可行性研究工作，2016年吉林上报总局由长春东北师范大学出版社有限责任公司独立开发的"新闻出版业语言文字规范标准实验室"项目。为加快吉林数字出版工作进程，提升项目申报能力和水平，吉林省新闻出版广电局通过多方考证与调研，结合吉林新闻出版广播影视行业的实际状况和发展态势，下一步拟打造吉林首家新闻出版专业智库——融智库·吉林智库。为加强新闻出版科技实验室的开发，吉林省新闻出版广电局将研究拟定"吉林省新闻出版领域科技实验室建设管理办法"，组织有基础、有条件的新闻出版企业启动筹备工作，力争在2017年内确定吉林首批新闻出版业科技实验室。

九、强化转型升级项目管理工作

（一）提高管理水平，提升使用效益。吉林省新闻出版广电局通过不断提高思想认识、提升项目的管理水平，充分发挥国家财政资金的使用效益，用优良的业绩回报国家财政的支持，争取后续更多更大的支持。根据国家新闻出版广电总局《关于加强新闻出版业数字化转型升级项目管理工作的通知》（新广出函〔2015〕104号）精神，吉林省严格按照总局提出的"分级管理、分工负责、阶段管理"的工作原则，切实加强对吉林新闻出版业数字化转型升级项目的管理，提高专项资金投入效益。

（二）打造重点项目，争取扶持资金。吉林吉林出版集团和东北师范大学出版社分别以"吉林出版集团数字出版数据资源库"项目和"数字出版转型升级平台"项目入选国家新闻改革发展项目库，分别获得国家文化产业发展专项资金1800万元和400万元扶持。后续又有长春出版传媒集团有限责任公司"少年中国"传统教育、青少年读物优势出版资源与新兴媒体融合项目、吉林出版集团有限责任公司"出版集团数字化标准和大数据应用""MPR国家标准和技术应用下的多媒体融合项目"3个项目入选中央文化产业发展专项资金新闻出版类重点推荐项目，获得专项资金扶持，并纳入新闻出版改革发展项目库。

（三）建立管理制度，保障项目实施。为规范和加强吉林新闻出版业数字化转型升级项目管理，对项目进行监督检查、跟踪管理。吉林省新闻出版广电局专门制定了《吉林省数字化转型升级项目管理制度》，并成立了项目工作领导小组，以确保项目建设工作的顺利实施。要求项目实施单位建立汇报制度，及时汇报项目建设的进展情况，并于每年10月底前向省局提交年度项目工作报告。为及时准确地掌握数字化转型升级项目的进展情况，吉林省新闻出版广电局一方面要求项目实施单位进行自查，另一方面对项目实施单位进行实地调研和检查，了解和掌握了项目的进展及资金使用等情况，并及时协调解决项目建设过程中遇到的问题。

十、融合发展范例：吉林音像出版社有限责任公司

吉林音像出版社是 1995 年经新闻出版总署批准成立的音像制品出版单位，是集音像制品的出版、制作、发行为一体的专业出版机构，2015 年已被确认为吉林省首批数字化转型示范单位。现为吉林省首批数字出版重点实验室建设单位。已获得国家新闻出版广电总局批复的从事网络出版服务的资质，为吉林省内第一家具有网络资质的出版单位。

吉林音像出版社作为吉林省首批数字化转型示范单位结合自身发展优势，形成"一二三四"的数字产品创新研发出版路径。特别是在数据库建立、VR/AR+ 出版上，取得了关键环节的突破，在少儿科普领域形成了 VR/AR+ 图书的融合业态模式。

一体化发展。包括立体产品、立体营销一体化，体制转轨与产品更新换代一体化。

二元出版格局。主要表现为两个方面：一是坚持以内容为根本、以技术为支撑的产品开发系统；二是使传统出版与新媒体相融合，不是完全抛弃平面媒体，而是实现二者兼容并包、此长彼长。

三维视觉体验。在恐龙、植被、宇宙、航天、军事、人体、机器人等领域积累了庞大三维立体资源，可按不同创意选题要求自由组合，形成产品体系。也为 VR/AR+ 图书提供可能数据，在此基础上打造系列科普产品。运用新媒体技术出版的"融媒体互动阅读新体验"产品，取得了很好的经济效益。其中，运用三维建模技术，建设了三维模型数据库，复原了早已消失的 1 亿多年以前的 200 多种恐龙的三维数字模型，还原了恐龙时代的地貌、植被模型 2000 多种，建设了包括太空、军事、汽车、昆虫等三维模型 2000 多种；运用增强现实技术，出版 AR+ 图书 20 种，上线 AR 应用程序 100 个。运用虚拟现实技术出版 VR+ 图书 10 种，上线 VR 应用程序 50 个。

四条产品线路。这四条产品线分别是：三维立体手工、模型玩具系列；红蓝视差及 3D 裸眼系列；AR 增强现实系列；VR 沉浸式虚拟现实系列。已出版的产品分别是：《3D 武器兵工厂》《恐龙时代玩具套装版》《炫彩少儿科普》《恐龙大图鉴》《3D 太空视野》《机械昆虫游戏接力赛》《恐龙时代》《太空第一课》《走进恐龙公园》。

开发了"尚音在线原创音乐网"，其核心是具有自动播放功能的曲谱库，为曲谱作者与歌唱者、演奏者及音乐爱好者提供了交流、交易的平台。形成了音乐类图书、音乐音像制品、音乐期刊、音乐在线网站，书、刊、盘、网"四位一体"的格局。同时，通过提供音乐电子书（杂志）的在线发布功能、音乐空间互动交流功能、音乐应用程序的游戏体验功能等，吸引广大音乐爱好者、学习者、创作者以及乐器厂商，提供相互交流和发布作品的平台。2016 年对该网站进行了手机终端的升级开发，为职业院校学前教育专业学生提供在线微课应用。依托网络平台开发设计的《汉字故事全媒体在线平台》入选 2016 年国家新闻出版发展改革项目库。

吉林音像出版社音像制品《风雪爬犁》获第七届上海国际广播音乐节国内十佳节目奖；音像制品《冰雪神韵》《中国古筝》《萨克斯曲选》分别获得全国优秀文艺音像制品一、二、三等奖；教学录音带《快快乐乐学英语》获全国优秀教育音像制品三等奖；《魅力中国·吉林——为建国 60 周年献礼》获得吉林省政府优秀出版物奖；《决战汶川》荣获第二届中华优秀出版物奖抗震救灾特别奖；八集文献纪录片《东北抗联》获第五届中华优秀出版物奖，同时被国家新闻出版广电总局确定为向全国青少年推荐百种优秀出版物，2015 年获吉林省政府出版奖优秀出版物奖；《我的名字叫建国》入选"庆祝新中国成立 65 周年"主题出版物并获 2014 年国家出版基金资助，2016 年入选向全国老

年人推荐优秀出版物;《中国梦航天梦》入选新闻出版广电总局2014年"庆祝新中国成立65周年"主题出版物;《我的爷爷是抗联》入选2015年中宣部、国家新闻出版广电总局"纪念中国抗日战争暨世界反法西斯战争胜利70周年"主题出版物,并入选2016年向全国青少年推荐优秀出版物;《农民画在中国》《留给你的北方》获国家出版基金资助;《中国杂文百部》作为"走出去"项目,入选"经典中国"对外出版扶持项目;《带土味的舞台》获吉林省文艺专项资金扶持;《汉字故事全媒体在线平台》入选2016年国家发展改革项目库;《站在贫困线上奔小康——我去做第一村书记》入选2016年中宣部、新闻出版广电总局主题出版项目;5集人文纪录片《过年》获第六届中华优秀出版物音像电子出版物提名奖。

供稿:吉林省新闻出版广电局数字出版处
执笔人:白宇 张海涛

黑龙江省

● 音像、电子出版工作总结

一、基本情况

黑龙江省现有专门的音像或电子出版社3家,其中黑龙江广播电视音像出版社因转企改制处于停业状态未申报年度选题,黑龙江东北数字出版传媒有限公司去年7月份注册成立,还在前期筹备和项目策划阶段,未进行生产,因此没有申报年度选题。

二、音像电子出版的主要特点

2016年,黑龙江省有3家音像出版社进行了出版活动,共备案选题37种,实际出版音像制品11种,选题兑现率为30%。

从出版的音像电子出版看,主要有这样几个特点一是积极探索"互联网+教育"。哈尔滨商业大学音像教材出版社有限公司的《大学计算思维能力培养——基于MOOC+SPOC+翻转课堂模式》,从计算环境构建、问题表示与存储、问题分析与数据抽象、问题求解与算法设计、网络化思维、数据化思维等方面组织内容,以音、视、图、文并茂的形式,易于学习,能够帮助提升学生的计算思维能力和动手实践能力。二是立足本地选题和推介。哈尔滨商业大学音像教材出版社有限公司的《我与哈尔滨》,立足本地,辐射周边,向大家宣传推介哈尔滨,引领旅游时尚,为国内外游客提供多样化、个性化的旅游服务。三是配合本版图书出版。哈尔滨工业大学出版社有限公司依托出版社的优势出版资源,立足于多媒体教学,配合该社外语类长销教辅读物策划了3种英语学习类光盘和1种俄语学习类光盘。

三、目前存在的主要问题和下步措施

黑龙江省地处边疆，观念更新慢，出版水平不高，音像、电子出版尤其薄弱，存在的主要问题：一是黑龙江省出版选题结构还不够优化，教辅类及配合学校出版的选题比较多，这些音像制品缺乏市场，经济效益不高。二是选题计划性不强。年度选题数量较少且下降较快，说明黑龙江省一些出版单位缺乏长期规划，策划不够，主动性不强，出版的随机性较强。三是编辑人才缺乏。黑龙江省地处东北边疆，经济水平较低，难以引进高水平编辑人才，现有编辑又大多为图书出版编辑，专门的音像、电子出版编辑人员较少，影响了黑龙江省选题策划水平和质量。四是出版资质限制了发展。目前图书出版社申请出版图书配套的音像制品较容易，但是音像出版社申请出版音像制品配套的图书较难，使得一些好的音像选题，特别是非物质文化遗产保护方面的音像选题，需要配套出版图书的，专门的音像出版社难以独立完成。

针对上述问题，为促进黑龙江省音像电子出版的发展，黑龙江新闻出版广电局将积极采取以下措施：一是进一步调整出版结构。丰富和完善精品图书出版工程资助重点，探索在主题出版、少儿科普和非物质文化遗产保护等方面对音像、电子出版物进行扶持，努力引导出版单位调整出版结构，创建特色品牌。二是进一步加强选题管理。引导出版单位进行深度策划，有计划性地实施出版活动。三是进一步加强编辑培训。制定编辑从业人员培训计划，加大培训力度，采取积极措施，鼓励优秀编辑人才的引进，努力建立起一支高水平的编辑队伍。四是鼓励出版单位合作出版。引导和鼓励音像、电子出版单位与图书出版单位分工合作，策划出版一批跨媒体、分量重的出版物。

● 数字出版工作

一、网络出版监管工作

1.加强网络出版技术监管手段建设，为实施现代化监管奠定基础。为了加强网络出版内容监管，提高监管能力，进一步净化黑龙江省网络出版环境，改变黑龙江省过去依靠人工手段实施网络出版监管的落后现状，按照国家新闻出版广电总局的要求，黑龙江省新闻出版广电局积极推进网络出版监管系统建设工作。一是4月份完成了网上招标、监管软件价格谈判；二是7月份完成了硬件设备的采购；三是9月份局务会审议通过了《网络出版监管系统建设合同》文本；四是10月份完成了铺设光纤网络、安装服务器等基础设施以及监管软件安装、测试等项工作，网络出版监管系统已基本建成。目前，我们正在将省通信管理部门提供的截至2016年底前全省ICP备案的3.7万多家网站数据导入系统，进行试运行，待完善后正式投入网上出版活动监管，力争实现监管全覆盖。

2.查处网络出版违规案件。一是认真查处总局转来线索的案件，及时反馈查禁结果；二是积极配合省扫黄办和相关部门开展的网上专项行动，利用手中的密钥为相关部门提供违规案件的ICP备案信息，形成打击网上有害信息的工作合力。

二、持续推动数字化转型升级工作

1. 不断发展壮大网络出版服务队伍。一是鼓励引导推动传统出版单位转型,从事新兴出版业务,做好政策业务咨询工作。二是2016年黑龙江省又有3家单位获得网络出版服务资质,截至2016年底全省共有22家网络出版服务单位。

2. 扶持重点企业实现跨越式发展。哈尔滨出版社下属的龙华数字出版公司大胆改革进取,创新思维,积极引进3家风投机构,A轮融资2325万元。2016年2月底完成了股份制改造,8月份获总局批准更名为黑龙江龙华数字出版股份有限公司,目前正在积极推进在"新三板"挂牌。

3. 实施项目带动战略。以项目为抓手,积极推动传统图书出版单位数字化转型。利用黑龙江省年度精品图书出版工程扶持资金,组织图书出版单位实施一批数字出版项目,加快数字化转型步伐。一是2016年受理并初审了10家图书出版社申报的72个项目,申报数量比去年增长84.61%,项目整体策划水平呈现出提高上升趋势,应用范围也不断延伸拓展;二是成立了由3名国家级专家和2名省内专家组成的专家评审团队,对申报单位采用现场演示答辩、专家点评的方式进行项目评审,专家从项目的可行性、创新性及实用性逐一进行了点评。通过专家点评,不仅拓展了出版单位的思路和视野,还有助于提升项目的策划能力,极大地提高了评审的质量与效果;三是经省精品工程领导小组同意,网站公示,2016年共41个数字出版项目获得资金扶持;四是组织结项验收。10月上旬,我们部署了对上年度获得资助的数字出版项目的检查验收工作。一是下发检查验收通知;二是11月中旬,与财务处组成项目验收小组,对8家出版社的28个项目实施情况与资金使用情况进行了实地验收检查;三是受检的项目,基本完成了建设任务,有的项目还取得了较好的经济效益,促进了纸质图书的发行,资助资金无挪用情况,做到了专款专用。

经过几年的项目扶持,其培育功能陆续显现。一是2016年黑龙江省又有3个数字出版项目获得中央文化产业发展专项资金1500万元支持,其中有哈尔滨出版社的《蜜蜂鸟社会化分销平台》、哈尔滨工程大学出版社的《核科学与技术专业资源数据库》、黑龙江教育出版社的《基于特色基础教育资源运营服务平台》;二是2016年10月,总局公布了首批新闻出版产业示范项目,在全国35个产业示范项目中,黑龙江省有1个数字出版项目入选,其成绩来之不易。

三、强化数字化转型升级项目管理工作

根据总局确定的项目管理原则,黑龙江省负责对获得中央文产资金资助的黑龙江出版集团有限公司《基于专业出版的资源聚合与传播应用示范》项目、哈尔滨工业大学出版社有限公司《传统出版业务全流程平台数字化再造项目》、哈尔滨工程大学出版社有限公司《"三海"特色专业出版社转型升级项目》、黑龙江华文时代数媒科技有限公司《"印象国学"复合教育资源融合新媒体推广服务与MPR标准应用示范》4个数字化转型升级项目的管理,为保证项目的顺利、高质量实施,确保项目按时落地,认真履行属地管理职责。一是严格执行《黑龙江省新闻出版广电局数字化转型升级一般项目管理制度》,修订完善《黑龙江省数字化转型升级一般项目管理计划书》。二是加强跟踪问效,严格执行季报制度。要求项目单位每季度汇报一次项目进度、资金使用情况,及时了解掌握项目建设情况和存在的问题,敦促保证工期,确保国家资助资金依法规范使用。三是10月份部署了

项目年度自查工作，4个项目实施单位于11月初将年度项目实施情况总结、《数字化转型升级一般项目自查情况表》上报黑龙江省新闻出版广电局备案，黑龙江省新闻出版广电局形成年度工作报告上报总局。此外，4月末，组织完成了总局部署的新闻出版业数字化转型升级项目实施情况调查任务，将相应情况上报总局。

由于黑龙江省新闻出版广电局领导对项目管理工作高度重视，主管局长亲自靠前指挥，并与数字出版处的同志一起深入企业检查，工作细致认真，项目管理制度与管理计划健全完善，及时上报项目管理情况，受到总局的肯定和赞扬。在2016年3月份召开的全国数字出版管理工作会议上，总局指定黑龙江省做数字化转型升级项目管理工作经验介绍，提高了黑龙江省的影响力。

四、网络游戏出版管理工作

积极拓展新业务，延伸数字出版产业链。一是及时转发了总局《关于移动游戏出版服务管理的通知》，派人和游戏企业一起参加了由中国音像与数字出版协会在成都举办的"移动游戏出版培训班"，了解掌握国家相关政策；二是12月份参加在海口举办的"2016年度中国游戏产业年会"暨游戏管理工作专题座谈会；三是审核论证了2家企业申办游戏出版资质的材料；四是做好游戏申报、管理及后续监管工作。截至2016年底共申报35款国产移动游戏，已批复14款。

五、数字阅读活动

一是根据省全民阅读领导小组办公室的统一安排，我们组织7家数字出版企业策划数字阅读活动方案，参加全省数字阅读活动。最后，经有关专家论证黑龙江省同源文化发展有限公司策划的数字阅读活动方案入选，作为2016年全民阅读活动数字阅读的内容提供单位，该公司将获得中央文产资金扶持的"小笨熊云阅读平台"内容，免费向公众开发，供全民阅读活动使用。二是与省委宣传部、省新闻出版广电局、团省委联合下发通知，举办面向青少年的公益阅读系列活动。三是将专家评审的优秀作品汇集成纸质书出版。

六、加强调研工作

2016年5月，我们根据省委宣传部的要求，承担了指定课题——"创新在传统出版企业中的地位与作用"的调研任务。我们选取了哈尔滨出版社、新青年期刊出版总社、黑龙江教育出版社、绥化日报社等4家国家级转型示范单位作为调研对象，从体制机制、内容、产品、盈利模式等几个方面进行调研，分析问题，总结经验，提出促进传统出版企业创新、实现转型升级融合发展的意见与建议，形成调研报告上报省委宣传部。日前，经有关专家审定我们的调研报告被评为省直优秀调研报告，编入省委《决策参考》，为领导决策提供参考。

七、发挥行业部门的协调服务作用，推动数字出版产业发展

一是推动黑龙江绥化学院与北大方正电子有限公司校企合作，双方通过产教结合、校企合作的模

式，设立东北地区首个数字出版专业，为黑龙江省数字出版产业人才培养；二是积极配合中国音像与数字出版协会在哈尔滨举办了"数字出版项目及产品经营管理业务培训班"，省内各出版单位及部分省外出版单位共184人参加了培训。总局数字出版司副司长冯宏声、中国音像与数字出版协会副秘书长王勤出席培训班并授课，培训班还邀请了国内其他实务专家授课，培训内容切实满足了各单位的实际需求，对数字出版转型升级，传统出版与新兴出版融合发展起到了积极有效的推动作用。

供稿：黑龙江省新闻出版广电局出版管理处　数字出版处
执笔人：余蒲　徐斌

上海市

● 数字出版工作

2016年上海数字出版销售收入874.6亿元，同比增长16.6%。其中，网络游戏564.6亿元，同比增长13.1%，占全国市场的三分之一。网络文学销售收入23亿元，同比增长35.3%（2015年销售收入17亿元）。张江国家数字出版基地全年销售收入408亿元，入驻企业600多家，年产值1亿元以上企业超过20家。国家数字出版基地虹口园区销售收入72亿元，入驻企业达500家。

2016年上海新增网络出版服务机构4家。截至2016年12月，上海共有网络出版服务机构83家，其中网络游戏出版机构61家。

一、网络游戏产业情况

（一）上海网络游戏产业持续增长

2016年上海网络游戏产业销售收入564.6亿元，同比增长13.1%，占全国市场的三分之一。2016年，上海市新闻出版局共受理各类网络游戏1620款，比2015年全年的453款，增加257.6%。其中，移动游戏约占总数的90%，是2015年全年214款的近7倍。自国家新闻出版广电总局于2016年6月初发布《关于移动游戏出版服务管理的通知》后，移动游戏申报数量剧增，2016年下半年上海受理移动游戏1300款。2016年，全国约有3800款国产游戏获批，上海出版游戏的数量约占全国的31%。

由国家新闻出版广电总局评选的2016年度"中国原创游戏精品出版工程"中，上海的巨人网络、盛大游戏、上海玄霆娱乐信息科技有限公司等9家网络游戏企业申报的网络游戏榜上有名。2016年国家权威部门评选的中国十大游戏品牌企业排行榜上，盛大游戏、巨人网络、游族网络等5家上海企业榜上有名，而腾讯、网易、完美等外省市大型互联网企业也加快在上海的布局。梧桐引来金凤栖，产业集聚归功于业态合理，在"互联网+"的推动下，上海的游戏产业正构建起具有巨大包容性的文化商业生态系统，上海的游戏业态与海外高度相似，已发展出了成熟的产业链，产生了明确的分工，出版社、发行商、研发商并行，且各具特点。

（二）总局"网络游戏属地化管理"等简政放权的措施推动上海游戏产业健康发展

自2014年1月1日，总局率先在上海开展国产网络游戏属地管理试点，同意出版和运营均在上海的国产网络游戏直接由上海开展审查工作。审查修改完成后上报总局，总局视作审查通过，于7个工作日内给予批复，而后再复查。这既是总局简政放权的试点工作，又是推动上海游戏产业发展的重大利好政策。属地化管理试点工作大大提高了国产网络游戏审批工作时效，上海在游戏内容审批等方面的效率保持在全国前列。据统计，相比原来的审批流程，国产网络游戏审批时间减少50%，提升了上海游戏出版产业的竞争力，吸引大量游戏产品来沪出版，集聚更多游戏企业来沪落地。2015年，国家新闻出版广电总局批准出版的游戏中，上海出版游戏数量占51.2%。据统计，自2014年实行"国产游戏属地化管理"工作后，2014年、2015年上海网游产业销售收入连续两年大幅增长，同比增长47%和32.3%。截至2016年12月底，三年来上海市新闻出版局共受理符合属地管理的国产网络游戏申报材料共1134款，百余家游戏出版、运营企业因此受益。

（三）电竞产业将成为网络游戏产业新增长点

2016年全球专业电竞市场规模预计为9亿美元，其中亚洲达到3.28亿美元，预计2017年全球电竞用户将达到3.85亿人。2015年，中国已超越美国成为全球第一大电子竞技市场，全国电竞爱好者9700万，国家体育总局带动的电竞赛事已有4项，电竞及衍生市场规模269亿元，6年增5倍、2011—2016年，电竞和游戏直播行业的创业公司已在资本市场完成交易逾100起，并有加速迹象，电子竞技产业链涉及众多相关行业，其发展必将带动文化、旅游、体育、新媒体、互联网等立体多维市场。到2017年，预计电竞用户2.2亿人，占全球的57%，占城镇青年人口的88%，超越传统体育三大球，成为青年中主流的文化娱乐方式。随着各项利好政策的陆续出台，各种资本积极介入，这个有着上千亿广阔市场的新兴产业开始逐渐被唤醒。

完美世界（深圳A股上市企业）目前业务涵盖游戏和影视两大板块，是我国最大的国际型影游联动企业，是中国文化走出去的代表，完美世界连续多年蝉联中国最大的游戏出口企业。目前，完美世界已将其电竞业务放在上海。在上海举办多年的DOTA2亚洲邀请赛（DAC），是由完美世界主办的亚洲最大的DOTA2国际赛事，更是一场集科技、文化、娱乐、体育、音乐于一体的全球嘉年华。全球性电竞赛事的举办，不仅是上海跻身全球电竞中心的重要推力，更是一场集科技、文化、娱乐、体育、音乐于一体的全球嘉年华，有利于东西方文化交流，为中外青年的文化交流提供共同语言，也必将助力上海全球科创中心的建设。

二、网络文学

（一）上海出现了一批网络文学优秀作品，网络文学逐渐被主流文学界接纳。2016年《材料帝国》等5部作品入围国家新闻出版广电总局年度优秀网络文学推介，阅文集团旗下签约作者共14人成为中国作协的会员，14部作品入选2016年度中国作协重点作品扶持项目。在2016年底结束的中国作家协会第九次全国代表大会上，共选举产生210位中国作协第九届全国委员会委员，其中网络作家8名，而这当中有5名是阅文集团旗下作者，其中白金作家唐家三少还有幸当选中国作协主席团成员，这是网络作家首次进入中国作协主席团。

（二）上海依然保持网络文学产业发展优势。网络文学销售收入23亿元，同比增长35.3%。由原盛大文学和腾讯文学合并组建的阅文集团总部落户上海，旗下囊括QQ阅读、起点中文网等业界知名品牌，拥有1000万部作品储备、400万名创作者，覆盖200多种内容品类，触达6亿用户，无论在内容的品质、数量、作者影响力还是IP价值上，都已成为行业的引领者。

（三）推动网络文学现实主义题材征文大赛，鼓励优秀网络文学作品创作。2016年，在市新闻出版局建议和支持下，阅文集团成功举办首届网络原创文学现实主义题材征文大赛逐步逆转大众对于网络文学的认识与理解。本次大赛历时一年半，共征集近6000部作品，签约作品达150余部，评出获奖作品14部。其中，不仅有直面国企改革主题的《复兴之路》，书写相声界几十年兴衰变迁的《相声大师》，也有以"二胎"为线索展现当代青年小夫妻构筑和谐家庭的《二胎囧爸》。这些作品题材涵盖了社会热点、职场奋斗、传统文化传承、行业基层动态、改革历程等热点话题。同时，作为颇具感染力和号召力的题材，现实主义书写以网络文学为载体，焕发出了强大生命力，不同年龄层、职业背景的写作者在讲述中国故事时，传播时代精神，弘扬正能量，引人瞩目。受活动影响，2016年阅文旗下现实主义题材的增幅超过100%，其中，大赛一等奖作品《相声大师》在阅文全平台总点击量突破70万，总订阅数约167万；特等奖作品《复兴之路》的点击量破20万，总订阅数达11万。可以说，现实主义题材的网文作品已逐步被普通网文爱好者所青睐。由于大赛影响力巨大，已有数家影视制作公司希望将一些获奖作品翻拍成主旋律电视连续剧。今年第一批获奖作品《复兴之路》和《二胎囧爸》纸质书将于2017年上海书展期间由上海文艺出版社出版发行。同时，第二届网络文学现实主义题材征文大赛已启动。市新闻出版局将通过3到5年的不懈努力，推动网络文学网站推出更多传播当代中国价值观念、体现中华文化精神、反映中国人审美追求，思想性、艺术性、观赏性有机统一的优秀作品。

（四）网络文学"出海"，受海外读者欢迎。为进一步推进网络文学对外输出，网络文学还借由"IP先行"模式，紧跟国家"一带一路"等重要建设，拓展全产业链，实现国际化突破。据统计，阅文集团旗下各网站自创立以来，已向全球多地授权数字和实体图书出版，涉及十余种语言文字，遍布二十多个国家和地区，授权作品数百部，完成全本翻译或简体转繁体的作品近千部。目前，阅文集团正在构筑起点海外站，在该平台上投放更多知名网文作品的外文版本，令更多的外国读者能够阅读到我们的作品。未来，阅文将进一步扩大海外市场，力争将网络文学优质IP的衍生精品向外输送，持续提升全球竞争力，助力中国文化"走出去"。

三、传统出版转型

（一）推动"电子书包"建设。与市教委基教处共同推进文教结合项目"优势课程数字化开发与应用"一期进校园计划，完成二期和三期（第一阶段）招标。"优势课程数字化开发与应用"项目建设过程中，经历了市教委基教处领导四轮更换，给项目目标的稳定性带来一定困难，但通过与基教处不断沟通，保持着良好的合作关系。目前与第四任基教处领导达成共识，一期建设成果将安排进入更多学校、扩大试用面。2016年一季度完成了二期的招标与评标工作。上海音乐出版社的《京腔京韵满课堂》、上海科学技术出版社的《赶碳乐园》、上海科技教育出版社的《魅力方块字》、上海远东出版社的《金融素养》、华东师范大学出版社的《小学生趣味程序设计》、上海外语教育出版社的《小学生礼仪英语（Be a Polite Kid）》、上海科技教育出版社的《初中Scratch创意设计》7门数字校本课程中标。2016年三季度完成三期（第一阶段）的招标与评标工作。上海音乐出版社有限公司《新编沪语游戏童谣》、上海世纪出版股份有限公司外语教育图书分公司《中西文化面对面数字课程—课本剧》、华东师范大学出版社《基于VR技术的中小学安全教育课程开发与应用》3门数字校本课程中标。三期（第二阶段）已开始招标，评标将于2016年10月中旬完成。

（二）持续支持《辞海》数字化工作。2015年度上海新闻出版专项资金（数字出版领域）资助"辞书数字化出版战略与实践研究"软课题，研究国内外辞书进行数字化的战略方案与实践路径。该课题将于2016年底前结项形成报告，届时可供世纪出版集团参考。我处针对《辞海》（第七版）数字出版，进行了国内外相关范例的情况搜集分析，供世纪出版集团参考。2016年上半年，应《辞海》编撰领导小组要求，为辞书社等联系腾讯、百度等互联网平台公司进行交流，并和市委宣传部出版处、上海张江国家数字出版基地等陪同辞书社去百度调研。2016年度上海新闻出版专项资金（数字出版领域）资助了上海辞书出版社的"《辞海》（第七版）基础数据库（一期）"项目100万元。

（三）组织上海张江数字出版基地参展第十二届中国（深圳）国际文化产业博览交易会。2016年5月12至16日，第十二届中国（深圳）国际文化产业博览交易会在深圳举行。作为国家"十三五"时期首届深圳文博会，设在7号馆的新闻出版馆集中展示了全国14家国家数字出版基地。上海张江国家数字出版基地以新阅读、新娱乐、新视觉、新听觉为主轴，携基地内盛大游戏、阅文集团、喜马拉雅、沪江网、狂龙数字科技等13家企业最新产品与技术亮相，全方位展示基地发展成果。国家新闻出版广电总局副局长阎晓宏、数字出版司司长张毅君，中共上海市委常委、宣传部部长董云虎，市委副秘书长、宣传部副部长朱咏雷等领导视察了上海张江国家数字出版基地展位。董云虎充分肯定了张江国家数字出版基地的展示成果，并与13家企业——做了交流。文博会后，中央电视台、上海电视台分别采访了上海张江国家数字出版基地董事长兼总经理韩露，并在新闻时段播出。上海张江数字出版基地获得第十二届中国（深圳）国际文化产业博览交易会优秀展示奖。

（四）协助筹备总局CNONIX国家标准应用研讨会。

协助总局开展本市数字出版企业财税政策调研。《财政部 国家税务总局关于延续宣传文化增值税和营业税优惠政策的通知》（财税〔2013〕87号，以下简称"通知"）将于2017年底到期，国家87号文件的财税优惠政策主要是针对传统出版业务，未惠及数字出版。总局为研究、修订2017年之后五年的新一版"通知"，选择上海作为第一个调研地，了解数字出版行业有关财税政策与相关需求。9月14日，总局财务司和数字出版司来沪调研，在上海新闻出版局召开座谈会，与上海传统出版转型示范企业，网络游戏、网络文学、数字阅读、网络教育出版服务、有声读物等数字出版代表企业进行了座谈交流，了解企业目前享有的财税优惠政策及企业的需求。

四、国家数字出版基地

全国第一家国家数字出版基地 张江国家数字出版基地整体实力稳步提升，影响力更趋扩大。2016年数字出版销售收入408亿元，连续保持两位数的增长率，在全国基地园区中名列前茅。入驻企业数达600家，其中销售收入在1亿元以上的企业35家。基地形成了IP内容处于全国领先地位、数字出版平台服务领域特色显著、数字发行领域优势突出、网络游戏领域探索多元发展、新媒体领域促进融合创新、互联网教育领域树领跑标杆、移动互联装备开辟智能市场新蓝海等特点，基地聚集了阅文集团、盛大网络、沪江、亮风台科技、宽创国际、Wi-Fi万能钥匙、精灵天下、哔哩哔哩、PPTV

聚力等数字出版文化产业链上的领军企业。2015年底获评国务院发展研究中心评选的"中国文化产业园区100强"第一名后，2016年又获首届"上海市文化企业十强"称号。在2016年深圳文博会上，张江国家数字出版基地率基地企业抱团参展，展览一枝独秀，获得"优秀展示奖"。

国家数字出版基地虹口园区发展，近年来克服了地理空间狭小、分散的问题，充分挖掘空间和布局价值，形成了由中图蓝桥数字出版园区、明珠创意产业园区、1876创意产业园、家庭娱乐创客基地、1933音乐谷等园区、区域组成的国家数字出版基地虹口园区。2016年国家数字出版基地虹口园区销售收入72亿元，入驻企业达500家。

五、中国国际数码互动娱乐展览会（ChinaJoy）的情况

2004年1月，在国家新闻出版广电总局等中央部委的大力支持和推动下，首届中国国际数码互动娱乐产品及技术应用展览会（ChinaJoy）在北京应运而生，并取得了较好的反响。当时处于全国网络游戏行业绝对领先地位的上海洞察机遇，在市政府和市新闻出版局的积极争取下，总局给予了充分的支持。2004年10月，第二届ChinaJoy如愿在上海国际博览中心盛大开幕。优越的环境、良好的服务、规范的管理以及得天独厚的国际影响力，加上上海方面热诚的邀请，促使ChinaJoy至此永久落户上海，并伴随上海网络游戏产业共同快速成长起来。

ChinaJoy至今已在上海连续成功举办了十三届。2016年7月27日，第十四届中国国际数码互动娱乐展览会（ChinaJoy）在上海举办。该届ChinaJoy展览面积逾16万平方米，参展企业900余家，参展产品4000余款，累计入场观众32.5万余人次。现场意向性交易总金额超过4亿美金，单笔交易最大金额达7500万美金。展商覆盖全球30多个国家和地区。一举成为全球最具影响力的涵盖游戏、动漫、影视、网络文学、智能娱乐硬件、VR/AR、电竞、直播、互联网音乐、互联网体育等泛娱乐领域的顶级泛娱乐产业展示与交流平台。

● 游戏出版产业评估分析报告

一、2016年上海游戏出版市场分析

（一）审批便利凸显上海游戏出版优势

2016年，上海继续保持在游戏出版审批方面的优势，不仅借助这一优势服务上海现有游戏企业，更是吸引了大批其他地区游戏企业前来上海。自2014年展开"国产网络游戏属地管理试点"工作以来，上海积累了大量管理经验，审批速度效率进一步提升，游戏产品审批最快可在一个月内完成。对于游戏行业来说，游戏上线时间至关重要，便利的游戏审批环节有利于企业更好地把握市场机会，降低成本。截至2016年底，上海报送国家新闻出版广电总局游戏1356款，占全国最终审批通过的31.5%。

（二）上海加快建设全球科技创新中心　为游戏出版营造创新环境

2016年，上海加强全球科技创新中心建设，加速推进全面创新改革试验。4月，经国务院批准，上海发布《上海系统推进全面创新改革试验加快建设具有全球影响力的科技创新中心方案》。方案提出，"紧紧抓住全球新一轮科技革命和产业变革带来的重大机会，以推动科技创新为核心，以破

除体制机制障碍为主攻方向，采取新模式，系统推进全面创新改革试验，充分激发全社会创新活力和动力，把大众创业、万众创新不断引向深入，把'互联网+'、'+互联网'植入更广领域"。该方案强调以互联网思维创新政府管理和服务模式，通过减少政府对企业创新活动的行政干预，改革政府创新投入管理方式，充分发挥市场配置资源的决定性作用，加强"需求侧"政策对创新的引导和支持，释放全社会创新活力和潜能。

（三）"简政放权"提升游戏审批效率

2016年，上海市根据新兴产业特点，调整现有行业制度中不适应"互联网+"等新兴产业特点的要求，改进对互联网企业的监管，取消和调整191项行政审批事项，完善事中事后监管，以"管"促"放"，深化商事制度、"多规合一"等改革，进一步完善配套监管措施，探索建立符合创新规律的政府管理制度。

例如，上海取消电子出版物出版单位出版境外著作权人授权的电子出版物的升级版本、电子游戏测试盘及境外互联网游戏作品客户端程序光盘审批，为电子出版物出版单位与境外机构合作出版电子物初审提高效率；取消审批可录类光盘生产设备引进、增加、更新，从而提升游戏审批效率。

上海作为境外游戏的首选地，一直是海外精品游戏进入国内市场的主要跳板。调整或取消相关事项审批，有利于保持上海在引进海外精品的优势，促进上海与海外游戏产业、游戏市场的交流与合作，推动整个游戏产业的发展。2016年，上海市新闻出版局共审查进口游戏105款，占全国审查进口游戏总量的46%。

（四）上海多举措保护知识产权

知识产权是游戏产业健康生存的前提。2016年，上海通过多领域保障游戏产品的知识产权，为游戏行业的发展解决后顾之忧。

首先，强化权利人维权机制。上海市版权局和上海市高级人民法院积极探索上海版权纠纷调解工作的新机制，采取切实措施促进多种版权纠纷解决方式的相互配合和相互协调，推动建立健全版权纠纷诉讼与非诉讼相衔接的矛盾纠纷解决机制。

其次，上海加强对侵犯知识产权行为的打击，建立知识产权侵权查处快速反应机制，完善知识产权、行政管理和执法"三合一"机制。强化行政执法与司法衔接，加强知识产权综合行政执法，依托上海市公共信用信息服务平台，建立知识产权信用体系，强化对侵犯知识产权等失信行为的联动惩戒。

此外，上海市加强对小微企业的保护，通过对商业秘密、注册商标、著作版权等方面衔接行政执法与刑事司法，切实保护科技型创新企业、权利人合法权益，并根据小微科创企业创业初期的特点，帮助相关企业建立知识产权权利创造、管理、实施、转让、许可、交易等环节的保护预警机制，提高企业对技术秘密、经营信息等核心竞争力的保护能力。

（五）文化产业基地模式服务游戏企业

上海加强文化产业基地建设，为游戏企业营造更好的发展环境。目前，上海拥有张江国家数字出版基地、中国（上海）网络视听产业基地、国家对外文化贸易基地、金山国家绿色创意印刷示范园区、国家音乐产业基地（上海）等国家级产业基地。其中，张江国家数字出版基地集聚企业总数596家，年产值达到408亿元，同比增长18%，基地内产值过亿的企业超过35家，欢乐互娱、极视传播、青橙、狂龙数码、点点客等内容生产、运营、技术研发和应用支持型企业在基地内实现互补发展，基地内作品版权登记保护应用平台登记作品受理数量已超过20万件。

中国（上海）网络视听产业基地自2015年底正式运营以来，截至2016年底，基地注册企业逾400余家，其中70%以上为网络视频、影视动漫、网络游戏、技术研发等新兴文化企业，基地年产值超过50亿元，实现税收超过4.75亿元，基地内公共服务平台基本建设完毕。此外，在游戏创意产业园区方面，如嘉定蓝天经济城、漕河泾开发区也为游戏企业的发展做出了贡献与努力。

（六）影视、小说等文化产业发展迅猛加速游戏产业融合

2016年，上海"互联网+"的效应正在全面释放，成为文化产业融合发展巨大的推动力量，并最终带动游戏产业的快速增长。游戏产业与其他文化行业融合共通的程度与需求正在加速，泛娱乐正成为市场热点。上海作为中国文化中心，其文化产业不断扩大规模，努力提升市场传统产业转型发展，新兴产业热点频现，为游戏行业与其他文化产业的跨界融合提供了良好的环境。

以电影行业为例，上海出台《促进上海电影发展专项资金实施细则（2016年版）》。在政策红利的带动下，上海电影备案、出品量大幅增长，出品影片总票房增长近3倍，票房过亿的上海影片达到12部。其中，上影联合出品和发行的电影《美人鱼》创造了中国电影史近34亿元票房新纪录；上影集团主导出品的《盗墓笔记》票房超过10亿元，成为上海最高票房作品，该影视作品也与同名游戏产品进行过多次联动。

网络文学方面，上海在原创内容生产和输出方面占全国绝对领先地位，并且成为了整个泛娱乐行业重要的IP源头。目前，阅文集团拥有白金作家500人，普通作家400万人，作品数量达到1000万部，注册用户数突破6亿，订阅销售同比增长140%，付费率高达20%，已经覆盖网络文学几乎全部的主流用户，旗下创世中文网等网络原创平台、悦读网等图书出版发行品牌正逐步建立起多元共享的生态平台，旗下多个IP均曾被改编过游戏作品，例如三七互娱推出的网页游戏《雪鹰领主》，巨人推出的客户端游戏《择天记》等均是经典小说IP改编作品。

（七）资本优势为上海游戏产业发展创造良好金融环境

2016年，上海推出多重措施为游戏企业的发展提供良好的融资环境。具体来说，第一，上海市支持科技创新企业通过发行公司债券融资，支持政府性担保机构为中小科技创新企业发债提供担保或贴息支持。在符合国家规定的前提下，上海股权托管交易中心设立科技创新专门板块，探索相关制度创新，为挂牌企业提供股权融资、股份转让、债券融资等创新服务；第二，上海鼓励创业投资基金和天使投资人群发展。对包括创业投资基金和天使投资人在内的上海市各类创业投资主体，上海市政府以不同方式给予有针对性的支持和引导，有效激发各类创业投资主体对处于种子期、初创期企业的投入，从而健全科技型中小企业融资服务体系；第三，上海成立不以盈利为目的的市级信用担保基金，通过融资担保、再担保和股权投资等形式，与上海市现有的政府性融资担保机构、商业性融资担保机构合作，为科技型中小企业提供信用增进服务；完善相关考核机制，不进行营利性指标考核，并设置一定代偿损失容忍度；建立与银行的风险分担机制。

（八）文化基金相继出现有利企业融资

2016年，上海文化基金纷纷涌现，多支文化产业基金成立。5月，海通证券联合国内多家文化

企业设立中美文化产业发展投资基金，首期规模50亿元人民币，以中美文化交流和产业合作为主要定位，对文化科技、新媒体、数字文化、教育培训和文化内容产业等核心领域进行投资。

10月，上海报业集团投资成立瑞力投资基金，首期规模16.1亿元，基金以文化内容制造为核心投资对象，将对影视、演艺、数字娱乐、体育等产业进行投资。

11月，三七互娱与富海万盛达成合作意向，拟共同出资设立文化产业基金，基金规模20亿元人民币，重点对电影、电视剧、网剧及相关文化产业进行股权投资。

此外，移动互联网游戏领域的天神娱乐和壹资本管理共同在上海投资设立凯裔投资中心，基金总规模10.5亿元人民币。文化基金的相继成立有利于解决中小游戏企业的融资问题，为中小游戏企业的发展提供了良好条件，保证上海游戏出版产业创新力的持续输出。

（九）上海形成完整电竞产业集群

随着电子竞技成为游戏产业的下一个发展方向，拥有完善电子竞技产业链的上海保持自己的先发优势，成为中国新的电子竞技中心。2016年，上海成为大型电竞赛事举办的首选地，包括《DOTA2》《英雄联盟》《王者荣耀》等在内的电竞游戏均有大型赛事落户上海，如LPL职业联赛、KPL职业联赛等。

其次，大部分知名电竞俱乐部总部也在上海建立，如IG、LGD、EDG等。再者，优质的电竞内容制作方英雄传媒、NEOTV、Nice TV等快速发展，多元化的优质电竞相关企业扎根上海，形成了完善的产业集群。

在此基础上，上海游戏企业既受益于上海电竞产业链，也主动出手在这一领域进行布局。如巨人网络旗下《球球大作战》借助上海年轻用户的娱乐偏好，快速推进线下赛事布局，英雄互娱则在移动电子竞技领域以HPL赛事为核心，实现全方位布局；上海网之易则集合网易与暴雪两家游戏大厂优势，完善《守望先锋》等游戏的赛事体系。

（十）上海抢占VR技术制高点

2016年，上海虚拟现实技术（VR）领域走向成熟。目前，上海VR团队基本覆盖了PC端头戴式设备、手机头戴式设备、拍摄硬件、影视内容、游戏内容等各领域，同质化程度较低。2016年5月，由上海国家现代服务业数字媒体产业化基地、上海市多媒体行业协会、上海智慧湾虚拟现实创客空间等联合发起成立上海虚拟现实与增强现实产业联盟旨在有序推动VR/AR产业整体发展。5月，上海文广集团通过战略投资美国顶级VR公司JAUNT、合资成立JAUNT中国，聚焦VR影视、VR体验空间和VR游戏等三大应用领域，着力构建从知识产权（IP）创意、拍摄制作、分发平台到增值服务的完整产业生态，推进集团VR业务发展。

此外，专注于虚拟现实技术内容设计、开发和运营的天舍文化传媒先后接受曼恒数字、三七互娱2家企业2轮共1450万元人民币的投资。而上海乐蜗信息科技的SVR Glass头戴式设备、上海乐相科技的Deepon头戴式设备也在逐步趋向完善。一直以来，游戏产业的发展都与硬件、相关技术的发展息息相关。上海加速VR领域布局，有利于抢占游戏出版产业下一个制高点，保持自身在游戏产业的优势。

（十一）网络直播扎根上海推动游戏出版产业发展

随着移动互联网和各类业态深度融合，创新产业形态不断涌现。继短视频之后，网络直播成为新的风口，成为游戏出版重要的关联产业。

一方面，网络直播成为游戏传播最为合适的渠道之一，不少游戏借助直播扩展用户群体，提升游戏互动性，从而构建用户生态，如巨人网络旗下的《球球大作战》借助直播快速发展；另一方面，直播也成为电竞产业链中必不可少的一环，打通了赛事与游戏用户之间的壁垒，推动电竞获得更多关注度。

目前，上海已经成为直播市场重要的区域集中地，并逐渐形成完善产业链，由上海熊猫互娱文化创办的熊猫直播（熊猫TV）、由中国移动下属咪咕视讯科技创办的咪咕直播均设立在上海。此外，成熟的电竞产业也为上海直播企业的发展奠定了基础，不少电子竞技俱乐部的成员加入了熊猫TV；而一些围绕电竞赛事的经纪公司也成为了直播发展的重要助力，如上海七煌电竞。

二、2016年上海游戏出版产品分析

（一）移动游戏逐渐成为上海游戏出版产业生力军

2016年，上海移动游戏出版产业进一步发展，销售收入稳步提升，正成为上海游戏出版越来越不可忽视的一部分。从上海游戏产业结构来看，上海移动游戏产业已经成为支柱，是上海游戏出版产业收入稳步增加的重要动力；从全国范围来看，上海移动游戏产业是全国移动游戏的重要组成部分。上海移动游戏的快速发展主要受益于两方面。一方面，一些端游时代、页游时代的大厂借助多年积累的经验与资源，实现了自身移动游戏业务的破局，快速提升了收入；另一方面，一批新成立的公司也瞄准移动游戏市场推出各具特色的作品，例如米哈游针对二次元用户推出的《崩坏学园》系列，莉莉丝在2016年也发布过《魔法纹章》等多款游戏。

（二）上海游戏产品结构均衡利于发展

2016年，上海游戏产品结构持续优化，游戏类型不断丰富，用户覆盖面正越来越广。游戏产品结构的优化，有利于提升上海游戏出版产业抗风险能力，有利于收入的长期稳定，有利于对新兴领域的探索。具体来说，从细分市场看，随着移动游戏迎头赶上，上海已经形成了"端页手"三足鼎立的局面，收入来源多样化，每个细分市场均有独特优势，为新兴市场的抢占奠定了基础，例如端游时代的积累帮助了上海移动游戏更好发展，而网页游戏市场的积累则有利于开拓H5游戏等未来的市场。从产品类型来看，上海游戏产品类型广泛，SLG、卡牌、RPG等市面上主流类型均表现出色；从产品定位来看，针对二次元用户的《崩坏学园》系列、00后用户的《球球大作战》也表现出色；从运作方式来看，上海游戏企业对影游联动等新型游戏产品运作方法运用娴熟，例如绿岸网络推出的影游联动作品《六扇门》等。

（三）长线运营模式助上海游戏破除"短命"魔咒

2016年，在新品迭出的背景下，上海出版的一些老游戏依然保持收入稳定，这主要得益于上海游戏企业坚持的长线运营模式。相比于"赚快钱"，长线运营模式不仅能提升产品寿命，获得更长期稳定的收益，更能兼顾用户体验，获得忠实用户，为未来的发展奠定基础。目前，上海已经拥有一批运营周期达到数年的作品，这些作品不仅依然能为企业带来收入，更存在潜在的开发价值。在

国内市场，巨人凭借将多年前的端游《征途》改编成手游而大获成功；在海外市场，焦扬网络、骏梦游戏等出海企业凭借产品的长线运营获得稳定收入。

三、2016 年上海游戏出版产业海外出口分析

（一）上海多举措营造游戏海外出版环境

上海通过多举措鼓励游戏企业海外出口，游戏企业"走出去"步伐不断加快，营造良好游戏海外出版环境。第一，上海市政府通过认定本市文化出口重点企业和重点项目的方式鼓励游戏企业与产品出海，部分企业取得了较好的成果。2016 年，巨人网络、游族信息、米哈游等企业入选"2016—2017 年度上海市文化出口重点企业"，《恋舞 OL》入选"2016—2017 年度上海市文化出口重点项目"。第二，上海充分发挥自贸试验区先行先试优势，研究制定新的文化服务业对外开放举措，通过引入具有国际影响力和竞争力的外资文化企业，拓宽文化"走出去"渠道。目前，包括微软、育碧、索尼、暴雪、EA 等一批国际游戏大厂均在上海设有子公司，有效推动了中国游戏企业与海外的交流与合作，提升了企业海外出口能力。第三，上海完善编创、设计、翻译、配音、市场推广等游戏"走出去"关键环节的支持政策，鼓励游戏企业通过多方面业务拓展国际市场，为游戏企业走出国门提供"便利"。

（二）丰富出海经验助力上海游戏海外出口

作为中国游戏产业发展高地，上海一直以来就重视游戏海外出口，并借此累积了丰富的经验与资源。2016 年，这些经验与资源进一步发挥作用，帮助相关企业进一步打开海外市场，推动上海游戏海外出口收入的增长。例如，在网页游戏时代就成功将作品打入海外市场的游族网络，继续加大力气开拓市场，推出的《少年西游记》不仅延续了此前《少年三国志》的成功，其魔幻题材 ARPG 游戏《Legacy of Discord》更是在欧美、中东、东南亚等多地区国家登顶，实现了 ARPG 游戏在海外收入的突破；同样为魔幻题材的 ARPG，三七互娱发行的《永恒纪元》全球最高月流水超过 3.15 亿元，海外最高月流水近 7000 万元。此外，老牌游戏厂商盛大游戏，借助自身多年的积累，将全球性 IP 进行二次研发并反馈至海外市场，2017 年即将推出的《辐射：避难所网络版》便是这种模式下实践产生的结果。

（三）资本优势强化上海游戏企业加强全球化布局

除政策外，资本也是上海游戏企业走出国门的另外一个优势。上海骨干游戏企业借助资本市场的优势，着眼于全球进行布局，通过收购、投资等方式，增强自身对全球资源的获取与驾驭能力。例如，巨人网络以 305 亿元收购以色列网络游戏公司 Playtika，旨在通过深耕亚太地区，布局全球海外市场。游族网络以 8000 万欧元收购欧洲游戏商 Bigpoint，期冀获得更多精品以及优秀 IP 合作。三七互娱继续实施海外"雏鹰养成"计划，成立 1 亿美元的海外种子投资基金，并以 310 万美元投资加拿大虚拟现实技术公司 Archaist。

（四）游戏产业大背景推动上海游戏企业出口加速

随着中国游戏产业的发展，越来越多的企业逐渐将目光转向海外，这一背景同样有利于上海游

戏出口加速。一方面，国内游戏市场的成熟，促使游戏企业将目光转向海外。目前，国内游戏市场竞争已经进入白热化，用户成本大增，生存环境逐渐恶化提升了上海游戏企业出口的意愿；另一方面，中国游戏产业出口加速，加速了产业链的形成，上海游戏企业可以借助其他企业的力量完成出口。具体来说，一些专业的游戏发行可以帮助上海 CP 实现出口，上海游戏企业也可以在全国范围内获取优质作品，例如焦扬网络科技提供的"游戏出海 O2O"模式为百余款国产游戏进入全球细分市场提供了落地服务，公司旗下《Zombie War》等游戏作品在越南每日新增用户过万。此外，华为、小米等硬件厂商在海外的拓展也有利于上海游戏企业的出口。游戏企业可借助智能手机渠道，打开更多市场。

四、2016 年上海 ChinaJoy 展览会分析

（一）影响力提升、覆盖面广促 ChinaJoy 展会规模创新高

2016 年 ChinaJoy 展会规模保持稳步提升，已成为目前中国数码互动娱乐领域最具代表性的展览及会议活动，并跻身全球顶尖数码互动娱乐展会品牌行列。第一，ChinaJoy 影响力持续提升，获得来自政府、行业协会、企业、媒体以及广大游戏动漫爱好者的支持和参与；第二，泛娱乐行业加强 ChinaJoy 覆盖面，提升展会规模，如阅读平台、VR 科技、视频直播平台、视频观看平台、二次元动漫等多个领域均有企业参展。这些企业的加入使 ChinaJoy 从真正意义上成为数字娱乐展而非单一的游戏展，进一步提升 ChinaJoy 展会规模；第三，ChinaJoy 2016 年邀请的各项会议演讲人近 400 人之多，说明 ChinaJoy 的吸引力在增强，对进一步提升展会规模有一定促进作用。据统计，ChinaJoy 如今已超越美国 E3 展、德国科隆游戏展和日本东京电玩展，成为世界规模最大的展会。

具体来说，展馆方面，2016 ChinaJoy 的展会规模继续扩充，增加到 14 个展馆，总面积达到 14 万平方米，较 2015 年增加了 2 万平方米；展商总数相比 2015 年规模进一步提升，其中 B2C 展商总数近 300 家，B2B 展商总数 600 余家，包括 B2B 海外展商总数 200 余家；参展的游戏作品超过 4000 款，现场体验机突破 4000 台；展会观众数量方面，2016ChinaJoy 参观总人数达到 325452 人，已超过 2015 年的 272900 人，增长约 19.26%，达到历史高点。其中，7 月 30 日入场人次 10.8 万，创历届 ChinaJoy 单日入场之最。

（二）丰富展会矩阵助 ChinaJoy 诞生更多成果

目前，ChinaJoy 已形成了以中国国际数码互动娱乐展览会为核心，涵盖同期举办的中国国际动漫及衍生品授权展览会（C.A.W.A.E）、国际智能娱乐硬件展览会（eSmart）、中国国际数字娱乐产业大会（CDEC）、全球游戏产业峰会、全球电子竞技产业峰会、二次元产业峰会、中国游戏开发者大会（CGDC）在内的"泛娱乐"系列展会矩阵，内容涉及了 PC 网络游戏、移动游戏、主机游戏、电子竞技、动漫二次元娱乐、影视及音乐、网络文学、智能硬件等多种泛娱乐业态。丰富的产品矩使 ChinaJoy 取得更为丰富的成果。

第一，B2B 方面，2016 年 ChinaJoy 为海内外各家企业，提供了一个比往年更为广阔的宣传与展示平台，有近 30 多个国家和地区的 600 多家知名企业参展 B2B 综合商务洽谈区，其中包括腾讯、

百度、阿里、PP助手、神马搜索、奥飞、掌趣、游族、畅游、炎龙、龙图、触控、乐视、中手游、银汉、蓝港、四三九九、搜狗、顺网、智冠等中国主流游戏企业；中小型研发企业、地方产业园区设立展台，展示最新原创产品和创新技术，充分体现出中国数码互动娱乐产业规模、技术研发水平和市场快速发展的新形势；韩国、英国、芬兰、加拿大、马来西亚等国家和中国台湾地区展团的出展，进一步深化了海内外游戏产业交流，特别是深化了我国与发达国家产业成员合作关系。B2B平台效益更加明显，初步统计，B2B商务洽谈意向性交易金额达4亿美金。

第二，除了B2B综合商务洽谈区之外，B2C互动娱乐展示区的参展情况同样值得关注。2016年ChinaJoy参展的游戏企业除了蜗牛、网易、暴雪、盛大、完美世界、巨人、西山居、空中网、竞技世界、三七互娱、心动、恺英等一批网游知名厂商之外，还有IEM、WCA、龙珠直播、熊猫TV、虎牙直播、斗鱼TV、触手TV、NICETV等电子竞技赛事举办方和直播企业，更有阿里游戏、360游戏、中国移动、中国电信、中国联通等移动游戏渠道及电信运营商；另外，微软、索尼、暴雪、万代南梦宫、EA、Ubisoft、NVIDIA、Intel、AMD等国际游戏和硬件厂商也助阵ChinaJoy展会平台，将最新的产品和技术带入中国，寻求开辟中国游戏和家庭数字娱乐产业新的市场机遇。

（三）VR、电竞、直播等游戏产业新兴领域成ChinaJoy亮点

ChinaJoy从最初的网游时代起，历经网页游戏、移动游戏、家用机、数字家庭娱乐等多个时代。关注产业发展，紧跟产业发展步伐，一直是ChinaJoy多年来坚持的原则。而在2016年，VR成为了此次ChinaJoy重点关注的领域。ChinaJoy期间，新曝光游戏产品中出现了不少的VR游戏内容产品；参展商方面，相比于2015年零零星星的几家VR展商，2016年有超过50家的VR硬件设备厂商参展，一些内容制作公司也推出适配各种VR硬件的游戏，包括索尼PSVR、暴风魔镜、大朋头盔、3Glasses等展台都人满为患，体验VR的观众排队长达数十米。除VR外，电子竞技也是2016年ChinaJoy的一个热点。由于电子竞技本身带有极强的互动性，电子竞技展台整体火爆，电竞赛事展台如WCA、IEM，游戏产品如《星际争霸》《英雄联盟》，均有着高人气，一些现场的赛事更是炒热了整个展台的气氛。此外，直播也成了2016 ChinaJoy的一大亮点，龙珠直播、熊猫TV、虎牙直播、斗鱼TV、触手TV、NICETV等直播平台纷纷亮相ChinaJoy。

五、附录

（一）上海网络游戏申报服务平台提供全方位版号申请解决方案

近年来，全球游戏产业进入到一个高速发展的时期，中国游戏产业也在高速腾飞，成为全球游戏产业不可忽视的一股强大的力量。对中国游戏产业而言，这既是进一步拓展和巩固自身市场规模的机会，同时也进入了更有效解决发展进程中遇到的各种问题的必经阶段。

《关于移动游戏出版服务管理的通知》自2016年7月1起正式实施，要求移动游戏须得到国家新闻出版广电总局批准才能上网出版运营。这一举措能有效引导产业正向发展。

但是《通知》出台后，尽管总局一再声明游戏版号办理过程是免费的，但仍然有些所谓的中介代办机构胡乱开价，极度扭曲总局规范游戏市场发行、保护文化创意产业正向发展的本意。同时，由于权威办理平台的缺少，使得大多数小型游戏企业及独立开发者无法得到游戏版号办理的有效指

引和帮助。

因此，一个权威且有公信力，能够高效专业负责的游戏版号办理平台，对于游戏产业发展具有极深远的影响。众多创业型的游戏企业，更加需要这样的平台配合他们企业腾飞发展，进一步联通广电总局支持创业双引擎的正确导向，更为未来的新形态游戏出版行业可交易化、金融化、资本化，打下坚实的基础。

上海网络游戏出版申报服务平台项目便是在此背景下应运而生，该项目将通过提供游戏版号政策咨询、版号办理、游戏运营后期监管等服务，旨在为广大游戏企业及独立开发者提供全方位的版号申请解决方案。

上海网络游戏出版申报服务平台方案由上海市新闻出版局指导，华东师范大学出版社有限公司提出。华东师范大学出版社作为一家具有丰富的出版服务项目经验的出版单位，具备强大的游戏出版规范化工作的能力。

1. 平台服务条款简介

（1）申请上海网络游戏出版申报服务平台服务的单位/个人（以下简称"申请单位"）须遵守《中华人民共和国计算机信息网络国际联网管理暂行规定》《中华人民共和国计算机信息网络国际联网管理暂行规定实施办法》《网络出版服务管理规定》《关于移动游戏出版服务管理的通知》等相关国家法律法规。

（2）申请单位/个人须承诺提供的证明材料及相关信息准确、合法。

▲服务内容：根据游戏的实际情况提供相关的一对一政策咨询服务，制定游戏版号申请方案，辅导企业解决相关问题，避免版号办理过程中因不符合政策要求而造成时间的消耗；根据每款游戏的实际情况协助游戏企业整理游戏申报材料，并为游戏企业建立完整的申报档案；审批进度高效、透明，游戏企业可直接在平台查询游戏申报进度；申报材料递交至相关管理部门进入审批流程后会将游戏审批意见第一时间告知客户，并提供符合审批要求的修改建议。

▲隐私保护：上海网络游戏出版申报服务平台将通过技术手段、强化内部管理等办法充分保护用户的资料安全，确保用户信息不被未经授权的访问、使用或泄漏。

（二）名词解释

1. 游戏作品

▲网络游戏：网络游戏英文名称为Online Game，又称"在线游戏"，简称"网游"。通常以个人电脑（PC）、平板电脑、智能手机等载体为游戏平台，以游戏运营商服务器为处理器，以互联网为数据传输媒介，必须通过广域网网络传输方式（Internet、移动互联网、广电网等）实现多个用户同时参与的游戏产品，以通过对于游戏中人物角色或者场景的操作实现娱乐、交流为目的的游戏方式，具有可持续性的个体性多人在线游戏。

▲客户端游戏：客户端游戏是网络游戏的形式之一，是需要在电脑上安装游戏客户端软件才能运行的游戏。国内的客户端游戏主要指大型角色扮演类网络游戏（MMORPG）和休闲客户端网络游戏。

▲网页游戏：网页游戏是用户可以直接通过互联网浏览器玩的网络游戏，它不需要安装任何客户端软件。网页游戏又称无端游戏、web game，简称"页游"。

▲移动游戏：移动游戏指的是运行在移动终端上的游戏软件，包括移动单机游戏和移动游戏。移动终端又称移动通信终端，是指可以在移动中使用的计算机设备，广义概念包括手机、笔记本电

脑、平板电脑、POS 机甚至包括车载电脑。但目前的实际情况下是指手机或者具有多种应用功能的智能手机以及平板电脑。

随着集成电路技术的飞速发展，移动终端已经拥有了强大的信息处理能力，从简单的通话工具已经转变为综合信息处理平台。现代的移动终端设备已经拥有了与电脑近似的硬件架构，比如 CPU、内存、固化存储介质以及像电脑一样的操作系统，比如 iOS、Android、Windows Phone、Sysbian 等，相当于一个完整的超小型计算机系统，可以完成复杂的处理任务。移动游戏也因此而拥有了更大的发挥空间，在游戏画面、类型、核心玩法等方面都实现了快速的发展。

▲电视游戏：电视游戏一般以电视屏幕作为显示器，基于游戏主机或电视盒子等的支撑，在连接掌上"操控器"或"摇杆"的基础上，令用户获得交互式多媒体娱乐体验。因此，电视游戏又通常被称为"Video Game"或"Console Game"，意即"视频游戏"或"游戏机游戏"。另外，因电视游戏范围包含"游戏机"和"游戏软件"，与单机游戏等同属电子游戏。

2. 游戏企业

▲游戏开发商：指的是制作、构架、开发网络游戏的企业或团队，主要负责网络游戏的编程、设计、美工、声效、生产及测试等工作。

▲电信运营商：提供基础电信业务的公司，如中国电信及各地分公司、中国移动、中国联通。目前已有很多电信公司同网络游戏出版运营公司合作或单独成立公司运营网络游戏，如四川电信、上海热线、深圳电信、重庆电信等。

3. 游戏营运

▲网络游戏用户：是指 2013 年以来至少使用过一次网络游戏产品的用户。网络游戏用户属于互联网和移动互联网用户中的一部分，其中包括付费用户和非付费的免费用户。

▲网络游戏用户数：本报告用户规模指互不重叠的、平均每季度至少使用过一次在线网络游戏作品的用户总数量。

▲IP：IP 即智慧财产（Intellectual Property），包括商标、著作权、注册或未注册的设计。例如文献和艺术作品：小说、诗歌、戏剧、电影、绘画、摄影、雕塑、建筑设计等等。一般具有专有性、地域性和时效性等特性。

（三）大事记

2016 年 1 月

▲恺英网络联合迅雷拟投资上海乐相 1.35 亿元，用于 VR 布局

1 月 12 日，泰亚股份发布公告，子公司上海恺英网络科技有限公司拟联合深圳市迅雷网络科技有限公司以增资方式对上海乐相科技有限公司投资 1.35 亿元。通过本次投资，恺英网络在 VR 软硬件、虚拟现实内容、虚拟现实场景等进行全产业布局，以完善公司的产品业务链。

2016 年 4 月

▲Gumi 宣布将重组海外子公司，上海分公司面临裁员

4 月 20 日晚间消息，Gumi 发布公告称将实施海外子公司重组，并关闭部分子公司，包括 Gumi Sweden、Gumi Hong Kong 等，同时其他地区分公司也在进行调整和人员缩减，包括 Gumi America（奥斯汀开发工作室将关闭）、Gumi 信息技术（上海）有限公司（人员缩减）。

2016年5月

▲雷亚音乐会暨《兰空VOEZ》发布会在上海举办

5月14日，雷亚音乐会上海站暨《兰空VOEZ》发布会于上海证大喜玛拉雅艺术中心大观舞台举行，主办方为台湾游戏厂商雷亚在本次音乐会上正式发布了第三代音游作品《兰空VOEZ》。

2016年6月

▲顺网科技拟5.75亿元收购上海汉威51%股权

6月3日，杭州顺网科技股份有限公司发布公告，拟收购韩志海、潼泽投资、兰波合计持有的上海汉威恒信展览有限公司51%的股权，成交金额为5.75亿元人民币。本次收购不构成关联交易，不构成重大资产重组。

▲巨人网络宣布成立巨人影业，张阿牧任总裁

6月6日，巨人网络对外宣布成立影视业务子公司巨人影业，将以影视项目研发、娱乐产业投资、IP运营及影游资源整合为核心，由巨人网络总裁刘伟亲自挂帅组建，张阿牧出任公司总裁，布局泛娱乐。

▲恺英网络拟2亿投资盛和网络占股20%

6月28日晚，恺英网络发布公告，公司全资子公司上海恺英网络科技有限公司为更好地实施公司发展战略，提高公司核心竞争力，公司拟以2亿元人民币的价格受让浙江盛和网络科技有限公司原股东金丹良、陈忠良共计20%的股权。

2016年7月

▲张玉柱出任盛大游戏CTO，领衔技术团队

7月1日，盛大游戏再度宣布了新的管理层任命，张玉柱受邀出任公司CTO（首席技术官），将领衔技术团队，分管技术保障、支付平台和信息化管理等工作。

▲皇室战争举办上海锦标赛

7月23日，皇室战争上海锦标赛在喜玛拉雅艺术中心大观舞台举行，400名竞技高手在此展开同台竞技，冠军奖金为366666元。

▲索尼上海公开中国大陆PSVR发布时间

7月27日，索尼互动娱乐公司（上海）有限公司和上海东方明珠索乐文化发展有限公司在"2016PlayStation中国发布会"上宣布，将于2016年10月13日在中国大陆地区发售全面提升PlayStation 4（PS4）魅力及游戏体验的虚拟现实系统PlayStation VR（PSVR），建议零售价2999元人民币。

2016年10月

▲bilibili宣布赞助上海篮球队

10月13日晚，上海男篮官方微信宣布，携手新冠名商bilibili踏上2016—2017赛季CBA联赛的征程，球队也更名为"上海哔哩哔哩篮球队"。

▲巨人网络与多家公司、投资人组成财团，收购以色列Playtika

10月13日，巨人网络壳公司世纪游轮发布公告，公告显示世纪游轮于2016年7月30日与上海鼎晖蕴懿股权投资合伙企业（有限合伙）、弘毅创领（上海）股权投资基金合伙企业（有限合伙）、上海云锋投资管理有限公司以及其他投资人组成了财团，财团出资人共同对Alpha Frontier Limited进行增资，并以其为主体收购Caesars Interactive Entertainment，Inc.旗下休闲社交游戏公司Playtika Holding Corp100%的权益，该项收购资产已于2016年9月23日完成交割。

▲巨人网络壳公司世纪游轮发布 Q3 财报

10 月 25 日，世纪游轮（巨人网络壳公司）发布 Q3 报告，报告显示，世纪游轮 Q3 营收 6.19 亿，同比增长 28.64%，Q1 至 Q3 总营收为 16.69 亿，同比增长 7.82%。

▲游族网络发布 Q3 财报

10 月 26 日，游族网络发布第三季度财报，财报显示，第三季度游族营收为 7.33 亿元，同比增长 89.02%；净利润为 1.26 亿元，同比增长 2.67%；年初至报告期末游族网络总营收 17.49 亿元人民币，同比增长 68.31%；净利润 3.60 亿，同比增长 5.91%。

▲汉鼎宇佑拟 13 亿收购上海灵娱 100% 股权

10 月 27 日，汉鼎宇佑披露重大资产重组预案，公司拟以发行股份及支付现金的方式受让上海灵娱 100% 股权，标的公司作价 13 亿元。同时，公司拟向不超过 5 名投资者非公开发行股票募集不超过 6.6 亿元配套资金，用于支付本次交易的现金对价和标的公司的移动端游戏运营中心建设项目。

▲三七互娱公布 Q3 财报

10 月 28 日晚间，三七互娱公布 Q3 财报，财报显示，三七互娱 Q3 收入 12.39 亿，同比增长 10.43%，归属于上市公司股东的净利润为 2.66 亿，同比增长 93.36%；前三季度共收入 36.68 亿，同比增长 12.12%；归属于上市公司股东的净利润为 7.52 亿，同比增长 112.52%。

2016 年 11 月

▲上海 10 家游戏企业成立网络游戏行业协会

11 月 26 日下午，上海市网络游戏行业协会成立大会暨第一届第一次全体会员大会顺利召开。为充分保障上海市网络游戏行业的发展，加强技术交流、人才培训、标准制定、市场拓展，上海市 10 家网络游戏公司共同申请筹备成立"上海市网络游戏行业协会"。

2016 年 12 月

▲上海市政府宣布取消多项游戏审核流程

12 月 5 日，上海市政府公布了《上海市人民政府关于取消和调整一批行政审批等事项的决定》，决定称根据国家相关规定，上海市政府将取消和调整一批行政审批等事项，其中电子游戏测试盘以及境外互联网游戏作品客户端程序光盘不再需要审批。

▲Crytek 宣布关闭包括中国上海在内的 5 家国际工作室

在被频繁爆出拖欠员工工资问题后，《孤岛危机》系列游戏开发商 Crytek 宣布，将对企业内部进行大幅调整重组，决定只保留核心技术团队，关闭旗下 5 家国际工作室，其中就包括中国上海的工作室。

▲《仙剑奇侠传幻璃镜》渠道首测开启

12 月 20 日，由上海软星开发，《仙剑奇侠传三》《仙剑奇侠传四》制作人张孝全领衔的老上软原班人马制作的首款手游《仙剑奇侠传幻璃镜》开启首次安卓渠道测试。测试开放仅 3 天时间，官方预约人数就已突破 5 万。

工作机构

支持单位：中华人民共和国新闻出版广电总局　上海市新闻出版局

主办单位：中国音数协游戏工委（GPC）

报告撰写：伽马数据（CNG 中新游戏研究）

数据支持：伽马数据（CNG 中新游戏研究）

● 游戏出版产业数据调查报告

一、2016 年上海游戏出版市场状况

（一）上海游戏出版产业用户规模

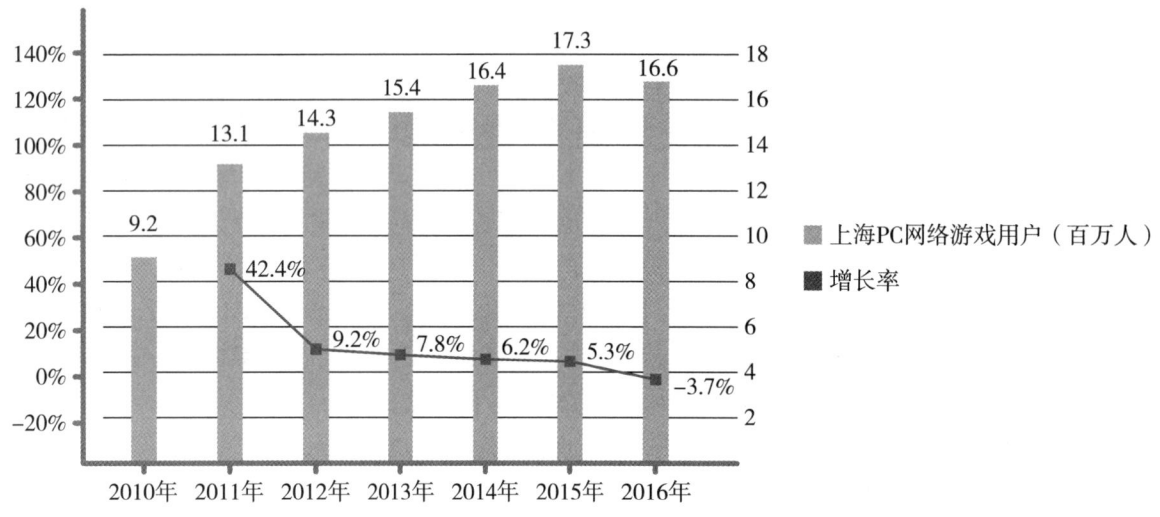

图 1　2010—2016 年上海 PC 网络游戏用户数量

数据来源：GPC and CNG

2016 年，上海 PC 网络游戏用户数量约为 1660 万人，同比下降 3.7%。自 2009 年以来，首次出现用户数量减少。由于移动网络游戏具有可以利用碎片化时间、不受使用地点约束等优势特点，对 PC 网络游戏的用户数量产生了一定冲击。

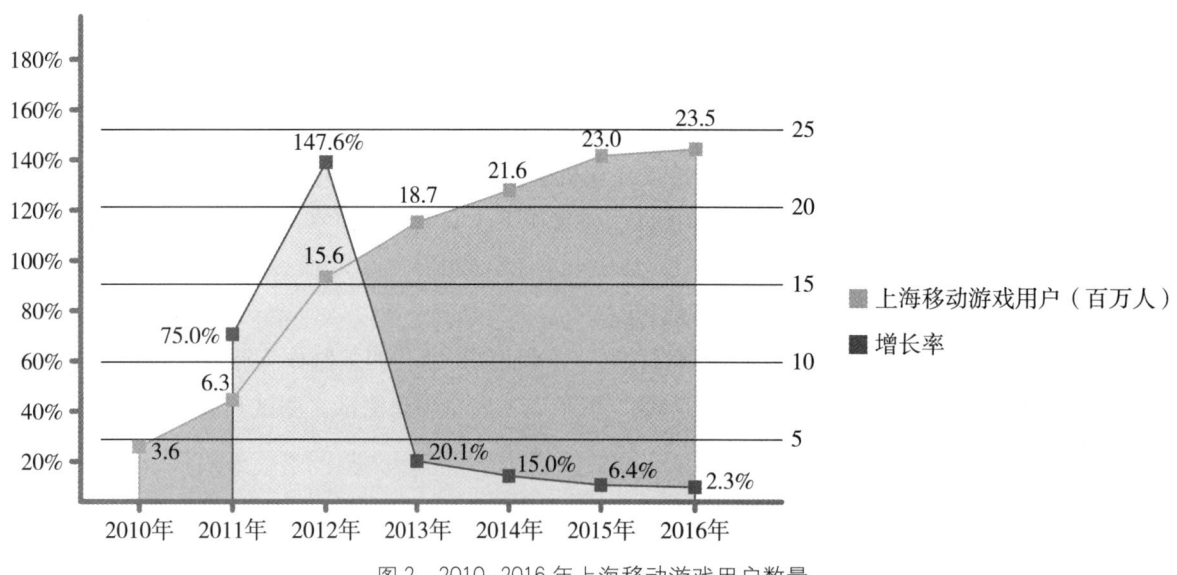

图 2　2010—2016 年上海移动游戏用户数量

数据来源：GPC and CNG

2016年，上海移动游戏用户数量约为2350万人，同比增长2.3%。在上海移动游戏经历了2010年至2012年的用户急速增长期之后，从2013年开始，其增速逐渐放缓。

（二）上海游戏出版产业销售收入

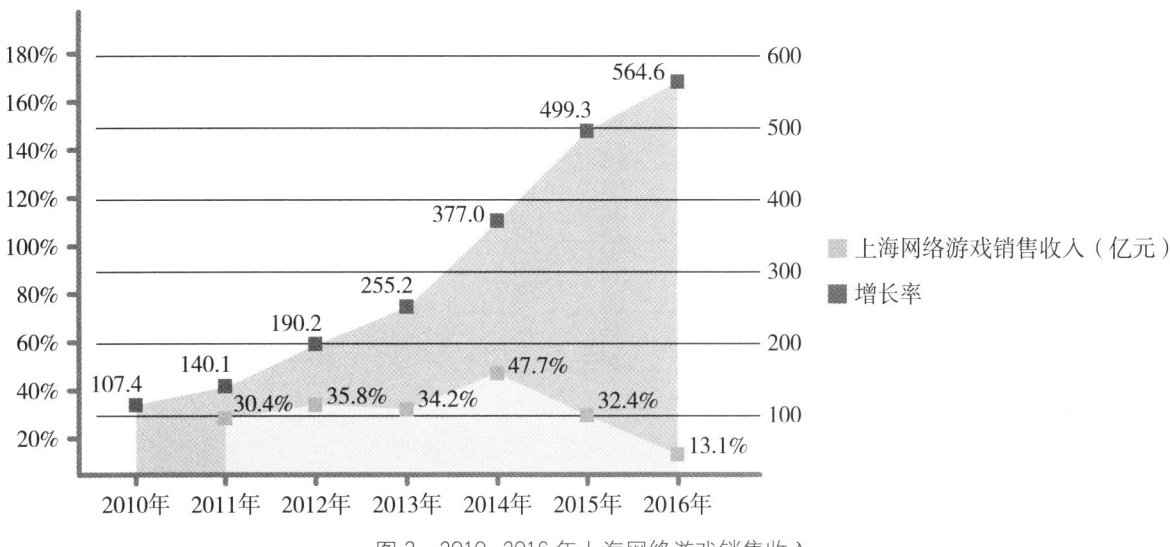

图3　2010—2016年上海网络游戏销售收入

数据来源：GPC and CNG

2016年，上海网络游戏销售收入约为564.6亿元，同比增长13.1%，连续多年保持正增长。但与全国状况相同，受到客户端网络游戏、移动游戏收入增速下降及网页游戏收入负增长的影响，上海网络游戏整体销售收入增长呈现放缓趋势。

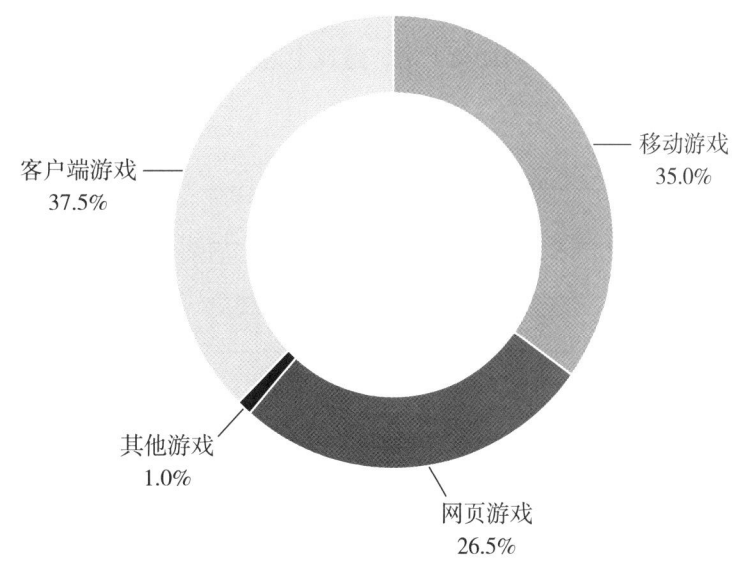

图4　2010—2016年上海游戏市场收入

数据来源：GPC and CNG

2016年，上海游戏市场收入主要由客户端游戏、移动游戏和网页游戏构成，其中客户端游戏虽然在上海游戏市场占有率逐年下降，但仍占据上海游戏出版产业的主要位置，约占上海游戏市场总收入的37.5%；移动游戏在上海游戏市场占有率逐年提升，略落后于客户端游戏，约占35.0%；网页游戏约占26.5%。

1. 上海客户端游戏销售收入

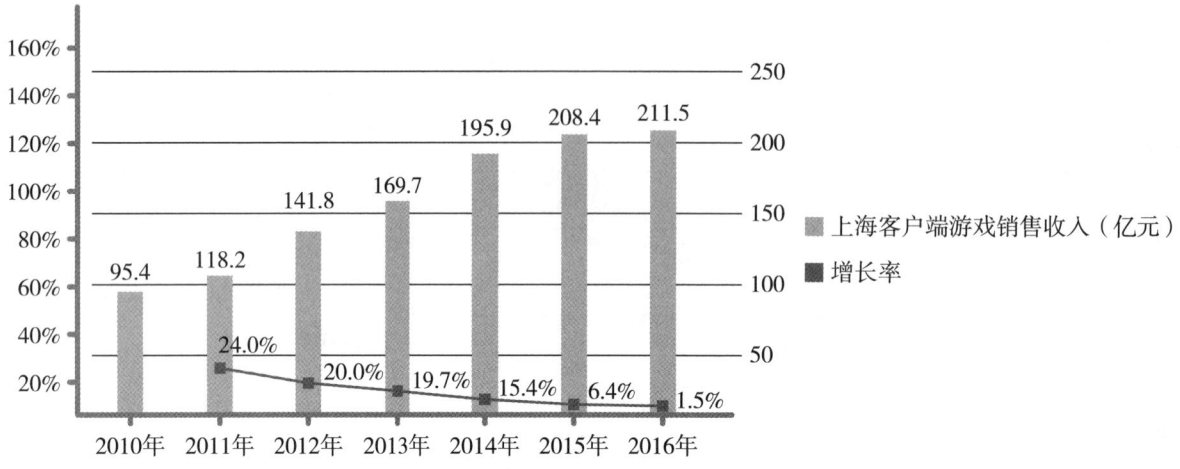

图5　2010—2016年上海客户端游戏销售收入

数据来源：GPC and CNG

2016年，上海客户端游戏销售收入约为211.5亿元，同比增加1.5%，连续多年保持上涨。但由于用户游戏习惯发生了改变，对客户端游戏的关注度逐渐降低，再加上客户端游戏受到客户端游戏改编移动游戏等因素的影响，导致销售收入增长速度进一步放缓。

2016年，在上海游戏出版产业中，客户端游戏市场占有率约为37.5%，比2015年下降了4.2%，但目前仍占据着上海游戏出版产业收入的主体地位。相比移动游戏，客户端游戏开发时间较长、成本较高、风险大。同时由于移动游戏具有更快的变现速度，导致开发资金转向移动端、客户端开发数量减少、老产品市场收入也因生命周期而下滑，造成上海客户端游戏市场占有率逐年降低现象。

2. 上海网页游戏销售收入

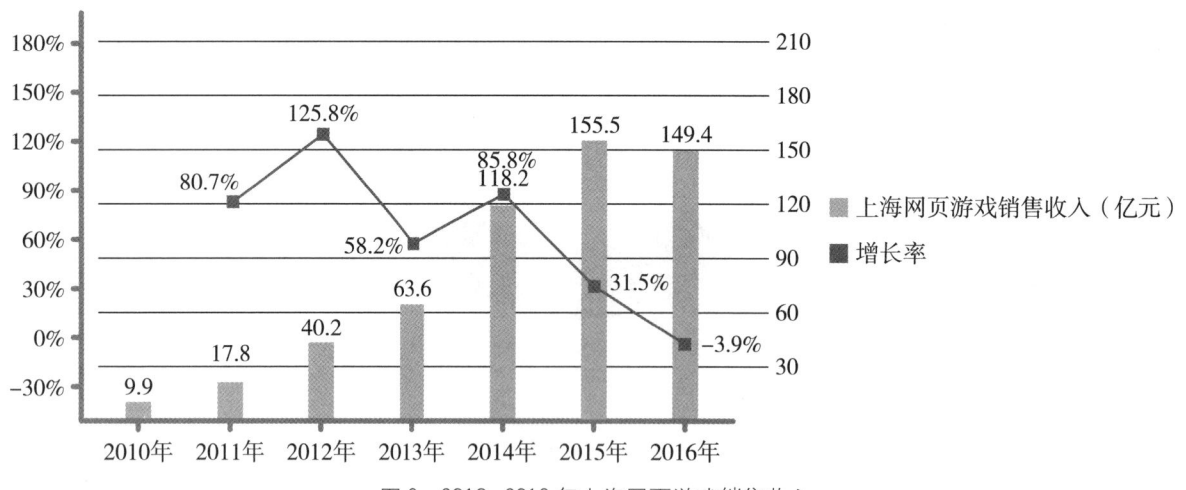

图6　2010—2016年上海网页游戏销售收入

数据来源：GPC and CNG

2016年，上海网页游戏销售收入约为149.4亿元，同比降低3.9%，降幅低于全国市场。受限于投入下降、同质化现象严重、市场竞争格局集中化发展、新品减少等因素，上海网页游戏收入较往年出现下滑。

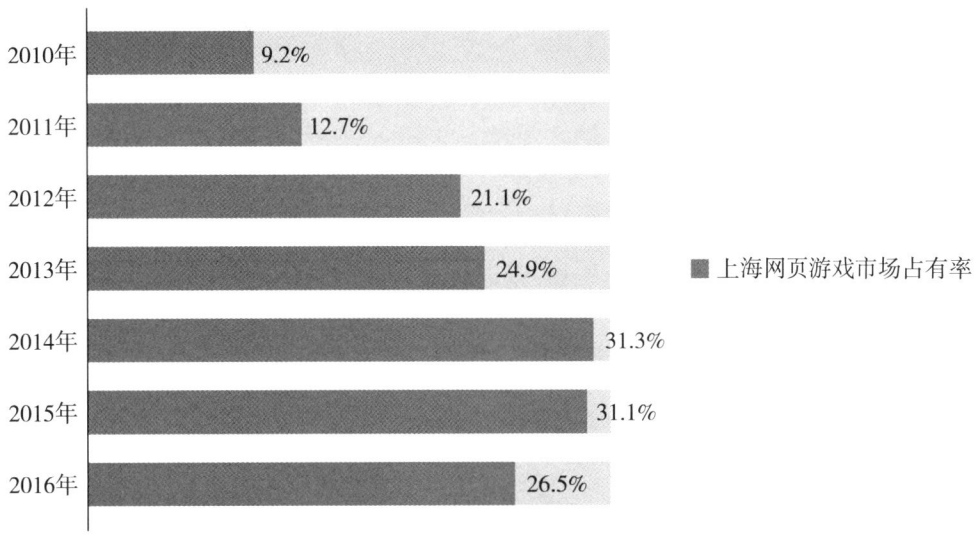

图7　2010—2016年上海网页游戏市场占有率

数据来源：GPC and CNG

2016年，在上海游戏出版产业中，网页游戏市场占有率约为26.5%，比2015年下降了4.6%。在移动游戏发展冲击下，网页游戏行业发展较为缓慢、同时受到自身创新度不高、同质化明显的影响，网页游戏的用户加速流向移动游戏，导致网页游戏市场占有率连续两年出现下滑。随着移动游戏份额逐渐扩大，未来上海网页游戏市场占有率可能会进一步被挤压。

3. 上海移动游戏销售收入

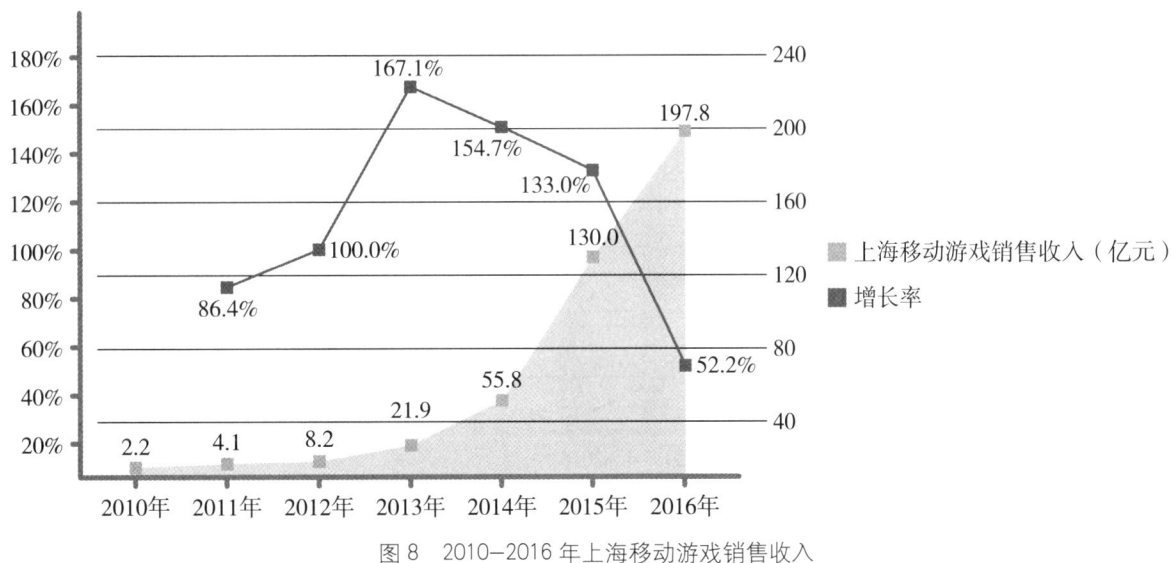

图8　2010—2016年上海移动游戏销售收入

数据来源：GPC and CNG

2016年，上海移动游戏销售收入约为197.8亿元，同比增长52.2%，由于2016年上海移动游戏厂商推出了《崩坏3》等面向二次元用户的游戏、《征途》等由经典IP改编的游戏，还引入了《幻影纹章》等海外游戏，带动了上海移动游戏销售收入进一步增长。

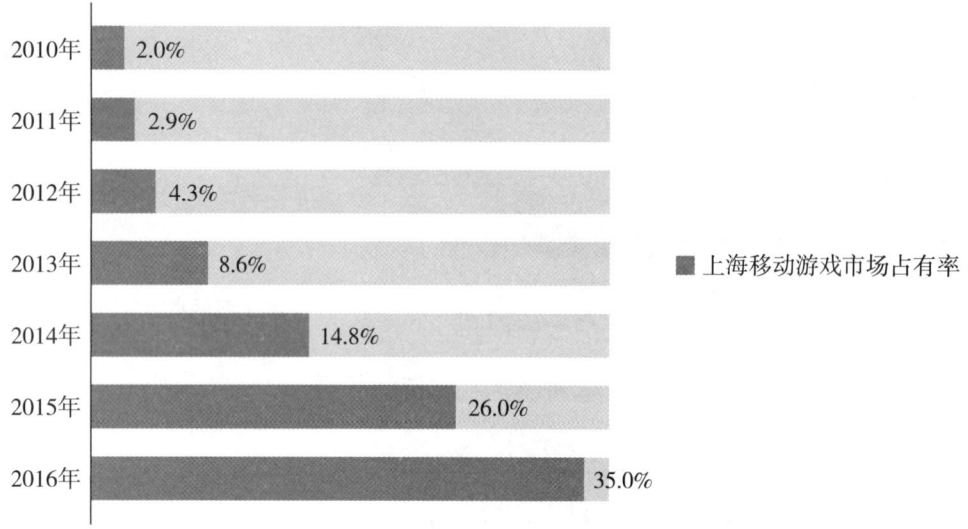

图9　2010—2016年上海移动游戏市场占有率

数据来源：GPC and CNG

2016年，在上海游戏出版产业中，上海移动游戏市场占有率约为35.0%，这主要归功于《征途》《崩坏3》等产品在收入方面的良好表现。结合国内游戏市场的发展情况来看，2016年移动游戏成为国内游戏市场的主要增长动力。上海移动游戏也呈现出取代客户端游戏，成为上海游戏出版产业主要支撑的趋势。

（三）上海自主研发网络游戏出版状况

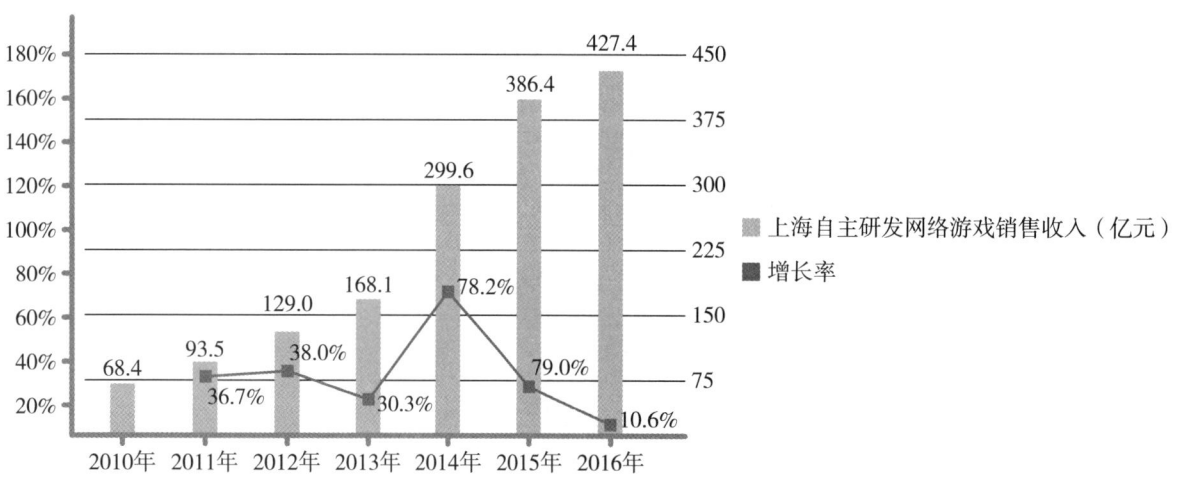

图10　2010—2016年上海自主研发网络游戏销售收入

数据来源：GPC and CNG

2016年，上海自主研发网络游戏销售收入约为427.4亿元，同比增长10.6%，占国内自主研发网络游戏销售收入的三成以上。自2009年以来，上海自主研发网络游戏销售收入连续多年保持正增长。

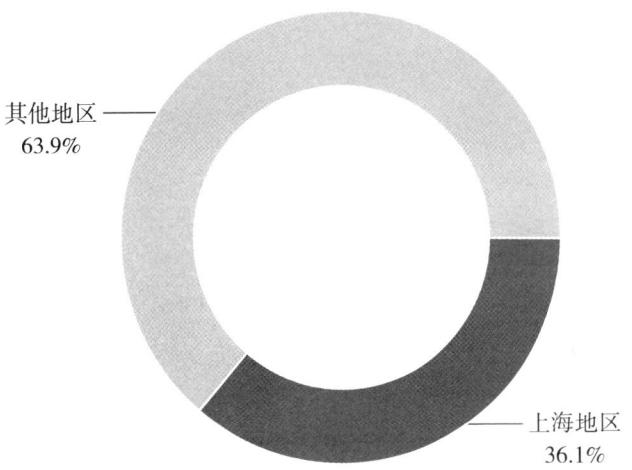

图11　2016年上海自主研发网络游戏销售收入占全国比例

数据来源：GPC and CNG

2016年，上海地区自主研发网络游戏销售收入约占全国自主研发网络游戏销售收入的36.1%，是后者的重要组成部分。但由于广东《梦幻西游》《王者荣耀》等移动游戏强势崛起，和2015年相比，2016年上海自主研发网络游戏销售收入占比有所下降，但仍占全国自主研发网络游戏销售收入的三分之一以上。

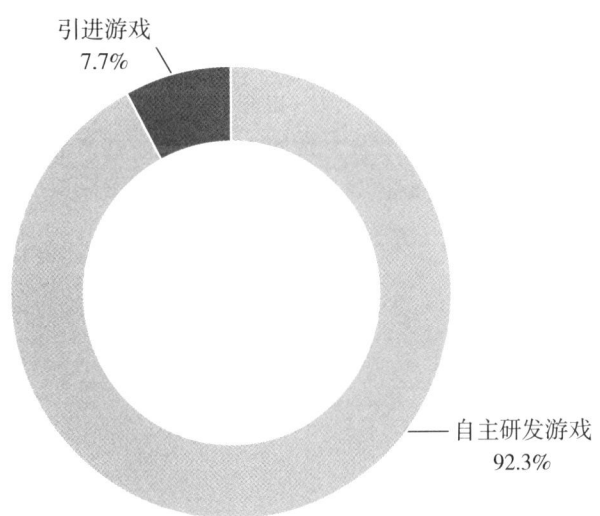

图12　2016年上海自主研发网络游戏产品数量占比

数据来源：GPC and CNG

随着相关政策的出台和游戏审批速度的提高，上海自主研发游戏报送数量明显增加。2016年，经上海市新闻出版局报送的自主研发游戏产品数量为1251款，是2015年的3倍以上，增量主要来自移动游戏报送数量的增长；引进游戏数量为105款，约为2015年的1.5倍。

二、2016 年上海游戏出版产品状况

（一）上海游戏出版产品状况

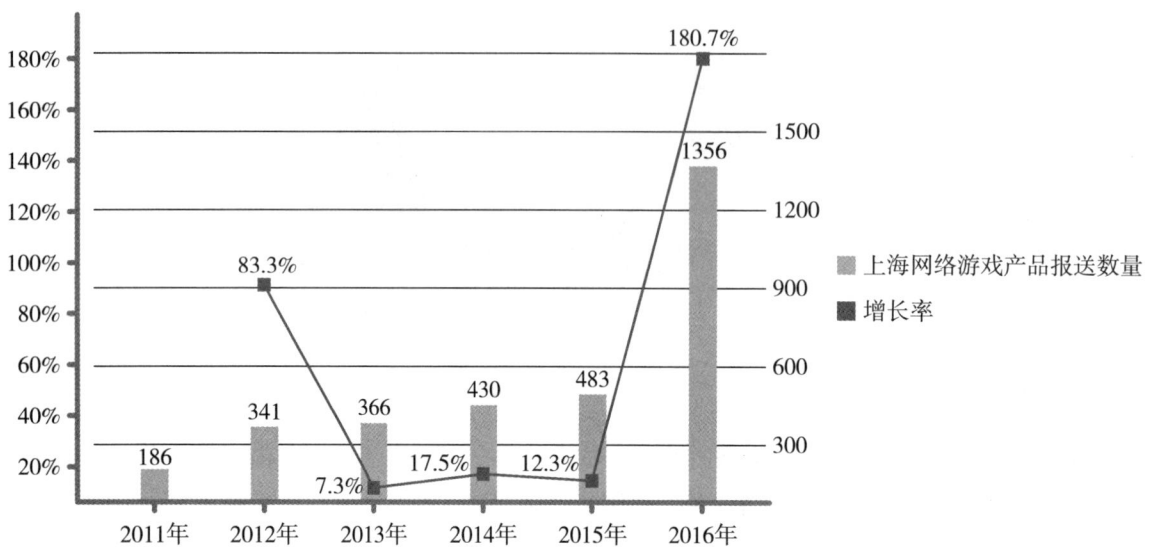

图 13 2011—2016 年上海网络游戏产品报送数量

数据来源：GPC and CNG

2016 年，上海网络游戏产品报送数量为 1356 款，同比增长 180.7%。由于移动游戏成为上海游戏出版产业的主要增长动力，游戏开发和资本投入也更倾向于移动游戏，再加上监管日趋严格，游戏审批速度加快，移动游戏报送数量大幅增长，致使上海网络游戏产品报送数骤增。

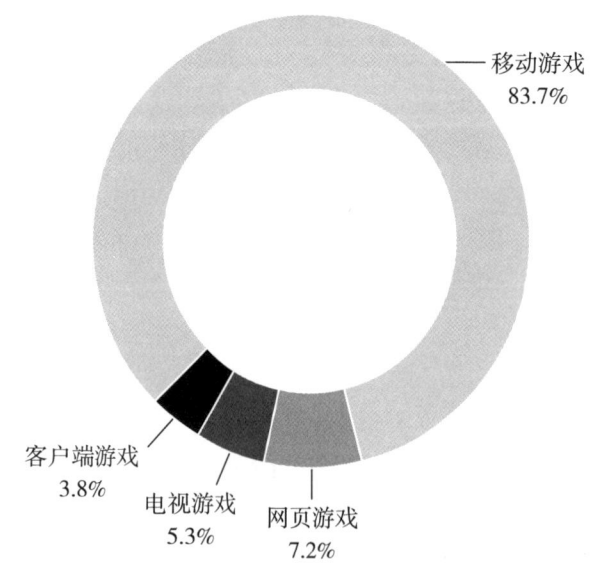

图 14 2016 年上海报送网络游戏产品类型分布

数据来源：GPC and CNG

2016年，上海报送网络游戏产品中，移动游戏为1134款，网页游戏为98款，客户端游戏为52款，电视游戏为72款，其中移动游戏的报送数量是2015年的近6倍。随着移动游戏报送数量的增加，用户可选择的移动游戏更多，促使移动游戏对自身品质、品牌宣传等方面的要求更高，头部效应趋势更加明显。

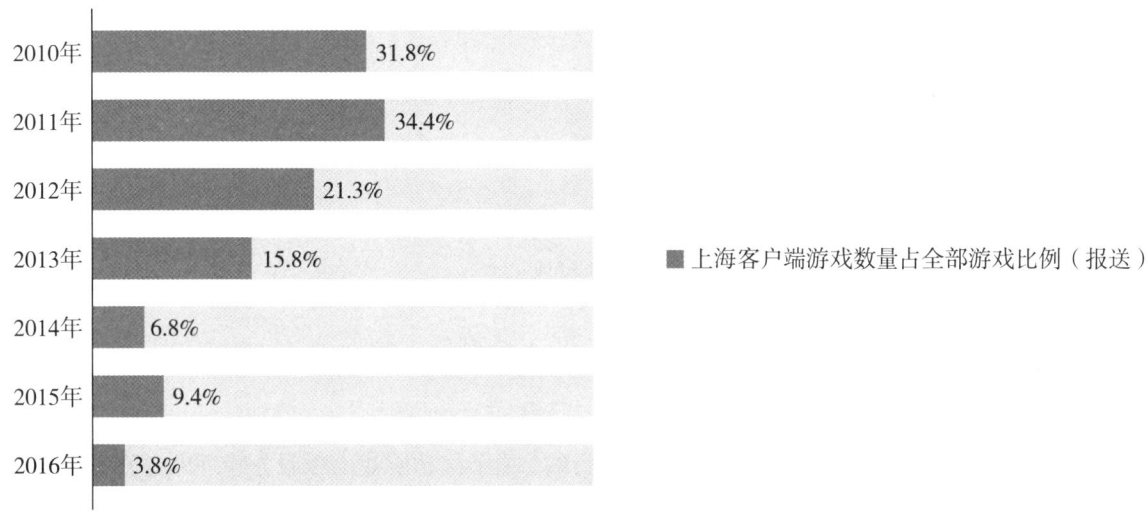

图15　2010—2016年上海客户端游戏数量占全部游戏比例（报送）

数据来源：GPC and CNG

2016年，上海客户端游戏报送比例大幅减少，占比仅为3.8%。由于2016年移动游戏在中国国内的收入已超过客户端游戏，成为游戏市场收入的主要来源，受其影响，未来客户端游戏的报送数量或进一步减少。

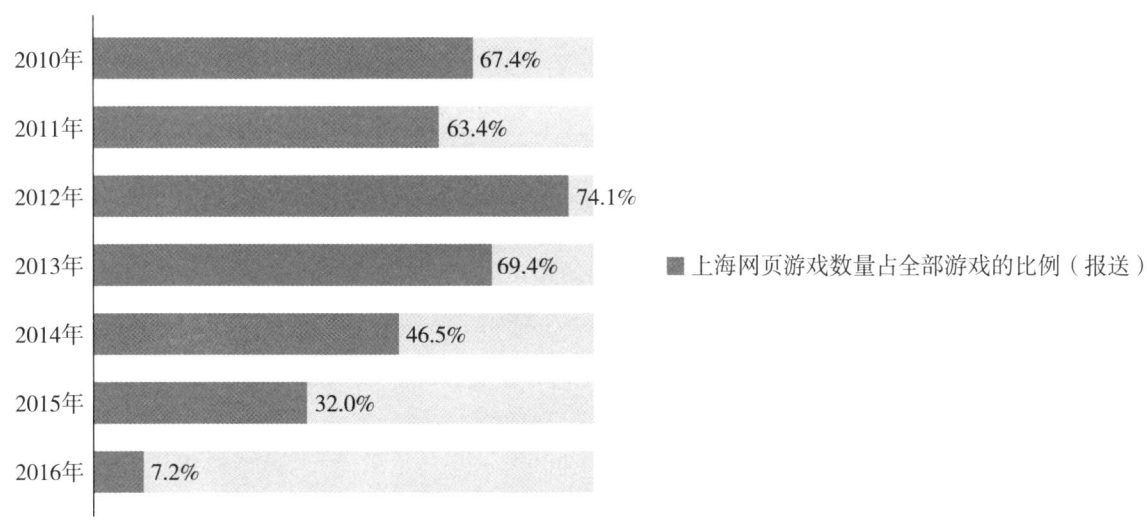

图16　2010—2016年上海网页游戏数量占全部游戏的比例（报送）

数据来源：GPC and CNG

网页游戏存在创新度不高、同质化较为明显等问题，随着移动游戏市场收入增长，造成其在游戏市场逐渐丧失竞争力，报送数量与2015年相比进一步缩水，2016年仅为98款。随着移动游戏市场的发展，未来网页游戏报送数量或进一步减少。

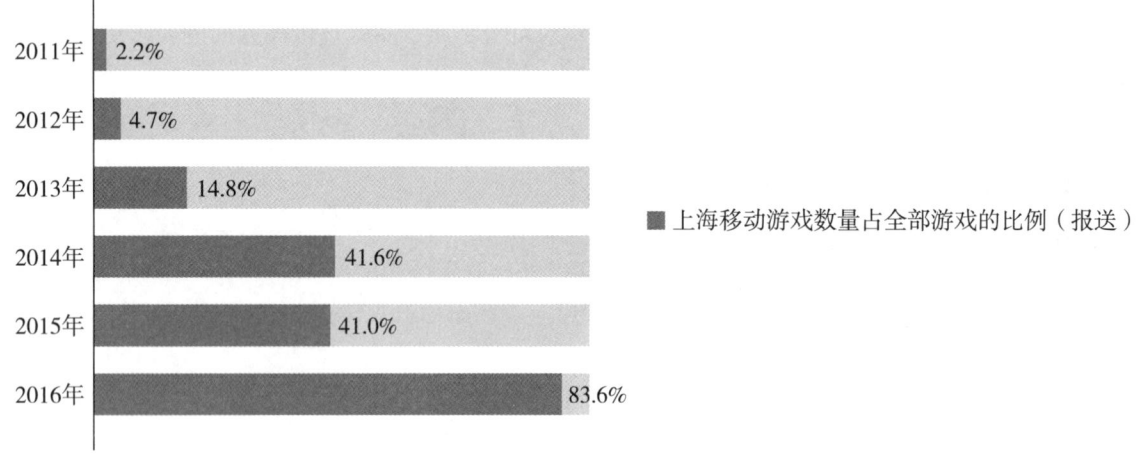

图 17 2010—2016 年上海移动游戏数量占全部游戏的比例（报送）

数据来源：GPC and CNG

受到移动游戏收入大幅增长和 2016 年 7 月施行的《关于移动游戏出版服务管理的通知》的影响，2016 年上海移动游戏报送数量有了明显的增加，是 2015 年报送数量的近 6 倍。

三、2016 年上海游戏出版产业海外出口状况

（一）上海游戏出口状况

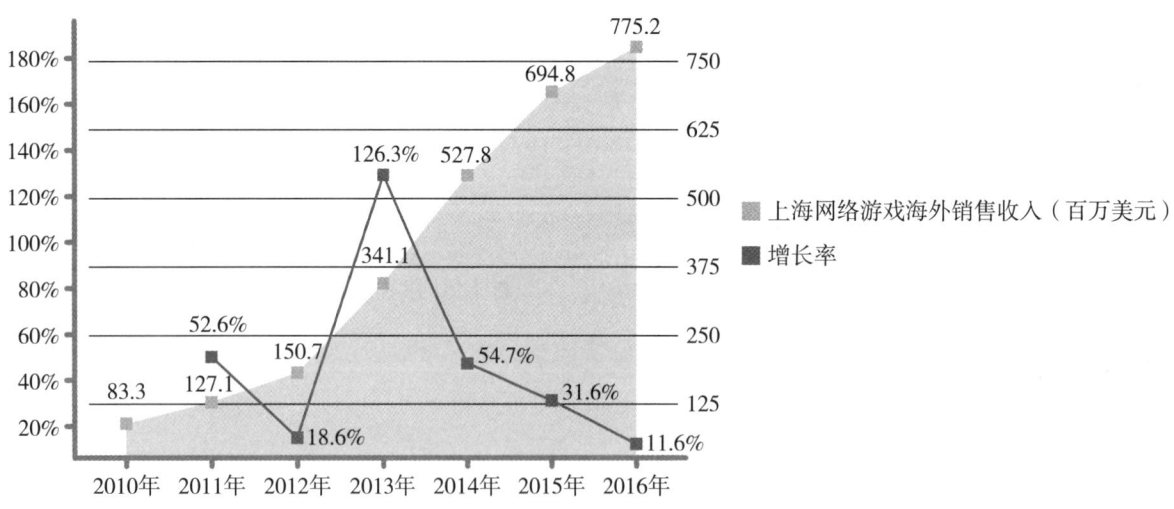

图 18 2010—2016 年上海网络游戏海外销售收入

数据来源：GPC and CNG

2016 年，在上海游戏出版产业中，网络游戏海外销售收入约为 7.752 亿美元，同比增长率约为 11.6%。

由于近年来网络游戏市场竞争愈发激烈，出海成了保持收入增长的重要选择。2016 年，上海移

动游戏海外销售收入较为显著，带动网络游戏海外销售收入继续增长。

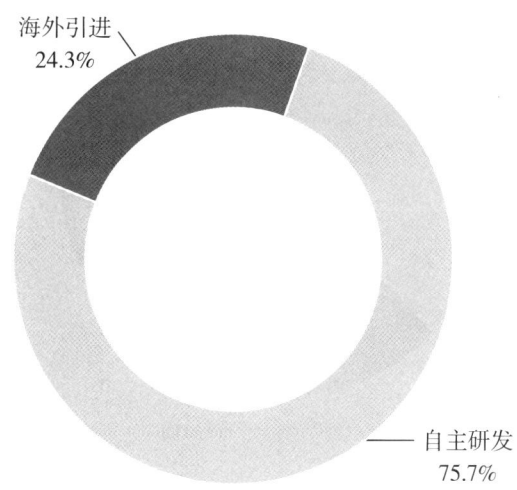

图 19　2016 年上海网络游戏自主研发与海外引进销售收入比例

数据来源：GPC and CNG

在上海网络游戏销售收入中，2016 年海外引进游戏收入比例与 2015 年相比有所增加，占上海网络游戏销售总收入的 24.3%。随着国内游戏用户对部分海外引入 IP 的认可，海外引入 IP 逐渐对中国游戏出版产业产生一定的刺激作用，或对上海游戏出版产业市场的细分化起到良性引导，进一步带动海外引进游戏收入的增长。

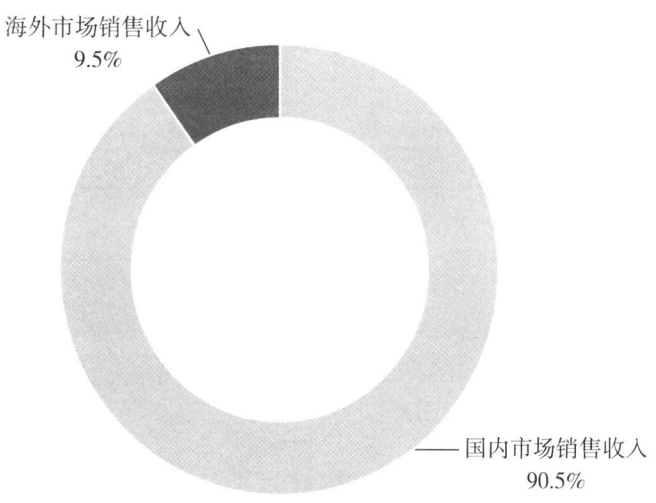

图 20　2016 年上海网络游戏国内与海外市场销售收入比例

数据来源：GPC and CNG

与 2015 年相比，2016 年上海网络游戏海外市场销售收入比例略有上升，收入有所增加。在客户端游戏、网页游戏在海外市场收入均呈现负增长的情况下，上海移动游戏通过在海外市场所取得的较好表现，进一步提高了上海网络游戏海外市场的销售收入，预计 2017 年移动游戏仍将是上海在海外游戏市场销售收入的主要来源。

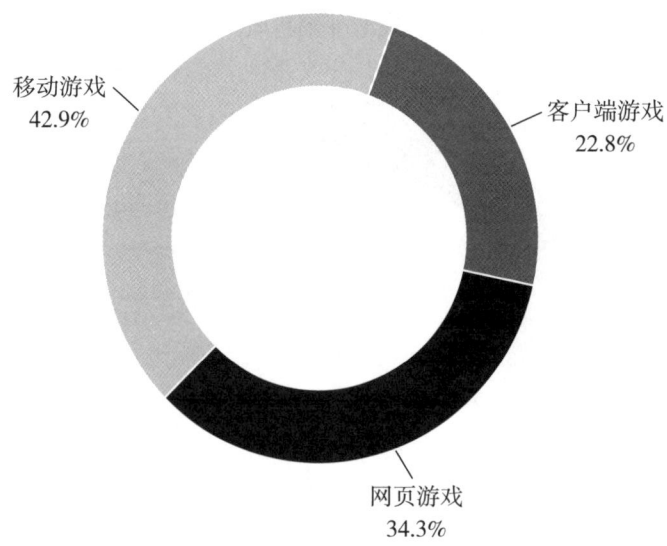

图 21　2016 年上海网络游戏海外出口产品结构（按收入）

数据来源：GPC and CNG

相比 2015 年，2016 年上海移动游戏海外出口收入占比增加，收入为 2015 年的 1.5 倍以上，上海移动游戏在海外市场的认可度逐渐提高。

四、2016 年上海 ChinaJoy 展览会状况

（一）上海 ChinaJoy 展览会参与观众状况

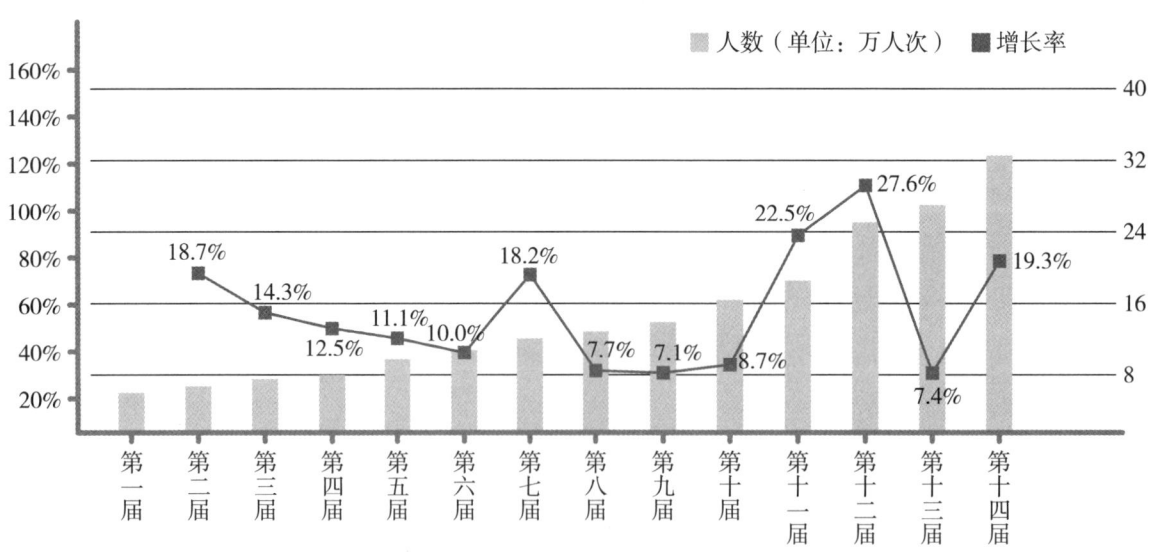

图 22　第一届至第十四届 ChinaJoy 观众人数增长状况

数据来源：GPC and CNG

2016 年，上海 ChinaJoy（第十四届中国国际数码互动娱乐展览会）吸引观众达 32.5 万人次，比上届增长约为 19.3%。

（二）上海 ChinaJoy 展览会参与企业状况

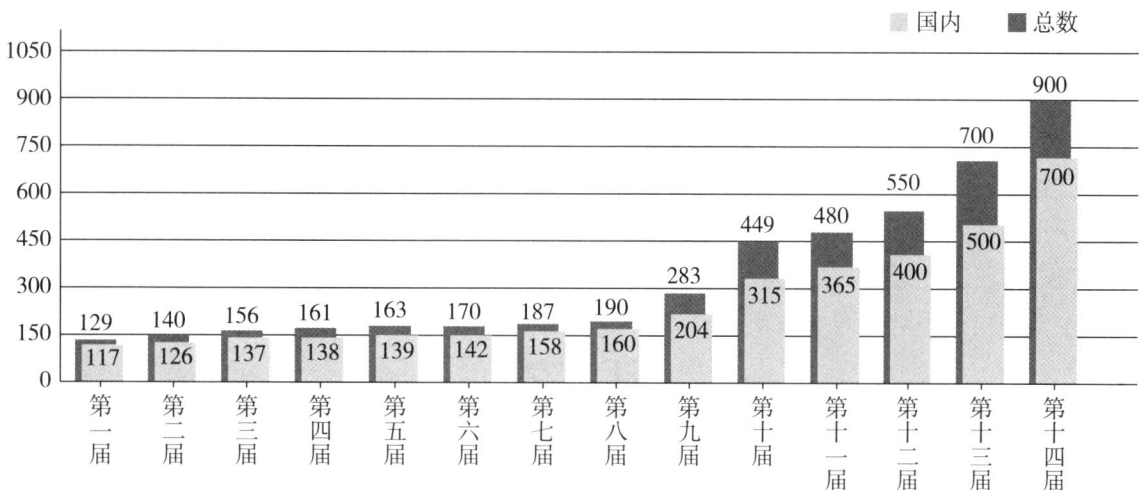

图 23　第一届至第十四届 ChinaJoy 中国企业参展数量增长状况

数据来源：GPC and CNG

2016 年，上海 ChinaJoy 参展企业总数达到历史新高 900 家。其中，国内展商总数为 700 家，比上届增加了 200 家。

（三）上海 ChinaJoy 展览会参展产品状况

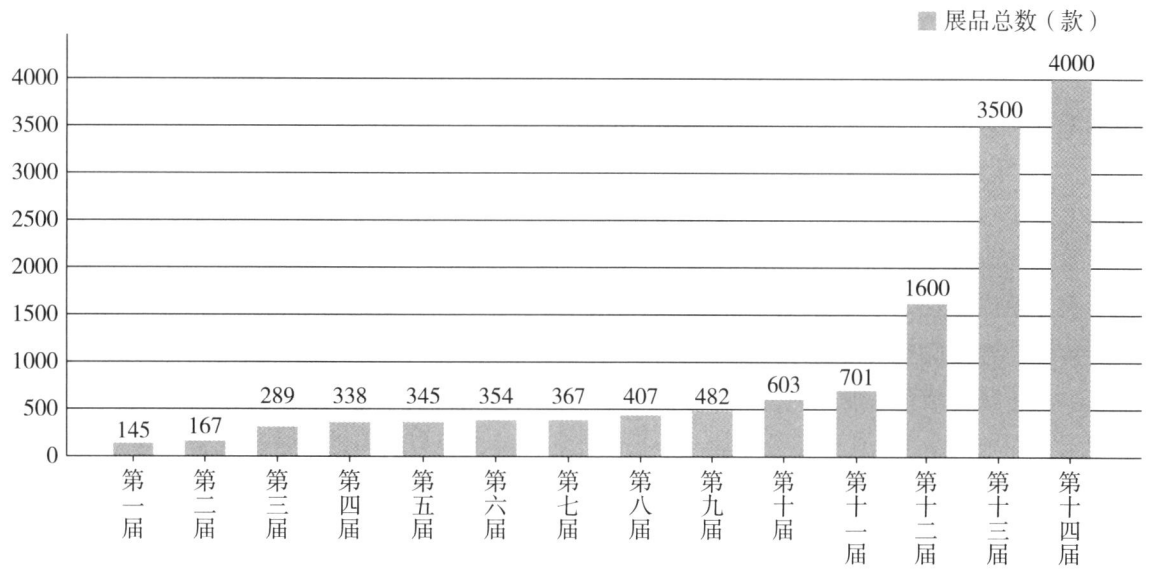

图 24　第一届至第十四届 ChinaJoy 参展产品数量增长情况

数据来源：GPC IDC and CNG

2016 年，上海 ChinaJoy 参展产品总数达到 4000 款，较上届的 3500 款增长约为 14.3%，创 ChinaJoy 历届参展产品数量新高。

工作机构

支持单位：中华人民共和国新闻出版广电总局　上海市新闻出版局

主办单位：中国音数协游戏工委（GPC）

报告撰写：伽马数据（CNG中新游戏研究）

数据支持：伽马数据（CNG中新游戏研究）

供稿：上海市新闻出版局科技与数字出版处

执笔人：范张文　王一行

江苏省

一、2016年工作总结

2016年，江苏省局按照总局数字出版司有关部署，围绕加强管理、优化服务、促进发展的原则，开展了以下几方面工作，现报告如下：

（一）做好"十三五"规划

一是传达贯彻落实总局《数字出版"十三五"时期发展规划》《新闻出版业"十三五"时期科技发展规划》，及时将有关规划传达到省内网络出版单位，要求其按《规划》指导开展数字出版业务。二是根据总局《规划》的指导思想、基本原则，做好《江苏省新闻出版广播影视（版权）"十三五"发展规划》数字出版部分主要任务、重点项目的编制、推荐工作。

（二）推进转型升级

一是正式印发《江苏省新闻出版广播电视媒体与新兴媒体融合发展行动计划（2016—2020年）》。根据中央及总局、省委有关要求，与江苏实际情况相结合，并落实到具体项目上。制定了传播观念强化、传播内容创优、采编流程创新、传播渠道拓展、服务经营体系建设、技术体系升级、机制体制改革、人才队伍培育八项重点行动，梳理了七大类具体项目。二是扶持重点项目。省新闻出版广播影视发展专项资金重点支持传统媒体与新兴媒体、传统出版与新兴出版融合发展项目，2016年投入4510万元资助37个重点新闻出版融合发展项目。三是组织培训交流。组织有关出版单位负责人参加总局报刊数字化转型专题培训、出版传媒企业数字化融合发展培训、第二次数字出版转型示范现场会等，加强经验交流，培养融合型领军人才。

（三）推广数字阅读

精心组织第六届江苏书展数字阅读馆展示工作。展区面积增加到500平方米，包括凤凰数媒、省广电总台、咪咕数媒、中文在线、京东集团等10家国内省内数字出版龙头企业参展。展示了"享读书"大屏阅读系统等数十种融合最新科技的数字阅读产品，同时开展了丰富多彩的活动，《中华传统文化经典诵读》丛书首发式暨春雨国学书院网站上线活动以"互联网+出版"的形式呈现国学经典，凤凰数媒的VR虚拟现实吸引超过千人来体验，中文在线、江苏移动等现场发放了价值110万元的电子书券，助力数字阅读推广。

（四）加强基地管理

一是加强基地调研统计。加强对基地园区实地调研，深圳文博会期间对有关国家数字出版基地开展调研，完成江苏国家数字出版基地2015年度发展情况统计工作，2015年基地已投入使用建筑面积116.9万平方米，营业收入267亿元。二是做好深圳文博会国家数字出版基地展示工作。以"融合发展与创新"为主题，展示了江苏省出版与先进科技融合发展的最新成果。凤凰数字传媒、江苏凤凰文艺、睿泰集团、川奇光电、春雨集团等10家代表性数字出版企业展示了20余种典型数字出版产品，总局阎晓宏副局长视察江苏基地展馆并予以肯定，展馆获得深圳文博会组委会颁发的优秀展示奖。南京园区、镇江园区等签约成为国家数字版权保护技术研发工程首批应用单位。组织江苏国家数字出版基地相关负责人参加总局国家数字出版基地业务培训。三是开展基地建设情况检查。根据总局通知要求，由局领导带队对南京、无锡、苏州、扬州、镇江园区开展实地检查，形成检查报告。四是用好省新闻出版广播影视发展专项资金，持续支持数字出版基地服务平台建设项目建设。

（五）做好网络游戏审批

一是加强网络游戏管理。对申报出版质量不达标的网络游戏退回整改，约谈相关网络出版单位负责人；强化出版单位责任，落实内容审核责任制度、重大选题备案制度；理顺管理服务机制，加强分类管理，规范审核流程，提高受理、审批的工作效率；加强互联网出版审读员队伍建设，审读员人数增加到10人。2016年共受理新申报游戏319款，审核上报301款。二是打造民族游戏精品。积极引导游戏出版单位围绕传承发展中华优秀文化、传播中国价值观念开展创作，打造民族游戏精品，征集报送作品8部申报总局《中国原创游戏精品出版工程》。

（六）做好网络文学管理

积极引导数字出版网络视听节目单位深入贯彻中央《关于繁荣发展社会主义文艺的意见》，加强内容生产，打造网络文学精品。引导网络文学出版单位围绕社会主义核心价值观、中华优秀文化传承发展等主题开展创作，积极申报总局优秀网络文学原创作品推介活动，2016年共征集报送23部网络文学原创作品参加总局评选。

（七）依法加强监管

一是做好持证单位管理。协助局有关处室做好网络出版服务单位的审核，2016年新增网络出版服务单位3家，将移动、电信两大手机游戏基地纳入行业管理。要求持证单位其严格执行"自审自发""先审后发"，落实内容审核制度，杜绝不良内容上线。二是加强主动监测。利用"网络出版监管系统"和"互联网视听节目综合监管系统"，更新、充实关键词库，对省内重要网站进行24小时监控。加强关键节点、重大活动、重点时段重点监测，强化人工巡查，及时发现苗头性问题。三是加大查处力度。配合总局、"扫黄打非"办开展了"清源2016""净网2016""清朗"、打击利用云盘传播淫秽色情信息等专项行动，加强主动监管，全年查处违规网站205家，其中商请省通信管理局关闭网站并注销备案网站164家，删除违法违规内容链接数十万条。通过诫勉谈话指导出版网站做好内容审核，督促网站落实有效过滤有害内容的技术手段。

（八）做好科技管理工作

根据总局通知要求积极组织有关单位申报新闻出版业科技与标准重点实验室，审核报送7家有关实验室。4家实验室入选总局重点实验室名单，分别是出版发行行业数据应用实验室、内容表达与呈现智媒体实验室、数字教育富媒体呈现与交互技术重点实验室、虚拟混合现实技术互动多媒体实验室。按总局要求审核报送省内新闻出版业数字化转型升级软件技术服务商，5家单位进入总局推荐名录。

（九）强化项目管理

根据总局通知要求部署新闻出版业数字化转型升级项目实施情况开展专项调查，督促有关单位按时填写报送《调查表》，按时提交项目进展、资金使用等有关情况。

附：关于江苏国家数字出版基地管理工作有关情况的汇报

江苏国家数字出版基地2011年由原国家新闻出版总署批复同意创建，包括南京、无锡、苏州、扬州、镇江5个园区。在总局和省委省政府的正确领导下，江苏省局坚持把促进企业集聚发展与建设载体平台结合起来，一体化布局，特色化推进，江苏基地的基础设施、公共服务平台不断完善，入驻企业不断增加。2016年入驻数字出版相关企业100余家，营业收入稳定在200亿元以上。

一、基地管理有关情况

（一）党委政府高度重视。省政府专题召开国家数字出版基地建设座谈会推进基地建设，省局多次召开基地座谈会研究解决基地发展中遇到的问题。积极组织基地参加深圳文博会展示交流。局领导带队对基地建设发展情况开展实地检查。省文化产业引导资金把基地建设作为重点支持方向，累计安排3000余万元支持基地发展。南京、镇江相继出台加快数字出版产业发展的意见，南京市提出打造数字出版名城，成立了国内首家城市数字出版行业组织。苏州市委市政府《苏州市推进苏南现代化示范区建设实施方案（2013—2020）》中提出重点推进苏州数字出版园区建设。

（二）发展思路日渐清晰。各园区坚持因地制宜，突出区域特色，以当地文化资源和技术经济优势为支撑，科学确定各园区功能定位和发展路径。南京市作为文化中心和中国软件名城，集中了全省大部分的书报刊出版资源和优势软件企业，在推进传统新闻出版融合发展的同时，积极打造"智慧教育"基地、手游出版运营基地。无锡动漫、影视、新媒体业发达，集聚了一批优势企业和优秀人才，以发展影视动漫、网络音视频等为重点。苏州园区重点打造网络游戏、电子书产业链。扬州园区是全球最大的电子纸生产基地，电子纸产量占据全球的90%以上，以发展电子纸和推进电子书包应用为重点。镇江园区重点围绕富媒体数字内容加工、数字教育、网络游戏等打造上下游产业链。

（三）运营机制逐步健全。南京、苏州、扬州园区按照现代企业制度成立了国有运营企业，作为基地运营商、企业服务商，实施基地规划、物理空间开发、服务平台建设和招商引智等工作。无锡园区由无锡报业集团联合高新区、梁溪区共同打造，镇江园区以企业为主体打造企业产业园。南京园区以雨花经济开发区28平方公里为建设核心区，已建成体验、展示、云计算"三中心"和数字文化社区，提供数字互动娱乐、数字图书馆、协同办公等服务。苏州园区创新A、B区双轮驱动模式，已有17万平方米物业空间交付使用。设立数字创新创业中心、网络游戏公共运营平台及版权工作站，完善了人才服务、游戏公共运营服务、金融服务、版权服务"四位一体"的服务平台。无锡新区软件园进一步提升"硬件"配套程度，吸引数字出版、网络视听规模企业入驻。

（四）集聚效应逐步显现。入驻数字出版相关企业中，有些是全国及省内外的行业龙头企业。如以传统出版数字化转型为重点的凤凰传媒，拥有10家专业数字出版企业，拥有华东地区最大的数据中心产业领域涉及教育、大众阅读、软件开发、游戏运营等，从业人员达到1300多人。开发数字化教材、教参、教辅近500个品种，年销售2100万套。凤凰优课、凤凰智慧课堂等数字化教学平台已在全省近300所中小学校近5000个班级使用。新华报业集团"交汇点新闻"用户数已突破600万，其中注册用户近三分之一。以电子纸制造为重点的川奇、立奇光电，EINK电子纸销量在国际市场占据90%以上的份额，被"亚马逊""索尼""盛大"等国内外知名公司采用。中国移动、中国电信游戏基地（咪咕互娱、炫彩互动）等行业龙头企业入驻，基地集聚效应进一步显现。其中中国移动手游基地已上线手机游戏超过3万款，月用户数1.8亿人。镇江睿泰数字产业园聚焦数字教育出版领域，已集聚数字教育出版上下游企业数十家，致力于打造国内最大的数字教育出版内容制作基地。江苏基地从内容提供、平台建设到终端服务，已逐步形成较为完整的产业链条和运营模式。

二、存在的问题

江苏国家数字出版基地建设取得了一定的进展，但也存在一些问题，主要体现在以下几个方面。

（一）产业结构不尽合理。数字内容产业比重偏低，精品数字内容缺乏。传统出版单位数字出版收入虽然增速较快，但占比较低。传统出版单位虽然拥有大量内容资源，但主流数字产品开发不足，难以满足广大人民群众多样化、个性化需求。

（二）龙头企业数量偏少。除了硬件制造商、技术提供商实力较为突出以外，以内容为核心的数字出版企业实力较弱，产值亿元以上规模企业数量偏少。

（三）政策扶持力度不够。政府推动基地发展方面可用手段不多，与部分省市相比，我省扶持基地建设的投入相对不足，对入驻企业的优惠政策力度也不够。

（四）统计存在缺陷。目前尚缺乏权威的数字出版业务分类，对数字出版企业的界定不够准确，造成基地招商、统计数据方面存在误差。

供稿：江苏省新闻出版广电局出版管理处　数字出版与网络视听节目管理处
执笔人：张明明　周庆梅

安徽省

● 音像电子与数字出版工作

一、音像电子出版工作

安徽省新闻出版广电局本年度共批复音像电子出版物选题301种，出版105种，选题实现率

34.88%。全年有9个项目入选《"十三五"国家重点图书、音像、电子出版物出版规划》,其中《复原遗失的中国古文明3D出版工程》入选了"十三五"国家重点出版规划十大骨干项目之一,《唱响中国梦》获国家出版基金和安徽省文化强省建设专项资金资助,《我的中国梦——奋斗的青春最美丽》获国家出版基金主题出版项目资助。安徽音像出版社的《淮河六章》获第六届"中华优秀出版物奖"正奖,时代新媒体出版社和安徽少年儿童出版社联合出版的《新大头儿子和小头爸爸(抓帧版第一辑、第二辑)》、安徽音像出版社的《大黄山》获第六届"中华优秀出版物奖"提名奖。

二、数字出版内容投送平台建设

一是传统出版优质内容资源初步得到集约利用,数字出版内容集聚、投送及营销能力得到提升。"时代出版在线""时代教育在线"等自主平台品牌效应初显,"时光流影平台"拥有注册用户500多万,App下载量320万;支持传统出版单位利用有品牌有影响力的第三方平台(例如天翼阅读、沃阅读、咪咕阅读、懒人听书、考拉FM、喜马拉雅等六家平台上线作品1000余部、时长达数万分钟的网络出版物,点击下载量达8000万次)推送网络出版物,将传统出版的专业采编优势和内容资源优势延伸到网络空间,扩大数字出版传播力和影响力,更好发挥舆论引导、思想传播和文化传承作用。

二是组织省内8家单位申报"十三五"全国布点的出版融合发展重点实验室、新闻出版业科技与标准重点实验室的申报工作。按照总局《关于申报出版融合发展重点实验室有关工作的通知》要求,组织省内5家出版单位进行试点申报;按照总局《关于开展首批新闻出版业科技与标准重点实验室申报工作的通知》要求,组织省内3家单位进行试点申报。总局最终确定两个重点实验室,即时代出版传媒股份有限公司作为依托单位入选出版融合发展重点实验室,时代新媒体出版社有限责任公司牵头的教育内容产品互联网传播与营销重点实验室入选首批新闻出版业科技与标准重点实验室。

三、游戏出版管理

贯彻《网络出版服务管理规定》,落实《关于移动游戏出版服务管理的通知》要求,规范游戏审核报批,把好游戏出版审核关。安徽省本年度向总局申报网络游戏出版审批共计58款,其中境外引进版3款。在由国家新闻出版广电总局主管、中国音像与数字出版协会主办的2016年度中国"游戏十强"盛典中,安徽出版的《诛仙》《青云志》《倚天屠龙记》获得2016年度十大最受欢迎原创移动网络游戏,《最终幻想:觉醒》获得2017年度十大最期待移动游戏。推荐申报2016年度优秀网络游戏9款,其中安徽新华电子音像出版社出版的《大头儿子大冒险》成功入选"中国原创游戏精品出版工程"。

四、基地建设工作

根据总局发布的《2016年新闻出版产业分析报告》,安徽国家数字出版基地2016年度营业收入在全国14家国家基地中继续排名第四位。基地荣获总局2016年度新闻出版产业基地(园区)工作优秀奖,安徽局被评为2016年度新闻出版产业基地工作优秀单位。目前,基地数字出版及相关产业集群效应正在显现，呈现出蓬勃发展的良好势头，已入驻数字出版及相关企业共161家，其中数字出版核心企业20家。

安徽局高度重视深圳文博会参展工作，拨出专款20万元，精心组织基地（合肥园区、芜湖园区）入驻企业参加第十二届中国（深圳）国际文化产业交易博览会数字出版展示交易会。基地展区设计新颖，充分运用声、光、电结合的方式，采取多种形式，精心展示了基地发展成果，赢得了国家新闻出版广电总局阎晓宏副局长等来宾的好评，被大会组委会授予优秀展示奖。

五、网络出版监测

一是成立"清朗"专项行动工作小组，把网络出版监管纳入局重点工作，通过集中专项治理，协调各方资源，形成监管合力。

二是局综合网络监管系统（包括网络出版监管系统）得以试运行，利用该系统加强对重点网站的监测，提高主动监管能力。根据历年监管工作积累的数据，对安徽省内涉及网络出版的网站进行梳理，筛选出155个网站（有网络出版资质的17家，无网络出版资质的138家），纳入局网络出版监管系统进行24小时实时监测，发现问题及时处理。

三是及时查处封堵政治性有害信息和淫秽色情网络出版物，落实专项行动计划。全年共收到国家新闻出版广电总局、省扫黄办及兄弟省份转办线索15批次，涉及39家网站，其中关闭注销了13家网站，封堵删除了600余个非法网络出版物。

六、做实做细具体工作

一是宣传贯彻《网络出版服务管理规定》，举办全省数字出版业务培训会。培训班邀请中国科技大学教授、江苏国家数字出版基地相关负责人等业内知名专家就数字出版专题授课。参与本次培训会的有来自各市、省直管县文化广电新闻出版局（文化委员会）相关负责人，全省网络出版服务单位的业务骨干，安徽国家数字出版基地合肥园区、芜湖园区部分相关企业的代表，以及各市、省直管县部分出版单位及网站负责人，共计100余人。

二是培育市场主体，做好政策咨询，帮助合肥乐堂动漫信息技术有限公司、安徽大学出版社等单位积极申报数字出版资质，推动安徽百舟互娱网络股份有限公司成功在新三板上市，为合肥掌悦网络科技有限公司收购事宜提供政策咨询。加强汇报联系沟通，及时完成上级部署的各项工作，积极组织合肥工业大学出版社等5家出版单位向总局、文化部申报转型升级融合发展项目5个；按照总局《关于开展新闻出版业数字化转型升级项目实施情况调查的通知》（新广出办发〔2016〕33号）要求，对省内相关项目定期开展核查。

三是为规范事中事后监管、推广双随机抽查，利用局建立的政务服务业务管理系统，就实行编辑责任制度、出版运营网络游戏等两项检查内容对全省17家网络出版服务单位随机抽取2家开展检查，采用信息化手段全程记录并公布检查情况，取得良好的检查效果。

四是针对行政审批中存在的循环证明问题，及时向总局反映汇报沟通，形成了《关于安徽经纶文化传媒股份有限公司〈互联网出版许可证〉变更事项的请示》上报总局数字出版司，在司里重视协调下，终于解决了多年影响该出版单位正常业务经营的许可证问题。

七、融合发展范例：时代教育在线

（一）项目简介

"时代教育在线 V2.0——电子书包应用服务云平台"由安徽教育网络出版有限公司打造，2015年7月10日正式上线，是安徽省内首个在线教育资源平台。其以"创新服务模式，共享教育资源"为建设目标，利用"云+端"技术打造"互联网+教育出版"，在服务区域级教育云平台的基础上实现信息互联互通，探索 B2B2C2B 的运营模式，为教育主管部门、学校提供教学资源数字出版与技术应用集成创新；利用移动互联网提供电子书包应用服务云平台，平台参建的安徽省基础教育资源应用平台，覆盖安徽省 16 个地市近 2 万所学校，初期已有 30 万教师和 15 万学生试用。

（二）项目产业化推广模式

在线教育产业利用互联网技术与传统教育相结合，依托平台搭建的数字教育个性化教育服务生态体系，通过创新的商业服务模式，吸引来自内容资源、教育服务和学习工具等方面的教育产品、第三方教育服务，再辅以传统出版在教育领域积累多年的营销渠道方面的优势。

1. 电子书包智慧课堂模式

开发一套基于翻转课堂的电子书包智慧课堂应用管理系统，贯穿课前、课中、课后"教"与"学"的全过程，为教师提供教学管理、资源交互、互动教学、教育研修等方面的深度应用，提高教学效果；为学生提供网络技术实现自主学习，建立实名制的网络学习空间；为家长提供教学信息服务，参与教学活动，随时掌握孩子的学习情况，形成电子书包智慧课堂模式。

2. "智慧校园"平台服务模式

实现信息互联互通，探索 B2B2C2B 的运营模式。具体结合教学应用场景，研究日常教学涉及的下在线作业、备课、微课、直播课堂、名师工作室等产品的具体应用模式，基于大数据、人工智能、云计算、物联网、移动互联等新兴信息技术打造"智慧校园"服务平台，形成基于互联网的学习服务平台模式。

3. 资源应用服务模式

数字资源的应用服务模式，依托"数字与新媒体出版产业技术创新战略联盟"，整合作者、出版社以及其他内容提供商的优质资源，逐步实现试题资源、碎片化资源、结构化资源、富媒体电子书资源等全媒体数字内容的的数字资源服务内容，构建出版数字资源管理、知识库管理（教育属性管理）、数字资源的在线"编校审"系统、电子商务系统等内容，解决数字教育出版产业链上的内容供需双方对接问题，为数字出版产业链上的各方提供完整的电子商务系统。

4. 线上线下结合的智慧教辅服务模式

通过对二维码、数字编码、VR/AR 等新媒体技术的研究，将拍照、扫描作为连接纸质教辅和数字化世界的入口，配套知识点的教学资源以音视频、图片、文本或其他类型的数字化形式展示到智能终端上，并融合用户数据分析、资源应用挖掘等大数据技术，实现对线下数据的线上获取，改变传统教辅发行缺乏用户数据分析的现状，为教辅出版社提供教辅数字内容增值服务，为学生提供基于知识点和课程体系的个性化的知识服务，形成线上线下结合的智慧教辅服务模式。

（三）项目产业化成果

"时代教育在线"为学校、老师和学生提供资源共享、信息互通的网络学习空间。2015年，安徽省教育厅已采购了数字素材库、人教数字校园、高三微课等资源，用于建设安徽基础教育资源应用平台。在与安徽省教育厅的共同推动下，已在合肥市青年路小学、宣城八中、宣城十二中等安徽省内295所试点中小学开展重点示范，累计为全省60余万名师生提供了精准的教育资源应用服务。同时，为芜湖智慧教育应用平台和马鞍山市教育资源公共服务平台提供了教育资源应用服务。

在全国新闻出版业网站年会暨新闻出版业互联网发展大会中上，"时代教育在线"荣获"新闻出版业网站百强"，"时代e博·智慧校园""时代教育在线·电子书包应用服务云平台"荣获"优秀互联网+创新项目"。

"时代教育在线"平台被全国信息技术标准化技术委员会秘书处、电子课本与电子书包标准专题组授予"全国电子课本与电子书包标准专题组优秀应用案例"。"'时代教育在线'中小学教育资源应用服务平台"入选"安徽省互联网文化信息消费创新应用示范项目"。

供稿：安徽省新闻出版局广电局出版管理处　数字出版处
执笔人：汤坦　莫国富

福建省

一、2016年福建音像电子出版概况

（一）基本概况

2016年，福建省共有9家音像电子出版单位：持有音像制品、电子出版物2种出版许可的单位有2家（海峡世纪（福建）影视文化有限公司、福建电子音像出版社有限责任公司）；仅持有音像制品出版许可的单位有3家（福建文艺音像出版社有限责任公司、福建教育音像出版社有限责任公司、厦门文广影音有限公司）；仅持有电子出版物出版许可的单位有4家（厦门大学电子出版社有限责任公司、福建教育出版社有限责任公司、福建科学技术出版社有限责任公司、福建鹭江出版社有限责任公司）。

2016年福建9家音像电子出版社共出版音像电子132种，同比2015年102种上升22.72%，总盘（张）数296461，比2015年236408盘（张）上升20.26%，合计总码洋数1474.16万元，比2015年1409.4万元上升4.39%，销售码洋数88440.02万元，比2015年82070.43万元上升7.2%，利润148.301万元，比2015年85.63万元上升42.26%。

（二）版块特色

2016年，福建省出版音像电子内容特色主要有：1.在主题出版方面，有纪念中国共产党成立95

周年而重排的京剧《红灯记》《少年林白水》《希望使命》等；2.在宣传福建海上丝绸之路的历史人文优势方面，有厦门大学电子社的《"一带一路"研究系列知识服务》，通过运用厦门大学图书馆海疆学术资料，反映历史上相关国家及地区合作共赢发展和"一带一路"战略实施以及南海问题、台湾研究、东南亚华侨华人研究等主题；3.在反映福建特色的地方戏代表性剧种和代表性传承人，宣传多姿多彩的福建戏曲文化方面，有《福建非物质文化遗产传承人大系·2016》（福建省文艺音像社）《非遗瑰宝芗剧名段赏析》（厦门文广影音公司）等；4.在挖掘整理福建名人佳作，宣传福建文化方面，有海峡世纪公司的《张元幹》，厦门文广影音公司的《文学是人学：林兴宅》《音乐家吴火荣》等；5.在教育题材方面，力求增强个性服务，如福建教育音像社的《中学物理教学视频资料片》《高中化学教学资料片》系列，从学生需求出发，激发学生学习热情，化解学习难点。厦门文广影音公司的《闽南话水平测试：词汇与朗读》，按照《厦门市闽南话水平测试大纲》和测试方案要求制作，学习闽南话等。

（三）获奖情况：

2016年，福建有2个项目入选总局"十三五"出版规划，一是厦门大学电子出版社《海疆学术资料馆数字化知识服务》（电子），二是厦门文广影音公司《世界闽南语音视频数据库》（音像），该项目还被总局列入"十三五"音像制品出版规划"骨干工程"（全国20项）。

2016年2月，福建有3种音像出版物获第五届中华优秀出版物奖：厦门文广影音有限公司的《百年歌仔戏两岸不老情——邵江海口述历史》获"音像电子游戏奖"，海峡世纪（福建）影视文化有限公司《守望》、厦门文广影音有限公司的《千载南音》获"音像电子游戏出版物奖提名奖"。

2016年6月，福建电子音像社《阿福寻规记》被总局列入2016年（总第十三届）向全国青少年推荐百种优秀出版物。

2016年7月，福建2家音像电子出版单位7种音像电子出版物入选总局"2016年农家书屋重点出版物推荐目录"，福建电子音像出版社有限责任公司5种：《学生安全自救宝典》《龟兔赛跑》《孔融让梨》《狼来了》《谢谢小猴子》；海峡世纪（福建）影视文化有限公司2种，《抗战奇兵》和《劳动维权案例与实务》。

二、2016年福建数字出版概况

2016年，福建省持有《网络出版服务许可证》的企业共有19家，同比增长11.8%；实现营业收入58亿元，同比增长28%；资产总额96亿元，同比增长29%；从业人员8206人，同比增长3%。

（一）持续探索，加快推进数字化转型升级工作

积极探索加快推动传统出版单位数字化转型，鼓励引导作为全国第一批转型升级示范单位的海峡出版发行集团革新理念，以互联网思维建构转型的目标层次、总体思路、重要支撑、核心环节及重点项目。海峡出版发行集团着力在具有较大共性的基础数据加工服务、存储服务、全媒体生产及发布流程构建服务以及信息化管理等方面，集结资源构建全媒体内容资源管理平台，转型升级工作进展顺利。积极鼓励我省传统出版单位设立市场化的数字出版公司，鼓励运用数字和网络等新技术、新材料、新工艺促进我省印刷产业转型升级。

（二）提升服务，做好网络出版行政审批工作

认真做好设立网络出版服务单位的审核转报工作，严格审核材料，及时上报总局审批，2016年以来共向总局报送从事网络出版服务申请7件；继续做好网络游戏审核转报工作，在严格审查材料的完备性、准确性的基础上，注重提高工作效率，提升服务水平。2016年共向总局申报网络游戏出版105件，同比增长4倍。其中，按申报类别计，网页游戏3件、移动游戏102件；按著作权人类别计，国产游戏104件、境外著作权人授权的游戏1件。对于入驻海峡国家数字出版产业基地的数字出版企业，我局还开辟了绿色通道，提高网络出版行政审批效率，着力提供优质服务。

（三）强化引导，大力推动网络出版精品创作

不断加大对数字出版产业的扶持力度，支持数字出版企业重点发展网络游戏、网络图书、网络期刊、网络报纸、网络文学、网络教育、网络动漫等业务。积极引导网络出版持证机构坚持正确导向，强化自律自审，推动优秀作品的创作。组织开展了第四届中国出版政府奖推荐评选工作，向总局申报了2部优秀游戏；积极开展了"中国原创游戏精品出版工程"申报工作，向总局推荐上报了5部精品游戏；部署开展了2016年优秀网络文学原创作品推介申报工作，向总局推荐上报了19部网络文学原创作品。在我局的积极扶持和引导下，我省数字出版产业规模不断增加，龙头企业不断壮大，产品竞争力不断增强。厦门雷霆网络科技有限公司获2016年度中国游戏十强"中国十大新锐游戏企业"，飞鱼科技获2016年度"中国十大游戏研发商"，4399手机游戏网获2016年度"中国十大游戏媒体"，4399游戏网获2016年度"中国十大网页游戏运营平台"。

（四）加大力量，进一步做好网络出版监管工作

加强与持证机构的联系，及时将网络出版舆情动态和管理政策、相关工作要求等传达发布至各持证机构；督促指导持证机构进一步健全完善内容审核责任制、编辑审核责任制、网络安全管理制度、网络安全应急预案等体制机制，严格执行网络出版内容审读鉴定和先审后发制度，落实网络出版审读主体责任，确保网络出版物的导向和质量。强化重大时期、重要节点的持证机构监管工作，对我省持证机构进行了安全巡查，确保了重大时期、重要节点的网络安全。高度重视游戏出版运营的质量监测和监督管理工作，我局委托并督促福建省出版物监测与研究中心认真做好属地内经批准上线运营的移动游戏产品运营后监测工作，重点对游戏作品的导向、格调及内容等进行监测。做好全省持证机构"双随机"抽查监管工作，2016年抽取了2家持证机构进行网络巡查，经检查无违法违规单位。

三、2016年海峡国家数字出版产业基地发展概况

（一）基地基本概况

海峡国家数字出版产业基地以福州和厦门为中心，以平潭综合实验区为延伸，采用"园中园"模式，依托福州软件园、厦门软件园和海西创意谷三大区块，重点发展动漫游戏、在线教育、数字阅读、影视服务等业务板块。基地按照"两圈、一带、一延伸"格局规划建设。"两圈"指以福州

数字出版产业圈和厦门数字出版产业圈为主要产业集聚地，打造数字出版产业集群核心区。"一带"指以"两圈"为基点，构筑福州、莆田、泉州、厦门、漳州印刷园区及高新技术园区沿海数字出版产业带。"一延伸"指利用平潭综合实验区的特色和优势，推进两岸出版文化创意产业对接和发展。

福州园区规划面积2平方公里，总建筑面积达160多万平方米，研发面积100万平方米。2016年园区实现技工贸总收入518亿元，同比增长20%，上缴税收15亿元，同比增长15%，汇聚企业510家，产值超亿元42家，超千万的141家。在数字出版方面，园区先后完成动漫一期、二期建设，总投资超过6亿元，总占地面积13.27万平方米，总建筑面积超过20万平方米。重点围绕动漫创作、游戏开发、数字教育、数字阅读、影视服务等领域进行培育。

厦门园区包括软件园孵化基地（一期）、软件园产业基地（二期）和软件园三期，重点推进大数据信息安全、动漫游戏、电子商务、智慧城市及行业应用、集成电路和移动互联六大产业发展，总规划建筑面积达1030万平方米。2016年度厦门软件园一期、二期、三期实现总销售收入701亿元，同比增长20%。软件园产业基地（二期）以发展动漫游戏产业为主，动漫游戏区建筑面积14万平方米，拥有国际一流的动作捕捉摄影棚、动漫作品观摩室等配套设施。软件园三期总规划面积12平方公里，其中动漫教育产业基地4.5平方公里，总建筑面积170万平方米，总投资100亿。规划容纳1000家企业，重点发展动漫游戏、数字内容、视觉产业、新媒体出版等新兴产业。

海西创意谷是网龙公司重点打造的涵盖网络游戏、动漫文创、在线教育等业态，面向全球市场的动漫研发、无线互联技术以及在线教育、创意学院等相互链接产学研一体的创意产业集群，总体用地1700亩，建筑面积25万平方米，现已完成投资25亿元人民币。园区重点发展VR产业，网龙公司整合全球资源，积极将VR、AR技术应用于游戏、教育、家居等业务领域，构建集软件研发、硬件生产、内容资源共享、人才培训、应用体验等为一体的VR生态圈，打造面向全球的"中国·福建VR产业基地"。

（二）基地数字出版产业发展情况

1. 产业集聚效应显现

据统计，2016年海峡国家数字出版产业基地数字出版产业总产值近150亿元。其中福州园区（含海西创意谷）2016年实现总收入49.8亿元，上缴税收2.18亿元，入驻数字出版相关企业52家，其中超亿元企业8家，汇聚软件编程、动漫制作、电影编剧等各类从业人员约5200人；厦门园区动漫游戏等相关产业总产值近百亿元，年收入超亿元的企业有13家，通过国家动漫企业认定的有25家。园区内具有互联网出版资质企业10家，2016年营业收入合计40.5亿元，同比增长33.5%，利润总额9.2亿元，同比增长53.1%。海峡国家数字出版产业基地已经成为我省数字出版产业的主要聚集区。

2. 龙头企业日益增强

园区拥有16家上市挂牌企业，其中网龙、吉比特、飞鱼科技、美图、美亚柏科等5家数字出版相关企业在主板上市，股票市值超800亿元；11家动漫游戏企业成功挂牌新三板。福州园区形成了以网龙、福昕软件等为代表的数字出版产业集群和以世纪长龙、天之谷动漫、零一动漫等为代表的影视动漫产业聚集区。其中，网龙公司三年荣膺"国家文化企业30强"、国家文化出口重点企业、中国十大海外拓展游戏企业等近百项荣誉；福昕软件pdf阅读器目前市场占有率全球第二；世纪长龙跻身2016民营电影公司发行权力榜第八，并与好莱坞六大电影制作公司建立合作关系。厦门园区入驻了4399、美图、飞鱼科技、咪咕动漫、天翼爱动漫等优秀企业。厦门雷霆网络科技有限公司获 2016 年度中国十大新锐游戏企业，飞鱼科技获 2016 年度中国十大游戏研发商，翔通动漫入选"中国动漫十大名片企业"，是中国拥有版权形象最多的公司。

3. 产品竞争力不断提升

网络游戏方面。2016 年我局共审核上报网络游戏 105 部，同比增长 4 倍。移动游戏《保卫萝卜 3》《地下城堡》入选 2016 年度"中国原创游戏精品出版工程"（全国共 30 款游戏获奖），《问道》《英雄之境》分别获第六届中华优秀出版物（音像电子游戏出版物）奖（全国游戏类获奖作品共 2 个）和提名奖（全国游戏类提名作品共 5 个）。网龙旗下共有《魔域》《疯狂部落》等自主研发的网游、手游产品近 80 个，主打产品《魔域》占有国内同类网络游戏 11.3% 的市场份额，位居国内前三；吉比特的手游《问道》自 2016 年 4 月上线至 2016 年底，累计用户数超 1200 万，收入超 10 亿元，居 2016 年中国移动游戏收入榜第五位；飞鱼科技网页游戏《神仙道》注册玩家超 2.3 亿，游戏总产值达 31 亿元，塔防类游戏《保卫萝卜》系列月活跃用户量达 4300 万，位居国内塔防类游戏之首，总产值达 4.54 亿元。

影视动漫产业方面。福州园区将影视动漫产业作为发展重点。截至 2016 年底，园区企业共创作原创动画作品累计达 225 部 79767.64 分钟，其中 2016 年共创作出原创动画作品 18 部 8529.37 分钟。《功夫鸡》《土豆侠》《山不在高》《阿福寻规记》等 17 部动画作品被国家新闻出版广电总局推荐为国产优秀动画片，在全国形成了一定的品牌影响力。世纪长龙参与制作发行的电影《盗墓笔记》累计票房已达 10 亿元；天之谷制作的《土豆侠》系列动画在过去三年间创下了 5 亿次的点击量，并启动"土豆侠大电影"项目；零一动漫《功夫鸡》搜狐、爱奇艺网路点击率达 8 亿人次。厦门园区连续举办 8 届"厦门国际动漫节"，成为国内极负盛名与影响力的动漫盛会。截至 2016 年底，共有 151 家动漫企业通过厦门市级动漫企业认定。大拇哥动漫的原创动画《小瑞与大魔王》入选"2016 年国家动漫品牌建设和保护计划"；咪咕动漫运营的原创作品《黑海新娘》和《诸神的紫菜包饭（有声漫画）》分别在第五届国际原创动漫大赛荣获"最佳漫画提名奖"和"评委会特别奖"。

数字信息服务方面。重点发展面向移动终端开发的软件产品和信息技术服务。福昕软件、美图等成长为各自细分领域的明星企业。福昕软件的数字出版解决方案以 PDF 为载体，可以为拥有大量电子文档又需要安全分发的报社、出版社和内容提供商等单位在数字内容传播、数字出版、移动阅读和电子文档安全分发与使用等多方面提供数字刊物生成、共享审阅、编辑、修改及可靠的安全保障。福昕阅读器（Foxit Reader）在全球范围已拥有 4.27 亿用户，成为仅次于 Adobe 的全球第二大 PDF 厂商，2016 年出口总额达 1.6 亿元，"Foxit"也是中国为数不多的具有全球影响力和竞争力的国际软件知名品牌。美图公司研发了美图秀秀、美颜相机、BeautyPlus（美颜相机海外版）、潮自拍、美妆相机、美拍、美图手机等一系列软硬件产品，并通过美拍的手机直播 + 原创视频业务进入网络视听服务市场。截至 2016 年底，美图的影像及社区应用矩阵已在全球 11 亿台独立设备上激活，月活跃用户总数 4.5 亿。根据 App Annie 数据统计，美图在 2014 年 6 月至 2017 年 1 月间跻身全球前八位 iOS 非游戏应用开发商之列。

在线教育和 VR 产业方面。网龙公司收购了智能语音技术公司驰声科技和全球互动教学技术市场领导品牌普罗米修斯，加速教育产业全球布局，目前公司教育业务覆盖全球 150 多个国家的 130 万间教室。公司推出的全球首款 K12 教育平板 101 同学派、机器人教师、开放的教育云平台、全球顶尖的教育资源库等，形成"网龙 101 智慧教室"解决方案。根据销售合同，项目产品将在 14 个省或直辖市的 400 所学校 5000 间教室落地教学实践。福建大娱号信息科技公司建设虚拟教室、虚拟实验室等场景来模拟现实情境，针对 K12 教育体系、素质教育、STEAM 创客教育、高等教育及职业教育等提供定制化解决方案。作为中国·福建VR产业基地的重要发起者和参与者，网龙建成了目前全球最大的VR体验中心，推出了全球第一个包含大量3D素材的教育性DIY VR编辑软件——VR编辑器，通过VR产业开放平台，为个人和企业开发者提供VR全产业链支持，开发出101创想世界、VR沉浸教室、VR红色教育、VR禁毒教育、VR中医针灸、幻想时代街机平台、AR导航、MR（混合现实）等应用。

（三）基地管理服务的有关举措

1. 积极主动作为，加强政策扶持引导

福建省高度重视并大力扶持数字出版产业发展。2015年福建省政府出台的《关于加快互联网经济发展十条措施》将数字出版在内的文创媒体列为八个发展重点之一。福建省新闻出版广电局作为数字出版内容行业主管部门，主动作为、精准服务，积极引导网络文艺创作，加强网络原创内容的审核把关。福州市、厦门市也相应出台地方性保障措施和扶持政策。比如，《福州市动漫游戏产业发展扶持奖励办法》《厦门市动漫产业发展资金管理暂行办法》等，为数字出版产业发展提供政策支持。福州园区积极主动承接福州市文改办的相关工作，落实动漫游戏扶持资金，截至2016年底，已累计奖励动漫企业281家次，共兑现动漫扶持政策资金1.1亿元，其中2016年已落实政策资金735.7万元。厦门园区通过对动漫游戏企业在人才招聘、办公场所租赁、原创游戏上线运营、参加展会、获奖等方面进行补贴，2016年度共安排扶持资金超1000万元。

2. 突出精准服务，构建全方位公共服务体系

人才服务方面。福州园区通过博士后科研工作站、研究生工作总站吸引高层次人才，通过实施IT寻才计划、IT培训联盟等形式招揽培养各类人才，同时配套建设人才公寓、引进名校、美化宜居环境等方式留住人才。海西创意谷正在加快推进福建软件职业技术学院建设，设立全国首个VR专业技术培训基地，建立VR人才培养输送链。厦门园区通过对企业新招动漫游戏类人才提供资金补贴和廉租公寓等形式，为园区企业招聘人才、留住人才提供支持和保障。

资本服务方面。福建省局先后组织举办了企业上市挂牌培训班、重点项目和文投基金对接会，为基地相关企业和重点项目搭建投融资服务平台。福州园区联合3W基金、泽厚资本等股权和创投机构成立基金联盟，基金规模已超3亿元；2016年底启动"福州软件园基金大厦"项目，计划3年内引进或孵化投资类企业30家，基金管理规模达到50亿；通过举办海峡两岸信息服务创新大赛开展与创投机构合作，每年评估和筛选近3000个项目。厦门园区以厦门信息高新产业发展基金、二次元产业基金等多支基金，撬动国家和社会资本融入园区创新创业，围绕初创企业、二次创业企业，通过"回购贷""过桥贷""加成贷"等多种融资模式，为产业企业迅速成长提供全周期、全方位的金融服务；园区每月第一周周二的下午3点举办"123对接会"，组织全国知名投资机构、金融服务机构、行业大咖对接创新创业投融资项目，两年时间内，寻求融资的创新项目超600个，参与的投融资机构近百家，获得投融资款约1.4亿元；园区引进3W、优客工厂等国内顶级孵化器，举办"创客嘉年华"活动，打造国家级众创空间6家、省级众创空间13家、市级众创空间63家，国家级双创基地3家，共500个团队。

技术服务方面。福州园区引进华为云创服务中心，帮助数字出版企业提升开发效率和竞争力，将让软件开发更加简单高效，丰富产品形态。厦门园区以"政府引导、企业共建"思路，建设了数字媒体技术服务平台、软件公共技术支持服务平台、厦门超级计算中心、集成电路公共技术服务平

台等顶尖的公共技术服务平台，为园区企业提供低成本、高水平的公共技术服务。

产业发展服务方面。福州园区定期举办"五凤论见"沙龙活动，组织行业主管部门和园区内外企业、高校、行业组织参与，每期选取一个各方关注的话题展开探讨，向政府建言献策，为企业排忧解难，成为连接政府、企业、研究机构的沟通交流平台，现已举办29期，其中动漫游戏、数字出版等相关活动6期。厦门园区组织设立园区发展战略咨询委员会，由园区内重点企业负责人组成，定期共谋共商园区产业发展、政策建议、企业协作等事宜；同时组织设立园区事务协商委员会，为园区日常管理事务提供意见和建议。

3. 突出海峡特色，加强闽台两岸交流合作

福州园区联合台北市电脑公会、台商协会等专业服务机构建设台湾青年创业基地，为两岸创业青年提供技术支撑、资本对接、市场推广等专业服务，基地现有台湾创意萝卜、台湾五花马、数位宅妆等入孵项目36个，其中台资企业10家、创业项目6个、吸纳台湾创业人数30余人；汇聚两岸智力资源成立创业导师专委会，共同为企业提供创业辅导、技术攻关、项目论证等服务；海峡两岸信息服务创新大赛辐射到台湾35所院校，覆盖人群超过20万人。厦门园区通过台湾中华软协、青创会、台湾文创协会、台湾云端协会等20余个协会推介招商、招展，园区现有台资企业53家，众创团队86个，2016年台资企业实现营业收入4.8亿元，代表企业包括元顺微电子、西基动画等。通过连续5年承办"两岸职工技能大赛"和"百名台湾创客大陆行活动"等活动，促进两岸产业交流，积极引导台湾创业青年落户厦门。

供稿：福建省新闻出版广电局出版管理处
执笔人：林薇　李静　王威

山东省

● 数字出版工作

一、数字基地

目前，山东共有4家数字出版基地，其中国家级1家，省级3家，介入数字出版的单位千余家，全省数字出版年产值100多亿元。青岛国家数字出版产业基地以移动阅读和多终端、多入口、多媒体传播平台为基础，深入推进《青岛出版集团出版物国际数字传播平台》《青岛出版传媒并购悦读纪公司》《e-Learning（易乐宁）云课堂系统》等国家新闻出版改革发展项目库入库项目建设，实现数字产业生产总值30亿元。山东省（潍坊）数字出版基地吸引北大青鸟华光、山东泰岳兄弟影视、山东荣景教育等80余家企业入驻，创建中国首家个人动漫在线社交平台，实现即时社交、内容供应、信息采集、版权开发等于一体。山东省（威海）数字出版基地"数字出版整理解决方案"成功实现市场转化，已有120家出版社通过"三个一百工程"使用该方案；与教育部就业指导中心共同启动的"全国高校就业指导课程特色教材课题"项目已与35家高校合作特色教材出版，累计出版图书

10万余册。山东省（济南）数字出版基地积极参与山东新闻出版广播影视产业项目库入库项目，2016年新增就业600人。中国石油大学出版社有限公司黄岛数字出版园区的六大数字产品工程（电子书、数据库、资源库、微课、App、影视动漫），"新蓝"职业教育与技能培训网建设完成并投入运行，共制作完成各类电子书4000余种。

二、平台建设

2016年5月，总局批准齐鲁电子音像出版社获得网络出版服务许可证。截至目前，山东共有22家出版单位获得互网络出版许可资质。一大批新闻出版单位积极开展网络出版业务，形成了"青岛微书城"移动阅读平台、新文学中文网等多个数字出版特色产品项目，传统出版与新兴出版融合发展提速明显，社会影响力不断扩大。大众网全年收入2.58亿，比上年增长33.2%，网站综合实力继续保持全国省级重点新闻网站前三位，并入选中国报业十大最具影响力城市门户网站。潍坊北大青鸟华光照排有限公司建设山东云计算版权登记交易平台提供版权登记授权、电子商务、数字版权交易三大服务，累计登记版权作品2000余件，涉及书画、核雕、剪纸、戏剧、电影等众多题材。

三、示范项目

今年，共有山东大众报业（集团）有限公司的《山东手机报移动媒体融合平台建设》、山东出版集团有限公司的《中国近现代绘画名家影像数据库》、山东新华书店集团有限公司的《数据分析软件开发》等7个数字出版项目入选国家新闻出版改革发展项目库。截至目前，山东入选国家新闻出版改革发展项目库的数字出版项目已达38个，占2010年以来山东入库数量的68%。

四、科技创新

山东友谊出版社的"国际出版及版权传播营销标准研究实验室"入选首批新闻出版业科技与标准重点实验室名单。山东斯麦尔数字出版技术有限公司、潍坊北大青鸟华光照排有限公司入选新闻出版业数字化转型升级软件技术服务商名单。济南出版社入选2017年度"文化与科技融合转型升级装备项目"名单。

五、数字调查

为全面掌握山东数字出版总体情况，研究制订保障措施，4月份，下发《关于开展全省数字出版情况调查的通知》，调查范围涵盖山东数字出版单位的人员构成、经营状况、基础建设、重点项目、人才建设等方面，努力为促进数字出版产业更好更快发展提供科学依据。

六、数字阅读

山东高度重视数字阅读工作，逐年加大投入力度，在图书馆、书城、书店、书屋、书吧等阅读场所，配置内容、查询、服务于一体的数字阅读设备，进一步完善了省、市、县、乡、村五级数字阅读服务网络，丰富了广大群众阅读体验。济南市图书馆开展"纸质文献、电子文献、声像文献"立体式服务，实现馆藏、阅览、外借、参考咨询"四合一"。日照市投资3.5亿元，建成藏量135万册的现代化图书馆，满足群众多层次阅读需求。济宁市开通全省首家电视图书馆，利用广电网络线路优势，馆藏电子图书、视频资源实时发布，为图书馆打造7×24小时宣传平台。"青岛市市南区图书馆云阅系统"将公共图书馆服务渠道、"啡阅青岛"图书馆项目两大线下资源整合起来，形成"三环闭合、互联互通、辐射全域"的数字阅读服务体系，填补了公共图书馆的服务空白。泰安市宁阳县建成山东首个县级全民阅读公共服务交互式、全媒体平台，实现在线读书看报、借书购书、观看视频、互动交流，体验全方位阅读文化，为推进山东全民数字阅读进行了有益探索，在全国范围内具有创新示范意义。目前，全省共建立了72000余个农家书屋、2000余个职工书屋、3000余个社区书屋，为数字阅读活动的开展提供了服务保障。

七、产业监管

按照省委巡视组整改落实方案要求，积极探索网络出版监管的有效方式，通过前移监督关口，建立长效动态监管机制，及早发现和纠正苗头性、倾向性问题，加强网络出版行为监督检查。积极配合总局开展监督检查工作，对1起政治性有害网络出版物《天地翻覆——中国文化大革命历史》进行了及时查封，全面净化山东互联网和手机出版环境，确保全省互联网出版业健康发展。

八、融合发展范例：青岛出版社有限公司

青岛出版集团是2009年3月由青岛出版社整体转企改制设立的国有独资公司，集图书、报纸、期刊、电子、音像、网络、影视于一体，覆盖出版全产业链、具有城市特色的出版传媒集团。

（一）数字化转型升级工作情况

1. 发挥内容优势，创新内容生产和服务

在媒体融合方面，集团依托版权资产优势，加快推进传统媒体与新兴媒体在内容、渠道、平台、经营、管理等方面深度融合发展。2016年，通过层层路演，选拔了VR、有声读物、内容深度开发等3个新媒体项目进行创业孵化，并实现了团队在创业公司持股；同年，投资1亿元成立城市传媒影视公司，延伸IP产业链条，拓展影视项目投资制作业务，公司成立一年来，已投资拍摄6部作品，其中电影纪录片《根据地》荣获多个国家、省级奖项；2017年，智慧书亭项目打通线下图书借阅服务与线上数字阅读服务，已被列为青岛市市办实事，正在青岛地铁渠道、商务楼宇、高端社区落地。

2. 运用网络、VR等技术，推进新产品研发

在新产品研发方面，集团组建专门的移动新媒体部门，着力移动互联网、虚拟现实等新兴技术与传统出版业务的融合发展。自主研发"青岛微书城"移动电商平台、"人文中国"移动影像传播平台、"快扫"富媒体阅读平台、"加分宝"语音学习平台、山东地方戏曲曲种、剧种融媒体发布平台，以及"VR阅读和教育平台"，着力以新兴技术引领出版融合发展，努力推进从传统出版单一服务形态，向多元产品、多元服务的新型出版服务机构转型。

"青岛微书城"移动电商平台为自主开发和运营的电商平台，可横跨微信和支付宝两大流量平台，实现营销、粉丝、数据等自主积累和深度挖掘；"人文中国"移动影像传播平台把人文艺术出版物优质影像资源迁移到移动互联网平台，实现22个国家和地区的用户辐射，也逐渐探索内容传播和电商导流的运营模式；"快扫"富媒体阅读平台，核心技术获得国家知识产权局计算机软件著作权证书，在教育、少儿、美食等多系列出版物上融合使用，由此合作开发的最高法"看法"App，实现与权威法律图书的多媒体融合互动；"加分宝"语音学习平台，基于教辅学习图书，较好地实现了学生读者到移动互联网用户的转化、互动和服务；"VR阅读和教育示范平台"体现从传统出版向立体产品服务的转型升级，虚拟现实技术依托版权教育和人文资源，整合多媒体形态，实现对教育和公共文化服务的深度服务。

3. 建设复合文化场所，构建线上线下内容服务体系

在文化服务网点建设方面，集团抓住消费升级的大趋势，积极推进业态转型，大型文化综合体与体验式、嵌入式的主题书店星罗棋布。青岛书城作为首个试点，完成了以"城市书房""城市课堂"为主基调的业态布局调整，实现了从功能单一的图书卖场到以阅读为主题的复合型文化消费中心的初步转型；投资10亿元在西海岸建设的省内最大的文化综合体也将于今年年底前投入使用。主题书店方面，集团打造了全省首家24小时书店明阅岛和全国首家美食书店BCmix，相继开设"青岛书房""涵泳书店"等新型复合阅读空间，创新了图书零售业态的商业运营模式；创建了"朗读者""领读100天"等阅读品牌，搭建了"智慧书亭""爱享读"等全民阅读服务载体，成立了青岛全民阅读研究院，初步建成全民阅读服务体系。

2016年9月，集团旗下城市传媒与京东达成战略合作共识，建立长期的全面战略合作伙伴关系，在"第四次零售革命"背景下，双方优势资源互补，在技术、平台、市场、渠道、媒体、图书等方面开展深入合作，共同打造"复合型文化消费生活空间"。

4. 报刊融合转型，加快媒体新旧增长动能转换

在报刊融合转型方面，集团所属报刊进一步借助互联网等政策和市场优势，加速转型，探索新的发展方式，重点突破从财经信息发布到城市财经服务的路径转型。

财经日报加快推进深度融合和立体发展战略，在流程再造、产品创新、人才支撑上有更大突破，初步形成以政务、民生大数据应用开发，中国（青岛）新媒体基地项目运营管理，报网深度融合的产业新格局，保持财经新闻媒体的专业优势，构建新型特色媒体。商周刊做好主刊的基础上，继续聚焦东亚海洋合作平台黄岛论坛、蓝色大讲堂等重点活动，并以青岛海峡两岸文化创意产业园等大项目为抓手拓展机遇。

其中，中国（青岛）新媒体基地目前已经有青岛市大数据发展促进会、青岛市网络新媒体协会、夏衍电影学会青岛研究院等项目开始入驻。

5. 融合发展盈利模式初步成形，效果逐渐显现

青岛出版集团融合发展正在积极探索成熟的盈利模式，着力依托版权资源优势、营销渠道优势，以新技术、新媒体再造产品新形态、服务新价值。

主要的构建路径主要分两类：一是2C。像电子书、有声书、微书城等产品和平台，直接面向移动互联网用户服务，传统出版物结合新技术形成新产品，直接在新渠道销售和服务，直接产生服务C端的价值、获得C端的营收。包括小说类电子书、少儿类有声书，已经在持续产生可观的收入，正在形成稳定增长的盈利模式。二是2B。像"青云在线"数字教育项目、"云课堂"电子书包项目、

"VR教育"和"VR阅读"项目，直接服务中小学校、服务教育教学、服务文化服务，在通过B端提供创新产品和创新服务的过程中，正在形成快速增长的盈利模式。当然，在依托传统出版优势拓展全新增长极和全新盈利模式的同时，新兴出版、融合出现、融合服务也对传统出版形成了丰富、补充和强化，形成"大出版""新出版"的全新品牌、全新实力和综合价值。

（二）主要商业模式

1. 在媒体融合方面，集团依托版权资产优势，2016年，通过层层路演，选拔了VR、有声读物、内容深度开发等3个新媒体项目进行创业孵化，通过VR教育服务、数字产品内容订阅销售、数字产品渠道广告置入、数字产品代加工等方式建立了运行良好的商业模式。

2. 渠道建设方面，集团与当当、京东、淘宝合作的网络旗舰店，2016年回款实洋超过5000万元；集团自主研发及运营的"青岛微书城"移动电商平台，横跨微信和支付宝两大流量平台，在进行网上销售的同时，实现营销、粉丝、数据等自主积累和深度挖掘。

3. 在知识服务方面，集团积极推进业态转型，大型文化综合体与体验式、嵌入式的主题书店星罗棋布。青岛书城作为首个试点，完成了以"城市书房""城市课堂"为主基调的业态布局调整，实现稳定收益。

4. 集团与国内领先数字出版公司合作，主导的青岛、淄博、聊城等地的数字教育项目也已形成良好的商业模式，实现稳定收益。

供稿：山东省新闻出版局广电局出版管理处

执笔人：王艳

湖北省

● 数字出版工作

一、落实"两个责任"，不断强化政治思想建设、队伍制度建设，强基础、固根本，促发展

一是成立处室党支部。选举产生支委，扎实开展党费清缴，扎实开展支部组织生活和主题活动。处室围绕"两学一做"专题学习教育，围绕习总书记系列重要讲话精神，围绕党的十八届六中全会，围绕省委巡视整改要求，多次集中组织开展了集体学习和专题教育，讲党课、写心得、谈体会，进一步强化了"四个意识"，落实"两个责任"，管党治党要求得到认真落实，提高了思想认识，严肃了工作纪律，改善了工作作风，提高了工作效能。

二是高度重视扶贫工作。大力推进精准扶贫，多次深入走访扶贫对象，掌握第一手资料，分析致贫原因，制定了"一户一策"扶贫计划，持续开展帮扶慰问活动。

三是扎实开展巡视整改。根据省委巡视整改要求，不断提升网络出版引导能力。加强制度建设，

依据《出版管理条例》《网络出版服务管理规定》等相关法律法规，结合实际，组织起草《湖北省网络出版管理办法》。加快华中国家数字出版基地等重大工程项目建设推进。修订完善各项制度，《湖北数字出版专项资金管理暂行办法》修订工作已完成了局内审批和省财政厅审核。

二、强化导向监管，巩固互联网宣传舆论阵地，满足人民群众不断增长的网络精神文化需求

一是在数字出版专项资金分配中，将数字出版项目的内容质量放到项目评选更加突出的位置，积极扶持"中国长篇历史小说全媒体出版"等一批内容质量上乘，社会反响强烈的数字出版精品力作。

二是8.20网络文学精品工程今年全面启动，通过荆楚网、长江中文网、传奇中文网等省内主要文学网站征集优秀申报作品，邀请知名专家对申报作品审读，根据专家审读意见，会同出版管理处、报刊处、审读中心评选出《周国平散文精选》（听书）等20部2016年度网络文学精品工程。

三是着力打造精品力作。评审推荐湖北长江传媒数字公司等2家单位的12部网络文学作品参加总局2016年优秀网络文学原创作品推介活动。评审推荐《数独》等12种游戏作品参评"2016年中国原创游戏精品出版工程"。

三、规范互联网出版秩序，净化网络空间

一是体制机制不断完善。逐步摸索建立一套以日常监管、发现问题、取证上报、依规处罚、结果反馈5个环节为重心的工作机制。建立完善监管日报制度，积极与兄弟省份和上级主管部门开展业务研讨，充分交流工作经验，不断完善与总局、省网信办、省通信管理局及兄弟省市网络出版监管部门间协同处理处罚的工作机制，确保监管责任、源头治理、案件办理落到实处。

二是网络治理迅速有力。截止到2016年12月，全年监管人员共完成网页审核任务59176个，网站审核任务12607个，新增违规样本225个，纳入监管范围的网站达494家，发现违法违规网络出版链接132条，处理处罚违规网站19家，网络出版行业环境得以净化和整顿。

四、营造良好环境，不断激发产业发展活力

一是深入开展调研。处室多次赴华中国家数字出版基地及光谷分园区等产业园区，长江出版传媒集团、湖北日报传媒集团、今古传奇传媒集团、武汉理工数字传播公司等省内主要新闻出版单位，对数字出版产业发展、媒体融合发展、网络游戏出版行政审批等开展专题调研。扎实开展华中国家数字出版基地及分园区调研和统计工作。全面掌握省数字出版产业发展的第一手资料。

二是做好顶层设计。11月4日，经请示省政府同意，局和省财政厅以两家单位名义联合下发了《关于推动传统出版和新兴出版融合发展的实施意见》。组织省内主要数字出版单位，起草《积极发挥新消费引领作用加快培育形成新供给新动力落实意见（数字出版）》，会同省发改委深入讨论修订相关意见草案。

三是打造知名品牌。组织召开专家评审会议，评选推荐数字出版龙头企业11家，重点项目30个参评全省首届新闻出版广电"双百"工程。

四是推动产业融合。2016年审核推荐武汉理工大学等4家单位申报总局出版融合发展重点实验室，推荐武汉大学出版社有限责任公司等3家单位申报总局首批新闻出版业科技与标准重点实验室。湖北省武汉理工数字传播工程公司入选总局新闻出版业数字化转型升级软件技术服务商推荐名录。取得承担10个系统需求框架子项的技术服务商资格。积极协助总局修订《网络游戏防沉迷系统规范》《中小学数字教材》等11项行业标准和规范。不断提升产业融合发展的标准化、规范化和科技化水平。

五是优化行政服务。全面完成网络出版行政审批三集中改革，互联网出版服务许可证和网络游戏出版审批效能不断提升。全年审核互联网出版许可证新增和业务变更等行政审批材料10批，顺利完成互联网出版许可证登记年检和法人变更等审批事项办理，完成省互联网出版许可证信息登记工作。全年共审核网络游戏104种，已获批出版77种。

五、加快重点项目建设，推动产业事业发展

（一）华中国家数字出版基地

一是强化领导。1月份，根据基地建设需要，对基地管委会成员单位和主要领导进行调整，成立了省新闻出版广电局、武汉市委宣传部、武汉经济技术开发区管委会、武汉市文化局、武汉文化发展集团、长江出版传媒股份公司和武汉出版集团主要领导担任委员的基地管委会，管委会下设办公室，负责基地的日常管理和指导。管委会不定期召开工作会议，研究基地发展战略，制定基地发展规划，审议基地重大事项，有力推动了基地的建设发展。

二是加大督导。开展基地建设情况检查，抓住问题导向，大力解决基地建设发展面临的问题，推动基地建设提速增效。10月26日到27日，国家新闻出版广电总局规划发展司和数字出版司到基地实地检查项目进展情况，提出重要的指导意见。11月10日，郭生练副省长亲临基地调研指导工作，做出重要指示，指导省、市、区三级合力推动项目建设。

三是大力扶持。积极推动当地政府落实各项扶持措施，推动武汉市政府、武汉市经济技术开发区出台包含数字出版在内的面向现代服务业的专项扶持政策。

四是加快建设。基地基础设施建设提速，基地其中一期15.12万平方米已全部封顶，正准备交付；项目二期正在实施规划报建工作，预计2019年竣工交付。

五是扩大招商。已经有中文在线、渤海商品交易所、当当网、九派全媒体、文发传媒、云智互联、财富传媒等国内知名龙头企业签约入驻，湖北省数字广告产业园落户基地，同时还有台湾金汉妮、东风招投标、广州四月天等10余家企业正在筹备洽谈入驻，另有近30家国内外知名的数字出版、数字教育、网游动漫、数字商务、智能仿生科技、数字印刷等与数字出版相关产业链上的规模性品牌企业已经表示了入驻意向。

（二）湖北数字出版专项资金

一是精心组织。按照2016年度资金预算要求，结合产业实际，制订《2016年度湖北数字出版专项资金竞争性分配实施方案》及《2016年度数字出版产业引导目录》，报经省政府批准同意，2月底发布申报通知，到5月上旬完成资金的申报、评审、公示工作，报省政府批准后交省财政执行拨付。经过对申报企业和项目评审认定，新增认定10家数字出版企业，31个项目获得资金资助。

10月底完成2000万元扶持资金的拨付，确保了资金分配的及时、足额拨付到位。

二是规范管理。资助项目签订项目责任书，进一步落实了项目建设管理的主体责任。7月27日，下发《关于开展2016年度湖北数字出版专项资金资助项目检查的通知》，到10月上旬，共检查扶持项目91个，其中实地检查实施单位21家，承担项目51个，有力督促了各单位的资金管理和项目实施。

三是确保绩效。2016年顺利完成省人大对专项资金使用绩效的审核。经局财务处聘请的第三方机构评估，专项资金使用绩效评价为优秀。11月10日到11日，组织开展资助项目的结项验收。经过组织专家审核，20家单位承担的24个项目达到或超过预期绩效目标，同意结项。

六、推动行业交流合作，加快数字出版"走出去"步伐

一是深圳文博会精彩亮相。组织第十二届中国（深圳）国际文化产业交易博览会的参会参展工作，华中国家数字出版基地展台在文博会精彩亮相，充分展现了基地在"互联网+"时代打造华中地区数字出版产业聚集高地的全新面貌和特色优势，获得广泛赞誉。省委常委、省委宣传部部长梁伟年，国家新闻出版广电总局副局长阎晓宏，数字出版司司长张毅君，中国新闻出版研究院院长魏玉山等领导亲临展台观看展览，听取基地建设发展的情况汇报，做出了重要指示。

二是马来西亚传媒周成果喜人。组织华中国家数字出版基地、知音传媒集团、江通动画股份有限公司、长江传媒数字出版有限公司等单位参加2016马来西亚湖北新闻出版广电传媒周新媒体文化及动漫互动区的参展展出，宣传推介了湖北省数字产业发展的新趋势和新成果，引起当地业界的广泛关注，加快了湖北省数字出版向"一带一路"沿线国家"走出去"的步伐。

三是组织参加中国数字出版年会。省内长江出版传媒集团、武汉大学出版社等单位参会参展，省内主要数字出版企业与国内外数字出版企业开展了深度交流，进一步加深了湖北省新闻出版单位与业界在网络文学、数字教育、数字报刊等领域的沟通、交流和合作。

四是组织参加第二次全国数字出版转型示范现场会。长江出版传媒集团、湖北日报传媒集团等6家国家级示范单位参会。通过现场会，传统出版单位深入交流学习转型升级工作的先进经验，为推动湖北省传统新闻出版业转型升级，加快传统出版与新兴出版、传统媒体与新兴媒体融合发展拓宽了思路，扩大了影响。

供稿：湖北省新闻出版局广电局数字出版处

湖南省

● 音像电子出版工作总结

一、通过选题审批细化导向管理

全年共批复年度音像电子选题259种，增补选题161种，内容涵盖比较全面，并在主题出版、

重点出版、品牌建设等板块方面实现协调发展，达到了预期目的。

二、全力做好重点主题出版

围绕贯彻落实党的十八大和十八届四中五中六中全会精神，深入贯彻习近平总书记系列重要讲话精神，组织策划了相关选题。湖南电子音像社的《大国工匠》《榜样——双百人物英雄故事》选题被中宣部、总局列为全国百种重点主题出版选题。

三、国家"十三五"出版规划申报成就喜人

通过加强策划论证，湖南共有13个音像电子项目入选国家"十三五"图书音像出版规划（见附件1），入选数量刷新历史纪录，为未来五年发展打下了良好的基础。此外，在"十二五"规划扫尾方面，大力推行入选规划项目"五个一"工作制，项目的总实现率达到了90%以上。湖南省新闻出版广电局、湖南电子音像出版社被国家新闻出版广电总局评为执行"十二五"出版规划突出单位。

附件1：湖南省入选国家"十三五"音像电子出版规划项目名单

湖南电子音像出版社
民族瑰宝——中国少数民族戏剧经典百种　音像电子·骨干工程
放飞中国梦　音像电子·社科
榜样——双百人物英雄故事　音像电子·社科
魅力汉字　音像电子·教育
仁心济世——国医大师说中医　音像电子·医卫
中医故事　音像电子·医卫
湖南文化音像出版社
国乐——中国优秀民乐独奏曲大全　音像制品·艺术
湖南教育音像电子出版社
迈向创新之路——案例解说青少年科　音像电子·科技
湖南大学出版社
车辆工程专业核心课程3D电子系列教材　电子出版·科技
湖南科学技术出版社
中国慢性疾病营养与膳食指导　音像电子·科技
中西医结合皮肤性病学立体教育　音像电子·科技
湖南美术出版社
齐白石大全集　音像电子·文化
湖南文艺出版社
奥伊伦堡电子总谱　电子出版物·文化

●数字出版工作

一、积极主动抓好导向

一是落实网络出版导向管理机制。组织引导网络出版单位及相关单位深入学习贯彻习近平总书记在党的新闻舆论工作座谈会讲话精神和省委宣传部导向管理座谈会精神,引导网络媒体严格落实先审后发制、总编辑负责制、三级审核制、审核员岗位责任制等导向管理制度。二是开好网络出版管理工作会议。3月组织召开全省网络新媒体管理工作会议,传达了2016年全国数字出版管理工作会议精神,部署了2016年全省数字出版重点工作任务,网络新媒体行业向全社会提出了《坚持正确舆论导向倡议书》,市州局与省局签订了《新媒体导向管理责任书》,网络出版单位向省局递交了《坚持正确舆论导向承诺书》。三是做好主题出版。指导网络出版单位策划出版了一批学习宣传贯彻十八大精神、社会主义核心价值观、"一带一路"倡议、"五大发展理念"等重大主题的数字出版物,精心组织纪念建党95周年、长征胜利80周年等重大活动的宣传报道,营造浓厚舆论氛围。四是配合做好网络监管监测平台建设,配合办好《新媒体监测专刊》。

二、及早动手落实规划

一是落实发展规划。结合总局《新闻出版业数字出版"十三五"时期发展规划》,完善和落实《湖南省数字出版"十三五"时期发展规划》和重点项目规划,组织指导网络出版单位抓好"十三五"数字出版重点项目的落实,逐步启动了一批重点项目。二是制定年度工作计划。指导网络出版单位制定2016年数字出版工作计划,向各单位印发了《全省数字出版单位2015年工作总结及2016年工作计划汇编》。三是制定落实"走出去"工作计划。制定了《推进湖南数字出版业向周边国家和"一带一路"沿线国家"走出去"工作方案》,重点扶持拓维信息、中清龙图等游戏企业布局日韩市场,推动网络游戏产品输出;扶持青苹果公司开拓中亚、西亚等新兴海外市场,推动数字阅读产品输出;扶持天闻数媒等企业拓展中亚、东南亚、非洲等海外市场,推动数字教育产品输出;扶持《建设机械技术与管理》杂志社推进数字化转型,聚合国际媒体资源,打造有较高影响力的国际工程与装备的传媒平台;鼓励其他数字出版企业积极开拓海外市场,推动其他优质数字出版产品输出。

三、悉心服务发展产业

一是组织中央文产资金申报。组织四海通达文化传媒有限公司的文化创意产业园、中南大学出版社有限责任公司的语义分析与大数据技术的研发与应用、《建设机械技术与管理》杂志社的互联网+国际建设传媒平台等6个项目申报中央文化产业发展专项资金。二是组织"原动力"项目申报。根据总局《关于组织做好2016年"原动力"中国原创动漫出版扶持计划项目申报工作的通知》,组织《中国戏曲动漫》原创系列、《中医故事》等6个多媒体类项目申报"原动力"中国原创动漫出版扶持计划。三是搞好资质申报。组织芒果互娱、通远科技、湘大社、人民社等单位申请网络出版服务资质,组织电子社、科技社申请增加网络游戏出版业务范围。四是搞好游戏出版培训。组织拓维信息、芒果互娱、电子社、科技社等单位参加总局游戏出版培训班,通过培训增进了游戏企业与管理部门之间的沟通了解，理清了游戏出版的著作权登记、申报受理、审查审批等流程，提高了协同效应和工作效率。五是网络游戏文创活动策划。联合省文化厅、省动漫游戏协会组织筹划湖南网络游戏文化创意设计征集活动，作为第二届湖南文化创意设计大赛的一个版块，通过活动征集一批具有湖南特色、极富市场开发价值的网络游戏，发现一批网络游戏设计人才，激励企业开拓新领域、培育新市场。六是配合推进总局重大项目。配合搞好《中国出版物在线信息交换》行业标准（CNONIX）在湖南的推广和验收，以省新华书店为核心的推广和验收工作顺利开展。七是配合总局领导来湘调研。9月总局党组成员、副局长孙寿山一行来湘调研，走访了湖南日报、教育报刊集团、天闻数媒、芒果互娱等出版单位，组织召开了湖南省数字化转型升级和融合发展座谈会，孙寿山副局长充分肯定了湖南省数字化转型升级和融合发展工作成绩，认为湖南数字化转型升级已位居全国第一方阵。八是组织开展各类出版物奖评选。10月组织了第二届湖南出版政府奖音像制品、电子出版物和网络出版物评奖活动，共申报出版物29种，最终《心声音频馆》等4种出版物获正式奖、《啪啪三国》等8种出版物获提名奖。11月组织开展第四届中国出版政府奖音像制品、电子出版物和网络出版物奖评选推荐工作，共申报音像、电子和网络出版物42种，形成了较大阵势。

四、突出源头强化监管

一是重点封堵网络政治性有害和淫秽色情出版物。加大查处力度，与省网信办、省通管局开展多部门合作，及时通报情况，查处违法违规出版行为，共查禁网络出版物20余种，删除违法链接50多条。4月组织开展"清朗"专项行动，全面巡查PC端、移动端，系统治理网上存在的37类网民反映强烈、举报集中的违法违规有害信息，集中解决15个环节存在的各类突出问题。二是搞好网络游戏出版监管。根据《湖南省网络出版内容审读实施办法》，积极开展网络游戏内容审读工作，在电子社、科技社、长沙师范学院选聘了一批青年专家作为审读员，对20多款游戏进行了审读，出具了专业审读报告。针对某些游戏企业出现的"博几率""虚拟货币兑奖品"等违规问题，对企业进行了约谈，并责令限期整改。

五、基地建设

一是总部基地建设逐步展开。通过沟通和协调，明确以湖南出版集团旗下的中南传媒为总部基地建设主体，并探讨了园区选址和初步建设方案。根据中南传媒产业发展规划布局，拟在长沙市望城区普瑞酒店周边征购土地用于总部基地建设，并与望城区政府在普瑞酒店周边区域布局文化产业的战略定位及大力推进项目征地工作取得一致意见，双方同意尽快组建专门班子，开展调查研究，制定工作计划，启动征地程序，实施园区及周边配套路网、管线改造等工作。7月，基地项目征地工作领导小组成立后，与望城区相关部门多次召开对接会议，就基地征地项目框架协议、优惠政策及其他相关问题进行协商。二是深圳文博会参展顺利圆满。5月中南国家数字出版基地集中亮相深圳文博会，在七号新闻出版馆国家数字出版基地展区顺利展出，重点展示了基地的战略布局、规划建设和主要成就，并荣获组委会颁发的优秀展示奖。总局阎晓宏副局长等领导莅临展馆检查指导，对基地建设给予了充分肯定和高度评价。

六、数字阅读惠及民生

组织中南传媒、中国联通沃阅读、青苹果、作家网、凤网等单位，组织策划了"全民阅读E家亲""研读经典·传承国学""聆听经典""蓝狐狸杯"童话故事阅读、"潇湘杯"网络微文学创作大赛、"书猫走湖南·数字传文明""书香家庭·亲子共读"等系列数字阅读活动，通过活动为全省人民提供海量电子图书，以读书求进步，以读书求发展，形成"多读书、读好书"的文明风尚。

七、狠抓党风廉政不松劲

一是认真落实责任制。签订了2016年党风廉政建设目标责任书，做到任务明确，责任到人，进一步健全完善党风廉政建设工作责任机制。二是加强党员教育。结合"两学一做"活动，抓好党员干部的职业道德教育和宗旨教育，增强公仆意识，树立勤政廉洁，反腐倡廉的良好形象。三是深入推进机关作风和效能建设。认真学习贯彻习近平总书记重要指示精神，扎实推进"两学一做"专题教育活动，通过查找解决党员在思想、组织、作风、纪律等方面存在的问题，进一步加强机关作风和效能建设，提高工作效率和服务质量。

供稿：湖南省新闻出版广电局数字出版处
执笔人：张云峰　张坚

广东省

● 音像电子与数字出版工作

一、音像电子出版保持平稳态势

25家音像电子出版单位出版产品1501种，其中音像制品1310种，电子出版物191种。据不完全统计，造货码洋约1.50亿元，销售收入约1.4亿元，累计库存约6679万元。版权引进项目227种，版权输出项目68种。相较于2015年度，全年音像电子品种规模上升0.9%，销售收入减少4000多万元，累计库存比去年增加约1500多万元。

二、数字出版产业规模不断扩大

全省数字出版产业营业收入超过1000亿元，约占全国总收入的20%。其中，游戏收入超过900亿元，占全国60%以上，游戏出口超100亿元，上市游戏企业32家，占全国20.2%。全省拥有互联网出版资质的企业由去年58家增至64家，关联企业超过3000家，总产值超过2000亿元，形成了以广州、深圳为核心区和密集区的数字出版产业带。全省拥有国家音乐创意产业基地、国家数字出版基地、国家网络游戏动漫产业发展基地等3个国家级新闻出版产业基地，其中国家数字出版基地进驻企业超过200家，就业人口1.7万人，资产合计14.6亿元，营业收入超过190亿元，资产总额、营业收入、利润稳居全国14个数字出版基地前三名。

三、传统出版加快转型升级

广东省出版集团有限公司《基于学习轨迹分析的个性化智能教学平台》等8个项目入选新闻出版改革发展项目库，广东省出版集团有限公司等7家公司项目获2016年中央文化产业发展专项资金资助，广东高等教育出版社"现代职业技术教育优质内容资源与平台建设"等2个项目获省委宣传部文化发展专项资金扶持；广州新华出版发行集团股份有限公司"广购EBOOK网电子书销售平台"和羊城晚报社"羊城晚报数字化出版系统"2个项目被评为全国首批新闻出版产业示范项目，汕头大学出版社"基于自然语言理解的大数据语义分析技术的知识服务平台"等10个项目评为"2016年广东新闻出版数字化转型升级示范项目"。10余个转型升级项目均已启动并产生成果进入市场推广应用，如南方出版传媒股份公司"南方云教育"平台网站，整合人教E学、人教数字校园、人教英语口语等多个产品已正式投入运营；广州出版发行集团"广购EBOOK网电子书销售平台"、深圳出版发行集团"全民阅读数字出版分众平台"、广东高等教育出版社"现代职业技术教育优质内容资源与平台建设"等10余个项目已完成一期建设，进入市场推广应用阶段。

四、科技创新驱动发展取得新突破

积极推进ISLI/MPR多媒体复合关联编码、语义智能搜索等技术成果的产业应用。深圳市天朗时代科技有限公司和珠海启裕软件科技有限公司入选全国新闻出版业数字化转型升级软件技术服务商名推荐名录（2016），深圳市天朗时代科技有限公司承担的ISLI标准产业基地成为全国第一批5个新闻出版标准化基地之一；南方报业传媒集团实验室入选国家新闻出版广电总局出版融合发展重点实验室，南方报业传媒集团、广东省出版集团数字出版有限公司实验室入选国家新闻出版广电总局技术与标准重点实验室。

五、数字出版精品成果丰硕

音像电子出版方面，2016年报送选题1956种，实现率为59.4%。选题实现率与2015年相比略微下降。全年，审核全省25家音像电子出版社选题1956种，出版1162种，办理音像制品非卖品27件，审批随书附送音像电子出版物51件。广东语言音像电子出版社《我就在你身边》和广东大音音像出版社的《话说红军长征——纪念红军长征胜利80周年》入选了中宣部、总局的"2016年主题出版重点出版物选题"目录。广东大音音像出版社、深圳市书城电子出版物有限责任公司等单位共18种音像、电子出版物入选"十三五"国家重点出版物出版规划。广东大音音像出版社《童谣雅韵——岭南童谣大典》入选国家出版基金项目，广东海燕电子音像出版社《追梦在路上——我的梦　中国梦》在 2016 年结项的国家出版基金项目绩效考评优秀，获得国家出版基金办通报表扬。广东海燕电子音像出版社《寻访海上丝绸之路》、太平洋影音公司《美丽中国梦》荣获第六届中华优秀出版物音像电子出版物获奖作品，广东音像出版社《中华粤韵》等 4 种作品荣获第六届中华优秀出版物音像电子出版物提名奖作品；太平洋影音公司荣获"金慧奖——最佳企业奖""金慧奖——最佳创意奖"，《说·琴——人间四月天》荣获 2016 年度十大发烧唱片榜"年度最佳室内乐专辑奖"，广东音像出版社《广东非物质文化遗产影像资源全媒体出版与互联网传播工程》获广东省委宣传部 2016 年度"广东省宣传文化产业发展专项资金"补助，《绝色倾城——牡丹亭顾卫英昆曲》《潮州古筝音乐·筝鸣》获"2016 年度十大发烧唱片奖"。数字出版方面，全省主要新闻出版单位建立了较为完善的一体化内容生产平台，其中自用网络平台超过 100 个，引用平台 300 余个。有 5 个项目荣获国家新闻出版广电总局 2016 年"原动力"中国原创动漫出版扶持计划项目，8 种期刊当选 2016 期刊数字影响力 100 强（大众类），3 部网络游戏被评为 2016 年度"中国原创游戏精品出版工程"作品，网易、腾讯荣获"2016 年度中国游戏十强"，网易、腾讯、多益等荣获"2016 年度中国十大游戏研发商"。

六、网络出版管理工作积极有效

一是网络出版队伍不断扩大。全年完成审核申办网络出版服务单位和变更网络出版服务事项的行政许可事项 20 宗。截至 2016 年底，全省拥有网络出版服务资质的单位增至 64 家，数量名列全国三甲。二是加强网络出版监管工作。查处 13 家网站登载的 13 部非法网络出版物，提请省通信管理局关闭网站 2 家，转办案件 14 宗，有效净化了网络出版环境。三是狠抓游戏内容管理。全年陕西省审核、审读网络游戏总量共 740 款，是 2015 年的近 10 倍。其中，完成出版审核并报总局审批的网络游戏共 535 款（其中进口游戏 157 款，国产非属地管理游戏 35 款，国产便捷申报游戏 343 款）。

七、数字出版节展及数字阅读活动有声有色

一是承办第九届中国国际漫画节，吸引来自美国、法国、比利时、日本、印度等国家、包括漫威、星战、DC 三大美漫阵营和盛大游戏、索尼 PlayStation、乐元素众多游戏厂商等近百个海内外知名动漫品牌前来参与，出席漫画节的国内外嘉宾、漫画家逾 350 余人，展出漫画图书及衍生品达 10000 多种，入场观众合计 22.5 万人，比 2015 年增长 12.5%；参展商营业额增长 30%，2016 年首设的专业展共促成交易及在交易超过 68.93 亿元，规模与影响力不断扩大，市场化、专业化、国际化程度不断提升。二是举办 2016 南国书香节数字出版网游动漫展。吸引了数字出版、文学阅读、游戏动漫龙头企业、知名企业 10 余家以及以网游动漫周边产品为特色的 200 多家创意市集参展商参展，7 天展会共 50 场活动，观众人数达 60 万人次。三是参加深圳文博会数字出版基地成果展。组织广东国家数字出版基地天河园区、东圃园区、深圳前海园区（筹建）参加了第十二届中国（深圳）国际文化产业博览交易会，荣获优秀展示奖。四是积极开展数字阅读活动。配合总局"书香中国 e 阅读"工程的推进，在全省各地开展"2016'书香岭南 e 阅读'文化惠民系列活动"共 50 余场次，利用互联网平台和新兴媒体传播渠道的优势，推进数字阅读的多媒体、多平台融合应用，推广数字阅读，让书香飘进农村、进社区、进家庭、进学校、进机关、进企业、进军营，免费提供基本阅读资源、阅读服务、阅读指导，落实文化惠民，丰富群众精神生活。

八、融合发展范例

（一）广东数字出版创新融合发展典型范例之一：羊城晚报报业集团打造羊城创意产业园音乐

羊城创意产业园是广州市羊城晚报报业集团于 2007 年通过对原广州化纤厂旧厂房的不断改造创建的大型文化创意产业园。羊城晚报报业集团将羊城创意产业园作为音乐产业基地建设项目，大力推动网络音乐、网络演出等新兴文艺类型繁荣有序发展。

1. 羊城创意产业园发展概况

羊城创意产业园园区总用地面积 17.1 万平方米，总建筑面积 10.8 万平方米，现已进驻酷狗音乐、台湾滚石中央车站、荔枝 FM 网络电台、金山西山居、腾讯街景找房等 100 多家互联网信息科技、创意设计、文化传媒企业。2014 年，羊城创意产业园被评为广州市第一批重点文化产业园区，园区总产值达到 70 亿元。2015 年，总产值近 90 亿元，2016 年总产值近 100 亿元，并纳入广东省首批"互联网＋"小镇（产业型）核心区。2017 年，获国家新闻出版广电总局批准成为国家音乐创意产业基地。

2. 推动融合发展主要做法

园区以新型文化产业为目标，构建以媒体融合为核心，以"互联网音乐"为特色，以"互联网+N"为依托，以创投＋孵化为平台的新型产业生态园区，逐步形成了互联网音乐、娱乐、动漫游戏等多个产业链，并形成了互联网电台、娱乐直播、新媒体等多个数字出版应用模式。

（1）提升产业定位，由平台升级为生态

园区将已有的网络演艺平台、数字音乐平台、网络电台和现场演出平台进行升级，打造音乐产业生态圈。荔枝 FM 与轻轻办合作一起成立荔枝众创空间，该众创空间主要利用荔枝 FM 强大的平台优势，以及强大的导师资源和配套的投资基金，从内容创作、技术支持、平台导流到项目融资、人才招聘等为音乐创业团队提供全面支持；华多科技 YY 和酷狗音乐两大音乐巨头结合 O2O 选秀模式，针对 90 后自信、爱表演、张扬个性的特点，分别培养 1931 女子乐队和星梦想 S.I.N.G 女团，通过重点培养自己的乐队和造星行动来推出自己的原创作品。

（2）以构建互联网＋音乐生态为目标，丰富音乐产业体系

羊城创意产业园大力提升园区文化产业链的聚合效应，完善和丰富"互联网＋音乐"产业创新模式，通过园区已有的产业基础，继续吸纳优秀的"互联网＋音乐"上下游企业。园区除集聚了酷狗音乐、荔枝 FM 网络电台、滚石中央车站、金羊网等多家音乐相关企业外，还集聚了游戏动漫领军企业金山西山居、动漫杂志出版天闻角川动漫有限公司、广州爆米花动画科技有限公司、北京电影学院广东培训中心等游戏动漫相关企业，从动画原创、动画制作、动漫出版、游戏、教育、衍生等形成动漫游戏产业上下游链条，整个产业从创意、研发、生产、展示、销售等各功能环节的企业在园区内实现上下游无缝连接。

（3）以推动音乐与科技融合发展为使命，打通音乐线上线下产业，以科技促进原创音乐发展

园区以科技来推动互联网的创新成果与音乐产业深度融合。酷狗音乐和 YY 依靠园区丰富的线上资源分别建立自己的线下直播间、音乐体验中心和 1931 剧场。酷狗音乐平台创新性地将音乐视

听、网络游戏、网络视频直播演艺等多项文化产品和增值服务整合。YY音乐、酷狗繁星网均提供语音、视频等多种方式，为广大具有表演才艺（包括演唱、电台NJ、脱口秀等）的社会个人和组织提供即时表演创作和分享的平台。台湾"中央车站"Livehouse（展演中心）的演唱会也多次与咪咕音乐、腾讯视频等平台进行多屏同步直播。广州"中央车站"展演中心（Rockhouse）是羊城晚报报业集团与台湾滚石唱片集团共同合作开发的多功能的展演中心。自2014年建成以来，已陆续举行了李宗盛、周华健、伍佰、张震岳、齐豫等100多场明星现场演唱会，并与乐视音乐联手推出系列音乐会直播，首创Livehouse精品演出付费模式，实现手机端、电视端、视频App多屏同步观看音乐演出。荔枝FM是全球第一个可以在手机上创建自己播客和录制节目的手机App，被美国新兴商业杂志《快公司》中文版誉为"十家影响我们生活的中国企业"。荔枝FM网络电台具有全球领先的节目录制功能，可录制和上传60分钟节目，可自由添加背景音乐，支持自动混音和降噪，无须再进行后期剪辑，媲美专业设备的录音品质。荔枝FM将创建播客的门槛从专业DJ延伸到了普通用户人群，让每个人都有机会创建专属于自己的播客频道，十分轻便，让更多人更方便地实现自己的播客梦想。2016年全年，园区内共举行了大小各类音乐活动150多场，其中明星演唱会共40多场，1931女子偶像剧场公演共举办了近100场，包括"酷一点·音乐汇"、2016阿里音乐滚石原创乐团大赛、"风小孩快乐星球"素食音乐庆典、2016"绚丽天河"文化艺术节暨国际音乐沙龙之法国天使乐队爵士摇滚音乐会、羊城晚报首届万圣节嘉年华之草坪音乐会、跨年"风小孩共创节"等。

（4）打造音乐创作孵化器，推动音乐创新创业

园区搭建投融资平台、公共服务平台、产学研合作平台、产业宣传平台，打造投资基金、引入专业服务机构、携手一流大学、营造创业氛围、完善创业政策，建设互联网+音乐创业创新平台，打造园区音乐创新创业全要素链条。

投融资平台

园区积极与各投资机构进行合作，参与成立广东大学生创新创业基金、天河一号基金、广东南方媒体融合发展投资基金和广东新媒体产业基金，对音乐、新媒体、数字出版、动漫游戏、文化创意等项目进行支持。

园区与广东中科招商共同打造了"中科零壹互联网文创加速器"，作为华南首个定位于互联网文创产业的创业加速器，打造广州互联网文创、互联网音乐新地标。

园区积极与酷狗音乐共同打造全要素音乐众创口案件和线下音乐体验中心，该空间通过"音乐+音乐人+导师+流量+专利池+场地+宣传+资金+天河互联网产业联盟领军企业"等优势资源为音乐项目提供全方位立体孵化。

产学研合作平台

园区引入音乐+教育培训企业、加大与音乐院校合作、拓展新的园区、健全音乐演出场所，把线上平台升级为全要素音乐平台。引入广东地区唯一一所北京电影学院广东培训中心，专门针对影视表演、影视制作、影视编导、影视动漫、虚拟现实、播音主持、影视后期、电影产业管理等专业开设长短期艺术培训。2016年4月，星海音乐学院、羊城晚报报业集团和南沙新区榄核镇政府，签署合作共建星海音乐学院附中的框架协议。园区携手星海音乐学院，培养专业音乐人才，打造产教融合示范基地。

产业宣传平台

羊城创意产业园利用羊城晚报品牌影响力，搭建全媒体传播平台，通过立体多元的传媒传播无

缝对接，为园区企业提供宣传推广，为园区企业创造价值。利用现有的报刊、网站和各大新媒体平台，为不同类型的音乐企业及音乐活动提供报道宣传。另外，为营造园区音乐产业氛围，提升园区企业品牌形象，园区还将进行户外LED屏建设，为园区互联网企业和孵化项目进行全方位宣传。

（5）加大音乐生产制作演出平台建设，完善线上线下音乐配套

园区加大音乐生产制作平台建设，到2016年已经建成羊城晚报全媒体演播中心、荔枝FM直播间和酷狗音乐直播间、北京电影学院广东培训中心和影视制作中心。为了加大音乐平台建设，园区完成中央车站、1931剧场和2-13智酷车间演出场馆建设。2015年园区对特定区域进行音乐主题规划改造设计，2016年分批建设园区星光大道、2-13多功能厅、小型户外音乐场地、音乐园林、音乐喷泉、音乐广场等。

（二）广东数字出版创新融合发展典型范例之二：南方出版传媒实施MPR复合数字出版产业化工程

2012年12月，原国家新闻出版总署批复同意南方出版传媒股份有限公司（以下简称"南方出版传媒"）作为广东省MPR出版物技术推广应用试点工作的承担单位。2013年5月，南方出版传媒制定了以创新教学应用为特色的《MPR应用推广试点项目实施方案》，明确下属各单位及相关部门在试点工作中的任务分工和部署试点工作；南方出版传媒母公司——广东省出版集团有限公司（以下简称"广东省出版集团"）在基于上一阶段MPR国家标准应用推广试点工作成果的基础上，申报了《MPR复合数字出版产业化工程》项目，获得2013年度中央文化产业发展专项资金支持，同时授权下属负责数字出版业务的广东省出版集团数字出版有限公司（以下简称"广东数字公司"）牵头统筹推进项目的具体实施。

自2013年5月以来，南方出版传媒联合中原大地传媒股份有限公司、陕西出版传媒集团股份有限公司两大首批试点单位探索形成"三省联动机制"，相互学习，互通有无，资源共享，立足项目申报内容，结合最新的市场、技术的发展形势，积极落实做好项目的相关实施工作，探索出完整的生产和运营体系，实施效果良好，取得一定的预期效益。

1. 项目建设情况

依据项目预期规划，项目的主要建设内容是：一是做好MPR出版物国家标准的宣贯与业务培训；二是搭建MPR数字出版运营平台；三是建设出版存量资源与富媒体资源数据库；四是开发自主品牌的MPR识读器；五是规模化推出富媒体MPR出版物；六是开展富媒体MPR版教学应用试点。

（1）做好MPR出版物国家标准的宣贯与业务培训

广东省出版集团组织了系列专题的"MPR出版物国家标准宣传贯彻与业务培训活动"，分别邀请标准专家、技术专家、编辑实务专家、印刷技术专业人员就MPR出版物的标准、出版业务实操、软件系统操作、印刷工艺、市场营销等方面开展专业的培训。自项目启动实施以来，累计组织50场MPR技术推广应用专题培训，参加培训的人员包括MPR试点项目分管领导及具体负责人，各出版社的相关编辑、排版中心人员与印务负责人，累计培训人数超过2000人次。培训一方面提高了广东省出版集团领导班子和各部门、出版社、单位对MPR标准的认识；另一方面让编辑、出版技术人员、发行人员理解并全面掌握MPR出版物的出版流程和实操技术。

（2）搭建MPR数字出版运营平台

广东省出版集团通过单一来源采购的方式从深圳天朗时代科技有限公司购进MPR制作与发

布软件系统,在下属的广东教育出版社、广东人民出版社、广东新世纪出版社、广东科技出版社、广东经济出版社、广东花城出版社以及广东海燕电子音像出版社完成部署。各采购的系统模块如下表:

产品名	采购数量(套)
ISLI/MPR 关联编码嵌入软件(MPR Maker)	6
MPR 内容资源管理系统(MPR Resource Manager)	6
MPR 数字媒体文件关联制作软件(MPR Linker)	6
ISLI/MPR 内容投送系统(MPR Publisher)	6
ISLI/MPR 内容获取与呈现系统(MPR World)	1

广东省出版集团基于 MPR 制作与发布软件的操作流程,制定三项与 MPR 出版物相关的企业级标准化工作流程,分别为《南方出版传媒 MPR 编辑标准化流程》《南方出版传媒 MPR 选题标准化流程》《南方出版传媒 MPR 印刷标准化流程》,以此作为项目产品研发过程中的参照准则,规范了 MPR 出版物选题、编辑、印刷全流程,形成了完整的 MPR 出版运行体系。

为便于 MPR 资源的推广与运营,广东省出版集团把广东省媒体融合拳头项目南方云教育平台与 MPR 专业门户网站——MPR World 进行链接,搭建了广东省出版集团 MPR 门户网站——"粤读网",实现出版资源的共享、MPR 图书的集中宣传推广、集约化运营的线上阵地。

(3)建设出版存量资源与富媒体资源数据库

项目以粤版教材《音乐》《儿童英语》《英语》以及系列幼儿读物为基础,开发了一系列碎片化的富媒体资源,主要形式为图像、声音、视频文件,并将这些资源与各出版社开发的与纸质 MPR 图书配套的富媒体资源一起归入富媒体资源库中,以便随时下载、调阅与使用。

广东省出版集团还以英语、音乐学科为试点,分别研发了与《儿童英语》《英语》《音乐》配套的数字教材,并作为对应 MPR 出版物的增值服务资源包,连同纸质出版物一并推广,有效地形成了线上下上联动运营模式。

资源研发情况如下表:

资源种类	资源名称	数量	备注
碎片化资源	音频文件	63215 条	
	PDF 文件	28.7G	
	视频文件	206 个	
	3D 动画	88 个	
	交互资源	3019 条	
	测试文本	296 条	
结构化增值资源	《儿童英语》数字教材	1 套	以教材为蓝本进行封装,合共内含碎片化资源 5236 条
	《英语》数字教材	1 套	
	《音乐》数字教材	1 套	

其后,广东省出版集团以此为基础,继续对集团内外的优质出版资源按照此标准进行转化并上

传、存储，丰富优质数字教育资源存量。

（4）采购引进一批 MPR 识读设备

MPR 识读器是配合 MPR 出版物使用的终端电子设备，项目具体实施单位——广东数字公司及各出版社已经开始进行 MPR 出版物的策划与研发，目前所采用的识读器是以单一来源采购的方式向深圳天朗时代科技有限公司进行采购，采购数量为 10000 支。该批所采购的识读器主要用于与我集团推出的 MPR 出版物配套使用与销售，已完成 8610 支识读器的销售，实现销售额 127 万元。与此同时，广东数字公司拟定《基于教材教辅的 MPR 技术应用解决方案》，对 MPR 识读器的功能、交互通信标准和外设设备进行定义，形成了一套围绕"MPR 识读器 +MPR 出版物"为应用中心的数字教育整体解决方案。

（5）规模化推出 MPR 出版物

借助广东省出版集团在教育出版以及岭南方言类出版领域的优势，集中规划了一批 MPR 出版物，项目建设期内共推出了 18 种 MPR 出版物，涵盖粤版教材、少儿、儿童双语教学、方言等题材。例如以粤版纸质英语教材为基础，进行 MPR 铺码，实现纸质内容的"立体化阅读"；与国外优秀出版机构合作，引进由著名儿童教育家编写的《Key Links 机灵英语分级阅读》；针对"一带一路"沿线国家无汉语基础的 6—12 岁少年儿童开发了对外汉语学习系列——《开心学汉语》。

已完成的 MPR 图书清单如下：

序　号	出版社	MPR 图书名称	册数（册）
1	广东海燕电子音像出版社有限公司	《开心学汉语》	12
		《给孩子的智慧系列》	5
		《玩出小小数学迷》	10
		《儿童动漫实境英语》	4
		《海燕童书——快乐的早期阅读》	13
2	广东经济出版社有限公司	《深圳市小学英语第一课堂》	12
		《深圳市小学英语 mini 课堂》	12
3	广东科技出版社有限公司	《广东乡土音乐》	1
4	广东教育出版社有限公司	《地图上的长征》	1
		《中国中小学生英语分级阅读书系》	48
5	广东人民出版社有限公司	《英语》	8
		《儿童英语》	4
		《现代广州话（粤语）规范词典》	1
		《新潮汕话字典》	1
		《广东语言文化学习与传播丛书》	8
6	广东花城出版社有限公司	《走进音乐世界》	12
7	广东新世纪出版社有限公司	《岭南幼儿多元智能课程》	8
8	广东省出版集团数字出版有限公司	Key Links《机灵英语分级阅读》	164
合　计			324

（6）开展富媒体MPR版教材应用试点

广东省出版集团决定优先开展MPR版英语教学应用试点工程。在试点单位的选择上，首先考虑到中山市的教育信息化水平在广东省处于领先地位及集团在中山当地的渠道优势，中山市被选为广东省的首个试点。本次试验选取了中山市10所小学、20名教师及约1200名学生进行教学试验。本次教学试点选用粤教版MPR英语三年级下册作为试点教材，配套《Key Links 机灵英语分级阅读》作为补充阅读材料进行试验。此次教学应用试点的成功可以作为MPR教学应用的一次积极的探索尝试，为后期MPR技术在教育领域的应用推广提供了实证。

2. 项目绩效总结

本项目实施进展顺利，取得了较好的社会效益和经济效益，为MPR标准的推广应用提供了良好的示范作用。

（1）社会效益

①应用ISLI/MPR标准体系底层技术系统支撑构建数字出版内容生产与投送平台，有效保障出版内容的互联网安全、国家文化安全。本项目将ISLI/MPR标准体系底层技术系统与南方出版传媒的数字化转型升级项目"南方云教育"建设进行深度融合，以标识、关联、识别、解析、鉴权、呈现为技术关键构建的技术支撑系统贯穿于内容生产、网络发布、终端阅读全流程，可有效、简便地实现对数字内容的全流程跟踪与掌控，同时也可防止盗印保护版权。

②有效推动传统出版与新兴出版的融合发展，探索出版业供给侧结构性改革。通过项目实施，将数字技术引入传统印刷技术支持的出版活动，以全新的出版物形态打破了数字出版与纸质出版不可融合的界限，带动培养了一批具有创新意识和具备全媒体复合数字出版能力素质的人才，有效地为读者提供增值阅读。项目将生产流程、产品形态、业务模式与数字传播体系有效对接，提高供给体系的生产质量和效率。

③为广大师生提供了行之有效的数字化教与学模式。本项目将MPR技术与纸质教材融合，并研发了与之配套的富媒体资源，形成了"纸质图书+富媒体资源"立体化呈现的阅读模式，并通过"教学创新应用示范"的方式进入课堂，帮助学生以更加新颖、有趣的方式进行学习，为国家及地方推进MPR教材、教辅产业政策的出台，推进MPR技术在教育出版领域应用提供客观准确的实证数据。MPR版教材既降低了教师的劳动量，又可以及时检验教学成果，提高教学质量。

（2）经济效益

①打造出版业新的产品形态和服务模式。项目通过对MPR出版物技术的应用，催生了新的产品形态和服务模式。目前，广东省出版集团除推出MPR纸质图书外，还推出了基于ISLI标准而研发的粤版数字教材、AR+数字教育出版物，与MPR出版物形成有机的产品整体，打造新型的MPR在线教育产业生态圈。并且，项目不再局限于新华书店等实体书店的传统销售模式，目前已探索出多种销售新模式，例如通过与英语培训机构合作、在大型购书中心定期举办阅读活动以及借助世界读书日举办读者见面会等方式全面进行产品的市场推广，效果显著。同时，每年广东省出版集团都在"南国书香节"设MPR精品读物专区，藉此推动全民阅读，并通过微信、微博等新兴媒体社交方式进行产品的推广及售后服务。

②形成新的发行码洋增长点。通过本项目的实施，广东省出版集团探索打造了一大批MPR版教材教辅和少儿、语言类读物并实现了有效的落地应用。

（三）广东数字出版创新融合发展典型范例之三：南方报业推进数字化转型升级主要做法

广州南方报业传媒集团（以下简称"南方报业"），前身是南方日报报业集团，于1998年5月18日成立。南方报业传媒集团以"抓重点带全局、打基础利长远、建机制促发展"的思路，扎实推进数字化转型，2015年3月入选国家新闻出版广电总局"数字出版转型示范单位"。

1. 积极建设采编一体化"中央厨房"，打造数字化转型核心平台

南方报业积极建设采编一体化"中央厨房"，并于2015年成功上线，将集团所有媒体全面接入一体化稿库，对文字、图片、视频等各形态的采集、加工与分发进行统一指挥、统一调度，带动生产、传播、发布、反馈的全流程、全机制再造，实现集团内容资源有机共享，传播效果及时反馈，多元生产和个性化生产有序进行。2016年，集团启动以移动互联和社交化为特征的采编指挥中心项目建设，项目以重组、再造、融合为关键词，以技术创新为突破口，以新发展理念推动媒体数字化转型。2017年，集团又全面启动中央厨房2.0建设，进一步提升其集中指挥、采编调度、高效协同、信息沟通等功能。

2. 实行传媒＋战略，坚持移动优先，打造龙头新媒体产品

南方报业实行"传媒+"战略，全力进军移动端。南方舆情新型信息化智库平台搭建起覆盖全省的舆情处置网络，用户以党政机关为主以大中型企业为辅，实现了"省市—县区—镇街—企事业"的全面覆盖，该项目2014年收入677万元，利润-14万元，2015年收入2385万元，利润720万元，2016年收入3571万元，利润1440万元。"南方+"App作为集团官方客户端，自2015年4月项目立项以来，积极探索将专业媒体的优质内容生产能力与移动互联网前沿传播技术相结合，坚持生产流程、产品开发、传播能力和品牌推广等方面的全方位创新，打造具有强大影响力、公信力、传播力以及科技竞争力的移动互联网新闻资讯产品。2015年10月23日正式上线后以每月至少更新一个版本的频率保持迭代升级，产品功能不断完善，持续优化用户体验。2016年底，"南方+"成功实现总下载量和经营收入"两个1000万"工作目标。在2016年的两会报道中，"南方+"不间断生产优质融媒体产品，直接拉动超过15万的下载量。并读新闻App项目通过大数据与智能技术，实现了千人千面的个性化推荐效果。2016年该项目获全国报刊媒体融合创新典型范例20佳路演第二名、2016媒体融合创新30佳、广东省网络精品评选——优秀移动客户端奖，2015年获2015全球移动互联网卓越成就奖——年度最具投资价值奖。

3. 坚持多元产业拓展，提高数字出版可持续发展能力

南方舆情项目是南方报业基于大数据技术打造的提升服务能力的重要探索。南方舆情依托专职舆情分析师、一线采编队伍以及舆情数据研究院的专家，强化大数据监测分析，为党政部门和企事业单位提供舆情预警和解决方案，成功搭建起覆盖"省市—县区—镇街—企事业"的舆情处置网络，在广东区域做到了市场规模、项目签约额、综合影响力"三个第一"。2016年8月18日正式开园的289艺术园区，整合集团文化传播优势进军新兴文化产业，以289玩艺网为线上平台，以289艺术园区为线下平台，形成集文化传播、创意策划、园区规划、活动承办等于一体的整合运营能力，成为集团跨媒体运作、跨单位经营、共建共享的创新平台，有力服务广东创新发展。南都光原娱乐公司去年11月28日正式揭牌，正整合相关产业链，加快拓展泛娱乐产业。

4. 坚持体制机制创新，强化数字化转型内生动力，创新内容生产传播机制

南方报业积极创新数字内容的生产和传播机制，建立并不断完善由《南方日报》牵头、集团各媒体积极配合的"1+X"采编联动机制，聚焦重大宣传主题和舆论引导热点，统筹党报党刊与都市类媒

体,统筹传统媒体与新媒体,统筹线上传播与线下活动,广泛覆盖受众,扩大传播能级。集团不断加强制度建设,近年共制定完善117项规章制度,夯实管理基础。积极打造新兴业态的内部资源整合机制和外部资源合作机制。对内加大各媒体单元资源整合力度,从而产生"1+1>2"的效果。集团积极探索利用混合所有制等有效形式,加大开拓合作力度。集团创新人才培养机制,2016年10月在国内率先实施"南方网红"培育工程,按照"腹有诗书、心有用户、肩有担当"的标准,打造新媒体时代的主流媒体"网红"。首批遴选出的15名"南方名记"推出一大批传播力、影响力俱佳的全媒体内容精品,譬如在2016年全国"两会"上的《"两会"TALKS》《南方网红访谈室》等个性化产品。集团及时扩大队伍,上个月选拔出第二批25名"南方网红",继续按照"一人一策"的培育方案精心培育。

在过去数字化转型升级发展取得阶段性成效的基础上,南方报业认真总结探索经验,组织开展全员调研,制定实施《加快融合发展三年行动计划(2016年10月—2019年10月)》,确定南方+App等四大新媒体拳头产品以及南方财经全媒体集团等六大产业转型标杆项目。

供稿:广东省新闻出版局广电局(广东省版权局)出版管理处(数字出版处)
执笔人:邓广志　克惠娜

广西壮族自治区

● 音像电子与数字出版工作

一、音像电子出版工作情况

(一)加强出版管理,确保正确的出版导向

1.加强对出版选题的审批和管理。组织专家召开2016年音像电子选题论证会,研讨广西5家音像电子出版社策划的年度选题和重点选题。从严审批音像电子出版物选题,2016年共批复《社会主义核心价值观(动漫版)》等音像制品选题160种和电子出版物选题25种。

2.认真贯彻落实书号申领实名制。2016年,广西5家音像电子出版社共出版音像制品157种、电子出版物20种。在书号核发过程中,坚决制止一号多用、买卖版号等违规现象,确保出版单位生产经营规范有序运行。

3.加强出版审听审看,防止有问题选题出版。在审批选题时,对可能含有敏感内容的选题一律调审样品。凡应当履行重大选题备案程序的,一律上报国家新闻出版广电总局审批,2016年报送音像选题《壮族》至国家新闻出版广电总局备案并获批准出版。

(二)加强精品扶持与推荐力度,做好重大出版规划,扎实推进精品生产

1.扎实开展重大主题出版工作,推出一批主题出版重点选题。根据中央宣传部和国家新闻出版广电总局有关文件精神,2016年3月,组织出版单位策划了《社会主义核心价值观(动漫版)》《筑梦南疆》

《追寻历史足迹》等一批纪念中国共产党成立95周年和红军长征胜利80周年等主题出版物选题。

2. 围绕中国梦、社会主义核心价值观、纪念中国共产党成立95周年、红军长征胜利80周年等重大主题、重大活动，扶持出版一批精品音像电子出版物。2016年6月份，拨付资金26万元用于扶持出版《稻之道》《筑梦南疆》《江那边的父亲》等5个精品音像电子出版项目。

3. 一批优秀出版项目入选"十三五"重点出版规划、评优推荐目录，获得上级资金扶持。广西金海湾电子音像出版社音像选题《广西世居民族影像志》和接力音像电子出版社电子出版物选题《接力婴幼原创图画书产品群》共2个项目入选"十三五"国家重点图书、音像、电子出版物出版规划。广西金海湾电子音像出版社的音像选题《稻之道》获得国家出版基金资助85万元，桂林贝贝特电子音像出版社的音像选题《桂剧传统曲目精粹》获得广西2016年度文化精品项目资助40万元。2016年1月、7月、12月，《稻之道》分别获得第三届"广西十大创意"奖、第十届"记录·中国"创优评析活动人文自然类一等奖和第六届中华优秀出版物（音像电子游戏出版物）奖。

二、数字出版工作情况

（一）以广西网络文学大赛为抓手，积极推动我区网络文学精品创作

广西壮族自治区新闻出版广电局深入贯彻落实国家新闻出版广电总局推动网络文学健康发展的指导意见，积极推动"美丽南方·广西"网络文学文化品牌建设，2016年安排40万元专项资金扶持实施网络文学精品工程，举办第二届广西网络文学大赛，大赛自2016年3月12日启动，于9月10日结束征稿，历时5个月，共收到投稿作品3222部，比2015年提高45%，经过初审、复审、终审，最终评选出网络小说、散文各11部获奖作品。举办网络文学大赛在繁荣社会主义文艺、挖掘优秀网络文学作品方面起到了积极的作用，2016年3月第一届广西网络文学大赛获奖作品《宁子墨那代人》入选了国家新闻出版广电总局"2015年优秀网络文学原创作品推介活动"作品名单。

（二）加强互联网出版监管，营造清朗的网络环境

1. 采取在线监管及专项审读的办法抓好日常监管。利用互联出版监管系统，坚持实行网络监管员在线初审、专家复审、广西壮族自治区新闻出版广电局终审的"三级"监管机制，加强对多发易发问题出版网站的动态监控，发挥"系统+人"监管作用，健全网络出版监管长效机制，同时适时组织专项审读活动，重点对社科类、文学类网络出版物进行集中审读。2016年共排查出95种涉嫌淫秽色情低俗内容的网络出版物，认定其中70种为淫秽色情网络出版物，下发8次删除通知，召开1次网络文学网站专项审读通报会，形成4份网络出版监管情况季度报告上报国家新闻出版广电总局。

2. 积极配合上级部门开展核查工作。对国家新闻出版广电总局及自治区下发的文件，及时安排人员进行复查，2016年收到总局发来3份查禁通知，向总局数字出版司上报3份核查报告，收到自治区扫黄办转来全国扫黄办2份协查文件，协助区扫黄办核查，并向全国扫黄办上报核查报告1份。

3. 严把导向，加强网络游戏出版管理工作。根据《网络出版服务管理规定》，做好游戏出版前的初审工作，坚持实行处室工作人员初审、处室领导复审、局领导终审的三级审核机制，为每款申报的游戏建立审核登记表，根据审核情况要求游戏出版单位补正材料，2016年广西申请出版的游戏一共有32款，其中移动游戏28款，互联网游戏4款，获得国家新闻出版广电总局同意出版批复游戏23款。

（三）培育骨干企业，实施优秀项目，推动新闻出版业数字化转型升级与融合发展

1. 规范网络出版秩序，督促出版单位申请网络出版服务许可资质。2016年广西美术出版社有限公司、广西民族出版社、柳州日报社、当代广西杂志社、漓江出版社有限公司等5家单位获得网络出版服务资质，广西网络出版服务单位增至18家。

2. 实施项目带动战略，争取相关专项资金扶持。用好用足产业政策，指导各单位积极申报项目，2016年广西6个数字出版类项目入选总局改革发展项目库，3个融合发展类项目获得2016年度中央文化发展专项资金的扶持；推荐8个项目申报国家新闻出版广电总局"原动力"中国原创动漫出版扶持计划项目，广西阔迩登文化传媒有限公司制作的《海上丝路之南珠宝宝》入选多媒体动画类扶持项目。组织2016年度广西优秀数字出版项目评审工作，评审出13个2016年度广西优秀数字出版项目，安排78万元资金扶持，发挥优秀项目的示范带动作用，有力地推进了我区传统出版和新兴出版的融合发展。

（四）加强调研培训工作，推动数字出版业发展

1. 加强学习培训工作。采取"请进来、走出去"等多种方式，提升人才综合素质，组织网络出版单位专题学习2次、委托新闻出版总署武汉大学高级出版人才培养基地举办"2016年广西新闻出版广电局推进出版融合发展高级研修班"，帮助广西各网络出版服务单位把握趋势、开阔视野、拓展思路、更新知识，进一步提升了推动转型升级和融合发展的能力和水平。组织参加2016年中国数字出版年会，学习借鉴其他省市先进经验，加强业务交流。在全国第二次数字出版转型示范现场会上，广西日报传媒集团、广西师范大学出版社集团有限公司在会上作交流发言。

2. 深入基层，抓好调研。深入广西网络游戏公司、运营商等一线单位开展调研，完成《对健全我区网络文学网站内容监管机制的思考》《广西网络游戏出版产业基本情况调研报告》等两篇调研报告，为广西数字出版业发展提供决策支持。

三、融合发展范例：广西教育出版社

（一）项目简介

广西教育出版社成立于1986年12月，是广西壮族自治区出版传媒集团属下的一家出版大、中、小学校和业余教育的乡土教材、教参教辅读物，教育科学理论著作及文化艺术学术著作、文教类工具书的综合性地方出版社。2013年，广西教育出版社申请成为国家第二批MPR试点单位，于当年推出大型国产原创动画配套动漫图书《牛牛和妞妞·土楼探险》系列以及《手绘厦门恋爱地图》系列MPR出版物。2014年，在基于上一阶段MPR国家标准应用推广试点工作成果的基础上，出版社申报了"教育资源MPR整合推广服务工程"项目，于2014年10月获得文化产业发展专项资金支持，2014年12月由国家新闻出版广电总局纳入新闻出版改革发展项目库。

（二）项目主要内容

该项目旨在建立MPR全媒体出版平台，规模化推出系列MPR出版物，逐步构建MPR出版物

产品体系，并开展 MPR 技术应用推广，建设 MPR 应用示范基地。研发特色富媒体数字教育产品，在 MPR 阅读的基础上丰富阅读体验。同时，在构建 MPR 出版物产品体系过程中逐步建设内容资源管理系统、内容资源发布平台为一体的数字出版流程体系。

详细内容包括：

1. MPR 标准技术应用培训

组织开展了"《MPR 出版物》国家标准宣传贯彻与业务培训"，邀请相关专家就 MPR 出版物的标准、出版业务实操、软件系统操作、印刷工艺、市场营销等方面开展了专题培训。同时，多次组织人员参加 MPR 技术应用培训班。通过培训，让编辑、出版、技术、发行人员理解并掌握 MPR 出版物的出版流程和实操技术。

2. 构建 MPR 出版物产品体系

出版社项目通过单一来源采购的方式，从深圳市天朗时代科技有限公司采购涵盖 MPR 出版物出版全流程的 ISLI/MPR 复合数字出版软件系统。结合系统应用不断尝试摸索，建立了 MPR 出版物出版流程。同时，以广西教育出版社已有图书为基础，优化整合，规模化推出富媒体 MPR 出版物，研发 MPR 技术教学应用示范等，逐步构建 MPR 出版物产品体系。项目期内推出包括教材、东南亚语言学习图书、动漫图书、语言学习用书等在内 19 个品种共 57 册 MPR 出版物。

表 1　MPR 出版物汇总表

序　号	MPR 出版物名称	册数（册）
1	《手绘厦门恋爱地图》	1
2	《新编泰国语口语教程》	1
3	《牛牛和妞妞》	6
4	《词汇漫画书》	3
5	《黄河在怒吼——抗战救亡诗词精选》	1
6	《血肉筑长城——抗战救亡演讲词精选》	1
7	《音乐》	6
8	《新编越南语口语》	1
9	《新编泰国语口语（修订版）》	1
10	《校长爸爸——百名学子眼中的莫振高校长》	1
11	《小学科技活动校本教材》	1
12	《新语文读本·小学卷（第四版）》	12
13	《新语文读本·小学卷（江苏版）》	12
14	《新语文读本·小学卷（典藏版）》	1
15	《幼儿园主题活动音乐钢琴伴奏曲集》	1
16	《学前儿童游戏设计与指导》	1
17	《幼儿园区域创设与指导》	1
18	《快乐壮文》	2
19	《壮语文》	4
合　计		57

3. MPR应用示范基地建设

项目选用广西教育出版社《音乐》教材及《新编越南语口语教程》等东南亚语言学习图书的院校开展应用示范，大力推动MPR技术在课堂中的应用，形成示范效应，以点带面，为MPR技术大范围在教学中应用奠定基础。项目期内MPR图书已在全区400多所学校开展应用。同时，在南宁、玉林、北海等区内22所院校开展应用推广活动，并初步建立4类MPR应用示范点。

2016年，广西教育出版社对国标教材《音乐》初中各年级下册进行升级，推出MPR版，并在全区300多所中学应用。2017年继续在上册应用MPR技术，应用学校扩展至400多所，并采用图书配套识读器的方式，进一步增强应用推广，在玉林、北海、贺州、防城港等地选取几所示范学校，建设教材应用示范基地，开展示范教学等活动。

2015年至2016年期间，广西教育出版社推出MPR出版物《新编泰国语口语教程（上、下册）》《东南亚国家语言口语丛书·新编越南语口语》《东南亚国家语言口语丛书·新编泰国语口语》。其中《东南亚国家语言口语丛书》获评为2016年度广西精品出版项目。上述几套图书被国内、区内多所开设了东南亚国家语言学习课程的大中专院校作为校本教材，广西教育出版社联合广西外国语学院、广西民族大学以上述几套图书为基础建设MPR语言学习示范基地。

广西教育出版社联合教育厅对壮文教材《快乐壮文》《壮语文》进行升级，出版MPR版的《快乐壮文（上册）》《壮语文（二年级上册）》，并在上林县塘红乡塘红中心小学、贵港市覃塘区蒙公乡蒙公中心小学、南宁市武鸣区太平镇庆乐小学、南宁市武鸣区双桥镇双桥小学等区内壮汉双语教学学校开展示范应用。

此外，广西教育出版社针对阅读类MPR图书展开各种阅读活动。如《抗战救亡作品诵读系列》《校长爸爸——百名学子眼中的莫振高校长》等MPR图书，在学校开展MPR图书的阅读推广。同时，在本社阅读网站上开设MPR图书阅读专区，及时更新MPR出版物内容。

4. 数字内容资源建设

广西教育出版社对已有的教材教辅、东南亚国家语言学习类、科普类图书等存量资源，进行数字化加工，开发一系列碎片化的存量资源，开展课程资源建设，并开发特色全媒体教育产品，作为MPR出版物的增值服务资源。将MPR图书制作及数字产品制作环节形成的视频、音频、图片等进行分类管理入库，形成出版社基础内容资源库，在支撑MPR出版物制作的同时，为数字产品的研发提供内容基础。项目期内形成文本、电子书、音频、图片、视频动漫、交互型增值资源包等多类资源。

表2　交互型增值资源汇总表

序号	资源名称	数量	备注
1	《新能源在召唤》系列数字读本	1套	包含太阳能、风能、核能、水能、氢能、生物质能、地热能与可燃冰、新能源8个主题，55个资源包
2	《安全教育》系列数字读本	1套	包含校园安全、家庭安全、户外安全及交通安全等25个场景安全防范知识，100个资源包
3	《音乐》电子教材	1套	包括7年级至9年级，6册，共计251个音乐资源包
4	基础教育课程资源	1套	包括小学英语、数学

5. 搭建中国出版"走出去"通道

整合《东南亚国家语言口语丛书》和"东南亚国家语言辞书"文字、音频资源，建设中国—东南亚国家多媒体语料库。

6. 数字内容资源管理平台建设

建设广西教育出版社内容资源管理平台，实现基于网络化的传递与应用，对内容资源及产品进行有效管理，统筹管理出版社数字内容资源与数字版权，形成对内容产品的分类标引及入库，并对产品运营平台实现有效支撑。

7. 搭建数字产品发布、运营服务平台

以优质的特色资源、主题资源、教育资源为基础，建设涵盖内容发布、版权管理、互动学习、成长引导等功能的数字出版应用服务平台——"指魔方"阅读平台，集中展现规模化的MPR出版物和数字化教育产品，并依托平台开展特色教育、主题教育，为用户提供线上线下相结合的学习、交流和成长的优质体验。

（三）项目完成情况

2014年1月至2017年3月，经过3年多的建设，广西教育出版社教育资源MPR整合推广服务工程已基本完成项目建设内容。

2015年，该项目被评为"2015年度广西优秀数字出版项目"。

2017年11月，中国音像与数字出版协会暨中国ISLI注册中心受国家新闻出版广电总局的委托，组织有关专家对项目进行验收，形成如下意见：1.该项目管理文档齐全，项目执行流程及资金使用管控规范，各项任务基本完成，项目成果符合预期目标；2.该项目以多品种类型的MPR图书产品出版，探索了MPR技术在不同知识领域中的展示模式，实现了MPR国家标准的创新应用，具备良好的应用示范效果；3.该项目实施思路清晰，运作规范，所创建的内容资源丰富，数字产品形式多样，软件平台运行稳定，对促进项目执行单位转型升级工作效果明显；4.该项目经费用合规，符合财政部《文化产业发展专项资金管理暂行办法》等规定。专家组一致同意项目通过验收。

供稿：广西壮族自治区新闻出版广电局出版管理处　数字出版处
执笔人：周三胜　利来友

海南省

● 音像电子出版工作

一、基本情况

海南省音像出版单位有两家：南方音像出版社及海南省电子音像出版社。2016年共出版音像制品37种，其中音像制品31种，电子出版物6种。资产总额为285.77万元，年末净资产总额为

238.24万元,销售收入为59.30万元,利润总额为21.69万元。

二、出版管理工作

坚持正确导向,传播正能量。弘扬主旋律,提倡多样化,积极传播有益于提高民族素质,经济发展和社会进步的先进文化,为促进社会主义文化大发展大繁荣,满足人民群众日益增长的精神文化需要做出贡献。严格执行国家出版政策及法规,杜绝任何违规违纪行为。

（一）紧抓出版业务,深度挖掘出版资源,努力拓展电子、音像出版发行业务,积极谋求生存发展之路

1. 顺利完成国家出版基金资助项目《黎族文身口述档案》DVD-ROM结项验收工作。该项目由海南出版社有限公司和海南师范大学王献军教授策划并制作出版。电子出版物《黎族文身口述档案》DVD-ROM,以人类学田野调查的方法,深入黎族社会的各个聚集地,进行观察和访谈,同时对大量在世的文身黎族妇女做了深入的口述史调查,光盘主要内容包括：包括昌江县、五指山、东方市等5个市县406位黎族文身妇女的口述史调查资料,以及建立在文身档案资料基础上的专题研究资料。有文字80余万,图片5200多幅。是目前关于海南黎族社会妇女文身文化方面的比较全面系统、有历史价值的口述史资料。由于该选题意义重大,被列为2015年度国家出版基金资助项目,获得30万元的项目经费。这也是海南电子音像社首次获得国家出版基金的资助。经过7个多月的努力,终于顺利地完成了这项出版任务。该电子书的出版,对传播黎族文化,尤其是研究和传播黎族文身文化具有非常重要的资料价值和学术文化价值。2016年9月,该项目以优良的成绩通过了国家出版基金办组织的项目结项验收。

2. 挖掘海南本地优势资源,弘扬海南优秀文化,以制作出版海南地方特色文化为重点,在出版物选题质量上下功夫。为宣传海南特色的红色文化,海南出版社电子出版物《三十回新编长篇评书——琼崖女子特务连》(普通话/海南话版),该作品系海南省文联近年来组织创作的"六大文艺精品"之一,作品出版后受到了社会的广泛关注和好评。根据国家"推进优秀国产原创音乐作品出版"的要求,在有关部门的支持下,我社在近几年来一直致力于打造海南地方特色音乐产品,出版了《聆听海南——第二届海南方言歌曲创作演唱大奖赛获奖作品辑》和以歌颂三沙优美的自然风光、文化历史、独特风情为题材的《放歌祖宗海》DVD卡拉OK等音像制品。歌曲内容丰富,旋律优美,有着浓郁的海南文化气息,为宣传海南文化、宣传三沙和南中国海做出了应有的贡献。此外,还与省农科院等单位合作,制作热带农作物的种植技术专题片,以及着手进行"更路簿"项目老船长、老渔民口述历史的声像资料拍摄工作。

3. 立足海南本地市场,千方百计扩大市场销路。在整个电子音像市场持续低迷的情况下,海南电子音像社除设法巩固已有的市场外,2016年,还与中国电信签订合作协议,成为中国电信IPTV项目的音像内容供应商,提供和代理其相关的授权业务,扩大了该社音像产品的增值业务,延伸了音像产品的产业链。2016年,该社还扩大了业务范围,开展进口音像制品业务工作。

（二）利用母公司的资源和平台,拓展图书出版业务

2016年度,在海南出版社有限公司和南方出版社有限公司的大力支持下,两社积极参与地方分

社图书出版及盘配书业务，不仅取得了较好的社会效益，也一定程度上缓解了电子音像出版单位因电子音像全行业的原因面临的经济困难和生存压力。2016年，南方出版社有限公司为更好地打响"南方"品牌，实现和图书出版的联合互动，南方音像出版社以南方出版社有限公司的成熟图书品种为依托，出版和图书配套使用的音像制品，借以在市场上形成一定的南方音像知名度。南方出版社有限公司主管主办的《英语学习辅导报》已经在市场上立稳了脚跟，占有了一席之地。为了扩大这份报纸的影响，南方音像出版社与《英语学习辅导报》形成了战略伙伴的关系，就出版与报纸配套的英语听力磁带，在推广这份报纸的同时，配上南方音像出版社的有声读物，让报纸和音像制品联合，以产生更大的影响。

（三）加强经营管理工作，通过管理求发展

1. 严格执行国家出版管理政策法规和各项管理规定。坚持出版物的"三审制"，严把质量关；对选题从政治内容、艺术方面、市场经济效益等方面都严格审核和论证，宁缺毋滥，从源头上杜绝了侵权、盗版和格调低下的电子出版物进入各社的出版范畴。

2. 在出版社选题确定之后，通过以项目、资金、技术、市场的有效运作，多方合作，互利双赢，力求以最短的时间和最经济的手段完成制作过程，与有实力的制作单位共同承接部分选题，缩短生产周期，降低制作成本，提高产品的质量和技术含量。

3. 厉行节约，开源节流。在出版物的制作和原材料选购上，通过多种渠道了解行情，选择最适合的制作公司和原材料供应商，在保证质量的前提下千方百计降低成本，使各社的出版成本价格保持在一个稳定的范围内，为社里节省了资金，创造了效益。

● 数字出版工作

一、基本情况

截至目前，全省有网站21000多家，其中经营性网站380家，经总局批准具有网络出版资质的单位7家，即海南南海网传媒有限公司、南方音像出版社、海南动网先锋网络科技有限公司、海南出版社有限公司、海南海疆在线网络传媒有限公司、南海出版公司、海南省电子音像出版社。其中，具有游戏出版资质的互联网出版机构2家：海南动网先锋网络科技有限公司、海南省电子音像出版社，已开展出版业务的1家：海南动网先锋网络科技有限公司。

2016年，机构从业人数1070人，其中符合国家规定的资格条件的编辑出版专业人员110人。全年出版手机文学作品2部、互联网游戏22款、网络图书2791部，有网络报5种。

2016年，7家数字出版企业资产总额67315.78万元，固定资产总额14358.72万元，收入总额48026.12万元，利润总额3792.22万元。

海南南海网传媒有限公司2016年获得2014—2016年度"中国互联网行业自律贡献奖"、南海网客户端入选"全国十大覆盖政商人群的地方新闻客户端"。

海南动网先锋网络科技有限公司在2016年中国游戏风云榜评选中，其出版的《仙魂》获得十大最喜爱的网页游戏，《战痕天下》获得十大最期待网页游戏。

二、出版管理工作

（一）切实做好网络出版监管工作

1. 加大网络出版监管力度。一是建立了互联网出版物监管系统，及时做好网站监管审读员培训工作。二是加强网络出版物审读，坚持报告制度、审读制度。组织网站从业人员认真学习了《网络出版服务管理规定》，做到全面理解和准确把握。组织对全省重点网站网络出版物进行审读，审读网游8部，删除有害信息110条。三是加强与公安、通信、扫黄打非等部门合作，形成了对有害信息及时处置的机制。

2. 加强网站自律。各网络出版企业加强自律，通过培养内容监管队伍，建立和实施内容监管规章制度，采用先进技术手段等方式，不断提高内容管理能力。凯迪、天涯等重点网站通过关键词搜索、网友举报等办法，积极主动对违规内容进行处理。一是清理政治类有害信息。及时删除恶意攻击党和国家领导人信息552条，政治类谣言信息543条。二是清理淫秽色情信息。审核过滤21537条。删除主贴、回复、随记、博文等信息61965条。累积处理违规信息84597条。

3. 及时查处违规案件。全年收到总局指令8个，按照总局的要求及时进行了查处，并向总局报送查处落实情况。海南省积极开展了网络淫秽色情信息专项治理"净网""清朗"行动，查处了涉及违规互联网出版内容的网站2家。

（二）推动传统媒体和新兴媒体融合发展

1. 推进平台基础建设。海南日报有限责任公司已完成了海南互联网+众创中心建设的基础性工作，确定了30家入驻企业。南海出版公司已完成电子商务平台、数字出版平台、富媒体加工平台建设，并运营。海南出版社数字化平台建设已完成协同编纂系统开发，并上线试运行；南方出版社完成了《二十四史》第一阶段平台建设，开展试运行。

2. 组织申报融合发展重点实验室建设。根据总局《关于申报出版融合发展重点实验室有关工作的通知》要求，推荐海南日报社、南海出版公司、海南教育期刊社有限公司、海南出版社等4家申报出版融合发展重点实验室。

3. 开展融合发展调研。5月，省文化广电出版体育厅分管领导带队到南海出版公司、海疆在线等出版单位考察调研数字化转型升级工作，传达全国数字出版管理工作会议精神，了解各出版单位在数字出版转型方面情况，分析当前出版社数字出版工作开展情况特点，要求加快推进传统出版和新兴出版融合发展。

4. 组织项目申报。组织出版单位申报新闻出版改革发展库2017年度项目库项目，全省2家新闻出版单位向总局申报4个项目，申请资助资金共计7212万元，未获批准。

5. 开展出版人员培训。4月，举办2016年全省出版单位专业人员继续教育培训暨数字出版培训班，各出版社领导和150多名编辑参加了培训，增强了出版单位和编辑人员数字出版发展的责任感、使命感，提高了全省数字出版队伍的业务能力与业务水平。

（三）做好网络游戏审批工作

一是推进游戏试点工作。完成对上海、广东游戏前置审批试点工作调研；制定了海南省网络游戏前置审批试点工作实施方案；组建审读专家队伍并开展培训；购置游戏审读设备。海南省文化广电出版体育厅向总局申请在海南省实施国产网络游戏属地管理试点工作，并得到了总局批准。二是海南省向游戏企业转发《移动游戏内容规范》，并对移动游戏企业人员提供具体要求，全面把握，准确落实《规范》。三是根据总局《关于实施"中国原创游戏精品出版工程"的通知》要求，及时组织省内游戏出版服务单位积极做好相关申报工作，推荐海南巴别时代科技有限公司《放开那三国2》及《爱宠萌消消》等2部游戏作品申报国家新闻出版广电总局"游戏精品工程"，其中《放开那三国2》入选。

（四）积极开展全民数字阅读

组织南海网、天涯社区、南海出版公司、海口网等网站，宣传海南省第八届书香节，并围绕相关主题内容精心策划了全民数字阅读活动方案，配合全民阅读活动开展形式多样的全民数字阅读活动，丰富全民阅读活动的内容。

（五）加强项目管理

按照总局开展新闻出版业数字化转型升级项目实施情况调查要求，对2014年《海南日报》有限责任公司数字化转型升级项目获得文化产业专项资金700万元进行了调查。该公司对项目经费使用加强了监督，严格遵守财经制度，注重经费支出与项目的内容的匹配性，有效防止资金挪用等问题，基本实现了项目申报书预期目标。

（六）做好网络文学管理工作

一是开展重点网络文学网站作品阅评工作，及时跟踪监管了解网络出版内容，及时纠正问题，有针对性引导网络出版导向。二是指导天涯社区网络科技股份有限公司做好网络文学试点工作，贯彻落实总局《关于推动网络文学健康发展的指导意见》的通知精神，确保网站健康发展。三是做好网络文学评比推荐工作。组织省内有关网站做好相关申报工作，推荐南海出版公司的《真相》《控诉》《党史》3部作品、天涯社区网络科技股份有限公司的《当我们还是毛坯警察的时候》《女帝后宫传奇》等20部作品，参评国家新闻出版广电总局2016年优秀网络文学原创作品，未获入选。

（七）大力发展游戏动漫产业

"十三五"期间，海南省把游戏动漫产业作为文化产业重点发展方向，着力推进海南生态软件园、海口国家高新区和三亚创意产业园建设，努力打造成国内动漫网络游戏产业高地。2016年，海南省高度重视以游戏产业为代表的文化创意产业发展，采取积极措施，出台了多项优惠政策，吸引腾讯、金山云、巴别时代等225家知名游戏企业入驻，实现年产值22亿元，完成了"中国游戏数码港"部分基础设施建设，助推了海南游戏产业跨越式发展。

供稿：海南省文化广电出版体育厅数字出版处
执笔人：曾伯林　鲍观清

重庆市

● 音像电子出版工作总结

一、总体情况

2016年重庆电子音像出版单位共出版电子音像产品310种，其中音像品种131种，电子产品179种。全市音像电子出版物发行总量为761.1万张，销售收入3945.76万元，销售利润345.85万元，资产总额10147.72万元。

二、音像电子出版特点

1. 出版物结构类别相对稳定

重庆电子音像产品主要为社科、文艺、教育、科技类，从近年的统计数据来看，各类产品类别结构较为稳定，变动不大。一是从2016年全市总品种的类别占比上看，社科、文艺、教育、科技类产品占比虽有变化，但变动较小，均在5%以内浮动。教育类依然占绝对主体，部分出版社的教育类产品在本社的总产品中占比较高，达90%以上甚至100%。二是从各社的产品类别来看，其出版产品依然集中在各社的有效资源上。重庆大学电子音像出版社和西师电子音像出版社的教育类产品均为本社教材配套产品。重庆天健电子音像出版社和重庆电子音像出版社擅长挖掘"巴渝文化"，出版产品大都为反映本土文化的原创类产品。两社虽然也涉及教育类产品，但也是利用了本社的母体资源，如天健电子音像出版社的教育类产品大部分为依靠重庆出版集团图书租型产品配套出版物，重庆电子音像出版社则依靠重庆新华书店集团在教育产品上的资源优势，出版了部分教育类产品。重庆音像出版社依靠重庆广播电视集团在自编节目上的优势，出版产品大都为反映巴渝文化、惠及民生。中电电子音像出版有限公司利用其在IT科技方面的专业优势，出版了IT科技类为主的产品。

2. 部分出版单位转型升级略有成效

2016年，部分电子音像出版单位在转型升级上做出了努力，有出版思路和明确措施，成效初显。如西南师大电子音像出版社以内容开发、资源建设为突破口，集中精力打造教学数字资源，同时尝试媒体融合，通过二维码、点读笔等媒体方式，实现电子音像资源与图书的有效结合，取得一定经济效益。中电电子音像出版有限公司积极探索音像出版物新领域，以IT出版为重点，与电脑报及第三方视频工作室合作，推出"什么值得买"系列，形式新颖，广受好评，发行达4万张。同时，该社加快数字出版进程，与电脑报合作的新官方App"必修"正式上线，第二代产品于2016年底推出，运行情况良好。

3. 出版物"双效"有新突破

2016年，各单位加大了重点出版物的打造，成效显著，产品的社会影响力和经济效益较往年有较大提升。2种出版物获国家级奖项，7个项目入选国家级规划或目录，3种出版物获市级出版资金资助。天健电子音像出版社《三峡·三国名胜古迹图志》、重庆音像社的《大后方》获第六届中华优秀出版物奖（音像电子和游戏出版物）提名奖；天健电子音像社的《巴渝曲艺系列》《微党课》《特色农业技术指导系列》入选国家"十三五"重点出版物规划,电子选题《我们的三十年——三峡影像记录》,入选国宣办组织的"2016年外宣出版物名单",受到了重庆市委宣传部主要领导的批示,音像制品《美丽新农村系列》《生命作证》和电子出版物《务工技能提升电子手册》入选总局"2016年农家书屋重点音像制品和电子出版物推荐目录";《连环小人书·不惧远征难》《舞台艺术》《逐梦他乡重庆人》等多个项目获市级出版资金资助。同时各单位还立足本社特色优势,精心策划,努力打造特色出版物。如弘扬社会主义核心价值观的主题出版物《逐梦他乡重庆人》,反映巴渝本土文化的《唱响武隆推 精典歌曲》《品鉴》、贴近民众生活的产品《"什么值得买"系列》《世界的味道》《书法伴侣》等,这些产品均为原创类产品,发行量大,产生了较好的社会效益和经济效益。

● 数字出版工作总结

2016年,重庆16家网络出版服务单位资产总额16.05亿元,主营业务收入8.16亿元,网络出版收入2.91亿元,利润总额1.33亿元,从业人员1308人。网站日均PV量1712.86万,日均IP量256.2万;拥有微博、微信用户数2185.57万,全年更新各类稿件71571件;新闻客户端安装用户数190.1万,全年更新各类稿件45870件。

一、加强网络宣传,弘扬网络正能量

紧紧围绕中心工作,服务重庆发展大局,做好主题宣传,通过主流新闻、主流评论引导网络舆论,通过多渠道、多平台、全媒体宣传报道,传播网络正能量,唱响网络主旋律。华龙网举办第二届"一带一路"网络媒体责任论坛暨"全国百家网络媒体总编看重庆"采访活动,推出"两学一做"官网,优质完成全国"两会"、重庆"两会"、共产党与世界对话等多个重大宣传报道活动;"逐梦他乡重庆人"完成采编报道30期,在重庆乃至全国引起广泛关注;宪法主体宣传网络晚会吸引179万网友线上关注;《擦一擦 看重庆长征沿线新变化》主题宣传被中央网信办进行全国推送。当红网开展"两学一做"学习教育、学习贯彻习近平总书记视察重庆重要讲话精神等主题宣传活动,开设纪念建党95周年、长征路上奔小康等专题栏目。重庆晚报迅网开设学习党的十八届六中全会、聚焦中央经济工作会议、温暖中国重庆行等专题栏目。西阳新闻网开展西阳"两会"、西阳基层发展巡礼等主题宣传活动,开设"习近平治国理政新思想——西阳篇"等专题栏目。武陵传媒网运用网言网语开展"寻源黔江"大型本土文化挖掘式报道。书香重庆网立足全民阅读,策划阅读文化专题74个,开展本土作家访谈44次,开设名人推书、书香访谈、书香视频等专题专栏,承办全民阅读进社区、丢书大作战等公益性阅读活动。

二、加快转型升级步伐,打造新媒体发展矩阵

2016年,重庆各出版单位积极依靠制度创新保障、人才队伍建设、重点项目引导等手段,加大在新技术、新媒体、新平台的应用和投入,加快转型升级、媒体融合发展的步伐,在手机报、微博、微信、客户端等方面打造新媒体矩阵。在年底召开的全国第二次数字出版转型示范现场会上,重庆出版集团、商界杂志社作重点发言,得到总局肯定。重庆日报报业集团、课堂内外杂志社、商界杂

志社列为总局32家转型示范单位重点跟踪单位。迪帕数字传媒、维普资讯入围全国新闻出版业数字化转型升级软件技术服务商推荐名录。重庆日报报业集团、重庆日报共同打造新媒体微信公众号"理论头条v",通过相对专业的解构和生动的话语方式,对党的理论进行通俗化的解读。重庆晨报依托集团全媒体生产平台,构建新媒体采编中央厨房,大力推动上游新闻网、上游新闻客户端和官方微博、微信建设,构建全媒体综合矩阵,目前网站日均UV47万,国内网站排287位,客户端下载量103万,官方微博粉丝601万,微信公众号关注50万。华龙网实施媒体融合发展战略,重庆App全面升级改版,下载量50万,微博粉丝200余万,微信公众号关注80万,集团手机报发行1021万。武陵传媒网、酉阳新闻网,充分发挥地域媒体影响力,构建地域特色媒体矩阵,家在黔江、酉州城事App下载量均在7万左右,酉名堂、微黔江微信公众号办得有声有色,手机报实现了本地域的高效覆盖。电脑报网官方微博粉丝突破百万大关,实现倍数增长,微信矩阵基本形成,客户端"必修"完成改版升级。重庆晚报慢新闻成功上线,微博粉丝405万,头条账号粉丝75万。书香重庆官方微信"荣获首届全国大众喜爱的50个阅读微信公众号""为你读书"等微信栏目广受好评。赛乐网阅读写作社区客户端顺利上线实现突破,西南师范大学出版社、重庆大学出版社等单位也纷纷开设墨语者等微博、微信公众号。

三、推进国家级基地建设,放大产业集群效应

两江新区国家数字出版基地是全国第二、西部首个获批的国家级基地。目前,基地占地面积20万平方米,建筑面积48万平方米,入驻基地企业数字出版及相关企业352家,其中上市公司4家,基地从事数字出版及相关产业人数24000余人,形成了5大产业集群:以华龙网、大渝网、晨报晨网、晚报迅网等为代表的互联网出版产业集群;以重庆大学出版社、课堂内外杂志社、迪帕数字传媒有限公司为代表的教育数字出版产业集群;以维普资讯、维望科技为代表的资源数据库出版集群;以完美世界、隆讯科技、五四科技为代表的网络游戏产业集群;以猪八戒网、享弘影视、爱奇艺为代表的数字出版内容创意和版权交易产业集群。2016年基地强化了几个方面工作:一是逐渐完善优惠政策。分类实施了《重庆北部新区管委会关于鼓励和扶持软件与服务外包产业发展的实施意见》等16项优惠政策,累计向入驻企业发放产业帮扶资金7756.62万元,发放股改上市补贴1390万元,减免返还房租等费用1331万元;投入10亿元设立"两江科技创新专项资金",累计向数字出版及相关企业投资5500余万元。二是努力构建基地公共服务体系。如鼓励扶持市场中介机构,为企业提供商标注册、知识产权及著作权申报等中介服务;促进市内5所高校开设数字出版专业,帮助毕业生进入基地工作、高校科研项目企业落地;投资8亿元建设重庆互联网学院,为企业提供智力和培训服务;设立基地人才培养专项经费。三是充分展示基地形象。2016年基地组团参加深圳文博会,荣获"优秀展示奖",得到总局阎晓宏副局长、数字出版司张毅君司长等领导肯定和表扬。

四、创新经营发展理念,努力探索盈利模式

努力聚合内外部资源,充分发挥自身资源优势,创新企业经营理念,积极探索新的经营模式,着力布局"互联网+"产业,寻求全产业链、多元化的发展。维普资讯致力推广"维普优先出版平台",为广大中小型期刊单位提供数字转型升级方案,全新开发的"维普论文检测系统"得到广大科研机

构用户的好评，同时加强与百度、淘宝的渠道合作，拓宽发行渠道。电脑报积极开展与读览天下的合作，《电脑报》单期发行量超过5000份，净收入58万，并顺势开展外刊订阅、历年出版图书和合订本的网络出版。西南师范大学出版社推进"图书+二维码""图书+听书"的出版新模式，探索与"懒人听书"合作开展有声图书出版；加大电子商务投入，实现天猫旗舰店的完全自营，全年与天猫、京东、当当、亚马逊合作实现销售317万元，较上年增长41%；采用多种"网纸互动"技术，合作开展"飞飞兔"系列幼教产品，在重庆、四川、贵州等地推广。重庆大学出版社探索建立网络出版、学习机终端、在线数字教育等多渠道盈利模式，重点建设以课书房为代表的在线数字教育平台，并与京东、超星、中国移动等运营商合作销售本版电子书，向步步高、科大讯飞进行内容授权，实现网络出版二次升值。赛乐网重点打造"先锋盛典""自然笔记大赛"大型活动，实现线上全媒体宣传，线下分类活动的联动，社会反响良好，寻找到了新的市场商机。

五、传承历史文明，推进历史文化作品数字化转型保护

抢救性保护重庆历史文化作品，通过技术手段，实现历史文化作品的数字化转型，最终达到保护和传承历史文化，提高历史文化作品的保护管理和社会服务水平。开展急需数字化转型保护的作品及文献资料调查，清理出急需抢救、实现数字化转型保护的各类历史文化图书28284种，历史文化报纸120余种，历史文化作品、手迹手稿、文献资料43412册（份），历史文化音频资料976份，各类历史文化视频资料1863份。经过调研摸底、专家论证、技术咨询等一系列工作，制定《重庆历史文化作品抢救性数字化转型保护2015—2019年工作方案》及《重庆市历史文化作品抢救性数字化转型保护财政补贴经费预算》，市财政投入专项资金1500万元，确立了通过数字化转换保护、资源数据库建设、应用平台搭建三大步骤，最终实现历史文化作品的转换保护和资源应用的工作思路。首批启动的三峡博物馆等4家单位推进有力，三峡博物馆扫描加工民国时期历史文化作品共计1586套，10676册，约151.82万页，完成项目计划总量的88%，并基本完成历史文化作品数字资源管理及应用系统的开发；重庆文化艺术研究院扫描加工川剧剧本、手迹手稿2182册，共计99476页，采集转换音视频资料1506份，约2000个小时，超量完成工作计划。2016年底启动重庆日报报业集团、三峡都市报、巴渝都市报等3家单位转型保护工作，将涵盖自新中国成立以来重庆地区所有主要报纸内容。

六、着力打造重点项目，实现发展战略突破

借力国家和市级多方资源，大力培育一批数字出版重点项目，保障企业经营发展的同时，以重点项目为引导，实现企业发展的战略性突破。"上游新闻—重庆媒体融合与转型升级平台""少年先锋报青少年数字化写作平台"等6个数字出版项目入选国家新闻出版改革发展项目库，"天健按需出版应用示范平台"等11个项目进入重庆市数字出版发展项目库。开展2016年度重庆数字出版专项资金申报评选，对"上游新闻—重庆媒体融合与转型升级平台"等8个项目进行资助，共计资助金额130万元。重庆大学出版社"基于教学行为大数据分析的知识服务云平台——库课智慧移动课堂"获得中央文化产业发展专项资金700万元资助。天健网建成"天健自助出版发行平台"，启动"天健按需出版应用示范平台""基于大数据的中国抗战大后方历史文化知识库"建设项目。重庆迪帕

数媒有限公司建成"开放式职业教育云服务平台及应用示范"项目，已在重庆、四川、安徽等多地推广。西南师范大学出版社完成"国培计划全国优秀研修成果数据库"建设项目，累计加工优秀教育研修资源14万余条；打造"易汉语"对泰汉语培训项目，构建针对"一带一路"沿线国家的针对性数字化教育项目。当红网积极打造重庆党建全媒体传播平台，牵头建设的重庆党建云项目通过验收。赛乐网与西南大学等高校开展合作，打造"读霸经典"阅读项目，已完成50部国学经典编译工作；赛乐阅读写作社区项目推进有力，相关功能建设完备，并实现了移动平台的布局突破。

七、把社会效益放首位，实现社会经济效益相统一

重庆各网络出版单位牢记新闻出版工作使命，遵循政策导向与市场导向，突出社会效益，注重企业健康持续发展，在做好新闻宣传和企业经营上下功夫，取得了较好的经济效益和社会效益。七一网刊发的渝组言文章《换届之年堪当人梯》受到读者广泛关注，在全市党员干部特别是组工干部中引起强烈反响。华龙网新闻传播力继续增长，在全国省级重点新闻网站中排名前三，居中国新闻网站被转载指数省级网站第一，其新闻专题《穿越直播 重返70年前英雄支撑》获第二十六届中国新闻奖网页设计一等奖，实现了重庆新闻界历史性突破；集团"互联网+"产业集群项目运行良好，即将入驻两江新区互联网产业园，股改工作顺利完成，上市工作稳步推进，全年实现营业收入25660万元。西南师范大学出版社在数字教育基础资源建设、国家和市级重点项目建设、出版传播模式创新、电子商务应用等发面有序推进，取得了较多的成绩，全年实现837万元，较去年有一定的增长。重庆晨报上游新闻在全国省级媒体新闻客户端排名第六，并获中国报协融合发展创新奖，全年网络出版营收800余万元。维普资讯继续保持数据库出版龙头企业的地位，各项新业务稳步推进，新增注册用户80万，日访问量稳定在50万—100万，全年实现网络出版营收9346万元。电脑报网网络出版收入大幅增长，同比增加28%，微博、微信公众号用户实现重大突破，业务的增长致使从事数字出版员工人数首次超越传统出版员工。

八、开展数字阅读活动，倡导绿色阅读方式

重庆数字出版企业推出众多主题鲜明、内容丰富、形式多样的数字阅读活动，得到广大市民的热烈欢迎和普遍好评。同方知网与重庆少年儿童图书馆联合举办"书香重庆E阅读——'知网杯'少儿数字阅读知识竞赛"，引导少年儿童学习正确的数字化工具书阅读、检索方法。华龙网开展"我爱·读书"全民阅读主题活动，覆盖主城及区县30所学校，辐射全市200万名中小学生，包括"为你读书"全民阅读公益活动、全市百万青少年阅读计划、"最具情怀的那些书屋"推荐活动、"唐诗宋词中的重庆"推广活动等多个项目。书香重庆网开展全民阅读活动进社区活动15场；策划开展"行走书香重庆"全媒体采访活动，组织重庆日报、华龙网、重庆电视台等10余家全市重点媒体相继走进20余家行业单位、区县、军营、国企等，共刊发播放新闻报道160余篇；联合掌阅科技在第九届重庆读书月活动期间推出数字阅读设备体验专区，并现场向市民发放8000册《全民阅读手绘图册》和500本本土原创书籍。

九、创新管理手段，提升服务水平

一是成立重庆市音像与数字出版协会。2016 年 10 月，重庆出版集团、重庆大学出版社、华龙网、猪八戒网等 39 家首批成员单位出席成立大会，协会将充分发挥桥梁纽带、参谋助手、行业服务等作用，营造健康有序、团结协作的发展环境，为重庆数字出版业提供一个相互交流及共享资源的平台。二是完成"重庆市数字出版产业投资效果研究""重庆数字出版'十三五'可持续发展保障措施研究"等课题，着力研究重庆数字出版业对国民经济的贡献、重庆数字出版产业关联等问题，提出了"十三五"期间重庆数字出版保障措施与实现路径，对提高重庆市数字出版产业投资项目的可靠性，增强数字出版产业投资的经济正向贡献度和影响力具有重要意义，为未来五年数字出版研究和发展提供了理论基础。三是注重数字出版人才培养。举办重庆数字出版高级人才培训班，邀请总局数字出版专家、一线企业老总和高等院校教授担任授课老师，确保培训的高水平、高质量和权威性。组织推荐重庆数字出版企业从业人员参加国家出版传媒企业数字化融合发展高级研修班、西部地区出版单位新媒体专题培训班等，着力解决重庆数字出版产业发展面临的观念、人才、知识更新等瓶颈问题。

● 数字出版产业发展报告

一、重庆数字出版产业现状

自 2008 年以来，重庆市数字出版业从无到有，形成了数字教育出版、网络游戏、网络出版、资源数据库出版、数字出版内容创意和版权交易 5 大产业集群，形成了以 5 大产业集群。全市现有 17 家网络出版服务单位，7 家国家级"数字出版转型示范单位"，网络出版单位数和数字出版转型示范单位数位居西部前列。域内 170 多家传统出版单位已不同程度实现数字化转型。

2013 年，重庆市率先探索建立数字出版产业统计制度，2014 年承担了国家新闻出版广电总局省级数字出版产业统计试点工作。较为全面的地掌握了本地区数字出版产业发展的概貌。

（一）重庆数字出版产业基本情况

截至 2016 年年末，重庆市数字出版相关法人单位为 554 家（不含非法人单位的事业部），其中，非传统出版单位数字化转型设立的新兴数字出版单位 313 家。

全年数字出版产业增加值增幅为 13.49%，连续三年稳定增长。2014 年、2015 年增幅分别是 11.4%、12.53%，增幅均高于当年地区国内生产总值增幅。2016 年，重庆市新增网络出版资质企业 2 家，共有网络出版企业 18 家。16 家数字出版企业增加值总额达到 4.621 亿元，为全市数字出版企业增加值的 4.78%。此外，7 家全国数字出版转型示范单位也取得不俗的成绩。

从事数字内容生产的从业人员为 2.53 万人，较 2015 年增加 0.08 万人，主要分布在两江新区、渝中区、九龙坡区，三地从业人员数占全市从业人员的 82.3%。

从业人员集中在三区的主要原因，两江新区是有国家数字出版基地，聚集了 256 家数字出版企业，从业人员达到 1.7 万人。渝中区是重庆传统的政治经济文化中心，众多传统出版单位集中在该地区。在数字出版的环境下，出版单位转型或者增设数字出版相关环节，实现身份转换，加之该地区设有互联网产业园，聚集一批数字内容创意人才。九龙坡区设有国家高新技术开发区，开发区内容软件企业较多人事数字出版技术研发，为数字出版企业提供了数字出版内容生产技术支撑。

从产业数据上看，重庆市数字出版业具有两大特征：一是增加值率高。全行业增加值率达到43.68%，数字内容产品生产的增加值率高达56.67%。二是对相关产业带动性强。项目组通过编制《重庆市数字出版投入产出表（2012）》发现，重庆数字出版产业在重庆市的国民经济投入产出表中的139个产品部门分类中涉及111个部门，影响整个数字出版产业的产业放大系数[1]为17.38倍，即数字出版业产值每增加1亿元，相关产业增加17.38亿元。

从新兴产业角度分析，重庆数字出版基本形成了产业成长性，对文化产业支撑力已经形成。综合考量重庆市近年来对数字出版产业的推动力度以及相关规划提出的目标任务，未来3—5年，重庆数字出版具有形成文化产业领导门类的基础。

（二）产业集群基本形成

到2016年期末，基本形成了五大产业集群，这五大产业集群对重庆数字出版业的贡献达到80%以上。数字教育出版对数字出版产业具有基础支撑。重庆数字教育出版发展拥有得天独厚的先天优势，尤其是基础教育、职业教育、素质教育等领域形成特色。西南师范大学出版社、重庆大学出版社、重庆迪帕数字传媒公司、课堂内外等开发了一大批优质数字教育出版资源；重庆天健互联网出版有限公司、华龙网等出版单位着眼大众需求，在新型数字出版业态领域进行了探索，取得了较好的发展态势。重庆晨报等新闻出版机构不断在媒体融合发展潮流中，探索构建自媒体—传统媒体的媒体融合发展道路，通过新闻创客空间等载体实现内容资源双向流通，打造以上游新闻、上游财经等为核心的"上游系"媒体矩阵；数据库出版持续发展。作为国内第一家数据出版单位，重庆维普深入探索丰富数据库出版业态，在打造的"中文科技期刊数据库"在基础数据积累方面，数量级不断提升，在地方数字出版业中优势明显，致力推广"维普优先出版平台"，为广大中小型期刊单位提供数字转型升级方案，全新开发的"维普论文检测系统"。维变全年实现网络出版营收9346万元；数字内容创意产业集群不断丰富，在猪八戒等本土数字出版企业的基础上，形成了有爱奇艺域外数字内容创意企业入驻重庆，提升了重庆数字内容创意产业集群的影响力和支撑力；动漫游戏产业集群基本形成。在重庆本土享弘动漫影视、重庆视美影视等本土数字动漫企业的基础上，形成了有完美世界、小闲在线、扬速等参与的动漫游戏产业集群，并形成了重庆数字出版业中，具有本土特色，又兼具发达地区思维的集聚特色。

（三）产业政策效应正在释放

重庆市数字出版业在国内起步相对较早。2008年重庆市新闻出版局就设立了科技与数字出版处，2009年批准设立国家数字出版基地，2011年1月发布国内首个省级数字出版发展指导意见。在重庆市文化委员会的指导推动下，重庆华略数字文化研究院正式成立。2016年12月成立了重庆市音像与数字出版协会，为国内首个省级数字出版协会。

从政策层面看，重庆市数字出版产业政策具有明显的叠加性。宏观层面，有西部大开发政策、城

---

[1] 注：产业放大系数是指某个产业的出现引起的其他产业的发展的程度，一般计算公式为：放大系数=被影响的产业总产出/影响产业总产出。

乡统筹试验区政策、两江新区政策、互联网+、创新创业、文化产业发展政策、战略性新兴产业政策，以及其他相关专项政策。中观层面看，有重庆市的科技创新政策、媒体转型政策、现代服务业政策等。

2016年，重庆市"十三五"发展规划相继出台，数字内容生产被纳入到《重庆市国民经济"十三五"发展规划纲要》《重庆市人民政府办公厅关于加快发展战略新兴服务业的实施意见》明确提出要"推进新一代信息技术在文化产业发展中的应用"。特别是在《重庆市社会事业发展"十三五"规划》《重庆市文化发展"十三五"规划》《重庆市出版业"十三五"发展规划》编制中充分考虑到了数字出版业的战略地位，将实施数字出版融合发展工程、两江新区国家数字出版基地、数字出版转型示范和融合发展、网络学术出版平台等纳入相关重点项目专栏，并作为重点发展领域或重点支持领域。重庆市文化委员会编制了数字出版专项规划——《重庆市数字出版业"十三五"发展规划》，明确未来5年重庆数字出版的发展目标、路径、重点领域等。重庆市经信委对经认定的数字出版重点实验室能力提升项目给予专项资金支持，主要用于购置先进的研发设备、试验检测设备、技术软件等；对重点实验室的技术创新工作优先予以支持，并择优推荐申报工业和信息化部重点实验室。

除此之外，自2011年以来，重庆市领导对加快重庆市数字出版产业发展方面每年都有专项批示。2017年重庆市政协第四届五次全体会议上，有关加快重庆数字出版产业发展水平的政协提案作为重点提案，由专委会督办。办理过程中，数字出版产业发展相关部门达成共识，多维度发展、协同作用，促进数字出版产业发展。

政策效应的释放有效地增强了数字出版产业集聚能力。重庆地区先后设立赛伯乐移动互联网、隆讯移动游戏、博恩互联网金融、猪八戒网文化创意、华龙网移动新媒体、德同、富坤等7只股权投资基金，基金规模达17.5亿元人民币。

二、重庆数字出版业融合发展情况

在推进产业发展过程中，重庆市坚持战略布局，规划导向，项目带动的原则，通过中央和重庆市的项目带动本地区数字出版产业整体发展。自2013年以来，重庆市有22个数字出版项目列入新闻出版广电总局改革发展项目库，7家单位列入新闻出版广电总局数字出版转型示范单位，设立重庆市数字出版产业发展重点项目35个。这些项目有效地带动了重庆市数字出版业态融合和体制融合。

（一）国家项目带动战略布局

2016年，重庆市有6个数字出版项目列入新闻出版广电总局发展项目库。项目涉项报刊网台融合、传统出版转型升级等方面。当年获得中央财政资金资助项目1个，获资助700万元。入库项目整合本单位资源和外围相关资源推进融合发展。

2016年入库项目"基于教学行为大数据分析的知识服务云平台——课书房智慧移动课堂"，以数字出版方式融合增强现实（AR）技术等技术手段，实现数字出版和传统出版的融合发展，着力点在优质教育教学资源的云采编、云生产和版权交易，以确保内容的优质、高效和分发，已建成平台课程2000余门，内容涵盖金融理财、生活服务、就业创业、专业资源等4个大类近20个小类。"壹笔·作文"由重庆出版集团和课堂内外联合开发的"壹笔·作文"共同承担，作为一款在线作文服务的App，集"读—问—写—订—用"于一体，运营一年来，已累积用户30万，成为众多名校语文老师和学生共同使用的作文类App。上游新闻下载用户量已超过200万，日均发稿量400余条，原创量达到30%，实现了重庆晨报全媒体资源的融合互动。从影响力看，上游新闻客户端在全国省级媒体新闻客户端排名第六，并获中国报协融合发展创新奖，全年网络出版营收800余万元。

此外，由重庆日报报业集团组织实施，2016年接受验收的中央财政资金项目——重报集团全媒体数字化转型技术支撑平台项目，投资1.1亿元，着眼生产流程重构，构建全媒体新闻采编综合业务平台、全媒体全流程出版安全管理平台、全媒体经营及整合营销平台、全媒体公众信息服务中心平台、集团综合信息管理平台、全媒体绩效考核系统平台共"六大平台"系统及全媒体经营系统。

（二）市级项目强化基础性建设

2016年，重庆市数字出版专项资金资助天健按需出版应用示范平台、商界内容数据中心、维普知识云图等8个市级项目。重庆天健互联网出版有限公司建设的"天健按需出版应用示范平台"，根据用户需求提供有效的知识出版服务，目前已经完成全部基础、构架设计，平台测试，即将上线运行；"基于大数据的中国抗战大后方历史文化知识库"整合全球抗战历史文化资源，进行结构化、碎片化加工，建立抗战知识服务体系。当红网积极打造重庆党建全媒体传播平台，牵头建设的重庆党建云项目通过验收。

这些项目的实施，一方面对梳理重庆本土历史文化资源，通过数字出版技术促进其传播，探索新的运营模式具有相应的示范作用；另一方面，在企业建设的基础上，通过财政资金投入，突出了重庆数字出版产业地方政策的引导和示范作用。

（三）转型示范企业的示范引领性不断增强

截至2016年期末，重庆市有国家级数字出版转型示范单位7家，重庆市级数字出版转型示范单位9家。转型示范单位遵循总结推广数字化转型先进经验，带动传统出版整体转型升级，推动数字出版产业加快发展的总体要求，积极探索传统媒体数字化转型的方法和路径。

各转型示范单位积极依靠制度创新保障、人才队伍建设、重点项目引导等手段，加大在新技术、新媒体、新平台的应用和投入，加快转型升级、媒体融合发展的步伐，在手机报、微博、微信、客户端等方面打造新媒体矩阵。

在2016年底召开的全国第二次数字出版转型示范现场会上，重庆出版集团、商界杂志社作重点发言，得到总局肯定。重庆日报报业集团、课堂内外杂志社、商界杂志社列为总局32家转型示范单位重点跟踪单位。迪帕数字传媒、维普资讯入围全国新闻出版业数字化转型升级软件技术服务商推荐名录。

华龙网实施媒体融合发展战略，重庆App全面升级改版，下载量50万，微博粉丝200余万，微信公众号关注80万，集团手机报发行1021万。武陵传媒网、酉阳新闻网，充分发挥地域媒体影响力，构建地域特色媒体矩阵，家在黔江、酉州城事App下载量均在7万左右，酉名堂、微黔江微信公众号办得有声有色，手机报实现了本地域的高效覆盖。重庆晚报慢新闻成功上线，微博粉丝405万，头条账号粉丝75万。书香重庆官方微信"荣获首届全国大众喜爱的50个阅读微信公众号""为你读书"等微信栏目广受好评。赛乐网阅读写作社区客户端顺利上线实现突破，西南师范大学出版社、重庆大学出版社等单位也纷纷开设墨语者等微博、微信公众号。

三、区域数字出版产业特色

2016年,重庆发挥内容建设对产业链的牵引作用,促进释放资源禀赋潜力、凝聚数字出版技术平台,促进数字出版产业发展成为具有区域特色、行业优势的特色数字出版产业。

(一)数字教育出版产业集群初显魅力

数字教育出版产业集群着眼于终身教育理念,融合域内各层级数字教育资源,形成了基础教育、中职高职及大学精品课程、微课堂产业群,继续教育产业群和能力提升教育群构成。其中,西南师范大学出版社的"课标教材网""名师E课堂"、国培计划数字教育平台用户持续上升;"易汉语"对泰汉语培训项目,构建针对"一带一路"沿线国家的针对性数字化教育项目。课堂内外杂志社开发建设的青少年文化教育数字服务及互动平台建设与运营平台,总投资2600万元,2016年基本完成建设工作。课堂内外杂志打造的"灵狐课外"持续发力;少年先锋报打造的"赛乐阅读写作社区"实现了赛乐苹果客户端和安卓客户端同时顺利上线;由中央财政资金资助,重庆大学出版社承担开放式职业技术云技术服务平台及应用示范项目,累计投资3160万元,完成所有建设任务,通过验收;重庆迪帕数字传媒的课书房平台以机械、建筑和电子三大领域为方向,形成了有5000门课程的职业教育平台;值得一提的是,《重庆市数字出版业"十三五"发展规划》中,提出要建设西部数字教育出版基地,这意味着重庆将集中优势精力打造数字教育出版,充分释放其产业聚集力和影响力。

(二)网络出版集群多元发展

重庆网络出版业资源丰富,业态齐备。内容资源既有以传统媒体作为支撑的网络出版形态,也有以全新形态呈现的原创网络内容形态,全市有18家网站获得国家颁发的网络出版资质,领先西部地区。运营业态主要有地方新闻门户网站、生活资讯门户网站、专业门户网站、数据库出版等形态。华龙网新闻传播力继续增长,在全国省级重点新闻网站中排名前三,居中国新闻网站被转载指数省级网站第一,其新闻专题《穿越直播 重返70年前英雄支撑》获第二十六届中国新闻奖网页设计一等奖,实现了重庆新闻界历史性突破;七一网刊发的渝组言文章《换届之年堪当人梯》受到读者广泛关注;电脑报网网络出版收入大幅增长,同比增加28%,微博、微信公众号用户实现重大突破,业务的增长致使从事数字出版员工人数首次超越传统出版员工。

(三)动漫游戏产业集群初具形态

外埠游戏企业不断抢滩重庆,国内领先的网络游戏企业完美世界斥资2亿元在重庆注册旗下最大独立企业,其业务包括完美世界移动游戏全球发行和运营平台以及其他新兴互联网业务。五四科技集团旗下的重庆小闲在线科技有限公司和重庆迅游科技有限公司着力自主研发网络棋牌休闲游戏和网络游戏开发运营,棋牌平台在线人数突破1万人,每月贡献收入100万元以上。重庆本土游戏产业最大的自发组织重庆游戏产业联盟整体入驻数字出版基地,丰富了游戏产业集群内涵,提升了产业集聚能力。

(四)数字内容创意产业集群日渐成熟

重庆猪八戒网络有限公司是国内成功践行和发展威客模式的网络企业,是中国最大的众创众包服务网站。2016年猪八戒实现营收5.89亿元，企业雇主用户超过600万家，服务商用户超过1300万家，买家遍及中国、美国、英国、日本和印度在内的25个国家和地区。猪八戒网荣膺"中国百强商业网站""中国最具发展潜力的网站"称号，并跻身"中国最佳商业模式"100强，是目前国内最为知名的威客服务交易平台。

（五）数据库出版集群发展强劲

以维普资讯、维望科技、西信天元企业构成了数据库内容加工制作、传播的产业集群发展态势较好，维普咨询收录有中文报纸400种、中文期刊12000多种，已标引加工的数据总量达1500万篇、3000万页次、拥有固定客户5000余家，形成了以条目为触点、知识体系为链条的多样化、层次化、专业化产品形态。维望科技、西信天元承担了重庆市古籍、历史文献抢救性保护、档案数字化的加工制作的主要任务。

供稿：重庆市文化委员会出版管理处　数字出版处
执笔人：陈瀚

四川省

● 数字出版工作

一、四川数字出版业发展情况

陕西省共有网络出版单位37家，其中网络游戏出版单位17家、其他网络出版单位20家（图书6家、音像电子4家、报刊7家、电子商务业务单位1家、新闻网站1家、音乐网站1家），其中45.9%为传统书报刊出版单位。

34家网络出版单位（排除新增4家）的2013年总收入为27.9967亿元、2014年为19.3403亿元、2015年为41.4871亿元，2015年资产总额为46.5579亿元。

2016年，全省数字出版实现销售收入近160.00亿元，增长33.3%，游戏企业营业收入超120.00亿，出版物电子商务销售收入20.00亿元，网络音乐销售收入10.00亿元，网络音像出版销售收入2.40亿元，网络文学和数字图书销售收入1.10亿元，数字教育收入6.00亿元，网络报刊也开始取得少量收入。

在数字化转型升级和融合发展方面，陕西省447种报刊（不含37种高校校报）的出版流程数字化率平均已达80.09%。分别是：96种报纸中有95种在采、编、发环节基本实现了数字化在线审稿，实现数字化转型，数字化率达到98.96%；233种学术性期刊中有183家实施数字化转型及开展媒体融合发展探索，数字化率达到78.54%；118种非学术期刊中有80种实施了数字化转型及开展媒体融合发展探索，数字化率达67.79%。

传统出版单位出版流程数字化率为88%。其中，图书出版单位共16家，已全面完成数字化转型升级，进入融合发展第二阶段初期，13家音像电子出版单位数字化率为66.7%。

二、四川数字出版主要工作

（一）强化顶层设计。2016年4月，四川省新闻出版广电局制定出台《四川省新闻出版广播影视"十三五"发展规划》，数字出版列入巴蜀出版工程、媒体传播能力建设工程、重点产业引领工程，着力打造完整的数字出版内容发布投送平台，生产创作更多优秀数字出版作品。2016年底《四川省建设"高清四川、智慧广电"专项改革方案》列入省委2016年改革工作台账，经省深改领导小组会议审议通过下发，改革方案总思路中提出加快推进"高清四川 智慧广电"建设，全面形成新闻出版广播影视全业务全流程全网络高清化、智慧化行业生态，总目标中明确提出产业发展实现转型升级，媒体融合发展取得重大突破。构建"四川媒体云"、实施数字化公共服务、加快媒体融合发展列入《改革方案》的8大重点任务，《改革方案》将成为陕西省下一步数字出版工作的纲领性文件。

（二）加强机构建设。新一届局党组高度重视陕西省数字出版业工作，经多方争取，7月底正式成立了数字出版处，编制5人，现已人员到位、职责落实。在我局指导和推动下，传统出版单位进一步加强了数字出版组织机构建设，在原有基础上成立了专门机构，积极探索建立适应融合发展模式下的新运行机制，对内容、渠道、平台、经营、管理进行深度融合，推动出版内容、技术应用、平台终端、人才队伍共享。

（三）注重标准引领。四川省一直将标准化作为数字出版发展的重点工作，推动ISLI、MPR、CNONIX等国内国际标准的应用。三家单位承担了国家数字复合出版系统工程应用试点，通过对标准和技术的消化，成功推出了《封面传媒》及川报全媒体集群，规划了《涉藏图书选题分析及读者服务平台》。部分出版单位采用MPR标准和虚拟现实技术，实现了纸网互动，在儿童图书市场取得良好效益。标准的应用，对陕西省出版业数字化转型升级形成了良好示范，为破解长期困扰出版业发展难题提供了样本。

（四）全力推动融合发展。四川省高度重视出版业在完成数字化转型升级基础上加快实现融合发展，数字化转型升级是融合发展的基础，融合发展是转型升级的目标和高级形态。一是强化规划落实，要求全省各级新闻出版广电行政部门和出版单位按照《四川省新闻出版广播影视"十三五"发展规划》《全省推进新闻出版广电传统媒体和新兴媒体融合发展工作方案》，明确时间表、路线图、任务书，对照年度目标和五年目标细化分解任务。2016年召开了报刊、图书版块融合发展现场会，组织了348家报刊出版单位396人参加报刊媒体融合发展培训。明确年底全省报刊、图书等传统出版数字化率达到80%，2017年达到90%。二是强化项目带动，抓住今年省委实施"项目年"机遇，合理设计和规划项目实施，着力推动纳入省级重点项目、省级重点推进项目、各地重点推进项目，把每个项目逐一落实到责任主体上、资金投入上和要素保障上。三是强化跟踪督查。为确保全省出版业融合发展目标实现，全省各级新闻出版广电行政主管部门根据各市州和省级有关单位制定的精确细化项目指标，进一步加强跟踪测评、效果评估和调研督查，提升媒体融合科学发展水平和各项工作落地落实。

供稿：四川省新闻出版广电局数字出版处

执笔人：陈秭旭

贵州省

● 音像电子与数字出版工作

（一）按时完成了2016年度音像电子出版选题计划的评估、论证、上报工作。通过"音像电子出版物专用书号实名申领信息系统"向总局报送选题48个，圆满完成了省内电子音像出版单位年度出版计划的审核和上报工作。其中，音像出版选题7个，约占总选题数的15%；电子出版物出版选题41个，约占总选题数的85%；7个音像出版选题均为合作出版。从选题类别上看，社科类17个，文化艺术类30个，少儿类1个，内容涵盖经济、社科、艺术等方面。从总的情况来看，电子出版物出版选题较去年有所增加。

（二）积极推动贵州省数字出版、网络文学及手机文学的健康发展。贵州省新闻出版广电局数字出版管理处于2015年11月15日下发了《关于开展2015—2016年度数字（电子）出版和网络文学、网络视听作品（节目）选题论证评估申报工作的通知》，并于2015年11月18日—20日赴各有关单位进行数字出版和网络文学、网络视听作品（节目）选题论证评估，共收到各有关出版社申报选题27个。完成贵州教育出版社《朱天衣的作文课》（全5册，函套平装）和贵州人民出版社《我歌我快乐——贵州同步小康优秀民间歌谣省选本》《观山湖年鉴（2016）》《南明年鉴（2016）》书配盘出版的审核和音像制品条码的核发。

积极要求和指导各传统出版单位申办《网络出版服务许可证》依法从事网络出版服务。在贵州省新闻出版广电局数字出版管理处的要求和指导下，贵州科技出版社有限公司已取得网络出版服务资质。多彩贵州网有限责任公司和贵州人民出版社有限公司也正在申办之中。

（三）积极推动传统媒体和新兴媒体融合发展，按计划完成省级行业指导意见。11月底全面完成《贵州省新闻出版广电传统媒体和新媒体融合发展调研报告》《贵州省新闻出版广电传统媒体和新媒体融合现状、问题及发展建议》《贵州省新闻出版广电传统媒体和新媒体融合发展指导意见》和《贵州省新闻出版广电传统媒体和新媒体融合发展蓝皮书》。

（四）进一步推动贵州省传统媒体数字化转型工作。按总局要求，对贵州日报报业集团、当代贵州期刊传媒集团和贵州磅礴传媒集团有限公司的"云上空间"文化创意产业孵化中心及媒体应用平台、中国党刊数据中心及党建出版云平台和磅礴全媒体数字系统建设项目进行了情况调查；对当代贵州期刊传媒集团的数字出版情况进行了统计；对贵州出版集团"特色资源全媒体出版及数字产品走出去"项目进行了检查和督促，全面加强了全省新闻出版业数字化转型升级项目管理工作。

（五）强化行业监管。组织全省新媒体审读员认真学习了国家新闻出版广电总局、工业和信息化部联合发布的第5号令《网络出版服务管理规定》，进一步提高贵州省网络出版审读员的业务素质，明确审读职责，规范网络出版审读，确保贵州省网络出版安全。

下发《关于报送"两微一端"有关信息的通知》，收集了全省新闻出版广电行业31家官方微博、55个微信公众号、9个新闻客户端的有关信息，规范了全省网络出版服务工作，促进网络出版业健康有序发展，特别是加强了对新媒体的服务和管理。

（六）积极完成总局下达的相关调研工作。指导贵州出版集团认真完成总局大数据调研及贵州省数字化转型升级项目单位座谈会。

（七）举办贵州省数字化转型和融合发展专题培训班。邀请了总局数字出版司副司长冯宏声、总局信息中心技术总监孙卫、总局数字出版司网络出版监管处处长张怀海、贵州民族大学传媒学院院长颜春龙、贵州民族大学新媒体系系主任郑勇华等领导和专家分别对新闻出版业"十三五"时期转型升级与融合发展的工作思路、《网络出版服务管理规定》、大数据视野下美国媒体融合发展对贵州媒体发展的启示、出版业融合发展方向、贵州媒体融合的难点痛点目标和路径等进行了专题讲解；局党组成员、副局长杨庆武同志以"文学—网络文学—网络出版—网络文学出版产业"为主题做了精彩的专题授课。省内有关图书、报刊、音像电子、网络出版等单位数字出版部门的领导及编辑共87人参加了培训。本次培训达到了预期的效果。

二、存在的问题和建议

（一）人才匮乏，尤其是新媒体采编人才，必须下大力气，加大对新媒体从业人员的培训工作，建议我局出台新媒体高层次人才引进政策，鼓励个单位加强对领军人才培养与引进，大力开展一流人才队伍的建设。

（二）部分传统媒体单位在转型的过程中，对从业人员，尤其是新进人员的新闻出版行业法律、规章学习培训不够。

（三）数字出版的升级转型和媒体融合工作是实现贵州省新闻出版广电业形成导向正确、立体多样、传播高效、可持续发展的现代传播体系，也是争取实现"弯道超车"、跨越发展的重要工作，目前大部分出版单位数字出版项目均是社会效益为主的项目，基本上没什么经济效益，且投入大，周期长。建议局党组加大对数字出版项目的扶持，希望省出版基金向数字出版项目倾斜。

供稿：贵州省新闻出版广电局数字出版处
执笔人：李帆

云南省

● 音像电子出版

一、做好2016年度音像电子出版379种选题计划和增补选题的出版工作

今年1月—12月，出版音像出版物199种，电子出版物48种。

2016年，云南省379种音像电子计划选题和增补选题至目前的出版实现率为65%，选题注重把社会效益放在首位，以社会主义核心价值观为引领，立足于充分发挥云南边疆、民族的出版资源优势，力推"高峰"型精品力作的出版。2016年，有2个音像作品获得第六届中华优秀出版物奖，2个音像作品获提名奖。

二、切实推动国家"十三五"重点出版规划申报实施工作

有《云南少数民族民间戏剧》《云南少数民族民间传统民族医药系列——傣医药、彝医药、藏医药》《怒江之声》《救亡之旅——怒江各民族群众援救中国远征军人员纪实》4个音像项目进入国家"十三五"重点出版规划首年,针对这一情况,在陈德金副局长的具体指导和带领下,开展调研,分析存在的问题,研究推进工作对策,拟定今后增补工作的措施,力争工作有所突破。

三、做好2016年主题出版的引导和申报工作

动员、审核上报《西南联合大学名人访谈录》(中英文音像出版物)、《云南往事》等8种关于中国特色社会主义和中国梦、社会主义核心价值观、中国共产党成立95周年、红军长征胜利80周年音像主题出版选题。虽然最终没有入选总局音像电子出版物主题出版物的24种之中,但其将作为重点出版物推动出版。

四、积极争取国家扶持,推动实施精品出版

一是积极指导出版单位申报2016年度民族文字出版专项资金扶持。动员、指导和帮助省音像电子出版单位、党报的民文网站策划了18种民语(文)音像电子出版项目,今年有2种音像1种数字出版项目获得总局民文出版专项资金233万元扶持。二是积极指导出版单位申报2017年度国家出版基金,完成了对《考古云南——云南历史文化发展脉络探寻》等9个项目申报资料进行了逐一修改、审核并上报工作。三是广泛动员并推荐《茶舞江山——小探马》《小小糖果护卫队》《奔跑吧,足球》3部动漫作品申报2016年"原动力"中国原创动漫出版扶持计划项目。按照总局《关于实施"中国原创游戏精品出版工程"的通知》要求,推荐云南天之游科技股份有限公司申报了移动游戏《刀塔西游》。

五、完成各种评奖推优工作

参加评奖推优既是检验优秀出版物又是激励出版单位追求精品出版的有效措施,将推荐上报各种评奖推优工作作为加强并提升行业服务水平的要求,通过网络信息及时关注总局动态,第一时间将各种评奖推优传达到出版单位,并对上报的申报书进行认真审核和把关,完成了2016年向全国青少年推荐百种优秀出版物、第六届中华优秀出版物奖的申报工作,第四届中国出版政府奖的相关申报工作。其中,云南教育音像出版社的《云南少数民族民居》和云南民族文化音像出版社的《最后的遗产——云南8个人口较少民族原生音乐》获第六届中华优秀出版物(音像电子游戏出版物)奖,云南民族文化音像出版社的《云南民族民间手工刺绣》和云南教育音像出版社的《世界文化遗产:哈尼梯田——雕刻大山的杰作》获第六届中华优秀出版物(音像电子游戏出版物)提名奖。

六、加强音像电子网络出版审读，确保出版导向正确

通过强化"三审"制和日常审读工作机制建设，加强出版的事前、事中、事后审读力度，引导出版单位切实履行传播正能量、唱响主旋律的责任担当，推出更多优秀的音像、电子、网络出版物。

（一）严格做好音像电子出版选题批准出版前的小样审读。在出版导向把控中，一是时刻具备高度的政治敏锐性。有些选题从大的方面并不违反国家禁止出版的内容，但考虑到公开出版物面向市场发行，其所承载的社会价值宣导作用不容忽视，因此需严格把关。二是认真细致，不放过任何一个审看疑点。面对一个音像电子出版物，内容包含文字、图片、视频、声音等，不能单从其名称或是篇章目录去判断导向和内容好坏，必须对其内容进行全盘审看把握。比如宣扬狭隘的个人成功幸福观的出版物虽然会有相当的市场受众，会产生一定的经济效益，但其未能担当作为公开出版物社会主义核心价值观引领的社会责任，应不予审批。

（二）做好专家审读。2016年，省音像、电子、网络出版审读工作着眼于认真贯彻落实习近平总书记系列重要讲话及在党的新闻舆论工作座谈会上的讲话精神，下发《云南省新闻出版广电局关于做好2016年度全省音像电子网络出版审读工作的通知》，召开了2016年度全省音像电子网络出版审读工作会，新聘7名音像、电子出版审读员、9名网络出版审读员，负责日常审读工作。除开展好全年的日常审读外，今年9月开展了2项专项审读，一是对省国家基金和民文资金项目及重点音像电子出版物专项审读，着力提升全省精品音像电子出版质量；二是开展重大节日和重大节点期间全省网络出版专项审读，确保网络出版导向正确、空间清朗。今年，一位审读专家在对已经通过了国家重大选题备案后的出版物审读中发现某落马高官画面，虽然该音像制品已通过总局重大选题备案，同意出版，且内容制作并首次出版时该高官尚未案发，但今年作为民语译制再版就存在明显问题。第一时间通知出版单位停止复制和发行，已复制完成的出版物集中销毁处置，待内容修改完成，经再次审读后，方可复制发行。

七、加强民文出版调研和研究工作，推进云南省民族文化及民文出版工作

一是到临沧、普洱、版纳调研，了解、挖掘当地特色、优势出版资源，为申报国家出版基金、民族文字出版专项资金、主题出版及精品出版储备出版项目。二是参加局民文调研组到内蒙古进行调研并负责调研报告的撰稿工作。三是协助局政策法规处完成《民族文化出版服务和助推民族团结进步示范区建设研究》音像电子出版方面的调研撰稿工作。

● 数字出版

一、在全省开展"清朗"专项行动

根据总局《关于深入开展"清朗"专项行动的通知》要求，联合局网络视听节目管理处下发了《云南省新闻出版广电局关于深入开展"清朗"专项行动的通知》，在全省全面排查网络出版、网络视听节目中存在的违法违规问题并严肃查处违法违规行为。"七一"前夕，通过通知及时删除并约谈、勒令其加强整改等方式，及时有效查处了某重点门户网站论坛中登载的《杨尚昆日记披露——

胡耀邦临终忏悔的真相》政治有害内容，避免了政治有害内容进一步传播。

二、积极配合省"扫黄打非"办开展对政治有害、淫秽色情等非法网络出版物的清查工作

完成对省"扫黄打非"办转来的1件群众举报线索的核查，对网络小说《乡村乱情》提出了涉嫌登载传播淫秽色情内容的审读意见；对省"扫黄办"交办的7批次150种政治性和民族宗教类非法出版物进行了网络清查，及时通知"云商汇"等2家涉及网站清除相关政治有害内容。

三、完成"云南省网络出版监管系统"升级改造项目建设并投入使用

完成了"云南省网络出版监管系统"机房建设和升级改造项目建设并投入使用，为全省网络出版日常监管提供了功能更加强大、监控范围比较全面、高效实用的技术监管平台，实现对违法违规网络出版行为的及时发现和查处，坚决遏制不良网络内容的出版传播，进一步维护良好的网络出版秩序。

四、做好《网络出版服务管理规定》的宣传工作

做好总局发布新修订的《网络出版服务管理规定》（自2016年3月10日起施行）宣传和执行工作，通过网络积极做好网络出版新规的宣传，二是做好宣传培训。在全省"边境绿色栅栏"工程培训班上进行网络出版行政监管培训授课，促进全省网络出版相关网站依法依规办网、提高全省各州市对网络出版的行政监管和执法水平。三是下发了《云南省新闻出版广电局关于加强全省网络出版管理的通知》，要求各州市新闻出版广电局加强网络出版管理，各图书、报纸、期刊、音像、电子、网络出版单位加强网络出版自我管理。

供稿：云南省新闻出版局广电局数字出版处

陕西省

● 数字出版工作

一、积极开展"质量精品年"活动，突出示范引领，推动传统出版转型升级

（一）大力推动精品生产。强化内容质量管理，结合全民数字阅读活动，组织重点出版企业、大型网站和内容投送平台积极开发数字阅读产品，其中三秦出版社的《三秦瑰宝》数字化影像技术应用项目、陕西师范大学出版总社的汉籍数字图书馆等重点数字出版项目已于2016年顺利

完成。

（二）组织陕西省4家全国示范单位参加全国第二次数字出版转型示范现场会，其中3家单位作了大会交流发言。开展传统出版转型示范动态评估工作，学习推广转型发展经验，发挥数字出版转型示范单位的标杆引领作用。

（三）通过实施项目引领，组织省内出版单位策划申报文化产业发展专项资金和新闻出版改革发展项目库。陕西新华出版传媒集团等3家出版单位获得2016年度中央文化产业发展专项资金支持，陕西华商传媒集团等5家出版单位入选新闻出版改革发展项目库。

（四）加强数字化转型升级项目管理。建立项目备案制度，及时掌握项目进展，并按时向总局提交项目管理工作报告。其中西安电子科技大学出版社的"电子信息类高等教育资源新型服务系统"I期项目已顺利建成运行，并于2016年完成了项目验收。

二、强化主体责任，大力推进基地园区建设

（一）鼓励引导国有出版企业参与基地建设、项目合作、业务拓展。2016年基地完成销售收入113亿元，在全国十四家基地中排名第五位，并被评为2016年度新闻出版产业优秀基地。

（二）做好西安国家数字出版基地建设工作。总建筑面积24万平方米的基地示范区项目为集研发设计、办公及办公配套为一体的多功能产业园，预计于2017年底建成。基地二期建设用地25亩，建筑面积约1.8万平方米，已于2016年3月建成投入使用。

（三）组织基地企业参加2016年5月在深圳召开的第十二届中国文博会数字出版展示交易会，开展推介招商活动。

三、强化网络出版监管，净化网络空间

（一）严查违法违规网络出版行为。今年以来，发现"番茄小说网"等12家网站涉嫌登载违法网络出版物，其中"新浪网""课外书阅读网""内兄小说网""晨辉小说网"上报总局协调处理，"美文阅读网""番茄小说网"函告省通信管理局予以关闭。对违法网络出版物《流氓燕》《盛开》进行了封堵查处。

四、坚持落细落小落实，做好行业管理服务

（一）组织相关技术企业申报全国新闻出版业数字化转型升级软件技术服务商，陕西省两家企业入选总局推荐名录；完成首批新闻出版业科技与标准重点实验室申报工作；组织网络出版服务单位申报第四届中国出版政府奖；组织相关人员参加总局举办的国家数字出版基地专题业务培训、数字化转型专题培训、移动游戏管理等培训班。

（二）开展数字出版人才培训及行业交流。做好新修订的《网络出版服务管理办法》宣贯工作，举办了"数字产品策划及运营"培训班，对数字产品的产品设计、版权与数字资产管理和转型升级项目管理实践进行了讲授，为陕西省出版单位在数字化转型发展中找准定位，做好顶层设计和项目策划，提供了经验和思路。

（三）网络游戏出版工作取得新突破。认真执行总局《关于移动游戏出版服务管理的通知》的有关规定，陕西三秦出版社成为陕西省首家开展网络游戏出版业务的出版单位，并于年内审核上报了10款移动游戏。

供稿：陕西省新闻出版广电局数字出版处
执笔人：孙震

甘肃省

● 数字出版工作

2016年，甘肃省新闻出版广电局深入贯彻习近平总书记关于做好意识形态工作系列重要讲话精神及2016年全国新闻出版广播影视工作会议精神，制定了全年工作目标，以年度重点工作考核责任书为抓手，扶持重点数字出版项目，推动新闻出版单位数字化转型，较好地完成了全年各项工作任务。

一、圆满完成全省数字出版转型示范单位评估工作

2015年，为进一步深化甘肃省传统出版单位数字化转型示范工作，加快传统出版业向数字出版升级转型步伐，促进数字出版产业快速发展，克服资金短缺、技术难度大、时间紧、任务重、人手少等诸多困难，合理安排部署，在全省范围内组织评选出兰州大学出版社有限责任公司、甘肃教育出版社有限责任公司、甘肃文化出版社有限责任公司、现代妇女杂志社等4家出版单位为陕西省首批省级数字出版转型示范单位。在此基础上组织动员了读者出版传媒股份有限公司、兰州大学出版社有限责任公司等5家有资质的出版单位和出版集团申报第二批国家级数字出版转型示范单位。读者出版传媒股份有限公司当选全国期刊类数字出版转型示范单位，这是甘肃省出版单位首次入选国家级数字出版转型示范单位名单，填补了空白。2016年年初，争取经费制作了国家级数字出版转型示范单位标牌和省级转型示范单位标牌并及时进行了标牌发放。至此，"第二批转型示范单位评估"工作圆满完成，此项工作必将推动甘肃省传统出版单位更好更快地向数字化转型升级。

二、积极推进传统新闻出版业务数字化转型升级工作，一批出版单位取得突破性进展

2016是"十三五"的开局之年，甘肃省新闻出版广电局以重点项目扶持为抓手，努力推进全省传统新闻出版业务的数字化转型升级工作，一批出版单位取得突破性进展。这在一定程度上能够反映出甘肃省出版行业在整个"十三五"规划中的前进思路和发展方向，同时对今后数年的发展也将起到较大的影响。

（一）甘肃民族出版社

甘肃民族出版社是甘肃省唯一一家民文出版单位，2016年争取到中央投资数字出版基础设施专项资金400万元、国家民族文字出版专项资金270万元，资金均已到账，项目均已启动。2016年申报的《格萨尔说唱艺人电子有声读物》被列入"十三五"国家重点图书、音像、电子出版物出版规划。此项目是该社在数字出版发展中的一大突破，为公司数字化出版的发展带来了新的方向和活力。

（二）甘肃飞天电子音像出版社

甘肃飞天电子音像出版社立足现有业务资源，在做好传统业务同时，依托重点项目契机，积极布局数字化业务，为业务发展的多元化、市场化转型升级奠定基础。裕固族主题重点项目《天鹅琴的传说——裕固族民间故事集萃（裕固语多媒体动漫故事库）》获得少数民族文化事业发展补助资金100万元，已与西北民族大学开展项目合作。"裕固语数字教学平台"建设示范项目已获得中央投资240万元，计划于2016年12月31日前完成招标工作、启动项目。

（三）甘肃省声像教材出版社

2016年，甘肃省声像教材出版社的《现代教育与技术》互联网期刊受到了越来越多教师的关注与肯定，网站注册人数达到5000多人，点击阅读人数累计100余万人次，转载及引用数据逐步攀升，已成为广大教师展示教学成果、交流教学经验的园地。2016年申报的"东乡县双语教育多媒体教学示范项目"已获得中央投资资金240万元，计划于11月底进行设备招投标工作。

（四）兰州大学出版社

兰州大学出版社围绕以数字教育资源、电子书与手机阅读、专业特色数据库建设为主要形态的产品开发思路，坚持合作开发与自主研发相结合，积极有效地推进数字出版的核心业务发展。在完成了多款教育资源与数字化教育产品的基础上，积极开发手机阅读、电子书平台、移动书城等数字阅读项目，《丝绸之路历史文化数字资源库群与投送服务平台建设》项目获中央文化产业专项资金的资助，目前正在进行项目前期规划与资源收集工作。

（五）甘肃教育出版社

甘肃教育出版社数字出版部以数字教育平台、纪录片图书微视频、敦煌学与丝绸之路文献著作数据库、电子图书为主要研发思路，坚持以自主研发为主，合作开发为辅，积极探索与推进数字出版业务的发展。该社的"《读者》电子书包"、"数字教辅平台"、"微信小店和淘宝店铺"等项目都在有条不紊地开展中。

（六）甘南日报社

甘南日报社2016年申报的民族文字数字出版设备项目、民文数字印刷设备项目已获得中央投资资金总计400万元，目前资金已到位，现正在向政府采购办打报告并组织采购招标工作，计划2017年6月底全部完成。

三、积极开展全民数字阅读专题活动的相关工作，探索促进网络文学出版繁荣发展途径

根据国家新闻出版广电总局办公厅《关于开展 2016 年全民数字阅读专题活动的通知》精神，甘肃省新闻出版广电局及时向各相关出版单位进行了转发，对活动方案事宜进行了安排部署，对活动开展进行了积极组织动员。自 3 月份开始，甘肃省新闻出版广电局对几家有意向开展网络文学创作尝试的单位进行了走访，开展了座谈，对活动的开展形式、内容及面对的受众和运行模式等进行了深入的探讨。在此基础上，甘肃弘远文化传播有限公司利用微信公众平台"西北民俗体验厅"开展"找回失去的年俗"网络有奖征文活动；兰州大学出版社积极开展天翼手机阅读物的制作和发布，并在"书问"电子书平台上传了该社图书 180 本，开发建设了移动书城——兰大书缘等，积极有效地宣传推广数字阅读，取得了较好的成绩，产生了一定的影响。

四、结合新颁《网络出版服务管理规定》宣传贯彻任务，做好培训工作

国家新闻出版广电总局、工业和信息化部公布《网络出版服务管理规定》，自 2016 年 3 月 10 日起施行。《规定》对网络出版服务许可、网络出版服务管理、监督管理、保障与奖励，以及法律责任做出了说明。甘肃省新闻出版广电局以《网络出版服务管理规定》出台施行为契机，认真开展了针对全省传统出版单位和数字出版单位的解读培训。

五、精心组织、严格审核，积极申报出版单位数字出版项目

根据国家发展改革委社会司、国家新闻出版广电总局财务司《关于做好"十三五"时期广播电视出版基础设施建设调查工作及 2016 年中央投资安排工作的通知》精神要求，甘肃省新闻出版广电局紧急安排部署，多次召集相关出版单位负责人传达文件精神、提出项目申报要求，对甘南日报社、甘肃民族出版社等 6 家符合申报条件的申报材料、项目预算、项目可行性报告等资料逐家审核，严密把控，多次召集相关单位负责人及省上专家对各出版单位的项目可行性报告进行论证，力求上报项目切实可行。几经反复，多次修改，最终上报 5 家单位 6 个项目总资金 1510 万元。目前 1510 万元资金已全部拨付到位，各单位项目均已启动，设备招标采购正在准备中。

六、融合创新范例："读者数字农家书屋"范例材料

读者甘肃数码科技有限公司（以下简称"读者数码"）是读者出版传媒股份有限公司控股子公司，于 2010 年 5 月注册成立，注册资金 2141.18 万元。公司自成立以来，一直秉承"推进数字出版、做强读者品牌"的发展理念，逐渐形成了以"读者云图书馆"为主体，以细分市场行业用户需求为导向，打造"读者文化生活馆"创新文创生活品牌的多业态共存发展的多元化格局。公司现已打通数字出版全产业链各个环节，在硬件研发生产、数字内容制作、移动 App 开发、综合数字阅读平台搭建、无线网络工程架设等多方面具备丰富的行业资源和从业经验。

公司积极关注终端产品的传播环境，基于传统的互联网技术和新的移动互联网技术，自主开发建设的数字平台"读者云图书馆"项目是国家新闻出版总署"十二五"规划中的重点项目，具有丰富拓展能力的综合数字出版阅读平台，经过拓展之后，可通过为中小学等单位提供全方位覆盖室内场所、具有良好的稳定性、可扩展性和可管理性的无线网平台，为教学、科研、管理提供稳定、可靠、安全的无线网络环境。在此基础上为用户配发电子墨水屏阅读器、平板电脑、双屏手机等设备，提供符合用户需要的定制内容。弥补中小学语文基础教育阅读资源不足的普遍问题，电子墨水屏阅读器定制系统，内容可高度定制化，便于监管，覆盖人数达到15万人。并研发了子项目，为"读者数字农家书屋""读者数字校园图书馆"项目，已在甘肃多地实施，技术先进，易推广普及。

现主要将"读者数字农家书屋"项目范例作如下陈述：

（一）基本情况

"读者数字农家书屋"是甘肃省新闻出版广电局和甘肃省财政厅牵头，读者甘肃数码科技有限公司（以下简称读者数码）全国首创落地实施，共同推出的基于无线Wi-Fi覆盖技术和智能移动终端服务的互联网项目。目前，"读者数字农家书屋"已在甘肃省庆阳市65个新农村试点成功，试点区域无线基站使用人数比例达到90%以上，登陆读者云图书馆、"读者数字农家书屋"端口人数比例达到95%以上。

（二）项目特点

1. 双平台体系

纵向来看，"读者数字农家书屋"通过传播讯息打通自上至下的每一个领域，利用互动机制反馈讯息，是一套双向互通的信息服务体系。在政府层面，依托该体系传播各地新鲜资讯，实现数据共享；在地方层面，整合利用教育、医疗、计生、社保、低保等信息系统和公共服务资源，支撑返乡创业、帮扶救助等政策落地。

横向来看，"读者数字农家书屋"除了满足阅读需求，还可以整合县域资源，对接成熟电商企业，建设电子电商综合服务体系，拉近贫困户与市场的距离，促进农产品进城，形成当地特色产业。

2. 网络全覆盖，扶贫无死角

"读者数字农家书屋"采用无线Wi-Fi免费接入+移动手机App模式，直接到达个人，效率高，成本低，覆盖面广。村民只要打开手机连上定向的免费Wi-Fi信号，即可无门槛接入网络，无缝畅读。独特的定点覆盖型无线网络架构，解决"有限成本内覆盖范围有限"难题。

针对农村留守老人、儿童、残疾人士等不便阅读的人群，"读者数字农家书屋"推出"听书"功能，集成百度语音后端资源进行云语音识别，进行情感语音合成；在少数民族聚集地，"读者数字农家书屋"通过与民族出版社等具备少数民族书籍出版资质的单位合作，深入到少数民族地区，为各族同胞提供服务；针对贫困大学生、返乡创业人员、待就业人员，"读者数字农家书屋"能定制推送惠农贷款、助学贷款等金融信息服务，也能够为农村创业项目提供包装、策划、人员培训、实习合作等服务。

3. 大数据采集，扶贫更精准

"读者数字农家书屋"可以通过后台为每个贫困户建立数字化档案，一户一档案对贫困人员开展跟踪监测和统计分析。通过大数据让信息服务下沉，深入贫困农村，实时掌控贫困户的变化情况，确保扶贫措施精准到户，为各级政府部门提供信息采集、管理、分析支撑，推动县域经济科学化发展。

4. 社交互动，提升精准扶贫服务

"读者数字农家书屋"有着完备的线上互动机制，具备"评论、留言、在线咨询"等拓展功能，可以及时反馈农民需求；"图书专题"版块，可以结合当地民情因地制宜的策划制作农民喜闻乐见的专题内容；"线上社区"版块，将为农民提供便捷实用的社交平台，使农民以互联网思维武装扶贫思想，利用互联网为群众赋权，不仅可以引导群众知网触网，更可以为精准扶贫提供更高效的服务。

5. 硬件制造+供应链保障，技术实力看得见摸得到

"读者数字农家书屋"依托"读者"品牌强大的技术实力和软件开发能力，并且借助"读者"品牌深耕数码硬件终端市场多年的丰富经验，为基层群众直接提供价格低廉、性能卓越的平板电脑、双屏智能手机、高端便携笔记本等硬件设备。由读者数码垂直整合国内优秀供应商打造的各类数码硬件设备，借助互联网技术直达基层农村。读者数码专注于少数民族地区的互联网文化传播，精心和甘肃省民族出版社合作，打造了独家藏文系统的安卓平板电脑投入特定市场。

基于此，"读者数字农家书屋"可以说兼具响应国家政策号召以及市场化用户需求，能够在市场化盈利方面保持竞争力的同时，能够拿出切实可行的方案确保国家政策落地。

6. 文化+科技，齐头并进

作为国内老牌文化企业，读者集团在数字出版领域取得了显著成绩，读者数码已经成长为甘肃省内唯一、西北地区领先的具有各项数字出版资质的互联网企业，现已打通数字出版全产业链各个环节，从硬件研发生产、数字内容制作、无线网络工程架设等多方面，具备丰富的行业资源和从业经验。有着专业的版权引进、数据加工、新媒体运营、图书编辑、移动终端硬件研发、软件开发技术团队。读者数码深圳分公司身居国内东部沿海发达地区，由国内顶尖的技术工程师来专项负责对"读者数字农家书屋"项目的软件持续开发和新技术的引进完善工作。

另外，读者数码一向重视网络数据安全，公司拥有专业的网络通信安全管理资质，现有项目都采用行业领先的数据加密技术。

供稿：甘肃省新闻出版广电局数字出版处
执笔人：李连斌　刘锐锋

青海省

● **数字出版工作**

一、明确数字出版"十三五"时期发展目标

2016年青海省文化新闻出版厅制定出台了《青海省新闻出版业数字化转型升级工程实施方案》，明确了转型升级和融合发展的指导思想、基本原则、工作目标、主要任务和保障措施，理清了工作思路。要求全省出版单位牢牢把握新闻出版业根本属性，立足青海新媒体平台资源，积极推进资源整合、装备更新、流程再造、产品发布等工作。以打造以省级主要出版单位和党报、党刊为龙头的新型出版和融合发展领军单位为抓手，充分考虑书报刊和音像电子出版之间，汉语言文化和少数民族文化之间的现实差异，重点突破，分类推进，分步实施，协调发展，"十三五"时期末，全省报纸实现网站、微博、微信、手机客户端和传统出版的全媒体发布，不断提升新闻出版业信息资源共享水平和增值服务能力。

二、不断推进出版单位转型升级工作

一是为促进青海省数字化转型升级工作更快更好发展，省文化新闻出版厅开展了新闻网站、论坛网站和网络出版基础条件的调研工作，初步掌握了青海数字化发展状况和各出版单位的实际情况，了解了数字化转型所面临的实际困难。二是加快推进全省传统出版业数字化发展步伐和媒体深度融合，确定青海日报社、青海民族出版社、青海人民出版社、西海民族音像出版社、青海昆仑音像出版社、青海藏文科技报社等6家数字出版转型升级示范单位，从省文化产业资金和其他项目中予以资金支持，有效推动了数字化建设进程，积极发挥引领示范和带动作用。三是为实现青海省出版内容资源一次制作，多次使用，多渠道传播、全媒体发布，青海省文化新闻出版厅下发了《关于出版单位申报网络出版资质的通知》，鼓励有条件的出版单位积极申请网络出版资质，积极发展网络出版，达到内容、技术、渠道融合发展。

三、数字出版呈良好发展态势

面对目前新媒体日益发展，青海省部分出版单位多措并举，初步实现了数字阅读，为数字化转型建设奠定良好基础。一是青海民族出版社门户网站已全面启动，网站可提供在售书目和单本价格，部分图书实现整本下载阅读。二是《青海日报》《西宁晚报》等11家报纸形成集门户网站、数字报、手机报、微信、微博等新媒体矩阵，实现平面媒体、网络媒体的立体传播，报刊出版数字化建设成效显著。三是《青海社会科学》《青海大学学报》《青海教育》等17种期刊可通过网站、网页阅读。

四、加强网络出版日常监管

一是根据国家新闻出版广电总局、中国工业和信息化部第5号令《网络出版服务管理规定》要求，青海省文化新闻出版厅联合省网信办、省通信管理局，对全省各出版单位的数字出版情况进行了摸底调查，并向各出版单位及时下发了《关于认真学习〈网络出版服务管理规定〉的通知》，要求各出版单位对照《网络出版管理规定》认真开展自查。二是重点推动青海民族出版社、青海人民出版社、西海民族音像出版社、青海昆仑音像出版社、青海日报社、西海都市报社、西宁晚报社、海东时报社等18家出版单位的数字出版和融合发展工作。

五、数字化转型升级项目有效推进

为强化项目的带动作用，推动数字化转型升级项目顺利实施，取得实效。一是出版单位加强了数字化建设项目的策划和申报工作。2016年，青海省民族出版社"江源在线"——民文数字内容报送平台建设项目、祁连山报民族文字数字出版项目等5个项目获得项目资金2100万元。图书、音像、报纸出版单位数字化建设取得新成效。二是青海民族出版社严格依照《青海民族出版社MPR国家标准和技术应用项目》要求，自主搭建录音棚设备，制作完成30种MPR复合出版物的音频剪辑任务，总量达5万余条，时长近30小时，2016年完成《小熊贝儿》《汉、藏、梵、英字母卡片》《英文大乐园》（汉、藏、英）等20种MPR多媒体复合出版物的制作任务，取得了数字化出版工作的重大突破。三是青海人民出版社数字出版生产与发布平台建设项目已完成项目规划与设计、项目招标、项目实施合同签订和项目实施方案编制工作，正在进行项目详细规划、软件设计、机房建设、局域网布设等。预计投入使用后，将能实现完整意义上的数字内容转换、编纂、存储管理、多形态发布的数字出版业务形态。

供稿：青海省文化和新闻出版厅新闻出版管理处

执笔人：李雪莹

新闻出版业转型升级与融合发展工作盘点

新闻出版业转型升级、融合发展背景

自 2003 年中央大力推动文化体制改革，促进文化产业升级以来，我国出版业的数字化转型升级工作就已经拉开帷幕。随后，得益于新技术的发展市场趋势的变化，数字出版开始出现"井喷"，2009 年中国数字出版产值已达 799.4 亿元，首次超过传统图书出版产值。2010 年 8 月 16 日，原国家新闻出版总署下发《关于加快我国数字出版产业发展的若干意见》，明确提出要以数字化带动新闻出版业现代化，把数字出版产业打造成新闻出版支柱产业。"十二五"期间，国家加大了对包括数字出版的在内的数字内容产业的支持力度，国家新闻出版广电总局明确指出数字出版是新闻出版业的战略性新兴产业和出版业发展的主要方向，是国民经济和社会信息化的重要组成部分，是中国实现向新闻出版强国迈进的重要战略任务。时至 2016 年，全国数字出版实现营收 5720.9 亿元，占全行业营收的 24.2%，对全行业营业收入增长贡献率达 67.9%。数字出版已然成为拉动新闻出版产业增长的"三驾马车"之首。这些成绩得益于科技的进步、市场的需求和行业环境的大势所趋，更是党中央、国务院及行业主管部门对出版转型正确战略决策和指引的结果。

一、数字出版产业发展规模

从"十二五"时期开始计算，出版业数字化转型升级、融合发展进程已持续 7 个年头，对出版业的发展起到了至关重要的作用。图书、期刊、报纸、电子出版物的出版，印刷复制和出版物发行等不同程度地涉及数字化，与数字出版相关联，几乎所有出版单位的各经营环节都或多或少的与转型升级、融合发展有关联。从 2010 年开始，至 2016 年期间，数字出版实现了快速发展，每年增长速度都在 30% 以上，产业规模不断扩大。如下表所示：

表 1   2010 年—2016 年数字出版营业收入对比表

单位：亿元

项目 年度	全行业营业收入	增长率	数字出版营业收入	增长率	数字出版在全行业营收占比
2016	23595.8	9.0%	5720.9	29.9%	24.2%
2015	21655.9	8.5%	4403.9	30.0%	20.3%

续表

项目 年度	全行业营业收入	增长率	数字出版营业收入	增长率	数字出版在全行业营收占比
2014	19967.1	9.4%	3387.7	33.4%	17.0%
2013	18246.4	9.7%	2540.4	31.3%	13.9%
2012	16635.3	14.2%	1935.5	40.5%	11.6%
2011	14568.6	17.7%	1377.9	31.0%	9.4%
2010	12698.1	19.0%	1051.8	31.6%	8.2%

从上表可以看出，在"十二五"时期的前两年，数字出版在全行业营业收入的占比不足10%，但在后三年其营业收入占比已超过全行业营收占比的20%，转型升级的成效已开始显现。

二、转型升级、融合发展的必要性

首先，传统出版的转型取决于两个环境的变化。

（一）出版业内部环境困境——提供内容与服务的单一性

传统出版发展的成熟，使其无论产品、生产、还是营销都形成了固定的、有些甚至是唯一的模式（比如传统出版图书仅以文字向读者展示内容）。这种模式虽然能够给读者提供足够完美的文字感受和权威性知识，但并不能满足读者对知识获取形式的多样化、交互等需求，而知识也只能以一种形态展现在读者面前，传统出版模式极大地束缚了知识的传播方式和渠道。变革需求来自于行业内部。

（二）出版外部市场变革——科技的进步为人类知识获取方式提供了多种可能性

计算机、互联网、云计算、大数据、人工智能等等，这些飞速发展的科技让人类的需求变得复杂，国外出版业的发展是先例，对于国内出版业来说，市场和读者有着同质不同样的诉求。市场的需求倒逼传统出版不得不做出变革，以适应新时代下的新技术、新业态、新模式市场氛围。

其次，借助于数字技术与出版的融合，让传统出版内容能在整理、加工后"创造性的转换"，实现多种形式的呈现；传统出版产业链通过信息化升级后所取得的成效，让数字化转型升级有了更充分的发展理由。尽管数字出版与以传统印刷技术为基础的纸质出版之间存在显著差异，但两者各具特色和优势。因此，加强传统出版与数字出版的融合发展，充分发挥各自的优势，对促进出版业的可持续发展有着十分重要的现实意义。

转型升级、融合发展阶段与基本形态

进入"十二五"时期后，面对数字化、信息化、网络化的浪潮，根据传统出版业发展的实际，总局审时度势，启动了推动传统新闻出版业数字化转型升级这一重要战略任务。从一开始，总局就非常重视战略布局，几年来，推动行业转型升级的政策体系不断健全，顶层设计日臻完善。2013年，总局按照"相对择优、示范引领、立足现实、着眼未来"的总体思路，部署实施了"数字出版转型示范评估"工作，先后在2013年和2015年遴选两批共170家在图书、报纸、期刊和音像电子领域走在前列的数字出版转型示范单位。事实证明，这些示范单位发挥了重要的引领作用，筑牢了转型升级乃至融合发展的基础。2014年4月，总局和财政部联合发布《关于推动新闻出版业数字化转型升级的指导意见》，从政策层面上进一步明确了转型升级的总体要求、主要目标和主要任务。2014年8月18日，中央全面深化改革领导小组第四次会议审议通过了《关于推动传统媒体和新兴媒体融合发展的指导意见》，强调将技术建设与内容建设摆在同等重要的位置，要遵循新兴媒体发展规律，强化互联网思维，推动传统出版与新兴出版在内容、渠道、平台、经营、管理等方面的深度融合。2015年3月31日，国家新闻出版广电总局和财政部联合下发《关于推动传统出版和新兴出版融合发展的指导意见》，进一步深化出版融合发展，要求把创新内容生产和服务、加强重点平台建设、扩展内容传播渠道、拓展新技术新业态、完善经营管理机制和发挥市场机制作用作为重点任务来完成。2016年7月，国家新闻出版广电总局发布《关于进一步加快广播电视媒体与新兴媒体融合发展的意见》，提出"深度融合"理念，以融合型节目体系、融合型制播体系、融合型传播体系建设、融合型服务体系建设、融合型技术体系建设、融合型经营体系建设、融合型运行机制建设、融合型人才队伍建设作为"重点任务"。从"十二五"时期算起，转型升级、融合发展已历经3个阶段，存在"出版+媒体""出版+互联网""出版+服务"3种融合发展形态。

一、"出版+媒体"

"出版+媒体"，可认为是出版融合发展初级阶段的第一阶段。它是以出版内容为核心，借助信息技术手段，在出版内容、渠道、功能上的全方位的、立体化的融合，旨在改变出版物形态与出版环境。

"出版+媒体"的融合形态在出版融合发展过程中应该是最多的，出版机构初涉数字转型，都会以内容为主的数字产品为探索目标来开展活动，如数据库产品、在线学习平台等。例如人民邮电出版社的"人邮学院"在线学习平台，通过对图书内容的数字化，重新整理、开发了数百门配套慕课程，并借助自主开发的在线学习平台上的"教、学、测、管、评"一体化教学功能，让部分传统课程学习成功向线上转移，不仅大大改善了高校某些专业课程师资紧张的现状，有效提升了教学质量，更是支撑出版社的图书销售每年增加6000多万元码洋，可称得上是出版融合出版、立体化出版的一项成功范例。

二、"出版+互联网"

在这个阶段，出版机构需借用互联网思维，融合出版/非出版机构，用较短时间内做大数字出版业务体量；通过数字化的内容生产、产品制造与管理，数字化营销，形成闭环的信息化发展形态，以打造新型出版机构。

"出版+互联网"的融合发展形态适用于之前有较好数字化基础的出版机构。例如，江苏凤凰出版传媒集团作为国内第一大出版传媒集团，很早就认识到了数字化转型的重要性，2006年时就将"数字化战略"作为集团的六大战略之首，其数字出版产品线以智慧教育和教育资源数字化为先导，以政府产品、运营商合作为抓手，开拓大众类数字化产品。同时，凤凰集团加快产业链各环节的数字化升级，促进出版产业的整体数字化转型，并适度多元化发展。在数字化转型方面，凤凰集团利用资本手段进行外部投资合作，或内生式发展两种路径，相互取长补短，既能快速见效，又能夯实企业内部的数字出版力量和融合出版的积极性。此外，凤凰集团还开展一些有特色的产业链延伸项目，如2013年9月落成的凤凰云计算中心，建筑面积25000平方米，机柜数量3054个，是当时全国前三、华东第一的电信最高等级（五星级）云计算中心，吸引了百度、优酷等一批一线互联网企业入驻，2015年实现营收1.8亿元，利润4100万元，发展势头良好。"十二五"期间，凤凰集团9家出版社以及相关单位成立了专门的数字出版部门，在传统出版机制中融入数字出版元素；同时，通过并购、投资等手段，组建了十几家数字出版的专业机构，全集团数字出版从业人员达到2000多人；2015年，凤凰集团数字出版相关业务营收达到约8亿元。诸如凤凰传媒集团这类传媒集团，能高效利用已有的数字出版基础，借助互联网思维，着力将企业打造成了一家新兴的传媒集团。

三、"出版 + 服务"

"出版 + 服务"是以上述两个阶段成果为基础，将出版融合发展从以内容为核心转变到以技术、用户/读者或运营为中心的上来，完成出版机构由"内容生产者"向"知识服务者"身份的转变，以营造新的出版生态。而纵观出版业现状，尚无出版机构完全完成了以上两个阶段的发展，直接进入到"内容生产者"向"知识服务者"的身份转变阶段。所以这一阶段更值得整个行业的期待。

2016 转型升级、融合发展成果

2016年，是"十三五"规划的开局之年，是文化产业政策的改革之年，是重点实验室的"元年"，也是"出版智库"崭露头角的"元年"；与此同时，复合型人才日益受到重视，数字出版"千人计划"明确写入"十三五"专项规划，数字编辑职业化步伐加快，国内首个数字出版职称评价体系初步构建完成。这一年，数字出版标准化建设再创新高，以标准化示范单位、标准化示范基地为抓手的标准化工作提升到了更高水平；这一年，媒体融合进一步深入，"深度融合"在新闻、出版、广电等各领域百花齐放；出版业知识服务续写辉煌，新闻广电融媒体建设如火如荼。

一、顶层规划设计日臻完善

2016年，各个行业都要提及的一个热词便是"十三五"规划，数字出版也不例外。一方面，"数字出版"作为新兴文化产业首次列入国家"十三五"发展规划纲要之中，这对整个行业来讲，是个振奋人心的信息；另一方面，尽管新闻出版广电"十三五"规划还没有正式发布，但是数字出版专项规划已经定稿，政府主管部门的相关负责人也在多个场所讲解未来五年数字出版的发展规划要点、科技与出版的发展规划要点。

从数字出版"十三五"规划来看,"十三五"期间,数字出版的主要目标可以从状态、企业、产品、人才、功能 5 个方面阐述:(1)新闻出版业数字化转型升级全面完成,传统出版与新兴出版融合发展初见成效;(2)打造一批新兴出版与传统出版俱佳、具有示范效应和强大国际竞争力的复合型出版机构,培育一批具有国际领先水平的新兴数字出版企业;(3)出版一批导向正确、质量上乘、形态多样、效益突出的数字化出版精品;(4)培养一批面向未来产业发展需要的数字出版专门人才和高端复合型人才;(5)数字出版业服务于经济社会发展和公共文化服务体系建设的能力显著提升。

为完成上述目标,重点任务包括:第一,全面完成传统新闻出版业数字化转型升级;第二,初步实现传统媒体和新兴媒体融合发展;第三,大力提升数字出版产品质量;第四,基本建成数字出版公共文化服务体系;第五,努力拓展数字出版服务领域;第六,积极探索新兴管理体制机制;第七,继续推动数字出版"走出去";第八、加强数字出版人才队伍建设。

二、项目带动作用日益显著

多年来,新闻出版业持续实施项目带动战略,以项目推动新闻出版业转型升级、融合发展成效显著。紧密结合党和国家的发展战略和政策引导,充分体现行业发展的实际需求,以项目为抓手,促进科技成果转化和产业化,把新技术、新工艺应用于新闻出版的流程改造、产品研发、平台建设,培育出版新领域、新业态,推进新闻出版在内容、形式、手段的持续创新,为新闻出版单位结合自身优势,寻求转型路径,破解发展瓶颈起到了重要引领作用。在国家政策与财政的大力支持下,涌现了大批项目成果并在行业内得到实际应用,有效推进了新闻出版业转型升级提质增效。经过多年实践,新闻出版业已经形成了"规划一批、实施一批、储备一批"的项目滚动发展机制,实现了以项目带动集聚生产要素、促进投资增长的良性发展,从而大大增强了行业综合竞争力和发展后劲,为新闻出版业转型升级、创新融合起到重要支撑作用。

同时,新闻出版单位在项目规划设计上更加结合自身发展优势和产业发展实际需求,更加注重项目的战略性、引导性和带动性。新闻出版单位在转型升级项目的实施推动过程中,不断加深对转型升级、融合发展的认识,不断提高内容整合能力,提升新技术、新装备、新媒介的应用水平,重塑出版流程,调整业务布局,丰富产品形态,优化人才结构。2016 年 12 月,总局遴选出首批共 35 个新闻出版产业示范项目。

三、转型融合路径日渐明确

在转型升级的实践过程中,新闻出版单位不断更新发展理念,持续进行内容创新、科技创新、模式创新、管理创新的探索与尝试,转型升级、融合发展的思路日渐清晰,路径日渐明确,打造出转型升级的诸多亮点。当前,在书、报、刊领域,无论是出版集团,还是中小型出版单位,都已将转型升级作为业务布局的重点,并由"单点实验"转向"全面启动",对转型升级的投入力度不断加大,并从过去同质化的发展模式,走上了特色化、专业化的数字出版转型升级之路。有相当一部分出版单位已探索出结合自身特色优势,具有较好的发展前景、符合市场需求的转型升级之路,形成了较为清晰、可持续化的商业模式、运营模式,并已初步实现了传统出版与新兴出版融合发展。

教育出版领域，基础教育、高等教育、职业教育、在线培训各个领域基于优秀出版资源和教育资源，已经初步形成了面向多层次需求的多元化发展模式与产品形态。如广东省出版集团通过搭建南方云教育平台，围绕"课前—课中—课后—课外"四大场景，倾力打造的 AR 教材、虚拟实验室、科普视频库、VR 资源库等优质产品已广泛进入校园，成为出版业与教育领域跨界融合的知名品牌。专业出版领域，一方面，不少出版单位在特色资源数据库、知识服务平台等知识服务模式取得了较大突破。如法律出版社正在着力打造法文化资源融合平台，建成后将具备以法律文化为主体的法律文化数据库、法律文化产品和法律文化服务三大板块，形成互动性、个性化、定制性的知识服务模式；社会科学文献出版社在特色资源数据库产品方面在业内形成了较大优势，打造了中国发展与中国经验产品线、国际国别问题研究、中国乡村研究、古籍与大型历史文献等 4 条产品线，以及皮书数据库、列国志数据库、"一带一路"数据库等多个在线销售的数据库产品。另一方面，总局在知识服务方面的相关部署逐步完善。2015 年 3 月，总局启动"专业数字内容资源知识服务模式试点工作"，确定了首批 28 家出版单位以及 32 家技术支持单位作为试点；2016 年，又推出 67 家数字化转型升级软件技术服务商，面向全行业、全国范围提供转型升级技术支持和知识服务。经过两年努力，首批试点单位在专业领域知识体系建设、知识服务标准研制、知识资源加工、知识生产工具研发、知识服务平台建设、知识服务模式探索等方面均取得了显著成绩。大众出版领域，在基于数字阅读和以网络文学为原点和圆心的 IP 全产业链开发运营方面呈现出较大亮点。同时，随着"阅读"向"阅听"扩展，有声读物发展势头良好，通过充分挖掘内容价值、版权价值和品牌价值，成为融合发展的重要突破口，为新闻出版单位拓展了新的市场，提供了新的收益增长点。

四、新技术应用推动业态创新

随着转型升级的深入，新闻出版业对高新技术的依存度越来越高。科技对新闻出版业转型融合、创新发展起到越来越大的支撑作用。从某种程度上讲，新闻出版单位的科技应用水平反映着其转型升级、融合发展的实力。近年来，高新技术在出版业的应用步伐不断加快，新闻出版单位普遍加大对前沿技术、关键技术、核心技术的关注与研究力度，技术应用水平不断提高，特别是大数据、云计算、AR、VR、MR 等技术与出版业的结合不断深入，推动内容呈现和产品形态的持续创新。在大数据产品方面，例如人民法院出版社的法信大数据、知识产权出版社的 DI Inspiro 大数据新产品已开始推向市场。AR 产品方面，中信出版社、江苏凤凰教育出版社、山东教育出版社、中国法制出版社等一大批出版社分别出版发行了自己的 AR 图书，掀起了一股 AR 图书热潮。另一方面，人工智能的发展正在对出版业带来深刻影响。人工智能技术让互动阅读成为可能，已经成为目前乃至未来一段时间内出版业重点研究和应用的技术领域。如中国铁道出版社运用虚拟现实技术手段将抽象的知识体系图书部分章节在三维空间中进行展示，并且利用个体的体量大小、距离以及相互之间的关系来表示知识体系中的逻辑关系，使观者以具象化的形式更好地获得知识体系服务，为观者提供 VR 高沉浸式体验。

为了逐步完善新闻出版业科技创新体系、提高新闻出版领域科技自主创新能力，2016 年底，总局启动了首批 20 家出版融合发展重点实验室、42 家新闻出版业科技与标准重点实验室建设工作，围绕出版融合发展的重大课题、重大项目和重点发展方向开展集智攻关，为新闻出版业转型升级、融合发展提供示范经验和智力支撑。二者之间既有共同点，也有差异性：共同点在于都是致力于新闻出版业深度转型升级，都是致力于传统出版业态和新兴技术、新兴传播规律的融合，都是致力于提高新闻出版生态圈的科研能力和行业话语权。其差异性表现在：在牵头单位方面，出版融合重点实验室主要由新闻出版集团、上市公司和大型单体出版机构构成，共建单位数量相对较少；科技与标准重点实验室的牵头单位呈现出多样化、全方位的特点，包括集团、出版企业、高等院校和科研机构等，共建单位的构成数量更多。在研究领域和方向层面，融合发展重点实验室专注于传统出版和新兴出版融合发展，与融合发展示范单位、示范基地呈现出一脉相承的特点；科技与标准重点实验室专注于关键技术应用和标准研制落地，与数字出版的ISLI、MPR、知识服务、大数据应用、版权保护、标准化工作等核心范畴紧密衔接。目前，已陆续有多家实验室实现了挂牌运营。如由广东省出版集团数字出版有限公司牵头，华南师范大学、北京北大方正电子有限公司、苏州梦想人软件科技有限公司参与共建的"AR+教育数字出版联合实验室"，即是围绕AR技术在教育出版和教育领域应用。

五、文产专项资金改革效应初显

财政部于2012年4月印发《文化产业发展专项资金管理暂行办法》，确定专项资金的支持方向和支持方式。近两年，文化产业专项基金实行改革，市场化比重不断提升，目的是为改变以往出版单位过于依赖财政扶持维系生存的惰性心理，发挥市场在配置资源中的决定性作用，真正形成自我造血机制。

2016年文化产业发展专项资金的支持范围、支持方式、遴选管理进行了重大改革，仍然保留了"项目补贴"的方式，并将获得支持的财政项目界定为"重大项目"。根据财政部有关文件，重大项目部分是指围绕党中央、国务院重大决策部署开展的巩固文化金融扶持计划、支持特色文化产业发展、促进文化创意和设计服务与相关产业融合、加快推动影视产业发展、推动广电网络资源整合和转型升级、继续扶持实体书店发展、推动传统媒体和新兴媒体融合发展和推动对外文化贸易等八个重大项目，着力提高财政推动文化领域供给侧改革贡献度。根据财政部公开的数据来看，2016年重大项目部分支持的金额为223413万元，支持项目数量较以前没有太大变化，但是支持金额较前几年减少了近乎一半。

2016年，文化产业发展专项资金的最大亮点在于支持范围中新增了"市场化配置资源部分"。市场化配置资源部分是指为落实《国务院关于改革和完善中央对地方转移支付制度的意见》（国发〔2014〕71号）有关要求，引入市场化运作模式，培育、遴选一批中央、地方和市场的优秀文化产业基金，支持重点省级国有文投集团加大债权投资力度，切实发挥财政资金引导和杠杆作用，积极撬动社会资本支持文化产业发展。市场化配置资源主要包括两个方向，其一是优秀文化产业基金，其二是省级文投集团。数据统计表明，2016年文化产业发展专项资金支持市场化配置资源部分的金额为141000万元。共有北京、河北、江苏、贵州等12个省份获得了市场化配置资源部分的支持，最少省份获得的支持为5000万元，而最多的省份则拿到了55000万元的支持。

文化产业专项资金改革对数字出版最大的启发在于：数字出版企业不能总是基于"等、靠、要"的心态，不能只是依靠财政扶持来维持生存，而应该及早根据市场规律，发挥市场在配置资源中的决定性作用，自负盈亏、自主经营，真正埋头研究市场，真正扎根于市场，快速形成自我造血机制，在市场中锻炼和造就经营发展的本领。

六、标准化建设取得新进展

2016年,数字出版标准化建设取得了重要进展,标志性事件有:8月,国家质量监督检验检疫总局和国家标准化管理委员会批准发布实施了《中国标准关联标识符(ISLI)》国家标准;11月召开的全国新闻出版标准化技术委员会年会上公布了8家专业数字内容资源知识服务模式企业标准示范单位和5家新闻出版标准示范基地。

8家企业标准示范单位均系在专业出版知识服务领域的佼佼者自不待言,值得重视的是,5家新闻出版标准示范基地的知识服务色彩鲜明,分别是"由化学工业出版社承担的专业领域知识服务标准化示范基地,由地质出版社承担的国土资源行业知识服务标准研制与应用示范基地,由中国铁道出版社承担的轨道交通专业新闻出版标准研制及应用示范基地,由深圳市天朗时代科技有限公司承担的ISLI标准产业基地,由航天数字传媒有限公司承担的数字内容卫星发行标准化应用示范基地。"由此可见,标准带动、标准先行,标准工作与深度转型升级的有着密不可分的关联。

七、人才培养屡开先河

2016年初,北京市委宣传部推出了北京市新闻出版百人工程(第一批)人才,共计12名数字出版骨干获得该项殊荣;2016年下半年,北京市新闻出版广电局推出了第三批新闻出版领军人物,数字出版从业者占比较之前有显著提高。

2016年,北京市新闻出版广电局首开全国先河,为全国数字出版从业者带来了政策利好和职业福音,隆重推出了国内数字出版的第一个职称序列——数字编辑职称。以数字新闻、数字出版、数字视听为"三横",以内容编辑、技术编辑、运维编辑为"三纵"的"三横三纵"职称设置广为行业称道。截至2016年10月底,累计共有400名从业者通过数字编辑初级、中级职称考试,65名从业者获得数字编辑副高、正高职称。

在总局层面,"十三五"数字出版专项规划中关于人才培养的重点工作——数字出版"千人计划"强力推出,旨在面向数字出版领域,分批次、按步骤地培养千人规模的高端人才和专门人才,开展高校理论培训、互联网企业实训和国外传媒集团调研3个层次的培养,培养出面向新世纪、面向现代出版、面向融合发展的高端优秀人才,使之具备互联网思维、国际眼光和全球视野。数字出版"千人计划"的主要意义和价值在于:首先,立足政产学研一体化的视角,旨在培养融合型的出版人才,贯彻"走出去"的培养思路;其次,旨在健全和丰富数字出版人才体系,分别针对数高端人才和专业人才进行遴选和培养;最后,目标是培养面向现代出版、面对国际竞争的复合型出版人才,使之具备理论高度、实务经验和全球视野,使之能够在网络空间驾轻就熟,使之有效把握和守住互联网阵地,使之能够应对民营企业、互联网企业和境外出版传媒集团的多重竞争。

八、新型智库提供智力支撑

没有创新,数字出版便失去了进步的助推力;每年的高新技术融合内容资源优势是一种创新,开创垂直型的知识服务市场是一种创新,而新的发展业态的出现,则更不失为一种创新,智库便是其中的代表。

  2016年，出版业智库建设格局得到了新的发展。除了担任辅助政策决策、助力行业发展的新闻出版官方智库——中国新闻出版研究院以外，华商传媒研究院加快在前瞻性的政策指标、智库报告方面进行发力；2016年9月，地质出版社、知识产权出版社、睿泰集团联合打造了"融智库"；出版"老将"代表胡守文打造了金鸡湖出版智库并举办了高端论坛；中国农业出版社面向农业出版发行系统，着手建设"三农"出版发行高端智库。智库作为一种新的业务形态，对于数字出版而言，扮演了"外脑"的角色，可以有效填补传统出版人的智慧欠缺，集合众人之智，起到辅助决策、资政献言的重要作用。

供稿：中国音像与数字出版年鉴编辑部

国家重点工程

国家数字出版基地

一、概况

自2008年7月新闻出版总署授牌的第一家国家级数字出版基地——上海张江国家数字出版产业基地成立以来，8年间，总署又相继批复了13家国家级数字出版基地，现在全国共有14家国家级数字出版基地，数字出版基地的发展已成蓬勃之势。

2016年，14家国家数字出版基地（园区）共实现营业收入1705.9亿元，较2015年增长17.4%；拥有资产总额1759.4亿元，增长36.6%；实现利润总额271.1亿元，增长3.8%。上海张江国家数字出版基地、江苏国家数字出版基地、广东国家数字出版基地、安徽国家数字出版基地、广东国家网络游戏动漫产业发展基地、西安国家数字出版基地和杭州国家数字出版产业基地等7家基地（园区）资产总额和营业收入均超过100亿元，组成"双百亿"基地（园区）阵营。其中，数字出版产业基地（园区）占6家，新增西安国家数字出版基地和杭州国家数字出版产业基地2家。上海张江国家数字出版基地营业收入突破400亿元。

国家数字出版基地一览表

基地名称	主要产业	运营模式
上海张江国家数字出版基地	影视动漫、网络游戏、文化创意、电子书、互联网、其他	基地下属公司负责基地的运营工作
重庆北部新区国家数字出版基地	云计算	管理、运营、发展、服务四位一体。政府出资的全资子公司对基地管理
杭州国家数字出版基地	动漫游戏	除采用公司化运作模式之外，采用了"上下联动、组团发展"模式
湖南中南国家数字出版基地	数字内容、数字版权、数字出版投融资	基地下属公司负责管理
华中国家数字出版基地	数字内容研发、数字教育、动漫游戏、衍生产品开发	由政府授权委托企业运营，实现基地市场化
天津国家数字出版基地	云计算	天津港保税区管委会负责基地管理
广东国家数字出版基地	电子报纸、电子图书、手机出版	广东省出版集团有限公司负责基地的建设和运营
西安国家数字出版基地	电子书、数字动漫、网络游戏	政企合作
江苏国家数字出版基地	电子书、游戏、动漫	由公司负责运营
安徽国家数字出版基地	数字动漫、数字音乐、数字影像、数字博物馆	高新区管委会负责
海峡国家数字出版基地	数据库出版	政府监管
北京国家数字出版基地	电子图书、数字报刊、数字音乐、数字视频、网络动漫	基地建设办公室负责
江西国家数字出版基地	数字传媒、动漫游戏、数字内容、手机应用	政府负责

续表

基地名称	主要产业	运营模式
青岛国家数字出版基地	动漫游戏、网络出版、数字教育	政府负责

二、营收状况

（一）营业收入

以营业收入衡量，14家国家数字出版基地（园区）降序依次为上海张江国家数字出版基地、江苏国家数字出版基地、广东国家数字出版基地、安徽国家数字出版基地、西安国家数字出版基地、杭州国家数字出版产业基地、天津国家数字出版基地、青岛国家数字出版产业基地、中南国家数字出版基地、重庆两江新区国家数字出版基地、江西国家数字出版基地、海峡国家数字出版产业基地、华中国家数字出版基地和北京国家数字出版基地。

在14家国家数字出版基地（园区）中，营业收入超过400亿元的1家，即上海张江国家数字出版基地；营业收入在200亿—300亿元之间的2家，即江苏国家数字出版基地和广东国家数字出版基地，新增1家；在100亿—200亿元之间的3家，即安徽国家数字出版基地、西安国家数字出版基地和杭州国家数字出版产业基地，新增1家；在50亿—100亿元之间的5家，即天津国家数字出版基地、青岛国家数字出版产业基地、中南国家数字出版基地、重庆两江新区国家数字出版基地和江西国家数字出版基地；低于50亿元的3家，减少2家。

国家数字出版基地（园区）的营业收入

单位：亿元，%

排名	基地（园区）	营业收入	在全体中所占比重	
			比重	累计比重
1	上海张江国家数字出版基地	408.00	23.92	23.92
2	江苏国家数字出版基地	255.67	14.99	38.91
3	广东国家数字出版基地	233.85	13.71	52.62
4	安徽国家数字出版基地	193.15	11.32	63.94
5	西安国家数字出版基地	113.26	6.64	70.58
6	杭州国家数字出版产业基地	101.58	5.95	76.53
7	天津国家数字出版基地	81.78	4.79	81.32
8	青岛国家数字出版产业基地	78.08	4.58	85.90
9	中南国家数字出版基地	67.31	3.95	89.85
10	重庆两江新区国家数字出版基地	62.61	3.67	93.52
11	江西国家数字出版基地	55.47	3.25	96.77
12	海峡国家数字出版产业基地	33.40	1.96	98.73
13	华中国家数字出版基地	21.53	1.26	99.99
14	北京国家数字出版基地	0.23	0.01	100.00
	合计	1705.92	100.00	—
	平均	121.85	—	—

（二）资产总额

以资产总额衡量，14家国家数字出版基地（园区）降序依次为安徽国家数字出版基地、上海张江国家数字出版基地、江苏国家数字出版基地、青岛国家数字出版产业基地、广东国家数字出版基地、西安国家数字出版基地、中南国家数字出版基地、杭州国家数字出版产业基地、重庆两江新区国家数字出版基地、天津国家数字出版基地、海峡国家数字出版产业基地、江西国家数字出版基地、华中国家数字出版基地和北京国家数字出版基地。

在14家国家数字出版基地（园区）中，资产总额超过300亿元的1家，即安徽国家数字出版基地；在200亿—300亿元之间的2家，即上海张江国家数字出版基地和江苏国家数字出版基地；在100亿—200亿元之间的5家，降序依次为青岛国家数字出版产业基地、广东国家数字出版基地、西安国家数字出版基地、中南国家数字出版基地和杭州国家数字出版产业基地；在50亿—100亿元之间的2家，即重庆两江新区国家数字出版基地和天津国家数字出版基地；其余4家均少于50亿元。

国家数字出版基地（园区）的资产总额

单位：亿元，%

排名	基地（园区）	资产总额	在全体中所占比重	
			比重	累计比重
1	安徽国家数字出版基地	317.15	18.03	18.03
2	上海张江国家数字出版基地	243.00	13.81	31.84
3	江苏国家数字出版基地	205.10	11.66	43.50
4	青岛国家数字出版产业基地	181.09	10.29	53.79
5	广东国家数字出版基地	172.90	9.83	63.62
6	西安国家数字出版基地	150.48	8.55	72.17
7	中南国家数字出版基地	138.73	7.89	80.06
8	杭州国家数字出版产业基地	115.38	6.56	86.62
9	重庆两江新区国家数字出版基地	87.06	4.95	91.57
10	天津国家数字出版基地	57.10	3.25	94.82
11	海峡国家数字出版产业基地	34.70	1.97	96.79
12	江西国家数字出版基地	31.93	1.81	98.60
13	华中国家数字出版基地	23.13	1.31	99.91
14	北京国家数字出版基地	1.63	0.09	100.00
	合计	1759.38	100.00	—
	平均	1256.70	—	—

（三）利润总额

以利润总额衡量，14家国家数字出版基地（园区）降序依次为上海张江国家数字出版基地、江西国家数字出版基地、重庆两江新区国家数字出版基地、广东国家数字出版基地、安徽国家数字出版基地、江苏国家数字出版基地、西安国家数字出版基地、海峡国家数字出版产业基地、杭州国家数字出版产业基地、青岛国家数字出版产业基地、中南国家数字出版基地、天津国家数字出版基地、华中国家数字出版基地和北京国家数字出版基地。

在 14 家国家数字出版基地（园区）中，利润总额超过 50 亿元的 1 家，即上海张江国家数字出版基地；在 30 亿—50 亿元之间的 2 家，即江西国家数字出版基地和重庆两江新区国家数字出版基地；在 20 亿—30 亿元之间的 2 家，即广东国家数字出版基地和安徽国家数字出版基地，减少 1 家；在 10 亿—20 亿元之间的 2 家，即江苏国家数字出版基地和西安国家数字出版基地，新增 1 家；其余 7 家均少于 10 亿元，其中 1 家亏损。

国家数字出版基地（园区）的利润总额

单位：亿元，%

排名	基地（园区）	利润总额	在全体中所占比重	
			比重	累计比重
1	上海张江国家数字出版基地	73.60	27.15	27.15
2	江西国家数字出版基地	39.01	14.39	41.54
3	重庆两江新区国家数字出版基地	37.01	13.65	55.19
4	广东国家数字出版基地	29.94	11.04	66.23
5	安徽国家数字出版基地	23.13	8.54	74.77
6	江苏国家数字出版基地	19.27	7.11	81.88
7	西安国家数字出版基地	17.76	6.55	88.43
8	海峡国家数字出版产业基地	9.30	3.43	91.86
9	杭州国家数字出版产业基地	7.31	2.70	94.56
10	青岛国家数字出版产业基地	6.60	2.43	96.99
11	中南国家数字出版基地	3.87	1.43	98.42
12	天津国家数字出版基地	3.59	1.32	99.74
13	华中国家数字出版基地	0.77	0.28	100.02
14	北京国家数字出版基地	-0.06	-0.02	100.00
合计		271.10	100.00	—
平均		19.36	—	—

三、存在的问题

（一）管理主体的管理权限、管理内容不明晰，基地发展的功能定位模糊

产业集群这一概念本身来源于生态学，因此为了实现产业的良性互动，需要像生态领域那样，实现相关要素的有机融合与和谐作用。国家级数字出版基地的发展目标是：建立政府引领、市场运作、龙头企业带动、中小企业高度集中的产业集群，在产业集群内部，相关要素能有机融合与和谐作用。在政府引领这一块，在基地发展的不同阶段政府的管理和服务作用不同。在基地发展的起步阶段，因为对数字出版规模化、集约化、专业化观念的认识以及技术、人才、资金等各种生产力要素等都没有到位，政府和其他管理主体应在尊重产业集群自身形成、发展规律的基础上，突出发展数字出版产业的主导和引领作用。在基地开始正常运转的发展阶段，各种配套设备逐渐齐全，龙头企业开始正常运转发挥作用时，政府和其他管理主体的作用主要是在突出监管的同时把更多的精力放在为数字出版基地提供服务上，充分解放基地的新闻出版生产力，增强新闻出版产业活力。

在国家数字出版基地的发展过程中，管理主体的作用不言而喻。但是目前的国家级数字出版基地因为大部分还处于起步阶段，其管理主体对于管理内容、管理权限定位并不明确，对基地发展的功能定位也比较模糊，这势必会制约基地的快速发展。

（二）政策扶持不到位，缺乏各政府部门的统一协调

一个产业的集聚发展，需要政府在投资融资、科技开发、项目创新、土地使用等方面的配套政策，需要政府各个部门统一协调。现在的问题是：国家级数字出版基地虽然有政府的大力推动，但是在土地、房产、税收等配套设施方面并没有完全落实。政府的扶持政策落实需要除新闻出版总署以外，国家发改委、科技部、财政部、文化部、工信部、工商局以及当地政府等统一协调配合，但是目前政府各部门的配合还存在不到位、不及时、不协调的情况。

政府管理部门要以产业基地政策代替产业政策，以更为完整、科学、可行的产业基地政策代替简单的产业布局安排。协调各部委、各部门制定数字出版基地发展的财政政策、金融政策、土地政策等各种优惠政策；制定有利于基地企业技术引进和升级改造的技术优惠政策，为技术与新闻出版业的融合创造良好的环境；制定有利于基地企业投融资的优惠政策，联合金融机构推出更多金融服务和产品，引入社会风险投资运作机制，吸引各方资本投入新闻出版业；最后更重要的一点是，协调各部委、各部门对各种优惠政策的及时、统一落实，使集群内的企业尽快享受到优惠政策带来的福利，刺激企业的积极性推动数字出版产业的发展。

（三）企业扎堆，关联度和合作水平低

产业集群的本质是集中一定区域内特定产业的众多具有分工合作关系的不同规模等级的企业与其发展有关的各种机构、组织等行为主体，通过纵横交错的网络关系紧密联系在一起的空间集聚体。所以具有分工合作关系和纵横交错的网络关系是其最重要的特征，没有这种紧密的关联度，就没有真正意义上的产业集聚和产业集群的形成。

从笔者了解到的情况看，大部分的国家级数字出版基地因还处在集群发展的初级阶段，企业集聚大多数是根据不同的企业禀赋、传统和地缘优势形成的，由于受企业产业类型，企业规模、技术水平、管理目标和管理方式不同的影响，企业的产业集聚基本还处于自发阶段。在基地内部，各种与数字出版相关的企业还没有形成如国外成熟的产业集群所具有的上下游紧密合作的产业链关系，内部企业关联度和合作水平较低。很多情况下，在多数企业内部就可以完成从最初内容制作到最终产品的全加工过程，企业化集群之间的经济关系是松散的，甚至有些企业之间根本就不发生关联，普遍存在着各自为政、追求小而全、忽视市场细分、行业细分的倾向，影响了集聚地区域联合与协作优势的发挥。

从管理层面看，忽视产业集群发展规律是原因之一。产业集群被作为推动当地经济发展的"增长极"，一些政府部门将集群的规划建设作为发展当地经济、提高政绩的重要任务来抓，往往缺乏对基地发展的整体规划。主要体现在集群培育和发展过程中，追求进入园区的企业数量，能引进什么项目就引进什么项目，规划引导中急功近利，基地产业发展特色不明、定位模糊，忽视企业集聚过程中的产业关联度，最终致使基地的企业仅仅是"扎堆"，不能形成真正意义上的产业集群，难以实现集群内的集体学习和集群创新，集群的优势效应难以发挥。

（四）龙头企业较少，没有形成有效带动

龙头企业在产业集群的内部结构网络中占据重要地位。西方学者认为，龙头企业作为一种榜样和推动力量，其行为对集群中其他中小企业具有示范和促进作用。相关理论研究和产业发展实践也表明，龙头企业通过投资以及与其他企业间的协作，可以促进集群内部资源的共享；通过不断创新形成"新鲜产业空气"，可以带动其他企业创新；通过与集群其他企业的交流与合作，可以实现知识在不同企业间的转移与扩散；通过品牌扩散并主导树立地区声誉，可以为集群中其他企业提供营销支持。在产业关联度高的企业集群中，龙头企业是集群发展的蒸汽机，大企业是促进企业分工的直接推动力。专业化水平的高低直接影响到其他中小企业能否正常的运营和良性的发展，关系到集群内各企业技术水平和创新能力的提高，是企业集群化的基础。

我国国家级数字出版基地的龙头企业，无论在数量上还是规模上，都没有完全发挥出龙头企业应有的优势和作用。在发展规划上，龙头企业数量普遍偏少，在龙头企业的规模和量级上，与西方成熟的产业集群内的龙头企业不在一个量级上，带动效应也存在明显不足，表现在两个方面：一方面，由于数字出版产业整体的创新性不足，龙头企业在经验和能力的积累上远没有西方成熟产业集群的龙头企业多，在技术、管理等各种创新上的领头作用还没有显现出来；另一方面，数字出版是个新兴的产业，所谓的"数字出版龙头企业"和基地内的其他企业在规模等因素上的差异远没有国外发达产业集群中这两类企业的差异大，而这种大的差异是带动效应产生的前提。龙头企业的优势不够突出，为了自身的生存必须在细枝末节上投入大量的精力，既无法发挥带动效应，也制约了龙头企业的成长壮大。

政府应扶持龙头企业壮大，使其提高专业化协作水平，提升培育关联度大、带动性强的龙头企业，发挥其在产品辐射、技术示范、信息扩散和销售网络中的示范带动作用；促进发展专业化配套企业，促进产业链延伸，提高企业间专业化协作水平，形成弹性专精生产体系；还应支持关键技术和基础工艺企业发展，加快解决产业链薄弱环节的问题。

（五）数字出版界定模糊，产值统计口径不明

在《数字出版"十二五"发展规划》中明确指出，数字出版已成为新闻出版业的战略性新兴产业和出版业发展的主要方向，也是国民经济和社会信息化的重要组成部分。发展数字出版产业，已经成为我国向新闻出版强国迈进的重要战略任务。

但目前存在的问题是，国家级数字出版基地尚未形成有效的数字出版评估体系，对数字出版产值的统计缺乏明确的统计方法、统计指标和统计口径，对于统计指标包含的含义、计算的范围和计算的方法也没有清晰的规定。由新闻出版总署主编的具有权威统计新闻出版行业数据的《中国新闻出版统计资料汇编》，也没有专门针对数字出版业务的统计口径界定，表现在：一方面，在传统出版的业务指标统计体系中，没有专门针对数字出版的统计，只是在原来的统计制度中笼统地加入了网络出版、数据库业务。数字出版包括的范围很广，仅仅这些根本无法真正反映传统出版单位的数字出版探索。另一方面，虽然因数字出版的发展，扩大了统计的范围，增加了国家级数字出版基地、互联网出版单位和电子书出版单位的财务经营状况统计报表，但是这些报表主要统计的并不是数字出版的业务产值，而是财务状况，财务报表反映的是总体的财务经营状况，不能反映从事数字出版业务获得的收益，而这一块恰恰是大家最为关心的领域。

（六）人才学历结构单一，数字出版产业复合型人才奇缺

人才是立业之基，是兴业之本。尤其是数字出版业，对人才智力因素有很高的要求和依赖。数字出版不是简单地由传统出版倒向数字技术的出版业态，而是基于数字技术的信息传播方案和综合服务提供，因此，它需要的人才不仅要精通传统出版，还要精通数字技术、网络技术、通信技术和其他相关技术，对数字化浪潮下传统出版业的发展有全球性的视野，对传统出版与科技的融合有创新性的见解，对高新技术会颠覆传统出版业有很强的危机意识等。现在的状况是，精通出版的优秀人才往往不懂技术，深谙技术的人才又往往不懂出版，人才学历结构单一，复合型人才奇缺。根据《新闻出版行业科技发展调查》报告，在我国传统出版业中，从事科技、信息化和标准化工作的人员，学历结构普遍以技术类本科为主，在职称结构以中级、初级职称为主，而在出版管理岗位上的人员，拥有技术类博士、硕士学位和高级职称的比例偏低。这就是整个新闻出版行业的现状。虽然从数量上来说，张江数字出版基地汇聚了一大批优秀的大学和院校，以及一批优秀企业，但是精通出版的高新技术人才非常少，尤其是领军型的复合型人才就更少了。

因此，加强复合型专业人才队伍建设，特别是要加大对出版与科技融合的创意人才、设计人才、研发人才、制作人才等的培养力度，指导企业、高等院校、科研院所建立产学研相结合的人才培养模式是当务之急。

供稿：南京大学新闻出版研究院

数字农家书屋工程

一、数据

农家书屋工程是国家重大文化惠民工程，也是我国有史以来最大规模的公共图书室建设项目，覆盖范围之广、之深，史无前例。

农家书屋工程于 2005 年试点，2007 年全面推开，2012 年竣工，短短几年在全国行政村建成了 600449 个书屋，配送了 9.4 亿册图书，惠及 6.7 亿农村常住居民和 1.77 亿农村流动人口，农村人均拥有农家书屋公共藏书量达到 1.1 册。农家书屋工程的建成，大大提高了我国公共图书室的数量，使国民人均拥有公共藏书量突破 1 册，实现质的飞跃。截至 2016 年末，农家书屋藏书量已增至 12 亿册，为国家推进实施全民阅读战略奠定了坚实基础。

数字农家书屋作为农家书屋提档升级、提质增效的重要形式和有益补充，很快被提上日程，近几年在全国各地建设了数万家数字农家书屋。根据国家新闻出版广电总局统计数据，截至 2015 年年底，全国共建成 3.5 万个数字农家书屋，其中同方知网数字农家书屋 1 万个，卫星数字农家书屋 2.2 万个，其他各种类型数字书屋约有 3000 个。之后又有大量的数字农家书屋投入建设和使用，根据广电总局数据，卫星数字农家书屋在 2016 年又新建了 8000 个，数字手机书屋试点约有几百个，其他各类型数字农家书屋近千个。

二、背景

与传统农家书屋相比，数字农家书屋在资源容量、内容更新速度、功能搭载、服务时长、效果监测等方面具有显在优势。借助技术的力量，数字农家书屋把农家书屋变成了 24 小时书屋，即时投递期刊、报纸，很好地弥补了偏远地区农家书屋的不足，多媒体内容呈现形式对文化程度不高的农村居民形成新的吸引力。一些地方还为数字农家书屋搭载了政务、电商、社区等服务，拓展了农家书屋原有的功能，受到地方群众欢迎。与此同时，随着数字传播技术的迭代升级以及阅读终端的不断演进，数字农家书屋也经历了多次升级换代。结合地方网络发展水平、农民阅读习惯等特殊因素，各地探索出了多种数字农家书屋建设模式。

三、模式

1. 基于卫星、有线电视网络技术的数字电视书屋模式。该模式的代表主要为卫星数字农家书屋和有线电视网络书屋。据悉，目前中国航天数字传媒有限公司也在尝试采用卫星 +Wi-Fi 接收模式，方便移动终端下载，但该模式仍不具备互动功能。

2. 基于互联网技术的数字电脑书屋模式。该模式包括清华同方知网的知识库书屋、数字农家书屋电子阅读屏、引入当地公共图书馆数字资源的网络农家书屋等类型。

3. 基于移动互联技术的数字手机书屋模式。该模式包括"皖新数字书屋""读者数字农家书屋"等数字书屋，除了支持手机阅读，也支持平板电脑等其他移动阅读终端。

以上三类模式的数字农家书屋各有优劣。

从以上模式比较与分析来看：

基于卫星、有线电视网络技术的数字电视书屋覆盖范围最广，能够很好地解决山区、哨卡、沙漠等偏远地区报刊投递的难题，在影视内容方面具有存储和播放优势，一旦建成，使用成本基本忽略不计；

基于互联网的数字电脑书屋具有较强的内容适应性，对播放任何格式的数字内容基本都不存在障碍，适合为互联网普及率较高的地方提供知识库、影音库等内容资源；

基于移动互联技术的数字手机书屋模式最大的优势是支持移动阅读，小巧便携的手机、平板电脑等移动终端是目前形态上最接近"书"的介质，符合目前人们的阅读习惯，同时手机也是农民上网选择最多的终端，适合提供文字、图片、音频、小视频等耗费流量不大的内容资源。后两种模式都具有互动模式，因此还能够搭载电商、政务、社区等服务，拓展农家书屋原有的功能。

综上，三种模式各有优劣，并对环境有不同的要求，政府在统筹建设数字农家书屋时可综合考量地理环境、网络环境、农村经济条件、农民阅读习惯及水平等多种因素。

四、突出问题

经过近几年的探索，我国已经建成了一批数量可观、类型多样的数字农家书屋。但同时，建设过程中也存有不少问题亟待解决。

1. 数字农家书屋缺少统一的国家建设规划和标准。

其建设主要由数字技术公司主导，各地政府分头实施，更多的是扮演引导、支持的角色，这就不可避免地造成了全国范围的重复建设和对数字内容资源的浪费，亟待政府统筹规划。

2. 数字资源缺乏优质内容，质量良莠不齐，不乏盗版出现。

由于数字内容产品版权费用较高，在目前无稳定财政资金支持的情况下，技术企业为降低成本，满足数量需求，往往牺牲内容的质量，甚至引入了明显侵权的内容产品，亟待政府加强引导与管理。

3. 偏远地区农村网络环境不理想，农民上网流量得不到保障。这影响了数字农家书屋的用户体验和口碑，为后续推广带来困难，需要国家多个部门协调解决。

五、建设现状

在当前数字技术飞速发展并迅速普及、国家积极推动基层公共文化数字化建设的历史背景下，大规模建设、推广数字农家书屋的有利环境已经形成。

（一）政策环境利好。

如前所述，为了发挥数字技术和数字化传播手段在开展基层公共文化服务中的作用，《中华人民共和国国民经济和社会发展第十三个五年规划纲要》提出在文化重大工程中统筹数字农家书屋的建设。2016年12月国家出台了《中华人民共和国公共文化服务保障法》，农家书屋作为公共文化设施之一被纳入其中给予法律保护，该法同时提出由国家统筹规划公共数字文化建设，2017年3月1日起开始施行。针对贫困地区，文化部、国家新闻出版广电总局等七部委联合印发《"十三五"时期贫困地区公共文化服务体系建设规划纲要》，提出将推进数字文化建设作为地方脱贫的重要抓手。在资金方面，国家新闻出版广电总局作为农家书屋工程的牵头单位，规定在财政每年每个书屋2000元农家书屋补充资金中，各地可从中拿出600元用于数字农家书屋建设，购买数字报刊等出版产品和服务。这些政策指向明显，都为数字农家书屋的建设和发展提供了极为有利的政策环境。

（二）农民数字阅读基础条件和需求明显提高。

根据国家统计局《中华人民共和国2016年国民经济和社会发展统计公报》数据，2016年我国互联网上网人数7.31亿人，互联网普及率达到53.2%，其中农村地区互联网普及率达到33.1%；全国移动电话普及率上升至96.2部/百人，手机上网人数6.95亿人，其中农村网民使用手机上网的比例最高，为87.1%，农村手机网民规模接近2亿；全国有线电视实际用户2.23亿户，其中有线数字电视实际用户1.97亿户。在农村，2016年使用直播卫星数字电视、自备卫星接收天线、IPTV收看电视的用户比例分别达到28.6%、10.1%、9.7%。从以上数据可以看出，2016年我国农村的互联网、移动电话、数字电视网络基础设施覆盖范围更广、更完善。与此同时，不少地市农家书屋也在积极着手提高数字化水平，如江苏省11000余家农家书屋平均装备了1台以上的电脑，4000个三星级以上书屋安装了Wi-Fi，为数字阅读提供了必要的基础条件。第十四次全国国民阅读调查数据显示，2016年国民的数字化阅读接触率较上年提高了4.2个百分点，达到68.2%，其中农村居民数字化阅读接触率较上年亦有大幅度提升，显示出持续高涨的数字阅读需求。这些数据都表明，农村居民数字阅读条件和需求都已有明显提高。

（三）数字出版产业提供有力保障。

根据我国《2015—2016中国数字出版产业年度报告》，2015年，我国数字出版产业整体收入规模为4403.85亿元，年增长30%。其中互联网期刊、电子图书、数字报纸的总收入年增长6.66%，电子图书产品规模由2013年的100万种增至2015年的170万种，网络文学用户规模达到3.5亿人。在专业出版领域，国内已形成了特色资源数据库、专业数字化工具书等多个产品形态。这些数据反映出我国数字出版产业仍在以蓬勃的态势向前发展，数字出版内容资源的不断丰富和产业的健康发展成为数字农家书屋内容资源建设的有力保障。

六、类型

知识库型的数字农家书屋是指围绕农民对农业知识、技术的需求建设专门的知识产品库，为农民提供专门的知识服务。每个书屋配备有电脑，供农民登录互联网查阅使用。该类型书屋的典型范例是清华同方知网建设的数字农家书屋，该公司设计了300个"三新农"知识库产品，根据地区差异组合提供给1万个农家书屋，目前已覆盖全国23个省（直辖市、自治区）。

卫星数字农家书屋主要是应用卫星技术，以有线电视网络、Wi-Fi作为传输管道，将数字化图书、报纸、影像内容投递到农家书屋中。该类型的书屋由中国航天数字传媒有限公司投建，是目前发展最快、数量最多的数字农家书屋，从 2010 年开始建设至 2016 年年底，已在全国建成 3 万余个，覆盖了北京、内蒙古、青海、西藏、宁夏等全国 20 个省（直辖市、自治区）的农家书屋，个别省（直辖市、自治区）已经实现了卫星数字农家书屋全覆盖。

有线电视书屋是依托有线电视网络，将书报刊影音资源传输到电视机上收看的一种模式。像歌华有线的"图书博物馆"、重庆有线的"数字电视图书馆"、新疆广电网络的"新疆读读精品出版网电视网络阅读平台"都是该类型的数字书屋。

农家书屋电子阅读屏通过内嵌数字内容资源包的方式，向农民读者提供在线阅读或资源下载服务。像中文在线、北京超星公司、北京中创公司等都有云屏数字借阅机。读者可以通过扫描电子阅读屏二维码，下载数字资源。

数字手机书屋是在近两年手机等移动终端成为农村上网的重要载体之后发展起来的，主要是通过开发专门移动阅读 App，利用无线 Wi-Fi，将数字内容资源传输到手机、平板电脑等手持移动终端上阅读。安徽省"皖新数字书屋"于 2015 年在桐城市开始 10 个农家书屋试点工作。甘肃省的"读者数字农家书屋"2015 年上线，到 2016 年底，在庆阳市西峰区建成 65 个数字农家书屋试点。

引入当地公共图书馆数字内容资源也是农家书屋数字化转型升级的重要形式。贵州、湖北、陕西、江苏、浙江、云南等多个省市采用引入图书馆数字图书资源的方式，如浙江嘉兴全市的农家书屋都能够共享嘉兴数字图书馆、嘉兴移动图书馆的数字资源。这种做法虽然不能完全解决农家书屋的数字化升级，但也部分地满足了当地农民的数字化阅读需求。

从目前调研的情况来看，我国的数字农家书屋建设仍处于探索和试点阶段，除了知网数字农家书屋和卫星数字农家书屋以外，其他类型的数字农家书屋还未形成规模，农家书屋的数字化转型升级任重道远。

供稿：南京大学新闻出版研究院

中国 MPR 注册工作

一、概况与数据

2011年12月30日，国家质量监督检验检疫总局和国家标准化管理委员会批准发布了 GB/T 27937.1-2011《MPR 出版物 第1部分：MPR 码编码规则》等5项国家标准。

2012年11月21日，国家新闻出版总署颁布《关于贯彻执行〈MPR 出版物〉系列国家标准的通知》（新出字〔2012〕305号），决定由中国音像与数字出版协会筹建 MPR 注册中心，负责开展 MPR 用户注册、MPR 编码发放和使用管理工作，对出版应用提供指导和服务。该中心由中国音像协会负责筹建。

2014年8月，中国 MPR 中心筹建成功，中心业务包含了负责 MPR 编码使用者的注册及注册信息管理。自 MPR 注册中心成立以来，我国的 MPR 注册工作得到了稳步快速推进。

二、补充资料

（一）定义

MPR 出版物即多媒体印刷阅读出版物，是一种以唯一性关联编码为基础，以特定的矩阵式 MPR 二维码为机读符号，对多种出版载体和表现形式进行整合和精确关联，形成以纸质印刷载体为基础的多媒体复合数字出版形态的出版物。

MPR 出版物将数字技术引入传统印刷技术支持的出版活动，实现了纸质出版物的有声听读，可以满足阅读者通过视听多感官、抽象化与具象化全方位获取信息的需求，可实现基于新技术手段的横向阅读、深度阅读、多维度阅读，是数字技术时代对出版形式的突破，是一种全新的出版物种。MPR 出版物技术具有编码容量巨大、成本低廉、可靠性强和印制便捷等特点，与数字出版实现了良好的衔接，对我国传统出版产业完成改造升级、平稳转型将发挥重要的支撑作用。

（二）建设情况

近几年，MPR 国家标准的应用在我国也取得了初步成效。

南方出版传媒集团已建成 MPR 体验中心，举办过多场体验和培训活动，并认真落实产品的研发与出版资源整合工作，迅速形成了一批标志性、高质量的 MPR 出版物。2015年南方出版传媒将充分挖掘现有存量资源的数字化再利用潜能，将 MPR 复合数字出版项目列入各单位年度工作部署之中。集团将以教育类、幼儿类产品为特色，探索内部共赢机制与可持续的商业模式，并筹建教育创新示范基地，落实做好教学试点。在做好选题规划的基础上，继续建设广东省出版南方出版传媒 MPR 复合数字出版运营网站，建立广东 MPR 实体营销体系。人民教育出版社加入教材实验试点后，着眼于MPR技术在教育教学领域的推广应用,在河北省试点进行了MPR版义务教育教材推广应用的开发。人教社通过完整的学年循环周期试点,考察MPR版教材在整个教学过程中的实际效果,以此研究MPR版教材编辑、制作、出版、发行、教学使用、学生使用等环节的具体情况。教学实验证明,MPR版教材具有可用、适用、好用的效果。

此外,北语社、中少总社、农业社等多家出版社,也纷纷展现实力,积极落实MPR国家标准的推广:北语社凭借国际汉语教育的专业出版特色、明确的MPR技术标准应用规划以及面向国际市场推广MPR国家标准的外向型出版优势,在推广过程中表现出了让人信服的实力。中少总社整合少儿书报刊资源,研发MPR标准少儿阅读产品,集中规划一批少儿MPR出版物,建立起了MPR少儿出版资源数据库。

MPR出版物在文化资源开发上大有可为,特别是一些非物质文化遗产,具有鲜明地域特色、民族特色的图书,通过MPR技术,能把抽象的描述以声像的形式生动地展现出来,更有利于这些优秀文化遗产的传播和传承。在MPR助推文化传播上,陕西新华出版传媒集团陆续制作《名片陕西》《西安城墙》《长安画派》《中国蜀道》等多种MPR出版物,让陕西丰富的文化历史得到了精彩展示。该集团还利用MPR技术在文艺、教学、视听、生活保健方面开发特色产品。秦腔马甲便是典型成果之一,在马甲或T恤衫上铺上MPR秦腔曲目编码,不仅方便戏曲票友和晨练者使用,也有利于向旅游者展示陕西特有的古秦文化。

黄河出版传媒集团有限公司计划出版的旅游文化图书、朝华出版社划出版的中华传统文化教育经典读本MPR出版物也展示了我国丰厚的历史文化资源。调查中我们也发现,若各地方出版以实现各种文化资源的多元呈现。

MPR标准应用形成的是一个产业服务模式。它标志着信息产业以信息技术产业为主导转变成信息内容产业为主动的格局。作为一种新技术,业界如能在MPR产业化应用和相关产业链的完善上多下功夫,将会为包括传统出版的转型升级带来巨大动力。

供稿:MPR注册中心

北京市数字编辑职称评价试点项目

我国各类新闻出版单位的数字化转型升级离不开专业化人才的培养和队伍建设。为切实建立、有效落实和推进责任编辑制度，加强数字内容传播的"编审校"制度建设，从根本上改善和优化数字内容产品供给侧结构，让"内容"真正成为企业的核心竞争力。北京市数字编辑专业技术资格评价工作，是在国家新闻出版广电总局的大力支持下，由北京市人力资源和社会保障局与北京市新闻出版广电局组织实施的。2015年12月，北京市人力资源和社会保障局与北京市新闻出版广电局联合出台了《北京市新闻系列（数字编辑）专业技术资格评价试行办法》（京人社专技发〔2015〕258号），在北京市开展数字出版、数字新闻、数字视听等数字编辑专业领域职称评价工作。2016年3月，北京市完成了首次数字编辑初级（助理级）、中级职称评审报名审核工作。2016年5月14日，进行了第一次数字编辑初级（助理级）、中级专业技术资格考试。据统计，共有3500余人进行了网上申报，约2700人通过现场审核，有2416名参加了考试，有近400人通过考试取得中级、初级职称。同时，2016年6月，开展了首次数字编辑副高、正高职称评审工作。参加首次考试和评审的人员涉及数字新闻编辑、数字出版编辑、数字视听编辑等不同领域，涉及央企、市属国企、民企等各种类型企业。首次申报数字编辑专业高级专业技术资格的有76人，经过答辩评议和专家评审，有65人通过评审并获得高级职称。这一系列的举措，标志着北京市在全国首开数字编辑职称的先河，它为数字出版从业者量身定制，使得数字出版人从此告别了"有职务无职称"的日子。广大数字内容传播产业的编辑们将首次拥有正式的身份认证，它将会提高数字内容传播产业从业者的积极性，增强从业者的信心，有利于整个数字内容传播产业健康、快速、科学的发展，从而为传统媒体和新兴媒体融合发展起到"助推器"的作用。

北京市数字编辑职称考试指导用书

建设 20 个出版融合发展重点实验室

国家新闻出版广电总局在 2016 年 5 月发布《关于申报出版融合发展重点实验室有关工作的通知》，首次开展出版融合发展重点实验室申报工作，旨在探索、推动传统出版和新兴出版在内容、渠道、平台、经营、管理等方面深度融合。该通知指出，对确定的出版融合发展重点实验室，总局将进行命名授牌并给予政策支持；对其申报符合条件的产业项目优先列入国家新闻出版改革发展项目库；优先支持其承接新闻出版业转型升级重大项目；优先安排其有关人员参加总局组织的专题学习和培训。

出版融合发展重点实验室名单

序号	依托单位	共建单位
1	江苏凤凰出版传媒集团有限公司	南京大学
2	中国科技出版传媒股份有限公司	中国科学院自动化研究所 中国科学院计算机网络信息中心
3	中国出版集团公司	清华大学新闻与传播学院新媒体传播中心 中国科学院自动化研究所模式识别国家重点实验室
4	中文天地出版传媒股份有限公司	南昌航空大学
5	浙江日报报业集团	
6	时代出版传媒股份有限公司	华东师范大学
7	中南出版传媒股份有限公司	北京大学新传媒研究院
8	人民教育出版社	华中师范大学
9	中国工信出版传媒集团有限责任公司	北京万方数据股份有限公司 北京万正阿帕比技术有限公司
10	南方报业传媒集团	中国科学院深圳先进技术研究院 武汉大学深圳研究院
11	四川新华发行集团有限公司	电子科技大学 四川大学
12	外语教学与研究出版社有限责任公司	掌阅科技股份有限公司
13	咪咕数字传媒有限公司	浙江出版联合集团有限公司 浙江大学出版社 浙江传媒学院
14	长江出版传媒股份有限公司 武汉理工大学	武汉理工数字传播工程有限公司
15	华东师范大学出版社有限公司	上海意派信息科技有限公司
16	北京师范大学出版社（集团）有限公司	科大讯飞股份有限公司 北京凤凰师轩文化发展有限公司

续表

序号	依托单位	共建单位
17	中原大地传媒股份有限公司 深圳天朗时代科技有限公司 大象出版社	郑州大学
18	辽宁出版集团有限公司 大连东软控股有限公司 大连理工大学出版社有限公司	新闻出版总署信息中心 北京印刷学院 大连理工大学 大连东软信息学院
19	中国新闻出版研究院	读者出版传媒集团有限公司 北京大学 江苏睿泰数字产业园有限公司 上海理工大学
20	中国建筑工业出版社	北京建筑大学

供稿：南京大学新闻出版研究院

数字版权保护技术研发工程

一、工程简介

随着数字网络技术的快速发展与应用，互联网和移动设备的快速普及，在给人们带来内容消费便捷的同时，也使侵权盗版变得更加容易。版权是新闻出版业的价值核心，新闻出版业是版权产业的重要构成。传统出版业本质上是版权产业，当网络盗版恣意横行的时候，传统出版业的产业链条将会折损，创新能力将会下降，企业利益将会被侵犯，社会效益也将无法实现。如果任侵权盗版恣意横行，版权产业将难以正常运转，内容企业的创新将难以持续，经济效益将无法保障，社会效益也将无从实现。

党中央、国务院高度重视版权产业发展，做出系列重要部署。政府主管部门不断加强顶层设计，完善相关政策法规，加大执法力度，并通过实施"项目带动战略"，加强相关技术研发与应用，全面应对版权产业面临的严峻挑战。譬如制订相关法律、出台相关政策、加大执法力度。

2007年，国家新闻出版广电总局（原新闻出版总署）提出四项新闻出版重大科技工程的建设目标，由国家数字复合出版系统工程提供数字化生产系统，由数字版权保护技术研发工程提供版权保护与运营的技术保障，由中华字库工程提供用字保障，由国家知识资源数据库工程提供出版业向知识服务转型升级的全面支撑。四大工程先后列入国家"十一五"与"十二五"时期文化发展规划纲要。在国家财政的支持下，工程陆续启动。

2016年5月，数字版权保护技术研发工程完成预定任务，取得的直接成果包括：一套标准体系、六项核心技术、五类版权保护应用系统和一个数字版权保护技术管理与服务平台。同时，工程的技术需求书与技术总体方案等重要文件及时向业内公开，研发过程全程透明，引起业内普遍关注和广泛参与，取得丰硕的间接成果：带动一批出版企业提高对版权保护技术的应用水平；引领一批技术企业围绕工程研发方向在工程外围开展更为深入的技术研发，借助其他支持渠道，取得多项关键技术的单点突破；聚集一批在出版应用领域的高精尖技术人才与项目管理人才；建立一批行业重大科技工程项目管理的制度与规范。五年来，工程的项目带动效应得到了充分发挥，即将进入全面应用推广阶段。

二、工程发展沿袭

"数字版权保护技术研发工程"于2006年开始酝酿，2007年通过可行性论证，2011年7月正式启动研发工作，共18个分包、26项课题。工程建设内容涵盖标准编制、技术研究、系统开发、平台搭建、总体集成、应用示范等多个方面，参与工程管理、研发和集成任务的单位24家。工程总目标是：探索数字环境下的版权保护机制，为出版单位数字化转型提供政府主导的第三方公共服务平台，为建立数字出版产业盈利模式提供以版权为核心的参考模型。

时间历程

2007年9月，新闻出版总署举行重大文化工程项目可行性研究报告论证会。数字版权保护技术研发工程等重大工程项目通过院士专家可行性论证。全国人大教科文卫委员会主任、原新闻出版总署党组书记、署长柳斌杰，国家新闻出版广电总局副局长、原新闻出版总署副署长孙寿山出席会议。

2010年5月，数字版权保护技术研发工程总体组成立大会在中国新闻出版研究院召开，工程总体组正式成立。

2011年7月，数字版权保护技术研发工程研发工作启动大会召开，国家新闻出版广电总局副局长、原新闻出版总署副署长孙寿山出席会议。

2011年8月，新闻出版重大科技工程项目领导小组办公室主任、总局数字出版司司长张毅君到数字版权保护技术研发工程总体组检查、部署工作。

2012年5月，数字版权保护技术研发工程所有分包通过了需求分析阶段专家评审。

2012年8月，新闻出版重大科技工程项目领导小组办公室牵头，联合工程总体组、总集成、管控、标准和监理开展概要设计前的轮巡检查工作。

2013年10月，数字版权保护技术研发工程所有分包通过了概要设计阶段专家评审。

2014年11月，数字版权保护技术研发工程所有分包通过了详细设计阶段专家评审。

2014年12月，数字版权保护技术研发工程所有分包通过了集成测试阶段专家评审。

2015年6月，新闻出版重大科技工程项目领导小组办公室下发《关于确定数字版权保护技术研发工程应用推广单位的通知》，明确中国新闻出版研究院为数字版权保护技术研发工程应用推广单位。

2015年10月，数字版权保护技术研发工程所有分包通过了系统测试阶段专家评审。

2015年12月，数字版权保护技术研发工程所有分包通过了初验阶段专家评审。

2016年4月，数字版权保护技术研发工程所有分包通过了第三方测试。

2016年6月，数字版权保护技术研发工程即将进入全面应用推广的新阶段……

三、工程组织架构

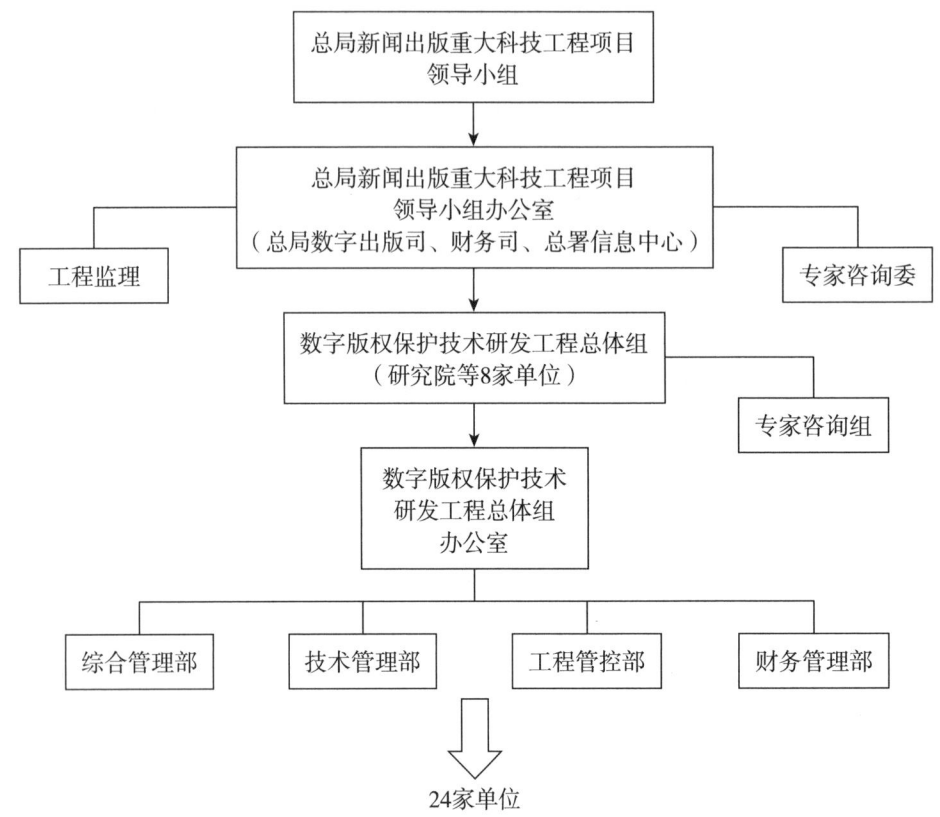

中国新闻出版研究院、中国科学院自动化研究所、中国科学院软件研究所、中国科学技术信息研究所、北京大学、清华大学、北京邮电大学、北京理工大学、北京电子科技学院、中版集团数字传媒有限公司、电子工业出版社、高等教育出版社有限公司、中国大百科全书出版社有限公司、中国科技传媒股份有限公司、浙江出版联合集团有限公司、中文在线数字出版集团股份有限公司、同方股份有限公司、北京方正阿帕比技术有限公司、北京万方数据股份有限公司、北京书生电子技术有限公司、北京慧点科技有限公司、北京创原天地科技有限公司、汉王科技股份有限公司、上海出版印刷高等专科学校

四、工程标准

类 别	序 号	标准代号 / 标准名称
管理类	1	GC/BQ 1-2014 标准编制指南
	2	GC/BQ 2-2014 标准应用指南
基础类	3	GC/BQ 3-2014 数字版权保护技术研发工程术语
	4	GC/BQ 4-2014 数字版权管理标识
	5	GC/BQ 5-2014 数字权利描述语言
	6	GC/BQ 6-2014 数字版权保护内容格式
	7	GC/BQ 7-2014 数字版权封装

续表

类别	序号	标准代号/标准名称
数据类	8	GC/BQ 8-2014 数字内容注册规范
	9	GC/BQ 9-2014 数字权利元数据
	10	GC/BQ 10-2014 可信计数数据
接口协议类	11	GC/BQ 11-2014 版权保护可信计数技术接口
	12	GC/BQ 12-2014 数字内容分段控制技术接口
	13	GC/BQ 13-2014 多硬件环境版权保护应用支撑技术接口
	14	GC/BQ 14-2014 在线阅览版权保护应用支撑技术接口
	15	GC/BQ 15-2014 数字内容交易与分发版权保护技术接口
	16	GC/BQ 16-2014 富媒体内容保护支撑技术接口
	17	GC/BQ 17-2014 数字内容注册与管理平台对外通信协议
	18	GC/BQ 18-2014 可信交易数据管理平台对外通信协议
	19	GC/BQ 19-2014 版权保护系统间通信协议
	20	GC/BQ 20-2014 版权保护系统服务器端与客户端的授权通信协议
	21	GC/BQ 21-2014 出版机构信息管理系统接口
	22	GC/BQ 22-2014 服务机构信息管理系统接口
	23	GC/BQ 23-2014 注册信息查询与发布数据交换格式
	24	GC/BQ 24-2014 数字版权保护机构信息管理系统接口
	25	GC/BQ 25-2014 信息安全及电子认证服务技术规范 1
		GC/BQ 25-2014 信息安全及电子认证服务技术规范 2

五、工程技术研发成果

数字版权保护技术研发工程是列入国家"十一五"与"十二五"时期文化发展规划纲要的重大科技专项，是总局新闻出版重大科技项目之一，2006年开始酝酿，2007年通过可行性论证，2011年7月正式立项启动，共18个分包、26项课题。工程建设内容涵盖标准编制、技术研究、系统开发、平台搭建、总体集成、应用示范等多个方面，参与工程管理、研发和集成任务的单位24家。工程总目标是：探索数字环境下的版权保护机制，为出版单位数字化转型提供政府主导的第三方公共服务平台，为建立数字出版产业盈利模式提供以版权为核心的参考模型。

目前，工程研发任务已经全部完成，已形成数字版权保护技术管理与服务平台（包括数字内容注册、可信交易管理、网络侵权追踪三个子平台）、五类版权保护应用系统、六项核心技术、四类25项标准等成果，为后续行业提供数字版权保护奠定了坚实的基础。

（一）三个公共服务平台

1. 数字内容注册与管理子平台

本平台具有版权信息注册、作品特征提取和版权标识符嵌入等功能，为出版行业提供可靠的数字内容注册、权属证明服务，为网络环境下数字内容作品的传播提供版权标识和认证服务，结合工程其他成果,让出版单位在数字内容作品分发和销售环节没有后顾之忧。

2.可信交易数据管理子平台

本平台是独立于交易双方的第三方数据采集中心,通过对网上数字内容作品交易数据和授权数据进行监测与管理,有效地保证内容提供商、内容销售商等各方权利,为各方提供可信的数据查询、监测与管理服务,保证各种交易数据的可信性和可监控性。

3.网络侵权追踪子平台

本平台具有网络取证、证据核实、证据保全等功能,针对指定数字内容作品,为用户提供是否遭受疑似网络侵权情况的服务,通过即时受理和主动监测,做到侵权行为早发现、早报告、早提醒,达到打击网络侵权盗版,净化网络空间的目的。平台通过在线实时取证技术进行网络取证;输出疑似侵权作品的网站列表,并进行证据保全,后续可作为行政、司法机关执法证据。

(二)五类应用示范项目

工程在设计之初,就考虑到了应用问题。针对目前和未来数字出版产业发展形态,开展了互联网出版、移动出版、电子阅读器、数字报刊出版、出版单位自主发行等五类数字版权保护技术。

（三）五类版权保护系统

1. 互联网版权保护系统

面向对象：数字化转型过程中的出版单位或者数字内容集成商。

方案概述：互联网出版版权保护应用系统提供互联网应用版权保护整体技术解决方案，支持多种灵活的互联网数字出版发行模式。包括以下 3 个子系统：

集成分发子系统：从面向出版单位的版权保护系统获取授权网络销售的数字内容作品信息进行二次分发，授权给数字内容作品销售子系统和内容服务子系统。

数字内容作品销售子系统：销售多个内容提供商的数字内容作品，可以将不同内容提供商的销售情况分别统计。

内容服务子系统：读者可以进行数字内容作品检索、分类浏览和数字内容作品的可计数借阅。

业务描述：数字内容作品提供商可以通过两种途径将数字内容作品提交到互联网出版版权保护应用系统。（1）有自主发行版权保护系统的内容提供商，将加密、封装完成的数字内容作品发布给互联网出版版权保护应用系统；（2）没有自主发行版权保护系统的内容提供商可将原始数字内容作品直接提交给集成商，由集成商将数字内容作品加密、封装并提交到互联网出版版权保护应用系统中。互联网出版版权保护应用系统中的数字内容作品在提交系统前，由具有互联网出版资质的机构进行审核、确认版权，确认无问题后再提交系统。

集成商通过互联网出版版权保护应用系统管理数字内容提供商提供的数字内容作品，并将数字内容作品进行分发，分发后的数字内容作品可以进行销售和借阅服务。

内容运营商通过互联网出版版权保护应用系统管理运营中的数字内容作品及各种运营数据。

读者可以通过互联网出版版权保护应用系统注册设备信息、购买数字内容作品、订阅连续出版物、进行在线章节试读等，读者在购买时，可以选择购买的内容范围，如多章节、多章节组合、整书，也可以选择购买到的设备，如 PC、平板电脑、手机。

借阅者通过内容服务系统在线阅读数字内容作品，并且可以借阅数字内容作品，选择借阅到的设备，如 PC、平板电脑、手机。

互联网出版版权保护应用系统中的所有交易数据都要同步到版权保护可信数据管理交易平台，监管人员通过版权保护可信数据管理交易平台监管交易数据。

方案亮点：本解决方案构建一套互联网出版版权保护的架构体系，内容提供商将数字内容作品可以安全发布给集成商，集成商可以将数字内容作品进行二次分发，并且数字内容作品的分发是可计数的；内容提供商还可以直接将数字内容作品安全发布给内容运营商。

从商业服务模式上来看，本系统支持提供给机构用户服务的 B2B 服务模式，支持直接提供个消费者的 B2C 服务模式，也支持通过提供给机构用户，再通过机构用户提供给最终消费者的 B2B2C 模式。同时，服务范围不仅仅局限于购买，还包括数字内容作品的在线阅读、章节试读、借阅、连续出版物订阅等多种服务。

同时本系统提供多种内容的服务形式包括：整书服务，章节服务，章节组合服务。整书服务是按照传统纸质出版物的方式提供单本数字内容作品的服务，包括线浏览、样书推送、章节试读、购买和借阅等多种应用。章节服务是采用数字内容分段控制技术研究成果，可以对用户进行章节服务，包括章节的试读、购买等应用。章节组合服务是指采用数字内容分段控制技术研究成果，提供用户进行自主选择章节进行重新组合的服务。

2.移动出版版权保护系统

面向对象：数字化转型过程中的出版单位或者、平台运营商。

方案概述：移动出版版权保护应用系统实现了移动内容的管理、发布、交易、展示功能为内容提供商、平台运营商、阅读用户提供了一个统一的服务平台。系统通过与工程其他系统集成，如数字内容的注册和管理平台、数字版权保护管理服务中心及版权保护可信交易数据管理平台等，形成完整的数字版权保护的产业链。

（1）内容管理系统

用于建立移动平台应用上的内容管理系统，为所有移动出版应用提供数字内容的管理功能。其主要功能是在数字内容在出版发布之前，对其进行必要的、选择性的编辑、管理与控制。

（2）运营支撑系统

本系统主要实现移动出版的业务管理。其主要功能是对移动出版应用的业务进行查看、添加、删除、修改等管理操作，并且管理业务的上线状态等。本系统支持WAP方式和客户端方式管理功能。

（3）移动终端阅读工具

移动终端阅读工具实现对EPUB、PDF、DRMCF格式文件的解析渲染功能。客户端应用平台包括Andorid、iOS、Windwos Phone8。本移动出版版权保护应用系统包括4个子系统：内容管理系统、业务管理系统、客户端系统、WAP系统。

本解决方案的目标是建立一套适用于内容提供商与平台运营商合作，面向移动终端阅读用户的数字出版模式，阅读用户可以通过Android、iOS、Windows Phone平台客户端，以及通过WAP浏览器阅读内容提供商的数字内容。

内容提供商通过将加工后的内容提供给平台运营商进行销售运营，阅读用户在通过平台运营商系统购买数字内容时需要向内容提供商申请授权，并且通过第三方可信监管平台，对内容提供商、平台运营商对每次交易信息进行记录，保障内容提供商、平台运营商的利益。

优点：阅读客户端阅读采用了数字内容加密保护技术，可以在移动终端阅读用户的阅读权限不受限制。当用户转移数字内容至其他用户时，则其他用户需要重新付费获取授权，保障了数字内容提供商、平台运营商的合法权益。

3.按需出版版权保护系统

面向对象：数字化转型过程中的出版单位或者数字内容集成商。

方案概述：原始文档经过文档加工模块进行加工，发布到按需印刷授权控制系统。按需印刷授权控制系统再将数字内容作品的元数据信息发布到版权内容分发平台。消费者在版权内容分发平台上进行选购、支付，版权内容分发平台通过按需印刷授权控制系统生成订单。按需印刷控制系统接收到版权内容分发平台的新订单通知后，手工下载订单。按需印刷控制系统在印刷数字内容作品之前必须在代印点注册中心进行注册。按需印刷控制系统开始印刷时，需要向按需印刷授权控制系统申请印刷许可证、补印许可证。按需印刷控制系统进行安全文档解析、添加数字水印信息后，向印刷设备输出印刷数据流，形成成品印刷品。本解决方案中包含以下几个功能模块：

（1）按需印刷内容封装系统：制作和加工出符合按需印刷标准并可用于按需印刷的内容和数据，同时可以对内容进行加密和授权。

（2）按需印刷授权管理系统：实现按需印刷DRM应用的身份管理、许可分发、计数，并集成版权保护可信交易计数技术，实现印刷的可信计数。

（3）版权内容分发平台：消费者通过该平台进行按需印刷内容作品的搜索、选购、交易等商务功能和流程。

（4）按需印刷控制系统：印刷人员通过该模块能够将消费者购买的印刷内容进行实际印刷，同时还提供版权信息嵌入纸质文件的支持，实现通过数字水印识读器识别按需印刷出来的纸质文件上隐藏的版权隐藏信息和代印点信息。

方案亮点：本方案实现了完整的按需印刷安全控制流程，并能够满足在不同商务模式下，如集中式、分布式的按需印刷商业模式，完成数字内容作品的加密封装、授权控制、销售、印刷、追踪。同时，能够对出版社和印刷设备间的成果物面向出版商、代印点、运营商进行拆分，并提供较好的开放性以支持不同的数码印刷设备。

4. 富媒体报刊版权保护系统

面向对象：数字化转型过程中的出版单位或者数字内容集成商。

方案概述：富媒体报刊版权保护关键技术，目的在于解决富媒体报刊在内容管理流通使用等发行全流程中的版权保护核心技术问题，为后续的版权保护应用示范报刊发行系统提供技术支撑。主要提供的功能是富媒体内容加密封装、富媒体内容使用权利描述与控制、富媒体内容安全发布、富媒体内容安全阅览、摘录使用控制、富媒体内容标识符嵌入与检测。

随着数字媒体技术和互联网技术的发展，在需要对数字图像媒体内容或数字视频媒体内容进行版权声明、版权保护或版权追踪时，可以采用本项目研发的标识符嵌入与检测软件开发包对需要进行版权声明、保护或追踪的图像或视频内容进行版权标识的嵌入，将带有版权标识的图像或视频媒体发布到公开网络进行传播和使用，当网络上出现了针对某些图像或视频的盗版侵权行为时，版权所有者可以依据本项目研发的标识符嵌入与检测软件开发包对网络上传播的图像或视频媒体进行版权标识的提取或检测，通过与原始版权标识的对比来对该图像或视频的版权进行声明和保护，甚至是在一些必要的场合进行版权的追踪。

该软件主要包括以下6个部分：

（1）富媒体内容加密

（2）使用权利描述与控制

（3）富媒体内容发布

（4）富媒体内容安全阅览

（5）摘录使用控制

（6）标识符嵌入与检测。

亮点优势：

（1）本解决方案所提出的图像版权标识嵌入与检测算法以及视频版权标识嵌入与检测算法在遵循的《数字版权标识标准》的相关规定（能够支持长度为22的字符串格式的版权标识符的嵌入与检测）以外，还能够在此基础上进行一定的扩展，即所使用的算法可以支持一定范围内任意长度的版权标识符的嵌入与检测。

（2）本解决方案所解决的图像版权标识嵌入与检测算法充分考虑了数字图像在传播、使用过程中可能经受到的多种攻击类型，能够在较大攻击范围内保证版权标识的鲁棒性和安全性。

（3）本解决方案所解决的视频版权标识嵌入与检测算法充分考虑了需要进行版权保护的视频编

码、分辨率、帧率等的多样性问题，对多种编码格式、不同分辨率、不同帧率的视频及其转码过程均能够实现版权标识的嵌入或检测。

5. 出版单位自主发行版权保护系统

面向对象：数字化转型过程中的出版单位或者数字内容集成商。

方案概述：本系统包括数字内容作品加密发布模块、出版单位内部安全使用模块、数字内容作品使用授权模块和数字内容作品销售模块。本系统可对出版单位数字内容作品进行加工、加密封装、发布、授权，进而支持开展运营业务，并满足内部的安全管控，实现授权的统一持续控制。

数字内容作品加密发布模块：出版单位根据需要将数字内容作品进行加密封装，与对应的权利信息一起发布到出版单位内部安全使用模块，以方便出版单位内部使用者借阅资源；同时，也可将这些已加密封装的数字内容作品发布到数字内容作品销售系统，方便读者购买资源。

出版单位内部安全使用模块：出版单位系统管理员通过执行上、下架操作来管理数字内容作品；允许内部枝用者在自身的权限范围内借阅已上架的数字内容作品。

数字内容作品销售模块：面向读者展示和销售受版权保护的数字内容作品，出版单位销售人员通过执行上、下架操作来管理本单位所属的受版权保护的数字内容作品；读者通过该模块能够购买和试读受版权保护的数字内容作品。

数字内容作品使用授权模块：安全存储用户提交过来的加密数字内容作品；面向使用客户端读者发放授权证书，支持购买数字内容作品；批量授权给出版单位内部使用模块，支持出版单位人员借阅数字内容作品；出版单位人员通过该模块检索受版权保护作品，将其发布到互联网出版版权保护应用系统（即集成分发系统），通过其他运营商来运营本单位的数字内容作品。

（四）六项核心版权技术

1. 内容分段控制技术

提供数字内容分段控制权利描述模型、作品分段加密与封装、数字内容作品分段控制的密钥管理、数字内容作品分段授权、数字内容作品分段使用控制等技术，成果总体功能如下：

（1）具备数字内容作品分段、分段加密封装、分段权利描述、动态分段授权（许可申请、生成、发放、追加、更新等）、动态使用控制等功能；

（2）具备数字内容自动分段功能，内容分段的粒度包括章、节、页、页内文字/图片等对象元素，可支持版式阅读和流式阅读等阅读模式；

（3）允许对数字内容进行灵活授权，以及对授权进行动态更新，支持超级分发分段授权、按需印刷分段授权、多内容组合分段授权以及多硬件环境下的适应性分段授权；

（4）提供数字内容分段版权保护应用开发包，包括相关功能的应用程序接口（API），以及接口使用说明等，开发包具有二次开发能力；

（5）提供与多硬件环境版权保护的技术集成接口，实现多硬件环境下的适应性分段授权绑定与解绑定。

该技术有助于促进数字版权保护技术在权利描述、数字内容分段加密封装、细粒度授权控制、版权保护密钥管理等技术方面的发展，并对促进数字出版产业的发展，拓展数字出版新型内容服务模式具有重要意义。

2. 多硬件绑定技术

针对目前数字阅读终端设备多样化的情况，支持对各类通用设备、移动设备、可插拔／可卸载设备、其他专用定制设备等进行唯一标识符提取，自适应绑定各类终端，并提供多设备授权共享及域授权共享等多硬件环境版权保护应用开发接口，便于出版单位、内容集成商根据自身需求进行二次开发或集成。

多硬件环境版权保护技术成果包括服务器端 SDK 和客户端 SDK 两部分。服务器端 SDK 支持多设备共享和域共享环境下的硬件自适应绑定功能，并将绑定结果及其他权利相关信息进行封装，生成符合工程权利描述语言标准的授权许可；客户端 SDK 主要负责解析授权许可，获取权利相关信息；并负责提取当前设备的设备标识，解绑定授权许可中的内容密钥密文，得到内容密钥明文，来实现多硬件环境下的硬件自适应解绑定功能。

多硬件绑定技术主要集成了硬件自适应绑定、多设备授权共享和基于域的多用户授权共享三项核心技术。其中，硬件自适应绑定技术是基本核心技术，融入多设备授权共享技术和

域授权共享技术中后，实现了自适应的多设备授权共享和域授权共享。三项核心技术是基于设备标识技术、硬件绑定技术、设备和用户的动态管理技术以及权利描述技术等共性技术研究成果而实现的。

多硬件绑定技术的目的是利用各种软硬件技术，实现对数字内容的保护，包括电子图书、数字报刊、视频、音频等。多硬件绑定技术可以在保护数字内容版权的同时，最大限度地提高硬件绑定技术的自适应性，以满足新的应用环境和应用模式，并促进数字出版产业的发展。可以帮助数字出版产业链上各角色实现多硬件环境下的版权保护，特别是帮助消费者在终端设备上方便，灵活地使用数字内容，提高用户易用性，进一步扫除数字版权保护的应用障碍，为整个产业链带来新的技术手段，提高相关企事业单位的经济和社会效益。

3. 富媒体保护技术

随着数字媒体技术和互联网技术的发展，在需要对数字图像媒体内容或数字视频媒体内容进行版权声明、版权保护或版权追踪时，可以采用本项目研发的标识符嵌入与检测软件开发包对需要进行版权声明、保护或追踪的图像或视频内容进行版权标识的嵌入，将带有版权标识的图像或视频媒体发布到公开网络进行传播和使用，当网络上出现了针对某些图像或视频的盗版侵权行为时，版权所有者可以依据本项目研发的标识符嵌入与检测软件开发包对网络上传播的图像或视频媒体进行版权标识的提取或检测，通过与原始版权标识的对比来对该图像或视频的版权进行声明和保护，甚至是在一些必要的场合进行版权的追踪。

本 SDK 开发包能够被富媒体报刊版权保护应用系统集成，实现对富媒体报刊的版权保护。具体包括：富媒体内容加密封装、富媒体内容使用权利描述与控制、富媒体内容安全发布、富媒体内容安全阅览、摘录使用控制、富媒体内容标识符嵌入与检测等功能。在互联网发布图像或视频媒体内容时，富媒体保护技术通过对媒体文件嵌入版权信息、设置浏览控制权限，并提供专有安全阅读器对外发布，实现富媒体内容在各种终端的有序传播。

4. 数字水印嵌入技术

本技术可实现对文本、图像、视频和音频等数字内容版权信息的嵌入，并且不影响原始文件的可观性和完整性。出版单位或内容销售商发行前对相关数字内容嵌入版权信息，发行后可对内容进行版权保护、认证及追踪。对视频、图片、音频、文本，在不影响载体本身质量前提下，通过水印

嵌入、提取算法，嵌入及提取水印信息，达到保护版权目的。

过程：1.挑选需证明版权的视频、图片、音频或文本；2.将需嵌入水印信息，通过水印嵌入工具，嵌入载体；3.将嵌入水印信息的数字内容分发到不同渠道；4.通过水印提取算法，在隐藏有水印信息的视频、音频或文档中，提取水印信息。

5. 媒体指纹提取技术

从数字内容作品中提取标识作品的不变性特征（媒体指纹），达到类似利用人体指纹进行身份管理的目的。通过对数字内容作品建立媒体指纹库，对文本、图像、视频、音频进行相似性比对，给出检测结果，为网络视频盗版检测与认证监管以及其他数字内容作品版权保护提供有力的支撑。

媒体指纹提取技术主要作用是为相关服务平台提供关键技术支撑，包括：举证核实、数据比对；数字内容注册、内容相似度计算。

媒体指纹提取技术的特点：主要面向四种媒体：文本、图像、音频、视频；主要功能：指纹提取、指纹匹配、指纹相似度计算、指纹库创建、指纹编辑。

（五）工程研发的其他技术

1. 内容交易与分发版权保护技术

针对目前各种常见的数字内容作品交易与分发模式，实现了对作品试读授权、B2C分发授权、批量分发授权、借阅分发授权等功能，为出版单位、内容集成商提供内容授权分发版权保护相关接口，便于出版单位、内容集成商对数字内容多种分发销售授权模式的展开，拓展数字出版商业模式。

在内容分段控制技术与多硬件绑定技术的基础上，突破内容交易与分发权利描述技术、权利执行技术、内容加密封装技术和内容密钥管理技术等关键共性技术，解决了常见内容交易与分发面临的版权保护问题，开发数字内容作品交易与分发版权保护应用开发包，为上层应用提供内容交易与分发版权保护相关接口，实现了对数字内容作品的分段加密封装、超级分发授权、B2C分发授权、批量分发授权和二次分发授权，以及对授权数字内容作品的使用控制等功能，支持多种分发授权模式，兼容整体授权、分段授权与多硬件环境下的自适应授权，以适应多种数字出版发行与应用服务业务模式发展的需求。面向数字出版产业中多种商业模式下的多硬件环境、多服务模式等应用下的版权保护要求，推广应用内容交易与分发版权保护技术成果，对促进数字出版产业的发展，拓展数字出版新型商业模式和服务模式极具意义。对兼容多种分发模式、授权模式和多硬件绑定技术进行了系统化的设计应用，有助于促进数字版权保护技术在权利描述与执行、多模式内容授权、版权保护密钥管理技术等方面的发展，具有重要的理论与实践意义。

2. 在线阅览版权保护技术

本技术实现安全、可靠、便捷地在线阅览，支持用户通过Web浏览器和客户端软件进行在线阅读，同时对数字内容版权进行保护和管理，包括文档格式转换、数据加密、权限控制等服务器端技术，以及反跟踪、内容缓存、安全展现等客户端技术，服务器与客户端之间使用数据混淆、加密通道传输、实时解密等安全技术，为出版单位提供即时、快捷、安全的数字内容作品传播服务。利用这种方式在分发、呈现各个环节防止数字内容（无论是加密的密文数字内容还是明文数字内容）被攻击者获取，同时还可以实现对用户权限的细粒度控制，保证用户安全访问数字内容。该技术不仅支持用户通过专用客户端进行在线阅览，而且支持用户通过Web客户端进行在线阅览，简单易用。

在线阅览版权保护技术具有以下核心功能：

（1）支持用户通过专用客户端软件/Web浏览器进行在线阅览，同时对数字内容版权进行保护和管理；

（2）为保护数字版权，支持多种形式的权限控制，包括阅览、打印、水印、摘录、上传、删除权限；电子书的格式多种多样，在线阅览版权保护技术需要统一数据格式进而满足数字出版的相关格式标准，因此提供了格式转换功能。

3. 基于标识的版权保护认证技术

通过利用基于标识的认证技术（IBE）对无须网络连接的音像制品出版提供数字版权保护与运营管理服务。利用播放设备的设备名称、编号、主芯片号等唯一标识，与设备公钥结合，形成认证机制。支持设备授权、复制商／运营商授权、内容离线／在线授权等业务流程，解决了音像制品发行过程中的数字版权保护问题。

（六）四类25项工程标准

1. 管理类标准
2. 基础类标准
3. 接口类标准
4. 数据类标准

六、工程技术合作模式

（一）创作者

为创作者提供数字内容作品注册与权属证明。

对于进行工程统一用户身份注册与认证的创作者，为其注册作品在电商平台销售提供可信计数查询，提供网络侵权自助监测、内容相似度鉴定、辅助证据下载、疑似侵权报告出具，以及受委托，联合律所进行诉讼代理服务。

与创作者主要合作模式：作品注册与权属证明；可信交易数据查询；网络侵权追踪；网络侵权诉讼代理。

（二）版权集体管理组织／版权代理机构

工程成果直接应用服务，包括：数字版权认证、授权信息管理，网络侵权自助监测、查询、证据下载等服务，以及媒体指纹、内容分段控制、内容交易与分发等专项技术支撑。

根据实际业务需求，对下载、接收的专项技术进行安装、调试，提供数字版权保护技术整体解决方案，定制开发相应系统、平台，并可协助或代为进行运维管理；在用户已有相应系统平台但尚不成熟的情况下，为其提供升级改造服务。

与版权集体管理组织／版权代理机构主要合作模式：基于工程平台的全流程数字版权保护技术；媒体指纹、分段控制等专项技术支撑；相应系统平台定制开发、升级改造服务；托管运维服务。

（三）律师事务所

为其代理的数字内容作品进行注册登记，提供权属证明；提供网络侵权自助监测、内容相似度鉴定、证据下载、查询、疑似侵权报告出具服务。

根据实际需要，为其提供数字版权保护技术整体解决方案，为其定制开发相应系统、平台，或对已有系统、平台进行升级改造；可协助或代为进行相应系统、平台的运维管理。

联合开展数字内容作品打盗维权业务。

与律师事务所主要合作模式：作品注册与权属证明；网络侵权追踪；相应系统、平台定制开发、升级改造服务；托管运维服务；联合打盗维权。

（四）出版单位

工程成果直接应用服务，包括：数字版权保护技术管理与服务平台全流程服务，数字内容分段控制、在线阅览版权保护等专项技术支撑，以及互联网出版、移动出版等版权保护应用系统。

根据实际业务需求，提供互联网出版、移动出版等版权保护系统解决方案，定制开发自主出版发行平台及相应系统，并可协助或代为进行相应安装、调试、运维、管理。

与出版单位主要合作模式：公共服务包括平台全流程服务、系统应用服务、专项技术支撑；定制服务包括系统平台开发、相关安装与调试、托管运维服务。

（五）数字出版基地（园区）

为基地（园区）入驻企业及个人提供远程、在线技术支撑。在重点基地（园区）设立分支机构，作为基地（园区）公共服务平台，为其他企业及个人提供数字版权认证、授权信息管理、网络侵权追踪等服务。对基地（园区）已有公共服务平台进行升级改造、定制开发，为基地（园区）入驻企业及个人提供相应技术服务。

已有比较成熟技术、系统的基地（园区）公共服务平台，可以代理形式，开展工程相关技术服务。

与数字出版基地（园区）主要合作模式：为入驻企业、个人提供远程、在线技术支撑；入驻基地（园区）设立分支机构；对基地（园区）平台定制开发、升级改造；基地（园区）平台代理相关技术服务。

（六）数字内容销售集成商

利用工程技术成果，提供数字内容注册、数字版权认证、授权信息管理、交易数据查询、网络侵权追踪等全流程数字版权保护技术服务，以及数字内容分段控制、内容交易与分发版权保护等专项技术或应用系统支撑。

根据实际业务需求，提供数字版权保护系统解决方案，定制开发自主出版发行平台及相应系统，或对现有系统、平台进行升级改造。

与数字内容销售集成商主要合作模式：基于工程平台的全流程数字版权保护技术服务；数字内容分段控制等专项技术支撑；移动出版版权保护等系统应用服务；自主出版发行平台系统定制开发、升级改造。

（七）相关行业主管部门

基于工程技术成果，对相关作品在电商平台上的销售情况进行可信计数统计分析；对相关作品网络侵权情况进行统计分析；提供实时数据查询，出具相应决策咨询报告。

针对行业管理重点、难点、热点问题，进行关键技术攻关，研发相应系统，提供技术解决方案。

与相关行业主管部门主要合作模式：作品交易可信计数统计分析报告；网络侵权情况分析报告；作品交易网络侵权实时数据查询；行业重要技术系统研发。

（八）版权行政管理与执法机构

通过注册内容特征的比对分析，进行作品内容相似度鉴定、网络侵权取证、证据核实服务，出具疑似侵权报告。

对侵权高发网站、已侵权作品、易侵权作品进行统计分析和预测研判，提供相应决策咨询报告，为主动监管提供参考。

与版权行政机构与执法机构主要合作模式：作品内容特征比对；网络侵权取证；相关证据核实；决策咨询报告（包括疑似侵权报告和相关统计分析报告）。

（九）司法机关

通过注册内容特征的比对分析，进行作品内容相似度鉴定、网络侵权取证、证据核实服务，出具疑似侵权报告。

与司法机关主要合作模式：网络侵权证据核实；网络侵权取证；作品内容特征比对；疑似侵权报告。

（十）相关行业组织

利用工程技术成果，为其会员开展数字内容注册、数字版权认证、授权信息管理、交易数据查询、网络侵权追踪等全流程的数字版权保护技术服务，以及专项技术或应用系统支撑。

联合开展特定领域和环节的打盗维权活动，为其数字版权保护提供相应技术支持。

根据实际业务需求，对其下载、接收的专项技术、应用系统进行安装、调试；定制开发相应系统、平台；在其已有相应系统平台但尚不成熟的情况下，为其提供升级改造服务；并可协助或代为进行相应系统、平台的运维管理。

与相关行业组织主要合作模式：基于工程平台的全流程数字版权保护技术服务；媒体指纹、分段控制等专项技术支撑；出版单位自主发行版权保护等应用系统支撑；相应系统平台定制开发、升级改造服务；相应系统平台托管运维服务。

（十一）相关技术服务单位

相互进行版权保护相关技术专利、软著的许可。
委托开展工程技术成果升级改造与定制开发。
受托进行版权保护相关技术成果的管理、推介。
联合进行行业关键共性技术研发。

联合为工程用户进行升级改造、定制开发，协助或代为进行运维管理，开展技术培训等。

与相关技术服务单位主要合作模式：相关技术专利、软著许可；工程技术成果升级改造与定制开发；相关技术成果的管理、推介；行业重要技术、系统联合研发；工程用户系统、平台联合研发。

七、工程知识产权成果

（一）工程已申请发明专利41项（其中1项已获得授权）

一种特征信息与密钥绑定方法
基于错误纠正编码数据结构的数据隐藏方法
具有数据隐藏和加密功能的可信光盘驱动器
一种数字版权保护系统中终端设备可信认证方法及其系统
一种数字版权保护系统离线撤销的实现方法及其管理系统
一种监控可信计数装置的方法及系统
针对数字内容作品销售方信用等级的评价方法
EPUB文档的数字水印嵌入方法和装置及提取方法和装置
一种文本相似度比对方法及装置
具有鲁棒性的音频水印嵌入和提取方法及装置
一种视频水印嵌入和提取的方法
基于计算全息的变换域抗打印扫描数字水印方法
基于标准颜色空间的彩色数字全息水印算法
基于变形敏感的软级联模型的视频拷贝检测方法及系统
一种移动数字版权保护许可授权方法
一种移动数字版权体系中数字内容加密方法
……

（二）工程已登记软件著作权62件

多硬件环境版权保护客户端应用软件
数字内容销售授权系统
EPUB文件的版权标识嵌入软件
PDF文件的版权标识嵌入软件
按需印刷控制系统客户端软件
基于标识认证的音像制品数字版权保护授权运营系统
基于标识认证的音像制品加解密及许可管理软件
版权保护系统服务器端与客户端的授权通信协议规范一致性测试工具软件
数字版权保护内容格式规范一致性测试工具软件
多硬件环境版权保护应用支撑技术接口规范一致性测试工具软件
……

（三）工程已发表论文 42 篇

基于行为的访问控制应用于多级安全信息系统
基于代理重加密的多媒体数字版权授权协议
Reversible Data Hiding Based on Histogram Technique
Ciphertext Query Algorithm for Character Data Based on DAS Model
A New Plug-in System Supporting Very Large Digital Library
A Replay Attack Resistance DRM Scheme Based on Physical Level File Location
A DRM Interoperability Architecture Based on Local Conversion Bridge with Proxy Re-Cryptography
Homomorphic Encryption Based Data Storage and Query Algorithm
……

八、工程中心动态

2016 年 5 月 11 日，第十二届中国（深圳）文博会开幕，数字版权保护技术研发工程作为国家新闻出版业重大科技工程正式亮相文博会。5 月 12 日，"数字版权保护技术服务签约仪式"隆重举行，国家新闻出版广电总局副局长阎晓宏、数字出版司司长张毅君、中国新闻出版研究院院长魏玉山等领导出席了签约仪式。

中文在线作为数字版权保护技术研发工程的重要承担单位和应用推广单位之一，在签约现场与中国新闻出版研究院签署了"数字版权保护技术服务意向书"及相关战略合作协议，致力于持续推动数字版权保护工作。

中国新闻出版研究院院长魏玉山发表了讲话，具体介绍了数字版权保护技术研发工程的立项背景、项目成果和长远意义。魏院长评价本次签约仪式是数字版权保护技术研发工程成果转化、落地应用的良好开端，是工程成果服务于行业、服务社会的良好开始，对于传统单位的数字化转型升级、新媒体和传统媒体融合发展具有重要的推动意义。

中文在线董事长兼总裁童之磊就中文在线如何助推数字版权保护工作做了具体介绍。中文在线一方面在业界率先提出了"先授权、后传播"的版权原则，另一方面也积极开展数字版权保护技术的研发。中文在线于 2011 年正式承担数字版权保护技术研发工程的多个分包的研究工作。5 年来，公司投入了大量技术骨干攻坚克难，在移动出版的版权保护、电子阅读器应用以及网络追踪维权等方面取得了一系列成果和突破。

中文在线在数字版权保护技术研发工程中参与并承担了第十一分包（移动出版版权保护技术及应用系统）、第十四分包（电子阅读器应用示范）和第七分包（网络侵权追踪平台开发）。

其中，移动出版版权保护技术与应用系统的开发主要是为了实现手机阅读的版权保护。通过将数字内容添加数字水印、数字签名、数字内容加密以及提供内容鉴权、计费、跟踪、权力转移和内容选择的服务，从源头上保障手机用户阅读正版数字内容。

网络侵权追踪平台的开发主要面向出版机构，针对互联网阅读的盗版电子书和盗版网站的疑似侵权行为进行网络追踪。通过对疑似侵权盗版书籍的网络爬取，以及特征值和水印等关键内容的信息比对，可以快速实现对一本书的侵权信息的追踪，最终形成疑似侵权报告。这份报告对权利人、文化监察执法及打击盗版非法出版物提供了强有力的信息源。

"数字版权保护技术研发工程"是列入新闻出版业发展的重大科技专项，该工程针对数字网络环境下版权保护水平滞后、产业模式不合理等问题，聚合业界众多科研机构和龙头企业的力量，研发一系列关键核心技术与系统，并进行总体集成和应用示范，形成数字版权保护技术整体解决方案和数字版权管理与服务技术体系，探索出网络环境下的新型数字内容服务体系及灵活的数字出版商业模式。

数字版权保护的技术研发将加大知识产权保护力度，加强公民知识产权意识，健全知识产权保护体系，建立知识产权预警机制，有助于依法严厉打击知识产权侵权行为。中文在线也将在数字内容的版权保护方面持续发力，积极利用自身的平台和渠道应用推广数字版权保护技术研发工程的成果，助推网络文化产业的健康发展。

供稿：中国音像与数字出版年鉴编辑部

CCDI 版权云

一、项目简介

"CCDI 版权云"是中国文化（出版广电）大数据产业项目（China Culture Data Industry，简称"CCDI"）的核心组成部分，也是在"部省合作"协议文件指导下，依托贵州大数据综合示范区，安排"先行先试"的我国文化产业领域首个文化大数据应用项目。其前身是由中国音像与数字出版协会数字音像工作委员会（简称"数工委"）发起建设的，国家"十二五规划"文化市场技术监管平台建设项目——"国家数字音像传播服务监管平台"。

2015年10月，国家新闻出版广电总局与贵州省人民政府正式签署协议，在国家数字音像传播服务监管平台（版权云）的基础上，新增加中国广电网络新产业投资开发系列项目，推动建设"中国文化（出版广电）大数据产业项目"。双方确认将CCDI项目作为"十三五"期间重要合作项目，共同推动开发建设。

CCDI 版权云项目基于国家大数据战略、政策、资源，依托拥有核心技术的云数据中心，聚合产业链优质企业与高端人才，从而建立服务于数字出版发行、覆盖全产业链的，能够充分体现设计先进性、技术前瞻性、商业模式创新性的，标准统一、可管可控的国家级数字版权公共服务保障大数据云服务平台，以实现对版权作品从源头的登记、认证、存储，到全网的分发、交易、结算，以及全程的监测、保护。项目主要围绕"一园区、一产业"的规划开展建设。其中，"一园区"即落地贵州的"版权云产业园区"；"一产业"是指基于由"一心两库三平台"规划构建的版权产业链公共服务平台，系统建设一个由政府、社会、企业、创业者及用户相伴相生、开放共享的包含版权产业全链条、版权关联产业链条的集数字音像出版、音视频传播、图书、游戏、软件、知识产权等为一体的"大版权"产业生态体系。"一心"指国家级出版广电大数据云中心；"两库"指国家级版权版本信息库、版权版本信息比对库；"三平台"指数字出版发行平台、公平交易结算平台、监测维权保障平台。"CCDI 版权云"项目建成运营后，将从源头解决产业盗版侵权难题，有力保障文化产业的健康有序发展，实现国家网络文化安全的目标。

二、项目建设情况

CCDI 版权云项目发端起于原国家新闻出版总署安排实施的"国家数字音响传播服务监管平台"，最初主要是为维护数字内容传播、打击网络侵权盗版与淫秽色情非法信息而建设的一个行业监管平台。2014年，贵州广电传媒集团对接该项目，在统筹考虑政府监管与市场需求后扩大项目内涵，明确了以大数据为支撑，建设覆盖版权登记、保护、监测、维权、分发、交易各环节一体化的全产业链平台战略思想。

项目自落地贵州孵化建设以来，便得到国家新闻出版广电总局及贵州省委、省政府的高度重视。

2015年10月双方签署合作协议始,即成立以时任中宣部副部长、国家新闻出版广电总局党组书记、局长蔡赴朝,贵州省委书记、贵州省人民政府省长陈敏尔为组长的协调小组,指导、推动项目开发建设。在签署"部省合作"协议后,总局及总局各司一直非常关注项目的发展建设情况,总局田进副总局长、吴尚之副总局长、童刚原副总局长以及孟东、罗建辉、许家奇、李建臣等司局领导先后亲临项目工作基地调研指导;周慧琳副总局长等领导及出版管理司、数字出版司等司局领导也在京多次听取项目汇报,关心支持项目建设。

2016年以来,项目在各方的大力支持下,各项工作得到全面推进。其中,监测维权保障平台作为项目基础支撑,其能力建设得到大力加强。由项目重点打造的全网实时监测中心,已构建起一个功能完善、流程清晰的业务平台,初步服务于网络扫黄打非、网络直播监管、影视侵权盗版监测等场景,初步具备了数字版权从登记、保护、维护,到分发、交易的全链条服务能力,不仅全网实时监测能力得到有效提升,在打击网络淫秽色情和非法信息传播效果显著,具体表现为:第一,项目组织运营方充分利用贵州大力发展大数据战略的先行优势,采用自建与合作租用的方式分阶段建设项目规划的国家级出版广电大数据云中心。依托云数据中心,版权云比对标本数据库能全面收集在我国境内互联网渠道传播的各类非法违禁作品原始数据及相关资料,涵盖音视频、图书、软件、游戏领域以及涉政、涉黑、涉暴、涉淫秽色情、涉盗版等违法违规内容,资源存储量预期将达到25PB,总信息量将超过百亿条,为快速比对技术提供基础支撑。第二,平台旗下"扫黄打非信息服务平台"已完成一期建设并投入使用。该平台是国内首家基于云计算,专注于互联网领域不良信息监测、排查、取证、过滤等服务的大数据公共信息平台,不仅能够为政府相关部门提供信息内容安全监测及信息查询服务,还可为互联网企业、门户网站、IDC运营商、移动端等提供全天候网络不良信息排查服务。第三、与业内诸多顶尖公司广泛开展合作,在完善技术体系的同时,强力打造监测维权一站式流程服务。在电子证据司法鉴定方面,一方面接入国家授时中心,引进国标时间戳服务器,使得平台证据固定系统法证有效性得到升级;另一方面联合多家鉴定中心以及公证处业务接入,在保证证据有效性的同时降低取证、公证费用;在关键的指纹识别比对技术方面,通过整合国际领先技术,拥有日均处理超过10万小时影音内容、千万幅图片的能力,在甄别影音文件时,能实现比实时甄别快60—100倍的甄别速度;通过与业内排名前三的大数据技术服务提供商合作,平台能实现多种类型互联网数据的不间断实时采集,具备上千亿数据量的数据索引、挖掘分析和存储能力,能以在线云服务的方式为政府、企业、行业用户提供全网监测,囊括事前预警、事中分析、事后处理的全生命周期世情舆情管理服务。在快速下架技术方面,与主流搜索引擎公司已达成合作共识,今后通过搭建快速下架通道,可以做到实时发现并及时处理有害信息,下架内容范围涵盖版权盗版侵权内容、淫秽色情信息、涉政、涉暴内容等多方面;第四、经过多年积累,平台组建了一支高效、稳定的监测服务与技术开发团队,团队成员拥有丰富的扫黄打非工作经验,能对不良有害信息进行准确有效地监测取证并及时上报处理,同时保障平台的监测技术能力能随着互联网日新月异的发展变化而不断更新迭代。

自2013年起,项目组织运营方之一天擎华媒(北京)科技有限公司已连续4年为国家新闻出版广电总局、全国扫黄打非办"净网行动"提供技术服务,在破获公安部挂牌督办的"快播案""优衣库案""斗鱼郭mini不雅视频"等重大案件提供了关键证据和线索,受到全国扫黄打非办的肯定与好评,现已成为每年全国"净网行动"的主要技术及服务提供方之一。2016年开始至今,项目配合"扫黄打非工作小组办公室",针对以互联网视频直播网站和App为主要分享内容的网站和App,

如六间房、花椒直播、易直播、土豪直播、嘿秀直播、夜夜直播、微笑直播、压寨直播等直播平台中包含淫秽、色情、暴力、国家明令禁止的内容进行取证；对书包网、一凡中文网中涉黄的文字内容进行排查并取证；对微拍、秒拍、小咖秀、多玩饭盒等微领域应用的涉黄情况进行取证；对网易博客中分享传播涉政内容取证；对时光网、网易lofter、撸撸美图、pero-App中的淫秽色情图片（含摄影）内容进行取证；对于淫秽色情视频的大事件如疑似张碧晨不雅视频、斗鱼郭MINI不雅视频、蛇精男不雅视频、陆家嘴不雅视频的传播都进行了全网排查取证；知名视频网站如PPTV、爱奇艺中的违规内容也进行了排查取证；对华为应用商店中包含有淫秽色情文字内容的App进行了排查取证；境内的妖气漫画和霸气福利网中的漫画内容和违规视频内容也进行了取证；境内一些盗版影视网站中包含违规电影内容也进行了筛选取证；对新浪微博中发布违规内容的用户也进行了排查取证。2016年5月28日，央视新闻直播间特别介绍了版权云旗下"扫黄打非信息服务平台"；2016年5月7日，央视《焦点访谈》播出"网络直播岂能为红涉黄"节目中所讲解的直播涉黄案例即是平台鉴定部成员监测取证的成绩之一。

此外，项目运营方还为影视行业用户提供从监测取证到诉讼维权的一站式监测维权服务，为影视版权维权提供盗版播放链接、IP、区域分布、网站信息等监测信息以及院线新上映影片网络防盗解决方案。2016年，共计监测国内院线热门影片92部，其中电影71部、电视剧15部、综艺3部、动漫3部，包括《叶问3》《火锅英雄》《魔兽》《X战警：天启》等热门影片，共计监测到3000多家网站的盗版链接总计82371条。2017年，为了实现平台的实际应用目标，项目运营方与无讼科技签订了合作协议，开始了针对下架维权业务的联合办公。针对下架速率、下架范围等内容，通过影片《深海47米》进行了实际测试。另外，项目运营方还收集了大量正版网站监督盗版热线，通过与诸多正版网站建立热线联动机制实现下架；通过汇总监测中心监测资料，整理出了大量盗版侵权网站名单，均已存入盗版库内以做日后比对之用，同时负责单位汇同律师共同研究了网站特点，以保证可以有效地进行下架业务。为进一步完善下架维权业务体系，与百度、360、迅雷、阿里、腾讯等各类型服务商进行了接洽，确保下架时效及下架成功率。同时，为尽快使产品投入市场，与中国少年儿童出版社、北京青年报、中国传媒大学、中影集团、华谊兄弟影业、影舞者宣发公司等行业内知名公司进行了意向接触与初期洽谈，并确立了初步的合作意向。

其他方面，在资金及资源上，项目组织运营方引进了上海东方明珠、山东高速、江西金发等战略投资机构，组建了版权云基金（总规模100亿元，首期规模40亿元），已到位20亿元。这些资金，一方面为项目建设技术平台参与"扫黄打非"工作提供了保障；另一方面，针对图书、音乐、影视、期刊、报纸、艺术品等多类别版权资源及数据的市场运营主体的投资并购工作正在逐步推进。在技术开发方面，引入了国家"千人计划"专家、行业排名专家、硅谷IT技术专家等高层次人才，引入了数据库、人工智能、区块链等技术领域的专业机构，目前项目拥有的视频指纹比对、无钥签名区块链等技术在国内处于相对领先地位。为加快建设项目产业体系，项目运营方与北京龙苑堂文化艺术有限公司、马蜂窝网、苏州天梯文化有限公司、北京茉茉文化传播有限公司等多家知名公司就相关业务合作展开了交流。同时为尽快使产品能够投入市场，分别与麦堂传媒、Candybook、竹书文化等涉及影视、音乐、VR等领域的全新公司进行了意向接触与初期洽谈，并确立了初步的合作意向。

2016年10月17日，CCDI项目工作基地正式亮相贵阳双龙航空港经济区。按照规划，CCDI工作基地一层、二层为项目展示中心，三层为CCDI版权云项目交易中心与全网实时监测中心。

CCDI 版权云工作基地占地面积 7510 平方米，总建筑面积 9450 平方米，总投资约 1.96 亿元。建筑结构形式地下为钢筋混凝土框架结构二层，地上为钢框架结构三层。按照规划，CCDI 工作基地一层、二层为项目展示中心，三层为 CCDI 版权云项目交易中心与全网实时监测中心。其中，全网实时监测中心面积约 1500 平方米，整个中心设计分为三大功能区：一是移动网监测部，主要是监测全国数百家 App 发布渠道，包括第三方应用市场、论坛等；二是互联网监测部，是整个监测中心的心脏部位，主要针对互联网进行文化安全及舆情方面的监测，如协助政府扫黄打非办开展"净网""剑网"等专项行动，以及为版权人提供一站式版权监测维权服务等；三是有线网监测部，专门针对互联网机顶盒和有线网机顶盒的全网监测。2017 年 4 月，CCDI 工作基地正式完工交付使用，版权云全网实时监测中心也完成硬件调试、系统安装、软件测试、方案展示等全流程工作，正式对外开展业务。现阶段，全网实时监测中心的软硬件建设已投入过亿，后续仍需持续跟进数亿元的研发资金投入。

CCDI 版权云全网实时监测中心基于大数据、云计算技术，能对互联网、移动网及有线网进行实时主动监测，包括微博、微信、手机 App 应用以及直播平台等网络社交媒体，能快速从网络海量数据中识别出涉黄、涉政、涉恐、涉暴以及盗版侵权等违法不良信息。监测中心采用指纹比对、数据获取等国际领先技术，实施监测、排查、取证、存证一条龙作业。在对网络海量信息进行监测的同时，可以对影视、音乐、图片、文字等盗版作品进行甄别，如利用视觉指纹，能智能识别出压缩（拉伸）、翻拍（枪版）、字幕（遮盖）、镜像以及其他各种视频变幻方式，加以人工辅助审查系统，在大多数情况下，仅用一帧图像就能够追溯出原始视频文件来源，锁定盗版源。配合完善的存证、取证体系，监测中心今后将为版权人提供一站式监测、取证、诉讼维权服务，以及快速下架服务，能有效解决版权人维权难题，以及新闻作品的网络非法转载、互联网影视盗播、文学盗链、图片盗用等行为。

立足于贵州，全网实时监测中心将全面收集互联网渠道传播的各类非法违禁信息，以及健康、医疗、司法等特殊领域的数据，为网信办、全国扫黄打非办、中宣部、国家新闻出版广电总局、工信部、文化部等国家部委提供定量、定性的网络舆情及大数据分析结果，为党和中央政府制订和改进各项关键政策和工作提供最基础、最真实的大数据分析样本；同时，监测中心还将汇聚我国文化传媒领域各行各业数据，为我国文化企业的内容制作、版权交易、市场营销等经营活动提供指导。未来，CCDI 版权云全网实时监测中心将建成全国最大的网络非法信息及文化舆情监测中心。

2016 年 7 月 14 日，CCDI 版权云项目组织运营方在北京召开以"大数据时代数字出版产业的机遇与挑战"为主题的 CCDI 版权云项目第一次专家研讨会。会议由国家新闻出版广电总局办公厅副主任刘良主持，邀请了国家新闻出版广电总局出版管理司音像电子处处长左骏、数字出版司调研员武远明、中国音像与数字出版协会常务副理事长兼秘书长王炬、中国社科院新闻与传播研究所党委书记赵天晓、中国计算机学会大数据专家委员会副秘书长张云泉、北京印刷学院新闻出版学院院长魏超、国家知识产权战略专家库专家马东晓以及全国文化产权交易共同市场秘书长彭中天、中信证券执行总经理樊丽莉等十余位业内外代表出席了本次会议。与会专家和行业代表就"大数据时代数字出版产业的机遇与挑战""CCDI 版权云项目在大数据时代为数字出版及网络版权产业所提供的解决方案"以及"版权云项目发展趋势"等重点、难点、热点问题展开了深入交流与讨论，为版权云项目未来的发展献言献策。本次会议的举行，进一步扩大了版权云在学界、业界的影响力和知名度，较好的汇聚了国家重点研究院所的科研资源和研究力量，对项目下一步的顺利实施以及对社会资本的引导产生了积极作用。

中国文化（出版广电）大数据产业项目专家指导委员会旨在团结、联合、组织文化大数据产业相关领域的专业人士，探讨文化产业大数据的核心科学与技术问题，通过开展学术/技术交流、发展战略研究、专业技术标准制定、专业资格认可、专业培训等相关活动，指导、推动 CCDI 项目的整体建设与发展；同时，构建面向文化产业大数据产学研用的学术交流、技术合作与数据共享平台，并对相关政府部门提供战略性的意见与建议；提高文化产业大数据领域的科研、教学、应用水平，促进研究成果的应用和向产品的市场化转化，提升在国家科技活动和国际学术方面的影响力。CCDI 专家指导委员会下设产业组、技术组、法律组和金融组，将坚持学术民主和组织上的开放，根据学科发展和技术应用的需求开展活动。

三、市场范例

与阿里巴巴相关负责人探讨音乐版权市场的合作开发

阿里音乐正式组建于 2015 年 3 月 16 日，由阿里巴巴集团旗下两款音乐服务应用虾米音乐、天天动听合并而成。根据比达咨询 2014 年度调查数据显示，在中国数字音乐平台的市场份额中，天天动听占 17.3%，虾米音乐占 4.6%，合并后，两者市场份额累积达到 21.9%。

经与阿里巴巴团队人员的探讨交流，版权云项目在融入音乐版权市场上有较多契机，下一步双方将深入调研，为正式进入市场做铺垫。

邀请腾讯云副总裁一行赴北京运营中心洽谈合作事宜

腾讯云有着深厚的基础架构，并且有着多年对海量互联网服务的经验，不管是社交、游戏还是其他领域，都有多年的成熟产品来提供产品服务。腾讯在云端完成重要部署，为开发者及企业提供云服务、云数据、云运营等整体一站式服务方案。具体包括云服务器、云存储、云数据库和弹性 Web 引擎等基础云服务；腾讯云分析（MTA）、腾讯云推送（信鸽）等腾讯整体大数据能力；以及 QQ 互联、QQ 空间、微云、微社区等云端链接社交体系。这些正是腾讯云可以提供给这个行业的差异化优势，造就了可支持各种互联网使用场景的高品质的腾讯云技术平台。

双方就版权云大数据中心建设及内容宣发等洽谈战略合作事宜，初步达成良好的合作意愿，下一步将跟进落实。

与 Billboard 公司初次探讨合作事宜

美国公告牌（Billboard）是创办于 1894 年的美国音乐杂志，当时名为"公告牌公告"，内容包含许多音乐种类的介绍与排行榜。其中，最重要的排行榜为公告牌单曲榜（Billboard Hot 100）（单曲排行）与 Billboard 200（专辑排行）。

双方就版权云项目相关数据采集技术进行深入交流。Billboard 希望版权云项目可以提供相关数据采集测试文档；另外提出未来合作当中数据存储和分析是否可以存储到美国等。针对 Billboard 方面的合作需求版权云项目工作小组将做进一步的研讨回复。

拜访航天数字传媒有限公司，探讨合作事宜

航天数字传媒有限公司是国内首家以卫星网络为主的全媒体数字发行运营商。公司由在卫星通信、内容生产与集成、终端制造方面具有独特优势的多个国有大型企业发起组建，拥有国家新闻出版广电总局、国家工业和信息化部颁发的出版物经营许可证、互联网出版许可证、广播电视节目制作许可证、VSAT 许可证、SP 许可证等经营许可资质。

通过交流，初步了解了对方融资需求、平台建设情况以及卫星投送技术优势和应用等，为双方进一步的合作奠定基础。

供稿：中国音像与数字出版协会数字音像工作委员会

标准化工作及相关应用

2016年出版标准化年度报告

香江波

一、总体情况

2016年是"十三五"规划的开局之年，国家对新兴文化产业的推动力度持续加大，新科技、新业态、新标准层出不穷。

我国新闻出版领域在2016年制定完成新闻出版国家标准8项，发布新闻出版行业标准13项、新闻出版工程项目标准19项。我国主导制定完成的2项印刷技术领域内的国际标准ISO 16762《印刷技术印后加工运输、处理和储存的一般要求》和ISO 16763《印刷技术——印后加工——装订产品》由国际标准化组织（ISO）正式发布，实现了我国在国际印刷标准化领域的重大突破。

2016年9月，国际标准化组织ISO在我国召开了第39届ISO大会，习近平总书记致贺信，李克强总理到会致辞。总书记指出："标准助推创新发展，标准引领时代进步"，这凸显了标准化的基础性、战略性地位，富有深刻的内涵。近些年来，随着新兴产业的不断涌现快速成长，传统产业也正在加速转型升级，这些都对标准化工作提出了迫切需求。推进标准化工作可谓任务更加艰巨、意义更加重大。围绕落实国务院《深化标准化工作改革方案》及行动计划，2016年，新闻出版领域的标准化工作改革也在不断积极向前推进。

二、标准制修订工作

新闻出版行业标准化工作以全面落实国家标准化战略，推动新闻出版技术进步，促进新闻出版业健康、有序发展为宗旨，通过协调统一、广泛参与、鼓励创新、国际接轨、支撑发展的标准化工作方针推进工作。2016年，我国新闻出版业制定完成新闻出版国家标准8项，发布新闻出版行业标准13项、新闻出版工程项目标准19项。同年，完成新闻出版领域推荐性标准及计划项目共459项的集中复审工作，根据集中复审结论，废止新闻出版行业标准及指导性技术文件33项，并启动了新闻出版行业标准及指导性技术文件修订工作。

（一）国家标准制修订

2016年共有8项国家标准发布，其中包括1项出版标准、7项印刷标准。分别为：
出版标准：GB/T 32867-2016《中国标准关联标识符（ISLI）》
印刷标准：
GB/T 33244-2016《数字硬打样系统质量要求及检验方法》
GB/T 33248-2016《印刷技术胶印橡皮布》

GB/T 33254-2016《包装印刷材料分类》
GB/T 33255-2016《包装印刷产品分类》
GB/T 33258-2016《热固型轮转胶印涂布纸印刷适性要求及检验方法》
GB/T 33259-2016《数字印刷质量要求及检验方法》
GB/T 27935.1-2016《印刷技术 印前数据交换 PDF 的使用 第1部分：使用 CMYK 数据的完整数据交换（PDF/X-1 和 PDF/X-1a）》

（二）行业标准制修订

2016年发布行业标准13项，其中出版标准5项，印刷标准3项，信息标准5项。其中，出版标准与信息标准均为数字产品相关标准，分别为：

标准号	标准名称	领域
CY/T 145.1-2016	《数字出版内容卫星传输规范 第1部分：信息采集》	出版
CY/T 145.2-2016	《数字出版内容卫星传输规范 第2部分：数据导航》	出版
CY/T 145.2-2016	《数字出版内容卫星传输规范 第3部分：数据传输》	出版
CY/T 145.4-2016	《数字出版内容卫星传输规范 第4部分：数据接收》	出版
CY/T 145.5-2016	《数字出版内容卫星传输规范 第5部分：信息回传》	出版
CY/T 146-2016	《网版印刷 环保型水基印花胶浆的使用要求及检验方法》	印刷
CY/T 147-2016	《网版印刷 聚氨酯胶刮使用要求及检验方法》	印刷
CY/T 148-2016	《聚甲基丙烯酸甲酯（PMMA）镜面装饰面板质量要求及检验方法》	印刷
CY/T 149-2016	《数字期刊术语》	信息
CY/T 150-2016	《数字期刊分类与代码》	信息
CY/T 151-2016	《数字期刊核心业务流程规范》	信息
CY/T 152-2016	《数字期刊产品服务规范》	信息
CY/T 153-2016	《数字期刊内容质量管理规范》	信息

（三）工程项目标准修订

2016年发布的工程项目标准共19项。这19项标准均为CNONIX国家标准应用示范工作的基础要求，对优化流程，推进CNONIX国家标准示范项目起到了促进作用。

19项工程标准分别为：

GC/ZX 27-2016《CNONIX应用标准体系表》
GC/ZX 28-2016《CNONIX应用标准编制指南》
GC/ZX 29-2016《CNONIX标准应用指南》
GC/ZX 30-2016《CNONIX应用术语》
GC/ZX 31-2016《CNONIX图书出版信息填报规范》
GC/ZX 32-2016《数据字典维护规范》
GC/ZX 33-2016《图书管理系统接口规范》
GC/ZX 34-2016《出版机构系统接口规范》

GC/ZX 35-2016《发行机构系统接口规范》
GC/ZX 36-2016《CNONIX 标准符合性测试规范》
GC/ZX 37-2016《系统控制唯一标识符》
GC/ZX 38-2016《图书出版信息采集规范》
GC/ZX 39-2016《图书发行信息采集规范》
GC/ZX 40-2016《图书产品信息加工规范》
GC/ZX 41-2016《CNONIX 标准动态维护规范》
GC/ZX 42-2016《CNONIX 数据质量要求》
GC/ZX 43-2016《CNONIX 数据安全管理规范》
GC/ZX 44-2016《CNONIX 更新代码表》
GC/ZX 45-2016《CNONIX 标准应用实施指南》

三、国际标准化工作

2016年，我国新闻出版业以我国国家标准为基础、主导制定的两项印刷技术领域国际标准 ISO 16762《印刷技术印后加工运输、处理和储存的一般要求》和 ISO 16763《印刷技术印后加工 装订产品》均由国际标准化组织（ISO）正式发布，实现了我国在国际印刷标准化领域的重大突破。

（一）ISO 16763《印刷技术——印后加工——装订产品要求》

2016年3月，由我国主导制定的首个印刷领域国际标准 ISO 16763《印刷技术——印后加工——装订产品要求》由国际标准化组织（ISO）正式发布。该标准的发布标志着我国印刷业主导制定国际标准实现了零的突破，是我国印刷业实质性参与国际标准化工作的直接表现。

2009年9月，ISO/TC 130 中国对口技术组织全国印刷标准化技术委员（SAC/TC 170）在 ISO/TC 130 第23届全会上提出了"关于组建印后标准联合工作组的提案"，得到各成员国代表的认可。2010年，ISO/TC 130/WG 12 正式成立并由我国专家担任召集人，提出并主导了两项国际标准的制定，分别为 ISO 16763《印刷技术——印后加工——装订产品要求》和 ISO 16762《印刷技术——印后加工——一般要求》。

本次发布的 ISO 16763 规定了装订产品印后生产过程中的质量要求和允差值，适用于需进行工业装订的产品，如书籍、杂志、目录和手册等。来自中国、美国、德国、英国、瑞士、巴西、日本、瑞典、意大利等国家的多位专家参与制定工作。作为 ISO/TC 130/WG 12 组建的提出国及召集人、秘书所在国家，该工作组以我国印后的实际情况为基础，在归纳总结我国印后领域成熟经验与国家标准的基础上，提出立项国际标准项目，执笔起草各阶段标准草案并组织多个国家专家参与讨论，以此引导和推进国际标准的制定工作，最终成功完成此国际标准的制定。

在该国际标准制定的五年多时间里，SAC/TC 170 坚持每年两次组织本项目负责人和其他中国专家参加 ISO/TC 130 春季和秋季会议，同时成立该国际标准项目的国内专家团队，组织召开数十次国内研讨会，为项目的推进提供强大的后援支撑，使该标准草案先后通过了 CD（委员会草案）投票、DIS（国际标准草案）投票和 FDIS（最终国际标准草案）投票，直至2016年3月9日，该标准由国际标准化组织（ISO）正式发布，成为我国主导制定的首个国际印刷标准。

（二）ISO 16762《印刷技术——印后加工——一般要求》

2016年11月15日，由我国主导制定的第二项印刷领域国际标准 ISO 16762《印刷技术——印后加工——一般要求》由国际标准化组织（ISO）正式发布。该标准是继以我国为主导制定的首项印刷领域国际标准 16763《印刷技术——印后加工——装订产品要求》发布后印刷标准化领域的又一项重大成果。

ISO 16762 规定了印刷和印后加工工序间印刷产品的运输、处理和储存要求，指明了完成印后加工工序可能需要的作业信息，规定了在印后加工工序中所用材料的处理方法。该标准的发布，使印后加工中运输、处理和储存这些必要工序有了统一的规范，有利于世界范围内印刷企业印后加工质量和工作效率的提高。

我国印刷领域印后加工能力较强，印后加工标准比较成熟，凭借这一基础和我国作为 ISO/TC 130/WG 12 召集人、秘书处所在国家这一先天优势，全国印刷标准标化技术委员会聚焦全行业技术力量，组织我国多家印刷企业及数十位专家参与该国际草案的起草工作，成立该国际标准项目的国内专家团队，组织召开数十次国内研讨会，进行了大量的测量、实验验证和会议讨论，为国际标准得到不同国家的认可并通过各阶段投票提供了有力的技术支撑，最终成功完成此国际标准的制定，成为我国主导制定的第二项国际标准。

此外，新闻出版广电总局积极组织有关标准化技术委员会及专家参与相关国际标准的制修订，包括国际标准书号（ISBN）、国际标准录音制品编码（ISRC）、ISSN（国际标准连续出版物编号）、ISTC（国际标准文本编码）、国际标准音视频编号（ISAN）、出版物在线信息交换（ONIX）、图书贸易主题分类词表（Thema）、期刊编排格式等，完成 Thema 国际标准补全中国地区代码的工作，以及 CNONIX 国家标准与 ONIX 国际标准的同步更新等。加快 ISTC、ISNI、ISAN 标准的国内宣贯，加强与国际 ISTC、ISNI、ISAN 中心的沟通协调，筹备成立中国相关中心。

国际标准的参与工作，有利于我国新闻出版相关机构在国际贸易中占据主动，积累国际标准化活动的经验，同时培养起一批具有国际标准化工作能力的人才队伍，对进一步提升我国出版业的国际地位、成为出版印刷强国具有重要意义。

四、面临的问题和发展趋势分析

（一）主要问题

总的来说，近两年我国出版业标准化工作取得了一定的成效，但相比数字出版业快速发展的形势以及市场不断变化发展的需求而言，也还存在一些问题。主要表现在：

1. 标准化效果评估不够

近些年来，新闻出版业标准化工作发展迅速，在行业发展中的基础性、战略性作用不断增强。然而，在标准工作中，重制定、轻实施的状况尚未根本扭转。个别标准制定出来后，却出现了没有应用的情况，或行业中已经出现了新的产品与服务，相应的标准却没有及时更新，存在滞后甚至缺失的情况，未能很好地满足行业发展的需求，也未能使标准成为企业生存发展的内在需求，与企业单位的业务工作结合不够紧密。这些问题反映出当前标准化工作中仍然存在被动跟随的情况，主动引领作用不足。因此全面贯彻深化标准化工作改革精神和《国家标准化体系建设发展规划（2016—2020年）》的部署，要开展国家标准实施效果评价试点工作，探索建立科学规范的标准实施效果评价机制，才能更好地推动标准的有效实施。

2. 标准化人才短缺

目前行业内既懂领域专业知识又懂标准的专业人才相对匮乏。就整个行业来说，缺乏科学的标准化人才培养使用机制，标准化科研队伍建设与标准科研水平有待提升；就专业技术委员会来说，也存在着对工作了解不够深入，只了解标准制定流程，而缺乏对行业的深入理解；就企业来说，其标准化意识不强，大多没有专业的标准化人才队伍。因此，总体来说，整体标准化人才工作基础相对薄弱，支撑力量明显不够。对标准化事业可持续发展的支撑和保障作用还有待增强。

（二）趋势分析

一是助力行政管理，标准化工作不断推进。我国国内出版领域内的多项标准，如《国际标准图书书号（ISBN）》、《国际标准连续出版物号（ISSN）》《国际标准录音作品号（ISRC）》《国际标准音乐编号（ISMN）》《国际标准关联标识符（ISLI）》等，不但在我国新闻出版领域应用广泛，部分标准还发挥着重要的行政管理职能。如ISBN和ISRC两项标准就是我行业行政主管部门规范图书产品和录音制品的一个有效手段，对目前出现的网络文学、AR、VR等新的出版类相关产品与服务，总局目前也在考虑制定标准，以规范相关出版产品的出版、发行、经销、统计等工作，为出版产品的国内流通、国际交流提供便利。

二是试点示范工作继续推进，加强标准的实施推广。近些年来，国家财政在数字出版领域的投入一直在持续加大，从新闻出版重大科技工程，到数字化转型升级项目，从试点示范，再到全行业应用推广，已惠及全国数百家转型示范升级走在前列的新闻出版企业。这其中，也包括标准的实施工作。以《MPR出版物》《中国出版物在线信息交换图书产品信息格式规范（CNONIX）》等重点国家标准的产业应用示范工作为例，2016年，总局继续加强对22家MPR国家标准应用示范单位、22家CNONIX国家标准应用示范单位的项目建设和标准化工作的指导，组织部分示范单位成功申报财政资金支持，通过项目带动战略推动MPR、CNONIX国家标准的产业应用。截至2016年底，在中国MPR注册中心登记的MPR出版单位332家，MPR出版物4400余种（含在产），分配MPR码200余万个。CNONIX数据交换实验系统实现了22家CNONIX国家标准示范单位的数据交换，共上传书目数据6.2万种，上传销售数据和库存数据3379万条。在国家财政部门的大力支持下，财政投入与企业投入相结合，标准应用经过试点、示范环节，取得显著成效。

三是国际标准化工作参与能力不断提升。2016年，国际标准化组织（ISO）发布了由我国主导制定的两项印刷技术领域国际标准，实现了我国在国际印刷标准化领域的重大突破。同年，新闻出版业相关几个标准化技术委员会及专家参与了多项国际标准的制修订，包括国际标准书号（ISBN）、国际标准录音制品编码（ISRC）等，组织了与W3C等国际标准化组织的合作交流探讨，加强与国际ISTC、ISNI、ISAN中心的沟通协调，筹备成立中国相关中心。这些工作的开展显示并进一步增强了我国新闻出版领域的国际标准化工作能力，对于未来我国出版业标准探索制定国际标准、承担技术机构秘书处及重要职务将提供宝贵的经验。

五、思考与建议

进入"十三五"时期，新闻出版标准化工作将继续完善顶层设计和总体布局，以构建新闻出版质量保证体系为目标，完善标准体系建设和标准化工作机制，培育发展团体标准，放开搞活企业标准，提高标准国际化水平。

1. 改革标准体系和标准化管理体制

围绕落实国务院《深化标准化工作改革方案》及行动计划，积极推动出版行业领域的标准化工作改革。建立政府主导制定的标准与市场自主制定的标准协同发展、协调配套的新型标准体系，积极支持团体标准与企业标准的市场自主制定的标准，从而提高行业与企业的竞争力。形成政府引导、市场驱动、社会参与、协同推进的标准化工作格局。健全标准全生命周期管理，建立标准实施信息反馈和评估机制，及时开展标准复审和维护更新，有效解决标准缺失之后老化问题。

发展团体标准，建立团体标准的评价和监督机制：鼓励具备相应能力的学会、协会、商会、联合会等社会组织和产业技术联盟协调相关市场主体共同制定满足市场和创新需要的团体标准，供市场资源选用，增加标准的有效供给。同时，鼓励企业根据需要自主制定、实施企业标准。鼓励企业制定高于国家标准、行业标准、地方标准，具有竞争力的企业标准。

2. 强化基础能力建设

一是继续强化标准化技术委员会建设。技术委员会负责归口管理标准，只有技术委员会的工作做好了，标准的质量和水平才有保证。这要求提高标准化技术委员会的广泛性、代表性、保证标准制定的科学性、公正性。同时，要抓好技术委员会考核工作，技术委员会严把立项评估、征求意见、标准审查关，将标准宣贯作为重点工作来抓，逐步建立退出机制。二是加大标准化人才培养力度。要建立标准化人才培养计划，积极营造有利于标准化科研人才成长的良好环境，努力形成科学合理的人才培养使用机制，以学科带头人和技术骨干队伍为重点，加强标准化科研队伍建设，提升标准科研水平。按类别、分层次培养标准化专业技术人才。三是加大对标准化资金投入，根据工作需要统筹安排标准化工作经费，广泛吸纳社会各方资金，形成市场化、多元化投入机制，为标准的制定发布提供稳定的经费保障。

3. 提高标准国际化水平

加大国际标准跟踪、评估和转化力度，加强中国标准"走出去"工作，支撑国家重大战略落地。鼓励社会组织和产业技术联盟，企业积极参与国际标准化活动，争取承担更多国际标准组织技术机构和领导职务，增强话语权，服务中国企业走出去。建设高水平标准化国际智库，培养标准化管理人才，加快落实国际标准化人才培训工作。

（作者单位：中国新闻出版研究院）

ISLI & MPR 标准应用工作报告

一、总体情况

2015年5月，国际标准化组织（ISO）正式发布由我国主导制定的《ISO 17316-2015 信息与文献——国际标准关联标识符（ISLI）》（International Standard Link Identifier，ISLI）国际标准，并授权总部位于中国香港的国际信息内容产业协会为 ISLI 国际标准注册权力机构。

2016年8月29日，《中国标准关联标识符（ISLI）》国家标准正式发布。该项标准是使用重新起草法修改采用《ISO 17316：2015 信息与文献——国际标准关联标识符（ISLI）》的国家标准。

ISLI 标准是一项从国内走向国际，再从国际走回国内的新闻出版领域内的重要标准，它源于我国《MPR 出版物》系列国家标准。新闻出版广电总局将 ISLI&MPR 标准的应用推广列为重点工作，由数字出版司指导，并委托中国音像与数字出版协会组建相关机构负责标准应用注册和应用推广。

二、ISLI&MPR 标准

ISLI 是一项标识相关实体之间关联关系的标识符，ISLI 关联体系通过标识相关实体之间的关联所构建的唯一、稳定的关联关系，让互相关联的内容资源能够共同呈现，让信息内容资源的提供与获取变得更加便捷，并能有效保证信息内容资源的安全。作为信息文献领域标识符标准之一的 ISLI 标准是对现有信息文献领域标识符标准的完善与补充。

MPR（Multimedia Print Reader）出版物，即多媒体印刷出版物，是将嵌入出版内容文件中的 MPR 关联标识符编码在印刷读物中转成近于隐形、并可供机读的 MPR 二维码符号，通过终端电子设备识读，使印刷内容和与之关联的音视频文件内容能够同步呈现。MPR 出版物是传统媒体和新兴媒体融合的复合数字出版物。

ISLI 标准的制定基于我国 MPR 出版物国家标准，应用 MPR 关联编码及码符号开发的 MPR 出版物是 ISLI 标准的一种产品类型，MPR 国家标准的规模化应用为 ISLI 标准的落地提供了实践基础。

三、应用推广工作

在政府相关部门的持续推动下，在各示范单位的努力下，在技术企业的支持下，MPR 国家标准的产业应用推广工作初步形成了新闻出版业标准应用的产业化推广范式。

（一）建立推广机制

根据新闻出版总署颁布《关于贯彻实施〈MPR 出版物〉系列国家标准的通知》（新出字〔2012〕

305号）的工作部署，MPR注册中心作为中国音像与数字出版协会的内设机构，负责开展MPR用户注册、MPR编码发放和使用管理工作，对出版应用提供指导和服务。

按照总局数字出版司"应用为上"的工作要求，形成了中国音像与数字出版协会暨中国MPR注册中心作为具体执行和协调机构，中国新闻出版研究院作为标准研究机构，技术企业为支撑、出版企业为主体的产业应用推广工作机制。

作为国家首批社会管理与公共服务标准化试点单位，经过两年多的不懈努力，在各方的支持下，MPR注册中心经过试点示范工作实践，确立了以GB/T 24421服务业组织标准化工作内容体系为蓝本，构建起了符合中心工作职能的服务标准体系，制定出台了服务通用基础标准体系（标准化工作导则、术语与缩略语标准、符号与标识标准）；服务保障标准体系；服务提供标准体系（注册服务规范、培训服务规范、服务质量总则、评价与改进标准）；岗位工作规范体系（行政事务岗位工作规范、注册审核岗位工作规范、应用推广岗位工作规范、技术保障岗位工作规范）等相关服务标准，为全行业应用MPR国家标准提供了服务保障。

（二）试点示范带动

按照总局数字出版司提出的"试点、示范到推广"的三步走战略，MPR注册中心分别在构建应用协作联盟、推荐应用示范单位、组织项目申报等方面开展了一系列工作。截至2016年底，22家MPR国家标准应用示范单位和相关应用单位共23个项目进入总局改革发展项目库，16家企业获得财政部文化产业发展专项资金支持，国家财政扶持资金总额达15480万元。

（三）重点实验室项目

总局于2016年10月中旬发布了《关于开展首批新闻出版业科技与标准重点实验室申报工作的通知》。通知发布后，MPR注册中心积极鼓励示范单位申报该实验室，并作为共建单位参与相应项目申报书的起草编制工作，截至申报结束，协会共参与了五个实验室项目的申报及共建工作，协会参与的两个项目入选。

（四）企业标准化建设

辅导MPR国家标准示范单位制定企业级标准。截至2016年底，在22家示范单位中，已有包括南方出版传媒股份有限公司、中原大地传媒股份有限公司、陕西新华出版传媒集团有限责任公司、中国少年儿童新闻出版总社、北京语言大学出版社有限公司、华东师范大学出版社有限公司、济南出版有限责任公司、青海民族出版社等8家示范单位制定和出台了相应的企业标准，使MPR国家标准真正在企业转化成了有效的应用标准，使标准应用落到实处。

表1 示范单位企业级标准汇总表

序号	企业级标准	应用单位
1	《数字出版编辑流程》《数字内容资源管理办法》	陕西出版集团
2	《ISLI/MPR复合数字出版企业标准》	中原大地
3	《MPR选题标准化流程》《MPR编辑标准化流程》《MPR印刷标准化流程》	南方出版传媒
4	《中少总社MPR出版物制作规范》	中少社

续表

序号	企业级标准	应用单位
5	《MPR出版物标识使用说明》《MPR出版物制作流程说明》《MPR出版物出版流程记录单》《MPR出版物审查表》	北语社
6	《ISLI/MPR复合数字出版应用标准》	青海民族社
7	《华东师范大学出版社MPR技术应用与推广标准》	华东师范社
8	《济南出版社MPR出版物编印发流程控制规定》《济南出版社MPR出版物印制检验及质量控管规定》	济南出版社

（五）推动技术创新

基于标准和实际应用需求，依托技术企业研发的关联标识符编码嵌入软件（MPR Maker）、复合出版物生产和投送系统（MPR Publisher）、资源管理系统（MPR Resource Manager）、资源关联系统（MPR Linker）和复合数字出版阅读软件（MPR World）作为ISLI/MPR系列标准的技术支撑系统，基本确保了产业应用的顺利开展。在总结相关工作及听取应用示范单位的意见后，技术企业加大了在应用层面的技术研发投入和开发力度，对上述五大系统软件进行了升级改造。

四、应用成果

在总局及相关部委的大力支持下，在各应用单位的积极配合下，经过试点、示范阶段，MPR产业应用推广取得了显著成效，截至2016年12月31日，ISLI/MPR出版业务平台共注册MPR出版单位332家，登记MPR出版物超4400种，累计发放ISLI/MPR编码200余万个。

22家MPR国家标准应用示范单位中已有15家单位获得国家文化产业发展专项资金支持，共计获得资金近1.5亿元。据MPR注册中心的不完全统计，2016年MPR国家标准应用单位（含部分示范单位和非示范单位）制作MPR产品发行码洋（不含识读设备）近6.5亿元，截至目前累计发行码洋（不含识读设备）近18亿元。

2013年至2016年，ISLI/MPR出版物规模显著增长，产品总量按一年期计算对比上一年的增长率，2013年为46%，2014年为48%，2015年为45%，2016年为44%。

中国少年儿童出版社、北京语言大学出版社、吉林出版集团外语教育公司等示范单位分别在少儿读物、对外汉语出版等方面形成了具有自己特色的商业模式，并且陆续推出了一些优秀的ISLI/MPR标准应用产品，树立了一定的品牌效应，如中少社的"三报一刊"（《婴儿画报》《幼儿画报》《嘟嘟熊画报》《我们爱科学》），北语社的《HSK标准教程》《新概念汉语》《汉语乐园》《中文小书架》，吉林出版集团外语教育公司的《汉英小词典》《超级飞侠》，中州古籍出版社的《古文观止》等。

五、应用推广思考

2016年，是MPR国家标准产业应用"三步走战略"的收官之年，三年的产业应用推广工作，一是践行了复合出版的理念，使得该理念在实践层面得到了提升，为出版单位转型升级提供了现实依据。二是ISLI/MPR标准体系和技术系统不断完善和创新，为出版单位实现流程再造提供了有效的标准和技术支撑，为出版企业、广大读者和相关技术企业组成的融合出版"生态圈"奠定基础。三是为 ISLI 国际标准的成功发布和 ISLI 国际注册机构成功落户中国提供了充分、可信的数据支撑和实证支持。

此外，在 ISLI 标准制定和发布的过程中，ISLI 在知识资源服务等关联产业应用项目也已启动，相关知识资源关联服务构建及系统设计的研究工作已基本完成；在 AR、VR 等呈现技术的关联应用产品的研发工作也在稳步开展中；ISLI 在物流领域、标识符互操作领域的应用研究项目也已完成。

在已经形成了有效的工作机制和具备相关标准推广工作经验的基础上，中国音像与数字出版协会已于 2016 年 12 月底向总局提出承担"中国 ISLI 注册中心"的申请。

ISLI 国家标准已经颁布，随着它的实施，未来 ISLI 的关联服务类型会越来越多，相应的应用标准也会逐步丰富起来，会有越来越多的科研机构、出版企业和技术企业参与到 ISLI 标准的产业应用工作之中，实现 ISLI 标准的价值。

供稿：中国音像与数字出版协会、中国 ISLI 注册中心

产业发展范例

有声读物（以喜马拉雅平台为例）

一、背景

有声读物是指"其中包含不低于 51% 的文字内容，复制和包装成盒式磁带、高密度光盘或者单纯数字文件等形式进行销售的任何录音产品"。

从 20 世纪 80 年代，最早发展有声出版经济的欧美出版行业早就断言：有声书为"下一个出版金矿"。但事实上，这个论断并没有能在"CD"播放的时代变成现实。智能手机的大量激增，移动互联市场的逐渐成熟，逐渐为这个行业奠定基础。

二、现状

有声读物在国内，除了懒人听书、酷我听书、氧气听书等专业有声书提供者，到音频运营商喜马拉雅 FM、蜻蜓 FM、荔枝 FM 等播放平台早已走进我们的生活。"黏度经济"这个词也被反复提及，平台的圈粉能力日渐增强。国内听书网站、App 均已逾 200 家，很多电子书阅读软件也添加了"听书"功能，有声读物市场俨然已成红海。

三、喜马拉雅

从喜马拉雅的发展中就可以窥见一斑。

喜马拉雅 FM 是国内音频分享平台，2013 年 3 月手机客户端上线，两年多时间手机用户规模已突破 2 亿，成为国内发展最快、规模最大的在线移动音频分享平台。2014 年内完成了 2 轮高额融资，为进一步领跑中国音频领域奠定了雄厚的资金实力。截至 2015 年 12 月，喜马拉雅 FM 音频总量已超过 1500 万条，单日累计播放次数超过 5000 万次。

定位为 UGC（用户原创内容）模式的喜马拉雅除了拥有海量的节目音频之外，也已成为音频创作者最集中、最活跃的平台。2014 年 5 月初，喜马拉雅激活用户突破 5000 万大关，成为国内最大的在线音频分享平台。

截至 2014 年 5 月，喜马拉雅通过认证的音频节目创作者已有 6000 多名；创建栏目 24 万个；音频总量近 300 万条；日均新增上传音频超过 1 万条。

2015 年 1 月末，喜马拉雅官方表示，其用户群体已经达到 1.2 亿。

2015 年 9 月份，喜马拉雅官方表示，其用户群体已经达到 2 亿。

2016 年 11 月 24 日，喜马拉雅 FM 发布成立以来的首封公开信，宣布将于 12 月 3 日开启国内首个内容消费节"123 知识狂欢节"，号召重视知识的价值，并将在狂欢节前向所有用户派发总价值 2 亿元的"知识红包"。

供稿：南京大学新闻出版研究院

在线音乐（以腾讯、虾米音乐为例）

一、背景

得益于中国庞大的人口基数，在线音乐市场在近几年来发展迅猛。

2016年第四季度，中国手机音乐客户端用户规模达到4.72亿人，增长速度进一步放缓。近六成用户愿意在网络音乐服务上消费，用户主要月平均消费金额在10至30元区间，比10元以下区间高出不小比例。

（一）中国移动音乐市场规模预测

1. 移动音乐商业模式升级

正版音乐政策引领移动音乐良性发展，付费收听/下载、数字专辑、演唱会O2O线上直播以及音乐类智能硬件产品等心创新模式出现，展现未来，移动音乐市场规模将持续获益于正版音乐的内生驱动，赢得较高增长空间；

围绕用户"听唱看玩"的多元化音乐服务需求，移动K歌为代表的移动音乐垂直细分业务形态已趋于成熟，展望未来，利用平台用户流量以用户多元音乐需求为核心构建移动音乐产业生态圈已成为平台运营方的发展方向。

2. 消费需求、技术发展推动产业创新，管理政策促使行业良性发展

（1）政策环境

2006——《文化部关于网络音乐发展和管理若干意见》

2009——《文化部关于加强和改进网络音乐内容审查工作的通知》

2015——国家版权局《关于责令网络音乐服务商停止未经授权传播音乐作品的通知》

2015——国家版权局《关于大力推进我国音乐产业发展的若干意见》

（2）经济环境

中国步入消费升级时代，服务型娱乐消费潜力巨大

虽热度有所下滑，但互联网领域依旧受到资本市场垂青

全球数字音乐营收规模首超实体唱片，流媒体增长迅速

农村地区宽带基础配套设施覆盖日趋扩大，大量网络娱乐消费需求将被释放

（3）社会环境

移动互联网用户规模及占比持续增长

中国网民渗透率高，PC端音乐用户规模趋于饱和，移动音乐发展迅速，成重要娱乐应用之一

移动音乐在日常生活中出现的场景日趋增多，上班路上、在家休息、运动等都是听歌的高频场景

数字专辑付费、LIVE演出在线直播以及音乐综艺二次改编为首的制作资源共享等模式标志着音乐行业形态正悄然改变，音乐行业未来将会出现更多玩法

（4）技术环境

自中国移动2014年推出4G网络后，网络技术趋于成熟，网络速度得以提升

只能终端普及，音频传输技术走向成熟

4K 直播技术成熟，可实现音乐在线视频直播

AR & VR 技术日趋成熟，有助于音乐行业新玩法的尝试

二、中国在线音乐市场现状

近 15 年来，中国在线音乐历经"弹性播放""版权集中"和"智能分发"三重产业进程之后，成长周期已经濒临结束，腾讯与阿里两大版权资本集团掌握了行业话语权。

（一）以 QQ 音乐为代表的腾讯系的发展

腾讯旗下 QQ 音乐与中国音乐集团进行合并，腾讯通过资产置换股权成新音乐集团大股东，海洋音乐合并前估值约 30 亿美元。

腾讯音乐娱乐形成 QQ 音乐 + 酷狗音乐 + 酷我音乐的三位一体的布局，演变成国内在线音乐领域的最大玩家。

腾讯音乐娱乐做了 3 件重要的事情，一是推动国内数字音乐的正版化，并确定版权优势；二是创造数字专辑等的音乐付费模式；三是与音乐人合作进入产业链运作，参与唱片的宣传与推广。而基于未来，腾讯音乐娱乐集团的国际化战略已经显山露水。

（二）以虾米音乐为代表的阿里系的发展

2013 年初，阿里巴巴收购音乐网站虾米网。当时的虾米网成立 5 年，注册用户数在 1500 万到 2000 万之间，月活跃用户数则在 700 万左右。

2013 年底，阿里巴巴再次宣布收购手机音乐播放器天天动听。天天动听的用户数远大于虾米网。2012 年底，天天动听的用户数就超过了 1 亿，半年以后天天动听用户数超过 2 亿。

虾米音乐瞄准了专业音乐人的市场，而天天动听则面向大众用户，实施商业化的运营模式。

阿里巴巴近年来也一直在购买各种独家的音乐版权。虾米音乐以 3000 万元买下了《中国好声音》第三季的音乐版权。天天动听和虾米音乐高调宣布已经取得了滚石唱片、华研音乐、相信音乐等多家知名唱片公司的独家音乐版权。

贝塔斯曼音乐集团（BMG）宣布与阿里巴巴集团签署音乐数字版权分发协议，该协议将为阿里带来超过 250 万首歌曲版权。这些版权资源成为阿里巴巴拓展在音乐市场中的份额的利器。

供稿：南京大学新闻出版研究院

数字阅读（以咪咕阅读为例）

一、背景

（一）数字化阅读成我国国民主流阅读方式

数字阅读主要有两层含义：阅读对象的数字化和阅读方式的数字化。数据显示近几年来，我国国民的数字化阅读率有显著提升。

2016年中国成年国民数字化阅读方式的接触率连续8年上升，数字阅读成为了现代人的"新宠"。

2016年，成年国民数字阅读接触率达68.2%，同期手机阅读接触率为66.1%，手机阅读接触率已经接近数字阅读接触率，在各类数字阅读载体中增幅第一，移动阅读成为数字阅读的主要方向和国人的主流阅读方式。

（二）政策推动全民阅读为数字阅读助力

目前，全国已有20个省（区、市）出台了推动数字阅读发展的具体政策。国家新闻出版广电总局已批准设立20家出版重点实验室，还将推动国家全民阅读数字化平台建设，建设34家国家公益性推广优质阅读内容数字化传播平台。

（三）2016—2017年中国主流移动阅读应用移动搜索指数分析

书旗小说：书旗小说的用户主动关注度来源于其产品创新功能、付费内容折扣及IP作品的联动应用。产品新功能方面，2016年10月，书旗小说上线作家直播功能，增强了用户与作者之间的黏性；内容付费方面，书旗小说在2016年"双十一"期间，对平台精选作品进行大促销；IP作品联动运用方面，书旗小说在2016年以高频率推出当季热门影视剧的原著推荐。

QQ阅读：依托于QQ强大的品牌营销能力，一方面请胡歌作为代言人宣传品牌形象，并通过微电影《读自己》内容营销、O2O互动体验解锁内容、用户UGC内容上传、全面晒书单等一系列互动，深度"撩粉"；另一方面整合泛娱乐资源，如直播等形式，提高品牌曝光率，以内容之外的形式提升用户关注度。

（四）移动阅读市场规模增长稳健

截至2016年末，中国移动阅读市场规模已达到118.6亿元。基于目前商业模式稳定、产业发展相对成熟的发展情况可以推测，未来行业收入增速将保持匀速增长。

在移动阅读领域，一方面随着IP价值的爆发，优质IP已成为各方争夺的焦点，未来IP产业链收入将成为市场规模增长有利的推动因素；另一方面，行业厂商正逐步布局硬件产品和海外市场，此方面收入将成为未来收入增长支撑点。

目前市场上已有的厂商竞争阵营：

互联网巨头：腾讯、阿里、百度等

传统数字阅读品牌：中文在线、阅文集团、掌阅科技、塔读文学等

电信运营商阅读基地：咪咕阅读、沃阅读、天翼阅读等

电商品牌：亚马逊、当当、京东、苏宁等

二、咪咕阅读

（一）典型厂商分析之咪咕阅读

2009年中国移动手机阅读基地在浙江移动正式移动建设；

2010年正式推出手机阅读业务覆盖全国31省；

2013年手机阅读业务更名为和阅读，并推出定向流量；

2014年中国移动整合音乐、视频、阅读、游戏、动漫五大基地；

2015年"和阅读"更名为"咪咕阅读"；

2016年4月，由咪咕数媒主办的，历时10个月的"中国互联网文学联赛"落幕；

2016年6月，咪咕阅读发布"全民星计划"次元小说征文大赛，推动次元小说成为平台上重要内容组成部分；

2016年暑假期间，咪咕阅读紧跟内容热点，上线多部热播影视剧原著，以此满足平台用户因为热播影视剧产生阅读原著兴趣的需求。

2016年12月，《女总裁的贴身高手》第二季在乐视网上线，网剧上映同时，由咪咕阅读携手咪咕游戏、云端数媒联合开发的同名手游《女总裁的贴身高手之都市狂飙》在全渠道发行。

2017年初，咪咕文化正式提出产业协同战略，发挥咪咕动漫、咪咕视频、咪咕数媒、咪咕游戏和咪咕音乐，5家文娱公司旗下9个领域的App协同效应，打造全IP运营的产业生态体系。

（二）咪咕阅读产业链

针对不同客群推出多形态产品，基于咪咕数媒生态关系助推优质IP在咪咕体系内形成良性循环。

针对大众用户，推出咪咕阅读和灵犀语音助手，由咪咕阅读签约作者提供原创内容生产；针对商务用户，推出咪咕中信和咪咕中信书店，举办"咪咕幻想文征文大赛"，鼓励内容生产；针对校园客户和儿童群体，推出咪咕学堂和咪咕星宝；针对海外用户，推出咪咕阅读海外版；针对专业用户，推出咪咕kindle。

（三）咪咕数媒生态关系

利用硬件+软件产品的服务方式，提供给用户"阅读的体验"，利用线上+线下产品的服务方式，搭建各种产品触达用户的载体。

利用营销及内容培育用户、沉淀用户。

营销：内容推广引用户、赛事活动扩影响、跨界活动拓渠道、社交分享促活跃、线下融合创收益；内容：自有内容扶持、核心内容专项运营、领先精选专栏、自签约图书PK机制。

（四）咪咕阅读核心竞争力

1. 自有平台专属资源：咪咕数媒主要专注于数字阅读和人工智能领域业务，研发了针对六大用户群体的多形态产品。除六大用户特定产品外，咪咕数媒还有官方微博、微信、咪咕听书、政企阅读、儿童故事机等软硬件产品，因此咪咕文学上的内容均可以借助此渠道资源，来进行内容方面的展示与推广。

2. 多渠道推广：咪咕数媒与多家知名平台达成了战略合作，以保证其内容可以在多通路上进行宣传推广。

3. 咪咕生态体系：咪咕数媒隶属于咪咕文化，兄弟型公司还包括咪咕音乐、咪咕视讯、咪咕互娱、咪咕动漫等。2017年，咪咕文化提出产业协同战略，发挥咪咕动漫、咪咕视讯、咪咕数媒、咪咕游戏和咪咕音乐5家文娱公司旗下九个领域的App协同效应，打造全IP运营的产业生态体系。咪咕系产品的全面协同，可以帮助IP探索更大的价值。

（五）咪咕未来发展方向

未来发展方向：未来，咪咕阅读将在人工智能，特别是智能语音上发力，布局移动互联入口。例如：与科大讯飞合作开发的灵犀语音助手产品，咪咕数媒正版内容服务和强大的运营传播能力，能够为合作伙伴提供全方位、多纬度的云能力。咪咕数媒未来将更加注重双向交互服务的输出，构建全新的产业生态链，并在只能硬件衍生品方面有更多的尝试，如开发采用VR技术的智能硬件设备等。

参考文献

［1］徐啸.数字化阅读是发动阅读的革命，还是要革掉阅读的命［N］.中国之声，2017-12-10

［2］新浪读书.第十四次全国国民阅读调查报告出炉：2016年人均阅读7.86［EB/OL］.［2107-04-18］

［3］易观网.中国移动阅读市场年度综合分析2017［EB/OL］.［2107-07-5］

供稿：南京大学新闻出版研究院

数字期刊(以中国知网为例)

一、背景与数据

随着互联网等各种移动设备等新技术的出现,传统出版业遭受了重大而冲击。在期刊业,读者群缩减、销售量下降、广告盈利不佳,入不敷出,以至于一些经营多年的杂志纷纷倒闭,数字化对期刊业变得越来越重要。

目前,我国期刊数字化转型已经成为关系出版业长远发展的战略举措。数字化产业经过多年发展已经由单一的经营模式变成多种媒体经营模式。随着社会价值多元化发展和受众的不断分化,期刊数字化产业业态基本形成,正在向网络在线、开放存取、数据库、手机、二维码、微信公众号等形态发展并逐步完善。以中国知网、万方数据、维普资讯、龙源期刊、超星等为代表的数字出版企业已经形成品牌效应。

据相关报道,2015 年,我国共出版期刊 10014 种,比 2014 年增长 0.5%。实现营业收入 201 亿元、利润 26.3 亿元,比上年分别下降 5.2%和 3.0%。在传统纸质版效益略有下降的同时,数字期刊出版增幅明显,数字期刊收入达 15.85 亿元,增长 10.84%,成为期刊业发展的新亮点。

二、中国知网发展历程

知网,是国家知识基础设施的概念,由世界银行于 1998 年提出。CNKI 工程是以实现全社会知识资源传播共享与增值利用为目标的信息化建设项目,由清华大学、清华同方发起,始建于 1999 年 6 月。

中国知网是中国学术期刊电子杂志社开发研制的目前全世界最大型的中文学术期刊全文网络数据库,其前身为《中国学术期刊(光盘版)》,共收录有国内 6000 余种期刊的题录以及 5000 种期刊的全文,涵盖自然科学、工程技术、人文社科各个领域。网络版按日更新,日平均更新数据达 3000 篇文献,通过 CHINANET 和 CERNET 向全世界传播。所有文章均可通过网络检索、浏览、下载和打印。

中国知网立足于博硕士学位论文,同时横向地收录期刊、会议、报纸、外文文献、年鉴、百科、词典、统计数据、专利、标准、图片、成果、指数、法律、古籍、引文、手册等资源类型,截至 2017 年 12 月 10 日,总量达到 7 亿条数据。

三、我国期刊数字化模式

表 1　我国期刊数字化模式

序号	经营模式	特　点	范例
1	建设期刊网络	通常有两种形式：一是纸质期刊的数字化，如《三联生活周刊》的网站；二是除了纸质内容外，还有一些相关信息，如某些时尚网	第一种如读者网、青年文摘网；第二种如瑞丽网、知音网
2	自营销售电子杂志	经营模式非常简单，制作也相对简单，就是把纸刊PDF化，通过销售获得利润，且不存在第三方分成	如读者传媒旗下的多种杂志都可以通过"读者网"购买PDF版
3	加入电子杂志销售平台	平台方为每种杂志设置后台结算系统，期刊社提供杂志的数字版内容，两者对营业额进行分成	一类是电子杂志专业销售网站，如龙源期刊网；另一类是综合性的B2C电子商务网站，如当当网
4	与大型在线数据库合作	加入知网等数据库，适用于科技、学术类期刊，由于检索和引用的便利，通过数据库获取成为主要方式	中国知网、维普、万方等以电子期刊为核心的公共数据库平台
5	开放存取期刊	直接在网络上进行组稿、编辑、制作、出版和发行；作者保留部分版权；信息发布时效性强；成本相对较低	如中国科技论文在线、中国学术会议在线、中国学术网
6	手机杂志	突破网络电子杂志的限制，无须联网，无须下载，可直接在手机上阅读图文并茂甚至附带音视频的电子杂志	如《中国国家地理》提供有关地理、探险、科学、考察等的内容
7	运营期刊App	借助专业的App开发公司，开发专属于期刊的客户端软件	如三联的Ipad端App分为"数字精选版"和"杂志原貌版"
8	二维码	能起到"小广告"的功能；有利于期刊所发表文章的推送工作；让纸版杂志非常便捷地以数字化方式呈现	如《玩手机》杂志，是国内二维码应用最广泛的杂志之一，几乎每页杂志上都有3到10个二维码供用户扫描

四、我国期刊数字化中存在的问题

（一）盈利模式盈利模式尚不清晰

相比较国外很多具备数据库规模的数字化期刊来说，我国数字期刊业的盈利模式尚在摸索阶段。众所周知，可持续的盈利模式是行业发展的关键，然而盈利模式也一直是困扰期刊数字化转型的问题。可以说，互联网是新时代发展的产物，数字化期刊也是新时代的进步，然而，互联网却对传统的出版传播带来了一个风暴式的、毁灭式的冲击。因为互联网的草根性、无序化，很多人把互联网阅读、数字阅读定义为免费阅读，互联网时代似乎成为了传统出版的反动时代，它对几千年人类积累的精神财富的态度具体体现为对版权的蔑视。如果免费阅读无限持续和扩大，那么知识和文化的创造者就得不到应有的价值体现，那么知识的创造也会随之受到影响，知识的创造和生产甚至可能会枯竭。既然数字化期刊内容是一种知识创造，那么就要坚持其应有的付费阅读的原则。

（二）缺乏统一数据标准

目前我国期刊数字化产品缺乏总体标准和文本格式，数字期刊产品格式较多，阻碍了期刊数字化发展。而且每个数字期刊都有自己的阅读格式，所生产的电子阅读设备不能兼容，不同的期刊社生产出的数字期刊产品需要有与其匹配的阅读器，这导致用户必须使用不同的阅读器。消费者在消费产品的同时还要去购买与这个数字产品相配套的阅读器，不但增加了阅读成本，还会造成客户的不断流失，也不利于产业链中每个环节之间的信息交换和内容整合，阻碍数字 期刊数字化的发展，造成信息资源的闲置和浪费。

（三）版权保护难度大

目前，我国数字期刊相关的法律法规严重滞后，版权保护意识薄弱及技术推广不力是我国数字期刊所面临的最大瓶颈。由于数字作品的侵权成本低，维权成本高，使一些作者在明知自己的权益被他人侵犯的情况下也不积极主动去维权，对数字出版侵权者采取放任和无可奈何态度。有的权利人甚至默许一些知名网站盗用自己的作品，以提高本人知名度，助长侵权行为的发生。同时，由于很多信息和资源都可以在互联网上免费获取，阻碍了人们对数字期刊产品的购买欲望，不利于数字期刊业的健康发展。

五、对期刊数字化发展的建议

（一）完善出版管理体制

我国传统期刊社的数字化转型遇到的许多现实障碍，归根结底是由于现行的、带有浓重计划经济色彩的出版管理体制造成的。我国期刊数字化产业布局模糊，同质化竞争严重，数字版权保护力度不够，传统期刊社缺乏数字化转型动力，传统经营观念制约数字化商业模式等问题，均可以从出版管理体制的垄断、封闭中找到根源。这一体制性障碍已经严重制约了我国期刊的数字化转型。数字期刊市场集中度低，生产能力分散，无法进行资源的最优配置，产业结构效率低下。

（二）加强版权保护力度

我国现有法律法规条款设置较为粗糙，原则框架多，操作细则少，网络著作权法律法规亟待完善。一方面，现行条款只包含对"信息网络传播权"的保护条款，且适用度有待提高，在执行过程中会遇到管辖地法院确定难、权利主体身份确定难、被控侵权行为主体确定难、侵权证据审查和事实认定难、侵权行为界定难、网络服务提供者的过错认定难、侵权损害赔偿确定难等问题；另一方面，对数字作品著作权人所享有的权利，如复制权、发表权、署名权、发行权等权利的保护还是法律的真空地带。因此，急需国家制定针对数字期刊版权保护的法律，切实维护期刊社和消费者的权益，加强数字版权保护技术的研发，提高数字期刊产品的防侵犯能力。

（三）建立人才培养机制

面对数字人才培养与科学研究落后于社会需求的现实，应当以高等院校为主体，以加强数字产业人才培养与科学研究为切入点，使数字期刊出版业持续健康发展。同时，高等院校在调整自身教育教学理念，改革课程设置的同时，加强与期刊社的沟通联系，深化人才培养与科学研究的合作，同时为政府产业政策的制定提供智力支持。对传统期刊人才进行数字技术培训，尽快掌握最先进的数字出版技术，树立期刊数字出版意识，了解数字期刊出版内容特性和要求、读者阅读新需求、数字产品消费形式等,提升对数字期刊产品的掌控和开发能力。传统期刊社应积极制定数字人才队伍建设方案,在人才开发、培养、管理等方面建立相应的计划和制度,树立行之有效的在岗人员培训机制,重视对复合型人才的培养。

供稿:南京大学新闻出版研究院

腾讯：依托庞大用户量抢占市场

一、发展概述

（一）概述

2016年，腾讯继续保持自己在中国游戏企业中的龙头地位。2017年，腾讯预计游戏收入近720亿元，占中国整体游戏市场的43.5%。腾讯占据中国游戏市场的半壁江山，同时，还积极收购爆款产品的研发商，如Supercell等，不但能够在海外市场开疆扩土，在产品的研发和运营上，其能力也得到了提高。

（二）市值

2016年，腾讯市值达到2490亿美元，超过阿里巴巴的2460亿美元，成为中国市值最高的科技公司。同时，腾讯市值占中国整体游戏上市企业市值的24.9%，排名第二的网易仅占比3.3%。2015年，腾讯市值占比为24.6%。在市值如此飙高的情况下，腾讯市值小幅上升，并且保持在20%以上的占比。与其他企业相比量级大，其龙头地位异常稳固。

（三）游戏营收

2016年，腾讯游戏营收近720亿元，增长27.3%，占中国游戏产业整体收入的43.5%。腾讯在2011年游戏收入占中国游戏产业整体收入首次突破30%，其后占比连年增长，2012年为37.9%，2013年为38.4%，2014年为39.1%，2015年占比突破四成达到40.2%。腾讯游戏营收占比保持稳中有升的态势，占据市场近一半份额。

（四）利润

2016年上半年，腾讯净利润率达到29.43%，同期，中国上市游戏企业平均净利润率为22.6%，腾讯净利润率高出6.83%。2015年，中国上市游戏企业平均净利润率为28.7%，腾讯的净利润率为28.0%，尚不及游戏产业整体状况。2016年上半年，在上市游戏企业平均净利润下滑的情况下，腾讯实现逆势增长，高出游戏行业平均净利润率。

二、腾讯优势分析

（一）国内最大用户平台构建核心优势

依托社交平台，建立起来的庞大用户群是腾讯最核心的优势。在此基础上，腾讯还通过代理和研发爆款产品，积累产品经验与用户数据，将优势发散开，构建游戏业务的独特竞争力。具体来说有以下几点。

第一，覆盖互联网。在腾讯2016年第三季度的财报中披露，QQ月活跃账户数8.77亿，微信月活跃账户数8.46亿。腾讯已经打造出自有数量非常多的用户互联网生态圈。

第二，准确的推送能力。依托平台优势，腾讯的游戏产品拥有很高的曝光量，准确的营销推广将游戏产品直接推送到用户当前界面。

第三，完善的账户体系支持。腾讯打破了平台账户与游戏账户的限制，用户能够快速便捷地登录各类平台游戏产品，并且将产品"真实好友社区化"，提升产品的社会性与交互性，用以强化游戏品质与留存能力。

第四，用户消费挖掘能力。腾讯基于大数据以及多产品运营经验，早已形成国内领先的用户变现体系，挖掘出用户的消费能力。

第五，准确的玩家行为模型与需求分析。腾讯平台精准的游戏推送能力使大部分用户都玩过腾讯游戏，而非常高的平台黏性则让这些用户都留存在平台中。这两个数据指标使腾讯几乎不用担心用户游戏流失问题，可以通过发行大量游戏产品来构建用户行为模型，分析出合理用户需求。

（二）全产业链布局缔造IP优势

腾讯在游戏、影视等多个领域中持续布局，已经形成涵盖了大部分"泛娱乐"产业链中的细分市场类型。通过腾讯的有效运作，将旗下的IP相互联动、融合，增加单一IP的多元性与深度，推动IP品牌文化与价值增长，其中包括：

第一，影视。腾讯参与投资了MMORPC游戏改编的电影《魔兽世界》，本电影在中国内的票房达到14.7亿。除了投资合作电影之外，通过改编《斗战神》《我叫白小飞》等IP的影视化，也将旗下IP的价值持续增加，并建设更全面的IP生态。

第二，动漫。腾讯动漫网络平台作品总量超过2万部，投稿作者总数超过5万人，签约作品数超过6000部，其中超过300部为全版权作品，有超过40部作品点击量过亿。大量作者的优质作品输出，形成了健康的"粉丝生态"，而动漫受众与游戏相对低的转化成本，也为同动漫IP下的游戏产品带来了核心受众玩家，形成良性循环模式。

第三，游戏。腾讯的代理产品在中国具有大量受众玩家。《英雄联盟》《穿越火线》等运营时间较长的产品已经形成了自有玩家文化，进而形成IP品牌。通过改编《斗战神》等游戏类IP，建设周边生态，维系IP影响力之外，也会反哺游戏本身，提升游戏的生命周期与关键数据。

第四，小说。阅文集团基本上囊括了国内大部分网络文学站点，其中起点中文网已经是中国网络文学市场最大的IP输出方。在移动端、网页游戏与PC端，均有起点文学IP类产品上线运营。在这种情况下，起点可以为腾讯其他泛娱乐产业进行持续不断的IP输出。

（三）代理与投资结合获取产品优势

目前，腾讯在移动游戏领域推出"精品化+大作化"发展策略，对优秀产品投入核心资源进行支持，这一战略的实施离不开腾讯的产品优势。这种产品优势不仅体现为腾讯自研产品表现出色，更体现为腾讯获取精品的能力，这能保证腾讯始终站在行业发展的最前列，减少其他企业弯道超车的可能。这种能力的拥有主要来源于以下原因。

第一，庞大的用户基础、丰富的运营经验促使腾讯成为游戏代理商的首选。目前，腾讯在移动游戏、客户端游戏、网页游戏三个主要细分游戏市场，所占份额均处于市场领先位置。其中，代理游戏是重要部分，代理运营的产品涵盖完美世界、西山居、畅游等老牌研发企业的主力产品。

第二，腾讯运营产品成功率高，尤其是对于失败率高的移动游戏领域来说，这显得更为重要。腾讯在自研发与代理中都产生过数量较多的成功产品，这种经验与代理发行能力可以增加产品"爆款"概率。而与腾讯合作的研发商，也能借此接触到国内领先的游戏产业知识，最终提升产品质量与研发能力。这促使腾讯游戏产品拥有天然的吸引力。

第三，腾讯资本优势也帮助其获取优质产品。除了被动地吸引研发商外，腾讯主动通过投资等方式，获取优质产品。目前，腾讯还在大量投资优质游戏团队，从而不断获取精品，例如客户端的《英雄联盟》、移动端的《部落冲突：皇室战争》。

供稿：中国音像与数字出版协会游戏出版工作委员会

网易：以自研游戏制造爆款产品

一、发展概述

（一）概述

2016年，网易稳坐中国游戏企业中的第二把交椅。公司市值超过300亿美元，占中国游戏上市公司总市值的3%。年收入与其他企业相比量级大，占中国游戏产业整体收入的比例高。利润率远高于行业同期平均标准。网易的自主研发能力强大，市值、收入和利润都受益于网易的自主研发能力。网易的游戏产品在客户端游戏和移动游戏平台以及不同的游戏类型中，均有突出产品和大数量级产品优势，在用户方面，网易拥有的游戏用户基数大，付费高，对网易产品有一定的忠诚度和黏性。同时网易储备有大量的优质IP，基于其优秀的研发能力，出现爆款产品的概率远高于其他游戏公司。因而，网易具有掌控游戏发行和渠道商的定价权，同时拥有自有的发行渠道。

（二）市值

截至2016年11月，网易的市值超过300亿美元，占158家中国游戏上市公司总市值的3.3%；在2015年，网易的市值是214亿美元，占中国游戏上市公司总市值的2.8%。作为市值仅小于腾讯的游戏上市公司，网易的市值不断攀升，在中国游戏产业所占市值比例也持续上升，其地位不可撼动。

（三）游戏营收

2016年网易在线游戏收入突破260亿元人民币，占中国游戏产业整体收入的15.5%；2014年网易在线游戏收入98.2亿元人民币，占中国游戏产业整体收入的13.5%；2015年网易在线游戏收入173.14亿元人民币，占中国游戏产业整体收入的12.3%。网易在线游戏的收入2015年增长超过70%，2016年增长超过50%，占中国游戏产业整体收入的比例始终在10%以上，2016年超过了15%。

（四）利润

2016年上半年，网易营收净利润51.8亿元人民币，净利润率为30.7%，同期中国游戏上市公司的平均净利润率为22.6%；2015年，网易营收净利润67.4亿元人民币，净利润率为29.5%，同期中国游戏上市公司的平均净利润率为28.7%。2016年网易的净利润率比同期中国游戏上市公司的平均净利润率高出近7%，同时在2016年中国游戏上市公司的平均净利润率下滑的情况下，网易的净利润率实现增长。

（五）自主研发收入

2016年，网易自主研发游戏收入预计超过230亿元人民币，占网易在线游戏收入的87.9%，占国内自主研发网络游戏市场收入的19.0%。网易拥有强大的自主研发能力，相比在线游戏整体的收入占比，网易自主研发的游戏收入要高出近4%。

（六）产品

在客户端游戏市场，2016年，网易运营的客户端游戏共有28款。在全球销量前十的客户端游戏产品中，网易代理其中5款，销量均超过1000万套，其中《Minecraft（我的世界）》销量突破2400万套。

在移动游戏市场，2016年，中国移动游戏月均流水收入过亿元的26款产品中，网易拥有4款产品，拥有1款以上月均流水收入过亿元的公司仅有3家，其中腾讯6款，网易4款，完美世界2款；月均流水收入过4亿元的产品有3款，网易拥有2款；中国移动游戏月均流水收入过千万元的产品中，网易拥有6款，除4款过亿外，剩余2款也超过3000万元。

在移动游戏类型上，中国移动游戏月均流水收入过千万的游戏产品中，共有大型多人在线角色扮演类型14款，其中网易拥有3款，并占据收入榜前两位，是唯一一家拥有3款大型多人在线角色扮演类型月均流水收入过千万游戏产品的公司。

二、网易优势分析

2016年，网易游戏业务优势在于稳定，网易旗下游戏生命周期普遍高于业内平均水平。在客户端游戏领域，一些运营超过十年的游戏依然是其收入主力，收入长期保持稳定；在公认"赚快钱"的移动游戏领域，网易产品表现也较同类产品稳定。网易的表现主要来自自身所拥有的自研、营销、IP、代理等方面的优势。

（一）自研优势

网易这一优势的获得与其强调自研有关。自研给网易带来三重好处，第一，自研能提高网易利润率，带来更高的收入；第二，游戏产品完全处于网易的把控中，这有利于产品内部生态的维持；第三，网易可以借此培育忠实的用户群体，培养产品影响力。

不过，自研为主也意味着网易需独自承担游戏产品失败的风险，在移动游戏领域，这种风险更为明显。对此，网易选择了两种方式应对。首先，网易加强对产品质量的把控，提升每款产品的成功率，降低单款产品风险。产品研发过程中，网易提出"工匠精神"的理念。在此理念的引导下，网易的移动产品平均开发时间比业内高出两倍，并且设定了严苛的淘汰机制。每一款原创游戏产品的细致打磨，在正式推出前，还需要在公司内测，接受内部用户的评审，未通过评审的产品均无法面世。

其次，网易通过"以量取胜"的方式分摊风险。目前，网易依然保持了几十个项目在运营，新产品保持稳定高频的节奏。而产品遍及不同类型，通过不同产品进行市场试错，积累研发经验，把握市场不同需求。

（二）IP优势

IP优势是网易拥有的另一个重要优势，首先，网易早在数年前就开始对IP进行储备，旗下拥有丰富的游戏IP储备，如古龙全系列小说IP游戏改编权、《功夫熊猫》改编权等。

其次，网易的自造IP潜力巨大，因为专注自研，网易积累了多款拥有市场影响力的客户端游戏产品，这些客户端游戏产品也成为网易最为核心的IP资源，具备挖掘潜力，经过多年的积淀，这些产品自推出移动游戏版本后，均取得了不错的市场成绩，显示出网易自造IP的价值。

最后，网易对IP的全闭环打造。在进行IP战略布局时，网易曾经提出树计划、光计划、桥计划的概念。在引入IP的同时，也将进一步打造自造IP，提升IP影响力，将IP变成一门长久的生意。

（三）营销优势

在游戏产品营销方面，网易也处于产业上游。一方面，网易旗下拥有多个获得用户认可的产品，这些产品构建了网易在游戏推广方面的优势，例如网易新闻的"导量"效果，网易云音乐则能推广游戏主题曲等。

另一方面，在具体推广方面，网易的营销手段具备高效、创新等特点，拥有多个成功推广范例。

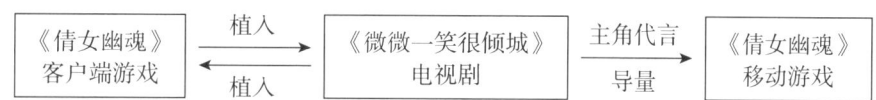

数据来源：GPC and CNG

（四）代理优势

数年之前，代理《魔兽世界》为网易在欧美地区的游戏巨头中建立了声誉，并促使网易成为许多游戏巨头游戏代理的首选，如暴雪旗下游戏在中国的代理权均授予网易；微软也选择与网易合作，在中国大陆推广《我的世界》。

借助代理海外市场大作，网易不仅能在自己的产品库中增加优秀的产品，取得更高的收入，还能够提升自己的影响力，借助全球顶级游戏产品，获取用户提升口碑。例如其代理的《我的世界》已经产生了数亿美元的收益，拥有广泛的用户基础，月活跃用户达到数千万。网易代理《我的世界》公布后，多项考验品牌的指标都得到攀升，直接促使其成为当月品牌影响力最高的游戏企业。

此外，代理海外作品还能为网易带来产品研发与运营经验、培养人才、助力海外市场拓展等多方面的好处。

供稿：中国音像与数字出版协会游戏出版工作委员会

完美世界：以影游融合成就泛娱乐龙头企业

一、发展概述

（一）概述

2016年，作为影游概念第一股，完美世界在游戏和影视方面的综合实力，位列所有的游戏和影视公司前列。游戏业务实现全产品线布局，影视业务实现产品和渠道布局，以丰富的IP储备为基础，通过精品策略贯穿其中。从业务板块规划和市场发展规模来看，完美世界目前是最具备泛娱乐产业基础的龙头企业，可以通过游戏或影视业务实现收益最大化。

（二）市值、营收和利润

根据公开数据测算，2016年，完美世界市值为447亿元，较上一年增长551%；根据调查统计，完美世界在13家中概股回归的上市公司中市值位列第三位；在文化影视传媒概念股132家中，市值位列第六位；在30只游戏指标股中，市值位列第四位。

2016年第三季度财报显示，完美世界营收为14.27亿元，同比增长20.42%；归属于上市公司股东的净利润为3.35亿元，同比增长173.05%。2016年前三季度营收合计35.4亿元，同比增长5.77%，归属于上市公司股东的净利润为7.17亿元，同比增长700.01%。2016年度归属于上市公司股东的净利润变动幅度在740.52%—770.28%，归属于上市公司股东的净利润变动幅度在11.3亿—11.7亿元。

根据调查统计，完美世界的营业收入排在30家游戏指标股中的第六位，净利润排在第七位，每股收益排在第五位，能够给股东带来比较好的收益，具有很大的投资价值。

（三）主营业务

上市公司中报、季报披露数据统计显示，完美世界的主营业务为游戏业务和影视业务。从收入占比来看，完美世界游戏业务2016年上半年收入18.48亿元，利润12.9亿元，毛利率70.14%，占整个收入的87.41%；影视业务收入2.66亿元，利润1.4亿元，毛利率54.66%，占整个收入的12.59%。调查数据显示，从游戏业务和影视业务的毛利率来看，完美世界均高于行业的平均值，处于行业中上水平，这表明作为完美世界的主营业务，游戏业务和影视业务在研发、制作和运营方面，完美世界都有非常丰富的经验和较高的成功率。再加上完美世界的IP储备丰富，可以预期未来完美世界的收入和利润将具有较大的上升空间。

根据《2016年中国游戏产业影游融合报告》显示，完美世界在完美世界、网易、腾讯、万达、华谊兄弟等5家影游融合概念企业中的综合得分位列第一。在游戏业务、影视业务、IP储备、产业链资源、融合能力等五项指标中，融合能力和影视业务位列第一，IP储备、产业链资源位列第二，游戏业务在第三位。

同时，完美世界在影视和游戏双领域均具备丰富的 IP 储备，为持续的产品研发提供支撑。

（四）游戏业务

完美世界游戏业务已实现全产品线布局，在客户端游戏、网页游戏、移动游戏、电子竞技、Ⅶ、竞赛等方面，完美世界均有产品布局并实现收入。

2016 年上半年财报显示，完美世界的 PC 端网络游戏收入 10.7 亿元，利润 8.7 亿元，占整体收入的 50.81%；移动网络游戏收入 6.44 亿元，利润 3.38 亿元，占整体收入的 30.46%；主机游戏收入 0.99 亿元，利润 0.62 亿元，占整体收入的 4.69%；游戏相关其他收入 0.3 亿元，利润 0.19 亿元，占整体收入的 1.45%。

完美世界官网显示，在 2016 年完美世界运营的客户端游戏有 25 款，手机游戏 17 款；网页游戏 3 款；主机游戏 4 款。

《完美环球娱乐股份有限公司发行股票购买资产并募集配套资金暨关联交易报告书》显示，完美世界端游的代表产品包括《完美世界》《诛仙》《笑傲江湖 OL》《武林外传》等。其中，《诛仙》大陆注册用户数 8858 万人；月活跃用户 157 万人，月均付费用户 7.33 万人；月均充值金额 3983 万元。

电竞方面，《刀塔》（《DOTA2》）大陆注册用户数 1198.93 万人；月活跃用户 211 万人，付费用户 6.53 万人，ARPPU 为 78.92 元，月充值额 515.53 万元。《刀塔》（《DOTA2》）全球赛事奖金最高的游戏，其中 TI6 的奖金池 20770460 美元，将近《英雄联盟》s6 的 10 倍。Steam 平台上所有游戏，国内玩家 60% 以上的玩家集中在 DOTA2 上，其游戏时长更是第二名的 4 倍。

据统计分析，在国内市场移动游戏收入前 70 个产品中，完美世界有四款入围，均为 RPG 游戏，腾讯入围三款、网易两款、西山居两款、三七互娱两款、乐道互动两款，其中《诛仙》与《倚天屠龙记》月均收入破亿，《诛仙》突破两亿。

完美世界移动游戏代表产品包括《神雕侠侣》《诛仙》等。《诛仙》手游 8 月上线，据测算，首月流水应在 4 亿人民币左右，次月流水维持在 3 亿元左右，加上上半年发布的《射雕英雄传 3D》和《倚天屠龙记》，从全年来看，完美世界的游戏主业表现高于预期。

（五）影视业务

据完美世界影视官方网站公布，完美世界影视业务主要为高端的电视剧制作与发行，同时拓展到电影和综艺节目。旗下签约 10 个工作室，包括赵宝刚、滕华涛、刘江、郭靖宇等国内知名导演。在编剧、内容制作上为一线的影视内容制作商，能够保证产品的播出时间、播出档期和高收视率。主要作品包括《男人帮》《咱们结婚吧》《北京青年》《麻辣变形计》，电影《失恋 33 天》《咱们结婚吧》，网络剧《灵魂摆渡》系列和综艺节目《极限挑战》《跨界歌王》等。

《完美世界重大资产购买报告 / 收购评估》及《北京中企华资产评估有限责任公司的核查意见》显示，除产品内容的制作外，完美世界在 2016 年 10 月发布公告，拟收购今典传媒持有的今典院线 100% 股权、今典文化 100% 股权，今典影投持有的今典影城 100% 股权。这为完美世界拓展了电影的线下渠道端，拥有院线资源，完美世界一方面可以保证自有产品的发行，另一方面可以拓展新的收入，更重要的是，可以为影游融合提供更加完整的服务模式。

（六）境外市场

根据完美世界的公开资料以及调查研究，完美世界境外收入占整体收入的 20% 以上，且每年呈连续增长的态势。同时，完美世界也在全球进行投资，以加强其在境外市场的实力。完美世界的全资子公司包括在美国、欧洲、中国香港、中国台湾、马来西亚、泰国、新加坡、韩国等地区，到 2016 年，完美世界拥有 20 家子公司。

二、完美世界优势分析

完美世界的主要优势在于多点布局、全面发展。2016 年，主要体现在影游融合、产品线、IP、全球化等方面，影游融合的背后是完美世界多年来积累的影视资源、长期实现高额收入的游戏业务。产品线、IP 则得益于自主研发能力、投资策略、品牌影响力，全球化的发展基于传统海外出口优势。

（一）影游融合优势

影游联动的行业痛点与难点是面临沟通协作上的误差，例如影视和游戏企业对彼此业务不够了解，二者间的综合实力不平衡等，多数情况是影视公司或者游戏公司购买 IP 进行独立开发，简单的复制和"换皮"并没有真正的互动营销。

而完美环球在成功收购完美世界 100% 股权后，意味着完美世界的游戏资产与完美环球的影视资产融为一体，不再是两家公司业务层面的合作，而如同一家公司内在的、源头上的协同。

与游戏公司成立影视公司、影视公司并购游戏公司相比，完美环球与完美世界两个拥有"血缘关系"但分属不同领域顶尖的企业，为完美世界在影视与游戏的深度融合奠定了基础。

完美世界累积了丰富的游戏研发经验，完美环球参与创作及发行过多部优秀影视作品。通过影游融合战略，深谙游戏业务的完美世界不但扩充了自身的 IP 储备，而且两个项目间的战略合作，还可以使完美世界相关产品在市场推广层面、游戏制作、影视制作等领域多点开花，游戏和影视达成互惠互利。

同时，借助影视的火爆，让用户对游戏产品有更高的参与度和认知度。游戏产品与经典 IP 进行联动和互通，游戏用户和观众群身份相互转换，高度重合，为广大用户提供更加丰富的文化产品和更优质的泛娱乐体验。

未来，完美世界游戏和影视的用户数据还可以相互使用，共同宣传推广，深入挖掘用户价值，通过互相协调，省去了单一推广中沟通和协作上的负担，提高了同一时间点影视和游戏协同配合的能力，并通过预判游戏和影视相互改编的匹配度，选择更适合的类型或题材，提高成功率。

（二）产品线优势

完美世界产品丰富，产品线覆盖全面，在业务领域多元化的基础上实现了产品内容的多元化布局。完美世界旗下影视业务涵盖电视剧（含网剧）、电影、综艺栏目、艺人经纪、商务广告、衍生经济及其他等影视业务板块。

游戏业务则构建了包揽研发、发行、运营的纵深式业务条线，成为国内少有的集客户端游戏、移动网络游戏、网页游戏和家庭游戏机游戏为一体的网络游戏综合性厂商。

除传统的 MMORPG 类游戏外，完美世界在电子竞技、VR 等细分游戏市场的布局也初见成效，完美世界代理的国际电竞游戏《刀塔》(《DOTA2》)用户超过千万人，活跃用户超过两百万人。由完美世界举办的《刀塔》(《DOTA2》)亚洲邀请赛已经成为亚洲地区规模最大、最隆重的比赛之一。

在 VR 领域，完美世界的《深海迷航》曾随 Oculus Rift 全球发售，《深海迷航》能够作为首发游戏，因为在推出 VR 版本之前，《深海迷航》的 Steam 版就已经广受好评，月收入超过百万美元。

（三）IP 优势

完美世界的 IP 资源可概括为 IP 资源储备丰富，IP 开发和运营实力雄厚，能最大限度地挖掘 IP 价值。

第一，完美世界同时具备强大的影视和游戏双领域 IP 创作和挖掘能力，经过多年的积累，储备了丰富的 IP 资源。完美世界的 IP 创作能力还拥有可持续性发展的基础，在影视业务方面，创意和创作团队对此形成了强有力的支撑，持续推出多部收视率、播放率较高的影视作品。游戏业务方面，完美世界已经打造了如《完美世界》《神魔大陆》等拥有庞大用户群体的知名 IP。

第二，得益于全球化的 IP 资源挖掘团队，在国内市场上，完美世界挖掘了《笑傲江湖》《诛仙》《神雕侠侣》《倚天屠龙记》和《射雕英雄传》等多个武侠、玄幻题材的知名 IP；在海外市场上，完美世界也积极网罗了《星际迷航》《无冬之夜》《火炬之光》《最终幻想》等海外优质 IP 资源。

凭借 IP 原创能力、丰富的 IP 资源储备，完美世界较多的游戏产品都具备了天然的用户基础，提高了市场竞争力。

除了丰富的 IP 储备及强大的 IP 开发实力，完美世界还具有雄厚的 IP 运营能力。公司凭借扎实的技术基础不断提高 IP 资源的开发能力，可实现同一题材的跨平台系列化开发，打造多元化的产品布局，延长 IP 寿命，最大限度地挖掘 IP 价值。如旗下作品《诛仙》上线逾 8 年仍保持着较为稳定的收入，《诛仙》手游多次进入 iOS 畅销榜前五位置；完美世界借助《无冬之夜》IP 打造的客户端和家庭游戏机游戏、借助《神雕侠侣》IP 打造的客户端和移动游戏都受到了玩家的广泛欢迎。

（四）全球化优势

完美世界通过全球化战略思维和国际化的管理团队多年来的努力，实现业务在全球范围内的布局，目前已经建立了全球人才和资源联动的发展思路，形成了"全球制作、全球发行、全球伙伴"的发展模式。

在影视业务方面，完美世界借助和美国环球影业的合作开启了在电影业务领域的全球化战略之路；在游戏业务方面，2007 年起完美世界连续多年在中国网络游戏出口市场收入中排名第一，是中国网络游戏出口的中坚力量，目前，完美世界的游戏产品已出口到 100 多个国家和地区，在荷兰、美国、日本、新加坡、马来西亚等国家运营多家子公司。

（五）研发及制作优势

完美世界拥有强大的自主研发能力，自研的游戏引擎和服务器程序等技术使产品凭借出众的视觉效果和运行性能吸引了大量用户。基于研发及制作方面的优势，完美世界的"精品"发展路线得以实施。在游戏业务方面，完美世界的游戏产品品质高、生命周期长、付费能力强，近期如移动游戏《倚天屠龙记》及《射雕英雄传》《诛仙》手游等均冲击到 iOS 畅销榜前列位置。在影视业务方面，电视剧作品年产近 600 集，自制电影作品每年 2—3 部，在产量和质量方面均能保持较高的稳定性。近期如电视剧《麻辣变形计》《你好，乔安》，同时，引入了海外优秀影片分歧者系列中最新的《Allegiant》，推出综艺栏目《极限挑战》第二季、《跨界歌王》。

供稿：中国音像与数字出版协会游戏出版工作委员会

理论研究

互联网出版的三种新业态

任 健 郭杨潇

摘要： 在竞争环境日益复杂多变的互联网时代，依托新型信息技术以及跨平台、媒体间的融合与协作，对网络技术与出版物内容生产、营销进行创新融合，成为互联网出版产业在媒介融合背景下探索转型的新态势。本文在对众筹出版、众包出版及淘众式出版三种新型互联网出版模式的运作业务模式进行分析的基础上，探讨了新型互联网出版模式的组织边界扩展性、内容生产者背景多样性、社群粉丝参与性和消费者需求紧贴性的特征，并对相关规制不健全、互联网出版平台建设未完善、出版物内容质量保证困难以及合作模式单纯采用能力分包的方式，知识联盟尚为雏形等问题进行了深入分析。

关键词： 互联网出版　众筹出版　众包出版　淘众式出版

在数字时代的冲击下，出版社的传统生产模式近年面临着巨大的市场压力。在日益复杂多变的生存环境下，传统出版社亟须在与数字资源的合作中寻找新的生存模式。随着互联网及信息通信技术的迅猛变革和核心技术的逐渐成熟，出版商纷纷将视线转向了互联网出版模式的探索。根据《互联网出版管理暂行规定》的定义，"互联网出版，是指互联网信息服务提供者将自己创作或他人创作的作品经过选择和编辑加工，登载在互联网上或者通过互联网发送到用户端，供公众浏览、阅读、使用或者下载的在线传播行为"。[1]

随着近年来电脑和智能手机核心部件的成本快速下降，高性能、低成本功能模块的大规模生产使得网络社区所赖以生存的用户终端价格越来越平民化，用户的网络使用成本也在不断下降。在此背景下，社会化软件和网络平台成功吸引了大量用户的参与其中进行着知识内容的生产与分享。而这种基于互联网的网络化结构的社会化组织与生产力量，则为传统出版业探索互联网出版的新型内容生产及发行模式，为促进各类媒体间的融合以及出版行业生产方式的转变提供了强大的推动力。

一、互联网出版的基本态势

现今的国家政策和监管机制都为出版业开发互联网环境下的内容资源和潜力市场提供了广阔的创新空间和盈利机遇。2014年8月18日中央全面深化改革领导小组的第四次会议上，习近平主席强调了传统媒体与新兴媒体融合发展、聚合互动的重要性。在传统媒体与新媒体的融合过程中，全国政协2014年5月7日召开的双周协商座谈会强调了在传播方式之外，通过新机制挖掘新媒体的"造血"功能和盈利能力的重要性。随着互联网技术的发展，知识流动的技术障碍逐渐减少，这为出版业跨越媒介和行业壁垒组织知识生产和知识服务创造了条件。豆瓣、网易等网络阅读平台和移动端的发展也为互联网出版物提供了更加有效的展示和推广平台。诸如360公司与京东众筹平台跨界合作的《周鸿祎自述：我的互联网方法论》、中信出版社与译言网基于众包模式出版的《史蒂夫·乔布斯传》中文版和知乎网联合中信出版社出版的淘众式出版产品《创业时，我们在知乎聊什么》都是在文化的"全面深化改革"之际，出版业借势"信息消费"这一国家战略发挥创新精神，通过媒介融合不断探索新型的互联网出版方式，在互联网出版这一新产业发展中争得先机的典型代表。在全民族文化创造思路中，群众作为创造主体被赋予了高度重视，网络媒体中由海量网络用户聚合形成的"大众生产力量"和"社会化组织力量"也日益引发互联网出版新模式开发的思考。

二、互联网出版的三种新业态及其业务模式

现代信息技术和社会化媒介工具的发展，对整个出版产业环境产生了巨大影响。基于数字技术和互联网为核心，新型出版模式不断出现，其中众筹出版、众包出版和淘众式出版成为国内目前市场化运作最见成效的模式。三种模式代表了以开发互联网中社会化的组织力量与生产能力为特征的新型互联网出版业态，而分别又从不同的生产方式和组织形式角度入手，各自探索出了独具特色的运作路径。

（一）众筹出版

1. 基本业务模式

基于互联网络和社会化媒体产生的商业模式众筹（Crowdfunding），是指利用互联网等新媒体平台面向公众的募资活动。而随之出现的众筹出版，则是一种通过众筹网站为出版项目进行公众募资的互联网出版模式，目前业内主要以回馈众筹和捐赠众筹为主要形式[2]。众筹出版作为在网络时代基于社交化媒介平台对于传统出版生产与消费模式的创新突破而广受国内外关注。近年来，海外已出现专业众筹出版的网站，如美国的 Fan Funding 和在英国创立三年即成功融资 120 万英镑的 Unbound 等。而国内现有的出版众筹项目多集中于综合性的众筹平台，如众筹网、追梦网、中国梦网等，尚未出现针对出版项目的垂直类众筹平台[3]。据统计截至 2015 年 5 月，众筹网作为国内最大的众筹平台，成功实现众筹的出版项目已达 85 个，数量在该站所有门类中位列第 5，其中单个出版项目最高实现募资 127 万余元。

众筹出版基于社会化媒体平台——众筹网站，以出版物"预购"或其他服务回馈等方式，使网络用户可以通过提供出版资金的方式等多种方式主动地加入到出版物的生产和流通过程的创新互联网出版模式[4]。通过生产过程和消费过程中跨媒介平台的交融协作，为出版产业转型提供新思路。

2. 众筹出版的运作流程

（1）业务流程

众筹出版的运营模式是将投资、创意和慈善相结合，将出版物的内容生产和市场流通环节相联通的新型出版模式。作为目前众筹出版主流形式的回馈众筹模式，其基本运作流程可分为三个阶段，首先，由项目发起人在众筹平台上以文字、图片或视频等多媒体方式发布其欲出版作品的创意、内容介绍、作者资料等相关信息，并设置一定的众筹资金目标额和相应的资助标准或条件，在自定时间内向公众进行募资。若在规定时间内获得的资助总金额达到最终目标金额，则该出版项目便可实现立项，项目发起人可得到所募资金作为其作品的出版费用。其次，由项目发起人与出版机构联系，通过审批和备案后进入作品的出版和宣传推广流程，最终形成合法出版物形式进入市场流通程序。

最后，由项目发起人按照其最初在众筹平台上的回馈约定向提供资金的用户兑现相应承诺。

（2）众筹出版的主体关系

众筹出版模式类似于产业平台和创业孵化器，在这个运作流程中四大主体：项目发起者、众筹平台、出版机构和项目投资者，通过众筹模式将原本在传统出版社架构下的整个出版流程包括出版资金来源、内容策划及生产、受众调查、媒体推广、出版物编辑、印刷及出版发行等环节进行分发，并实现各主体的有机联系。

首先，在众筹出版的运作链条中，项目发起者负责规划和设计出版项目，并利用众筹平台向公众展示项目信息、进行项目推广以获得网络用户的关注和资金支持。此外，负责项目作品的创作与出版，并在项目完成后按事先承诺向投资用户兑现承诺的回报。其次，众筹平台在整个项目运作中担任渠道提供者和众筹活动管理者的角色，以收取渠道费为条件担负众筹规则的制定与解释、项目的审核、项目信息发布、项目执行情况、回馈兑现的监督职责，同时为项目发起者和平台用户提供相关的配套服务，如网站内外推广、设计包装等服务。再次，由平台用户所组成的项目投资者则可在观看发起者提供的相关信息后以自主自愿的形式选择项目、参与投资，并在项目成功完成后享受发起者所承诺的回报。最后，出版机构则作为出版方与项目发起者以合约形式洽谈出版、发行等费用，为项目发起者提供出版物的书刊号及编审、制作和发行服务。

与传统出版模式不同，在众筹出版模式下，出版物选题及作者沟通等任务皆由作者，即项目发起者自行完成。而原本由编辑承担的出版内容筛选、立项的"把关人"角色则由网络用户即出版物受众直接担任，受众拥有了在出版物生产源头上的主导权。相较于以往通过由出版社组织的传统读者调查、反馈机制而言，众筹出版模式可以更及时、有效地实现出版物为读者需求服务。

（二）众包出版

1. 基本业务模式

"众包"（crowd sourcing）一词由杰夫·豪（Jeff Howe）于2006年在美国《连线》杂志中提出，描述了一种以网络在线和分散生产的方式聚合大众力量解决问题的模式。2010年开始，作为新兴的互联网出版模式，众包出版在出版界日益普及。与以募资为目的众筹出版不同，众包出版着力于将网络中的社会化生产力量聚集到出版的编辑、制作和宣传推广等各环节。不同于以雇佣关系为本质、强调专业性、非核心竞争力部分的以组织间为主要合作形式的外包模式，由于以共创价值的理念为核心，众包出版模式聚合了来自整个互联网的、身份各异的用户们跨专业参与出版项目的内容生产、创意与合作[5]。通过挖掘隐藏在网民中的巨大潜力，众包出版在协作中生产出更多更好的创意内容和价值。

在知识经济时代，面对由互联网和信息技术发展所带来的社会化生产中大规模且快速的内容生产需求时，以自由自愿的形式将生产任务分发给非特定的、通常数量较多的网络大众的众包出版模式，利用聚合社会各界的生产力量完成内容生产任务，缓解了出版社有限人力与海量内容和创意生产缺口间的矛盾。

2. 众包出版的运作流程

（1）业务模式

现有的众包出版模式主要包括两种形式，一是作品内容的众包生产，二是以众包形式进行作品选题和宣传推广。

①内容生产的众包出版运作流程

作品内容的众包生产模式是基于互联网技术支撑由出版社面向遍布网络、世界各处的公众进行参与者招募，再通过测试等筛选方式选择合适该作品的社会内容生产者，出版社将内容生产任务发包给这些参与者，并以现金报酬或其他奖励的方式作为内容生产的回馈。以赵大伟主编的国内第一部系统阐述互联网思维的著作《互联网思维"独孤九剑"》为例，该书稿撰写和修订皆是在赵大伟主持下由六十多位"众包"作者和编辑合作完成，最终由机械工业出版社完成编校、出版和发行工作。

此外，2011年10月24日，由中信出版社出版的《史蒂夫·乔布斯传》中文版的众包翻译模式也成为众包出版模式成功运用的典例。2011年4月，中信出版社和美国出版商签订了相关协议，获得了这本书的中文版权后将翻译任务委托给东西网和译言网，以众包的方式完成了《史蒂夫·乔布斯传》的翻译任务。此次众包出版首先在全球范围内进行翻译人员网络招募，并在一周之内召集到超过400名翻译志愿者。之后由东西网和译言网对应征志愿者进行了翻译经验、语言风格、对苹果产品了解程度和工作时间等方面进行审核筛选，筛选出的20名志愿者通过对翻译能力的三轮测试，最后选定4名志愿者作为《史蒂夫·乔布斯传》中文版的译者。4名"众包"译者采取分工合作的方式，在一个月的时间内完成了50万字共41章的翻译工作。最后，由中信出版社组织的审校专家队伍和东西网、译言网的编辑进行审校编辑工作，如期完成《史蒂夫·乔布斯传》中文版一书，此书在10月上市之初便突破了百万册销量[6]。

在内容众包生产的新型模式下，作为出版流程主体的出版社由原本的内容生产者转变为了"项目主持者"和"监督者"的角色通过开发公众的社会生产能力实现生产效率、技术开发和创新能力的提高。

②选题与宣传的众包出版运作流程

在作品选题和宣传推广方面的众包出版模式的运作流程是将网络公众聚合到出版的制作、宣传推广等各环节，通过具有强影响力的社交媒体达人为出版物进行更有效和广泛地传播。

首先，在决定选题是否立项上，由出版方提供平台将作者的作品向网络公众进行发布，以网络公众投票的方式决定该作品是否予以出版，并通过网络评价对作品的走向和内容进行修改。如亚马逊的众包出版平台"Kindle Scout"项目，其将收到的英语书稿发布于平台上并收集读者评论，若书稿获分高则Kindle Press可予以出版并于作者签订5年且可续签的合约并预付1500美元的实体书版税。此外，该书后续还可能开发电子书、有声书形式并译成多种语言出版，为作者带来更多版税[7]。

其次，在宣传推广环节，出版社通过向读者分发宣传任务并在完成任务量后以积分、实物或服务的方式进行回馈，使出版社进一步融入社交媒体，扩大影响范围。如美国Entangled Publishing出版社，其给粉丝读者们分发通过社交媒体宣传出版物的任务，任务完成后赠予该读者积分以兑换图书[8]。在社交网络时代，口碑营销与影响力大V的传播力也为出版社探寻了一条新型的宣传、推广路径。

作为两大业务主体，出版社负责内容生产、编辑出版任务，社会公众则承担起出版物的选题决策和宣传推广责任，由读者选出并参与推广的作品在面市之前便拥有了更好的市场接受度和影响力。

（三）淘众式出版

1. 基本业务模式

"淘众式出版"即基于资源互补性和特殊能力贡献的考虑，以社会化内容生产方式运作的知识型网络社区,凭借其海量内容资源优势与拥有专业出版、编辑技能优势的传统出版社以"UGC+PGC+OGC"为生产模式,对 UGC+PGC 模式下生产出的碎片化网络内容资源进行筛选、提炼,通过组织、编辑和审校等出版过程将其中的高质量内容资源制作成出版物形式的新型互联网出版模式。由知乎网与中信出版社合作出版的《创业时,我们在知乎聊什么》,知乎网、雪球网与浙江出版集团数字传媒有限公司(以下简称"浙版数媒")合作编制的电子杂志《知乎周刊》和《雪球专刊》,皆采取了这种专业出版机构与知识型网络社区跨媒体合作的"淘众式"出版模式。

由于社会化媒体的广泛普及,大量用户加入了传播者队伍,内容生产开启了"社会协同化生产"模式。知乎等知识型网络社区基于社会化协作的"UGC+PGC"内容生产机制形成了传统出版模式所无法企及的海量内容资源优势。但即便在数字媒体时代,对于一本出版物来说"内容"仍是其根本,因此出版社专业出版能力的价值仍不容小觑,如杜子健所说,在这个网络传播时代,每一个公司都应该去聘请一个杂志总编来做他们的网络部总管。因此,在知识型网络社区整合用户优质内容试水出版业的过程中,传统编辑人员凭借其多年工作积累下的在选题、组稿、编辑和审稿等专业出版过程中的能力优势争得新的生存机遇。淘众式出版模式中知识型网络社区作为内容提供方存在,而出版社则作为出版方负责对网络内容资源进行筛选、编辑并制作成出版物发行。在弥补知识型社区网站从海量的信息中筛选高质内容、确保可信性以及编排、制作和发行等方面的技能短板上为传统出版社寻到无可替代的用武之地。

淘众式出版模式降低了用户在网络资源中对所需信息的查找成本,为克服海量内容资源与用户有限的网络社区使用时长间的矛盾提供了解决方案。此外,一方面实现了知识型网络社区知识资源的价值再开发和内容再利用,另一方面,为以"内容"为本质的传统出版社提供了高质量且适应网络时代下读者阅读习惯的内容资源,也为传统出版探索转型提供了新的思考路径。

2. 淘众式出版的运作流程

国内现有的淘众式出版模式有两种基本合作形式,第一种,是由知识型网络社区根据话题热度确定选题并提供丰富的内容资源,出版社作为出版方承担内容的编辑出版任务,并提供书号最终形成合法的实体图书上市发行。例如 2014 年 1 月,由知乎网联合中信出版社出版的《创业时,我们在知乎聊什么》一书,此书作为业内先行的淘众式出版实验,由聚集了中国互联网上科技、商业、文化等领域里精英人群的国内最高质量的知识型问答社区知乎,作为内容提供方,以 500 万知乎用户的支持率为筛选标准,集结了知乎网站三年内创造的 400 多篇创业类精华问答内容,并邀请知名创业者补充。由中信出版社作为出版方进行实体图书的编辑出版与发行工作。作为内容生产者的知乎用户则收到以 300 元/千字的计算方案支付的现金或赠送《创业时,我们在知乎聊什么?》典藏版作为稿酬。此书上市之初便在亚马逊平台多次断货,受到大量知乎用户及创业者的追捧,借助知乎社区的内容资源、品牌影响力等母巢优势和中信出版社的专业出版能力,此书成了淘众式出版的一次成功尝试。

淘众式出版的另一种运作模式是由知识型网络社区对社区内产生的内容资源进行筛选、编辑后,利用出版社提供的电子书编辑出版平台制作为电子杂志形式交付各大数字阅读平台提供给读者。

以知乎网与浙江出版集团数字传媒有限公司(以下简称"浙版数媒")合作制作的《知乎周刊》为例,作为探索知识型网络社区产品衍生的起步,由定位于高质量讨论社区的问答形式社交网站"知乎社区"主办的《知乎周刊》,基于知乎社区用户协同创作的丰富内容资源,由知乎工作人员和志愿者团队合作从知乎社区每日产生的大量 UGC 资源中精选高质量的回答内容,通过组织、编辑、审校等过程，利用浙版数媒的电子书编辑出版平台"本唐"，将电子内容自动生成电子书文本，以电子杂志的形式交给亚马逊、多看阅读等 7 家数字阅读平台运营商免费提供给读者[9]。在知乎社区的全力运营下，《知乎周刊》通过丰富的高质量内容资源支撑和各家阅读网站 App 的技术支撑获得了众多好评和关注。根据 2015 年 3 月亚马逊网站发布的 kindle 电子杂志新阅销售排行榜的最新数据显示，在 kindle 排行榜的前二十位中有十六位为《知乎周刊》，而在 2014 年公布的亚马逊 kindle 全年免费书排行榜中，前 10 名里《知乎周刊》占据了五成席位。此外根据豆瓣网和多看阅读截至 2015 年 3 月公布的数据，《知乎周刊》位于豆瓣阅读免费杂志销售排行榜的第二位和多看阅读免费电子书阅读榜中的第 21 位。依托知识领域内用户数量、忠诚度和活跃度都颇高的网络论坛"知乎网"为母巢，《知乎周刊》已成为基于社会化生产的内容资源制作的电子期刊的典型代表之一。

在这种淘众式出版模式中，出版社主要担任技术提供商和出版服务商的角色，除了提供电子出版物的制作技术平台外，还担负部分出版物终审、互联网出版拍照提供及协助发行的职责。而内容提供和绝大部分的编辑加工任务则转由网络社区负责，阅读网站则担负起发行方的角色。这种由出版机构提供出版物制作平台的合作方式，为网络社区更便捷有效地对社会化生产机制下创造出的内容资源进行整合和价值再利用，提供了有力的技术支持。但在这种合作模式下产生的《知乎周刊》、《雪球专刊》和出版社的合作仅停留在制作为电子杂志形式的技术平台上，而未进一步获得合法刊号，且在内容编辑上受限于社区工作人员和志愿者的专业限制，仅是对用户回答内容的简单整理而在编辑能力上略显不足。因此，这种产品尚不能称之为一本合格、合法的出版物，这一点也对未来的合法发行和盈利造成了阻碍。而在第一种淘众式出版模式中如《创业时，我们在知乎聊什么？》一样与出版社合作取得合法书刊号、由出版机构提供编辑出版能力的方式便存在一定的参考价值。

通过跨平台、媒体间的相互协作和融通，众筹出版、众包出版和淘众式出版所表现出的在注意力经济下将网络技术与出版物生产、营销进行融合的创新精神，成为媒介融合背景下互联网出版业生产模式和消费模式转型的新态势。三种模式虽都是基于网络连通性所带来的社会化力量，但其在生产方式和出版业运营主体的角色上各有异同。

众筹出版与众包出版皆是一种有组织，有明确目的性的运作模式，网络平台为某一特定项目召集和管理网络用户的投资、传播和内容生产行为。而与二者不同，淘众式出版模式的内容生产过程相对更加自由。在淘众式出版中，如知乎、维基等网络社区在用户们的内容创造过程中并未为其规定好特定的内容主题，而是依托网络的自由组织性，在自由讨论中产生的大量话题并围绕其自发地进行内容生产。而网络社区、出版商在其中主要承担在海量信息中筛选、编辑和制作出版物的职责，而非创作目标的设定者。在最终目标上，众筹出版主要以筹集资金为目标，内容生产者仍为发起项目的单一或几位专职作家担任。而众包出版一方面与淘众式出版模式一样，其目的都在于通过网络平台聚集来自各地的分散生产力量，形成了更快速和海量的内容生产优势。另一方面，众包出版还采取将选题决策和推广宣传的任务分包给公众，通过开发大众的社会生产能力不仅实现生产效率、技术开发和创新能力的提高，也使得出版物选题更加适应消费者需求。

三种互联网出版形式虽在筹集目标和组织行为上采用了不同路径，但其最终都需通过与传统出版社合作，借助其出版发行能力形成合法出版物。依托互联网的社会组织潜力和传统出版业的出版发行能力的跨界融合，实现新型的互联网出版形式。

三、互联网出版的新特征

（一）组织边界扩展性

三种新型互联网出版模式皆基于提供开放式的平台参与理念，在这种新型出版模式下，互联网出版再不局限于传统出版模式中面对的大多是出版组织与作家个人或宣传、发行等机构间的合作关系，出版社的组织边界只是延伸到有限的其他组织中去的状况，而是打通了出版商、作者、读者之间的边界，为三者建立更有效的联系渠道。在新型互联网出版模式中，公众之于出版组织，从原先单纯的出版物消费者，摇身一变成了生产者、投资者与消费者的多重身份叠加。以资源互补的合作方式将整个出版流程中的组织外沿向外扩张至出版社、网络社区和数字阅读平台运营商。

（二）内容生产者的背景多样性

与传统的组织职业作家、行业专家生产内容不同，新型互联网出版模式在合作的基础上依靠来自各行各业的草根志愿者进行内容生产。新型互联网出版模式依托的网络社区平台，由于网络媒体平台和信息技术的迅速发展，近年来吸引到各类职业、各种领域中极具创造力的精英网络用户群的参与，这种模式中利用群体智慧的多样化优势打破了专业和职业的门槛，充分尊重"业余爱好者"的专业能力。不仅使得出版社得以更加迅速、低成本的完成内容生产、宣传任务，也为拥有一定专业背景的志愿者提供了实现自身价值，获得心理满足及凭借自身能力取得报酬的机会。

（三）社群粉丝参与性

不论是众筹出版、众包出版还是淘众式出版，这种基于社会化组织力量的新型互联网出版，其成功运作的重要条件是其出版项目的发起者或网络平台具有强大的号召力和凝聚力，能吸引到足够多的网络用户投身其中积极参与内容生产和投资等活动。

根据中国传媒大学协同创新中心新媒体研究院徐琦和杨丽萍所提供的 2014 年我国众筹出版行业数据显示，知名人士凭借其社会影响力与筹资号召力，在众筹出版项目的成功率和筹资总额方面都明显高于普通个人发起者[10]。此外，由于淘众式出版中内容资源的提供方主要是大型的知识型网络社区，其拥有的大规模用户流量、美誉度和品牌忠诚度的母巢优势为淘众出版物提供了稳定的内容来源和销售市场。

（四）消费者需求紧贴性

与传统出版模式不同，在新型互联网出版模式下，原本由编辑承担的出版内容筛选、选题立项的"把关人"角色由网络公众即出版物潜在消费者直接担任，消费者因此拥有了在出版物生产源头上的主导权。相较于以往通过由出版社组织的传统读者调查、反馈机制而言，这种互联网出版模式由网络公众自发投票、交流，甚至资金支持的方式表达出消费者对该选题的需求和兴趣。消费者的行为将直接决定一个选题或内容资源是否被出版以及作品内容和走向的修改，这种更及时、切合的实现出版物紧贴读者需求的出版模式，可以有效提高受众的参与感和认同感，最终获得消费者的支持。

四、新型互联网出版模式的问题

（一）相关规制不健全，导致各方利益难以得到有效保护

作为新型的出版转型模式探索，众筹出版、众包出版及淘众式出版的相关法律和行业规制尚不健全且完善的监督制度也未形成。

以众筹出版为例，首先，在对投资方的保护上，未有对项目发起人关于信息告知义务和审核的成文规制，因此对于项目投资公众而言无法保证项目信息的真实，因此具有一定的投资风险。而对项目进展、效果以及资金使用情况也缺乏一定的评价、监督和公示规定。其次，对项目发起者的权益保护上，项目发起者在网络上公布其创意提案后，在开发网络环境中由于知识产权的相关保护体制缺乏，因此当其创意被剽窃或模仿后而难以得到有效保护和损失的追偿。

此外，由于内容生产是基于虚拟网络环境中，因此在缺乏监管的状态下众包出版和淘众式出版的发起方在利益分配上存在偷漏的可能性。

因此，政府部门和新闻出版专业部门加快相关立法成为亟须解决的问题。在此方面可借鉴国外已有法律对相关行业的规范，例如2012年美国颁布的对众筹模式相关运营机制、法律责任等进行规定的《创业企业融资法案》，以加强法律对新型出版行业的管理，完善信用体系和保证相关法律保障，从而促进新兴创业型企业的发展。

（二）互联网出版平台建设未完善，导致网站用户流量不足，因而限制新型出版模式的实施与推广

本文所提及的三种新型出版模式，尽管在组织主体、目的上各有不同，但其共同特点皆在于"众"，即对用户量的要求非常高。而国内网络众筹、众包和淘众出版整体处于起步阶段，大多数运作平台的流量建设、市场定位和功能设置尚不完善。以 Alexa 排名为例，截至 2015 年 5 月，国内最大的综合类回报型众筹平台众筹网其全球网站中排名为 155792，三月内日均 IP 为 6000，日均 PV 为 18000。国内知识型网络社区代表知乎的全球网站中排名为 228。三月内日均 IP 为 12330000，日均 PV 为 73980000。国内目前众包翻译最成功的译言网其全球网站中排名为 24027，三月内日均 IP 为 207000，日均 PV 为 414000。而全球网站中排名为 15 的社交网站新浪微博，其三月内日均 IP 达 140850000 日均 PV 为 704250000。因此，从数据上来看，三种新型出版模式所依附的网络平台其用户量尚不能称为足够"众"，也不足以与传统出版社的读者群相较，而用户规模有限的平台问题将直接影响到新型出版模式的实施与推广。

此外，由于平台管理和引导机制不完善，国内目前的成功立项的众筹出版项目多为知名人士或大型出版机构发起，甚至包括部分已完成选题立项准备进入出版流程的作品，这些发起者本身并非缺少资金，而是将众筹模式作为一种新鲜的宣传和预售渠道，偏离了众筹出版的最初理念而逐渐被转变成另一种形式的电商平台[11]。因此推进众筹平台、众包网站及网络社区的建设，从完善平台服务功能、提高社交黏性、增加用户参与感、积极引导理念等方面进行用户引流，或可为新型出版模式的发展奠定平台基础。

（三）内容提供者背景多样化，导致出版物内容质量难保证

在众筹、众包和淘众式出版模式下，由于其内容提供者的低门槛性和背景多样化特征，一方面为出版机构拓宽了作者源，为一些未获得出版机构选题支持，或无法单独完成整部作品创作的网络公众提供了参与内容创作的机会。但另一方面也使得作品内容质量难以保证。例如在众筹出版模式中，项目发起者仅靠简短的项目信息介绍筹集资金后便可以联络出版机构进入书籍传播流程，而未经正规出版机构的选题和作者审核流程，其真实写作能力难以理解，选题的价值性虽符合了受众需求，但对于整体新闻传播业界的宏观方向掌控造成一定的困扰。而众包和淘众出版的作者与出版社经过长期合作检验后的作者和专业人员不同，其低成本和低门槛也为作品的内容质量埋下隐患。其次，由于众包和淘众出版的创作人员数目较多，也使得作品的整体风格、内容一致性上变得难以掌控。

因此，完善新型出版模式在项目立项和内容创作过程中的前期审核、各方沟通以及成果审核机制尤为重要。此外，针对用户采取分类化管理和引导。

（四）各主体采用单纯能力分包方式，知识联盟尚处于雏形阶段

知识联盟是一种企业间建立的知识创新联合体，在知识联盟中，联盟成员不仅可以通过知识资源的互补创造出单个企业无法产生的内容数量，还可以获得单纯市场交易等方式无法获取的经验、能力等隐性知识资源[12]。

在新型互联网出版模式下出版社、网络社区和数字阅读平台运营商以资源互补的合作方式，利用各自的显、隐性能力优势形成一条知识资源共享、转移、再利用的产业链，并具备跨媒体融合建立知识联盟的雏形特征。但目前的新型互联网出版模式尚停留在以网络平台为主体，各主体间进行单纯能力分包的形式。

因此，立足于知识联盟视域进一步探索合作方式，通过优化联盟成员间的学习机制和信任关系、开发信息系统提高企业间信息互动效率、设置知识转移的激励机制，来实现知识资源或技术能力在联盟主体间的有效流动[13-15]。通过资源置换和知识的分享与学习，从联盟成员的知识网络中获取显性和隐性知识能力以最终实现知识资源持续创造，增强自身的核心竞争力，促进互联网出版业深化改革。

未来新型出版模式的发展方向，一方面要着力于自身平台和产业规制的发展，另一方面则要着力于促进传统出版模式与新型出版模式的融合，深度了解读者需求，勇于创新生产机制，实现出版行业在互联网时代的成功转型。

参考文献

[1]中华人民共和国新闻出版总署,中华人民共和国信息产业部.互联网出版管理暂行规定[Z].中华人民共和国国务院公报,2003（8）:44.

[2]沈阳,周琳达.中国众筹新闻的萌芽之路[J].编辑之友,2014（3）:65-68.

[3][4]徐艳,众筹出版:从国际实践到国内实验[J].科技与出版,2014（5）:10-13.

[5][6]代梦颖.Web2.0时代众包翻译模式在图书出版中的应用分析[D].郑州:郑州大学,2014.

[7][8] 江岳. 众包：书企出版新模式［N］. 中国出版传媒商报，2014-10-21.

[9] 张兴刚. 中文问答社区信息传播机制研究［D］. 上海：华东师范大学，2010.

[10] 徐琦，杨丽萍. 大数据解读国内众筹出版的现状与问题［J］. 科技与出版，2014（11）：14-20.

[11] 沈利娜. 一场试探图书市场反应的出版营销秀—2013国内众筹出版的现状与问题［J］. 科技与出版，2014（5）：8-10.

[12] Patricia M. Protecting Knowledge in Strategic Alliances Resource and Relational Characteristics. Journal of High Technology Management Research［J］. 2002，13（2）：177-202.

[13] Gay D.Holt；Peter E.D.Love；Heng Li.The learning organisation：toward a paradigm for mutually beneficial strategic construction alliances［J］. International Journal of Project Management. 2000，18（6）：415-421.

[14] 袁红诗、赵昆. 知识联盟中信息技术接受行为模型研究［J］. 竞争情报，2010，55（2）：68-71.

[15] 卢新元，周茜，高沛然，等. 基于激励机制与知识联盟的IT外包中知识转移风险规避模型［J］. 情报科学，2013，31（5）：113-117.

（作者单位：上海理工大学）

互联网时代教育出版新模式的思考与实践

林金安　吴雪梅　赵晓媛　李光跃

摘要： 互联网正在改变着知识的传播方式和学习方式，大规模在线开放课程等新型在线课程的迅速兴起，对高校的教育教学产生了重大影响，也对教育出版提出了更高的要求。文章从在线课程建设与高校教学需求变化、教育出版面临的新要求等方面，分析了传统纸质教材的不足，提出了基于在线课程的教育出版新模式。

关键词： 教育出版　新模式　在线课程

一、引言

近年来，随着智能手机和移动互联网的普及，以及大数据、云计算的出现和运用，互联网正在改变知识的传播方式和学习方式。大规模在线开放课程等新型在线课程的迅速兴起，加快了信息技术和教育教学的深度融合，促进了教学内容、方法和模式的深刻变革，对高校的教育教学产生了重大影响。

早在2003年教育部就启动了"国家精品课程建设"，到"十一五"末累计建设国家级精品课程3909门，带动建设省级和校级精品课程超过10000门。"十二五"期间教育部又启动了"国家精品开放课程建设与共享"项目，建成了一大批国家级精品视频公开课、资源共享课和中国大学慕课。2015年4月《教育部关于加强高等学校在线开放课程建设应用与管理的意见》发布，进一步推动了在线课程建设和高校教育教学改革。

教育出版的发展与学校的教育教学改革密切相关。当前，中国的高等教育已到了一个重大的变革期，教育技术的飞速发展倒逼高校必须变革教学方式方法，向学生主体、教师主导的方向转变。高校的教育教学改革和人才培养模式的转变对教育出版提出了更高的要求。

面对在线课程的发展和高校教育教学需求的巨大变化，传统的纸质教材已不能适应当前高校教学的需要，教育出版面临着巨大的发展压力。各个出版社都在研究对策，纷纷研发数字化教材。高等教育出版社（以下简称高教社）历来重视研究技术发展与教育教学改革对教育出版的影响和机遇。高教社从2009年开始就在思考如何将在线课程建设的成果与教育出版有机结合，研发出能够适应高校新需求的产品。经过几年的探索和实践，高教社初步形成了新形态教材、数字课程出版与定制应用和数字教程三种教育出版新模式，我们希望得到专家、出版同行的积极反馈，共同推进互联网时代的教育出版更好发展。

二、对教育出版新模式的思考

（一）高等教育改革发展呈现的新特点

当前，我国经济社会发展进入新常态，高等教育承担着全面提高质量，培养创新人才的新使命。

《国家中长期教育改革和发展规划纲要（2010—2020年）》提出，要通过"倡导启发式、探究式、讨论式、参与式教学，帮助学生学会学习"，"营造独立思考、自由探索、勇于创新的良好环境"[1]，创新人才培养模式。

要"加快教育信息化进程……强化信息技术应用。提高教师应用信息技术水平，更新教学观念，改进教学方法，提高教学效果。鼓励学生利用信息手段主动学习、自主学习，增强运用信息技术分析解决问题能力"。[1]

课程教学在人才培养过程中发挥着十分重要的作用，因此高校历来重视课程建设，并通过信息技术、教育技术等手段不断加强和提高课程建设的质量。在"国家精品课程建设""国家精品开放课程建设"的推动和引导下，特别是近年来以慕课为代表的国内外在线开放课程快速兴起的背景下，广大高校和教师建成了一大批优质课程和相关课程教学资源，为高校的教学模式、教学方法改革提供了重要支撑，"翻转课堂""混合式教学"等教学模式将成为高校教学的新常态。高校教育教学改革正在教学理念持续变革中，突破传统教学模式束缚，朝着教学资源开放化、学生学习个性化、教学方式混合化、学习过程社会化的方向转变。

（二）教育出版面临的新要求

在高校创新人才培养和信息技术促进教学模式改革的背景下，高校的教学需求正在发生日益明显的变化。传统纸质教材因其传播单向，呈现形式单调，教学内容更新慢，印刷和储运成本高，难以满足个性化需求等弊端，已很难适应当前高校教师和学生的需要。如何研发适合学生个性化学习和教师创新教学方法的新型教材和服务产品成为现实的课题。

《教育部关于"十二五"普通高等教育本科教材建设的若干意见》提出："鼓励编写、出版不同载体和不同形式的教材"，"不断丰富教材类型，继续开发数字化教材"。[2]2010年新闻出版总署《关于加快我国数字出版产业发展的若干意见》指出，"数字出版是指利用数字技术进行内容编辑加工，并通过网络传播数字内容产品的一种新型出版方式"，发展数字出版对于"转变出版业发展方式具有重要意义"，"鼓励传统出版单位开展网络出版业务"。[3]2015年国家新闻出版广电总局和财政部联合发布《关于推动传统出版和新兴出版融合发展的指导意见》，进一步提出"坚持以先进技术为支撑、内容建设为根本，充分运用新技术，创新出版方式、提高出版效能"[4]。国家主管部门制定的指导意见为教育出版的发展指明了方向。

（三）教育出版转型升级的新基点

高教社有着较长的数字化产品研发历史，在承担科技部"96-750项目""新世纪网络课程""国家精品课程建设"和"国家精品开放课程建设"的过程中，编辑和技术人员有机会及时了解和掌握高校的实际教学需要，数字出版的研发能力得到了提高。这些实践的基础和当前高校的需求，促使我们深入思考传统的教材出版如何与在线课程结合，将高校鲜活的教学实践通过互联网与教育出版有机融合，给高校提供新的产品和服务的同时，实现教育出版的转型升级。

我们在广泛的调研中发现，虽然高校已经建设了一大批优质的在线课程和相关课程教学资源，但是在实际教学应用中还没有很好地得到应用。其原因是多方面的，有教学观念、教师工作量等问题，也有数字知识产权的共享机制、网络平台等问题。如果通过合理的机制解决资源有效利用的问题，就意味着我们找到了教育出版发展新的市场。而云存储、移动互联、大数据等技术的发展，网络出版在学术出版领域的成功应用等，使我们找到了解决问题的新路径，就是以在线课程为基础，重新构建教育出版的模式，即新形态教材、数字课程出版与定制应用和数字教程三种新模式。新的出版模式实现了有效的数字知识产权保护，形成了共建共享、持续发展的机制，促进了优质在线课程资源在高校教学中的应用。

三、教育出版新模式的实践

基于以上对高等教育和教育出版的分析与思考，高教社通过整合传统教育出版与数字化技术，形成了具有高教社特色的新形态教材、数字课程出版与定制应用和数字教程出版模式。

（一）新形态教材

新形态教材是纸质教材与数字课程（基础版）有机融合的新型教材，它具有以下特点：（1）纸质教材内容与数字资源同步规划和创作，并通过精心设计的版式和网络支持，实现纸质教材与数字课程（基础版）内容的一体化；（2）纸质教材内容更加精练，比现有的教材要薄，价格相对低廉；（3）数字课程（基础版）中具有丰富的数字教学资源，与纸质教材内容紧密配合，既是对纸质教材的补充和拓展，又提供了更为方便快捷的内容更新途径；（4）丰富的数字教学资源为自主学习和个性化学习创设了空间，能够满足不同学校、专业、学习者个性化的教学要求。

新形态教材可以针对不同学科的课程特点和教学需求，在内容的设计上有着不同侧重。例如，对于高等数学、物理等抽象性、理论性较强的课程教材，数字课程（基础版）通过大量演示程序、动画、微课等动态、直观的数字资源，以形象化的手段取代繁琐的文字描述，弥补了传统教材在表现形式上的不足，同时有效控制纸质教材篇幅，使得教材内容主线清晰，降低印制成本，将产品定价控制在合适的水平。生命科学类的数字课程（基础版）则可根据其直观性和实践性强的特点，侧重彩色图像图片、实验实习操作视频等内容，以更好地适应教学的需要。另外，数字课程（基础版）中的扩展专题等辅学类内容拓宽了学生视野，帮助学习者更好地了解课程要点、学科前沿，以及理论学习、科研实践、社会生活间的关系，掌握课程学习方法。索引、参考文献、附表等配有二维码访问途径，方便使用者通过移动设备即时获取和查询。因此，新形态教材一经推出，就以其丰富的内容、精致的版式和合适的价格得到广大师生的普遍认可，进一步增强了高教社教材的市场竞争力。高教社已经出版近500种新形态教材，取得了良好的效益。

（二）数字课程出版与定制应用

数字课程出版是将传统教材出版向课程出版拓展形成的全新出版模式，它能够将教学内容、教学活动和教学环境有机结合，突破了传统教材出版在内容和呈现形式上的限制。数字课程与传统教材相比，其优点是具有丰富的内容呈现方式、可以开展实际的教学活动、能够支撑形成性评价。高教社通过平台（包括软件平台、硬件平台和宣传推广平台）、服务（包括丰富的出版资源、专职技术人员与专业编辑队伍）和出版（包括出版物的版权保护、销售推广渠道）给高校和教师提供支持，帮助教师摆脱烦琐信息技术的束缚，使他们能够专注于课程和教学的设计与实施，从而提高课程建设水平和教学质量。

出版的数字课程可以首先应用于本校的教学。教师借助数字课程的支撑，可以进行翻转课堂、混合式、讨论式、PBL 教学等多种教学模式的实施，推动教学改革，提升教学效果。数字课程中设置了教学视频、演示文档、重点难点详解、动画、习题、参考文献等丰富的自主学习资源，对学习数字资源的数量、质量，甚至学习流程进行详细设计和具体要求。教学应用方式多种多样，可以由教师根据自己的教学需要而定，如可以将数字课程的自主学习与课堂教学有机结合进行混合式教学，也可将部分章节的理论学习全部在数字课程完成，课堂上进行交流讨论，实施翻转课堂教学，甚至还可完全作为参考资料，供不同专业、不同知识背景的学习者根据自身需求自主学习使用。

如果说数字课程出版主要适用于优秀在线课程的话，那么数字课程定制应用主要适用于一些建设水平和教学能力尚有待提升的高校课程，教师可以借助已经出版的数字课程，通过购买全部或部分内容，再加入自身的特色内容和教学设计，就能以较短的时间和较低的成本，快速形成适应于本校教学的数字课程，提升自身教学水平和教学质量。数字课程出版这一创新的出版模式使得优质在线课程建设成果也能够像传统教材一样，得到数字知识产权的保护，形成在线课程可持续建设的良好机制，从而真正实现优质在线课程资源的共建共享。目前，我们已经出版了一批优秀的数字课程，在教学应用中取得了良好的效果。

（三）数字教程

数字教程是将移动学习和富媒体技术应用于教育出版领域的成功探索，也是一种数字教材出版模式。其特点有：（1）能够容纳丰富的教学内容。数字教程突破了传统教材的篇幅、印制成本等诸多因素限制，纳入了比纸质教材更为丰富全面的内容和多媒体资源。（2）针对不同的知识点和教学需求，具有更为丰富的媒体表现形式。能够支持视频、音频、动画、图片、文本及演示文稿等多种媒体的混合形式，为教学内容的呈现提供了更为丰富的途径和手段。如实验操作、临床实践等知识点，音视频等富媒体的表现形式使得对具体操作的介绍更为直观准确，也更容易为学习者掌握。（3）笔记、搜索、链接跳转、自测、交互显示等教学交互手段更有助于提升学习效率和教学效果。如在生物学野外实习类数字教程中，除传统的以分类系统检索外，还可进行快速检索和模糊查询，大大提升了使用效率。此外，在相近种间进行快速跳转和比较，也有助于提升学习效果。（4）便携终端设备和离线应用模式突破了学习场所、网络条件等硬件限制，适应移动学习的新需求。以上特点使得产品在内容和功能上更为贴近移动学习的需求，在实际应用中得到了师生的广泛认可和好评。

四、结语

在实践中我们深刻体会到教育出版的转型升级势在必行，创新发展是必由之路。从"精品课程""精品开放课程"到"在线开放课程"，国家一直主导、推动着信息技术在教育教学中的应用。高校教育教学需求的变化是出版模式创新的动力，而网络技术的进步使这种创新得以实现。出版模式的创新带动了产品与服务的创新。以数字课程的出版与定制应用为代表的教育出版模式的创新，不仅丰富了出版的内涵，将网络出版的理念与技术引入了教育出版，而且使为学校提供全面课程定制服务成为可能，这种服务既包含了以富媒体呈现的教材、教辅、拓展阅读等课程内容服务，也包含了作业、测试、讨论、答题等教学活动的服务，同时还包含了过程性评价、试题、试卷的统计分析等教育管理与评估的服务。这种出版模式的创新也使老师独到的教学设计像文字、图片、视频、音频等教学内容一样成为出版物的重要组成部分。所有这些都可便捷、规范地与同行教师分享，有利于学生自主学习,而网络出版更新的快捷性又大大优于传统教材出版,使学科进展等新内容可及时反映到正式出版的课程中。这使教育出版在反映教学成果的及时性、学科内容的先进性等方面得到了提升。

高教社正与广大教师一起,通过出版模式创新,积极探索互联网时代教育出版的新路,将不断推出更好更多的适合数字时代教学需求的新形态教材、数字课程和数字教程,助力高校教育教学改革。

参考文献

[1] 张大良.以提高质量为核心,加强国家精品开放课程建设[J].中国高教研究,2013(1):6-11.

[2] 李朋义.内容与技术的融合是教育出版发展的趋势[J].出版发行研究,2013(9):35-37.

[3] 陈骏.创新人才培养模式全面提升教学质量[J].中国大学教学,2015(1):4-6,19.

[4] 张泽,唐瑶.编辑角色转变,助力教育出版转型升级[J].中国编辑,2015(4):9-14.

(作者单位:高等教育出版社)

人工智能与数字出版的创新应用

汤雪梅

摘要： 互联网技术的快速升级和大数据的积累，为人工智能的发展提供了良好机会，使其在商业模式的拓展方面充满了想象力。在传媒领域，人工智能也带来一系列创新应用，给新闻出版的生产、编辑、服务模式带来了全方位的变革，未来，这些变革将会持续发酵，尽快了解这些新技术、顺应新技术的发展趋势，在思维与模式上创新应用，是传媒界赢取未来的保障。

关键词： 人工智能　跨界融合　数字出版

在过去一年中，世界上最优秀的互联网公司、IT公司在一个领域达成了惊人的一致，这就是——人工智能。谷歌、百度、微软、IBM、雅虎、脸谱、英特尔以及小米、华为等大小公司都在投入重资研发人工智能，并争相宣布公司人工智能是公司未来发展的重要方向。谷歌大脑、百度深度学习、微软Adam、IBM的Watson等产品，在综合智商上，已达到几岁孩子的智力水平。GoogleX的虚拟大脑在没有预先输入的情况下，独立地从Youtube上的1000万帧图片中学习到了"猫"的概念。

人工智能为新闻出版界带来了哪些变化，我们又将怎样利用人工智能的创新技术进行数字化转型升级，本文加以探讨。

一、智能写作创新新闻出版的生产模式

2010年，华尔街聘请了一个"机器人"来撰写财经新闻，4年之后的今天，"机器人"写新闻，在美国已经成为常态，被广泛用来撰写报刊、电视及网络新闻。2014年年初洛杉矶4.7级地震的第一个报道者就是一位机器人记者——Quakebot。2015年1月，苹果公司第一份财报新闻，也是由机器人创作完成的。

这些能写新闻的"机器人"便是人工智能的产物，这个所谓的"机器人"实际上是一个写作软件，由于拥有超强"自我学习能力"，经过一段时间训练后，能将枯燥的新闻线索、数据转化为有故事情节的叙述文。写作软件是计算机学会大数据分析后，在创作领域的典型应用。

"机器人"Quakebot是《洛杉矶时报》自己内部研发的一个程序。福布斯网站早在两年前就已经启用Narrative Science的程序自动生成财经新闻。雅虎网站上的体育报道有相当一部分由Automated Insights自动生成。美联社从2014年7月开始尝试对120家公司的财报进行自动化报道，每个季度能写出3000篇财务分析文章，并且它对美联社的写作风格了如指掌。

机器人写新闻，确实比传统新闻记者有更多的优势：一是快速发现新闻线索。《洛杉矶时报》的机器人Quakebot，能实时监控美国地质调查局（USGS）的信息，一旦出现警报（表示发生了一定级别以上的地震），就自动提取相关数据，并置入一个预先写好的模板，自动生成一篇文稿，

并进入《洛杉矶时报》的内容管理系统，等待编辑的审查和发布。在此之前，他们还有另外一个类似的机器人程序，负责自动报告洛杉矶发生的凶杀案。二是快速完成撰写。美联社的《苹果打破华尔街第一季度预期》在苹果公司公布财报数据后几分钟即向全世界发表，在以时效性为生命的新闻业竞争中，占得先机。三是撰写的准确性。财经新闻经常需要一些数据对比，既单调枯燥，又要求准确和速度，机器人对于数据的准确调用能力显然超过人类。四是超强的自我学习能力与自我纠错能力。机器人能够模仿不同主体的写作风格，显示不同机构主体间不同的"文风"，同一篇报道，它们既可以写出《华尔街日报》式的冷静内敛，也能表现更活泼的博客风格，或者随时添加点儿笑话或毒舌评论。美联社最初应用机器人写作的时候，所有机器生产的文章都要经过人工审核，并把错误记录下来反馈给"机器人"以改进算法，经过一段时间的"学习"，系统达到自适应，所有机器生成的文章都不再经过人工干预。目前，其自动写作系统记录下的错误已经比记者所写文章中的错误少了。

在最新一期华尔街预测未来会消失的十大行业中，新闻记者赫然排在首位。Narrative Science的联合创始人克里斯蒂安·哈蒙德（Kristian Hammond）两年前在《连线》杂志的采访中宣称，计算机将在未来15年内写作90%的新闻。他还预测，他们的算法将在5年内获得普利策奖。

不要以为这只是新闻记者的梦魇，作为人工智能的终极梦想之一，"一个会写作的机器人"就像"一个会思考的机器人"一样，贯穿于人工智能研究的整个发展历程。早在1948年，世界第一台可运行程序的计算机——曼彻斯特Markl的"处女作"就是一个写情诗的小程序。那时候，计算机还是一个庞然大物，主要功能是做大型的数学运算，但一个名叫克里斯托弗·斯特雷奇的科学家却突发奇想，编了一个罗曼蒂克的小程序，它能根据简单的语法规则，从一个小型的浪漫词汇库（由几百个关于浪漫爱情的动词和名词组成）中选择词汇，创作一些轻松的爱情诗。比如："亲爱的，你是我贪婪的迷恋，你是我可爱的迷恋，你是我珍爱的同情。我渴慕你的爱情，你是我深深的爱恋。"

2008年，俄罗斯的AstrelSPb出版社出版了有史以来第一本机器人写的长篇小说《真爱》，主人公借自《安娜·卡列尼娜》（安娜、沃伦斯基、列文、基蒂），情节来自从17本经典小说中抽取的情节库，行文风格则模仿村上春树。据《彼得堡时报》报道，PC Writer2008先生只花了3天就写完了这本320页的小说（当然，一堆语言学家与程序员研究PC Writer2008先生则花了8个月），并发行1万本。出版社表示，如果这本书卖得好，以后还会继续推出机器人写的小说。

近年来，自然语言生成软件的研究不断创新，这类研究的商业化也越来越多，互联网时代是一个高度数据化的时代，数据太多，人类忙不过来。越来越多的人意识到，如果不能对大量数据和图表进行解释，它们是没有任何意义的，这也是自然语言处理实现商业化的机会。由于大多数人更习惯于用故事，而不是用数字来思考，对机器作者而言，针对大数据集，研究其中模式、趋势和相关性，攫取有价值的见解，并以平实流畅的语言写成文章，是其关注的重点。正如哈蒙德所说："凡是有数字的地方都应该有故事。机器作者的价值在于作为数字与故事之间的中介。"

在中国，类似的写作系统也开始应用于咨询公司的调研报告中，百度公司还曾经开发出一个自动写诗软件，供用户免费应用，输入关键词，页面会弹出"李白疯狂写诗中"的等待界面，几秒钟后，一首合辙押韵的古体诗就会呈现给你。

机器记者与机器作者的出现，为传统新闻出版的从业者敲响了警钟，它让我们思考，作为人类应该如何写作，如果不能有超越机器人的深透见解、更敏锐的观察、更独特的文风，这样的文章还有什么意义呢？

二、大数据创新新闻出版的投送模式

为差异化的个体服务是互联网时代一直在探求的商业模式。传媒亦不例外。这种精准的服务同样在依靠人工智能与大数据分析来完成。

移动新闻客户端的争夺在过去两年进入白热化：新浪、搜狐、网易等传统门户网站，人民日报、光明日报、凤凰电视台等传统媒体，扎客、鲜果等专注于移动互联网的社会化媒体，都对此投入大量金钱，做了大量布局。然而在这场争夺战中，暂时胜出的却是一个没有任何新闻资源背景的小公司推出的产品——"今日头条"。2014年"今日头条"获得了1亿美元融资，北京字节跳动科技有限公司估值也超过了5亿美元。一下子成为传统媒体的"眼中钉"，发起对其"忍无可忍"的侵权之诉。这里，我们暂不评论其侵权行为是否违法，而是取其所长，分析一下其独特的技术因素。一个传统媒体不具备的"关键技术"，就是"今日头条"的个性化信息投送的算法。"今日头条"打出"你关心的，才是头条"的营销口号，针对每个读者不同的阅读习惯，提供不同的头条内容。其核心在于使用机器推荐算法给用户推荐新闻的分析工具。用户在绑定社交账户后，"今日头条"利用社交数据挖掘技术抓取内容，通过语义分析、内容分析等对其进行处理，分析用户的阅读兴趣，从多个维度完善用户兴趣模型，为用户推荐内容，用户不再需要订阅内容源。"今日头条"通过个性化的信息定制，使用户自主选择接收新闻信息。

在美国，脸书引领了新闻消费方式的改变。美国皮尤研究中心的一项研究数据显示，美国有大约30%的成年人在脸书网站上看新闻。脸书网站高管将公司与出版商的关系确定为互惠关系，当出版商在脸书网站上推广其内容时，其用户就有更吸引人的内容阅读，而出版商的网站流量也会上升。脸书的技术人员几乎每周都会调整一次复杂的计算机代码，确定用户首次登录脸书网站时看到的内容。这使美国大多数读者现在不是通过报纸和杂志的印刷版或这些媒体的网站，而是通过使用算法的社交媒体和搜索引擎来了解新闻，这种数学方式可预测用户可能想阅读的内容。脸书网站在改变人们消费新闻的方式方面走在前沿，引领了一种新闻出版内容推送与消费方式的变革。

这一根据用户阅读兴趣以推送不同内容的新闻投放模式正在被更多的互联网应用。谷歌推出iGoogle注册应用，可以根据读者的需求及喜欢提供个性化搜索。

近年来，传统媒体在数字化、网络化转型中投入不少资金与人力，但在新闻的投送模式上，依然是宣讲式，是宏大叙事与千篇一律的。如何利用好新技术，根据不同读者的需要提供差异化的信息服务，是传统媒体下一步数字化转型升级需要纳入设计蓝图的重要一环。

三、舆情监测创新新闻出版的盈利模式

传统新闻出版业是一种基于内容版权建立起的商业模式，其盈利形式不外乎两种：一是出售优质的内容；二是基于内容，对读者注意力进行二次售卖，换取广告。在新技术、新终端频出的现阶段，有没有其他的商业模式以支撑传统媒体的数字转型呢？答案是肯定的。

社会守望是新闻界与生俱来的使命，在以往，这种使命多通过新闻报道来实现。然而在各个新闻单位的各种报料平台上，最终能够登上新闻媒体的报料源不过是千分之一、万分之一。在过去，这些原始的新闻来源很快就会被遗忘，但在今天，它有了新功能，这就是舆情监测。南方舆情在这

方面提供了一个很好的解决方案。

舆情是社会和时势的晴雨表，是公众关于各种现象、事件和问题表达的情感、态度和意见的总和。收集和分析舆情信息，既可以反映公众期盼，也可以反映社会思潮、社会热点，更可为政府准确掌控形势、科学研判和决策提供参考。南方报业集团发现旗下的报料热线电话、微博、微信平台，每天提供的新闻线索有上万条，这里面经常蕴涵重大舆情线索。于是，他们利用大数据分析工具，开发出一套舆情预警系统，为政企提供服务。在广州亚运会期间，南方舆情成功预警了广州出租车罢工事件，获得省总工会的高度赞扬。目前，南方舆情与广东省13个地级市政府签订了合作协议，进行政务舆情预警，防范突发事件。集团力图实现从"新闻管家"到"舆情管家"再到"信息服务专家"的角色演变。

在国外，金融新闻机构一直在探索提供证券新闻监测服务的系统。华尔街金融机构相当看好微博所带来的投资机会。华尔街证券交易商正在利用功能强大的计算机来快速浏览新闻报道、社论、公司网站、博客文章甚至是推特信息，大数据分析程序会对这些信息线索进行解读，然后据此进行股票交易的信息提供。彭博社、道琼斯和汤姆森－路透社等新闻机构都已开始帮助华尔街客户自动筛选有助于股票交易的新闻。国际一流的新闻出版服务机构已经开始提供针对推特网等社交网络的新闻监测服务，来帮助华尔街的金融客户自动筛选与交易趋势有关的新闻，以助于投资决策。

随着互联网、移动互联网的普及，微信、微博、论坛、贴吧等社交平台已经成为人们发表意见、表达情感的重要渠道，这些渠道产生的大量情感信息反映了人们对热点事件、话题的褒贬态度，如何利用这些线索提供深度服务，来赢取价值，是传统媒体未来可探索的数字化信息服务模式之一。

四、跨界融合创新新闻出版服务领域

从2014年开始，"融合发展"成为新闻出版数字化的一个热词，但大家对融合发展的理解，往往仅限于传统媒体与新兴媒体间的融合，而对于媒体与行业间基于智能化、网络化的跨界融合则较少认知。

笔者认为，融合发展应包括3个方向：第一，媒介间的融合。报纸、图书、广播、电视、互联网，这些以往分别存在的载体形态，在网络环境下得以整合，呈现多功能一体化的趋势。第二，传统行业与互联网间的融合，"互联网+N"的模式。目前，我们生活中几乎所有传统行业的应用服务都与互联网发生融合，广告、新闻、通信、物流、医疗、教育、旅游、餐饮等传统行业向互联网迁移，

重新设计平台与应用，带来产业与服务的全方位数字化升级。比如目前移动应用中的两大热点方向：数字教育和数字医疗，正是"互联网+N"的应用实践。第三，媒体与产品之间的融合。媒体不再单纯局限于书报刊、广播、电视。互联网时代，任何产品都可以有自己的粉丝，建立围绕产品的自媒体。小米手机为我们提供了一个很好的范例，拥有2700万粉丝的小米手机网络交流平台，同样具有媒体的信息传播功能。

在互联网时代，媒体的概念正在脱开原有范畴，产品媒体化正在成为趋势。我们讲融合思维，不应仅仅限于传统媒体与新兴互联网媒体间的融合，还应思考符合传统行业与互联网、线上线下、内容与产品之间多角度、多视野的融合发展。

传统商品连接上网络，成为信息的接收器与传送器，而作为连接与操控中介的App，则成为连接人与设备的新"媒介"，内容产业应在这些新"媒介"中寻找到新机会与定位。海尔智能冰箱电

脑与青岛出版社的合作为我们提供了参考思路。海尔集团推出了数字冰箱、物联网冰箱，将菜谱搬到冰箱上，做成视频，还可以通过手机更新，知道冰箱里有什么菜、什么材质，推荐用户应该做什么食谱。

信息数字化时代，传统行业划分的区隔将被部分地打破，新的信息传播方式、新的信息载体与新的阅读方式也将出现，突破既有的媒体形态与内容供给，适应新变化，适时调整，是数字出版模式创新路径之一。数字出版商不断利用新技术，融入新理念，推进服务创新，开拓了数字出版模式的新思路。

2013年9月，工信部发布《信息化和工业化深度融合专项行动计划（2013—2018年）》。两化融合，将进一步激发服务模式、商业模式以及生产消费模式的创新发展，形成巨大的新兴市场，刺激新的服务需求，带动信息消费快速扩张。融合是信息社会的发展方向，也是媒介转型的重要机遇。

参考文献

［1］陈赛.算法时代的写作艺术［J］.三联生活周刊，2014（31）.

［2］［美］"今日头条"CEO张一鸣：我是爱冒险的技术宅［EB/OL］.襄阳华维网络，http：//www.xici.net/，2013-03-17.

［3］王思羽.脸书引领新闻消费方式改变［N］.参考消息，2014-10-29.

［4］格雷汉姆·包利.新闻分析帮助华尔街交易商捕捉市场情绪［N］.纽约时报，2010-12-27.

（作者单位：北京印刷学院）

施普林格数字出版之路
——SpringerLink,技术与内容结合的一种范式

于 成 张大伟

摘要: 本文认为 SpringerLink 平台在施普林格的数字化转型中占有非常重要的地位。施普林格在信息技术革命带来的挑战下,正确选择了 XML 及其相关技术作为网络平台的技术基础,生成了成熟的 STM 数字出版模式。SpringerLink 的不断发展和完善,为创造新的盈利模式提供了载体,为建立新的网络平台积累了经验。围绕 SpringerLink 展开的数字出版实践表明,以 XML 及其相关技术为手段建立数字出版平台、提供内容服务,实现了内容与技术的完美结合,是 STM 出版实现数字化转型的有效路径。

关键词: SpringerLink XML STM 数字出版

施普林格科学与商业媒体集团(Springer Science+Business Media)[1]是全球第一大科技图书出版公司,世界第二大科技期刊出版公司。2012年,施普林格出版图书8000余种,英语学术期刊2200余种,年营业额达到9.81亿欧元。[2] SpringerLink 一方面为数字化的内容提供了载体,使施普林格在数据库的建设上走在前列;另一方面为创新出版模式提供了平台,在线优先出版(Online First Publishing)、开放获取(Open Access)和专业化定制出版等成熟的数字出版模式得以实现。

数字出版如何实现内容与技术的完美结合?实践证明,SpringerLink 的成功为这一问题提供了一个具有操作性的答案。本文将从内容与技术的相互结合的角度出发,具体分析施普林格如何在传统出版和数字出版之间架起一道桥梁,如何围绕 SpringerLink 生成数字出版的成熟形态。从而为还在数字化转型起步阶段的传统出版提供借鉴。

一、正确应对挑战:选择合适的技术

面对以计算机和网络为代表的新技术的挑战,建立网络平台成为传统出版向数字出版转型的必然选择。在 STM 出版领域,施普林格是最先向数字出版转型的企业之一。早在互联网刚刚开始应用普及的1996年,由施普林格开发的全球第一个电子期刊全文数据库 SpringerLink 即正式推出。

施普林格长期以来积累的优势满足了网络平台实现盈利的两个关键条件:一是具备大规模的优势内容;二是具有大量的刚性需求客户。

内容方面,施普林格的内容优势主要体现在以下三点:

（一）规模大领域广

施普林格从事STM出版历史长，出版物种类多，有大规模可供数字化的内容。以STM图书为例，电子书回溯数据库（Springer Book Archive，简称SBA）囊括了1842年以来Springer出版的12万种科学、技术和医学（STM）类电子图书，包含了21世纪科研人员需要的关键基础知识。[3]施普林格在保持优势学科良好品牌形象的同时，还不断通过并购和合作扩展学科领域，壮大自身STM出版实力。

（二）高质量

施普林格STM出版物不仅数量多，而且影响大，形成了品牌效应。著名的期刊如《内科医生》，1994年发行量达到27500册。[4]在施普林格出版史上，多位诺贝尔奖得主在施普林格发表过论文。爱因斯坦的著名论文《狭义与广义相对论浅说》即发表于施普林格旗下出版社Vieweg。

（三）国际化

二战后，英语掌握了科技出版的话语权，以德语为主要语言的德国STM出版业面临着严峻考验。施普林格在战后的几十年间，将60余种世界知名的德语期刊转变为英语出版，同时创办了大量英文期刊。[5]据1991年出版物数据显示，施普林格出版的英文出版物占60%以上，65%以上的书刊外销到全世界。[6]

全球范围内的STM出版物的客户都希望站在科学研究的最前沿，对高质量的STM出版物有着刚性需求。相对于大众出版商，拥有独特资源的STM出版商不需要将精力过多地耗费在说服客户购买自己的产品上，只需基于用户体验灵活地开发出更多商业模式。施普林格的纸质版STM出版物本来就具有广泛的国际影响力。在纸质产品很难做到全球覆盖的情况下，网络平台可以使客户更及时、更容易地发现产品。通过提供数字化产品、数字化服务，更多的用户会接触并使用到施普林格STM出版服务。

尽管有着内容和需求优势，但对于并非技术型企业的施普林格来说，由于技术以及与技术相关的人才的先天劣势，过早地选择技术、进入数字出版实际上非常冒险。十几年的数字出版实践表明：数字出版新技术发展很快，较早进入数字出版的企业往往让最初选择的技术拖住了后腿，无法跟上新技术发展的步伐；数字出版转型的成功与否不在于起步时间的早晚，而在于是否能选择有生命力的、合适的技术。早在1998年，施普林格就开始应用基于XML技术的工作流程加工图书和期刊，覆盖稿件接收及编辑加工等各个环节。[7]例如，外包商对文章数据的处理和排版都基于XML格式。外包商将Word文档转换成XML文档，并在XML文档上进行标识工作，排版工作也是对XML文档进行自动化的排版。[8]

从目前的实践上看，施普林格选择XML及其相关技术作为其网络平台的技术基础，无疑是正确的。施普林格全球收入中已有三分之二来自电子出版物。[9]那么，施普林格为什么能够既早又准确地选择了合适的技术？笔者认为，施普林格选择XML技术绝非偶然，而是经过深思熟虑后做出的决定。

XML的第一个草案发布于1996年，SpringerLink正是在这一年正式推出。1998年2月10日，万维网联盟发布了XML的修订版推荐标准。也正是在这一年，SpringerLink利用XML技术实现了在线优先出版。可见，施普林格当时就认识到XML技术在数字出版转型中的重要性，因此紧跟XML技术构建网络平台。XML技术也确实没有辜负施普林格的期望，2003出版的《哥伦比亚数字出版导论》认为：XML本身，以及相关的用于定义、设计、链接、转换和标注等的标准，为数字出版奠定了技术基础。[10]那么，XML技术何以获得出版商的青睐，逐渐成为数字出版的技术基础？

XML（Extensible Markup Language 可扩展标记语言）是一种简单、灵活的标记语言。XML 文档可以很容易地转换为其他格式的文档，如 HTML 网页、PDF 文件、Adobe InDesign 文件、Word 内容资源、Txt 内容资源、E-PUB 电子书、FLASH 流媒体文件等等。XML 技术还支持在网络、手机、电子书和数字电视等各种渠道上的应用。"当 XML 于 1998 年 2 月被引入软件工业界时，它给整个行业带来了一场风暴。有史以来第一次，这个世界拥有了一种用来结构化内容资源和数据的通用且适应性强的格式，它不仅仅可以用于 Web，而且可以被用于任何地方。"[11] 总之，XML 及其相关技术使信息组织方式产生变革：传统出版"一次创建一次使用"的一次性出版流程，转变为"一次创建多次使用"的永久性传播方式，全媒体出版得以实现。因此，我们可以认为，施普林格之所以选择 XML 及其相关技术，是因为它不仅能使出版更有效率、成本更低，而且能够保证公司在相当长的时期内不为基础性的技术问题大伤脑筋，从而使公司得以集中精力利用技术创新运营模式，做好全媒体内容服务。

二、创新运营模式，完善内容服务

（一）XML 技术保证数字优先战略的实施

施普林格提出的数字优先战略，即保证出版内容优先以数一形式出版，同时提供按需印刷，让用户自由选择所需内容的形式。利用 XML 技术，SpringerLink 生成了以下几个成熟的数字出版模式。

1. 数字优先战略的最早实践——在线优先出版

1998 年，SpringerLink 采用了革新的出版方式：在线优先出版模式。在线优先出版平台采用了基于 XML 技术的工作流程，校对出版工作均在线完成，保障了科研成果的及时展示。外包排版商的参与也在很大程度上减轻了编辑的工作负担，为进一步保障文章的学术质量提供了便利条件。在线优先出版使用户在印刷版本出版发行前，在网络上预先获得某些图书和期刊的电子版。这样极大地缩短了科学研究成果从发现到发表过程中所需要的时间，使科研人员能在第一时间了解研究领域的最新成绩，从而加速科研进展，提高科研水平。

2. 开放获取的商业实践——开放选择

开放获取是指向作者或资助者收取费用来收回成本，向读者免费开放文章阅读权限的出版模式。2004 年 7 月，施普林格创建并实施了开放选择项目，该项目提供作者在施普林格大部分知名订阅型期刊中发表开放获取的选项。以开放选择形式发表的文章可供世界各地的读者免费阅读。[12]

3. 按章出版

由于生产内容时以 XML 为技术基础，SpringerLink 上的数字出版物在推向市场时可以灵活安排内容，实现以章为单位的出版模式。在此模式下，用户可以获得更精确、更专业的内容，用户的个性化需求得以更好地满足。

（二）完善内容服务

施普林格在利用数字出版技术创造新的出版模式和盈利模式的同时，依然重视挖掘内容的价值，并继续推行国际化战略，在全球范围内寻找合作伙伴，拓宽用户群。

1. 完善内容：建设海量内容的载体

1996 年 SpringerLink 建立后，施普林格就开始着手将所有新出版的期刊内容数字化；2004 年，施普林格决定将所有发表过的期刊进行数字化转换。现在，施普林格的所有期刊，甚至包括从19世纪中期开始出版的任意一期期刊和文章，都可在SpringerLink搜索到。2006年，施普林格开始建设电子书回溯数据库（SBA），现已提前完成。SpringerLink平台上的海量内容使施普林格从长尾市场中得到收益，大量的"冷门"内容有了增值的机会。除了利用公司历史上的出版资源，施普林格积极寻求新的内容资源。2004年底，施普林格与克鲁维尔学术出版社合并使用施普林格（Springer）品牌。2005年，克鲁维尔学术出版社在线240万的回溯文献合并到施普林格在线平台SpringerLink上。通过诸如此类的资源整合，SpringerLink内容更为丰富。此外，通过Cross Ref，施普林格的内容可以和其他出版商和图书馆的内容实现互联，不同平台间的跨库沟通大大提高了检索资源的范围。

2. 完善平台功能

为了增强内容的可获取性，施普林格研究用户使用平台的每个步骤，以此作为改进平台的依据。自创立以来，SpringerLink平台经过多次升级。以2010推出的新平台为例，新版SpringerLink在原平台基础上加入了根据读者调查选出的新功能，例如，语义链接和强大的简化检索页面。除了对平台自身进行改进外，施普林格积极与搜索引擎公司合作，采用拉动式网络营销策略[13]，以增强内容的可获取性。2006年10月，SpringerLink与Google合作，此举使SpringerLink下载量有大幅增长。[14]

3. 国际合作出版策略

作为一家全球性的出版企业，施普林格推行国际合作的出版策略。合作模式一般是：合作伙伴在该国国内进行内容的组织、编辑、加工和出版；施普林格提供项目评估、技术支持、编辑培训等服务，协同合作伙伴按照国际标准组织和生产高质量的学术出版物。最终产品由合作伙伴负责该国国内的发行，由施普林格负责全球范围的发行，并以数字形式在SpringerLink上供全球用户使用。[15]这一策略不仅增加了平台的内容来源，而且提高了SpringerLink在合作国的知名度。

三、SpringerLink孕育的新平台

围绕SpringerLink平台展开的一系列商业运作，让施普林格在STM数字出版领域走在前列。由此可以看出领先的网络平台对于STM出版商的重要性。SpringerLink从起步到成熟，不是单纯的技术创新，而是技术创新与内容完善交互进行的过程。这一过程为施普林格打造新的网络平台积累了宝贵经验。近几年，施普林格不仅仿照SpringerLink推出了一系列与STM出版有关的网络平台，而且将开放获取出版作为重点经营的对象，建立了独立的开放获取网站。

（一）SpringerLink的衍生性平台举隅

SpringerImages （http://www.springerimages.com/）	图像百科数据库
SpringerMaterials （http://www.springermaterials.com/docs/index.html）	科学、工程领域物质数值数据库
SpringerProtocols （http://www.springerprotocols.com/）	实验室指南
SpringerReference （http://www.springerreference.com/）	科学领域知识库

（二）开放获取平台

近几年，开放获取式期刊市场迅速成长。[16]施普林格 CEO 德克·汉克表示："开放获取是施普林格一直大力倡导和推动的出版业务。开放获取是因特网革命之后创新商业模式和技术进步两方面的例证。施普林格看到科学家有这种需求，成为最早一批支持开放获取的出版社之一。施普林格也是商业出版社中第一家支持开放获取并允许在订阅期刊中出版开放获取文章的出版商。2008 年收购 BMC 使施普林格成为全球最大的开放获取出版商。目前全球有 10% 的论文是以开放获取形式出版的，施普林格在这个新市场上约占 30% 的市场份额，在传统订阅模式的 STM 出版市场施普林格占约 10% 份额。相比之下，施普林格在开放获取出版领域的优势更明显。未来施普林格还将继续大力支持开放获取出版。"[17]截至 2013 年，除了 SpringerLink 内嵌的开放选择项目外，施普林格还为作者提供 SpringerOpen、BioMed Central 等开放获取平台。

结　语

如果说传统出版只有内容变量，那么数字出版除了内容变量，还有技术变量。因此，传统出版模式向数字出版模式转型的过程中。技术选择及利用是关键。施普林格正确的技术选择证明，数字出版转型的成功与否不在于起步时间的早晚，而在于是否能选择合适的技术。以 XML 及其相关技术为基础展开的网络平台建设，使新功能得以开发和使用，新的商业模式得以确立。

施普林格尽管一直非常重视信息技术，但并没有忘记自己作为内容供应商的角色。德克·汉克认为："我们应当把技术作为可以使用的工具，来帮助出版社成为科技内容供货商和数据库出版商。施普林格要利用 IT 技术来保证服务的灵活性并增强客户体验，在这一点上离不开技术。但是施普林格不希望成为一家软件公司，虽然施普林格有许多的工作流程工具，但这是为服务读者和作者的，并与内容相辅相成的，所以施普林格会提供这些软件和工具，但它们本身不能成为产品或商业模式，而是帮助我们提供服务。"[18]

如果没有海量的内容和对内容的大量需求，SpringerLink 平台会面临无米下锅的局面。作为 STM 数字出版实践的试验田，SpringerLink 成功之处在于以技术为手段实现了提供内容服务的目的，从而将内容与新技术完美地结合到了一起。

在数字化浪潮中，只强调内容与技术这两个变量中的一个，无法形成数字出版的基本架构；只有把握好内容与技术相互结合、相互渗透的关系，才可能成功地向数字出版过渡。

SpringerLink 通过更新生产流程，实现了一次创建多次使用，提高了内容生产速度，降低了生产成本；通过完善内容服务，大大提高了用户获取内容资源的效率和精确度。SpringerLink 的经验表明，以 XML 及其相关技术为手段建立数字出版平台、提供内容服务，是 STM 出版实现数字化转型的有效路径。

参考文献

[1] 2003 年 10 月，贝塔斯曼施普林格（Bertelsmann Springer）更名为施普林格科学与商业媒体集团（Springer Saence+ Business Media）。施普林格大事年表（Chronology）参见：http://www.springer.com/about+springer/company+information/history/?SGWID=0-175807-0-0-0

［2］http：//www.springer.com/about+springer/company+information/key+facts?SGWID=0-175806-0-0-0

［3］［9］［17］［18］渠竞帆.施普林格多措践行数字出版［N］.中国出版传媒商报，2013-9.

［4］戴利华，主编.国外科技期刊发展环境［M］.社会科学文献出版社，2007（153）.

［5］王英雪，陈月婷.德国科技期刊运行机制和发展环［J］.图书情报工作，2006（3）.

［6］陆本瑞，主编.世界出版概观［M］.中国书籍出版社，1991（162）.

［7］邢明旭.创新让世界更美好——访施普林格科学与商业媒体集团行政总裁德克·汉克［J］.出版人，2013（10）.

［8］彭玲.改进学术期刊出版流程，加快我国期刊数字化进程［J］.数字图书馆论坛，2009（8）.

［10］卡斯多夫（Kasdorf,W.E）主编.哥伦比亚数字出版导论［M］.苏州大学出版社，2007（57）.

［11］Jeffrey Zeldman.Designing With Web Standards Second Edition 转引自 http：//www.w3school.com.cn/x.asp

［12］选择在施普林格开放获取发表.http：//www.springer.com/open+access?S GWID=8-169302-0-0-0

［13］［15］代杨，俞欣.Springer：从传统出版向数字出版跨越的策略分析［J］.出版发行研究，2008（10）.

［14］Peter Hendriks.STM Publishing in a Changing World，2007.9.www.siia.net/giis/2007/ppt/hendricks.pdf

［16］http：//conference.ub.uni-bielefeld.de/programme presentations/Weinheimer_BC2012.pdf

（作者单位：复旦大学）

坚持专业化 拓展多元化

——人民卫生出版社有限公司数字出版转型的实践探索

陈贤义

在互联网时代和社交网络时代，传统企业的边界正在被持续打破，科技与传统产业的融合正在创造新的更大的商业价值。这是互联网企业和传统企业共同面临的挑战和发展机遇。出版转型是当前业内的重要任务和发展机遇。面对新形势下文化和健康产业的发展，作为国内出版界综合实力较强的中央级医学专业出版社的人民卫生出版社（以下简称人卫社），围绕国家健康战略，顺应出版转型趋势，依托主业的雄厚实力，应势加强出版转型工作，秉承"健康中国，数字人卫"的发展理念，以"围绕专业，服务终身"的长期发展目标为导向，充分发挥资源品牌优势，创新体制机制，20年来坚持不懈地推进实施数字化发展战略，在有自身特色的出版转型、全面推动出版产业转型升级方面一路前行，为我国文化发展繁荣、医药科技进步、卫生人才培养、人民群众健康做出了积极贡献。

一、优化战略规划顶层设计稳步推进整体数字化

数字出版很难一蹴而就，试错纠错、不断发展是应当遵循的客观规律。改革未动，战略先行。人卫社一贯重视做好数字出版的长远规划，以良好的顶层设计作为发展业务的战略指引。

2013年，人卫社制定了《人民卫生出版社有限公司数字出版战略规划（2013—2020年）》，强化顶层设计，为推动出版业务向整体数字化转型的目标奠定了良好基础。战略规划的核心内容可概括为"1、2、4、8、11"，即：1个引领，以"健康中国，数字人卫"为引领；两大目标，紧紧围绕"国内领先，国际有影响"两大战略目标；4大发展战略，实施"全领域战略、整体转型战略、公司化战略和持续创新战略"；8大工程，即落实"中国医学数字出版和国际化信息平台"工程、"中国医学教育数字出版平"工程、"中国健康科普数字出版平台"工程、"人卫医学百科数据"工程、"人卫医学电子书城"工程、"人卫内容生产与管理平台"工程、"人卫数字印刷基地"工程和"人卫云"工程8个重点数字出版工程建设；11大领域，即推动"医学学术、医学教育、医学考试、健康科普、电子书与App出版、报刊出版、数字印刷、国际化、创新拓展、技术和营销"领域的业务布局。通过战略规划的务实执行，各项工程建设得以稳健有序推进，不仅全面推动了人卫社出版业务各领域的数字化，而且加速了由传统出版向数字出版转型升级的进程。人卫社数字出版的发展历程，大致可以分为3个阶段。

1995—2007年，为电子音像出版阶段。人卫社承担了全部"卫生部医学视听教材和CAI课件"的出版工作，出版了1000多种视听教材和数百种CAI课件，全部列入国家音像和电子出版物出版规划，先后荣获"国家音像制品奖""中国出版政府奖"等多项国家级出版奖项，获得了丰厚的社

会效益和经济效益，并为数字出版业务的开展积累了丰富的内容资源。

2008—2013年，为数字出版起步阶段。人卫社启动了E-learning（数字化学习）、数据库、网络增值服务、数字教材、电子书、App、健康网站等众多数字出版项目，研发了一批有影响力的数字产品和服务，培养了一支富有经验的数字出版队伍，数字出版营业收入持续快速增长。"中国医学数字出版和国际化信息平台建设"项目入选2011年新闻出版总署新闻出版改革发展项目库入库项目，并获2012年财政部文化产业发展专项资金2000万元资助；"中国医学教育数字出版平台"项目入选2013年新闻出版广电总局新闻出版改革发展项目库入库项目，并获2013年财政部文化产业发展专项资金1200万元资助。"西医图书数据库"获得第五届中国数字出版博览会2012—2013年度数字出版"最佳作品"奖。

从2013年9月起，人卫社的数字出版进入了一个新的历史阶段，即数字出版转型升级阶段。人卫社制订了《人民卫生出版社数字出版战略规划》，确立了2020年前人卫社数字出版的战略目标、战略措施、重大工程和领域布局，加强顶层设计，全面推动数字出版的发展进程。

在原有"人民卫生电子音像出版社"副牌的基础上，人卫社成立了自主经营的全资子公司——人民卫生电子音像出版社有限公司，全面开展数字出版和电子音像出版业务。通过创新机制体制，促进数字出版业务全面适应市场化发展要求。

为推动核心业务的数字化，人卫社启动了"国家级医学数字教材·全国高等学校五年制本科临床医学专业国家卫生计生委'十二五'规划数字教材"的编写工作，成为人卫社进入数字出版转型升级阶段的重要标志。该项目的启动引领人卫社的数字出版进入深水区，开始触及占人卫社整体营收60%以上的教材出版领域，将对国家医药卫生人才培养模式和医学教育模式产生重要影响，是中国医学教育发展史上一个重要的"里程碑"。

为统一品牌、统一平台、统一服务，人卫社将所有数字出版产品和服务整合联通，自主开发了数字出版网站——人卫医学网。在第三届中国出版政府奖评选中，"人卫医学网"荣获网络出版物类提名奖。

二、探索特色数字经营模式提升数字出版驾驭能力

真正意义上的传统出版向数字出版的转型，首要任务就是把传统业务的核心价值有效地迁移到数字化经营模式中，包括优质内容、核心作者、市场资源、品牌资源、人才资源等。在开拓数字出版业务中，人卫社着力发掘这些核心价值的作用，努力构建新的运营模式和价值链条。

（一）探索管用有效盈利模式

盈利模式一直是数字出版领域的热门话题。在近几年的实践中，人卫社研究学习国内外各种成熟模式和产品，结合国内市场和自身的实际，在尝试探索中不断完善升级，探索出一些可行的经营模式，并取得了初步的市场回报。

专业知识数据库、内容与平台结合的教学系统、在线培训教育、网络增值服务、自有电子书城等是人卫社已经成功运营并进入良性循环的数字出版模式。以此为基础，人卫社正在探索数字教材、在线参考书、在线专业百科、嵌入式数据库、数字传媒、慕课等多种经营模式，这些模式在逐步完善成熟中正日益成为新的数字化服务增长点。

（二）研发适销对路的数字产品

人卫社的数字出版涉及专业、教育、大众三大领域。在专业数字出版领域，主要开展了数据库、在线服务、电子书形式的数字出版；在教育数字出版领域，主要开展了 E-learning、教学资源库、网络增值服务、数字教材、慕课形式的数字出版；在大众数字出版领域，主要围绕健康科普开展健康网站、在线百科数据库和电子书的数字出版方面。

从 2008 年起，人卫社开始涉足 E-learning 形式的医学考试培训服务。作为国家医学考试中心唯一官方合作出版机构，全面整合资源，搭建了"护士资格考试培训""执业医师资格考试培训"及"医学职称考试培训服务"平台。几年来，平台和服务不断发展完善，大幅提高考试辅导效果，使考试通过率超越平均水平 30%—40%，深受考生和医学院校认可。至今，平台累计用户 140 多万人，年付费用户 5 万多人。人卫社的"医学教学素材库"于 2010 年推出。该产品整合了人卫社多年积累的、丰富的医学教学资源，构建了资源海量、内容权威、功能实用的数字化教学服务，是一款集优质内容服务与便捷管理服务为一体的数字化产品。至今，该产品已有 100 多家医学院校在使用。该产品的成功运营，标志着人卫社的电子音像业务率先完成了数字化转型。

2012 年，人卫社依托全部专业出版资源，推出了"西医图书数据库""临床病例数据库""医学诊疗指南数据库""临床药物数据库""医学视频数据库""医学图表数据库"等系列数据库。数据库包括各类专著 3000 多种、诊疗指南 200 多种、临床病例 5 万多例、专业视频近 1 万段、医学图表 70 多万幅，并且保持持续更新，实现了学术专著的同步出版。数据库系列产品已在多家医院和医学院校使用。同年，人卫社开发了自主运营的电子书架，首先针对海外用户销售中医英文版图书，用户增长迅速，分布于全球 30 多个国家和地区。同时，开发了数种 App 电子书产品，取得良好效果。

2013 年，人卫社推出"在线参考书"出版平台，将大型图书改造为在线服务。平台支持多种媒体内容拓展、实时更新、书网互动。目前，平台已经上线，相关图书陆续推出。在全面推进图书配套光盘的基础上，从 2013 年起，开发了"图书网络增值服务平台"，从"书盘互动"迈向"书网互动"。增值服务将读者与图书、数字资源一对一绑定，解决了图书内容的局限，掌握了读者的信息，拓展了服务的内涵，促进了图书的销售。同年，人卫社从最核心的教材——"国家级医学数字教材·全国高等学校五年制本科临床医学专业国家卫生计生委'十二五'规划数字教材"开始，启动了数字教材的开发建设，在不久的将来，将对我国医学教育和医学出版产生深远的影响。

在"人卫医学网"上，人卫社开设了"健康频道"，围绕常见疾病和热点健康话题向大众介绍健康科普知识。该频道已经成为国家卫生计生委官方微博"健康中国"的重要内容支撑，为其提供健康科普内容信息。同时依托人卫社专著资源和数据库平台，通过自有数据挖掘技术，建设了"人卫医学百科数据库"，为公众免费提供医学科普知识。

（三）持续优化人才队伍结构

任何事业的发展都离不开人才队伍的建设。数字出版转型包括了经营模式、产品服务、营销渠道等多方面，但归根到底在于人的转型，在于如何打造一支复合型的现代出版人才队伍。数字出版所需要的人才体系不同于传统出版，不能仅依靠传统出版原生的力量。培养和引进是建立数字出版人才队伍的关键手段。

在长期的业务实践中，人卫社逐步培养了一支由研发、编辑、技术、营销、客服等组成的 50

人的人才队伍，具备了独立自主开展数字出版业务的能力。通过建立机制，引进大量人才，补充自身人才结构的不足，并在业务实践中不断培养，促其积累经验、快速成长。今后，人卫社将加大人才引进力度，持续优化人才结构，保障出版转型工作的顺利开展。

（四）夯实核心技术积累的坚实基础

数字出版来源于技术的推动，其繁荣发展离不开技术的有力支撑。因此，技术是数字出版产品的核心组成，应当成为出版业未来的核心能力。国内外有实力的数字出版企业无不把技术置于重要位置。纵然采购和外包是数字出版产品开发中的常态，但都会有一个边界，即必须做到能够自我掌控，而不是完全依赖于技术公司，技术公司永远只能是业务发展过程中的阶段性合作对象。

在几年的数字出版实践中，人卫社逐步积累了一些自主掌握的核心技术，包括医药学专业词库、中文检索技术、语义分析技术、知识关联技术、内容分类体系、XML资源加工和复用技术、网站开发技术等。这些积累为人卫社大规模开展数字出版业务奠定了坚实的基础。

三、前景展望：深挖数字化增值服务潜力　谋求迭代持续发展

出版业的数字化转型是一个系统工程，涉及传统出版的各个方面。内容生产和管理的数字化是出版源头的改造，是出版转型升级的核心组成。内容生产和管理的数字化以出版流程再造、内容管理、版权管理、内容复用、精细化管理为主要建设内容，是全面整合出版资源、多向发布数字产品的基础工作。每一个出版社都有自身的核心竞争力，开展数字出版可以首先把这种核心能力延伸到数字经营模式中。只有自主地、完整地开展了数字出版，才能提升对数字出版的驾驭能力；只有具备了一定的实力，才能更有效地开展合作。人卫社认为，要打通数字出版产业链，自主发展，强身健体，应该放在优先地位。

60多年的发展历史使人卫社在医药卫生出版领域积累了丰厚的资源。面对数字出版的兴起和出版转型的趋势，人卫社将在继续挖掘传统出版潜力的同时，将主业积累的优势延伸到数字出版中，用新的服务手段巩固和扩大用户群体和市场效益，并为数字出版的开展提供强有力的后援支持。具体措施有以下四项。

（一）依托挖掘实现数字化增值

作为专业出版机构，数据库出版是数字出版中成熟的、核心的业务模式，是出版转型拓展中的首选方向，大数据时代的到来，更为数字化增值服务提供无限的可能。要想从数字出版中获得高附加值回报，就必须摆脱电子书库等"纸书搬家"式的原始数字出版模式，充分重视数据挖掘技术和大数据技术，以高用户体验和高用户价值服务于自己的读者。

（二）数字化连通读者用户

传统出版的销售是以产品即图书为基础，通过层层的渠道传递到读者手中出版社并不能做到对读者的全面准确的掌握。数字出版的销售是以服务为核心，读者都在线上，与出版社的平台紧密连接。这一革命性的变化为出版社掌控自己的读者创造了条件。只要知道用户是谁、在哪里、需要什么，并不断改进自己的服务，就能够将出版产品快速准确地点对点送达，才能大幅提升出版效率。

（三）健康中国的数字化拓展理念

"坚持专业化，拓展多元化"是人卫社"十二五"发展战略的重要内容。"坚持专业化"就是要做强做大做精做优医药卫生专业出版，以此为主阵地，人卫社将围绕"健康中国"的宏伟目标，利用数字化手段，积极向大健康产业迈进，发挥专业优势，拓展新兴市场，扩大核心竞争力。

（四）提供终身持续的数字化服务

人卫社的服务对象是医药学专业人员。现代医药学的发展日新月异，就如同数字出版所依托的信息技术。从医学生、实习医生、住院医师到高级医师，医药学专业人员需要持续不断地学习，才能适应自身工作和职业发展的需要。人卫社将以"根植卫生计生，服务健康中国"为引领，努力打造专业数字化服务平台和体系，为医药学专业人员提供终身持续的数字化服务。

（作者单位：人民卫生出版社）

产业细分市场研究

2016年中国游戏产业年度报告

郑 南

一、2016年中国游戏产业整体状况

（一）中国游戏市场规模

1. 中国游戏市场实际销售收入

2016年，中国游戏市场实际销售收入达到1655.7亿元，同比增长17.7%，增长率相对上年有所放缓，但销售收入增量保持稳定。中国游戏产业各个细分市场发展逐渐明朗，客户端游戏与网页游戏市场份额同时出现下降，移动游戏继续保持高速增长，家庭游戏机游戏尚处于布局阶段。

2. 中国游戏收入构成

按细分市场划分，2016年，移动游戏市场占比超过客户端游戏市场达到49.5%，成为份额最大、增速最快的细分市场。

按玩法特征不同，游戏产品可分为电子竞技游戏与非电子竞技游戏。2016年，中国电子竞技游戏市场实际销售收入达504.6亿元，占比30.5%，电子竞技游戏已经成为游戏产业重要的一部分。

（二）中国游戏用户规模

2016年，中国游戏用户规模达到5.66亿人，同比增长5.9%，增长率小幅上升。移动游戏多个细分市场发力，将对应市场的潜在用户转化为游戏用户，而基于游戏产品的泛娱乐，也加速了这一进程。

（三）自主研发网络游戏市场实际销售收入及增长率

2016年，自主研发网络游戏市场实际销售收入达到1182.5亿元，同比增长19.9%。在发展最快的移动游戏领域，自主研发网络游戏占据了重要地位，市场巨头纷纷涉足移动游戏领域，并利用IP尤其是客户端游戏IP，快速切换，实现客户端游戏到移动游戏的价值转化，并间接推动自主研发网络游戏市场销售收入的增长。

（四）中国游戏企业状况

1. 中国游戏企业上市证券市场分布

截至2016年末，中国上市游戏企业158家，其中A股上市游戏企业占81.6%，港股上市游戏企业占10.8%，美股上市游戏企业占7.6%。A股上市游戏企业占比持续增加，与国内资本市场认可游戏资产价值等因素有关。

2. 中国上市游戏企业地区分布

截至 2016 年末，158 家中国上市游戏企业中，北京上市游戏企业占 24.1%，上海上市游戏企业占 10.1%，广东上市游戏企业占 20.2%，其他地区上市游戏企业占 45.6%。"北上广"三地上市游戏企业数量超过一半。

3. 中国新三板挂牌游戏企业业务分布

截至 2016 年末，中国新三板挂牌游戏企业数量为 115 家，主营研发占 17.4%，主营运营占 28.7%，研发与运营均深度涉足的占 47.8%，其他占比 6.1%。除了直接参与游戏运营与研发的企业外，一些专攻游戏产业链上下游的企业也得以挂牌新三板，如游戏媒体、游戏营销推广、游戏支付、游戏教育等。

4. 中国新三板挂牌游戏企业地区分布

截至 2016 年末，115 家新三板挂牌游戏企业中，北京挂牌游戏企业占 32.2%，上海挂牌游戏企业占 21.7%，广东挂牌游戏企业占 14.8%，其他地区挂牌游戏企业占 31.3%。

（五）中国游戏产品状况

1. 中国游戏出版类型分布

2016 年，国家新闻出版广电总局批准出版国产游戏约 3800 款，其中移动游戏约占 92.0%，网页游戏占约 6.0%，客户端游戏约占 2.0%。反映出移动游戏市场依然是最具市场活力的领域。

2. 中国游戏出版地区分布

2016 年，约 3800 款批准出版的国产游戏中，北京出版游戏数量约占 25.0%，上海出版游戏数量约占 31.0%，广东出版游戏数量约占 5.0%，其他地区约占 39.0%。一线城市游戏企业和出版资源集中的优势，促使游戏出版地域"集中"的特点在移动游戏时代继续保持。

3. 进口游戏出版类型分布

2016 年，国家新闻出版广电总局批准出版进口游戏约 260 款，其中家庭游戏机游戏约占 46.0%，移动游戏约占 33.0%，客户端游戏占 19.0%，网页游戏约占 2.0%。

（六）中国游戏产业用户状况分析

1. 中国游戏用户性别结构

2016 年，中国游戏用户性别构成比例呈现"三七"分布的特点，男性用户依然是游戏市场主力。从细分市场上看，客户端游戏男性用户占比高于七成，网页游戏、移动游戏女性用户占比则相对较高，这主要是因为移动游戏与网页游戏的操作相对简单，玩法轻松休闲，画面采用可爱卡通等风格的影响下，吸引了越来越多的女性用户，例如部分用户喜欢的"二次元"概念就催生了多款游戏的火爆。

2. 中国游戏用户付费情况

2016 年，接近 3/4 的用户在游戏内进行了付费。付费额度分布中，500 元以下的用户占比最高，达到 26.0%，其次占比较大的是 500—1499 元这一区间，达 21.4%，消费 1500—2999 元的用户达 9.5%，3000—4999 元的用户达 7.5%，5000 元及以上的用户达 9.1%。

3. 游戏用户获取新游戏资料的渠道

2016 年，微信、QQ 等社交软件成为用户获取游戏资料最重要的渠道，其次为游戏官网、游戏媒体、朋友推荐等。另外，随着游戏直播的兴起，游戏主播推荐也成为影响用户选择游戏的重要因素。综合来看，社交渠道对用户获取游戏信息的影响最大，社交媒体成为一些游戏能够借助崛起的重要途径。

二、中国游戏产业细分市场发展状况

（一）中国客户端游戏状况

1. 中国客户端游戏市场规模

2016年，客户端游戏市场实际销售收入为582.5亿元，同比下降4.8%。虽然客户端网络游戏受电子竞技影响而出现用户回流，用户出现增长。但相比于传统的角色扮演类客户端游戏，竞技类客户端游戏用户付费率与ARPU偏低，对市场收入增长带动有限，无法抵消角色扮演类游戏用户流失造成的收入减少。此外，不少客户端游戏市场主力产品改编成同名移动游戏，造成的用户分流，也拉低了客户端游戏市场实际销售收入。

2. 中国客户端游戏用户规模

2016年，中国客户端游戏用户数量达到1.56亿，同比增长1.4%。用户重新回到正向增长，与电子竞技热有关。由于电子竞技游戏对硬件要求更高，客户端游戏重新获得优势，带动了用户的回流。

（二）中国网页游戏状况

1. 中国网页游戏市场规模

2016年，网页游戏市场实际销售收入为187.1亿元，同比下降14.8%，首次出现负增长。受限于成本投入、运营模式、市场竞争格局等因素，网页游戏经营创新程度不高、同质化比较明显，新品市场效果减弱。

2. 中国网页游戏用户规模

2016年，网页游戏用户数为2.75亿，连续3年出现下降。

（三）中国移动游戏状况

1. 中国移动游戏市场规模

2016年，移动游戏市场实际销售收入为819.2亿元，同比增长59.2%。移动游戏市场竞争激烈，产品格局变动较大，催生精品产生。此外，新类型产品逐渐脱颖而出，也对市场实际销售收入的增长做出了贡献。

2. 中国移动游戏用户规模

2016年，移动游戏用户数达到5.28亿，同比增长15.9%，移动游戏依然是用户增速最快的一个细分市场。移动游戏用户能多年保持快速增长有多方面因素，如游戏类型的不断丰富、移动游戏门槛低、智能手机的普及、网络的优化等。

3. 国内移动游戏承受产能过剩与存量竞争双重压力

近年来资本大潮涌入，带动国内移动游戏的迅速崛起同时也催生大量泡沫。一方面，众多小团队成立，同质化加剧，市场出现产能过剩、供过于求的局面。另一方面，随着新用户增速下降，收入向巨头聚集，产品死亡率提升，市场进入存量竞争阶段，主要表现为以下几点：

第一，产品同质化，吸引用户付费的方法高度相似，导致用户付费越来越难。在全球范围内，中国内地的游戏用户成本虽然并非最高，但投入回报率较低。

第二，产品供过于求，"僧多粥少"，形成渠道控制市场的局面，导致研发商利益缩水。一方面，代理金从足额到不足，从有到无。研发分成从多到少，从7成到不足2成。另一方面，发行商转向自研、控股研发团队，捆绑优质研发公司，开发IP定制化产品，挤压中小研发商生存空间。

第三，新增用户减少，有效用户转化难度加大，营销成本越来越高。由于移动游戏依靠买流量等营销手段维持用户供给的现象越来越普遍，导致用户成本从几元钱迅速攀升至20元以上，游戏公司60%的市场预算用于买流量等营销活动，市场上一款5000万元/月流水的产品，市场营销费用往往就要占据3000万元。

第四，市场集中度高，中小公司盈利日益艰难。在中国移动游戏市场销售收入中，腾讯、网易两家公司移动游戏收入占比接近七成，其他企业没有一家占比超过5%。

4. 月均充值额过千万移动游戏产品（部分）

序号	游戏名称	序号	游戏名称	序号	游戏名称	序号	游戏名称
1	梦幻西游	19	幻城	37	山口山战记	55	炉石传说
2	王者荣耀	20	圣斗士星矢：重生	38	剑侠世界	56	神武2
3	大话西游	21	圣斗士星矢：集结	39	永恒纪元	57	坦克之战
4	问道	22	皇室战争	40	雪鹰领主	58	奇迹暖暖
5	剑侠情缘	23	京门风月	41	部落冲突	59	神魔圣域
6	诛仙	24	御龙在天	42	老九门	60	六扇门
7	火影忍者	25	倚天屠龙记	43	全民突击	61	艾尔战记
8	穿越火线	26	全民奇迹	44	欢乐斗地主	62	天下
9	倩女幽魂	27	列王的纷争	45	射雕英雄传3D	63	作妖计
10	御剑情缘	28	黑衣剑士	46	暗黑黎明2	64	魔王与公主
11	征途	29	黎明之光	47	全民斗战神	65	少年西游记
12	热血传奇	30	天天爱消除	48	迷城物语	66	球球大作战
13	天堂2	31	龙珠激斗	49	蜀山战纪之剑侠传奇	67	青丘狐传说
14	全民飞机大战	32	天天酷跑	50	鬼吹灯3D	68	青云志
15	拳皇98终极之战OL	33	明珠三国2	51	沙巴克传奇	69	中超风云
16	仙剑奇侠传3D回合	34	探墓风云	52	永恒之歌	70	王权之争
17	阴阳师	35	剑与魔法	53	少年三国志		
18	开心消消乐	36	六龙争霸3D	54	九阴		

2016年，在月均充值额超过1000万元人民币的移动游戏中，64%为本年度新上线产品，最高月充值总额超过8亿元人民币。

5. 月均充值额过千万移动游戏产品题材分布（按充值额）

2016年，月均充值额人民币超过1000万元的移动游戏中，玄幻题材游戏市场收入份额较大，占比32.3%，其次为西游、三国题材，这显示国内市场用户依然偏好"中国风"背景的产品。此外，日漫题材产品收入份额稳步提升，这与二次元游戏逐渐兴起相辅相成。

6. 月均充值额过千万移动游戏产品类型分布（按充值额）

2016年，从游戏类型来看，角色扮演类游戏占据最大市场份额，占比达到66.8%。一系列角色扮演类客户端游戏改编的移动游戏，成为市场收入主力，使市场获得强劲增长动力；其次，卡牌类游戏依然是移动游戏重要类型，占比13.5%，占据第二位。此外，也有新的游戏类型出现，如体育类《中超风云》、休闲类《球球大作战》、卡牌类《部落冲突：皇室战争》。

三、中国游戏产业链分析

（一）政策法规

1. 颁布《"互联网+"行动指导意见》促进游戏发展

6月24日，国务院总理李克强主持召开国务院常务会议，会议通过《"互联网+"行动指导意见》，部署推进"互联网+"行动，促进形成经济发展新动能。一是清理阻碍"互联网+"发展的不合理制度政策，放宽融合性产品和服务市场准入，促进创业创新，让产业融合发展拥有广阔空间。二是实施支撑保障"互联网+"的新硬件工程，加强新一代信息基础设施建设，加快核心芯片、高端服务器等研发和云计算、大数据等应用。三是搭建"互联网+"开放共享平台，加强公共服务，鼓励国家创新平台向企业特别是中小企业在线开放。四是适应"互联网+"特点，加创新信贷产品和服务，开展股权众筹等试点，支持互联网企业上市。五是注重安全规范，加强风险监测，完善市场监管和社会管理，保障网络和信息安全，保护公平竞争。

2. 网络出版新规奠定游戏产业有序发展基础

为规范网络出版服务秩序，加强网络出版内容监管，促进网络出版服务健康有序发展，2016年2月，国家新闻出版广电总局、工业和信息化部联合发布《网络出版服务管理规定》，取代了原《互联网出版管理暂行规定》。相比原《互联网出版管理暂行规定》《网络出版服务管理规定》的整体结构与主要内容均做出较大调整。主要体现在四方面：一是厘清网络出版服物等概念表述，强调游戏是网络出版物，明确管理职责；二是科学设定网络出版服务许可的准入条件，规范与鼓励并重；三是细化网络出版服务的从业要求，明确企业社会责任；四是强化事中事后监管要求，推进网络出版服务业规范有序运行。

3. 移动游戏实施分类管理促进审批提速

为规范移动游戏市场秩序，提高游戏出版审批效率，2016年5月底，国家新闻出版广电总局办公厅印发《关于移动游戏出版服务管理的通知》，要求实施移动游戏分类审批管理，特别是对数量众多的休闲益智类国产移动游戏，采取游戏出版服务单位负责内容把关，出版行政管理部门对把关结果进行审查，有别其他类型游戏的前置内容审查，最大限度压缩时限，提高审批效率。

同时，管理部门、行业协会还通过多项措施提升移动游戏审批效率。例如中国音像与数字出版协会下发《移动游戏内容规范（2016年版）》，为各级管理部门和移动游戏企业及相关从业人员提供具体、可操作的移动游戏内容标准细则；为解决移动游戏数量大、周期短、审批压力大的问题，开发并运营"移动游戏快捷申报系统"等。受益于此，移动游戏审批效率大幅提升，单月审批移动游戏最高超过 800 款。

（二）VR 游戏

1. 硬件破局为 VR 游戏创造发展机遇

VR 硬件的逐渐破局，提升了内容方面的需求，为 VR 游戏的发展创造了机遇。

2016 年，VR 游戏成为游戏创业创新重点领域，不少 VR 游戏团队诞生，而大的游戏企业也成立了相关的部门，布局 VR 游戏研发，VR 游戏渐行渐近。

不过，在迎来发展机遇的同时，VR 游戏也面临多重挑战。其中，付费模式是一个问题。尤其是游戏产品，没有足够的用户基数、很难靠流行的免费模式挣到真金白银。此外，不同 VR 设备的不同参数与标准，对 VR 游戏的研发也带来了挑战。

同时，VR 设备昂贵、便携性弱、获取速度慢，使得廉价的眼镜盒正在迅速吃掉 VR 的入门市场并快速透支着 VR 的价值概念，无论是淘宝、还是亚马逊，用户大量购买的是售价不足 200 元人民币的眼镜盒，这些低端产品成为了 VR 硬件的主力。但这些设备性能差，难以满足用户较高要求，扭曲了用户对 VR 概念的认知。

目前，为帮助 VR 游戏提前落地，培养用户习惯，投资商正在大力投资 VR 体验店，意图通过这种模式解决 VR 设备的高门槛，比如将体验店建在商场等地方，来加速 VR 游戏的传播。但这种模式弊端也非常明显，体验参差不一，收入不抵成本，难以成为 VR 游戏的最终发展形式。

（三）电子竞技游戏

1. 电子竞技游戏

2016 年，中国电子竞技游戏市场实际销售收入达到 504.6 亿元，占中国游戏市场实际销售收入的 30.5%。

从季度收入分布来看，中国电子竞技游戏市场实际销售收入保持整体增长趋势。这一方面与游戏产业整体规模不断增加有关；另一方面，电子竞技游戏本身也正迎来快速发展，电子竞技产业链不断完善，赛事体系不断丰富，这有助于电子竞技游戏获取用户、保持用户活跃度，进而带动收入的增长。

2. 客户端电子竞技市场表现稳定

2016 年，中国客户端电子竞技游戏市场实际销售收入达到 333.2 亿元，占中国客户端游戏市场实际销售收入的 57.2%。相比于其他细分电子竞技市场，客户端电子竞技市场已经进入成熟期，电子竞技生态逐渐形成，这促进了客户端电子竞技游戏的发展。目前，客户端电子竞技游戏已经显现出强大的生命力，主力产品表现稳定，一些客户端电子竞技游戏新品也得到了认可，促使这一市场收入与份额持续增长。

从季度收入分布看，客户端电子竞技游戏市场整体保持"稳中有升"的特点，其中第三季度收入达到年度最大值。一方面，多款客户端电子竞技游戏新品集中在上半年推出，推动收入增长；另一方面，多项客户端电子竞技赛事在第三季度进行决赛，提升了相关游戏产品的关注度，而游戏运营也能借此推出促销活动提升产品收入。

3. 移动电子竞技游戏取得快速发展

移动电子竞技成为电子竞技市场增长的主要推动力，其电子竞技产品的爆发，预示着移动电子竞技时代的到来。围绕移动电子竞技的赛事组织显著增多，并呈现"抱团"的特点。例如，乐竞传媒（NiceTV）联合 PLU、英雄体育、TGA 移动大奖赛等，将多方业务捆绑、赛事整合成立 VSPN 等。多方战略合作对完善移动电子竞技赛事产业链条，做大移动电子竞技赛事市场有着积极的影响，同时也能增强其在全球移动电子竞技市场的综合竞争能力。

2016 年，中国移动电子竞技游戏市场实际销售收入达到 171.4 亿元，占中国移动游戏实际销售收入的 20.9%。移动游戏市场中，角色扮演类游戏占据市场主要地位，但其他类型移动电子竞技游戏同样取得了较快的发展，产业链逐渐完善，促进了这一市场的发展，如《部落冲突：皇室战争》等。

从季度收入分布来看，移动电子竞技游戏市场实际销售收入波动明显。这主要是因为移动游戏生命周期短，产品收入波动大，导致整个市场的不稳定。未来，随着移动电子竞技精品的逐渐出现，有望得到转机。

4. 电子竞技赛事

第一，中国电子竞技产业已经形成了综合性赛事、围绕单款游戏的专项赛事、城市赛、商业比赛等多层次的赛事体系，这些不同类型的赛事满足了不同类型的市场需求。

第二，赛事主办方越来越多元。在赛事主办方中，既有传统的赛事组织、游戏公司，也出现了相关主管部门、互联网公司、行业组织、直播平台等机构。主办方的多元化有利于中国电子竞技产业发展多样化，加速电子竞技在不同领域的探索，有利于降低整个行业风险，避免"赞助商撤资电子竞技停滞"的现象重现。

赛　事	主办方	比赛内容	奖金池（万元）
WCA 世界电子竞技大赛	银川市政府、银川圣地国际游戏投资有限公司	刀塔（DOTA2）、炉石传说、英雄联盟、星际争霸2、魔兽争霸3 等	20000
TGA 移动游戏大奖赛	腾讯	天天酷跑、天天炫斗、穿越火线：枪战王者、王者荣耀等腾讯旗下各类移动游戏	300
LPL 英雄联盟职业联赛春季赛	香蕉计划	英雄联盟	350
SL-I 全球总决赛联赛	ImbaTV、Starladder	炉石传说、刀塔（DOTA2）	588
DOTA2 上海特锦赛	完美世界	刀塔（DOTA2）	1963
黄金系列赛	网易、暴雪	炉石传说、星际争霸2、风暴英雄、魔兽争霸3、守望先锋	600
HPL 英雄联赛全球总决赛	中国移动电子竞技联盟	全民枪战、天天炫舞、像三国、梦三国移动游戏等	300
CMEG 全国移动电子竞技大赛	国家体育总局信息中心、大唐电信	穿越火线、王者荣耀、虚荣、全民枪战、风暴之眼、拳皇97高清版、三国杀、电子竞技捕鱼千炮版等	500
WESG 世界电子竞技运动会	阿里体育	刀塔（DOTA2）、星际争霸2、炉石传说	3600

第三，2016 年电子竞技赛事奖金持续加码，公布的各项赛事总金额已经大幅超过以前。奖金的增加有利于提升赛事曝光率，吸引顶尖的电子竞技选手参赛，推动赛事获快速形成品牌效应；而对整个电子竞技产业来说，奖金的增加有效地改善电子竞技参赛选手、战队的生存环境，有利于整个市场的成熟。

5. 电子竞技盈利能力不足

不过，电子竞技也面临着自身盈利能力不足这一问题，模式、人才、经验都存在缺位。这使得电子竞技产业依然需要借助游戏产业、资本市场等外部投入。因而，电子竞技产业缺乏独立性，一定程度上成为许多游戏企业推广产品的运营手段。

（四）游戏直播

1. 中国游戏直播用户状况

2016年，中国游戏直播用户规模突破1亿。游戏直播平台用户的快速增长，与越来越多的游戏参与到直播中来有关。此外，iOS开放直播功能，为移动游戏直播带来了便利性，并推动游戏直播用户的进一步增长。

2. 用户日均在游戏直播平台消耗的时间占比

2016年，用户日均在游戏直播平台消耗1小时以内占比36.3%，1—2小时占比44.6%。超过半数的用户在直播平台停留时间超过1小时，显示直播平台对用户的集聚作用正在加强，有助于提升游戏直播用户价值。

3. 用户月均在游戏直播平台消费占比

2016年，用户月均在游戏直播平台消费100（元）以下占比40.1%，100—499元占比12.4%，500—999元占比37.0%，1000—1999元占比6.3%，2000元及以上占比4.3%。消费在1000元以内占比超过90%，用户在游戏直播平台的消费压力较小，用户在直播平台的消费能力有限。因此，游戏直播在商业化的过程中，还应该探索更多方式挖掘用户价值。

4. 游戏直播打通游戏互动渠道

作为互联网重要的传播渠道，直播与游戏之间正形成越来越紧密的联系，这种联系不仅在于游戏是直播的内容提供者，更在于两者的双向互动，直播与游戏市场正在加速融合，朝着互联互通的方向发展。

具体而言，从两者关系上来看，游戏不再是被动提供素材，而是主动与直播平台联手，使直播成为游戏推广、游戏生态构建的重要一环；游戏直播本身也得以借此丰富直播内容，借机推出相关节目、举办直播活动等。例如，战旗直播开创以游戏主播为主要参与者的娱乐节目等。

节目的推出使得平台与主播间的合作联系加深，用户对节目的热情也能够传递到参与的主播上，从而提升用户与游戏的接触面，达到推广的目的；而平台则在节目中获利，降低了运营成本，也为直播平台的商业化打下基础。

此外，游戏直播也与电子竞技构成了越来越紧密的联系，游戏直播平台的观看人数成为了相关电子竞技赛事成功与否的重要判断依据。游戏直播平台不再仅仅是电子竞技赛事的传播者，同时也成为了组织者，不少游戏直播平台直接承办或者参与赛事。

5. 惟名惟利困扰游戏直播发展

不过，游戏直播市场火热也让一些创业者、投资人染上了"网红心态"，创业就是一朝成名、一夜暴富，就是"赚快钱""抢红利"等充满功利性的浮躁思想，在直播领域下年尤为突出。主播为吸引眼球，无所不用其极，催生直播乱象，甚至出现不少违背社会伦理、违反法律的案例。

此外，游戏主播价值也存在虚高的现象，部分主播年薪达到千万，导致主播与平台之间纷争丛生，而还未得到资本支持的新兴平台难以发展，长此以往或将陷入发展怪圈。

（五）游戏与媒体融合

1. 影游融合异军突起

影视与游戏作为当下最热门的两种娱乐形态，两者融合发展，迎合主流用户需求，相较游戏和影视两个成熟市场,拥有实现较快增长的基础。

第一,影游融合为用户提供了更丰富的娱乐方式,能够放大 IP 价值,直接创造收入来源,比如由热门游戏改编的电影《魔兽》,全球票房近 30 亿元人民币,中国观众贡献了一半。由影视改编的游戏,如《神雕侠侣》《花千骨》等也因融合发展获益匪浅。

第二,游戏为电影奠定受众基础,影视提升游戏的品牌价值。一款优质 IP,不仅可以通过影视和游戏两条产业链攫取多重价值,还可以借助影视、游戏的品牌和粉丝互动,产生 "1+1＞2" 的效益。

2. 影视改编游戏精品迭出

游戏借影视播放热度、明星、剧情,降低游戏运营成本,打破 IP 困局,增加用户边际收益。游戏互动、技术优势还能给影视创作注入新鲜血液,丰富想象力,提升影视制作水平。两者融合,可以使 IP 和创意得到最大解放及延伸。

2016 年,"影游融合"移动游戏市场实际销售收入 89.2 亿元,占总移动游戏市场实际销售收入的 10.9%。数量也明显增多,预计超过数十款,其中有多款最高月流水破亿。

在"影游融合"的不断实践中衍生出新模式,如移动游戏在电视剧《微微一笑很倾城》中的剧情植入,使影视与游戏达到更深入的融合,增加用户在观剧中的游戏体验感,提升用户转化率。

档 期	电视剧名称	收视率(%)	市场份额(%)
4—5 月	《武神赵子龙》	1.366	3.884
7—10 月	《老九门》	1.108	5.575
7—8 月	《秀丽江山之长歌行》	0.611	1.912
8 月	《蜀山战纪剑侠传奇》	0.368	1.137
8—11 月	《幻城》	0.862	4.619
8—11 月	《青云志》	0.907	4.918

另外,周播剧的推出延长了影视剧的热度,多部影视剧的档期达到了 3 个月以上,如暑期档上线的《老九门》《微微一笑很倾城》等,两者的收视率均突破 1%,并促使相关游戏产品获益。

3. 网剧网络大电影成为影游融合一个拓展方向

"影游融合"的 IP 不仅局限于电视媒体中的影视剧,近年来逐渐出现流向网络媒体的趋势,如火热于网络中的短剧、电视剧、电影因其拥有大量的网友用户关注也成为"影游融合"的高价值 IP 产品。2016 年网络大电影数量达到 2200 部,是 2015 年的 3 倍之多。值得一提的是,网剧与网络大电影在用户导流方面,拥有更高的便捷性,这有利于相关游戏产品的推广与获取用户。

4. 影游融合企业竞争力分析

从游戏业务、影视业务、IP 储备、产业链资源、融合能力五个维度考量,国内企业正在结合自身特点,以整合、收购标的公司的方式发力影游融合市场。公司之间的融合,改善了影游互动仅停留表面,游戏玩法与影视内容缺乏关联性的弊端。在此作用下,影视从院线、在线视频发展到游戏软件、衍生品销售、数字版权销售,游戏从软件销售发展到影视票房、衍生品销售,进而产生更大收益。

(1)完美世界:将优质影视与游戏资源进行深度整合

完美世界作为耕耘市场多年的游戏企业,累积了丰富的研发经验推出过多款成功作品,如客户端游戏《诛仙》《武林外传》，移动游戏《射雕英雄传 3D》《倚天屠龙记》。其中，《武林外传》截至 2015 年 9 月依然能维持 30 万人左右的月活跃用户，充值金额在当月达到了 1200 万；《倚天屠龙记》则长期占据畅销榜前十名。

完美环球：参与创作及发行的优秀影视作品超过了 50 余部，收获专业奖项 70 余个，其中《北京青年》《打狗棍》《钢的琴》《失恋 33 天》《咱们结婚吧》《灵魂摆渡》系列等都是"叫好又叫座"的佳作。

在未来，两者的用户数据可以相互利用，共同宣传推广，深入挖掘用户价值，通过互相协调，省去了单一推广中沟通和协作上的负担。

（2）腾讯：以 IP 为驱动强调"多领域共生模式"

腾讯游戏业务在国内处于领先地位，是中国最大的游戏企业，拥有丰富的运营与研发经验。腾讯围绕 IP 布局，推出了腾讯影业、阅文集团等相关平台，并且投资了热门电影《魔兽》，中国内地票房达到 14.7 亿元。在影游融合方面，腾讯选择以产品为导向的局部融合模式，主要以 IP 驱动产品的方式，通过 IP 驱动各部分的协调，强调 IP 多领域共生模式，实现战略的落地。

（3）网易：影视服务于游戏用户价值最大化

网易自身拥有大量的游戏 IP 储备。在 2015 年末网易成立网易影视，布局大 IP 战略，同时公布了《天下 3》《新大话西游》的影视开发计划。在融合过程中，网易加强用户互动，强调 UGC，保持 IP 热度，进而保证用户价值最大化。虽然能够解决影视游戏融合的问题，但游戏与影视是两种不同的产品，其产品逻辑截然不同，拥有强游戏基因的企业能否适应影视的制作方式有待市场考验。

（4）华谊：探索影视驱动游戏

华谊兄弟借影视业务储备了大量 IP，如《奔跑吧兄弟》《老炮儿》《失孤》《鬼吹灯：寻龙诀》《功夫》等。在游戏业务方面，华谊兄弟以 19 亿元入股英雄互娱成为第二大股东，并且旗下的游戏公司也研发运营了《时空猎人》等优秀游戏。华谊在影视与游戏上的融合具有想象空间，如曾经试水授权英雄互娱使用其影视剧《老炮儿》相关素材，这表明，华谊在这方面的动作正在加速，而基于其多年的 IP 储备，一旦这种融合全面展开，有望利好游戏业务。

（5）万达：院线构建独特竞争优势

万达所拥有的全球顶尖院线资源也有利于影视与游戏的融合，提供了一个线下入口，构成了万达独特的竞争优势。其斥资 26 亿并购游戏公司互爱互动，同时收购美国传奇影业，增强自身的 IP 储备。不过，游戏依然是万达的一个短板，其在游戏领域的布局较少，而由于游戏领域更具差异化竞争现状，单纯借助收购难以快速成长。

（六）境外市场

1. 境外市场成国内游戏企业"必争之地"

2016 年，自主研发网络游戏境外市场实际销售收入为 72.3 亿美元，同比增长 36.2%。随着国内游戏市场逐渐走向成熟，越来越多的企业将目光转向境外，立足国内、放眼国际已经成为国内游戏企业的共同选择。

具体到细分领域，移动游戏已经成为支撑自主研发网络游戏境外收入增长的重要因素。受移动互联网快速普及影响，中国移动游戏市场逐步成为全球最大的移动游戏市场，这促使游戏企业更快的发展，中国游戏企业也得以取得先发优势，获取进军国际市场的基础。

2. 全球主要移动游戏市场用户成本状况

全球移动游戏市场用户成本方面，日本地区用户成本较高，最高达到每用户18美元，其次是美国、加拿大等地区，中国内地与韩国相对较低，东南亚地区用户成本最低，成本在0.05—0.2美元/用户之间。用户成本的差异，反映了全球不同地区移动游戏市场的发展程度，价格较低的市场多处于发展初期，对国内游戏企业来说开拓意愿更强烈。

3. 范例监测

在游戏出境过程中，逐渐形成了两种不同的方式：一种是侧重自研，产品为驱动，并借助海外发行体系的构建，开拓市场，如智明星通；另一种，则与国内企业呈现"分工"，通过将国内精品引入到境外市场，累积境外运营经验，推动境外收入的增加，如易幻网络。

（1）智明星通：研运一体驱动境外市场开拓

智明星通境外收入占比逐年增加，其主营业务遍布全球多个国家和地区，拥有大量忠实用户。

优势

借助"研运一体"的模式，智明星能够提升对产品的把控，有助于后续产品研发及境外本地化能力的提升，进而保证境外收入的持续增长。具体来说：

第一，精品复制。智明星通研发、运营的《列王的纷争》《世界争霸》《帝国战争》等策略类游戏均是市场上表现优秀的产品。智明星通依靠上述游戏积累的研发、运营经验和用户基础，研发并推出了新款游戏《女王的纷争》《王权争霸》等，同样取得了不俗的市场表现。

第二，全球化布局。从《开心农场》开始，智明星通一直致力于全球化的发行。通过八年时间在境外市场的探索，拥有了多个国家的长期合作的运营推广商，同时熟悉各个主要国家的用户导入模式、产品类型偏好和当地文化特色，能够进行针对性有效的推广，在更广泛的市场和更大数量的用群体中取得收入。

第三，运营反哺研发。在研运一体的模式下，智明星通将能过获取最大化的收益，获取一线的市场与运营数据，这些资源都能过快速投入到自身研发的游戏中，研发团队也能根据运营团队的意见做到游戏的快速更新，不断满足用户需求。《列王的纷争》正是依靠研运一体模式，通过强势的广告宣传、每周一次的版本更新等方式，逐渐占据市场。

风险

在这一模式下，企业可能存在对单一产品依赖性较强的特点。目前，《列王的纷争》2015年度占主营业务收入的74.62%，2016年为79.79%。游戏都存在生命周期，若未能研发出相媲美的产品，智明星通可能会面临缺少新的业务增长点的情况。

此外，这种模式也要求企业在兼顾自研高投入的同时，还得兼顾全球运营体系构建。然而，布局全球市场过大，用户群体多，造成运营投入成本高，在运营维护上需投入大量的人力、物力，提升了成本，进而提升企业运营风险。

（2）易幻网络：借代理精品积累境外市场优势

通过代理打开境外市场的易幻网络，境外游戏收入连续多年占游戏收入的99%以上，整体收入保持稳步增长。

优势

借助精品代理打通境外市场的易幻网络，能最大化地利用自身境外资源；代理的方式则能保证易幻网络能够拥有丰富的产品资源。而这两点都建立在其丰富的境外运营资源之上。

第一，境外收入份额高，先发优势明显。易幻网络成立之初，就布局境外市场，逐步通过代理运营国内优质的游戏产品打开境外版图，至今共发行数十款游戏、十几种语言并拥有全球超过20个国家的发行经验，并在中国港台地区、东南亚、韩国等移动网络游戏市场已建立了竞争优势，处于市场第一梯队。

第二，成熟的数据分析系统及精细化的营销体系。易幻网络自有游戏数据分析平台GM Tool，对所运营的游戏进行实时数据监控，及时收集相关运营数据并进行精准分析和比对，及时且客观评估游戏运营状况并制定最佳运营策略。同时还可以进行高效精准的统计分析，对市场变化及时迅速地做出判断并进行调整，最大限度确保数据支持运营的有效性和高效性，把控不同产品的风险，提供产品成功率。

第三，具有全球化的市场开拓能力。易幻网络以中国港台地区、东南亚、韩国三大主力市场为业务核心，支撑对全球其他新兴市场的开拓和探索，先后将产品推向中东、日本、南美、俄罗斯、德国等多个境外市场。同时，易幻网络与Facebook、Google、Twitter、Line、Kakao、DeNA等国际知名公司形成长久深厚互信的合作关系。

风险

代理运营模式下，由易幻网络负责游戏运营的各项工作，包括市场推广、信息反馈、运营控制、服务器支持和支付渠道支持等。由于易幻网络每年发行和运营的游戏数量较多，因此需要大量的人力、资金成本投入。如果其中部分游戏运营不及预期，则将面临一定的经营风险。此外，缺乏对产品的把控，使得一些产品风险难以控制，如知识产权、产品生命周期等。

四、中国典型企业市场竞争分析

（一）三七互娱

1. 网页游戏研发和运营领军企业，移动游戏一线发行平台，泛娱乐布局战略清晰

（1）概述

2016年，三七互娱的市值达到500亿元左右，其在前三季度利润达到7.52亿元，是最赚钱的A股上市游戏公司之一；在主营业务上，三七互娱继续保持了在网页游戏领域的优势，在网页游戏的研发和运营上，均处于一线领先位置；在移动游戏的发行上，借助其在网页游戏发行和运营的经验，也进入到国内移动游戏发行和运营的一线企业中；同时，借助其在A股上市的资本优势，三七互娱进行了清晰的泛娱乐战略，在拓展移动游戏研发和游戏发行业务外，还在互动视频直播、动漫制作、影视制作、动漫推广与发行、境外知名IP以及虚拟现实技术等领域积极布局。

（2）市值、营收和利润

2016年，三七互娱市值约500亿元。2016年前三季度，三七互娱营业收入36.68亿元，同比增长12.12%；归属上市公司股东的净利润7.52亿元，同比增长112.52%；基本每股收益0.361元。公司预计2016年度归属于上市公司股东的净利润9.5亿元至10.5亿元，同比增长87.74%至107.50%。尤其是7.52亿净利润，在测算的158家游戏上市公司，30家游戏指标股中，三七互娱的净利润排名第六，可以说是游戏上市公司当中最赚钱的公司之一。

（3）主营业务和产品

三七互娱的主营业务是网页游戏的研发和运营，移动游戏的发行运营和研发。

三七互娱公司在2016年运营网页游戏，涵盖RPG、ARPG、SLG、SIM、PUZ等多种游戏类型，涉及神话、武侠、三国、水浒、航海冒险等不同题材。截至目前，运营的产品总数已超过350款，囊括国内外所有热门网页游戏，平台注册用户超过5.5亿，公司作为网页游戏运营平台的市场份额为13.5%，整体市场份额仅次于腾讯，维持行业领先地位。

在网页游戏的研发方面，公司旗下极光网络推出的《大天使之剑》以及《传奇霸业》仍然是2016年网页游戏市场的明星产品。根据统计测算，2016年一季度中国网页游戏市场，三七互娱作为网页游戏研发商的市场份额为9.4%，占据市场份额第一的位置。

三七互娱在海外游戏的运营产品总数已超过150款，总开服数已经超过7000服，总用户注册数达6500万。

公司的移动游戏发行业务始于2013年，截至报告日，公司已成功运营产品超过500款，注册用户过亿，月流水超过2.5亿。根据测算，收入前70的移动游戏中三七互娱占两款，月均收入均在6000万，均为RPG类型的游戏。在移动游戏研发方面，2016年旗下子公司极光网络研发的移动游戏《永恒纪元》月流水超2亿，单日流水超过5000万元。

（4）泛娱乐布局

利用资本优势和平台优势，三七互娱在投资方面布局游戏和泛娱乐领域。

在游戏研发和运营方向，2015年，投资3.5亿元，入股或增资上海喆元文化传媒有限公司、深圳墨麟科技股份有限公司、天津紫龙奇点互动娱乐有限公司、上海绝厉文化传媒有限公司等。2016年通过发行股份及支付现金的形式购买上海墨鹍68.43%的股权，购买江苏智铭网络科技49%股权。投资韩国无极娱乐58.09%的股权，间接持有韩国上市公司ESTSOFT 5%的股权和日本Brave 100%的股权。

在IP方向，三七互娱和东方星晖并购基金联合收购SNKP 81.25%的股权，拥有《拳皇》《侍魂》《合金弹头》等IP。同时，三七互娱与多家海内外IP厂商进行紧密合作，不断提升IP引进及运营能力。

在VR方向，316万美元投资加拿大VR内容提供商Archiact Interactive以及1000万元人民币投资VR游戏公司天舍文化。

在泛娱乐布局方面公司与奥飞动漫、芒果互娱、星皓影业、中汇影视等达成战略合作。

在参股和控股的59家公司中，42家控股公司为游戏、动漫和IP相关，其中13家为100%控股。

2. 三七互娱优势分析

（1）构建壁垒应对市场环境恶化多重业务拓展化解增长风险

网页游戏市场环境的恶化，并没有给三七互娱的发展带来困扰。相反，借助多年在网页游戏市场积累的优势，三七互娱趁行业洗牌之时，继续加强自身网页游戏业务实力，并借助这一业务带来的资源，布局海外、移动游戏、IP等多个领域，稳步推进"平台化、全球化、泛娱乐化"的发展战略。

目前，三七互娱网页游戏业务依然保持正向增长，这与其独特的竞争优势有关。具体表现在技术、产品、运营等方面。

（2）规模效应提升三七互娱运营能力

三七互娱在为网页游戏业务构建的竞争门槛中，运营能力是重要的体现。这主要体现在，规模效应所带来的运营优势、数据积累带来的运营精确度及市场认可带来的品牌优势。

第一，规模效应所带来的运营优势。三七互娱是网页游戏市场排名靠前的企业，旗下平台在市场占有率也名列前茅，这对于三七互娱获取更多行业资源有积极作用。目前，三七互娱每年在推广方面投入超过10亿元人民币，大量的投入提升了他面对流量渠道时的议价能力，在同等价格下获得更多、更优质的渠道资源。

第二，数据积累带来的运营精确度。三七互娱多年的游戏运营经验为其累积了大量的用户数据，而这些数据也构成了其网页游戏业务独特的优势。借助于这些数据，三七互娱在推广上积累了丰富的产品投放经验，对各游戏运营平台的资源、用户的偏好及游戏平台各游戏产品有深刻的理解，能够更准确地把握产品的投放时点、游戏参数设置等重要运营技巧，有利于提升产品的运营效果。具体来说，这些经验将能够帮助三七互娱导入合适的用户，而导入用户后，又能帮助其更好的挖掘用户价值，提升收益。

例如，三七互娱推出的自主研发产品《大天使之剑》在2016年上半年分发至新的业务地区，总体收入稳中有升，用户活跃率维持稳定；另一自研大作《传奇霸业》在2016年依然保持稳定收入和用户活跃率。

第三，市场认可带来的品牌优势。目前，三七互娱已经积累了不同游戏类型、不同用户类型的核心运营手法，运营网页游戏，涵盖RPG、ARPG、SLG、SIM、PUZ等多种游戏类型，涉及神话、武侠、三国、水浒、航海冒险等不同题材，拥有广泛的用户群。这种经验正是其他尝试进入网页游戏市场，拥有用户资源的互联网公司所急缺的。目前，三七互娱已经取得金山猎豹、2345、芒果、优酷网等多个游戏平台的代运营权，在获得稳定用户渠道的同时，进一步丰富三七互娱的发行渠道，提高收入。

（3）研发能力抢占市场先机

除了运营方面外，三七互娱对于研发能力同样比较重视。利用累积的游戏运营经验，三七互娱深度挖掘用户需求，将产业链延伸到游戏研发，并根据自身特点，构造了以市场为导向的快速研发体系。

目前，三七互娱拥有一系列性能优异、稳定性强的游戏引擎、游戏框架等核心技术。在自主研发的多种游戏技术引擎在游戏画面、游戏体验和创新玩法等方面实现了重大突破，能够支持开发高性能、可玩性强的大型精品网络游戏，是支持三七互娱持续推出高质量精品游戏的重要保障。

值得一提的是，这些核心技术的开放性和通用性，使得三七互娱可在同一底层技术的基础上，发展出更多的产品。在保证质量的前提下，控制成本和缩短产品的研发周期，从而能够根据市场需求，迅速推出符合行业发展方向的产品，占领市场先机，例如，三七互娱在今年推出过多款影视剧改编产品，而这些产品的上线时间与影视剧播出时间保持一致，提升产品成功率。

3.企业业务扩展

在稳固网页游戏业务的同时，三七互娱以此为支撑点，涉足移动游戏、海外、影视、动漫、VR、直播等多个市场，优化收入结构，提升产品收入能力。

（1）多年运营经验提升移动游戏业务竞争力

三七互娱移动游戏业务发行始于三年前。目前，其成功运营产品超过500款，注册用户过亿，月流水超过2.5亿，旗下《永恒纪元》《苍翼之刃》《三打白骨精》等产品均取得了不错的成绩。由于运营手段的类似，网页游戏的经验与资源，也成为其拓展移动游戏业务的利好。

用户获取方面，借助于在网页游戏时代积累的市场宣传、广告传播经验，以及与国内主流渠道建立起来的良好合作伙伴关系，三七互娱旗下移动游戏产品能够持续获取用户；运营方面，则表现为产品挖掘、调优和运营能力，三七互娱对用户的偏好及各类游戏产品特性有深刻的理解，对游戏的商业化、用户体验的保持都有很好的帮助。

（2）优势业务突破境外市场

在境外市场开拓过程中，三七互娱选择先近后远，先网页后移动的策略。其中，"先近后远"是指文化上的接近，通过对文化相近的东南亚等市场的开拓，累积游戏本地化能力、境外推广能力，进而辐射到整个全球市场。目前，三七互娱在境外的品牌包括韩国市场的 PUPUGAME 平台、泰国市场的 GMTHAI 平台、东南亚 Ujoy 平台和以 37.com 为统一域名的 37GAMES 国际平台，覆盖 70 多个国家。三七互娱境外市场的拓展路线由港澳台地区市场开始，延经东南亚市场、韩国市场，辐射到欧洲市场和英文市场。

此外，三七互娱还遵循先网页后移动的原则。在网页游戏境外发现取得优势之后，利用积累的经验与境外资源，发行移动游戏，丰富境外市场产品结构，增加收入，进一步提升 37GAMES 国际平台影响力。例如，三七互娱东南亚地区发行的《六龙御天》，上线 20 天便占据了马来西亚 iOS 畅销榜榜首位置并维持长达 3 个月，4 月更是在马来西亚取得 iOS 和 Google Play 双榜第一的成绩。国内热门移动游戏《永恒纪元》台版《创世破晓》9 月登陆中国台湾地区后不久，便稳居 Google Play 畅销榜 Top3 位置，同时登顶 iOS 畅销榜。

除业务上的拓展外，三七互娱还通过投资入股方式与境外公司合作开拓境外市场。例如，三七互娱通过上海三七互娱持有韩国子公司无极娱乐 58.09% 的股权；与东方星晖并购基金联合收购了日本知名游戏公司 SNK Playmore Corporation 81.25% 的股权等。

（3）围绕 IP 进行泛娱乐探索

除了游戏业务外，三七互娱还保持着对"泛娱乐"的探索，将游戏当作一环，纳入泛娱乐体系中。其围绕 IP 打造精品游戏，与全球近百家游戏研发商建立良好合作关系，提高精品游戏输出能力。而为了获取优质 IP，三七互娱还与芒果传媒、奥飞动漫以及星皓影业达成战略合作关系，后续将围绕 IP 展开更多合作。

同时，三七互娱还寻求通过投资并购等方式，基于 IP 战略打造泛娱乐生态，满足用户不同的娱乐需求，如影视、秀场、电子竞技、游戏视频/直播、电商、游戏媒体杂志等。例如，三七互娱通过投资听听网络的方式，着手布局游戏视频和游戏直播等领域；通过和星皓影业、中汇影视进行战略合作并参与投资电影和网剧，开始进军影视业务，并已成功投资拍摄《捉迷藏》《西游记之孙悟空三打白骨精》等多部电影；通过投资上海绝厉文化传媒有限公司，涉足国产动漫的制作、推广与发行，以打开动漫市场；通过投资日本知名游戏厂商 SNKP，从资本层面加强全球化平台布局，贯彻"平台化、全球化、泛娱乐化"的发展战略。

目前，三七互娱拥有的 IP 包括：

① 游戏 IP：《传奇》《奇迹 MU》《天堂 2》《热血高校》《轩辕剑之天之痕》等；
② 影视 IP：《琅琊榜》《西游记之孙悟空三打白骨精》《武神赵子龙》《天将雄师》等；
③ 文学 IP：《傲世九重天》《天启之门》《狂仙》等；
④ 动漫 IP：《航海王》《樱桃小丸子》《奥特曼》《魁拔》等。

（二）中手游

1. 移动游戏全网发行龙头企业，顶级 IP 资源丰富，自主研发潜力巨大，无限资本市场潜力

（1）概述

中手游是移动游戏发行龙头企业，截至目前，中手游已经连续 12 个季度位居国内全平台市场发行份额第一。与游戏产业链上游的绝大部分游戏研发企业保持着密切的合作关系，与游戏产业链下游的渠道商也有着密切的合作关系。发行商的特点是流水大，但利润偏低，但作为一线顶级的发行商，中手游借助规模和品牌优势，仍能够保持同行业内较高的利润率。在保持游戏运营发行业务稳定增长的同时，中手游储备了一批顶级的 IP 资源，同时在自主研发和研发商投资方面进行大力投入，其自主研发的"快乐棋牌游戏"系列，每年均保持在行业内较高的流水和利润规模，而预期未来中手游其他的自研产品和所投资研发商开发的产品会有较好表现。2015 年从美国纳斯达克市场退市，中手游也保持着与资本市场对接的无限可能，从其在游戏产业链当中的地位和体量来看，进入资本市场后表现会非常靓丽，会对整个游戏产业链中的发行运营产生影响。

（2）市值、营收和利润

2015 年 8 月，中手游从美国纳斯达克完成私有化，同时推出面向玩家的全新品牌"胜利游戏"。在 2016 年，A 股上市公司世纪华通拟以 65.2 亿元估值收购中手游 100% 股权，后由于中概股回归政策暂不明朗，世纪华通暂时撤回该次收购方案。

2016 年中手游总流水预计突破 20 亿元人民币。中手游的游戏营收主要来自于六大板块，分别是国内网游代理发行和研发商投资、网游自主研发、棋牌游戏研发与发行、休闲游戏研发与发行、境外游戏发行，以及买量产品联运发行。2015 年中手游营业收入 13.18 亿元，2016 年预计仍将保持增长。

根据《2015 年 10 月—12 月中国移动游戏产业报告》显示，在中国游戏企业移动游戏研发收入榜单上，中手游占据第九位，整体移动游戏市场研发收入为 159.0 亿元，中手游研发收入为 2.3 亿元，占 1.5%。

（3）主营业务和产品

中手游的主营业务为网游的运营发行和移动游戏研发。在伽马数据 2016 年上半年中国移动游戏发行全平台竞争格局调查中，中手游以 18.1% 的市场份额位列第一。在对市场用户的渗透率上，中手游以 19.1% 位列第二。

据伽马数据统计，在 2016 年，中手游运营的移动游戏产品约有 40 款，其中自主研发的移动游戏产品超过 15 款。在运营的游戏产品数量方面，中手游为国内排名第一，超过第二名近一倍。成功发行的游戏包括：《星球大战：指挥官》《航海王强者之路》《倚天屠龙记》《天域幻想》《逃亡兔》等多款产品，其中《航海王强者之路》《倚天屠龙记》等多款产品成为行业爆款。

中手游拥有强大的自主研发能力，位列国内前十大游戏开发商，拥有《决战沙城》《快乐大赢家》《欢乐真人麻将》《侍魂》等多款月流水过千万的自研游戏。

中手游所运营的游戏产品很多都是大 IP 产品，包括《龙珠觉醒》《航海王强者之路》《喜羊羊快跑》《星球大战指挥官》《行尸走肉》《刺客信条——血帆》《侍魂 OL》《新仙剑奇侠传》《四大名捕大对决》和《功夫少林》等，这些产品也在市场上具备运营高收入的基础。与完美世界合作《倚天屠龙记》月流水突破 1 亿元，列 2016 前三季度中国移动游戏收入第 25 位。与东映动画/魅族互娱合作《航海王强者之路》上线两月后再创 iOS 畅销榜新高，达到第 12 位。

（4）发行渠道

作为全平台发行商，中手游与应用宝、百度、App Store、360 等平台渠道，与小米、华为、VIVO、OPPO 等手机硬件企业、与中国移动、中国电信和中国联通等三大移动运营商建立了比较好的合作关系，在移动游戏媒体、预装、应用市场、社交平台都有丰富的资源和营销推广的经验。

2. 中手游优势分析

中手游拥有大量的 IP 储备，以精准化、差异化、全球化等为方向，深化 IP 价值，构建自身独特的优势。

IP 类型	动漫	小说	单机游戏
代表作品	《画江湖之杯莫停》 《逃亡兔》 《航海王强者之路》 《龙珠觉醒》 《喜羊羊快跑》 《北斗神拳2》 《Hello Kitty快乐消》	《倚天屠龙记》 《四大名捕对决》 《择天记3》 《天火大道》	《侍魂》 《新仙剑奇侠传》 《轩辕剑》 《刺客信条：血帆》 《SNK全明星游戏》
	其他	端游	影视
	《功夫少林》	《决战沙城》 《露娜战纪》	《星球大战：指挥官》 《行尸走肉》

（1）整合能力稳固IP优势

中手游的IP具有类型丰富、用户覆盖广，用户认可度高等特点。不过移动游戏市场竞争愈演愈烈，用户获取越来越困难，新游单纯依靠IP某一项优势已经难以获得市场。中手游旗下IP覆盖动漫、影视、游戏、小说等多个领域，《刺客信条：血帆》《行尸走肉》《轩辕剑》《画江湖之杯莫停》《逃亡兔》《SNK全明星》游戏等。

在这些IP基础上，中手游以IP为枢纽，整合行业资源，"大IP+大研发+大发行"的战略，通过与研发商、渠道、媒体等优势互补，真正发挥IP价值。

具体来说，中手游通过与完美世界等游戏研发商合作获得优质产品；与应用宝、360等渠道合作，则能够获得丰富的用户资源；与视频平台、媒体、互联网渠道等上游企业合作，通过游戏与动漫、影视的联动，进一步加大IP作品的宣传力度，更大范围接入用户群。2016年，中手游有多款IP产品表现出色，如《航海王强者之路》《倚天屠龙记》和《星球大战：指挥官》等。

（2）营销精准化切中用户需求造就运营优势

在推广环节，中手游发挥自身优势，通过运用以精细化运营为核心的整合式营销方式，根据不同产品特点制定相应营销策略。注重粉丝用户的集合及广大游戏用户的管理，并通过外部资源的支持扩大用户覆盖面，提升曝光度，最终使产品在发行过程中更具影响力。

例如，针对2016年游戏市场状况，接受度高、多元素融合的卡牌类、流行且成熟的MMO类以及具有平衡性、强交互性的SLG，这三大游戏类型因具有强竞争力被中手游锁定，MMO类的《倚天屠龙记》，卡牌类的《航海王强者之路》、SLG的《星球大战：指挥官》便是中手游结合IP在三大领域的实践。

在这一过程中，中手游不断完善自身发行经验，借助产品与用户的双通道导入，形成"规模效应"，提升自身在整个移动游戏市场的实力。

（3）全球化IP支撑境外出口优势

此外，中手游还将IP矩阵与境外研发、引进境外产品以及向外发行国产等多方面进行综合化运作，实行"全球性IP+国际化游戏+全球化发行"战略，通过不断挖掘境外发行价值并结合自身影响力完善其全球化发行布局，进一步扩大IP效益。

首先，中手游与众多境外企业有着合作关系，如在2016年的ChinaJoy期间，与法国育碧达成

《刺客信条：血帆》的合作，随后又获得美国 Skybound 公司正版 IP《行尸走肉》的全球范围授权以及日本 SNK 公司全明星 IP 改编权，台湾大宇的《轩辕剑》系列授权，为其未来全球化发行的产品布局提供了具有优势的全球性 IP 资源。

其次，出口产品的成功，积淀了中手游丰富的境外发行经验，并借此将更多全球性 IP 游戏进行全球化推广。

（三）空中网

1. 垂直游戏市场典型代表，以军武题材游戏产品为核心拓展泛娱乐

（1）概述

空中网是游戏题材领域垂直发展的典型代表，作为拥有军武品牌影响力、军武广泛用户、军武游戏产品和军武泛娱乐布局的公司，空中网可以成为游戏垂直纵深题材的研究样本。2016 年，空中网的收入和利润持续上升，年收入及利润率稳定增长，处于行业同期平均水平之上。虽然占整体中国游戏上市公司总市值的比例不高，但对于军武这一游戏垂直市场来说，几乎没有其他公司的竞争。空中网现有 8000 万用户，研发和运营的军武题材产品包括端游、页游、手机游戏等，这给空中网带来稳定和持续的收入和利润。同时，空中网还布局及运营包括影视、网络文学、旅游、直播、电商等多个领域，打造军武泛娱乐生态。

（2）市值、营收和利润

截至 2016 年 11 月，空中网市值为 3.25 亿美元，与 2015 年市值基本持平。2016 年上半年，空中网互联网网络游戏收入为 6997 万美元，与 2015 年上半年 5082 万美元相比增长 38%。2016 年第一季度手机游戏收入为 450 万美元，第二季度增长为 543 万美元，增长 20.67%。

空中网 2016 年第一季度净利润为 673 万美元，同比增长 30.07%。第二季度净利润为 821 万美元，同比增长 46.16%。

（3）用户

2015 年第二季度，空中网国内网游月平均活跃用户数为 183.2 万人，月平均付费用户数 32.7 万人，季度用户平均收入为人民币 152 元；到 2016 年第二季度，空中网国内网游月平均活跃用户数增长至 241.0 万人，月平均付费用户数 38.9 万人，季度用户平均收入为人民币 181 元，同比增长 19%。

空中网的用户以男性为主，年龄偏高，25—35 岁的占比最大，高学历人群比例很高，个人收入均处于社会中等以上水平。调查显示：付费游戏玩家可达 77.14%，其中投入 100—499 元的用户占 38.8%，500—1999 元的用户占 28.9%，5000 元及以上的用户占 8.12%。毫无疑问，军武用户具有高含金量。

（4）主营业务和产品

空中网的主营业务为游戏的研发和运营，产品竞争力主要表现军武题材的端游、页游、手游，以及直播、赛事等。截止到 2016 年，空中网目前正在运营《坦克世界》《战舰世界》《战机世界》《装甲风暴》等多款军武题材端游产品。其中《坦克世界》和《战舰世界》一直是国内军事类游戏最受欢迎和最成功的产品，在与同类产品的竞争中处于领先地位。《坦克世界》在 2016 年第一季度在全球端游产品范围内的营收更是排名全球第 5。2016 年空中网旗下拥有《陆战雄狮》《反恐突击队》等多款军武题材手机游戏产品。

很显然，专注于一类题材的游戏产品，会在用户中形成品牌，同时，研发和运营一款军武题材的产品后,相同题材的产品也容易复制和成功,还能够建立门槛。

2. 空中网优势分析

(1)深耕垂直细分领域典型,军武支撑泛娱乐战略实施

近几年来,空中网陆续推出《坦克世界》《战机世界》《战舰世界》《装甲风暴》等精品游戏,实现 PC 端及移动端的全面布局,积累了 8000 万用户。在这一过程中,空中网不断积累运营经验,构建在军武领域的独特运营优势。

(2)深耕细分领域获取用户优势

得力于多年来专精"军武游戏"领域,空中网在用户方面获得独特优势,具体表现为用户量大、用户特征明显、用户价值高。

目前,空中网用户已经超过 8000 万,其中以男性为主,年龄偏高,25—35 岁的占比最大,高学历人群比例很高,个人收入均处于社会中等以上水平,他们关注历史、军事、时事,同时对户外、旅游、汽车等领域也有浓厚兴趣。这部分人群不论在消费能力、忠诚度还是用户黏性都远高于一般用户群体。

基数大是空中网用户优势的基础,价值高是用户优势的先决条件,用户特征明显则帮助空中网更好的挖掘用户价值。依托于 8000 万特征明显的用户,空中网正在积极进行相关布局,为用户提供更新、更多、更优质的体验和服务。同时,空中网不断加深军武泛娱乐布局,通过影视、网络文学、直播、电竞等多元化发展,满足用户不断增长的需求。

(3)把握用户痛点构建运营优势

空中网一直深耕军武游戏领域,对泛军迷用户需求十分了解,拥有十分专业的市场运营能力,坚持"军武游戏就在空中网"的品牌理念,提升空中网在军武群体中的影响力。

首先,强调军武文化标签,经营用户。例如,2016 年 ChinaJoy 举办的"军武嘉年华",借助专业内容和新颖的展现形式,吸引军事爱好者。此外,空中网还通过与张召忠等军武知名人士强化自己形象,提升自己在军武领域的影响力。

其次,空中网还通过借助热点进行营销,挖掘更多潜在用户。例如今年 6 月,空中网借助魔兽电影事件营销,将"军武游戏就在空中网"品牌进行了大范围推广。

3. 空中网外延业务分析

建立在用户与运营优势之上,空中网不断加深泛娱乐布局,涉足影视、网络文学、直播、旅游等领域,将"军武"文化进一步外延、扩大,形成更具用户基础的军武文化,并借用这些业务反哺军武领域布局。

(1)多年积累释放完善电竞布局

在外延业务扩张中,电竞是空中网的第一选择,这主要是因为其旗下游戏具有竞技性特点,拥有电竞基础。空中网在电竞领域积累多年,有着专业与成熟的电竞运作团队。随着电竞的火爆,空中网积累的优势得以释放,旗下《坦克世界》《战舰世界》等游戏陆续参与到国内外各品牌赛事,赛事总计达 20 个,如超级杯赛、超级联赛、WGL 等,全年比赛日超过 300 天,参赛者达 10 万之多,赛事直播时长超过 1200 小时,观赛 UV 超过 4000 万。

(2)围绕 IP 构建泛娱乐生态链条

除了电竞外,空中网的"泛娱乐"布局正在不断加速,以满足用户不同层次需求。空中网旗下的原创文学平台逐浪网拥有数十万部授权小说库,此外,旗下空中银河影业已拥有众多知名 IP,如

安妮宝贝《七月与安生》、籽月《夏有乔木雅望天堂》、暗修兰《阴阳代理人》、彭柳蓉《控虫师》、席绢《圣莲传说》等。丰富的 IP 储备，帮助空中网形成文学—影视—游戏—周边产品的生态链条，各环节互推互助，良性循环，从而促进更多精品娱乐内容的出现。

（四）微屏

1. 领先的地方棋牌游戏平台，区域渠道和本地化资源丰富，强大资本运作能力优势

（1）概述

微屏软件科技（上海）有限公司是国内最领先的网络棋牌游戏公司，专注于在线棋牌游戏尤其是地方性棋牌游戏的互联网游戏的研发、发行以及平台运营，其注册用户也已突破 1 亿人，在区域棋牌游戏企业发展潜力中，排名第一。

微屏拓展移动棋牌游戏的受众领域，提升跨平台的综合业务能力，将微屏自主研发的地方特色棋牌游戏向客户端、移动端和智能电视端拓展，成为国内领先的移动游戏研发商，强化微屏跨平台的游戏发行能力。

2014 年，人民日报旗下上市公司人民网以 5 亿估值入股微屏游戏。2016 年初，上海能观投资管理合伙企业（有限合伙）以 10 亿估值入股微屏游戏现公司，现股东包括上市公司人民网、上海能观投资等。

（2）市值

截至 2016 年 6 月 30 日，微屏软件总资产账面价值为 10192.84 万元，总负债账面价值为 1792.65 万元，股东全部权益账面价值为 8400.19 万元；经资产基础法评估，股东全部权益评估价值为 9994.29 万元，评估增值 1594.10 万元，增值率为 18.98%；经收益法评估，股东全部权益评估价值为 198115.28 万元，评估增值 18715.10 万元，增值率 2258.46%。

（3）游戏营收

微屏软件旗下分为移动端掌心游游戏平台和客户端人民棋牌游戏平台两种。人民棋牌游戏平台下辖 14 个地方游戏入口，通过各个入口进入后可以享受客户端全部 160 个玩法，掌心游游戏平台下辖 15 个入口。

截至 2016 年 6 月 30 日，人民棋牌共有 45345598 个注册账户，其中报告期内有充值记录的付费用户有 150679 人，活跃用户数（最近 3 月有游戏行为，下同）共有 208201 人。

截至 2016 年 6 月 30 日，掌心游共有 25481256 个注册账户，其中报告期内有付费记录的付费用户共有 1432159 人，活跃用户数共有 2102087 个。

截至 2016 年 6 月 30 日，游戏营收达到 9669.23 万元；2015 年游戏营收达到 14542.30 万元；2014 年游戏营收达到 10136.24 万元。

（4）净利润

2014 年度、2015 年度及 2016 年 1—6 月份，微屏软件实现营业收入分别为 10136.24 万元、14542.30 万元和 9669.23 万元，微屏软件实现业务稳定增长，2015 年度较 2014 年度增长 43.47%。微屏软件营业收入主要来源于用户的游戏消费。成本主要为推广成本、渠道成本、产品分成成本、相关费用等。

2014 年度、2015 年度及 2016 年 1—6 月份，微屏软件实现营业利润分别为 5807.15 万元、8277.34 万元和 6568.98 万元，净利润分别为 5829.36 万元、8564.00 万元和 5953.67 万元。

2014年、2015年和2016年1—6月微屏业务收入和盈利水平保持稳定增长态势。2015年微屏营业收入14542.30万元，比2014年的10136.24万元增长43.47%。2015年微屏净利润8564.00万元，比2014年的5829.36万元增长46.91%。

（5）自主研发收入

截至2016年6月30日，微屏软件主营业务收入主要为互联网游戏收入，该收入分为人民棋牌系列游戏收入及掌心游系列游戏收入，营业收入分别为人民棋牌系列37801881.70元、掌心游系列57015295.44元，主营业务收入合计100%，收入占比分别为人民棋牌系列39.87%、掌心游系列60.13%；

2015年微屏软件主营业务收入人民棋牌系列83780464.14元，掌心游系列60941486.16元，主营业务收入合计100%，收入占比分别为人民棋牌系列57.89%，掌心游系列42.11%；

2014年微屏软件主营业务收入人民棋牌系列72361026.97元，掌心游系列29001403.10元，主营业务收入合计100%，收入占比分别人民棋牌系列71.39%，掌心游系列28.61%。

截至2016年6月30日，人民棋牌系列游戏收入主要为客户端游戏收入，掌心游系列游戏收入主要为移动端游戏收入。从历史年度数据可以看出，掌心游系列游戏收入占比逐年增高，主要是因为随着近两年国家对于网络基础建设的逐步完善及推进，4G网络的普及，以及智能硬件性能的大幅度提升，移动端游戏用户大幅增长所致。

（6）产品

①人民棋牌在线游戏平台

人民棋牌在线游戏平台是注重地方化特色的棋牌游戏平台，下辖14个地方端口，例如八闽游、苏游、广西游等，每个端口提供大量符合当地特色的棋牌玩法，例如八闽游端口就提供小溪麻将、漳浦麻将、云霄麻将等多个地道的福建当地特色玩法。除此之外，每个端口也配备了全国性的玩法如斗地主、台球、象棋、连连看等。用户注册后，可以使用任意端口登录游戏，其中的经济系统也均可互通。

②掌心游游戏平台

掌心游为微屏软件的移动端游戏平台，提供了15款主要的玩法，同时在游戏中还提供了受欢迎的休闲小游戏的插件，提升了游戏的可玩性和用户黏性，用户可以通过注册单一账号玩遍所有玩法，且游戏中的经济系统也可以完全互通。

掌心游的具体玩法主要包括四川麻将、二人麻将、上海麻将、长春麻将、广东麻将、哈尔滨麻将、吕梁麻将、石家庄麻将、厦门麻将、掌心漳州麻将、掌心鹤城麻将等地方性玩法和欢乐麻将、掌心斗地主、小宝斗地主、消灭星星等全国性休闲玩法。

2. 微屏优势分析

自成立以来，微屏专注于在线棋牌游戏尤其是地方性棋牌游戏业务，这为它累积了独特的发展优势，并构建了竞争门槛，具体表现为平台优势、运营优势、人才技术优势。

（1）深耕区域细分市场获取用户优势

微屏自成立以来，深耕区域地方市场，已经取得了独特的竞争优势。历经多年发展，微屏已从当初的十余人的小团队发展成为了上百人的成熟企业，旗下同时运营具有广泛适用人群的多款休闲棋牌游戏。

多年的积累为微屏带来了大量的用户。在开发这一市场的过程中，微屏使用多平台战略，根据不同区域的特点，开发了大量符合地方游戏习惯和游戏特色的地道地方棋牌游戏，吸引了大量用户，目前，人民棋牌地方运营平台端口多达14家，其注册用户也已突破1亿人。

（2）丰富经验造就运营优势

除了用户之外，微屏在长期的运营过程中，还累积了丰富的运营经验，获得了运营优势。

首先，丰富的客户维护经验，维持了较高的客户留存率，提高了微屏整体运营效率。目前，微屏建立了一套有效衡量价值的指标体系，通过指标体系实时监测用户的游戏情况，识别用户的游戏习惯，不断提升游戏体验。同时，微屏也可以判断用户特点和渠道质量，并进行有效干预，如调整游戏产品、激励用户等方法。此外，微屏对高充值用户提供有针对性的优惠，进一步提升高充值用户的付费水平和用户黏性。

其次，微屏软件根据市场的发展需要，在组织架构上不断优化，提升运营效果。目前，微屏实行工作室制度，将原有的研发、发行运营和支持部门拆分到独立的工作室之中。工作室制度使得研发与行运营的沟通更加高效，过往与市场接触不多的部门和人员将作为一个整体面对客户和市场，对变化的敏感度大大提高。在激励制度上也采取了更加直接和细化的考核，使得团队的战斗力得以更加充分的释放。

（3）人才技术优势构建发展保障

在人才、技术等企业硬件方面，微屏也存在自己的优势。为应对用户对游戏产品品质提升的要求，在激烈的市场竞争中赢得主动权，微屏积极进行人才与技术储备。多年专注于区域棋牌市场，提升了微屏管理层与核心业务人员，对这一市场的理解能力，以及运营研发经验，有利于人才队伍的建设。

此外，微屏加强核心技术人才储备的同时，会依据市场情况引进新的研发团队，适应行业的发展要求。目前，微屏在服务器开发、客户端、图形图像引擎、手机 iOS、安卓研发、机顶盒研发、2D 及 3D 美术制作、建模、特效、动作、原画、游戏策划与设计和软件测试等各领域都有人才储备。

五、术语与定义

（一）游戏作品

1. 网络游戏

英文名称为 Online Game，又称"在线游戏"，简称"网游"。通过计算机网络、移动通信网等网络提供的游戏产品和服务。

2. 客户端游戏

客户端游戏，简称端游，通过计算机网络、移动通信网等网络提供的游戏产品和服务。

3. 家庭游戏机

以家庭成员为主要游戏对象，以游戏娱乐为核心内容，以家居环境为场合，以电视为主要输出对象的专用计算设备。家庭游戏机游戏是在家庭游戏机上运行的游戏。

4. 网页游戏

网页游戏又称无客户端游戏、web game，简称"页游"。它是用户可以直接通过互联网浏览器玩的网络游戏，不需要安装任何客户端软件。

5. 角色扮演类客户端游戏

角色扮演类客户端游戏，是客户端游戏的类型之一。指的是使所有的用户都存在于一个大的虚拟世界中，用户可以使用拥有不同特点的角色体验虚拟生活，游戏本身是持续发展的。

6. 休闲竞技类客户端游戏

休闲竞技类客户端游戏是客户端游戏的类型之一，本报告中所指的休闲竞技类客户端游戏，大都是采用平台竞技方式进行，游戏以"局"的形式存在，每局游戏参与的用户数量相对较少。一局游戏在一段时间内结束，此类游戏以纯粹娱乐为主，不强调剧情。

7. 单机游戏

单机游戏以独立的个人电脑（PC）软硬件设备为依托，主要供单人或利用网络IPX/SPX协议供有限数量的用户在局域网中玩的游戏。按照游戏内容不同，单机游戏可以分为动作游戏（ACT）、角色扮演（RPG）、第一人称射击（FPS）、冒险游戏（AVG）、策略游戏（SLG）以及运动游戏（SPT）等类型。

8. 移动游戏

移动游戏指的是应用于手持移动终端的游戏软件，包括移动单机游戏和移动网络游戏。移动终端又称移动通信终端，是指可以在移动中使用的计算机设备，广义概念包括手机、笔记本电脑、平板电脑、POS机甚至包括车载电脑。但目前的实际情况下是指手机或者具有多种应用功能的智能手机以及平板电脑。

9. 电子竞技

电子竞技就是利用电子设备作为运动器械进行的、人与人之间的智力对抗运动。在2003年11月18日，国家体育总局批准，将电子竞技列为第99个正式体育竞赛项目。

电子竞技游戏是指能够支撑电子竞技运动的游戏。

10. 移动电子竞技

移动电子竞技是指通过移动端（手机、平板、PSP等电子设备）为载体从而达到人与人之间的智力对抗的运动。

移动电子竞技游戏是指能够支撑移动电子竞技运动的游戏。

11. 模拟器

模拟器指的是通过研究游戏客户端和服务端的封包内容，开发出来的一种能够模拟网络游戏服务端的模拟器。

12. 直播

直播是指在现场随着事件的发生、发展进程同步制作和发布信息，具有双向流通过程的信息网络发布方式。其形式也可分为现场直播、演播室访谈式直播、文字图片直播、视音频直播或由电视（第三方）提供信号源的直播；而且具备海量存储，查寻便捷的功能。游戏直播是指用户主播在直播平台上，同步直播自己所玩的游戏。

13. 策略类游戏

策略类游戏是指提供给用户一个可以多动脑筋思考问题，处理较复杂事情的环境。允许用户自由控制、管理和使用游戏中的人或事物，通过这种自由的手段以及用户们开动脑筋想出的对抗敌人的办法来达到游戏所要求的目标。

（二）游戏企业

1. 游戏企业

游戏企业指的是从事游戏出版物研发、流通、服务等经济活动，以此满足社会需要，实行自主经营、独立核算、依法设立的一种盈利性的经济组织。游戏企业包括游戏开发商、游戏出版商和网络游戏运营商。

2. 上市游戏企业

上市游戏企业是指所发行的股票经过国务院、国务院授权的证券管理部门或者海外证券市场监管机构批准，在证券交易所上市交易，业务类型包括游戏的股份有限公司。本报告所统计上市游戏企业包括所有涉及游戏业务、在不同证券市场上市的公司。

3. 游戏研发商

游戏研发商一般是指从事游戏制作、构架、开发的企业，主要负责游戏的编程、设计、美工、声效、生产及测试等工作。

4. 游戏运营商

游戏运营商一般是指为自主研发或其他游戏研发商授权代理的网络游戏提供运营服务的公司。

5. 融资

融资是企业的资金筹集的行为与过程，也就是说公司根据自身的生产经营状况、资金拥有的状况，以及公司未来经营发展的需要，通过科学的预测和决策，采用一定的方式，从一定的渠道向公司的投资者和债权人去筹集资金，组织资金的供应，以保证公司正常生产需要，经营管理活动需要的理财行为。

6. 投资

投资指的是用某种有价值的资产，其中包括资金、人力、知识产权等投入到某个企业、项目或经济活动，以获取经济回报的商业行为或过程。可分为实物投资、资本投资和证券投资。资本投资是以货币投入企业，通过生产经营活动取得一定利润。证券投资是以货币购买企业发行的股票和公司债券，间接参与企业的利润分配。

7. 新三板

新三板原指中关村科技园区非上市股份有限公司进入代办股份系统进行转让试点，因挂牌企业均为高科技企业而不同于原转让系统内的退市企业及原 STAQ、NET 系统挂牌公司，故形象地称为"新三板"。

（三）游戏技术

1. 4G 网络

4G 网络指的是第四代移动通信技术，该技术包括 TD-LTE 和 FDD-LTE 两种制式，能够快速传输数据、高质量、音频、视频和图像等。4G 能够以 100Mbps 以上的速度下载，比目前的家用宽带 ADSL（4Mbps）快 25 倍，并能够满足几乎所有用户对于无线服务的要求，对于移动游戏的发展有着不容忽视的意义。

2. VR

虚拟现实英文名称为 Virtual Reality，简称 VR，是一种可以创建三维空间图形，并与用户产生交互性互动，从而为用户营造虚拟现实体验的技术。在游戏产业中，VR 眼镜、体感设备等都包含在虚拟现实技术中。

3. AR

增强现实英文名称为 Augmented Reality，简称 AR，也被称为扩增现实（中国台湾地区），是一种将真实世界信息和虚拟世界信息"无缝"集成的新技术,是把原本在现实世界的一定时间空间范围内很难体验到的实体信息(视觉信息,声音,味道,触觉等),通过电脑等科学技术,模拟仿真后再叠加,将虚拟的信息应用到真实世界,被人类感官所感知,从而达到超越现实的感官体验。

(四)游戏营销

1. 游戏市场实际销售收入

游戏市场实际销售收入即游戏内所有付费用户每年玩游戏直接花费金额的总和,以货币为单位进行衡量。花费主要指购买包月卡、点卡、虚拟道具等的花费,不包括游戏用户的上网费用、电话费用、购买相关软件和资料的费用。

2. 互联网+

"互联网+"是创新2.0下的互联网发展新形态、新业态,是知识社会创新2.0推动下的互联网形态演进及其催生的经济社会发展新形态,是互联网思维的进一步实践成果,它代表一种先进的生产力,即一种推动经济形态不断地发生演变,从而带动社会经济实体发展的生命力,为改革、创新、发展提供广阔的网络平台。

2015年3月5日上午第十二届全国人大三次会议上,李克强总理在政府工作报告中首次提出"互联网+"行动计划。提出,制定"互联网+"行动计划,推动移动互联网、云计算、大数据、物联网等与现代制造业结合,促进电子商务、工业互联网和互联网金融健康发展,引导互联网企业拓展国际市场。

3. 渠道

渠道指为用户与产品之间建立联系的途径。通常指用户获取渠道,有时也用来指支付渠道。渠道所有者一般是拥有用户访问量的互联网功能性站点,如百度、网易、360、淘宝等。

用户获取渠道是游戏获取用户的途径。即通过宣传手段,将非游戏用户吸引进游戏,转化成游戏用户的途径。如推送广告、线下广告、固定位置广告、微信、微博等。

支付渠道是用于实现用户对游戏付费的途径。即人民币从用户的账户转移到支付平台、再到运营平台,最后转化为游戏内部虚拟货币的流程载体。

4. IP

IP即智慧财产(Intellectual property),包括商标、著作权、注册或未注册的设计。例如文学和艺术作品:小说、诗歌、戏剧、电影、绘画、摄影、雕塑、建筑设计等。一般具有专有性、地域性和时效性等特性。

5. ARPU值

ARPU值指的是游戏付费用户每月平均贡献的收益,通常ARPU的计算方法为:ARPU(元/月)=游戏月总收入/游戏月付费用户数。

6. 二次元

即二维,"次元"即"维度"。在动画(Animation)、漫画(Comic)、游戏(Game)、小说(Novel)人群组织成的文化圈(ACGN)中,被用作对"架空世界"的称呼。这一用法始于日本,基于早期的动画、游戏作品都是以二维图像构成的,画面是一个平面,所以称之为"二次元世界",简称"二次元"。

(作者单位:中国音像与数字出版协会游戏出版工作委员会)

2016年中国网络（数字）动漫出版产业年度报告

占世伟

2016年我国网络（数字）动漫产业迅猛地发展。国产原创作品也愈发受到年轻人欢迎，在与"日漫""美漫"的竞争中体现出更强的实力。阅文集团、爱奇艺、网易等巨头企业深度介入网络动漫领域。部分创业者开始探索中国动漫内容与服务出海，在东南亚等地区开拓出一片天地。

一、网络（数字）动漫平台与生产商发展状况

2016年，网络动漫主要呈现出五大发展态势。

第一，更多巨头进军网络动漫领域。以阅文集团为例，重点发力方向之一即是动漫改编。2016年诸多二次元游戏和动画电影的爆发，让阅文看到了年轻用户对于动漫内容的强烈需求。阅文的《择天记》《全职高手》《斗破苍穹》等人气网文改编的动画作品，成绩都非常不错。在进一步提升作品改编质量同时，也希望通过加大动漫衍生，更广泛更深入地融入整个IP产业链。

第二，巨头们介入产业链更加深入。网络动画领域，各大视频网站除了延续以往对动画版权内容的争夺，还开始深度介入到内容的生产。第一梯度阵容中以优酷土豆为代表的阿里系（2016年4月阿里巴巴正式全资收购优酷土豆集团），投资参与出品了广受好评的《少年锦衣卫》等动画；爱奇艺则重金投资翻翻动漫集团；上海变月文化出品了《口水三国》系列；获得腾讯投资的Bilibili，投资了翼下之风、戏画谷等国内动画公司，还参与投资了《秋叶原之旅》《偶像事变》等日本动画，进入制作委员会进军动漫产业。

网络漫画领域，腾讯动漫、快看漫画、咪咕动漫等平台，不再只是提供内容的分发，也深度参与内容创作，如腾讯动漫，已与夏天岛工作室达成协议，引入小新、大鬼、十尾、腊肉、阿莱夏、盘丝大仙等7位漫画作者，成为腾讯动漫独家签约作者；咪咕动漫也孵化了《极刑·饭》《青柠之夏》和《逆袭吧魔王！》等自有IP。

第三，越来越多的人才和资金流向动漫内容。据产业研究机构三文娱发布的动漫人才报告显示，从事真人影视、游戏行业的人才逐渐进入到动漫领域从事相关的工作，同时相关专业刚毕业的新人开始把动漫行业作为自己的主要求职目标；另外相比于2016年初和2015年，动漫产业部分职位在过去一年的薪资待遇，已经明显上涨。更好的待遇，更宽广的发展空间，以及更高的作品成功率带来的成就感，吸引越来越多的人才流向动漫内容产业。另一方面，三文娱还统计到，仅2016年完成工商信息变更的动漫行业投资事件就有108起，由于工商信息的滞后性以及美元投资等范例并不体现在国内工商，实际达成的投资远多于这个数字，但相比之下从2010年到2015年只有136起。

融资金额和动漫内容公司的估值也有了大幅提升，如玄机科技获得腾讯近2亿元投资，快看漫

画融资 2.5 亿元。

第四，国产漫画动画内容兴起，原创能力大大提升。腾讯动漫平台出现《妖怪名单》《我叫白小飞》等多部点击量过百亿的漫画，《中国惊奇先生》《王牌御史》《斗破苍穹》《狐妖小红娘》《银之守墓人》《通灵妃》《一人之下》《妖精种植手册》《从前有座灵剑山》《偷星九月天》《人皮衣裳》《妖神记》《通职者》《罗刹大人请留步》等作品浏览量过三十亿。快看漫画平台则有《狼族少年》《与爱有关》《我家住进了大魔王》等浏览量过十亿的作品。

网易漫画的数据则显示，尽管其平台已经引进了美日韩超过 1000 部优质正版漫画，但 95 后、00 后的用户更加青睐国产漫画，点击破亿作品国产原创漫画占比 90% 以上，人气榜前列也多数都是国产漫画。

动画方面，《狐妖小红娘》在 2017 年初全网播放量超过 10 亿，在 B 站点击过亿；而腾讯动漫自身的全平台月活跃用户 9000 万。阅文集团网文改编动画《斗破苍穹》第一季也以近 10 亿播放量收官。

第五，国产动画漫画粉丝也表现出更强的消费能力。国内 ACG 爱好者的消费热情持续高涨，不仅让面向他们打造的《阴阳师》《崩坏》《Fate/Grande Order》等游戏保持在畅销榜前茅，月流水过亿，还让二次元演出、衍生品等领域有了更高的收入。

二、网络（数字）动漫产业的生产规模与市场规模状况

2016 年初，我国动漫产业产值进一步提升，2016 年整体动漫市场的用户规模已达 3.1 亿，仅网络漫画的用户就达到 9725 万人；截至 2016 年底，中国网络（数字）动漫市场营收约为 155 亿元。

（一）内容型公司

内容是数字动漫产业链的源头，也是数字动漫产业链的上游环节，内容的质量直接影响终端用户的购买力。2016 年，数字动漫产业链中的内容生产商进一步公司化、专业化和规模化，其中的头部公司开始以资本等方式与巨头结盟，以期在粉丝数量、IP 衍生等方面发挥出更大的协力。接受投资的公司类型包括以凝羽动画、米粒影业等为代表的动漫创作公司；以布卡漫画、踏雪动漫等为代表的漫画创作与平台公司；以红龙文化、露娜文化等为代表的动漫文化衍生内容生产制作公司或垂直社区等；以米漫传媒、米炭科技等为代表的通过衍生品、展会、电商等运营动漫 IP 盈利变现的公司。此外还有虚拟偶像、文化旅游等新兴细分领域的公司，也获得资本的关注，如上海禾念、银河漫游指南、优他动漫等。这一百多家公司，多数是漫画或动画内容生产公司。巨量投资的引入，吸引更多的人才进入动漫行业，并能够获得更高的薪资，有助于提高动漫内容的质量，满足动漫粉丝们的需要。

内容型公司，作为数字动漫内容的生产机构，在数字领域的商业模式主要以版权分销为主，将其作品的信息网络传播权，以许可授权的方式，允许第三方机构或平台在约定的渠道范围内传播，并获得相应的收益。

有二十多家以动画制作为主营业务的公司在新三板挂牌，他们的数据则更直观地体现了当前国内动漫内容公司的经营情况。

中国动画公司业绩表（三文娱不完全统计）

公司简称	2016年营业收入	2015年营业收入	营业收入增减比例	2016年净利润	2015年净利润	净利润增减比例
每日视界	1868.46	1973.40	−5.32%	−433.76	50.05	−933.41%
约克动漫	11710.07	4116.27	184.48%	1718.82	528.29	225.35%
中南卡通	12441.51	18033.19	−31.01%	481.66	822.88	−41.47%
鑫时空	1228.66	862.02	42.53%	212.52	202.19	5.10%
博润通	2479.58	482.37	414.04%	265.06	−460.42	−157.57%
紫荆股份	6457.58	2175.21	201.01%	2333.21	551.29	323.23%
皆悦传媒	1485.22	1929.17	−23.01%	−292.38	455.70	—
盛天彩	1194.87	603.56	97.97%	−926.53	−707.86	30.89%
崇德动漫	5445.39	3251.03	67.50%	2449.10	829.24	195.34%
欢乐动漫	7549.57	4090.22	84.58%	2665.75	1546.24	72.40%
咏声动漫	14949.90	10473.73	42.74%	3114.88	1670.89	86.42%
舞之动画	3532.71	2187.93	61.46%	−668.44	−342.22	−95.32%
喜悦动漫	2973.74	1579.11	88.32%	727.52	459.37	58.37
华映星球	1062.38	898.15	18.28%	−704.01	−474.13	−48.48%
如意通	269.22	525.66	−48.79%	−634.66	−647.95	−2.05%
千年传说	247.03	244.43	1.06%	−276.58	−131.42	110.45
大千阳光	1224.56	1462.64	−16.28%	60.67	103.05	−41.12%
江通传媒	5595.33	3903.96	43.32%	710.05	121.52	484.31%
精英动漫	3671.68	2651.73	38.46%	−43.61	−134.70	67.62%
金正动画	879.03	525.40	67.31%	−182.52	−439.54	—

备注：
三文娱制表数据来自官方文件，单位：万元人民币
本表格采用的是扣除非经常性损益

2016年随着国产动画市场的回暖，许多过去专注动画代工的企业开始转型，纷纷开发起了原创IP，部分原创IP已经开始产生营收。从上表中可以看到，营收较2015年有所增长的公司占到75%。

不过，扣除非经常性损益后能够盈利的公司仅66%，它们多数是面向儿童市场，开发低成本的动画后，围绕动画销售的衍生品收益巨大，或者专注于动画发行，代理国内国际的动画剧集和动画电影；或者仍以代工为主要业务，无须面临原创IP的风险。而像舞之动画等面向青少年、成人动画市场，开发原创IP的公司，相较2015年，其净利润还在进一步亏损。

总的来说，动画公司们无一不想抓住IP的风口，年报中几乎全都提到计划或已经在大力开发原创动画，但原创动画回收周期相对较长，部分动画公司年报中提到的动画电影作品，将陆续在今明两年里上映，还有许多在制作中的动画剧集也各自拟定了上线时间。

（二）平台型公司

2016年的数字动漫平台商，已经逐渐从群雄逐鹿的局面，演化成寡头出现的格局。腾讯、阿里巴巴、百度系视频公司均已参战，哔哩哔哩和AcFun等与BAT系视频公司展开激烈的动画版权争

夺战与微妙的合作。网易、三七互娱、昆仑万维等游戏公司则为了泛娱乐进程而投入重金抢购版权，或投资平台，或与平台深度合作。

漫画平台竞争也十分激烈。在腾讯原创动漫平台和有妖气原创漫画工厂外，快看漫画、网易漫画、爱奇艺漫画等强有力的平台方也加入竞争行列。

腾讯动漫超过5万位作者在平台上投稿，在线连载动漫作品总量22600部，有超过300部作品漫画点击率过亿，其中30部漫画作品阅读量过10亿，有13部动画作品播放量破亿，动画总点击数超过100亿。平台达到月活跃用户数9000万、单日图片点击数超过10亿。腾讯互动娱乐动漫业务部总经理邹正宇表示，在2016年腾讯动漫回馈给内容创作者的总金额已经超过3.7亿元。腾讯动漫还将小新、大鬼、十尾、腊肉、阿莱夏、盘丝大仙等7位优质漫画作者引入，成为独家签约作者，要为其提供更好的创作条件和回报空间。

同时，各大平台在IP衍生方面，也投入了更大的精力。有妖气原创漫画平台在9.04亿元、通过现金＋股票的交易方式被奥飞娱乐收购之后，将《端脑》《神明之胄》《雏蜂》《馒头日记》《镇魂街》等更多的漫画作品改编成了动画，并计划将《端脑》《镇魂街》《雏蜂》《桃花缘》《球娘》等改编为真人影视剧，《十万个冷笑话》《雏蜂》《拜见女王陛下》《虎×鹤》《镇魂街》等IP被授出了部分游戏改编权。

2016年末，快看漫画就对外宣布已有《快把我哥带走》《单恋大作战》《零分偶像》等6部漫画作品将要影视化。网易漫画的人气漫画作品《我才不会被女孩子欺负呢》改编的网络真人剧也在2017年初开拍。

平台与平台之间，也开始了更多的合作，比如腾讯动漫将与凤凰娱乐共同打造金庸经典武侠漫画世界，正版金庸武侠漫画如《天龙八部》《笑傲江湖》等作品，未来均会在腾讯动漫平台独家首发。

手机动漫平台方面主要是三大电信运营商建立的内容分发平台，分别是中国移动咪咕动漫、天翼爱动漫（中国电信动漫运营中心）和中国联通沃动漫。

针对手机动漫业务，中国移动动漫基地开发了两类产品形态，分别为阅读型产品和应用型产品。

阅读型产品，即将原始动漫内容直接移植到手机平台上，让用户进行观看，主要产品体现为手机动漫杂志、手机漫画、手机动画等产品。此类产品的收费模式主要分两种，一种是点播计费模式，一种是包月模式。应用型产品，即将动漫元素通过植入到传统手机应用过程中而形成的手机产品，也称之为数字动漫衍生品，其主要产品体现为手机彩漫、手机彩像、手机桌面、手机动漫主题等应用型产品，此类产品的收费模式同样分两种，一种是点播计费模式，一种是包月模式。以上两类产品均可通过中国移动动漫基地搭建的手机WAP网站、手机客户端渠道，手机用户可直接在WAP网站或客户端操作，进行下载付费。

咪咕动漫除了原有的商业模式，如通过彩信、WAP、Web及客户端等方式为用户提供丰富的动漫产品，对动漫产品进行运营并加入用户参与元素，为个人用户提供动漫内容DIY的渠道等，还深度介入了动漫产品本身。中国电信的天翼爱动漫，则在2017年初成功注入中国电信集团旗下的上市公司号百控股，开始了更商业化的运作。

爱动漫立足动漫内容分发，通过自有平台、外部合作平台等渠道引导用户付费订购或者点播产生收入，并与内容提供方进行分成。此外，爱动漫还通过提供视频广告代理服务、动漫实物衍生品电商服务取得收入。爱动漫业务通过与动漫内容提供方合作，同时，通过原创动漫画平台"画客"，切入版权交易、衍生品运营领域，布局并整合产业链上下游。

截至 2016 年 3 月 31 日，爱动漫平台已经聚集高清动画 50 万分钟，高清漫画 190 万篇，聚合内容合作伙伴超 300 家，原创作者超 1000 人。截至 2016 年 9 月底，爱动漫平台注册用户为 1.63 亿，"爱动漫"客户端的注册用户数达到 4602.90 万，2016 年 1—9 月均活跃用户数达到 146.08 万，月均观看量 5819.17 万次。

2016 年前 9 个月，爱动漫的动漫画阅读收入为 1.7 亿元，收入前十的动漫产品包分别为：爱动漫 VIP 会员、文礼精品包、动作精品包、精品包经典大作、纷享包、奇趣精品包、西子精品包、城市漫生活、幽默精品包、台湾文化精品包。

天翼爱漫画还开展了 IP 运营业务，截至 2016 年 9 月 30 日，爱动漫已签署了《前夫大人请走开》《逆天仙帝》《妙手天医在都市》等 3 部自主 IP 版权的业务合同，相关漫画完成后的版权由爱动漫所有。

中国联通的沃动漫还与新华网联合打造了专业化动漫衍生品垂直电商新淘商城，重点运营正版、精品、稀缺型动漫周边产品，全面支持联通"话费购"消费，联通 2G/3G/4G 用户在商城购物时，可通过"话费购"方式为个人账户充值相应面额的电子券，金额将直接在用户手机话费账户中扣除，电子券则可以用来购买商城里的动漫周边实体产品与数字产品。沃动漫另外还有"沃家英语""沃漫天下""炫影彩信"等众多手机与动漫融合业务。

（三）衍生服务型公司

在众多平台和内容原创公司之外，还有许多为他们提供服务的公司。大致可以分为：资讯类动漫网站、运营型公司、衍生品公司。

1. 资讯类动漫网站

资讯类动漫网站以展示动漫行业的资讯信息和分析研究为主，为动漫爱好者、动漫行业从业者提供信息共享的资讯平台，其宗旨是为中国动漫传导先进的文化理念和产业意识，搭建跨媒体一体化的产业运营平台。以三文娱为例，它关注新文化新娱乐新内容产业，做有趣味有营养有梦想的报道，为动漫与文化娱乐创意人提供了大量的深度研究文章，持续分享新闻报道、范例分析与行业报告，也有专业人士在线上线下的探讨。它希望用媒体来嫁接有关部门、企业、专业院校（教学基地）、动漫人才、跨行业公司等多方面资源，为中国动漫的发展贡献力量。在 2016 年三文娱还为行业推出了更多服务，通过 IP 库让动漫公司有了展示作品的平台，动画酱赛事则让很多动画人才有了崭露头角的机会。

2. 运营型公司

运营环节在整个数字动漫产业链当中扮演着非常重要的角色，在目前中国数字动漫产业中，有两种类型：

第一种类型公司为版权代理公司，属于传统的版权贸易公司，通过资金采购动漫作品数字领域的使用权，然后通过版权分销的模式，进行数字渠道的版权销售工作。新三板挂牌公司杰外动漫就是典型代表，它一方面通过自有渠道获得国内外动漫企业的授权（包括动画片授权、动画电影授权等），然后组织策划、营销推广，将版权授予不同渠道的客户。如它获得了双叶社《蜡笔小新消消乐》手机游戏的开发权，然后授权给北京精麦通无线信息服务有限公司开发和运营这款游戏，游戏上线后杰外动漫获得相应比例佣金。又如杰外将《蜡笔小新》电子漫画授权给炫果壳（北京）信息技术有限公司在中国移动阅读基地上线，授权给花火（厦门）文化传播有限公司将此漫画书在中国移动动漫基地上线。

这一类型公司，在2016年已经更深入地参与到数字动漫内容创作当中来，与内容公司的边界变得模糊。如杰外动漫，2016年除了代理原有的动漫节目外，还增加了幼教节目的产品线，引进了《巧虎》《躲猫猫》等海外优质幼教节目；并且增加了动画节目的投资制作业务，加大自有版权的项目投入。2016年度杰外动漫通过参与投资获得了逗岛（Dooodolls）、斗龙战士（Dino Warrior）两部拥有自主知识产权的动画作品。投资制作业务将成为公司新的盈利增长点，进一步增强核心竞争力。

第二种类型运营公司，也被称为经纪或发行公司，据三文娱归纳，目前已经衍生出多种运作方式。其中相对传统的一种是经纪公司签作者，作者以员工的身份加盟公司，收入主要是拿公司开的工资，作者创作的作品著作权归属公司。第二种模式则是以公司的编辑团队为核心，公司对IP从初期创作到后期开发，都进行了较为充分的立项（如故事大纲和世界观设定等）之后，与"外包"的作者只是就某一部或几部作品与公司签约，作品的著作权归属公司，或者共享。第三种模式则是作者凭借自身作品"战略加盟"公司，对作品的后续开发及具体分成有发言权，作品的著作权归公司和作者共有——作者既是创作者，也是公司的经营者。第四种模式，即经纪公司对要自己开公司的作者进行投资，大家换种方式进行合作——这是借鉴了影视行业的金融玩法。

在这四种模式之外，还有一种处在CP和平台之间的运营公司，其角色类似于纯粹的电影宣发公司，即其本身并不持有IP，但利用产业信息的不对称，专门从事漫画、动漫作品的发布对接、宣传营销业务。

从2016年开始，随着行业规则的透明化，原创作者与平台之间的合作更加直接，特别是许多原创公司的发展壮大和平台深度接入内容生产，信息不对称给运营型公司带来的发展空间已经极为有限。

3. 衍生品公司

2016年开始，兴起了许多为动漫IP提供变现服务和更亲密触达粉丝的服务的公司，分为授权消费品的公司、虚拟偶像公司以及游戏或影视等其他行业变现端的公司。

消费品公司，在2016年有了比较大的变化。有一批公司在运营品牌IP的手段和渠道上更为多样，并试图跟紧IP经济及互联网科技的发展步伐，将这些全新的概念和技术化为己用。更有一批公司开始将眼光投向泛娱乐方向，利用现有IP，通过成立子公司、投资、收购等各种方式，开拓动漫、影视、游戏等的制作和IP运营业务。除了收购有妖气的奥飞外，直接剥离玩具制造业务的骅威文化、游戏开发风生水起的星辉娱乐、投资了二次元小说、直播等各类泛娱乐平台的美盛文化等公司都找到了各自转型发力的方向。

动漫公司2016年业绩（衍生品部分，三文娱非完全统计）

公司简称	营业收入	扣非净利润	现金流量净额
奥飞娱乐	3360668382.81	339273704.48	185850956.40
星辉娱乐	2393272593.58	4226412561.02	192935471.80
骅威文化	812274603.85	223539163.91	296069548.02
高乐玩具	403507350.39	34224249.35	91919163.66
美盛文化	633157304.38	73761484.04	38327489.71
群兴玩具	250703064.46	876147.54	53232312.71

续表

公司简称	营业收入	扣非净利润	现金流量净额
小白龙	171806333.85	18304101.05	21716334.80
童石网络	108633844.58	15122925.74	-91278290.70
蓝帽互动	62632761.84	16958843.91	13079996.14
星原文化	58102750.03	3551470.26	-6052179.44
金添动漫	191316367.95	5434349.81	21648617.06
智高文创	99294090.46	546954.24	-171262187.67
梦之城	45101420.97	-11456500.73	-26210070.04
芝兰玉树	58959520.58	-47417725.84	-64329304.98
轩创国际	15132355.63	1752459.45	-4437685.37
精英动漫	36716844.40	-436145.24	1646553.68
凯迪威	161058497.78	20550746.99	6954416.12
亲宝文化	6791111.45	-2841357.85	188363.87
亲子企鹅	年报推迟公布		
唯诺冠	169883158.39	22579215.61	8685469.36
利美隆	1095565326.30	12569567.34	-2338902.96
泡泡玛特	88118495.91	-12332451.74	-9058268.34
银大郎	35217160.56	-821060.56	-8334911.96

备注1：三文娱制表，数据来源于官方年报文件。单位：元人民币
备注2：本表格采用的是扣除非经常性损益后的净利润

消费品中的手办厂商，比如ACTOYS、末那工作室、北裔堂创作联盟、开天工作室等，也开始与国内原创IP的一起成长，不过普遍尚处于市场培育期。目前国内手办行业厂商，数量少，圈子小，量不大，部分产品成本和利润持平，只有少部分优质IP会给厂商和IP方带来可观的利润。

国内的虚拟偶像，以洛天依为例，从登上电视荧屏，到与时尚杂志合作，再到进行万人现场演出，2012年出道的她缔造了很多个中国虚拟偶像的第一次。目前有了嫣汐、乐正绫、言和、星尘、夏雨遥等更多个中文虚拟歌手存在，他们在近年获得资本的支持后，开始进行商业化探索，从传统偶像的专辑、周边、演唱会、代言，到结合VR、AR等新技术游戏。

我国网络动漫市场繁荣背后也隐藏着诸多问题。一是富有创意的精品内容缺乏。虽然资本热潮涌动，国内读者和消费者的需求高涨，但动漫行业高端创意人才仍然匮乏，创作技巧仍需锤炼，内容环节的发展水平直接决定着整个产业的发展水平；二是商业模式仍不明晰。如本报告前述的衍生服务型公司，当中创业公司多数仍在试错。这些问题使国产原创内容在人气和收入的形式和体量等多方面相对于国外都有较大差距。

（作者单位：北京创艺天地科技有限公司）

2016年中国移动出版产业年度报告

闫 鑫

一、移动出版产业发展概述

2016年移动互联网持续高速发展，4G普及、5G待发，Wi-Fi进一步覆盖。全球智能手机出货量接近15亿台[1]，我国手机网民规模达6.95亿[2]。智能移动正在给全民生活带来的各种便利，手机阅读、手机支付、手机直播等新兴生活方式融入用户日常，移动出版作为新业态正式站立在传播知识的历史舞台。

（一）国家政策助力移动出版新发展

2016年"互联网+"行动计划稳步实施、"全民阅读"备受瞩目，移动出版迎来新机。2月，国家新闻出版广电总局、工业和信息化部联合发布《网络出版服务管理规定》取代了原《互联网出版管理暂行规定》；5月，为规范移动游戏市场秩序，国家新闻出版广电总局发布《关于移动游戏出版服务管理的通知》；7月，国家版权局联合国家网信办、工信部、公安部正式启动"剑网2016"专项行动；12月，国家新闻出版广电总局下发《关于加强微博、微信等网络社交平台传播视听节目管理的通知》进一步规范互联网视听节目的传播秩序，加强微博、微信等网络社交平台（含微博账号、微信公众号）面向公众传播视听节目的管理。这些政策的落地实施，为移动出版的发展奠定了坚稳的基石，使移动出版发展有保障可依。

（二）IP泛娱乐产业布局加快，推动移动出版业继续发展 [3]

2011年腾讯提出"泛娱乐"概念2012年推出泛娱乐战略，经过4年构建了一个打通游戏、文学、动漫、影视、戏剧等多种文创业务领域的数字内容新生态，初步打造了"同一IP、多种文化创意产品体验"的创新业态。网络文学、联动游戏等网状价值链生态圈逐渐形成。

网络文学是诸多重要IP的培育场，是数字内容产业的重要一环。由其改编的影视、游戏等作品在2016年也取得了不俗的成绩。如：《九层妖塔》《寻龙诀》均改自阅文小说《鬼吹灯》。《盗墓笔记》《择天记》等同名网络小说改编的电视剧收视飘红。收视的火爆也反哺了原著网络小说阅读，

---

[1] 2016年中国智能手机出货量达4.65亿部［EB/OL］http : //money.163.com/17/0205/12/CCGS5HJB002580S6.html

[2] 据中国互联网信息中心（CNNIC）发布的《第39次中国互联网络发展状况统计报告》显示，截至2016年底，中国手机网民规模达6.95亿，较上年新增7550万人。网民中使用手机上网人群占比由2015年的90.1%提升至95.1%。

[3] 本部分内容参考了由三七互娱和工信部联合发布的《2017年中国泛娱乐产业白皮书》。

阅读量呈现明显增长的趋势。[1]

2016年，影游联动继续在IP领域大放异彩。据游戏工委数据显示，2016年影游联动基于影视开发的移动游戏实际销售收入89.2亿，占总移动游戏市场实际销售收入的10.9%，多款最高月流水破亿。

（三）VR、AR等新兴技术与出版产业交融，促进行业新的发展

2016年被称为VR、AR元年，众多资本纷纷投入相关行业领域。2016年，VR、AR等新兴科学技术更加成熟和完善，这些技术逐步应用到出版乃至移动出版行业，为行业注入新鲜血液和活力，促进了行业新的发展生机。

2016年国内已有多家出版集团对VR、AR数字出版展开布局，探寻新的出版增长点。吉林出版集团提出了打造"立体派融媒体互动阅读新体验"的口号，打造立体的与智能终端互动的少儿科普百科图书，2016年该集团新媒体拥有4个专业平台12个系列的AR、VR类等产品。北京少年儿童出版社出版的《大开眼界·恐龙世界大冒险》是一套与VR技术结合的拥有4D体验的少儿科普丛书，戴上眼镜、拿起手机，可以随时开启一场与恐龙亲密接触的惊奇旅行。现阶段VR、AR图书以儿童图书为主，其互动性、可玩性强很博儿童眼球。未来VR、AR阅读适用范围将进一步拓展或向自然科学、医疗教育等专业领域图书探索。

2016年VR、AR同样成为移动游戏领域行业关注焦点，这些技术正处于市场培育阶段促进移动游戏内容和交互方式的创新。在移动视频领域，通过全新的交互模式重塑用户视频观看体验。如芒果TV推出的《歌手4》节目引入VR版本取得了不错的反响。"草莓音乐节"推出VR直播，吸引了众多粉丝观看。

（四）"二次元文化"引爆移动出版，成为现象级话题

2016年，"二次元文化"引爆出版行业，成为一种现象级话题。随着国产动漫的快速发展，"二次元"的概念和范围逐步扩展，粉丝群体规模快速扩张，核心群体90后和00后消费能力提升迅速，二次元文化正在逐步主流化。据咪咕动漫研究，2016年我国的核心二次元用户将超过8000万人，二次元用户总人数将突破3亿人[2]。二次元内容正成为各大文学平台的标配。掌阅与国内多家动漫内容方签约合作，并持续引进日韩漫画。阅文集团IP动画改编业务已初具规模与成效，如《女娲成长日记》、《择天记》第二季、《全职法师》等动画内容，均获得不俗的市场反应。咪咕阅读举办"全民星计划"次元小说征文大赛，主打大学生群体。以二次元、轻小说、同人文体裁为主的爱阅读成立原创小说网站"米汤中文网"专注90后和泛90后的作者和阅读人群。作为二次元游戏，网易首款二次元大作《阴阳师》、bilibili的《FGO》，米哈游的《崩坏3》表现强劲，与此同时，众多海外二次元游被引进，并对国内玩家进行了有针对性的打磨。

---

[1] 版权意识觉醒，移动阅读平台迎来下一个风口？［EB/OL］http://district.ce.cn/newarea/hyzx/201704/26/t20170426_22369827.shtml

[2] 摘自由三七互娱和工信部联合发布的《2017年中国泛娱乐产业白皮书》。

二、移动出版产业发展现状

移动互联网应用的使用愈加深入到人们的生活,根据《第 39 次中国互联网络发展状况统计报告》显示,2016 年我国网民各类手机应用使用率 Top10 依次是:手机即时通信、手机搜索(上升一位)、手机网络新闻(下降一位)、手机网络视频(上升一位)、手机网上支付(上升一位)、手机网络音乐(下降两位)、手机网络购物、手机地图和手机导航、手机网络游戏、手机网上银行。其中第一,手机即时通信、手机搜索和手机网络新闻依旧稳居前三,手机即时通信网民使用率超九成,手机搜索和手机网络新闻使用率均超八成;第二,Top10 手机应用中,除手机银行,其余 9 个手机应用的网民使用率均超 50%;第三,Top10 手机应用中,手机搜索、手机视频、手机支付、手机购物、手机地图和手机导航、手机游戏、手机银行 7 个应用的网民使用率增长率均超过了 20%;第四,手机在线教育课程、手机订外卖虽均不在使用率 Top10 之列,但其全年增长率分别达到了 84.8%、86.25,值得引起关注;第五,受手机网上支付、手机购物、手机银行等移动商务应用的影响,手机音乐、手机文学等均相应地有所下降,但用户规模和网民使用率依旧保持着良好的发展态势[1]。

表 1 2016 年我国网民各类手机应用使用率 Top10

排名	手机应用	2016 年网民使用率	2015 年网民使用率	全年增长率
1	手机即时通信	91.8%	89.9%	14.5%
2	手机搜索	82.7%	77.1%	20.4%
3	手机新闻	82.2%	77.7%	18.6%
4	手机视频	71.9%	65.4%	23.4%
5	手机支付	67.5%	57.7%	31.2%
6	手机音乐	67.3%	67.2%	12.4%
7	手机购物	63.4%	54.8%	29.8%
8	手机地图和手机导航	62.0%	54.5%	27.6%
9	手机游戏	50.6%	45.1%	25.9%
10	手机银行	48.0%	44.6%	20.5%

(一)移动阅读

据易观智库数据预测,2016 年中国移动阅读市场规模达到 118.6 亿元人民币,同比增速为 17.4%。根据 2017 年 4 月《第十四次全国国民阅读调查报告》相关数据显示,我国国民的阅读终端继续进一步向移动端转移。2016 年,我国成年国民手机阅读接触率达到 66.1%。有 62.4% 的成年国民在 2016 年进行过微信阅读。从微信阅读使用频次与时长来看,2016 年我国成年手机阅读接触群体的微信阅读使用频次为每天 3.29 次。2016 年我国成年国民人均每天微信阅读时长为 26.00 分钟。2017 年"全民阅读"连续四年写入政府工作报告,且由前三年的"倡导"转为"大力推动",阅读受到政府前所未有的高度重视。《公共图书馆法案草案》《全民阅读促进条例》等被列入国务院 2017

---

[1] 数据来源:中国互联网络信息中心:《第 39 次中国互联网络发展状况统计报告》,2017 年 1 月。

年立法工作计划。国家新闻出版广电总局制定了首个国家级"全民阅读'十三五'时期发展规划"。此外29个省（自治区、直辖市）提出了促进阅读行业发展的政策，20个省（自治区、直辖市）出台政策推动数字阅读发展。这一系列政策的出台与实施，无不为移动阅读扎实、深入、有效的发展奠定了重要基础。

从移动阅读的整体市场来看，从主流移动阅读App活跃用户渗透率情况来看：2016年第4季度中国移动阅读市场活跃用户中，掌阅iReader以21.4%的用户渗透率位居行业第一；QQ阅读达到20.60%，位居行业第二；排名第三的是咪咕阅读，渗透率为11.44%。渗透率排名第四到第十的依次是书旗小说、天翼阅读、多看阅读、熊猫看书、爱阅读、网易云阅读和塔读文学。从主流移动阅读App活跃用户规模情况来看：2016年第4季度中国移动阅读市场活跃用户中，掌阅iReader依然保持活跃用户规模优势，以6200.14万的活跃用户规模排名第一；QQ阅读达到5969.29万，位居第二；咪咕阅读活跃用户规模在4季度增长明显，达到3315.96万，其余产品的活跃用户规模均在2000万以下。[1]

2016年电视剧网络点击量Top10中，有五部作品均来自网络文学，分别是《青云志》《欢乐颂》《微微一笑很倾城》《老九门》和《亲爱的翻译官》。2016年，塔读文学与多家阅读平台深入合作，聚合更多用户，合理进行IP开发，在内容以及平台上加大合作。QQ阅读背靠阅文集团，内容输出源源不绝，阅文集团旗下作者与作品成绩屡次创造行业记录，2016年单部作品全网订阅人次过亿的作品超30部，日销过万元近千部。掌阅iReader联合完美时空、蜻蜓FM作为主办单位，以及其他22家知名出版社，展开全国范围内的文学创作大赛，进而挖掘具有优质IP价值的作品进行精品内容储备。

（二）移动游戏[2]

2016年我国移动游戏类型多样化、移动端成本降低，以及IP效应带来的一系列效果，使得移动游戏行业得到了前所未有的快速发展。据中国音数协游戏工委、伽马数据、国际数据公司（IDC）共同编写的《2016年中国游戏产业报告》显示，移动游戏市场依然是中国游戏市场最具活力的领域。2016全年国家新闻出版广电总局共批准出版国产游戏约3800款，其中移动游戏约占92.0%。实际销售收入达到819.2亿元，超过了PC端游戏，同比增长59.2%；移动游戏用户数达到5.28亿，同比增长15.9%。

从移动游戏类型来看，2016年角色扮演类游戏占据最大市场份额，占比达到66.8%。其次是卡牌类游戏，占比13.5%，占据第二位。此外，也有新的游戏类型出现，如体育类《中超风云》、休闲类《球球大作战》、卡牌类《部落冲突：皇室战争》等。

据TalkingData发布的《2016年移动游戏行业报告》显示，2016年移动游戏用户使用4G占比增速较快，相比2015年同期，移动游戏用户使用Wi-Fi和4G联网比例进一步提升，其中4G网络占比由7%提升到19%，增长171.4%。

2016年电竞产业持续火爆，同时也得到国家扶持。移动电竞的蓬勃发展，使得整个产业生态

---

[1] 易观发布的《中国移动阅读市场季度监测报告2016年第4季度》。

[2] 本部分内容主要参考DateEye发布的《2016年中国移动游戏行业年度报告》，中国音数协游戏工委、伽马数据、国际数据公司（IDC）共同编写的《2016年中国游戏产业报告》以及TalkingData发布的《2016年移动游戏行业报告》。

迅速构建。2016年，中国移动电子竞技游戏市场实际销售收入达到171.4亿元，占中国移动游戏实际销售收入的20.9%。移动电子竞技成为电子竞技市场增长的主要推动力，其电子竞技产品的爆发，预示着移动电子竞技时代的到来。围绕移动电子竞技的赛事组织显著增多，并呈现"抱团"的特点。如，乐竞传媒（NiceTV）联合PLU、英雄体育、TGA移动大奖赛等，将多方业务捆绑、赛事整合成立VSPN等。

移动游戏能多年保持快速增长有多种原因，如移动游戏类型不断丰富、移动游戏门槛低、智能手机的普及等，此外，影游联合、VR游戏、电子竞技、游戏直播、二次元游戏等行业热点、新兴领域的不断出现，更是为移动游戏注入了新的活力，促使其在中国游戏产业的大背景下快速稳定发展。

（三）移动音乐[1]

据艾媒咨询发布的《2016—2017年中国手机音乐客户端市场研究报告》显示，2016年，中国手机音乐客户端用户规模达到4.72亿，较上年增长7.27%。2016年第一季度到第二季度、第二季度到第三季度的用户规模增速均为1.8%，第三季度到第四季度为1.51%，可见中国手机音乐客户端用户规模增长速度有所放缓。同据艾媒咨询数据，2016年我国无线音乐市场规模为461.7亿元。

从中国手机音乐客户端下载量来看，截至2016年第四季度，排名前三的客户端分别是酷狗音乐、QQ音乐和酷我音乐，下载量分别为28.4%、16.0%和13.9%；排名第四到第七的依次是阿里星球、网易云音乐、百度音乐和多米音乐。从用户满意度来说，酷我音乐评分最高：为8.7分，酷狗音乐和网易云音乐分居第二、三位，分别为8.4分和8.2分；其余客户端中，虾米音乐7.7分，QQ音乐7.5分，百度音乐7.3分，阿里星球7.0分，均超过7分。

根据艾媒咨询提供的数据可以看出，用户的付费听音乐习惯逐渐养成。在对2016年中国手机音乐客户端在音乐领域内消费情况调查显示，有26.7%的用户购买数字音乐专辑，有19.9的用户是手机音乐客户端的付费会员，有13.5%的用户购买过线上演唱会门票，有12.2%的用户购买过音乐流量包，同时，8.6%的用户进行过线上打赏歌手的行为。而另外的调查显示，近六成用户愿意在网络音乐服务上消费，用户主要月平均消费金额在10—30元区间的比例为45.1%，远高于10元以下的18%。艾媒咨询认为，用户对于网络音乐消费的金额比以往稍微提高，是用户付费听音乐习惯养成的良好现象。

2016年是音乐版权争夺的大年，在国家法规严格把控下，各大厂商纷纷与各大唱片公司合作，用内容资源抢占用户，与此同时，版权费用使厂商运营成本节节上升。为减少高昂的版权费用，阿里巴巴宣布将虾米音乐与天天动听合并为阿里音乐；QQ音乐与中国音乐集团（酷狗音乐、酷我音乐等）合并成为腾讯音乐娱乐集团，调整架构、设立六大业务线、建立共享版权资源等合作关系。此外，2016年，手机音乐客户端用户趋近饱和，因此，维护已有用户、加强客户端使用体验是使这批留存用户升级为消费用户的关键。

（四）移动动漫

根据Analysys易观千帆监测数据显示，2016年第4季度中国移动动漫市场整体活跃人数达到4683.77万。腾讯动漫和快看动漫的活跃用户数均超过了1000万，分列第一、第二为，前者的活跃

---

[1] 本部分内容主要参考艾媒咨询发布的《2016—2017年中国移动手机音乐客户端市场研究报告》。

用户数高达 1231.62 万，后者为 1120.03 万。排名第三的是咪咕漫画，活跃用户数为 678.55 万。活跃用户数排名第四到第十位的分别是：有妖气漫画、布卡漫画、漫画岛、爱动漫、暴走漫画、可米酷漫画以及漫画之家。

从人均单日使用时长来看，腾讯动漫以 48.33 分钟、爱动漫以 48.08 分钟、动漫之家以 47.96 分钟占据前三甲；拉风漫画（44.57 分钟）、快看漫画（44.46 分钟）、腐次元（44.09 分钟）、菠萝饭（41.55 分钟）和追追漫画（41.5 分钟）均超 40 分钟。从人均单日启动次数来看，腐次元、菠萝饭和快看漫画排前三名，分别为 6.5 次、6.4 次和 6.3 次；动漫之家 5.7 次，爱动漫、网易漫画均为 5.6 次，腾讯动漫、追追漫画均为 5.5 次，拉风漫画、漫画人均为 5.3 次。

随着国家监管力度的加强及对内容监管的越抓越严，移动动漫行业已启动正版化策略，各平台也都积极配合并有所改善，但是由于诉讼周期长等原因，平台之间关于盗版的问题依然存在。一方面，漫画作者与公司、工作室在著作权的所有权归属签订的合约存在不公平问题；另一方面，平台与平台之间存在版权纠纷，2016 年 7 月，法院判决"漫画帮"非法传播腾讯动漫《狐妖小红娘》《2B家庭欢乐多》等 5 部作品侵权成立，赔偿 32.3 万元人民币。越来越多的各平台纷纷加大对动漫作品的维权力度，以便更好地维护原创作者、相关权利人和读者的权益。例如漫画岛已经与冠勇科技旗下快优知识产权达成战略合作，为自家平台上的漫画版权保驾护航，为相关企业做了很好的表率。

（五）移动视频[1]

2016 年网络视频用户向移动端进一步渗透，移动视频市场基础进一步得到夯实。根据易观智库发布的《中国移动视频市场年度综合分析 2017》报告显示，2016 年中国手机网络视频用户达到约 5 亿人，手机网络视频用户占手机网民的比例为 71.9%，手机网络视频用户占网络视频用户比例更是高达 91.8%。

头部应用优势较为明显，千万级的视频应用竞争异常激烈。据易观发布的数据可知，用户规模达到亿级的移动视频应用主要有 3 个，即爱奇艺、腾讯视频、优酷大文娱。2016 年 12 月这 3 个视频应用的阅读活跃用户规模分别达到了 22047.9 万、21332.2 万、13840.4 万。达到千万级活跃用户的网络视频应用更是不胜枚举，如快手、乐视视频、芒果 TV、搜狐视频、暴风影音等。

另据易观数据显示，2016 年 12 月移动综合视频用户人均单日使用时长前 3 位的分别是 PPTV 聚力、暴风影音和爱奇艺，人均单日使用时长分别是 109.92 分钟、101.94 分钟和 98.55 分钟。第四到第十位的分别是：搜狐视频、腾讯视频、优酷视频、土豆视频、乐视视频、咪咕视频和芒果 TV。

此外，2016 年中国网络视频付费市场继续增长，预计付费用户将达到 6245 万人，市场整体收入规模达到 107.9 亿元人民币。随着人口红利逐渐削减，网络视频平台将通过深入挖掘用户价值形成更多元化的商业模式，移动视频内容和产品生态不断丰富完善，用户在移动视频平台黏性的增长和移动支付的便捷将促使移动端成为网络视频付费主要来源。2016 年 11 月腾讯视频宣布付费会员数量突破 2000 万，一年内增长近 300%。与此同时，移动视频平台也在探索更多的付费内容资源，用户将从内容、服务等向更多范围延伸，在提供内容服务的基础上，围绕用户娱乐、生活场景开发丰富的增值服务在与游戏、电影等关联挖掘新的消费点。

从内容来看，综合类视频在移动视频各细分市场中保持领先地位，活跃用户规模遥遥领先于其

---

[1] 本部分内容主要参考易观智库发布的《中国移动视频市场年度综合分析 2017》。

他移动细分视频应用,人均使用时长比第二名多出超过7个小时。短视频、移动直播优势凸显,成为细分视频领域的佼佼者,短视频综合平台、娱乐直播在用户规模上分列第二、三位。

(六)移动地图[1]

据艾媒咨询发布的《2016—2017年中国手机地图市场研究报告》显示,截至2016年第四季度,手机地图用户累计达到6.64亿人。从市场份额占比情况来看,高德地图、百度地图、腾讯地图位居前三位,其占比分别为34.3%、29.9%、13.1%;从手机地图应用活跃用户占比来看,高德地图、百度地图和腾讯地图依旧排名前三,分别为14.6%、11.6%和8.8%。从手机地图用户的黏性指数来看,高德地图的黏性指数为8.8,位居首位;百度地图为8.5,排名第二;排名第三的是搜狗地图,黏性指数为7.8,易观认为,高德地图依托阿里资源,为用户提供智能化、个性化的地图服务,用户好感度与用户黏性较高。

2016年各手机地图应用平台均尝试探索加入各种新的功能,但核心需求仍以路线规划与定位导航功能为主。数据显示,66.2%的用户使用手机地图是为了查询路线信息,61.2%的用户是为了定位和导航,而仅有36.6%的用户用手机地图查询周边生活信息,11.1%的用户用手机地图记录出行轨迹。与之对应的是用户选择手机地图的影响因素分布,定位导航准确、信息更新及时、操作更便捷等核心功能分别以61.2%、56.5%和50.6%的占比位列前三位,这与使用功能的分布数据是吻合的。

随着用户使用手机地图频率的提高,手机地图已开始从单一的地图工具,逐步成为用户连接互联网的重要入口,深入到人们生活的方方面面。2016年,中国手机地图用户查询信息分布排在前四位的分别是餐饮、银行、休闲娱乐和酒店,这四类的占比分别为52.2%、50.7%、38.8%和36.0%。

(七)移动教育[2]

2016年,移动教育正逐步发展成为在线教育的主流。《第39次中国互联网络发展状况统计报告》显示,截至2016年12月,中国手机在线教育用户规模为9798万人,与2015年底相比增长4495万人,增长率为84.8%;手机在线教育用户使用率为14.1%,比上年增长5.5个百分点。此外,2016年手机在线教育用户占到中国在线教育用户的71.2%,2015年这一比例仅为48.1%。

2016年,中国在线教育的重点领域均有不同程度的发展。(1)中小学在线教育发展突飞猛进,2016年中小学教育在线教育重点领域用户使用率超过五成,达到53.4%,增长率达到了76.9%。中小学互联网设施的完善为在线教育的实施提供了基础,与此同时,年轻教师对互联网教育的接受程度高,更容易进行在线教育的推广。(2)在线职业教育需求旺盛,接受程度较高。2016年中国在线职业教育用户规模为4713万人,网民的使用率为34.4%。随着中国经济的飞速发展,对人才的各项要求进一步严苛,现今的人才数量和结构远不能满足市场的各种需求,在线职业教育便成为在线教育乃至移动教育待开发的新蓝海。此外,2016年在线教育中语言教育、大学生研究生教育的用户使用率也均比上年有所提高,前者2016年的使用率为28.6%,提高了15.6个百分点,后者2016年的使用率为17.2%,提高了8.2个百分点。

另据艾瑞咨询数据显示,2016年前3个季度,国内移动教育企业细分领域融资分布情况:排名

---

[1] 本部分内容主要参考艾媒咨询《2016—2017年中国手机地图市场研究报告》。
[2] 本部分主要参考《第39次中国互联网络发展状况统计报告》中关于在线教育的部分内容。

第一的是中小学教育，占到了 23.2%；其次为职业技能教育，占比为 21.1%；语言学习排第三位，达到了 17.9%；此外，语言教育化、高等教育以及学前教育的占比也都超过了 10%，分别为 12.6%、10.5% 和 10.5%。

（作者单位：中国新闻出版研究院）

2016年中国数字出版教育年度报告

张博　董荟　魏萌　张鸿雁

一、中国数字出版教育的新进展

数字出版产业作为国家软实力的一部分，在寻求自身创新发展的同时，也对专业人才的培养提出了更多的要求。数字出版人才不仅要具备出版专业知识和实践能力，还要拥有跨界思维、多种应用技能、扎实丰富的文化素养等，成为能够满足市场需求的复合型人才。同时，数字出版学界也从课程设置、企业需求、地方特色等实践的角度积极反思人才培养模式，不断优化课程培养体系。

（一）"十三五"专项规划，推进数字出版人才培养

2016年是"十三五"规划的开局之年。在媒介融合的背景之下，国家主管部门高度重视振兴、壮大数字出版产业，主要通过以下举措推进人才的建设与培养工作：首先，总局立足政产学研一体化，面向国际竞争，实施数字出版"千人计划"，支持、鼓励各类型高等院校、出版单位、和科研机构培养、选拔数字出版人才，进行定向培养，使之具备扎实的理论基础、丰富的行业经验和广阔的全球视野，能够有效把握互联网的舆论阵地。其次，北京市开始设置数字编辑职称，实现职称与职务相匹配。在重视业务技能的同时，强调从业者对国家有关数字出版的大政方针的了解和熟悉，提高综合素质。再次，充分发挥高等院校、科研单位、技术企业的重要作用，建立数字出版的高端人才智库。产业发展、重大决策的制定和实施都离不开专家们的智力贡献，智库的建设有利于数字出版行业吸引、留住高端人才，推动行业整体发展。

（二）培养复合型人才，北京首推数字编辑考评制度

在为互联网与出版业融合发展寻求人才培养新途径的背景下，北京市于2016年率先推出了数字编辑职称考评机制。此举不仅可以拓宽人才评价渠道，规范数字出版人才培养，为从业者的职业发展提供合理的晋升路径，也有利于传统产业人才向新兴产业聚集、融合。

第一次数字编辑考评共有76名数字出版从业者申报数字编辑专业高级专业技术资格，通过评审并获得高级职称的有65名。从专业人才特征的角度来看，通过的专业技术人才有如下特点：一是年轻化。年龄最大的54岁，最小的32岁，平均年龄40岁左右。二是所属的行业类型丰富。包括央企、市属国企、民企等。其中，38人来自非公经济，约占全部通过人员的60%，充分体现了非公经济在文化创意产业的蓬勃发展。三是学历层次比较高，远远超过传统新闻和出版专业的平均水平。其中，6人具有海外留学背景，34人拥有硕士、博士生学历，约占通过评审人数的五成以上。四是业绩材料丰富扎实。通过的这65人在出版专业著作、制定行业标准、完成专项课题等方面有着丰富的业绩成果。他们不仅代表着北京市数字出版行业的最高水准，在全国也拥有一定的影响力。五是

首次高级评审通过人数超过传统专业，充分显示出新兴数字出版行业人才培养成果。

（三）高校办学规模扩大，突出数字出版

全国现在已经有超过70所高校开设出版相关的专业，涵盖本科、硕士、博士的多层次人才培养体系正在不断完善。

目前，我国编辑出版类本科专业包括编辑出版学、数字出版、网络与新媒体（数字出版方向）等专业。截至2016年1月，我国共有77所高校开办了编辑出版类本科专业，这些高校分布在25个省、自治区和直辖市，主要集中在东部和中部地区。山东省开设编辑出版类专业的高校有8家，数量最多。湖北省、湖南省、浙江省设置编辑出版学专业的高校均为7所。海南省、重庆市、贵州省、西藏自治区、宁夏回族自治区、甘肃省等地域没有高校开设编辑出版类本科专业。

为了与传统的编辑出版专业有所区别，培养更多的数字出版人才，部分高校在课程设置上突出数字出版，突出出版专业的变化方向与趋势。中南大学、天津科技大学等高校开设了数字出版本科专业，湘潭大学将原有的编辑出版学专业更名为数字出版专业。部分高校在专业名称后注明专业方向为"数字出版"。这些高校编辑出版类专业虽名为"编辑出版学"，实际专业方向为"数字出版"或"新媒体"。

（四）校企合作，注重培养应用能力

数字出版编辑应当拥有根据跨媒体化的内容表现方式、网络化的传播渠道以及读者数字化的消费习惯对内容进行多种媒体形式、符合数字阅读习惯的策划、编辑和运作的能力。互联网思维强调的是用户思维，对于学界来说，即从市场和实践的角度促进人才培养模式的发展、升级。

随着行业的发展，我国高校的数字出版专业在人才培养上更加注重对学生应用能力的培养。通过展开校企合作，让学生在应用中熟悉数字出版的特点。2016年，上海出版印刷高等专科学校就与杭州前方信息技术有限公司达成合作意向，让学生利用其专业的出版知识和计算机数据加工基础技能去企业进行实践、锻炼。通过实习，公司可以择优录用，不仅解决了毕业生实习、就业的问题，也解决了企业缺乏数字出版专业人才的问题。

（五）数字出版基地加快人才聚集发展

截至"十二五"期末，国家新闻出版广电总局批准设立的国家数字出版产业基地已经达到了14家，初步完成了规划布局。集群效应初步显现，差异化格局正在形成，创新发展取得了较大突破。基地不仅在培育产业龙头、推进科技创新、推动转型升级等方面，发挥了积极的示范引领作用，自身也发展壮大成为数字出版产业的中坚和骨干力量，成为企业创新高地、人才培养高地。数字出版基地在提高产业集中度、打通产业链、带动整体和辐射周边等方面发挥了无可替代的重要作用，成为了推进新闻出版产业转型升级，实现融合发展的有利抓手。

（六）人才培养理念不断更新

目前，互联网大数据、AR、VR技术等新兴技术正在深刻影响、改变数字出版行业的发展方向。互联网大数据为数字资源的整合、拓展带来了前所未有的机遇，也对出版行业的从业人员提出了新

的发展要求。因此，承担出版人才教育培养主要任务的各大高校都在积极地更新教育理念，优化教育课程的设置。

首先，高校逐渐深入地将大数据的理念应用到数字出版教育的过程中，通过开展一些紧密结合出版专业的应用型计算机课程及数据分析、数据挖掘相关的课程，培养学生根据专业技术提炼数据信息来进行策划报道、设计版面、信息整理和市场需求预测的能力。上海理工大学出版印刷与艺术设计学院在原有的专业设置的基础上，着眼于数字化发展，增设了数据新闻学、计算传播学等专业。其次，大数据时代强调出版人才的实践操作能力。因此高校的数字出版专业人才培养模式逐渐从传统的课堂教学为主转变到扩大实践教学比例，提高学生的动手能力，让学生能够熟练掌握计算机编排技术、多媒体出版技术和网络出版技术。此外，为了让学生能够适应"互联网+"时代下的行业发展，高校的课程设置上也逐渐出现了新兴技术的导论课程，以丰富学生的知识储备、拓展学生视野。

二、中国数字出版教育的典型范例

（一）立足专业的特色与定位，夯实专业基础

在大数据主导的新媒体时代，高校的出版教育应从传统出版向数字化转型升级。但应正视的是出版是内容产业，新媒体的竞争力依然是内容，编辑人员仍要肩负起传承和发扬文化的重任。高校应该把传统出版和数字出版完美融合，立足专业特色与定位，夯实出版专业基础。

2017年除了原有的高校开设数字出版专业之外，又有多所院校开设数字出版、传播学、网络与新媒体等专业，各自隶属的学院主要包括新闻与传播学院、计算机学院、信息管理学院等，所设课程也不尽相同。

北京印刷学院新闻出版学院成立于2010年11月，现有编辑出版学、广告学、传播学、新闻学、数字出版、网络与新媒体6个本科专业。为响应国家培养新闻出版行业人才的需求，该校对数字出版专业人才的定位是，以数字技术为工具，以数字内容的创意表达为手段，以数字内容的开发与经营管理为重点，培养数字出版产业需要的数字媒体编辑专门人才。

北京大学、武汉大学和南京大学都是国内开设相关专业的一流的大学，基础课程的设置也各有特色。南京大学和武汉大学的相关专业开设在信息管理学院下，南京大学与数字出版相关的课程有数据库原理及其应用、信息组织、信息检索、信息传播技术、信息技术基础、信息资源管理导论、信息统计学、程序设计语言、数字出版技术等。而武汉大学开设的相关课程有数字媒介传播、信息系统分析与设计、高级程序语言设计、数据库原理与应用。北京大学的相关专业则开设在新闻与传播学院下，主要课程有信息检索与利用、电子出版技术（媒体与语言）。

（二）优化高素质的教师资源，促进学术繁荣

教师资源一直是教育行业的中坚力量，是出版业发展的核心基石。各个高校配备并优化高素质的教师资源，是不断促进学术繁荣的有力保障。以南京大学信息管理学院为例，现有教授28人，兼职教授10人，副教授15人，讲师8人，组成了一支高素质的师资队伍。

为了更加深入地进行理论挖掘和研究探讨，部分高等院校建立了专业的研究机构，如南京大学设立了出版研究院。该校出版研究院以信息管理学院编辑出版专业的资源为主导，实现多个学科间

的相互补充、相互支持。作为全国出版专业的重点院校，武汉大学设立了中国教育出版研究中心、出版发行研究所以及数字出版研究所等多个研究机构，推动了出版业的发展。

（三）注重专业的实践教学，优化培养方案

数字出版的人才培养方案不断优化，一些高校在全日制出版硕士专业学位研究生的培养方面，采取"学术+实践"的模式。例如，上海理工大学自2015年开设出版专业硕士点，实行双导师制，校内导师负责提高学术水平，校外导师则加强专业实践能力。南京大学采用"理论学习、社会实践和现场专题研究三结合"的培养模式，注重培养解决实际问题的能力。

随着出版产业的发展和变革，开设出版专业的高校结合实践和市场需要，调整专业设置。例如，2016年四川传媒学院撤销了编辑出版专业，新增网络新闻与传播专业，进一步明确了出版专业结构调整的方向。

（四）依托先进的科研核心，实现高效教学

在市场需求和行业发展的引导下，数字出版相关的技术、出版和市场等多方面专业人员形成研究团队，充分发挥不同学科的交叉优势，实现产学研相结合。

北京印刷学院是我国专业数字出版人才的资源中心，与方正阿帕比携手共建了数字出版人才基地，共同培养数字出版人才，努力推动行业数字出版人才培养和数字化转型。

上海理工大学设立出版与传播研究所、数字出版研究所、数字印刷研究所，逐渐形成综合多学科的开放式教学模式。同一门课程分别由专业教师、领域专家和实践指导教师进行专题授课，内容涵盖出版学基础、编辑理论，并结合数字媒体、信息组织和检索、数据库等前沿技术，培养学生在电子书制作、期刊设计、网页规划等方面的综合能力。学校注重提升学生自主学习能力，开放学习资源，并经常聘请专业领域的人士教学授课。

武汉大学的电子出版研究所，综合计算机、出版的教师和行业专家，在教学内容上以技术类课程为主，强调数字内容策划、编辑和销售能力的培养。此外，武汉大学将课堂教学和学术交流相结合，通过前沿讲座和学术讨论交流活动来推动数字出版科研与教学，对于提高行业影响力和学生动手能力都具有积极作用。

（五）树立全新的教育理念，培养复合人才

出版业作为知识密集型产业，人才是出版业发展的中流砥柱。随着互联网的快速发展，各个高校与时俱进，顺应大出版、大传媒、大文化的发展理念，着力培养符合市场需求的复合型人才。

为顺应媒介融合时代的步伐，在新闻传播的本科教学改革实践中，复旦大学逐渐生成了2+2跨学科教学培养的全新理念。所谓2+2跨学科教学培养模式，是指基于培养复合型新闻传播人才的目标，将新闻传播学科四年制本科教学培养过程分成2个为时2年的阶段：在第一个"2"阶段（即第一、第二学年），要求新闻传播学科各专业学生任选1个非新闻传播学科的专业，并系统修读该所选专业的主要课程；在第二个"2"阶段（即第三、第四学年），要求学生在系统修读了一门非新闻传播学科的专业的主要课程的基础上，进一步修读新闻传播学科的各类课程，并在教师的指导下完成跨学科的理论、知识与技能的复合。

北京印刷学院在学科建设中重点考虑和优先发展"数字出版与传播"学科和专业建设，形成数

字印刷、数字出版、数字媒体艺术、数字媒体技术构成的新型数字媒体专业群。北京印刷学院在人才培养模式上也有创新：一是以人文社科、法律素质教育以及出版专业基本素养教育为基础，培养学生大出版、大传播背景下的人文素养；二是以数字出版的信息技术基本知识及相关技术应用教育为特色，培养学生对信息系统和技术的应用技能；三是以数字内容的采集、汇聚、集成与有效表达能力训练为核心，培养学生对数字信息的抓取能力和知识表达的能力；四是以媒介经营、资本运作、管理沟通、运营服务能力训练为重点，培养学生对数字出版媒介经营管理的能力。为满足数字出版产业的人才需求，培养复合型数字出版人才，北京印刷学院着重培养学生的四种能力，即对海量信息的发掘能力、优质内容的策划和整合能力、对数字内容经营管理运作的能力、跨媒体出版技术的运用能力。

参考文献

［1］许件颖.论高校数字出版人才培养的融合性［J］.科技与出版.2017（1）：113-117.

［2］主父志波."互联网+"时代数字出版人才培养的多维探思［J］.传播与版权.2016（2）：59-61.

［3］逄薇."互联网+"时代高校数字出版人才培养研究［J］.出版参考.2016（6）：13-15.

［4］尹贻伟.数字出版时代高校复合型创新人才培养机制研究［J］.出版发行研究.2016（7）：74-77.

［5］段乐川.《试论"互联网+"时代的数字出版人才教育改革》［J］.出版广角.2015（10）.

［6］徐丽芳.《我国数字出版人才需求与本科专业建设初探》［J］.中国编辑.2017（1）.

（作者单位：上海理工大学）

2016年中国移动听书产业年度报告

郝园园

移动互联时代到来，新兴的数字化媒介不断颠覆传统领域，人们获取信息的途径和生活习惯都发生了重大改变。数字内容消费发展迅猛，以声音为主体的内容传播方式符合了人们在碎片化时间中渴望获得及时娱乐享受的需求。在此背景下，与移动数字化技术和传统出版都有交叉和区别的移动音频类"有声读物"行业渐渐形成。据"2016年中国数字阅读白皮书"数据显示，2016年全国有声阅读市场增长48.3%，达到29.1亿元。与数字出版4400亿的整体市场规模相比占比较小。从长远来看移动听书发展迅速。据易观智库相关统计数据显示，我国目前约有200多家听书网站以及近200款带有声听书功能的App应用。有声读物有望成为知识服务的重要入口之一的态势，产业的发展前景巨大。

一、移动听书的范围界定

听书也被称为"有声读物"，英文名字叫：audio book，其阅读的方式主要依靠听声音来完成。与传统"有声读物"不同，新兴的移动听书领域是依托网页或客户端技术，基于PC、智能手机、平板电脑、电子阅读器、移动广播、车载设备、可穿戴设备等阅读载体，由专业组织或个人提供有声内容的录制、收听、分享的阅读服务。

二、听书产业链分析

我国的移动听书产业链分类包括内容提供方、渠道运营商、文化服务方等主要环节。

（一）内容提供方

移动听书领域的内容提供方包括：IP版权提供方，如阅文集团、17k小说网、纵横中文网、掌阅书城、有妖气、百家讲坛、鸿达以太、酷听、各大传统出版集团等。UGC+ PUGC，如喜马拉雅、各大广播电台（中央人民广播电台、北京广播电台、中国传媒大学广播电台等）、德云相声网、网易公开课、晓松奇谈等。主播自媒体人，如罗永浩、郎咸平、周建龙等。

（二）渠道商

移动听书领域的渠道商包括：分享渠道，如微信、豆瓣、新浪微博、QQ平台等。线上渠道，如酷听听书、天方听书网、喜马拉雅、懒人听书、咪咕数媒、氧气听书、蜻蜓等。线下渠道，如CD听书光盘、车载设备、盲人有声图书馆、云图数字有声图书馆等。

(三)文化服务方

移动听书领域的文化服务方包括音频技术服务,如科大讯飞、小智等。网络运营商,如中国移动通信、中国电信、中国联通。应用商城,如苹果Podcast、App store、小米商城、豌豆荚等。版权管理机构,如国家版权局、中国知识产权网、版权服务工作站、版权保护中心。广告营销,如拉勾、汽车之家、京东、宝马、唯品会。终端设备,如汽车车载娱乐系统、应用程序(iOS、Android)、Unix终端、Windows终端、Linux终端、Web终端、Java终端。智能硬件,如车听宝、智能音像、智能耳机、儿童故事早教机、老人听书机。支付系统,如微信、银联、支付宝等。

三、移动听书行业发展现状

与传统媒体的音频形式不同,移动听书行业从制作技术、产品模式、运营策略上多借鉴于率先发展起来的移动视频。随着大数据技术的发展,从业者能够通过细致的算法对消费人群进行周密的细分和管理,并在一定程度上进行消费行为的预测,因此移动听书行业从诞生之日起,就呈现出较好的发展态势。

(一)移动听书内容生产新生态正在崛起

1. 内容生产模式社会化

移动听书的内容生产倾向于生物演化中的自组织形态,呈现出碎片化、去中心化、个性化、多元化等后现代主义的文化语境。生产主体发生了根本性变化,呈现出社会化、多元化态势。目前有声读物领域内容生产采用的模式主要分为PGC、UGC、PUGC三种。

PGC模式就是传统的内容生产模式,内容由专业机构及专业人士制作而成,PGC模式创造的内容更具深度与品牌价值,但却很难满足移动电台内容广度上的需求。

UGC模式指用户自助生产内容模式。每个人无论是否掌握了相关的专业技能,均可通过便捷的语音录制技术创作有声读物产品。这样的生产模式让更多热爱阅读的人成为了演绎者(主播),并将自己认为有价值或有意义的图书分享给大众。UGC内容生产模式,决定了内容演播的风格不同于广播,呈现时尚、清新、生动、口语化、多元化等演播特征。

PUGC模式是集UGC、PGC的双重优势于一身。它一方面将UGC内容培养成PGC内容,另一方面引导PGC走UGC的创作路线。内容上既包括广播电台的专业内容,也包括受大众认可的演绎者(主播)自制内容。形式上既有UGC模式的广度,也具备内容制作团队的专业性。PUGC模式同样通过编审、录制、后期合成、层层审核完成制作有声作品。从事PUGC模式的演绎者多为具有内容资源、社会资源、专业资源的个人或团队。PUGC优势能更好地吸引、沉淀用户,更容易经过平台的包装和打造,释放出他们的存量IP价值,逐步实现从用户到粉丝的转化。2016年由于移动听书领域的市场规模限制,专业从事有声读物内容制作的PUGC生产机构不足百家。

PGC、UGC、PUGC共同建构了移动听书领域新的内容生产模式。这一模式也间接打造出有声读物主播(演绎者)的造血体系。

2. 内容生产平台多元化

目前我国有声读物的内容生产平台包括专业有声读物内容制作商、互联网企业、传统广播出版机构等多种不同类型。

（1）基于专业有声读物内容制作商的内容生产。我国较早专业从事有声内容制作的企业有东方视角、鸿达以太等内容服务方。以东方视角为例，其早在2007年就进入听书领域，并获得有声内容全网发行等权威资质。其业务的重点是通过移动互联网、数字终端、数字出版为用户提供精彩的有声内容服务。旗下拥有有声产品内容制作基地、酷听听书网及公共数字有声图书馆等多个项目。据易观智库统计，2016年1月中国有声书制作发行存量市场份额中，东方视角旗下听书平台酷听在有声内容市场总量占比近50%；

（2）基于网络文学的有声内容生产。数据显示由网络文学改编的音频作品在"有声读物"内容中占有较高比例。2015年占网络文学市场80%份额的阅文集团开始布局有声业务。一是收购盛大文学，间接拥有国内最早正规化运作的听书网站天方听书网；二是收购"懒人听书"有声阅读平台；三是对"喜马拉雅FM"移动音频平台进行战略投资并签署了版权合作协议。阅文集团将自身拥有的海量网络文学资源输入到有声阅读领域，借助移动音频形式深挖原创IP价值，充分实现原创IP的衍生价值。将带动了网络文学产业、有声音频产业的发展；

（3）传统广播出版机构有声内容生产。国内出版机构也陆续推出有声读物数字产品，如在童书领域，北京出版集团"金色童年系列"推出的"有声亲子睡前故事"4册，江苏教育出版社2016年初推出"pi kids"有声童书中文版。在大众领域，出版机构开始重视纸电声同步发展，有声读物的长尾衍生价值被逐渐挖掘如在腰封上贴上有声阅读的二维码，读者在看书的同时可同步收听等。中信出版集团和酷听听书达成多元化战略合作协议，将旗下文学内容作品向有声内容转化。另外，影视剧、网剧等视频优质内容衍生为有声读物更为普遍。

（二）移动听书内容分发新模式正在形成

1. 内容分发渠道多样化

2016年具有听书功能的移动应用多达数百款，有声读物的传播主体越来越多元化。其中包括垂直类听书平台、互联网类听书服务平台、媒体巨头类移动听书服务平台等。

（1）垂直类听书平台多为围绕一些经典读物和畅销小说的有声读物单行本应用。这中间由于行业规范并未形成，有大量的盗版存在，垂直类听书平台的数量较少，发展并不稳定；

（2）互联网类听书服务平台有天方听书网、有声读物网、520听书网、懒人听书、喜马拉雅FM、蜻蜓FM、荔枝FM、酷听听书网等。这类平台多借助资本运营手段经营，因此内部竞争激烈，同时也促进了听书行业的快速发展；

（3）媒体巨头类移动听书服务平台指传统财力与实力兼具的大型出版企业及广播机构。实力雄厚的众多大型出版机构或是借有声出版完成全版权产业链的整体布局，或是推出自有听书平台，或借资本之力与内容优势入股相关听书平台。以中版数媒为例，早在2012年中国出版集团数字传媒有限公司就开始布局有声读物，成立有声图书事业部；2015年中版数媒推出听书App"去听"，集有声读物收听、下载、分享和资讯等服务为一身。媒体巨头传统广播机构在移动互联时代，积极与新媒体融合，组建基于在新媒介技术变革生态环境中的移动听书平台，从云服务、大数据、跨界合作等方面提升产品内容传播力的有效途径。如央广之声布局移动听书领域既有网站、微信、微博，还有针对苹果iOS和安卓系统开发的客户端，重点打造实现了有声读物内容的社交链接与人际传播。

2. 内容分发形式智能化

在移动互联时代，通过 LBS、大数据等技术改变过去受众印象模糊的情况，实现从"虚拟"到"实体"、从"模糊"到"精准"的定位。以喜马拉雅为例，大规模启用了大数据技术，成立了专门的算法团队，挖掘出更加准确的用户画像。用户的每一次点击和搜索的场景和内容都会被记录下来，通过其算法最终推送精准的内容给客户。目前该网站用户每天上传 8 万—9 万个节目，通过指标设定，数据能够分析节目的好坏，以及用户的反馈，通过数据多维度的验证，最终判断出有潜力的主播以及有潜力的节目，通过精准营销可以确保每位用户都可以获得精准的内容推荐，从而提高用户体验和用户黏性。

（三）移动听书收听模式呈"场景化""碎片化"

移动听书本身是一项基于场景的阅读交互方式，借于音频的碎片化特征，正在迅速进入众多生活场景中（开车、跑步、家务、上下班出行、健身、休息间隙、睡前、出去游玩等各类场景都能使用）。移动听书的场景随意性和便捷性，满足了用户对"新鲜好玩"的音频形式的探索和碎片化阅读的需求。根据调查显示在有声书的用户中相对富裕的年轻群体正在快速增加，他们喜欢读书同时又有着丰富的生活方式，由此我们可以理解为音频内容的消费场景和频次比视频更高更广。基于场景深耕的理念，走在行业前沿的有声内容服务商们已经开始构建了"新声活"蓝图，试图创造"耳朵经济"，彻底改变人们获取信息的方式。

（四）听书"有声读物"收听载体形式多样

移动互联网时代人们能够通过使用无线智能终端，实现任何时间、任何地点、以任何方式获取并处理信息需求，这是人的信息输入的重要端口。听书内容分发终端已不仅是在智能手机上，而是扩展到了包括汽车、卧室、厨房、卫生间等场景中的各种智能硬件中，触达用户在 24 小时中的各种应用场景。据统计数据显示，分别有 36.9% 和 23.4% 的用户会选择在私家车、公交车等交通工具上收听音频节目。

随着物联网的发展通过智能感知技术、网络通信技术、数据融合技术，有声内容未来将会被进行信息编码并输入全域互联网系统，从而实现各相关物品的信息链接和融通，让任何物品都可以具有终端端口功能来传输有声内容的信息并与云计算平台相互链接。许多有声内容服务商已开始着手进行大规模的布局市场。以喜马拉雅 FM 为例，目前已发展了 2000 万车载、可穿戴、音响智能设备用户，接入智能家居、汽车、音响领域超过 400 家品牌，智能家居方面包括了美的、海尔、创维、海信等知名品牌，而在处于风口的车联网领域，几乎所有主流车厂已全线接入。伴随硬件入口变化，有声内容行业的爆发指日可待。

四、移动听书行业运营策略

多家内容服务商在接受调研时均表示，在整个新知识背景下的商业模式中，国内移动听书领域目前还并没有形成一个完整的市场化运营模式。市场依旧处于培育用户和产品的发展阶段，由于市场环境的尚不成熟，不管是付费阅读、广告植入、ip 运营还是通过增值服务来收费都还在探索之中，并没有很清晰的商业盈利模式。目前国内已先后出现 200 多家带有听书功能的 App 平台。

（一）获取版权资源，保障内容基础

优质内容资源是移动听书市场快速发展的基石。内容提供方处于有声内容产业链上游环节，主要来源是：对 IP 提供方（含网络文学、出版物、漫画、影视剧等版权拥有者）的作品进行音频改编（改编模式包括 PGC、UGC、PUGC）。产业规模快速增长的同时，围绕获取优质内容版权的市场竞争更为激烈。据了解，制作一部有声读物产品是在文字作品基础上的二次创作，普通的成本会在 10 万元以上，如果是热门 IP，成本会更高。在有声读物的制作成本当中，其中大部分费用来源于版权购买。根据喜马拉雅提供的数据，喜马拉雅 FM 在版权方面投入巨大：接受腾讯阅文集团战略入股，达成排他性合作，获得海量版权内容；与几乎所有一线出版商如中信出版集团、中南出版集团、上海译文出版社、果麦文化、企鹅兰登等在有声改编、IP 孵化、版权保护等方面达成深度战略合作等。

（二）创新服务模式、强化用户黏度

移动听书企业多高度重视用户对产品的认可度。在业务模式上，以满足用户需求为中心，注重用户体验，讲究快速，不断试错，强化平台经营，注重商业模式创新，打造自身良好的产业生态系统；从把握客户需求、产品优化、业务运营、产品推广到售后服务每个环节都呈现互联网化，充分利用新媒体手段，洞察客户需求，在运营中快速迭代，注重口碑效应。喜马拉雅 FM 就与传统出版业合作衍生出了很多新的"玩法"。例如听书制作的众筹模式：读者可以投票选出最想听的书籍，由喜马拉雅提供优秀的声音播讲者和制作团队进行制作；如引入声优文化，将很多文学作品中的角色演绎出来，利用声音辨识度打造专属角色，无论此作品改编成电影、电视剧还是动漫，观众都能快速识别。

（三）拓展营收模式，培养付费习惯

移动互联网时代，出于节约时间，提升体验、追求品质等诉求，越来越多的人愿意为他们喜欢的原创文字作品、视频乃至手机游戏等内容进行付费。过去几年视频领域率先开启内容付费，消费者在一定程度上形成了接受内容付费的习惯。新一代的用户已经意识到好的内容就是要付费的。2016 年基于音频的内容付费新风口逐步形成，一方面是问答类产品"分答"的爆红，另一方面是国内有声书也在采取与明星或大咖合作的方式来吸引读者。喜马拉雅 FM 在 2016 年 6 月 6 日上线首个"付费精品"专区，截至 8 月收费内容约 200 多个专辑。《奇葩说》主持人马东推出的付费音频教程《好好说话》在发售首日的销售额就超过了 500 万元，一周后总销售额突破 1000 万元；著名演员黄磊与企鹅兰登合作推出的有声书《七堂极简物理课》，7 天内付费收听总数已经超过 5.6 万次，这一数字已经超过市场上纸质畅销书的平均销量。根据喜马拉雅提供的数据，6—8 月份其平台下的付费收益规模保持在每月 2000 万元左右。

部分企业用户付费情况 2016 年 8 月数据

企业名称	用户付费情况
喜马拉雅	（6、7、8 月）每月保持 2000 万元左右
咪咕数媒	45% 的用户付费
氧气听书	1.5% 的活跃用户费用
懒人听书	付费率在 3% 左右，付费收入占 34%

(四)整合多方资源,跨界融合发展

"互联网+"背景下,与视听领域息息相关的智能家居取得了迅猛的发展并日益渗透到平常百姓的生活当中。影音系统将为家居生活带来便利以及更加完美的生活享受。伴随着社会对智慧城市、智慧社区以及智慧家庭的未来构想,基于有声内容服务的产品和生产制造企业正在以更加开放、融合的态度深入研发,有效收集和整合多方资源,不断挖掘新的蓝海市场,通过跨界合作实现新的商业模式跨越发展。

从目前发展来看,移动听书产业仍然存在诸多问题,政策体系有待完善、版权保护困局有待突破、内容类型浅显单一,优质内容缺乏,这些问题都有待遇在未来的发展中加以解决。

(作者单位:中国新闻出版研究院)

2016年中国电子图书产业年度报告

万智　艾顺刚　乔莉莉　孙晓翠

一、电子图书出版综述

电子图书在我国数字出版领域处于重要地位，其出版发行一直受国家主管部门高度重视。我国传统出版社是电子图书出版的主体，截至2016年底，全国共有出版社586家（包括副牌34家），其中中央级出版社220家（包括副牌社13家），地方出版社366家（包括副牌社21家）。从图1可以看出，近年来，全国图书出版社规模一直基本保持稳定。

随着智能手机、平板电脑、电子阅读器等产品相继普及，网络技术日新月异的变化，读者的阅读方式也有所转变，尤其在年轻人中，电子阅读成为一种日常生活习惯。阅读方式由纸质转为数字阅读，促进了图书的数字化转型以及电子图书的出版发行。

2010年前，电子书产值翻倍增长，在2011年，受图书市场影响，电子图书产值有所下滑，之后迅速调整，近些年一直持小幅度稳定增长，但增长速度逐渐减缓，同时电子阅读用户量较前几年增长幅度也有所缩减，这是当前我国电子图书出版商要面临的一个困境。2013—2014年期间，亚马逊Kindle引进国内，对整个电子图书市场有些积极的促进拉动作用。2015年出版商与亚马逊探讨了新的合作条款，并且要求掌握电子书的自主定价权，这使得电子书的价格有所上升，一些消费者就更倾向于购买纸质版的书籍，使得电子阅读器的使用人数有所下降。

2016年，《中华人民共和国国民经济和社会发展第十三个五年规划纲要》明确提出"加快发展网络视听、移动多媒体、数字出版、动漫游戏等新兴产业"。这是"数字出版"首次列入国家五年规划纲要，大力推动了数字产业的发展，这对电子图书出版商也是利好消息，国家政府相关管理部门将扶持电子图书出版产业的发展。

二、电子图书出版产业市场现状

（一）电子图书出版整体规模

近年来，随着网络技术快速发展，智能手机、平板电脑的普及，电子阅读器的推广，越来越多的用户开始习惯阅读电子图书，尤其在青年人中，电子图书成为一种生活休闲方式。市场对电子图书的日益需求增加，促进了电子图书的出版与发展。2011—2016年，国内电子图书收入在2011—2012年呈现增长趋势，2012—2013年增幅急速下降，2013—2016呈现市场电子图书的需求增长速度缓慢下降，2015年电子图书收入达到49亿元，2016年的电子图书收入达52亿元。

电子图书收入在增长的同时，每年也在出版新的电子图书，电子图书的种类总量在不断增加，到 2016 年已超过 15783 万种。[1] 随着数字化阅读时代的发展，电子图书出版规模将进一步扩大。

（二）电子图书出版的主要细分市场——数字图书馆产业现状

电子图书出版产业中，数字图书馆是一类典型的细分市场领域。这一领域区别于大众类的电子图书出版市场，更多涉及专业类、教育类等领域的电子图书出版产业，有着独特的产业发展现状。

截至 2016 年 9 月，数字图书馆推广工程向全国各级公共图书馆提供了 153 余万册中外文图书、450 余种中外文期刊、300 种中文报纸资源、14 万中图片、10 万首音乐、5000 段教学视频、150 小时科普视频、100 种中文工具书、7 万余个少儿教学课件等资源；同时在少数民族语言定制资源方面，2016 年不断向新疆地区推送汉、维、蒙、哈、藏等 12 种民族语言期刊，向西藏地区推送 200 种中文期刊。该项目的启动整体提升我国各级图书馆的服务能力和水平，促进了公共文化服务体系建设，满足了人们的文化知识需要，进一步推动了我国文化事业的发展。

我国数字图书馆在国家政府的扶持引导下迅速展，取得了一些成就。但是在数字图书馆快速发展的过程中，一些建设管理问题也逐渐出现。如管理体制协调不畅、知识产权保护意识弱、经费来源支撑单一等。

三、电子图书出版产业的营收状况

（一）2016 年电子图书营收概况

随着数字时代的到来，国内数字出版发展日新月异，其产值一直呈高速增长，"十三五"规划明确提出"加快发展网络视听、移动多媒体、数字出版、动漫游戏等新兴产业"。这是我国首次将"数字出版"列入国家五年规划纲要，表明数字出版产业发展越来越受国家政府的高度重视。2016 年中国数字出版产业电子书的收入为 52 亿元。随着数字化技术发展的成熟，社会对数字消费需求日益高涨，产业规模也将继续扩大，2016—2017 年电子图书发展保持稳定状态，市场电子图书的需求增长有所缓和。

（二）电子书可持续发展的盈利模式

根据电子图书市场营收情况的研究，电子书可持续发展的盈利模式，概括为如下 6 种：全产业链的盈利模式、电子书付费的盈利模式、电子书的广告盈利模式、"免费＋付费"的盈利模式、非货币的盈利模式等。

1. 全产业链的盈利模式

这种盈利模式主要是"内容＋平台＋终端"的全产业链模式，目前很多电子书企业都在朝这个方向发展，并且一部分已经实现。全产业链盈利模式的关键点，一是产业链各方的内容、平台、终端实现一体化。二是实现企业的全面发展和多方获益。

2. 电子书内容付费的盈利模式

电子书的内容资源来收费的盈利模式，是目前电子书市场想要全面实现的模式。例如，电子书

---

[1] 据国家新闻出版广电总局规划发展司《2016 中国新闻出版统计资料汇编》显示，2016 年全国电子出版物和只读光盘的种类为 15783 万种。

付费阅读制度已经成为了盛大文学的主要阅读方式，尤其是其 VIP 付费阅读制度的实行已见成效；中国移动阅读也已经采取付费阅读的方式，也推行了付费包月阅读等业务。

3. 电子书的广告盈利模式

免费的电子书已经不再作为一种免费的商品了，而是变成了一种盈利的主要渠道。对于这种渠道的利用，主要是投放广告的方式，把盈利的重点从电子书转移到广告上来。目前对于广告的投放，有两种方式：第一，根据电子书的种类来投放广告，不同种类的广告要投放到相应有关联性的电子书中去。第二，广告重复投放，同一个广告重复投放到电子书中，而且是多个有关联性的电子书。这种方式不但能节约广告的制作成本，又能让读者加深对广告的印象。

4. "免费+付费"的盈利模式

这种盈利模式是将免费和付费很好地结合起来而形成的，如表 1 所示。

表 1　电子书"免费+付费"盈利模式

版　本	媒　介	广　告	价　格
基础班	在线	有	免费
升级版	在线	无	低价
高级版	下载	无	中等
最终版	纸质书	无	高价

该表中所谓基础版的电子书主要是指电子书平台提供一些免费的电子书，这些电子书并不是存在什么缺陷，平台必须保证其内容的完整性，只是可能在其中有一些相关广告的植入。而在基础版的基础上形成的升级版、高级版和最终版则是电子书平台经过深度思考和开发重新加工而成的，这几种版本的电子书中没有相关广告的植入，表现形式也呈现多样化和读者的个性需求化，并且提供一定的服务。这种盈利模式的优点很多，产品也是多层次化，读者和用户可以根据自身需求自由选择，无论是电子书版本还是各项服务，这种模式的核心就是追求差异化，把"免费+付费"的盈利模式发挥到最好。

另外，电子书平台还可以发展其他的延伸业务，比如可以针对不熟悉的读者进行指导，可以是指导电子书的格式转换，也可以是电子书在不同阅读器之间的转换等。

5. 非货币的盈利模式

电子书的非货币盈利模式主要指电子书的盈利并不是通过支付货币来实现或完成的，而是以一种我们看不见的方式来实现盈利的。这种盈利模式的流程主要是电子书平台提供电子书给读者或用户，这些电子书或是免费的，或是低价的，用户或读者想要获得这些电子书就要付出一定的行动。这种方式的好处就是可以将资源无限的扩大化。百度文库目前就是采取的这种方式来获利。

四、电子图书出版年度特点

（一）从注重规模扩张向重视质量发展迈进

据此前的统计分析，2016 年我国数字出版规模的高速增长主要依靠互联网广告和网络游戏，狭义上的数字出版实际上已进入常态发展。另一方面，包括电子图书出版在内的我国数字出版物还停留在传统出版物的数字化转换阶段，对于真正的富媒体图书概念的应用，还鲜有产品出现。今后我国电子图书出版产业必将从旧的传统平面媒体数字化向真正全媒体数字化转型。应对即将到来的数字出版发展模式的转型和拐点。2015年李克强总理在《政府工作报告》中提出"大众创业、万众创新"以来，出版业的数字转型也在向创新驱动发展，数字出版的理论与实践都将发生一个质的飞跃，富媒体，集成化更多的数字图书新品种将脱颖而出。

（二）内容建设，差异发展，以质取胜

展望今后电子图书出版的趋势将实现新的整合，一些内容质量粗糙的电子图书将会被市场被淘汰，数字出版产业资源的"马太效应"，将会愈加显现，即强者越强，所以，当内容资源达到某一量级之后，"质"的要求将会逐渐凸显。目前电子图书出版技术可以做到让信息获得的成本降至较低水平，在成本领先、差异化和集中战略这三大基本战略中，差异化和集中战略将使具备专业内容的"内容池"脱颖而出。

2016年数字出版平台的出版物形式有了新的变化，以产业"黑马"有声书为例，根据Audible（亚马逊有声书平台）统计，2016年全球消费者听书总时长达到20亿小时，Audible平台上可供收听的有声书达32.5万种，订阅用户平均收听了17本有声书。2016年全年该公司新增了2万多本有声书，订阅用户增长超过60%，海量内容成为有声书吸引读者（听者）的基础。"内容池"容器的边界正在持续扩展。内容容器的边界扩展实际上包含两个方面：一是应用端的形态，可以为PC端的网页，也可以是移动端的App或者微信公众号。二是"内容溢出"使内容与相关行业自动对接，"应用平台＋数字内容＋行业明星"的合作模式已经很常见。例如，企鹅兰登书屋与演员黄磊合作的有声书《七堂极简物理课》在喜马拉雅FM独家上线，7天的付费收听总数超过5.6万次，这一数字已经超过市场上同期纸质畅销书的平均销量。2016年电子图书出版领域出现了有声书、自出版、网络直播、付费打赏等形式。这些形势的出现需要海量的数字内容资源支撑因此下一个数字出版需要争夺的就是内容资源。

（三）改变生产服务模式，服务更精准主动

2016年以来，众多文化出版企业对数字化出版物从过去单纯销售模式进入主动服务模式。如，亚马逊图书平台对其所销售的kindle电子图书，推出了免费升级版，即当图书新版发布时对旧版免费升级更换，并且基于新的云阅读技术改进了读者的阅读体验，增加了笔记、注释、摘录等优于纸质阅读的功能。同样很多出版社新出版的电子图书依托新的富媒体技术，从视听阅读多个层面推出了适合不同群体的阅读版本。

尤其是这些出版商依托电商平台的大数据分析，对读者客户的使用数据可以做到实时分析，得到了第一手的读者分析数据。如，京东图书文娱业务部总经理杨海峰发布京东2016年图书音像市场年度报告。根据京东图书文娱业务部的数据，2016年电子书用户同比增长超过200%。由此，从出版企业到销售企业目前都依托于大数据分析，更好的推出了售后服务跟踪，并依据是服务跟踪确定新的电子出版计划，这样将服务与生产结合起来的互动模式将是未来电子出版的发展方向。

（四）数字版权保护的技术、法规、政策为电子图书出版保驾护航

2016年，由中国新闻出版研究院牵头的数字版权保护技术研发工程、研发任务已全部完成，工

程的核心成果——数字版权保护技术管理与服务平台可提供数字版权认证、授权信息管理、网络侵权追踪等全流程数字版权保护技术服务。其中，还包括内容分段控制技术、多硬件绑定技术等6项核心技术，以及互联网出版、移动出版、出版单位自主发行、富媒体报刊、按需出版等5类版权保护应用系统。工程下一步将推进成果转化管理工作，开展产业化运营。以上各类版权保护要素协同发力，使得我国多年存在的严重盗版现象得到初步遏制，为我国电子图书出版产业的健康发展打下了良好基础。

从我国已发布的各项版权保护的政策法规和相关技术的落实来看，电子图书出版作品的传播秩序，将进入法制化规范化的轨道。

（五）大数据共享，应建立出版研究智库

随着大数据信息技术的广泛应用，在数字出版领域也必将对出版人、平台、作品等核心要素的大数据进行研究分析，以帮助进一步决策方向。但是目前建立数字出版智库，建立大数据共享机制，似乎还未引起业界重视。目前还缺乏对数字出版要素的有效评价机制。其根本问题是要进一步提升出版科研应用大数据分析的能力，从体制，机制等方面考虑逐步完善出版业研究智库的建立和运行。

2016年国家新闻出版广电总局批准成立两家机构，都与行业数据资源有关。第一家是中国新闻出版研究院组建的行业知识资源服务中心，第二家是由总局信息中心组建的出版发行数据中心。今后新闻出版管理部门必将大力推进数据共享服务，数字出版行业之间实现数据共享；决策部门可以用大数据分析来支撑出版企业的业务战略规划和市场营销。目前新闻出版广电总局信息中心正在建设行业的数据交换发行平台，今后会把基础数据向全行业公布，为全国出版企业进行数字图书策划选题、营销印制图书提供参考和规划。

（六）新理念引领新变革，电子图书出版重在质量

2016年在电子书出版领域正在出现一些新的理念革新旧的理念如，过去的追求规模理念，就逐步被质量优先的理念所取代。但如果只追求规模和数量的扩张，不仅会使得电子图书出版陷入追求数量的怪圈，还可能影响电子图书出版的发展质量，如投入产出比持续扩大等现象。移动阅读的市场越来越大，有数据显示，2016年阅读平台的电子书下载量达到14.3%，潜力可见一斑。移动阅读市场份额与平台流量呈现正相关。2016年电子图书出版企业需要关注的另一个新理念是："社交理念"，各家传统出版社依靠本社的App平台和微信公众号，建立了图书营销宣传的新渠道。并吸引了用户的关注，和用户建立了新型关系。根据与用户的互动，搜集图书市场信息，降低了电子图书选题和内容制作的风险，从中发现和凝练出好的选题；另一方面，这些新的理念变化将对我国电子图书出版在今后的发展提供，新思路。

7. 数字出版有效评价机制呼之欲出，优胜劣汰

从2016年电子图书出版的形势分析，今后数据流动性将进一步增大。内容资源、渠道资源、平台资源等资源进一步整合，优胜劣汰，强者越强，在内容、作者、渠道各方面将形成新的竞争格局。在这种形式下，要求尽快建立有效性的数据评价体系，服务于图书的在线出版。今后。图书出版的大数据分析和共享是必然要发展和完善的，不同的出版机构之间，甚至出版行业与其他行业的数据共享，将有助于激发数字出版更大的生产力。如，KU亚马逊电子书包月服务阅读方式受到中

国读者青睐。KU亚马逊电子书包月服务在中国市场上线以来表现远超预期，在不到一年的时间里，以用户的注册数量计算，中国已成为继英国和美国之后的全球第三大市场，显著促进了中国读者对电子阅读的热情。同时，亚马逊中国数据显示，有超过三分之一的KU订阅用户是通过这个服务第一次开始阅读Kindle电子书。在使用KU亚马逊电子书包月服务90天后，用户的电子书平均下载量接近翻倍，阅读量增长近40%。之所以电子书的销量同步增长，得益于亚马逊长期的读者评价机制的完善，读者评价三星以上的书籍被热销，而评价差的书籍则被下架。因此，亚马逊电子书市场一直备受关注。在纸书用户继续增长的同时，电子书用户也在大幅增长，增长速度超过纸书用户。另根据京东图书文娱业务部的数据，2016年电子书用户同比增长超过200%。

今后，随着数字出版企业对流动数据评价功能的重视，技术平台的完善，实现对所售书籍的跟踪评价和读者反馈机制的完善，相信优胜劣汰市场选择会成为促进出版企业选择和提升出版物质量的重要依据。

万智：长江出版传媒股份有限公司

艾顺刚　乔莉莉　孙晓翠：上海睿泰企业管理集团有限公司

2016年中国数字报纸产业年度报告

万智　艾顺刚　乔莉莉　庄子匀

一、总体情况

自2006年我国推出首份数字报纸以来,从固定端到移动端、从免费到收费、从在线到离线、从多媒体到云、从报网互动到渠道融合等方面,数字报纸产业(简称"数字报业")的市场情况始终不容乐观,近几年的收入更是连续下滑。但经过多年的探索、积累、改革与创新后,我国数字报业的前景已开始逐渐明朗,并出现了一批可看、可学、可复制的先进典型。

(一)数字阅读用户规模不断突破

据中国互联网络信息中心(CNNIC)发布的《第39次中国互联网络发展状况统计报告》显示,2016年6月,中国网络新闻用户规模达5.9亿,网民使用率为81.6%。《2016年度中国数字阅读白皮书》指出,2016年我国数字阅读用户规模已突破3亿,市场规模达120亿元;有60.3%的用户愿意为自己喜爱的内容付费,其中70%的用户每次阅读时间都在半小时以上。中国新闻出版研究院的阅读调查也发现,从2015年到2016年,我国的阅读域明显提升,数字化阅读域从32%增长到68%,提高了36个百分点。

(二)营业收入从亏损中缓慢回暖

表1　2012—2015年中国数字出版与数字报纸产业收入情况

年份	国内数字出版整体收入(亿元)	数字出版整体同比增长(%)	数字报纸收入(亿元)	数字报纸同比增长(%)
2012	1935.49	40.47	15.9	32.50
2013	2540.35	31.25	11.6	−27.04
2014	3387.70	33.36	10.5	−9.48
2015	4403.85	30.00	9.6	−8.57

但随着用户的积累和数字阅读受众规模的不断增大,数字报业的营业收入必将回升。从表1也可以看出,虽然自2012年我国数字报纸收入总值和收入占比达到顶峰后,近几年一直呈小幅度下滑趋势,但近三收入的下滑是加速减少的。也就是说,随着时间推移,这种下滑必将停止,然后开始转为正向增长。正如普华永道报道所指出的,全球报业收入降落的态势将在近几年有所缓解,之后将出现增加(尤其是发展中国家)。国外数据统计互联网公司Statista在其发布的针对2016年全球数字出版领域的报告中指出,从2016—2021年,全球数字出版市场复合年增长率将保持在7.1%

左右，其中，数字报纸的复合年增长率（即平均年度增长率）为11.5%。特别地，对于中国而言，到2021年数字出版的复合增长率将达5.5%，数字报纸尽管增长率不如电子书且增长幅度较低。2016年，我国的数字报纸实现营业收入9亿元。

（三）部分企业的表现可圈可点

在整个数字报业缓慢升温的同时，也有一些新闻、报刊、传媒企业在数字化转型的探索中取得了较大突破，并受到国内同行的广泛关注。如浙报传媒2016年年报显示，由于公司持续深入推进媒介融合发展和产业转型，其新闻传媒主业融合发展进一步提速。2016年实现营业收入35.5亿元，同比增长2.6%。净利润达6.1亿，同比增长17.92%。预计2017—2019年公司营业收入将分别达到39.23亿、45.23亿和54.50亿元。苏州日报以报业数字化为契机，在网络媒体平台上深度开发报业内容优势，将数字报业与互联网应用有机结合，使网站成为一系列新媒体的"孵化器"，从而把传统媒体在内容上的"势能"顺利转化为新媒体数字化发展过程中的"动能"。目前，"苏州新闻网"的日均独立IP访问量、PV浏览量和全球阿里克斯网站综合排名，在江苏省城市新闻网站中名列前茅；《苏州手机报》更以19万的订阅量，成为苏州地区最大最权威的手机媒体。

二、融合发展如火如荼

（一）全媒体模式日益完善

国家新闻出版广电总局早在几年前便启动了"全媒体数字采编发布系统工程"，确定南方报业传媒集团、中国安全生产报、烟台日报传媒集团等多家报业传媒集团为报纸全媒体出版领域应用示范单位。这可以被看作是"中央厨房"式全媒体运作的首次尝试。在此背景下，报纸媒体也纷纷开始进行应用探索。例如，中国青年报社以"全媒体协调中心"为"中央厨房"，建立了涵盖中青在线手机版、冰点暖文App、中青报微信、青梅客户端、中青H5精选、中青微信矩阵6个模块的全媒体矩阵。南都新成了立全媒体运营委员会，并与电视台、广播进行合作，实现新闻资源的广泛传播，搭建起全方位的全媒体平台。全国"两会"期间，成都传媒集团在北京设立全媒体新闻中心和生产调度中心，尝试统一采集、多次生成的新型发稿模式。2015年1月，天津日报启动历史图片数据库工程，对历史新闻照片进行数字扫描及修复，逐步完成网站及移动端建设；同时还对相关摄影产业链进一步开发，如摄影外包、影像编辑出版等服务，打造权威新闻影像信息全媒体平台。

当然，"中央厨房"并非是媒体融合的唯一模式。事实上，与其说"全媒体"是机构内部的流程改造，倒不如说它是一个重新定义自己在产业链中位置、选择合适的外部伙伴的过程。在这过程中，投入是前提、思想是主导、人才是主力、制度是根本，这些都有待报业单位在探索中日益完善。

（二）融媒体布局趋于平稳

经过业内不懈的尝试和探索，融媒体的布局已基本形成且趋于平稳。例如，在提出了媒体融合发展的七路径后，光明日报社又从理念、流程、技术、产品、渠道、人才、市场、资本8个方面出发，对融媒体的发展进行了规划统筹，这为未来报业媒体的融合建设提供了有力的支持。河北省各地的机关报、晚报、都市报等大众报纸都在大胆尝试构建"融媒体"矩阵，即接受统一指挥、整合报社资源、开通各种传播渠道、善于联合作战的媒介团体（如廊坊日报社的廊坊日报、廊坊都市报、廊坊传媒网官方微信微博、廊坊云报手机客户端、廊坊云报屏、廊坊电子阅览室、廊坊日报社呼叫平台、QQ群等），从而实现在新旧媒体上对所有重大新闻的联合报道。

（三）多形态嵌入成为常态

传统报纸内容的主要形式是文字和图片，但随着数字技术的发展，承载报纸内容的形式也在不断进行着升级换代：从最开始的声音播报（如《浙江日报》和《海南日报》的普通话读报，《广州日报》的女声、男声、粤语播报），到先后增加的离线阅读、页面缩放、检索、下载、打印等功能，再到后来可实现动画翻页、缩放、背景音乐、链接等功能的Flash数字报和多媒体数字报……《人民日报》《南方周末》《中国日报》等甚至针对苹果公司的Ipad平板电脑，专门开发了客户端阅读软件。由此可见，在单篇新闻中嵌入多种媒介形态在国内报业已成为常态。这种融合视频、音频、漫画、文字、图片等众多媒介于一体、集切换、滑动、缩放等功能于一身的动态新兴媒体体系也称作"新生代报业"或"多媒介媒体平台"。

信息和网络技术仍在不断发展，未来数字报纸的形态可能不止以上这些。例如，《京华时报》已推出了云报纸，其具体传播形态可描述为"报纸+二维码+手机+移动互联网+云计算"。虚拟现实（VR）、增强现实（AR）、网络直播、人工智能等技术也可与数字阅读相结合，为数字报纸形态的创新注入可持续发展源动力。

（四）产消游戏规则发生改变

随着自媒体成为内容市场上的新兴力量，数字报纸内容生产和消费的"游戏规则"也在发生着改变。从报业的角度来看，主要有以下5个方面：

1. UGC使生产与消费不再明确分界

内容生产模式按照其生产者可分为PGC和UGC两种。在传统报业时代，PGC以其专业性，成为内容生产的主流模式。但在数字时代，内容生产者和消费者之间不再存在明显的分界线：报业机构逐渐引入外部力量，把用户对内容的反馈作为重要的信息补充到原有内容中，从而有效弥补自身不足；或者将"报道"这一以往属于专业记者的职业行为完全交给用户，由用户完成内容产销的全过程。尽管UGC内容的平均质量可能不如PGC，但在权威性上，专业记者的一些稿件却很难超过某个领域的专家（如医疗专家）。可以说，在内容生产这个领域，UGC使得职业新闻人的竞争对手不仅仅限于同行，而是扩展到了整个社会的各行各业。

2. 通过社交元素提高用户黏性

社交网络具有传统纸质媒体无法比拟的优势。首先，它使人际社交关系与数字阅读之间的联结更紧密，用户通过分享自己喜爱的内容，可让数字内容成为社交话题，从而提升阅读的传播效率，拓宽数字内容的发行渠道。其次，它可以集聚志趣相投的群体，形成群聚效应，从而培育用户行为的路径依赖，并塑造自身的专业性和口碑。更重要的是，通过挖掘社交媒体背后的数据，可管窥用户的阅读行为和兴趣偏好，从而推出个性化内容产品，心理上接近用户，强化用户黏度。因此，各新闻媒体纷纷在客户端中嵌入社交元素，以期这些元素能像"饵"一样，将受众引过来、留下来，给数字报纸的发展带来更多生机。具体方式包括：一是在社交平台中建立公众号，及时发布简讯以扩大影响力；二是运营好"两微一端"，进行重要原创新闻的二次传播，以吸引受众链回自己的网站或 App 上；三是根据人们的社交需求不断演进迭代社交平台自身，或开发更多催化社交的功能等。

3. 按条消费兴起，微传播时代来临

传统报业是将若干经过挑选的内容集合在一份报纸上，人们按份购买并阅读其中的内容。由于时间有限、兴趣不同等原因，一个人通常不会读完每份报纸的所有内容，即买报纸的费用中总有一些是浪费的。但是，在电脑和手机屏幕上，用户可通过"刷屏"，快速遍历所有报道的标题，看到有兴趣的再打开细读。如果看到特别喜欢或赞同的内容，还可以"打赏"，对具体的信息条目进行付费。用户甚至可以靠阅读内容获得积分等收益。与传统报业的按份购买、收费阅读、打包销售相比，这种按条售卖、自愿付费、碎片化阅读对内容消费者的吸引力更大。由此可见，在媒介全面融合的数字时代，报纸制作的内容，除了刊载在网络、移动端等平台上的那些直接将纸质内容数字化的之外，以短小精炼为特征的"微内容"也开始发力，"微传播"时代已经来临。

4. 时效性在一定程度上失去意义

时效性是衡量新闻质量的一个决定性标尺。但在新媒体时代，报纸的"时效性"在一定程度上失去了意义。报纸最快也只能报道"昨天"发生的事或记者了解到的事，而数字报纸、新媒体报道的速度却是以"分/秒"为单位的，这是数字报纸时效性失效的一个方面。另一方面，传统报业时代，记者编辑们每天生产的大多是即时新闻内容。而在数字时代，报纸必须找到快速报道之外的更多细节和背景、更好的解读角度和解读方式等，甚至各种历史性文章、生活常识、心灵鸡汤、笑话段子等无所谓时效性或者"永远有效"的内容；即从追求报道的时效性转向追求报道的有效性。

5. 接近性不再局限于地理概念

新闻的接近性也是内容价值的评价标准之一，包括地理接近性、心理接近性、利益接近性、经历接近性等。在传统报纸时代，接近性主要是一个地理概念，即将报纸分为全国性和地方性两大类，其中，地方性报纸努力深耕根底、报道读者身边的事儿，以实现新闻内容的接近性。但新媒体报业机构（尤其是 UGC 模式为主导的）不讲究这些，一个北京本地的新闻客户端，完全可以在全国乃至全球范围内选择内容进行加工传播，只要对用户的胃口，实现了用户心理上的接受（即心理接近性），就可以轻松做到海量阅读和转发。另一方面，全国性的新闻公众号，凭借其搜索引擎技术、定位技术、大数据分析技术，也可以实现地方新闻的精准推荐和推送。由此可以看出，"全国性"和"地方性"的界限在信息时代被模糊了，所谓新闻接近性已经超越了地域，报业机构越来越关注与受众在心理上的距离，以及在兴趣爱好、文化水平、价值认同等层面上的契合，以此完善内容生产，全面吸引用户群，不断扩大自身影响力。

（五）移动终端、视频短片、数据新闻成决胜主战场

1. 移动终端成为信息获取首选设备

《金融时报》网执行总裁罗伯·格里姆肖（Rob Grimshaw）认为，"向移动产品这种新媒介方式转变，它的范围要比从纸质媒体到电子媒体的转变更大，而且更迅速"。《地铁报》数字部原负责人、《城市早晨》数字部主任马丁·阿什普兰提（Martin Ashplant）指出，"报纸的新媒体产品必须首先要有一个灵敏的、交互性强的设计。要专注于移动平台，因为那是成长所在，是受众之所在，是未来希望之所在"。相较于传统报纸，移动终端最大的优势就是它的互动性：新媒体的交互设计可以使受众直接对新闻内容表达自己的个性化观点，参与信息的传播；同时，媒介机构也可以直接收集移动端的数据和受众反馈，根据反馈为受众答疑解惑并进行后续报道。这样便可在新闻报道的议程

设置中实现内容的心理接近性，获得更好的传播效果。

相关数据显示，移动端目前已成为网民获取新闻信息最主要的渠道，传统报刊制作相应的 App 也成为一种发展趋势，并成为主流新闻媒体的标配。人民网研究院关于移动传播的报告则显示，《人民日报》《环球时报》等所有入榜单的 381 家报刊都开通了官方微信，上榜的报纸（92%）都入驻了以腾讯新闻、今日头条、网易新闻、搜狐新闻等为主的聚合类新闻客户端。有的报纸还联合互联网巨头，推出了一大批原创新闻客户端。

2. 视频短片与数据新闻备受青睐

近年来，视频短片和数据新闻越来越受用户欢迎，成为国内各大数字报纸网站吸引用户（特别是年轻受众）的重要卖点，视频和数据也成为新闻报业机构越来越重视的元素。

视频无疑为人们提供了更客观、更真实、更生动的新闻视角。对于国内报业而言，其视频短片产品主打两大类：一类是"原创数字视频"，另一类是"直播视频"。这两个门类也近年增长最快的视频产品，如网易建立了"网易直播"，提供直播号、在现场、大直播、星在线、纵横谈、频道直播等若干直播功能频道。此外，随着虚拟现实、无人机等技术的不断普及，360 度视频、沉浸式视频也不断推出，从而进一步强化新闻报道的视觉效果和感官体验，引发受众分享。有人预测，视频将是未来新闻传播的主要形式。思科的预测数据也指出：到 2019 年，80% 的用户收到的是视频形式的新闻。因此背包记者（Backpack Journalist，即具有文字、摄影、摄像等技术，可以做各种新闻业务，所有设备都放在一个大背包里的全能型记者）将成为未来数字报业的稀缺人才资源。

数据新闻又叫数据驱动新闻（data-driven journalism），它早在 20 世纪 70 年代就以"精确新闻"的概念出现在西方新闻教学和实践中。近几年，随着大数据技术的发展和对新闻出版行业的全面渗透，数据新闻已经进入第三阶段，即数据实用性和数据可视化。该阶段不再强调长篇累牍的浅层次统计分析，更多追求的是数据对新闻生产实践的影响力，以及呈现结果的简洁、直观、互动和观赏价值，因此很多大数据专业人员和美术编辑开始参与到新闻报道的流程中来。

二、我国数字报纸产业发展面临的主要问题

（一）市场化程度不高，创新意识不强

由于我们的特殊国情，一直以来媒体都作为国家的宣传平台，扮演着舆论引导、信息宣传的角色。因此，整个报业尚未形成合理有序的竞争环境，资源得不到最优配置，进而导致我国报业的企业化程度普遍偏低，适始终没有很好地完成市场化转型。

（二）切实可行的盈利模式尚未建立

数字报业要想生存和发展，就必须有一定的盈利作为支撑。传统报业的盈利模式比较稳固，主要是广告和发行两种方式，但是在它的数字化转型过程中，这些方式并不能带来理想的利润。国内网民已经习惯了免费获取信息资源和数据资料，数字报纸如果收费，可能会导致阅读量下降，用户流量降低，进而影响报纸品牌的知名度和公信力，从而影响网络广告收入；若免费对外提供，这也会对报业的可持续发展带来巨大风险。这就需要报业机构积极探索互联网环境下报业的新盈利路径。

（三）冗余、虚假、版权三大问题愈发严重

很多报社集团都采取了各种方式来推进报业的数字化，如全媒体发布、UGC生产、新闻集成平台搭建等，这些虽然大大提速了数字报纸的内容生产，但随之而来的是严重的信息污染和版权问题，主要包括：一是内容冗余，同质化现象堪忧；二是虚假新闻大量出现，公信力受损；三是版权争论在互联网时代更加难解。

（四）平台内向化发展，与用户失联

基于互联网发展的平台型传媒逐渐成为传媒行业的主导方向，报业也是如此，目前大部分传统报业的数字化平台建设基本布局已经完成。然而，在报业的转型实践中，这些数字报纸平台整体呈现出一种内向化的发展趋势，并没有很好地建立起与用户的联结、没有获得"平台型媒体"应有的效果，也没有真正有效地改变报业面临的受众持续流失、行业利润下滑的困境。

（五）人才壁垒尚未打破，队伍结构不理想

人是生产力中最活跃的因素，媒介融合转型更需要人才支撑。然而，目前我国报业的从业人员队伍还存在着许多问题，从而严重影响着数字报业的可持续发展。如人才队伍结构与新媒体经营格局不匹配，老业态冗员，新业态乏人可用。

万智：长江出版传媒股份有限公司
艾顺刚　乔莉莉　庄子匀：上海睿泰企业管理集团有限公司

2016年中国互联网期刊出版产业年度报告

李广宇　戴铁成　高默冉　周宝荣　金　鸽

一、互联网期刊出版产业概述

（一）传统期刊互联网出版商的总体情况

互联网期刊出版是相对传统纸质期刊出版而提出来的，它包含3个方面的内容：传统纸质期刊的数字化，并在互联网上出版；以期刊为主要内容的包含文献和学术论文等在内的系列知识库在互联网上的出版。传统期刊互联网出版商的出版行为已经不简单停留在期刊的数字化本身，而是通过对文献、信息等资源进行分析、加工和整合，形成包括作者信息及其发表的论文情况、研究领域、机构信息、论文被引用情况等知识关联的数据库，为知识管理打下了基础。

2016年互联网期刊出版行业的主要出版商有同方知网（北京）技术有限公司（以下简称同方知网）、万方数据科技有限公司（以下简称万方数据）、重庆维普资讯有限公司（以下简称维普资讯）、龙源数字传媒集团（以下简称龙源传媒）。

当前，传统期刊互联网出版商已调整了业务重心，由期刊数字化转向对文献、信息等资源进行整理、分析和加工，建立知识关联，向知识服务迈进。

（二）传统期刊互联网出版生产规模年度变化情况

随着数字出版技术的飞速发展，当前传统期刊互联网出版商通过技术升级各设备更新，已经拥有了较强的专业数据加工生产线和较大规模的生产能力，确保及时实现传统期刊的数字化加工效率和互联网出版物可靠性、及时性。2016年，中国期刊数据库各主要企业期刊资源年度加工情况见表1。

表1　中国期刊数据库各主要企业期刊资源2016年加工情况

出版能力＼出版单位	同方知网	万方数据	维普资讯	龙源期刊
出版文献篇数	450万	350万	>600万	—

同时，各传统期刊互联网出版商为了保证企业的可持续发展，满足产业未来发展的海量内容加工和供给需求，拓展市场领域，挖掘市场潜力，采用先进的数字内容加工技术，努力形成各自的独有优势。具体情况如表2。

表2 中国期刊数据库各主要企业加工能力和资源建设情况

具体分项 企业名称	加工能力	资源建设情况
同方知网	同方知网的数据生产线采用了最新的基于图像的结构化自动标注技术、双编改校对技术以及现代化的数字化生产制作平台。在质量保证方面，对于结构化数据加工过程中的关键环节以及最终的产品，根据其特点选取合适的检验方法和抽样标准对加工质量进行检验，系统自动对每个生产人员的质量进行统计分析，根据分析的结果自动按预先设定的规则调整各加工人员的抽样检验方案	截止到2016年底，已经累计生产加工期刊论文6000多万篇，学位论文300多万篇，会议论文近300万篇。其中，2016年新增期刊论文约360余万篇，学位论文35万篇（含博士论文3万篇），和会议论文近30万篇。此外同方知网还收录有高等教育、党建、政报公报、经济信息、精品文艺、精品文化、大众科普、基础教育等类型的期刊，实现了我国绝大多数期刊资源的互联网出版
万方数据	公司具有国内最现代化数据加工基地，全套规范化加工生产线，采用了高清晰扫描、OCR识别、人工智能标引、PDF制作技术等先进制作工艺，以及严格的质量管控体系，从而保证了公司产品的高质量	收录期刊7600余种，核心刊3000种，2016年新增350万篇，周更新2次，涵盖理、工、农、医、经济、教育、文艺、社科、哲学政法等学科，全部拥有国内统一连续出版物号，免费注册DOI
维普资讯	具备自主生产的能力，建有全套数字化加工生产线，拥有自己的数字化加工中心，主要从事纸本数字化加工、电子文档数字加工、数据对象加工、对文献之间的数据关系进行加工，重点加工内容为机构、作者、主题、期刊、基金、引用关系等。日加工能力期刊600本左右，文章3万篇左右	收录9200多种中文期刊和140000多套考试试卷，2016年加工文献600余万篇，试题30000余套，数据对象2000余万个
龙源传媒	资源加工包括杂志原版、文本版、手机版和客户端版本等各类数字阅读产品。支持文本版、专题版、原貌版、语音版、多媒体版等多种方式阅读，特别是原貌版，完美保持和再现期刊原始版面和样式，且提供高精度清晰大图，放大缩小任意控制	版权资源主要以中国人文大众类期刊为特色，签约4200多种期刊，包括《读者》《故事会》《知音》《女友》等中国发行量最大的刊物。占中国人文大众类期刊份额的90%以上。其中950种具备某领域或全领域的独家授权。公司拥有10万多种畅销常销图书数字版权、签约600多名著名专家学者、8万多位原创作者的授权。版权文章数超过2000万篇

（三）传统期刊互联网出版市场占有率年度变化情况

近几年我国数字出版产业营销收入增长十分迅猛。2014年数字出版产业营销收入为3300亿，2015年为4400亿元，2016年达到5720.85亿元，年均增幅约29.91%。而传统期刊互联网出版市场规模则从2014年的14.3亿元，增长到了2015年的15.85亿元，2016年的17.5亿元。年均增幅约11%，行业增长平稳。全行业产值约占整个数字出版行业的0.31%（见表3）。从近三年的出版规模来看，互联网期刊的出版市场规模虽然在不断增长，但是同整个数字出版行业来看，凸显出互联网期刊增速较慢，市场规模占比整个数字出版产业不断下滑。如何做大传统期刊互联网出版的市场规模，是近年来全行业共同面临的严肃课题。

表3 近3年传统互联网期刊占整个数字出版行业规模比例

单位：亿元

年　度	2014	2015	2016
数字出版行业规模	3300	4400	5720
传统互联网期刊市场规模	14.3	15.85	17.5
互联网期刊数字出版行业比	0.45%	0.36%	0.31%

二、互联网期刊出版推广销售策略及盈利情况分析

（一）盈利模式及总收入状况概述

传统期刊互联网出版商的经营模式主要包括中心网站包库、镜像站点、上网卡流量计费等方式。

同方知网2016年期刊数据库的销售收入11.73亿元，万方数据2016年的营业额达到4亿元，龙源数字传媒集团公司2016年营业收入为7500余万元。这几家出版商中，同方知网（北京）技术有限公司市场规模仍然最大，销售规模保持稳定增长。

（二）传统期刊互联网出版不同销售模式收入情况

1. 同方知网

同方知网的机构用户总数逾10000家，在各个行业的市场使用率分别为：本科院校100%；高职高专80%；省级、副省级以上图书馆95%；地级市以上图书馆30%；科研机构近300家；政府机关近千家；军队用户近百家；医院上千家，其中三级医院市场占有率为80%；企业约3000家；中小学800余家。此外，境外机构用户遍布美国、德国、澳大利亚、日本等30多个国家和中国港澳台地区，用户有近1000家。

同方知网2016年营业收入11.73亿元，比2015年增长12.5%主要包括包库、镜像站点、和流量计费3种形式。其中，包库收入为7.97亿元，镜像站版收入为3.01亿元，流量计费收入约为0.75亿元。各项分类收入所占比。

从图1中可以看到，同方知网2016年营业收入中网上包库超过了总营业收入的三分之二，占比达到了67.9%；镜像站点收入占总收入比为25.7%，占整个收入的四分之一强，流量计费收入2016年占总收入的6.4%。

同方知网2016年各种营收模式下的销售收入同比增长，增长比例与2015年相比几乎保持完全一致。与2015年各项营业收入占比的对比图。

2. 万方数据

万方数据在全国设有30多个办事处，拥有万方数据（香港）有限公司、海外市场销售中心及万方软件有限公司。另设有五个产品及项目事业部。

已有5000多家机构和2000多万个人用户，业务规模覆盖全国31个省、市、自治区。网站日访问量逾千万，每年新增的注册用户达100多万。同时，海外市场迅速发展，客户群体遍布美洲、欧洲、亚洲等十几个国家。据Alexa统计，万方数据知识服务平台在全球从事信息服务的专业网站中名列前茅。目前，万方数据机构主要集中在高校、公图和科情科研等领域，市场占有率超过

80%。2016年万方数据营业总规模实现近4.0亿元，比去年增长超过5%，增速与2015年基本持平。

3. 维普资讯

维普资讯市场主要是面向国内外教育机构、科研机构、企业用户、个人用户提供全面的中文期刊数据库服务。其战略目标是做中国最具影响力的数据库供应商，业务模式以直销为主，网络销售、电话营销为辅；售后服务以上门服务为主，网络更新为辅。2016年维普资讯拥有单位用户数量7000余家，机构用户的主要服务方式为镜像站点，或者包库方式。个人用户数量近千万，个人用户的主要服务方式为流量计费。维普资讯2016营业收入主要包括网上包库、镜像站点，流量计费和广告收入4种形式。其中，网上包库收入占整个收入的约62%；广告收入占销售收入的不到1%；镜像站点+流量计费收入约占总收入的38%。销售收入基本上来自中心网站包库和镜像站点。

4. 龙源传媒

龙源传媒已建立包括中国联通阅读基地协助运营方，中宣部《党建》学习平台运营方，国务院机关工委《紫光阁》学习平台战略合作伙伴。同时超过百家大型图书馆，大型国企5年以上的客户资源。全国26个省市的教育局域网以及超过1500万注册用户，其中超过80万人为付费用户。

2016年龙源数字传媒总收入7567万元，较2014年增长8.1%。主要营收模式包括：个人阅读1246万元，占比16.5%；公共文化4174万元，占比55.1%；和数字教育2147万元，占比28.4%。龙源传媒2016年各种销售模式收入细分。

龙源传媒的分类收入比例为中心网站包库80%，镜像站点收入5%，流量计费为15%。2016年各种销售模式收入分类占比。

三、总体发展态势及问题

（一）大数据与互联网学术资源结合引领教育改革

大数据在近几年来，越来越受到国家的重视。大数据的发展为互联网资源效用的进一步挖掘与发挥提供了基础与可能。2016年8月国家发改委办公厅近日发布《关于请组织申报大数据领域创新能力建设专项的通知》（以下简称《通知》），要求组织申报大数据领域创新能力建设专项，构建大数据领域创新网络。《通知》指出，未来2—3年，建成一批大数据领域创新平台，为大数据领域相关技术创新提供支撑和服务。以推进经济发展方式转变为着力点，通过建立和完善大数据领域的技术创新平台，集聚整合创新资源，加强产学研用结合，突破一批关键共性技术并实现产业化，促进大数据产业的快速发展，为培育和发展战略性新兴产业提供动力支撑。在提高大数据应用技术水平方面，重点内容包括智慧城市设计仿真与可视化技术、城市精细化管理技术、医疗大数据应用技术、教育大数据应用技术、综合交通大数据应用技术、社会安全风险感知与防控大数据应用、工业大数据应用技术及空天地海一体化大数据应用技术八类国家工程实验室。

期刊阅读大数据对教师教学和学生学习带来深刻变革。大数据支持下的教学将更具有影响力和说服力，使教师和学生的阅读更具有针对性和实效性。基于大数据的学习将更具有个性化和智能化。在大数据应用技术影响下，新的教学模式、教学与阅读环境开始出现，学生的阅读与学习行为数据、阅读过程数据将受到更多关注，助推新的教学模式的引入和实施，根据基于学生的全量数据为其推荐具有针对性的学习资源，设计个性化的学习方案成为可能。

（二）出版融合发展得到有序推动

目前，新闻出版业已完成初步转型升级，现已向纵深发展，政府主管部门与企业共同推动出版业融合发展已形成共识。2016年12月，国家新闻出版广电总局正式公布20家出版融合发展重点实验室依托单位和共建单位名单，这是总局贯彻落实中央关于推动媒体融合发展部署和《关于推动传统出版和新兴出版融合发展的指导意见》的重要举措。国家新闻出版广电总局还正式公布遴选出的首批35个新闻出版产业示范项目，以发挥新闻出版改革发展项目库示范引领作用，促进传统出版与新兴出版融合发展。出版融合发展就是利用互联网、大数据和云计算等新技术，对传统出版业进行技术层面的提升，使出版内容的传播价值达到最大化，重新确立互联网环境下高效率、低成本、内容至上、品牌至上、服务至上的出版运营新理念。通过资源集聚与资源的专业化、碎片化、系统化制作，可以为数字出版业务开展提供内容基础；通过综合服务平台、复合出版平台、综合运营管理平台的搭建，可以为传统出版业融合发展提供运营基础。出版者首先要实现期刊内容生产的数字化，然后依靠专业数字出版平台实现优先出版及数字化传播，利用期刊网站与读者和作者进行信息沟通，利用社交媒体与作者互动。随着技术发展，数字出版工作的内涵与外延还会不断扩展，也为融合发展提供了更多的机遇和切入点。

（三）规模仍是偏小、商业模式单一有待突破

近18亿元的年销售额使之继续成为学术与专业网络出版行业的领跑者，但镜像与包库仍是其互联网期刊数据库收入的主要来源。因为学术与专业网络出版内容主要为科学严谨的学术文献，不适合采用其他行业通用的广告植入形式，广告营收甚微。行业对于其他的商业模式的探讨一直在继续，例如同方知网在推动传统期刊社数字化升级转型，为学术期刊社打造集编辑出版、发行营销为一体的"超市型"数字出版平台。

李广宇：中国新闻出版研究院

戴铁成　高默冉　周宝荣　金鸽：同方知网（北京）技术有限公司

2016年中国网络社交媒体出版产业发展报告

张孝荣

一、中国网络社交媒体发展概况

网络社交媒体是网民彼此之间用来分享信息的工具和平台，也简称社交媒体，随着微博与微信的发展，目前已经成为互联网的主流应用。据中国互联网络信息中心（CNNIC）发布的《中国互联网络发展状况统计报告》显示，社交媒体大致包括即时通信、视频音乐、博客、微博、社交网络、论坛、移动社交这几类平台。本报告主要关注博客、微博、自媒体、短视频、视频分享类网站的发展情况。在下文中，前三者统称博客类应用，后二者统称网络视频。另外，因网络电台、移动K歌等音频社交媒体发展迅速，本文也会对此加以介绍。

从整体来看，2016年的中国网络社交媒体继续保持稳定发展的趋势。博客类应用继续处于成熟发展阶段，用户规模达到天花板；微博用户数量在2015年触底后回升，自媒体迅猛发展；网络视频步入平稳发展期，整体用户规模稳中有升，移动短视频领域增长迅猛，自制节目和视频自媒体数量增加；值得一提的是，音频类社交媒体迅速发展起来，在社交媒体中占得一席之地。

（一）博客类应用发展概况

1. 微博用户呈现回升态势

根据微博发布的2016年全年财报显示，截至2016年12月，我国微博用户规模为3.13亿，而2015年微博用户量为2.30亿，2014年为2.49亿，2013年为2.81亿。回顾2013年以来微博用户量的变化，我国微博用户规模在经历了2013—2015年的持续下降后在2016年有了一定程度的回升，2016年比起2015全年则上升了26.52%。2014年微博网民使用率较2013年的45.5%相比下降到38.4%，下降了7.1%，2015年该数字继续下降至31%，这一数字在2016年回升到37.1%。相比其他各类互联网应用如即时通信、网络视频、博客等的用户规模都呈现出正增长的情况，说明微博在各类社交应用中的竞争力和吸引力在经历了一个下降过程后又重新吸引到用户的注意力。

从手机微博用户来看也有相同的趋势，手机微博用户规模从2014年1.71亿下降至2015年1.62亿，全年下降5%。网民使用率也下降3.4%；这一数字在2016年回升为2.40亿，所占比例也提高到了34.6%，提高了5.7%。用户量的回升对于微博来说具有重要意义。在2016年，直播、视频相关业务在移动互联网的快速发展迅速引爆全行业。尤其是网络红人在2016年上半年的爆炸式发展，都是微博作为社交媒体的平台性作用不断凸显。微博在2016年月活用户明显增长，各大行业领域的覆盖面不断扩大，在新闻舆论、综艺娱乐等方面继续保持绝对影响力；同时，在视频、旅游、体育等领域也得到进一步的延伸，微博的平台性作用进一步彰显。

某种意义上，微博这一年的全面复活，或许是这一年内"网红经济"风口 + "直播""短视频"

等风口以及自身扎实运营等多重效应下的综合结果。

2. 文字自媒体："精英化"趋势明显

2016年自媒体平台进一步呈现出明显的优胜劣汰趋势，高质量的账号及作者逐渐从数量庞大的自媒体中脱颖而出，而质量不佳或疏于管理的自媒体将逐步面临被淘汰的境地。

自媒体的爆发式发展具体有以下三个表现：第一是微信公共号订阅总量激增。据腾讯数据显示，微信公众号的数量已经达到1777万，增长率为32.1%，并以每天1.5万个的速度增加，八成微信用户表示会关注公众号，而在2016年底，微信用户量已达到8.89亿，首次超越了8.69亿用户的QQ，微信已然巩固了其"中国最大的即时社交应用"的地位。此外，科技思想类自媒体平台和微信公众号"精英化"趋势明显，迅速的增长和迅速的淘汰都已成不可逆转的态势。

3. 博客相关统计暂停更新，或稳中有降

与2014年相比，2015年空间/博客的总用户数量稍有提升，达到47457万人，但是网民使用率有所回落，下降到71.1%。由此看出，虽然大多数网民依旧依赖博客和个人空间来进行网络互动，但是总体用户规模较为稳定，上升空间较小，在使用率方面更是难以提高。而到了2016年，以CNNIC为代表的调查机构已不再对博客网站用户规模进行调查和数据更新。根据主要博客网站和Chinaz站长之家的数据显示，现阶段博客网站、特别是活跃网站的数量减少，网站排名也有所下降，但仍然拥有一定市场。博客用户中最受欢迎的用户几乎均属于股市分析领域或明星名人领域，股市分析类博客的博主发帖频率较高，基本可以维持在每日发帖；而普通用户发帖频率则相比之前有很大下降。

（二）网络音视频行业发展概况

1. 网络视频用户规模稳中有升，行业持续平稳发展

自2008年以来，网络视频行业的用户规模一直呈增长趋势，截至2016年12月，网络视频用户规模达5.4455亿，比2015年底增加了4000余万人，用户使用率为74.5%，上升了1.3个百分点，已经成为第一大休闲娱乐类互联网应用。从用户规模的增长率来看，2008—2013年，网络视频用户规模以年均14%以上的速度在稳步增长，达到一定程度后，近两年的增长速度有所放缓。2015年以知识产权为核心的网络娱乐产业链展现出巨大的商业价值，用户规模和增长率均获大幅提升，2016年上半年网络视频用户规模在高位基础上持续增长。

2. 手机坐稳"网络视频收看第一终端"宝座

截至2015年6月份，手机已经超越PC成为用户观看网络视频节目的第一终端。2016年这一地位得以延续。76.7%的网络视频用户选择用手机收看网络视频，使用率比去年增加了4.8%，成为网络视频的第一终端。其次是台式电脑/笔记本电脑，视频用户的使用率为54.2%，相比去年锐减了17.0%，平板电脑、电视的使用率与2014年相近，都稳定在23%左右，是移动端、PC端这两类主要收看设备的补充。

3. 短视频出版行业发展迅速，用户规模庞大

短视频指一种视频长度以秒计数，主要依托于移动智能终端实现快速拍摄和美化编辑，可在社交媒体平台上实时分享和无缝对接的一种新型视频形式。它融合了文字、语音和视频，可以更加直观、立体地满足用户的表达、沟通需求，满足人们之间展示与分享的需求。短视频的时长一般控制在5分钟以内，内容生产流程简单、制作门槛低、发布方便，同时又不失专业化水准。短视频不是

视频网站的缩小版，而是社交的延续，成为信息传递的一种方式。一方面，用户通过参与短视频话题突破了时间、空间、人群的限制，让用户更有参与感；另一方面，社交媒体为用户的创意和分享欲提供了一个便捷的传播渠道。

短视频应用在美国最先出现，以 Instagram 为代表的平台在年轻人群中风靡。国内代表性的短视频平台包括美拍、小咖秀、FaceU、小红唇等工具型 App 和秒拍、快手等综合型 App。用户可利用自己创作并拍摄的时长较短的视频中与他人进行社交活动。目前，除了拥有秒拍、小咖秀、一直播的一下科技进入 D 轮融资、美图公司进入 C 轮融资外，短视频行业的公司大多处于 A、B 轮融资阶段，2016 年全行业共有 43 次融资。

4. 网络自制剧渐成规模，自制综艺节目数量激增

资本驱动以及"一剧两星"市场环境变化下，互联网自制剧迎来一轮创作浪潮。根据各大视频网站公布的自制剧名单，2015 年投资在 2000 万元以上的网络剧接近 20 部，其中不乏投资 5000 万至 1 亿元的作品。投资加码、专业制作力量涌入，"网络出品"正经历从量变到质变的过程。网络剧从各大视频网站上播出，逐渐收获越来越高的点击率。

另一方面，2016 年，网络自制综艺延续了上一年迅猛增长的势头。据《2016 年腾讯娱乐白皮书》数据显示，2016 年网络自制综艺节目数量高达 111 部，而且节目类型涵盖语言、音乐、户外、生活实验、亲子等多方面，呈现出更加多元化趋势。

图表　2016 年网络综艺节目播放量 Top10

节　目	播出平台	播放量（亿）
《爸爸去哪儿 4》	芒果、优酷	20.61
《火星情报局 I》	优酷	10.47
《明星大侦探》	芒果	8.90
《暴走法条君》	优酷	8.04
《约吧大明星》	腾讯	7.94
《黄金单身汉》	芒果	7.64
《偶滴歌神啊 3》	爱奇艺	7.07
《作战吧偶像》	腾讯	6.81
《妈妈是超人》	芒果	6.72
《拜托了冰箱 2》	腾讯	6.30

数据来源：《腾讯娱乐白皮书》

由上表所示，自制综艺中，芒果 TV、腾讯视频和优酷在数量上呈现出近乎三足鼎立的状态，分别以 3 档左右的节目占据榜单，芒果凭借地面卫视的优势更胜一筹，优酷发力势头明显紧随其后，腾讯也不甘示弱；此前一直遥遥领先的爱奇艺在本年度自制综艺节目板块获得的成绩一般，前 10 名中仅占一档，平台间竞争异常激烈。

5. 音频出版社交媒体崛起

音频出版社交媒体主要包含电台类在线音频平台、移动 K 歌类应用和带有社交功能的音乐播放类应用，其中，由于音乐播放类应用中社交功能处于辅助地位，属于弱社交范畴，暂不关注。本文中的音频出版社交媒体主要指以 PGC+UGC 模式辅助提供社交服务的电台类在线音频提供平台和移动 K 歌类应用，下文简称音频媒体。根据对这两类平台数据的评估和测算，2016 年音频媒体的用户覆盖量约为 3 亿—4 亿户，其中活跃用户约为 5000—6000 万户。

在线音频是指除完整的音乐歌曲或专辑外，通过网络流媒体播放、下载等方式收听的音频内容，主要包括播客节目、有声书以及网络电台 3 个主要的实现形式。内容上涵盖了新闻播报、脱口秀、评论访谈、相声评书、广播剧、教育培训等多个类型。2012—2015 年，伴随移动上网设备数的快速增长以及音频平台的刺激，行业迎来用户规模的爆发性增长。进入 2016 年后，移动上网设备在中国互联网用户中的普及基本完成，中国在线音频用户进入平稳增长期。行业竞争从用户行为普及向用户争夺和平台黏性、活跃度培养转移。从 2016 年 1 月到 2016 年 10 月，在线音频类 App 的活跃设备数从 3821.3 万台激增至 10047.5 万台，其中 2016 年 8 月后急剧增加，预计 2017 年 1 季度将达到 1.2 亿—1.5 亿台左右。

6. 弹幕视频网站发展概况

从 2014 年开始，垂直领域的社交产品开始发力，社交媒体正在从"大众社交媒体"或"综合性社交媒体"进入"小众化社交产品"时期，出现了许多基于人的不同兴趣、爱好、需求而生的小众化的社交产品，其中就包括弹幕社交产品如 A 站 B 站等。

弹幕视频网站起源于日本的 NICONICO，弹幕是指大量吐槽评论从屏幕飘过的效果。弹幕文化给观众们提供了一个互动的窗口，观众们参与度更强，对视频网站来说弹幕提升了自身的吸引力和用户黏度，对用户来说增加的观看视频时的趣味性。后来国内出现了第一个模仿者 AcFun（俗称 A 站，现属奥飞动漫旗下）以及 A 站的改良者 bilibili（俗称 B 站，现属 SMG 旗下），后者是当前国内最大、最成功的弹幕视频网站。

此外，爱奇艺、优酷等主流视频网站的部分视频也已支持弹幕功能。

（三）收入规模

1. 博客与微博收入规模

博客和微博行业的收入依然来自于网络广告收入。博客方面，收入主要集中在新浪、腾讯和网易三家，新浪优势依然明显。但目前已经没有相关数据。

在 2016 年，新浪微博净营收 6.558 亿美元（折合 45.3 亿元），同比增长 37%。其中，广告营收约为 5.71 亿美元，同比增长 42%。上市以来新浪微博广告营收不断上升，2014 年微博的收入增长迅速，全年净营收达到 3.34 亿美元，同比增长 77%；2015 年微博净营收 4.779 亿美元，同比增长 43%；2016 年，新浪微博进一步保持盈利，盈利空间持续上升。

2. 网络视频产业收入规模

有数据显示，2016 年在线视频行业市场规模约为 609 亿元。推动网络视频行业迅速发展的主要因素如下：

（1）在内容层面，各大视频网站将自制剧提升到战略高度。

国家新闻出版广电总局网络司网络视听节目备案库数据显示，2016 年 1 月 1 日—11 月 30 日，视频网站备案的网络剧为 4430 部，共计 16938 集，节目数量与 2015 年（1 月 1 日—9 月 30 日，总局备案库网络剧为 549 部，共计 6658 集）相比呈现井喷式增长；备案的网络电影（含微电影）为 4672 部，网综有 618 档，共计 6637 期，均远超以往。网络视频中，IP 是各大网站关注的焦点。数据显示，2016 年度热门电视剧前 15 中，大部分是 IP 剧，这也让网站一掷千金，大手笔购买 IP 剧和综艺节目，如 8.1 亿元的《如懿传》、800 万美元的韩国版《步步惊心》等。根据剧星传媒的统计数据，2016 年 Top20 网剧播放总流量突破 413 亿，远远超过 2015 全年累计 229 亿的播放量。其中，播放量在 20 亿元以上的网剧为 6 部，占比 30%；播放量在 10 亿元以上的网剧为 15 部，占比达到 75%。

（2）在播出模式上，新台网共赢模式逐渐规模化。

视频平台逐渐形成自己的排播系统，网站付费会员为"好看""先看"付费，不仅能缩短从内容生产到播出的周期，也有利于制作公司加速商业投入的回报。付费首播舆论助推电视剧的收视率，台网跟播则再次扩大电视剧的关注度，一方面实现用户覆盖互补，另一方面也实现了台网的相互导流。

（3）在商业模式上，会员付费收入增长强劲，网络视频生态圈逐步形成。

一方面，广告营销作为网络视频市场的最主要收入来源在 2016 年保持稳定增长，移动营销、内容营销、程序化购买、跨屏营销等针对广告主不同营销需求的投放方式不断释放网络视频平台的营销价值，会员付费等增值服务后劲十足，网民付费观看行为已成常态，各大视频网站通过大剧排播模式创新、VIP 会员内容的有效开拓，积极拓展会员服务在网民中的渗透；另一方面，以网络视频为核心，辐射直播、商城、游戏、文学、社交、电影票务等多种服务的视频生态圈正逐步形成，为消费者提供一站式的体验和服务，带动整个数字娱乐市场上下游产业的繁荣。

（4）在市场格局上，BAT 三家独大，马太效应日趋显著。

网络视频的竞争在烧钱的前提下，呈现了明显的分化。2016 年，网络视频行业的角逐主要在爱奇艺、优酷、腾讯视频之间展开，这三家的市场份额都超过了 50%，总共占据 70% 以上份额。而第二梯队搜狐视频、乐视视频、芒果 TV、暴风影音、聚力传媒等市场份额在 25% 以下，差距明显。内容版权方面，BAT 抢到了大部分头部内容，独播内容运营与自制内容创作能力的表现都非常亮眼。此外，BAT 的付费用户比例上全面领先，在流量入口中也占据了明显优势，尤其是移动端。

二、主要服务商发展情况

（一）博客类应用服务商发展概况

1. 大型网站退出博客类领域竞争，自媒体博客显端倪

2016 年，除了新浪博客，大型门户网站的博客频道如网易博客、搜狐博客腾讯博客等均已退出博客领域竞争。同时，专业性较强的博客频道如博客园、CSDN 博客排名与 2015 年 3 月相比仍位居前十名。资讯阅读类博客（如博客中国、爱范儿、喷嚏网）和软件类博客（如异次元软件、小众软件）排名略有上升。

与 2016 年 3 月相比，2017 年 3 月，除新浪博客仍稳居排行榜第一，其余大型网站博客应用都已退出排行榜，这也成为自媒体和一些小型博客进入排行榜的主要原因。资讯类博客由于满足了用户在碎片化时间阅读消遣的需要，以及给用户带来新鲜资讯的功能，逐渐占领 2016 年博客应用排行榜。科学网博客和 CSDN 博客的发展，体现了用户对专业性咨询和学术资源的需求的增加。而 FC2 博客等一些小型博客网站进入 Top15 排行榜，这些博客网站的质量不高，影响力也不大，实质上反映的是大众化博客行业的逐渐衰落。

2. 轻博客进一步萎缩

继 2015 年轻博客进入萎缩状态，目前轻博客发展呈现出网易 LOFTER 一家独大，其余轻博客陆

续推出市场的局面。2016年后，轻博客陆续开发移动端业务后其行业发展得回暖迹象也并未持续。从2017年3月19日站长之家（chinaz.com）博客网站排名来看，仅LOFTER保持在前五，人人小站已下降到18名，其他轻博客已不在30名榜单之内，这说明轻博客也将逐渐与博客一起走向下坡路。

3. 新浪微博：线上社区的积极转型

根据新浪微博数据中心发布的《2016年度微博用户发展报告》，截至四季度末，微博月活跃用户达到3.13亿，同比增长33%，其中90%为移动端用户；日活跃用户达到1.39亿，同比增长30%。目前微博自媒体作者数量有超过900万，每月活跃的自媒体作者数量超过200万。2016年，微博中间交易额有所增长，包括购物、充值、粉丝头条、打赏、付费阅读、微博会员以及送花等方式的交易额均有增长。2016年微博增值服务营收为8480万美元，同比增长12%。

2016年微博的收入取得了大幅度增长，全年广告收入为5.71亿美元，同比增长了42%，广告收入的增长成为微博盈利的重要推动力。

从收益看，进入2015年以来，门户广告营收，微博广告营收，门户其他应收，微博增值服务营收所占新浪总体营收规模的比例几乎保持不变，但从绝对值来看，门户及微博的广告收入均稳定提升，但上升速度不高，说明新浪需要寻找新的利润增加点来提升其营收能力。

微博活跃用户规模保持了良好的增长势头，2016第四季度达到3.13亿，同比增长33%。但与第三季度相比，环比增长5.4%。从环比增长率来看，自从2014年开始环比增长率下滑后，只有2015年第一季度环比增长率达到10%以上，其他季度增长率稳定在5%左右，与2014年之前状况相比发展较慢。

（二）微信、今日头条等自媒体平台大浪淘沙

自媒体平台在2016年继续得到发展，除去腾讯系和今日头条之外的大多数资讯客户端增长趋于平滑。自媒体马太效应愈发凸显，更多优质自媒体将被投资，内容的产出还是依赖平台的多元和传播形式的多样。

1. 微信平台持续增长

（1）微信超越QQ成为腾讯第一大平台

腾讯年报显示，2016年微信的月活跃用户达到8.89亿，比去年同期增长28%，首次战胜了QQ（8.69亿），意味着微信正式翻盘QQ成为腾讯第一大平台，不过受制于人口红利的渐渐消失，微信历史上首次同比增速低于30%。

（2）微信红包大爆发，线下支付恐超支付宝

根据财报，截至2016年12月，腾讯移动支付的月活跃账户及日均支付交易笔数均超过6亿。农历新年除夕的24小时期间，全球4.2亿人使用微信红包，微信红包收发数量达140亿，较去年同期增长76%。

（3）网络广告收入继续增长

2016年微信网络广告业务的收入同比增长77%至2016年第四季的人民币51.68亿元。主要受来自微信朋友圈、移动端新闻应用及微信公众账号广告收入的贡献增长所推动。

微信的发展也带动了腾讯的网络广告业务。凭借微信朋友圈、微信公众账号的广告收入以及移动新闻端广告的增长，腾讯的网络广告业务收入同比增长54%至269.70亿元，效果广告收入增长81%至157.65亿元。

(4)微信全面铺开商业化布局

微信的商业化布局全面展开,增值服务、游戏、营销、电商等各领域均取得了明显进展。微信不断地将人们线上与线下的生活相连接,使得互联网与传统产业相结合,渗透到生活的各个方面。微信在2016年第一季度关闭了导入QQ联系人的功能,将连接用户购物、出行等生活服务需求作为主要发展方向。

目前微信的用户使用率已经基本达到高峰,未来用户规模拓展的空间不大,其发展方向也将由满足用户的基础社交需求,转向对更多新业务的探索。微信的多功能趋势将更加明显,从单一服务向平台化模式发展,成为连接起娱乐、购物、缴费、金融等多领域服务的综合性平台。

2. 今日头条:与算法共舞

截至2016年底,今日头条日活用户7800万,月活用户1.75亿,单用户日均使用时长76分钟。

截至6月30日,各类头条号总数达到16万个,相比5月同期增长23%。其中,各类自媒体数量超过12万个,企业、媒体、政务等机构账号超过4万个。

3. 小米:"一点资讯"不止一点

截至2016年11月,一点资讯日活跃已达到4800万,相比年初的2480万提升近100%,用户使用时长达到55分钟,IOS次日留存率达到50%,人均阅读20篇文章,现有365个兴趣频道,一点号入驻自媒体超10万家,日更新内容超过50万篇。通过与小米、OPPO等优质渠道的战略合作,一点资讯得以融入大量年轻、健康、富有活力的用户流量,完善大数据标签体系。

4. 百度百家:依托百度强大背景快速发展

百家号是百度公司为内容创作者提供的内容发布、内容变现和粉丝管理平台。百家号于2016年6月份启动并正式内测,9月份账号体系、分发策略升级、广告系统正式上线,9月28号正式对所有作者全面开放。2016年10月12日,百度公布旗下自媒体平台百家号数据情况,自6月推出以来,累计注册用户数达105083个,通过账户数21708个。收益分成情况方面,32位作者收入超过1万元,253位作者收入超过3000元。此外,单篇文章收入最高6013元,796篇文章收入超过1000元。

而在PC端,除去百度百家之外,各大门户网站开设的自媒体平台占据了一定优势位置,包括腾讯大家、搜狐自媒体、网易自媒体、360自媒体等。各大自媒体平台陆续对外开放注册,百度百家、网易自媒体、腾讯自媒体、凤凰自媒体、一点资讯、新浪自媒体等自媒体平台相继开放申请。

2016年宣布获得过单轮超1000万元融资的"自媒体"项目就有37家,早期投资单轮额度超过1000万元的项目,估值多半在1亿以上。

(三)音频出版社交媒体异军突起

2016年,主要网络音频社交媒体都已从单一播放内容的工具转变为音频社交平台,其特点主要包括:1.内容都推行PUCG战略,以丰富的内容形式和精准推送分层直面用户需求,以优质内容引导用户付费;2.推出直播功能,将其作为网络音频社交媒体的社交功能的基础,并以此带动粉丝经济;3.联合硬件生产商推出各自的音频或车载硬件,并与汽车生产商以预装软件的形式进行合作,移动端车载端同时发力。

目前国内较为活跃的在线音频平台包括喜马拉雅FM、荔枝FM、蜻蜓FM、多听FM、考拉FM、凤凰FM、阿基米德FM、企鹅FM和懒人听书等十余家。

此外,在线音频聚合类服务平台还包括腾讯旗下的企鹅FM、用户规模超过5000万的大型网络音频 App 多听 FM 等。除上文提到的以提供在线音频服务为主要目的的 App 外，以全民 K 歌、唱吧为代表的移动 K 歌类平台也成为音频社交媒体的重要组成部分。目前，唱吧、全民 K 歌在移动 K 歌领域处于双寡头地位，其中唱吧的用户占有量稍高，排在第三位的天籁 K 歌约占有 5%—6% 的市场，其余各平台均未超过 5%。

根据易观 2016 年前三季度发布的数据，1 季度，中国移动 K 歌市场的用户规模为 5701.6 万人，较上年同期增长 43.5%。"唱吧"的用户渗透率在 2016 年前三季度分别为 65.2%、54.8%、53.6%，一直稳居第一但稍有下降；"全民 K 歌"则分别为 46.3%、38.2%、43.0%，居于第二；酷我 K 歌在第一季度以 11.6% 的用户渗透率居于第三位，但在二、三季度迅速下滑至不足 5%，并被"天籁 K 歌"后来者居上，同样后发制人的"爱唱"在第三季度也取得了较快的发展速度。

三、2016 年社交媒体行业发展特点

（一）博客类应用的发展特点

1. 博客与个人空间

博客已经进入了成熟的发展阶段，用户规模上升空间不足。与此同时，在微信和微博客等其他社交媒体方式的冲击下，博客和个人空间的使用率难以提升。如何保有现阶段的用户量使之不再流失，是博客面临的主要问题。

2. 微博全面复活

据 2016 年微博发布的第四季度财报中显示，截至 2016 年 12 月 31 日，微博月活跃人数已达到 3.13 亿，较 2015 年同期相比增长 33%。其中，12 月份移动端在 MAU 总量中的占比为 90%；9 月的日活跃用户达到 1.39 亿，较去年同期增长 30%。

3. 微信公众号借助自媒体、知乎、直播平台等

微信公众号是开发者或商家在微信公众平台上申请的应用账号，该账号与 QQ 账号互通，通过公众号，商家和个人可在微信平台上实现和特定群体的文字、图片、语音、视频的全方位沟通、互动，进而形成了一种主流的线上线下微信互动营销方式。

（二）网络视频行业的发展特点

截至 2016 年 12 月，中国网络视频用户规模达 5.45 亿，较 2015 年底增加 4064 万人，增长率为 8.1%；网络视频用户使用率为 74.5%，较 2015 年底提升了 1.3 个百分点。其中，手机视频用户规模为接近 5 亿，与 2015 年底相比增长 9479 万人，增长率为 23.4%；手机网络视频使用率为 71.9%；相比 2015 年底增长 6.5 个百分点。随着 4G 网络的进一步完善以及手机资费的下调，网民在微信、微博等主 App 上观看短视频的行为变得更加普遍。

2016 年，在国家相关部门的监管下，网络视频行业整体朝着健康有序的方向发展，主要呈现以下三方面特征：

1. 自制剧提升到战略高度，自制内容更加精品化

在内容层面，各大视频网站纷纷将自制剧提升到战略高度，自制内容朝精品化方向发展。国家新闻出版广电总局网络司网络视听节目备案数据显示。2016 年 1 月 1 日—11 月 30 日，视频网站备

案的网络剧为4430部，共计16938集，节目数量与2015年相比呈现井喷式增长。此外，网络自制节目在专业性、观赏性、艺术性上也有显著提升，品牌意识、精品意识增强，部分网络剧跻身年度热剧排行。

2. 新台网共赢模式逐渐规模化

在播出模式上，基于视频网站的优质内容，视频平台收费首播，台网免费后播的新台网共赢模式逐渐规模化。视频平台逐渐形成自己的排播系统，网站付费会员为"好看""先看"付费，不仅能缩短从内容生产到播出的周期，也有利于制作公司加速商业投入的回收。付费首播舆论助推电视剧的收视率，台网跟播则再次扩大电视剧的关注度，一方面实现用户覆盖互补，另一方面也实现了台网的相互导流

3. 付费模式增长强势，网络视频生态圈逐步形成

在商业模式上，会员付费收入表现出强劲的增长趋势，网络视频生态圈逐步形成。一方面，网络视频行业广告收入增长疲软，会员付费等增值服务后劲十足，各大视频网站通过大剧排播模式创新、VIP会员内容的有效开拓，积极拓展会员服务在网民中的渗透；另一方面，以网络视频为核心，辐射直播、商城、游戏、文学、社交、电影票务等多种服务的视频生态圈正逐步形成，为消费者提供一站式的体验和服务，带动整个数字娱乐市场上下游产业的繁荣。

（作者单位：腾讯研究院）

2016年中国数字教育出版发展报告

唐世发　庄子匀　杨晨　刘焱

2016年，数字教育出版的升级换代已成业界关注的焦点。2017年数字教育出版在发展动态、市场规模、产品形态、数字技术、运营模式和投融资情况等方面发生了显著的变化，有很多创新的理论，有不少先进的经验，还有一些教训值得好好总结。

一、中国数字教育出版发展走进新时代

2016是"十三五"的开局之年，就数字教育出版行业来说也是中国数字教育出版1.0时代与2.0时代的分水岭，开始跨入新时代，有必要总结两个时代的发展特点。

（一）中国数字教育出版2.0时代发展特点

数字教育出版利用数字技术让传统的知识本身插上了翅膀，前所未有地革新了内容提供方式，极大地提高了知识传递的效率。大数据、云计算、移动互联网、物联网、人工智能、虚拟现实（VR）、增强现实（AR）等新一代信息技术在数字教育出版行业的应用，推动了教育信息化和出版数字化建设的突飞猛进和日新月异。随着信息技术的发展和政策导向的引导，"十三五"是我国教育信息化和出版数字化的转折期，可视为我国数字教育出版2.0时代。

2016年国家"互联网+"行动计划的全面实施，"大众创业，万众创新"战略的深入人心，分享经济的风起云涌，信息技术已成为整个经济社会发展的新动力和新支柱，数字教育出版行业纷纷建设网络平台并利用大数据开展智能化服务；同年6月教育部颁布了教育信息化"十三五"规划，将今后的发展方向确定为"构建网络化、数字化、个性化、终身化的教育体系，建设'人人皆学、处处能学、时时可学'的学习型社会，培养大批创新人才"，同时要求各学校强化市场竞争产生优质资源、提供优质资源服务、依法保护知识产权，鼓励企业提供云端支持、动态更新的适应混合学习、泛在学习等学习方式、学习资源，鼓励教师、学生和家长"课堂用、经常用、普遍用"。这就为数字教育出版进一步敞开了市场大门，一种可供良性发展的生态圈自会水到渠成。由此可见，数字教育出版2.0时代的发展特点表现为：开放创新，协同共享。[1]

（二）中国数字教育出版整体市场规模概述

1. 教育信息化

教育信息化的最终采购者通常为政府部门。我们通过政府经费预算和各学校采购模型两方面来

---

[1] 付彦均. 数字教育出版：从1.0到2.0的升级之路［J］.《编辑之友》，2016（12）：31-35.

进行教育信息化市场规模测算。[1]

表1　2016教育信息化预算经费

指标	2015年	2016年	2017年	2018年	2019年	2020年
国内生产总值（亿元）	689052	744127	793984	847180	903941	964506
GDP增长率	6.9%	6.7%	6.7%	6.7%	6.7%	6.7%
国家财政性教育经费（亿元）	29221	31625	34141	36852	39773	42920
财政性教育经费占GDP比重	4.241%	4.25%	4.30%	4.35%	4.40%	4.45%
教育信息化经费财政性教育经费比重	8.0%	8.0%	8.0%	8.5%	8.5%	9.0%
教育信息化经费（亿元）	2338	2530	2731	3132	3381	3863

数据来源：中国产业信息网公开资料整理

2011年6月，教育部发布的《教育信息化十年发展规划（2011—2020年）（征求意见稿）》第十五章（四十四）条，明确提出各级政府在教育经费中按不低于8%的比例列支教育信息化经费，保障教育信息化拥有持续、稳定的政府财政投入。我们搭建如上表的模型，测算教育信息化的政府预算经费显示：2016年教育信息化经费已超过2500亿元，至2020年，教育信息化经费预算或将达到3500亿元以上。

据测算，继2015年教育信息化政策密集出台后，其市场规模复合增速或超过30%，2017年市场规模将会超过2700亿元。

表2　教育信息化市场规模测算

类别	2015年	2016年	2017年	2018年	2019年	2020年
普通高等学校数（所）	2560	2500	2500	2500	2500	2500
渗透率	65%	75%	80%	85%	90%	95%
普通中小学（所）	256165	250000	250000	250000	250000	250000
渗透率	43%	50%	62%	73%	85%	90%
中等职业学校（所）	11202	11000	11000	11000	11000	11000
渗透率	43%	50%	62%	73%	85%	90%
学前教育学校数（所）	223683	230000	230000	230000	230000	230000
渗透率	28%	32%	35%	45%	51%	60%
教育信息化学校数总计（所）	179263	205975	244320	296155	341400	375275
新增信息化建设项目学校数	16073	26712	38345	51835	45245	33875
更新设备的学校	16319	17926	22657	29318	41462	54624
每年新增项目	32392	44638	61002	81153	86707	88499
小型项目金额（万元）	110.3	115.8	121.6	127.6	134.0	140.7
占比	60%	60%	60%	60%	60%	60%
中型项目金额（万元）	287	301	316	332	348	366

---

[1]　2017年中国教育信息化经费预算及市场规模预测［EB/OL］. http：//www.chyxx.com/industry/201703/505444.html

续表

类　别	2015年	2016年	2017年	2018年	2019年	2020年
占比	30%	30%	30%	30%	30%	30%
大型项目金额（万元）	1082	1125	1170	1217	1265	1316
占比	10%	10%	10%	10%	10%	10%
加权平均项目金额	260.3	272.2	284.7	297.8	311.5	325.8
维护升级价格（万元）	26.0	27.2	28.5	29.8	31.1	32.6
需设备维护升级学校占比	50%	60%	60%	65%	65%	65%
教育信息化市场规模（亿元）	1056	1508	2089	2890	3300	3606
同比增长率	—	42.86%	38.51%	38.34%	14.21%	9.27%

数据来源：中国产业信息网公开资料整理

2. 出版数字化

互联网技术冲击着传统教育，迫使各类学校教育数字化升级，也带来了新的产业机遇，首先是在基础教育领域表现为：数字化教材、与之配套的各种教育资源、教育应用软件、在线测试等概括起来就是内容、平台和终端三个方面，出版社重点关注内容和软件平台。其次是在线教育领域，出版社却往往忽视了这一庞大。

（1）在线教育市场规模

2017年1月22日，中国互联网络信息中心（CNNIC）发布第39次《中国互联网络发展状况统计报告》，截至2016年12月，中国在线教育用户规模达1.38亿；在线教育用户使用率为18.8%；手机在线教育用户规模为9798万人；手机在线教育用户使用率为14.1%，相比2015年底以上各指标都大幅增长。

据前瞻产业研究院统计，2016年我国在线教育市场规模达1375亿元；2017年为1600亿元，到2019年可突破2000亿元大关，达2140亿元；到2021年在线教育市场规模可达2830亿元。目前市场规模占据主要地位的还是学历教育、职业教育和语言培训三大领域，未来其他细分领域仍有不少机会。[1]

（2）K12用户使用率最高

在线教育用户分为中小学、职业教育、语言培训、大学生及研究生教育4个重点细分领域。中小学阶段用户使用率最高，为53.4%，用户规模为7345万人。其原因为：一方面，中小学互联网设施完善，为高清直播课程等在线教学方式提供基础，年轻教师对互联网接受程度高，更容易推广在线教育产品；另一方面，中小学教育培训市场主要以线下培训为主，辅之以在线题库、在线作业、在线课程复习等方式，线上线下相结合以达到更好的培训效果。家长作为培训课程的决策者，为优质教育服务付费的意愿和能力都较强；职业教育阶段的用户规模为4731万人。在线语言培训、在线大学生和研究生教育的网民使用率分别为28.6%和17.2%，较2015年有大幅增长。[2]

（3）在线教育供应商

在线教育是互联网技术与传统教育的结合，是教育产业化、市场化的组成部分。巨大的市场吸引了越来越多的社会角色的参与，产业链上的各类角色相互关联、相互渗透。在实践中，在线教育

---

[1] 2016年中国在线教育行业研究分析报告［EB/OL］．http：//www.askci.com/news/hlw/20160503/1021161081.shtm

[2] http：//www.jiemodui.com/N/65027.html

产业链包括内容提供商、平台提供商、技术提供商、电信运营商、用户等。[1]

在线教育内容提供商：内容提供商提供的内容主要包括学习视频、文档资料、教育工具及各类泛学习内容。学习视频包括K12阶段的课外辅导和成人资格认证的传统网校和远程教育、MOOC模式以及录播直播，代表产品有学而思网校、华图网校（公务员考试）、尚德嗨学网、新东方在线（语言类学习）、网易公开课、腾讯微讲堂、超星学术视频等；文档资料指百度文库、豆丁网、知乎等互联网文库机构为用户提供多种格式的文档学习资源库；教育工具指帮助人们学习的辅助性工具，如拓词网、猿题库、有道云笔记等；泛学习内容指能提供某一领域某一门的知识提供平台通过接收这些信息内化为自身的知识和智慧，如问答网站（百度知道、知乎）、百科网站（百度百科、维基百科）、微博、社交网站、论坛以及最近火热的微信公众号等。

在线教育平台提供商：平台提供商主要是为很多内容提供商提供一个销售的大平台，主要有B2C、C2C、B2B2C、B2C+O2O、C2C+O2O等几种商业模式，代表产品有沪江网校、多贝网、传课网、天下网校、和君商学院在线班、第九课堂等。

在线教育技术提供商：在线教育产业链中的技术支持的企业，例如华平股份为远程教育系统提供支持，立思辰、天喻息、上海睿泰集团等在政府或学校搭建教育云平台。该类技术提供商虽然本身不输出教育相关的内容，但其技术支持也是整套解决方案不可或缺的，在大量项目实践过程中彰显了其优势。

电信运营商：指为在线教育提供基础建设、利用掌握大量终端用户提供教育类应用综合解决方案，代表产品有中国移动的"校讯通"、中国电信的"家校通"等。

二、互联网企业、出版企业开启中国数字教育出版新业态

2016年是"十三五"的开局之年，经过一年时间的热议和探索，"互联网＋"已经从概念和口号，转变为深入的行动和实践。

（一）互联网企业创新数字出版新业态

2016年7月20日，教育出版线上线下融合发展峰会上，一起作业网指出互联网是教育出版下一代不可或缺的生存需要，并阐明一起作业和教育出版企业可在本地化、个性化方面推动内容的升级，并通过数据打通等方式探索更多的增值可能。截至2016年6月底，一起作业的产品已覆盖全国32个省份、358个城市、7万多所中小学，用户包括实名注册的120万老师，900万家长和2300万学生，每天产生上亿次的基础数据、关系数据和学习数据。基于此，一起作业和教育出版企业可在本地化、个性化方面推动内容的升级，并通过数据打通等方式探索更多的增值可能。此外，互联网在线教育也能激发传统教育的改革、对传统教育起到补充作用。

（二）出版企业创新在线教育新业态

高等教育出版社借力"互联网＋"，创新在线教师培训新模式。"十二五"期间，2000余位名师专家走上网培中心讲堂，建设高质量数字化视频资源32000小时，资源量达到25T，开设2000多门培训课程。资源内容涵盖了师德师风、学科教学、教学技能、教学方法、专业培训和管理者培训

---

[1] 典型在线教育供应商分析。

等。在地方教育行政部门和相关学校的大力支持下，建成56个全国高校教师网络培训省级分中心和城市分中心，建设880个高校教师在线学习中心和一批培训基地，与全国98%的高校建立起培训业务联系。基础教育教师培训在全国26个省市区建立了地方教师培训服务支持机构，形成了覆盖学前、小学、初中和高中全学科、全学段的教师培训体系。

三、中国数字教育出版产品发展新动态

互联网公司、新媒体公司和大型教育集团在"十三五"开局之年，积极试水在线教育，如江苏凤凰出版集团、中国教育出版集团、中南出版传媒集团等正在用战略眼光布局在线教育领域。

（一）中国数字教育出版产品需求方向

数字教育出版体现的是一种"以学习者（用户）为中心"的经营理念，其实质就是服务。学习者是认知发展的主体，让其借助网络发挥主动性、创造性来开展带研究性质的探究式学习、高效率自主学习和创造性学习，其前提与关键是利用网络为他们提供个性化的学习服务。服务内容包括网上的个人学习资源库、个人笔记本、习题集、个人成长曲线和有针对性的教师辅导等。通过内容的多媒体化、拓展化、体系化，并能把知识点串起来，让学生可以通过最少的内容，来获取最多的知识并能享受更多服务。

（二）中国数字教育出版产品形态

1. 平台类产品。根据教育用户对象及应用场景来划分，有教学服务网络平台如天闻数媒的"云课堂"产品、课外阅读交流学习平台如睿泰集团"悦读悦乐"小学生分级阅读测评系统、在线家教服务平台、在线作业考试平台如一起作业网的游戏化学习与服务平台等。

2. 以内容为核心的学科数字化教材资源及配套平台。学科网为教师提供的电子书、课件、教学动画、知识点微视频、试题试卷等数字资源；睿泰集团旗下的江苏睿泰教育也开发了2B的"平台+内容"中小学专题教育资源库产品。

3. 培训服务类平台及产品。培训服务类的平台产品，以中小学课外教育、语言学习、成人教育等为多数。如新东方在线的各类英语课程，可与老师在线交流，享受一对一服务。睿泰集团旗下的睿鹏程建设了职校教师的平台，面向教师、教研人员、VR工程师开展业务服务。

4. 个性化服务类App产品。当下各类个性化教育服务类App产品良莠不齐，要想生存下去其产品设计必须符合教育规律、用户体验好、经营模式持续和不断推陈出新。[1]

四、中国数字教育出版运营模式与盈利情况

（一）运营模式

2016年在线教育运营模式主要表现为三种形式：一是B2C运营销售，在线教育平台公司主要通

---

[1] 陈嫦娥.数字教育发展趋势及模式研究［J］.出版广角，2016（18）：6-8.

过线上、线下的运营模式，直接向用户收取服务费用获得营收，如猿题库、沪江网、学而思、一起作业网等；二是 B2B 销售，面向学校、教育局销售的模式，如明博教育、天闻数媒、科大讯飞等采用这种销售方式出售各类教育软件系统、软硬件结合的平台等，实现盈利；三是 B2B 与 B2C 同时销售，即一方面面向机构 B2B 销售产品，另一方面通过线上线下 B2C 的运营模式直接向用户收取费用，如全通教育[1]。

（二）盈利情况

有数据显示，2016 年仅有 5% 的互联网教育企业盈利；数字教育用户规模达 7727 万人，预计 2018 年用户将达 1.3 亿人；数字教育市场规模，2016 年达 1508 亿元[2]，2018 年有望突破 2046 亿元；这些数字表明，在线教育成了互联网领域中最具成长性的板块之一。

五、中国数字教育出版投融资态势

2016 年是在线教育行业资本暗流涌动的一年，在经历了持续数年的投资热潮后，今年在线教育行业投资逐渐回归理性。据《2016 上半年中国教育行业投融资报告》显示，2016 年上半年教育行业投融资金额约 42.53 亿元，较去年同比下降约 36.74%。从数据上来看，在线教育行业似乎迎来了资本寒冬，但从整体而言，该行业依然是投资的热点。

2016 年有 125 家在线教育企业得到了投资人的青睐，获得融资比较典型的企业有："学乐云教学"完成 2 亿美金的 C 轮融资；VIPKID 融资 1 亿美元；上海卓越睿新数码科技公司融资 3.5 亿元；新东方在线获腾讯附属公司 3.2 亿元投资上市；猿辅导融资 4000 万美元；盒子鱼获 3000 万美元融资；美联英语完成 1.7 亿元人民币融资；慧沃网获 1.5 亿元融资。从企业类型看，其中学乐云、智慧树、慧沃网属于平台型，盒子鱼英语属于工具型，其他均属于服务型，可见资本在在线教育领域的布局较为平衡。

（作者单位：上海睿泰企业管理集团有限公司）

---

[1] "互联网 +"时代出版企业在线教育发展［EB/OL］http：//www.sinobook.com.cn/press/newsdetail.cfm?iCntno=23555
[2] 中国产业信息网公开资料。

2016年中国电竞行业年度报告

一、2016年中国电竞游戏行业发展状况

(一)发展概述

2016年电竞游戏市场规模获得持续增长,电竞在游戏市场占有率进一步提高,客户端电竞游戏保持稳定,《英雄联盟》《DOTA2》等老牌产品营收小幅增加;移动电竞游戏同样表现强劲,市场突破百亿级别,成为整体电竞游戏市场增长的主要驱动力。产业链逐渐完善,促进了这一市场的发展,成为一个不可忽视的细分市场。

这一方面与游戏产业整体规模不断增加有关;另一方面,电子竞技游戏本身正迎来快速发展,电子竞技产业链不断完善,赛事体系不断丰富,这有助于电子竞技游戏获取用户,保持用户活跃度,进而带动收入的增长。围绕这一市场的电竞化打造也正在稳步进行,市场呈爆发式增长。

(二)行业数据

1. 中国电子竞技游戏市场实际销售收入

2016年,中国电子竞技游戏市场实际销售收入达到504.6亿元,占中国游戏市场实际销售收入的30.5%。

从季度收入分布来看,中国电子竞技游戏市场实际销售收入保持整体增长趋势。

2. 中国客户端电子竞技游戏市场实际销售收入

2016年,中国客户端电子竞技游戏市场实际销售收入达到333.2亿元,占中国客户端游戏市场实际销售收入的57.2%。相比于其他细分电子竞技市场,客户端电子竞技市场已经进入成熟期,电子竞技生态逐渐形成,这促进了客户端电子竞技游戏的发展。目前,客户端电子竞技游戏显现出强大的生命力,主力产品表现稳定,一些客户端电子竞技游戏新品也得到了认可,促使这一市场收入与份额持续增长。

从季度收入分布看,客户端电子竞技游戏市场整体保持"稳中有升"的特点,其中第三季度收入达到年度最大值,一方面,多款客户端电子竞技游戏新品集中在上半年推出,推动收入增长;另一方面,多项客户端电子竞技赛事在第三季度进行决赛,提升了相关游戏产品的关注度,而游戏运营也能借此推出促销活动增加产品收入。

3. 移动电子竞技游戏市场实际销售收入

2016年,中国移动电子竞技游戏市场实际销售收入达到171.4亿元,占中国移动游戏实际销售收入的20.9%。移动游戏市场中,角色扮演类游戏占据市场主要地位,但其他类型移动电子竞技游戏同样取得了较快的发展。

从季度收入分布来看,移动电子竞技游戏市场实际销售收入波动明显。这主要是因为移动游戏

生命周期短，产品收入波动大，导致整个市场的不稳定。未来随着移动电子竞技精品的逐渐出现，有望得到转机。

二、2016年中国电竞游戏行业分析

（一）电子竞技游戏逐渐发展

2016年是移动电竞逐渐证明自身的一年。随着《王者荣耀》引领了移动MOBA热潮，《球球大作战》开启了休闲竞技的概念，《皇室战争》开创了多类玩法融合的先河，移动电竞实现了破冰，其可行性得到证实，不过未来依然存在不确定性。一方面，客户端电竞的用户转移等因素，利好其发展，市场潜力巨大；另一方面，移动电竞在产品与赛事方面都存在不足，成为其发展瓶颈。

（二）经过漫长的摸索期后高速发展

早期电子竞技的概念刚刚引入国内时，国际性大型赛事主导了电竞市场，国内赛事规模小且整体电竞环境差。客户端电竞逐渐成为主流比赛项目，开始探寻电竞的商业模式，产业链开始细分。由于网络直播的兴起为电竞产业"变现"带来希望，资本的涌入使得电竞赛事内容极为丰富，产业链各环节的收入也在不断提升。2016年国内影响力较大的赛事共计94个，相比于往年赛事数量提升明显，MOBA类电竞赛事参与度与关注度远远领先于其他类型赛事。WCA、CMEG、DPL等一系列重要赛事都得到了政府的扶持和参与。同时赛事整体质量明显提高，部分赛事品牌被用户和赞助商高度认可。

表1 中国电竞赛事特征对比

特征对比	早期电竞	现在电竞
奖金对比	冠军8000元	冠军100000以上
	亚军5000元	亚军50000以上
	季军3000元	季军10000以上
政策对比	不被认可	大力支持
社会舆论	玩物丧志	新兴产业
资源对比	网吧，家用电脑	俱乐部、赞助商、工资
赛事条件对比	租用场地、学生兼职	专业场地、赛事运营
商业模式	赞助商买方市场	分工明确、新兴细分市场

数据来源：GPC and CNG

（三）电子竞技赛事发展迅速

围绕移动电子竞技的赛事组织显著增多，并呈现"抱团"的特点。例如，乐竞传媒（NiceTV）联合PLU、英雄体育、TGA移动大奖赛等，将多方业务捆绑、赛事整合成立VSPN等。多方战略合作对完善移动电子竞技赛事产业链条，做大移动电子竞技赛事市场有着积极的影响，同时能增强其在全球移动电子竞技市场的综合竞争力。

表2 中国电竞赛事市场类型

赛事名称	主办方	赛事项目	赛事奖金（万元）
WCA世界电子竞技大赛	银川市政府、银川圣地国际游戏投资有限公司	DOTA2、CS：GO、炉石传说、英雄联盟、星际争霸2、魔兽争霸3、英魂之刃等	20000
DOTA2国际邀请赛	Value	DOTA2	11700
WESG世界电子竞技运动会	阿里体育	DOTA2、CS：GO、星际争霸2、炉石传说	3600
暴雪嘉年华	暴雪	炉石传说、星际争霸2、风暴英雄、魔兽争霸3	2275
DOTA2亚洲邀请赛	完美世界	DOTA2	1800
英雄联盟全球总决赛	Riot	英雄联盟	1200
NEA北京电子竞技公开赛	北京市体育竞赛管理中心	DOTA2、炉石传说、星际争霸2、风暴英雄、FIFA、CS：GO	1000
LPL英雄联盟职业联赛	腾讯、香蕉计划	英雄联盟	495
HPL职业联赛	英雄互娱	全民枪战、巅峰战舰等	1000
CMEG全国移动电子竞技大赛	国家体育总局、大唐电信	穿越火线、王者荣耀、虚荣等	500
TGA移动游戏大奖赛	腾讯	王者荣耀、全民超神等	315
KPL职业联赛	腾讯	王者荣耀	185
球球大作战全球总决赛	完美世界	球球大作战	150
MMEC移动电竞娱乐赛	腾讯	全民超神、全民枪战、巅峰战舰等	100

数据来源：GPC and CNG

第一，中国电子竞技产业已经形成了综合性赛事、围绕单款游戏的专项赛事、城市赛、商业比赛等多层次的赛事体系，这些不同类型的赛事满足了不同类型的市场需求。

第二，赛事主办方越来越多元。在赛事主办方中，既有传统的赛事组织、游戏公司，又有相关主管部门、互联网公司、行业组织、直播平台等机构。主办方的多元化有利于中国电子竞技产业发展的多样化，加速电子竞技在不同领域的探索，有利于降低整个行业风险，避免"赞助商撤资电子竞技停滞"的现象重现。

第三，2016年电子竞技赛事奖金持续加码，公布的各项赛事总金额大幅超过以前。奖金的增加有利于提升赛事曝光率，吸引顶尖的子竞技选手参赛，推动赛事快速形成品牌效应；而对整个电子竞技产业来说，奖金的增加有效地改善了电子竞技参赛选手、战队的生存环境，有利于整个市场的成熟。

（四）电竞游戏观赛渠道丰富

近年来，随着移动游戏的快速发展，具备电竞属性的移动游戏表现也越来越出色，收入节节攀升。移动电子竞技成为电子竞技市场增长的主要推动力，其电子竞技产品的爆发，预示着移动电子竞技时代的到来。

目前电竞赛事用户以电竞游戏用户为主力军，通过观看赛事满足自己全方位的电竞娱乐需求。用户观看赛事渠道多样化，以游戏直播平台为主，传统电视游戏频道也经过多年发展，累积了一定规模的忠实用户。不过，用户现场观看赛事比例不高，这对于提升用户对赛事的兴趣不利。

三、2016年中国电竞行业存在的问题与对策建议

(一)生命周期成为产品最大挑战

移动电竞缺乏稳定性,其主要原因在于电竞产品黄金生命期较短。客户端电竞得以持久发展最主要的原因之一便是产品黄金生命期较长,用户累积规模大。移动电竞产品已有的现象级产品黄金生命期最长不到两年半,最短的仅仅半年,整个样本的平均黄金生命期也只有16个月。缺乏稳定的热度产品成为移动电竞的硬伤,也给赛事构建带来了挑战。

(二)电子竞技盈利能力不足

不过,电子竞技也面临着自身盈利能力不足这一问题,模式、人才、经验都存在缺位。这使得电子竞技产业需要借助游戏产业、资本市场等外部投入。因而,电子竞技产业缺乏独立性,一定程度上成为许多游戏企业推广产品的运营手段。

从产品角度来看,移动电竞游戏产品呈现集中度高、新品多的特点。此外,移动电竞优秀新品的不断涌现巩固着这一细分领域的市场地位,但相较于客户端产品状况,移动电竞产品稳定性并不乐观,这影响了其发展的可持续性。

(三)赛事体系逐渐构建第三方赛事存在缺位

2016移动电竞赛事数量大幅度提升,占据电竞赛事的31%,赛事覆盖率也显著提升。目前,移动电竞以第一方赛事为主导,大部分移动电竞赛事尚处于赛事体系的摸索阶段。第三方赛事方面,一些优秀移动游戏产品逐渐进入传统第三方赛事组织的视野,围绕移动电竞新的第三方赛事组织也逐渐成立,不过老的赛事组织以端游电竞为主,新成立的赛事组织影响力不足,尚未形成成熟的生态,对移动电竞发展的推动作用有限。

(四)缺乏核心用户积累导致赛事影响力不足

虽然移动电竞赛事数量正在大幅增长,但质量略低。与客户端电竞相比,移动电竞产品快速更迭,缺乏核心用户的累积,同时奖金不高,对参赛选手的吸引力也进一步降低,赛事影响有限。不过,客户端电竞经历了十余年的发展才有了如今的规模,而移动电竞才开始进入职业化的尝试阶段,离赛事成熟还需要经过一段时间的探索。

表3 中国电子竞技赛事影响力

赛　事	持续关注时间	赛事提升用户关注度(均值)	赛事提升用户关注度(峰值)	赛事提升媒体曝光率
LPL	189天	32.90%	102.80%	2.20%
TI6	15天	329.00%	690.60%	2.90%
KPL季后赛	20天	0.90%	3.50%	9.00%
HPL全球总决赛	4天	8.30%	9.30%	23.10%

数据来源:GPC and CNG

四、2016年中国电竞行业发展趋势

（一）政府支持促进电子竞技更好发展

2016年2月

文化部牵头成立电竞分会，此举利于行业自律与行业协调，为监管政策制定及修改提供市场化证据。

2016年3月

CMEG发布会上，国家体育总局表示正在考虑开放电竞赛事竞猜相关事宜，未来将使得电竞产业链进一步丰富。

2016年4月

浙江省体育局、义乌市人民政府主办的义乌国际电子竞技大赛举行第二届。

2016年5月

国家发改委发布《关于印发促进消费带动转型升级行动方案的通知》，其中明确提及"开展电子竞技友谊游艺赛事活动"。

2016年6月

全球最大第三方电竞赛事WCA宣布获得银川市政府的2亿元融资。

2016年7月

国家体育总局体育信息中心主办的全国电子竞技大赛举行第四届。

2016年7月

全球电子竞技高峰论坛在上海举行，参与人员包括全球顶级电竞企业、电竞管理人员、体育赛事和运营机构、媒体和电竞明星等。

2016年7月

国家体育总局主办中国电子竞技嘉年华启动。

2016年9月

教育部新增"电子竞技运动与管理"专业，将于2017年实行。

2016年11月

国家体育总局主办"中国电竞年度盛典"，共评选出20个大奖。

2016年12月

国家体育总局体育信息中心主办的综合性国家级电子竞技赛事"CHINA TOP·国家杯电子竞技大赛"成功举办。

（二）用户迁移或带来更多增长空间

虽然移动电竞游戏市场已经取得接近200%的增长率，但这一市场并未见顶。从电竞游戏市场占比来看，移动电竞在移动游戏市场所占份额，依然远低于端游电竞在客户端游戏市场所占份额。随着客户端游戏用户迁移带来的用户结构变化，这一差距将有望缩小，这或将为移动电竞游戏带来超过500亿元的潜在增长空间。

(三)年轻用户带来市场潜力

2016年,移动电竞游戏用户数已达2.68亿。其中,以学生用户为主的年轻用户占据主要地位。根据腾讯发布的报告,移动电竞游戏用户中,七成用户来自学生,而端游仅四成。此外,数据也显示出00后用户对移动电竞游戏的偏爱。毫无疑问,这一用户特点将极大地影响移动电子竞技市场的发展。00后群体具有消费能力强的特点,同时,他们偏向于在网络上拥有熟人社交。这些特征是00后成为移动电竞游戏用户主力的重要原因。未来,随着这类用户的成长以及消费能力提升,移动电竞游戏市场也将迎来一个快速增长阶段。

供稿:中国音像与数字出版协会游戏出版工作委员会

2016年中国独立游戏年度报告

李 茂

一、独立游戏概述

根据《2016年中国游戏产业报告》公布的数据，2016年中国游戏市场实际销售收入达到1655.7亿元，同比增长17.7%；中国游戏用户达到5.66亿人。[1] 游戏成为我国文化娱乐产业的重要组成部分，继续保持着较高增速。作为游戏的细分领域，独立游戏丰富了现有游戏产品类型，带给用户新的选择和体验，因此近年来获得了较快发展。

独立游戏的概念在国外出现得较早，在国内在近几年才更多地被人们熟悉。独立游戏最初是相对于商业游戏而言，一般指没有外部的发行商提供资金支持，完全由开发者自己付出劳动和资金制作的游戏。后来"独立"的意义发生了变化，现在一般指小团队或者个人开发的具有"独立精神"的游戏。[2] 在国内的一些独立游戏开发比赛活动中，有的主办方把团队的人数限定在20人以内，据此将团队人数作为界定是否独立游戏的因素之一。也有的将是否获得投资以及获得投资的多少作为条件，如2016年GMGC的独立游戏开发者大赛，就设定独立游戏参赛团队，已获得的投资不超过150万元。

在电子游戏发展史上，早期的许多游戏其实都可以称为独立游戏，尤其是一些有创意、技术有革新的小游戏，如经典的《乒乓》（PONG）、《俄罗斯方块》（Tetris）、《太空大战》（Space War）等，都是由个人开发完成的。独立游戏开发团队通常比较小，一个人开发的也不在少数。本文中所指的独立游戏是指制作者是个人或小团队，有创新、有独立精神，体现游戏制作人独立意志，具有个人风格和创新的游戏。

二、中国独立游戏发展概述

中国独立游戏的发展相对较晚。由于受到网络及发布渠道的影响，中国早期的独立游戏难以考证。随着20世纪90年代末网络在中国的兴起，个人及小团队开发的作品逐渐被传播和认识。

（一）中国独立游戏的发展

中国独立游戏作品被更多人知道是从1999年汪疆开发的《圣剑英雄传：英雄救美》开始的，《圣剑英雄传：英雄救美》被普遍认为是中国最早的完整独立游戏作品。因为代码开源，该游戏也成为

---

[1]《2016年中国游戏产业报告》，游戏产业网，http://www.cgigc.com.cn/gamedata/6237.html，2016年12月22日。
[2]［美］麦克·罗斯.不可错过的250款独立游戏，清华大学出版社，2013：5.

许多开发爱好者的学习资料。独立游戏交流发布的网站之一 GameRes.com，就是该游戏创作团队中的一位成员后来创建的。

进入 2000 年后，北漂博士郭祥昊在 2001 年开发的《北京浮生记》，得到了较广泛地传播；2003 年，中国科学技术大学在校生吴振华开发的《亚特兰蒂斯传奇》，对当年的独立游戏产生了一定的影响，作者自己研发游戏引擎并完全开源；2004 年，上海青年方顺辞职开发《梦幻战争 2》，也体现了独立游戏开发者对游戏开发的追求；2006 年，三国题材的《三国：全面战争中文版》，成为在海外产生一定影响的最早的中国独立游戏；2007 年，由闪翼工作室开发的《闪翼拳皇》，是 Flash 格斗游戏的代表作；2008 年，《刻痕》成为第一个参加中国国际动漫节的国内非商业游戏，取得了不错的销量。[1]

进入 2010 年后，中国独立游戏持续发展，影响力逐渐扩大。2010 年的《微观战争》是我国第一款成功通过众筹平台筹资开发的独立游戏，2012 年获得了第四届独立游戏节的最佳技术奖。2010 年，被认为是中国独立游戏代表人物之一的梁其伟，制作了算是国内成功商业化的第一款独立游戏《雨雪》。2012 年，另一位中国独立游戏代表性人物陈星汉发布《风之旅人》，该游戏在 2013 年的 GDC 上获得多个奖项。他们也是具有争议的独立游戏人，一方面他们对游戏有创新和个性化的表达，另一方面他们在游戏开发过程中的商业因素。2013 年，由郭亮（小棉花）开发的《南瓜先生大冒险》，获得了当年 IGF China 的最佳美术奖，2015 年成为 PS 平台上的第一款国产游戏。到 2015 年，国内独立游戏活动逐渐增多，也普遍被认为是中国独立游戏元年，大型游戏公司也开始加大对独立游戏的关注，独立游戏的价值进一步得到认可。

大多数独立游戏是以个人或小团队的形式进行开发的，有受到大众关注的作品，也有无数作品没有开发完成，或者结果不为人们所知。但这些对独立游戏有梦想的爱好者，他们的付出对推动中国独立游戏发展做出了重要贡献。

（二）主要的独立游戏活动

对于开发者来说，独立游戏活动可以使开发者展示作品，提高知名度和自身能力，获取一定的机会，也对市场有更多了解。国内独立游戏活动近几年逐渐活跃，主要包括中国独立游戏节（ICF China）、IndiePlay 中国独立游戏嘉年华、Game Jam 活动、全球移动游戏大会上的独立游戏活动以及中国优秀游戏制作人大赛等，这些活动使独立游戏开始被人们关注，也逐渐形成独立游戏的发展模式之一：通过活动在主流平台上获得肯定和知名度。

1. 中国独立游戏节（IGF China）

1998 年开始每年在美国旧金山的游戏开发者大会（Game Developers Conference，GDC）上举行的独立游戏节（Indie Game Festival，IGF），是游戏开发者大会上的一项重要活动，也是独立游戏领域影响最大的活动，早期一些较好的独立游戏大多是这里的入围或获奖作品。GDC 2009 年开始进入中国，为亚洲的唯一分站，称为中国游戏开发者大会（GDC Cluna）。IGF China 同时为中国游戏开发者大会的组成部分，是对中国独立游戏产生重要影响的活动之一。IGF China 从 2009 年开始每年一届，至 2015 年持续举办了 7 届。

2. 中国独立游戏嘉年华（IndiePlay）

中国独立游戏嘉年华（IndiePlay）是以独立游戏为主题的大型活动，虽然历史较短，但在行业

---

[1] 吴惇.独立有戏——中国独立游戏江湖.华东师范大学出版社，2016：25.

内影响较大，算是目前国内最大的独立游戏活动。2015年举办了首次活动，在2个月内收到90个独立游戏产品，最终大赛组有22个作品入围7项大奖。作为活动的组成部分，在全国4个城市开展的Game Jam活动在48小时内共收到了60个作品Demo，10个Game Jam作品入围最终评选。独立游戏嘉年华活动设置了IndieAce独立游戏沙龙、IndiePlay颁奖典礼等，并在现场设置了包括活动大赛组和Game Jam组的所有入围作品的展示区域。[1]

3. 独立游戏开发者大赛

独立游戏开发者大赛诞生于2014年在成都举办的全球移动游戏大会（Global Mobile Game Conference，GMGC），是横跨移动、PC、主机和VR四个平台的游戏开发主题活动，鼓励对游戏的创新和对未来发展的探索。全球移动游戏大会（GMGC）在2015年将独立游戏开发者大赛作为大会的正式板块，2015年的第四届活动共收到来自中国内地、中国香港等地区和泰国、新加坡、西班牙的51款游戏，其中15款入围。最终在玩法、视觉风格等方面都有创新的西班牙Vorax Games的《维京人的日常》（Day Of The Viking）和中国天津队友游戏的《鲤》分获冠亚军。

4. Game Jam

Game Jam是指游戏开发者聚集在一起，在限定时间（通常为48小时）内，围绕同一主题进行开发活动。Game Jam活动中最大型的是Global Game Jam。第一届Global Came Jam于2009年1月30日举办，23个国家超过1600名参与者在活动期间制作了370款游戏。2011年，Game Jam进入中国，当时由国内的独立游戏工作室椰岛游戏在上海发起，吸引了30余名独立游戏开发者参与其中。随后以Game Jam的名义进行的独立游戏创作活动在国内逐渐增多，在全国各地以不同的规模开展起来。中国独立游戏嘉年华也设置了Game Jam，作为活动的一个组成部分。之前Game Jam活动设置了评奖环节，后来大多改为展示，以减弱竞争性，便于参与者现场发挥，但现在仍有一些设置了奖项，以吸引开发者参与。历届Game Jam活动都诞生了许多创意极佳的游戏，这种活动形式也逐渐被大众认识。

5. 其他活动

2015年12月25日，火星在北京举行了首届独立游戏圣诞嘉年华活动，独立游戏开发者和玩家们在现场体验各平台独立游戏。诞生于2009年，由中国国际版权交易博览会组委会和中国国际数码互动娱乐展览会（ChinaJoy）组委会联合举办的中国优秀游戏制作人大赛（CGDA）活动，也设置了面向独立游戏的奖项，显示出对独立游戏的重视。GDC China还设置了独立游戏峰会环节。此外，不少有影响的国内独立游戏开发者也开始组织独立游戏沙龙或Game Jam活动。另外，飞鱼科技也举办过几次48小时游戏创作比赛。

（三）独立游戏活动的主要组织平台和机构

在中国独立游戏的发展过程中，不少个人和组织机构的热心支持推动着独立游戏的发展。与独立游戏相关的网站和社区是独立游戏交流和发布的主要平台，成为开发者和用户了解独立游戏的主要途径，对中国独立游戏的发展起到了重要作用。

中国早期独立游戏活动主要由上海的独立游戏团队椰岛工作室推动，组织过如国内早期的Game Jam等许多活动，手游龙虎豹也为独立游戏活动提供了资源及支持。Gameres.com、Wan Game、inpla.net等，

---

[1]《2015IndiePlay圆满结束，游戏之魂永不磨灭》，indienova，http://indienova.com/indie-game-news/2015-indieplay-finished/，2015年8月6日。

都是独立游戏开发、交流、展示的重要平台。早期许多独立小游戏多是由Flash完成的，闪客帝国是我国最早最大的Flash社区，大家通过社区来学习制作、分享Flash游戏。另外，20世纪初的4399和7k7k小游戏网站，对推动中国独立游戏的发展也做出了一定的贡献。[1]

2005年由清华大学学生柳晓宇创建的66rpg，成为国内最大的RPGMaker网站；2013年由《闪客帝国》的创始人高大勇创建的Indienova，是中国独立游戏重要资讯网站之一。目前主要的独立游戏开发社区还有2014年由中国知名的独立游戏开发团队椰岛游戏创建的IndieACE.com，以及它后来的独立游戏微信群"大独IndieACE"。2014年创建的独游网是国内第一家从媒体角度切入独立游戏，并以服务于独立游戏开发者为主营业务的独立游戏综合性平台。

随着近年来独立游戏的价值逐渐被重视，传统的大型游戏公司开始更多地成为独立游戏活动的组织者和支持方，如腾讯、网易等，网易在2015年推出了独立游戏《花语月》《惊梦》。

三、2016年中国独立游戏发展现状

2016年，中国独立游戏活动更加活跃，越来越受到关注。独立游戏已经逐渐被开发者、用户以及运营渠道接受，成为游戏行业极受重视的组成部分。独立游戏倡导的创新、独立精神，对于改变中国游戏产业环境生态，创作更有品质和个性的游戏具有积极的意义。2016年既有已持续多年的独立游戏大型活动，也有不少以独立游戏为主题的小规模活动。大型游戏公司对独立游戏的关注度也明显提高，进一步为中国独立游戏的发展营造了良好的氛围。

（一）国家政策和环境为独立游戏的发展提供了保障

中国的经济社会发展进入消费转型期，人们对文化娱乐消费的整体需求持续增长，而多元化的文化娱乐需求为独立游戏的发展提供了动力。国家整体的文化氛围也在发生变化，包括人们对游戏娱乐的认识的变化、国家对游戏市场政策的变化等。

2016年是国家对游戏行业进一步规范的一年。国家新闻出版广电总局、工信部发布的《网络出版服务管理规定》（以下简称《规定》），强调了游戏是网络出版物，必须经所在地主管部门审核、广电总局审批才能上网出版。《规定》为游戏产业有序发展奠定了基础，对于约束和规范游戏的开发运营有积极作用，也迎来了中国独立游戏的渠道时代。但最初对行业的具体情况研究不够，尤其是对独立游戏开发者带来了一定的影响，因此在2016年出现了在网络上致总理公开信、独立游戏开发者起诉广电总局这样的事件。为提高审批效率，2016年5月，国家新闻出版广电总局的《关于移动游戏出版服务管理的通知》，对移动游戏分类审批管理作了具体规定。中国音像与数字出版协会的《移动游戏内容规范（2016年版）》，也为解决移动游戏审批过程中的问题，提升审批效率做了进一步的规范。中国区苹果商店根据广电总局的通知，7月2日正式向应用开发者发出通告，移动游戏需通过审批才可发布。

（二）独立游戏活动更加活跃

2016年独立游戏活动进一步活跃，为独立游戏发展创造了良好的氛围。

---

[1] 吴悖.独立有戏——中国独立游戏江湖.华东师范大学出版社，2016：16.

2016年1月Global Game Jam在中国的活动，扩展到了北京、上海、厦门和广州4个城市，共产生了120多款游戏作品；[1]2016年的中国独立游戏大赛共收到各类独立游戏作品200多件。作为独立游戏大赛的重要组成部分，2016年的indieACE Game Jam在北京、上海、广州、成都和厦门五地有近千名开发者参与。[2]以成都为例，2015年6月的Game Jam，最后仅有3个团队的作品最后完成，而2016年共有25个团队参与，最后有23款作品完成。

2016年，腾讯主办了首届全球独立游戏开发者大赛，触控、火星等企业也组织了独立游戏比赛活动，对获奖作品给予了现金奖励、免费的推广宣传及渠道支持，进一步促进了独立游戏的发展。2016年举办了独立游戏活动，还有游戏蛮牛、独游网等机构联合主办的"金猿奖——独立游戏开发者大赛"等。此外还有部分高校举办的系列活动，如北京电影学院主办的"金辰杯"全国大学生游戏设计大赛；四川美术学院的首届网易杯2016"陕乐之道"中国高校游戏艺术设计大赛等，旨在鼓励大学生参与到独立游戏的创作中，全国高校学生参赛踊跃。

（三）大型游戏公司更加重视独立游戏

2016年，任天堂、微软、索尼、苹果、Steam以及国内的腾讯、网易以及阿里游戏等主流游戏机构都持续给予了独立游戏更多的支持，体现了对独立游戏价值的认可。对于传统的大型游戏公司来说，独立游戏能够很好地丰富和完善公司自身产品结构，利于公司深耕细分领域。

2016年，Steam游戏发行数量总计4207款，几乎是2015年的一倍。独立游戏的独特性带给玩家新的体验，加上较低的售价，Steam独立游戏的销售逐渐提升，越来越多的独立游戏开发者通过Steam发行自己的游戏。[3]2016年，Steam中国区激活用户数已达到一千多万，青睐之光上展示的中国开发者的作品也逐渐增多。[4]

苹果应用商店为独立游戏的发布提供了很好的渠道，尤其是苹果应用商店的编辑推荐。苹果应用商店2016在"中文独立游戏精品"推荐的基础上，设立了独立游戏专区，新增了独立游戏推荐专栏。此外，谷歌在Google Play也设立了独立游戏专区。对独立游戏的重视，还包括索尼和微软，微软在中国推广ID@Xbox平台，开展推动中国独立游戏的相关活动。索尼的"中国之星计划基金"项目，对于国内的独立游戏团队也有积极的意义。[5]

2016年，触控科技、锤子科技、友盟、乐逗游戏共同发起了独立游戏扶持计划。其他游戏平台、发行商、渠道商也表现出对独立游戏的兴趣，积极参与独立游戏活动，与开发者合作，给予独立游戏开发者更多的支持和选择。

---

[1] 《Global Game Jam 2016全球游戏创作节落幕》，触乐网，http://wWw.Chuapp.com/2016/02/02/227391.html，2016年2月2日。

[2] 《2016中国独立游戏大赛结果公布本月底齐聚上海》，腾讯游戏，http://games.qq.com/a/20160707/030846htm，2016年7月7日。

[3] 《独立游戏，我们不卖情怀只有创意》，游民星空，http://www.gameraky.com/zhuanti/steam2015/page5.shtml，2016年2月6日。

[4] 《2016年国内独立游戏生存仍极度依赖苹果》，搜狐网，http://mt.sohu.com/20160714/n459267758.shtml，2016年7月14日。

[5] 《热炒一年以后独立游戏变成什么样了？》腾讯游戏，http://games.qq.com/a/20170324/019220.htm，2017年3月24日。

（四）独立游戏的质量与商业表现良好

2016年，出现了一些优秀的独立游戏作品，如登陆PS4的《艾希》（ICEY）；登陆XBOX one平台，获得2016年中国独立游戏大赛最佳游戏大奖的《蜡烛人》；具有较高难度设计的Pc游戏《汐》；2015年获得中国独立游戏大赛奖的《鲤》，2016年登陆欧美PSN商店，成为首个登陆欧美市场的国产PS4游戏。2016年，《超级幻影猫》《说剑》《镜界》等国产独立游戏先后获得苹果编辑推荐。无论是游戏数量还是质量都有提升，证明国内已有较高水准的独立游戏。

虽然不能以商业的成功作为评价独立游戏的主要标准，但独立游戏并不意味着拒绝商业，优秀独立游戏作品获得的收益，能够促进独立游戏的持续发展。国外优秀独立游戏带来的商业效益，也对国内独立游戏产生了一定的影响。被称为独立游戏经典代表作的《我的世界》，2014年以25亿美元被微软收购，在之前的运营期间，其每年的净利润达到上亿美元。还有通过众筹获得5万美元的《传说之下》项目，为项目组带来数百万美元的收入。其他国外独立游戏如《时空幻境》《菲斯》《纪念碑谷》等都获得了良好的收益。

2016年，国内优秀的独立游戏在商业上的良好表现，也获得了部分资本的关注，在一定程度上对独立游戏开发者产生了激励作用。酷骏科技的《时空旅途》获得过Google Play官方多个国家和地区的推荐，登上过付费版第一的位置。飞鱼科技以1750万元人民币收购《超级幻影猫》研发商51%的股份，心动游戏500万人民币收购《冒险与挖矿》开发商5%的股份等。[1]《归家异途》《失落城堡》《时空旅途》等国产独立游戏在不同平台上也获得了较好的成绩。根据艾瑞咨询发布的《2016互联网全行业洞察及趋势报告》显示，中国用户对付费消费的习惯正逐渐养成，将有利于独立游戏的进一步发展。[2]

（五）独立游戏开发者仍面临困境

中国的独立游戏开发者大致分为以下几类：

（1）在校或刚毕业的大学生，没有在大型游戏公司工作的经验，仅凭对游戏的热爱与追求，开始进行独立游戏开发制作，边学习技术边进行开发，其游戏开发技术不能很好地表达个人想法，开发经验不足；

（2）曾经的游戏行业从业者，有丰富的开发实践经验，这一群体往往有积累的资金，没有太大的资金压力，主要是出于对游戏理想的坚持，一些独立游戏开发者甚至来自国际知名的游戏公司，如科乐美、中国2K、育碧、EA等在中国的工作室；

（3）在职员工利用业余时间进行独立游戏开发；

（4）专门从事独立游戏开发，没有稳定的经济来源，通过做游戏来表达自己。

不同的开发群体面临不同的问题。游戏葡萄曾经针对独立游戏人做了一次问卷调查，其中一项为"独立游戏制作的困难因素"，在受访者针对这一问题的回答中，"钱"的因素占比为46.7%，"时间因素"占比为70%，"人力因素"占比为63.33%，"经验不足"占比为16.67%。[3] 经济问题是独

---

[1] Jacky:《国产独立游戏的2016：春天终于要来了？》搜狐网，http://mt.sohu.com/20161031/n471843416.shtml，2016年10月31日。

[2] 《2016互联网全行业洞察及趋势报告》，艾瑞咨询，http://www.iresearch com.cn，2017年1月9日。

[3] 《从大圣归来看中国独立游戏发展》，腾讯游戏，http://games.qq.com/a/20150721/036430htm，2015年7月21日。

立游戏团队面临的主要问题之一。部分独立游戏开发者有时还需要从事其他的职业，以解决资金问题。笔者接触到的一些曾经致力于独立游戏开发的小团队，迫于经济压力，转接外包，希望积累一定的资本再来做自己喜欢的事情，但都很难回头。近几年，虽然个人或小团队开发的独立游戏获得良好的收益已不是个案，但大多数独立游戏还做不到这一点。部分独立游戏很难用商业标准评判，资本对独立游戏的投资还比较审慎。

另外，时间对于学生和利用业余时间进行开发的团队来说，是需要面对的又一难题。对于他们来说，生活中还有许多比兴趣更重要的事情。他们创作独立游戏的时间往往没有保障，也很难按照计划进行。最后，独立游戏开发者还需面对其他一些压力和挑战，如国内整体的社会保障制度、知识产权的保护不够完善等带来的对未来的忧虑，如何恰当处理个人兴趣与作为游戏商业产品的要求之间的关系，以及要接受大多数独立游戏产品最终可能不会被人们认可的现实等。

（六）部分独立游戏作品整体水平较低

随着游戏行业的发展，玩家对独立游戏制作水平的要求越来越高。目前中国的独立游戏团队的作品，不管是创意还是制作，整体上都有待提升。苹果应用商店中国区推出的中文独立游戏专题中《花语月》《炫光动感》《聚爆》《鲤》等几款游戏，都有大游戏公司的支持。部分独立开发团队面临不同的困难，也会随着成员的变化影响到项目开发的进度，从而影响到作品最终的质量。还有部分独立游戏开发者只是将游戏作品作为手段，主要用来寻找投资或作为进入大型游戏公司的条件，导致了游戏作品缺乏完整性。

四、中国独立游戏的发展趋势

随着独立游戏逐渐被大家认识和接受，许多游戏厂商开始建立独立游戏孵化器，以支持其发展。中国政府对游戏产业的重视以及整体环境的变化，也有利于独立游戏的持续发展。任天堂、微软、索尼以及苹果、Steam、腾讯等机构都在各自的平台上有独立游戏板块，为独立游戏作品发布提供了机会。更多的高等院校开设了游戏相关专业和课程。[1] 未来，中国独立游戏将获得新的发展。

（一）高等院校游戏相关专业和课程的开设会为独立游戏的发展提供持续的动力

国外高等院校开设游戏相关专业和课程相对较早，像美国的加州大学洛杉矶分校、马里兰艺术学院、华盛顿大学、卡内基梅隆大学等，都较早开设了相应专业和课程。根据美国娱乐软件协会（The Entertainment Software Association，ESA）2015年底公布的数据显示，美国947所高校中，有406所高校提供游戏相关课程。中国虽然远未达到这一比例，但近几年也发展很快，越来越多的中国高校开设了游戏专业或者游戏相关课程，如北京电影学院、中央美术学院、四川美术学院、吉林艺术学院等以游戏美术为专业方向的艺术类院校，以及开设游戏程序研发方向课程和研讨课程的，如北京大学、四川大学、浙江大学等综合性大学。通过专业的学习，使学生在游戏开发技术、创作思维等方面，更具有专业化水平。鉴于游戏设计开发的综合学科特点，一些高校甚至在同一专业同时招收

---

[1]《腾讯披露独立游戏领域布局计划：将全方位扶持开发者》，腾讯游戏，http://games.qq.com/a/20160311/045754.htm，2016年3月11日。

美术和计算机专业的学生。一些游戏公司也在高校开设游戏相关课程进行宣传和推广，如腾讯曾经的高校游戏公开课项目和触控科技的游戏教育项目等。

近几年在一些独立游戏活动中表现出色的开发者，就有不少来自高等院校。学生团队使游戏的设计开发不完全以商业为目标，没有过多的成本考虑和压力，能够坚持独立游戏的精神，最大可能地对游戏本质进行思考，更有可能做出具有创意的独立游戏作品。

（二）开发工具的门槛降低，给有创意、有想法的爱好者提供了条件

第三方游戏开发工具的普及和免费，为游戏开发制作降低了技术门槛，可以让更多有想法的爱好者实现自己的游戏梦想。尤其是对编程要求不高的Game Maker、Construct 2.Stencyl、Gamesalad等游戏引擎的出现，为非计算机软件专业的同学提供了表达创意的手段。中央美术学院美术专业的学生独立制作完成《原始旅程》游戏就是一例，也先后获得多个奖项。国内主流使用的游戏引擎Unity，增加了免费版的功能，以及免费的cocos引擎等，为独立游戏的发展提供了条件。

（三）独立游戏的发行可获得多渠道支持

很多独立游戏开发者通过在线销售游戏获得收益。众多的大型游戏公司（包括一些互联网公司），如任天堂的WiiU以及掌上游戏机3DS、微软Xbox One、索尼PlayStation4、苹果应用商店、Google Play、Steam、触控科技等，为独立游戏提供了发行渠道，或通过建立独立游戏孵化器，举办各种活动推广独立游戏。以苹果应用商店为代表的应用商店表现出对独立游戏的日益重视，其编辑推荐等让独立游戏有了自己的展示渠道，为独立游戏的发展提供了更多的机会，让更多的国产独立游戏有了巨大的流量人口和曝光平台，能够直接促进盈利。而且设定的中国区1元下载有利于改变消费习惯、培养正版付费用户，从而促进独立游戏的发展。[1]还有以Tap Tap为代表的一些新平台，也逐渐成为独立游戏开发者作品发布的新选择。

（四）游戏化的概念将使独立游戏具有更广泛的应用前景

近年来，游戏化的概念在国内外的许多领域被广泛探讨，即把游戏的元素运用到非游戏领域，从而提高工作效率和幸福感，又称为游戏化应用或者应用游戏化，使游戏的概念进一步拓展，应用面扩大。①游戏化使游戏的应用更广泛，也为独立游戏的进一步发展奠定了基础。

（五）更个性、自主的表达和多元化的需求使独立游戏迎来更多开发者和用户

部分独立游戏开发者并不是以商业为主要目的，而是在于制作一款自己理想中的游戏或更好的游戏。也满足了用户多样化的选择和需求，而多元化需求是当下社会发展的特点。对独立游戏精神的认可和推崇、更多团队和个人的加入，会推动中国游戏向更好的方向发展。

（李茂：四川大学软件学院数字娱乐系、游戏设计与开发研究实验室）

---

[1] 胡一雄：《国内优秀的独立游戏开发团队》，游资网，http://bbs.gameres.com/forum.php?mod=viewthread&tid=478655，2015年12月23日。

2016 年中国移动游戏行业年度报告

一、2016 年中国移动游戏行业发展状况

（一）发展环境

1. 移动游戏实施分类管理促进审批提速

为规范移动游戏市场秩序，提高游戏出版审批效率，2016 年 5 月底，国家新闻出版广电总局办公厅印发《关于移动游戏出版服务管理的通知》，要求实施移动游戏分类审批管理，特别是对数量众多的休闲益智类国产移动游戏，采取游戏出版服务单位负责内容把关，出版行政管理部门对把关结果进行审查，有别于其他类型游戏的前置内容审查，最大限度地压缩时限，提高审批效率。

同时，管理部门、行业协会还通过多项措施提升移动游戏审批效率。例如中国音像与数字出版协会下发《移动游戏内容规范（2016 年版）》，为各级管理部门和移动游戏企业及相关从业人员提供具体、可操作的移动游戏内容标准细则；为解决移动游戏数量大、周期短、审批压力大的问题，开发并运营"移动游戏快捷申报系统"等。受益于此，移动游戏审批效率大幅提升，单月审批移动游戏高达 800 款。

2. 移动游戏与相关产业链紧密结合增长迅速

2016 年，移动游戏市场成为整体游戏市场主要增长动力，并超越客户端游戏市场。从收入来源看，IP 改编占比最高，其中，"端改手"最出色，以影视剧改编为主的影游融合游戏占比也出现增长；从收入结构看，头部聚集特征依然明显，前十位游戏收入占 43.7%；从产品类型看，移动电竞游戏收入占比 20.9%，对比端游电竞比例，依然有较大的提升。

（二）行业数据

1. 中国移动游戏市场规模

2016 年，移动游戏市场实际销售收入为 819.2 亿元，同比增长 59.2%。移动游戏市场竞争激烈，产品格局变动较大，催生了精品。此外，新类型产品逐渐脱颖而出，也对市场实际销售收入的增长做出了贡献。

2. 中国移动游戏用户规模

2016 年，移动游戏用户数达到 5.28 亿，同比增长 15.9%，移动游戏依然是用户增速最快的一个细分市场。移动游戏用户能多年保持快速增长有多方面的因素，如游戏类型的不断丰富、移动游戏门槛低、智能手机的普及、网络的优化等。

3. 月均充值额过千万移动游戏产品（部分）

表 1　月均充值额过千万移动游戏产品（部分）

序号	游戏名称	序号	游戏名称	序号	游戏名称
1	梦幻西游	25	倚天屠龙记	49	蜀山战纪之剑侠传奇
2	王者荣耀	26	全民奇迹	50	鬼吹灯 3D
3	大话西游	27	列王的纷争	51	沙巴克传奇
4	问道	28	黑衣剑士	52	永恒之歌
5	剑侠情缘	29	黎明之光	53	少年三国志
6	诛仙	30	天天爱消除	54	九阴
7	火影忍者	31	龙珠激斗	55	炉石传说
8	穿越火线	32	天天酷跑	56	神武 2
9	倩女幽魂	33	明珠三国 2	57	坦克之战
10	御剑情缘	34	探墓风云	58	奇迹暖暖
11	征途	35	剑与魔法	59	神魔圣域
12	热血传奇	36	六龙争霸 3D	60	六扇门
13	天堂 2	37	山口山战记	61	艾尔战记
14	全民飞机大战	38	剑侠世界	62	天下
15	拳皇 98 终极之战 OL	39	永恒纪元	63	作妖计
16	仙剑奇侠传 3D 回合	40	雪鹰领主	64	魔王与公主
17	阴阳师	41	部落冲突	65	少年西游记
18	开心消消乐	42	老九门	66	球球大作战
19	幻城	43	全民突击	67	青丘狐传说
20	圣斗士星矢：重生	44	欢乐斗地主	68	青云志
21	圣斗士星矢：集结	45	射雕英雄传 3D	69	中超风云
22	皇室战争	46	暗黑黎明 2	70	王权之争
23	京门风月	47	全民斗战神		
24	御龙在天	48	迷城物语		

数据来源：GPC and CNG

2016 年，在月均充值额超过 1000 万元人民币的移动游戏中，64% 为本年度新上线产品，最高月充值总额超过 8 亿元人民币。

4. 月均充值额过千万元移动游戏产品题材分布（按充值额）

2016 年，月均充值额人民币超过 1000 万元的移动游戏中，玄幻题材游戏市场收入份额较大，占比 32.3%，其次为西游、三国题材，这显示国内市场用户依然偏好"中国风"背景的产品。此外，日漫题材产品收入份额稳步提升，这与二次元游戏逐渐兴起相辅相成。

5. 月均充值额过千万元移动游戏产品类型分布（按充值额）

2016 年，从游戏类型来看，角色扮演类游戏占据最大市场份额，占比达到 66.8%。一系列角色扮演类客户端游戏改编的移动游戏，成为市场收入主力，使市场获得强劲增长动力；其次，卡牌类游戏依然是移动游戏重要类型，占比13.5%，占据第二位。此外，还有新的游戏类型出现，如体育类《中超风云》、休闲类《球球大作战》、卡牌类《部落冲突：皇室战争》。

二、2016年中国移动游戏行业分析

（一）移动游戏在用户获取方面表现出较强优势

2016年《王者荣耀》日活跃用户数达到5000万；《球球大作战》通过赛事、直播，及对00后用户特征进行把握，其DAU超过2500万；《我的世界》网易版虽然未正式上线，但已积累了数量可观的用户。

在DAU较高的游戏中，以休闲游戏与竞技游戏为主，这为部分产品赛事的举办奠定了基础，凭借一定规模的用户基数，一些产品的电竞化策略已经取得了成果，如《球球大作战》2016年赛事累计观看人次超3亿，《王者荣耀》KPL职业联赛独立观赛用户达4000万。

同时，相较于重度竞技游戏，休闲竞技游戏易上手，用户受众范围更广，如在累计用户数方面，偏休闲的《球球大作战》便超过了偏重度的《王者荣耀》。

（二）移动电子竞技游戏取得快速发展

移动电子竞技成为电子竞技市场增长的主要推动力，其电子竞技产品的爆发，预示着移动电子竞技时代的到来。围绕移动电子竞技的赛事组织显著增多，并呈现"抱团"的特点。例如，乐竞传媒（NiceTV）联合PLU、英雄体育、TGA移动大奖赛等，将多方业务捆绑、赛事整合成立VSPN等。多方战略合作对完善移动电子竞技赛事产业链条，做大移动电子竞技赛事市场有着积极的影响，同时增强其在全球移动电子竞技市场的综合竞争能力。

2016年，中国移动电子竞技游戏市场实际销售收入达到171.4亿元，占中国移动游戏实际销售收入的20.9%。移动游戏市场中，角色扮演类游戏占据市场主要地位，但其他类型移动电子竞技游戏同样取得了较快的发展，产业链逐渐完善，促进了这一市场的发展，如《部落冲突：皇室战争》等。

从季度收入分布来看，移动电子竞技游戏市场实际销售收入波动明显。这主要是因为移动游戏生命周期短，产品收入波动大，导致整个市场不稳定。未来随着移动电子竞技精品的逐渐出现，有望得到转机。

（三）Top10游戏企业自研产品迅速提升市场份额

2016年，网易与腾讯各占行业约1/4的市场份额。其他的众多老牌端游企业加大了移动游戏领域的研发力度，借助"端改手"产品快速提升市场份额。

（四）Top10移动游戏收入接近移动游戏市场半数

前十游戏中六款为2016年新游，但前三依然被2015年老游戏占据。非前十游戏中，拥有较大用户规模、DAU数量较高的游戏，其收入预计会出现加速增长，如《球球大作战》，其在经过近一年的用户积累后，一经商业化便迅速冲击iOS畅销榜第七位，先免费培养用户、后商业化的模式也有利于延长游戏的生命周期，获得长期稳定的收入。

三、2016 年中国移动游戏行业存在的问题与对策建议

近年来资本大潮涌入，带动国内移动游戏迅速崛起的同时催生大量泡沫。一方面，众多小团队成立，同质化加剧，市场出现产能过剩、供过于求的局面。另一方面，随着新用户增速下降，收入向巨头聚集，产品死亡率提升，市场进入存量竞争阶段，国内移动游戏承受产能过剩与存量竞争双重压力主要表现为以下几点。

第一，产品同质化，吸引用户付费的方法十分相似，导致用户付费越来越难。在全球范围内，中国内地的游戏用户成本虽然并非最高，但投入回报率较低。

第二，产品供过于求，"僧多粥少"，形成渠道控制市场的局面，导致研发商利益缩水。一方面，代理金从足额到不足，从有到无。研发分成从多到少，从 7 成到不足 2 成。另一方面，发行商转向自研、控股研发团队，捆绑优质研发公司，开发 IP 定制化产品，挤压中小研发商的生存空间。

第三，新增用户减少，有效用户转化难度加大，营销成本越来越高。移动游戏依靠买流量等营销手段维持用户供给的现象越来越普遍，导致用户成本从几元钱迅速攀升至 20 元以上，游戏公司 60% 的市场预算用于买流量等营销活动，市场上一款 5000 万元/月流水的产品，市场营销费用往往就达到 3000 万元。

第四，市场集中度高，中小公司盈利日益艰难。在中国移动游戏市场销售收入中，腾讯、网易两家公司移动游戏收入占比接近七成，其他企业没有一家占比超过 5%。

四、2016 年中国移动游戏行业发展趋势

此前，客户端游戏市场经历了"休闲游戏—重度 RPG—中重度休闲竞技游戏"的变化过程，这种变化过程正在移动游戏市场得到复制。每一次的转变都将为移动市场带来新的发展机会，并对移动游戏产品、市场格局、关联产业带来影响。

（一）弱化 RPG，竞技类游戏增多

更多的用户乐于社交，偏好竞技类、休闲益智类游戏，这或将影响到未来的游戏市场，弱化 RPG，大量竞技类游戏产生。

（二）中小游戏企业迎来机会

新一轮的增长代表着市场新的机会，更多年轻用户进入，由于他们对游戏类型的偏好并不固化，这也为中小企业留下了创新空间。

（三）促进直播赛事产业持续发展

竞技类移动游戏与直播的关联，有助于直播产业链的形成，这对于电子竞技赛事与直播行业的持续发展具有积极意义。

（中国音像与数字出版协会游戏出版工作委员会）

2016年中国游戏直播行业研究分析

一、中国游戏直播行业发展状况

（一）发展概述

近年来，游戏直播行业的市场规模快速增长，整体市场经历了起步阶段、发展阶段后步入了调整阶段。

1. 游戏直播行业进入调整阶段

（1）起步阶段：

以电竞游戏为主，吸引大量相关用户的关注，核心竞争力以明星主播为主，平台盈利模式单一，以直接获取用户收益为主。以早期语音软件为平台，对游戏进行直播，尚未形成专业的直播体系，直播内容以热门游戏为主，平台逐渐实现盈利。

（2）发展阶段：

以电子竞技用户为核心，围绕电竞游戏、赛事及明星开展丰富的电竞娱乐活动，平台盈利模式逐渐增多，加入游戏联运、广告推广等环节。大量直播平台开始出现，直播内容以电竞游戏为主，开始逐渐吸引泛电竞游戏用户，平台盈利能力因面临激烈竞争而下降。

（3）调整阶段：

直播平台数目重新回落，以电竞游戏用户为主，直播内容呈现多元化，并围绕游戏出现平台自制节目，独立游戏、移动游戏等均有所涉足。市场格局逐渐稳定，但市场竞争依旧激烈，竞争方式从"抢地盘"向"比发展"过渡，平台商业化探索进一步加强。

2. 直播平台的商业化探索

作为互联网重要的传播渠道，直播与游戏之间正形成越来越紧密的联系，这种联系不仅在于游戏是直播的内容提供者，更在于两者的双向互动，直播与游戏市场正在加速融合，朝着互联互通的方向发展。

具体而言，从两者关系来看，游戏不再是被动提供素材，而是主动与直播平台联手，使直播成为游戏推广、游戏生态构建的重要一环；游戏直播本身也借此丰富直播内容，借机推出相关节目、举办直播活动等。例如，战旗直播开创了以游戏主播为主要参与者的娱乐节目等。

节目的推出使得平台与主播间的合作联系加强，用户对节目的热情也能够传递到参与的主播上，从而扩大用户与游戏的接触面，达到推广的目的；而平台则在节目中获利，降低了运营成本，也为直播平台的商业化打下基础。

此外，游戏直播也与电子竞技构成了越来越紧密的联系，游戏直播平台的观看人数成为相关电子竞技赛事成功与否的重要判断依据。游戏直播平台不仅是电子竞技赛事的传播者，而且成为组织者，不少游戏直播平台直接承办或者参与赛事。

直播平台的观看人数成为了判断电竞赛事成功与否的重要依据。借助电竞行业发展的契机，

《LOL》《DOTA2》《炉石传说》等高人气产品的拉动，推动游戏直播迎来了高歌猛进的一年。

（二）行业数据

1. 中国游戏直播用户状况

2016年，中国游戏直播用户规模突破1亿。游戏直播平台用户的快速增长，与越来越多的游戏参与到直播中来有关。此外，iOS开放直播功能，为移动游戏直播提供了便利，并推动游戏直播用户进一步增长，直播平台对用户的集聚作用正在加强。

2. 用户日均在游戏直播平台消耗的时间占比

2016年，用户日均在游戏直播平台消耗1小时以内占比36.3%，1—2小时占比44.6%。超过半数的用户在直播平台停留的时间超过一小时，显示直播平台对用户的集聚作用正在加强，有助于提升游戏直播用户的价值。

3. 用户月均在游戏直播平台消费占比

2016年，用户月均在游戏直播平台消费100（元）以下的占比40.1%，100—499元占比12.4%，500—999元占比37.0%，1000—1999元占比6.3%，2000元及以上占比4.3%。消费在1000元以内占比超过90%，用户在游戏直播平台的消费压力较小，用户在直播平台的消费能力有限。因此，游戏直播在商业化的过程中，还应该探索更多方式挖掘用户价值。

二、中国游戏直播行业分析

（一）大平台用户规模趋稳

市场格局稳定的背后是用户格局的形成。从直播平台来看，直播平台用户规模也逐渐趋于稳定，直播平台的人数虽然有一定程度的变动，但这种变动多来自不同平台间用户的迁移。而且，直播平台通过获取赛事直播权、自制节目等方式，吸引用户，长期积累沉淀，构建起平衡稳定的用户结构，如男女比例和地域分布结构等，还能够提升用户的活跃度，保证用户留存率。

（二）市场呈现"一超多强"局面

市场格局逐渐稳定，是游戏直播平台进入调整期的典型特点。这主要表现为少数几家平台对其他平台取得明显甚至压倒性优势。例如斗鱼作为最早涉足这一领域的直播平台之一，月活跃用户规模已超过2亿，在百度指数、活跃用户数、资本实力方面拥有明显优势，在"一超多强"的市场格局中，占据"一超"这极。

表1　游戏直播平台概况

平台名称	资本投入	10—12月日均百度指数	10—12月PC官网日平均访问量（万）	截止到12月App覆盖安卓设备数（万）	2016 App Store 娱乐类免费榜最高排名
斗鱼直播	2016年3月获得1亿美元B轮融资，2016年8月获得15亿人民币C轮融资	535596	816	1700	4
熊猫直播	注册资本2000万元，估值达24亿元	254890	153	900	7

续表

平台名称	资本投入	10—12月日均百度指数	10—12月PC官网日均访问量（万）	截止到12月App覆盖安卓设备数（万）	2016 App Store 娱乐类免费榜最高排名
虎牙直播	隶属上市公司欢聚时代	213551	50	1400	4
战旗直播	隶属上市公司浙报传媒	40858	330	1000	37
龙珠直播	2016年11月被聚力传媒收购，注资超过20亿元人民币	69741	38	600	10
全民直播	2016年9月获得5亿元人民币A轮融资	83821	40	270	16

数据来源：GPC and CNG

（三）整合式推广营销拓宽商业化渠道，提升变现能力

直播平台整合推广是指游戏直播平台通过分析用户行为，打造原创节目等方式，针对其他品牌进行的一次推广包装行为。相较于传统的品牌推广渠道，直播平台由于具有更强的互动能力、更直接的效果反馈，逐渐得到了不同领域企业的认可，如斗鱼的合作品牌遍及快消、影视娱乐、旅游等行业。在这一过程中，直播平台不仅能为用户提供不一样的节目保持用户黏性，还能拓宽商业化渠道，提升收入。

（四）游戏直播商业化，"整合推广"成为调整期全新变现方式

随着游戏直播用户趋于稳定，商业化成为各大直播平台的重心。目前，游戏直播平台变现分为用户消费与企业服务两个方向。用户消费方面，直接面向用户的成熟变现方式为电商、粉丝打赏，而订阅尚处于各大直播平台尝试阶段；企业服务方面，成熟的变现方式为游戏联运和广告推广。此外，整合推广作为一种针对企业的全新变现方式，也逐渐得到了越来越多的关注。

三、中国游戏直播行业存在的问题与对策建议

惟名惟利困扰游戏直播发展游戏直播市场火热也让一些创业者、投资人染上了"网红心态"，创业就是一朝成名、一夜暴富，就是"赚快钱""抢红利"等充满功利性的浮躁思想，在直播领域下年尤为突出。主播为吸引眼球，无所不用其极，催生直播乱象，甚至出现不少违背社会伦理、违反法律的案例。

此外，游戏主播价值也存在虚高的现象，部分主播年薪达到千万，导致主播与平台之间的纷争丛生，而还未得到资本支持的新兴平台难以发展，长此以往或将陷入发展怪圈。

四、中国游戏直播行业发展趋势

伴随着游戏直播市场逐渐走向规范化，这一领域的市场格局与发展态势也逐渐明朗，未来游戏直播市场将会呈现以下三大态势。

（一）市场格局：大的收并购逐渐出现

游戏直播市场进入调整期，竞争格局逐渐明朗将使这一市场丧失"讲故事"的能力，资本退出需求以及持续的亏损将使得一些较弱的直播平台退出竞争，转而寻求并购。直播市场或将在近期内出现"收并购"的整合浪潮，一些强势的直播平台或将逐渐吞并较弱的平台。

（二）细分领域：移动直播将取得快速发展

移动电竞在今年取得了很大的发展，多款产品获得大量用户，这为移动游戏直播奠定了基础。随着移动电竞的持续升温，移动电竞产品的不断出现，移动游戏直播也会成为各大游戏直播平台的重要组成部分。

（三）商业化拓展：亏损收窄

整体市场格局及用户的稳定，将减轻强势直播平台的竞争压力，进而降低用户成本，同时直播平台能将精力与资源更多地放在"变现"方面。大的直播平台亏损状况将逐渐缓解，并有望逐渐实现盈利。

（中国音像与数字出版协会游戏出版工作委员会）

2016年中国自主研发网络游戏境外出口研究分析

中国音像与数字出版协会游戏出版工作委员会

一、2016年境外游戏市场综述

游戏市场逐渐走向成熟，越来越多的企业将目光转向境外，立足国内、放眼国际已经成为国内游戏企业的共同选择。

具体到细分领域，移动游戏已经成为支撑自主研发网络游戏境外收入增长的重要因素。受移动互联网快速普及的影响，中国移动游戏市场逐渐成为全球最大的移动游戏市场，这促使游戏企业更快的发展，中国游戏企业也得以取得先发优势，获取进军国际市场的基础。

二、2016年中国自主研发网络游戏出口境外情况

（一）境外市场成国内游戏企业"必争之地"

2016年，自主研发网络游戏海外市场实际销售收入为72.3亿美元，同比增长36.2%。

（二）全球主要移动游戏市场用户成本状况

全球移动游戏市场用户成本方面，日本地区用户成本较高，最高达到每用户18美元。其次是美国、加拿大等地区，中国内地与韩国相对较低，东南亚地区用户成本最低，成本在0.05—0.2美元/用户。用户成本反映了全球不同地区移动游戏市场的发展程度，价格较低的市场多处于发展初期，对国内游戏企业来说开拓意愿更强烈。

（三）2016年中国自主研发网络游戏境外出口行业分析

1. 境外大厂加速转型，收并购成重要手段

境外企业采用两种方式提高企业效益。其一，硬件厂商凭借品牌影响力发力于移动游戏市场，并通过移动游戏市场进一步提升自身的IP价值，提高软件和硬件的销量，进而增加企业营收。其二，境外企业通过收并购获得优势资源，加大产业链布局。

2. 从"出海"到"全球化"，资本、研发、发行全面涉足

国内游戏市场日趋饱和，竞争日益加剧，拓展境外市场成为众多游戏企业的另一个选择。近年来企业出海动作更加频繁，适用于各类企业的出海方式随之多样化。而单线的出海模式已不能满足行业需求，逐步上升到"全球化"，其涉及资本运作、研发、发行等环节，内容更为广泛。在实行全球化的企业中，平台发行商胜利游戏为其"全球化"战略做了充足的准备，对于其他计划布局全

3. 2016年境外移动游戏市场进一步加大

企业出口境外的移动产品保持稳定增长,如《列王的纷争》《城堡争霸》等上线两年之久依然保持顽强的生命力,目前《列王的纷争》为境外移动游戏收入最高的产品。另外,企业的境外收购对境外市场也做出很大贡献,如腾讯对于《皇室战争》游戏开发商Supercell的收购,势必将增加其境外收入份额同时扩大其在全球范围下的影响力。

4. 中国风游戏逐渐打开西方市场

表现出色的产品分为两类,第一类偏境外战争风格,如《COK列王的纷争》《Castle Clash》《战地风暴》等,这类产品在欧美、亚洲等多地区流行,游戏生命周期长,成绩也较为稳定;第二类是偏中国RPG风格的游戏,借助Facebook等社交网络通过在特定地区的发行,获得了较高的成绩,如《少年三国志》《太极熊猫》等。(见表1)

表1 移动游戏出口产品监测(部分)

企业名称	游戏名称	排名状况
Elex	列王的纷争	日本(13)、美国(9)、韩国(13)、英国(8)、德国(2)、澳大利亚(7)、加拿大(6)、新加坡(2)
	MR魔法英雄	韩国(15)、英国(79)、德国(39)、法国(33)、澳大利亚(57)加拿大(54)、新加坡(2)、俄罗斯(10)、荷兰(23)
IGG	Castle Clash	美国(31)、英国(25)、德国(2)、法国(3)、澳大利亚(22)加拿大(19)、新加坡(22)、俄罗斯(4)、荷兰(7)、
	Clash of Lord2	英国(74)、法国(31)、澳大利亚(66)、加拿大(48)、新加坡(39)
Tap4fun	战地风暴	美国(19)、韩国(34)、英国(13)、德国(13)、法国(28)、澳大利亚(20)、加拿大(15)、新加坡(19)、荷兰(5)、俄罗斯(12)
	王者帝国	英国(26)、德国(35)、法国(63)、澳大利亚(36)加拿大(56)
游族网络	少年三国志	美国(11)、韩国(45)、澳大利亚(8)、新加坡(6)
蜗牛游戏	太极熊猫	美国(57)、英国(20)、德国(20)、法国(23)、澳大利亚(23)加拿大(23)、俄罗斯(5)、荷兰(9)、韩国(1)
网易游戏	梦幻西游	美国(32)、新加坡(28)

数据来源:GPC and CNG

注:括号中数字为产品在各地区iOS畅销榜第一季度最高排名。

三、范例监测

在游戏出海的过程中,逐渐形成了两种不同的方式,一种是侧重自研,产品为驱动,并借助境外发行体系的构建,开拓市场,如智明星通;另一种与国内企业呈现"分工",通过将国内精品引入境外市场,累积境外运营经验,推动境外收入的增加,如易幻网络。

(一)智明星通:研运一体驱动境外市场开拓

智明星通境外收入占比逐年增加,其主营业务遍布全球多个国家和地区,拥有大量忠实用户。

1. 优势

借助"研运一体"的模式，智明星能够提升对产品的把控力及后续产品研发及境外本地化能力，进而保证境外收入的持续增长。具体来说：

第一，精品复制。智明星通研发、运营的《列王的纷争》《世界争霸》《帝国战争》等策略类游戏均是市场上表现优秀的产品。智明星通依靠上述游戏积累的研发、运营经验和用户基础，研发并推出了新款游戏《女王的纷争》《王权争霸》等，同样取得了不俗的市场表现。

第二，全球化布局。从《开心农场》开始，智明星通致力于全球化的发行。通过8年时间在海外市场的探索，拥有了多个国家的长期合作的运营推广商，同时熟悉各个主要国家的用户导入模式、产品类型偏好和当地文化特色，能够进行针对性有效的推广，在更广泛的市场和更大数量的用户群体中取得收入。

第三，运营反哺研发。在研运一体的模式下，智明星通将获取最大化的收益，获取一线的市场与运营数据，这些资源都能快速投入自身研发的游戏中，研发团队也能根据运营团队的意见做到游戏的快速更新，不断满足用户需求。《列王的纷争》正是依靠研运一体模式，通过强势的广告宣传、每周一次的版本更新等方式，逐渐占据市场。

2. 风险

在这一模式下，企业可能存在对单一产品依赖性较强的特点。目前，《列王的纷争》2015年度占主营业务收入的74.62%，2016年为79.79%。游戏都存在生命周期，若未能研发出与其相媲美的产品，智明星通可能会面临缺少新的业务增长点的情况。

此外，这种模式也要求企业在关注自研高投入的同时，兼顾全球运营体系构建。然而，布局全球市场过大，用户群体多，造成运营投入成本高，在运营维护上需投入大量人力、物力，提升了成本，进而增加了企业运营风险。

（二）易幻网络：借代理精品积累境外市场优势

通过代理打开境外市场的易幻网络，境外游戏收入连续多年占游戏收入的99%以上，整体收入保持稳步增长。

1. 优势

借助精品代理打通境外市场的易幻网络，能最大化地利用自身境外资源；代理的方式则能保证易幻网络拥有丰富的产品资源。而这两点都建立在其丰富的境外运营资源之上。

第一，境外收入份额高，先发优势明显。易幻网络成立之初，就布境外市场，逐步通过代理运营国内优质的游戏产品打开境外版图，至今共发行数十款游戏、十几种语言并拥有全球超过20个国家的发行经验，并在中国港台地区、东南亚、韩国等移动网络游戏市场取得了竞争优势，处于市场第一梯队。

第二，成熟的数据分析系统及精细化的营销体系。易幻网络自有游戏数据分析平台GM Tool，对所运营的游戏进行实时数据监控，及时收集相关运营数据并进行精准分析和比对，及时且客观地评估游戏运营状况并制定最佳运营策略。同时还可以进行高效精准的统计分析，对市场变化及时迅速地做出判断并进行调整，最大限度地确保数据支持运营的有效性和高效性，把控不同产品的风险，提高产品成功率。

第三，具有全球化的市场开拓能力。易幻网络以中国港台地区、东南亚、韩国三大主力市场为业务核心，支撑对全球其他新兴市场的开拓和探索，先后将产品推向中东、日本、南美、俄罗斯、德国等多个境外市场。同时，易幻网络与 Facebook、Google、Twitter、Line、Kakao、DeNA 等国际知名公司形成长久深厚互信的合作关系。

2. 风险

代理运营模式下，由易幻网络负责游戏运营的各项工作，包括市场推广、信息反馈、运营控制、服务器支持和支付渠道支持等。由于易幻网络每年发行和运营的游戏数量较多，因此需要大量人力、资金成本投入。如果其中部分游戏运营达不到预期，则将面临一定的经营风险。此外，缺乏对产品的把控，使得一些产品风险难以控制，如知识产权、产品生命周期等。

四、产品分析

（一）新品进入境外畅销榜前十

2016 年有多款新游在境外上线，比如，国内现象级作品《阴阳师》在澳大利亚、加拿大等国家 iOS 畅销榜登顶，并进入美国榜前十。同时《阴阳师》被 Facebook 列为最佳移动游戏之一，在境外的影响力增大。

再如《Legacy of Discord-Furious Wings（狂暴之翼）》，上线首日便获得苹果、谷歌双平台全球推荐，两个月内登顶东南亚、中东等地的 14 个国家 iOS 畅销总榜，并在北美及欧洲地区取得出色的表现，目前稳居美、英、德、法等国动作游戏类畅销榜前十名。

（二）音乐类游戏广告变现能力强

以音乐类为代表的轻游戏在境外同样盛行。由于音乐类游戏受地区因素影响较小，不同地区的用户在音乐欣赏方面具有共通性，音乐类游戏也成为境外出口的一大热门类型。

此外，由于音乐类游戏还拥有生命周期长、下载量高、变现能力强的特点，除游戏内购外，其在广告合作模式下，也能获得极大的盈利点，多款音乐类游戏达到百万级甚至千万级的月流水。

（中国音像与数字出版协会游戏出版工作委员会）

大事记

大事记（2016年）

电子图书大事记

3月7日，由国家图书馆主办、天津图书馆承办的"聚力协作共推广继往开来绘蓝图——数字图书馆推广工程建设五年间成果展"在天津图书馆文化中心馆展出。展览分为"进无止境数字图书馆建设成果惠及全民""开拓创新助力现代公共文化服务体系建设""融合发展共谋'十三五'建设新篇章""蓄力生长各地数字图书馆百花竞放"四部分。展览以图文并茂的形式，利用多媒体视频展播，集中展现了"十二五"时期数字图书馆推广工程建设进展以及服务惠民的成效。

3月11日，阅文集团与苏州大学凤凰传媒学院宣布达成合作，双方将建立创新创业实训基地战略合作项目，共同培养网络文学原创人才，探索联合培养创新、实用型人才的新模式，拓宽适应市场需求的人才输送主渠道，将更多的专业高校人才输送到新兴的网络文学行业，同时也让具有丰富网络文学知识的专业编辑、高级管理人员在高校进行授课，对研究生进行业务指导，并且提供实习上岗职位，培育出更多更全面的新形态网络文学专业人才。

4月13日，2016中国数字阅读大会在杭州举行。本次大会旨在联合各方共同探讨数字阅读领域的发展趋势和未来机遇，切实推动传统出版与新兴出版融合发展，促进产业转型升级；拓展、丰富数字阅读领域，构建充满正能量的网络文学联盟，助力青少年树立健康思想，培育和践行社会主义核心价值观；并借助数字阅读的新技术、新产品、新模式，提升广大人民群众精神文化消费品质，进一步满足人民群众的精神文化需求，为建设社会主义文化强国做出贡献。

5月30日，天津市妇女儿童发展基金会、天津市老区建设促进会在蓟县第一小学共同举行天津首批"儿童成长数字图书馆"揭牌仪式。"儿童成长数字图书馆"内容涵盖了青少年成长必备的德、智、体、美、乐、学等一般基础教育用户所需的20万种电子图书、有声读物、多媒体视频资料，总价值达500余万元，是中国妇女发展基金会在全国推行的公益项目。

8月24日，"中国数字图书全球发行平台"在京发布。该平台可以制作完成符合全球各渠道要求的电子书格式，并与全球300多家一级电子书阅读渠道和23万余家图书馆建立了合作关系。其数据分析技术可对电子书全球销售数据进行收集、整合和分析。该平台可为中国出版机构的电子图书提供全球化的发售网络，让全世界的读者在第一时间阅读中文原版图书，提高新书发行的时效性，提升中国书籍的可被发现性。

11月21日至25日，国家新闻出版广电总局在上海启动了2016年网络文学网站主要负责人暨骨干编辑培训班，来自全国43家网络文学网站的80多名负责人、骨干编辑参加了培训。通过对网络出版服务相关法律法规、网络文学知识产权保护管理和出版管理要求、内容审读与质量管理等内容的学习，引导企业建立完善的内部编辑制度和作品审发机制，把创作优秀作品作为中心环节，不断推出思想性、艺术性、可读性有机统一的网络文学精品佳作。

互联网期刊大事记

1月14日至16日,由中国新闻文化促进会和中国新闻出版研究院联合主办、出版发行研究杂志社承办的第十届中国期刊创新年会在京召开。本届年会主题为:"十三五"规划与期刊创新。与会嘉宾围绕期刊的整体态势以及期刊数字化转型、"十三五"时期传统邮政发行渠道的数字化转型、"十三五"科技期刊的发展战略、科技期刊与学术评价的关系以及"十三五"时期少儿出版的发展、国外期刊业的最新变革与发展趋势等问题进行了交流与探讨。

3月18日至19日,由中国新闻出版研究院主办的首届期刊融合发展高峰论坛在京召开。来自中国邮政集团公司、时尚杂志社、中国新闻周刊杂志社、三联生活周刊杂志社、电子竞技杂志社、北京卓众出版有限公司等机构的负责人及行业代表围绕期刊数字化转型的运营模式、发展策略与实践经验等话题进行交流。来自全国各地期刊单位的100多位代表参会。

4月18日,由中国科学杂志社自主研发的SciEngine科技类学术期刊国际传播平台开始试运营。SciEngine以《中国科学》系列和《科学通报》的内容资源为依托,是我国首个集全流程数字出版与国际化传播于一体的科技期刊服务平台。

9月24日,中国新闻出版传媒集团联合同方知网等单位共同举办的首届中国科技期刊国际影响力高层座谈会在武汉举行。座谈会以"学术期刊国际影响力提升措施及其科学评价"为主题,来自国家新闻出版广电总局、中国科协、中国期刊协会、中国科技期刊编辑学会、中国高校科技期刊研究会和湖北省新闻出版广电局等部门和组织的相关领导,以及业内专家、期刊社负责人等出席会议。

10月28日,"京津冀文学期刊与创作"主题论坛在京举行。论坛由北京出版集团、北京作家协会、十月文学院、十月杂志社联合举办,来自北京、天津、河北的文学期刊负责人以及文艺评论家、作家就如何立足京津冀地域文化,创作出既有地域特色又能反映时代精神面貌的高峰之作以及京津冀三地重要文学刊物如何打造联合平台、联手推出精品力作、推荐优秀青年作家等话题进行了探讨。

10月28日,中国科学院学部"科学与技术前沿论坛"第60次论坛——"中国科技类学术期刊发展战略研究"在北京召开。来自全国各地近百位专家学者以"中国科技类学术期刊发展战略研究"为主题,通过8场精彩的战略报告,展示了中国科技类学术期刊的发展方向和在未来对科学事业及国家创新驱动能力的重要作用。与会嘉宾还就期刊数字平台建设、期刊宣传、期刊发展政策建议、办刊机制、期刊市场化、开放获取等多个议题展开了热烈讨论。

11月20日至22日,由龙源数字传媒集团、中国新闻出版研究院和宁波市政府联合主办的2016全民阅读嘉年华在宁波举行。大会同时发布了数字阅读Top100城市排行和数字传播影响力期刊Top100排行。还举办了著名文化学者和大刊名刊社长主编走进学校、走进机关、走进社区和走进图书馆的系列演讲活动。在"移动互联网时代的期刊运营暨媒体融合案例报告会"上,与会嘉宾分享了移动阅读环境下的期刊运营经验和思路以及推进期刊融合发展的心得体会。

11月22日至23日,以"转型、融合、发展——学术期刊服务创新"为主题的第二届"中国学术期刊未来论坛"在京举行。主论坛上设置了"新型数字出版模式与出版平台""国际化、集团化发展"等单元,对目前学术期刊新型数字出版模式、海外传播等方面进行了研讨。论坛上还发布了《2016年中国学术期刊国际引证年报》《2016年中国学术期刊国内引证年报》,公布了2016《最具国际影响力学术期刊》《国际影响力优秀学术期刊》。来自全国期刊界的2300多名代表参加会议。

数字报纸大事记

1月13日，2016年全国报协秘书长会议在浙江省乌镇召开，来自全国20余个省（市区）报协的主要负责人及秘书长共同研讨了全国报业发展的新格局、新形势，并规划了报协2016年的工作的重点和努力方向。会议总结了2015年的工作，并介绍了2016年的工作要点。各省（市区）报业协会负责人也结合各地实际交流了2015年的工作及2016年的设想，探讨了新形势下如何做好报协工作的经验与体会。

4月21日，中国报协五届二次理事会暨中国报业发展大会在山东泰安举行。本次大会以"报业转型中的创新与发展"为主题，就新常态下中国报业如何深入推进媒体融合发展、打造新型媒体集团等话题进行了交流。中报协理事会全体成员单位在泰安联合发布了《中国报业泰山宣言》。

5月31日，福建日报报业集团东南网全媒体新闻中心正式落成，中央厨房式集成生产模式开始试运行，标志着东南网信息生产流程的再造完成。东南网全媒体新闻中心由指挥部、采集部、视频部、总编室等构成，中央平台采用全渠道、多媒体的图文视频采集，成稿进入新闻资源库，由渠道编辑有针对性地深度加工，呈现给网友鲜活的新媒体产品。从信息采集到加工处理的全流程，指挥部全程介入。

6月1日，首届党报客户端发展高峰论坛暨"河南日报金水河客户端上线仪式"在河南郑州举行。数十位中央与省级媒体高管、国内学界知名专家纵论党报客户端发展前景，并联合发表"党报客户端郑州共识"。上线仪式上，人民日报媒体技术股份有限公司与河南日报报业集团有限公司签署了战略合作框架协议，各省辖市和50多家省直属单位与金水河客户端签订了入驻合作协议。通过强强联合，将为媒体融合提供更加有力的支撑。

6月15日，人民日报社与腾讯在京签订媒体融合发展创新战略合作协议。双方约定围绕"融合·创新"的主题，在内容、渠道、平台、经营、管理等方面深度合作，从标准、技术、管理、运营等多个方面探索推动媒体融合发展。

7月2日，上海报业集团旗下新媒体项目界面（上海）网络科技有限公司，完成总额超过3亿元的B轮融资，由中石油旗下昆仑信托领投，一家跟投，界面以"国有控股+团队激励+多元股东+多轮孵化"为运作模式。通过本轮融资，界面继续增加商业新闻报道的投入，同时进军原创视频和音频领域。

7月7日至8日，"媒体融合与创新"中国报业社长、总编高级研修班在河北廊坊举办，中国报业融合创新联盟同时揭牌成立。本次研修班以"媒体融合与创新"为主题，分享了业界专家与行业领导巅峰对话，最终落实融合发展与转型升级操作模式。

7月15日，2016年全国省级晚报（都市报）经营峰会在西宁举行，23家省级晚报、都市报负责人齐聚青海，共商媒体融合发展与创新经营大计。全国省级晚报（都市报）经营联盟也宣布正式成立。本次峰会以"思筹·知路"为主旨。

8月29日至31日，全国报刊媒体融合创新范例路演在京举行。来自人民日报社、光明日报社、南方报业传媒集团、中国国家地理杂志社、三联生活周刊杂志社等30家报刊出版单位，围绕"融合引领发展，创新成就未来"的主题，在路演活动中展示了自己的媒体融合创新范例。由投资界、传媒研究界、行业领军企业、政府行业政策制定部门4类成员构成的专家评审团对这些范例逐一点评，进行质询并给出指导意见，旨在为这些优质项目会诊和指路。

11月10日至11日，"2016中国传媒融合发展年会暨第三届中国报业新媒体大会"在江苏苏州举办。来自全国170多家报业集团、互联网传媒机构的负责人共同探讨加快推进融合发展和新媒体转型升级发展等议题。本届大会聚焦传媒融合发展趋势及成效。会上发布了《2015—2016中国传媒融合发展年度报告》《中国报业新媒体影响力排行榜》，揭晓了中国报业融合发展项目及实战范例"双十佳"、中国报业短视频微电影大赛"双十佳"，并进行展播及经验交流。

11月14日，由解放日报社承办的第二十三届全国省级党报总编辑年会在上海召开。来自全国各省（区、市）党报的有关负责同志，围绕"融合·创新，力量"年会主题，就媒体融合转型与改革发展进行研讨交流。会议期间，与会代表就省级党报推进融合发展的理论与实践进行了探讨交流。来自媒体、高校、互联网公司、创投机构等领域的专家学者关于党报工作理论研究、国内外舆论发展趋势、互联网领域动态等方面发表演讲。

11月17日，南方财经全媒体集团揭牌仪式在广州举行。南方财经全媒体集团通过跨媒体资源重组，拥有原分属南方报业传媒集团、广东广播电视台的财经类媒体业务资源和经营性资产，将重点发展媒体、数据、交易三大业务，以"媒体+金融""媒体+技术"的方式探索媒体转型发展之路。

11月23日，中国报业投资联盟大会暨首届投融资峰会在河南省郑州市举行。会上，河南日报报业集团、河北日报报业集团、期货日报社、证券时报社国时资产、中原证券、中旅银行、兴业银行等共同签约成立"中报砥石文化产业发展基金"。该基金规模为100亿元，采用母子基金方式，下设媒体融合发展基金、文化旅游产业基金、传媒并购基金、上市公司定增基金等子基金，聘请专业化的公司和团队，以稳健的方式在科学防范风险的前提下进行市场化运作。

12月5日至6日，世界中文报业协会第四十九届年会在广州举行。年会以"世界形势与中文报业"为主题，来自中国、马来西亚、新加坡、日本、韩国、法国、加拿大等国家和地区共60多家中文报业传媒的120余名代表参加年会。年会邀请嘉宾围绕媒体融合推动营销创新、新闻工作的社会责任与职业道德、"一带一路"的人文交流与中文媒体等主题发表演讲。与会代表就新形势下的各地中文报业发展等议题展开讨论。

12月6日，"融合·创新·突破——全国省级党报集团媒体融合研讨会"在杭州举行。研讨会上，来自全国28家报业集团主要负责人和部门相关负责人共同交流媒体融合经验做法，探讨媒体融合发展趋势。省级报业集团负责人，就媒体融合的内容建设、技术保障、经营管理、体制机制等热点话题做了深度交流，共同研究展望媒体融合的新趋势和新变化，探讨进一步贯彻落实中央决策部署的重要举措。

移动出版大事记

1月13日至14日，以"产业赢响·多元趋动"为主题的第三届移动游戏产业年度高峰会在福建厦门举办。峰会回顾了2015年移动游戏产业发展态势，盘点了移动游戏的产业热点，分析移动游戏产业现象。峰会成立了中国电视游戏产业联盟。

3月17日至18日，第十二届TFC全球移动游戏大会暨智能娱乐展在北京国际会议中心召开，本次大会以"新起点·新机会·新突破"为主题，立足游戏产业、VR/AR以及二次元产业的同时，涵盖手游、智能玩具、智能硬件、HTMl5游戏、二次元产业、影视泛娱乐IP等方式。

4月28日至5月2日，第八届全球移动互联网大会（GMIC）在京举行。本届大会的主题是"世界的共振"，旨在搭建跨行业、跨领域的思维碰撞平台。大会设置了近50场行业峰会论坛，涵盖机器人、智能硬件、移动游戏、大数据、移动教育、移动医疗、智能汽车等众多热点行业，来自70多个国家的参会者讨论了时下最具前沿的行业话题，展示了中外移动互联网最前沿的技术和最新的成果。

6月28日，国家互联网信息办公室发布《移动互联网应用程序信息服务管理规定》，规定自2016年8月1日起施行。出台规定旨在加强对移动互联网应用程序（App）信息服务的规范管理，促进行业健康有序发展，保护公民、法人和其他组织的合法权益。规定明确，移动互联网应用程序提供者应当严格落实信息安全管理责任，建立健全用户信息安全保护机制，依法保障用户在安装或使用过程中的知情权和选择权，尊重和保护知识产权。

6月29日，咪咕文化科技有限公司与亚马逊Kindle签署战略合作协议，宣布共同推动移动互联网及数字内容在中国及国际范围内的发展。咪咕公司和亚马逊将基于Fire平板电脑等智能终端硬件产品进行深度的定制合作，并利用各自的渠道及平台优势，促进相关产品的推广和销售。

7月12日，中央网信办在成都召开全国手机报新媒体发展推进现场会。会议总结了党的十八大以来全国手机报新媒体建设取得的成绩、经验，分析面临的机遇、挑战，提出进一步推动手机报新媒体创新发展的任务、措施。中宣部、工信部有关负责人参加会议并发言。

网络游戏大事记

4月18至19日，2016国际游戏商务大会暨互动娱乐展在北京国家会议中心举办。本届大会由中国音数协游戏工委、UZONE扬帆会、中青盈创国际广告（北京）有限公司承办，台北市电脑公会、韩国移动游戏协会给予支持。大会包括国际游戏商务大会高峰论坛、国际游戏大会VR主题论坛、第三届中国国际IP大会、韩国游戏新品推介会等。同期还举办了路德FC综合格斗大赛、新浪中国游戏排行榜颁奖典礼和手游2.0时代的IP战略。

5月24日，为进一步规范移动游戏出版服务管理秩序，国家新闻出版广电总局发布了《关于移动游戏出版服务管理的通知》。该通知主要依据《出版管理条例》《网络出版服务管理规定》及相关管理规定，对于移动游戏出版审批工作提出了明确的分类标准以及审批程序。

5月24日，为配合国家新闻出版广电总局做好移动游戏出版服务管理工作，中国音像与数字出版协会制定并向全体会员单位及有关单位发布了《移动游戏内容规范（2016年版）》，推进行业自律，规范行业行为。

7月27日至31日，第十四届中国国际数码互动娱乐展览会（ChinaJoy）在上海举办。本届展会以"游戏新时代，拥抱泛娱乐"为主题，来自全球30多个国家和地区的千余家企业参展。在同期举办的中国国际数字娱乐产业大会上，国家新闻出版广电总局副局长、中国音像与数字出版协会理事长孙寿山发表了主旨讲话。展会期间，还分别举办中国国际动漫及衍生品授权展览会（CAWAE）、中国国际数字娱乐产业大会（CDEC）、全球游戏产业峰会、全球电子竞技产业峰会、中国游戏开发者大会（CGDC）等一系列专题会议。

11月15日，国家新闻出版广电总局发布《关于实施"中国原创游戏精品出版工程"的通知》。2016—2020年，总局将通过建立健全扶持游戏精品出版工作机制，累计推出150款左右游戏精品，落实鼓励和扶持措施，支持优秀游戏企业做大做强。通知明确了"游戏精品工程"的具体实施原则。

11月24日，在中国互联网协会网络版权工作委员会的支持下，"网络游戏反盗版和产业保护联盟"在京成立。联盟由腾讯、掌趣、百度、新浪、爱九游、聚力、西山居、欢聚时代、联众、搜狗、乐视、网易、烽火连城等15家游戏运营企业、独立游戏制作人和游戏平台企业共同发起成立。明确了该联盟下一步具体应抓好的六方面的工作。

12月15日至16日，以"大作随行e乘风"为主题的2016年度中国游戏产业年会在海南海口召开。年会举办了游戏产业高峰论坛，与会嘉宾围绕"电竞黄金时代""移动游戏未来""游戏国际化"3个主题展开探讨。年会还发布了2016年度游戏行业权威报告，举办了游戏十强颁奖盛典。

网络动漫大事记

1月24日，在北京国家会议中心由中国出版集团数字传媒有限公司主办的首届中国漫像文化节上，中国出版集团数字传媒有限公司的数字新产品"漫像"App正式上线。"漫像"App旨在把绘制漫像这一服务进行移动终端的互联网化。启动仪式上，中国出版集团数字传媒有限公司还与墨堂国际艺术馆就"漫像"App的线上与线下互动展览以及漫像创作培训等内容进行了战略合作协议的签约。

4月27日至5月2日，第12届中国国际动漫节在杭州市滨江区白马湖动漫广场举行。法国戛纳电视节南非开普敦国际动画节等10个世界著名国际节展汇聚杭城；变形金刚、七龙珠等近50个境外知名动漫品牌亮相展会；中国COSPLAY超级盛典在西班牙、新加坡，以及中国香港和台湾等地设立5个分赛区，2016年动漫节首次举行国家新闻出版广电总局年度国产动画发展专项资金项目评审结果发布仪式，首次举办国际动漫游戏商务大会，首次举办中国动画电影创投会，首次携手全球知名会议品牌TED等。

8月12日至15日，第九届厦门国际动漫节在厦门国际会展中心举行。本届厦门国际动漫节开设动画讲坛，新增VR展区，首次设立独立游戏展示区。展示期间，组委会邀请多家独立游戏开发者参与其中，组织48小时游戏开发大赛，通过项目路演对接会等形式，关注产业新生力量与优秀人才。"金海豚"动画作品大赛终评结束，共收到2425部参赛作品，大赛揭晓了最佳影视动画长片、最佳系列动画片、海西创新奖等10项大奖。

9月29日，湖南省郴州市政府出台《郴州市动漫产业发展扶持奖励办法》，这是郴州市首次出台动漫产业扶持奖励政策。该奖励办法对在郴州市依法注册登记，以创意为核心，以动画、漫画、游戏（含手游、网游）、网络动漫（含手机动漫）、动漫舞台剧、动漫影视等为表现形式的创作、软件开发、节目制作、出版、生产、推广等企业以及与动漫游戏形象有关的服装、玩具、电子游戏等衍生产品的生产、经营的产业（企业）进行扶持奖励。

9月30日至10月5日，第九届中国国际漫画节在广州举办。本届漫画节围绕"新丝路，大动漫"主题，设置鼓励原创、推介交易、娱乐消费、探讨交流、群众活动五大单元，活动内容包括"走近海上丝绸之路"主题漫画展、发布2016"原动力"中国原创动漫出版扶持计划人选名单、第13届中国动漫金龙奖颁奖大会、产业项目发布与交易等。超过500名海内外知名动漫行业嘉宾、漫画家参加了系列活动。本届首设的专业展吸引了近300个国内外众多知名动漫游戏品牌、逾1000名专业观众参与。

视频媒体大事记

1月13日，合一集团（优酷土豆）推出动漫"创计划"，通过"创作、创收、创导"实现产业规划，全面布局动漫产业链。此外，"创计划"还通过与欧美、日韩等国际动漫创作、营销团队的合作，以动漫形式对外输出中国文化产品和主流价值观。未来，优酷土豆动漫将每年投入5亿元，支持动漫产业持续性孵化国产动漫的精品内容。

3月10日，"影·享2016——优酷会员品牌战略"发布会在京举行，会上公布了优酷会员的"三通"战略。今后，阿里影业的多部大电影将在优酷会员频道上线，双方还将联手打造全新IP，多渠道开发，形成新的IP生态。"三通"即用户、数据、服务全方位打通。

4月6日，合一集团（优酷土豆）宣布，已与阿里巴巴集团完成合并交易，正式成为阿里巴巴旗下全资子公司。合作主要体现在3个方面：一是从内容到商业；二是从多屏到无屏；三是从平台到社群。阿里和合一的联动，打通了电子商务和文化娱乐两大生态。这个联动正在创造一个全新的格局，将提升双方的价值和活力。

10月20日至21日，第六届全球视频媒体论坛（VMF2016）在苏州召开。来自36个国家与地区的300多位媒体及相关机构代表参会，围绕"改变世界的视频"主题，共同探讨在视频新生态里，内容制作与传播创新理念、资本对媒体行业的影响等话题。论坛期间，央视国际视通与星云纵横有限公司发布新闻大数据云平台。另外，央视国际视通智库也正式揭牌，智库专家们将为如何更好地"讲述中国故事，传播中国声音"提供战略指导和专业支持。

12月7日，中国网络视听节目服务协会在成都发布《2016中国网络视听发展研究报告》。此《报告》是通过计算机辅助电话调查、在线问卷调查、专家访谈，以及通过对网络电视台、互联网电视行业的数据进行数据调研和统计分析，全面展示网络视听行业的发展状态。

数码印刷大事记

1月12日，2016年北京印刷协会会员大会在京举行。大会以"打好结构调整攻坚战，创新谋变激发新活力"为主题，宣布2016年除继续做好行业调查统计、环保建设等工作外，还将重点做好京津冀协同推进印刷企业布局调整、智能化发展等方面工作。大会总结了2015年印协开展的北京印刷业现状与发展趋势调研、环保建设、职业技能培训等方面工作情况。

2月18日，青岛报业传媒数字印刷产业园投产仪式在青岛高新区举行。青岛报业传媒数字印刷产业园建筑面积4.6万平方米，总投资1.2亿元。经过近一年的安装调试后，全部印刷设备的顺利投产使其成为集报纸印刷、商务印刷于一体的印刷产业园区。园区内除6条高速报纸印刷生产线满足《青岛日报》《青岛晚报》《青岛早报》《老年生活报》等报纸的印刷外，另设报刊、书籍印刷装订生产线，可满足《读报参考》等报刊、书籍的印刷装订。

3月2日至4日，2016华南国际印刷展在广州举办。本届展会展出规模达9万平方米，共有1000多家海内外知名企业展示优秀产品与技术成果。来自中国、意大利、美国、德国、加拿大等12个国家的展商亮相本次盛会，集中展示数字印刷、智能标签、包装自动化等最新的印标包装行业前沿技术。华南国际印刷展主打"绿色、高效、智能、自动化"概念，其中印刷展对应"大印刷包装"每道工序，涵盖"印前、数码印刷、胶印／柔印／凹印、印后及纸制品加工、纸盒包装、配件及材料"等六大主题展区。

3月9日至12日，2016年中国（上海）国际印刷周在沪召开。印刷周以"创新融合发展"为主题，还揭晓了第九届上海印刷大奖。本届印刷大奖吸引了来自上海、江苏、山西、甘肃、北京等7省市共141家单位、896个品种参评，涵盖出版物、包装装潢及数字印刷等各领域，最终共评选出大奖2个、金奖39个及若干银奖、铜奖。印刷周还举办了江苏主宾省论坛活动、印刷企业污染物控制与治理技术论坛、中韩设计高峰论坛、纸上创意国际讲坛等活动。

6月28日至29日，第九届中国印刷史学术研讨会在京举行。在本次研讨会上，来自故宫博物院、北京大学、清华大学、中国科学院大学、中华书局、中国科学院自然科学史研究所、中国印刷博物馆、上海印刷博物馆、南京图书馆等单位的近30位业界专家，分别从印刷术起源、发展、传播过程中的多个角度向与会者介绍了研究的最新成果。

9月1日至2日，以"创变印刷新价值"为主题的2016全国印刷经理人年会在北京召开。年会公布了印刷业2015年度核验统计结果，还举行了"2016中国印刷包装企业100强"颁奖典礼。

9月3日，由湖北省印刷协会和武汉市印刷协会主办、一幅图（原改图网）和印链承办的首届中国印刷（合版）信息化与智能化高峰论坛在湖北省武汉市举行。通过圆桌的形式探讨三大主题：代理商如何利用信息化做大做强；合版印刷厂信息化与智能化的趋势与需求；系统服务提供商眼中的合版印刷信息化与智能化。

10月18日至22日，第六届中国国际全印展在上海新国际博览中心举办。本届展会展出面积达8万平方米，汇聚了724家中外展商。全印展主论坛"2016中国印刷论坛＆第十四届亚太印刷论坛"汇聚了中国、美国、澳大利亚、日本、马来西亚等亚太地区印刷行业组织的专家，雅昌、长荣、阳光印网等企业分享在创意设计、智能制造、网络印刷方面的经验。大会还开展了围绕数字印刷、标签产业、喷绘打印、3D打印、行业教育等主题的专业会议和技术交流活动。

11月2日，2016年绿色印刷推进会在京举行，会议发布了《2016年绿色印刷实施成果报告》和《中国绿色印刷企业年度调查报告（2016）》；2016北京绿色印刷产业促进商务交流会暨京津冀协同发展绿色印刷产业促进商务交流会同期举办。此次推进会由国家新闻出版广电总局和环境保护部共同主办，通过互联网向全国进行直播。推进会通报了绿色印刷实施情况以及2016年绿色印刷图书环保质量抽查检测情况。

11月3日，全国绿色印刷周期间，京津冀绿色印刷原辅材料及环保治理论坛在京举办。绿色印刷原辅材料供应商、环保治理技术商展示发布了新产品、新技术。他们和环保专家、印刷企业的代表，共同探讨了印刷业的环保之路。论坛还邀请北京印刷协会理事长任玉成等5位嘉宾对绿色印刷产业的发展进行了探讨。

12月2日，福建省新闻出版广电局和北京大学新闻与传播学院，在福建省龙岩市连城县签订福建印刷文化保护基地建设合作协议，推进福建印刷文化保护基地建设。北京大学新闻与传播学院将指派专家指导福建印刷文化保护基地建设工作，为基地制定规划、实施项目、建设展示馆等工作提供咨询、论证、信息等服务，并为基地人员在专业培训方面以支持。同时，指导、协助开展以青少年为重点对象的讲座、保护散落在海内外的福建印刷文化相关实物、遗存等。

数字版权大事记

1月27日，网络音乐版权保护与商业模式研讨会在京召开。会议就当前我国网络音乐产业的现状、网络音乐版权保护和商业模式，特别是收费模式、分配模式等进行了梳理和分析。研讨会上，与会嘉宾提出，正版并不是终极目标，在正版的基础上让产业有实质性的发展，建立良好的商业模式，让产业链上的相关各方都得到回报、各得其所，并真正推进音乐创作和音乐产业的繁荣，才是根本目标，也是行业下一步的努力方向和工作重点。

2月25日，由中国版权保护中心和北京数字认证股份有限公司共同推动，由中华版权代理总公司和北京版信通技术有限公司共同推出的"移动App第三方证书签名与版权登记联合服务平台"正式上线。版权登记电子证书可以嵌入App中，并经过数字签名和安全加密，不可破解，不可篡改，支持App版权24小时在线验证。联合服务平台还提供版权监测、维权取证等系列版权服务，以及安全检测、安全加固等增值服务，从而实现对App版权的有效保护。

3月11日，北京版权保护协会网络出版工作委员会宣布成立。目前北京版权保护协会网络出版工作委员会内的单位有300余家，包含网络游戏、网络文学、网络动漫等国内网络出版的各种细分行业。未来计划按照行业细分成立若干行业办公室，加强细分行业内的企业之间的联系，也将促进跨界合作，推动协会各行业办公室之间的交流，同时推动网络出版业与金融、资本、影视等其他行业深度交流，带动行业蓬勃发展。

4月20日，值2016年"426国际版权日"来临之际，在第六届北京国际电影节盛况之下，数字音像工作委员会在北京成功举办以"打击网络盗版　保护知识产权　擎起共同蓝天　共享云上生活"为主题的"版权云北京之夜暨426SO平台上线周年庆"主题活动。中国音像与数字出版协会常务副理事长兼秘书长王炬出席；数音委负责人龙昌明致辞，CCDI版权云项目组组长、贵州广电传媒集团副总经理孙波出席活动，并从行业协会和项目两方面进行详细讲解。

4月25日，辽宁省版权局与京版十五社反盗版联盟签署了战略合作协议。双方将充分发挥版权管理、行政执法的职能作用，以及出版单位在打盗维权工作中的优势资源，密切配合，齐抓共管，全面提升打击侵权盗版的针对性和有效性。

4月26日，在"2016中国反侵权假冒经验交流会"上，北京版银科技有限责任公司荣获"2015年度互联网+时代最佳商业创新奖"。"版权印"互联网版权快速授权平台主要提供版权保护、授权交易、维权和解等一系列专业版权服务，能够有效帮助各类媒体机构和自媒体人实现原创内容的在线快速授权。

4月26日，国家版权局举办了"2016中国网络版权保护大会"，工信部、公安部等部委相关部门负责人及来自版权领域的人员，共同探讨了数字网络发展与版权保护的热点话题。与会嘉宾就我国网络版权创作、传播、运营管理及保护的形势和面临的问题进行了研讨和分析。还举办了"网络文学版权保护""网络转载版权保护""体育赛事节目与版权保护"3个分论坛，版权领域及相关产业界代表、专家学者就新形势下网络作品如何加大版权保护问题展开讨论。

4月27日，百度与在华国际出版商版权保护联盟（IPCC）在京签署版权保护合作备忘录。针对互联网侵权盗版行为，百度将探索建立中英双语的侵权举报平台，并为联盟成员开辟快速反应"绿色通道"，及时有效处理侵权盗版行为。双方将定期进行信息交流和沟通，通过紧密的版权保护合作打击网络侵权盗版。

5月10日，华云音乐与Sony/ATV在中国版权保护中心举行了战略合作签约仪式。双方以华云音乐平台为基础，建立音乐版权基础信息库，在中国标准音像制品编码（ISRC）登记以及数字版权唯一标识符（DCI）体系版权登记方面进行全面的应用合作。DCI体系是中国版权保护中心的自主创新，主要具有数字作品版权登记、版权费结算认证和侵权监测快速维权3大核心功能。

6月22日，中国版权保护中心西南版权登记大厅在成都天府软件园正式启动运行。该登记大厅是中国版权保护中心在全国除北京以外设立的首个直属业务受理中心，可办理中国版权保护中心拥有的所有业务，包括国内外著作权登记、数字版权登记、中国数字版权登记支撑服务等。西南版权登记大厅在功能划分上，搭建了"一大厅"和"两平台"。"一大厅"即登记大厅，"两平台"即中国数字音像产业服务支撑平台和中国游戏产业服务支撑平台。

6月29日，中国版权协会艺术品版权工作委员会在京正式成立。艺委会是中国版权协会的二级委员会。艺委会秘书处设在雅昌文化集团北京雅昌艺术中心。艺委会的工作集中在5个方面：明确艺术家到底有什么权益、怎样维护艺术家的权益、如何快速发现作品被侵权、出现被侵权了如何用法律的手段维权、如果需要艺术家授权如何去做。

7月20日，由中文在线主办的"IP一体化共创多赢生态"高端主题论坛在北京召开，会上中文在线正式公布了其"IP一体化"战略，并与出版、影视、游戏、动漫等产业链上下游的合作伙伴深入探讨了如何通过IP一体化运营，共同打造"文学+"新经典。

8月20日，由中国版权协会主办、中国版权杂志社承办、互联网视频正版化联盟协办的"App及广告联盟相关版权侵权问题研讨会"在北京举行。此次研讨会旨在贯彻落实"剑网2016"行动精神，对聚合平台、应用商店及网络广告联盟等所涉相关版权问题展开探讨，以推进相关问题解决，推进产业发展。

9月19日，知识产权维权联盟年会在京举办。来自知识产权法律研究、监督管理等方面的专家学者、法律界人士围绕"建立IP保护新模式，推行维权联盟新举措"的主题，探讨如何增强知识产权保护和运用能力，推动科技创新和人才创业。联盟成员单位在年会上发布声明，宣布对创新企业和人才提供知识产权服务，提供行业间、地区间具有普遍适用性的知识产权保护意见，并正式启动知识产权维权援助工作，以公益性服务组织的形式使维权援助成为常态。

11月8日，国家标准版权保护工作组办公室在福建厦门举办标准推广与版权保护推进会。会议总结了一年来的版权保护工作，探讨了标准化法修订和标准推广过程中标准公开与版权保护的关系，交流了标准公开与版权保护工作中的新情况，分享了标准版权保护理论研究成果，并就进一步促进标准推广、保护标准版权进行了深入的交流研讨。

11月14日，国家版权局发布了《关于加强网络文学作品版权管理的通知》。该通知进一步明确了通过信息网络提供文学作品以及提供相关网络服务的网络服务商在版权管理方面的责任义务，细化了著作权法律法规的相关规定，是国家版权局加强网络文学版权保护的一项重要举措，对规范网络文学版权秩序具有重要的意义。

11月30日，全国首个规范软件应用市场版权秩序的规范性文件《北京市版权局关于规范软件应用市场版权秩序的通知》发布。这标志着北京市规范软件应用市场整顿工作进入实施阶段。北京市版权局按照通知要求，结合软件正版化工作对软件应用市场的经营活动进行监测并依法监管，从源头上治理App软件涉及的侵权盗版行为，使软件应用市场成为正版软件的流通渠道。

12月5日至6日，2016年国际版权论坛在广州举行。本届论坛由世界知识产权组织（WIPO）与中国国家版权局共同主办，以"版权创新发展"为主题，探讨版权与创新在文化与经济发展中的作用，以及如何促进和保护创新以推动版权产业发展，推动国际版权多元化合作。论坛还举办了以"促进和保护创新以推动发展：政策、战略和最佳实践"为主题的圆桌讨论。10余个WIPO成员代表参与了讨论。

12月5日至7日，第六届中国国际版权博览会在广州市中国进出口商品交易会展馆举办。本届版博会主宾国为英国。本届博览会主题为"展示版权成果、促进版权保护、引领产业发展"，旨在通过展示优秀成果，交流工作经验，全面提升版权综合能力，推动经济提质增效升级。

12月7日，《江西省人民政府办公厅关于印发江西省版权输出奖励暂行办法的通知》印发。江西成为全国首个以省级政府名义设立版权输出奖的省份。设立江西省版权输出奖，旨在鼓励和支持江西省版权走出去。该奖项经中央批准，由江西省人民政府设立，表彰江西省新闻出版广播影视业实施并取得显著成效的版权输出项目。

12月20日，数字版权保护技术研发工程竣工大会在京召开。数字版权保护技术研发工程共18个分包、26项课题，涵盖技术研究、应用示范等方面，参与工程管理、研发和集成任务的单位24家。工程总目标是探索数字环境下的版权保护机制，为出版单位数字化转型提供政府主导的第三方公共服务平台，为数字出版产业发展提供一整套数字版权保护技术解决方案。中国新闻出版研究院作为工程应用推广单位，已与120多家单位签订了技术服务意向书。

音像电子大事记

1月9日，全国图书订货会在北京举行。订货会期间，有声读物专业委员会策划了在大会主流平台"红沙发"上，以《听书，让阅读更精彩》为主题的大型宣传活动。有声读物专业委员会主任委员广东大音音像出版社社长闻宗禹、副主任委员咪咕数字传媒有限公司副总经理陈学、副主任委员蜻蜓FM高级副总裁吕勇，登上红沙发的讲台，向广大读者和相关媒体介绍了有声读物专业委员会的机构和相关的职能，并对现场广大读者提出的有关问题，做了积极的答复和回应。

2月29日，爱奇艺与环球音乐达成深度战略合作，双方将打造涵盖环球音乐顶级演唱会在线直播、完整MV版权库和艺人合作、衍生开发在内的全面深度合作。2016年环球音乐全球顶级演唱会在线直播资源、环球跨世纪完整音乐内容库都将入驻爱奇艺，这是环球音乐目前与亚太区视频平台达成的最大规模合作。爱奇艺与环球音乐的深度战略合作，将充分释放数字音乐在中国视频会员市场的巨大潜力和价值。演唱会在线直播也将成为继电影、大剧后，中国视频会员服务的重要内容组成。

3月18日，2016年香港亚洲流行音乐节在香港会议展览中心举行。该活动组织亚洲八个国家和地区音乐新人进行比赛，同时邀请八地音乐巨星进行表演，以促进亚洲音乐的交流与发展。受活动发起方国际唱片业协会（香港会）有限公司（IFPI Hong Kong Group）委托，中国音像与数字出版协会协助其进行了2016年香港亚洲流行音乐节大陆地区报名组织活动，经组委会评审，《大粉》乐队入选参赛。

3月15日，光盘工委积极配合管理部门在京召开全国印刷复制管理暨出版"3·15"质检活动座谈会，就总局印刷发行司王岩镔司长2016年的印刷复制发行监管工作的部署，为"加强日常监管、创新监管手段"的工作主线，开展专项行动和日常抽查相结合、创新监管工作机制和手段、构建全方位监管体系等工作任务提供质检设备、技术和人员支持；另一方面督促各复制企业加强质量管理，严把产品质量关，为社会提供高质量的复制产品。

4月26日，在国家新闻出版广电总局的指导下，音乐产业促进工作委员与北京新闻出版广电局共同举办了"第六届北京音乐版权保护产业发展论坛"。众多业界资深人士出席了论坛，并就互联网时代的数字进行了深入探讨。

5月28日，中国音像与数字出版协会唱片工作委员会会员单位摩登天空实现了对"全英最佳城市音乐节奖"获得者利物浦城市之声（Liverpool Sound City）的跨国投资。受摩登天空邀请，中国音像与数字出版协会派代表参加该音乐节并出席相关活动，见证摩登天空迈出海外扩张第一步，促进中国文化走出去。

6月3日—6日，第50届世界音乐博览会（2016'MIDEM）在法国夏纳举行，中国音像与数字出版协会组织中国代表团参加展览和有关活动。此次参展，中国音像与数字出版协会携所属专业工作委员会唱片工作委员会、音乐产业促进工作委员会，组织唱片公司、音像出版发行单位和音乐厂牌、数字音乐公司等参展。

9月30日，在音视频工程专业委员会秘书长赵炳昆的带领下，部分会员代表、专家委员10余人参加国际音频工程协会（AES）在美国洛杉矶举办的AES第141届会员大会暨新技术交流会。

11月8日，音乐产业促进工作委员与中国传媒大学艺术学部音乐与录音艺术学院联合承办的《第三届音乐产业高端论坛》在中国传媒大学举办。众多国内外重量级嘉宾出席论坛，并围绕音乐产业的跨界融合、音乐产业的内容生产、音乐版权保护、音乐产业人才培养为主题深入探讨。论坛上正式发布了《2016中国音乐产业发展报告》。

12月15日，国家新闻出版广电总局作为指导单位，国家音乐产业基地、北京市新闻出版广电局和无限星空音乐集团主办，中国音像与数字出版协会、中国音数协唱工委、国家音乐产业基地数字音乐园区等音乐产业众多机构联合协办的第四届中国音乐产业大会在北京举行。大会邀请了音乐行业各界人士，音乐演出、数字音乐、音乐硬件、实体唱片等在内的音乐产业链相关机构，对报告进行深度剖析，梳理整个行业的发展趋势，为产业发展提供驱动力。

12月19日，在国家新闻出版广电总局的指导下，音乐产业促进工作委员会联合四川省音乐产业发展领导小组、成都市音乐产业发展领导小组、成华区人民政府，支持由成都传媒集团、中国音乐家协会高校音乐联盟、电子科技大学、四川师范大学主办，成都国家音乐产业基地、电子科技大学数字文化与传媒研究中心、四川师范大学音乐学院共同承办的"中国音乐产业发展成都峰会"在成都东郊记忆音乐公园演艺中心隆重开幕。与会领导、专家学者分别就音乐产业发展现状，以及"十三五"期间的音乐产业发展规划进行了精彩发言和演讲。

其他事项大事记

1月15日，由中国出版协会主办的中国出版年会在京召开，会议以总结工作、展示成果、表彰先进、推动产业发展为主题。年会发布了《2015年中国出版业发展报告》，宣布了2015中国出版业十件大事、2015中国十大出版人物、2015中国30本好书。本届年会由中国新闻出版研究院、中国新闻出版传媒集团有限公司协办。

1月17日，由中国水利水电出版社、中国新闻出版研究院、中国版协科技出版工作委员会主办的科技出版融合发展研讨会在京召开。研讨会回顾"十二五"展望"十三五"，围绕科技出版单位的融合发展之路展开。与会嘉宾围绕打造专业平台、挖掘知识资源、满足用户需求等方面，介绍了本单位科技出版融合发展的做法和经验，并就"十三五"期间科技出版的融合发展之路进行了探讨和展望。研讨会上，中国水利水电出版社与中国新闻出版研究院达成战略合作。

1月21日，"一带一路"数字文化工程项目正式在京启动。"一带一路"数字文化工程项目由外交部、中央人民广播电台、中国移动通信集团公司指导，世界知识出版社、央广视讯传媒股份有限公司、咪咕文化科技有限公司三方联合发布。该项目包括打造数字富媒体产品"一带一路图书馆"、合作推进文化产品版权输出、搭建海内外数字文化版权交流平台三大核心内容。

1月21日，由人民出版社、中共延安市委、中国公共关系协会携手共建的"中国共产党思想理论资源数据库延安中心"在延安新区正式启用。"延安中心"辐射延安市所属的党政机关、高校、社区、农村及非公有制单位的党建组织，初期主要在延安10个单位进行安装和试运行，"延安中心"以"红色宝典再谱新篇"为宗旨，以现代技术为支撑，建成了国内首个以"大数据（中国共产党思想理论资源数据库）+小书包（中国共产党党员学习小书包）"有机结合创新宣传党的思想理论的学习平台。

2月28日至3月2日，北京市开展了首次数字编辑初级和中级职称评审报名审核，并于2016年5月14日实施第一次以考代评。新闻系列（数字编辑）专业职称具体包括3个领域、9个专业。数字新闻编辑领域包括数字新闻内容编辑、数字新闻技术编辑、数字新闻运维编辑等专业，数字出版编辑领域包括数字出版内容编辑、数字出版技术编辑、数字出版运维编辑等专业，数字视听编辑领域包括数字视听内容编辑、数字视听技术编辑、数字视听运维编辑等专业。

3月10日，百花文艺出版社与北京儒意欣欣文化发展有限公司签署战略合作协议，就影视版权代理销售、文学影视动漫IP孵化、文学有声读物出版、影视文化活动策划等事项达成合作意向。双方今后的合作将以出版社优秀的作家作品资源、期刊品牌资源，联合影视公司成熟的市场化操作经验，共同开发新的IP资源。

3月12日至13日，中国音像与数字出版协会委托专业数字出版工作委员会在北京举办了首期的"数字出版产品经理实战训练营"。加快培养优秀的数字出版产品经理，提升数字出版人才建设力度，促进更多的数字出版从业人员转型成长为合格的产品经理。

3月23日至24日，2016年数字出版管理工作暨主流媒体融合发展经验交流现场会在广州召开。国家新闻出版广电总局副局长孙寿山对"十二五"期间数字出版工作的成绩进行了回顾与总结，对未来5年数字出版发展提出了要求。会议期间，总局数字出版司司长张毅君等领导发表重要讲话，广东省主流媒体相关负责人等对媒体融合发展经验进行了探讨。

3月25日，中国网络空间安全协会在京举行成立大会，这是我国首个网络安全领域的全国性社会团体。协会是由国内从事网络空间安全相关产业、教育、科研、应用的机构、企业及个人共同自愿结成的全国性、行业性、非营利性社会组织，发起会员共计257个，其中单位会员190多个，囊括了国内主要互联网企业和网络安全企业、权威科研机构，具有广泛的代表性。

3月27日，总规模百亿元的广东省首只媒体融合投资基金——广东南方媒体融合发展投资基金在广州成立。投资基金由广东南方报业传媒集团有限公司等4家传媒出版企业和海通创意资本管理有限公司、中赛信合（北京）投资管理有限公司等金融机构共同发起设立，总规模100亿元，首期规模为10.6亿元。基金以面向市场、面向广东、面向新媒体为投资方向，按照市场化原则和股权投资方式，重点支持广东传媒出版企业转型升级和媒体融合重大项目。

4月9日至10日，以"新思路、新举措、新发展"为主题的第十三届中国民营书业发展高峰论坛在重庆举行，2016中国知名实体书店CEO工作座谈会一并举行。全国人大教科文卫委员会主任委员、中国出版协会理事长柳斌杰出席论坛并发表主旨演讲。论坛上，来自北京、上海等全国10余个省市的数十家民营书业企业百余位代表就民营书业发展现状及"十三五"时期民营书业快速发展之路献计献策。中国新闻出版研究院院长魏玉山发布《2015年中国民营书业发展报告》。

4月19日至21日，由中国新闻出版研究院主办的2016全国新闻出版单位数字出版工作交流会暨数字出版部门主任联盟年会在京召开。会上，总局数字出版司对2016年度的重点工作从9个方面进行了具体部署。本届大会主题为"新闻出版智能化趋势：互联网+物联网新硬件时代"，与会代表围绕大会主题发表演讲。

4月23日，《深圳全民阅读发展报告》即"深圳阅读蓝皮书"发布，这是目前国内首个以城市为单元的阅读蓝皮书。该蓝皮书由特稿、总报告、分报告、大事记、后记等专题内容组成，总字数35万，涵盖阅读综合研究、"图书馆之城"研究、"深圳读书月"研究、阅读推广研究、阅读组织研究、阅读空间研究等6个专题，涉及全民阅读工作的新理念、新思路和阅读创新的实践过程、工作成效及下一步对策等。

4月28日至29日，首届新世纪高校教材建设高端论坛在安徽合肥举行。与会专家认为，应推进"互联网+教学+高校教材出版"融合发展。来自高等院校、大学出版社等多个领域的13位专家，就"互联网+"时代高校教材建设的未来发展进行探讨。论坛吸引了全国各地前来观展的大学教师、大学实验室采购中心负责人、各大学学科实验室设备供应商、大学出版社教材发行与编辑人员、教育服务集成商等数百位代表参会聆听。

5月9日，在国家新闻出版广电总局数字出版司指导下，中国音像与数字出版协会暨中国MPR注册中心和国际标准关联标识符国际注册中心（ICIA/ISLI RA）共同主办、深圳市天朗时代科技有限公司承办的"MPR国家标准应用示范工作阶段性会议暨ISLI/MPR标准与全媒体融合出版技术系统应用者大会"在深圳召开。国家新闻出版广电总局数字出版司副司长冯宏声出席此次会议并做主题发言，中国音像与数字出版协会副理事长兼秘书长王炬出席并致辞。相关企业领导和代表、中国版本图书馆有关人员等出席大会。

5月10日，西部数字出版产业协同创新中心成立大会在陕西师范大学举行。西部数字出版产业协同创新中心是以陕西师范大学为牵头单位，以陕西师范大学新闻与传播学院、陕西师范大学出版总社和陕西新华出版传媒集团数字出版基地发展有限公司作为发起共建单位，自愿组成的非法人实体组织。中心的宗旨是立足西部，面向全国，培养新型人才，培育创新型数字出版产业，为西部数字出版产业发展做出贡献。

5月12日，第十二届中国（深圳）国际文化产业博览交易会举办，本届文博会新闻出版馆总面积7500平方米，由数字出版展区、传统出版展区和宣传活动签约区3大展区构成，共37家展团参展。由深圳出版发行集团承办的传统出版展区包括主宾团展区、创意阅读展区、亲子阅读展区、"一带一路"读物展销区等。本届文博会还首设版权服务工作站。

5月26日，图书质量管理工作座谈会在京召开。会议通报了2015年至2016年第一季度图书质量检查总体情况，总结交流了出版战线加强图书质量管理的好做法、好经验，研究部署新形势下进一步推动出版单位增强质量意识、落实管理责任、执行管理制度、提升图书质量的举措。

6月6日,中南文化发布公告,以4.5亿元现金收购北京新华先锋文化传媒有限公司,布局IP全产业链。这是我国民营书业历史上最高额的一起收购。本次交易完成后,新华先锋成为中南文化的全资子公司。

6月7日至8日,国务院新闻办公室、国家新闻出版广电总局在四川省成都市召开"中国图书对外推广计划"工作会议。会议总结了"中国图书对外推广计划"10年成绩,研究部署了"十三五"期间中国图书走出去工作。

6月7日,由专业数字出版工作委员会主办、中国建筑工业出版社承办的"专业出版社'十三五'数字出版研讨会"在北京召开。会议邀请了国家新闻出版广电总局数字出版司副司长冯宏声、中国音像与数字出版协会副秘书长王勤及部分在京专业出版社领导共同与会。研讨会重点围绕专业出版社"十三五"数字出版规划、数字出版发展方向、数字出版存在的问题及解决方案等方面进行深入广泛地交流。

6月16日至17日,由中国新闻出版传媒集团、中国新华书店协会共同举办,新华文轩出版传媒股份有限公司承办的全国新华书店集团首届服务教育信息化产业高层座谈会在四川成都举办。与会嘉宾围绕"创新、开发、共享"的主题,分享各自在开展教育信息化建设领域的思路、经验。来自全国各省(区、市)新华发行集团的近70位有关负责人参加了座谈会。

6月18日至19日,由中国音像与数字出版协会数字教育出版工作委员会主办,江苏凤凰教育出版社、江苏睿泰教育科技有限公司承办的首届"中国数字教育与出版论坛"在镇江举行。本届会议主题为"数字教育出版的实践探索与创新融合",大会围绕教育信息和教育出版数字化两大内容进行交流和研讨,邀请教育出版社、信息技术公司等单位140余家参会,通过搭建信息、技术、资源的交流平台,展示成果,分享经验,协同发展。

6月18日至19日,第六届十省电子音像出版社联席会在安徽合肥召开,会议围绕"创新 平台 政策"主题,就电子音像出版与新兴媒体融合发展等话题展开探讨。十省电子音像出版社联席会旨在加强交流合作,谋划业务发展,成员由安徽、河南、江西、湖南、河北、浙江、广东、山东、山西、湖北的电子音像出版社组成,每年举办一次,2016年由时代新媒体出版社承办。

7月19日至21日,以"创新、引领、融合、发展"为主题的2016中国数字出版年会在京开幕。国家新闻出版广电总局党组成员、副局长孙寿山出席开幕式并做了主旨报告。年会由中国新闻出版研究院主办,设置了3个主论坛、9个分论坛和圆桌会议、数字出版汇报展览等。来自国际、国内的26位嘉宾,围绕数字阅读、数字教育、媒体转型等内容发表了主题演讲。来自部分省(区、市)新闻出版广电局、图书报刊出版单位、新媒体公司负责人,以及其他相关机构的1000余位嘉宾参加了开幕式及主论坛。

7月20日,网络文学行业自律倡议书新闻发布会在京召开,起点中文网等50余家重点文学网站签署倡议书。倡议书由中国作协网络文学委员会、中国音像与数字出版协会数字阅读工作委员会联合发布。倡议书对网络文学发展的相关要求做出了相对具体的规定。

7月20日至23日,受总局数字出版司委托专业数字出版工作委员会在哈尔滨举办"数字出版项目及产品经营经理业务培训班"。此次培训班对全国各地书报刊、电子音像及网络出版单位的骨干人员进行了关于融合出版政策及总局数字出版"十三五"规划、数字出版项目实施过程中的突出问题和管理基本要求、融合出版对传统编辑业务和数字出版业务的技能要求以及专业出版领域和教育出版领域融合出版的应用范例解析的系列内容培训。

7月22日,来自湖北省各地和重点高校的专家、学者以及各界代表共同见证湖北省第一个网络智库平台——"《决策与信息》网络智库平台"首次公开亮相。《决策与信息》网络智库平台的基本特色,在于功能上和形态上的两个融合。该中心现有的两个纸媒《决策与信息》杂志、《决策内参》,与《决策与信息》网络智库平台有机结合,形成线上线下互动,实现三位一体、全方位、立体式的运行发展。

7月28日,新华书店总店及所属独资公司新华国采教育网络科技有限责任公司与郑州大学、郑州大学出版社在内蒙古包头举行"全国大中专教材网络采选系统"战略合作协议签约仪式。该系统以互联网、移动互联网、云计算和大数据技术为基础,在教材作者、教材编者、师生读者之间,架起教材使用和教材发行的数字化、网络化桥梁。

8月17日,由吉林省政府主办、吉林日报社承办的第二十一届东北亚地区地方政府首脑会议媒体论坛在长春举行。在本次媒体论坛上,吉林日报社、俄罗斯滨海边疆区报社、蒙古国中央群众杂志社、韩国江原日报社共同发起成立东北亚媒体合作联盟,新日本海新闻社以观察员身份参与联盟活动。东北亚媒体联盟成立后,将在宣传报道、商贸交流、旅游推介、助推政府招商引资等多个方面开展合作,共同促进东北亚地区的经济社会特别是文化交流合作。

8月18日,中国实体书店创新发展年会在上海举行。来自全国31家出版集团的领导、51家大型书城的代表,共同探讨如何贯彻实体书店扶持政策落地,抓住机遇实现实体书店的新一轮创新发展。黑龙江省图书音像发行集团、浙江省新华书店集团有限公司、北京新华发行集团有限责任公司、新华文轩出版传媒股份有限公司、江苏凤凰出版传媒股份有限公司发行公司和河南省新华书店发行集团有限公司6家单位做大会交流发言。

8月18日,西安西部出版物交易中心项目签约暨启动仪式在西安曲江新区举行。由陕西嘉汇汉唐图书发行有限责任公司与陕西奥达企业集团共同出资打造的集采、供、销、仓储、物流、电子商务等功能于一体的出版物交易及服务平台项目正式启动。

8月18日至19日,以"实践推动转型示范引领融合"为主题的第十一届中国传媒年会在广州举行。本届传媒年会意在盘点和总结两年来我国媒体融合取得的成果,重点推介媒体在转型发展实践中取得的成功经验,对当前媒体融合过程中存在的问题进行讨论、研究,为业界转型发展提供借鉴。本届年会由传媒杂志社主办。与会嘉宾在会议上就媒体融合和创新发展做了主题报告,并围绕广电媒体生态重构、融合发展以及舆情服务做了主旨演讲。

8月19日,在第十一届中国传媒年会上,由传媒杂志社主办、建投华文传媒投资有限责任公司承办的传媒资本论坛暨《中国传媒投资发展报告(2016)》新书发布会在广州举行。该论坛的主题是"资本助力传媒产业创新发展",围绕资本如何助力传媒产业创新发展展开讨论,探究在当前媒体创新融合的发展机遇面前,投资应如何遵循文化传媒产业的内在发展规律,以市场化逻辑推动传统媒体与新兴媒体的优势互补,实现融合发展等问题。

8月22日,音频分享平台喜马拉雅FM与中信出版集团、中南出版集团、上海译文出版社、果麦文化、企鹅兰登等多家国内外知名出版集团在上海展览中心共同举行"2016中国有声出版业启动发布会暨集体签约仪式",就有声改编、IP孵化、版权保护等方面达成深度战略合作。

8月23日,2016北京国际出版论坛在京召开。本次论坛以"融合发展的新前景"为主题,采用主、分论坛结合的形式,中外嘉宾分别在主论坛上演讲。论坛还举办了全球视野下的少儿出版、"互联网+"时代下的科技出版与知识服务等两场分论坛。

8月24日至28日，第二十三届北京国际图书博览会在京举办。本届图博会设综合馆、海外馆、阅读体验馆等分馆，有86个国家和地区的2400多家中外出版商参展，展览展示图书30多万种，举办了各种文化出版交流活动1000余场，中东欧16国整体受邀担任本届图博会主宾国。第14届北京国际图书节同期举行，本届图书节首次设立影视出版、IP交易市场。本届图书节推出了主题为"深化出版合作实现文化共赢"的"一带一路"高峰论坛、"中国故事系列图书全球版权推介会"和"一带一路"国家优秀出版物展销3大活动。

8月25日，青岛出版集团与马来西亚红蜻蜓出版有限公司举行了版权合作签约仪式。双方将在童书版权贸易、合作出版、渠道开发、数字化运营等方面进行深度合作。马来西亚红蜻蜓出版有限公司是华人创办的华文专业童书出版机构。此番双方在既有合作的基础上进一步达成深度合作，将会有力推动两国优质出版资源的互补与融合，为繁荣华文圈儿童文化做出贡献。

8月25日，广西师范大学出版社集团成功收购英国ACC出版集团新闻发布会在京召开。ACC出版集团是一家总部注册于英格兰和威尔士的跨国出版与发行公司。该公司业务涉及图书出版和全球艺术与设计类出版社的图书销售代理。广西师范大学出版社集团以子公司广西师范大学出版社（上海）有限公司为主体完成了对ACC出版集团旗下的ACC出版社、ACC英国和美国发行公司以及《古董与收藏》杂志的收购。

8月29日，国家标准化管理委员会发布2016年第14号国家标准公告，319项国家标准被发布实施，其中GB/T 32867-2016《中国标准关联标识符》是我国主导制定的第一项国际标识符标准ISO 17316-2015《国际标准关联标识符（ISLI）》在国内的采标，ISLI标志着我国新闻出版业在国际标准化方面取得的突破性进展，把它采标为中国国家标准，旨在加强ISLI在国内的实施应用，推动和促进我国新闻出版产业数字化转型升级，创造新的产业先机。

8月30日，新华社全媒体平台在北京新华社总社新闻大厦正式发布上线。自上线以来，新华社已与近70家中央和地方主流媒体签署协议，协力打造融内容生产、渠道分发、版权追踪等功能于一体的新媒体平台，助推传统媒体融合发展。

9月2日，2016金羽毛绘本高峰论坛在郑州举办。论坛上，嘉宾们围绕"国际视野下绘本的当代品格"这一主题，共同见证和发现绘本之美，共同探索寻找未来绘本发展之路，共同努力推进绘本事业健康有序发展。

9月13日，由中国电子商务协会主办、盘石网盟承办的"2016世界移动互联网大会"在京举行。大会以"突破与创赢"为主题，来自近2000个国内外移动互联网相关领域行业代表、学术研究机构、知名企业参与，共同探讨移动互联网热门话题。会议期间，主办方中国电子商务协会特授予全球付集团"移动互联网创新行业App奖"荣誉称号。

9月19日，电子工业出版社在京发布最新一版的知识服务产品"悦读·悦学"系统和"E知元"。"悦读·悦学"系统和"E知元"两款产品主要聚焦专业客户的知识学习和技能培养需求，以图书馆、学校和电子技术类企事业单位为主要销售对象。

9月19日至20日，由知识产权出版社主办的中国专利信息年会在北京国家会议中心举办。本届专利信息年会的主题为"专利运营助推供给侧改革"。年会围绕专利运营的创新、知识产权与创业、开放式创新与企业知识产权管理、加大专利保护力度、知识产权大数据与专利信息利用等议题，与会代表开展了研讨和交流。在同期举办的展会上，知识产权出版社还展示了知识产权大数据资源体系。

9月20日，青岛出版集团在东京举行交接仪式。青岛出版集团以现金方式一次性收购大王造纸渡边淳一文学馆会社100%股权。渡边淳一文学馆建于1998年，位于日本北海道札幌市中央区的中岛公园内，总建筑面积约1300平方米。该馆陈列渡边淳一的手稿、著作和生前资料等。近百位来自小学馆、集英社等日本企业界人士，以及渡边淳一的家人和生前好友出席了交接仪式。

9月27日，中国编辑学会和北京印刷学院联合成立中国编辑学研究中心，并举行了编辑学研究高层论坛，探讨了新形势下出版业编辑人才的培养和转型问题。来自行业管理部门领导以及行业专家、学者围绕新形势下如何继续传承编辑优良传统、提升编辑内容质量、培养编辑人才队伍、丰富拓展编辑内涵和外延、完善编辑服务职能、正确认识编辑的社会价值等编辑学研究话题与北印师生进行了互动。

9月27日至28日，由中国新闻出版研究院主办的"书店革命：2016新华书店发展论坛"在牡丹江举办。论坛以变革、转型、发展为主题，针对全国新华书店和实体书店在转型升级中存在的问题、对策及如何突出主业等现实问题进行交流。与会嘉宾就如何创新发表看法并提出建议。会上，还就新华书店如何借力专项政策，提升新华书店社会品牌影响力等热点问题进行了交流。

10月13日至14日，第十二届中国信息无障碍论坛在中国盲文图书馆举办。论坛以"推动数字普惠·共创智能时代"为主题，开设"辅助技术和产品""无障碍产业发展""无障碍资源建设与服务"3个分论坛，来自政府、企业、公共文化服务机构等方面代表共同探索信息无障碍服务。论坛上，来自清华大学、中国科学院、上海交通大学等多所高等院校、科研机构的专家学者讲述了信息无障碍领域的最新进展。

10月20日，北京中小学校阅读联盟在京成立，北京市的100余所中小学校代表参会并成为首批联盟会员单位。北京中小学校阅读联盟是在书香中国·北京阅读季领导小组办公室的指导下，由北京市中小学校自愿发起，以学校为单位作为团体会员加入。联盟旨在整合社会优质阅读资源，促进阅读与教育融合，为全市青少年提供一个相互学习、建立友谊、共同提升的平台，让阅读真正走进每一所校园，提升首都青少年的人文素养，推进书香校园建设。

10月22日，新华文轩出版传媒股份有限公司与四川大学签署人才战略合作框架协议，双方就培养人才队伍建设、创建国家级"双创"示范基地达成共识，为实施四川出版传媒行业的人才战略谋篇布局。新华文轩与四川大学将在共建国家级双创（创新、创业）示范基地、共建博士后流动站及定期进行人才培养的交流和培训等方面提供支持。新华文轩与四川大学还将设立"中国西部出版传媒发展研究院"，开展出版传媒方面的研究、教学、培训和咨询工作。

10月23日，由中国编辑学会科技读物编辑专业委员会主办、科学出版社承办的以"新体制、新业态下保证和提高出版物质量"为主题的研讨会在京召开。研讨会由中国新闻出版研究院、中国新闻出版传媒集团为支持单位。与会人员从各自的专业领域出发，结合当前我国出版行业的整体发展情况和发展趋势，从不同的角度，针对出版物存在的质量问题进行了剖析，并就解决方式提出了各自的见解和思路。

10月26日，浙江出版联合集团与中原出版传媒集团在杭州签署战略合作协议。此次签署的协议共有8项，由一个主协议即两大集团的战略合作框架协议和七大分项协议组成。七大分项协议分别为：融合出版领域合作协议、"两宋文化"合作出版工程协议、双方发行集团合作协议、双方印刷集团合作协议、双方物资集团合作协议，以及由浙江教育出版社与大象出版社签署的合作协议和由浙江科技出版社与中原农民出版社签署的"农业数字图书馆"合作协议。

10月27日至30日，第十一届中国北京国际文化创意产业博览会在京举办。主展场设在中国国际展览中心，1800多家参展企业来自30余个国家和地区，涉及旅游、设计、工艺美术、广播电影电视、文物及博物馆等各领域。文博会围绕"激发文化活力，引领产业创新"的主题，集中展现了中国文化创意产业正在加速成为国民经济支柱性产业的新面貌、新成果；展现了文化创意产业深化融合，加速转型升级，规模化、集约化、专业化发展的态势；展现了中国文化市场的巨大商机。

10月28日，新华网股份有限公司在上海证券交易所挂牌上市。新华网此次募集资金主要投向全媒体信息应用服务云平台，移动互联网集成、加工、分发及运营系统业务，政务类大数据智能分析系统，新媒体应用技术研发中心，在线教育等领域。

10月28日至29日，中国编辑学会第十七届年会暨做学者型编辑论坛在山东省青岛市召开。年会以"倡导工匠精神做学者型编辑"为主题，就培养优秀编辑人才、出版精品力作等问题进行了深入研讨。在同期举行的主题论坛上，与会嘉宾就编辑要有怎样的文化理想、编辑如何打造精品佳作、编辑如何追求与作者平等对话等话题，发表了主题演讲。年会还发布了"培养编辑名家"主题征文活动获奖名单，获奖代表分享了在日常工作中的编辑经验。

10月30日，人民卫生出版集团成立仪式在京举行，全国高等医药教材建设研究暨人卫社专家咨询2016年年会同期召开。与会代表紧密结合学习党的十八大和十八届三中、四中、五中、六中全会精神，以及习近平总书记系列重要讲话精神，围绕全国卫生与健康大会上提出的"努力全方位、全周期保障人民健康"精神，总结并肯定了16年来历届年会对医学教育、医药卫生事业发展所做出的重要贡献。

11月1日，译林出版社、伯明翰大学莎士比亚学院、南京大学在南京签署"莎士比亚（中国）中心"协议。莎士比亚（中国）中心依托伯明翰大学和南京大学强大的科研力量和学术资源，以及译林出版社在外国文学作品与研究论著出版方面的丰富资源和经验，致力于成为中国最具影响力的莎士比亚出版和研究平台，计划出版具有一流水准的莎士比亚作品及相关内容资源。译林出版社与伯明翰大学中国中心、南京大学三方同时签订"前沿科普文丛"合作计划。

11月2日至3日，国家新闻出版广电总局在江西南昌召开第二次全国数字出版转型示范现场会。来自全国各省（区、市）新闻出版广电局数字出版业务负责人、第二批及部分首批示范单位负责人和相关出版单位的代表，围绕转型三年的得失，探讨数字出版转型战略规划、产品设计、思路布局、盈利模式等。会上发布了《全国数字出版转型示范跟踪研究报告》，还组织了分组交流及大会交流和现场观摩。

11月5日，以"创新·跨界·融合——出版人才发展大趋势"为主题的第五届韬奋出版人才高端论坛在江苏南京举办。与会嘉宾共同研讨创新、跨界、融合时代背景下的出版人才发展趋势。本届论坛征文活动颁奖典礼同期举办。

11月7日，北京出版集团十月文学院、北京作家协会与掌阅科技股份有限公司在北京签署了三方战略合作协议，三方在品牌宣传、作品合作、精品培养、活动服务等方面将展开深度合作，在未来共同促进传统出版与新媒体出版的产业互动融合发展。

11月9日至10日，全国新闻出版改革发展项目工作会议在京召开。会议通报了2016年新闻出版改革发展项目工作，部署2017年工作。会议发布了2016年度新闻出版改革发展项目工作优秀单位和个人名单以及首批新闻出版产业示范项目名单。与会相关领导结合新闻出版项目工作，分别从重大项目确定、财政支持方向、"十三五"相关规划等方面发言，并对新闻出版领域下一步工程项目建设提出了建议。总局相关司局、直属单位负责人，以及全国各省（区、市）新闻出版广电行政主管部门分管领导、相关处室负责人共100余人参加会议。

11月10日至11日，全国新闻出版统计工作会议在京举行。会议总结了2016年新闻出版统计工作情况，表扬了先进单位和个人，开展了工作经验交流，部署了2017年新闻出版统计重点工作。总局规划发展司、中国新闻出版研究院主要负责人，各省（区、市）新闻出版广电行政主管部门分管统计工作的局领导、统计部门负责人及统计工作人员参加会议。

11月11日，2016年全国新闻出版标准化技术委员会年会在京召开。会议总结了2014年至2016年新闻出版标准化建设成果，并对2017年工作进行了规划。会上，全国新闻出版标准化技术委员会向29项国家标准和行业标准的起草单位和起草人颁发了证书，会议设立了第一批共5个新闻出版标准化基地。

11月16日，广西师范大学出版社与南方文学杂志社战略合作签约仪式暨文学创作与出版座谈会在广西桂林举行。签约仪式后举办了文学创作与出版座谈会，20余名来自海内外的作家、学者一起进行了研讨。同日，广西师范大学在王城校区举办秀峰书院揭牌仪式，正式成立桂林秀峰书院文化教育投资有限公司。

11月16日，沭阳县文化产业发展论坛暨文化创意产业园奠基仪式在江苏省宿迁市沭阳县举办。沭阳县文化创意产业园由五洲博尔文化传媒（北京）有限公司投资兴建，项目计划总投资约2亿元人民币，总建筑面积约10万平方米，建设周期约2年。园区将建立"一区四园"的发展格局，项目全部投入运营后预计年营业额约20亿元人民币，集投资、设计、建设、招商、运营、平台式整合创新服务为一体。

11月16日至18日，第三届世界互联网大会在浙江省乌镇开幕。本届主题为"创新驱动造福人类——携手共建网络空间命运共同体"。来自五大洲110多个国家和地区的政府代表、国际组织负责人、互联网企业领军人物、互联网名人、专家学者等共1600多名嘉宾参加大会。

11月19日至21日，第71届中国教育装备展示会在广西南宁国际会展中心举办。此次展会展出的教育装备产品涵盖各级各类教育所需的教学仪器设备、数字化教育信息技术、图书等。展会同期举办"第四届全国中小学实验教学说课活动""2016全国名师名校长峰会暨第二届世界创客教育高峰论坛"。

11月22日，中南五省区教育出版社工作会议暨数字出版高层论坛在武汉举行。与会代表就教育出版社如何在数字化转型发展方面进行研讨。会议还对中南五省区2015年以来出版的优秀图书进行了评选：100种图书分获优秀教育读物奖；50种图书获装帧设计奖；25种图书获畅销书奖。

11月23日，中国健康传媒集团有限公司在京挂牌成立，正式运营。集团未来的发展将重点专注纸质传媒、数字传媒、展示传媒等领域。中国健康传媒集团有限公司是以中国医药报社、中国医药科技出版社为基础组建而成。中国健康传媒集团有限公司的正式成立运营，标志着以国家食品药品监管总局新闻宣传司、国家食品药品监管总局新闻宣传中心、中国健康传媒集团为主体的食品药品监管系统新闻宣传工作"三驾马车"战略布局初步建成。

12月6日，重庆出版集团与中国教学仪器设备公司在重庆出版传媒创意中心举行了战略合作协议签约仪式。双方将在教育信息化项目的产品资源和整套解决方案开展深度合作，内容涉及开展教育均衡化融资租赁及分期付款项目，帮助经济相对落后的地区发展基础教育；开展包括出版传媒方面的外国政府、组织及基金的无偿援助和贷款项目合作建设中国教育装备交易平台和展示中心项目，开拓围绕教育服务的其他合作项目等。

12月9日至11日，2016国际智慧教育展览会在北京国家会议中心举办，来自全国的16家大型出版传媒集团、专业出版社、教育类新闻报刊单位、国际出版企业旗下的数字与教育出版企业参展，中外出版集团共同呈现"纸数融合"智能校园信息化建设整体解决方案。本届展会首次设立优秀教育出版物展销服务区域。国家新闻出版广电总局机关服务局（新闻出版方面）和中国教育报刊社合作，首次举办了全国教育类出版物成果展暨中国教育报刊社优秀出版物展。展会还从行业建设角度出发举办了出版与教育行业融合大会。

12月11日，由中央财经大学、上海财经大学等8家国内知名财经院系主办，中国新闻出版传媒集团、中国经济报刊协会联合主办，阳光保险集团独家承办的第二届中国金融与财经传播创新峰会暨全国财经传播研究会筹备会在京召开。与会嘉宾围绕"金融与财经传播融合创新""财经传播中的媒介创新""金融界与财媒界的互动发展"等议题进行探讨。

12月12日至14日，首届全国藏学编辑培训班在京开班。本次培训班由中国藏学研究中心科研办、北京市新闻出版版权人力资源服务中心联合举办，中国藏学杂志社承办。藏学和新闻出版领域的专家，分别从一名优秀编辑应当既是杂家更是专家、西藏的藏语文立法及语言权益的保护、西藏和四省藏区经济与社会、出版物涉及的民族宗教问题、学术期刊数字化的版权保护与版权运营、容易被忽略的编校知识等方面，对藏学编辑们进行相关专业知识的培训。

12月16日，长江教育研究院主办的教育智库与教育治理高峰论坛在北京举行，与会嘉宾就当今中国教育智库如何更好地参与和实施教育治理、提升公共服务能力、为教育行政部门建言献策发表了主旨演讲。论坛上举行了《教育智库与教育治理研究丛书》首发式。

12月16日，亚马逊中国在京举办年度阅读盛典，首次全面整合其纸质书与电子书阅读大数据，发布了2016年度阅读榜单及趋势报告以及"年度纸质图书畅销榜"和"Kindle年度付费电子书畅销榜"。

12月18日至21日，专业数字出版工作委员会在北京举办了第二期"数字出版项目及产品经营经理业务培训班"。继续针对总局"十三五"数字出版科技规划及科技与标准实验室建设解读、数字出版科技体系建设、"十三五"数字出版产业规划及人才培养体系建设、数字出版技术发展趋势及典型范例解析等内容进行系统化培训。

12月27日，国家新闻出版广电总局发布《全民阅读"十三五"时期发展规划》，这是我国首个国家级全民阅读规划。《规划》明确全民阅读工作的指导思想、基本原则、主要目标、重点任务及时间表、路线图等，以进一步推动全民阅读工作常态化、规范化，共同建设书香社会。《规划》编制基于4个基本原则和9项重点任务。

12月27日，由中国互联网发展基金会、中国传媒大学共同主办的网站履行主体责任高峰论坛在北京召开。论坛以"履行主体责任、传播正能量、共筑同心圆"为主题，旨在倡导互联网企业深入学习贯彻习近平总书记在网络安全和信息化工作座谈会上的重要讲话精神，切实履行网站主体责任、社会责任，积极传播正能量，努力营造"天朗气清"的网络空间。

12月29日，广东国家数字出版基地深圳园区龙华项目启动签约仪式在广东深圳市举行。该园区是由国家新闻出版广电总局批准、深圳出版发行集团负责筹建的国家级项目。广东国家数字出版基地深圳园区的总规划建筑面积40万平方米，将重点发展数字技术研发、数字阅读、网络视频、影视、动漫游戏等数字出版产业，打造集总部独栋办公、生产研发、产业协作、配套商业、公寓等为一体的综合业态。

12月30日,国家哲学社会科学文献中心正式上线。新上线的国家哲学社会科学文献中心主要开设有资讯、资源、专题、服务4个栏目,资源包括中文、外文学术期刊7000多种,还有外文图书、古籍等4类,上线文献数据超过1000万条,与国内60多家社会科学研究机构网站导航链接,初步形成国家哲学社会科学学术期刊数据库、外文学术期刊数据库、中国社会科学院科研成果数据库等特色资源数据库。

大事回顾(2005—2015年)

2005年音像与数字出版大事回顾

媒体对互联网出版大事报道的回顾

"振兴民族网络游戏,创建绿色网络空间"座谈会在京举行

据灵通网报道,2005年1月27日,由中国青少年网络协会和光明日报社联合举办的以"振兴民族网络游戏,创建绿色网络空间"为主题的座谈会在京隆重举行。团中央书记处书记杨岳、光明日报副主编、中央文明办、新闻出版总署、信息产业部、中国社科院等相关司局领导,及专家代表,游戏业界代表,青少年代表,媒体代表等出席座谈会。

盛大网络与环球唱片结成战略伙伴

据《新京报》2005年4月30日报道,中国最大的网游运营商盛大网络与全球著名的环球唱片宣布双方结成战略伙伴关系。盛大将在其互动娱乐平台及游戏场景中,以流媒体播放的方式,并在未来以下载方式向其庞大的用户群提供环球唱片的音乐作品。这也是环球唱片有限公司在中国市场首次提供在线音乐服务。

我国推出世界首个电子图书产业系统认证标准

据《中华工商时报》2005年5月23日报道,世界首部关于电子图书产业系统的认证标准在第十五届全国书市上公布,由南开大学推出的具有自主知识产权的电子图书领域《NK-WOLF安全认证〈南开认证〉行业白皮书》于5月19日在天津举行了发布仪式。

《说文解字》实现数字化

据《光明日报》2005年6月3日报道:有着2000多年历史的中国第一本古籍字典《说文解字》实现数字化整理与研究。6月2日,社会科学文献出版社在北京举行"《说文解字》图书及数据库演示发布暨古籍数字化"研讨会,向社会通报这一重大科研成果。

50万首歌曲空降香港"街头"

据新浪网2005年6月29日报道,香港最大的街头音乐娱乐数据服务商"e个站"近日正式和国际在线音乐销售商"果园"达成了合作协议,"e个站"所拥有的逾10万首中国音乐作品将正式开始在"果园"上进行销售。与此同时,"果园"拥有的50多万首音乐作品也将出现在"e个站"的街头流动音乐便利站中,供香港用户合法下载。

重庆维普资讯牵手 Google

据《重庆商报》报道，在 2005 年 6 月 28 日举行的"2005 中国数字出版与期刊发展研究论坛"上，重庆市新闻出版局汪俊局长透露重庆维普资讯公司与 Google 公司已签订协议，双方共同开发中文期刊数据在 Google scholar 里的搜索，中文期刊内容将通过互联网平台发布到全球。维普资讯公司副总毛力透露，维普将向 Google 公司提供《中文科技期刊数据库》收录期刊表，双方通过提供有偿信息搜索获利。

深圳清理网络公共信息服务要求网络版主实名登记

据《人民日报》报道，2005 年 7 月 22 日起，深圳警方将开展为期 3 个月的网络公共信息服务场所清理整治工作，将对论坛、BBS 的版主、QQ 群的创建者进行实名登记，并校验身份证号码，对现有的网络公共信息服务场所进行清查，并视情况予以重新登记或关闭。

中青网协在沪举办第二届绿色网络·青少年论坛

据中青网报道，由"健康上网"大行动组委会办公室、中国青少年网络协会、光明日报社网络信息部承办的第二届绿色网络·青少年论坛于 2005 年 7 月 23 日在上海新国际展览中心展开。本届论坛以"数字娱乐，打造网络新素养"为主题，与会领导和专家在会上充分探讨了在互联网时代如何促进网络产业和青少年成长进步之间的良性互动的方法，以及利用绿色的网络内容引导青少年树立健康的上网理念、提高网络素养的重要意义。

我国网络图书销售 10 年后将达 100 亿元

据《国际金融报》报道，在 2005 年 8 月 9 日举行的网络出版与平面出版新格局研讨会上，北大方正电子有限公司数字内容事业部华东区总经理魏国华表示，按照业内分析，到 2015 年，中国的网络图书销售额将达 100 亿元。

方正举办"创世纪"创意征集大赛

据新浪科技报道，2005 年 8 月 15 日至 9 月 30 日，方正集团发起主办，新浪科技作为独家门户网站支持，联合《北京青年报》《南方都市报》共同举办"创世纪"活动。通过网络广泛征集创想 22 世纪生活的文字及 flash 作品，并采取网友自主投票的方式开展评比。

《标准网络出版发行管理规定（试行）》发布

据人民网报道，国家标准化管理委员会制定的《标准网络出版发行管理规定（试行）》于 2005 年 8 月 31 日发布施行。这对加强标准网络出版活动的管理，保护标准版权，规范标准网络出版发行工作，将起到积极的作用。

DigiBook 启动金庸名著数字漫画快车

据人民网 2005 年 8 月 31 日报道，金庸名著《笑傲江湖》《射雕英雄传》漫画版的网络出版版权已正式授权中国领先的数字出版平台——DigiBook 出版平台出版发行。这也是金庸漫画首次在内地登陆。DigiBook 出版平台隶属通力计算机通信公司，是一种数字出版软件，该公司副总裁 JackLee，也是引进这两部金庸作品的网络出版版权的执行人。

网络编辑师资格认证在京沪启动

据《出版之门》2005 年 9 月 5 日消息：日前，网络编辑师国家职业资格认证正式在北京、上海等地启动了试点培训，这标志着中国 300 万网络编辑从此将正式以一个职业进入职场。

我国首个农业数字图书馆问世

据《经济日报》2005 年 9 月 15 日报道，"CNKI（中国知识基础设施工程）农业数字图书馆"在清华大学通过功能测试。这个数字图书馆收纳了 1000 多种杂志、300 多种报纸和国内所有涉农优秀博士学位论文、会议论文、图书、年鉴、多媒体课件等。CNKI农业数字图书馆也是我国第一部大型动态农业专业知识仓库、国家"十五"重点电子出版物——《中国农业知识仓库》的网络出版平台。

《互联网新闻信息服务管理规定》出台

据人民网报道,作为管理全国互联网新闻信息服务的国务院新闻办公室于2005年9月25日联合信息产业部出台了《互联网新闻信息服务管理规定》,同时废除曾于2000年11月发布的《互联网站从事登载新闻业务管理暂行规定》。这不仅仅是从名称上去掉了"暂行"二字,也不仅仅是一个部门规章"转正"的意义,更大的意义在于结合当前的管理工作出现的问题对症下药,采取切实可行的管理办法。

第三届网博会在北京顺利闭幕

据17173网报道,2005年10月6日,为期4天的第三届中国国际网络文化博览会在北京展览馆圆满落下了帷幕。连日来,来自国内外的252家网络文化相关企业在网博会上争奇斗艳,大放异彩,为节日的北京奉献了一道网络文化饕餮盛宴。

新闻出版总署对宣扬淫秽色情、暴力内容的网络游戏进行查处

据网易报道,2005年10月8日,为维护互联网出版秩序,净化网络环境,保护未成年人身心健康,新闻出版总署启动了"互联网出版违规警告制度",并联合全国"扫黄打非"工作小组办公室对境内53家网站提供的《痴汉是犯罪》等14款宣扬淫秽色情、暴力内容的网络游戏进行了查处。

我国第一个商务型网络读书频道诞生

据新华网2005年10月9日报道,我国第一个兼具读书资讯和网上购书功能的网络读书频道,于2005年10月在辽宁开通。由辽宁出版集团与东北新闻网共建的这个全新读书频道将为广大读者提供更周到更快捷的服务。

国内首家全方位正版音乐网站开通

据TOM网报道,2005年10月18日,华旗资讯的子公司——爱国者数码音乐网(www.aigomusic.com)在创立两周年之后正式面向公众推出。华旗资讯此次活动的主题为"创华人娱乐享受先河,引全球音乐时尚潮流",文化部、信息产业部、科技部、国家版权局、国家知识产权局、新闻出版总署、全国工商联、北京市政府以及华旗资讯、爱国者数码音乐网等相关领导出席发布会,此外还有全球知名唱片公司以及30余位艺人到场祝贺,另外还有30余位艺人发来了VCR遥祝爱国者数码音乐网顺利开通。

《中国数字媒体产业投资机会研究报告》推出

据《北京青年报》报道,国内两家权威的创业投资调查研究机构——中华创业投资协会(CVCA)与北京清科创业投资研究中心,于2005年10月25日联合推出《中国数字媒体产业投资机会研究报告》。报告显示伴随着网络娱乐化的浪潮,融入了Flash、视频等技术的多媒体网络杂志开始获得广泛的关注。

2005中国网络广告高峰论坛召开

据新浪科技报道,2005年10月28日至29日,由中国广告协会主办、现代广告杂志社与新浪承办,搜狐、网易、MSN、雅虎中国协办的"2005中国网络广告高峰论坛"在古都西安曲江宾馆隆重召开。这是中国网络广告行业的一次盛会,来自业内的精英们共同研讨网络广告对中国广告行业的巨大影响。

中国开通全球最大数字图书馆

据北京《科学时报》2005年11月15日报道:由浙江大学和中国科学院牵头的全球数字图书馆

的组成部分——CADAL（高等学校中英文图书数字化国际合作计划）于日前在浙江大学紫金港校区正式开通，向全世界开放提供数字化信息服务。

第五届中国网络媒体论坛在杭州召开

据新浪科技报道，第五届"中国网络媒体论坛"于2005年11月15日在杭州开幕，大会由中国国务院新闻办指导，中华全国新闻工作者协会，人民网、新华网、中新网等单位共同主办，这是中国网络媒体年度最高层次的专业论坛。

2005年上海国际数字广告技术大会召开

据新浪科技报道，2005年11月15日至17日，由上海市广告协会和世界展览服务公司联合主办的"2005年上海国际数字广告技术大会"在上海国际会议中心召开，众多知名企业高层和媒体人参会。

IDM与英特尔共推首家"网络音乐坊"

据《江南时报》2005年12月1日报道，无线互联网公司TOM在线宣布与英特尔（中国）有限公司推出"英特尔数码音乐坊+TOM在线玩乐吧"的音乐工作室。

网游渠道联姻数字音乐服务商

据人民网报道，国内最大的网游渠道增值服务提供商——骏网与中国首家海量加精选正版数字音乐下载和增值服务提供商——巨鲸音乐网（www.top100.cn）于2005年12月6日在北京举行了战略合作签约仪式。作为一种全新概念的数字娱乐产品，巨鲸音乐网倾力打造的数字音乐品牌"Top100"及网络平台www.top100.cn的全国点卡销售工作将完全委托骏网来完成，同时，骏网全力建设的营销推广团队将为Top100产品进行全方位的区域市场推广工作。

2005期刊网络传播数据分析排行出炉

据人民网报道，"2005年度报告暨期刊发展论坛——期刊网络传播数据分析排行发布会"于2005年12月20日召开，主办方龙源网在会上发布了中文期刊网络阅读亚洲排行前100名和欧美阅读排行前100名的刊社名单，并向刊社颁发了证牌。《新华文摘》《轻兵器》《当代》获中文期刊网络阅读亚洲排行前3名，《海外文摘》《棋艺》《现代家庭》获中文期刊网络阅读欧美排行前3名。

中国国家图书馆与Google合作

据中国资讯中心报道，国家图书馆于2005年12月16日宣布，经过近半年的资源整合，国图数字图书馆已向全国读者免费开放8000余万页电子文献。为方便更多读者在更快时间内从数字图书馆找到资料，国图与著名搜索引擎Google建立的Googlescholar（学术资源搜索）正式开通。读者在Googlescholar中检索时，只需预先限定搜索结果在国家图书馆馆藏范围内，就可直接阅览所需学术文献的电子版全文。据悉，国家图书馆是第一个加入Googlescholar的中国图书馆。

媒体对网游动漫大事报道的回顾

网络游戏《刀剑Online》进入台湾市场

据网易报道，2005年1月5日，台湾大宇信息正式代理北京像素软件科技股份有限公司自主研发的武侠类网络游戏《刀剑Online》，这是第二款进入台湾市场的大陆自主研发的网络游戏。

新闻出版总署查处50种非法游戏出版物

据网易报道，2005年1月11日，新闻出版总署、全国"扫黄打非"工作小组办公室联合下发《关于查缴〈泰坦巨人〉等50种非法游戏出版物的通知》，查处50种非法游戏出版物。

第一届中国游戏产业年会在广州番禺进行

据网易报道，2005年1月19日至21日，在新闻出版总署支持下，由中国出版工作者协会主办的第一届（2004年度）中国游戏产业年会在广州番禺举行。中宣部、新闻出版总署、国务院新闻办、信息产业部、广州市政府等相关领导，以及盛大、网易、新浪、九城、光通、连邦、搜狐、金山等企业代表和专家代表在会上进行了演讲。

打击网游"私服外挂"有望写入《中华人民共和国电信法》

据人民网报道，于2005年1月21日召开的中国首届游戏产业年会公布了困扰中国网络游戏的"私服外挂"问题有望在《中华人民共和国电信法》中得到立法上的解决。如果能够实现，中国网游产业将在立法方面取得里程碑式的突破。

可口可乐与九城正式宣布建立战略合作伙伴关系

据网易报道，2005年4月15日，可口可乐（中国）饮料有限公司与九城在上海正式宣布建立战略合作伙伴关系。国际巨头已经意识到网游在年轻人中间的感染力和号召力，中国网络游戏产业的品牌市场推广价值获得了国际知名品牌的充分认同。

《无极》授权改编成网络游戏

据网易报道，2005年4月18日，派格太合宣布已与法国育碧公司达成长期合作协议，依据2006年贺岁影片《无极》为蓝本开发一款网络游戏，此次派格太合和育碧合作开发《无极》是国内首部电影尚未拍摄完成就已经开始授权改编网络游戏的新尝试。

盛大结盟中科院共建家庭休闲娱乐

据《京华时报》2005年4月20日报道，网络游戏领军企业盛大与中科院自动化所宣布结盟，自动化所将自己的"自然交互娱乐技术"独家授权给盛大，开发成适合家庭客厅文化的"健康智能互动游戏"。

全国首家"国家网游动漫发展基地"落户成都

据《成都日报》报道，全国首家"国家网络游戏动漫产业发展基地"于2005年4月26日正式落户成都。新闻出版总署副署长于永湛出席了在成都高新区数字娱乐软件园举行的基地成立仪式并为基地授牌。

2005年人民网动画春晚颁奖典礼隆重举行

据人民网报道，2005年4月26日下午，人民网与中国节网联合主办的"动画春晚数字艺术年度大奖暨2005动画春节联欢晚会颁奖典礼"在人民日报社老干部活动中心隆重举行。中国互联网协会、中宣部新闻局网络处、新闻出版总署音像电子和网络出版管理司网络处、北京人文奥运研究中心等有关单位领导，北京电视台、新浪网、ChannelV等媒体负责人以及来自全国各地的选手共150位来宾参加了本次颁奖典礼。

彻底打击"私服""外挂"

据网易报道，2005年5月24日，为彻底打击利用"私服""外挂"进行违法活动犯罪分子的嚣张气焰，杜绝在互联网上从事"私服""外挂"非法活动的现象，新闻出版总署音像电子和网络出版管理司与国家版权局、北京市新闻出版局、全国扫黄办紧密配合，彻底打掉了"007外挂"。

国家体育总局加入ChinaJoy的主办阵容

据人民网报道，2005年5月27日，ChinaJoy组委会正式邀请国家体育总局为展览会主办单位之一，至此，中国国际数码互动娱乐产品及技术应用展览会（简称 ChinaJoy）的主办方已经扩大为 7 个国家部级单位，涵盖数码互动娱乐产业及相关联行业，包括：电子出版、网络出版、版权保护、电信运营服务、电子竞技等诸多产业链的诸多环节。

网游《航海世纪》推出全新疲劳系统

据硅谷动力游戏频道报道，2005 年 7 月 11 日，为解决青少年玩网络游戏上瘾的问题，新闻出版总署与游戏厂商合作，开发网络游戏疲劳系统并有可能将在全国推广。而一直致力于推广绿色网游，创造健康、文明的游戏环境的游戏蜗牛，在《航海世纪》绿色服务器"蓝色青春"推出全新的疲劳系统。

盛大网络将在南京打造国内最大游戏软件专业测评基地

据新华网综合报道，2005 年 7 月 18 日，南京盛大网络发展有限公司宣布成立。盛大表示为了配合其家庭战略的实施，将会斥巨资将南京公司打造成为中国最大的游戏、软件专业测评基地。

第三届"中国国际数码互动娱乐产品及技术应用展览会"在上海举办

据网易报道，2005 年 7 月 21 日至 23 日，第三届"中国国际数码互动娱乐产品及技术应用展览会"（ChinaJoy）在上海新国际博览中心举办。本届展会由新闻出版总署、国家版权局、科学技术部、国家体育总局、国务院信息化工作办公室、中国国际贸易促进委员会以及上海市人民政府等单位共同主办，会议主题为"健康互动娱乐，为东方明珠添彩"。

"首届中国国际动漫游戏博览会暨高峰论坛"开幕

据中国出版网报道，由文化部市场司和上海市文化广播影视管理局共同主办、国家动漫游戏产业振兴基地承办的"首届中国国际动漫游戏博览会暨高峰论坛"于 2005 年 7 月 28 日在上海展览中心开幕。此次博览会期间举办的高峰论坛，将对动漫游戏原创、网络游戏"私服外挂"政策与法律诠释、国内外游戏业市场等问题进行深层次的研讨。

网游防沉迷系统开始试行

据人民网 2005 年 8 月 23 日报道，全国首个《网络游戏防沉迷系统开发标准》已制定完成，并开始在全国 7 家最大的网络游戏运营公司试验。该系统的运行令玩家无法依赖长时间在线来获得经验值的增长，从而有效控制在线时间，改变沉迷网络游戏的不健康上网习惯。

七家国内网游厂商共同签署《保护未成年人健康创建绿色网游环境防沉迷宣言书》

据网易报道，2005 年 8 月 23 日，盛大、网易、金山、九城、新浪、光通和搜狐 7 家国内主要网络游戏厂商在北京新闻大厦共同签署了《保护未成年人健康创建绿色网游环境防沉迷宣言书》。

广州首届网游动漫文化节举行

据南方网报道，2005 年 8 月 27 日，由广州新闻出版和广播电视局（版权局）、广州市文化局、信息时报社、广州软件信息广场、恒丰网络联合主办的华南地区大型网游动漫盛会——"广州市首届网游动漫文化节"在广州天河区科技街广州软件信息广场（国家四大网游动漫基地之一）隆重开幕。

网游出版工程《中华英雄谱》在京发布

据中国出版网报道，由新闻出版总署和共青团中央组织实施，上海盛大网络发展有限公司开发的中国首部大型系列爱国主义网络游戏出版工程《中华英雄谱》于 2005 年 9 月 13 日在北京中华世纪坛盛装发布。工程构筑了未成年人健康互动、交流的平台，以"寓教于乐、寓知于乐、寓学于乐"为宗旨，引导未成年人把游戏的过程变成学习的过程，在游戏中陶冶情操，在游戏中获得知识，这不仅适应了新时期未成年人思想道德建设的需求，也填补了目前网络游戏市场内容健康向上、弘扬主旋律、为青少年所喜闻乐见的网络游戏的空白。

"盛大·点击书"digibook.sdo.com 正式启动

据《网易游戏》报道，2005年10月1日，第七届上海动甄漫画展览会在东方明珠国际新闻中心举行，在展会第一天，由盛大网络和通力计算机通信技术（上海）有限公司双方合作的新一代多媒体出版平台——"盛大·点击书"（digibook.sdo.com）的启动仪式也正式进行，这标志着国内第一个以互动娱乐、游戏、漫画内容为先导，全方位的网络出版、内容整合平台的诞生。

黄玉郎为盛大点击上线推广助阵

据人民网2005年10月9日报道，"香港动漫教父"黄玉郎在第七届上海动画漫画展览会上，为"盛大·点击书"（digibook.sdo.com）的上线推广助阵。此次"盛大·点击书"的主打内容即是香港玉皇朝集团的漫画作品，这背后其实包含了三大行业的联姻：游戏、动漫、数字出版；而盛大、玉皇朝、通力则分别是这三大行业中的领头羊。

国内首款加载防沉迷系统的游戏正式上线投入运行

据《江南时报》报道，2005年10月20日，加载了"防沉迷系统"的《剑侠情缘网络版1》（以下简称《剑网1》）第三部资料片《情义江湖》正式上线。据悉，这是继8月23日七大厂商在京签署《保护未成年人健康创建绿色网游环境防沉迷宣言书》后，"防沉迷系统"在游戏中首次投入试运行。《剑网1》作为国内最具影响力的优秀游戏作品之一，是首批试点11款网游率先推出"防沉迷系统"的知名游戏作品。

私设《传奇3》游戏服务器终端案上榜十大侵犯知识产权犯罪国内案件

据网易报道，2005年11月15日，公安部公布了十大侵犯知识产权犯罪国内案件。上海游塘存私自架设《传奇3》游戏服务器终端案上榜。

"中国民族网络游戏出版工程发布会"在京召开

据人民网报道，"中国民族网络游戏出版工程"第二批入选作品暨2005年中国网络游戏原创力量调查报告新闻发布会，于2005年11月30日上午在北京新闻大厦隆重召开。本次发布会意在公布入选第二批"中国民族网络游戏出版工程"的游戏公司、产品名单及中国出版工作者协会游戏工作委员会与17173网联合举办的第二届网络游戏原创力量调查活动的调查结果。

我国与日本共设游戏研发中心

据网易报道，2005年12月6日，北京歌华文化发展集团与日本世嘉株式会社在北京中华世纪坛大屏幕厅举行了战略合作签约仪式，双方共同签署了"设立游戏研发中心"的协议书，将共同致力于网络游戏的研发，推动中国游戏产业的发展。

网络游戏入选2005中国信息服务十大应用

据网易报道，2005年12月15日，2006中国通信产业发展形势报告会暨2005中国通信产业十大关键词评选发布会在京召开。与会期间，信息产业部电信管理局副局长鲁阳宣布了2005中国信息服务十大应用，网络游戏再次入选。

国家关注动漫和网游产业发展并出台鼓励政策

据人民网报道，国家在2005年为网游这一新兴产业推出了鼓励政策：2005年8月8日国务院发布了《非公有资本进入文化产业若干决定》，该规定中明确提出"鼓励和支持非公有资本进入动漫和网络游戏"；2005年12月8日，中央政治局委员、中宣部部长刘云山在全国宣传部长会议上的讲话中，要求"主动开发和及时运用数字化、网络化技术，积极发展数字影视、网络游戏等新兴产业"；2005年12月23日，《中共中央国务院关于深化文化体制改革的若干意见》出台，这是中共中央指导今后一个时期中国文化体制改革的重要文件。该意见明确提出"发展数字广播、数字电视、数字电影、数字出版、动漫和网络游戏等，建设大容量数字化文化资源库"。

媒体对移动媒体大事报道的回顾

《南方日报》推出手机报纸

据《南方日报》报道，2005年7月8日，南方报业传媒集团和广东移动合作推出的手机报纸正式"出版发行"。目前，南方报业推出的手机报纸包括《南方日报》和《南方都市报》，同时提供彩信、WAP两种版本。

广东推出手机报业务

据《传媒》杂志报道，2005年8月8日，广东移动联合新华社广东分社以及《广州日报》《南方日报》和《羊城晚报》几大报业集团，分别推出手机报业务。广东省的移动用户可以通过手机上网、彩信、短信等方式浏览到各家媒体的内容。

大连市新华书店全国首推手机查书

据《大连晚报》2006年9月1日报道：大连市新华书店8月31日透露，继免费电话查书、多媒体触摸查书及利用网上书店查找图书信息之后，该书店又推出一条新的便民服务内容，即"移动短信查书系统"。

成都出现首家《手机报》

据《人民日报·海外版》2005年9月15日报道，新华社四川分社主办的"掌上新华"——彩E《手机报》推出，据介绍，作为第一家正式在蓉推出彩信形式（联通叫彩E）《手机报》的新闻媒体，新华社与四川联通合作的"掌上新华"每月定价10元，每天定时发送彩E新闻。每天早上7:50发送长达2000多字的"新闻早茶"，并附有数张清晰鲜艳的新闻图片。

首部手机短信接力小说以5000元价格成交

据龙虎网2005年11月18日报道，在征得作者同意后，由著名作家李佩甫创作龙头，2569名手机用户接力创作的我国首部手机短信接力小说，日前以5000元的价格被上海掌上灵通公司购得在短信、多媒体、网络传播方面的使用权。

无线新闻传媒旗舰"掌上天下"手机网站开通

据人民网报道，中国无线新闻传媒旗舰"掌上天下"手机网站开通新闻发布会于2005年12月16日下午在北京中华世纪坛隆重举行。"掌上天下"手机网站是由人民网、新华网、千龙网等共同创办的，以手机为终端的无线互联网站。据悉，为方便手机用户浏览"掌上天下"手机网站，中国移动的移动梦网和中国联通CDMA手机的互动视界都在显著位置设置了"掌上天下"的入口。

媒体对数字版权大事报道的回顾

网络版权联盟成立

据《第一财经日报》报道，中国互联网协会于2005年1月28日在北京成立网络版权联盟，主要成员包括电信运营商、互联网内容提供商和著作权人。在联盟内部，违反联盟规则的网络侵权企业将上黑名单，提交给国家版权局，配合其行政执法。

政府拟出台管理条例解决盗版问题

据《第一财经日报》报道，2005年4月13日，一位新闻出版总署官员透露，为了解决数字出版产业盗版猖獗而正版得不到有效保护的问题，《互联网出版管理条例（草案）》和《互联网传播保护条例（草案）》已获国务院法制办立项，《互联网著作权行政保护规定》也已在拟定之中。

中文"在线反盗版联盟"成立

据《中国新闻出版报》报道，北京中文在线文化发展有限公司、中国大百科全书出版社、中国作家出版集团、电子工业出版社、清华大学出版社、北京师范大学出版社、人民出版社、江西出版集团等多家出版和网络机构、律师事务所及知名作家于2005年7月9日联合发起成立了中文"在线反盗版联盟"。

MP3搜索服务的版权问题受到关注

据人民网报道，北京海淀法院于2005年9月16日做出一审判决：百度的音乐搜索侵犯了上海步升文化传播公司的音乐版权，判百度赔偿后者6.8万元。此后，包括索尼、BMG、华纳、百代以及环球等五大唱片巨头也纷纷起诉百度。另外，在百度被起诉之前，就传出九天音乐网与21CN网站被告侵权的消息。现在越来越多的公司可能将随着市场的发展会被牵扯到音乐版权的纠纷中，提供MP3下载服务的其他搜索引擎也面临被起诉的危险。

七大唱片公司状告百度MP3侵权案26日开庭

据新浪科技报道，2005年9月26日上午，七大唱片公司状告百度网讯科技有限公司（简称百度）侵犯信息网络传播权案在北京市第一中级人民法院开庭审理。七家唱片公司就百度的MP3搜索引擎是否涉嫌侵权与百度展开激烈辩论。

媒体对数码印刷大事报道的回顾

富士施乐在京举办数码印刷研讨会

据慧聪网印刷行业频道报道，2005年1月28日，富士施乐联手EFI公司在北京丰联大厦举办了一场数码印刷印艺行业研讨会，来自北京及华北地区的多家数码快印店、文印中心、印前输出公司、印刷厂等近150余名专业人士参与了此会。

中国首个数码印刷网络服务平台印捷网发布

据新浪科技2005年4月21日报道，中国第一个数码印刷的网络服务平台印捷网（www.founderpod.com）在北京发布。印捷网的推出标志着方正引领印刷业进入了一个按需出版的新时代，迈出了超越性的一步。

第六届北京国际印刷技术展览会（CHINA PRINT 2005）隆重举行

据聪慧网印刷行业频道报道，规模宏大的第六届北京国际印刷技术展览会于2005年5月11日至15日在北京国际展览中心及全国农业展览馆2个场地隆重举行，面积超过8万平方米。北京国际印刷展览会（CHINA PRINT）于1984年经国务院批准，每四年一届，为世界六大印刷展之一。

北大方正转型力推网络出版印刷

据《和讯网》2005年6月13日消息报道：北京北大方正电子有限公司总裁任伟泉6月10日在

上海接受《每日经济新闻》专访时表示，方正电子目前发展的重中之重是基于网络的印刷和出版业务，今年将力推《印捷网》和《搜书网》。

影印版《四库全书》问世

据《人民日报·海外版》报道，由商务印书馆、国家图书馆联袂合作影印的文津阁《四库全书》于2005年12月22日问世。这次商务印书馆出版的《四库全书》首次采用按需印刷的方式，根据用户的不同需要，开发出不同系列、不同规模的文津阁《四库全书》，摸索出了一套全新的数字印刷和按需出版之路。

媒体对音像电子大事报道的回顾

广州举行第二届中国国际音像博览会

据广州《南方都市报》2005年11月11日消息报道：由文化部和广东省人民政府主办的2005年中国国际音像博览会昨天上午在广州锦汉展览中心拉开帷幕。国务委员陈至立出席并宣布开幕。文化部部长孙家正、广东省省长黄华华分别致辞。

媒体对音像与数字出版其他大事报道的回顾

中国数字出版论坛在重庆举行

据新浪网报道，由新华社重庆分社新闻信息中心、重庆市期刊协会联合举办的"中国数字出版与期刊发展研究论坛"于2005年6月28日在重庆举行，全国130多家出版及期刊界的代表齐聚一堂，共同探讨互联网时代现代期刊发展与数字出版的未来。与会专家认为，以网络期刊为代表的数字出版对传统出版业发展带来了极大的挑战与机遇。

中国数字出版研究中心成立

据中国出版网报道，在2005年7月8日召开的首届中国数字出版博览会首场新闻发布会上，中国出版科学研究所主持工作副所长、党委书记余敏与通力计算机通信技术有限公司总裁梁钢先生签署合作协议，新闻出版总署副署长柳斌杰、国家版权局副局长阎晓宏为中国出版科学研究所 DigiBook 数字出版研究中心正式揭牌。中心的成立标志着我国数字出版领域科研与技术的结合迈进了一个全新的阶段。同时，香港玉皇朝集团将把该公司出版的全部漫画作品的版权独家授权给上海通力集团，通过 DigiBook 数字出版平台开拓内地网络出版市场。

我国举办首届中国数字出版博览会

据人民网报道，首届中国数字出版博览会于2005年7月8日至10日在北京国际会议中心举行。这次博览会的主体框架由两大部分组成：一是"首届中国数字出版趋势与技术高峰论坛"，围绕以数字出版为核心的十个专题展开深入讨论；二是"首届中国数字出版与网络传播展览会"，展示业内各个领域的先进技术及成果。本届博览会的举行旨在为数字出版搭建一个完整的产业交流平台。

我国电子地图全面进入应用阶段

据《新京报》报道，由星球地图出版社与深圳麦士威科技有限公司共同开发的电子地图已于2005年7月全面进入应用阶段，这是我国目前最大的数字出版工程，标志着我国数字出版工程取得突破性进展。该工程由中国工程院院士王任享、王家耀等组成的专家指导委员会指导，开发工作历时9年，专业测绘部队累计行程118.5万公里测录数据，具有准确性和立体性的特点。

"Adobe中国风暴" 2005年8月9日登陆

据人民网报道，Adobe公司在北京钓鱼台国宾馆于2005年8月9日召开了名为"Adobe中国风暴"的大型新闻发布会，以极具震撼力的价格推出全新Adobe Creative Suite 2中文版软件。Adobe Creative Suite 2中文版是Adobe首次推出的全套中文软件产品，亲切的全中文环境能够帮助用户更好地体验这一款划时代的设计出版平台，实现运用于印刷、网络和移动发布的优秀创意。

"出版创新"锁定数字出版

据新浪网报道，兰登书屋主席、律商联讯公司首席执行官、国际出版商协会主席、法国国际出版局主席等国际出版界风云人物以及我国出版界高层于2005年9月1日汇聚"2005北京国际出版论坛"，共商创新传统出版之路。在主题为"出版创新"的本届论坛上，中外与会者均将"创新"锁定在了数字出版——以技术应对技术带来的改变上。

书生SEP文档库技术正式发布

据新浪科技报道，2005年12月15日，由中国软件行业协会、北京软件行业协会、北京书生公司共同举办的"让梦想点亮世界——SEP文档库技术发布暨UOML联盟成立大会"在北京人民大会堂举行。SEP文档库技术是书生公司继SEP数字纸张技术、SEP智能文档技术之后推出的第三代SEP技术。

2006年音像与数字出版大事回顾

媒体对互联网出版大事报道的回顾

掌上灵通将全资收购九天音乐网

据人民网报道，掌上灵通咨询有限公司于 2006 年 1 月 19 日在北京召开新闻发布会，宣布其对中国最主要的流行音乐下载网站——九天音乐网进行战略投资，并携手牵头呼吁网络正版歌曲下载。

A8 新推网络音乐超市欲破下载盗版困境

据《市场报》报道，A8 音乐超市于 2006 年 2 月 20 日推出，它是利用无线、网络、移动终端等推出的音乐超市，是一种新的正版音乐消费模式。该集团希望通过这种新的音乐消费模式，寻找到突破目前盗版问题的途径。

全国首家数字报纸问世

据浙江在线 2006 年 2 月 20 日报道：为纪念刚刚辞世的"当代毕昇"王选，展示数字化报纸的风采，浙江日报报业集团与浙江在线新闻网站 20 日正式推出全国首家数字报纸。

网络新闻作品今年首次参加"中国新闻奖"评选

据河南报业网 2006 年 2 月 21 日报道，中国记协发文通知，今年起网络新闻将首次参加全国优秀新闻作品最高奖——中国新闻奖的评选。通知说，从今年开始，中国新闻奖将增设网络新闻评论、网络新闻专题评选项目，网络新闻专栏参加新闻名专栏项目评选。

非法传播或下载成打击重点

据《人民日报》2006 年 2 月 22 日报道，我国把信息传播领域的非法传播尤其是非法网络出版列入"扫黄打非"的总体部署，进一步加大打击力度。各地将严密封堵、查处利用互联网和移动通信工具等传播非法出版物及其相关信息的活动，严厉打击网站、网吧、声讯台、手机短信传播淫秽色情等有害信息的行为，切实加强对互联网上网服务经营场所的监管，依法查处经营者的违法违规行为。

我国首张有声报纸在合肥问世

据《人民日报·华东新闻》报道，由《合肥晚报》与科大讯飞联手打造的"有声报纸"于 2006 年 3 月 13 日在合肥面世。这份有声报纸借助合肥报业网，嵌入科大讯飞的智能语音技术，读者只需下载一个软件，就可以通过网络点击"收听"《合肥晚报》。

国际期刊联盟宣布世界期刊大会明年在京召开

据《传媒》杂志报道，在 2006 年 3 月 24 日举行的第 36 届世界期刊大会组委会工作会议上，国际期刊联盟宣布将于 2007 年 5 月 13 日至 15 日在北京召开第 36 届世界期刊大会。这将是我国首次举办这一国际期刊界的盛会。

网络文学网站"幻剑书盟"被 TOM 收购

据《北京晚报》2006 年 3 月 27 日报道，国内领先的无线互联网门户 TOM 在线有限公司与北京幻剑书盟科技发展有限公司签署全面收购合作协议。根据双方签署的"全面收购合作协议"，北京TOM在线有限公司将利用多年从事无线增值服务的自身优势，将中国的原创网络奇幻文学市场做得更细致深入，大力发展中国的原创网络奇幻文学的推广和销售力量，以推进中国奇幻文学发展。

《一个人的非洲》以纸版、网络版、手机版三版同出

据《中华读书报》报道，2006年4月上市的《一个人的非洲》以纸版、网络版和手机版三版同出，这在中国尚属首次。表明我国的传统出版产业开始转型，逐渐向多元化发展。

解放集团全球首推电子报

据《解放日报》报道，北京时间2006年4月14日凌晨5时，人类历史上第一张电子报纸，中国上海的市委机关报《解放日报》电子报纸诞生。首批5名读者——2名职科学家、3名资深新闻阅读人士，体验了这一美妙的阅读之旅，完整阅读了一份由解放日报报业集团在全球范围内首次实验推出的电子报纸。

"2006网络文学发展与出版峰会"在北京开幕

据中国网报道，2006年4月15日下午，"2006网络文学发展与出版峰会"在北京开幕。会议主题为：网络文学的产业发展、网络文学的版权贸易、网络文学走向出版的策略，动漫产业和有声读物对网络文学出版的影响等内容。

我国诞生全方位服务正版音乐下载网站

据新华网报道，爱国者数码音乐网自2006年4月18日开通网站无线业务，这也标志着，全球迄今为止唯一在正版音乐领域通过有线和无线方式，同时向用户提供全方位娱乐服务的网络服务商在中国诞生。

社会关注文明办网、文明上网

据人民网2006年4月23日报道，北京千龙网等网站联合向全国互联网界发出文明办网倡议书近半个月来，网站纷纷热烈响应，网民积极参与其中，文明办网、文明上网成为人们热议的话题。中共中央办公厅、国务院办公厅于2006年5月8日印发的《2006—2020年国家信息化发展战略》提出，要加快推进中华民族优秀文化作品的数字化、网络化，建设积极健康的网络文化。作为网络游戏的主管部门，新闻出版总署近年来抓管理、抓繁荣、抓社会保障，三管齐下倡导网络文明、建设网络文化。

青年报社推出电子杂志《为WHY》

据《解放日报》2006年4月26日报道，青年报社和北京智通无限科技有限公司近日达成合作协议，共同推出电子杂志《为WHY》。该电子杂志以青年生活、休闲、娱乐资讯为主，其页面不仅有文字、图像、声音，更有多媒体表现力和互动技术带来的全新阅读感受。

北大方正举办"电子图书读书月"

据人民网2006年4月27日报道，在第11个"世界读书日"之际，北大方正电子有限公司为积极倡导"健康绿色网络文化"与阅读环境，联合国内20多家出版社，拉开了"电子图书读书月"的帷幕。而方正倾力打造并即将于5月23日正式开通的Apabi（阿帕比）读书网（www.apabi.com）将开展网站开通前读者试读活动。

全国音像电子和网络出版管理工作会议召开

据人民网报道，2006年"五一"前夕，全国音像电子和网络出版管理工作会议在桂林召开。会议就进一步推进和深化新闻出版改革，促进音像、电子和网络出版产业的发展，加强音像电子和网

络出版重点监管工作进行了部署。

中国数字艺术教育研讨会召开

据人民网报道，"中国数字艺术教育研讨会"于 2006 年 5 月 11 日在清华大学召开，教育部体育卫生和艺术教育司的领导、文化部文化产业司和清华大学的领导以及全国各地大学的领导、教授、专家学者共计 160 多人参加了这次研讨会。

中国古文献建成电子文库

据《人民日报》2006 年 5 月 9 日报道：由同文研究院经过 25 年精心构建的电子版《同文汉文史考证文库》日前面世。该库涵盖中国上古至清朝末年长达数千年的重要文献史料，是当前国内外内容最齐全的电子版汉语古典文献文库之一。

北京举办"2006 中国电子图书产业年会"

据腾讯网报道，北京于 2006 年 5 月 16 日举办"2006 中国电子图书产业年会"。在本次年会上，北大方正电子有限公司和 IT 业界权威媒体——《中国计算机报》联合发布了"2006 互联网时代的读者阅读调查报告"，数据显示，互联网已经成为六成读者获取图书的渠道。2006 年 4 月 21 日，"第四次全国国民阅读倾向与抽样调查"同样显示了互联网带来的读者阅读方式的快速转型。方正电子副总裁周劲在年会上指出，2006 年将成为电子阅读器的转折年，电子阅读器的需求和销量将面临大幅度增长。

我国音像电子发展迅猛超欧美　网络单曲创收 36 亿

据《新闻午报》报道，2006 年 5 月 16 日，在"2006 中国国际音像电子博览会"的新闻发布会上，中国音像协会会长刘国雄告诉记者，2005 年中国通过网络单曲下载创收了 36 亿元人民币，远远超过中国音像产业销售额的高峰年 2003 年，将这一年称为中国的"数字音乐元年"毫不为过，"音博会在现在召开可谓正逢其时"。而中国音像电子产业目前的发展势头之迅猛甚至要超过欧美国家。

中国互联网协会网络艺术家联盟正式在北京组成

据新华网北京 2006 年 5 月 17 日报道，由知名音乐人郭峰倡导、携手原创中国网发起，包括蒋大为、李谷一、韦唯在内的近百名艺术家联名响应的"中国互联网协会网络艺术家联盟"正式在北京组成。这是我国第一个由艺术家自发组成的网络维权联盟。

盛大启动 WMP 在线音乐销售服务

据人民网报道，盛大网络于 2006 年 5 月 19 日宣布，继先后与环球、EMI、滚石等全球领先的传统音乐内容供应商建立了合作伙伴关系后，依靠强大的统一用户平台的支持，顺利通过微软公司的严格测试，建立了国内第一家 Windows Media Player10 在线音乐商店，即日起面向中国用户提供全面的数字音乐服务。这是盛大家庭娱乐战略实施中，在数字音乐销售方面打下的新桩，成为盛大易宝平台成长、发展过程中的有益补充，有助于在新娱乐内容运营上积累更多的经验。

"2006 网络杂志营销年会"召开

据 TOM 科技报道，iResearch（艾瑞）市场咨询主办的"2006 网络杂志营销年会"于 5 月 31 日下午在中国职工之家举行。此次年会就网络杂志广告的发展趋势、如何进行网络杂志广告品牌营销等问题进行深入和广泛的交流。

出版界首次联手 SP 阅读赠送彩铃

据《东方早报》2006 年 6 月 7 日报道，中国城市出版社在推出其最新出版的武侠小说《我是侠》时，将首次实现出版界与 SP（互联网增值服务商）联手。这是 2006 年互联网热潮对传统出版带来的新机遇。

四川数字图书馆共享平台开通

据《出版之门》2006年6月7日报道，中国文化部副部长周和平、四川省副省长柯尊平在峨眉山市按下启动键，正式开通四川数字图书馆共享平台。四川数字图书馆将向全省广大读者发放免费数字图书馆读书卡，读者通过免费读书卡的用户认证，在互联网上可阅读10万余种图书，查阅全国80010以上的学术期刊和经济、法律等方面的专题数据库。

网络传播条例出台 数字图书馆有法可依

据《法制日报》报道，一部历时五年制定、颁布的法律——《信息网络传播权保护条例》于2006年7月1日开始正式实施，它明确提出："权利人享有的信息网络传播权受著作权法和本条保护。除法律、行政法规另有规定的外，任何组织或者个人将他人的作品、表演、录音录像制品通过信息网络向公众提供，应当取得权利人许可，并支付报酬。"该条例的颁布实施开始给数字图书提供商在信息网络传播权领域提供了一个"避风港"。

百度与国家科学图书馆合作 拥有最大中文图书量

据中国出版网报道，继两个月前与北京大学图书馆宣布携手后，2006年7月4日《每日经济新闻》获悉，百度在数字图书搜索领域再下一城，与国内最大的专业图书馆——中国科学院国家科学图书馆签署战略合作协议。由此，百度已拥有了全球最大的中文图书可检索数量。

第二届全国地方网站内容与建设管理研讨交流会举行

据人民网报道，第二届全国地方网站内容与建设管理研讨交流会于2006年7月5日在京召开，由于其为7月1日我国施行《信息网络传播权保护条例》之后的第一个研讨交流会，因此得到了来自全国各地主要网站负责人的积极响应，将有近70人参加本次交流会的研讨。

北京首例侵犯互联网出版物著作权刑事案开庭

据新华网报道，北京市海淀区人民法院刑事审判庭于2006年7月12日公开审理一起由游戏外挂引起的侵犯著作权刑事案，此案是北京市法院首次审理的侵犯互联网出版物著作权犯罪的刑事案件。

网络取代电视报纸成中国网民获取信息主要途径

据中国新闻网报道，中国互联网络信息中心（CNNIC）2006年7月19日在北京发布《第十八次中国互联网络发展状况统计报告》。调查结果表明，网民获取信息的最主要途径是互联网，超过电视和报纸。晚9点为上网时间最高峰，网民上网比例为60.9%。

中青网协在沪举办第二届绿色网络·青少年论坛

据中青网报道，由"健康上网"大行动组委会办公室、中国青少年网络协会、光明日报社网络信息部承办的"第二届绿色网络·青少年论坛"于2006年7月23日在上海新国际展览中心举行。本届论坛以"数字娱乐，打造网络新素养"为主题，利用绿色的网络内容引导青少年树立健康的上网理念、提高网络素养。

网络实名制将纳入法律程序

据《财经时报》2006年7月27日报道，新闻出版总署署长龙新民在中国国际数码互动娱乐产业高峰论坛上透露，实名认证方案正在进行认证完善阶段段，计划第四季度将在所有网游中实行，经过半年多的测试后，网络游戏防沉迷系统目前已正式进驻各个网络游戏。

"中国博客第一案"宣判

据中国法院网报道，备受关注的"中国博客第一案"，于2006年8月2日下午在江苏省南京市鼓楼区人民法院公开宣判。法院一审判决被告中国博客信息技术有限公司，自本判决生效起 5 日内，在中国博客网首页向原告南京大学副教授陈堂发刊登致歉声明并保留 10 日；赔偿原告经济损失 1000 元。

报业发展搭上数字化快车

据《传媒》杂志报道，新闻出版总署在 2006 年 8 月 5 日举行的"第三届报业竞争力年会"上正式启动了"数字报业实验室计划"。解放日报报业集团、河南日报报业集团等 18 家首批加盟成员共同签署了《数字报业北京宣言》。这表明我国报业开始迎接网络时代的挑战，向"数字报业"转型。

报纸出版业"十一五"发展纲要提出大力发展数字报业

据《经济日报》2006 年 8 月 5 日报道，新闻出版总署在"第三届中国报业竞争力年会"上发布了《全国报纸出版业"十一五"发展纲要（2006—2010）》。该纲要中指出，要大力发展数字报业，广泛利用各种数字内容显示终端和传播技术，发展"网络报""手机报""电子报纸"等多种数字网络出版形式。

举办首届东北三省网络出版节开幕

据新华网报道，由吉林省新闻出版局、辽宁省新闻出版局、黑龙江省新闻出版局、吉林省人民政府新闻办公室、吉林省通信管理局联合主办的"首届东北三省网络出版节"于 2006 年 8 月 7 日拉开帷幕。本届网络出版节的主题是："共筑网络出版健康新天地"，活动时间定为 2006 年 8 月 7 日至 9 月 20 日，此次活动在长春设立主会场，东北三省其他省会城市及吉林市、延边州设立分会场。

中国首届网络音乐节在都江堰唱响

据中国西部网报道，由成都市人民政府和中国唱片总公司主办的中国首届网络音乐节于 2006 年 8 月 8 日晚在传承千年的古老水利枢纽工程都江堰景区伏龙观广场唱响。此次网络音乐节由"网民狂欢周""青城论道——数字化时代网络音乐创意发展高峰论坛"及"中国金唱片奖网络歌手颁奖典礼"三大部分组成。

新媒体峰会暨《精英志》电子杂志出版论坛

据传媒人俱乐部消息：2006 年 8 月 12 日，在北京长安俱乐部举办了"中国传媒高层沙龙论坛"系列沙龙论坛之"新媒体峰会暨电子杂志出版论坛"。此次是由目前国内最具影响力的传媒沙龙机构——传媒人俱乐部携手百家强势传媒、广告、公关、企业、高尔夫五大行业机构联合运作的。同时，在此次论坛上，还举行了中国最具影响力的高端主流视觉艺术类高品质生活电子杂志《精英志》8 月号出刊仪式。

ZCOM 智通无限宣布携手瑞丽集团

据《青年时报》2006 年 8 月 17 日报道，国内最大的互动电子杂志平台 ZCOM 智通无限宣布携手瑞丽集团，联手打造国内最大的在线时尚杂志精品，此次 ZCOM 与瑞丽的合作，是互动电子杂志平台首次整合最具影响力的传统媒体内容，开创了时尚类平面媒体发行互动电子杂志的新媒体模式。

《魔比斯环》借 POCO 发行电子杂志副刊

据腾讯科技 2006 年 8 月 24 日报道，耗资上亿元人民币的国产动画大片《魔比斯环》签约 POCO，借助其庞大的电子杂志社区平台，向网友推荐该部电影。POCO 是《魔比斯环》独家电子杂志制作和发行平台。

中国网络出版产值已初具规模

据中新社报道，新闻出版总署负责人在 2006 年 8 月 28 日举行的"2006 北京国际出版论坛"上表示，中国网络出版的产值已初具规模，仅2004年中国网络出版收入已达35亿元。形成了学术文献数据库、网络期刊、网络图书、网络游戏出版物、网络文学读物、网络教育读物、网络音像出版物、网络动漫作品等出版类型。根据"2006互联网时代的读者阅读调查报告"显示，在中国网站读书频道的阅读图书数据增长22%，互联网已成为六成读者获取图书的渠道。

全国电子与网络出版研讨会召开

据人民教育出版社消息，2006年9月13日至17日，全国电子与网络出版研讨会在安徽召开，人民教育出版社副总编辑王岳率人民教育电子音像出版社有关人员参加了会议。会上，专家、学者介绍了当前电子与网络出版的政策、发展方向、法律法规与技术动态；人民教育电子音像出版社还演示了我国第一个用于中学教学的全矢量地理教学信息系统——《超级地图》，并受到代表们的好评。

第一届网络期刊节开幕

据《中华读书报》报道，2006年9月15日至11月15日，龙源期刊网联合新浪、搜狐、TOM等几大门户网站，举办了第一届网络期刊节。这是期刊界第一次成规模打破传统订阅方式，通过互联网向读者宣传征订期刊。

我国博客用户4年增长30倍

据《市场报》2006年9月23日报道，在2006年中国互联网大会上，中国互联网络信息中心（CNNIC）公布了《2006年中国博客调查报告》。该调查报告由互联网政策与资源工作委员会博客研究组发起，由中国互联网络信息中心（CNNIC）实施，针对中国目前博客市场的规模、潜力和存在问题等方面做了深入调查，客观反映了博客市场的现状，为决策者和广大网民提供了有价值的参考。

杭报集团推出多媒体数字报纸

据中国报刊出版网报道，杭报集团推出的"多媒体数字报纸"于2006年9月28日正式亮相杭州网，这也是目前国内技术最先进的数字报纸。数字报纸在版式上，和传统报纸完全相同，更尊重人们的阅读习惯。而且数字报纸的更新速度更快

学术期刊网络出版总库建成6642种学术刊物"一网打尽"

据《人民日报》报道，2006年10月10日，《中国学术期刊网络出版总库》建成并通过新闻出版总署验收。这是新闻出版总署"十五"国家重点电子出版规划的重点项目，并作为重要项目被列入《国家"十一五"时期文化发展规划纲要》。

百度牵手维亚康母　将共拓中国数字媒体市场

据《每日经济新闻》报道，2006年10月17日，百度与全球传媒巨头维亚康母达成协议，共同拓展中国数字媒体市场，为中国1.23亿互联网用户提供视频娱乐音乐内容，并尝试新的视频节目网络销售模式。不过，用户在免费下载相关内容的同时，必须观看其中加载的广告。

宁波报业集团在国内首次成规模推出实用性电子纸报纸

据人民网报道，2006年10月25日，宁波日报报业集团在国内首次成规模推出实用性电子纸报纸——《宁波播报》，部分高端读者开始全面体验阅读，这也是该集团继2006年8月1日在国内推出首张中文互动多媒体报纸后的第二个大举动。

"第四届中国国际网络文化高峰论坛"在北京举行

据中国文化市场网报道，2006年10月27日上午，第四届中国国际网络文化博览会网络文化高峰论坛在北京举行。论坛分为两场，主题分别为"网络文化的创新与发展"和"网络文化产业与社会"。中国互联网协会秘书长黄澄清和文化部文化市场司网络文化处处长刘晓东分别担任两场论坛

的主持人。盛大、光通、微软、世嘉等企业的领导及教育机构、研究单位的专家学者作为嘉宾参加了此次论坛。

"博客电子杂志"为博客"数字出版"提供平台

据新华网 2006 年 11 月 1 日报道,由主流网和新浪网以电子杂志形态合作了博客文集以及《新浪主流博客周刊》,为新浪博客走向"数字出版"提供了技术平台。

历时 3 个月首届东北三省网络出版节落下帷幕

据《吉林日报》报道,2006 年 11 月 10 日,历时 3 个月的首届东北三省网络出版节在一场别开生面的颁奖典礼中落下帷幕。典礼上,《新文化网》《海叔的礼物》《功夫兔》《草根论语》《谁说我只会之乎者也》等 19 个参赛作品分别获得各类比赛的一等奖。来自上海的一名残疾女孩设计建立的网站《画儿书架社区》获得网站精品栏目特别奖。

烟台日报集团与荷兰公司合作开发"电子报"首次亮相

据《人民日报》报道,2006 年 11 月 12 日,在山东烟台市中心文化广场举行的烟台日报传媒集团第六届读者节上,一份新型报纸——"电子报"正式与市民见面,引起了大家的极大兴趣。这份电子报是烟台日报传媒集团与荷兰一家科技公司的合作项目,自正式开通以来,已有 500 多位市民通过它了解当天的烟台新闻。

2006 中国国际数字内容产业(上海)博览会 11 月开幕

据中国电子政务网报道,由中国电子商务协会、中国通信协会、中国北京信息产业协会、上海信息服务业行业协会联合主办的"2006 中国国际数字内容产业(上海)博览会"于 2006 年 11 月 15 日至 17 日在上海光大会展中心隆重举行。博览会将首次有机融合整个数字内容产业链条,为中外客商搭建全行业宣传推广、融资投资、交流合作的桥梁,全方位体现数字内容产业内涵,达到艺术和科技、文化和娱乐、商务和休闲的完美融合。

媒体对网游动漫大事报道的回顾

2005 年度中国游戏产业年会召开

据人民网报道,在 2006 年 1 月 11 日召开的 2005 年度中国游戏产业年会上,新闻出版总署音像电子和网络出版管理司副司长寇晓伟对 2005 年的中国游戏产业做了回顾,并通过具体数字解读了中国民族原创网游。

厦门筹办首届两岸动漫艺术节

据《厦门日报》报道,从 2006 年 3 月 13 日召开的厦门市新闻出版工作会议上获悉,今年厦门市将筹备举办"首届海峡两岸动漫艺术节",组织动漫产业发展论坛,推动我市动漫产业发展。

国产网游已占市场份额 60%

据人民网 2006 年 3 月 21 日报道,新闻出版总署音像电子和网络出版管理司副司长寇晓伟在重庆参加"2005—2006 年度中国 IT 品牌风云榜、中国数字英雄榜颁奖典礼"时说,我国互联网游戏产业取得长足进展,国产游戏目前已占市场总额的 60%,国家今年还将加大力度做好产业服务和引导工作。

《EVE》起航仪式暨新闻发布会在京召开

据人民网报道,中国网络游戏运营商广州光通通信发展有限公司(以下简称光通)与《EVE Online》游戏研发及海外运营公司冰岛 CCP 游戏公司于 2006 年 3 月 27 日在北京召开新闻发布会,正式启动《EVE online》在中国的运营。本次发布会受到各方的关注。

全球互动娱乐游戏巨头美国艺电公司结盟广州

据广州市新闻出版和广播电视局政务信息网报道，2006年4月27日，全球最大的互动娱乐软件开发商和发行商美国艺电公司与广州市政府召开签约仪式，宣布建立战略合作伙伴关系，携手开拓面向中国大众的网络游戏市场。

国内首套Flash原创动漫小说问世

据《文汇读书周报》2006年4月29日报道，儿童文学作家陈磊的系列儿童小说《欢乐派男生》由同心出版社出版。据悉，该书是第一套中国原创的Flash动漫小说。

国立动漫创作电子编辑系统面世

据新华网2006年5月1日报道，一种国产的新技术产品——电子编辑系统近日在市场面世。通过这种新技术产品，动漫创作人员可以在电脑屏幕上实现实时创作和修改，从而使创意设计变得异常自由和便捷，实现"信息化"。

数字娱乐产业示范基地建设在Dotman举行

据人民网报道，2006年5月25日，由北京市科学技术委员会、北京市新闻出版局、石景山区人民政府共同主办，北京数字娱乐产业示范基地、中国普天集团、中信泰富集团共同承办的北京数字娱乐产业示范基地建设推进会暨战略合作伙伴签约仪式在基地Dotman世界内隆重举行。在会上，北京数字娱乐产业示范基地发布了"十一五"建设目标并与中国普天、沈阳冰锋，以及中国软件行业协会游戏软件分会等合作伙伴签约，标志着基地建设进入了一个新的阶段。

首届数字娱乐产业论坛在常州举行

据《新闻晨报》报道，由文化部文化市场司、江苏省文化厅和常州市人民政府共同主办的"数字文化、创新中国"中国首届数字娱乐产业论坛于2006年7月18日在常州举行。丁磊、朱骏、唐骏等"数字娱乐巨鳄"出席了此次论坛，并发表主旨演讲。

我国数字动画作品首次在国外比赛中获得大奖

据中新网报道，TBS数字作品大赛于2006年7月22日下午在东京揭晓并举行颁奖仪式，中国参赛数字动画作品《桃花源记》获得本届大奖——最优秀奖。这也是中国的数字动画作品首次在国外比赛中获得大奖。

动漫企业可享受营业税优惠

据税务信息网2006年7月25日报道，为推动我国动漫产业发展，最近，国务院办公厅转发了财政部、文化部等部门联合制定的《关于推动我国动漫产业发展若干意见的通知》，明确了发展我国动漫产业的若干财政、税收优惠政策。在营业税优惠方面，该通知规定：经国务院有关部门认定的动漫企业自主开发、生产动漫产品涉及营业税应税劳务的（除广告业、娱乐业外），暂减按3%的税率征收营业税。

中国电子竞技持续发烧

据《市场报》报道，由新闻出版总署、国家体育总局主办，盛大网络承办的"2006中国电子竞技产业国际高峰论坛"于2006年7月26日在上海召开。这是中国有史以来首次举办的最高规格的全球性电子竞技高峰论坛，将提升中国电竞产业在国际业界的影响力。

网络游戏办法开始审定

据人民网报道，新闻出版总署音像电子和网络出版管理司司长肖时国在2006年7月26日举办的"2006中国电子竞技产业国际高峰论坛"上透露,《互联网游戏出版管理办法》已经进入审定中,该办法对开展电子竞技活动做出相关规定。《互联网游戏出版管理办法》被视为中国首个网络游戏管理政策,该办法将全面体现我国在网络游戏管理方面的策略。

广州举办国际动漫节

据《人民日报》报道,2006年8月5日至8日,"2006广州(国际)动漫节"在新落成的广州动漫星城举行,来自粤、港、台三地的100多个动漫社团、200多个动漫专业机构和相关媒体及商家,在2万多平方米的会场里,进行了展览、表演、创作、竞技等一系列推广动漫的活动。

网游《问道》人气已超30万

据人民网报道,北京光宇华夏于2006年8月16日宣布,其旗下2D回合制网游《问道》继续强势表现,同时在线人数再创新高,已突破30万大关。成为国内网游界的一朵奇葩,不得不让人为之侧目。

创意广州动漫网游总动员成为2006年广博会的亮点

据中国广州网报道,2006年9月1日,广州新闻出版和广播电视局主办的以"创意广州·动漫网游总动员"为主题的展区成为2006年广州博览会的一大亮点。广州新闻出版局此次通过特装布展的形式充分展示广州国家网络游戏动漫产业基地的知名度,逐步建立行业品牌效应,引发全社会对广州网游动漫产业的关注、参与和支持,打造动漫文化色彩的城市名片。

国内动漫第一奖"金龙奖"落户广州

据《南方日报》2006年9月20日报道,从漫友文化传播机构与通力计算机通信技术(上海)有限公司在广州举行的战略合作协议签署新闻发布会上获悉,已经在北京连续举办了两届的国内动漫第一奖"金龙奖"于2006年落户广州,并首次设立"海外动漫奖",面向日、韩、新、马、泰等国家征集作品。另外,年底广州市将出台推动动漫产业的相关政策,其中一个亮点便是政府连续5年、每年出资1.5亿元建立"软件与动漫产业发展专项基金"。

中英有关方面开展动漫产业合作

据新华网报道,中国科技部火炬高技术产业开发中心与英国波恩茅斯大学于2006年9月25日在北京签署合作备忘录,双方将在动漫产业方面开展合作。根据合作备忘录,双方将在学术交流与产业合作、创意产业人才培训等4个方面开展紧密合作。

常州举行2006中国国际动漫艺术周

据中国常州网报道,2006中国常州国际动漫艺术周于9月27日至10月5日在常州市举行。这次艺术周进一步融合了国际与本土优势、突出展示与互动氛围、构建原创与产业化格局,为国内外动漫产业的交流合作搭建广阔平台,为动漫产业的加快发展拓展广阔空间。

石家庄成功举办中国·石家庄首届国际动漫节

据《石家庄日报》报道,2006年10月5日,由市委宣传部、市总工会、市文化局联合举办的"2006中国·石家庄首届国际动漫节"在省会人民会堂闭幕。为期5天的动漫节为省会市民带来新奇的动漫产品,丰富和普及了动漫知识。

金翎奖颁奖晚会在京举行

据上游游戏中心报道,素有中国游戏奥斯卡美誉的金翎奖颁奖晚会于2006年10月17日晚7时在北京隆重举行。金翎奖的各大奖项也已经尘埃落定,游戏风云GamesTV荣获了2006年金翎奖的最佳游戏动漫网络媒体十佳之一的奖项。

黑龙江省动漫产业基地挂牌成立

据国际在线报道，2006年10月17日，黑龙江省动漫产业平房发展基地正式挂牌成立，新闻出版总署有关领导及加拿大有关动画专家出席揭牌仪式。按照规划，动漫产业基地占地面积3平方公里，共分动漫产业发展中心、动漫主题游乐园、动漫职业学院、文化产业城和文化产业区5部分，将以各大高校及入驻龙头企业为依托，为龙江培养创意人才。目前已有黑龙江新洋科技、哈尔滨市智慧动画制作等6家公司成功入驻。

全国最大室内少年动漫广场正式落户湖南长沙

据《长沙晚报》报道，2006年10月27日，在首届中国中部（武汉）文化产业博览交易会签约仪式上，长沙动漫产业招商引资成为湖南团签约仪式的一大重头戏，6个动漫产业项目成功签约。其中，投资2亿元的全国最大室内少年动漫益智娱乐广场——湖南喜乐帝少年动漫欢乐城正式落户长沙出版物交易中心。

中国动漫产业发展与青少年健康成长高峰论坛举行

据新浪网报道，2006年11月4日，中国动漫产业发展与青少年健康成长高峰论坛在青岛隆重举行。论坛的主题是"青春创意动漫，和谐引领网络"。此次论坛是中国青少年绿色网络行动的重要内容，由国务院新闻办、教育部、科技部、公安部、信息产业部、文化部、国家广播电影电视总局、新闻出版总署、国家体育总局、中国科学技术协会、中国社会科学院等联合主办，由中国青少年网络协会、崂山区政府、光明日报网络信息部、青岛中少上扬动漫产业有限公司承办。

媒体对移动媒体大事报道的回顾

互联网实验室发布《2005年中国无线音乐市场研究报告》

据人民网2006年3月2日报道，互联网实验室发布的《2005年中国无线音乐市场研究报告》从多个层面展示了无线音乐市场的现状和机会，并认为无线音乐与在线音乐正在走向融合。

湖南首份手机报正式开通

据《潇湘晨报》报道，2006年3月23日上午11时38分，随着湖南省第一份手机报——《湖南手机报》正式开通，一支湖南媒体的新秀脱颖而出，作为中部大省的湖南抢得"第五媒体"先机。

《广州日报》推出手机语音报纸

据《信息时报》报道，2006年6月8日开始，《广州日报》和大洋网推出语音（IVR）新闻，用户用手机拨打1259015888，按语音提示操作就可听到您感兴趣的新闻。

无线增值产业发展论坛在北京举行

据新浪科技报道，2006年6月13日，无线增值产业发展论坛将在北京举行。本次会议由卓望通讯和艾瑞市场咨询共同主办，会议的主题为"无线增值产业发展的趋势"。

联通签约华纳音乐

据《京华时报》报道，2006年6月20日，中国联通集团和全球4大唱片公司之一华纳音乐在北京正式签约，宣布双方将合作在联通的手机网络上提供华纳的正版音乐收费下载服务，并提供试听、发送、设置为炫铃等服务。

卓越网推出手机"移动购书"新服务

据《北京现代商报》报道，2006年7月3日，卓越网推出"移动购物"新服务。北京的用户将可通过手机短信的方式随时随地接入该平台、发送订单、购买图书和音像制品。此服务是基于卓越网与NEC中国研究院联合研发的"移动购物平台"之上的全新"移动购物"服务。

阳光媒体预购世界第三大手机游戏公司

据《第一财经日报》2006年8月29日报道，阳光媒体正通过旗下在伦敦上市的"阳光电视网城"，要约收购覆盖率为全球第三大的手机游戏公司Upstart。这是继推出《观察星》《澜IAN》（与新浪合作）和《阳光足球》（与Goal.com合作）等电子杂志，以及与奢侈品电视频道LUXE.TV合资组建集网络电视与电子出版于一体的互动多媒体营销平台后，阳光媒体在新媒体领域的又一步棋子。

2006国际无线娱乐大会倡导产业链共赢

据无线资讯网报道，由文化部、信息产业部及国家版权局共同指导，中国移动、中国联通联合协办的"2006国际无线娱乐大会"于2006年8月31在京召开。本届大会由中国电子信息产业发展研究院（CCID）主办，通信产业报社承办，大会主题为"无线娱乐，创造动感世界"。

VAS2006电信增值业务国际论坛11月召开

据新浪科技报道，由中国通信企业协会增值服务专业委员会主办的"第五届电信增值业务高层论坛暨首届手机游戏产业高峰论坛（VAS2006）"于2006年11月1日至2日在北京日航新世纪饭店召开。在这次论坛的核心议题中，手机游戏成为包括国内政府主管部门、海内外运营商关注的焦点之一。

媒体对数字版权大事报道的回顾

中外知识产权合作国际论坛2006年1月在京举行

据新浪科技报道，由国际保护知识产权协会中国分会和中国知识产权研究会联合举办的中外知识产权国际论坛于2006年1月12日至13日在北京清华紫光国际交流中心举行。本次论坛主题为从争端走向合作。

非法传播或下载成打击重点

据《人民日报》2006年2月22日报道，我国把信息传播领域的非法传播尤其是非法网络出版列入"扫黄打非"的总体部署，进一步加大打击力度。各地将严密封堵、查处利用互联网和移动通信工具等传播非法出版物及其相关信息的活动，严厉打击网站、网吧、声讯台、手机短信传播淫秽色情等有害信息的行为，切实加强对互联网上网服务经营场所的监管，依法查处经营者的违法违规行为。

北京启动数字作品版权登记平台

据《京华时报》报道，旨在解决数字作品版权确认的北京数字作品版权登记平台于2006年4月26日正式启动，这标志着今后数码照片和彩铃等都可以受到更完善的版权保护。

《诛仙》引发两大文学网站版权纠纷

据《新京报》2006年5月17日报道，两家著名文学网站——幻剑书盟和起点中文网近日因《诛仙》等小说的版权问题产生争议。幻剑书盟发表声明，称起点中文网刊载了幻剑书盟独家拥有网络收费刊载权的《诛仙》和《飞翔篮球梦》两部书的部分章节。

全国"反盗版百日行动"在京启动

据《济南日报》报道，2006年7月14日，全国"扫黄打非"工作小组办公室、新闻出版总署、国家版权局等 8 部门在京发布《关于开展反盗版百日行动的公告》，宣布从即日开始"反盗版百日行动"。

《二十四史》电子版被诉侵著作权

《出版之门》据《北京青年报》2006 年 7 月 14 日消息报道：认为历史巨著《二十四史》点校本被侵权，北京中华书局将北京联合光华科技有限公司、万方数据电子出版社告到法院。7 月 13 日海淀法院受理了此案。

国内首例网络图书盗版案"蓝狮子"获赔 27400 元

据《东方早报》报道，已持续数月的国内首起因图书下载引发的版权索赔案于 2006 年 7 月 16 日画上句号。原告杭州蓝狮子财经创意中心代理律师徐敏透露，当事双方日前已达成庭外和解，被告删除侵权图书下载链接，并向原告赔偿 27400 元经济损失。

音像业发出响应反盗版百日行动倡议书

据《经济日报》报道，2006 年 7 月 20 日举行的中国版权、音像、软件行业积极响应"反盗版百日行动"座谈会上，中国音像业发出了积极响应"反盗版百日行动"的倡议书。

互联网音乐版权国际研讨会召开

据中国出版网报道，中国互联网协会网络版权联盟与百代音乐版权代理（北京）有限公司联合主办的"互联网音乐版权国际研讨会"于 2006 年 8 月 1 日下午 2 点在北京新闻大厦召开。

音乐版权搜索引擎问世

据《北京娱乐信报》报道，为了更有力地打击非法下载，国内第一个专业音乐版权信息搜索引擎于 2006 年 8 月 1 日正式开通，在网站广泛传播音乐作品的情况下，这将有助于解决此前普遍存在的一首歌曲的音乐版权无从查找的难题。

"网络维权百日行动"启动

据《法制日报》报道，为维护版权人合法权益的"网络维权百日行动"于 2006 年 9 月 1 日在京启动，国家版权局副局长阎晓宏为本次活动授旗。此次活动由中文"在线反盗版联盟"发起。

网络侵权处罚对象新增 4 类个人提供非法下载也要罚

据《北京娱乐信报》报道，2006 年 10 月的最后一天，针对通过网络非法提供电影、音乐、软件和教科书下载的侵权行为，有关职能部门发起了一场空前严厉的打击行动。此次由国家版权局在全国开展打击网络侵权盗版专项行动涉及的诸多细节，不仅涉及互联网企业，和不少网民也有切身关系。

媒体对数码印刷大事报道的回顾

美国 InfoTrends/CAP Ventures 董事访方正印捷

据方正印捷消息，2006 年 4 月 25 日上午 9 时，美国 InfoTrends/CAP Ventures 董事总经理 Charles A.Pesko 先生一行 3 人对北京方正印捷数码技术有限公司进行了访问。

印刷革命入侵"博客"

据人民网报道，在 2006 年 6 月 14 日举办的 2006 年第二届中国国际全印展上，方正印捷推出了一项基于全新互联网博客内容的个性化数码印刷新业务——"博文 e 印"。此业务和中国博客网联手推出，其以双方共同搭建的"博文 e 印"平台为支撑，为博客用户提供个性化博客文集的自动排版、个性化设计、按需打印、精美装订、配送等特色服务。

媒体对电子音像大事报道的回顾

新闻出版总署严查违规光盘复制企业

据《人民日报·海外版》报道，全国在2006年初开始开展查处违规光盘复制企业专项行动，到3月份，共清查了涉及18个省区市的48家光盘复制企业，对14家光盘复制企业进行了严厉处罚。其中重庆三峡光盘发展有限责任公司、河南先达光碟有限公司、汕头经济特区南美电子实业有限公司等6家企业被新闻出版总署吊销复制经营许可证；广东环宇音像有限公司、北京大百科光盘有限责任公司等8家光盘复制企业被当地新闻出版行政管理部门责令停业整顿。

华中最大图书音像出版发行网在武汉诞生

据《湖北日报》报道，华中最大的出版发行行业门户网——"长江发行网"（www.cjfx.net）于2006年4月23日开通试运行。该网由湖北省最大的图书、音像出版集团——湖北长江出版集团打造。开通当天，有全国四大景点书城之一的崇文书城签约加盟，成为长江发行网的首个会员。

上海举办2006国际音像电子博览会

据《出版之门》报道，由新闻出版总署、国家版权局、上海市人民政府和中国出版工作者协会等联合主办，中国音像协会、上海市新闻出版局、中国贸促会浦东分会等承办的2006中国国际音像电子博览会暨国际音像电子产业高峰论坛，于2006年5月25日至28日在上海国际展览中心举行。博览会期间，也将举行"唱片业的新时期"的产业高峰论坛。

新闻出版总署称涉及"文革"题材音像制品须备案

据《京华时报》报道，新闻出版总署于2006年7月12日下发通知要求，今后凡是涉及"文革"等重大选题的音像制品的出版引进必须首先在新闻出版总署备案，没有备案的将一律停止发行，并封存收回。

音像业发出响应反盗版百日行动倡议书

据《经济日报》报道，2006年7月20日举行的中国版权、音像、软件行业积极响应"反盗版百日行动"座谈会上，中国音像业发出了积极响应"反盗版百日行动"的倡议书。

媒体对音像与数字出版其他大事报道的回顾

青鸟华光维、哈、柯、傣文电子出版项目领先

中国商业电讯北京2006年2月27日消息，国家语委科研规划领导小组办公室在北京组织专家对潍坊北大青鸟华光照排有限公司、新疆维吾尔自治区民族语言文字工作委员会和云南省西双版纳报社联合承担的教育部、国家语委民族语言文字规范标准建设及信息化科研项目《基于ISO 10646的维、哈、柯、傣文电子出版系统研发》（M2115-004）进行了结项鉴定，认为该研究成果与国内外同类项目相比处于领先水平。

深圳有了第一家电子出版单位

据《深圳商报》2006年6月1日报道：新闻出版总署日前批准深圳发行集团下属公司——深圳市书城电子出版物有限公司可独立开展电子出版业务，并在一年试营业期满时由总署正式颁发"许

可证"。这是深圳第一家电子出版单位。

2006中国数字出版年会召开

据中国出版网2006年10月13日报道,由新闻出版总署主办、中国出版科学研究所承办的"2006中国数字出版年会"在京开幕。此次年会从科技发展形势、出版产业预景、数字技术介绍、实务交流合作等层面深度探讨我国出版产业战略重塑和未来发展之路。

首届数字时代出版产业发展与人才培养研讨会在鄂举行

据武汉大学网报道,2006年11月2日,"首届数字时代出版产业发展与人才培养国际学术研讨会"在武汉大学隆重开幕,来自中国、美国、英国、德国等国家和地区的100多位专家学者和政府官员参加这一学术盛会。

北京投入上千万元推动数字出版

据北京《科技日报》2006年11月9日报道:近日,旨在推动中国数字出版行业及应用发展的互联网出版平台研发及服务体系构造专案在北京科委正式立项,此项目得到了北京市财政上千万人民币的资金支持。

2007年音像与数字出版大事回顾

媒体对电子图书大事报道的回顾

2006—2007中国网络文学节在京开幕

据搜狐网报道，2007年1月16日，由中国校园文学社团联谊会、中国网络文学联盟和搜狐原创频道主办，中国校园文学杂志社协办，红袖添香、天涯社区、晋江原创网、中国博客网、西陆文学、清韵书院、天下书盟、龙的天空等国内10余家大型文学网站参与联办的"2006—2007中国网络文学节"在北京拉开帷幕。本届网络文学节的主题是"网络文学与青春校园"，定于2007年3月下旬在中国现代文学馆举办。

我国中文正版电子书数据库开通

据《中国新闻出版报》报道，2007年5月30日，由北大方正集团打造的数字出版物发行平台——爱读爱看网正式开通，读者可通过这一网站享受到几十万种正版电子书和数字报的在线阅读服务。

75万选题亮相第二届世界电子书博览会

据《中国新闻出版报》报道，从2007年7月4日到8月3日，为期一个月的第二届世界电子书博览会亮相www.worldebookfair.com网站。博览会上，涉及100多种语言、约75万种选题的电子书向公众开放，其中60多万种选题提供免费下载。本次博览会由"古登堡计划"（Project Gutenberg）、世界电子书图书馆、网络档案馆（Intemet Archive）三家机构牵头主办，其目的在于为电子书商和读者提供交流平台。

北京方正阿帕比技术有限公司与OCLC签署代理授权协议

据《出版商务周报》报道，2007年7月20日，在北京中关村中国电子大厦会议厅里，美国联机计算机图书馆中心（简称OCLC）宣布亚洲第一个代表处——北京代表处成立。在成立典礼上，北京方正阿帕比技术有限公司与OCLC签署了在中国内地的代理授权协议，方正集团高级副总裁兼北京方正阿帕比技术有限公司CEO方中华、OCLC全球总裁Jay Jordan及全球副总裁Andrew Wang共同出席了签约仪式。

2007中国数字图书馆可持续发展研讨会在湖南张家界召开

据腾讯网报道，2007年7月31日，"中国数字图书馆可持续发展研讨会"在湖南张家界召开。本次研讨会以"协作·共享——数字资源创新应用"为主题，来自海内外高校、图书馆、出版社、教育城域网和企事业单位共400多位代表参会，共同探讨中国数字出版与数字图书馆产业未来发展方向。

三门户网站试水线上读书收费

据《新京报》2007年7月24日报道，腾讯、新浪、搜狐三大门户网站的读书频道试水线上读书收费，涉足数字阅读产业。这是门户网站开启数字阅读收费的里程碑。

新浪第五届原创文学大赛启动

据《中国新闻出版报》报道,2007年9月22日,新浪网主办的"新浪第五届原创文学大赛"启幕,新浪投稿通道在当天正式开启。今年比赛奖项除了以往的悬疑推理、都市情感文学奖外,还增设了军事历史文学奖。此次大赛以"促进文学与影视的结合,探索文学产业链条的开发,引导文化产业发展,满足大众文化需求"为宗旨,将网友投票、月晋级赛、专业评审团全程监督、名家评委终评等方式有机结合进行评选。

中文古籍网上出版平台发布会暨工作坊在香港举行

据《中国新闻出版报》报道,2007年11月22日,"中文古籍网上出版平台发布会暨工作坊"在香港理工大学举行,向传媒和各界人士介绍该大学新开发的中文古籍电子书平台。中文古籍网上出版平台是香港创新科技署之创新及科技基金所资助的项目,其目的在于开发一个阅览和出版中文电子书的平台,以使更多的中文电子书特别是稀有的古籍得以透过互联网供给图书馆、学校、机构、公司以及个人读者随时随地使用。

全球数字图书馆扫描图书突破150万册,中国贡献七成

据光明网报道,2007年11月27日,中国、美国、印度和埃及四国同时宣布:世界最大的公益数字图书馆——全球数字图书馆的"馆藏"已突破150万册。其中,中国分站CADAL项目完成了107万册图书的数字化,占全球数字图书馆的70%以上。中国部分由浙大和中科院研究生院牵头,国内16所重点高校共同完成。

媒体对互联网期刊大事报道的回顾

读者集团携手TOM—幻剑　打造短信文学总评榜

据《出版商务周报》2007年3月19日报道,近日,读者出版集团旗下三本"读者"系列杂志,与门户网站TOM在线下属的幻剑书盟,合作推出了"2007中国原创短信文学总评榜"。目前,读者出版集团和TOM—幻剑在新闻宣传、广告经营、大型活动、联合推广等方面开展全方位合作,力求在跨媒体合作方面走出一条新路。"2007中国原创短信文学总评榜"对于合作的双方来说,是一次"传统媒体和网络媒体具有突破性意义的合作"。同时,2007年1月,中国发行量最大的期刊《读者》杂志开通了自己的网站,进入网络媒体领域。

2007首届中国网络杂志出版业论坛在北京举行

据北青网报道,2007年4月18日,由新闻出版总署音像电子和网络出版管理司主办、zbox鹏泰传播承办的"2007首届中国网络杂志出版业论坛"在北京亚洲大酒店召开。会上新闻出版总署与网络杂志平台商、内容提供商、传统媒体巨头、广告公司和市场咨询公司等各行业精英,展开充分讨论,政经两界共议网络杂志发展之路。

第36届世界期刊大会在京开幕

据新华网报道,2007年5月14日,由新闻出版总署、北京市人民政府、国际期刊联盟主办的第36届世界期刊大会在北京中国大饭店隆重开幕。来自全球45个国家和地区的1000多位期刊出版业精英汇聚一堂,把脉世界期刊业发展态势,共同探讨期刊界所面临的挑战和机遇。本届大会以"杂志丰富你的世界"为主题,会议议题主要围绕"传统期刊出版的数字化发展战略""期刊从传统出版向媒体服务的转型""期刊高效发行的战略布局""发展中国家的期刊市场""期刊读者阅读品味和阅读习惯的变化"等诸多期刊业发展的热点问题进行。

高等教育出版社的学术期刊在线出版平台开通

据《出版商务周报》报道，高等教育出版社的学术期刊在线出版平台于2007年9月1日正式开通，该平台是高等教育出版社与德国施普林格公司合作出版的《中国高等学校学术文摘》全英文系列期刊的在线出版平台，平台有即时发布、在线优先出版、为国内用户提供在线访问期刊内容和阅读服务等多种功能。

2007中国科技期刊发展论坛在杭州举行

据科学网报道，2007年10月25日至26日，"2007中国科技期刊发展论坛"在杭州隆重举行。论坛主题是"科技期刊发展与国家创新体系建设"。与会专家学者和大会代表紧紧围绕精品科技期刊建设与发展策略、科技期刊信息化与数字出版、科技期刊国际化及实现途径、科技期刊经营管理与体制机制创新、科学道德规范与期刊编辑出版、长三角科技期刊的创新和发展等科技期刊发展中的重点和热点问题进行了广泛的交流和深入的探讨。

数字出版引领期刊未来研讨会举行

据中国新闻出版网报道，2007年11月29日，由中国期刊协会主办、国新出版物发行数据调查中心和搜狐网协办的"2007数字出版引领期刊未来"研讨会在北京举行。研讨会就期刊数字化的现状、经验、趋势3个议题进行了深入探讨。

媒体对数字报纸大事报道的回顾

数字报业专题研讨会在广州举行

据中国新闻出版网报道，2007年1月26日至28日，"数字报业的商业模式专题研讨会暨数字报业实验室联络员工作会议"在广州举行。来自行政管理部门和"中国数字报业实验室"的成员单位等130多位代表进行深入交流。新闻出版总署原副署长、中国数字报业实验室理事长石峰出席会议并讲话。其间，中国数字报业网开通。

2007首届中国报网互动共赢高峰论坛暨中国传媒百人专家团年会在南宁举行

据《中国新闻出版报》报道，2007年2月3日至4日，"2007首届中国报网互动共赢高峰论坛暨中国传媒百人专家团年会"在南宁举行，本届论坛以"中国传统报业与网络新媒体的互动双赢"为主题，围绕"报网互动的背景与兴起""报网互动运营模式的建构""报网互动的合作双赢"3个议题展开一系列讨论。

中国数字报业实验室第二次常务理事会在宁波召开

据《中国新闻出版报》报道，2007年3月3日，中国数字报业实验室第二次常务理事会在宁波召开。与会的常务理事就2007年数字报业创新方向进行了热烈讨论，确定报纸网站、手机报、多媒体数字报刊、数字化平台、手机二维码、电子商务、户外数字媒体、电子阅读器、移动采编系统等九大类数字报业项目为创新方向。

《温州日报》首推数字报纸"有偿发行"

据新华网报道，2007年4月，《温州日报》首推数字报纸"有偿发行"，取得商业模式的实质性突破。"数字报纸"改变了纸媒体传统的经营模式：在传统纸媒体发行的基础上大面积拓展了发行空间，让报纸无成本、无限量、无地域限制发行，全世界的温州人可以在同一时间看见家乡的报纸，全世界的人都可以通过温州的报纸了解温州。

《新民晚报》正式开通数字报纸

据新民网报道，2007年4月19日，《新民晚报》与北大方正战略合作协议签约暨《新民晚报》数字报纸开通仪式在文新大厦举行。双方将在中国数字报业实验室的架构下，就面向全媒体竞争需求的报业解决方案展开全面合作。

数字报业新技术现状与应用前景研讨会在京举办

据中国数字报业网报道，2007年5月31日至6月2日，数字报业新技术现状与应用前景研讨会在京召开，由新闻出版总署信息中心传媒发展研究所和中国数字报业实验室联合主办。围绕"推动数字报业发展战略的实施，引导报纸出版单位积极探索先进适用技术，并就此提出一些前瞻性和建设性的意见，以促进数字报业的健康发展"的主题进行探讨和互动。

中国行业报新媒体发展研讨会在京召开

据《中国新闻出版报》报道，2007年6月28日，"中国行业报新媒体发展研讨会"在北京召开。中国报协行业报委员会宣布成立中国行业报新媒体研究会。此次研讨会并成立行业报新媒体研究会的目的，是希望能够进一步加深行业报对数字报、手机报、网络等新媒体的认识，解决行业报在发展新媒体时遇到的实际问题和困惑。

2007中国都市报研究会总编辑年会在大连召开

据《出版商务周报》报道，2007年7月6日，"2007中国都市报研究会总编辑年会"在大连香洲花园酒店召开。由中国都市报研究会主办、辽宁日报传媒集团《半岛晨报》承办。本次年会的主题是：未来10年都市报的发展趋势和对策。"用新媒体技术武装传统媒体、用新技术缩短与互联网的差距"成为与会者的主流观点，而保护新闻知识产权、维护第一读者权益也是数位报业专家发出的呼吁。

"借奥运契机，发展数字报业"专题研讨会在京召开

据《中国新闻出版报》报道，2007年9月15日，由中国新闻出版总署传媒发展研究所和中国数字报业实验室主办的"借奥运契机，发展数字报业"专题研讨会在北京召开。会上，中国数字报业实验室全面启动了"多媒体数字报刊""移动新媒体技术"和"电子阅读器"3个方向的专题实验。

2008全国报业创新与发展峰会在宁波开幕

据《中国新闻出版报》报道，2007年12月4日，由新闻出版报社与宁波日报报业集团联合主办的"2008全国报业创新与发展峰会"在宁波开幕，会议主题为"创新、融合、发展、未来"。此次峰会为期一天半。会议遵循"高端、务实、平等"的原则，共分4个议题：深入宣传贯彻党的十七大精神，进一步推进报业发展与繁荣；报业的创新与发展；新媒体发展和跨媒体融合；报业运作与市场竞争力。

宁夏实施报网并进

据《中国新闻出版报》2007年12月28日报道，新改版的吴忠网与广大网民见面，《吴忠日报》数字报也正式开通。这是吴忠日报社创办网络媒体，实施报网并进，开辟媒体发展新空间的举措。吴忠网以其信息量大、新闻发布权威、更新快捷而受到广大网民的喜爱，成为对外宣传吴忠的重要信息窗口。《吴忠日报》数字报集声音、图像、动画等为一体，版面文字清晰、图片艳丽，文章能快速下载和保存，让读者像读书一样翻看报纸。

媒体对手机出版大事报道的回顾

2007中国手机动漫发展论坛在中国传媒大学召开

据《通信世界》杂志报道，2007年1月26日，北京《通信世界》杂志社组织策划的2007中国手机动漫发展论坛在中国传媒大学报告厅召开，并公布了"T9 ALL ABOUT U"中国手机动漫大赛的结果。本次论坛是在中国手机动漫产业发展过程中的一次成功回顾与展望，汇集中国手机动漫产业链各环节主要成员共同探讨产业趋势，交流国内外行业发展经验，通过研讨推动中国手机动漫产业整体向前发展。

《人民日报》面向全国发行手机报

据人民网报道，2007年2月28日，《人民日报》面向全国正式发行手机报，体现了人民日报社对加快现代通信技术与新闻传媒融合的重视，是党中央机关报向新媒体领域迈进的重大举措，是《人民日报》发展历史上的一件大事。

Adobe联手卓望信息共推闪酷地带手机动漫服务

据新浪网报道，2007年3月16日，Adobe公司在北京成功举办了"我闪，我酷，我移动——'闪酷地带'梦网新体验"活动。活动期间，Adobe公司向来宾详细介绍了最新推出的"闪酷地带"手机动漫服务。本次活动特别邀请了主流手机制造商诺基亚，以及关心手机动漫的客户及媒体参加，大家进行了深入的交流与探讨，共同分享了Flash Lite内容的精彩体验。

第三届中国国际动漫节"美猴奖"颁奖典礼在浙江杭州召开

据新浪网报道，2007年4月28日，第三届中国国际动漫节"美猴奖"颁奖典礼在浙江杭州大剧院召开，来自北京的合力宏通广告有限责任公司——咔咔动画一举夺得"最佳手机动漫作品奖"，这是本届大赛手机动漫类的最高奖项，而且咔咔动画是唯一获得此奖项的参赛单位。

康佳手机将预置方正阿帕比阅读器

据《出版商务周报》报道，2007年5月30日，康佳通信科技有限公司宣布与方正阿帕比合作，康佳所有手机将预置方正阿帕比电子阅读软件。方正和康佳通讯的合作，将使方正"移动数字出版发行平台及解决方案"与手机产品密切结合在一起，为康佳手机用户提供优质的电子书阅读和下载服务。

第二届中国原创手机动漫大赛在长沙举办

据《中国新闻出版报》报道，2007年9月27日至2008年1月9日，"第二届中国原创手机动漫大赛"在湖南长沙举办，由文化部、国务院信息化工作办登室、湖南省人民政府和中国移动集团公司共同主办；文化部文化市场司、湖南省文化厅、国家数字娱乐产业示范基地等协办。本次大赛主题是"新动漫、新生活、我行我秀"，目标是"推出一批原创动漫新作品，搭建一个动漫传播新平台，探索一条动漫盈利新模式"，为中国手机动漫产业打造一个集创作—发布—运营—收益为一体化的作模式。

我国首次用手机报全面报道党代会

据《中国新闻出版报》报道，2007年10月14日，《十七大手机报》在北京首发。这是专门报道党的全国代表大会的第一份手机报，预计每期发行量将达2000万份。这份形式新颖的报纸将在党的十七大召开期间面向新华社《新华手机报》和中国移动通信集团公司《手机报二新闻早晚报》

用户发行，采用随报赠送的方式播发，免收订费。《十七大手机报》由新华社与中国移动通信集团公司合作推出。该报还专门开通了手机读者互动平台。

手机出版大手笔合作

据《中国新闻出版报》报道，在2007年11月8日举行的文博会动漫游戏产业发展论坛上，中关村手机动漫产业联盟分别与北京版权保护中心、常州动漫基地、大成律师事务所、韩国漫画家协会、北京商报社签署了战略合作协议。这次"大手笔"合作也表明，动漫产业的发展，始终离不开版权保护、内容制作、媒体宣传等方面的综合推动。

奥运手机动漫高峰论坛在京举行

据科学网报道，2007年11月20日，由第29届奥林匹克运动会科学技术委员会、北京市科委主办的手机动漫高峰论坛在京举行。本次论坛以科技与文化的融合为主题，探讨如何使用手机动漫来全景展示北京奥运的理念及成果，扩大手机动漫在传播科技奥运、绿色奥运和人文奥运理念方面的影响力；与会者同时向人们描绘了手机动漫产业的路线图。

《人民日报联通手机报》正式上线

据《中国新闻出版报》2007年12月17日报道，日前，联通集团首个手机报业务《人民日报联通手机报》正式上线。《人民日报联通手机报》基于联通的手机无线平台，用户使用CDMA手机上网，下载相关软件后，就可以阅读手机报。目前，这一业务的资费标准确定为5元/月，周一到周五定时发送手机报内容，联通和《人民日报》将对使用费收入进行分成。

媒体对网络游戏大事报道的回顾

第五届IT风云榜揭晓

据新浪网报道，2007年1月11日，2006年度第五届"IT风云榜"颁奖典礼在京举行，该评选由天极网、新浪网、21世纪经济报道联合主办，颁奖典礼上发布了年度十大IT风云人物以及年度十大IT企业。

第三届中国游戏产业年会在成都开幕

据中计在线网报道，2007年1月17日，第三届中国游戏产业年会在成都国际会议展览中心隆重开幕。在新闻出版总署、信息产业部的大力支持下，中国出版工作者协会主办的中国游戏产业年会已经成为我国游戏产业年度标志性活动，受到了国内外游戏企业和媒体的广泛关注。年会突出"和谐、责任、创新"这一主题。

《关于保护未成年人身心健康实施网络游戏防沉迷系统的通知》发布

据新浪网报道，2007年4月15日，新闻出版总署等八部委联合发布《关于保护未成年人身心健康 实施网络游戏防沉迷系统的通知》，要求各网游运营商于4月15日开始在所有网络游戏中试行防沉迷系统。随该通知一起公布的还有《网络游戏防沉迷系统开发标准》《网络游戏防沉迷系统实名认证方案》《网络游戏防沉迷系统及实名认证服务协议》等文件，开发标准及实名认证方案的具体内容首次向公众发布。

教育游戏专家座谈会在京召开

据《中国新闻出版报》报道，2007年5月，教育游戏专家座谈会在北京召开，在分析产业现状基础上提出建议管理措施，总署音像司上报《关于推动国产教育游戏产业发展有关情况的报告》。

第九城市和美国艺电联合宣布双方已就股权投资达成协议

据 TOM 网报道，2007 年 5 月 21 日，第九城市和美国艺电（简称"EA"）联合宣布双方已就股权投资达成协议，EA 斥资 1 亿 6700 万美元收购第九城市 15% 的普通股股份。同时，第九城市在中国大陆独家代理运营 EA Sports FIFA Online。该项协议是基于第九城市在中国网游市场进一步扩展其游戏产品线的战略，以及 EA 通过与本土知名运营商达成合作伙伴关系，从而向亚洲市场推广网络游戏而签订的。

暴雪娱乐、第九城市及英特尔公司宣布合作

据科技咨询网报道，2007 年 6 月 7 日，暴雪娱乐和第九城市携手英特尔公司联合宣布，三方将在品牌合作和市场营销等方面通力合作，联合推广即将推出的《魔兽世界》资料片"燃烧的远征"，此举将成为"跨行业合作"的又一里程碑式的创新和突破。

第五届中国国际数码互动娱乐产品及技术应用展览会在上海开幕

据天极网报道，2007 年 7 月 12 日，第五届中国国际数码互动娱乐产品及技术应用展览会在上海新国际展览中心隆重开幕。ChinaJoy 展览会是继美国 E3 展、日本东京电玩展之后的又一同类型互动娱乐大展，由中国政府相关行业主管部门支持举办，旨在在国际上树立中国电子出版物知识产权保护的新形象，让世界了解中国，为中国数码互动娱乐产业的健康、规范和快速发展起到积极促进作用。

盛大在第五届 ChinaJoy 上宣布推出"风云计划""18 计划""20 计划"

据腾讯网报道，2007 年 7 月 12 日，盛大宣布精心准备的"风云计划"，盛大为这一计划准备了 20 个亿的资金，专用于投资那些达到了锦天科技的产品水准的游戏和团队，宣称将"造就 20 个亿万富翁"。按照盛大的计划，2007 年要拿出 16 款新游戏。对陈天桥来讲，通过收购优秀游戏进行自身产品线的补充，无疑比自行开发要省钱、省时、省力且成功的可能性更高。除了"风云计划"外，盛大正在酝酿"18 计划""20 计划"等多个项目弥补新游戏开发上的"短板"。

网络游戏防沉迷系统正式上线

据《每日经济新闻》报道，2007 年 7 月 16 日，由新闻出版总署、公安部、教育部、信息产业部等 8 部委联合推行的"网络游戏防沉迷系统"正式在全国网络游戏中全面投入使用。在网络游戏开启防沉迷系统上线后，未成年人游戏时间超过 3 小时，游戏就会自动提示玩家经验值及收益将减半；超过 5 小时，经验值及收益为零，以网络技术来防止未成年人沉迷于网络游戏。

中华网游戏集团完成光通通信收购

据天极网报道，2007 年 7 月 18 日，原中信泰富旗下的光通通信是知名网络游戏运营商，成功运营了《神泣》《传奇Ⅲ》和《EVE》等游戏。光通通信拥有超过 4300 万的注册用户。完成收购后，中华网络游戏集团将拥有超过 9000 万的注册用户。光通通信目前已成为中国领先网络游戏运营商之一。

完美时空在纳斯达克市场挂牌交易

据新浪网报道，2007 年 7 月 26 日，完美时空股票发行价 16 美元，开盘价 17.5 美元，融资约 1.88 亿美元。据悉，完美时空的 IPO 承销商包括摩根士丹利、瑞士信贷、CIBC 世界市场以及 SIG。对于完美时空的成功上市，业内人士表示，这证明资本市场再度恢复对游戏产业的信心。

中国民族网络游戏出版工程第三批入选选题公布

据新浪网报道，2007 年 8 月，新闻出版总署公布《中华文明》等 20 种网络游戏选题入选"中国民族网络游戏出版工程"。本次公布的选题是第三批入选"中国民族网络游戏出版工程"（以下简

称"民族网游工程")的选题。自新闻出版总署2004年发出《关于实施"中国民族网络游戏出版工程"的通知》后，先后有3批共61种网络游戏选题入选民族网络游戏工程，距离5年出版100种优秀民族网络游戏的目标越来越近。

北京北大方正电子有限公司对美国暴雪娱乐有限公司提起侵权诉讼

据中国证券网报道，2007年8月14日，方正电子称暴雪在中国运营的《魔兽世界》未经方正电子许可，大量复制、使用了5款方正字体，严重侵犯了方正电子根据中国《著作权法》对方正字库享有的著作权。经方正电子初步计算，因美国暴雪公司的侵权使方正电子损失收入达10亿元人民币以上。此案已被北京市高级人民法院正式受理，索赔金额达人民币1亿元。

首届中国游戏开发者大会在上海开幕

据《中国计算机报》报道，2007年8月27日，令中国及世界游戏产业期待已久的"中国游戏开发者大会（China GDC）"在中国上海国际会议中心举行。与大会同期举行的技术展览吸引了上千名专业观众，而职业指导和人才招聘活动更是为梦想踏入游戏圈的人士提供了最好的机会。首次举办的"中国游戏开发者大会"引发了全球游戏开发领域的关注。

2007Gmax动漫游戏展在京召开

据《出版商务周报》报道，2007年8月28日，"2007Gmax动漫游戏展暨数字娱乐产业博览会"在北京民族文化宫拉开帷幕。博览会以"倡导中国动漫游戏发展，促进国际化动漫游戏交流"为主题，邀请众多漫画家、国内外数百家动漫游戏厂商（包括动漫类，网游类和手游类）、数字娱乐和创新数码产品等相关生产、经销企业、相关媒体等参加。

首届穗港澳动漫游戏展广州举办

据天极网报道，2007年10月3日至7日，首届穗港澳动漫游戏展在广州锦汉展览中心隆重登场，由广州市新闻出版和广播电视局联同香港动漫节主办方香港凌速博览及其驻广州机构广州卫士龙博览有限公司携手主办。本届动漫游戏展的口号是"至好玩的动漫展"，这是首次以香港动漫节模式举办的内地第一个大型动漫游戏展。

金山软件在香港联交所挂牌上市

据新浪网报道，2007年10月9日，金山软件承销商包括德意志银行、雷曼兄弟等，发行价3.6港元，融资净额6.261亿港元。首日开盘价3.9港元，比发行价高出8.33%。金山此次上市集资将主要用于研发人员招聘及战略性收购等项目，其中将斥资约1.915亿港元用作招聘新的毕业生及资深研究人员组建研发团队，以拓展金山在娱乐及应用软件方面的研发能力；还将拿出1.304亿港元进行战略性收购及合资运营项目。

2007年度ChinaJoy"金翎奖"揭晓

据腾讯网报道，2007年11月1日，"金翎奖"作为世界上顶级游戏展会之一"中国国际数码互动娱乐产品及技术应用展览会"（简称ChinaJoy）的最重要配套活动，吸引着无数游戏爱好者的关注并得到国内外广大数码娱乐企业的积极参与。"金翎奖"由ChinaJoy组委会主办，协办单位、支持单位和支持媒体多达百家，82个奖项均名花有主。

巨人网络公司在美国纽约交易所上市

据新华网报道，2007年11月1日，巨人网络公司成为继网易、盛大、九城和完美时空后，又一家登陆美国资本市场的中国网络游戏运营商，也是在美国上市规模最大的中国民营企业。承销商为美林银行和瑞士银行。

网龙公司在香港联合交易所有限公司创业板上市

据人民网报道，2007年11月2日，网龙公司宣布其公司股份正式开始于香港联合交易所有限公司创业板买卖。此次集资所得款项净额相当于约港币11.74亿元，将主要用作进一步加强集团核心游戏开发能力；进一步提升集团的整合营运模式；丰富集团产品组合及延长游戏市场周期；通过收购或对外合作以扩充集团业务；提升集团的企业形象及宣传集团的游戏；余下所得款项净额将用做集团的一般营运资金。

盛大投资 NCSoft China

据硅谷动力网报道，2007年11月7日，盛大将投资NCsoft的中国子公司NCsoft China，成为NCSoft China的战略投资者。盛大还成功取得韩国领先的游戏开发商和发行商NCsoft Corporation开发的3D大型网络游戏《AION》在中国大陆的独家运营权。《AION》已于2007年10月27日在韩国开始内测，并预计于2008年下半年在中国展开内测。

维旺迪收购 Activision

据《电脑报》报道，2007年12月的第一个周末，法国维旺迪公司的CEOJean-Bernard Levy与Activision的CEO RobertA. Kotick签署了文件——暴雪的母公司维旺迪正式收购Activision。维旺迪公司所有游戏业务全部并入Activision。Activision与暴雪重组成为新的"Activision暴雪"公司。合并后新公司的市场估值高达189亿美元，并有望打破EA在视频游戏领域的垄断地位，成为全球最大的独立视频游戏发行商。

盛大发布全球首款乒乓球网络游戏

据《中国新闻出版报》报道，2007年12月28日，网络游戏运营商盛大正式启动运营全球首款乒乓球网络游戏《X—乒乓》（英文名：《X-Up》）。由盛大子公司——韩国Actoz Soft（株）公司完成开发制作，持4种比赛方式，包括单打比赛、双打比赛以及四对四的圆体赛，属于竞赛性质的3D动作乒乓游戏。盛大正在积极争夺举办奥运会所带来的体育游戏商机。

媒体对网络动漫大事报道的回顾

第三届中国国际动漫节在杭州举行

据21CN网报道，2007年4月28日至5月4日，第三届中国国际动漫节在杭州举行，中国国际动漫节是目前国内规格最高、规模最大、参与最广、人气最旺，在海内外享有广泛影响力和知名度的动漫节。

中日动漫版权保护研讨会在杭州举办

据《出版商务周报》2007年5月14日报道，2007年4月底，由中国版权保护中心和日本驻华大使馆新闻文化中心联合主办的"中日动漫版权保护研讨会"

在第三届中国国际动漫节期间举行。来自国家新闻出版总署、中国版权保护中心、中华版权代理总公司和杭州市有关部门的领导，中日动漫产业界代表、版权界专家学者和其他相关人士以及中日主流媒体代表200多人参加了本次研讨会。

中国原创动漫作品版权保护合作计划在郑州启动

据《中国新闻出版报》2007年5月22日报道，由中国版权保护中心、中华民族文化促进会动画艺术专业委员会、北京电影学院动画学院和北京梦幻动画科技有限公司共同发起的"中国原创动漫作品版权保护合作计划"在郑州启动，设立"中国原创动漫作品版权保护平台"，为原创作品动漫作品提供版权的受理、登记、管理、保护、交易等一系列服务，并委托北京梦幻动画科技有限公司负责承建并运营此平台。

第三届中国国际动漫游戏博览会在上海举办

据新浪网报道，2007年6月28日，第三届中国国际动漫游戏博览会在上海展览中心隆重举行。此次博览会由中华人民共和国文化部、上海市人民政府主办，上海市文化广播影视管理局、国家动漫游戏产业振兴基地联合承办，以"鼓励原创，发展产业，为弘扬中国动漫游戏文化搭建国际化专业平台"主题。

国家动漫游戏产权交易中心公布相关交易流程

据《中国新闻出版报》报道，2007年6月28日正式在上海投入运行的国家动漫游戏产业产权交易中心公布了相关交易流程。此交易中心由国家动漫游戏产业振兴基地和上海联合产权交易所共同组建。

现代出版社联手专业动漫运营公司中卡世纪

据《中国新闻出版报》报道，2007年7月5日，国内专业动漫运营公司中卡世纪与现代出版社签订了战略合作协议，双方将联手构建中国最大的漫画出版平台。业内人士认为，近期以来，国有大型出版机构开始介入内地原创动漫领域，可望迅速扩大国内动漫产业特别是原创漫画产业的规模。

2007年广州国际动漫节举办

据《中国新闻出版报》报道，2007年7月20日至23日，2007年广州（国际）动漫节召开，持续四天的动漫节，让广州成为全国动漫迷向往的"圣地"。本届动漫节共吸引了超过12万的动漫迷前来"朝圣"。

数字交互多媒体出版平台推出

据《中国新闻出版报》2007年8月20日报道，上海书展期间，一个倡导数字互动阅读、拥有全展馆唯一阅读体验区的"东方动漫书"展区在动漫馆中颇为引人注目。这个名为"东方动漫书"的数字交互多媒体出版平台是由上海文广新闻传媒集团、上海新华传媒股份有限公司和通力计算机通信技术（上海）有限公司联合推出，旨在全力打造中国原创动漫新形象，推动中国原创动漫创作的良性发展。

第一届中国国际青少年动漫周在哈尔滨开幕

据《中国新闻出版报》报道，2007年8月18日，以"拥抱动漫，放飞理想"为主题的第一届中国国际青少年动漫周开幕式在哈尔滨国际会展体育中心举行。首届"动漫周"以培养动漫人才为切入点，以动漫产业展销会、动漫人才高峰论坛、国际动漫乐园奠基等活动为主要内容。

沈阳国际动漫产业城开工

据《中国新闻出版报》报道，2007年8月28日，有"全国动漫第一城"称的沈阳国际动漫产业城正式开工，一期工程将于2009年建成。该项目将整合包含动漫图书、报刊、电影、电视、音像制品、舞台剧等产品的开发、生产、出版、播出、演出和销售，以及与动漫有关的服装、玩具、电子游戏等产业，构筑国内最全面的动漫产业平台。动漫产业城将分为动漫产业区、动漫旅游区和动漫配套区。

石家庄第二届国际动漫节举办

据《中国新闻出版报》报道，2007年9月30日至10月5日，中国石家庄第二届国际动漫节举行。

本届动漫节由石家庄市委宣传部、石家庄市文化局等部门共同主办。动漫节主要包括原创动漫大赛、原创社团交流、动漫周边产品展示、2007 魅力河北 COSPLAY 之星决赛、青少年动漫作文大赛、动漫产业高峰论坛、中国国际动漫产业信息发布暨项目洽谈会等 15 个活动板块、30 多个分项内容。

首届中国动漫投融资国际版权交易会在无锡举办

据《中国新闻出版报》报道，2007 年 10 月 11 日至 16 日，中国首届动漫投融资国际版权交易会举行，此次交易会由无锡市人民政府和世界动漫交易网共同主办，得到国家扶持动漫产业 12 部委的大力支持。秉承"保护版权，卡通走向世界"的原则，首届国际动漫版权及投融资交易会将介绍国际版权保护和卡通盈利企业的商业模式，为企业提供及时，准确的业内行情和前沿动态。

厦门首届动漫游戏展举办

据《中国新闻出版报》报道，2007 年 10 月 28 日，与第三届海峡两岸图书交易会同期举办的厦门首届动漫游戏展，在厦门国际会展中心闭幕。本次动漫游戏展吸引了迪士尼动画、日本 HELLO KITTY 动漫企业等世界知名动漫公司与上海张江国际动漫基地、青鸟动漫有限公司等国内企业参展。

第二届文博会动漫游戏产业发展论坛举办

据《中国新闻出版报》报道，2007 年 11 月 8 日，以"展示北京动漫游戏工作成果，推荐和促进相关项目合作，促进北京市文化创意产业发展"为宗旨的"第二届文博会动漫游戏产业发展论坛"在北京新闻大厦酒店隆重举行。本届论坛包含了"2007 中国数字动漫产业高峰分论坛""动漫游戏外包分论坛""动漫游戏产业基地建设分论坛"等 3 个分论坛，分别针对数字动漫、动漫外包和动漫游戏基地建设等 3 个热点话题展开探讨。

2007 首届江苏动漫游戏节落下帷幕

据《中国新闻出版报》报道，2007 年 11 月 18 日，在南京规划建设展览馆结束的"2007 首届江苏动漫游戏节"，吸引了江苏、上海、浙江、重庆、湖北、湖南、河北等 70 多家动漫企业和社团前来参加。动漫游戏节上开展了动漫游戏产业博览会、动感电玩大赛、COSPLAY 演艺大赛、校园动漫作品交流会等活动。

首届中国国际动漫创意产业交易会

据新华网报道，2007 年 11 月 30 日，首届中国国际动漫创意产业交易会在合肥国际会展中心开幕，安徽省省长王金山、新闻出版总署副署长孙寿山等领导出席开幕式并发表讲话。本届交易会以"为动漫交易搭平台，为动漫投资找市场"为主题旨在促进国内优秀原创动漫产业寻找融资与盈利突破口。

媒体对博客与播客大事报道的回顾

网络贺岁电影在视频网站首发

据六间房报道，2007 年 1 月 10 日，胡戈在六间房首发其网络贺岁电影《007 大战黑衣人》，播放量达到 300 多万次，被 1 万多家中文网站引用，主题曲《被逼的》被下载 80 多万次。

土豆网联手东南卫视

据《第一财经日报》报道，2007 年 1 月 18 日，东南卫视与土豆网签署战略合作伙伴协议，双方联手推出国内第一档播客节目《播客风暴》，这是传统媒体与新媒体对接的第一个产物。

新浪网推出"播客春晚"

据新浪网报道，2007年2月17日，新浪网推出"播客春晚"，挑战"央视春晚"，与央视春晚和地方春晚共同勾画出一幅"三国演义"的壮丽画面。在对央视春晚一片争议声中，播客春晚却赢得了媒体和网友的一致叫好。

视频网站成为互联网新的爆发点

据新华网报道，2007年3月12日，中央电视台新闻频道《社会记录》节目用视音频回顾3月4日沈阳遭遇的那场历史罕见的雪灾，素材大多数来源于视音频分享网站优酷网。市民利用手中的手机、DV等摄影设备，通过拍摄暴雪现场视音频，上传到视音频分享网站上，完成了几乎直播方式的沈阳雪灾"报道"。该事件影响较大，引起传统媒体对视音频网站和草根媒体的关注。

人民宽频开播

据《中国新闻出版报》报道，2017年4月18日，人民网"人民宽频"开播，人民宽频在人民网已有的视频嘉宾访谈等节目资源基础上，整合上海文广新闻传媒集团的节目资源，全新改版而成。这一跨媒体、跨地区的合作成为业界关注的焦点。

2007中国宽频业务与发展峰会暨首届移动视频年会在京举行

据比特网报道，2007年4月19日，"2007中国宽频业务与发展峰会暨首届移动视频年会"在北京新世纪日航饭店隆重举行。大会发布了《2007中国宽频市场与潜力调查报告》，并公布了"2007中国宽频网站十强""2007中国视频分享网站十强""2007宽频优秀服务商"等评选结果。

新浪与中国电信结为合作伙伴

据新浪网报道，2007年5月17日，新浪与中国电信联合召开新闻发布会，正式宣布双方在播客业务上结为全面合作伙伴关系，这是国内首例基础电信运营商与门户网站的全面合作。

新浪互联星空播客与央视电影频道实现战略合作

据新浪网报道，2007年6月4日，新浪互联星空播客与中央电视台电影频道（CCTV-6）结成战略合作伙伴关系，网民将能够从新浪互联星空播客上体验到最新的、内容更为丰富的电影预告及精彩片段。

优酷网宣布与百度达成战略合作

据搜狐网报道，2007年6月5日，优酷网与百度达成战略合作，将在搜索领域展开多方面的业务合作模式的拓展和实施，优酷网从而成为百度在搜索领域的一个重要合作伙伴。2007新媒体暨首届中国博客发展峰会在长沙举行

据《中国新闻出版报》报道，2007年6月9日至12日，由湖南日报报业集团主办、华声在线承办的"2007新媒体暨首届中国博客发展峰会"在长沙举行，本届峰会是第四届"泛珠三角（9+2）区域合作与发展论坛"的配套活动，以"构建和谐网络环境"为主题，共同探讨中国新媒体和博客发展大计。

国内视频网站第一起版权诉讼

据腾讯网报道，2007年7月初，拥有电影《疯狂的石头》网络传播授权的"新传在线"起诉土豆网，原因是土豆网用户上传了电影《疯狂的石头》，供网友免费在线观看。该案被称为"国内视音频网站版权第一案"。该案在业内和网友中引发了强烈的讨论。

第二届博客大会暨搜狐3.0落成大典在北京开幕

据搜狐网报道，2007年7月21日，搜狐第二届博客大会暨搜狐3.0落成大典在北京朝阳公园

隆重启幕。各博客圈达人、名博、娱乐界明星和万名搜狐草根博客齐聚搜狐第二届博客大会，共同见证搜狐博客 2007"声·色"版颠覆博客的表达方式、搜狐通行证实现一证畅游搜狐门户矩阵以及 Web2.0 时代通信工具"小纸条"等众多产品功能搭建的搜狐 3.0 正式落成。

"播客"入选 2007 年春夏季中国主流报纸十大流行语

据新华网报道，2007 年 7 月 27 日，"播客"入选由北京语言大学、国家语言资源监测与研究中心等单位联合发布的"2007 年春夏季中国主流报纸十大流行语"。

土豆网和偶偶网分别启动广告系统

据互联网观察中心报道，2007 年 8 月，国内最大的两家视频分享网站——偶偶网和土豆网日前分别宣布启动广告系统。业内人士指出，由于视频网站以草根原创、视频分享等理念吸引了许多青年网民，这类网站的流量很大，未来的广告投放很有潜力。

国内首个家装全程播客正式上线

据《青年参考》报道，2007 年 8 月 15 日，国内首个家装全程播客正式上线。

作为家装行业公认的"国家队"，业之峰联手新浪，以家装第一播主的"声威"，开行业先河。家装全程播客以一个真实的家庭装修过程为蓝本，向消费者呈现家装过程中的"关键环节"和"注意事项"。

国内首个少儿"播客频道"闪亮登场

据中国少年雏鹰网报道，2007 年 8 月 15 日，国内首个少儿"播客频道"在中国少年雏鹰网闪亮登场。小网民们可以通过视频、音频的方式与伙伴分享自己的喜怒哀乐，或讨论课题表述独特观点，或上演一场 PK 个唱秀展现歌喉，或展示校园风采结交好友。

《博客服务自律公约》发布

据《中国新闻出版报》报道，2007 年 8 月 21 日，中国互联网协会在京发布《博客服务自律公约》。该公约共 19 条，其中包括鼓励博客服务提供商对博客用户实行实名注册，为实名博客提供优质个性化服务，打造实名博客精品等。同时，要求博客作者对跟帖内容加强管理，鼓励社会公众监督博客内容，并要求博客网站开通投诉电话和投诉窗口，及时处理有关投诉和举报问题。

首届中国播客大赛颁奖典礼在京举行

据新浪网报道，2007 年 9 月 17 日，由新浪网主办的首届播客大奖赛颁奖典礼在北京世纪金源大饭店隆重举行，本届大赛参赛作品数量超过 2 万部，最高日上传量超过 600 部，获得选票最多的作品得票数超过 100 万。"筷子兄弟"的《男艺伎回忆录》最终拔得头筹，赢得 10 万元大奖。同时，新浪播客原创联盟正式开启。

搜狐与优酷网达成合作

据新华网报道，2007 年 10 月 30 日，优酷网和搜狐达成了"视音频齐分享，咱客也主场"的战略合作。这是门户网站和视频网站首度达成具有平台意义的合作。

"2007 人民网环保博客大赛"落下帷幕

据《中国新闻出版报》2007 年 10 月 31 日报道，"2007 人民网环保博客大赛"落下帷幕，"名人与环保""清澈的心"等 12 个博客脱颖而出，分别获得人气奖、博文奖、设计奖和优秀奖。该大赛由人民网环保频道主办，美国环保协会协办。大赛以宣传环境建设，普及环保知识，加深人们对"环境友好型社会"的认识为宗旨。自 2007 年 4 月底开始以来，海内外 1000 余名博客参与角逐，其中海外华人博客 30 余个。

新浪播客作品获 2007 年国际博客大奖

据新浪网报道，2007 年 11 月 16 日，获得首届新浪播客大赛一等奖的猫儿宝贝在德国之声"2007 国际博客大奖赛"中获得"最佳视音频博客公众奖"，"筷子兄弟"列"最佳视音频博客公众奖"评选第九名。

优酷网获得 2500 万美元第三轮融资

据网易报道，2007 年 11 月 21 日，视频网站优酷网宣布完成第三轮共计 2500 万美元的风险投资。此次融资主要来自于领衔投资的贝恩资本集团旗下的 Brookside Capital LLC 及既有股东 Sutter Hill Ventures、Farallon Captial、Chengwei Ventures（成为基金）四家机构。投资将用于扩大优酷网的营销渠道和提高用户体验。

播客 CC 建立百万基金

据腾讯网报道，2007 年 11 月 28 日，国内知名视音频服务商"播客 CC"，联合 18 家国家广电新闻网站共同发起了视音频基金计划，通过这一计划，促进视音频服务在中小网站的普及。

新浪互联星空播客记录百位名人的一天

据新浪网报道，2007 年 11 月 30 日，新浪播客频道推出大型视音频系列专题《100 位名人的一天》，由 100 位来自各行各业的一线明星组成的超级华丽阵容，以轻松的节奏展现出各种精彩或平凡的普通生活。

土豆播客体验英特尔技术

据中关村在线网报道，2007 年 12 月 1 日，英特尔（中国）有限公司联手土豆网邀请众多播客（视音频分享）网友和专业播客制作团队在北京嘉里中心酒店举办了一场别具匠心的"英特尔迅驰芯动视音频创意大赛—北京播客聚会活动"。本次活动为网络播客提供了一个分享视音频制作技术，体验英特尔迅驰技术的互动平台。

我乐网获得第二轮融资 2000 万美元

据网易报道，2007 年 12 月 7 日，我乐网获得 2000 万美元第二轮融资。此轮资金的注入一方面将有助于支持我乐网加强在技术层面的基础建设，更好地提升用户体验，另一方面也将有利于扩大品牌市场建设和整体营销工作。

《互联网视听节目服务管理规定》发布

据《中国新闻出版报》报道，2007 年 12 月 20 日，信息产业部、国家广电总局联合发布了《互联网视听节目服务管理规定》，于 2008 年 1 月 31 日起施行。这一规定引起业界强烈反响，有人认为这条规定使得视音频网站"踏上了生死线"，尤其第八条规定，申请从事互联网视听节目服务的，应当为"为国有独资或国有控股单位"，国内视音频网站引发"关灯"之忧。

媒体对数码印刷大事报道的回顾

方正结盟奥西搭建印刷新平台

据《出版商务周报》报道，2007 年 3 月 6 日，方正集团与荷兰奥西集团正式向全球发布了最新的数码印刷设备——CPS900 上的 Founder QuiQ 打印控制器。此举标志着，双方正式结盟，开始共同搭建全球新一代数码印刷平台的战略性合作。方正不仅借势于奥西成熟的全球印刷网络，将打印控钳器应用于奥西全球设备中，也启动了将自主知识产权的 RIP 内核植入奥西 Prisma 全球系统的工作。这是"Founder inside"的国际化战略又一重大进展。

首届"国际数码印刷出版设备及图文影像印制技术展览会及会议"在京举行

据《中国新闻出版报》报道，2007年4月14日至17日，首届"国际数码印刷出版设备及图文影像印制技术展览会及会议"在中国国际展览中心举行，该展会是中国第一个聚焦按需印刷技术的展览会，展会内容包括数码印刷设备、数字化工作流程、数字化直接制版以及宽幅打印。

方正"高端彩色打印服务器系统"通过鉴定

据《中国新闻出版报》报道，2007年5月17日，由北京北大方正电子有限公司与北京大学计算机研究所联合自主研发的"高端彩色打印服务器系统"正式通过国家科学技术成果鉴定。这也标志着这项继激光照排技术之后，又一次对出版印刷业产生深远影响的技术创新将走向更加深远的推广阶段。

深圳文博会第二届印刷业国际论坛举办

据《中国新闻出版报》报道，2007年5月17日至18日，第二届印刷业国际论坛在深圳举办，本届论坛以"数字化趋势、机遇——共迎印刷新时代"为主题，以"加快技术进步，增进国际印刷企业的所有者和管理者开展技术与信息交流，寻找财富商机，积累行业人脉，构建财富创造与打造行业合作的高端平台"为宗旨，围绕"当前印刷技术的现状及发展趋势""数字化三维技术与印刷产业结合的有效途径""数字化三维技术如何为印刷企业创造更多的增值服务""印刷企业管理与市场推广"及"印刷行业的人力资源管理"等5个论题展开讨论。

中国国际印刷新技术展在京开幕

据《中国新闻出版报》报道，2007年6月12日至16日，"中国国际印刷新技术展"在北京中国国际展览中心开幕，展会由中国印刷技术协会、中国国际展览中心集团公司主办。本届展会以市场为导向，重点展示目前中国印刷市场中新颖、热门的印刷技术和产品，反映国际印刷技术发展的新水平、新趋势，为参展商全面把握市场动向、为国内外印刷企业准确选购畅销产品提供专业交流平台。

2007亚太网印制像展在京举办

据《中国新闻出版报》报道，2007年9月26日至29日，2007亚太网印制像展/2007中国国际网印及数字化印刷展在北京展览馆举办。由中国网印及制像协会组织筹办的"全球网印与数码印刷高峰论坛"与本届展会同期召开，论坛以"网印与数码，中国与世界"为主题，探讨全球网印、特印及数码印刷业者所关心的战略性、前瞻性问题，并将焦点转向中国网印业如何与数码相结合、中国与世界市场的合作与竞争、中国怎样与世界对接等议题。本届展会的另一亮点是第四届亚太网印精品评比和恒晖杯第13届金网奖评比。

2007"数码印刷在中国"系列活动上海举办

据《中国新闻出版报》报道，2007年10月18日至19日，由中国印刷科学技术研究所和中国印刷技术协会数字印刷分会联合主办的2007年"数码印刷在中国"系列活动在上海举办。这次活动以"创新、提升、共享"为主题，以"以竞技促交流，以交流促进步"为宗旨，积极推动数码印刷在中国发展。

"数码印刷先驱"Frank D. Steenburgh 受聘北京印刷学院

据《中国新闻出版报》报道，2007年11月13日，国际公认的"数码印刷先驱"美国Steenburgh & Associates 有限公司总裁兼首席执行官 Frank D. Steenburgh 先生受聘为在国内外印刷出版领域享有盛名的北京印刷学院的名誉教授，在受聘仪式上，Frank D. Steenburgh 教授发表了热情洋溢的受聘感言。此次两强联合将为中国数字印刷的发展再添新翼，为国内校企联合的推进再添新花。

媒体对数字版权大事报道的回顾

2007北京国际版权贸易研讨会召开

据《中国新闻出版报》报道，2007年4月11日至12日，2007北京国际版权贸易研讨会召开，研讨会由国家版权局主办，中国图书进出口（集团）总公司承办，国内出版社、中国图书对外推广计划成员单位、版权代理公司、律师事务所、网络公司等机构的近200人参加了会议。

保护知识产权宣传周高峰论坛在京举行

2007年4月23日，由中国音像协会、中国音乐著作权协会主办的以"促进版权保护，繁荣音乐创新"为主题的"2007年保护知识产权宣传周"高峰论坛在人民大会堂举行。来自版权、司法、行业协会、唱片公司、卡拉OK经营行业、知识产权研究、演艺等相关领域的200多名代表济济一堂，就音乐版权保护及卡拉OK音像版权使用的最新进展情况进行了探讨和交流。

十大企业签署"2007年中国无线娱乐数字版权保护宣言"

据《中国新闻出版报》报道，2007年5月15日，在"2007年无线娱乐文化系列"主题活动的峰会上，包括中国移动、中国联通、爱立信、索尼爱立信等十大企业代表共同签署了"2007年中国无线娱乐数字版权保护宣言"。

2007国际版权论坛在京召开

据《中国新闻出版报》报道，2007年7月18日，"2007国际版权论坛"在北京中国大饭店举办，论坛以"互联网产业的版权保护"为主题。本届论坛在国际性、权威性、专业性上突显特色，以拓展中国版权界与国际社会的沟通、交流渠道，为中国版权相关产业的发展打开世界之门，为知识经济时代权利人与消费者共享人类智慧的成果提供平台。

中国保护知识产权网络论坛启动

据《中国新闻出版报》报道，2007年7月30日，中国保护知识产权网与中文在线反盗版联盟联合在中国保护知识产权网推出"中国保护知识产权网络论坛"。本期论坛以"网络盗版的防范与维权"为主题。

深圳推出数字版权"自助保护系统"

据《中国新闻出版报》2007年8月21日报道，深圳市版权部门与有关技术提供商合作，在全国率先推出一个数字版权自助备案的保护系统，对各种数字化作品进行著作权统计、认证，任何"网络作者"只要第一时间通过该网上系统进行其数字作品的权利人身份、作品描述等各项登记认证，就能获得一个"时间戳"确认作品的权属，从而为今后维权、开展版权交易等提供最有效的数字证书。

2007国际版权贸易发展论坛在京举行

据《中国新闻出版报》报道，2007年9月13日，作为第八届北京CBD国际商务节重头戏的北京国际版权交易中心挂牌成立仪式暨"2007国际版权贸易发展论坛"在北京国际贸易中心举行。论坛以"中国版权产业化的构想与实现"为主题。国际版权贸易发展论坛将每年举办一次。

中国音乐作品版权保护合作计划启动

据《中国新闻出版报》报道，2007年9月26日，中国版权保护中心、中国民族器乐学会、中国音像制品评价制作中心、北京非常动力网络科技有限公司在北京正式签署合作协议，联合发起"中国音乐作品版权保护合作计划"。北京非常动力网络科技有限公司与中华版权代理总公司，将在中国版权保护中心的监管指导下一起建设和运营"中国音乐作品版权服务平台"，它将为中国音乐作品的发展搭建一个网络服务平台，同时通过网络为音乐作品和著作权人提供与市场相结合的增值服务。

国家版权局反盗版举报中心成立

据《中国新闻出版报》报道，2007年9月29日，国家版权局在京举行"反盗版举报中心成立暨举报投诉电话公布仪式"，公布反盗版举报电话为12390。新闻出版总署署长、国家版权局局长柳斌杰和新闻出版总署副署长、国家版权局副局长阎晓宏为反盗版举报中心揭牌。新闻出版总署办公厅主任张毅君宣读了《举报、查处侵权盗版行为奖励暂行办法》。

国家版权贸易基地落户中国人民大学

据《中国新闻出版报》报道，2007年10月30日，"国家版权贸易基地授牌仪式"在中国人民大学文化科技园文化大厦举行。基地定位为从事版权交易的综合性平台，具有"集聚、辐射、交流、展示交易、孵化、培训、代理"七大功能，是版权交易主体集中从事交易活动的市场，同时也是版权代理公司和其他版权贸易服务机构参与交易的场所。

媒体对电子纸大事报道的回顾

电子纸信息技术产业化研讨会在京召开

据《中国新闻出版报》报道，2007年3月10日，由中国产业报协会、中国发展战略研究会以及中国电子学会、广州市荔湾区人民政府联合主办的电子纸信息技术产业化研讨会在京召开。"电子纸"技术即将落户广州荔湾沙面，是荔湾区吸引国际跨国公司总部及高科技企业研发中心落户的重要举措之一。"电子纸"技术在国内的运用目前将主要以电子政务、教育和电子书包等为主。

媒体对音像电子大事报道的回顾

教育音像电子出版物订货会在西安举行

2007年3月19日至20日，由中国音像协会教育工作委员会举办的"第11届教育音像电子出版物订货会"在西安举行。该订货会每年一届，是教育音像出版单位重要的供货订货会议，已经连续举办了11年。

中国音像代表团参加香港音乐会展

2007年3月21日至24日，中国音像协会组织部分会员单位参加香港音乐会展（HKMF），这是音像协会连续第二年参加该展，HKMF是香港娱乐博览会系列活动中的一项，由国际唱片业协会香港会主办，主要有国际三大唱片公司、香港本土唱片公司和国内部分音像出版音乐制作企业参加。

中国国际音像电子产业高峰论坛在上海举办

2007年4月11日，"2007中国国际音像电子博览会产业高峰论坛"在上海光大酒店国际会议厅举行。本次论坛的题目是"音像业与新兴媒体"，论坛由总署音像电子和网络出版管理司王国庆司长主持。杨定华副市长致欢迎词，邬书林副署长发表了题为《把握态势，大力推进我国现代出版业发展》的主题演讲。上海市政府秘书长李逸平、上海市新闻出版局局长孙颙、总署对外交流与合作司副司长谢爱伟、总署音像电子和网络出版管理司副司长朱启会等领导出席论坛。

中国音像电子博览会在上海举办

2007年4月12日，由中国出版工作者协会、中国音像协会、上海市政府联合主办的2007中国国际音像电子博览会举行开幕式。邬书林副署长、于永湛会长和中宣部出版局、上海市委市政府有关领导和国际唱片业人士等参加开幕式并剪彩。本次展会共有62家中外企业参展，展出音像制品品种有18700余种，专业观众有571人，公众参观达17210人次。与中国国际音像电子博览会同期举办的还有"MBM杯卡拉OK大赛"和"第15届上海国际音响影视展览会"。

丹麦摇滚音乐协会代表团来京访问

2007年4月16日，丹麦摇滚音乐协会（ROSA）巴赫先生等一行三人来中国音像协会访问，中国音像协会常务副会长王炬与来访者会谈，丹麦客人介绍了丹麦流行音乐发展状况，双方就数字音乐的发展交换了看法。

中国音像协会争取广播权和表演权座谈会在京连续召开

2007年5月18日，中国音像协会召开了"争取广播权和表演权座谈会"，出席会议的有音像界20余家企业代表，会议讨论了音像业争取广播权的必要性和促进文化产业发展的必然性，会议发表了音像业争取广播权的《呼吁书》。6月21日下午，为了进一步推动这个活动，在北京兆龙饭店召开了第二次"争取广播权和表演权座谈会"。本次座谈会邀请了法律界、司法界和新闻界有关专家学者及部分会员单位参加。

尼尔森机构来中国音像协会拜访

2007年6月7日，中国音像协会常务副会长王炬、副秘书长朱禾等与国际著名的传媒统计调查机构尼尔森集团Purl Leaks一行四人举行工作会谈。尼尔森机构对中国飞速发展的数字传播市场有浓厚的兴趣，双方就国际和中国国内数字音乐的发展趋势和方式进行了探讨。

中国音像协会举行网络侵权情况调查会

2007年6月15日，中国音像协会召开网络侵权情况调查会，总署音像司张亮处长、国家版权局版权司张友利处长和部分会员单位负责人以及有关律师出席了情况调查会。中唱、太和麦田、中凯文化、亚神音乐等音像企业在会上就日益严重的网络侵权对企业和音像行业的危害作了介绍，与会人士呼吁政府主管部门加大对网络侵权的打击和管理，加强执法。张友利处长在会上阐明了国家版权局坚决打击网络侵权的决心，介绍了正在部署的打击行动和即将采取的措施。

新形势下中国音像业的生存与发展研讨会在贵阳召开

2007年6月26日，中国音像协会在贵阳召开了"新形势下中国音像业的生存与发展研讨会"，来自各地的会员代表及部分省、市、自治区新闻出版局主管音像电子网络工作的负责同志等60余人参加了会议。新闻出版总署音像电子和网络管理司副司长朱启会、贵州省新闻出版局局长刘援朝等领导在会上做了重要讲话。音像出版单位的相关代表围绕会议主题和在各自岗位上所遇到的问题及对未来发展提出来自己的看法。

音像数字化公共服务平台论证会在京举行

2007年7月11日，新闻出版总署音像电子网络司、总署条码中心、中国音像协会和电子工业出版社在北京举行中国音像内容管理与数字化公共服务平台论证会。于永湛会长、朱启会副司长、齐相潼主任、王炬副会长、文宏武社长等参加会议并发表重要讲话。

中国音像协会组织评选优秀音像制品封面

2007年7月13日，受新闻出版总署主办的首届封面文化博览会组委会的委托，音像协会组织业内专家对参展的数百种音像制品封面进行评选。共有36种音像制品封面获得提名。

中国音像协会于永湛会长到三辰高教等单位进行调研

2007年7月25日，音像协会会长于永湛、副会长王炬等到三辰音像公司进行调研，于会长着重了解音像企业目前的生存状况和发展前景，对三辰公司在动漫产品的研发和取得的成绩表示赞赏。于会长一行此前还到高等教育音像出版社、电子工业出版社等在京的部分音像企业进行调研，重点调研音像数字化的现状和发展前景。

英国独立唱片协会在北京开展联谊活动

2007年9月10日，英国独立唱片协会（AIM）在北京建国饭店举行联谊活动，这是AIM连续第三年在北京举办此类活动。我国30余家音像企业和来自AIM的10余家成员参加了此次活动。活动内容包括中英两国唱片企业互相介绍情况，了解各公司的产品，举行业务洽谈。9月11日，AIM在英国贸易投资机构驻北京办事处举行了形势报告会，王炬常务副会长等国内业界专家向AIM代表团成员介绍了我国音像业的状况和发展趋势。

中国音像协会与英国音乐展会达成合作意向

2007年9月12日，中国音像协会常务副会长王炬等与英国"伦敦呼唤"（London Calling）国际部经理Becky Ayres以及英国贸易投资处的官员举行会谈。英方介绍了举办英国最大的音乐产品展会"伦敦呼唤"的具体情况，并邀请音像协会参加2008London Calling。王炬副会长向英方介绍了中国音像业发展状况，并原则上接受英方的邀请。会谈结束后，音像协会向总署对外交流与合作司送交参加London Calling的计划，希望得到政府资助，促进我国优秀音像产品"走出去"。

录音制品的广播权和表演权报告会在京举办

2007年9月18日，由中国音像协会和国际唱片业协会联合组织的"关于录音制品的广播权和表演权报告会"在京举行，部分音像出版社、音像制作公司和音乐制作公司的代表和部分媒体代表出席了会议。国际唱片业协会全球法律政策行政副总裁Shira Perlmutter女士、国际唱片业协会亚洲区总裁梁美丝女士以及相关专家学者在会上做了有关国内外录音制品权利的演讲。

中国音像代表团参加东京亚洲音乐节

2007年10月15日，东京亚洲音乐节（TAM）在日本东京开幕，总署音像司巡视员张亮、中国音像协会常务副会长王炬、副会长周建潮以及十余家国内唱片公司代表，应日本文化产业·音乐振兴财团（PROMIC）的邀请参加TAM的活动。中日两国唱片业保持良好的合作关系，音像协会连续3年协助日本唱片协会（RIAJ）在北京举行中日唱片界的联谊和产品推广活动以及协助对方开展出口贸易业务。

音像业走出去调研会在北京举行

2007年11月6日，音像业"走出去"调研会在中国音像协会秘书处举行。总署对外交流与合作司陈英明副司长、赵海云处长、王华处长以及中唱、三辰影库、国际电视总公司、正大国际音乐等音像企业的负责人参加了调研会。会上讨论了近年来我国音像业"走出去"的现状、困难以及今后发展前景和方向，交流了各自的经验。

争取录音制品广播权和表演权调研会在北京举行

2007年11月7日，中国音像协会在北京环球贸易中心举行"有关录音制品广播权和表演权的调研会"。王炬常务副会长、王化鹏副会长、国际唱片业协会亚洲区总裁梁美丝和参与著作权法修改前期调研工作的同济大学知识产权学院刘晓海教授以及在京的20余家唱片公司代表参加了会议。参会者就我国唱片业的现状、赋予我国录音制品制作者广播权和表演权的必要性和重要性等方面进行了探讨。

全国音像发行研讨会在杭州举行

2007年12月17日，由中国音像协会主办、浙江省新华发行集团承办的"全国音像发行研讨会"在杭州举行。本次会议主题是"发挥主渠道作用，促进音像业大发展"。中国音像协会会长于永湛到会并讲话，中宣部出版局，新闻出版总署音像司、印刷发行司，浙江省新闻出版局等有关方面负责人，来自全国新华书店，音像出版社，音像制品供应商、销售商共50余人参加了研讨会。

媒体对音像与数字出版其他大事报道的回顾

中国出版科学研究所数字出版研究中心展示区落成

据《中国新闻出版报》报道，2007年1月9日，中国出版科学研究所DigiBook数字出版研究中心展示区揭牌仪式在研究所大厅举行，展示区展出了数字出版品的最新成果，同时也动态展示了出版科研所研究成果和国内外最新动态。

中国报业集团正式牵手新媒体

据《中国新闻出版报》2007年1月12日报道，近日，文汇新民联合报业集团与知名网络杂志平台Xplus合作，推出电子《文汇报》。此举标志着中国报业集团正式牵手新媒体，共同经营数字报纸领域。《文汇报》电子报由文汇报提供内容，由Xplus并购的上海商博尔公司提供技术支持，Xplus提供平台服务和渠道推广，形成了数字媒体产业链上的强强联合。

第二届中国传媒创新年会在京开幕

据人民网报道，2007年1月20日，受到各界瞩目的"第二届中国传媒创新年会"在北京职工之家举行。本届年会由新闻出版总署主管的传媒杂志社主办，北京大学新闻与传播学院联合主办，本届年会将聚焦目前备受关注的传媒创新话题，遵循"交流合作，和谐共赢"的原则，突显2006年中国媒体发展的新观点和范例透析，共享解决问题的方略。

国新出版物发行数据调查中心网络出版专业委员会成立

据《中国新闻出版报》报道，2007年2月8日，国新出版物发行数据调查中心的首个专业委员会——网络出版专业委员会成立，这标志着我国的出版物发行数据认证正在由纸介出版逐步向网络出版延伸，网络出版物的发行数据核查已提上日程。

南京大学金陵学院首开媒体融合专业

据《中国新闻出版报》2007年3月19日报道，近日，南京大学金陵学院获批开设媒体融合专业（方向），并将于2007年秋季开始招生，这是国内高校首次开设媒体融合专业。

2007互联网创新领袖国际论坛在京举行

据《中国新闻出版报》报道，2007年3月21日，以"创新、成长、交流"为主题的"2007互联网创新领袖国际论坛"在北京国际会议中心举行。此次论坛由中国信息产业部指导、中国互联网协会主办，旨在为中国迅猛发展的互联网企业与国际企业提供交流平台，加强国外互联网企业对中国市场的了解，促进先进互联网创新理念的沟通与传播，共同探讨未来五年内世界互联网产业面临的发展机遇与挑战、行业渗透融合、商业模式创新等热点问题。

国际数字出版与网络出版高级研讨班在京举行

据《中国新闻出版报》报道，2007年3月26日至28日，"国际数字出版与网络出版高级研讨班"在北京举行，由新闻出版总署对外交流与合作司主办、新闻出版总署教育培训中心承办，邀请美国纽约大学和美国知名传媒公司的专家和学者来京，通过介绍施普林格公司、Safari 电子图书在线服务、Westlaw 法律数据库，华尔街日报等传媒公司的实例，探讨科技、医药、教育类出版社和大众期刊、报纸等网络出版的盈利模式以及网络出版策划、管理变革等热点问题。

2007 上海国际数字媒体技术与产业发展论坛举行

据《中国新闻出版报》报道，2007年3月27日，"2007 上海国际数字媒体技术与产业发展论坛"举行。目前，虚拟现实技术、图形图像处理技术、网络游戏引擎技术、音视频编码技术、版权保护技术、媒体资产管理技术、内容检索技术等技术攻关项目已取得初步成果。

首个媒体融合实验室在汕头大学成立

据《中国新闻出版报》2007年4月2日报道，国内新闻传播院校第一个媒体融合实验室日前在汕头大学长江新闻与传播学院成立，该实验室在李嘉诚基金会的支持资助下，与美国密苏里大学新闻学院开展合作，合作内容包括课程设置、教学、学术科研和新技术研发等，以推动中美之间的媒体网络化研究及应用进程。

2007 方正数字出版产业峰会在北京举办

据搜狐网报道，2007年5月30日，由业内知名数字出版技术公司北大方正主办的"2007年方正数字出版产业峰会"在北京召开，400多家出版社，200多家报社近千人参加了会议，本届峰会主题为"创新共赢"。国家新闻出版总署副署长孙寿山出席并致辞，与会者热烈研讨，纷纷为数字出版产业的发展献计献策。

2007 国际数字娱乐嘉年华在大连举办

据《中国新闻出版报》报道，2007年6月22日，"2007 国际数字娱乐嘉年华"活动在大连举办，活动以国际性电子竞技赛事为主体，同时涵盖数字娱乐产业高峰论坛、COSPLAY 大赛、FLASH 大赛等青少年数字娱乐活动。本次活动由共青团中央、韩国文化观光部、大连市人民政府共同主办，旨在通过健康的赛事推动产业发展，净化网络环境，推动青少年文明上网。

中国教育新媒体产业协作体成立

据《中国新闻出版报》报道，2007年7月3日，中国教育新媒体产业协作体在北京成立。这一集电视台、网络运营商、教育软件供应商等于一体的协作体将利用互联网、手机和数字电视等"新媒体"手段，为公众提供个性化、全天候的教育服务。

第二届中国数字出版博览会在北京召开

据中国出版网报道，2007年7月16日至19日，由国家新闻出版总署主办，中国出版科学研究所承办的"第二届中国数字出版博览会"在北京国际会议中心召开，大会以"数字创新出版，网络改变世界"为主题。国家新闻出版总署副署长、国家版权局副局长阎晓宏出席会议并讲话。会议同时组织了多个分论坛，这是国内最大规模的数字出版盛会。

音像电子出版物样本信息数据库完成一期工程

据中国新闻出版网2007年7月30日报道，由新闻出版总署条码中心与北京九州时讯网络科技有限公司合作开发的"音像电子出版物样本信息数据库"日前完成一期工程。该项目共分为"音像电子出版信息报送系统""音像电子出版物样本信息采集系统"和"音像电子出版者及出版物信息应用系统"三大系统。

第九届中韩出版学术年会在京召开

据《中国新闻出版报》报道，2007年8月3日，由中国出版科学研究所主办的"第九届中韩出版学术年会"在北京召开。年会的中心议题是中韩两国出版界最新发展状况及世界出版业发展前景研讨。来自韩方的6位代表和中方的4位代表分别就出版领域近期关注的国民阅读、畅销书运作、数字出版、版权保护与贸易等问题进行了深入交流。

"科学发展，共建和谐"网络作品大赛启动

据《中国新闻出版报》2007年8月7日报道，由全国188家网络媒体首次联合主办的"科学发展，共建和谐"网络作品大赛近日正式拉开帷幕，大赛以"我建设、我见证、我记录"为宗旨，分设文字、摄影、DV、FLASH四类作品比赛，网友可以自行选择创作体裁、题材，在各主办网站开设的作品征集专区上传自己亲见、亲历"科学发展，共建和谐"的真实故事、精彩图片、视频片断和创意动漫等作品。

绿色网络文化产品征集和推介活动在京启动

据《中国新闻出版报》报道，2007年8月21日，由中国互联网协会主办的"绿色网络文化产品征集和推介活动"在北京启动，其官方网站同步开通。中国互联网协会特别邀请了政府有关部门、电信运营商、互联网企业代表、教育行业等各界专家、学者以及学生代表共同组成"绿色网络文化产品评审委员会"，研究制定了详细的《绿色网络文化产品评价标准》。

10+3媒体合作研讨会在天津举行

据《中国新闻出版报》报道，2007年8月21日至24日，由人民日报社主办、天津滨海新区管委会协办、天津日报报业集团承办的"首届10+3媒体合作研讨会"在天津滨海新区举行。这次研讨会以"加强媒体合作，传递亚洲声音""如何在国际舞台增强'亚洲的声音'""2008年北京奥运会——亚洲盛世"3个议题展开深入研讨。

第三届数字新媒体高峰论坛在京召开

据《中国新闻出版报》报道，2007年8月23日，由北京国际广播电影电视设备展览会组委会主办的"第三届数字新媒体高峰论坛"在北京召开。"数字新媒体"是本次论坛的主旋律。

全国新闻出版信息标准化技术委员会成立大会在京召开

据《出版商务周报》报道，经新闻出版总署批准，全国新闻出版信息标准化技术委员会成立大会暨第一届委员会第一次工作会议于2007年8月22日至23日在北京召开。"信标委"是作为总署成立并直接领导的第4个专业技术标准化工作机构，其定位是总揽全行业信息标准化工作的全局，承担并协调全行业信息化建设中的标准管理和标准立项与标准制、修订工作。

2007中国新媒体艺术系主任（院长）论坛在中国传媒大学召开

据《中国新闻出版报》报道，2007年9月21日至22日，由全国新媒体艺术系主任（院长）论坛执行委员会主办，中国传媒大学承办的"2007中国新媒体艺术系主任（院长）论坛"在中国传媒大学召开。本届论坛以"新媒体艺术创新人才培养"为主题，围绕新媒体艺术创新人才培养思路的探索与实践展开研讨，论坛邀请国际知名大学专家学者就国际新媒体艺术的教育现状做深入系统的介绍。

2007年中国互联网大会在京召开

据网易报道，2007年9月24日，"2007中国互联网大会"在北京中国大饭店举行，大会由中国互联网协会主办，信息产业部等12家政府部委任指导单位。本届大会提出"和谐网络品质服务"的新主题，倡导"绿色2007"网络文化。

数字出版经营战略讲座在京举行

据《中国新闻出版报》报道，2007年9月26日，由中国企业版权联盟组委会和新闻出版报社共同主办的"数字出版经营战略"讲座在北京举行，25家出版社代表共同探讨传统出版社如何应对数字技术挑战这一重大课题。本次讲座是"版权联盟大讲堂——数字出版在中国"系列讲座的第一场。

第五届中国国际网络文化博览会在京举行

据《中国新闻出版报》报道，2007年10月25日至28日，"第五届中国国际网络文化博览会"在北京展览馆举行，汇集了国内外众多优秀网络文化机构、企事业单位，从互动娱乐产品的研发和运营、最新数字技术内容与应用、动漫、网络语言文学、网络音乐、网络视听、网络技术教育培训、网吧增值业务等方面进行全方位展示，为企业推广产品、树立形象和品牌提供了一个丰富多彩的展示平台。

互联网运营商技术创新论坛在深圳举行

据《中国新闻出版报》报道，2007年11月2日，由中国互联网协会和华为技术有限公司联合主办的"互联网运营商技术创新论坛"在深圳举行。本次论坛邀请了IDC、百度、腾讯、阿里巴巴等知名互联网运营商共同参与。论坛通过知名企业高层间对业务运营和商业模式的探讨，试图为互联网行业寻找创新机遇，为互联网运营商的业务成长提供更好的基础和发展环境，获得持续的竞争力和生命。

第二届中国（北京）国际文化创意产业博览会在北京开幕

据新华网报道，2007年11月7日，由文化部、国家广电总局、新闻出版总署和北京市人民政府主办的"第二届中国北京国际文化创意产业博览会"在北京举办，本届博览会以"文化创意与人文奥运"为主题。以北京方正阿帕比技术有限公司为代表的一批数字出版产业先锋获得了"文化创意产业100强"称号。

数字出版信息中心信息系统通过终验评审

据《中国新闻出版报》2007年12月20日报道，来自新闻出版总署、北京市信息办、市财政局等部门领导及信息化方面专家日前组成验收组，对北京市新闻出版局的"数字出版信息中心信息系统"项目建设进行了终验评审。经过审议，专家验收组同意本项目通过整体验收。

2008年音像与数字出版大事回顾

媒体对电子图书大事报道的回顾

新闻出版总署图书司公布2008年图书出版工作四大任务

据新华网2008年1月8日报道，新闻出版总署图书司公布2008年图书出版工作的四大任务。其中，第二条为积极推动传统出版业向数字出版业的转型。这体现了国家行政主管部门对数字出版产业的重视。

"中国出版集团数字传媒有限公司"在京挂牌

据《中国新闻出版报》报道，2008年4月22日，由中国出版集团公司投资组建的"中国出版集团数字传媒有限公司"在京挂牌，数字传媒公司本着"共建、共享、共赢"的理念，聚合全国的出版发行资源，搭建"中国数字出版网"。这是中国大型出版集团全力进军数字出版的体现。

首部中国传统文化多媒体百科全书出版

据《中国新闻出版报》2008年6月11日报道，《中国传统文化经典》大型多媒体电子光盘出版发行。这是我国第一部关于中国传统文化的多媒体电子大百科全书。《中国传统文化经典》有36张CD-ROM多媒体光盘，文字量过亿，图片6万余张，还有大量动画和史实性的音频、视频，总容量多达25000 MB，51个专题涵盖了中国传统文化的方方面面。

2008中国数字图书馆可持续发展研讨会在三亚召开

据硅谷动力网报道，2008年6月11日至15日，由全球领先的数字出版技术及产品提供商——北京方正阿帕比技术有限公司主办的"2008中国数字图书馆可持续发展研讨会"在三亚环球城大酒店隆重召开。来自政府部门领导、行业专家、业界代表及海内外合作伙伴等近300人齐聚一堂，围绕"资源整合，服务创新"主题，共同为日趋成熟的中国数字图书馆的可持续性发展出谋划策。

"书"赢天下第二届网络文学大赛开赛

据赛迪网报道，2008年6月30日，为中外百家出版机构寻找"草根之王"——"书"赢天下第二届网络文学大赛在方正"爱读爱看网"正式拉开帷幕。此次"书"赢天下大赛是方正连续举办的第二届网络文学大赛，由北京方正阿帕比技术有限公司主办，中国对外翻译出版公司、北京拉风美文文化协办，大赛合作单位包括北京出版集团、重庆出版集团、长江文艺出版社等百家出版集团和影视公司。

台湾博客来书店推出电子书试阅服务

据《中国新闻出版报》2007年7月3日报道，台湾博客来书店推出"数字阅读"服务。上千本新书及热销书提供电子书试阅，读者可试阅、下载或打印1%—10%不等的图书内容。

媒体对手机出版大事报道的回顾

方正阿帕比联手出版社共推手机书

据科技资讯网报道，2008年1月8日，数字出版技术与产品提供商方正阿帕比联手天津科技出版社、中国对外翻译出版公司，共同推出手机书业务。当日，三方举办"手机书、电子书、纸书"同步发行上市活动，吸引了订货会现场大量游客的眼球。本次活动发行的两本书分别为《吃什么，怎么吃》《眉姐》。

首份中英文双语手机报正式开通

据《中国新闻出版报》报道，2008年2月26日，中国首份中英文双语手机报正式开通问世。此次由中国日报社和中国移动通信集团公司共同打造的《手机报—China Dail》，通过无线传输方式，将中英文双语资讯以彩信的方式送达用户手机。《手机报—China Daily》分为早晚报，每天两期。每期包含10—20条资讯，分为要闻资讯、名人动态、奇闻趣事、英语学习、原创漫画、财经指数、笑话驿站等栏目，每月资费为5元。

中国手机出版服务平台启动

据《中国新闻出版报》报道，2008年3月28日，由中国出版科学研究所联合银河传媒共同推出的基于二维码的移动多媒体出版平台——"中国手机出版服务平台"正式启动，国内70多家出版社出席在北京举行的新闻发布会暨培训会。该平台的发布不仅标志手机二维码应用在图书出版领域的进一步成熟，更标志出版行业正在从纸质时代跨入了手机时代。"中国手机出版服务平台"已经与中国移动合作，实现了中国移动用户通过手机扫描出版物上的二维码、上网获取更多内容的功能。

中移动与软沃达丰合建创新实验室

据中国证券网2008年4月25日报道，昨日，中国移动、软银和沃达丰在北京签署协议，成立"联合创新实验室"，以推动新的移动技术、应用和服务的开发。3家公司期望此举将有助于加速移动互联网服务的商用化进程。3家通信运营商将以联合创新实验室为平台，发挥产业协同作用，开发移动服务。联合创新实验室将基于新兴的技术和市场需求共同确定创新开发计划。联合创新实验室将重点关注快速发展的移动互联网业务，如移动微技（Mobile Widget）业务。

媒体对网络游戏大事报道的回顾

首届中国网游竞技大赛举行

据《中国新闻出版报》报道，2008年3月25日，2008首届中国网游竞技大赛COG（China Online Came）拉开序幕，海选于4月15日结束。此次赛事由网络游戏门户17173独家发起并承办，是网络游戏界的首届竞技赛。对于网络游戏而言，在2008年全民皆奥运的大背景下，COG旨在打造网络界的顶级竞技赛事，为网络游戏产业的健康快速发展提供良好的契机和平台。

浩方获英特尔等四家联合注资

据中国证券网2008年4月29日报道，国内最大的电子竞技平台浩方日前对外宣布，已获得英特尔投资、联威投资、香港沪光国际投资、新加坡和通管理国际有限公司等四家投资机构联合注资。

我国首款大学生自主研发大型网游《盘古 OL》发布

据《中国新闻出版报》2008 年 6 月 5 日报道，我国首款由大学生自主研发的大型多人在线网络角色扮演游戏（简称 MMORPG）《盘古 OL》在京发布。这一游戏是由盘古齿轮游戏工作室经过一年多的钻研和努力开发的。该工作室是一个由北京理工大学学生组成的游戏研发团体，2006 年组建开发团队至今，一直坚持自主研发，自主创新。

媒体对网络动漫大事报道的回顾

OACC 华语动漫盛典第四届金龙奖颁奖典礼在广州举行

据广州市新闻出版局消息，2008 年 1 月 19 日，由漫友杂志社、漫画世界杂志社联合有关文化艺术和传媒机构共同主办 OACC 华语动漫盛典第四届金龙奖原创动画漫画艺术大赛颁奖典礼在广州中山纪念堂举行，金龙奖以"展示原创成就，挖掘闪亮新星，褒奖创新精神，发展动漫产业"为宗旨。其中，最佳手机动画奖被《蘑菇点点》夺得，最佳网络动画奖为《广艺水浒传》所得。组委会增设的最佳体育动漫奖，被以动漫形式为奥运加油的《漫头玩转 08 奥运》夺得。

2008 深港动漫嘉年华在深圳举行

据《中国新闻出版报》报道，2008 年 2 月 11 日至 17 日，2008 深港动漫嘉年华在深圳体育馆举行。这是国内第一个动漫嘉年华，此届深港动漫嘉年华通过"深港动漫产业链"完美整体展示，构筑动漫产业版权交流交易平台，打造动漫衍生产品开发授权及销售平台。深港动漫嘉年华创新性地提出"泛"动漫概念，主要的参展范围有动漫影视原创作品、动漫制作设备和技术、动漫游戏、动漫玩具、动漫家居用品和饰品、电子游戏、游乐设施等衍生产品。

动漫职业培训获风投青睐

据《中国新闻出版报》2008 年 3 月 17 日报道，北京汇众益智科技有限公司（GAMFE）获得凯鹏华盈（KPCB）"千万美元级"的风险投资，旗下的动漫学院项目正式启动。这也使其成为国内第一家受国际私募股本青睐的动漫职业教育培训机构。汇众益智同时宣布，方正科技将在汇众益智动漫学院和游戏学院设立"动漫游戏人才专项奖学金"，以奖励在动漫游戏技能的学习中品学兼优的学员，帮助他们早日成为中国动漫游戏产业的精英。

国家级动漫公共技术服务平台落户上海

据《中国新闻出版报》报道，2008 年 5 月 14 日，上海市动漫公共技术服务平台成立。该平台是经国家扶持动漫产业发展部际联席会议批准的国家级服务平台，由政府部门投资建设，所有设备资源实行共享。由于动漫创意企业在起步阶段一般规模都比较小，难以独立购买后期制作需要的昂贵设备，动漫技术服务平台建成后，企业就不必自己购买设备，只要租用服务平台的设备即可。

媒体对博客与播客大事报道的回顾

依法打击整治网络有害信息专项行动

据新华网报道，2008 年 1 月 22 日，公安部、宣传部等 13 个部门联合召开电视电话会议，部署 1 月至 9 月在全国范围内继续开展依法打击整治网络淫秽色情等有害信息专项行动。会议要求，专项行动重点整治视听节目、博客、播客、网络动漫、点对点网络和手机网站,以及托管主机和虚拟空间为淫秽色情等有害信息提供网上传播场所和渠道等。

《中国互联网视听节目服务自律公约》签约仪式在京举行

据中国网报道,2008年2月22日,中国网、央视国际、人民网、新华网、国际在线、中青网、中国经济网、中国广播网等8家中央网络媒体,在京举行《中国互联网视听节目服务自律公约》签约仪式。国家广电总局副局长赵实、信息产业部副部长蒋耀平以及国务院新闻办等相关主管部门的领导和来自全国40余家开展互联网视听节目服务网站的代表参加了仪式。截至3月10日,又有42家视音频网站申请加入《公约》。

北京电视台推出视频网站

据《中国新闻出版报》报道,2008年3月10日,北京电视台全新打造的互联网视频平台——"BTV在线"正式上线,未来将支持全球2000万人在线观看,5万人同时在线点播。现阶段的"BTV在线"推出了包括电视剧、动画片、魅力北京、菜谱美食、新闻资讯等10个频道,覆盖中国北方10省份,可供5000网民同时在线点播。网站未来将提供3万小时以上高质量的电视节目和影视剧,承载500万注册用户进行大型网络互动活动。

《互联网视听节目服务抽查情况公告》发布

据新华网报道,2008年3月20日,国家广播电视总局发布《互联网视听节目服务抽查情况公告》,土豆网等32家视音频网站因内容违规遭到警告处罚。针对抽查中发现的主要问题,国家广电总局已责成各地广电管理部门依照该公告要求,对违规网实施了停止其视听节目、警告或转电信管理部门处理等处罚措施。

土豆网获得5700万美元融资

据《第一财经日报》报道,2008年4月28日,土豆网正式宣布已经完成第四轮融资,这轮融资也被投资人称为"Series D",金额为5700万美元。5700万美元是近年来网络视频领域最大的一笔融资,之前网络视频领域最大的一笔投资是优酷网获得的2500万美元投资。土豆网表示,这或许是迄今为止,纯互联网公司在一轮融资中额度最大的一笔。

优酷网获得4000万美元融资

据网易报道,2008年6月30日,优酷网宣布获得4000万美元的第三轮扩大融资。融资包括新增3000万美元的注资以及5月份进行的1000万美元技术设备贷款,并且融资已经全部到位。这次融资主要有原来4家投资方追加的投资,新增投资方为Maverick Capital。1000万美元技术设备贷款由Western Technology Investment 提供,此种投资形式在国内尚属首次。据优酷公司的财务计算,公司现存资金储备规模超过5000万美元。

媒体对数字版权大事报道的回顾

2008 中国版权年会聚焦网络版权保护

据《出版商务周报》报道,2008年4月17日至18日,中国版权协会主办,中国版权协会反盗版委员会、中文"在线反盗版联盟"、北京市版权局、北京市版权协会共同承办的"2008中国版权年会"在北京召开,此次论坛主题为"网络环境下的版权保护"。大会邀请政府有关部门、司法界、法律界、产业界等多位专家学者就网络版权保护发表各自的看法;邀请相关行业或产业代表及专家在客观认识中国数字出版产业现状的基础上，交流相关行业面临的版权保护问题。

媒体对电子纸大事报道的回顾

纸质数码有声出版技术问世

据《中国新闻出版报》2008年4月17日报道，纸质数码有声出版技术（MPR）在深圳亮相，读者只要使用阅读器点触图书，就可以"听书"。该技术由深圳市天朗时代科技有限公司研发。MPR图书与传统的纸质图书在外观上差别不大，不同的是，MPR图书的文字和画面上印有代表声音的MPR码。使用外观和U盘相似的阅读器点触书中文字，就能听到清晰的朗读声。根据读者需要，MPR图书还能用各国语言朗读。

汉王电子阅读器全面升级

据《中国新闻出版报》2008年6月24日报道，汉王科技提出"电子本"概念。汉王"电子本"是将电子阅读器、手写识别及电脑绘画合而为一的数码产品。与普通电子阅读器最大的区别在于，其应用了汉王数位板和E-ink电子纸显示屏两项达到国际领先水平的技术。即将上市的汉王"电子本"系列首发产品N510是全球首款5英寸E-ink显示屏产品。

媒体对电子音像大事报道的回顾

海峡两岸音像市场与音像企业发展研讨会在台北举行

2008年1月14日，由中国音像协会和台湾省影音节目发行商业同业公会联合会共同举办的"海峡两岸音像市场与音像企业发展"研讨会在台北举行。中国音像代表团团长、代表团秘书长中国音像协会副秘书长朱禾等12人与台湾省影音节目发行商业同业公会联合会理事长许佑宇及部分骨干企业负责人，就海峡两岸音像业面临的共同问题、两岸传统音像企业的转型与发展、祖国内地音像制品输台、两岸音像版权集体管理的现状和发展等问题进行了探讨。

中国音像著作权集体管理协会成立大会在京举行

2008年5月28日，中国音像著作权集体管理协会在北京举行成立大会，来自全国的近百家发起单位代表出席了会议。新闻出版总署副署长、国家版权局副局长阎晓宏，中国版权协会理事长沈仁干，中国音乐著作权协会理事长王立平和中宣部、文化部、广电总局等有关领导和海内外嘉宾到会祝贺。会议审议通过了《中国音像著作权集体管理协会章程》，大会选举产生了理事、常务理事。

中国音像代表团参加"伦敦呼唤"会展

2008年6月19日至21日，第四届"伦敦呼唤"在伦敦举办。由总署音像电子和网络出版管理司副司长朱启会任团长、中国音像协会常务副会长王炬同志任副团长、由29家音像出版社、音像公司、音乐制作公司等单位共计38人组成的中国音像代表团顺利完成"伦敦呼唤"（London Calling）会展的任务。本次展会共有三大部分，展览和现场洽谈交易，论坛会议和演艺活动。中国企业在展会上签署了超过500万美元的交易协议，其中60%是国产音像制品版权交易额。

教育音像改革与发展研讨会在延边举行

2008年7月7日，中国音像协会教育音像工作委员会主办的"教育音像改革与发展研讨会"在吉林省延边市举行，30余位理事参加了会议。研讨会由教育音像工委主任委员、西安交通大学出版社社长林全主持，新闻出版总署出版管理司副司长朱启会、教育部社科司林丽处长等主管部门领导到会并讲话。研讨会就教育音像出版社面临的体制改革、教育音像产品的开发等问题进行来深入的讨论。

进口音像制品内容审查办公室成立，第一次专家会议在京召开

2008年9月3日，进口音像制品内容审查办公室正式成立，9月5日；新闻出版总署进口音像制品内容审查第一次专家会议在北京召开，总署出版管理司司长吴尚之在会上做了重要讲话，他阐述了内容审查的重要意义并就审查标准和程序做了安排和部署。总署出版管理司副司长朱启会、处长许正明以及30位专家参加了会议。

数字音像网络出版发行产业研讨会在京举行

2008年11月15日，中国音像协会在中国职工之家召开了数字音像网络出版发行产业研讨会。中宣部出版局副局长周慧琳、新闻出版总署科技与数字出版司司长张毅君等领导以及相关专家学者、出版单位代表等人出席了研讨会。会议主要研讨了数字音像网络出版发行产业兴起过程中涉及的政府政策、行业法规、关键技术；数字音像网络出版发行、版权交易的商业模式及应用和推广等问题。

两岸音像行业交流活动在台湾举办

2008年11月29日至12月9日，由内地8家音像出版和发行单位组成的中国音像协会交流团一行14人，应台湾省影音节目发行商业同业公会联合会的邀请，赴台访问。以朱禾副秘书长为团长的交流团在台北与台湾同业举行了座谈会，双方就两岸音像业现状、发展前景及两岸公众消费差异和两岸同行业的合作等议题，进行了广泛的讨论与交流。交流团还在桃园市、高雄市等地参观了阿波罗多媒体有限公司、佳视得多媒体有限公司等音像连锁销售、租赁店等。

进口音像制品内容审查第二次专家会议在北京召开

2008年12月5日，新闻出版总署进口音像制品内容审查第二次专家会议在北京召开。出版管理司许正明处长主持了会议，朱启会副司长介绍了总署受理审查进口音像制品的情况。其间，共有42位音乐、影视、教育等领域的专家参与了审查工作，新闻出版总署出版管理司司长吴尚之为第一批审查专家颁发了聘书。

媒体对音像与数字出版其他大事报道的回顾

广东省新闻出版局率先设数字出版管理处

据《中国新闻出版报》2008年1月25日报道，我国第一个数字出版行政管理机构在广东成立。日前，广东省机构编制委员会办公室正式批准广东省新闻出版局增设数字出版管理处并增加行政编制，以此作为推动广东文化大发展、大繁荣，促进广东新闻出版业数字化、信息化发展的重要举措。

中新签订互动数字媒体研发合作谅解备忘录

据《中国新闻出版报》报道，2008年3月3日，中国科技部和新加坡新闻、通讯及艺术部在新加坡签订了关于开展互动数字媒体技术研发合作的谅解备忘录，这标志着两国在相关领域的合作进入新阶段。签字仪式在新加坡新闻、通讯及艺术部举行，中国科技部副部长曹健林和新加坡新闻、通讯及艺术部常任秘书陈英杰分别代表两国政府在备忘录上签字。中国驻新加坡大使张小康出席了签字仪式。

《电子出版物出版管理规定》公布

据《中国新闻出版报》报道，2008年3月17日，新闻出版总署以署长令的形式正式公布《电子出版物出版管理规定》和《音像制品制作管理规定》,并将于 2008 年 4 月 15 日起施行。这是自 2005 年 12 月 1 日《报纸出版管理规定》和《期刊出版管理规定》施行以来,新闻出版总署首次颁发新闻出版管理方面的规定,规定将进一步完善出版管理体系。

信息服务商与信息资源源头首次合作

据《中国新闻出版报》2008 年 3 月 26 日报道,万方数据与中华医学会近日在北京签订战略合作协议,这是信息服务商与信息资源源头首次合作。自此,万方数据将获得中华医学会旗下 115 种医学期刊的独家数字出版权。此次战略合作,保障了信息版权利益,丰富了资源源头。同时,扩大了信息共享渠道,强化了信息内容服务业的信息容量和质量水平,从而使信息内容服务业和传统期刊出版业同时实现了产业升级,开创了和谐共赢的新局面。

2008 第二届中国网民读书节启动

据《中国新闻出版报》报道,2008 年 4 月 23 日,由当当网联合中国出版工作者协会、中关村科技园区雍和园管委会共同主办的主题为"读书改变生活,网络传递书香"的"2008 第二届中国网民读书节"正式启动。新闻出版总署署长柳斌杰、中国版协主席于友先等出席。在启动仪式上,还发布了"以书育人,以书强国,回馈社会,打击盗版"为宗旨的公益宣言。当当网特别邀请了全国百家知名出版社的总编辑每人向读者推荐 20 本精选好书,与读者分享阅读体验。同时,当当网全新开辟了"文化名人视频访谈"专区。

2007 年全国大学出版社数字出版工作研讨会在北京召开

据搜狐网报道,2007 年 5 月 12 日,由中国大学出版社协会主办的"2007 年全国大学出版社数字出版工作研讨会"在京召开。出席此次研讨会的有国家新闻出版总署音像电子和网络出版管理司司长王国庆、教育部社科司副司长徐维凡、中国大学出版社协会理事长李家强、常务副理事长彭松建、北京北大方正电子有限公司副总裁郑伟以及演讲嘉宾中国出版科学研究所数字出版研究室张立主任、施普林格出版公司的汉斯·科奇等。

第六届方正数字出版产业峰会在互联网上召开

据《中国新闻出版报》报道,2008 年 5 月 16 日,为充分体现数字出版在推动传统出版领域的勇于探索精神,由方正集团主办,以"同发展·共超越"为主题的"第六届方正数字出版产业峰会"在互联网上召开。新闻出版总署副署长孙寿山为本次大会致辞。本次峰会以"爱读爱看网"的专题频道"数字出版峰会"为依托,今后将变更为常设性品牌栏目"DP 论坛"(China Digital Publisher Forum),旨在打造"永不落幕的产业峰会"。

第四届中国(深圳)国际文化产业博览交易会在深圳举办

据《中国新闻出版报》报道,2008 年 5 月 16 日至 19 日,"第四届中国(深圳)国际文化产业博览交易会"在深圳举办。本届文博会共设博览交易、论坛、评奖、节庆、网上文博会、人才交流六大内容板块,展会期间举办各类活动 400 余项。

清华大学出版社和方正阿帕比签署数字出版战略合作协议

据《中国新闻出版报》2008 年 5 月 26 日报道,清华大学出版社和北京方正阿帕比技术有限公司日前正式签署数字出版战略合作协议,共同搭建数字出版业务平台,并开展数字出版业务。这种多赢的市场合作模式被认为对于整个数字出版产业,特别是高校数字出版市场将产生影响。

台湾联合在线举办数字阅读论坛

据《中国新闻出版报》报道,2007 年 5 月 29 日,"数位阅读·跨际汇流"系列论坛的第一场论坛"数位阅读的时尚美学"登场，系列论坛广邀科技、出版、媒体、设计等各领域专业人士进行对话，从更宏观的角度探索数字内容的发展趋势。

打击网络侵权盗版专项行动工作交流会在京举行

2008年6月27日，中国音像协会和中国音像著作权集体管理协会在京联合召开了"2008年打击网络侵权盗版专项行动工作交流会"。主办方向与会人员传达了国家版权局、公安部、工业和信息化部联合印发的《2008年打击网络侵权盗版专项行动实施方案》文件精神，会议就如何积极参与打击网路侵权盗版专项行动、如何有效配合政府有关部门执法等工作，进行了讨论。

2009年音像与数字出版大事回顾

媒体对电子图书大事报道的回顾

《第六次全国国民阅读调查》发布网络阅读在线率为 15.8%

2009 年 4 月 22 日，中国出版科学研究所全国国民阅读调查课题组发布《第六次全国国民阅读调查》。调查数据显示，我国包括在线阅读、手机阅读、手持式阅读器阅读等方式的数字图书阅读开始普及，国民各类数字媒介阅读率为 24.5%。在各类阅读媒介中，以"网络在线阅读"排第一（15.8%）。

在线全民阅读网正式开通

2009 年 4 月 22 日，由中文在线建设运营的在线全民阅读网正式开通，对外提供阅读与推荐服务。在线全民阅读网包括新闻中心、好书推荐、绿色上网服务、书评沟通等内容，并依托网站开展读书活动以及缔结书香城市网站联盟等。

西南师大出版社联手中文在线进军数字出版

2009 年 5 月 6 日，西南师范大学出版社和北京中文在线文化发展有限公司在重庆签署战略合作协议。双方表示，将基于内容、技术和品牌等各自优势，在数字出版领域进行深度合作。双方启动的首期合作项目包括：共同开发数字资源管理系统和在线教育平台，联手推出西南师大版中小学数字图书馆。

江西教育出版社联手绝色中文网开发海外中文学习教材

2009 年 5 月 15 日，江西教育出版社日前和绝色中文网站达成战略合作，开发《绝色中文》系列中文学习教材，供海外读者使用。此次合作实现了传统媒介与新媒体的资源共享、优势互补。

方正阿帕比牵手英国企鹅集团

2009 年 6 月 15 日，近日，方正阿帕比公司与英国企鹅集团签订合作协议，企鹅集团成为第一家在国内数字出版市场中签订此类协议的国际出版商。协议表明，企鹅集团将为中国读者提供所有首版和再版英文版图书的电子书。在第一阶段，所有在英国出版以及由 DK 公司出版的 2000 多种企鹅图书都将制作成方正阿帕比专有的 CEB 格式。

方正推出番薯网进军互联网服务

2009 年 7 月 15 日，一个集图书搜索、多平台阅读、互动分享、个性出版、购买于一体的中文图书门户网站番薯网，由方正集团推出上线，此举宣告这家以 IT 传统业务为主的科技企业正式涉足互联网服务领域。

阿帕比推出适用任何电脑的 U 盘电子书系统

2009 年 8 月 19 日，北京方正阿帕比技术有限公司近日推出了业内首款创新型个人便携电子书系统——U 阅迷你书房，此产品摆脱了固定电脑的束缚，在任何电脑上都可使用。U 阅迷你书房系统基于方正阿帕比数字图书平台，载体采用 U 盘形式，容量可根据用户需求选择，最高可提供 8GB 存储空间。该产品内置绿色版阅读器，用户无须在使用电脑上安装任何程序，即可进行阅读。

哈佛燕京图书馆藏中文善本古籍数字化项目

2009 年 10 月 23 日，中国国家图书馆与美国哈佛大学图书馆于日前达成合作协议，共同开发哈佛燕京图书馆藏中文善本古籍，实现数字化。这是迄今为止全球图书馆界最大规模的一个双边合作数字化项目。国家图书馆负责向该项目提供资金和技术支持，并承担数据质量控制工作，哈佛大学图书馆负责提供技术设备，并承担中文善本古籍的数字化、元数据制作和数据传递工作。

"石油数字图书在线"正式上线

2009 年 12 月 21 日，石油工业出版社在北京中国石油大厦举办了"石油数字图书在线"上线仪式。平台共收录了石油工业出版社自建社以来的几乎所有的石油科技图书、石油标准、石油期刊和部分社科类图书，共 5000 种左右。目标是建成国内石油、石化图书资源最全的数字图书平台。今后将不断补充收录石油工业出版社出版的最新图书，还将逐步收录其他相关出版社出版的石油科技图书，并有专业客服人员提供在线咨询。

方正阿帕比研制出新版式技术

2009 年 12 月 23 日前后，方正阿帕比获悉，其研发的具有自主知识产权的统一版式文档技术 CEBX 的一个子集 CEBX/A-1 已基本获得我国版式技术产业应用联盟（DIAA）的通过，即将成为 DIAA 的归档格式标准。这标志着我国数字出版产品统一版式技术的发展跨入了新的阶段。

媒体对互联网期刊大事报道的回顾

东南商报社社区电子杂志《社区周刊》上线

2009 年 4 月 27 日，《东南商报·社区周刊》精彩上线，拉开了该报立足予办中国最时尚社区电子杂志的序幕。其每周一期，报道宁波社区新闻、社区文化、社区人物及社区生活，走出了一条平面媒体向多媒体发展的新路子。

中国知网启动海外"建馆"业务

德国当地时间 2009 年 10 月 17 日，中国知网与大英百科全书出版社、PROQUEST、剑桥大学出版社签约互相代理发行双方数据库产品，这是中国数字出版走向世界、世界数字出版走进中国的一种新模式和新渠道，也标志着中国知网正式启动海外"建馆"业务。中国知网与国际出版商签约代理发行的产品是个人数字图书馆和机构数字图书馆。

第五届中国科技期刊发展论坛在沪举办

2009 年 10 月 27 日至 28 日，第五届中国科技期刊发展论坛在上海举行，本届论坛以"科技期刊出版体制改革与数字化建设"为主题，分设科技期刊管理体制与运营机制创新，科技期刊的评估体系与科技期刊发展，科技期刊的数字化、网络化和集团化发展，开放存取等新形式与科技期刊发展，大众期刊市场化、产业化与科技期刊发展等 5 个议题。

2009 中文期刊网络传播排行发布会在京召开

2009 年 11 月 19 日，由中国出版科学研究所和龙源期刊网联合主办的"期刊网络传播 Top100 排行发布会暨 3G 时代的期刊盈利模式高峰论坛"在北京召开。会议主办方向 2009 龙源期刊网络传播排行发布的近 200 家获奖单位颁发奖牌。来自全国各地的 200 余家杂志社参加了此次发布会。

媒体对数字报纸大事报道的回顾

宁波日报报业集团数字报业技术平台通过验收

2009年6月11日，新闻出版总署科技与数字出版司在宁波市主持召开了宁波日报报业集团数字报业技术平台开发项目验收会，验收专家组经过质询和讨论后，一致认为该项目在行业内具有示范作用，达到了设计目标，同意通过验收。该技术平台投入运营后，宁波日报报业集团旗下所有媒体的新闻、发行、广告、管理等方面都将在这一平台上进行，使集团的数字化步伐大大提速。

方正阿帕比推出触摸屏读报系统

2009年9月1日前后，北京方正阿帕比技术有限公司宣布推出鼎新触摸屏读报系统，将报纸的内容直接呈现在读者面向的屏幕上，并可实现触摸式交互沟通。该系统将最新数字出版技术与报刊资源进行有机融合，旨在满足图书馆、报社、机关及政府单位为读者或访客提供大屏幕或者触摸屏阅读的需求，并为报刊数字化发展提供了一种全新的方式。

《人民日报》数字版2010年开始收费阅读

2009年11月25日消息，2010年《人民日报》数字版实行收费阅读，预计这一举措在短期内不会带来太大收益，但此举将促进报纸的发行，并为防止盗版侵权提供技术保障。

媒体对手机出版大事报道的回顾

河南《漫画月刊》抢滩3G精彩上线

2009年1月15日，《漫画月刊》与河南华夏通信技术有限公司签署手机增值业务合作协议，共同开发"大河手机动漫"多款精彩动漫，这是该省动漫产业升级的一个重要标志。大河手机动漫依托《漫画月刊》杂志创刊24年来的几十万件精品动漫资源，同时对动漫作品进行精细的分类和筛选，通过全新的动漫形式展现给手机用户。

首期全国报业手机报业务研修班在京举办

2009年4月7日至11日，新闻出版总署教育培训中心与中国报业协会联合在京举办首期全国报业手机报业务研修班，来自全国各地78家报社的99位手机报业务负责人更加坚定了这样一个共识：手机报或将成为传统纸媒在信息时代的一个有力抓手。

宁夏日报报业集团手机媒体又添新成员

2009年4月20日，宁夏第一份传统报纸的手机版——《新消息报》手机报正式开通，现正处于免费体验阶段。《新消息报》手机报的开通，是宁夏日报报业集团将传统报纸的品牌优势向手机媒体延伸的一次有益尝试。

共青团中央主管《手机青年报》公开发行

2009年4月30日在纪念五四运动90周年之际，由共青团中央主管，中国青年网与中国移动联手打造的《手机青年报》上线运行。《手机青年报》将配合共青团整体宣传工作，有效整合团内外资源，依托团中央信息数据库和中国青年网强大的内容支撑，依托众多知名专家的指导，坚持正确舆论导向，坚持贴近实际、贴近生活、贴近青年，发布权威资讯，传播先进文化，服务青年健康成长。

多家手机媒体探讨盈利模式

2009年5月14日，由《中国传媒科技》杂志主办的"手机媒体的昨天·今天·明天"传媒沙龙在京举行。14家媒体的20多位相关负责人，就手机媒体的发展过程中，用户需求的多样化与传统媒体单一形态的内容生产模式不相适应；手机报产业链的发展还不成熟、完善；传统媒体对发展手机的思路和定位还不明确；传统媒体如何处理新闻的播报时间等问题进行了讨论。

江西首份体育手机报《运动汇》开通

2009年5月18日前后，由江西克莱博体育文化传媒中心和江西文明网江西手机台共同主办的《运动汇》手机报近日正式开通。这是江西省第一份专注体育、传播体育文化的手机报纸，它立足于克莱博体育文化传媒中心旗下的5本体育期刊和1本电子期刊的强大内容资源和专业编辑力量。

掌媒布局开放式移动新媒体平台

2009年7月1日前后，研发全球首款平面媒体手机原版数字化出版与阅读的掌媒科技推出新款3G移动互联网产品——掌媒V2.5版。这一手机新媒体平台提供了100家品牌期刊、图书、报纸，千余种期刊、图书、报纸以及网络原创小说、音乐、视频、动漫等相关内容。

我国研制出新媒体手机数字平台

2009年7月5日，由北京联讯国际传媒有限公司研发的"报讯通Newnews 3G 1.0"手机数字平台，在京通过了技术成果鉴定。"报讯通"意味着我国首次在手机上实现了对报纸原版的阅读，技术上具有创新性。可以实现版面间自由跳转、能储存多种报刊书籍、可检索往期报刊、可在手机上进行评论、可输入关键词搜索等。

新华手机报开通《维吾尔文新闻早晚报》

2009年7月2日，由新华社和中国移动携手打造的少数民族语言手机报——《维吾尔文新闻早晚报》在乌鲁木齐正式开通。作为国内首批开通的少数民族语言手机报之一，《维吾尔文新闻早晚报》设置了《国际新闻》《国内新闻》《新疆新闻》3个板块，内容涵盖政治、经济、文化、社会生活的各个方面。

首届中国手机文化盛典在沪启动

2009年7月8日，首届"中国手机文化盛典"在上海启动。本次盛典历时两个月，以"祝福祖国"为主题，由"中国手机文化之旅""中国手机文化高峰论坛""中国手机三大赛事"及"开通中国手机文化专业网站"等活动组成。其中，"中国手机三大赛事"即手机博文、手机摄影和手机音乐三大赛事，这些赛事的最大特点就是不设任何门槛，充分体现手机文化的大众性。

新华社牵手世纪东方打造移动传媒平台

2009年7月29日前后，新华社新闻信息中心与北京世纪东方通信有限公司签署战略合作协议，共同打造以"新华移动传媒"为品牌的手机媒体传播平台，从而开创了新闻信息服务与无线音乐应用融合的新模式。新华社新闻信息中心和北京世纪东方通信有限公司开展合作，向手机用户提供实时、互动、个性化强的多媒体资讯服务。

盛大文学联合诺基亚试水移动互联网

2009年9月16日，由盛大文学和诺基亚联合出品的首部多线互动式手机小说《我读过你的邮件》正式发布。该小说以植入性产品诺基亚E63手机及诺基亚Ovi邮件内容为主线，为读者提供了27个小说版本，读者可实现定制阅读。

中国日报社开发应用软件全面进军无线传媒领域

2009年9月20日前后,中国日报社已成功完成基于苹果(iPhone OS)、塞班(Symbian)、黑莓(Blackberry)和微软智能手机(Windows Mobile)等操作系统的新闻资讯应用软件的开发,成为中国第一家在多种国际主流品牌手机上进行客户端适配的媒体。中国日报社将通过若干品牌手机,以文字、图片、音频和视频等形式,向近200个国家和地区的数亿国际用户提供24小时不间断的新闻、文化、财经、旅游、娱乐等英文资讯服务。

中国移动在杭州举行手机阅读高峰论坛

2009年9月23日,中国移动手机阅读高峰论坛在杭州举行。本次高峰论坛的主题是"手机阅读:无线浪潮下的数字阅读新业态"。旨在整合内容和电子阅读器产业合作厂商资源,推动手机阅读产业链建设,提高手机阅读的产业影响力。与会嘉宾围绕手机阅读、数字阅读新业态、电子阅读器发展等进行了主旨发言,共同探讨手机阅读产业的发展前景,以期助推全民阅读率,培养人们新的阅读习惯和阅读消费习惯。

媒体对网络游戏大事报道的回顾

金山两款游戏与盛大合作运营

2009年1月13日,盛大网络与金山软件宣布达成战略合作,共同合作运营金山旗下的原创网游《剑侠世界》。在金山运营《剑侠世界》原有区服不变的同时,盛大游戏获权组织团队运营《剑侠世界》。此外,盛大在线开放其服务平台接入金山网游力作《剑侠情缘网络版2》,分享盛大活跃用户资源以及计费收费渠道、呼叫中心、分红推广、积分等服务。

2008年度中国游戏产业年会在青岛开幕

2009年1月14日,2008年度中国游戏产业年会在青岛开幕。本届年会突出"自主创新,迎接挑战,促进游戏产业科学发展"的主题,总结2008年游戏产业的发展经验,分析2009年新经济环境下的机遇与挑战,推进游戏企业自主研发,构建绿色产业环境,促进游戏产业繁荣。为期两天的中国游戏年会还举办了"民族游戏原创论坛""游戏产业合作论坛""游戏新业态论坛""绿色产业环境论坛"、高峰对话和2008年度中国游戏产业年会颁奖盛典等活动。

盛大文学以100万元售出《星辰变》游戏改编权

2009年1月15日,盛大文学旗下的起点中文网日前在京宣布:以100万元售出超人气签约作品《星辰变》的游戏改编版权。《星辰变》这部网络热门奇幻小说在其签约网站起点中文网上的点击率已逾3600多万,其图书版2008年由百花洲文艺出版社推出。

游戏人才"云培训体系"上线

2009年2月底,拥有游戏学院和动漫学院两大知名培训品牌的汇众教育宣布,正式推出全新的游戏动漫人才培养方案"云培训体系"。它借助于全社会优势资源的整合,将用人企业、培训机构、高级人才的优势整合在一起,通过网络、实战相结合的方式培养企业需要的人才。

首部地方网游规范发布

2009年5月21日前后,由上海市信息服务业行业协会提出并起草的《上海市网络游戏服务规范》发布,成为国内首部与网络游戏相关的地方标准。针对人们普遍关心的随意封游戏账号的问题,该规范要求运营商向玩家解释停权原因并将违规或争议行为描述记录在案,提供给有关机构审查,并

"在7日之内通过电子邮件"向被停止游戏权利的玩家发出账号冻结通知。该规范还规定，如果游戏停运，企业必须提前告知。

第七届中国国际数码互动娱乐展览会（ChinaJoy）在沪举办

2009年7月23日，第七届中国国际数码互动娱乐展览会（ChinaJoy）在上海开幕。本届展览会主题为"迎接挑战，互利共赢，开创全球互联网产业新局面"，展会同期举办中国游戏商务大会（CGBC）、中国游戏开发者大会（CGDC）、中国网游十年纪念活动等系列活动。

第二届中国网游竞技大赛全国总决赛开幕

2009年9月26日，17173第二届中国网游竞技大赛全国总决赛在北京建国路"桥"艺术中心拉开战幕。来自全国超过20万玩家中精选出来的60余位电子竞技高手汇集北京，参加《地下城与勇士》《战地之王》《QQ飞车》《QQ旋舞》四个项目全国总决赛的角逐。全国总决赛共将进行2个比赛日。

媒体对网络动漫大事报道的回顾

广州建双动漫基地拟形成产学研创新体系

2009年4月2日前后，为解决目前动漫人才教育与产业发展脱节的问题，在广州市有关部门的支持下，广州动漫、行业协会联手中国传媒大学建立了动漫产业教学（科研）创作基地与优质生源培育基地。同时，由国家广电总局主管主办的国内唯一一本动漫行业年鉴——《中国动画年鉴》广州编辑部已正式成立。这也是中国传媒大学与广州动漫行业协会利用双方优势资源、提高动漫学术对动漫创作和营销的反哺能力而达成的合作项目之一。

第五届中国国际动漫节开幕

2009年4月28日，第五届中国国际动漫节在杭州（萧山）休博园开幕。本届动漫节宗旨是"动漫的盛会，人民的节日"，主题为"动情都市，漫优生活"。动漫节安排了动漫产业博览会、"美猴奖"大赛、动漫高峰论坛、动漫人才招聘会、国际动漫节"握手酒会"等20余项活动，吸引了38个国家和地区的322家企业、机构参展，参观人数预计将达70万人次。

吉林动漫集团成立

2009年5月18日，国内首家国有资本相对控股，民营资本广泛参与，完全按照现代企业制度和法人治理结构搭建起来的动漫企业集团——吉林动漫集团成立大会在长春高新技术产业开发区举行。吉林动漫集团是国内首家拥有完整产业链条，能够基本覆盖全行业的大型动漫集团。

福建打造3G动漫游戏基地

2009年6月19日，福建省动漫游戏行业的11家主力创作企业与中国电信福建公司等单位签署了3G动漫游戏产业合作协议，合作双方将基于最新的3G网络、互联网及ITV互动电视平台，开展动漫游戏的创作与运营，联手打造3G动漫游戏基地。

第三届中国国际青少年动漫周开幕

2009年7月18日，第三届中国国际青少年动漫周在黑龙江省哈尔滨市拉开帷幕。本次动漫周突出"拥抱动漫、放飞理想"的主题，由会展、论坛、竞技和产业四大板块组成。竞技活动重点突出知识性，将组织2009原创动漫作品竞赛、2009首届黑龙江省COSPLAY大赛、电脑设计制作、机器人竞赛等活动。在动漫周期间，动漫主题都市乐园也将进驻哈尔滨。

财政部和国家税务总局联合出台动漫产业税收优惠政策

2009年7月31日，财政部和国家税务总局联合对外发布了《关于扶持动漫产业发展有关税收政策问题的通知》，明确国内动漫产业在增值税、企业所得税、营业税、进口关税和进口环节增值税等方面享有税收优惠，并强调重点鼓励国内动漫产业提高自主创新能力。

2009亚洲青年动漫大赛在贵阳开幕

2009年8月7日至9日，以"欢乐动漫、创意贵阳"为主题的2009亚洲青年动漫大赛暨中国（贵阳）卡通艺术活动（AYACC）在贵阳国际会议中心举行，是亚太地区唯一以青年为主体的大型国际动漫文化、数字内容交流活动。

石家庄第四届国际动漫博览交易会开幕

2009年8月20日，以"弘扬民族文化，发展动漫产业，创造精彩生活"为主题的2009中国·石家庄第四届国际动漫博览交易会隆重开幕。动漫博览交易会期间举行动漫产品展示、动漫项目发布暨签约仪式、动漫专家高端论坛以及系列动漫表演活动，并举行动漫衍生产品展示和交易活动，成立"中国石家庄动漫衍生产品集散交易中心"，实现国际范围的动漫衍生产品展销和交易。

2009中国原创动漫出版扶持计划启动

2009年9月17日，2009"原动力"中国原创动漫出版扶持计划在京正式启动。该计划将对国内优秀动漫出版原创作品及原创作者、单位及编辑人员进行资金扶持。该计划由新闻出版总署出版产业发展司组织指导，中国出版科学研究所承办。

第二届中国国际漫画节在广州开幕

2009年9月29日，第二届中国国际漫画节在广州锦汉展览中心开幕。本届漫画节坚持"培养漫画人才、展示原创成就、激励创新精神、拓展动漫市场、做强动漫产业"为宗旨，力争把漫画节办成具有国家级水准、国际间影响、国民热捧的文化产业品牌。

第一届中国（郑州）国际动漫论坛在郑州举行

2009年10月20日，第一届中国（郑州）国际动漫论坛暨2009中国（郑州）国际动画节目交流会隆重开幕。本届论坛以畅享动漫、创意郑州为主题，共有7个论坛主题，设1个主论坛和3个分论坛，4个会场同时进行，主要围绕筹备成立世界动画协会中国分会、成立国际动漫商会、申办亚洲动画节在郑州举行等7个内容进行。

中国动漫游戏城建设启动

2009年10月22日前后，中国动漫游戏城建设项目正式启动，北京动漫游戏产业联盟揭牌仪式同时举行。中国动漫游戏城是集动漫创作、生产、交易于一体，产业链完整的国家级、高水平的重点文化产业示范园区。中国动漫游戏城规划面积83公顷，游戏城选址首钢二通厂，是将北京高耗能、高污染的重工业生产基地转化发展为现代服务业的举措。未来将实现动漫游戏产业规模化、集约化发展，发挥产业龙头示范作用。

第二届中国国际动漫创意产业交易会在安徽省芜湖市开幕

2009年10月23日，第二届中国国际动漫创意产业交易会在安徽省芜湖市开幕。本届动漫交易会由国家新闻出版总署、文化部、广播电影电视总局和蔓徽省人民政府共同主办，也是我国唯一的由国家三部委共同主办的动漫展会。此届交易会以"多彩动漫、创意无限"为主题，致力于"为动漫投资找市场、为动漫交易搭平台"。

首届中国动漫艺术大展学术研讨会在京举办

2009年10月27日，首届中国动漫艺术大展学术研讨会在中国美术馆举办。此届研讨会以"艺术与产业"为主题，与会嘉宾全景、立体地探讨了当代中国动漫艺术发展所面临的问题与对策，并认为，新媒体有望成为动漫产业新"蓝海"。

庆祝建国60周年青年原创动漫作品大赛颁奖典礼在京举行

2009年11月27日，"庆祝建国60周年青年原创动漫作品大赛"颁奖典礼在北京举行，34件立意新颖、积极向上、幽默风趣、具有较强的观赏性和艺术感染力的动漫作品分获漫画、动画、手机动漫三大类别的金、银、铜奖及各类单项奖。

漫画期刊国际研讨班和漫画书刊骨干编辑培训班在京举办

2009年11月30日至12月2日，新闻出版总署培训中心在北京举办漫画期刊国际研讨班和漫画书刊骨干编辑培训班。在为期一周的研讨班上，与会嘉宾就日韩动漫产业发展、中式漫画的崛起、数字时代东亚漫画的未来、漫画刊网互动等话题进行了深入研讨。漫画期刊、书刊有关负责人、骨干编辑140余人参加了学习。

媒体对博客与播客大事报道的回顾

搜狐2009高峰论坛分享博客的力量

2009年1月16日前后，在2008搜狐年度盛典上，"搜狐2009·新视角高峰论坛"的"博客与互联网媒体性格"分论坛，汇聚了山西娄烦尖山铁矿特大事故揭露者、新华社《瞭望东方周刊》主笔孙春龙，搜狐汶川地震名博、成都军区总医院副院长顾建文，搜狐娱乐名博鞠健夫等嘉宾，他们以自身经历出发，生动阐释了互联网与博客的力量。

首届中国博客大赛举办

2009年6月1日至7月15日，由中国网民文化节组委会主办的首届中国博客大赛举办。首届中国博客大赛总决赛分名人博客与草根博客两大板块，组委会将在9月14日首届中国网民文化节颁奖盛典暨中国互联网大会欢迎晚会现场为获奖选手颁奖。

中国网络视频反盗版联盟在京启动

2009年9月24日前后，由激动网、优朋普乐和搜狐视频等3家国内新媒体版权拥有和发行方代表共同发起，联合全国110家互联网视频版权各权利方共同创建的"中国网络视频反盗版联盟"近日在京启动。联盟旨在共同抵制网络侵权盗版行为，维护网络视频市场的正常秩序，推进网络视频正版化进程。这是迄今为止国内网络视频行业最广泛的反盗版统一战线。

媒体对数码印刷大事报道的回顾

凤凰出版传媒集团进军按需出版市场

2009年4月18日，江苏第一家股份制数码印刷公司——凤凰数码印务有限公司在南京成立，凤凰出版传媒集团正式进军按需出版市场。该印务公司由凤凰集团控股，江苏科学技术出版社、江苏苏中印刷有限公司参与投资管理，提出了"一张起印，张张不同"的口号，瞄准个性化、小批量、高品质印刷市场。

第七届北京国际印刷技术展览会开幕

2009年5月12日，第七届北京国际印刷技术展览会（CHINA PRINT 2009）在中国国际展览中心新馆举行。此届展会共有来自25个国家和地区的1284家厂商参加展出，将重点展示目前中国印刷市场中最新以及流行的各种印刷技术和产品，反映了国际印刷技术发展的新水平、新趋势。展会首开中国印刷教育展馆，展示我国改革开放30多年来印刷教育的发展历程和成果。

中国出版集团与美国按需图书公司签约全面进军按需印刷领域

2009年7月30日，中国出版集团公司与美国按需图书公司按需印刷合作协议签字仪式在京举行。中国出版集团将全面进军按需印刷领域，系统开展按需印刷业务。协议规定了中国出版集团成为美国ODB公司的埃斯普雷索图书印刷机和Espress Net软件系统在中国的独家执照持有者等相关细节。

2009数码印刷在中国技术高峰论坛召开

2009年9月4日，2009数码印刷在中国技术高峰论坛在京召开。论坛围绕"出版业的新价值：按需出版印刷"这一主题展开探讨。各专家就数码印刷技术在中国出版业的应用和发展趋势进行主题演讲，探讨了按需出版印刷在我国的发展现状、商业模式等问题。

媒体对数字版权大事报道的回顾

国际版权交易中心落户北京雍和园

2009年2月16日，由中国版权保护中心（CPCC）主办的2008"CPCC十大中国著作权人年度评选"颁奖典礼暨国际版权交易中心落成仪式在京举行。该中心将重点建设国家级著作权登记和认证信息平台、国际化版权交易综合服务平台、全国性版权产业交流合作平台、版权法律保护公共服务平台等六大功能平台，以及版权交易服务体系、版权专业服务体系、版权商务服务体系等三大服务体系。

世博会音乐著作权合作备忘录签署

2009年4月24日，中国音乐著作权协会（以下简称音著协）与上海世博会事务协调局在上海举行了《中国2010年上海世博会音乐著作权合作备忘录》签署仪式。为解决世博会期间面临的大量涉及使用第三方音乐作品的情况，以及由此产生的著作权许可和使用费支付等知识产权问题，由音著协对上海世博会期间组织者和参展者使用第三方音乐作品进行许可。

中外企业知识产权高层论坛关注新媒体

2009年5月7日，在国家知识产权局等部门举办的"2009中外企业知识产权高层论坛"上，新媒体与知识产权受到了重点关注。此届论坛以"知识产权创新发展与核心竞争力"为主题，同时举办知识产权与商标国际论坛、知识产权与版权保护论坛、新媒体与知识产权圆桌会议等专场会议，解读知识产权战略、商标战略以及版权产业发展趋势，深入探讨自主创新与核心竞争力、网络版权保护及范例分析、新媒体与知识产权等议题。

首个国家级版权交易系统开通

2009年5月8日，首个国家级版权交易系统在国际版权交易中心正式开通，北京版权产业融资平台也同步启动。今后版权人可通过该交易系统转让版权，通过融资平台寻找资金。交易系统开通首日，总额超过1亿元的30个项目挂牌交易，覆盖影视、音乐、动漫等版权项目。

第五届中韩版权研讨会举行

2009年6月17日,第五届中韩版权研讨会在位于北京雍和园的国际版权交易中心召开。中国版权保护中心与韩国著作权委员会就以促进中韩版权贸易与保护合作机制建立倡议书发出的"建立三个窗口"(版权信息窗口、版权贸易相关信息及合作交流窗口、法律服务窗口)为基础,共同进行了版权登记、版权信息确认、流通情况调查等工作。研讨会围绕著作权法律的完善和修改、数字网络环境下的中韩著作权合作模式等主题进行了探讨。

国家版权局与欧盟联办中欧网络版权保护研讨会

2009年6月18日至19日,中国国家版权局和欧盟在宁夏回族自治区银川市联合举办了中欧网络版权保护研讨会。研讨会就网络环境下中欧版权保护所面临的挑战和机遇等问题进行了探讨。

国家数字版权研究基地落户北大

2009年6月29日,国家数字版权研究基地正式落户北京大学。基地成立后,将创建数字版权理论研究平台,关注国际数字版权保护动向及国际组织发展动态,积极参与数字版权国际公约及相关国际规则的研究,以提高我国数字版权研究水平,同时也为政府部门提供立法和政策咨询,为相关产业提供版权实务培训。

中美欧日在京讨论互联网版权保护

2009年6月30日,中国商务部、中国国家版权局与美国专利商标局、美国版权局在北京共同主办了互联网与版权保护圆桌会议。近百位来自中国、美国、欧盟、日本政府部门和权利人组织、互联网企业的嘉宾就用户生成内容网站(UGC)的版权问题、P2P服务产生的版权问题等4个议题进行了热烈讨论。此次圆桌会议与会各方紧紧围绕互联网与版权保护主题,从技术层面、法律层面、法律实施层面和宣传教育层面进行了广泛的研讨和交流。

中国知识产权法律检索系统启动

2009年7月9日,我国首个提供完备的中英双语知识产权法律资料汇集且供用户免费查询的系统——中国知识产权法律检索系统在京启动。这是一个与中国知识产权保护和实施相关的法律法规新平台。作为一个免费的搜索工具和信息源,中国知识产权法律检索系统旨在帮助用户在当前中国知识产权保护和实施的法律框架内查找和获得法律资源。

中韩版权服务机构将加强数字领域合作

2009年9月3日,中国版权保护中心与韩国著作权委员会在京签署协作合作意向书,双方将进一步加强卡通、网游、软件等领域的版权合作。合作意向书约定:中国版权保护中心与韩国著作权委员会将进一步加强卡通、网络游戏、软件等领域的版权合作,并建立在作品登记、纠纷调解方面的新工作机制。

中国数字出版机构首登世界版权经理人大会讲台

德国当地时间2009年10月13日,世界版权经理人大会召开,版权许可和数字挑战是2009年的重要主题。盛大文学作为中国数字出版的代表企业,在大会上向与会者介绍了中国数字出版的现状、趋势。盛大文学是历届世界版权经理人大会以来第一个站上其讲台的数字出版机构,也是23年来第二家登上讲台的中国出版企业。

第二届中国国际版权博览会在京举办

2009年10月24日至27日,第二届中国国际版权博览会在北京国家会议中心举办。博览会以交流、合作、创新、发展为主旨,主要内容包括国际版权论坛、产业展览、主题活动和文化演出等

4大板块，共设11个展区。展会期间，分别举行中国文化产业项目投融资洽谈会、中国国际影像文化节、中国国际数字音乐节、中国网络文学节、中国国际数字娱乐领袖峰会、中国优秀游戏制作人评选颁奖盛典、中国国际软件版权高峰论坛等7项主题活动。

2009中国版权年会在京举行

2009年11月20日至21日，"2009中国版权年会"在北京国谊宾馆举行。本届年会的主题为"数字环境下的版权资源开发和价值提升"。专家学者和相关产业人士围绕3G产业的兴起给版权保护带来的新课题，以及版权产业中传统产业和新兴产业，如何在数字环境下更广泛地拓展版权资源开发的途径，进一步提升版权价值等相关问题，展开了深入而热烈的研讨。

数字环境下版权和相关权集体管理研讨会在京召开

2009年12月2日至3日，由世界知识产权组织（MPO）和中国国家版权局共同举办的数字环境下版权和相关权集体管理研讨会在北京召开。此次会议意在分享世界各国著作权集体管理组织的先进经验，共同探讨数字环境下著作权集体管理制度面临的机遇、挑战以及发展趋势。

首届中国国际影视动漫版权博览会在东莞启幕

2009年12月30日至2010年1月3日，首届中国国际影视动漫版权保护和贸易博览会在广东东莞国际会展中心举办，该博览会主要关注动漫版权保护及创意产业文化。

媒体对电子阅读器大事报道的回顾

易博士M618全球第一款手机式阅读器发布

2009年1月13日，广州金蟾软件研发中心有限公司在广州白云宾馆，召开《易博士M218B荣登电子（纸）阅读器国际三甲品牌及2009年新品发布会》，发布了全球第一款手机式阅读器——易博士M618。该款阅读器可以通过无线通信信号（目前可以通过GPRS、Wi-Fi两种无线通信网络）进行随时随地的数字内容接收和内容阅读，可以直读各地全版内容的报纸、期刊以及图书。发布会后召开了数字出版发展座谈会。

中国数字报业网电子纸专题上线

2009年1月20日前后，中国数字报业网"书香还是数字香"电子纸专题已正式上线，该专题对近年来国内外电子纸技术的发展进行了全方位的介绍与报道，为传统媒体在电子纸这一领域的创新实验提供大量参考信息。此次推出电子纸专题的目的，是向传统报业介绍国内外电子纸的最新动态，为其加快媒体融合和产业升级广开思路。

北京市政协推动无纸化办公，汉王电纸书成新工具

2009年3月6日前后，北京市政协委员与首都媒体共同举行了一场"特殊"的座谈会，会议就推动无纸化办公等相关议题展开讨论。委员们"翻看"的材料不再是厚厚的纸张，而是电纸书显示屏。北京市政协2008年底开始在日常会议中采用汉王电纸书，以减少对纸张的使用，解决政协会议资料多、浪费大、不能重复使用的难题。

《读点经典》出电纸书

2009年4月23日，重庆出版集团在重庆市新闻中心举行了《读点经典》电纸书出版发布仪式，装有500部中外经典名著的汉王电纸书正式与重庆市民见面。重庆出版集团从2009年1月开始，每月推出一本《读点经典》系列丛书，现已推出4辑，发行60万册。

汉王牵手文著协发力内容数字化版权采购

2009年5月4日前后，中国文字著作权协会（以下简称文著协）与汉王科技在京举行了相关的签约仪式。双方通过签约结成内容数字化版权采购战略合作伙伴关系。在双方合作期间，汉王电纸书将成为文著协所管理的数字化版权内容发行的核心通路与终端，届时用户可以借助电纸书阅读大量具有版权保护的图书作品。这种著作权交易方式，开创了版权输出领域一揽子版权交易B2C的先河，给数字出版产业提供了一种新思路。

福昕电子阅读器亮相

2009年5月9日，福昕软件公司在福州软件园举行的2009年福建省暨福州市科技人才活动周上，展示用自主产权研发出来的电子阅读器。阅读器采用了元太开发的液晶屏，引进新型电子墨水显示技术，屏幕字迹、图片等格式均不失真，接近纸张印刷文字的效果。一块电池可持续观看8000页。

汉王发布全球首款手写电纸书N518

2009年5月18日，汉王发布了全球首款手写电纸书N518，率先在电子阅读器上实现读与写的同步进行。这款手写电纸书植入了手写识别技术，配以手写笔，实现手写、键盘双触控操作，支持用户对文本文档进行即时手写批注，并可以根据需要流畅地书写便笺与记事，同时支持文档搜索功能。阅读器随机预装了2000册正版图书，包括传统典籍、名家名作、畅销作品、网络文学、外国名著等。

《光明日报》推出3G阅读终端

在2009年7月1日前后，举办的《光明日报》创刊60周年纪念活动上，光明日报报业集团向来宾展示了全球首家基于3G（TD-SCDMA）/GSM无线模块支持的移动报纸阅读终端。该移动阅读终端目前处于测试阶段，在正式推出后，《光明日报》每天除传统的纸质印刷版外，全部内容会同时发布到终端上，用户可即时接收阅读最新报纸内容。此外，该终端还具有图书下载阅读、股票行情滚动发布、图片浏览以及MP3播放等功能。

汉王科技新推学生版电纸书

2009年8月5日前后，汉王科技推出了全球首款电纸书学生版D21，这款电纸书5英寸大小，搭载电子油墨技术、手写识别技术等，预装了5本中英文字典及600多册英文原著，方便学生使用。电纸书学生版预装的大量学习工具，后续将融合试卷资源，并增加计时器、自动判卷等功能。

汉王推出全球首款手写3G电纸书

2009年9月9日，汉王科技发布全球首款手写3G电纸书。该款产品为中国移动定制产品，应用于中国移动手机阅读基地项目，面向购买移动手机阅读增值服务业务的用户。3G电纸书采用6英寸高亮度Vizplex E-ink电子纸，内置TD模块，是一款可以通过无线网络在线浏览、下载电子书籍、杂志、期刊、有声读物的掌上电子阅读设备。该款产品同时还采用了汉王最新手写识别技术，支持手写触控、输入、批注等功能，这也是全球第一款可以手写的3G电纸书。

小欧电子书问世

2009年9月17日，上海易狄欧电子科技有限公司正式宣布推出小欧电子书。该款电子阅读器产品采用6英寸电子墨水显示屏，具有TD-SCDMA和Wi-Fi无线上网、手写输入及识别等功能，用户可方便地通过无线方式随时随地获取内容资源，具备便捷的互动功能，突破了以往单机和个人阅读的传统模式。

媒体对音像电子大事报道的回顾

中国音像代表团参加第 43 届国际音乐博览会

2009 年 1 月 18 日至 21 日，第 43 届国际音乐博览会（MIDEM）在法国著名海滨城市戛纳举行。来自 80 多个国家和地区的 1900 多位注册展商和 8000 多位专业参展者参加了这个盛会。中国音像协会受国家新闻出版总署委托和资助，第一次以参展商身份组团参展并设立了中国国家展团展位。

日本唱片协会代表团来华访问

2009 年 2 月 11 日，日本唱片协会（RIAJ）会长、东芝音乐公司总经理石坂敬一先生一行 4 人到中国音像协会访问，常务副会长兼秘书长王炬、副秘书长朱禾、组联部主任张文远参加了会见。双方介绍了中日两国音像业的发展近况，回顾了两会多年来的友好交往与合作，并就今后中日两国音乐产业的交流与合作达成意向。

邬书林副署长、于永湛会长分别会见 IFPI 香港会代表团

2009 年 2 月 12 日，新闻出版总署副署长邬书林在总署接见了以主席、英皇娱乐公司总经理吴雨为团长的国际唱片业协会（香港会）代表团全体成员。出版管理司副司长朱启会、协会常务副会长王炬等参加了会见。吴雨主席向邬副署长介绍了香港唱片业发展的情况，国际唱片业协会（香港会）于 2008 年 6 月进行了换届，会员全部由华资唱片企业组成。双方就内地与香港唱片业发展的现状、前景及两地业内的交流沟通等问题进行了内容广泛的交谈。

加拿大音乐周在多伦多举办

2009 年 3 月 12 日，应加拿大音乐周（CMW）的邀请，协会常务副会长王炬以及太合麦田音乐、摩登天空、巨鲸音乐、新浪音乐和腾讯音乐等中国著名唱片公司和音乐网站负责人参加了 CMW。在音乐周举办的"聚焦中国"主题论坛上，宋柯、沈黎晖、陈戈、谢国民和歌手查可欣等人就中国音乐产业的发展发表演讲。

谷歌中国推出正版音乐搜索服务

2009 年 3 月 30 日，谷歌中国和巨鲸音乐网在京宣布正式推出免费、高品质的正版音乐搜索，中国也是谷歌在全球范围内唯一推出这项服务的国家。此次发布的谷歌音乐搜索正式版增加了"挑歌"和"相似歌曲"功能，提供了一种全新的音乐搜索模式，它们能根据音乐的节奏、音调甚至配器，帮网民挑选乐曲。

吉林音像电子出版协会成立

2009 年 3 月 25 日，吉林音像电子出版协会正式成立。该协会由吉林省新闻出版局主管，由吉林音像出版社等 20 余家音像制品出版、复制和发行单位共同发起，旨在组织省内音像电子出版行业开展活动、维护秩序和交流。该协会是吉林省音像电子出版领域的第一个行业协会。

中国音像协会在香港音乐节获纪念牌

2009 年 3 月 26 日，香港音乐节在香港会展中心隆重举行，中国音像协会常务副会长王炬、中国音像著作权集体管理协会总干事王化鹏、中国音乐著作权协会总干事屈景明等应邀出席了开幕式。IFPI 香港会在开幕式上授予了中国音像协会纪念牌，以纪念两会真诚的合作。

中国蓝光新闻发布会在北京举行

2009 年 4 月 22 日，由中国高清光盘联盟举办的"中国蓝光高清光盘 CBHD 产品说明会"在北

京人民大会堂举行。中宣部、工信部、新闻出版总署等政府主管部门和高清联盟成员单位中的高清光盘生产企业、音像出版制作单位以及新闻媒体等各界人士100余人参加了会议。

中国唱片业历史回顾展、中国原创音乐出版成就展在深圳举办

2009年5月15日，由中国音像协会与大梅沙原创音乐前沿基地共同举办的"中国唱片产业历史回顾展"和"中国原创音乐出版成就展"在第五届中国（深圳）国际文化产业博览交易会大梅沙分会场开幕。由北京大学文化产业研究院、北京原创联盟音乐文化发展公司、深圳市华鼎文化发展有限公司等在大梅沙建立"深圳梅沙原创音乐前沿基地"（以下简称"音乐基地"），也挂牌成立。

中国版本图书馆文化教育音像出版物数据库探索盈利模式

2009年5月21日前后，新闻出版总署信息中心、陕西出版集团、陕西旅游集团等签订了中国版本图书馆文化教育音像出版物数据库项目的战略合作协议书。该数据库项目由中国版本图书馆与西安天盛软件有限公司联合开发，依托中国版本图书馆馆藏资源，用数字流媒体和数字版权保护技术，通过对各类音像资料格式转换、混合压缩构建音像电子数据库，以数据库软件的形式，借互联网主推国际市场。

全国音像分销协（商）会联席会议召开

2009年5月21日至22日，全国音像分销协（商）会联席会议在西安召开，到会的有北京、上海、山东、陕西、湖北和广东等省市的音像制品分销协（商）会的主要负责人和部分经销商的代表。中国音像协会副秘书长朱禾应邀出席了会议。此次会议的主要议题是讨论各地音像发行单位面临着经营许可证年检换证问题以及如何反盗维权保卫正版音像制品市场环境。

社会各界抵制低俗音像制品座谈会召开

2009年5月26日，"社会各界抵制低俗音像制品座谈会"在新闻出版总署召开，蒋建国副署长、中宣部出版局副局长周慧琳、副巡视员张凡，总署有关司局领导李宝中、朱启会、曹宏遂、黄晓新、毛小茂、协会王炬副会长以及有关专家、音像业代表、教师和学生代表参加了会议，各界代表在会上发言，对音像制品中的低俗倾向进行了谴责和批评，蒋副署长出席了会议并做了重要讲话。

总署音像市场管理工作会议在京召开

2009年6月17日，由总署印刷发行司主持的音像市场管理工作会议在北京召开，会议主要讨论音像发行零售商换证、各地新闻出版局音像市场管理职能交接等问题。阎晓宏副署长出席会议并做了重要讲话，王岩镔司长主持了会议。王炬副会长出席了会议。

全国音像出版复制发行工作座谈会在北京召开

2009年6月25日，全国音像出版复制发行工作座谈会在京西宾馆召开，新闻出版总署署长柳斌杰和副署长蒋建国、李东东、邬书林、阎晓宏、孙寿山，中宣部出版局局长张小影等领导、各地新闻出版局、扫黄办、音像业代表300余人出席了会议。蒋副署长主持了会议，柳斌杰署长、邬书林、阎晓宏副署长在会上分别作了重要讲话。中国音像协会常务副会长王炬代表音像业宣读了"加强音像行业自律，自觉抵制低俗之风"倡议书。

中国音像协会向全行业发出"加强音像行业自律·自觉抵制低俗之风"倡议书

2009年6月25日，为了巩固和发展清缴整治低俗音像制品专项行动的成果，促进音像业健康有序发展，中国音像协会向全行业发出"加强音像行业自律，自觉抵制低俗之风"的倡议。坚决支持和拥护新闻出版总署和全国"扫黄打非"办公室开展的清缴整治低俗音像制品专项行动。该倡议书于当天在中央电视台的《新闻联播》中全文播出。

百余家在京音像企业研讨健康有序发展

2009年7月3日，中国音像协会受新闻出版总署委托，在北京召开了在京部分音像出版制作发行企业座谈会。新闻出版总署出版管理司副司长朱启会、许正明处长分别传达了新闻出版总署署长柳斌杰、副署长邬书林、阎晓宏等领导同志在全国音像出版复制发行工作座谈会上的讲话精神，并通报了开展清缴整治低俗音像制品专项行动的情况。来自人民教育电子音像出版社、商务印书馆电子音像出版中心等100余家在京音像出版制作发行单位负责人参加了会议。

进口音像制品管理工作会议在北京举行

2009年8月27日，由总署出版管理司在北京召开了"进口音像制品管理工作会议"，22家出版单位、10家发行单位和部分内容审查专家出席了会议，许正明副处长主持了会议，出版司调研员孙宏伟对近来审查工作做了总结，朱启会副司长、中宣部副巡视员张凡和王炬副会长在会上讲话。

体制改革和"三个一批"调研会在广州召开

2009年9月12日，为了进一步贯彻中央和总署关于音像业体制改革的精神，为制定"三个一批"实施方案做充分的准备，总署出版管理司在广州太平洋影音公司召开了业界座谈会。朱启会副司长、王炬常务副会长以及东方红、俏佳人、中凯、泰盛、天凯等十几家民营音像企业的负责人参加了座谈会。

高清联盟CBHD发布会在广州举行

2009年9月17日，中国蓝光（CBHD）产品发布会在广州中国大酒店举行。工信部副部长娄勤俭、中宣部出版局副巡视员张凡、原中国音像协会（现中国音像与数字协会）王炬常务副会长、工信部梁峰处长、TCL李东生董事长、新科总经理秦尚志、中唱总经理周建潮、中影集团光盘公司总经理程晓阳、华纳家庭录影公司总裁以及有"DVD之父"之称的山田尚志、日本Memory tech总经理川崎代治等出席了会议。

中国流行音乐榜十大新人颁奖活动在大梅沙音乐基地举行

2009年9月27日，由中国音像协会和大梅沙音乐基地举办的"中国流行音乐榜2008—2009十大新人"活动在深圳东部华侨城剧场举行。深圳市人大常委会副主任、中国音像协会常务副会长、深圳盐田区长以及音像业、唱片业有关负责人出席了颁奖典礼。

第6届东京亚洲音乐节TAM举行

2009年10月19日，东京亚洲音乐节（TAM,Tokyo Asian Music Market）在日本品川王子饭店开幕。中国音像协会常务副会长兼秘书长王炬及上海新汇娱乐集团副总裁臧彦彬和中唱上海公司总经理助理一行应邀参加音乐节。来自中国港台和内地、法国、德国、荷兰、英国、韩国、泰国、美国、澳大利亚等12个国家和地区的来宾应邀出席。音乐节包括新唱片演示会、洽谈会、展览会、现场演艺等活动。

教育音像工委会组团参加全国大学出版社图书订货会

2009年10月29日至31日，第22届全国大学出版社图书订货会在厦门国际会议展览中心举行，中国音像协会教育音像工作委员会组团设立展区，"中国教育音像"首次整体亮相，集中展示的教育音像制品吸引了大批参会代表，形成了一道独特而靓丽的风景线。

Sound City音乐节在迪拜举行

2009年11月5日，在阿联酋迪拜举行了Sound City国际音乐节。中国音像协会王炬应邀并在音乐产业国际论坛上发表演讲，向与会各国代表介绍了中国政府大力发展文化产业的各项政策和中国音乐产业发展状况。与会者对外资如何进入中国市场表现出浓厚的兴趣。音乐节由产业论坛、专业研讨会和现场演艺等活动组成。

总署批复同意建立上海音乐产业基地

2009年12月5日，王炬常务副会长陪同总署出版管理司朱启会副司长在上海考察了上海"国家音乐产业基地"筹建的情况。由上海市政府支持、上海新汇文化娱乐集团主办的上海音乐产业创意园区已经获得的新闻出版总署的批复，同意该园区成为我国第一个"国家音乐产业基地"，新汇集团总裁顾勤、副总裁臧彦彬、副总裁朱刚等就筹备情况做了汇报。

中美在线音乐研讨会在京举行

2009年12月9日，中美在线音乐研讨会在北京大学博雅会议中心举行，文化部外联局副局长、中国音像协会常务副会长、北大文化产业研究院副院长、北大法学院教授、巨鲸音乐网COO和美国贸易谈判代表助理，美驻华使馆知识产权代表，美国唱片协会（RIAA）执行副主席和国际唱片业协会（IFPI）亚洲区总裁等参加了会议。

上海新汇携手联通新浪进军数字音乐

2009年12月23日前，国内知名音像集团上海新汇文化娱乐集团分别与中国联通和新浪网签约，正式开始在数字音乐领域的合作。新汇集团与中国联通的合作主要基于新兴的3G网络和业务，包括技术和内容两方面，由新汇集团下属公司新汇原创并研发的、针对手机通讯的先进影音编辑技术为广大手机用户提供了巨大的创作平台，鼓励并激发原创灵感，增加原创内容。

媒体对音像与数字出版其他大事报道的回顾

中国网络广告业首个行业标准2009年1月1日起试行

2008年12月31日前后，中国广告协会互动网络委员会出台的《中国互联网广告推荐使用标准（试行）》，将于2009年1月1日起试行。这也是该委员会第一次推荐使用的互联网行业广告标准。此举旨在采取循序渐进的方式逐步统一互联网行业广告标准，使互联网广告更加便于销售和代理销售，从而降低销售和制作成本，促进行业发展。

"博识通"实现新闻出版"软成本"控制

2009年1月7日前，新闻出版总署科技与数字出版司组织专家对长江日报报业集团、武汉科信达科技有限公司联合开发的"博识通"数字出版质量效率控制系统进行了验收，并顺利通过。该系统采用人机协同校对技术，通过对新闻出版业务流程的整合与优化以及信息技术的采用，实现了提前介入、均衡校检压力、网络传递并行处理的全新生产模式，具有重稿识别、大样安全管理等辅助功能。利用此系统文件校对、自动校对工具，可实现新闻出版的质量、效率等"软成本"的有效控制。

中国首款藏汉英电子词典面世

2009年1月15日前后，中国第一款藏汉英电子词典硬件产品《洛藏藏汉英电子词典》在拉萨问世。这款电子词典由西藏大学教师洛藏研发，共收录34本藏汉英词典所包含的词汇，实现藏汉英三个文种之间互译，同文种在多个词典里可实现同步查询；收录了25部百科类电子书籍，其中有12部是藏文百科类电子书籍，包括藏医、藏药、藏传佛教、民俗等内容；具备藏汉英真人发音功能。

江西教育社开发多媒体网络教材

2009年2月12日前后，江西教育出版社和江西省电教馆达成战略合作协议，共同开发网络教材《高中新课程网络课堂》。这标志着江西教育社由传统的数字出版供应商转变为数字出版的开发者、从教材教辅的出版者发展为完整教学方案的提供者。该教材是一套多媒体教学软件，将于2009年7月"上岗"为江西师生服务。其主要模块包括分课时的名师教学视频、Flash动画形式的重难点讲解、分课时的随堂作业题库等。

上海出台数字出版业发展引导目录

2009年2月27日，上海市召开推进数字出版产业暨张江国家数字出版基地新闻发布会，正式出台《上海数字出版业发展引导目录（2009版）》。该目录包括内容资源数据库建设、软件产品开发、数字出版相关技术研发等五大方面21个类别，既重视数字出版发展的一些基础性工程、项目以及公益性、共享性平台建设，也突出了一些新兴领域，特别是结合国内外数字出版发展的趋势和上海的城市特点及优势，进行了一些重点规划。

百度推出老年搜索频道

2009年4月9日，百度正式发布首个专门为中老年人群量身定制的搜索产品——百度老年搜索（123.baidu.com），希望通过体贴细致的个性化搜索服务，帮助更多的中老年人享受互联网和搜索引擎所带来的精彩与便利。与普通的百度搜索相比，老年搜索网页普遍采用14或12号字体，以及大号搜索框。除此之外，百度老年搜索频道还增加了许多符合老年人群特点和需求的人性化设计。

MPR出版物5项行业标准发布

2009年4月14日为加快我国自主研发和具有完全自主知识产权的MPR（将多媒体数字技术与纸质印刷出版物相结合，通过阅读器将出版物对应的电子媒体文件表达出来）码技术推广应用，规范MPR码的使用，统一纸质有声出版物码制，新闻出版总署日前审核通过了MPR出版物5项行业标准：MPR码符号规范、MPR码编码规范、通用制作规范、MPR码印制质量要求及检验方法、基本管理规范。

江西出版集团成立数字出版中心

2009年4月17日，江西出版集团举行数字出版中心揭牌仪式。数字出版中心以奇达公司为基础，将实现数字化出版流程管理、数字化内容出版、网络销售等，从传统的出版物提供者向数字化时代的内容服务商转型。截至目前，集团资料库中已有电子文档、电子书5128种，上架销售1733种，电子期刊若干种；自主开发软件并实现了编务管理数字化；同时，该集团还以奇达网为母网，链接了7家出版社网、1家发行集团网、20家报刊网，形成了网站群。

全国首个校企共建数字出版基地落户上海

2009年4月29日，方正阿帕比与上海理工大学共同打造的全国首个高校与企业联动共建的数字出版产学研基地落户上海。该基地集合企业技术与市场的资源，共同打造集产、学、研为一体的智力基地，从事数字出版的技术研究、人才培养和产业应用发展等各项活动。

解放日报报业集团全媒体多通道数字出版系统通过验收

2009年4月29日，由解放日报报业集团和上海阿耳法信息技术有限公司共同研发的报业全媒体多通道数字出版系统，通过了新闻出版总署科技与数字出版司组织的项目验收。系统通过流程再造融合新旧媒体，实现协同解放日报报业集团数字传播中心、新媒体部和资料中心等多个部门共享资源完成采、编、发工作，以及传统纸媒体与新媒体（网媒、移动媒体）的同步出版。该系统为报业出版数字化、管理信息化、传播网络化，开辟了一条崭新的途径。

第五届中国（深圳）国际文化产业博览交易会开幕

2009年5月15日，第五届中国（深圳）国际文化产业博览交易会（以下简称文博会）开幕。

文博会设置九大展示交易馆，另设 30 个分会场。整个展会分博览交易、论坛、评奖、节庆活动、网上文博会、人才文博会六大板块。此届展会深圳市政府拨专款补贴西部地区政府组织的展团，还为遭受地震灾害的四川展团提供免费展位。此届展会将举办中国文化发展战略论坛、出版创新前沿论坛、中国文化产业投融资项目推介招商会等。

四川大学腾讯新媒体研究所成立

2009 年 5 月 15 日前后，新媒体研究机构四川大学腾讯新媒体研究所在"危机传播与中国经验"高峰论坛上举行了授牌仪式。这是目前国内首家由高校与新媒体共同成立的研究机构，主要研究领域为追踪新媒体的发展趋势及新媒体给传统媒体格局带来的影响。

上海市发布从事数字出版业务工商登记有关问题意见

2009 年 5 月 21 日，上海市工商局、上海市新闻出版局联合发布了《关于本市从事数字出版业务工商登记有关问题的意见》，首次对数字出版的范围，数字出版经营主体的组织形式、名称以及经营范围等方面做出了明确规定。该意见的出台，有效解决了上海市从事数字出版经营业务的企业在工商登记、注册时碰到的问题，为政府管理部门和企业共同推动数字出版业发展奠定了法律基础。同时，也为今后全国出台此类规范打下了基础。

辽宁出版集团投资出版产业园项目

2009 年 6 月 10 日，沈阳棋盘山国际风景旅游开发区与辽宁出版集团有限公司签订合作协议，共同建设出版产业庄园。出版产业庄园由出版传媒产业园和出版传媒生活区两部分组成，总投资约为 30 亿元，预计 3 年建成。该项目位于棋盘山国际风景旅游开发区上马村，占地面积约 700 万平方米。出版传媒产业园内项目包括：原创电视动画、动画电影、动画外包、动漫图书出版、动漫衍生文化产品、网络游戏，以及跨地区、跨行业、跨媒体开发和引进的著名文化产业品牌等。

福建首个数字出版研发基地揭牌

2009 年 6 月 11 日，福建人民出版社数字出版项目研发实验基地在福州大学揭牌成立。福建人民出版社与福州大学将联手打造产学研用一体化数字出版平台，围绕人才培养、学生实践、数字出版项目研发、就业推荐、学生勤工俭学等方面展开合作，具体就互联网媒体应用、动漫影视、网络游戏、手机出版等领域进行项目研讨、市场投放。

长沙师范学校设数字出版与印刷传媒系

2009 年 6 月 19 日前，长沙师范学校成立了数字出版与印刷传媒系，并先后与湖南凌华印务有限责任公司、湖南雅嘉彩色有限公司签订了"订单式人才培养"协议，与长沙市雅高彩印有限公司签订了"雅高印刷奖学金"协议。该系是湖南省首家高校开办的数字出版与印刷传媒教育机构。

北京市版协成立游戏、网络出版工作委员会

2009 年 6 月 30 日，北京市出版工作者协会游戏、网络出版工作委员会正式成立。委员会的成立弥补了相关行业产业链缺失的环节，为政府的工作提供了帮手，并将对今后北京市网络出版与游戏产业发展产生很大的促进作用。

第三届中国数字出版博览会在京举办

2009 年 7 月 7 日，第三届中国数字出版博览会（以下简称数博会）在北京国际会议中心开幕，此届数博会以"落实数字化发展战略，推进出版业升级转型"为主题，由新闻出版总署、科技部、广播电影电视总局、中国科学院支持，中国出版科学研究所主办，中文在线、北京希普思文化咨询公司承办。本届数博会集结了各新闻出版、印刷、发行单位，国内外数字、网络、数码印刷、动漫、

通讯、电子研发，图书馆、电教馆、高校、投资公司等单位和人士。

复旦大学联手业界建立数字娱乐人才培养平台

2009年7月26日前后，复旦大学软件学院与国内数字娱乐主要开发运营商之一的"第九城市"联合宣布，双方联手建立数字娱乐高层次人才培养平台。此次复旦联手业内打造数字娱乐人才培养平台，表明相关产业的人才培养正由单纯技能型向理论研究型与产学研一体的模式转变。

中国在法兰克福书展首设数字出版和民族出版展区

2009年8月6日，中国在法兰克福书展上首次设立民族出版物展区、港澳台展区、数字出版展区。这是中国展台首次组织数字出版机构独立设立展中展，参展商由具有一定出版实力和代表性的方正阿帕比、同方知网、盛大文学3家数字出版单位组成。

三大行业首次联手探讨"三网"融合之路

2009年8月23日至24日，首届下一代网络融合与发展中国峰会由中国广播电视协会、中国通信学会、中国互联网协会首次联手在京举办，会议以"直面金融危机、振兴产业经济"为主题。此次峰会设立了多个分论坛，就互联网、网络视频、IPTV、移动多媒体广播、手机电视等新媒体业态的发展与融合趋势进行研讨。

吉林举办首届数字出版论坛

2009年9月4日前，吉林省新闻出版局和吉林出版工作者协会联合举办了首届数字出版论坛。与会嘉宾分别就我国数字出版概况、发展趋向及政策，数字出版与知识服务，数字技术在出版中的应用等问题进行了探讨。吉林省新闻出版局今后将在规划设计、政策扶持、项目安排、规范管理等诸多方面对数字出版企业和产品给予最大支持，积极推动出版企业加大数字出版技术的研发。

京津沪渝首届创意产业联席会议签署《京津沪渝创意产业发展合作宣言》

2009年10月26日，京津沪渝创意产业联席会议暨2009天津创意产业活动周在天津规划展览馆开幕。与会代表交流了各自发展创意产业的经验和思路，在取得高度共识的基础上，签署了《京津沪渝创意产业发展合作宣言》。

2009年全国出版业网站年会在京开幕

2009年11月8日，2009全国出版业网站年会在北京大观园酒店开幕。会议以"净化网络环境，创新盈利模式"为主题，着重推进出版产业升级转型、网站版权保护、网络环境的建设发展，探索竞争开放、健康有序的发展途径。2009全国出版业网站年会为期两天，在主论坛和分论坛上，来自出版发行行业、报刊业、新媒体的代表们进行主题演讲，就出版业网站建设相关问题进行深入探讨。

广东举办数字出版发展战略研讨会

2009年11月10日，来自广东各大传媒集团、书报刊音像电子出版单位、数字出版技术研发企业和运营商、网游动漫企业、高等院校等教学科研机构及新闻出版局的80余名代表，聚首广东"数字出版发展战略研讨会"，从内容、技术、运营等多角度全面分析广东数字出版产业发展的优势及发展中的重点、难点问题，围绕"十二五"广东数字出版产业的发展目标和主要任务，就如何加快推动数字出版产业发展、确保广东先行优势等话题建言献策、共商大计。

中国国际网络文化博览会在京开幕

2009年12月4日，由文化部、科技部、国务院新闻办公室、国家新闻出版总署等部门共同主办的第七届中国国际网络文化博览会（以下简称网博会）在北京开幕。以"阳光网络·创新生活"

为主题的本届网博会，云集了网络教育、动漫、游戏、文学、音乐、视频、软硬件及网吧等文化市场领域的 80 个企业。本届网博会还设有移动娱乐峰会、首届网页游戏发展论坛、中国动漫游戏人才年会等 6 个分论坛。

第四届中国青少年网络发展论坛在京召开

2009 年 12 月 6 日，第四届中国青少年网络发展论坛在北京召开，本届论坛以"创新型国家与学习型网络——青少年的责任"为主题，论坛上，由文化部文化市场发展中心和中国青少年网络协会联合发起的"中国青少年绿色网络建设传播联盟"正式成立，旨在引导青少年健康上网和推动绿色网络产品可持续发展。

浙江出版集团成立数字传媒公司

2009 年 12 月 8 日，浙江出版联合集团数字传媒有限公司挂牌。公司将实现与 IT 厂商、互联网、无线移动的深度融合，建立在新兴文化产业领域的业务体系，实现数字内容的集成化服务和运营。在成立仪式上，浙江出版联合集团还与中国移动浙江公司、浙江广播电视大学签订了战略合作协议。

国内最大数字出版技术企业落户上海

2009 年 12 月 9 日，方正集团与上海张江集团签署合作协议，将共同投资 2.85 亿元组建全国数字出版的旗舰企业——中国数字出版技术有限公司，并正式入驻张江国家数字出版基地。这是迄今为止中国数字出版史上投资规模最大、合作层次最高的项目。此次合作依托双方优势，在数字复合出版领域展开合作，包括移动阅读终端研发、图书门户运营，以及数字复合出版技术研发等 3 个领域的项目。

吉林"百网工程"助推数字出版发展

2009 年 12 月 17 日前，吉林省新闻出版局组织召开了"百网工程"（即 2009 年内要在吉林省建设 100 个有互联网出版内容的网站）总结及经验交流会议，对"百网工程"建设进行了总结。吉林省局提出实施"百网工程"，旨在通过对互联网机构的调查、审核和评估，对于有出版能力的网站，进行备案登记，给予出版资质，使网络出版形成合力，为进一步推动数字出版产业发展打下坚实的基础。

中国外文局与龙源期刊网建立战略合作伙伴关系

2009 年 12 月 18 日，中国最大的对外出版传播机构中国外文局和知名数字出版企业龙源期刊网在京正式宣布建立战略合作伙伴关系，双方将在技术、信息、内容、渠道和资本方面进行全面合作，共同拓展数字出版领域。

全国互联网出版管理培训班在京开班

2009 年 12 月 22 日，全国互联网出版管理工作培训班在京开班。此次培训班为期 3 天，来自新闻出版总署科技与数字出版司、法规司，国务院新闻办网络局，工业和信息化部电信管理局等部门的有关负责人，围绕互联网出版行政管理部门的主要工作职责、网络游戏等互联网出版物监管工作若干问题、当前加强互联网信息管理总体思路和工作任务等进行专题讲座。

中国教育出版网举办数字教育论坛

2009 年 12 月 26 日至 27 日，由中国教育出版网发起，以数字教育发展为主题的中国名校论坛在郑州举行，来自全国 20 余所学校的校长、教务主任、电教主任参加了本届论坛。论坛围绕通过信息化教学手段提升整体教学水平、通过远程教育实现教育均衡等问题进行了深入讨论。

2010年音像与数字出版大事回顾

卫星数字出版物发行平台研讨会在京召开

2010年1月19日,由中国音像协会主办的"基于卫星的数字出版物发行"研讨会在北京京都信苑酒店召开,研讨会上邀请直播星数字信息技术有限公司总经理郑铸东介绍"基于卫星的数字出版物发行平台"的设计和运营理念。新闻出版总署出版司朱启会副司长、王炬副会长、孙宏伟调研员和中唱总公司、中录总社、上海新汇集团、北京科影音像出版社、广东中凯文化发展有限公司、广东泰盛文化传播有限公司、清华同方天语同声信息技术公司等业界人士出席了会议。

中国音像代表团参加世界音乐博览会

2010年1月23日至27日,第44届国际音乐博览会(MIDEM)在法国戛纳如期举行。本次MIDEM展会共有78个国家和地区的3200家公司、7200位专业人士参展。由中国音像协会组织的中国音像代表团参加了展览和演示活动,来自国内15家音像出版社、唱片公司、音乐制作公司和文化传播公司总计24人参加了MIDEM的各项活动。

中日版权保护交流活动在京举行

2010年3月19日至20日,由中国音像协会、中国版权协会和日本内容产品海外流通促进机构(CODA)共同发起的"2010中日版权保护交流活动"在北京举行。活动由新闻发布会、版权保护研讨会和版权保护普法宣传三部分组成。

国家音乐产业基地深圳园区挂牌成立

2010年5月13日,国家音乐产业基地深圳园区正式揭牌,新闻出版总署党组副书记、副署长蒋建国出席揭牌仪式并参观了基地。新闻出版总署科技与数字出版司司长张毅君、出版管理司副司长朱启会、广东省人大常委会副主任、省新闻出版局局长、深圳市副市长、盐田区委书记、盐田区区长等领导同志出席了揭牌仪式。中国音像协会常务副会长王炬、唱片工委副理事长、深圳园区负责人许晓峰以及音乐界、音像界、新闻界等有关人士参加了活动。

上海国家音乐产业基地制作中心开启

2010年7月16日,上海新汇娱乐集团在上海隆重举行"国家音乐产业基地音乐制作中心开启暨签约仪式"。到会祝贺的嘉宾包括来自新闻出版总署、上海市新闻出版局、中国音像协会、唱片公司、音乐公司、数字音乐公司以及德国、法国、瑞典、比利时、挪威等国驻上海领事馆代表,德国歌德学院、芬兰等国音乐机构代表以及包括中国台湾地区在内的海内外著名音乐制作人、词曲作家和艺人代表。

第六届海峡两岸图书交易会在台北举行

2010年9月16日,"第六届海峡两岸图书交易会"在台北世贸中心隆重开幕。这是由中国出版工作者协会、厦门外图集团有限公司和台湾地区图书出版事业协会、台北市出版商业同业公会等单位联合举办的大型展会。两岸近500家出版商共设有327个展位,大陆赴台参展的人员有577人,是迄今为止最大的展团。上海市成为本次书展的主宾城市,中国国际电视总公司、中央广播电视大学音像出版社、上海新汇文化娱乐集团等大陆音像出版单位也设展位参展。

深圳国家音乐产业基地举行《深圳的声音》首发式

2010年10月31日，由深圳国家音乐产业基地制作、上海新汇文化娱乐集团出版发行的《深圳的声音》专辑首发式在深圳大梅沙国家音乐产业基地举行。30日晚，中国音像协会"中国流行音乐排行榜"和"中国新民歌排行榜"颁奖仪式也在此地举行。这是深圳基地今年的最新成果，这两项活动，使"第六届沙滩音乐节"达到了高潮，也是深圳、上海两个国家级音乐产业基地的首次合作。

国际版权论坛暨国际版权博览会在北京召开

2009年11月18日，由新闻出版总署、国家版权局、工业与信息化部、国家广播电影电视总局、中国国际贸易促进委员会和北京市人民政府联合举办的"国际版权论坛暨国际版权博览会"在北京奥林匹克中心区国家会议中心召开。国际唱片业协会（IFPI）、商业软件联盟（BSA）、美国电影协会（MPA）和中国音像协会等作为协办单位参加了论坛和博览会。在开幕式上新闻出版总署署长柳斌杰致辞，国家版权局副局长阎晓宏等领导以及相关唱片行业代表发表演讲。

2011年音像与数字出版大事回顾

电子图书大事回顾

浙江出版联合集团贯通电子书产业链

2011年1月5日,浙江出版联合集团召开"贯通电子书产业链"新闻发布会,正式发布自主品牌的博库手持阅读器,并启动"博库书城网"电子书销售平台。这标志着浙江出版联合集团成为国内首家拥有电子书内容生产、销售平台、阅读终端全面业务的出版集团,也标志着浙江以纸介质为代表的传统出版向以数字为代表的现代出版转型升级迈出了重要一步。

第一批电子书内容标准提案出炉

2011年1月27日报道,在近日召开的电子书内容标准项目组2011年会暨第二次全体会议上,电子书内容的第一批12个标准提案经过论证已出炉。100余位来自出版单位、软硬件技术厂商、科研单位的项目组成员单位代表以及相关专家对《电子书内容标准体系表》《电子书版权页规范》等电子书内容第一批的12个标准进行投票。中国新闻出版研究院已启动《电子书格式比较研究》项目,并将启动《电子书产业发展跟踪研究》项目,以配合标准制定工作。

京东商城上线在线读书频道

2011年2月10日,京东商城上线在线读书频道及音像频道正式切入图书音像领域,在线读书频道将提供最新的行业资讯与读书评论等,其定位以服务购书顾客为目标,顾客在购买之前可免费阅读部分章节的内容,做到"先看后买,看好再买"。

云中书城全新改版盛大文学内容平台独立运营

2011年2月16日,盛大文学宣布,其内容运营平台——云中书城正式从盛大电子书官方网站中独立出来,并启用全新域名。此次云中书城全新亮相标志着盛大文学全力打造的数字书城将正式独立运营,也预示着产业链的整合将进一步加快。

电子书成品管理系统出炉

2011年2月23日,北京书生公司推出了"电子书成品管理系统",该系统可对出版机构现有的电子书成品实施有效的内部管理和版权保护,以确保出版机构的电子书成品在数字出版各个环节中的安全。

50位作家联合署名发布《3·15中国作家讨百度书》

2011年3月15日,知名网络作家慕容雪村在微博上率先发表了他执笔的文章《3·15中国作家讨百度书》。包括贾平凹、刘心武、韩寒、郭敬明、李承鹏等在内的近50位中国作家在《3·15中国作家讨百度书》文末联合署名,称百度文库未经授权收录了上述作家的几乎全部作品并对用户免费开放,侵犯了其自身权利,要求后者停止侵权行为,并呼吁读者支持作家们的维权行为。

广东将电子书产业发展列为工作重点

2011年4月25日,广东电子书产业专题座谈会在广州召开,广东省新闻出版局将围绕推动电子书产业发展重点抓好四件大事：摸清家底、启动试点、科技成果转化和培育消费市场。

2011国际（扬州）电子书产业高峰论坛开幕

2011年4月28日，扬州市人民政府主办的"2011国际（扬州）电子书产业高峰论坛暨首届国际（扬州）电子书包应用峰会"在扬州召开。此次电子书包峰会聚集了硬件方如元太、高通，软件方如中国出版集团、中国人民大学出版社等的共同参与，产业链上中下游将以扬州为平台，共同就电子书包的标准、体验、应用等环节进行探讨。

《中国大百科全书》数据库建成

2011年5月18日，中国大百科全书出版社宣布以《中国大百科全书（第一版）》和《中国大百科全书（第二版）》等为内容基础的《中国大百科全书》（数据库）建成。这也是目前国内唯一百科全书式、具有可升级性的知识集成型资源数据库。该数据库共计逾20万条目，包括80多个学科、近100万个知识点，文字量达2亿，并配有10万幅高清图片、地图及多种附录数据及特殊数据资源。

国图推广少儿数字阅读

2011年6月1日，"全国少儿图书馆数字阅读推广先导项目"在国家图书馆少年儿童馆启动。该项目旨在通过开展数字阅读调研和研讨，探索少儿图书馆的新媒体服务模式，通过推广少儿数字阅读，引导少年儿童学习正确的数字阅读方法，形成正确的数字阅读习惯。

盛大文学与多家公司合作推广数字阅读

2011年6月10日报道，盛大文学已经与汉王科技、金嘉电脑、新浪、豆丁网、3G门户等多家公司达成合作。合作完成后，汉王电纸书、金嘉平板电脑、新浪微博等多个产品将接入云中书城。盛大文学与合作公司采取相互绑定、联合开发无线阅读产品等各种不同的方式合作。

北京东城图书馆推出少儿"电纸书"服务

2011年7月26日报道，日前，北京东城区图书馆推出"少儿电纸书阅读"活动。由此北京东城区图书馆成为北京市区县图书馆中推出少儿电纸书阅读的第一家公共图书馆。活动以电子阅读器为平台，整合图书馆的少儿图书资源，实现海量阅读。

"电子书包"试点在上海虹口推开

2011年7月27日，上海市教委、上海市新闻出版（版权）局、虹口区政府在沪签署《共同推进数字化课程环境建设和学习方式变革试点战略合作协议》，旨在将"电子书包"项目研发、试点工作推向深入。作为"电子书包"试点区，虹口区今年上半年已在区内8所学校进行了试点，建成了"电子书包"网络、内容和终端服务平台，取得了阶段性成果。

百度阅读开放平台上线

2011年9月15日，百度阅读开放平台宣布正式上线。该平台将打通终端服务，用户可以在百度文库书店和百度应用开放平台上浏览电子书籍，后期百度阅读开放平台还将打通百度无线文库、百度阅读器、百度贴吧等终端，为用户提供多样化阅读体验。

大佳网首推国内社交型电子书概念

2011年11月15日，由中版集团数字传媒有限公司研发的熊培云新作《一个村庄里的中国》多版本电子书大佳网首发式在中国出版集团公司举行。通过对内容的整合和再加工，大佳网策划制作的《一个村庄里的中国》精编版、完整版、加长版电子书同时发布，实现在网络、手机等多个渠道的上线销售。同时，大佳网首推社交型电子书概念，正在研发《一个村庄里的中国》社交版电子书。

"沪版图书内容数字化"一期项目竣工

2011年11月29日报道,历时两年多的"沪版图书内容数字化"项目一期建设于近日完成。该项目实现了两大目标:一是完成了3.5万余种数字图书,时间跨度覆盖2003年至2009年上海出版的新版、具有保存或再开发价值的图书内容资源;二是建成"沪版图书内容数字化"项目检查系统平台并投入使用,出版单位可以通过平台输送数字图书信息,上传抽检数字图书,也可通过平台了解各自更详尽的图书数字化信息。

广东成立国内首家网络文学院

2011年12月13日,由中国作家协会、广东省委宣传部、广东省作家协会联合主办的广东网络文学院授牌和《网络文学评论》首发仪式在广州举行。广东网络文学院是在广东省委宣传部直接领导下,由省作家协会筹办的全国第一家网络文学院。

当当网上线电子书平台

2011年12月21日,当当网电子书平台"数字书刊"正式上线。还将推出针对苹果iOS系统和谷歌Android系统终端应用软件。当当电子书通过付费阅读、付费下载方式获得收入,并与出版社六四分成,出版社拿六当当网拿四,全国有一半的出版社与当当网合作。

互联网期刊大事回顾

名刊学报主编会议在清华大学举办

2011年1月23日,名刊学报主编会议在清华大学举办。来自全国各地的近20家名刊学报主编共同探讨了名刊学报的专业化转型方案。与会主编们认为,在继续做好纸本名刊综合性学报编辑出版工作的同时,联合打造数字化专业社会科学系列学报,不失为一种开拓性的有益尝试。

天翼阅读抢滩登陆苹果 Ipad

2011年3月23日报道,中国电信数字阅读业务——天翼阅读·杂志版近日正式登陆苹果Ipad,成为国内首家登陆Ipad的运营商数字阅读平台。天翼阅读运营基地人员表示:"中国电信天翼阅读此次抢先登陆Ipad,并以杂志版进行运营试水,目的就是为全球的Ipad用户第一时间读到原汁原味的中国资讯,可以向全球用户提供24小时不间断的丰富的各类杂志期刊,便于全球读者更加方便地了解中国的文化和社会发展。"

龙源期刊网数博会上签约3项数字合作项目

2011年7月8日,作为第四届数博会上首次特设的主宾企业——龙源期刊网成功举办了主题为"打造数字出版支柱企业、助力期刊数字化腾飞"的分论坛。此次论坛上,龙源期刊网还签约了3项数字合作项目。与北京师范大学签约共同建设京师数字教育平台;与凤凰网签约建立合作伙伴关系,合力进行期刊数字化营销;与华西村、广东金蟾软件联手启动了新农村数字阅读平台的合作项目。

第七届中国科技期刊发展论坛在渝召开

2011年10月17日,由中国科协、新闻出版总署和重庆市政府共同主办的第七届中国科技期刊发展论坛在渝召开。本届中国科技期刊发展论坛围绕"转变期刊发展方式与中国科技期刊的历史使命"主题,举行报告会、科技期刊国际化高峰论坛、专题论坛和科技期刊进院校等专项活动。

数字报纸大事回顾

蜘蛛网数字报刊上线商用

2011年1月12日,上海万丰文化传播有限公司旗下蜘蛛网举行了数字报刊上线商用新闻发布会。这将推动上海成为数字内容的营销中心,极大地帮助传统报刊出版在数字时代实现产业转型和升级。

中国报业协会官方网站上线

2011年5月30日,中国报业协会官方网站中国报协(zgbx.people.com.cn)正式上线。中国报协网与人民网采用合作共建的模式,借助双方力量,加强与报业相关行业及社会各界的联系和协作。

人民日报社建设全媒体新闻资源管理系统

2011年7月12日,人民日报社全媒体新闻资源管理系统一期工程暨公共稿库正式投入试运行。全媒体新闻资源管理系统以"整体设计、分步实施、兼容现有、留出空间"为原则,主要包括统一投稿、公共稿库和协调指挥三大平台,支持移动化、全天候、多媒体投稿。同时,将打通人民日报、人民日报海外版和人民网,实现新闻资源共享,促进报网进一步融合发展。即将启动的二期工程将把社属报刊等都纳入其中,在全社范围内实现打通融合。

大众报业跨媒体经营迈出重要步伐

2011年7月13日报道,日前,山东广电网络公司召开股东大会,通过公司章程和股东大会决议,选举了董事会、监事会等,标志着整合后的网络公司进入正常运转。在山东全省有线电视网络的整合中,大众报业集团创造机会积极参与,成功进入有线电视领域,在跨媒体经营中迈出重大步伐:该集团占股比例达到11.96%,成为第二大股东。这在全国尚属首例。

天津日报社数字化系统获"王选新闻科技奖"一等奖

2011年8月11日报道,天津日报社与青苹果数据中心有限公司联合制作的全信息标准数字化智能信息系统,日前获得了"王选新闻科学技术奖"一等奖。《天津日报》自1949年1月17日创刊以来的全部报纸内容实现了数字化。系统检索功能强大,便于资料查找、汇集。

湖南青苹果与韩国NHN公司正式签约

2011年8月26日报道,近日,湖南青苹果数据中心与韩国NHN(Next Human Network)公司正式签订华文历史报纸文献数据库互联网数据发布合作协议。湖南青苹果提供华文历史报纸文献数据库数据内容,韩国NHN以自身技术资源在互联网平台发布青苹果的数据。

光明网携手方正推出"云端读报"平台

2011年9月15日,由光明网和方正公司联合推出的移动媒体出版平台"云端读报"上线,基于该平台发布的第一份媒体《云端早报》也正式与读者见面。光明网和方正集团将成立一家合资公司负责云端读报的运营,在1年内引入100家主流媒体,覆盖新闻、财经、娱乐、体育等各个领域,为读者提供个性化的信息服务。

《电脑报》成立数字出版中心

2011年12月15日,《电脑报》数字出版中心在渝举行成立庆典。将报网结合的简单采编模式升级到通过移动互联网和社会化媒体进行全天候采编,读者、编者全面参与的全新模式,这标志着《电脑报》出版进入了新的发展阶段。《电脑报》将在移动阅读基地、读览天下、VIVA等多个国内大型电子阅读合作平台以及自有平台上发行旗下所有数字版书报刊，为 PC 终端、手机终端、平板电脑终端的用户提供更好的阅读体验。

手机出版大事回顾

首届中国手机杂志排行榜发布

2011 年 1 月 24 日报道，由中国期刊协会数字期刊分会与 VIVA 无线新媒体携手举办的首届中国手机杂志排行榜日前在京发布，此次排行榜的发布在我国手机阅读领域尚属首次。排行榜根据多种统计数据选出 2010 最受欢迎手机杂志 Top10 以及基于 iPhone、Android、WAP 3 种平台的最受用户欢迎手机杂志 Top10。

广西新闻网打造掌媒频道

2011 年 2 月 18 日，由广西新闻网全力打造的手机新媒体频道广西掌媒正式上线。广西新闻网目前主要打造 5 份手机报，包括广西手机报、八桂手机报等，加上即将上线的掌上广西、掌上红豆两大手机网站，将成为目前广西最权威的"第五媒体"。这 5 份手机报整合了多种报纸杂志和互联网的信息资源，朝着综合新闻、精品专刊、彩信杂志等多元化方向发展，致力于打造好看、有用的手机报。

中国移动互联网 2010 年营收 637 亿元

2011 年 2 月 20 日报道，易观国际最新发布的数据显示，2010 年中国国内移动互联网市场规模达到 637 亿元，比 2009 年上涨 64.2%，增速放缓。除去流量费之外，移动互联网服务收入达到 342 亿元。从收入构成来看，无线音乐、手机游戏、手机阅读逐渐成为三大主要移动互联网娱乐应用，手机购物增速明显。此外，2010 年第四季度中国国内移动互联网用户规模达 2.88 亿，环比增长 18.52%，相比上年同期呈现 41.48% 的增长速度。

辽宁报业集团布局移动新媒体

2011 年 3 月 9 日，由辽宁报业传媒集团北国网、辽宁北国无线移动新媒体有限公司联合主办的移动新媒体时代的广告营销创新暨辽宁报业集团移动新媒体产品推介会在沈阳举行。推介会上还发布了辽宁报业集团手机杂志和手机客户端产品，并就新媒体广告的创新营销模式进行了深入探讨。

中国农民手机报正式上线

2011 年 6 月 7 日，由农民日报社主办的中国农民手机报正式上线，将以手机为载体，用快速便捷的方式为广大农村基层干部和农民群众提供"三农"政策、科技、市场、农情、气象等信息服务。中国农民手机报开通上线是农业部 2011 年承诺为农民办的 29 件实事之一。

新华出版社推出手机阅读"红书包"正式上线

2011 年 6 月 20 日，由新华出版社倡议发起，手机阅读"红书包"正式在中国移动数字阅读基地上线。本次在中国移动上线的手机阅读"红书包"内有 30 多家出版社提供的 50 种党建图书组成，以新华版图书为主。

央视与中国移动共建国家级手机媒体平台

2011 年 7 月 5 日报道，中央电视台和中国移动通信集团公司日前在京签署战略合作协议，宣布将设立合资公司，联合建设和运营"中国手机电视台"，发展 3G 手机电视业务。通过建立由国家级媒体控股的合资公司，运营中国手机电视台，打通从内容播控、内容服务到用户管理的端对端全程全网管理，是三网融合背景下具有典范意义的业务管理和运营模式，将加速提升新媒体的传播能力和影响力。

新闻出版总署与中国移动签署战略合作备忘录

2011年7月5日,新闻出版总署与中国移动通信集团公司在京签署《共同推进数字出版产业发展战略合作备忘录》,"新青年掌上读书计划"同时启动。这标志着国家新闻出版主管部门与中国移动在增进资源共享与整合、共同推动我国数字出版产业发展上取得了实质性进展。同时发布的"新青年掌上读书计划"主要基于中国移动手机阅读业务平台开展,以手机作为文化传播和图书阅读的创新载体,向外出务工者、学生等新青年群体推荐优秀图书和经典读物。

新华社推出国内首个"融媒体"客户端

2011年7月16日起,苹果手机用户只要下载安装"中国网事"客户端,就能每天看到新华社"中国网事"栏目对网络重大事件、热点话题、舆情动向、发展趋势的即时性报道,也能同步免费欣赏"e哥"对国内网络新闻热点事件的犀利点评和对重大热点事件的三维动漫现场还原。"中国网事"客户端是新华社推出的国内首个集文字、摄影、视频、微博于一体的"融媒体"终端产品,其核心产品"e哥有话说"是国内首部动漫新闻评论节目。

博库网、移动书城全新上线

2011年8月8日,博库网全新上线、移动书城平台上线联合发布会在杭州举行。移动书城平台由浙江新华书店集团与中国移动浙江公司共同打造,包括手机阅读实体书销售平台、12580综合信息门户、10086手机搜索平台。浙江新华书店集团为这3个平台提供书目信息,由浙江移动在移动书城的3个平台上为用户提供图书信息查询、订购等服务,并由博库网配送和提供客户服务。

盛大文学发力移动互联网

2011年11月9日,盛大文学宣布对移动阅读平台和服务提供商百阅进行战略投资,双方将在版权及内容方面进行紧密合作;同时,推出云中书城Android 2.0客户端,并与多家合作伙伴进行了签约。

网络游戏大事回顾

第五届移动游戏高峰论坛在京召开

2011年1月18日,由手机游戏平台当乐网举办的第五届移动游戏高峰论坛在京召开。当乐网于论坛上发布了《2010年中国手机游戏用户行为调查报告》,报告显示当前手机游戏核心用户群体正在发生改变,并有76.4%的用户愿意为手机游戏付费。调查显示,手机游戏主要用户已经由"80后"人群逐渐转向"90后"。而用户群体职业也由以往的工厂工人用户为主转向学生及公司职员为主。

中国网络电视台联手当乐网上线"掌中乐园"

2011年1月18日,在第五届移动游戏高峰论坛上,中国网络电视台(CNTV)宣布与当乐网建立合作,其旗下移动游戏社区"掌中乐园"正式上线。中国网络电视台"掌中乐园"将主打主题化游戏社区功能,目前已包含单机下载、网游下载、游戏资讯、主题互动社区等频道,还将建立后台支付系统,以方便用户付费玩手机游戏。

2010年度中国游戏产业年会在京开幕

2011年1月19日,2010年度中国游戏产业年会在京开幕。本届年会由新闻出版总署、工业和信息化部、北京市石景山区人民政府支持，中国出版工作者协会游戏出版物工作委员会主办，中国计算机世界传媒集团、北京市石景山投资促进局、中关村石景山园管委会共同承办。此次年会发布了《2010年中国游戏产业调查报告》。

盛大游戏布局手机游戏"麻球游戏盒子"正式上线

2011年3月31日报道，由盛大游戏旗下麻球游戏开发的安卓手机游戏集成应用"麻球游戏盒子"近日正式上线开放下载，该应用将在全球安卓电子市场同步发行。

儿童网游企业淘米登陆美国纽交所

2011年6月9日，国内最大的儿童娱乐公司淘米在美国纽交所成功上市。按照发行价计算，淘米公司融资约6468.75万美元。

九城进驻中国移动应用商城已提供近百款正版精品游戏

2011年7月13日，国内网络游戏开发及运营商第九城市与中国移动旗下移动MM应用商城达成合作协议，九城以品牌店形式进驻移动MM，向移动终端用户提供海内外精品正版手机游戏。

39款民族游戏进入终评

2011年7月14日至15日，新闻出版总署组织专家召开论证会，开展第六批"中国民族网络游戏出版工程"选题论证评选工作，39款享有自主知识产权的作品进入论证会评选。第六批"中国民族网络游戏出版工程"集中遴选自2009年1月1日至2010年12月31日研发的民族网络游戏精品，共有70家企业的94款游戏作品申报参选，经专家初评推荐，39款作品进入论证会终评。

第九届中国国际数码互动娱乐产业高峰论坛在沪举行

2011年7月27日，第九届"中国国际数码互动娱乐产业高峰论坛"在上海举行，来自政府主管部门、产业界、相关媒体的代表共论产业现状，共商发展大计。新闻出版总署、教育部、国家体育总局、上海市政府等有关方面负责人出席会议，产业界知名人士分别就网络游戏产业发展的现状和趋势发表看法。

第九届中国国际数码互动娱乐展览会在上海开幕

2011年7月28日，由新闻出版总署、科技部、工信部、国家体育总局、中国国际贸易促进委员会、国家版权局和上海市政府共同主办的第九届中国国际数码互动娱乐展览会（ChinaJoy）在上海开幕。本届展会包括国内外近300家知名游戏企业携500余款游戏产品参展，产品涵盖网络游戏、PC游戏、电视游戏、手机游戏等，还包括电信增值服务、数码消费类电子产品等，体现了当今国际高科技数码互动娱乐技术的水平和主流产品形态。

中国青少年网络协会成立绿色游戏运营专区

2011年7月28日，在上海举办的第九届中国游戏商务大会游戏伦理与文化分会上，中国青少年网络协会将在两家面向青少年的网站中组建专业的绿色游戏运营专区，并将面向全国3.67亿未成年人进行推广，以促进绿色游戏的发展。此外，中国青少年网络协会还将专门针对不良游戏做出评估报告，针对青少年的身心特点，研发传承优秀传统文化和具有绿色内在要素的游戏，让绿色健康的游戏更多地占领网络游戏产业。

网络游戏防沉迷系统全面实施

2011年8月1日报道，新闻出版总署、中央文明办公室、教育部、公安部、工业和信息化部、共青团中央、中华全国妇女联合会、中国关心下一代工作委员会等8部门日前联合印发《关于启动网络游戏防沉迷实名验证工作的通知》，决定从7月1日起，在全国网络游戏中启动网络游戏防沉迷实名验证工作。

网游企业畅游并购搜狐游戏门户17173

2011年11月30日，网游企业畅游与搜狐公司共同宣布，畅游将以1.625亿美元现金从搜狐并购游戏资讯门户17173.com，交易预计于2011年12月完成。搜狐董事局主席兼首席执行官张朝阳表示，此次交易重组了搜狐业务，畅游和17173的协同效应将带来长期收益。

网络动漫大事回顾

《尚漫》启动i尚漫全媒体出版平台

2011年1月1日，由工业和信息化部主管、人民邮电出版社主办的《尚漫》杂志经过3期试刊后正式创刊。1月5日，该杂志在京举行创刊发布会，同时宣布i尚漫全媒体出版平台正式上线。该项目以杂志、图书媒体为起点，以互联网、无线网、手持终端为延伸，采用杂志、图书、网站、无线、客户端为手段，逐步实现中国原创动漫的全媒体出版。

第五届手机动漫大赛落幕 金奖作品实现全媒体出版

2011年1月18日，由湖南卫视、金鹰卡通联合制播的第五届中国原创手机动漫游戏大赛颁奖典礼在长沙落幕。天津神界漫画有限公司创作的《寻找自我的世界》和《与红嘴的战争》两部手机动漫作品分获"第五届中国原创手机动漫游戏大赛"漫画类金奖和银奖。

中华动漫资源库启动

2011年1月20日，"中华动漫资源库项目暨方成先生作品授权签字仪式"在中国出版集团公司举行。新闻出版总署副署长孙寿山、中国出版集团公司总裁聂震宁出席会议并讲话，近百位漫画家、动漫作者和出版界专家参与了会议。方成与该项目承建单位中国出版集团数字传媒公司签约，将毕生创作的5000余幅漫画作品加入到中华动漫资源库中。

北京市2010年动漫游戏产业年会暨颁奖大会在京召开

2011年1月27日，由北京市文化局指导，北京动漫游戏产业联盟主办的"北京市2010年动漫游戏产业年会暨颁奖大会"在京举行。200余名动漫游戏企业家聚集一堂，交流经验，表彰先进。会议表彰了2010年北京市动漫游戏优秀作品奖的获奖作品，共有25家企业的32个作品获得了表彰。

国产漫画《三国演义》登陆苹果商店

2011年3月3日报道，天津神界漫画有限公司的原创动漫《三国演义》和"济公系列"在iPhone和Ipad平台上线，全球iPhone和Ipad用户只要登录苹果商店均可下载阅读漫画作品。

华语动漫数字出版门户91AC上线

2011年3月17日报道，由漫友文化打造的华语动漫数字出版门户91AC.COM正式上线。该网站是国内首家获得新闻出版总署颁发互联网出版许可证的动漫数字出版网站，网站结合了数字化期刊、电子图书和原创投稿激励三大板块，除为用户提供数字化阅读之外，还与华语动漫第一奖"金龙奖"紧密结合，成为其征稿官方网站。

2011中国国际动漫节在杭州开幕

2011年4月28日，2011中国国际动漫节在杭州开幕。本届动漫节以"动漫的盛会，人民的节日"为宗旨，包括会展、大赛、论坛、活动4大板块的50余个项目。动漫节室内外展会面积超过7万平方米，共吸引了来自美国、法国、日本、韩国等54个国家和地区参展、参会、参赛。

迪士尼海外首家网络动漫游戏制作基地落户宁波

2011年6月12日，全球商业巨头华特迪士尼（上海）有限公司宁波分公司在浙江宁波正式投入运营。这是迪士尼在美国本土以外的首家网络动漫游戏制作基地。目前，宁波已累计引进和培育动漫企业近30家，投资金额超过1000万元的企业已达12家。

番薯网与华夏力通联手推出多平台高清漫画频道

2011年7月8日，番薯网与北京华夏力通传媒科技有限公司在第四届数博会上达成战略合作，双方将基于番薯网推出多平台高清漫画频道。番薯网高清漫画频道主要分为历史传记、推理悬疑、武侠魔幻等8个类别，首批上线的内容包括200多本国内外正版高清漫画电子书。

国家动漫精品工程申报启动

2011年8月1日，文化部、国家广电总局、新闻出版总署共同启动了国家动漫精品工程的申报和评审工作，入选项目均可获得中央和地方财政的配套资金支持，地方支持力度原则上不能低于中央财政资金支持力度。

新疆开展原创动漫推广计划

2011年9月8日，由中华人民共和国文化部和新疆维吾尔自治区人民政府主办的"原创动漫边疆推广计划"进新疆活动启动仪式在乌鲁木齐市七坊街创意产业集聚区隆重举行，活动现场还进行了原创漫画图书的捐赠仪式。该活动旨在助推中国原创动漫文化走进西部，振兴西部动漫产业的发展繁荣。

第三届中国国际动漫创意产业交易会在皖举行

2011年9月22日，第三届中国国际动漫创意产业交易会在安徽芜湖正式开幕。本届动漫交易会主题为"新创意·新动漫·新欢乐"，由文化部、国家广播电影电视总局、新闻出版总署和安徽省人民政府共同主办。在动漫交易会期间，芜湖市国际会展中心分设华强馆、主题公园馆、动漫体验馆、衍生产品馆等七大展馆，展位面积2万多平方米，共邀请客商1800人，发布推介项目60多个。

第四届中国国际漫画节在穗开幕

2011年9月29日，由新闻出版总署和广东省政府主办的第四届中国国际漫画节在广州拉开帷幕。中国国际漫画节创办4届以来，为动漫创作者、出版者、运行服务商及爱好者搭建了一个动漫出版和版权交流合作的平台。与往届相比，本届漫画节的规格和规模再攀新高，全民化参与和国际化体验成为本届漫画节的新趋势。

第四届动漫版权交易会在穗举行

2011年9月30日，第四届中国国际漫画节动漫版权交易会暨产业论坛在广州举行。本届动漫版权交易会主体项目手机动漫高峰论坛会，围绕"新媒体、新机遇、新发展"的主题，对手机动漫市场现状和未来发展方向展开论述。

第五届中国漫画家大会在穗召开

2011年9月30日，第四届中国国际漫画节金龙奖系列活动——第五届中国漫画家大会在广州召开。参加本届中国漫画家大会的与会嘉宾在如何面对国际市场构建中国特色的漫画盈利模式上，提出建立"云输出"模式——利用"三网融合"的契机及3G网络的普及，借助多种新媒体手段，让单纯的平面出版同时输出为游戏、手机动漫、数字出版等形式，实现载体与形式的多维度输出，打造"立体化"的漫画产品，拓宽盈利渠道与创新盈利模式。

数码印刷大事回顾

新闻出版总署出台《数字印刷管理办法》

2011年1月11日,新闻出版总署下发《关于印发〈数字印刷管理办法〉的通知》,并于2011年2月1日起开始施行。《办法》包括总则、企业设立、经营活动管理、法律责任4章,共23条,管理针对"采用生产型数字印刷机从事出版物、包装装潢印刷品和其他印刷品印刷的经营活动",而"高速数字复合机类设备生产"不在其内。

山西力推数字印刷与印刷数字化技术

2011年3月23日,山西省数字印刷与印刷数字化研讨会暨印刷数字化流程演示会在太原举行。山西省120余家重点印刷企业的主要负责人参加了会议。数字印刷与印刷数字化技术被列为山西省印刷复制业"十二五"发展规划的重点发展项目。

集成式数字出版印刷设备"中版闪印王"面市

2011年5月19日,由中国出版集团旗下中版数字设备有限公司研发的集成式数字出版印刷"中版闪印王"正式推向市场。由中版数字设备有限公司设计开发的"中版闪印王"总控V3.0系统,可以内装数十万本图书数字资源。"中版闪印王"可根据需要在几分钟内完成自动打印、装订、裁切等工作,印刷有彩色封面的胶装书。

数字版权大事回顾

2010CPCC中国版权服务年会在京举行

2011年1月6日,2010CPCC中国版权服务年会在京开幕,开幕式上举行了"2010CPCC十大中国著作权人年度评选"颁奖典礼,并于当晚公布了"2010年中国版权十大事件"。年会期间还举办了"DCI体系——数字版权公共服务新模式论坛""网络视频版权治理新模式研讨会"和"中国网络游戏版权保护联盟成立仪式暨CPCC网络游戏版权维权机制发布会"等多项活动。

DCI体系——数字版权公共服务新模式论坛在京举行

2011年1月6日,由中国版权保护中心主办的DCI体系——数字版权公共服务新模式论坛在雍和园国际版权交易中心举办。DCI(Digital Copyright Identifier,数字版权唯一标识符)体系是中国版权保护中心数字版权公共服务的一项重大创新成果。

中欧研讨会聚焦数字环境下的版权执法

2011年1月24日报道,中国国家版权局与中国—欧盟知识产权保护项目(二期)日前在南通召开研讨会,此次研讨会聚焦版权保护推动产业发展以及数字环境下的版权执法两个议题。该项目旨在通过对中国的立法、司法、行政和执法等机构提供技术援助,加强中国的知识产权执法力度,建立和完善有效的知识产权执法程序。

中国数字版权维权联盟成立

2011年4月26日,由中国版权协会、中国文字著作权协会、中国音像著作权集体管理协会、中国摄影著作权协会、中国互联网协会、抵制盗版联合体、北京国际版权交易中心及国内知名律师团队共同发起的"中国数字版权维权联盟"在京成立。

2011北京音乐版权保护与产业发展论坛暨首批重点音乐著作权人版权保护签约仪式在京举行

2011年4月28日，在由北京市新闻出版局（版权局）主办、中国音乐著作权协会协办的"2011北京音乐版权保护与产业发展论坛暨首批重点音乐著作权人版权保护签约仪式"上，来自音乐界原创音乐人代表、唱片公司代表和版权界的代表对于保护中国音乐版权表示：音乐界团结起来，和版权行政管理部门联合起来，携手共同创造和维护数字音乐网络传播时代的产业新秩序。

BIBF北京国际版权贸易研讨会在京召开

2011年5月9日，2011BIBF北京国际版权贸易研讨会在京举行，研讨会由国家版权局主办、中国图书进出口（集团）总公司承办，作为第18届北京国际图书博览会（BIBF）的重要组成部分。本届研讨会以"数字环境下的'走出去'"为主题，邀请了12位中外版权专家学者和业内精英，围绕"数字环境下的传统出版'走出去'新探""数字时代国际出版合作新模式""中国数字阅读的现在与未来"等议题，进行了深入探讨与交流。

百度侵权案：盛大文学胜诉获赔50万元

2011年5月10日，上海市卢湾区人民法院就盛大文学起诉百度侵权一案做出判决，法院认定百度侵权成立，赔偿盛大文学经济损失50万元。中国文著协常务副总干事张洪波表示，这是作家和出版业群体向百度集体维权取得的首次胜利。

中国版权保护中心与中国移动浙江阅读基地建立版权服务合作

2011年6月2日，中国版权保护中心与中国移动浙江阅读基地日前正式签署了《关于手机阅读基地漫画项目的合作协议》。这是中国版权保护中心自主创新的数字版权公共服务新模式——数字版权唯一标识符（DCI）体系的一次示范性应用。

北京实施《信息网络传播权保护指导意见》鼓励网站推行实名注册制度

2011年6月2日，北京市版权局发布《信息网络传播权保护指导意见》，将于2011年8月1日起正式实施。《指导意见》将成为版权行政部门评估企业版权状况的重要依据之一，并据此建立对违规企业的约谈制度。

中韩热议网络版权监测及维权新机制

2011年6月10日，由中国国家版权局与韩国文化体育观光部主办，中国版权保护中心和韩国著作权委员会共同承办的第七届中韩著作权研讨会在国际版权交易中心召开。研讨会期间，中国版权保护中心与韩国著作权委员会还签署了《韩国作品在中国视频网站版权监测及相关法律问题研究项目委托协议书》，这是韩国版权界相关机构首次委托中国国家版权公共服务机构，依托技术手段，系统开展的版权监测和维权工作项目。

天津首家数字版权交易服务中心正式运营

2011年6月15日，天津海泰数字版权交易服务中心正式运营暨文化创意产业论坛在天津高新区举行。此举标志着天津首家数字版权交易服务中心——天津海泰数字版权交易服务中心正式投入运营。该中心将开展数字版权服务，为天津本土文化创意、动漫、影视、传媒、游戏等行业提供作品数字化出版、经营、投资、融资等公共服务支持。

国内首家音乐版权交易中心在北京开建

2011年6月19日，北京市平谷区政府与相关单位签署投资协议，将在位于平谷的中国乐谷开建我国首家音乐版权交易中心，为音乐著作权人提供作品登记、价值评估、交易、维权等专业化音乐版权服务。中心由中国音乐家著作权协会、中国音像著作权集体管理协会、中央人民广播电台联合北京市平谷区委、区政府一起成立。北京市平谷区政府共与7家单位签署了合作协议，总投资额30余亿元。

中华书局诉汉王侵权案终审判决

2011年6月20日，历时近两年、被称为"国内数字版权第一案"的"中华书局诉汉王科技侵权案"尘埃落定，北京市第一中级人民法院做出终审判决，驳回中华书局上诉，维持原判，汉王科技对中华书局不造成侵权。

数字版权保护技术研发工程研发工作启动

2011年7月25日，数字版权保护技术研发工程研发工作启动大会在京召开，这标志着该工程已从筹备阶段进入实质性全面研发建设阶段。大会由新闻出版总署重大科技工程项目领导小组办公室主办、数字版权保护技术研发工程总体组承办。

2011版权相关热点问题媒体研讨班在京举办

2011年8月19日至20日，由国家版权局主办、新闻出版报社承办的2011版权相关热点问题媒体研讨班在京举办。围绕网络环境下著作权该如何保护、《中华人民共和国著作权法》如何修订等相关问题，来自《人民日报》、新华社、中央电视台、《京华时报》等30余家主流媒体的60余名编辑、记者与专家、学者展开了热烈的讨论。

数字版权唯一标识符技术联合实验室在北方工业大学正式成立

2011年8月30日，中国版权保护中心、北方工业大学数字版权唯一标识符（DCI）技术联合实验室在北方工业大学正式成立。这是我国第一家DCI技术科研机构，标志着以我国自主创新的DCI（Digital Copyright Identifier，数字版权唯一标识符）体系为核心的数字版权公共服务新模式正式建立，也将实现真正意义上的数字作品版权的网上自动监测、跟踪、取证及证据保全等嵌入式版权服务。

2011中国版权年会在京举行

2011年11月12日，以云计算、数字出版与版权保护为主题的2011中国版权年会在京举行，这是中国版权协会主办的第四届年会。来自版权理论界、法律界、学术界、产业界的近200名代表，就云计算网络新技术条件下的版权保护面临哪些新问题、产业单位应从哪些方面应对版权问题等进行了广泛研讨。

数字环境下的版权管理和执法国家研讨会在沪召开

2011年12月8日至9日，中国国家版权局与世界知识产权组织（WIPO）在上海共同召开"世界知识产权组织数字环境下的版权管理和执法国家研讨会"。来自WIPO及日本、澳大利亚、新加坡等国版权机构的官员和学者与中国版权立法、司法和行政执法机构的代表一起，就数字环境下各国版权管理和保护面临的挑战、执法实践进行了重点探讨。

电子阅读器与平板电脑大事回顾

E人E本T3发布20厘米（8英寸）屏幕成标配

2011年1月27日报道，北京壹人壹本信息科技有限公司近日在其全国代理商大会上，发布了最新产品E人E本T3全手写电脑，这是其继E人E本T1、T2之后的第三代平板作品。仍采用了20厘米（8英寸）TFT屏幕，成为全球首款20厘米（8英寸）平板电脑。

2010年中国电子阅读器销售突破100万台

2011年2月20日报道,据易观国际最新数据显示,纵观2010年全年,中国电子阅读器销量共达到106.69万台,成功突破100万台,比预期105万台略高。其中,第四季度中国电子阅读器销量达到31.78万台,其增速创全年最高,环比增长20.11%。

百看网络电子书亮相

2011年2月23日,爱国者电子携手百度、京东商城共同发布了电子书新品——爱国者百看网络电子书EB800。在内容打造方面,EB800可以访问百度文库、百度知道和百度百科,可以访问使用近2000万份文档、查阅1.1亿条知道问答、浏览300亿字百科条目。

新版产业结构调整目录鼓励发展电子阅读器

2011年4月25日,国家发改委在其官方网站发布《产业结构调整指导目录(2011年本)》,《产业结构调整指导目录(2005年本)》同时废止。新目录仍细分为鼓励类、限制类和淘汰类三类。《产业结构调整指导目录(2011年本)》鼓励类目录中对新闻出版业的支持条目更多、规定更细,不仅鼓励发展传统的新闻出版产业,还鼓励发展电子纸、阅读器、动漫等新兴产业。

电子书陷入降价漩涡

2011年5月13日,汉王在京召开全国代理商大会宣布旗下产品大幅降价。其中,销量较大的汉王N510以599元的价格进行销售,较之前990元的销售价格降价幅度为40%;其他型号的电纸书产品也有较大幅度降价,高端产品的价格下滑更高达千元。汉王降价后,国内其他电子书阅读器品牌也先后采取大幅度降价措施。

上海世纪推出辞海彩色电纸阅读器

2011年5月27日,由上海世纪出版集团推出的辞海彩色电纸阅读器在第21届全国书博会上首次亮相。辞海彩色电纸阅读器的面世,标志着电子书3.0时代正式开启。辞海彩色电纸阅读器采用的是胆固醇电子纸,在阅读内容选取、内容格式标准、终端硬件形式、平台服务等方面都实现了突破。

汉王电纸书"落户"国家图书馆

2011年6月1日起,汉王科技为国家图书馆提供电纸书硬件,搭建国家图书馆少儿馆数字阅读馆,为儿童提供电纸书借阅服务,以提高少年儿童的信息素养,引导和培养少年儿童数字阅读的习惯。

易观国际《中国手机用户研究报告2011》发布

2011年6月9日报道,易观国际最新报告《中国手机用户研究报告(2011)》研究发现,手机用户对平板电脑的认知程度集中在移动办公及休闲娱乐两种类型,且认为平板电脑更适合办公等移动场景。报告指出,61%的用户认为平板电脑携带方便,适合出差办公等移动场景,50%的用户认为平板电脑设计创新,适合娱乐休闲使用,28%的用户认为平板电脑时尚潮流,以送礼为主。

《电子词典内容质量及版权状况检测报告》在京发布

2011年6月23日,中国新闻出版研究院在京发布《电子词典内容质量及版权状况检测报告》。中国新闻出版研究院国家级数字出版实验室对目前市场上10个品牌的14款主流电子词典产品(检测产品均为不具备通讯功能的手持式电子词典)的内容质量、版式规范及版权状况进行了检测。结果显示,电子词典相对于纸质词典整体优势较为明显;但大多数电子词典产品的内容质量及电子版权授权情况堪忧。

2011电子书阅读器测试报告发布

2011年7月19日报道,近日,中国新闻出版研究院国家数字出版实验室发布了2011电子书阅读器测试报告。测试结果显示，汉王科技电纸书产品表现出色，不仅毫无悬念地蝉联冠军，3款参评产品更包揽了使用功能测试项目前三名。

第二季度中国电子书阅读器销售 31.12 万台

2011年8月24日报道，易观智库最新数据显示，2011年第二季度中国电子书阅读器销量达到31.12万台，增幅为2.3%，有小幅提升。易观国际分析认为，在2011年第二季度中，降价是促进电子书阅读器市场销量提升的关键，汉王科技部分产品价格降低了40%，盛大把锦书电子阅读器价格降至499元。

音像电子大事回顾

中国音像协会组团参加第 45 届国际音乐博览会

2011年1月22日，受新闻出版总署委托，中国音像协会组织中国音像代表团赴法国戛纳参加了第45届国际音乐博览会（MIDEM）。本次音乐产业会展共设有217个大型展位，其中58个是国家团展位，德国、法国、英国、美国、挪威、西班牙和日本等音乐产业大国都设有超大型国家展位，1101家公司、2108位专业人士出席会议，149项大型音乐产业项目展示以及2个重要会议在展会期间举行，各参展单位通过多种方式与国际音乐人进行了充分的交流沟通，并达成合作意向。

首届亚洲流行音乐节举办

2011年3月23日，首届亚洲流行音乐节在香港会议展览中心举办，以此来推广音乐文化。音乐节邀请来自不同地区的超级巨星作音乐表演及交流，同时集合在各地区选拔之新晋歌手参加亚洲超级新星音乐比赛。此次盛会制作成了大型电视音乐节目，在中国内地、日本、韩国等国家及地区播出。

国际音乐展演市场拓展论坛在台北举行

2011年5月5日至8日，"2011国际音乐展演市场拓展论坛"在台北亚太会馆举行。论坛邀请了国际知名音乐经纪人、策展人，祖国大陆音乐、音像业代表以及欧美资深音乐人、媒体记者等与中国台湾地区音乐界精英座谈交流。中国音像协会副会长王炬在论坛中作了专题演讲，同时来自英国、法国、美国等的代表也在此次论坛中介绍了各自音乐产业发展状况。

深圳国家音乐产业基地在福建泉州建立闽南语音乐中心

2011年5月18日，深圳国家音乐产业基地在福建泉州举行了闽南语音乐中心成立大会，中国音像协会王炬副会长、北大青鸟音乐集团总裁许晓峰等出席了成立大会，此次大会上，泉州音乐人发布了用闽南语制作出版的歌曲专辑《泉州的声音》，其中有的歌曲像《担盐换菜脯》等很有特点，受到了民众的喜爱和专家的好评。

中国音像代表团参加美国独立音乐周活动

2011年6月21日，中国音像协会组织中国音像代表团赴美参加了美国独立唱片协会（A2IM）在纽约举行的独立音乐国际周活动。代表团成员包括上海新汇文化娱乐集团、太平洋影音公司、上海丽声影音公司的负责人。美方对于中国代表团第一次参会给予了高度重视，并积极进行宣传。

中国音乐系列排行榜在京启动

2011年8月8日，由深圳国家音乐产业基地承办的中国音乐系列排行榜（2011）颁奖典礼启动仪式在北京工人体育场举行。中国音乐系列排行榜由中国音乐流行榜、中国摇滚榜、中国嘻哈榜等专项活动组成。

两岸音乐展演与唱片发行交流商务论坛在台北举行

2011年10月12日,"两岸音乐展演与唱片发行交流商务论坛"在台北市亚太会馆举行,上百位台湾音乐业人士参加了论坛。论坛由台湾著名音乐人、流行音乐专案办公室执行顾问张桂明先生主持,台湾有关部门负责人张崇仁和中国音像协会常务副会长王炬分别致辞,上海新汇文化娱乐集团副总裁臧彦彬、上海国家音乐产业基地负责人朱刚等人分别在论坛上介绍了祖国大陆音乐产业发展现状、音乐产业基地建设的情况、各地音乐节的举办情况等。

反盗版工作委员会理事会在扬州召开

2011年11月1日至3日,中国音像协会反盗版工作委员会暨全国音像协会联席会议在江苏省扬州市召开。参加会议的有理事单位代表28名,特邀嘉宾9名,国家新闻出版总署印刷发行管理司路洲副处长和何彬同志到会并与代表进行了座谈,参加会议的还有江苏省、陕西省新闻出版局的有关同志。

上海国家音乐产业基地发布《大地之音》专辑

2011年12月6日,上海新汇文化娱乐集团在国家音乐产业基地音乐制作中心发布了由国际团队制作最新音乐专辑《大地之音》,中国音像协会常务副会长王炬、唱片工作委员会副理事长宋柯等人参加了发布仪式。

其他大事回顾

河北打造"冠林"数字出版旗舰

2010年12月30日,由河北出版传媒集团公司和河北省新华书店集团公司共同出资组建的河北冠林数字出版有限公司在石家庄揭牌。冠林公司资产规模3000万元,年销售收入1亿元,主要业务包括:为河北出版传媒集团系统信息化建设提供服务,用数字技术再造出版流程,做大做强数字产品销售渠道。公司首款产品《领导干部数字手册》"e本通"样机同时发布,"e本通"是既预装有学习内容,又有网络支撑的终端阅读器,也是可用于移动办公的平板电脑。

全国首个仓储式数字作品出版平台在渝上线

2011年1月4日报道,由重庆维普资讯有限公司制作的全国首个仓储式数字作品出版平台日前在重庆上线运营。该平台旨在构建一个用户自主、公开的出版电子商务平台,探索作品交流和作品交易相结合的新型数字出版机制。

2011北京图书订货会首设数字出版专区

2011年1月9日,在中国国际展览中心开幕的2011北京图书订货会首次设立数字出版专区,高层论坛聚焦"数字出版——下一个五年的竞合策略",还举办了主题为"数字出版时代出版产业链变化"的2011年北京图书订货会馆社合作论坛暨2010年度全国优秀馆配商颁奖仪式,以及中国首届电子书产业峰会。

新华网产业园区正式开园

2011年1月11日,集传媒高新技术研发、生产于一体的新华网产业园区在北京市大兴区国家新媒体产业基地正式开园。该园区是以新华网和中国政府网、中国文明网等中央和国家级政府网站为主体,以新华社和中国移动合资建设的国家搜索为重点,集网络媒体、搜索引擎、移动互联网、网络视频、数字出版、电子商务等于一体的新媒体产业链和网站集群。

方正电子举办数字出版研讨会

2011年1月13日至14日，由北京北大方正电子有限公司与英特尔（中国）有限公司、中国惠普有限公司联合举办的数字出版研讨会在京举行。北京师范大学出版集团、商务印书馆相关专家和与会代表分享了传统出版单位在数字出版模式探讨及应用上的经验，为参会代表提供了借鉴。

湖南文创产业专业规划出炉数字相关产业成建设重点

2011年1月15日，在长沙召开的湖南省文化强省建设推进会公布《湖南省战略性新兴产业文化创意产业发展专项规划》。该规划提出未来文化创意产业发展的5项重点——创意设计、数字媒体、数字出版、动漫游戏及创意园区建设。

新华社联手大唐电信进军电子阅读产业

2011年1月17日，由新华社与大唐电信联手打造的新华瑞德数字媒体服务平台在京启动，此举标志着国内首家权威数字媒体服务平台正式运营。该公司构建了"内容+平台+终端"完整业务模式。该平台的内容既有新华社自有资源，也有优质的第三方资源。

江西加快推进数字出版未来5年产值40亿元

2011年1月19日报道，江西省新闻出版局近日出台《关于加快推进江西省数字出版产业发展的实施意见》，提出经过10年的努力，培育一批具有国际影响力的数字出版产品和品牌，基本形成体系相对完整、结构合理、整体水平先进、两个效益良好的产业发展格局，使江西省成为国内数字出版产业发展的生力军。该实施意见具体提出，到"十二五"末，江西省数字出版产业总产值达到40亿元，年均增长20%。

中南传媒与华为、博集天卷签订战略合作协议

2011年1月19日，中南出版传媒集团股份有限公司分别与华为技术有限公司、北京博集天卷图书发行有限公司在京签订战略合作协议。中南传媒与华为的合作将重点发力重点发力运营商数字阅读市场、海外数字阅读市场、数字教育市场以及专业阅读与应用市场。中南传媒与博集天卷的合作，双方将共同出资成立中南博集天卷文化传媒有限公司，从事图书、期刊、报纸、电子出版物批发和零售业务。

重庆出台数字出版发展指导意见

2011年1月21日报道，重庆市政府办公厅日前向各区县（自治县）人民政府、市政府有关部门、相关单位转发了《关于加快重庆数字出版产业发展的指导意见》。该意见由市新闻出版局、市发展和改革委员会、市经济和信息化委员会、市科学技术委员会、市财政局、市通信管理局联合制定。

出版界推出首部贺岁电影

2011年1月21日报道，由四川新华文轩出版传媒投资、四川数字出版传媒有限公司出版的《美元是张纸》在京举办了影片推广活动。这部90分钟的剧情片自称是中国首部"图书电影"。这是由出版人主导、表达出版人意志的一部电影。

《2010—2011年中国互联网市场数据报告》发布

2011年1月27日报道，DCC1互联网数据中心日前发布《2010—2011年中国互联网市场数据报告》。报告指出，2010年中国互联网用户规模4.67亿人，比2009年增加1.16亿，三分之一中国人口已成网民，渗透率处于全球中游水平。报告认为，中国移动互联网增速显著快于PC互联网。数据显示，中国手机网民数2010年达3.6亿，比2009年增加1.27亿，增幅达54.5%，显著高于PC

网民33%的增幅。

新华社中国移动共推国家级搜索引擎　盘古搜索正式上线

2011年2月22日，由新华通讯社和中国移动通信集团公司携手打造的国家级搜索引擎——盘古搜索正式上线，向互联网用户提供服务。盘古搜索将互联网服务与移动终端深度融合，充分利用新华社的新闻信息资源和中国移动的技术优势，提供搜索服务新体验。其中，"网页搜索"采用了将桌面搜索结果"直达"手机短信的服务方式。

天津国家数字出版基地在空港开建

2011年1月17日报道，天津滨海新区区委宣传部日前发布信息称，经新闻出版总署批准，国家数字出版基地项目将在空港经济区落户。书刊出版、动漫、游戏、数字音乐、软件开发、网络原创是基地重点关注对象。基地建成后将利用天津市现有的产业布局，以数字内容产业为核心，以版权交易为手段，推动原创内容的制作及新型出版业态的发展，优先发展包括数字出版流程外包、在线学习、互联网出版、网络游戏动漫、数字音乐等12大业态，形成新的产业聚集群。

广西新闻出版业"对接"东盟　数字出版基地成重点项目

2011年2月23日报道，在2011年广西新闻出版工作会议上，广西新闻出版业"十二五"规划（征求意见稿）出炉。其中中国—东盟文化产品（出版物）物流园、中国—东盟数字出版基地等17个未来重点打造的项目，有6个涉及东盟。中国—东盟数字出版基地（北部湾数字出版基地）一期位于南宁高新区，二期建在广西文化产业城。项目将引进国外具有较强实力的数字出版企业入驻，并重点打造数字图书、数字报刊、互联网出版、手机出版、动漫游戏等产业。

第二届中国出版政府奖评选结果揭晓

2011年3月17日，第二届中国出版政府奖评选结果揭晓。此次评选工作历时4个多月，评出出版物奖、先进出版单位奖、优秀出版人物奖共240个。其中，出版物奖120个，包括图书奖60个，期刊奖20个，音像制品、电子出版物和网络出版物奖20个，印刷复制奖10个，装帧设计奖10个；先进出版单位奖50个；优秀出版人物奖70个（含优秀编辑奖26个）。此外，根据出版物各奖项奖励数额，另评选出本奖项奖励数额两倍的出版物提名奖。

上海电子书包试点项目启动

2011年3月23日报道，上海已制定了《上海市促进数字出版产业发展若干规定》，多个电子书产业项目得到了重点扶持。同时，上海电子书包部分试点项目已经启动。虹口基础教育电子书包试点项目启动，虹口区教育局分别与上海电信、英特尔（中国）有限公司、上海微创软件有限公司、中文在线、华师大出版社、上海外语教育出版社、上海教育出版社签订"项目建设四方协议"和"数字出版三方协议"，并逐步推进教育实践和全产业链合作。

湖南打造两大数字出版平台

2011年3月23日报道，近日召开的湖南出版投资控股集团有限公司年度工作会议提出，重点打造两大数字出版平台：一是以天闻数媒为主体的面向全球的数字资源全屏服务平台，积极推进与华为的战略合作，抢占世界数字阅读市场。二是基于社区业务的青少年娱乐服务平台，通过引入在线游戏和SNS青少年社区技术，进一步重组和丰富以青少年为主的动漫游戏产业链。

广东建立国家数字出版基地

2011年3月31日报道，广东国家数字出版基地落户广州天河软件园，着重打造具有广东特色的数字出版产业群。广东国家数字出版基地由广东省新闻出版局牵头组织，广东省出版集团有限公司联合相关单位运营。广东国家数字出版基地以广州为核心，采取基地"一中心、多园区"的建设方式，打造广东数字出版龙头企业和知名品牌。

中南传媒与华为增资 3 亿元打造天闻数媒

2011 年 4 月 11 日，中南传媒与华为技术有限公司联手向天闻数媒科技（北京）有限公司增资 3 亿元：增资后的天闻数媒将以数字阅读与出版、数字教育业务运营为主营业务，在全球范围内开发、运营数字内容资源。

方正阿帕比推出云出版服务平台

2011 年 4 月 21 日，方正阿帕比推出了云出版服务平台，以期解决数字出版产业内容、版权和运营这 3 个核心问题，助推传统出版社向数字化转型。

第八次全国国民阅读调查结果发布

2011 年 4 月 21 日，中国新闻出版研究院发布的"第八次全国国民阅读调查"结果显示，2010 年，我国 18 周岁至 70 周岁国民各种阅读媒介的阅读率中，数字化阅读的增幅最大。2010 年数字化阅读方式的接触率为 32.8%，比 2009 年的 24.6% 增加了 8.2 个百分点，增幅为 33.3%。2010 年我国 18 周岁至 70 周岁国民人均阅读电子书 0.73 本。在各类数字化阅读方式中，电子阅读器的接触率增长幅度达到了 200%，增幅最大。

2011 全球移动互联网大会在京开幕

2011 年 4 月 27 日，以"新机遇、新挑战、新领袖"为主题的 2011 全球移动互联网大会在京开幕。在为期两天的会议上，来自全球多个国家和地区的千余位移动互联网从业者将共同讨论移动互联网的未来发展方向。

国家互联网信息办公室设立

2011 年 5 月 5 日，经国务院同意，国务院办公厅日前就设立国家互联网信息办公室发出通知。通知说，国家互联网信息办公室的主要职责包括，落实互联网信息传播方针政策和推动互联网信息传播法制建设，指导、协调、督促有关部门加强互联网信息内容管理，负责网络新闻业务及其他相关业务的审批和日常监管，指导有关部门做好网络游戏、网络视听、网络出版等网络文化领域业务布局规划，协调有关部门做好网络文化阵地建设的规划和实施工作，负责重点新闻网站的规划建设，组织、协调网上宣传工作等。

中国出版协会召开第六次代表大会

2011 年 5 月 5 日，中国出版协会第六次会员代表大会在京开幕。此次会议经民政部批准，"中国出版工作者协会"从第六届起更名为"中国出版协会"，按照行业协会负责人的规范要求，协会主席、副主席也相应更改为理事长、副理事长。新闻出版总署署长柳斌杰当选第六届中国出版协会理事长，辽宁出版集团有限公司党委书记、董事长李刚当选副理事长。

2011 数字出版与文化产业国际研讨会在京召开

2011 年 5 月 8 日，2011 数字出版与文化产业国际研讨会在北京大学英杰交流中心召开。与会者就文化与出版产业、数字出版的发展革新以及出版文化产业的教育与商业化、文化与认同、数字出版的国际竞争力等多个话题进行了研讨。此次研讨会由北京大学新闻与传播学院现代出版研究所、中国新闻出版研究院联合主办。

中国新闻出版传媒集团有限公司成立

2011 年 5 月 8 日，中国新闻出版传媒集团有限公司成立大会在北京人民大会堂举行。中国新闻出版报社整体转企改制，成立中国新闻出版传媒集团有限公司。集团公司成立后，将围绕为新闻出版强国建设服务这一中心，着力打造"三大板块"：新闻出版领域报纸、期刊、网站等信息服务板块；新闻出版产业数字平台服务板块；面向文化产业的多元化服务板块。

中南国家数字出版基地文博会签八单

2011年5月13日，中南国家数字出版基地新闻发布会暨项目签约仪式在深圳文博会新闻出版馆举行。签约仪式上，湖南省共签订8个重大文化项目，合同金额22.18亿元，投资总额达23.7亿元。2010年，继上海、重庆和浙江之后，湖南成为第四个获批建设国家数字出版基地的省份。

广东国家数字出版基地揭牌

2011年5月14日，广东国家数字出版基地在广州举行揭牌仪式，标志着国家数字出版基地正式落户广东。揭牌仪式后，进行了数字出版企业入驻园区和数字出版合作项目的签约仪式。

重庆出版基地签约四项数字出版项目

2011年5月14日，重庆北部新区国家数字出版基地在深圳文博会完成了4项数字出版项目签约。此次北部新区国家数字出版基地的签约项目分别为：与北京德诺美科技有限公司、重庆科学院签订电子图书项目；与优游酷（北京）信息技术有限公司合作游戏工厂项目；与广州市久邦数码科技有限公司合作西部手机书屋项目以及与深圳市海恒智能技术有限公司合作开发出版物RFID（电子标签）项目。

人民网研究院在京成立

2011年5月16日，人民网研究院近日在京成立。研究院的成立将为人民网发展进行对策性、前瞻性、战略性研究。马利将担任人民网研究院名誉院长，人民网副总裁官建文兼任人民网研究院院长。人民网研究院聘请了人民日报社原副总编辑江绍高、人民网前总裁何加正担任顾问，并成立学术委员会。

教育出版数字化交流讲座在京举行

2011年5月19日，由新闻出版总署主办、新闻出版总署教育培训中心承办的教育出版数字化交流讲座开班仪式在北京举行。此次交流讲座是新闻出版总署教育培训中心第四次就数字与网络出版主题邀请美国专家前来授课教学。此次讲座的主要内容是针对教育出版特别是高等教育出版数字化给传统出版业带来的一系列新情况、新问题，如出版内容如何数字化、如何建立教学资源库和技术平台、如何使老师与学生更好互动、如何提供更有针对性的个性化学习等。

重庆投资30亿元建动漫产业基地

2011年5月21日，由重庆出版集团和新加坡元大投资咨询有限公司共同投资约30亿元兴建的"重庆天健创意（动漫）产业基地"项目举行奠基仪式。"重庆天健创意（动漫）产业基地"项目是重庆市重点文化产业项目。经新闻出版总署批准，该项目获批为"国家级出版传媒创意区（中心）"。

光明方正新媒体技术联合实验室挂牌

2011年5月24日，光明方正新媒体技术联合实验室挂牌仪式在光明日报社举行。双方将研究、利用目前先进的云计算平台，针对传媒行业特性，推出具有实际价值的工具、业务系统，并规划和探索新的业务形态，在信息传播方面探索新渠道、新载体、新模式。

中国出版（版权）发展论坛在哈尔滨举行

2011年5月28日，以"融合与提升，传统出版和数字出版共赢"为主题，第21届全国图书交易博览会中国出版（版权）发展论坛在哈尔滨举行。本次论坛由新闻出版总署和黑龙江省人民政府主办，《中国新闻出版报》和黑龙江省新闻出版局联合承办。论坛就"传统出版和数字出版如何共赢"展开对话。

中南传媒发布年度阅读与出版流行趋势

2011年5月28日，在哈尔滨举行的第21届全国书博会湖南代表团新闻发布会上，中南传媒发布了阅读与出版流行趋势。当下中国出版传媒产业的基本走势，即从提供容器到提供阅读内容，从提供信息到提供阅读体验，从提供产品到提供解决方案，从提供话题到提供交流平台，从空间分享到提供即时共享，从经营产品到经营影响力，从提供浏览到提供思想。

中国数字出版门户大佳网上线

2011年5月29日，由中国出版集团旗下数字传媒公司主办的中国数字出版门户——大佳网，在第21届全国书博会期间正式上线。定位为中国数字出版行业应用服务平台的大佳网，主要优势在于发布国内主流优质内容资源，首期将提供万余部纸质书电子版在线阅读。网站依托中国出版集团强大的资源基础搭建，未来将联合全国出版发行机构，聚合国内优质出版资源，共同搭建中国数字出版门户。

《数字出版"十二五"时期发展规划》发布

2011年5月30日报道，新闻出版总署《数字出版"十二五"时期发展规划》正式发布，规划指出：到"十二五"期末，我国数字出版总产出力争达到新闻出版产业总产出的25%，在全国形成8—10家各具特色，年产值超百亿的国家数字出版基地或国家数字出版产业园区，建成5—8家集书报刊和音像电子出版物于一体的海量数字内容投送平台，形成20家左右年主营业务收入超过10亿元的具有国际竞争力的数字出版骨干企业。

海峡出版发行集团第一款移动互联网产品研发成功

2011年5月31日报道，由海峡出版发行集团数字出版中心自主研发的第一款移动互联网产品——装机360，从2011年5月13日发布起至5月25日，累计下载用户数超过20万。

打造全媒体"国博"文化产业链

2011年5月31日，时代出版传媒股份有限公司与中国国家博物馆在北京举行战略合作签约仪式。此次合作，是资源与资本、内容与市场、品牌与品牌的结合，时代出版传媒股份有限公司将重点投入策划，强力推进中国国家博物馆藏品及展品的出版及衍生开发，推出包括纸质出版物、电子音像、数字出版、网络出版以及贴近市场需求的文化衍生产品等。

全国最大数字出版产业数据中心在津启动

2011年6月9日，在天津空港经济区举行了云计算中心及出版创新体验中心的项目启动签约仪式。天津国家数字出版基地云计算中心是全国最大的数字出版产业数据中心。中心由中启创集团投资兴建。天津国家数字出版基地云计算中心共分3期建设，计划总投资1.6亿元。

网络音乐行业发展联盟成立

2011年6月10日报道，首个覆盖网络音乐运营商、网络音乐内容提供商的行业协调组织网络音乐行业发展联盟日前在京成立。新浪、腾讯、中国移动、土豆等首批20余家成员单位共同签署网络音乐行业发展联盟公约承诺：将共同遵照"遵纪守法、推行正版、坚持原创、有序经营"的基本方针，为建立网络音乐行业健康发展机制，规范行业经营行为，依法促进和保障网络音乐行业健康发展而共同努力。

我国首个互联网服务标准发布

2011年6月15日，由中国互联网协会组织起草的《互联网服务统计指标第一部分：流量基本指标》在京发布，这也是我国互联网服务标准的首次发布。标准对独立 IP 地址数、独立访客数、页面浏览量、访问次数和访问时长 5 个互联网站点流量常用的基本指标进行了明确定义，对于改变以往网站流量统计各成一体的散乱格局，规范国内互联网行业对站点流量的统计和测量，以及相关指标的应用具有重要的意义。

中国出版蓝皮书发布

2011 年 6 月 20 日报道，由中国新闻出版研究院组织编撰的《2010—2011 年中国出版业发展报告》（中国出版蓝皮书）已由中国书籍出版社出版。该报告分析称，2011 年我国出版业发展将呈现出版企业资本运作将围绕新媒体新业态展开，出版"走出去"将形成立体化格局的个六大趋势。

两岸数字出版研讨会在台北举行

2011 年 6 月 21 日报道，近日，由台湾省台北市杂志商业同业公会主办的 2011 年两岸数字出版创新研讨会在台北举行，两岸近百家媒体的负责人齐聚台湾大学，共同探讨了关于传统期刊出版行业在数字化全媒体领域探索和发展的相关问题。

数字文化产业创新基地在北京石景山揭牌

2011 年 6 月 27 日，由中国版权协会主办，全国抵制盗版联合体、FAB 精彩集团承办的内容数字化战略合作启动暨数字文化产业创新基地揭牌仪式日前在北京市石景山区举行。来自新闻出版总署、科研院校、国际唱片业协会、国内外从事数字出版与出版发行行业的企业家以及国内多家出版社近百名专家、学者就数字化出版发行中如何搭建新的平台，如何坚持正版抵制盗版等问题进行深入讨论。

时代 e 博全媒体数字出版运营平台正式上线

2011 年 6 月 28 日，由时代出版传媒公司安徽教育网络出版公司投入巨资打造的全媒体数字出版运营平台项目——"时代 e 博"正式上线运营，"时代 e 博"的数字阅读、数字教育、电子商务三项核心内容服务同时对外开放。此举标志着时代出版传媒公司实现了以新媒体出版带动传统出版、数字出版反哺传统出版、数字服务拓宽传统出版的运营新格局。

南京雨花台区将建国家数字出版基地

2011 年 6 月 30 日，南京雨花国家数字出版基地得到新闻出版总署正式批复。该基地将依托北大方正，建设数字出版云计算中心，支持各类传统新闻出版企业进行数字化、网络化转型，同时研发各类全新的数字报纸出版平台、开发新一代数字报刊采编与营销的统筹解决方案。同时，致力于开发数字影像作品版权登记保护和数字影像出版信息公共服务平台及数字影像生产、播出和受众互动平台。

第四届中国数字出版博览会开幕

2011 年 7 月 6 日，由新闻出版总署、科技部、工信部、国家广电总局、中科院支持，中国新闻出版研究院主办的第四届中国数字出版博览会在北京国际会议中心开幕。本届数字出版博览会以"传统与现代融合，内容与技术共生"为主题，综合反映我国数字出版行业总体面貌，全面展示我国数字出版发展成效。本届数博会参展企业比上届增加 20%，参展面积比上届增加 60%，其中特装展位占 83% 以上。博览会期间发布了《2010—2011 年中国数字出版产业年度报告》。

首次国家数字出版基地会议召开

2011 年 7 月 6 日，首次国家数字出版基地发展圆桌会议于第四届中国数字出版博览会期间召开。上海张江、天津、重庆、中南、华中、杭州、西安、广东、江苏 9 家国家级数字出版基地负责人，就国家数字出版基地建设发展问题进行探讨。

第四届数博会电子书包与数字教育出版分论坛在京举行

2011年7月7日，第四届数博会电子书包与数字教育出版分论坛在京举行。电子书包在我国已成为非常现实和紧迫的问题，网络基础设施建设、内容资源丰富化和新教学模式的改变将是电子书包能否快速发展的三种关键因素。

中外3家出版机构联合打造医学数字出版平台

2011年7月7日，在第四届中国数字出版博览会上，中国知网与人民军医出版社和美国心理学会（Proquest）分别签订数字出版合作协议，并在北京国际会议中心联合举行了数字出版合作发布仪式。由人民军医出版社编辑出版的医学图书数据库、疾病数据库等系列医学数字化产品，美国心理学会出版的博士学位论文全文数据库（PQDT），均独家授权中国知网在中国大陆地区出版发行。

2011新媒体蓝皮书发布

2011年7月12日，中国社会科学院新闻与传播研究所、中国社会科学院社会科学文献出版社在京联合发布新媒体蓝皮书《中国新媒体发展报告（2011）》。该书通过专业视角和学者声音，基于事实、数据和深度，解读新媒体大势，纵论新媒体之道，盘点2010年以来的新媒体热点。该书分为总报告、热点篇、网络媒体篇、移动与电子媒体篇、借鉴篇5部分。

中国科技出版传媒集团有限公司暨中国科技出版传媒股份有限公司正式

2011年7月19日，中国科技出版传媒集团有限公司暨中国科技出版传媒股份有限公司成立大会在北京人民大会堂举行，这是继中国出版集团公司、中国教育出版传媒集团公司之后，经中央批准组建的又一国家级大型出版传媒集团，标志着我国出版业在国家层面上的人文、教育和科技三大优势国有出版传媒集团公司的格局已经形成。

新闻出版总署—上海市政府召开部市合作第四次联席会议

2011年7月27日，新闻出版总署—上海市人民政府部市合作第四次联席会议在沪召开。双方将在9个方面深化合作：共同推动上海新闻出版产业示范园区、基地建设；共同开展电子书、"电子书包"领域的探索研究；共同推进数字内容投送交易平台建设；共同推进传统出版企业转型发展的研究和试点；共同完善版权公共服务平台建设；共同推进绿色印刷功能性服务平台建设；共建中国近现代出版博物馆；共同打造上海书展暨"书香中国"上海周；共同打造高端的国际文化产业、数字出版交流平台。

国内首个"数字出版与传播"重点学科建设启动

2011年7月29日，国内首个"数字出版与传播"国家重点学科建设启动仪式在上海理工大学举行，这是新闻出版总署继设立"数字传播重点实验室""数字印刷工程研究中心""出版印刷人才培养基地"等平台建设项目之后，助推上海理工大学学科建设的又一项举措。

西安开建两个国家级新闻出版产业基地

2011年7月29日，陕西省政府新闻办公室在举行的新闻发布会上称，西安将用5平方公里的新增土地来建设两个国家级新闻出版产业基地——西安国家数字出版基地、西安国家印刷包装产业基地。西安国家数字出版基地是继上海、重庆、杭州、湖南、湖北、广州、天津之后，我国第八家国家数字出版基地。西安国家印刷包装产业基地作为全国唯一一家以印刷包装产业为主体新闻出版产业基地，2011年6月3日获新闻出版总署正式批准。

苏州市建成国家级数字出版基地

2011年8月8日，苏州阳澄湖数字文化创意产业园开园，南京师范大学苏州文化产业发展研究院同时揭牌。该产业园重点发展游戏、互动教育、电子图书等数字出版业务，将建成国内数字出版产业样板园区。阳澄湖数字文化创意产业园是全国第9个国家级数字出版基地。预计到2015年建成，到"十二五"末总引进企业120家，年产值80亿元。

国家出版基金规划管理办公室网站开通

2011年8月17日报道，国家出版基金规划管理办公室网站开通，各级主管部门和出版单位可进行基金项目网上申报及管理工作。

第13届中韩出版学术年会探讨数字化

2011年8月17日报道：由中国新闻出版研究院和韩国出版学会共同主办的第13届中韩出版学术年会，近日在京召开。14位专家学者组成的韩国出版学术代表团与100多位国内出版界专家学者，以"数字化背景下的出版业发展趋势与对策"为主题，进行了深入的研讨。

腾讯·大粤网正式上线

2011年8月18日，由南方报业传媒集团与腾讯公司联手打造的。作为充分整合腾讯网和南方报业优势资源的城市门户网站，大粤网致力于打造珠三角区域内的一站式在线服务模式，打造区域资讯整合的强力平台。继2006年与重庆日报报业集团创办大渝网、2008年与湖北日报传媒集团创办大楚网之后，大粤网是腾讯公司与南方报业合资成立的第三家区域性门户网站。

作家社百万数字出版版税付作家

2011年8月25日，作家出版社宣布向80余位作家支付总计100多万元的2010年度数字出版分账收益，其中天下霸唱收入达到10多万元。中国作家协会副主席、作家出版社社长何建明称，此次拿出更多收入支付给作家，旨在为作家提供数字出版机会与平台的同时，切实保障他们的权益。

腾讯·大豫网正式运行

2011年8月26日，腾讯·大豫网（henan.qq.com）正式上线运行。《河南日报报业集团与腾讯公司战略合作协议》《河南日报报业集团与腾讯微博合作协议》和《河南日报报业集团与腾讯公司合作大豫网协议》也在当天签署。

国内最大数字出版云计算中心投入运营

2011年8月29日，国内最大的数字出版云计算中心——天津国家数字出版基地云计算中心正式在天津空港经济区上线运营，并对外向用户提供服务。天津国家数字出版基地云计算中心定位于专业的云服务提供商，通过云计算的方式，采用虚拟化技术为政府、企业提供低成本高性能的"一站式"信息化服务。

第三届"中国图书馆馆长与国际出版社高层对话论坛"在京举行

2011年8月29日，第三届"中国图书馆馆长与国际出版社高层对话论坛"在京举行。论坛主题为"数字出版与数字资源长期保存"，侧重聚焦电子图书与工具书的发展、数字化科学数据服务。

2011北京国际出版论坛举行

2011年8月30日，由新闻出版总署、国务院新闻办公室和中国民主促进会中央委员会主办的2011北京国际出版论坛在京举行。本届论坛的主题是"数字时代的国际出版业走向"。中外嘉宾就宏观上如何把握数字时代的出版发展动态进行了主题演讲；围绕"技术的变革与革命""数字时代的创新业态与盈利模式"这两个议题发表了见解，并与现场观众一起进行了互动。

深圳移动互联网产学研资联盟成立

2011年8月30日，深圳移动互联网产学研资联盟正式成立，这也是深圳建设移动互联网之都的标志性事件。该联盟是由深圳市融创天下科技股份有限公司、国内最大的数字音乐企业 A8 音乐集团、国内知名创投机构创东方等 30 多家企事业单位共同发起成立。

数字图书馆推广工程工作会议在京召开

2011 年 9 月 8 日，文化部在京召开数字图书馆推广工程工作会议。数字图书馆推广工程将构建以国家数字图书馆为中心、以各级数字图书馆为节点、覆盖全国的数字图书馆虚拟网，建设分级分布式数字图书馆资源库群，在全国范围内形成有效的数字资源保障体系，以互联网、移动通信网、广电网为通道，借助各级公共图书馆和手机、数字电视、移动电视等新兴媒体，向公众提供多层次、多样化、专业化的数字图书馆服务，打造基于新媒体的图书馆服务新业态。

中国知网启动海外云出版和云数字图书馆系统启动

2011 年 9 月 9 日报道，中国知网在第十八届北京国际图书博览会期间宣布，海外云出版和云数字图书馆系统正式启动。这意味着，我国对外发行的数字出版物可以通过设在国内的该平台直接通向全球的各种机构和个人用户，我国数字出版走向世界又添新通道。在这个平台上集成出版了我国 95% 以上的学术文化知识资源，包括期刊、博硕士学位论文等近百种数据库，为国内 2 万多家机构用户开通了云数字图书馆服务。

Macworld 大会走进中国

2011 年 9 月 22 日至 25 日，Macworld Asia 2011 数字世界亚洲博览会（以下简称 Macworld 大会）在北京国家会议中心举行。这也是由美国国际数据集团（IDG）创办的 Macworld 大会首次走进亚洲、落户北京。Macworld 大会迄今已在全球成功举办 25 年、70 多届，是专门面向苹果系统平台的行业展会及会议。

华中国家数字出版基地揭牌

2011 年 9 月 29 日，华中国家数字出版基地揭牌暨基地总部（华中智谷）奠基仪式在武汉举行。该基地总部位于武汉经济技术开发区，基础设施总投资 13.6 亿元，带动入园企业投资总额将达 50 亿元，是目前国内首个以"打造产业生态"为概念的数字出版产业园区。基地重点发展知识内容数字产品与服务、数字在线教育及培训、动漫产业、游戏产业、数字影音、网络增值服务、数字出版终端、衍生产品开发八大产业门类。

孙中山全媒体数据库开通

2011 年 10 月 14 日，"孙中山全媒体数据库"第一期于近期开通试运营。该数据库作为"岭南文化数字资源平台"第一期工程，是采用共建共享模式的大型数字出版项目，共荟萃了超过 1000 种优质图书、图片、论文、词条、视音频以及民国时期的珍贵报纸、杂志。

湖北第一个数字出版社团组织成立

2011 年 10 月 25 日，湖北省报刊数字出版工作委员会宣布成立。湖北省报刊数字出版工作委员会由湖北省新闻出版局领导管理，是湖北省首个数字出版社团组织。该委员会是由湖北省内报刊出版单位自愿结成的全省性、行业性、非营利性社会组织，负责对全省报刊数字出版建设和发展进行指导、研究、咨询和培训。

苏宁易购上线图书频道

2011 年 10 月 31 日，苏宁易购图书馆正式上线，同时启动的"0 元售书 72 小时"。苏宁易购已经与国内近百家国有出版社及 300 多家民营出版商建立了合作关系，苏宁易购图书馆一次性上线的品类数量达到 60 万册左右。

电子书包企业联盟在沪成立

2011年11月8日,在上海市教育委员会、上海市新闻出版局、上海市虹口区人民政府的指导与支持下,电子书包企业联盟正式成立,首次入会的企业有10家,上海外语教育出版社为理事长单位。联盟将促进会员企业的合作与交流,推动电子书包产业发展。电子书包项目是教育部教育体制综合改革试点项目,上海虹口区为电子书包项目的唯一试点地区。

全国网络编辑技能大赛开赛

2011年11月9日,由中国出版协会、中国编辑学会、中国出版集团公司和北京印刷学院共同举办的"2011年第二届全国网络编辑技能竞赛"活动举行了启动仪式。本次大赛分为学生组与职业组,网络编辑、数字出版相关专业学生以及从事数字媒体工作的网络编辑等均可参赛。

全国数字出版工作会议在皖举行

2011年11月10日至11日,全国数字出版工作会议在安徽合肥举行,这是新闻出版总署组织召开的首次数字出版工作会议。会议期间,广东省、上海市新闻出版局,中国教育出版传媒集团等相关单位作了交流发言,有关专家就出版业数字化转型做了专题讲座。来自新闻出版总署相关司局、署直单位及各地新闻出版管理部门、出版集团、报业集团、国家级数字出版基地、部分新媒体企业代表以及战略合作方中国移动等170余位负责同志参加了会议。

中国文联、央视携手共建全媒体传播平台

2011年11月14日,由中国文联主管主办、中国艺术报社承建的中国文艺网和中央电视台主办、中国网络电视台创建、借助中国文联文艺资源打造的CNTV文化社区,在京举行上线开通仪式。

中南国家数字出版基地揭牌

2011年11月15日,中南国家数字出版基地揭牌仪式在长沙举行。到2020年,力争实现入驻企业不少于300家、年销售收入不少于500亿元的发展目标。基地涵盖数字产品创意、制作、出版及销售,数字平台运营等方面。基地将打造成为中国数字出版企业和数字内容运营企业集聚中心、数字版权认证维护中心、无线终端阅读内容制作中心、数字出版投融资中心和数字出版技术研发中心。

第11届网络媒体论坛签署《武汉宣言》

2011年11月21日,以"推动网络媒体新跨越、促进网络文化大繁荣"为主题的第11届中国网络媒体论坛在武汉举办。大会通过了《武汉宣言》并举行了人民网与第12届网络媒体论坛承办方中国网络电视台交接仪式。大会围绕"弘扬核心价值增强文化引导能力""借力技术手段提升影响力传播力""引领微博时代改善网络舆论生态""关注移动互联扩展无线发展空间"4个分论坛议题分别进行深入探讨。

2011全国新闻出版业网站年会在京召开

2011年11月26日,由中国出版协会和中国新闻出版研究院主办,中国联通公司协办的2011全国新闻出版业网站年会在北京召开。本届年会以"内容资源的多元化经营"为主题,旨在探索行业网站在如何利用多渠道传播、多终端发布,促进新闻出版行业的升级转型。年会发布了《2011年全国新闻出版业网站运营分析报告》,公布了2011全国新闻出版业网站荣誉评选结果。

北京拟在数字内容服务等领域设4只创投基金

2011年11月29日,北京市发展和改革委员会公布,拟在数字内容服务等领域设立4只创业投资基金,并面向社会公开征集2012年新兴产业创投计划北京市参股创业投资基金合作机构。拟争取与国家发展改革委、财政部联合在数字内容服务、高端装备、云计算、物联网领域设立4只创业投资基金。每只基金总体规模不低于 2.5 亿元，其中中央财政出资 0.5 亿元，北京市政府出资 0.5 亿元，社会出资不低于 1.5 亿元，所有投资者均以货币形式出资。

首家省级新媒体行业协会在沪成立

2011 年 12 月 8 日，上海市视听新媒体行业协会在上海成立，首批成员 62 家。这是全国首家省级视听新媒体行业协会。大会审议通过了《上海市视听新媒体行业协会章程》，选举产生了协会执行机构和负责人。该协会下设网络视听、产业发展、公共视频、内容制作等专业委员会。

杭州设立专项资金发展数字出版产业

2011 年 12 月 8 日报道，日前，杭州市政府出台规定，鼓励、引导和规范社会资本进入政策许可的数字出版领域，同时设立政府创业引导基金，采用阶段参股、跟进投资等方式，吸引国内外的风险资本投向数字出版企业。从明年起，杭州会在文化创意专项资金中设立杭州市数字出版产业发展专项资金，主要用于扶持数字出版产业发展和国家数字出版基地建设。

2011 年度数字出版事件、产品、人物出炉

2011 年 12 月 22 日，以"绿色阅读与年度印记"为主题的 2011 年数字出版年度盘点暨数字出版人红酒会在京举行。此次活动由中国新闻出版传媒集团、中国新闻出版研究院、北京印刷学院主办，百度阅读、中国电信数字阅读基地协办，对 20 项 2011 年数字出版行业较有影响的年度事件、人物、企业及产品进行了盘点。

中国数字文化集团有限公司成立

2011 年 12 月 26 日，中国录音录像出版总社转企改制、引进北京首都创业集团有限公司资本组建的中国数字文化集团有限公司在京召开成立大会。这是党的十六大以来文化系统组建的第 5 家中央文化企业，也是我国首个国家级数字文化企业。

国家音乐产业基地落户京城

2011 年 12 月 26 日，北京国家音乐产业基地授牌暨入园重大项目签约仪式在京举行，这是继上海、广东后，全国又一个国家级音乐产业基地。落户基地包括 1919 音乐文化产业基地、北京音乐创意产业园、天桥演艺园区、中国乐谷等园区。基地将形成"双轮驱动、多点支撑"的发展格局。

2012 年音像与数字出版大事回顾

电子图书大事回顾

国内首家数字图书互动社区云海藏书上线

2012年1月12日报道,国内首家数字图书互动社区云海藏书上线,为个人用户提供正版电子图书的购买、存储、展示、阅读、分享。云海藏书提供30%的图书预览内容,并提供链接供用户购买。云海藏书内容由作者、出版社自行上传,定价也由二者决定,汉王科技负责搭建平台并从中分账。

京东商城电子书刊平台上线

2012年2月20日,京东商城正式启动电子书刊业务,进入电子书B2C市场。京东电子书刊平台内容合作供应商超过200家,首期上线8万种电子图书,包括电子书、数字期刊及多媒体电子书,其中,畅销书种类达到5000种以上。

淘米童书进苹果商店免费总榜前十

2012年5月15日报道,儿童互动娱乐公司淘米网推出的6套儿童互动电子书全部进入苹果商店免费总榜前十名,其中《拉仔的秘密》以及《悄悄话树洞》分别排名第四位和第五位。这套名为"互动有声绘本"的互动电子图书取材于淘米网旗下动画片《摩尔庄园》。儿童电子图书实现了有声讲故事和随机涂鸦功能,有中英文两种配音。此外,还实现了用户终端与内容平台的结合,用户可以免费下载或购买电子书。

盛大文学牵手微软诺基亚打造云中书城

2012年5月23日,盛大文学在京宣布云中书城与微软、诺基亚结成深度合作伙伴。云中书城也成为微软和诺基亚在全球阅读类应用中少数重点合作的平台之一。在发布会上盛大文学还宣布启动书评人招募活动,将投入百万元构建数量达百人的白金书评人群体,推动网络书评人的职业化进程,改变文学评价体系。

天猫书城上线

2012年6月14日,天猫书城正式上线。包括50家国内外出版社、20多家独立B2C购书网站、5家杂志社、9家大型新华书店、8家城市地标书店等在内的1000多家图书网店,推出130万种在线图书,在售图书超过6000万本。天猫书城分考试教程辅导、少儿书籍、小说、学习教材、财经管理、杂志等几大类;每周1期在首页推出3本新书,全国独家发售。

中国作协首次研讨网络文学作品

2012年6月28日,中国作家协会在京召开网络文学作品研讨会。此次研讨会重点对各文学网站推荐的李晓敏的《遍地狼烟》、天下归元的《扶摇皇后》、酒徒的《隋乱》、阿越的《新宋》、杨鎏莹的《凝暮颜》5部网络文学作品进行研讨。此次研讨会的最大特点是专家学者与网络作家直接进行面对面的定向交流,每部作品都有两位专家进行点评,作者随后发表心得和感言。

苏宁易购电子书正式上线

2012年11月14日，苏宁易购电子书正式上线，已有近1000家出版社和原创文学网站与其建立了合作关系，首批共引进电子书近5万册。苏宁易购采取与供应商联合定价模式，电子书价格一般限制在纸书价格的30%。对于有刚性需求的书籍，会遵循供应商的限价原则。

互联网期刊大事回顾

两岸合作出版全媒体育婴杂志

2012年6月2日，福建海峡出版发行集团与台湾城邦媒体控股集团《好孕妈妈》全媒体合作签约仪式在第22届全国书博会上进行。该项合约的达成意味着双方关于《好孕妈妈》全媒体项目全面合作的启动。这是一项以纸本为核心，并提供移动互联、网站、微博等个性化随身服务的全方位媒体项目。

龙源期刊网期刊商店上线

2012年6月22日，在"第四届中国国际版权博览会"上，龙源期刊网上线内容交易新媒体平台"刊"，并对当前环境下数字期刊版权模式的具体操作进行了分享。"刊"是龙源期刊网自主研发的基于Ipad等平板电脑的客户端，定位为"可随身携带的期刊商店"，已容纳1000多种杂志，除供Ipad用户付费订阅外，也已经应用到安卓平台上。"刊"之外，龙源期刊网的移动阅读产品还包括"手机龙源网"，可以让读者随时享受移动阅读。

新华社首款新闻类互动数字杂志问世

2012年7月3日报道，新华社首款新闻类互动数字杂志《阅读中国》（Read China）在苹果应用程序商店上线。用户下载后可通过文字、图片、音频、视频等多媒体形式，"触摸到"最新发生的重要财经新闻以及对中国经济新闻的专业解读。《阅读中国》英文版聚焦财经领域深度报道，主要栏目包括封面故事、经济观察、中国百问、在华外企等，通过一键分享、评论反馈等实现与用户互动。

数字报纸大事回顾

《京华时报》云报纸全球首发

2012年5月17日，《京华时报》在京举行云报纸全球首发仪式。读者通过手机客户端拍摄报纸图片，即可通过"云计算"查看与图片相关的视频、背景资料等信息。"京华云报纸"也成为首家将图像识别技术与纸媒相结合的媒体。

中国媒体数字化转型发展峰会暨联讯读报V4.0上线仪式在京举行

2012年7月15日，中国媒体数字化转型发展峰会暨联讯读报V4.0上线启动仪式在京举行。借助这一技术，可成功实现在多平台上的无纸化阅读，并在阅读中实现多种互动功能。该技术平台支持苹果、安卓等主流移动终端及可运行java软件的移动终端。

云南首家报纸数字化数据库落成

2012年8月16日，"云南日报数字化工程建设项目"全面建成。历时两年多建成的《云南日报》60年图文数据库，拥有近14万个版面、2.1万多期、120多万条文章数据、7.9亿汉字、25万多张新闻图片、1519万条广告数据。该数据库形成了数据库、数字报、光盘出版一体化，实现了报纸资源的电子版保存和数字产品出版，为报刊数据的多次开发应用提供了便利条件。

全国报业云计算研讨会在渝召开

2012年9月5日，由中国报协主办、重庆日报报业集团协办的"报业云计算研讨会"日前在渝召开。与会代表就信息全媒体化、发布多元化、应用融合化、办公协同化、功能智能化、资源共享化等热点问题展开了深入探讨。

手机出版大事回顾

广西师大社与中国移动联手推移动数字出版

2012年1月18日，广西师范大学出版社有限责任公司与中国移动广西公司签署了《广西教育行业信息化应用拓展合作协议》。其中，"广西教育手机报"为该协议的主要项目之一。项目分为"移动教育专刊""掌上课堂""成长手册"3个栏目，通过手机短信及彩信发送的业务形式，定期向定制客户发布专业的教育信息。所有发布的教育信息均经区教育厅授权和审定。

广州创建文化市场服务平台移动应用

2012年2月2日，广州市文化市场管理部门发布"广州文化市场服务平台"手机应用客户端，通过手机、平板电脑等主流移动终端，为市民提供信息查询、举报投诉、正版查验、信息互动、文化服务等便捷、实用的服务功能。这项服务开创了网络时代政府与民众互动、引导正版消费、传播文化信息的新形式。

新华-道琼斯移动资讯平台落沪

2012年2月28日，由新华社上海分社、经济参考报社、道琼斯公司共同打造的"新华-道琼斯移动资讯发布平台"正式落户上海。该平台的资讯来源于24小时不间断更新的道琼斯和新华社数据库。内容以金融新闻信息为主，涵盖股票、基金、债券、外汇、保险、期货等金融产品和大宗商品市场，第一时间报道和分析全球重要财经和经济新闻。主打产品《新华-道琼斯手机报》属新华社和默多克新闻集团合作开发的高端资讯产品。

第七届中国原创手机动漫游戏大赛在北京启动

2012年3月11日，以"微动漫·微生活"为主题的第七届中国原创手机动漫游戏大赛在北京国家博物馆正式启动。大赛宗旨是"聚合中国原创力量，大力培育潜力新星；创新动漫盈利模式，推动产业繁荣发展"，并首次引入大众评审机制，全体网民注册官网即可成为大众评委。

方正推出翔云移动出版解决方案

2012年3月30日，北大方正电子有限公司正式推出方正翔云移动出版解决方案。该方案是方正电子专门针对具有移动信息传播需求的出版传媒机构而研发设计的整体解决方案。

中国移动手机阅读高峰论坛

2012年4月19日，中国移动手机阅读高峰论坛暨"悦读中国"大型移动互联网读书活动启动仪式在京举行。中国出版集团、作家出版集团、新浪、腾讯、盛大文学等16家出版社、读书网站、互联网企业及运营商在启动仪式上共同发起了"悦读中国"移动互联网读书倡议并签署倡议书。倡议书提出各方积极推动精品内容传播和推广，传承优秀文化；坚持先授权后传播，倡导绿色、正版阅读，营造积极、健康有序的移动互联网阅读环境。

天津首次举办全民手机阅读活动

2012年5月8日，由天津市文明办、天津市新闻出版局和天津滨海新区区委宣传部主办的"天津市全民手机阅读活动"正式启动，这是天津首次举办全民手机阅读活动。

《人民日报》安卓版客户端上线

2012年5月14日，《人民日报》安卓版客户端正式面向全球用户发布，使用安卓系统的手机、平板电脑用户可在各大安卓应用商店免费下载。《人民日报》客户端旨在使用户打开手机就能了解中央精神及国内外权威信息。

200余部文学作品入驻中国移动手机阅读基地

2012年5月15日报道，中国文字著作权协会近30位会员的200余部经典作品正式接入中国移动手机阅读基地。这也是文著协在推广会员作品数字版权方面迈出的第一步。首批入驻中国移动手机阅读基地的会员作品以文学类为主，文著协将根据实际销售情况，以季度或半年为周期向作者支付数字出版"稿费"。

我国首部移动互联网蓝皮书在京发布

2012年6月7日，以"渗透·整合·共赢"为主题的中国移动互联网研讨暨蓝皮书发布会在京举行，会上发布了我国首部移动互联网蓝皮书——《中国移动互联网发展报告（2012）》。该报告由人民网研究院组织撰写，共分总报告、综合篇、产业篇、市场篇和专题篇5部分，对2011年中国移动互联网的发展作了全景式回顾、扫描和分析。

天翼阅读步入公司化运作

2012年8月7日，中国电信天翼阅读基地注册天翼阅读文化传播有限公司。独立运作之后的天翼阅读文化传播有限公司以数字出版、手机阅读等为业务方向，更深层次地进行数字阅读业务的投资、收购、产品研发和市场营销。

首都图书馆新馆开通"掌上图书馆"

2012年9月28日，首都图书馆新馆开馆，首图"掌上图书馆"同时开通。首都图书馆新版门户网站和移动客户端也同步上线。其中，"掌上图书馆"可以让150万持卡读者随时随地免费使用馆藏资源；人性化的搜索引擎式检索平台——"e搜索"，可以实现在首图及北京市公共图书馆之间的跨库、跨资源检索。

全球移动媒体高峰论坛在京召开

2012年11月19日，网易举办的全球移动媒体高峰论坛在北京召开，美联社、BBC、福布斯、IMG，时尚集团、财新传媒、南都、现代传播等，以及来自日本的移动互联网媒体和企业，共同探讨"移动媒体的战略、盈利和未来"。风投机构KPCB、创新工场、经纬创投，和华扬联众、奥美等知名广告代理商，也针对"移动媒体如何盈利"等问题进行了深入交流。

《读者》手机全力推广内容平台多元化

2012年12月17日报道，由《读者》杂志与国内通信设备解决方案提供商斐讯独家合作的3G智能手机开始网络销售，手机内含《读者》杂志30年全套合刊内容和云端图书馆海量电子图书下载。《读者》手机配合云图网络平台服务，用"内容+平台+终端"的方式实现了图书的阅读、购买和下载，并对内置的正版《读者》合刊进行了筛选和关键字设置，同时对视觉效果进行纸质化二次加工。

网络游戏大事回顾

2011中国原创安卓手机游戏"金鹏奖"颁奖典礼在京举行

2012年1月5日,2011中国原创安卓手机游戏"金鹏奖"颁奖典礼在京举行。本次手机游戏大赛由中国电信、人民网共同主办,是国内首个智能手机游戏专项评选赛事,共评出包括优秀产品奖在内的12类奖项。

中国动漫游戏产业股权投资管理有限公司成立

2012年1月10日,中国动漫游戏产业股权投资管理有限公司在京成立,这标志着动漫游戏产业体系的关键基础平台正式启动。该公司以如何帮助创意类企业获得资本的支持并规范化发展为服务宗旨,搭建动漫游戏产业投融资平台,力求能为动漫游戏产业体系建设打好坚实的基础。

北京动漫游戏设计专业人才可评职称

2012年1月11日,北京市人力资源和社会保障局宣布,2012年动漫游戏设计专业首次纳入北京市职称评审范围。初步考虑设置初、中、高3个等级,通过考试或评审,进行评价,颁发国家认可证书,纳入国家职称序列。

2012广州国际网络及数字互动游戏博览会开幕

2012年3月9日,2012广州国际网络及数字互动游戏博览会在中国进出口商品交易会琶洲展馆开幕。展会为期3天,以"游戏给力幸福生活"为主题,涵盖技术、内容、运营等产业链各环节的最新成果,产品包括大型端游、页游、手游、单机游戏及网游动漫产品,为海内外游戏企业搭建发布新产品、新技术、新概念和互动交流的专业平台。总展览面积达6万平方米,由网络游戏、数字互动游戏、移动网络游戏、动漫文化四大专题展区构成。

二十一世纪出版社大举进军网络游戏产业

2012年5月7日,二十一世纪出版社与上海千陌网络科技有限公司,就网络游戏投资事宜达成共识,正式签署合作协议。这标志着二十一世纪出版社正式进军网游产业。此次二十一世纪出版社斥资数千万元购买上海千陌网络科技有限公司35%股权,成立"上海二十一世纪千陌网络科技有限公司"。二十一世纪出版社以介入网络游戏为先导,已全面启动"二十一世纪少儿全媒体数字出版产业基地"建设。

第十届中国国际数码互动娱乐展览会在沪举办

2012年7月25日,由新闻出版总署、教育部、科技部、工业和信息化部、商务部、国家互联网信息办公室、国家广电总局、国家版权局、国家体育总局、共青团中央、中国关心下一代工作委员会、中国贸促会、上海市政府等部门联合指导举办的第十届中国国际数码互动娱乐展览会(ChinaJoy)在上海举办。展会期间同时举办以"开放、转型、突破、迎接新纪元"为主题的中国国际数码互动娱乐产业高峰论坛、中国游戏商务大会等专题会议,以及COSPLAY动漫游戏角色扮演大赛、"张江杯"电子竞技大赛等活动。

18种选题入选第七批"民族网游工程"

2012年8月9日报道,新闻出版总署公布第七批"民族网游工程"选题,盛趣信息技术(上海)有限公司开发的《零世界》、成都哆可梦网络科技有限公司开发的《浩天奇缘OL》、北京像素软件科技股份有限公司开发的《刀剑2》等18种选题入选。新闻出版总署近期开展的第七批"民族网游工程"选题论证工作，共收到85家游戏企业申报的"民族网游工程"选题118种，经选题专家论证委员会研究，最终确定18种。

网络动漫大事回顾

三所高校联手培养动漫高端人才

2012年2月8日，由教育部等共同实施的"动漫高端人才联合培养计划"在京正式启动，北京师范大学、中国传媒大学和北京电影学院通过组建跨校联合体、举办实验班方式，联合培养动漫高端人才。

中国动漫产业发展成果展开幕

2012年3月10日，为期20天的"十七大以来中国动漫产业发展成果展"在中国国家博物馆拉开帷幕。此次成果展是对党的十七大以来中国动漫产业发展经验的全景式总结。

首部跨纸媒与手机连载漫画首发

2012年4月27日报道，中国电信与漫友文化联合发布悬疑推理穿越漫画《谜团》。故事中的英雄角色均来自动漫名作，平面版发布在《漫画世界》《漫画BAR》《漫画SHOW》杂志，手机版则在中国电信"爱动漫"手机平台上连载。这是新媒体与传统媒体联合发行的首次尝试，力求探索中国漫画原创故事情节的多线程发展类内容运营新模式。

第八届中国国际动漫产业博览会开幕

2012年4月29日，第八届中国国际动漫产业博览会在杭州高新区（滨江）白马湖生态创意城（动漫广场）开幕。本届博览会涵盖动漫形象设计、动漫画创作、音像图书发行、衍生品开发等产业各环节，包含国际动画片交易、动漫产业项目发布洽谈、动漫衍生产品交易和中外动漫教育推广等多项官方活动，吸引了海内外400多家动漫企业机构参加。

《中国动漫产业发展报告（2012）》发布

2012年5月4日报道，由社会科学文献出版社出版、北京电影学院中国动画研究院会同北京大学文化产业研究院、中国传媒大学《中国动画年鉴》编辑部、河南省中原动漫研究院、广东漫友文化动漫研究所等研究机构共同编写的《中国动漫产业发展报告（2012）》发布。报告认为，国内的网络游戏收入，主要依靠硬件水平有限的三线甚至四线城市的网吧游戏群体。

商务印书馆（杭州）落户西溪创意产业园

2012年6月5日，商务印书馆（杭州）有限公司在西溪创意产业园举行了揭牌仪式。商务印书馆（杭州）有限公司由蔡志忠巧克力国际动漫有限公司和商务印书馆、无界文化教育集团共同注册成立，以数字出版为主，致力于搭建国际一流的动漫电子图书商务平台。

中国动漫集团厦门基地开业

2012年6月15日，中国动漫集团厦门基地在厦门软件园开业。开业庆典上，福建省信息化局授予中国动漫集团厦门基地（中娱文化股份有限公司）"软件人才培训基地"和"软件人才实训基地"的牌匾。全国16所高校与基地举行了合作签约仪式。

第八届中国国际动漫游戏博览会在沪开幕

2012年7月12日，由文化部、上海市人民政府主办，上海市文化广播影视管理局、（上海）国家动漫游戏产业振兴基地、上海东方传媒集团有限公司（SMG）承办的第八届中国国际动漫游戏博览会在上海举行。此次展会以"开放、融合、提升、共赢"为主题。上海动漫行业协会揭牌仪式同时举行。

"动漫北京"成果展开幕

2012年8月23日,2012"动漫北京"系列活动在全国农业展览馆开幕。北京知名动漫游戏企业齐聚一堂,展示首届原创民族动漫形象大赛优秀作品、北京动漫游戏产业龙头企业和品牌产品。同时,还开辟了动漫爱好者的互动区,举办动漫歌曲音乐会、漫画名家签售、漫画家讲座等活动。

第五届中国国际漫画节在穗举行

2012年9月28日,由新闻出版总署和广东省人民政府联合主办的第五届中国国际漫画节在广州举行,其间举办了以"微生活"为主题的第9届金龙奖颁奖典礼。本届比赛共颁出漫画类奖项11个,动画类奖项5个,单项奖7个,并有1部作品获得组委会特别奖,本届金龙奖评选首度设立的"中国漫画大奖"奖项最终空缺。

国家动漫园展示中心在天津开放

2012年10月27日,国家动漫园展示中心在天津正式对外开放。国家动漫园建筑面积1800平方米,分孵化、互动、创新、先锋4个部分进行展示,包括电子手绘动画、3D实时视频、流水墙等项目,让参观者通过实际互动操作体验动漫文化。同时,也可以通过宣传视频了解到虚拟摄影、面部捕捉等影视动漫制作技术。

动漫媒体高峰研讨会在厦门举行

2012年11月17日,动漫媒体高峰研讨会暨爱动漫两周年庆在福建厦门举行。与会各界人士围绕移动互联网时代动漫商业模式、国产原创动漫发展的合作等移动互联网时代动漫发展的议题进行了相关主题报告和学术探讨,并达成共识:动漫产业应积极借鉴互联网经营思维,抓住机遇,在互联网营销、产品创新、开放合作等方面积极探索,推进动漫产业的繁荣。

博客与播客大事回顾

首家省级"政务微博矩阵"上线

2012年1月16日,由甘肃省政府新闻办和腾讯微博合办的甘肃"微博政务大厅"暨全国首家省级"政务微博矩阵"正式上线。甘肃所有市州和厅局委办都通过这一平台以"甘肃发布"为名播发新闻信息。"微博政务大厅"按照在实际工作中的结构搭建,形成统一的网络表达出口,及时发布权威信息、回应社会关切、正确引导舆论,在应对突发事件、宣传正面成果、在线服务群众等方面发挥集群作战效应。

优酷土豆合并

2012年3月12日,优酷和土豆宣布双方以100%换股的方式合并。新公司命名为优酷土豆股份有限公司（Youku Tudou Inc.）,优酷股东及美国存托凭证持有者将拥有新公司约71.5%的股份,土豆股东及美国存托凭证持有者将拥有新公司约28.5%的股份。土豆保留其品牌和平台的独立性,以加强和完善优酷土豆的视频业务。

中国网络视频蓝皮书发布

2012年6月7日,DCCI互联网数据中心发布了《中国网络视频蓝皮书》,针对中国网络视频当前的行业现状、市场格局、未来趋向等作了数据调查和深度分析。DCCI《中国网络视频蓝皮书》数据显示，视频用户每周观看视频时长分布分别为：PC 电脑 12.6 小时 / 周、电视 9.0 小时 / 周、平板电脑 8.3 小时 / 周，智能手机 7 小时 / 周。电视、PC 电脑、智能手机、平板电脑四屏联动对视频用户实现全天近似无缝的跨媒介包围覆盖，一场跨屏蜕变正在发生。

新浪发布全国首份部委微博运营报告

2012 年 8 月 24 日，新浪发布全国首份《部委微博运营发展模式》报告。报告介绍了新浪部委微博发展至今的总体概况，并总结出部委微博 6 种运营模式及其运营发展的 4 个重点。已有 17 个部委及部委级组织开通了新浪部委微博，运营着 44 个官方账号。部委微博已形成 6 种较为成熟、有规可循的运营模式。

数码印刷大事回顾

两项数字印刷国家标准工作会议在京召开

2012 年 1 月 5 日，全国印刷标准化技术委员会在北京召开《数字印刷品质量要求及检验方法》和《数字硬打样样张质量要求及检验方法》两项国家标准起草组第一次联席工作会议。会议对两个起草组的标准草案第一稿的框架、内容、技术细节等进行了认真的探讨与研究，并就草案的修改提出了大量具体的意见和建议。

凤凰出版传媒建成国内首条书刊印刷"数字流"

2012 年 4 月 25 日，江苏凤凰印刷数字技术有限公司正式开业，凤凰数字资产管理中心同时揭牌。该公司整合国际领先的印刷数字化技术，建成了包括创作、编辑、设计、校对、排版、印刷在内不间断的"数字流"，这是我国第一条书刊印刷数字化全流程。公司以高档印品印前制作、海外印刷业务拓展、印刷数字化技术推广、数字资产管理为运营方向，致力于实现"沟通无距离、过程无实物、质量无差异、资源可再生"的数字化运营模式。

河北数字印刷产业园石家庄基地奠基

2012 年 4 月 27 日，河北出版传媒集团公司投资建设的河北数字印刷产业园石家庄基地举行奠基开工仪式。基地总占地 200 亩，总建筑面积 7.9 万平方米，总投资 6 亿元。一期项目主要建设数字印刷中心、特种印刷中心、精品印刷中心，着重发展数字印刷、精品印制、包装装潢等。

方正携手新华传媒共谋按需印刷发展

2012 年 5 月 19 日，方正信产集团与新华传媒集团在第八届文博会上合作签约，双方就"云出版服务平台"为基础的电子书业务和"POD（按需印刷）"业务解决方案进行合作。通过建立"1+1＞2"的合作模式，实现传统图书行业和新兴数字阅读产业的融合，协力打造基于互联网时代的新型阅读模式，共同为全球读者提供一站式数字阅读和移动阅读服务。

3 个印刷标准化分技术委员会成立

2012 年 6 月 8 日，全国印刷标准化技术委员会的书刊印刷、网版印刷、包装印刷 3 个分技术委员会在深圳职业技术学院宣布成立。3 个分技术委员会分别负责相关领域的国家标准制修订工作，此举大大增强了印刷标准化机构的组织实力。

方正喵喵印：打造按需印刷新平台

2012 年 7 月 26 日，上海方正数字出版技术有限公司推出喵喵印。喵喵印是基于互联网 B2B+C 的按需印刷平台，以大众消费为主导方向。一期投资预计 5000 万元，主要在线业务包括出版物、泛商业和个性化按需印刷。喵喵印可以定制相册、画册、台历等多款创意印品。消费者可以将一些出版机构提供版权的书籍，结合个性化设计，通过数字印刷，定制个性出版物。

首届中国按需出版论坛聚焦产业转型

2012年9月27日，首届中国按需出版论坛在首届中国国际新闻出版技术装备博览会现场举行，与会嘉宾共同探讨新媒体形式下面临的机遇与挑战。还就应用于按需印刷的PUR胶粘剂进行重点阐述，为按需出版的后道加工工艺实现绿色环保改造提供崭新的解决方案。

2012"数码印刷在中国"技术高峰论坛

2012年9月27日，2012"数码印刷在中国"技术高峰论坛在首届中国国际新闻出版技术装备博览会上举办，本届论坛由中国印刷科学技术研究所、中国印刷技术协会数字印刷分会共同主办，由科印传媒《数码印刷》承办。本届论坛的主题为"融合、创新、发展"。围绕论坛的主题分别从两个议题"按需出版印刷推动文化产业发展"和"商业与包装印刷加速数字化转型"进行了主题演讲和话题探讨。

北京举办首届绿色印刷促进产业交流会

2012年12月7日，由北京市新闻出版局主办，北京印刷协会和必胜印刷网共同承办的首届北京绿色印刷促进产业交流会在京举行。本届交流会以"绿色、交流、合作、洽谈"为主题，由绿色印前、绿色耗材、节能减排等六大展区构成，主要展示国内外绿色印刷的最新技术工艺发展成果。是国内第一次以绿色印刷为主要内容的专题商务交流会。

方正与山东工业技师学院共建印刷行业产学研基地

2012年12月24日报道，北京北大方正电子有限公司与山东工业技师学院正式签署合作协议，共同建立教学、科研合作基地，双方将在教育教学、学生培养、应用技术研发等方面开展广泛深入的合作。

数字版权大事回顾

中国ISRC中心揭牌

2012年2月16日，中国ISRC（国际标准录音制品编码）中心揭牌仪式在2012CPCC中国版权服务年会开幕式上举行。该中心将通过对ISRC编码的分配，实现相关制品在数字网络环境下的有效检索、版权信息确认及监测和版权费用结算认证等。

2012CPCC中国版权服务年会在京开幕

2012年2月16日，2012CPCC中国版权服务年会在京开幕。本届年会以"整合·突破"为主题，通过专题活动，多角度、多层次、立体式地展示中国版权保护中心版权公共服务体系建设的新业绩。活动包括"第二届DCI体系论坛——DCI体系与数字音乐""企业版权资产管理论坛""全国版权交易共同市场论坛""中日创意产业促进联盟发起仪式""2012CPCC中国软件服务年启动仪式"等。

电子商务中的知识产权纠纷与解决方案专家研讨会举办

2012年3月12日，电子商务中的知识产权纠纷与解决方案专家研讨会举办，此次研讨会由工信部电子知识产权中心举办，工业和信息化部科技司相关负责人，北京大学、中国人民大学、中国政法大学等相关科研机构的专家学者，中国软件联盟、中国互联网协会等相关社会团体负责人以及相关企业界代表出席。

网络著作权保护与行业发展研讨会举办

2012年3月16日,工业和信息化部电子知识产权中心和日本内容产品海外流通促进机构(CODA)举办网络著作权保护与行业发展研讨会,来自中日两国知识产权界的专家、学者、权利人组织代表分别介绍了各自的网络著作权保护法律政策及实践经验,对如何理解和界定网络服务提供商在为网络传播行为提供支持时是否已尽到了法律规定的义务提供了一些可借鉴的思路。

天津首家国际版权交易市场揭牌

2012年4月26日,天津国际版权交易市场正式揭牌。这是天津市首家版权交易市场,该市场将面向企业和个人,提供包括版权登记、交易、融资、维权在内的全程服务。该市场注册资金5000万元,依托数字出版基地,打造和完善版权综合交易平台,为天津及整个环渤海地区打造数字版权产业及金融服务基地。

北京市版权局等向16家互联网企业发出倡议书

2012年5月31日,北京市版权局联合中国互联网协会网络版权工作委员会向百度、新浪、搜狐等16家互联网企业发出了"加强绿色网络传播环境建设,开展弘扬正版,绿色行动月"倡议书。倡议提出,互联网企业应自觉贯彻落实《全国未成年人思想道德建设纲要》,积极提供绿色正版、健康有益的网络文学艺术作品等相关内容。

"构建新型数字版权流通环境——版权云"活动启动

2012年5月31日,"构建新型数字版权流通环境——版权云"启动仪式暨新闻发布会在京举行,"版权云"行动由北京东方雍和国际版权交易中心联合中科院自动化所、北京超级云计算中心等十家机构发起,包括北京云视天创网络科技有限公司推出的"数字视频版权云分发"、北京版银科技有限责任公司推出的"社会化版权协作"、北京慧点东和信息技术有限公司推出的"基于版权核查的和解"等已在"版权云"框架下运行。

第四个国家版权贸易基地落户台儿庄

2012年8月13日,台儿庄国家版权贸易基地揭牌仪式在台儿庄古城举行。这标志着台儿庄古城成为国内第四个、山东省唯一的综合性版权交易服务平台。基地致力于加快综合性展示交易场所建设,完善电子交易平台等各项配套措施。

打造"技术先进、管理规范、运转科学"的公共版权贸易服务平台。充分发挥文化产业发展专项资金和民间文学艺术版权投资基金的引领作用,形成多渠道、多元化投融资机制,建设版权资源腹地、版权创意基地、版权发展高地。

"数字时代的版权跨界运营"研讨会在沪举办

2012年8月16日,由上海市版权局主办,上海市作家协会、上海版权服务中心和上海文化产权交易所承办的"数字时代的版权跨界运营"研讨会在上海举办。与会代表围绕面对数字化的挑战和全版权跨界运营的趋势,如何改变对版权资源的传统粗放式经营,实现对版权资源的跨媒体立体开发和深度加工,延伸并打通产业链上下游等话题进行了深入研讨。

重庆版权云端服务平台上线运行

2012年8月23日,重庆版权云端服务平台上线暨作品免费登记启动仪式在重庆邮电大学举行,这标志着全国首个政学企研携手,运用云计算和信息安全等技术开发建设的,集版权登记、评估、交易、监管、侵权证据保全等功能于一体的综合性平台正式上线运行。在重庆市范围内,所有机关、企事业单位及个人符合《著作权法》规定的普通作品,均可向市版权保护中心申请免费登记,成本费用由市财政专项资金补助。

2012BIBF 北京国际版权贸易研讨会在京召开

2012年8月31日，由国家版权局主办的2012BIBF北京国际版权贸易研讨会在京召开，主题为"共性与差异——数字时代版权贸易的创新与发展"。研讨会由中国图书进出口（集团）总公司承办。与会嘉宾围绕"数字出版时代版权贸易的机遇、抉择与战略""数字出版时代的出版变革与渠道创新"2个议题展开深入研讨。

全国数字版权服务平台集文网上线

2012年9月11日，全国数字版权综合服务平台——集文网在杭州正式上线。集文网主要提供数字版权交易等相关服务。平台将会和中国移动手机阅读基地、中国电信数字阅读产品基地联合推出"手机出版直通车"计划，作者可以通过集文数字版权服务平台直接将作品接入两大阅读基地进行运营，缩短手机出版的产业链条，提高作者从手机出版中获得的收益。同时，作者还可以更深入自主地参与手机出版的各个环节，通过平台随时了解作品的点击信息、运营信息等。

数字环境下版权集体管理国际研讨会在杭州举办

2011年11月29日，中国国家版权局和国际复制权组织联合会（IFRRO）在杭州举办了数字环境下版权集体管理国际研讨会，这是双方首次合作在华举办国际会议。与会者就数字环境下国外著作权集体管理组织的做法和经验、国际关注的版权立法、执法实践等议题进行交流。

中美网络版权执法研讨会在京举行

2012年12月4日，由中国国家版权局和美国专利商标局联合主办的中美网络版权执法研讨会在北京开幕。这是中美两国首次在网络版权执法合作及研究方面举办的国际性研讨会。双方围绕中美数字环境下版权侵权的主要类型及相关法律法规、网络执法的合作与协调、版权保护执法实践、权利人怎样与执法机关合作等议题进行了探讨。

华中国家版权交易中心正式运营

2012年12月28日，华中国家版权交易中心在武汉正式运营，并与首批会员单位代表签订了战略合作协议和版权代理协议，首场版权交易额达50.43亿元。该中心是继北京之后，经国家版权局批准建立的全国第二家、华中地区唯一国家级版权交易中心。

电子阅读器与平板电脑大事回顾

国产电子阅读器"轻"装亮相

2012年5月18日报道，汉王科技推出"黄金屋"电纸书，这款电纸书搭载汉王全新电子纸触控技术。整机重量约191 g，产品厚薄度为8.4 mm，是市场上最轻薄的15厘米（6英寸）电子阅读器产品。汉王"黄金屋"电纸书内置了汉王书城，包括汉王书城提供的数万册正版图书，多种报纸杂志资源，并设有专业词典功能，读者还可以通过无线上网，下载报纸以及资讯。

"赛伦纸"试水新商业模式

2012年5月18日，广州易博士数字出版集团在深圳文博会召开"赛伦纸"新产品发布会，提出全新的电子图书商业模式——"赛伦纸"模式。"赛伦纸"模式提出了"载体化"概念，但保留了大部分传统的图书出版模式，如定价、版税及发行等，版税制与码洋定价原则将保证作者、出版社、发行渠道都能获得收益。

南都全媒体推出定制平板电脑

2012年6月1日,南都嘉华与南都全媒体集群共同打造的"南都PAI"平板电脑正式上市。"南都PAI"的软件应用产品以南都桌面为承载载体,聚合了包括南都新闻、南都阅读、南都视觉、南都视点、南都读书、南都DAILY、移动电视、PPTV等南都全媒体内容。

当当网电子阅读器"都看"发布

2012年7月25日,当当网正式发布电子阅读器产品,该产品定名为"都看"(英文:Doucon),可直接通过连接3G或Wi-Fi在书城购买电子书。阅读器于26日正式在当当网上预售,定位深度客户。"都看"定价599元,首批1万台预售价499元。"都看"采用15厘米(6英寸)16灰阶电子墨水屏,支持PDF、EPUB、HTML、TXT等电子书格式。此外"都看"还具备光学手指鼠标控制、红外感应翻页、语音输入、绑定微博分享书评等功能。

音像电子大事回顾

国家版权局召开《著作权法》修订专家会议

2012年1月13日,国家版权局在北京召开了《著作权法》修订第一次专家会议,会上3个修订案起草小组分别介绍了本次修订案的指导思想、修订重点和各自的草案。国家版权局副局长阎晓宏到会并讲话。国务院法制局、全国人大法工委、全国人大教科文委员会、最高法院知识产权庭的相关领导以及30位专家出席了会议。中国音像协会常务副会长兼秘书长王炬作为音像产业界专家参加了会议并提出建议。

中国音像代表团参展MIDEM

2012年1月27日至2月3日,受新闻出版总署委托,中国音像协会组成的中国音像代表团赴法国戛纳参加了2012年世界音乐博览会(MIDEM)。此次中国音像代表团共有15家音像出版社、唱片公司、音乐制作公司以及数字音乐制作公司组成。各公司通过MIDEM官方网站与客户提前预约,现场洽谈,日程安排紧凑高效,取得了很好的效果。

孙寿山副署长到数字音像传播服务平台调研

2012年3月15日,孙寿山副署长带领总署计财司、出版管理司、科数司等有关领导亲临中国音像协会数字音像工作委员会组织建设的"国家数字音像传播服务监管平台"实地考察,该项目已列入《国家"十二五"时期文化改革发展规划纲要》。

中国音像协会光盘工委发出诚信倡议

2012年3月,中国印刷技术协会、中国音像协会光盘工作委员会联合向全国各地印刷复制协会和印刷复制企业发出倡议,在开展教材教辅产品和食品包装装潢印刷品质量监督检测活动中,构筑"品质优良、服务诚信"的市场氛围,提高我国印刷复制业的整体水平,并将本次质检活动产品质量检测结果纳入印刷复制行业诚信档案,作为评价诚信企业的重要依据。

国家音乐产业基地建设工作座谈会在深圳召开

2012年3月20日,中国音像协会协助总署出版管理司在深圳组织召开了国家音乐产业基地建设工作座谈会,来自北京、上海、广东3个国家音乐产业基地所在地的政府主管部门和承担基地建设的十几家企业负责人参加了会议。总署出版管理司副司长朱启会在座谈会上做了主旨发言,他总结了国家音乐产业基地前一段时间的工作成果,提出来基地建设的指导性意见。

亚洲流行音乐节商定内地歌手参赛

2012年3月22日，中国音像协会常务副会长王炬和组联部主任张传静参加了在香港举行的"亚洲流行音乐节"。其间，王炬副会长与IFPI香港会吴雨主席举行会谈，就内地流行音乐歌手参加该音乐节达成初步意向。

唱工委就修法发出呼吁书

2012年4月11日，中国音像协会唱片工作委员会与中国音乐家协会流行音乐分会联合召开了新闻发布会，表达了音乐著作权人对《中华人民共和国著作权法》修改草案的意见。会上唱工委负责人宋柯、周亚平和著名音乐人谷建芬、刘欢等人做了发言，重点就修订草案中关于法定保护期限和集体管理权延伸等业界反响比较强烈的条款提出意见和建议，唱工委还发出有28家音乐公司、128位音乐艺人签名的《音乐界人士呼吁书》，呼吁书获得业内人士广泛响应。

《中华人民共和国著作权法》修订第三次专家会议在京举行

2012年5月11日，《中华人民共和国著作权法》修订第三次专家会议在北京举行，国家版权局有关领导就修订草案做了说明，并认真听取了专家的意见和建议。中国音像协会副会长王炬在会上发言，他高度赞扬了国家版权局公开征求意见的做法，对音像业一向主张的广播权被写进修订草案中表示满意，并介绍了音乐产业对修订草案提出的意见和建议。

音视频技术交流会在京举行

2012年5月26日，中国音像协会音视频工程专业委员会在北京举办音视频技术交流会，参加会议的有会员代表、音视频工程专家以及来自各地的音视频系统集成企业、产品商等约130余人。此次技术交流活动得到国际音频技术协会（AES）大力支持，远道而来的AES理事Peter Cook先生在会上作了《模拟音频的数字转换技术》的专题演讲并就具体技术细节和与会国内专家进行了交流。

中国音像协会音视频工程专委会举办技术培训

2012年6月10日，中国音像协会音视频工程专委会联合河南舞台美术学会，共同开展了河南省音响调音从业人员技术培训，来自河南省和新疆维吾尔自治区的多家影剧院、多功能厅、音乐厅等调音员共70余人参加了培训。

中国音像代表团参加美国独立音乐周

2012年6月19日至23日，中国音像代表团应美国独立唱片协会（A2IM）邀请参加了第七届美国独立音乐周活动。中国图书进出口（集团）总公司、上海新汇文化娱乐集团、上海丽声影音公司负责人参加了此次活动，上海新汇旗下的歌手贾茹涵和制作团队还参加了音乐周的表演活动。

中国音像协会光盘工委评出光盘复制示范企业

2012年7月26日，光盘工作委员会配合总署印刷发行管理司组织业内协会、科研院校、技术装备以及财税审计等方面的专家对首批申报的6家光盘复制企业进行了评审。经过资料审查、审议投票、最终审定等评审环节，专家组最终评出北京保利星数据光盘有限公司、上海新索音乐有限公司、江苏新广联科技股份有限公司和河南凯瑞数码股份有限公司等4家国家光盘复制示范企业。

《中华人民共和国著作权法》修订座谈会在京举行

2012年8月3日下午，中国音像协会在人民教育出版社会议室召开了中国音像协会《中华人民共和国著作权法》修订座谈会，40余家在京会员单位的代表参加了会议，新闻出版总署法规司司长王自强和国家版权局有关同志出席了会议，音像协会副会长、唱工委理事长臧彦彬就修订草案提出了意见和建议，与会人士与王自强司长就著作权法的修订和如何维护音像出版单位的权益展开了互动讨论，王司长详细解释了著作权法有关条款以及在实践中的作用。

音视频专委协助 2012 国际新闻出版技术装备博览会举办

为配合新闻出版总署和天津市人民政府举办的"2012 国际新闻出版技术装备博览会"中国音像协会音视频专业委员会发动了几十家新闻出版产业外延行业和几百家文化娱乐产业、文体馆院、影视制作单位、广播电台电视台等单位，于 2012 年 9 月 26 日在天津市梅江会展中心 7 号馆举办了"2012 国际声光视讯产品技术交流会"，为音视频硬件生产和服务企业搭建一个交流的平台。

中美音乐商务峰会在沪举行

2012 年 9 月 10 日，由中国音像协会与上海新汇文化娱乐集团联合举办的"中美音乐商务峰会"在上海国家音乐产业基地音乐制作中心举行，由美国独立唱片协会（A2IM）带领的美国 30 余家唱片公司、音乐制作公司和音乐传播公司的专业人士和国内唱片公司、音像出版单位、媒体及台湾音乐产业人士 100 余人参加本次峰会。

中国音像协会组团出席国际音频工程协会（AES）年会

2012 年 10 月 26，中国音像协会音视频工程专业委员会应邀出席了国际音频工程协会（AES）在美国旧金山市举办的第 133 届年会暨新技术展览会，中方在展会上展示了具有完全自主知识产权的超薄超重低音音响设备，引起了国际同行的关注。代表团由中国音像协会副秘书长朱禾为团长、由国内多位专家和从事音频产品研发的企业代表 20 余人组成。

中国音像与数字出版协会教育音像工作委员会举办中国教育音像展

2012 年 11 月 3 日至 5 日，第 25 全国大学出版社图书订货会在青岛举行。中国音像协会教育音像工作委员会在本届订货会上设立了"中国教育音像"展区，统一特装，整体展示，努力打造"中国教育音像"的品牌，为教育音像产品的出版发行做好服务。

王炬副会长出席韩国亚洲流行音乐节论坛

2012 年 11 月 1 日，中国音像协会常务副会长王炬应韩国文化振兴院邀请，参加了在首尔举行的亚洲流行音乐节（MU·CON）的论坛，王炬在关于中国音乐市场的专题报告会上，向与会者介绍了中国流行音乐尤其是数字音乐产品发展的情况和趋势。

华语流行音乐高峰论坛在台北举行

2012 年 11 月 8 日，"华语流行音乐高峰论坛"在台北举行。来自美国、德国、法国和海峡两岸的音乐产业界人士就共同关心的音乐数字传播新形势进行了广泛的交流。与会者还参观了台北市的华山文创园等音乐产业创意园区。中国音像协会王炬常务副会长、臧彦彬副会长等内地音像企业、唱片公司负责人应邀参加了此次论坛。

流行音乐回顾与展望系列活动开办

2012 年 11 月 26 日，由中国音像协会唱片工作委员会与中国音乐家协会流行音乐学会、中国演出行业协会、九州文化传播中心共同主办的"回声 33 年"内地流行音乐回顾与展望系列活动在北京首都体育馆会议室召开新闻发布会。该活动旨在全面总结和展示内地流行音乐自 1979 年以来的成果，推动流行音乐在新的历史时期里得到更大的发展。

成都筹建国家音乐产业基地

2012 年 12 月 7 日，总署出版管理司副司长朱启会、音像协会王炬副会长、国家音乐产业基地促进会（筹）毛凤昆等应邀出席由中国移动音乐平台主办的音乐产业高峰论坛，并考察了成都音乐产业基地园区，该园区得到了四川省政府、成都市政府的大力支持，省政府已经向新闻出版总署提交了建设国家音乐产业基地的报告。

其他大事回顾

中国电力传媒集团揭牌成立

2012年1月6日,由中国电力报社转企改制组建而成的中国电力传媒集团在京揭牌成立,负责经营《中国电力报》《中国电业》《网络导报》、中国电力新闻网、中国电力网络电视台、电力手机报、电力PAD、网络舆情监测以及图书音像、展览制作等传媒业务,同时涉足经营文化旅游、艺术品投资、房地产、酒店管理等项目,形成传媒、文化、实业三大板块共同推进的格局。

第七届中国传媒年会召开

2012年1月8日,第七届(2011)中国传媒年会在杭州召开。本届年会由传媒杂志社联合中国新闻文化促进会、中国广播电视协会及多家高校新闻传播学院共同主办,由浙江传媒学院、浙江日报报业集团承办。年会以"文化强国建设:传媒业的机遇与挑战"为主题,与会专家学者以及行业同仁围绕非时政类报刊转企改制、传统媒体与新媒体融合等话题展开交流。

大型多媒体数码出版工程"大耳娃"产品首发

2012年1月9日,具有完全独立自主知识产权、国内首创专为幼儿智力开发研制的大型多媒体数码出版工程"大耳娃"产品首发上市。辽宁美术出版社在数字化手段的支持下,搭建形成提升幼儿知识技能和潜能开发的综合性数据资料库《大耳娃智趣学习宝典》。该项目已经与美国、日本知名教育培训实体签署了战略合作协议,已与国内多家知名大学签署战略发展协议,就品牌的产业拓展和相关产业链条形成了明确的发展规划。

全民阅读蓝皮书发布

2012年1月10日,新闻出版总署出版管理司、全民阅读活动组织协调办公室、中国新闻出版研究院和深圳读书月组委会办公室在京联合发布《中国阅读:全民阅读蓝皮书(第二卷)》。蓝皮书由中国书籍出版社和海天出版社联合出版。

时代出版与英国Opus签署战略合作协议

2012年2月9日,时代出版传媒股份有限公司与英国Opus传媒集团在安徽合肥签署战略合作协议。双方在纸质出版、数字出版、服务印刷、资本合作等方面达成全方位合作,共同开拓中英及全球文化产品市场业务。

中国首届新媒体创业大赛启动

2012年2月16日,由中国期刊协会、新传媒产业联盟、浙江日报报业集团共同主办的中国首届新媒体创业大赛在京启动。本届大赛以"人文+科技"理念为主线,设"传媒梦工场"之星、新媒体创意之星、传媒人才创业特别奖等奖项,"传媒梦工场"将对具备市场前景的新媒体创业项目进行孵化。

《读者》投资20亿元在惠州建数字出版基地

2012年2月16日,广东省惠州市政府与读者出版集团共同举行读者(惠州)数字出版基地项目投资推介会。读者出版集团投资20亿元,在惠州建设数字出版基地,基地总体规划用地为20万平方米,总投资20亿元,一期筹措8亿元,主要用于基地基础设施建设和各类平台的搭建,首期项目将于2013年建成。读者(惠州)数字出版基地将建设一个大型的内容推送平台读者云图书馆,成立国内首家云计算的工业化数据加工中心，搭建大型的内容原创园区。

北语社与屯蒙数码携手开发数字出版

2012年2月17日，北京语言大学出版社与屯蒙（北京）数码科技有限公司在北京神州大厦就移动数字产品的开发、出版及传播签署战略合作协议。双方计划在5年内实现1000多种图书资源的深度开发，形成规模化的移动App应用，并通过移动互联网数字资源平台，使汉语言文化学习应用产品快速进入国际营销渠道，从而开拓全球汉语言文化教学资源及服务。

中国新闻出版研究院举行全国数字出版巡回演讲

2012年2月21日和23日，中国新闻出版研究院分别在南京和太原举行全国数字出版巡回演讲。巡讲活动包括巡讲大会和座谈会。巡讲大会上，巡讲团专家就网络环境下数字内容产业发展态势、数字出版运营平台支撑技术及应用模式、立体多媒体电子书数据库《全景式新华书店》及《校园全景数字图书馆》创新应用、农家书屋数字化应用方案等进行了讲解。

江苏昆山举办数字农家书屋建设成果展

2012年3月13日，为期25天的数字农家书屋建设成果展在江苏省昆山市举办。昆山已在4个社区建立数字服务站点，每个社区配备近50台电子书阅读器以及相应的数字资源平台，村民可以直接在农家书屋借阅电子书阅读器，并可随时下载更新数字内容。数字农家书屋项目通过搭建命名为"文化粮仓"的数字内容管理平台，建设数字时代的"内容＋平台＋设备＋用户群＋服务"的文化服务体系，从而实现农家书屋的24小时阅读，为公众提供符合城乡阅读特点的全新阅读方式。

奇虎360任命首席隐私官

2012年3月15日，互联网安全服务提供商奇虎360公司宣布任命首席隐私官（CPO），这也是国内首家设立首席隐私官一职的互联网公司。首席隐私官负责处理360软件产品可能涉及用户数据的各项事务，包括规划和制定公司的隐私政策、审核各产品的用户使用协议、监督各产品的工作原理和信息处理机制等，以保证公司各软件产品的行为符合国家相关的法律法规，并通过与国际企业和各隐私保护组织的交流，提高和完善公司现行的隐私保护制度。

新华云盘上线运行

2012年3月19日，新华网自主研发的新华云盘系统上线运行，为用户提供云存储服务。新华云盘是一个基于云计算平台和浏览器模式的互联网应用系统，应用浏览器集成Web存储技术，用户无须下载安装软件，只需登录，就可以轻松实现文档、图片、音频、视频、软件等各种内容的文件在线存储。新华云盘为每个用户提供10 GB的免费存储空间。

江苏教育厅牵手凤凰出版传媒集团

2012年3月27日，江苏省教育厅与凤凰出版传媒集团"共建江苏省职业教育数字化教学资源签约仪式"在南京举行，双方签署了《关于共同开发江苏省职业教育数字化教学资源的备忘录》。此次签约中，凤凰出版传媒集团旗下凤凰职业教育图书公司与职业教育学校的会计、汽车、财经等各专业协作组牵头单位签订了精品课程研发协议。成立凤凰创壹软件有限公司，专门致力于提供职业教育教学内容改革、教学模式更新等一站式服务的数字解决方案。

数字出版内容国际传播平台应用示范项目启动

2012年4月7日，作为科技部"基于协同服务及评价体系的数字出版服务平台与示范"项目课题之一，获得科技部专项资金支持的数字出版内容国际传播平台应用示范项目正式启动。项目由中国出版集团所属中版集团数字传媒有限公司牵头，协同北京印刷学院、中国图书进口集团总公司和中国传媒大学联合申报与实施。该项目将产业经验、科研分析、数字平台技术结合，通过项目研发，形成可以广泛应用的资源应用与反馈评估服务体系。

全国首家新媒体出版社揭牌

2012年4月7日，由安徽电子音像出版社更名的时代新媒体出版社有限责任公司在合肥正式揭牌，这是我国首家主动战略转型至新媒体出版领域的音像电子类出版单位。新媒体出版社以"新媒体、新技术、新业态、新产业链"为经营方向，以手机出版、网络出版和应用出版为三大主攻方向，借力先进的数字技术和新兴的传播手段，立足多媒体教育，实施立体化、跨媒体、多元化经营。

数字与新媒体产业技术创新联盟成立

2012年4月7日，由时代出版传媒股份有限公司牵头，国内多家高等院校、出版单位、数字出版技术服务商等作为成员单位共同发起的数字与新媒体产业技术创新战略联盟在合肥成立。联盟旨在建设有安徽特色的区域创新体系，提升数字出版产业的技术创新能力与核心竞争力。该联盟通过联盟协议等契约关系，建立起成员之间"共同投入，联合开发，利益共享，风险共担，长期稳定"的合作机制，联手突破制约我国数字出版技术及应用产品产业发展的关键技术，构建共性技术平台，凝聚和培育创新人才，加速技术推广应用和产业化。

全国首家数字出版体验店亮相蓉城

2012年4月11日，全国首家数字出版实体店——文轩数字出版体验店在四川成都正式开业。体验店由新华文轩旗下的四川数字出版传媒有限公司打造，提供网络出版、多媒体阅读、电子书制作、按需印刷等数字出版全流程现场实体展示，以及用户自主体验环境，还有各种图书和个性化印品的到店下单、看样服务等。

中国新闻出版传媒集团与皖新传媒签署战略合作协议

2012年4月11日，中国新闻出版传媒集团有限公司与安徽新华传媒股份有限公司在合肥签署《战略合作协议》。此次合作通过新闻出版发行企业跨地区、跨行业合作，共同打造全媒体、数字化的新型产业链。双方共同推动"中国数字发行运营平台"项目落户安徽并实现产业化，同时拟向新闻出版总署申请建立国家数字（出版）发行基地，在安徽省发起并创建中国数字发行科技产业园区，共同打造中国数字发行运营平台。

山东出台《关于加快发展数字出版产业发展的若干意见》

2012年4月12日，山东出台《关于加快发展数字出版产业发展的若干意见》。该意见提出加快数字出版发展的目标："到'十二五'末，全省数字出版总产值力争达到新闻出版产业总产值25%，整体规模居于国内领先水平，形成5—8家各具特色、年产值和主营业务过亿元的具有国际竞争力的数字出版骨干企业，建设青岛数字出版基地，建设济南、烟台、淄博等数字出版创意产业园区，建设山东手机出版基地等重点项目。到2020年，基本完成山东省传统出版单位的数字化转型，实现数字出版产品数量、质量、规模、产业及各项指标明显增长。"

杭州国家数字出版产业基地揭牌

2012年4月29日，杭州国家数字出版产业基地授牌仪式在浙江省人民大会堂举行。杭州国家数字出版产业基地，通过优化结构、聚焦政策、整合内容、资本、技术、人才、信息等资源，逐步形成数字出版内容提供体系、数字出版物生产加工体系、数字出版传播体系、数字出版物市场体系和数字出版公共服务体系五大体系支持发展格局；重点打造数字阅读、数字教育、数字印刷、数字音乐、网络游戏、动漫出版等产业门类。

无纸化教学在安徽试点

2012年5月2日,时代传媒旗下新媒体出版社推出的信息技术学科无纸化教学平台在安徽合肥、宣城等地的学校进行试点。该教学平台主要包括教师授课、学生听课、在线信息管理3个系统,让老师和学生可以通过网络进行教与学,方便地实现远程教学、布置作业、单独辅导等功能,是为安徽省初中年级信息技术学科量身打造的系统平台。该项目由时代新媒体出版社与安徽省教育科学研究院共同开发,是安徽省教育界、出版业为发展电子书包而做的内容准备。

全球移动互联网大会开幕

2012年5月10日,2012全球移动互联网大会(GMIC)在北京拉开帷幕本届大会以跨界、融合、变革为主题,通过全球移动互联网产业的巅峰对话、G20闭门峰会等单元,探讨移动互联网领域的趋势与机遇。

深圳文博会新闻出版唱主角

2012年5月18日,第八届中国(深圳)国际文化产业博览交易会在深圳会展中心开幕。新闻出版馆由深圳出版发行集团总承办,设有5个展示交易区:新闻出版改革发展成就展区、数字出版展区、新书精品书展销区、音乐创意展区、绿色印刷展区。与会者在"2012文博会数字出版高端论坛·MPR国家标准与出版产业数字化升级转型"共同探讨如何进一步推动文化与科技融合,促进出版产业的数字化升级转型。

首批国家级文化和科技融合示范基地公布

2012年5月18日,在文化和科技融合座谈会上,中宣部、科技部、文化部、国家广电总局、新闻出版总署等5部门联合发布了首批国家级文化和科技融合示范基地。北京中关村国家级文化和科技融合示范基地等16家被认定为首批国家级文化和科技融合示范基地。

中国数字发行运营平台进入实质运作阶段

2012年5月18日,中国新闻出版传媒集团有限公司与安徽新华传媒股份有限公司在第八届文博会上签署战略合作协议,共同推动"中国数字发行运营平台"项目的产业化建设。双方共同组建中国数字发行运营股份有限公司,通过新闻出版发行行业跨地区、跨行业重组,加快打造全媒体、数字化的新型产业链。

长江传媒与人教社签约数字教育协议

2012年5月18日,长江出版传媒股份有限公司与人民教育出版社就发展数字教育出版战略合作达成一致,并签订合作协议。双方在教育信息化领域优势互补、互惠互利,共同开发数字产品、建设数字平台,力争成为国家最权威的数字化教育内容提供商和最大的服务平台运营商。

人教社等与天朗签署MPR合作协议

2012年5月18日,在第八届文博会"数字出版高端论坛"上,人民教育出版社、中国出版集团、中原出版传媒集团、南方出版传媒公司、云南教育出版社、中国关工委教育发展中心、科大讯飞公司等单位,与天朗时代科技有限公司签署了MPR数字出版战略合作协议。这是《MPR出版物国家标准》在新闻出版行业正式推广应用以来,MPR出版物领域一次规模最大的签约。

同方知网创新数字出版服务

2012年5月18日,同方知网公司在第八届文博会上举办了由出版界专家和用户参加的数字出版平台建设和运营模式研讨会,介绍了一系列数字出版新技术、新产品和新服务模式。该公司的"腾云数字出版系统"可支持云出版和云服务，已在外研社等40多家出版社推广使用，并在产品出版和市场营销方面取得了明显成效。

深圳出版集团与腾讯达成战略合作协议

2012年5月19日，深圳出版发行集团与腾讯达成战略合作协议，双方在移动阅读平台、电子版权营销平台、教育资源整合以及文化影视等方面进行合作。在数字阅读方面，双方联合进行读书阅读微支付合作项目。同时深圳出版发行集团还成立了"深圳报业集团媒体新技术研发中心"，与腾讯集团在开拓移动新阅读平台的项目上展开合作。

首幅MPR国画作品问世

2012年5月19日，第一幅MPR多媒体中国画《神龙报春》在第八届文博会上展出。MPR作品主要运用了二维码技术，该技术在书法、国画上的红色印章处内置二维码，只需用识别器在印章处轻轻一点，大屏幕上就会播映出书画家创作作品时的情境，并且还有作者感言、作者简介等音视频文件，使书画作品的内容更加丰富，同时也使得书画作品具备防伪功能。

中国云计算大会在京举行

2012年5月23日，由中国电子学会主办的以"发挥示范引领作用，推动云计算创新实践"为主题的第四届中国云计算大会在京举行。数十位专家和多位国内外知名IT企业的业内人士出席会议。本次大会特别突出了各地政府、企业、创业公司和用户单位在云计算产业的引导作用和创新实践。为期3天的大会围绕着云计算核心技术架构、大数据、存储与虚拟化、移动互联网及新型终端等话题，举办了近百场主题演讲、讲座、论坛和专业培训。

北京首家数字出版云中心成立

2012年5月24日，北京数字出版云中心在第四届中国云计算大会上宣布成立，是国内第二家将云计算与数字出版产业进行融合的云中心。该中心覆盖了后PC（个人电脑）时代、艺术云廊、数字文化社区和云自助等区域，为用户提供一站式的IT服务。

广西日报传媒集团启用全媒体采编平台

2012年5月25日，广西日报传媒集团举行全媒体采编平台开通仪式，标志着全媒体采编平台成功实施并正式启用。该全媒体采编平台是广西报业最先进最全面的新闻信息生产平台，一线的记者可以第一时间从采访现场利用电脑、手机或其他移动终端，利用3G等移动网络发回文字、图片、视频等多媒体新闻，发布到报纸、网络、手机、移动媒体上，实现"前线记者—责任编辑—值班总编"实时在线的采编发一条龙机制。

中国航天科技集团向河北捐赠卫星数字农家书屋

2012年5月28日，中国航天科技集团公司向河北捐赠5010个卫星数字农家书屋，包括卫星数字接收、播放设备及服务费用在内折合资金达1553.1万元。这标志着卫星数字农家书屋试点工作正式展开。卫星数字农家书屋是利用卫星数字技术将多媒体文件、电子图书、杂志、报纸、音像等内容以数字方式投递到农家书屋中，农民可通过电视、投影、电脑等设备阅读和观看。

首届数字出版大会亮相京交会

2012年5月29日，由中国出版集团公司、中国教育出版传媒集团有限公司、中国科技出版传媒集团有限公司联合主办，北京中文在线数字出版股份有限公司承办的首届数字出版大会亮相第一届中国（北京）国际服务贸易交易会。首届数字出版大会通过主旨演讲、共同宣言、合作签约等形式，共议国内外数字出版商业模式的创新成果和新机遇。与会代表围绕数字出版的机遇与挑战，中外数字出版合作交流进行了研讨。

中文数字图书将进驻 2.5 万家海外图书馆

2012 年 5 月 29 日，英国出版科技集团与北京中文在线数字出版股份有限公司共同签署了"海外数字图书馆"项目合作协议。双方将基于教育类、科技类、医学类的数字图书展开合作：中文在线的版权资源和服务平台与英国出版科技集团所拥有的英捷特全球数字图书馆平台实现对接，前者的数字内容将通过英捷特平台实现在 2.5 万家海外图书馆的可见、可售，并通过跨库检索技术、用户行为分析技术，及时获知国外数字图书馆用户的使用情况，不断优化内容和服务。

中国出版发展论坛在银川召开

2012 年 6 月 1 日，中国出版发展论坛于第 22 届全国图书交易博览会期间召开，本届论坛聚焦"阅读·生活·传承"的主题，探索数字时代阅读发展方向，以及对社会、生活、文化传承的意义，与会嘉宾就阅读与生活、阅读与社会、阅读与文化传承、阅读与文化产业发展等内容展开对话。该论坛由新闻出版总署和宁夏回族自治区人民政府主办，中国新闻出版传媒集团、宁夏回族自治区新闻出版局、江苏凤凰出版传媒集团共同承办。

华夏黄河网正式上线

2012 年 6 月 2 日，华夏黄河网上线暨黄河出版传媒集团与同方知网战略合作签约仪式在银川举行。此次与同方知网开展战略合作，是黄河出版传媒集团加强数字出版业务，提升数字出版水平的重要措施。黄河出版传媒集团此次与同方知网通过招标结为合作伙伴，以期通过数字出版平台，促进信息服务向知识服务转变。

广西出台《关于加快数字出版产业发展的意见》

2012 年 6 月 6 日报道，广西壮族自治区人民政府办公厅出台《关于加快数字出版产业发展的意见》。该意见提出加快广西数字出版产业发展的目标：用 10 年左右的时间，通过建设中国—东盟数字出版基地等重大产业项目，培育一批数字出版龙头企业，打造一批数字出版品牌，使广西数字出版产业成为国内数字出版产业发展的重要力量。该意见还提出 6 项重点任务。

西安国家数字出版基地、国家印刷包装产业基地同时揭牌

2012 年 6 月 6 日，西安国家数字出版基地、西安国家印刷包装产业基地揭牌仪式在西安人民大厦会展中心举行。该基地第 9 个国家级数字出版基地，重点发展手机出版、电子书、传统出版数字化、数字动漫与网络游戏、网络教育、数据库出版等六大业务板块。西安国家印刷包装产业基地是第二个国家级印刷包装产业基地，该基地以"立足陕西、面向西部、兼顾中部、辐射中亚"为目标。

第二届全国网络编辑技能竞赛颁奖大会在京举行

2012 年 6 月 8 日，由中国出版协会、中国编辑学会、韬奋基金会、中国出版集团公司、北京印刷学院共同主办的第二届全国网络编辑技能竞赛颁奖大会在北京印刷学院举行。大赛吸引了众多网络编辑从业人员和 100 多所高校相关专业师生以及数十家出版企业积极参与，最终学生组和职业组各有 6 名选手分获一、二、三等奖。大赛旨在落实新闻出版总署加强数字出版储备人才培养计划。

山东省内首个数字出版基地正式授牌

2012 年 6 月 12 日，山东省（青岛）数字出版基地授牌仪式在青岛举行，这是山东省内首个数字出版基地。青岛出版集团与海尔集团就双方互联网终端战略合作正式签约。双方商定共同研发运营数字出版发布平台，青岛出版集团作为内容提供商，将自身拥有版权或获取合法版权内容资源，向海尔集团用户提供电子图书阅读、在线网络视频以及图片点播等业务，实现共赢。

"数字出版与儿童出版"论坛暨第27届全国少儿出版社社长年会在京召开

2012年6月14日,"数字出版与儿童出版"论坛暨第27届全国少儿出版社社长年会在北京召开。论坛和年会由中国出版协会少年儿童读物工作委员会主办,中国少年儿童新闻出版总社承办。来自全国30余家专业少儿出版机构的负责人参加了会议。

全国新闻出版标准化技术委员会成立

2012年6月28日,全国新闻出版标准化技术委员会成立大会在京召开。标委会负责书、报、刊、音像电子出版物、数字出版物、网络出版物领域的国家标准制修订工作,是由国家标准化管理委员会直接管理的一级国家标准化技术委员会。经过委员审议,大会原则通过了标委会的《章程》和《秘书处细则》,并对《工作计划》提出了修改意见。

江西省局主办数字出版高峰论坛

2012年6月28日,由江函省新闻出版局主办、中文天地出版传媒股份有限公司承办,江西大江传媒网络有限责任公司协办的江西省数字出版高峰论坛在南昌举行。与会嘉宾就世界数字出版的发展情况、国内数字出版基地的建设情况、数字时代下出版传媒如何探索新的运营模式和如何做大做强数字出版产业等一系列重大问题进行探讨。

首届中国新媒体峰会暨中国首届新媒体创业大赛全国总决赛在杭州举行

2012年6月29日,由传媒梦工场承办的首届中国新媒体峰会暨中国首届新媒体创业大赛全国总决赛在杭州举行,本次大赛由中国期刊协会、新传媒产业联盟、浙江日报报业集团联合主办,传媒梦工场承办。"宇初网络""拨号精灵"等8个项目分获"传媒梦工场之星"称号和"新媒体创意之星"称号,赢得了获取优先投资及优先入驻传媒梦工场孵化基地的机会。

童书数字出版研讨会在京举行

2012年6月30日,"童书数字出版研讨会"在京举行,会议由接力出版社、接力儿童分级阅读研究中心、新阅读研究所联合主办。与会嘉宾以"童书数字化出版的创新与服务"为主题进行深入探讨。

安徽出台《关于加快数字出版产业发展的意见》

2012年7月16日报道,安徽省政府办公厅出台《关于加快数字出版产业发展的意见》,提出到"十二五"末,安徽省数字出版年销售总收入力争达到400亿元以上,数字出版年出日额达到20亿元,数字出版产业整体规模居中西部地区领先水平。该意见提出8项重点任务。

2012中国数字出版年会开幕

2012年7月19日,由新闻出版总署支持、中国新闻出版研究院主办的2012中国数字出版年会在北京国际会议中心开幕。本届数字出版年会主题是"数字出版:新发展新举措新期待"。年会设置了主论坛、分论坛、国家数字出版基地建设圆桌会议、出版集团数字传媒公司发展圆桌会议、贸易签约、成果展览展示等活动。主论坛发布了《2011—2012年中国数字出版产业年度报告》。首批全国新闻出版单位数字出版部门主任联盟成员会议与2012中国数字出版年会同期举行。

数字出版部门主任联盟工作会在京举行

2012年7月19日,全国新闻出版单位数字出版部门主任联盟成员会议与2012中国数字出版年会同期举行。联盟成员会对联盟成立后的工作计划及由联盟主持的全国新闻出版单位数字出版工作调查情况进行了介绍和分析。此外,联盟根据工作情况召开联盟秘书长会议,并组织联盟成员开展学习调研。

卫星数字农家书屋设备捐赠仪式在京举行

2012年7月20日,"卫星数字农家书屋设备"捐赠仪式暨农家书屋数字化建设分论坛在京举行,论坛由中国新闻出版研究院和航天数字传媒有限公司共同举办。航天数字传媒有限公司向全国31个省、自治区、直辖市和新疆生产建设兵团农家书屋办公室捐赠卫星数字农家书屋设备320套。

河北出版传媒集团投资建设新媒体产业园

2012年7月21日,由河北出版传媒集团、上海元创投资管理公司等共同投资建设的Park118新传媒产业园暨广电网络产业中心举行奠基开工仪式。建成后,业态将涵盖出版物发行中心、广电网络产业中心、艺术展览中心及影视制作基地等。

张江国家数字出版基地体验中心落户上海张江国家数字出版基地

2012年7月26日,我国首个数字出版体验中心——"张江国家数字出版基地体验中心"落户上海张江国家数字出版基地,并正式向公众开放体验。体验中心由张江国家数字出版基地和方正信息产业集团共同建设,面积达2000多平方米,是国内第一家系统展示数字出版技术的基地展厅。

"数字时代的文化产业"论坛在冀举行

2012年7月28日,"数字改变生活,科技创新未来——数字时代的文化产业"论坛在河北省秦皇岛市举行,与会者围绕传统出版单位在数字时代如何转型升级和拓展市场等方面进行了探讨。如何开发适应数字时代的文化内容、拓展营销渠道以及实现人才升级等影响数字出版发展的关键性问题成为嘉宾们讨论的重点。该论坛由河北出版传媒集团主办。

2012中国数字图书馆可持续发展研讨会在昆明举行

2012年7月31日,由北京方正阿帕比技术有限公司主办的2012中国数字图书馆可持续发展研讨会在昆明举行。会议以"学科服务,开启高校数字图书馆的未来"为主题,聚焦图书馆学科服务的具体模式,探讨学科服务进一步的发展方向和服务重点。研讨会上,来自复旦大学、华中科技大学、上海交通大学等高校的图书馆馆长分享了当前高校基于用户信息行为的图书馆知识服务研究成果。方正阿帕比还发布了"高校学科知识服务平台"。

2012年全国科技与数字出版管理工作会

2012年8月9日,2012年全国科技与数字出版管理工作会在长沙召开。会议部署了下一年度新闻出版总署将重点围绕出版企业转型示范、数字出版基地建设、内容投送平台规范、专业社团筹建等方面工作,加快推进传统出版转型升级,促进数字出版产业快速发展。

重庆成立网络媒体协会

2012年8月9日,重庆市网络媒体协会正式成立,并发出自律倡议书,呼吁增强网络媒体行业自律,净化网络环境。重庆市网络媒体协会由依法在重庆登记注册的新闻网站、商业网站及提供互联网信息服务的机构自愿联合发起成立。协会旨在坚持"积极利用、科学发展、依法管理、确保安全"的方针,推进社会主义核心价值体系建设,建立行业自律机制,激发行业活力,推动网络文化繁荣发展。

百度云计算中心开工奠基

2012年8月19日,百度在山西阳泉市举行百度云计算中心项目奠基仪式。建成后的百度云计算(阳泉)中心可存储的信息量相当于20多万个中国国家图书馆的藏书总量。云计算中心一方面将全面支撑百度互联网业务,实现计算、存储的动态分配,进一步提升百度数据处理的稳定性和可靠性；另一方面，百度云计算（阳泉）中心还将面向社会，提供百度云存储、云操作系统、百度应用引擎（BAE）、基于数据分析的运营、云测试等一系列服务。

中国出版集团召开数字化战略推进会

2012年8月23日，中国出版集团公司召开数字化战略推进会，对集团数字化战略发展进行定位，确定了发展思路，并对集团公司数字化重点实施项目作了进一步部署。在会上，中国出版集团正式将数字化列入集团发展的六大战略。集团数字化战略发展的基本定位是：建设以集团优势内容资源为基础，开放式、国际化、延展性的内容集聚、传播、交易和服务功能的综合平台。工作的基本思路：以综合平台建设为基本定位和战略目标，以体制机制和业态创新为基本动力，以内容资源库建设为基础，以内容投送和交易平台为突破，逐步实现传统出版的内容集聚数字化，流程管理数字化和传播方式数字化。

2012北京国际出版论坛在京开幕

2012年8月28日，由新闻出版总署、国务院新闻办公室和中国民主促进会中央委员会共同主办，中国图书进出口（集团）总公司承办的2012北京国际出版论坛在京开幕。与会嘉宾围绕"数字环境下出版企业的生存与发展"这一主题展开深入探讨。

奥博科贝发布"奥博Qik-Pg"

2012年8月29日，北京奥博科贝数字科技有限公司在京发布奥博（Qik-Pg）数字内容出版平台。奥博服务器承载基础用户数据存储、个性内容合成、系统管理等功能；奥博设计师软件可在一台苹果电脑上快速地实现对动画、图片、各种手势操作以及评论等交互式内容的组合排版，自动生成基于PDF、HTML5等标准的数字媒体格式；奥博阅读器，作为安装在移动阅读设备上的软件，可发布于苹果应用商店或企业内部应用发布系统，供读者快速购买、下载和更新数字内容。

2012数字出版与文化传播国际学术论坛暨第八届全国电子网络编辑年会在京召开

2012年8月30日，2012数字出版与文化传播国际学术论坛暨第八届全国电子网络编辑年会在中国国际展览中心（新馆）召开。本次会议由北京印刷学院、中国编辑学会、中国图书进出口（集团）总公司联合主办，北京印刷学院新闻出版学院承办，以"促进我国出版传媒业的数字化发展、增进数字出版及新媒体领域的国际交流和合作、推进网络编辑及数字出版的专业研究"为宗旨，来自全球业界、学界代表及全国相关专业的高校师生共150余人与会。

吉林出版集团与麦格劳—希尔全媒体跨界合作

2012年8月30日，以"携手共创美好明天"为合作主题，吉林出版集团与美国麦格劳—希尔教育出版集团在京签署战略合作框架协议。双方将在东北亚区域市场实现先行先试和重点突破；将在数字出版、教育培训中实现市场主导，共同推进；将在社科、教育、英语三大板块实现互利共赢；将在文化产品进出口中实现平等协商，合理对接。

第六届中国西部文博会开幕

2012年9月7日，第六届中国西部文化产业博览会在陕西西安曲江国际会展中心开幕。本届西部文博会以"创新、改革、发展、繁荣"为主题，坚持"推动文化资源向文化资本转化"的核心功能，打造文化产业发展的区域性展示平台、行业性交流平台、专业性交易平台以及国际性合作平台。

2012中国互联网大会开幕

2012年9月11日，2012中国互联网大会在北京国际会议中心开幕。为期4天的大会以"开放·诚信·融合"为主题，意在建设一个开放、诚信、融合的中国互联网。在大会开幕式上，中国电信、中国移动、中国联通负责人以圆桌对话形式展开观点碰撞。大会还同步举办互联网趋势论坛、国际互联网高峰论坛、中国互联网高层年会、中国移动互联网年会等分论坛。

广西数字图书馆推广工程启动

2012年9月12日，广西数字图书馆推广工程启动仪式在广西图书馆举行，数字图书馆将覆盖到全区所有地市和109个县区级公共图书馆。来自东盟国家图书馆界的代表，以及国内多个图书馆的馆长、专家、读者代表等应邀出席仪式，并参观广西图书馆，重点了解该馆数字图书馆的建设。

"商务印书馆精品工具书数据库"专家评审会在京召开

2012年9月18日，"商务印书馆精品工具书数据库"专家评审会在京召开。商务印书馆出版的《新华字典》《现代汉语词典》《新华词典》《古汉语常用字字典》等工具书，通过数字化整合，形成了集字、词、成语、俗语、谚语、歇后语、惯用语、名言及专科语等多类词汇于一体，词条量达40万的精品工具书数据库。

中国国际新闻出版技术装备博览会开幕

2012年9月26日，由新闻出版总署和天津市人民政府主办的首届中国国际新闻出版技术装备博览会在天津开幕。这是新闻出版行业首个以展示技术装备为特色的展会。为期3天的展会围绕"新媒体、新技术、新平台"的主题，通过展览展示、交流贸易、高峰论坛、签约活动等多种形式，展示行业装备、器材及相关技术的最新成果，反映行业技术装备发展的新理念和新趋势。博览会期间还举办了新闻出版装备技术高峰论坛，全国农家书屋工程建设总结大会等重要活动。

龙源集团捐建天津"数字农家书屋"

2012年9月26日，由天津市新闻出版局主办、中国光华科技基金会协办、龙源数字传媒集团承办的"天津农家书屋阅读平台"捐赠仪式在首届中国国际新闻出版技术装备博览会上举行。龙源数字传媒集团向天津市11个区捐赠了价值44万元的数字农家书屋阅读平台，同时，龙源与中国光华科技基金会共同向天津市11个区捐赠价值55万元的手机龙源网阅读卡。

新媒体国际协同创新促进中心成立

2012年10月10日，"新媒体国际协同创新促进中心"揭牌仪式在中华世纪坛数字艺术馆举行，并举办了新媒体国际协同创新促进中心建设战略合作研讨会。新媒体国际协同创新促进中心，由国家新媒体产业基地北京新媒体联合实验室发起，汇集了18所在京院校，以及科研机构、行业协会、企业等，助推新媒体人才培养，并促进科技与文化的融合。

宁夏启动卫星数字农家书屋工程

2012年10月12日，宁夏回族自治区人民政府与中国航天科技集团公司战略合作协议签约暨卫星数字农家书屋捐赠仪式在银川举行。这标志着宁夏卫星数字农家书屋全覆盖工程全面启动。中国航天科技集团公司向宁夏全区2317个行政村捐赠卫星数字农家书屋终端设备及一年的服务费；宁夏负责配套的显示设备。

"未来的书和书的未来——2012数字阅读创新论坛"在杭州举行

2012年10月13日，由杭州市文化创意产业办公室主办、杭州蓝狮子文化创意有限公司承办的"未来的书和书的未来——2012数字阅读创新论坛"在杭州举行。本次论坛上，主题演讲贯穿全场，分别由内容提供商、内容运营平台、终端应用三大环节的代表分享各自对于数字出版行业的独到观点。

"数字传媒创新教学研究室"揭牌

2012年10月18日，北京印刷学院第七届校地企合作周在京举办。北京印刷学院与人民教育出版社共建的"数字传媒创新教学研究室"同时揭牌，双方共同培养适合出版产业发展的数字传媒专业人才。围绕"协同创新，共促发展"的主题，举行了2012北京绿色印刷包装产业技术论坛、2012中国印刷与包装学术会议、ICC色彩管理技术研讨会、中国环境科学学会绿色包装专业委员会年会等活动。

辽宁省局与直播星共建"卫星数字书屋"

2012年10月19日，辽宁省新闻出版局与中国航天科技集团直播星公司在沈阳共同签署了《"卫星数字农家书屋"战略合作协议》。双方主要在数字出版发行领域进行合作。"卫星数字农家书屋"利用航天科技打造农家书屋新平台，将高品质的音频读物、电子图书等内容以数字方式投递到任何一个农家书屋中，农民可通过电视、投影、电脑等设备阅读和观看，是以"内容多、更新快、覆盖广、成本低、可管控"为特点的新型农家书屋数字化运营管理和服务平台。

2012移动开发者大会在京召开

2012年10月19日，2012移动开发者大会在京召开。此次大会由中文IT社区CSDN和创业平台创新工场联合主办，本届大会主题是"移动主流下的机遇与挑战"，大会举办了包括平台与技术、产品与设计、移动游戏等在内的主题论坛，来自一线的研发、运营和管理的专业人士共同探讨移动互联网的发展趋势。大会同时设立了创业者沙龙、创新应用大赛与创新应用展。

《维护著作权人合法权益联合备忘录》签署

2012年10月29日报道，盛大文学与百度、搜狗、奇虎360、腾讯搜搜4家搜索引擎公司共同签署《维护著作权人合法权益联合备忘录》，此次备忘录的签署标志着版权企业和搜索引擎企业在著作权维护方面达成共识，也是业界企业联合自治的一次创举。

云时代媒体发展趋势研讨会在北京举行

2012年11月4日，由《京华时报》主办的2012繁荣峰会——云时代媒体发展趋势研讨会在北京举行，会议探讨了传统媒体如何向数字化转型及云报纸发展方向。此次峰会有4场论坛，分别是信息技术应用的发展趋势、媒体融合发展带来的机遇及挑战、云报纸发展方向及面临的挑战和云报纸产业平台构建。

首届韬奋出版人才高端论坛举行

2012年11月5日，由韬奋基金会、中国新闻出版研究院、中国新闻出版报社联合举办的首届韬奋出版人才高端论坛在京举行。本次论坛旨在探讨解决出版行业转企改制后人才培养和管理中凸显的新情况新问题，设主论坛和"编辑、数字出版与专业技术人才培养"等4个专题论坛。

时代新媒体出版社戏曲数字音乐平台上线

2012年11月6日，中国移动安徽公司联合安徽再芬黄梅文化艺术股份有限公司、安徽出版集团有限责任公司，在安庆市举办"再芬黄梅炫动感移动戏曲新时尚——'再芬黄梅'彩铃上线仪式"。此次上线的"再芬黄梅"彩铃音乐盒作品，皆由著名黄梅戏艺术家韩再芬亲自演绎，由安徽出版集团旗下的时代新媒体出版社进行技术加工和整理，运用新媒体出版模式。

中国新闻出版研究院在闽成立分院

2012年11月7日报道，新闻出版总署正式批准成立中国新闻出版研究院海峡分院。这是中国新闻出版研究院在地方设立的首家分院。海峡分院由中国新闻出版研究院和福建省新闻出版局共同组建。海峡分院在中国新闻出版研究院指导下，围绕两岸出版交流合作、海外华文出版物市场、全国省（自治区）域出版产业竞争力等问题开展研究，并适时举办两岸出版学术交流、两岸出版高端人才研讨等活动。海峡分院的具体工作依托福建省出版物审读审看审听中心开展。

江西首家新媒体公司挂牌成立

2012年11月13日报道，由中文天地出版传媒股份有限公司投资5000万元的江西新媒体出版有限公司正式挂牌。江西新媒体出版有限公司是在奇达网络科技有限公司基础上成立的，主要以大众阅读、数字教育为经营方向，以移动互联网为载体，开发互动出版物、网络游戏、动漫等新媒体出版物。

"全球影视与文化软实力实验室"在中国社会科学院揭牌

2012年11月16日，"全球影视与文化软实力实验室"在中国社会科学院揭牌，由中国社会科学院新闻与传播研究所媒介研究室与北京第二外国语学院英语学院共同建立。作为国内首个影视与文化软实力实验室，"全球影视与文化软实力实验室"是从事媒介与文化集成研究和创新实践的学术机构，同时也是一个多学科交叉的学科建设和科研教学平台。

党和国家重要文件、文献出版物首次实现纸质、数字同步出版

2012年11月21日，党的十八大报告和《中国共产党章程》的电子书在中国理论网、中国移动、当当网、京东商城、四川文轩九月网、中文在线等网络渠道上线发行。党和国家重要文件、文献出版物首次实现纸质、数字同步出版。

2012图书馆年会关注数字文化建设

2012年11月22日，2012年中国图书馆年会——中国图书馆学会年会·中国图书馆展览会在广东省东莞市举办。本届展会由文化部和广东省人民政府共同主办，以"文化强国——图书馆的责任与使命"为主题，全面展示中国图书馆现状及未来发展。重点展示公共数字文化建设与服务，以及相关企业的应用模式和解决方案。其中，以中版数字设备有限公司生产的一书一印中版闪印王为代表的新型集成式按需出版印刷设备集中亮相本届展览会。

国家新闻信息标准推介会在重庆召开

2012年11月29日，全国中文新闻信息标准化技术委员会在重庆召开国家新闻信息标准推介会暨西南地区媒体峰会。本次会议以"标准促进媒体创新"为主题，就新闻信息技术标准与媒体可持续发展、中文新闻信息标准与新媒体建设、新闻传播与知识服务、传统媒体转型过程中的标准化问题等议题进行深入研讨，并就促进媒体间的信息交流，进一步推动国家中文新闻信息标准在西南地区的应用达成广泛共识。

《中国文摘》歌华有线高清电视版上线

2012年12月12日，中国文摘周年盛放暨新媒体的三网融合之路高端论坛在北京举办，《中国文摘》歌华有线高清电视版同日正式上线，成为北京歌华有线"点播杂志"平台上首本财经读物、第一个中英双语阅读产品。同时《中国文摘》多语种多平台移动阅读新媒体项目入选2012年新闻出版改革发展项目库。

第十届中国国际网络文化博览会在京开幕

2012年12月14日，由文化部、科技部、工信部、新闻出版总署、国家广电总局、国务院新闻办公室、共青团中央、北京市政府等主办的第十届中国国际网络文化博览会在北京全国农业展览馆开幕。本届网博会下设三大主题论坛：以彰显网络文化产业繁荣的高峰论坛、以体现中国特色发展的应用游戏创新峰会、以网页游戏发展为核心的网页游戏高端论坛。

沪滇签署新闻出版战略合作备忘录

2012年12月18日报道，云南文化产业（上海）推介洽谈会在沪举行。上海市新闻出版局与云

南省新闻出版局签署了战略合作备忘录,云南省新闻出版局与上海张江数字出版文化创意产业发展有限公司签署了《加快推进云南省数字出版产业发展战略合作框架协议》。此次推介会共签约了"云南民族文化数字出版产业园区"等 18 个项目,协议金额 233 亿元,其中 10 亿元以上的项目 7 个。

天津启建国内最大新闻出版装备产业基地

2012 年 12 月 18 日报道,国内最大新闻出版装备产业基地在天津市北辰科技园区正式启动建设。该基地规划面积 10 平方公里,总体规划布局 9 个区域,分别为研发设计制作功能区、总部经济服务区、交易流通展示功能区、产业金融投资功能区、介质装备制作功能区、云印刷装备产业功能区、传媒出版数字化装备功能区、视听创新功能区、新闻出版孵化功能区。

第七届北京国际文化创意产业博览会开幕

2012 年 12 月 19 日,以"文化融合科技,创新引领转型"为主题的第七届中国北京国际文化创意产业博览会在国家体育馆开幕。本届文博会由文化部、国家广电总局、新闻出版总署和北京市人民政府共同主办,在北京的 40 多个会展场馆展开。全国 26 个省(区、市)派出代表团参会,来自 6 个国际组织以及 15 个国家和地区的 50 多个代表团赴会交流和探讨文化创意产业的国际合作。

2012 中国新媒体年度盛典暨第五届新媒体节在京召开

2012 年 12 月 19 日,由新传媒产业联盟和第七届北京文博会组委会办公室主办、新传媒网和无微不至新媒体集团承办的 2012 中国新媒体年度盛典暨第五届新媒体节在京召开。全球首发了拥有完全自主知识产权的"微至 App 云平台",该平台由无微不至新媒体集团旗下研发团队开发,为各类用户建立 App,根据用户的个性化需求开发出相关内容服务,并为用户提供不断升级、终身维护的"一站式"服务。

西京国际文化传媒产业基地落户北京 CBD

2012 年 12 月 20 日,西京国际文化传媒产业基地正式落户北京 CBD——定福庄国际传媒产业走廊签约仪式启动。该产业基地帮助更多致力于中华文化传播的传媒企业走出去。产业基地一期建设工程已经启动。

湖北出台《关于促进数字出版产业发展的意见》

2012 年 12 月 26 日报道,湖北省政府办公厅出台《关于促进数字出版产业发展的意见》。提出,到"十二五"末,全省数字出版企业达到 500 家,数字出版总产值占同期全省新闻出版业总产值 27% 以上;到 2020 年左右,全省数字出版企业达到 800 家,数字出版总产值占同期全省新闻出版总产值 30% 以上,培育 2 至 3 家年收入超过 50 亿元、10 家左右年收入过 5 亿元,具有较强竞争力的数字出版核心企业,建成结构合理、技术先进、充满活力、效益良好的数字出版产业体系。

2013年音像与数字出版大事回顾

电子图书大事回顾

沪版图书内容数字化项目二期竣工

2013年2月18日,"沪版图书内容数字化"项目二期两大建设任务已全部完成。一是出版单位自行完成制作数字图书8000本,涵盖1996—2002年间沪新版具有保存或再开发价值图书的数字化;二是建成"沪版图书内容数字化"项目二期检查统计平台。共有17家出版单位参与"沪版图书内容数字化"项目二期工程,上海市新闻出版局项目工作组会同项目监管单位对这17家出版单位自行制作的数字图书先后进行了检查,17家出版单位全部通过检查。

中版集团数字传媒公司自主研发产品上线

2013年4月19日,中国出版集团旗下中版集团数字传媒公司正式推出其自主研发和建设的"大佳移动出版平台",同时宣布基于该平台建设和运营的"大佳书城"在iOS及Android等市场同步上线,并将进入商业化运营。"大佳移动出版平台"将数字出版内容管理、制作和发布于一体的综合性服务平台。

创世中文网打造一体化运作平台

2013年5月30日,全开放网络文学平台创世中文网正式上线。当日,创世中文网宣布与腾讯达成战略合作。该网站集阅读、创作、互动社区、版权运营于一体,实现跨平台、全产业模式下的一体化、全环节运作,创造作家、平台、渠道、下游长期共赢的新局面。在此基础上,寻求原创网络文学在文化创意产业中的核心价值、主流文化地位。

近3000种爱思唯尔电子书在京东上线

2013年9月2日,京东集团与世界知名科技及医学学术出版商爱思唯尔(Elsevier)战略合作发布会在京召开,京东集团成为爱思唯尔电子图书在中国地区零售渠道的首家战略合作伙伴,首批上线的爱思唯尔电子图书近3000种。

中图推出"易阅客"数字阅读平台

2013年9月4日,中国图书进出口(集团)总公司推出"易阅客"数字阅读服务平台。是"易阅通"的子平台。该平台依托中图公司长期为各地酒店、机场、航班、外国驻华使领馆等机构供应境外纸本报刊的渠道开展服务,航空公司、机场贵宾室、酒店、俱乐部、国内外大企业等付费购买平台服务,其机构人员和其VIP会员客户免费获取服务,采用"B2B2C"服务运营模式。

腾讯文学正式亮相

2013年9月10日,腾讯文学正式亮相。腾讯文学涵盖QQ阅读等子品牌和产品渠道的全新业务体系和"全文学"发展战略,并与众多出版社、发行商、华谊兄弟等影视公司和机构达成合作,致力推动文学作品泛娱乐开发。

中国首家网络文学大学成立

2013年10月30日,中国首家培养网络文学原创作家的公益性大学——网络文学大学在北京宣告成立。诺贝尔文学奖得主莫言出任网络文学大学名誉校长,并在活动现场授课。网络文学大学由中国作家协会指导,中文在线发起成立,并联合17K小说网、纵横中文网、逐浪小说网等知名原创文学网站共建,为全国网络文学作家提供免费培训。

首个网络文学本科专业问世

2013年12月25日,上海视觉艺术学院和盛大文学召开发布会,宣布双方联合创办的国内首个网络文学本科专业成立。上海视觉艺术学院于2005年创办,前身为复旦大学上海视觉艺术学院。课程设置除了高等院校必修的基础课程外,还涵盖小说与故事创作、创意与写作、编剧元素、古代和现代汉语、电视剧剧作、微电影剧作、中外文学史、网络文学史、网络文学策划以及版权管理和运营等课程。

互联网期刊大事回顾

首届中国期刊博览会在武汉举行

2013年9月14日至16日,首届中国(武汉)期刊交易博览会在武汉举行。刊博会的展览场地由国内期刊馆、海外期刊图书音像综合展示馆、新媒体馆、国内图书展销馆等8个分馆组成,展出面积近9万平方米。期间,发布和表彰"全国百强报纸""全国百强社科期刊""全国百强自然期刊""全国年度报刊邮政发行排行榜50强""全国年度最受读者欢迎的50种期刊",以及《2013年世界杂志媒体创新报告》。

2013期刊媒体国际创新发展论坛在武汉举行

2013年9月14日,2013期刊媒体国际创新发展论坛在武汉举行。中外媒体共同探讨新形势下期刊媒体的创新发展之路。本次论坛为期两天,主论坛外,还举办了期刊经营创新论坛、新媒体发展论坛和数字出版3个分论坛。来自德国、英国等30多个国家和地区的500余位业界人士到会交流。论坛由中国期刊协会主办,中国期刊协会数字期刊分会和决策者会议策划集团承办。

长江报刊传媒与美国阿普达公司签约

2013年9月14日,湖北长江报刊传媒(集团)有限公司与美国阿普达公司正式签订战略合作协议。双方以互联网为载体、以报刊媒体为依托、以内容服务为主体的功能特色,打造一个满足读者数字化阅读、个性化出版和提供开放式版权交易等需求的综合性网络服务平台——长江传媒集群式数字报刊网络云平台。报刊云平台采取先进的数字出版及加工技术,实现数字阅读、个性化出版、版权保护和交易服务,为规范数字出版,提供公平、公正、公开和安全的数字出版和版权保护及交易环境。

数字报纸大事回顾

21家主流报纸开启云读天下时代

2013年5月17日,由京华时报社发起的全国云报纸技术应用平台签约仪式在京举行,全国60余家媒体参加了启动仪式。其中,21家全国主流报纸加入该平台,正式开启云读天下时代。该平台以云报纸为核心,以国内近百家媒体为渠道,旨在将传统纸媒打造成互联网的另一个入口,为数读者受众提供服务。各家媒体在这个统一的技术平台上制作、生产云报纸。该平台面向全国平面媒体开放，不仅可对内容进行支持和扩展，更可以在发行、广告、产品、电子商务等领域发挥作用。

蒙古文报网进入全媒体时代

2013年9月28日，内蒙古蒙古文报网联盟报纸新闻出版系统和地方网站群建设工程在内蒙古日报社正式通过验收并投入应用，内蒙古各地的蒙古文报网在数字平台全面实现"互联互通"，标志着我国蒙古民族文字报网全媒体时代的到来。内蒙古蒙古文报网联盟数字平台工程，包括蒙文排版系统、畅享全媒体新闻编辑系统、全媒体资源库等18个子项目，使内蒙古12家蒙文报纸和中国蒙古语新闻网、盟市蒙文党报所属新闻网站在统一的数字化平台上实现"互联互通"，实现全区蒙文报纸新闻资源的一次生产、多次利用。

国内首家报业户外媒体行业组织成立

2013年12月9日，中国报业协会户外媒体专业委员会成立大会暨第一届报业户外媒体年会在郑州举行，大会通过了《中国报业协会户外媒体专生委员会章程》。本届年会主题为"报业户外媒体的突破与创新"，人民日报社、河南日报社、湖北日报社、杭州日报社、扬州日报社等多家报社的户外媒体负责人，总结国内户外媒体行业发展经验，对破解国内报业户外媒体发展中出现的热点、难点、疑点等问题进行了交流。

手机出版大事回顾

第三届中国手机杂志排行榜在京发布

2013年2月28日，第三届中国手机杂志排行榜在京发布，该榜显示，《米娜》《昕薇》《嘉人Marie Claire》《现代兵器》等杂志跻身"最受欢迎手机杂志Top10"。《钱经》《汽车族》《电脑爱好者》《新旅行》《美食堂》《米娜》《现代兵器》《影视圈》《摄影之友》等杂志分列财经类、汽车类、数码类、旅游类、生活类、时尚类、新闻类、娱乐类、摄影艺术类手机杂志分类榜。同时，手机杂志运营平台VIVA无线新媒体发布了《2012年中国手机杂志阅读报告》。

中国手机动漫首入韩国电信市场

2013年5月13日，天津神界漫画有限公司与韩国方面达成合作，将在韩国最大的电信商SK公司上线原创手机动漫，全面进入韩国市场。此次双方共同合作了近30部原创手机漫画作品，以规模化的内容产品与韩国电信运营商首次进行战略合作，同时还将以中国手机动漫内容专题品牌馆的形式进入韩国的电信消费市场。本次神界漫画手机漫画产品将成为首次登陆韩国电信市场的中国手机漫画产品。

网络游戏大事回顾

2012年中国游戏产业年会在苏州召开

2013年1月8日，由中国出版协会主办，中国出版工作者协会游戏出版物工作委员会和苏州市相城区人民政府共同承办的2012年度中国游戏产业年会在苏州开幕。本届年会主题为"游戏悦动生活"，对2012年中国游戏出版产业的发展现状进行了总结，并对做出突出贡献和表现优异的企业和个人进行表彰。年会还发布了《2012年中国游戏产业报告》与《2012年中国游戏产业海外市场报告》。来自政府、企业、研究调查机构的产业人士将在论坛上发表专题演讲，探讨游戏产业的现状与未来发展方向。

首届中国应用游戏大赛南京揭晓

2013年1月21日,首届中国应用游戏大赛评选结果在江苏南京揭晓,共计65款优秀作品获得"应用游戏创意大奖""应用游戏产品大奖"等奖项。大赛共收到参赛应用游戏创意272件,应用游戏产品1177件。此次大赛成果发布会上还发布了国内首个应用游戏评价指标,以期在产业化、游戏性、科学性以及综合性等方面为国内应用游戏研发提供参考标准。

盛大游戏入驻淘宝尝试B2C营销模式

2013年2月22日,盛大游戏宣布与淘宝展开合作,尝试集网游和电商于一体的B2C营销模式形态。其中,盛大旗下代理游戏《时空裂痕》成为双方合作该模式的首款试水之作。据透露,淘宝将独家首发《时空裂痕》3月6日公测的客户端,《时空裂痕》的公测典藏礼包也将以1元全国包邮的超低价格在淘宝上进行独家销售。与此同时,盛大游戏还将启动与淘宝的账号对接,《时空裂痕》将加速推进接入淘宝账号。

第二届广州(国际)网络及数字互动游戏博览会举办

2013年4月3日至5日,第二届广州(国际)网络及数字互动游戏博览会在广州琶洲会展中心举办,博览会集展区展览、交流论坛、竞技大赛和交易签售等内容于一体,由网游、电玩、动漫三大板块组成。

第八批"中国民族网络游戏出版工程"项目名单公布

2013年7月23日,国家新闻出版广电总局公布第八批"民族网游工程"项目论证评审结果。在总计104家游戏企业申报的142个项目中,共确定25个作为第八批"民族网游工程"项目。截至2012年12月,"民族网游工程"已分7批推出具有中华民族优秀文化特色、内容健康向上的网络游戏出版项目总计148个。

第十一届中国国际数码互动娱乐展览会ChinaJoy上海开幕

2013年7月24日,第十一届中国国际数码互动娱乐展览会(ChinaJoy)在上海开幕。本届展会以"游戏演绎梦想,移动畅想未来"为主题,世界移动游戏大会首次亮相ChinaJoy展会。展会吸引来自全球的450家游戏厂商参展,共展出游戏产品700余款。本届展会还举办中国国际数码互动娱乐高峰论坛(CDEC)、中国游戏商务大会、中国游戏开发者大会,以及动漫游戏角色扮演大赛等专题会议和互动活动。

2013首届国际移动游戏大会在京举行

2013年10月10日,2013首届国际移动游戏大会在北京举行。与会者围绕当前全球移动游戏市场发展环境、潜在发展趋势,中国移动游戏厂商国际化之路以及移动游戏与影视等行业的跨界融合等议题进行了交流讨论。来自政府主管部门、国内外移动游戏研发和运营企业、投资机构的代表共计800余人参会。

第十届中国游戏行业年会在蚌埠召开

2013年12月7日,2013年度(第十届)中国游戏行业年会在安徽省蚌埠市召开。年会以"创新创优、引领世界"为主题,除了对做出成绩的先进单位和个人进行行业表彰外,还揭晓了中国软件行业协会游戏软件分会创立的2013年度中国游戏行业最高奖项——金手指奖。人民网游戏频道等10个媒体被评为"2013年度中国动漫游戏行业——优秀动漫游戏媒体"。

2013年度中国游戏产业年会在武汉召开

2013年12月27日,第十届中国游戏产业年会在武汉召开。本届年会以"游戏人的中国梦"为主题，大会发布了《2013年中国游戏产业报告》。本次年会由中国音像与数字出版协会主办，中国版协游戏出版工作委员会、武汉·光谷创意产业基地、武汉中国·光谷互联网游戏产业联盟共同承办，汇集了腾讯、盛大、完美、巨人等中国主流知名游戏企业的1000余名行业精英。

网络动漫大事回顾

百视通新媒体与炫动传播将进行战略合作

2014年1月29日，百视通新媒体与炫动传播结成战略合作伙伴关系。双方合作涵盖内容版权、平台融合、OTT业务、电子商务、海外业务、网络出版六大领域。目前，手机平台与动画、动漫杂志的合作模式，海外品牌动漫与OTT的深度捆绑，动漫产业的电子商务探索等多个项目，已经取得实质性进展。合作涉及《兔子帮》《炫动漫》杂志、炫动酷地带与哈哈小店等电子商务平台。

第九届中国国际动漫节在杭州举行

2013年4月26日至5月1日，第九届中国国际动漫节在杭州白马湖动漫广场举行。本届动漫节由会展、论坛、大赛、活动四大板块组成。本届动漫节首次推出"动漫科技体验馆"，汇集全息投影、虚拟增强显示等多项动漫高新科技体验项目，新设"动漫+X"产业馆，新增动漫科技展示体验区，开辟中小学生"第二课堂"体验区，推出漫画教学、模型比赛等活动，并开设漫画阅读区，提供电子媒介、特殊纸质等多种阅读方式，展现新媒体环境下的漫画出版阅读新模式。

数字动漫科技出口平台成立

2013年6月4日，北京数字动漫科技出口平台在第二届京交会上正式成立。该平台由马来西亚育式培创新科技教育集团和轩创国际文化发展（北京）有限公司共同创建，旨在推动中国数字动漫科技教育产品出口，服务于优势科技化教育"走出去、引进来"的双向促进工作，以商业代理等形式将我国优秀的动漫产品推向国际市场。平台还将发布国际市场需求信息，定制适合国际市场的数字动漫科技教育产品，还将聚合中国优秀数字动漫科技教育企业，通过商业代理等模式，将优秀的动漫产品推向海外市场。

第五届中国国际影视动漫版权保护和贸易博览会在广东东莞举行

2013年8月22日至26日，第五届中国国际影视动漫版权保护和贸易博览会在广东省东莞市国际会展中心和松山湖展贸中心举行。本届漫博会由国家新闻出版广电总局、国家版权局、广东省人民政府主，广东省新闻出版局（版权局）、广东南方广播影视传媒集团等共同承办，由松山湖高新区管委会具体承办。本届漫博会的定位是"以版权保护和交易为核心、以产业对接为特色、以国际合作为优势"的国际性动漫产业交易平台，共吸引418家国内外企业参展。

首届中国动漫品牌峰会在津举办

2013年8月29日，由文化部、中国文化产业示范基地园区协会、天津市文化广播影视局、天津市滨海新区人民政府联合主办的首届中国动漫品牌峰会，将于在天津滨海新区举行。与会代表现场解读中国动漫品牌现状，共同探讨中国动漫品牌发展之路。这次峰会包含嘉宾演讲及高峰对话两个环节。

第六届厦门国际动漫节开幕

2013年10月25日至28日，2013年（第六届）厦门国际动漫节在厦门国际会展中心举办。内容包括"金海豚"动画作品大赛、厦门动画讲坛、动画放映周、动漫作品与技术展示会、COSPLAY

表演比赛、动漫企业职工技能大赛等系列活动。"金海豚"动画作品大赛共设10个奖项，奖金总额高达295万元。

首届中国（海南）动漫游戏博览会在海南举办

2013年10月18日至20日，"欢乐海南，动漫你我"。由海口市人民政府主办，海口市会展局、海口市文体局、海南国际会展中心承办，海南凤凰新华出版发行有限责任公司协办的首届中国（海南）动漫游戏博览会在海南国际会议展览中心举行。本次博览会展出面积达2.5万平方米，参展商约400家，展出行业涵盖整个动漫产业链。此次动漫展增加了6大模块，包括模玩区、原创作品区、名家签售区、车文化展示区、动漫游戏周边销售区和中国COSPLAY超级盛典。

博客与播客大事回顾

百度3.7亿美元收购PPS

2013年5月7日，百度宣布以3.7亿美元收购PPS视频业务，作为爱奇艺旗下的子品牌运作。合并后的新公司将在用户组成、版权内容以及广告收入等方面进行整合。

数码印刷大事回顾

第二十届华南国际印刷展在广州举办

2013年3月4日至6日，由广东省新闻出版局、中国对外贸易中心（集团）、雅式展览服务有限公司及广东省出版集团联合主办的第二十届华南国际印刷工业展览会，在广州琶洲中国进出口商品交易会展馆举行。

首份印刷业电子商务发展报告发布

2013年3月21日，由中国印刷科学技术研究所主办的首届中国印刷电子商务年会在京举办，首份中国印刷业电子商务发展报告在会上发布。报告指出，目前大型企业正试水个性化定制平台，外行业分食网络印刷市场。

江西首个国家级印包产业基地获批

2013年3月25日，江西赣州吉安国家印刷包装产业基地正式获批。这是该省第一个上升为国家级的印刷包装产业基地，也是继上海金山国家绿色创意印刷示范园、西安国家印刷包装产业基地之后，国家相关部门批复的又一印刷产业基地。

第三届国际印刷工业发展论坛在京举行

2013年5月13日，第三届国际印刷工业发展论坛在北京举行。来自中国、印度、德国、意大利、英国、日本、印度尼西亚、巴基斯坦、美国、韩国等10个全球主要发达国家和发展中国家的印刷协会主要负责人，在论坛上介绍了各自国家的印刷工业和发展情况，并对全球印刷工业发展前景作了趋势性分析。国际印刷工业发展论坛由中国印刷及设备器材工业协会主办，4年1届。

雅昌网屏签订数码印刷战略合作协议

2013年5月13日，北京雅昌彩色印刷有限公司和大日本网屏（中国）有限公司在京签订数码印刷战略合作协议。双方将在雅昌艺术中心共建数字印刷展示中心，3台网屏最先进的喷墨数字印刷机在该中心落户。雅昌将采用网屏喷墨印刷机，联合淘宝、京东、阿里巴巴等电商，打造B2C电子商务平台，开拓数字化商业模式。

第八届北京国际印刷技术展览会在京举办

2013年5月14日，第八届北京国际印刷技术展览会在京举办，由德鲁巴主办机构德国杜塞尔多夫公司与中国印刷及设备器材工业协会联合主办的，以"中国功能印刷业"为主题的高峰论坛同期举行。北京国际印刷技术展览会每4年举办一次，是国内规模最大的印刷展会之一，也是世界六大印展之一。

第二届亚洲G7高峰会在京召开

2013年5月15日，第二届亚洲G7高峰会在北京中国国际展览中心新馆举办。由中国印刷及设备器材工业协会、北京印刷协会、香港印刷业商会及美国国际数码企业联盟联合主办。G7认证由美国国际数码企业联盟（IDEAlliance）推出。G7中"G"表示灰阶（Gray Scale），"7"代表ISO中规定的7种颜色。G7认证旨在指导企业通过对印刷中的灰度进行定义和校准，以更好地执行ISO 12647印刷标准。

2013上海国际印刷周开幕

2013年7月10日，2013上海国际印刷周开幕。本届印刷周由国家新闻出版广电总局印刷发行司和上海市新闻出版局共同主办，中国印刷技术协会为支持单位，旨在把印刷周打造成一个促进产业链上下游交流对接、推动印刷业转型升级、帮助采购商寻找订单的平台。本届印刷周的主题为"服务创新、科技引领、绿色发展"。数字印刷、3D打印等前沿技术，成为本届印刷周的关注焦点。

凤凰新华印务打造网络印刷云平台

2013年7月10日，江苏凤凰新华印务有限公司与北大方正电子有限公司在上海国际印刷周会场签署了战略合作协议，双方将进一步加快"凤凰印"云平台系统建设。"凤凰印"云平台上游依托于凤凰出版传媒集团丰富的出版内容资源，下游联合多家印企和连锁印点，旨在建立全球范围内数字网络服务平台，实现数字出版服务、异地按需印刷服务。网络印刷云平台将实现四个零——出版零距离、印刷零差异、发行零库存、版权零担忧。

方正电子和日冲商业推文印解决方案

2013年7月29日，北京北大方正电子有限公司与日冲商业（北京）有限公司在京签署战略合作协议，双方决定共同推出专为政府机关文印行业定制的红头文件解决方案——方正印捷D5036双色数码印刷系统。此次推出的解决方案，专为政府红头文件印刷开发的方正艺捷打印服务器支持多种文件格式，包括WORD、CEB等政府常用文件格式，同时支持打号功能，减少了传统打号机的复杂工序，通过软硬件配合快速实现打号，大大提高了各级党政机关文印办公的效率。

河北数字印刷产业园项目签约

2013年8月21日，河北出版传媒集团与保定市的合作项目——河北数字印刷产业园（保定基地）签约仪式在保定市举行，该产业园是政企联合推进文化产业的有益尝试。河北数字印刷产业园是该省重点项目，也是河北出版传媒集团"出版创新工程"的重要组成部分，项目总投资15亿元，建筑面积30万平方米，由高端印制产业区与数字印刷发展区两部分组成，包括出版传媒中心、创意研发中心、影视动漫中心、数字印刷中心、出版物展销中心等新兴文化产业项目。

2013数字化印刷发展论坛在津举行

2013年9月13日，2013数字化印刷发展论坛在天津梅江会展中心与装博会同期举行。来自惠普、方正、MBO等企业代表一起分享了数字印刷近年发展的概况与范例。

河北数字印刷产业园石家庄基地一期投用

2013年10月14日,作为河北省文化产业振兴重点项目之一的河北数字印刷产业园石家庄基地一期工程竣工并全面投入使用。该项目是河北出版传媒集团"出版产业创新工程"的重要组成部分,一期投资1.6亿元,建筑面积5.3万平方米,将成为集高端印刷、数字印刷、绿色印刷、技术研发等多种业态于一体、华北地区一流的现代印刷产业园区。

2013数码印刷在中国技术高峰论坛在厦门举办

2013年10月24日至25日,由中国印刷科学技术研究所、中国印刷技术协会数码印刷分会主办,科印传媒数码印刷事业部承办的2013数码印刷在中国技术高峰论坛在厦门举办。中国印刷科学技术研究所所长陈彦、台湾布莱特数码科技有限公司董事长殷庆璋等专家从不同的角度对数码印刷发展的现状以及发展前景等问题进行了讲解。

数字版权大事回顾

首届深圳版权金奖颁奖礼暨深圳版权年会举行

2013年1月7日,首届深圳版权金奖颁奖礼暨深圳版权年会举行。经由著名艺术家、知名学者、法律专家、相关行业协会的负责人组成的评审委员会审定,此次活动最终甄选出陈楚生原创歌曲《想念》等版权金奖作品奖10名,腾讯空间原创馆平台等运用奖5名,深圳市政府法制办公室经济法规处等保护奖5名。此次活动由深圳版权协会、《深圳商报》和腾讯大粤网3家单位主办。

中国网络版权维权联盟在京成立

2013年2月28日,中国网络版权维权联盟在京成立。人民教育出版社、北京京都世纪文化发展有限公司、搜狐、腾讯等首批24家单位在签约仪式上共同签署了《中国网络版权维权联盟自律公约》。由中华版权代理中心作为牵头单位,召集著作权人、互联网内容提供商、网络服务提供商及其他互联网相关企业,在中国版权保护中心的指导下,通过签署《中国网络版权维权联盟自律公约》的形式成为联盟签约单位,形成网络版权维权的自律、互助机制。

文著协再签两个数字版权框架协议

2013年4月25日,文著协分别与人民出版社和中央党校就"中国共产党思想理论数据库及党政图书馆数据库"和中国干部学习网"网络学习平台"项目签署了数字版权框架合作协议。文著协将在数字版权管理、授权合作、维权和协调版权纠纷等方面,协助两家机构解决文字作品的数字版权授权问题。

我国设立首只版权保护公益基金

2013年4月26日,我国第一只传播和鼓励"版权保护"理念的公益性基金会——版权保护基金会成立,书法家、摄影家杨再春捐赠了41幅书法作品和20幅摄影作品,用于为该组织募集善款。该基金是在国家版权局、北京市版权局的指导下,由北京国际版权交易中心发起成立的。基金会成立后将设立一系列专项基金:包括版权保护奖励基金、版权侵权举报基金、版权维权援助基金。

全国首家影视版权研究基地在西安揭牌

2013年4月26日,全国首家影视版权研究基地在西安揭牌。该研究基地以"产、学、研"互动为基础,整合政府和产业界、学术界各方资源,在影视版权领域深入开展理论研究和实践探索,推动影视版权知识创新与交流,提高影视版权创造、应用、保护、管理的水平,促进影视版权与科技、法律、金融的结合,努力打造具有国际影响力的影视版权学术和实务研究平台。

百度文库发布数字版权开放平台

2013年5月23日，百度文库正式发布数字版权开放平台，任何版权机构或版权个人均可申请加入该平台，将正版电子作品有偿提供给广大网民。三年内百度将采用"零分成"模式，所有版权收益都划拨给版权方。

首都版权联盟宣告成立

2013年6月6日，首都版权联盟在京成立，由中国出版集团、百度、金山、歌华等70余家国内知名出版机构、网络企业和视听开发企业共同发起。该联盟是经核准登记的非营利性社会组织，旨在加强版权保护、推动版权产业发展。同期召开的联盟第一次会员大会上审议并表决通过了《首都版权联盟章程》，选举产生了第一届理事会理事长、主席、副主席、秘书长、理事及监事人选。

国际版权贸易高级研修班在京举办

2013年9月1日，由国家版权局主办、中国图书进出口（集团）总公司承办的2013BIBF国际版权贸易高级研修班在京举办。本届研修班主题为版权的价值与责任。研修班上，国际复制权组织联合会亚太委员会主席摩根·卡洛琳、中华书局副总编辑顾青针、国际版权所有人关系部经理詹姆士·考伯特等专家学者以及相关机构代表从版权贸易的不同角度发表了自己的看法。

第四届数字出版与版权管理培训班在京举行

2013年10月30日，第四届数字出版与版权管理培训班在京举行。培训班由中国版权保护中心主办，中国出版协会版权保护工作委员会协办，围绕目前数字出版现状及未来等话题展开。来自中国版权保护中心、北京印刷学院专家学者及出版企业一线人员分别就著作权法修订、数字出版的现状与未来、手机阅读与出版转型、传统版权贸易与数字出版新模式、手机媒体的发展策略等问题进行了授课。

第六届中国版权年会在京召开

2013年11月30日，由中国版权协会主办、中国联通协办的第六届中国版权年会在北京胜利召开，年会包括以"移动互联网时代下的版权运营与保护"为主题的年会论坛和2013年中国版权协会会员大会暨年度评选颁奖大会。来自全国各地版权管理部门、版权企业和相关单位的代表500余人参加了本届年会。

国内首个时尚产业数字版权交易中心挂牌

2013年12月18日，国内首个时尚产业数字版权保护交易中心在北京服装学院时尚创新产业园挂牌成立。时尚产业数字版权保护交易中心的成立，旨在为服装学院在校师生、时尚行业设计师提供高效、权威的版权保护绿色通道。北京国际版权交易中心和北京服装学院将通过合作讲座、公开课、研讨会等方式向师生普及版权保护知识。在挂牌仪式上，北京国际版权交易中心还展示了以"智慧保险箱"为核心功能的互动式智能终端机。

电子阅读器与平板电脑大事回顾

南京：30家印企向农家书屋捐赠电子阅读器

2013年8月20日，江苏南京市印刷行业"农家书屋·暑期乐园"活动捐赠仪式在高淳区古柏镇江张村举行。30家印刷企业向55个农家书屋捐赠了165台电子阅读器。此次捐助活动中，共计30家企业参与，捐助的价值10多万元的165台电子阅读器，存储了包括古典文学、人文经典、外国文学、童话寓言、灾害救助与防范、英文原著选读等内容在内的图书1000多册。

音像电子大事回顾

广州国家音乐产业基地与华师大共建流行音乐文化研究院

2013年1月11日，由广州国家音乐产业基地、南方广电传媒集团与华师大共建的流行音乐文化研究院和高层次人才培训中心启动仪式在广州华南师范大学举行，广东省新闻出版局局长朱仲南、南方广电传媒集团党委书记白玲、中国音像协会常务副会长王炬、著名音乐家陈小奇等出席了启动仪式。

中国音像代表团参展世界音乐博览会

2013年1月26日，国际音乐博览会（2013'MIDEM）在戛纳电影宫展览大厅开幕，受新闻出版总署委托，中国音像协会第五次组织中国音像代表团赴戛纳参展。展会期间，法国文化部部长费利佩蒂、芬兰文化部部长、法国著名音乐家雅尔、著名钢琴家郎朗等人到中国展位参观，引来大批记者追踪采访，郎朗还在MIDEM举办了专场演讲。中国代表团成员也与来自世界各地的音乐产业人士进行了密切的交流。

中国音像与数字出版协会选送歌手获得亚洲流行音乐节大奖

2013年3月22日，一年一度的"亚洲流行音乐节"现场决赛和颁奖仪式在香港会展中心大会堂举行，来自中国内地、中国香港、中国台湾、韩国、日本、新加坡、马来西亚等七个国家和地区的歌手经过三轮淘汰赛，音像与数字出版协会选送的MIC获现场决赛冠军，这是连续第二年协会选送的歌手获此殊荣。

西班牙著名歌手胡里奥在京举行演唱会

2013年4月22日晚，西班牙著名歌手胡里奥·伊格西莱亚斯在北京举办音乐会，胡里奥是国际著名的歌唱家，曾在中国出版过数张专辑，深受我国人民喜爱。为了祝贺中国人民的老朋友在北京的成功演出，应主办方邀请，中国音像与数字出版协会常务副会长王炬、副会长、中国唱片总公司总经理在演出结束后到后台会见了胡里奥，中唱还向胡里奥赠送了他当年获得中国金唱片奖的照片。

国家音乐产业基地年会在成都召开

2013年9月24日，国家音乐产业基地2013年会在四大国家音乐产业基地之一的成都国家音乐产业基地园区召开，参加会议的有北京、上海、广东基地各园区的负责人、入住企业负责人和中宣部、国家新闻出版广电总局、北京市委宣传部、北京市发改委、四川省新闻出版局以及上海、广东等地新闻出版局负责人，协会音乐产业促进会的有关负责人也出席了会议。

首届中国音乐产业大会在京举行

2013年11月7日至10日，首届中国音乐产业大会在京举行，此次大会由北京国家音乐产业基地和北京市版权局主办，无限星空音乐集团和热诚文化共同承办，以"创新开放共赢"为主题，研究新趋势、探索新方向、开拓新模式，议题包括音乐版权、数字音乐领域、音乐投融资、音乐营销、影视动漫、游戏音乐、音乐教育和音乐衍生产品等，由高峰论坛、博览会和音乐嘉年华3个板块组成。

其他大事回顾

中国电信与教育部合作共促教育信息化

2013年1月5日，中国电信与教育部签署战略合作框架协议，共同加快推进教育信息化。此后三年中国电信和教育部将在教育信息化基础设施建设、教育管理信息化和数字教育资源服务、教育信息化教师与专业队伍培训等领域开展多种形式的全面合作。

2013 中国学术出版年会

2013 年 1 月 8 日，由社会科学文献出版社、中国新闻出版研究院、百道网等主办的 2013 中国学术出版年会在京召开。与会者围绕繁荣学术出版、服务中国学术共商数字时代学术出版产业发展。会议认为学术出版是承载思想传播、传承的功能，处于整个出版产业链的顶端，学术出版水平的高低，很大程度上决定了一个国家和地区出版业的发展水平。

第八届传媒年会在津举办

2013 年 1 月 11 日，由传媒杂志社主办、今晚报社和南开大学承办的第八届中国传媒年会在天津举行。本届年会以"媒体转型与技术创新"为主题，来自业界、学界的近百位专家学者以及传媒一线实践者，分别从移动互联网发展状况、国外报业发展研究、云媒体平台建设、新传播格局与传媒竞争力塑造、电视台如何传递"好声音"等不同角度和主题，总结规律、分析未来，对 2012 年中国传媒业改革发展状况及传媒科技发展的走势、举措和思路进行了阐述与探讨。

2012 中国互联网产业年会在京召开

2013 年 1 月 16 日，主题为"酝酿 2013：在变革中演绎精彩"的 2012 中国互联网产业年会在京召开。本次年会延续了盘点产业发展成果、预测来年发展趋势的定位，针对移动互联网、网络营销、网络安全等热点领域展开探讨，探寻 2013 年发展方向。中国互联网协会还发布了《2012 年中国互联网产业发展综述》《影响 2012 年中国互联网发展的十件大事》《2012—2013 年中国移动互联网发展趋势》等报告，记录 2012 年产业发展特点，把脉 2013 年成长趋势。

国内首家新媒体创作中心在石家庄成立

2013 年 1 月 25 日，国内首家新媒体创作中心——河北省新媒体创作中心在石家庄成立。该中心以互联网、移动电视、手机等新媒体为平台，以民生和大众话题为主题，通过举办微电影大赛、网络动漫剧展播、专题研讨会等活动，鼓励和引导各方面创作力量参与到新媒体文艺作品的创作中来。

第 21 届中国国际广播电视信息网络展览会在京举行

2013 年 3 月 21 日至 23 日，第 21 届中国国际广播电视信息网络展览会（CCBN2013）将于在北京中国国际展览中心举行。本届展览会以"新融合、新媒体、新发展"为主题，设置了三网融合展区、直播卫星展区、视音频制作展区、中国移动多媒体广播电视（CMMB）展区、数字新媒体展区、数字视听与家庭网络展区、影视灯光音响展区等众多专业展区，全面展示三网融合、3D 立体电视、CMMB、数字家庭与智能终端、手持电视、信息化视听等技术产品的最新成果。

华中数字出版论坛在武汉举行

2013 年 3 月 15 日，由湖北省新闻出版局举办的"打造一流平台　服务数字出版"——华中数字出版论坛在武汉举行。数字出版界专家、全国十大国家级数字出版基地主管部门领导和基地负责人及数字出版企业界代表 70 余人参会，共论数字出版产业和国家级数字出版基地建设发展。

初步拟定数字出版领域专业工作委员会的分类

2013 年 3 月 15 日，中国音像协会召开数字出版专家会议，研究吸收数字出版领域新会员和设立专业工作委员会等事项。科数司司长张毅君、数字出版处处长王强、中国音像协会常务副会长王炬、副秘书长王勤、新闻出版研究院数字出版研究所所长王飚、印刷学院数字出版研究所所长张志林、百道网 CEO 程三国等领导和专家参加会议。会议重点讨论了数字出版领域的专业特点，初步拟定了将来可以设立的专业工作委员会的类别，待提交会员大会讨论确定。

第四届数字技术未来系列论坛在京召开

2013 年 3 月 21 日，由中广互联、DVB+OTT 融合创新论坛主办的第四届数字技术未来系列论坛（DTF2013）在北京召开。本次论坛主题为"大部制下的广电未来"。OTT 通常指互联网公司越过运营商，发展基于开放互联网的各种视频及数据服务业务。论坛认为，大部制改革会让政府职能相对更加解放，企业会有更多的机会在市场中寻求发展，预计未来两三年内 OTT 会出现爆发式的增长。

国家新闻出版广电总局正式挂牌

2013 年 3 月 22 日，国家新闻出版广电总局挂牌仪式分别在原国家广电总局、新闻出版总署举行。主要职责是，统筹规划新闻出版广播电影电视事业产业发展，监督管理新闻出版广播影视机构和业务以及出版物、广播影视节目的内容和质量，负责著作权管理等。国家新闻出版广电总局加挂国家版权局牌子。不再保留国家广电总局、新闻出版总署。

海峡国家数字出版产业基地获批设立

2013 年 3 月福建省获批建立海峡国家数字出版产业基地。至此，全国第 11 家国家级数字出版基地落户福建省。海峡国家数字出版产业基地将整合现有资源，以福州和厦门数字出版产业为中心，构筑包括福州、厦门、泉州、莆田等在内的沿海数字出版产业带，并向平潭综合实验区延伸，采用"园中园"的模式建设，设立福州园区、厦门园区和平潭综合实验区等 5 个产业园区，重点发展数字图书、数字报刊、海峡数据库出版、动漫游戏、移动互联网出版等七大业务板块。

中国国际云计算技术和应用展览会在京开幕

2013 年 4 月 7 日，为期 3 天的中国国际云计算技术和应用展览会在中国国际展览中心开幕。本届展会和研讨会的主题是"云领发展化云为业·创新转型兴业服务"，有 200 余家公司参展。同期举行的研讨会，为产、学、研、用、资各方搭建一个沟通交流的平台，全面覆盖政策、趋势、标准等方面，搭建云计算产、学、研、用、资交流沟通和国际合作的平台，共同打造"中国云"。

天津获批建国家级新闻出版装备产业园

2013 年 4 月，国家新闻出版广电总局同意在天津建立国家级新闻出版装备产业园。该产业园设立在天津北辰科技园区新区。园区通过引进社会资本，发展成为集新闻出版装备制造、研发、生产、印刷加工、培训、交易、运营等为一体的综合性新闻出版装备产业基地。同时，通过政策、区位、资源、市场和技术引导企业参与投资，加大资源整合力度，引导技术创新型企业、专业配套企业和产业相关优势企业进入园区，打造新闻出版装备制造业产业集群。

第六届中美互联网论坛在京举行

2013 年 4 月 9 日，第六届中美互联网论坛在北京开幕，论坛以"对话、沟通、理解"为主题。在为期一天半的论坛期间，来自中国和美国政府有关部门、学术机构和知名互联网企业代表，围绕隐私保护与数据安全、移动互联网、互联网治理、网络文化等议题进行深入探讨交流。

全国全民阅读媒体联盟在武汉成立

2013 年 4 月 11 日，全国全民阅读媒体联盟成立仪式暨 2013"书香江城——分享阅读、放飞梦想"主题读书活动在武汉启动。《中国新闻出版报》联合《人民日报》《光明日报》《经济日报》《工人日报》《农民日报》等 78 家媒体宣布，将共同致力于推介优质阅读内容，以引导阅读风尚。

2013年科技与数字出版管理工作会暨网络出版监管工作现场会在南京召开

2013年4月11日至12日，2013年科技与数字出版管理工作会暨网络出版监管工作现场会在南京召开。国家新闻出版广电总局相关部门负责人张毅君、宋建新、谢俊旗分别就数字出版、网络出版监管及行业科技具体工作进行了说明。江苏省新闻出版局介绍了网络出版监管工作经验，盛大文学介绍了大型出版网站自律机制经验。

中国音像与数字出版协会获民政部批复

2013年4月17日报道，中国音像与数字出版协会已获民政部正式批复。新成立的中国音像与数字出版协会除原有机构外，拟新设8个分支机构，涵盖大众数字出版、专业数字出版、教育数字出版、技术服务和标准、动漫游戏、研究和教育等多个方面。依据社团组织惯例，会员将分为普通会员单位、理事单位、常务理事单位以及副理事长单位等不同层次，相应拥有不同的权利和义务。

第十次全国国民阅读调查发布

2013年4月18日，中国新闻出版研究院在京公布了第十次全国国民阅读调查成果。根据调查，2012年我国18—70周岁国民图书阅读率为54.9%，比2011年上升了1个百分点；数字阅读方式的接触率为40.3%，比2011年上升了1.7个百分点。国民人均纸质图书阅读量为4.39本，人均每天读书时长为15.38分钟，比2011年的14.58分钟增加了0.8分钟。

MPR业务培训在贵州举行

2013年4月23日，为了贯彻实施MPR国家标准，推广MPR技术的产业应用，新闻出版研究院在贵州举办MPR业务培训，音像与数字出版协会王炬副会长在会上专题介绍了MPR注册中心的工作以及注册流程。参加培训的各出版单位业务负责人认真讨论了MPR在数字出版中的作用，出版社如何吸收采纳MPR国家标准、如何使MPR技术应用到传统出版物等。

国家新媒体产业基地奥宇科技园在北京开园

2013年4月28日，国家新媒体产业基地——奥宇科技园在北京市大兴经济开发区开园，以物联网为代表的新一代信息技术产业、以生产性服务业为重点的现代服务业、以新媒体为代表的文化传媒业等科技企业聚集于此。

2013互联网文化季启动

2013年5月6日，由首都互联网协会联合千龙、新浪、搜狐、网易、百度、凤凰等22家网站共同举办的网络文化活动"2013互联网文化季"正式启动，文化季以"创意网络，美好生活"为主题，包括网络长篇小说、网络短篇小说、微小说、创意影像和微电影5个比赛项目。整个文化季活动持续7个月时间。

第五届全球移动互联网大会在京开幕

2013年5月7日，第五届全球移动互联网大会（GMIC）在国家会议中心开幕。2013年的主题是"重新定义移动互联"。本届GMIC设置了主会场、开发者星球、创新大赛、移动游戏峰会、移动价值峰会、移动营销峰会和移动人才峰会七大板块。根据大会官方提供的数据，所有GMIC主会场中，参会者31%是CEO级人士，15%是副总裁级人士，11%是总监级人士，43%是经理级人士。

MPR国家标准应用推广工作会议在京召开

2013年5月15日，MPR国家标准应用推广工作会议在京召开，这意味着，MPR国家标准及MPR技术应用推广工作由启动进入试点实施阶段。国家新闻出版广电总局副局长孙寿山出席会议并讲话。会议由国家新闻出版广电总局有关司局负责人张毅君主持，中宣部、财政部、国家标准化管理委员会及总局相关部门领导，近 60 名出版单位有关负责人与会。

首届全国公共图书馆视障服务工作研讨会在京召开

2013 年 5 月 15 日，首届全国公共图书馆视障服务工作研讨会在京召开。据了解，盲文出版社和盲文图书馆联合全国视障文化服务单位，采取多项措施推广盲人阅读。建设盲人移动数字资源平台，充实电子盲文、有声读物、无障碍影视、各类盲人数据库和远程教育培训内容，研发高性价比的盲文电子显示器、阅听器，推进多网络、多终端盲人无障碍信息化阅读。配合全国图书馆和残联宣文系统，为全国建成 100 家分馆、支馆提供资源支持，推动全国 1500 家县级图书馆建设视障阅览室（席），形成"内容＋平台＋服务＋终端"的服务模式。

总局 MPR 推广工作会议在北京举行

2013 年 5 月 15 日，新闻出版广电总局 MPR 推广工作会议在北京举行，来自广东、陕西、河南、北京等地的新闻出版局和三省试点的有关出版集团、出版单位负责人出席了会议。总局科数司司长张毅君主持了会议，谢俊旗副司长介绍了 MPR 国家标准的实施和 MPR 技术产业应用的进展情况，音像与数字出版协会王炬副会长介绍了 MPR 注册中心筹备情况，三省试点的有关负责人也会爆了各自在 MPR 产品应用方面取得成果和下一步工作计划。

第九届中国（深圳）国际文化产业博览交易会

2013 年 5 月 17 日至 20 日，第九届中国（深圳）国际文化产业博览交易会在深圳举行。本届文博会以"贸易扬帆，文化远航"为主题，让贸易为中华文化走出去、走向世界扬帆助力，共有 2118 个政府组团、企业和机构参展，来自 91 个国家和地区的 16097 名海外采购商参会。本届文博会首设文化旅游馆和文化新业态展区，并首次与中国进出口商品交易会建立合作关系，更加突出"文化贸易"主题。

宁夏完成卫星数字农家书屋建设

2013 年 5 月 27 日，宁夏回族自治区通过卫星数字农家书屋项目验收，中国航天卫星通信集团借助"中星 6A"卫星投送的数字出版物同步投入使用。这标志着宁夏所有行政村卫星数字农家书屋建设完成。此前，自治区政府与中国航天科技集团公司签订了战略合作协议；自治区新闻出版局与中国航天卫星通信集团公司签署了《宁夏卫星数字农家书屋工程战略合作协议》。

中国浙江无线内容生产基地在杭州揭牌

2013 年 5 月 27 日，中国首家无线内容生产基地"中国·浙江无线内容生产基地"揭牌仪式在浙江杭州举行。基地生产内容涵盖图书、报纸、杂志、动漫等多个方面。该基地由浙江在线新闻网站联合浙报传媒、红旗出版社、中国移动阅读基地共同推出。揭牌仪式上，还举行了《提问 2013》《中国方程式》等 5 本图书的数字首发仪式，并开通了数字阅读网站——掌阅中国。

香港联合知识产权交易所负责人来访

2013 年 5 月 30 日，香港联合知识产权交易所有限公司（HKIPEx）主席、CEO 杨子铁到音像与数字出版协会访问，并与协会王炬副会长举行会谈，杨先生详细介绍了联合知识产权交易所的业务和交易网站的功能，表示愿意与内地音像与数字出版企业密切合作。王炬也希望内地企业能充分利用香港的国际地位和交易所的功能，将自己拥有的知识产权放到交易所展示和交易。

北京市召开新闻出版系列数字编辑职称设定工作会

2013 年 5 月 30 日至 31 日，北京市新闻出版系列数字编辑职称设定工作会在京召开。来自出版、互联网、网游、动漫等行业的 40 余位专家代表认为，探索建立数字编辑职称制度，顺应了数字时代人才培养和认证需求,为数字出版人才培养和认证提供了新通道,填补了数字出版专业技术人员职业资格空白点。与会专家建议,数字编辑面临比传统编辑及网络编辑更复杂的多媒体网络环境,因此在职称评审设定上应该与传统评审方式有所不同,需按照行业细致划分,对数字编辑职称进行评定。

江苏国家数字出版基地镇江园区授牌

2013年6月3日,江苏国家数字出版基地镇江园区正式授牌。2012年11月,该园区获得原新闻出版总署批准建设,镇江市从财政、税收和投融资等方面出台了扶持数字出版产业发展的多项政策。目前,园区规划占地1554亩,首期建设计划投资80.68亿元,建筑总面积近130万平方米。

中国互联网电视运维监测中心落户天津

2013年6月17日报道,中国互联网电视运维监测中心在天津落成,全面负责央视所有新媒体业务,旨在让百姓实现从电视荧屏上观看网络内容,并还将陆续开发更多融合电视和网络的功能,市民可以通过电视上线,并在电视机上实现语音和视频聊天,以方便不会操作电脑的受众群体。

国家文化科技创新工程首届专家组成立

2013年6月25日,国家文化科技创新工程专家组成立会议在京举行。专家组进一步探索完善专家组工作机制、深入开展战略研究、加强对文化科技工作的决策咨询支撑、积极开展国际交流与合作等工作。

首批70家"数字出版转型示范单位"公示

2013年6月28日,首批"数字出版转型示范单位"公示。首批示范单位总计70家,包括出版集团5家、图书出版社20家;报业集团5家、报社20家和期刊社20家,占全部申报单位的16.3%、全国出版单位的0.56%。

人教社与华东师大开展数字出版战略合作

2013年6月29日,人民教育出版社与华东师范大学在京签署数字出版战略合作协议。双方在基础教育信息化、数字出版领域,共同成立数字教育研究中心,创建教育技术学博士后科研工作站,为基础教育提供更多的免费优势教育资源。

第五届中国数字出版博览会在京举办

2013年7月8日至10日,第五届中国数字出版博览会在京举办。本届数博会主题为"科技与出版融合、转型与创新并举",国际、国内20多位专家发表主题演讲,同时举行10余个分论坛。数博会由国家新闻出版广电总局、工业和信息化部、中国科学院为支持单位,中国新闻出版研究院主办。

MPR国家标准产业应用专题论坛召开

2013年7月9日,MPR国家标准产业应用专题论坛在第五届中国数字出版博览会期间召开。论坛回顾了我国新闻出版标准化工作取得的显著成绩,指出大力推进数字出版领域标准的产业化应用,将成为当前一个时期新闻出版标准化工作的重中之重。同时,还举办了由总局主办、中国新闻出版研究院和中国音像与数字出版协会协办的MPR国家标准产业应用试点成果展。

2013年中文数字出版与数字图书馆国际研讨会在敦煌召开

2013年7月11日,2013年中文数字出版与数字图书馆国际研讨会在敦煌召开。研讨会由清华大学图书馆、敦煌研究院等单位主办。本次研讨会主要由大会研讨和分会讨论两部分组成。大会围绕大数据时代的数字出版、中文数字出版与数字资源建设、中文数字图书馆与中国学研究、数字馆藏建设及服务模式等4个主题展开学术交流与讨论。分会研讨将分别围绕"敦煌论坛:数字敦煌与世界文化遗产""数字出版'走出去'研讨会""面向农业现代化建设的'三农'知识服务"。

2013 中国互联网大会开幕

2013 年 8 月 13 日，由中国互联网协会主办的 2013 中国互联网大会在京开幕。本届大会主题为"共建良好生态环境，服务美好网络生活"。为期 3 天的大会举行 18 个主题论坛，覆盖电子商务、网络广告、大数据、云计算、创新与创业等多个细分领域。大会重点探讨互联网在拉动传统行业转型升级上的作用，聚焦与网民生活关系密切的话题。大会推出"技术大讲堂"、"新闻报告厅"、"秀场"、"现场体验馆"、"海峡两岸论坛及展览"、"全国巡展"六个特色活动。

2013 数字世界亚洲博览会在京召开

2013 年 8 月 22 日，2013 数字世界亚洲博览会在北京国家会议中心召开。为期 4 天的博览会由北京市投资促进局与美国国际数据集团（IDG）联合主办，是全球最大的苹果周边及配件产品博览会。此次博览会共吸引来自全球 10 多个国家的 500 余家企业参展，汇集新品展览、高峰论坛、专题研讨会、互动体验、投资洽谈等多项现场活动。

国际数字资源交易与服务平台"易阅通"启动运营

2013 年 8 月 28 日，中国图书进出口（集团）总公司国际数字资源交易与服务平台——"易阅通"（CNPeReading）正式启动运营。该平台集聚合、加工、交易、服务为一体，通过技术创新，实现国内外数字产品在资源聚合、传播渠道和服务方式上的创新；通过打通国际营销渠道，实质性推进中国数字出版走出去。"易阅通"为上游出版社提供一体化推广、营销解决方案；为下游机构客户提供荐购、阅读、管理、整合一站式服务方案，体现"共建、共享、共赢"理念。

第五届中国图书馆馆长与国际出版社高层对话论坛在京举行

2013 年 8 月 29 日，由中国图书馆学会专业图书馆分会、中国图书进出口（集团）总公司、中国图书馆学会高校图书馆分会共同主办，中国图书进出口（集团）总公司承办的第五届中国图书馆馆长与国际出版社高层对话论坛在京举行。本届论坛的主题为"电子图书与图书馆"。论坛期间，与会代表就当前数字出版和网络出版的趋势与战略，电子图书对图书馆的影响，电子图书的技术发展趋势、内容组织、销售模式、服务实践、知识产权管理等热点话题开展了对话和讨论。

同方知网发布"基于 XML 数据库技术的数字出版平台"和"B2B 国际营销平台"

2013 年 8 月 30 日，瞄准数字出版的"出版"与"发行"两个环节，同方知网（北京）技术有限公司在京发布两大国内首创的数字产品——"基于 XML 数据库技术的数字出版平台"和"B2B 国际营销平台"。其中，"基于 XML 数据库技术的数字出版平台"支持全文检索、知识挖掘、内容碎片化处理与动态重组，全面确保了数字出版各环节的稳定、安全和高效。"B2B 国际营销平台"是同方知网根据海外图书馆市场需求和特点，为国内出版社量身打造的"国际直通车"。

首家全民阅读协会在长春成立

2013 年 9 月 24 日，吉林省全民阅读协会在长春国际会展中心召开成立大会，这标志着全国首家全民阅读协会正式成立。该协会是由吉林省爱好阅读的各界人士自愿结成的非营利性社会组织，以"全民阅读"为目标和核心价值，以"推介好的书目、推广好的阅读典型和开展丰富多彩的阅读活动"为主要活动方式，旨在依靠社会力量，服务社会公众，建立良好的社会学习秩序，为建设学习型社会服务。

第十一届中国国际网络文化博览会在京开幕

2013 年 10 月 11 日，由文化部和北京市政府联合主办，中国文化传媒集团、中国动漫集团、中国国际贸易促进委员会北京分会和北京市文化局联合承办的第十一届中国国际网络文化博览会在北京展览馆拉开帷幕。本届网博会以"文化力量，创意未来"为主题，通过展览展示、高峰论坛以及主题活动等方式，全方位展示我国网络文化领域的创新发展趋势，进一步引导网络文化发展方向，并进一步促进国际间网络文化领域的广泛交流与合作。

中国音像与数字出版协会在京召开第四次会员代表大会

2013年10月17日，中国音像与数字出版协会在北京召开第四次会员代表大会，产生第四届理事会，当选理事长孙寿山（原国家新闻出版广电总局副局长），秘书长王炬（专职），领导班子成员28位，常务理事89席，理事191席。会员单位680家，个人会员376位。

首届中国传媒变革与发展峰会在江苏开幕

2013年10月17日，首届中国传媒变革与发展峰会暨2013中国报纸设计师年会在江苏扬州开幕。会议围绕新媒体、移动互联新技术在传媒上的应用，移动互联技术对于纸媒发展带来的变革，传媒发展的机遇、挑战，媒体视觉化的创新、改革等五大议题展开，共同探寻变革中的传统媒体转型发展之路。会议由扬州报业传媒集团、北京中报联新闻出版培训中心、英国C立方传媒联合主办，扬州晚报社承办，来自国内外60多家报社及传媒学术领军人物参加会议。

我国开始研制卫星数字传播行业标准

2013年10月18日，《数字出版内容卫星传输规范》系列行业标准研制工作在京启动。按照规划，该系列标准将于2014年底完成标准研制任务，并计划于2015年上半年发布实施。此次我国研制规范，能够有效打通上下游产业链瓶颈，理顺内容提供商、内容集成商、终端制造商、发行运营商之间的产业合作关系，创造新型高效、安全、价格低廉的数字出版传播渠道，加快我国信息服务产业发展。

重庆出版集团与中国移动重庆公司签署战略合作协议

2013年10月25日，重庆出版集团公司与中国移动通信集团重庆有限公司签署战略合作协议，旨在促进传统出版向数字出版转型，助力全民阅读活动开展。手机阅读是本次合作的重点项目。在手机阅读项目上，重庆出版集团将提供全民阅读内容资源，移动公司将负责手机阅读平台、全民阅读客户端的技术开发和项目运营技术支撑。项目启动初期，计划通过运营商资助和争取政府补助的方式，向手机用户提供数字阅读书包。

中华文化走出去数字内容国际传播富媒体平台亮相

2013年10月25日，在连云港市第五届文化产品博览会上，中华文化走出去数字内容国际传播富媒体平台亮相。该平台由中国新闻出版传媒集团和连云港伍江数码科技有限公司共同搭建，目前开设了汉语、英语、法语、西班牙语四大语种的50个频道，累计节目时长1000小时，为澳大利亚、新西兰等国家的150万家庭用户提供高品质、高清晰的精品文化内容。

首家互联网信息研究院在中国传媒大学成立

2013年11月22日，中国首家互联网信息研究院在中国传媒大学成立。该研究院致力于打造互联网信息与传播研究领域的权威智库平台、学术平台、研究平台，为国家互联网信息工作提供战略支持、研究支持、人才支持和技术支持。研究院将承担构建互联网研究领域权威性、国家级智库、构建权威互联网国际学术交流平台、推进互联网科技成果转化等6项核心工作。

全国5所高校开设数字出版专业

2013年12月13日，高等学校出版专业教学指导委员会第二次全体会议暨"卓越新闻传播人才教育培养计划"研讨会在京召开。在北京印刷学院新闻出版学院公布的《全国高校出版专业建设调查报告》显示，目前全国有 80 所高校开设了编辑出版专业，有 5 所高校开设数字出版专业。与会代表就该报告进行了讨论研究，还就出版专业核心课程认定、如何服务人才培养和行业发展等议题进行了研讨。

全国数字出版转型示范单位现场会在渝召开

2013 年 12 月 16 日，国家新闻出版广电总局在重庆召开全国数字出版转型示范单位现场会，全国各省（区、市）新闻出版行政部门数字出版业务负责人、首批转型示范单位代表，以及各地推荐的部分出版单位代表就加快传统出版业转型升级步伐进行了交流探讨。

北京国家数字出版基地落户丰台

2013 年 12 月 17 日，北京市新闻出版局党组书记、局长冯俊科与丰台区区长冀岩，日前正式签署了共同推进北京国家数字出版基地建设战略框架协议，标志着北京国家数字出版基地建设项目落户丰台区。北京国家数字出版基地将充分利用首都的文化中心优势和丰富的数字出版资源，重点发展电子图书、数字报刊、数字音乐、数字视频、网游动漫和网络教育等数字出版产业。

2014 年音像与数字出版大事回顾

电子图书大事回顾

全国少年儿童阅读推广服务平台在国家图书馆通过验收

2014 年 1 月 15 日，国家文化科技提升计划项目——"全国少年儿童阅读推广服务平台"在国家图书馆通过验收。该平台旨在依托"国家数字图书馆工程"的先进技术和软硬件基础设施，充分利用全国文化信息资源共享工程和公共电子阅览室建设项目的服务渠道，在"国家数字图书馆推广工程"的体系框架下，构建覆盖城乡的全国少年儿童阅读资源及活动推广的服务体系。

上海图书馆推出数字阅读自助机

2014 年 1 月 24 日，上海图书馆推出的"爱悦读"数字阅读自助机正式投入使用，读者只需登录数字阅读网站，就能在手机、平板电脑等设备上借书阅读。这打破了馆藏电子书只能通过上图定制的移动终端阅读的模式。"爱悦读"数字阅读自助机是一台为读者提供在线阅读、图书下载的智能移动客户端交互设备。电子书架上有 2 万余种图书，读者点击书的封面即可试读前 10 页内容。此外，"爱悦读"数字阅读自助机还可以为读者提供在线办证。

首届腾讯书院文学奖评选揭晓

2014 年 4 月 1 日，由腾讯文化主办的首届腾讯书院文学奖颁奖典礼在北京师范大学举行。评选出了年度小说家、年度散文家、年度诗人、年度批评家、年度新锐作家和年度致敬作家。评奖旨在"为在这个文学枯寂的年代，利用互联网之发达，重新让社会的心灵与精神回归纯文学"。同时，这也是互联网首次与专业机构合作举办文学奖，本次评奖获得北京大学中文系创意写作项目、北京师范大学国际写作中心等国内 5 所高校的专业文学研究机构支持。

方正推广二维码移动借阅

2014 年 4 月 21 日至 5 月 1 日，方正阿帕比在全国图书馆推广触摸屏二维码移动借阅系统。读者使用安装在移动终端中的"Apabi Reader（阿帕比阅读器）"扫描系统中电子书封面上的二维码，就可以实现电子书资源借阅与自动归还。上海图书馆、首都图书馆等均已开通触摸屏二维码移动借阅服务。

中国作协组织研讨网络文学作品

2014 年 5 月 18 日，中国作家协会在京举办网络作家酒徒的作品研讨会，对其具有代表性的网络文学作品进行剖析。据介绍，这是中国作家协会第一次研讨网络文学作品。酒徒是中国作家协会会员，中文在线 17K 小说网签约作者，从事网络文学创作已经 10 余年，目前已出版 6 部长篇历史小说。研讨会上，文学评论家白烨、王祥、马季等对酒徒的作品进行了全面分析和研究。

吉林出版集团与腾讯签署战略合作协议

2014 年 8 月 27 日，在第 21 届图博会上，吉林出版集团与腾讯文学举行战略合作框架协议签署仪式。吉林出版集团与腾讯文学将以此次合作为起点，走出一条全新的出版传媒合作之路。对于此次合作，吉林出版集团有 4 点展望：对文学作品的前景展望、漫画作品改编的前景展望、动画游戏的前景展望、线上线下互动的展望。

浙江启动首届华语网络文学双年奖

2014 年 9 月 26 日，由浙江省作家协会、中共宁波市委宣传部、宁波市文联、中共慈溪市委宣传部和慈溪市文联共同设立的首届华语网络文学双年奖在浙江慈溪启动。由全国知名网络作家代表、资深网络文学编辑、知名高校教授和资深影评人对入选作品进行审读，评选出前 30 强作品；由全国知名作家、评论家、大型影视公司代表、大型网游公司代表和大型文学网站总编辑评出 10 部获奖作品。

互联网期刊大事回顾

《大众电影》实现数字化转身

2014 年 6 月 13 日，奥多比（Adobe）公司宣布，创办于 1950 年的《大众电影》杂志在 2014 年的全新改版中采用了奥多比数字出版套件（Adobe DPS），开始了数字刊物的创作。奥多比数字出版套件的应用使《大众电影》编辑与制作过程变得轻松简便。片花剪辑、电影原声等诸多全新体验功能均可相应呈现，满足读者对最新电影潮流的需求和体验。读者可通过苹果商店直接将数字版杂志下载到智能手机、平板电脑，享受与纸质杂志同步的数字内容。

两岸期刊研讨会在台北举行

2014 年 7 月 18 日，第四届两岸期刊研讨会暨期刊交流展在台北举行。该研讨会暨期刊交流展由中国期刊协会和台北市杂志商业同业公会联合主办，来自中国大陆和台湾地区的几十家出版单位的近两百份刊物参展。与会代表与台湾天下杂志股份有限公司、华艺学术出版社以及康轩文教事业股份有限公司进行了业务交流，并就未来期刊业发展路径与前景进行了深度讨论。

亚太数字期刊大会在京召开

2014 年 11 月 11 日至 12 日，以"今日趋势，明日现实"为主题的第四届亚太数字期刊大会在北京召开。来自亚太地区近 20 个国家和地区的 450 位嘉宾与会，围绕杂志媒体创新、学术期刊数字化传播、数字出版的零售与发行等议题进行了深入探讨。本届大会由国家新闻出版广电总局指导，国际期刊联盟（FIPP）和中国期刊协会共同主办。

数字报纸大事回顾

首批多功能数字报刊亭亮相北京街头

2014 年 3 月 19 日，北京市报刊零售公司首批 5 个多功能数字报刊亭在中关村、北京大学东门、方庄等地亮相。此次推出的多功能数字报刊亭，除了纸质报刊、充值卡零售外，还增加了新华视频、自助缴费、Wi-Fi 终端阅读、预警信息发布等新型服务。报刊亭由北京邮政自主设计研发，运用数字技术、网络技术和信息化手段，将传统报刊零售与电子商务、数字发行等现代商业模式对接的新型报刊亭，将为打造北京智慧城市和社区"百步文化圈"服务。报刊亭内安装了微云基站与互联网的云服务器，无线网络可以覆盖报刊亭周边半径 50 米的范围。

2014 中国报业新趋势论坛在沪举行

2014 年 4 月 22 日，由上海报业集团联合阿里巴巴集团主办的 2014 中国报业新趋势论坛在沪举行。论坛上，上海报业集团、《北京青年报》《南方都市报》《成都商报》、重庆日报报业集团、《楚天都市报》、沈阳日报报业集团等52家媒体与阿里巴巴签约合作意向书，加入到"码上淘"业务中。媒体代表们围绕2014报业发展的新趋势，新媒体时代的报业创新之路，如何打造纸媒电商生态圈等议题进行了深入研讨。

首届中国报业新媒体发展大会在温州举行

2014年10月16日，首届中国报业新媒体发展大会暨2013—2014年中国报业融合发展创新奖颁奖典礼在浙江温州举行。大会倡议成立了中国报业协会新媒体分会，并宣读《中国报业融合发展宣言》。会上，中国报业协会向温州日报报业集团授牌成立中国报业全媒体发展研究中心、中国报业书画艺术研究院温州分院。基地将重点做好基础研究、应用开发、平台建设、人才培养4个方面的工作。会上还颁发了2013—2014年中国报业融合发展创新十强、2013—2014年中国报业新媒体项目创新50强等集体奖项，以及中国报业新媒体融合创新发展十大领军人物、十大创新人物、十大新锐人物等个人奖项。

2014首届中国（杭州）报商大会暨中国报商联盟成立大会在杭州举行

2014年10月19日至21日，全国120多家报社（集团）在杭州召开2014首届中国（杭州）报商大会暨中国报商联盟成立大会。会上宣读了《中国报商联盟西湖宣言》。中国报商联盟由长春晚报社、辽沈晚报社等10家单位共同发起，全国200多家报社响应。联盟将搭建媒体与媒体、媒体与行业、行业与企业、企业与企业之间的沟通平台，通过开展调查研究、经验交流、考察培训、行业自律等活动，发挥桥梁与纽带作用，推动联盟内各项活动、项目与建设的健康发展。

2014中国报业技术年会召开

2014年11月26日至27日，中国报业协会技术工作委员会在广州举办"中国报业融合发展论坛暨2014中国报业技术年会"。本届年会的主题是"跨媒介融合，大数据应用"。会议交流展示了中国报业一年来运用大数据、云计算等技术创新媒体融合的新应用和新成果。年会上揭晓了第二届"中国报业十佳技术工作者""2014全国报社优秀技术工作者""2014中国报业技术年会优秀论文奖"和"2013—2014年度中国报业技术产品创新奖"。来自各地的报社技术负责人、业界技术公司代表参加了会议。

手机出版大事回顾

重庆启动全民手机阅读活动

2014年4月23日，由重庆市委宣传部、市委精神文明建设委员会办公室、市文化委员会等主办的"掌中万卷，阅享人生"全民手机阅读活动，在渝举行了发布会。此次活动推介了由重庆出版集团、重庆移动公司联合打造的数字阅读手机App"政企书屋"阅读平台和"点阅生活"阅读包。

商务印书馆推牛津英汉词典App

2014年5月16日，商务印书馆在京举行发布会，正式推出《牛津高阶英汉双解词典》App。《牛津高阶英汉双解词典》App是在纸质内容的基础上研发，提供了检索、读音、书签、考试词汇等增值服务，与同类数字产品相比，《牛津高阶英汉双解词典》App更注重内容品质，将权威、规范、实用放在首位。这款应用还收录了语法、不规则动词、牛津3000词、简历写作、信函写作、标点符号用法、数字用法等附录，为英语语法学习、文章写作等提供参考。

中国出版集团与中国移动达成合作

2014年5月27日，中国出版集团与中国移动在杭州签订战略合作协议，双方意在手机阅读和数字出版领域培育新的阅读品位、开拓新的业务领域。双方的战略合作涉及探索众筹出版新模式，奖线下的商务机会与互联网结合、让互联网成为线下交易的前台等3个方面。

中文在线、凤凰传媒、新华网注资天翼阅读

2014年7月21日，中国电信集团公司与北京中文在线数字出版股份有限公司、江苏凤凰出版传媒股份有限公司、新华网股份有限公司、天翼阅读文化传播有限公司在京举行天翼阅读引入战略投资合作伙伴签约仪式。中国电信将引入中文在线、凤凰传媒、新华网作为天翼阅读的战略投资者，通过资本运作打造新兴业务单元。中文在线、凤凰传媒、新华网3家共投资约1.39亿元人民币，占天翼阅读增资后20.7%的股权，其中中文在线是本轮最大的投资者。

湖南开启公益移动数字阅读平台建设

2014年9月3日，"书香湖南·数字阅读"公益移动阅读平台推广工作布置会在湖南长沙举行。湖南省青苹果数据中心向湖南省新闻出版广电局递交了《建设"书香湖南·数字阅读"公益移动阅读平台承诺书》，"书香湖南·数字阅读"公益移动阅读平台正式启动，湖南成为全国首个实现公益移动数字阅读的省份。平台同时开设"湖南地方特色资源库"，收录具有湖南特色的优质书籍；加入《农家书屋》栏目，服务农村地区、农业相关领域。

北京发行集团牵手中国移动"和"阅读丰富读者体验

2014年11月17日，"携手4G，共阅未来——中国移动北京公司与北京发行集团战略合作发布会"在北京图书大厦举行。双方确立在移动互联网产品与实体内容上进行创新式合作，为共同的客户提供更为新颖、丰富的阅读体验。双方主要聚焦于手机支付新功能及借助信息技术为读者提供多样化阅读体验。同时，中国移动北京公司与北京发行集团合作，正式推出北京移动积分兑换北京图书大厦电子券。中国移动"和"阅读收录了众多特约书籍资源，读者通过"和"阅读可以畅享完整版高品质图书，第一时间享受到最新、最好的网络读物。

网络游戏大事回顾

腾讯5亿美元入股韩国游戏厂商

2014年3月26日，腾讯宣布与韩国上市公司CJ E&M达成战略合作，以5亿美元（约合5300亿韩元）购买CJ E&M旗下游戏公司CJ Games28%的股份，交易完成后，腾讯将成为CJ Games的第三大股东。CJ Cames于2011年10月成立，旗下的工作室开发了多款受到好评的移动游戏。此次合作后CJ Games将把交易中获得的资金用于投资游戏开发商，以获得更有竞争力的游戏产品，并会加速PC端和移动端游戏在全球的发展。

中韩就版权授权与游戏产业合作签约

2014年6月16日，"中韩版权授权及游戏产业合作签约仪式"日前在京举行。此次签约仪式由中国版权中心、韩国形象文化产业协会、韩国动漫艺术人协会、北京畅元国讯科技有限公司主办。签约后，中韩两国公司将携手在游戏、动漫、影视、表演、艺术品、创意商品等文化领域展开密切合作。

"中国游戏数码港"落户南京 打造产业生态圈

2014年4月25日，南京市政府副市长陈刚与国家新闻出版广电总局科技数字司司长张毅君正式签署了中国游戏数码港项目合作协议。中国游戏数码港是中国音像与数字出版协会和南京市人民政府合作在南京市仙林大学城共建的项目，该项目共分6个部分，包括：中国游戏科研实验中心、中国游戏产业网、中国游戏进出口结算中心、中国游戏进出口交易会、中国游戏科技馆和中国游戏产业园。南京市委书记杨卫泽和国家新闻出版广电总局副局长孙寿山共同为中国游戏数码港揭牌。

上海发布《2013年上海游戏出版产业报告》

2014年7月10日，上海发布《2013年上海游戏出版产业报告》。该报告显示，2013年上海游戏出版产业的整体销售收入达255.2亿元，比上年增长34.2%，约占全国销售总额的30.7%，保持产业高地地位和发源地优势。该报告显示，在上海游戏产业中，传统客户端网络游戏以169.7亿元坐拥66.5%的市场份额。网页游戏销售收入63.6亿元，市场占有率约为24.9%。同时，以智能手机游戏、平板电脑游戏为代表的移动游戏在2013年异军突起，市场份额已达8.6%，成为上海游戏出版产业新的增长点。

2014上海游戏精英峰会在沪举行

2014年7月10日，"2014上海游戏精英峰会"举行，会议主题为"新机遇、新探索、新活力"，数十家游戏企业代表与会。会上，上海市新闻出版局有关负责人和完美世界、腾讯科技、奇虎360、盛大、巨人等10余家游戏企业高层人员，就上海游戏出版产业以及全球游戏行业发展形势分享了观点。

第十二届中国国际数码互动娱乐展览会在沪开幕

2014年7月30日，第十二届中国国际数码互动娱乐展览会（ChinaJoy）在上海开幕。本届展会以"塑造世界游戏产业新格局"为主题，来自全球30多个国家和地区的近500家企业参展，共展出700余款游戏产品。展会期间同时举办中国国际数码互动娱乐产业高峰论坛、中国游戏商务大会、中国游戏开发者大会、世界移动游戏大会等系列活动，还发布了《2014中国游戏产业报告（1—6月）》。国家新闻出版广电总局党组书记、副局长蒋建国在开幕式上致辞。总局副局长孙寿山在随后举办的中国国际数码互动娱乐产业高峰论坛上作主旨讲话。

巨人移动与上海美术电影制片厂改编《黑猫警长2》手游

2014年9月15日，巨人移动宣布与上海美术电影制片厂达成战略合作。双方将对一批国产动漫经典进行改编并推出全新手游，首款游戏已确定为《黑猫警长2》同名手游。后续双方还将在游戏动漫领域展开深入合作。

微软游戏创新中心在河北廊坊启动

2014年12月5日，美国微软公司在河北省廊坊市大厂回族自治县建设的微软游戏创新中心正式启动。蓝蛙互动、尚掌等6家秉承原创与创新、具有发展潜力的游戏开发企业首期入驻。大厂微软游戏创新中心是微软公司继在上海建立游戏创新中心后，在中国建立的第二个以游戏创新为核心的企业孵化基地。

2014年"中国游戏产业年会"在海口隆重召开

2014年12月17日，第十一届"中国游戏产业年会"在滨海城市海口隆重召开。本届年会由国家新闻出版广电总局指导，中国音像与数字出版协会、海南省商务厅、海南省文化广电出版体育厅、海南省工业和信息化厅联合主办，中国音数协游戏工委和海南生态软件园投资发展有限公司联合承办，海口市人民政府、澄迈县人民政府协办。本届年会以"游戏·梦想的翅膀"为主题，共有4000多位来自政府、社会组织、游戏厂商的代表出席了本届中国游戏产业年会系列活动。

网络动漫大事回顾

中法企业合资成立漫画出版社

巴黎当地时间2014年3月20日,第34届巴黎图书沙龙开幕当天,漫友文化与法国众享传媒(达高集团),就双方共同出资在法国成立专业漫画出版社,正式缔结战略合作关系意向书。合资出版社将挖掘中国原创漫画的"潜力股",借助平面以及数字出版等方式与欧洲读者见面,同时还以中国原创漫画家为资源,结合法国的编剧优势,重点开发面向法语地区乃至整个欧洲漫画销售市场的作品,并通过巴黎将所运营作品版权输出至世界各地,开启一条面向整个西方世界的动漫"丝绸之路"。

第十届中国国际动漫节开幕

2014年4月28日,为期6天的第十届中国国际动漫节在杭州开幕。本届动漫节包括会展、商务、赛事、论坛、活动五大板块,举办53项活动,共有来自美国、日本、法国、俄罗斯等74个国家和地区的动漫企业、机构和代表来杭州参展。

海西动漫创意之都开园

2014年5月18日,福建海西动漫创意之都在福建长乐正式开园。海西动漫创意之都历经5年建设,由开发动漫创意研发生产基地、亲水滨海主题乐园、动漫学院3部分组成,集动漫创意研发、动漫教育、创意旅游等功能于一体。该项目的建设方为福建网龙网络有限公司。

第七届中国国际漫画节在广州开幕

2014年9月28日,由国家新闻出版广电总局和广东省人民政府共同主办,广州市人民政府、广东省新闻出版广电局承办,广州市文化广电新闻出版局执行的2014第七届中国国际漫画节在广州星海音乐厅拉开帷幕。本届漫画节组委会设置了推介交易、竞赛评奖、娱乐消费、研讨交流、群众活动5大单元。活动主要包括漫画节开幕暨金龙奖颁奖典礼、品牌授权展、动漫游戏展、中国漫画家大会、"二战"漫画主题展、COSPLAY大赛、动漫高端讲座等。举办了第11届金龙奖颁奖典礼以及第八届中国漫画家大会。

第六届中国西部动漫文化节在渝举行

2014年9月30日至10月4日,由国家新闻出版广电总局、重庆市人民政府联合主办的2014第六届中国西部动漫文化节在重庆南坪国际会展中心举行。本届动漫文化节以重庆南坪国际会展中心为主展场,九龙坡区、江北区等6个主城区为分展场,有特装展位29个、标准展位120个、同人及创意集市展位148个,包括文化创意产业论坛、产品展销、文化创意人才招聘会等五大主题16项活动。本届动漫节汇聚了动漫、漫画、玩具衍生品等10大类、近3万种动漫创意品展出销售,1000余家国内外知名动漫企业参展。

中国文化艺术政府奖第二届动漫奖在京揭晓

2014年10月21日,中国文化艺术政府奖第二届动漫奖颁奖仪式在北京举行。中国文化艺术政府奖动漫奖是经中央批准,由文化部在中国文化艺术政府奖中增设的国家级奖项,与文华奖、群星奖并列,是我国动漫产业的政府奖、最高奖,每3年评选一次,每次设立30个奖项。

第九届中国国际大学生动画节在京举行

2014年10月23日至27日,中国传媒大学与爱奇艺联合主办的第九届中国(北京)国际大学生动画节在京举行。《天外有天》等9部作品获得最佳动画短片奖、最佳动画导演奖等奖项。本届动画节共收到来自全球30多个国家和地区递交的1200余部作品，经过美国、法国、荷兰、波兰、韩国以及我国的12位动画专家的公证评审，确定了最终获奖作品。此外，本届动画节还汇集了国内外多项高端动画节展。

第八届亚洲青年动漫与数字艺术大赛贵阳举办

2014年12月5日至7日，由贵州省新闻出版广电局、贵州省文化厅等部门共同主办的第八届亚洲青年动漫与数字艺术大赛暨中国（贵阳）国际动漫博览会在贵阳际会议展览中心举行。亚青动漫大赛是亚洲动漫协会发起的一项动漫文化交流活动，也是国际上唯一以青年为主体的动漫活动。

视频大事回顾

迅雷与首都版权产业联盟在京签约

2014年5月12日，深圳市迅雷网络技术有限公司与首都版权产业联盟在京举行"CC2014中国互联网版权保护行动计划暨迅雷—首都版权产业联盟技术合作签约仪式"，双方宣布在互联网版权保护领域展开技术合作，共同推动中国互联网正版内容。迅雷公司配合首都版权产业联盟和北京版权保护中心，依托北京版权资源信息中心平台，初步完成了互联网传播视听作品的版权监测流程和互联网数字发行版权监测系统的开发工作。

首届网剧行业峰会举办

2014年9月23日，由爱奇艺主办、以"视频进化论"为主题的2014中国首届网剧行业峰会在京举办。2014年被称为网剧元年。峰会与会嘉宾认为，视频网站的集体发力，传统影视行业巨头、知名编剧、导演的强势入局，多元化题材全面爆发，结合大平台、大覆盖、大数据优势，网剧或将引领未来10年影视内容的发展方向。峰会上，爱奇艺还发布了2015网剧合作计划，成立了"爱奇艺优秀网剧剧本奖励基金"，首期基金5000万元，用以挖掘优质的剧本资源。

阿里优酷土豆在京举行联合战略发布会

2014年10月30日，阿里巴巴集团和优酷土豆集团在京举行联合战略发布会，双方宣布展开全面合作。优酷土豆和阿里的合作将文化娱乐消费行为与产品服务消费行为紧密结合。双方将致力于实现"屏幕即渠道、内容即店铺"的畅想，在文化娱乐、商务和支付等方面产生协同效应，合力打造O+O（线上+线下）的模式。

数码印刷大事回顾

江西首家国家印刷包装产业基地揭牌

2014年3月24日，江西首家国家印刷包装产业基地——赣州吉安国家印刷包装产业基地（赣州基地）在赣州揭牌。这是江西省第一个上升为国家级的印刷包装产业基地，也是继上海金山国家绿色创意印刷示范园、西安国家印刷包装产业基地之后，原新闻出版总署批复的又一印刷产业基地。赣州吉安国家印刷包装产业基地（吉安基地）同日揭牌。基地规划用地5500亩，分三期实施。

西部首个国家级纸包装产业基地落户重庆

2014年5月27日，我国西部唯一国家级纸包装产业基地——中国西包生态产业园在重庆市璧山县开工建设。该项目总投资23亿元，投产后可实现年产值50亿元。该产业园被中国包装联合会正式认定为"中国新型纸包装产业试验基地（重庆）"

7项印刷国家标准6月1日起实施

2014年6月1日,《印刷技术术语第8部分：数字印刷术语》等7项印刷国家标准开始实施。《印刷技术术语第8部分：数字印刷术语》《数字印刷的分类》是我国在数字印刷领域首次颁布的两项国家标准，确立了数字印刷方面的术语、规范；《精装书籍要求》《平装书籍要求》是在1999年发布的两项装订行业标准基础上的升级版，对各项指标提出了更高要求；《印后加工一般要求》《印后加工材料分类》对于各种装订方式与材料进行了通行规定；《印刷技术四色印刷油墨颜色和透明度第1部分：单张纸和热固型卷筒纸胶印》参照国际标准修改制定而成，是判定产品合格与否的基础性标准。

中国图书全球按需印刷启动仪式在京举办

2014年8月27日，中国出版集团公司及下属中国图书进出口（集团）总公司在第21届北京国际图书博览会上举办中国图书全球按需印刷启动仪式。国家新闻出版广电总局副局长阎晓宏出席启动仪式并致辞。中国出版集团公司总裁谭跃出席。

数字出版与数字印刷新业态发展国际学术研讨会

2014年8月28日，数字出版与数字印刷新业态发展国际学术研讨会在京召开，本届研讨会由中国印刷技术协会、北京印刷学院和全国高等学校出版专业教育指导委员会联合主办，中国图书进出口（集团）总公司、北京印刷学院新闻出版学院联合承办。研讨会上，国内外数字出版和数字印刷领域的专家学者就数字出版新业态发展热点、数字出版企业的探索与实践问题、数字印刷新业态发展的一些前沿学术、科技问题做了主旨发言。

2014年中国出版协会出版材料工作委员会年会暨绿色出版研讨会在河北举行

2014年9月25日至26日，2014年中国出版协会出版材料工作委员会年会暨绿色出版研讨会在河北保定举行。会议决定，未来将重点推动绿色出版倡议活动后续工作，大力推广、宣传、实践绿色出版。在推动绿色出版倡议活动后续工作时，中国版协材料委将已征集的"绿色出版、改变生活"征稿活动稿件在中国绿色信息网上发表。在同期举行的绿色出版研讨会上，北京市新闻出版广电局有关部门负责人解读了北京市在绿色出版方面的相关政策。

第五届国际柔性与印刷电子大会在京开幕

2014年10月21日，第五届国际柔性与印刷电子大会在北京开幕。这是全球唯一的在柔性与印刷电子领域的专业性学术会议，大会共筛选接受论文240篇，发表EI检索论文40多篇。来自中国、美国、加拿大等国家的400名代表参加大会。大会历时3天，将就10个专题进行口头报告93个、学术海报129个。与会代表将就柔性与印刷电子最新研究成果以及该领域面临的机遇与挑战等问题进行交流。

2014年绿色印刷推进会开幕

2014年11月3日,2014年绿色印刷推进会暨2014北京绿色印刷产业促进商务交流会在京开幕，2014年绿色印刷宣传周同期启动。会上发布了《2014年绿色印刷实施成果分析报告》。推进会首次通过网络进行直播。获得绿色印刷认证的企业数量目前已达716家。2014年秋季学期全国11亿册中小学教科书实现绿色印刷。全国1/3的出版社已采用绿色印刷方式出版图书。

2014年北京绿色印刷产业促进商务交流会举办

2014年11月4日至5日,2014年北京绿色印刷产业促进商务交流会举办。本届交流会以"京津冀协同促进绿色印刷产业发展"为主题，携手河北、天津地区印刷企业共同发展，探讨产业融合之道。本届交流会与绿色印刷宣传周同期举办，面向绿色印刷产业链上的出版社、设备商、材料商、印刷企业及社会各界客户。此外，本届交流会新增印刷增值展示和印刷与IT两部分展示。

第五届中国国际全印展在沪举办

2014年11月14至17日，由中国印刷技术协会、中国印刷科学技术研究院、杜塞尔多夫展览（上海）有限公司联合主办的第五届中国国际全印展在上海新国际博览中心举行。本届全印展以"新技术·新应用·新商机"为主题，紧扣行业发展热点，面对中国印刷业转型升级由大变强，聚焦自主创新，聚焦产业结构调整。展会举办了"2014中国印刷论坛&第十四届亚太印刷论坛""中国国际印刷创新高峰论坛""数码印刷在中国"技术高峰论坛与佳能感动常在"科印杯"亚洲数码印品大奖赛、"太阳杯"亚洲标签大奖及全球标签技术高峰论坛。

人民教育出版社印刷厂云数据中心项目圆满完成奠基及开工仪式

2014年11月25日，人民教育出版社印刷厂与北京华升兴业房地产开发有限公司的合作项目——"人民教育出版社印刷厂云数据中心"在北京市顺义区赵全营镇举行了奠基及开工仪式。该项目是在北京市云计算产业链的基础上，为生产型企业提供云存储等服务的云计算服务平台。项目建成后，该数据中心将成为北京市单体规模最大的云数据中心，也将是北京教育系统重要的云计算服务中心。

数字版权大事回顾

曹文轩儿童文学艺术中心在京揭幕

2014年1月10日，曹文轩儿童文学艺术中心揭幕发布会在北京图书订货会上举行。中心的成立，是天天出版社落实中国出版集团创新战略，对全版权运营模式的一次创新和探索。会上还发布了曹文轩儿童文学艺术中心LOGO，自2014年起，此LOGO将在全国各出版社出版的曹文轩作品上统一标示。该中心和相关单位在会上签署了数字出版、游戏、电影、培训等多方面的合作协议。

国际作者和作曲者协会联合会在华设区域总部

2014年1月15日，国际作者和作曲者协会联合会（CISAC）宣布：将其亚太区总部由新加坡迁至北京，并将致力于协调亚洲市场中作者权益之保护和提升，对区域内的集体管理组织给予支持。这是国际性知识产权组织第一次将其区域总部设在中国。CISAC成立于1926年，是全球性创作者协会的联合会，总部设在法国巴黎，致力于保护创作者的权益，推动全球版权特许使用收费的增长。

音集协发布国内首个卡拉OK正版曲库

2014年2月24日，在2014年第十二届中国（广州）国际专业灯光、音响展览会上，中国音像著作权集体管理协会发布国内首个卡拉OK正版曲库，并宣布向国内卡拉OK经营场所免费发放。卡拉OK正版曲库是音集协根据权利人独家授权委托广州宝声信息科技有限公司制作的，在卡拉OK经营场所进行营业性放映和表演的歌曲集合，是能够满足卡拉OK经营场所经营需要的歌曲库，曲库内容均符合国家法律法规要求，并加注音集协LOGO和唯一的检索编码。

2014CPCC中国版权服务年会在京举办

2014年2月26日至27日，由中国版权保护中心主办的2014CPCC中国版权服务年会在北京举办，本次年会以"整合·共赢"为主题，会议将围绕2014CPCC中国版权服务年会开幕式暨2013CPCC十大中国著作权人年度评选颁奖仪式；第四届DCI体系论坛——整合运营、应用推广；演艺版权研讨会；首届金融信息版权服务论坛；影视版权产业联盟论坛；2014CPCC 中国版权服务年会闭幕式等活动展开。国家版权局发布了 2013 中国版权十大事件。

影视版权产业联盟在京成立

2014 年 2 月 27 日，影视版权产业联盟在京成立，其官方网站也在当日上线。联盟由中国版权保护中心、中国电视艺术家协会、中国电影家协会共同发起，并召集影视版权创作生产机构、影视版权管理运营机构、播出放映机构、影视版权交易服务机构共同组建。联盟旨在推动以 DCI（数字版权唯一标识符）体系为核心的数字版权嵌入式服务在影视版权产生、流转、维权活动中的推广和应用；整合影视版权领域的各方优势力量，为行业发展提供更优质的保障，全力推动我国文化创意产业的繁荣和发展。

江西省局建设版权公共服务平台

2014 年 3 月 14 日，江西省新闻出版广电局正式启动省版权公共服务平台建设工作。该项目筹建小组由江西省局版权管理处牵头，成员单位有省版权保护中心、信息中心以及相关财务、监察等处室。江西省局拟以有效履行政府监管和公共服务职能、努力提高版权登记数字化水平为目标，以版权登记数字化和版权信息查询数字化为主要模式，建设集版权作品登记、版权信息查询二合一的版权公共服务平台。

2014 年北京知识产权宣传周启动

2014 年 4 月 26 日，北京市版权局和首都版权产业联盟共同主办了 2014 年北京知识产权宣传周主题活动暨第四届北京音乐版权保护与产业发展论坛。会议呼吁保护版权、鼓励创新，并就如何完善"中国正版音乐曲库交易平台"，共同推动正版曲库交易与合理分配进行了交流。

中国国家版权局与英国知识产权局召开 2014 年视频工作会议

2014 年 5 月 20 日，中国国家版权局与英国知识产权局联合召开 2014 年视频工作会议。双方就两国网络版权执法、各自法律法规的最新修订情况进行交流，并对中方今年访英计划、双方联合开展研究项目等相关活动交换意见。此次视频会议由中国国家版权局版权管理司副司长汤兆志和英国知识产权局国际政策司司长亚当·威廉斯共同主持。英国驻华大使馆知识产权专员汤姆·杜克出席。

海峡两岸版权保护与产业发展座谈会在福州举行

2014 年 6 月 18 日，海峡两岸版权保护与产业发展座谈会在福州举行。座谈会主题为"版权保护促进海峡两岸创意产业合作与发展"，由中国版权协会和福建省新闻出版广电（版权）局共同举办。来自中国文字著作权协会及福建、台湾、江苏、广东、成都、景德镇等各地版权协会的代表就版权保护促进两岸创意产业发展与合作的经验、建议、合作框架、成功范例等方面进行了交流。中国版权协会常务副理事长王国庆，中国版权协会秘书长、《中国版权》杂志社社长孙悦等参加座谈会。

安徽省数字版权保护平台正式上线

2014 年 7 月 9 日，安徽省数字版权保护平台正式上线运行。该平台具备实时监测、智能分析、证据锁定、侵权在线处理等功能，是一个面向移动互联网的版权保护平台。该平台涉及文字、影视、音乐、游戏、软件等领域的版权保护，采用了国际领先的数字水印、数字指纹、数据源挖掘等技术，不仅能对文化作品的版权使用进行跟踪监测，还可以及时发布版权归属、侵权信息、维权代理、案件进程等信息。

中国文字著作权协会与英国著作权许可代理机构在京签署合作协议

2014 年 9 月 2 日，中国文字著作权协会与英国复制权集体管理组织——英国著作权许可代理机构（CLA）在京签署了合作协议。在英国境内，CLA 向超过 3.9 万个组织发放授权并收取版权费，本次合作协议签署后，CLA 将保证英国的这些相关组织每次影印和数字化复制中国权利人作品时，中国权利人都可公平地获得报酬。

2014 年国际版权论坛在成都举办

2014 年 9 月 15 日，由世界知识产权组织（WIPO）与中国国家版权局共同主办，成都市人民政府、四川省版权局协办的 2014 年国际版权论坛在成都拉开帷幕。本届论坛以"版权、创新与发展"为主题，旨在汇集海内外版权界杰出代表，共同探讨版权保护新理念和新模式，寻求版权发展新超越和新突破。中国国家版权局副局长阎晓宏、世界知识产权组织副总干事王彬颖出席开幕式并致辞。国际版权论坛是 WIPO 与中国国家版权局打造的国际性版权会议。

西部国家版权交易中心在西安成立

2014 年 10 月 23 日，经国家版权局正式批准设立的西部地区唯一一家国家级版权贸易机构——西部国家版权交易中心在西安揭牌成立。西部国家版权交易中心由陕西省版权局依托陕文投集团西安电视剧版权交易中心建设并运营。该交易中心将采用市场化运营模式，构建涵盖文学艺术、新闻出版等领域的版权交易体系。通过打造版权信息交流平台、版权交易服务平台、版权投融资平台、版权专业服务平台，提供文字、图片、影视等多个门类的版权交易服务，同时开展行业咨询、市场调查、项目推荐、产业园运营等业务。

第二届中国互联网新型版权问题研讨会在京举办

2014 年 10 月 24 日，中国版权杂志社联合腾讯互联网与社会研究院在京举办第二届中国互联网新型版权问题研讨会。国家新闻出版广电总局副局长、国家版权局副局长阎晓宏作书面讲话。针对深度链接涉及的法律问题，北京市朝阳区法院知识产权庭庭长林子英、北京市高级人民法院知识产权庭法官石必胜、清华大学法学院副教授崔国斌等分别在会上作了主题发言。国家版权局版权管理司副司长汤兆志出席会议并作总结，来自版权相关单位的 100 余人参加了会议。

国家版权贸易基地（上海）落户自贸区

2014 年 11 月 13 日，国家版权贸易基地（上海）揭牌仪式在上海自贸区举行，这是长三角区域第一家国家级版权贸易基地。国家版权局版权管理司司长于慈珂、上海市委宣传部副部长朱芝松、上海市版权局局长徐炯，以及政府相关部门负责人、专家学者、众多版权企业代表参加揭牌仪式。来自法国、德国、俄罗斯、美国等多国艺术家和授权企业将携千余件授权作品进行广泛交流。

第七届中国版权年会在京举办

2014 年 11 月 15 日，以"跨界、融合、创新、共赢——大数据时代的文化与版权"为主题的第七届中国版权年会论坛在京举行，本届年会由中国版权协会主办，还举办了 2014 年中国版权协会会员大会暨年度评选颁奖大会。国家新闻出版广电总局（国家版权局）副局长、中国版权协会理事长阎晓宏，国家互联网信息办公室副主任彭波在论坛上致辞。

华中版权交易中心有限公司成立

2014 年 12 月 29 日，华中国家版权交易中心有限公司在武汉正式挂牌成立，以华中国家版权交易中心为依托，联合中国南山开发集团、华中科技大学出版社共同组建而成。公司通过线上、线下等多种交易方式和途径，把版权交易活动向网络空间拓展延伸，搭建集版权展示、交易、投融资及各种商务活动为一体的平台。

首都版权产业联盟软件工作委员会成立

2014 年 12 月 30 日，首都版权产业联盟软件工作委员会宣告成立并召开了第一次会员大会。大会表决通过了《首都版权产业联盟软件工作委员会章程》，选举了理事和常务理事。北京市主要软件企业及版权服务中介机构、法律维权机构、行业专家、大学院系、版权保护宣传媒体等共计100余家单位和个人成为软件工作委员会首批会员。

音像电子大事回顾

中国音像代表团参加2014国际音乐交易博览会（MIDEM）

2014年2月1日，第48届国际音乐交易博览会（2014'MIDEM）在法国南部滨海城市戛纳拉开帷幕，为期4天的博览会为全球音乐产业所瞩目，吸引了来自全球6000多位音乐公司、知名品牌的专业人士及新锐艺术家的参与。中国音像与数字出版协会连续第六年组织中国音像代表团参展，将中国特色音乐文化带到音乐与唱片交易的国际盛大集会上，为中国音乐奏响了"走出去"的乐音。

《国家音响、视频、灯光、智能化系统集成工程设计系列丛书》编委会工作会在京举行

2014年3月19日，由中国音像与数字出版协会和电子工业出版社组织的《国家音响、视频、灯光、智能化系统集成工程设计系列丛书》工作会议在北京华信大厦举行，音像与数字出版协会常务副理事长兼秘书长王炬、出版社社长敖然，以及电子社副社长王传诚、副总编赵丽松和协会副秘书长朱禾参加会议，来自音视频、灯光行业的专家、生产和工程企业代表近50位代表出席会议。

"音乐产业发展基金"（暂定名）筹建组赴上海考察，推动基金尽快建成落地

2014年9月12日，中国音像与数字出版协会音乐产业促进工作委员会秘书长、"音乐产业发展基金"（暂定名）筹建组组长汪京京，中国音像与数字出版协会音乐产业促进工作委员会首席金融顾问、"音乐产业发展基金"副组长符学东以及基金筹建组部分成员赴上海市虹口区、静安区进行考察，积极推动"音乐产业发展基金"的落地建成工作。

中国音像与数字出版协会音视频工程专业委员会代表团赴美参加AES137届大会

2014年10月9日至12日，中国音像与数字出版协会常务副会长兼秘书长王炬、音视频工程专业委员会常务副理事长王建初及副理事长兼秘书长赵炳崑等一行7人赴美参加了在美国洛杉矶举行国际音频工程师协会（AES）第137届年会。在为期3天的会议上就扩宽的网络音频、电影电视音频、超高清音频（即：高分辨率音频）、心理控制的音乐音频及下一代个性化互动音频等进行了技术交流，还来自几十个国家的AES会员单位在展会上进行了新设备展示和新技术推广。

我国首部《音乐产业发展报告》发布会在京举行

2014年11月6日，由国家新闻出版广电总局指导，中国传媒大学主办，中国音像与数字出版协会音乐产业促进工作委员会、中国传媒大学艺术学部音乐与录音艺术学院承办的《2014中国音乐产业发展报告》发布会在中国传媒大学举办。国家新闻出版广电总局管理司巡视员朱启会，中国传媒大学副校长袁军，中国音像与数字出版协会常务副理事长兼秘书长王炬等200多位业界人士和嘉宾出席了会议。

其他大事回顾

第三届中国出版政府奖揭晓

2014年1月2日，第三届中国出版政府奖正式揭晓，奖励数额总计236个。《中国共产党历史·第二卷》等56种图书获图书奖，《纳米研究》等20种期刊获期刊奖，《新世纪强军路》等20种作品

获音像电子网络出版物奖,《中国标准草书大典》等10种作品获印刷复制奖,《剪纸的故事》等10种作品获装帧设计奖;辽宁人民出版社等50家单位获先进出版单位奖;于华刚等70名个人获优秀出版人物和优秀编辑奖。还评出了229种优秀出版物奖提名奖。

2014中国数字传媒和阅读产业创新大会在京举行

2014年1月10日,2014中国数字传媒和阅读产业创新大会在京举行,大会以"悦读中国梦"为主题。会上,中国移动"和阅读"品牌正式亮相,并发布2014年"和阅读"产业合作与产品发展新战略,推出"和阅读榜中榜"。中国移动方面表示,将加强内容、4G阅读、一省一报、行业市场、能力开放五大领域的创新,持续推动手机阅读规模发展。

中国出版发行交易云平台在北京图书订货会上亮相

2014年1月11日,国内首个基于云计算技术、面向出版发行行业全产业链的全国性电子商务云平台"中国出版发行交易云平台"在2014北京图书订货会上亮相。云平台项目一期工程中国出版发行在线交易中心于2013年上线,目前已进入运营阶段。云平台将采取促进行业链信息交换共享、以互联网+商业技术优化供应链、聚合资源创新价值等举措,助力行业供应链优化,打通行业上下游藩篱,促进行业分工。

海南建中国首个数字互联网城市

2014年2月27日,海南国际旅游岛先行试验区管理委员会与阿里巴巴集团在海口正式签署战略合作协议。双方重点在信息产业、文化创意产业等领域展开重点合作,在先行试验区建设中国首个数字互联网城市、艺术街区等项目,规划总投资50亿元人民币。

贵州·北京大数据产业发展推介会在京举行

2014年3月1日,由贵州省人民政府主办的"贵州·北京大数据产业发展推介会"在北京中关村举行,当天共有35个项目进行了集中签约,项目投资总额560.11亿元。其中,云应用与服务类项目13个,投资总额为172.7亿元。到2017年,贵州将力争引进和培育30户大数据龙头企业,集聚500户创新型大数据相关企业,引进和培养高端人才5000多名,建设全国领先的大数据资源中心和大数据应用服务示范基地。

青岛国家数字出版产业基地正式运营

2014年3月21日,青岛国家数字出版产业基地在青岛海尔文化馆授牌并正式运营。这是国家新闻出版广电总局成立后批准设立的第一家国家级产业基地。青岛国家数字出版产业基地正式运营后,重点发展终端研发生产、传统出版数字化、网络教育培训、动漫游戏产业、网络原创文学、技术创新研发和公共文化服务等产业,实施大项目带动战略,以人机交互智能电视应用平台项目、数字社区项目、应用商城项目等17个重点支撑项目,推动基地的建设发展。

2014年数字出版管理工作会暨MPR技术产业推广应用工作现场会在西安举行

2014年3月26日至27日,2014年数字出版管理工作会暨MPR技术产业推广应用工作现场会在西安举行。国家新闻出版广电总局副局长孙寿山发表讲话。数字出版司司长张毅君,副司长宋建新、谢俊旗分别就数字出版发展、网络出版监管及科技与标准化等具体工作进行了部署和说明。与会代表在陕西出版集团泸灞基地现场观摩学习了陕西出版集团MPR技术应用的有关情况,并对MPR技术标准、推广前景进行了讨论。全国各地新闻出版广电局数字出版相关负责人参加了会议。

中国文化海外传播动态数据库平台发布

2014年3月29日,中国文化海外传播动态数据库平台系统发布。该数据库包括76种语言,旨在通过对中国文化海外传播数据进行收集和分析，为国家制定文化发展战略、推动文化走出去提供决策咨询。该数据库是北京外国语大学承担的大型项目，项目内容主要包括"中国走出去数据库""世界看中国""综合分析""效果评估"等几大板块，以期全面展现中国文化在外部世界传播和接受的真实情况，进而对各类数据进行分析、研究，形成多种调研报告。

书香中国暨北京阅读季活动启动

2014年4月19日，2014年书香中国系列阅读活动暨书香中国·第四届北京阅读季启动仪式在北京工商大学良乡校区举行。国家新闻出版广电总局党组书记、副局长蒋建国，北京市委副书记、市长王安顺等在启动仪式上致辞，并共同按下启动键。国家新闻出版广电总局副局长阎晓宏、孙寿山，北京市委常委、宣传部部长李伟，北京市副市长杨晓超，中宣部出版局局长郭义强等出席启动仪式。北京阅读季于2014年正式更名为"书香中国·北京阅读季"。

第十届文博会在深圳举行

2014年5月15日至19日，第十届文博会在深圳会展中心举行。位于7号馆的新闻出版馆设数字出版、传统出版2个展区，集中展现出版业的传承与变革，并举办一系列签约仪式及文化活动。新闻出版馆展出面积7500平方米，共有133家单位参展，其中，文化产业核心层企业占88.72%，紧密层企业约占8.3%，参展企业中95%以上为所在行业的龙头企业和品牌企业。

网易以MOOC形式进入在线教育领域

2014年5月14日消息，网易云课堂与"爱课程网"合作的"中国大学MOOC（大型开放式网络课程）"项目正式上线。该项目旨在推广教育部国家精品开放课程任务，打造在线教育的"中国梦"。"中国大学MOOC"项目是网易以MOOC形式进入在线教育领域的重要举措。首批上线的课程来自16所高校的56门课程，涵盖了北大、浙大、中科大、复旦、哈工大、国防科大、武汉大学等知名高等学府。

"中华民族文化经典学术著作数据库"亮相

2014年5月15日，由上海世纪出版集团携手台湾汉声出版公司、香港今日出版有限公司共同打造的"中华民族文化经典学术著作数据库"，在第十届文博会上亮相。该数据库图书总规模约3000种，由国内民族学、民俗学和民间文化理论研究领域的60多位专家筛选、推荐、审定，并撰写推荐语。采用最新的数字技术和网络技术，形成规模效应，面向世界集中展示和传播中华民族的优秀文化。该数据库由国家新闻出版广电总局首批数字出版转型示范单位上海故事会文化传媒有限公司担任具体执行单位。

哈工大社推数学数字出版应用一体化平台

2014年5月15日，哈尔滨工业大学出版社推出"数学数字出版综合应用一体化平台"。"数学数字出版综合应用一体化平台"是该社应用同方知网的"腾云数字出版解决方案"打造的全新平台，产品融专业数学、数字出版、数学教育、知识服务于一体，实现了对本社图书出版资源的二次开发。"数学数字出版综合应用一体化平台"对碎片化内容资源进行知识挖掘和动态重组，向用户提供电子商务、数学知识导航、数学知识检索、在线学习、在线题库、在线互动以及个性化定制等服务。

人民交通出版社推出"交通运输专题知识库"和"U阅通"

2014年5月15日，人民交通出版社作为首批数字出版转型示范单位参展第十届文博会，通过实物展示、互动演示等形式，展示了最新的数字出版成果。交通社通过PC、平板电脑、智能手机以及LED屏显示等形式，集中展示了"交通运输专题知识库"和"U阅通"两大系列数字产品，以及中国交通运输知识服务数字出版平台和交通运输标准服务平台等互联网出版平台，并邀请参观者参与模拟安全驾驶闯关互动游戏，感受数字出版带来的全新体验。

新媒体重点联合实验室筹建工作会在京召开

2014年5月20日，经长时间调研、酝酿和筹措，中国音像与数字出版协会在京召开了新媒体重点联合实验室筹建工作会，在具备条件的单位中，本着自愿的原则遴选出部分企业开展了新媒体重点联合实验室的筹建工作。有8家企业经过专家评审，进入首批筹建名单。协会第一副理事长张毅君同志出席了筹备工作会，并代表协会与联合国教席教授、法国莫比斯中心主席阿兹玛赫女士签署了中法新媒体重点联合实验室合作意向书。

2014中国数字图书馆可持续发展研讨会在南京召开

2014年5月21日，由高等教育文献保障系统管理中心、江苏省高校图书情报工作委员会和北京方正阿帕比技术有限公司主办的2014中国数字图书馆可持续发展研讨会在江苏南京召开。来自全国的高校图书馆、公共图书馆、中小学图书馆的代表及全球合作伙伴等300余名代表出席了此次研讨会。与会者就我国数字图书馆如何在移动互联网飞速发展、读者阅读需求不断变化的情况下，不断提升图书馆的服务能力等内容开展了深入探讨。

海燕社MPR阅读实验基地落户幼儿园

2014年5月29日，海燕出版社MPR阅读实验基地在河南省实验幼儿园挂牌成立，海燕出版社还向该幼儿园捐赠了价值2万多元的MPR产品和低幼绘本图书。MPR出版物即具备多媒体复合数字出版形态的出版物，是一种将传统纸质书与现代多媒体数字技术相结合的新型可看可听的图书。通过一种小巧便携的电子阅读器点触图书，图书就会"开口说话"。海燕出版社作为全国试点唯一受邀出版单位，在全国新闻出版标准化技术委员会年会上，专题介绍了MPR应用经验。

中国西藏网数据中心成立

2014年5月29日，中国西藏网数据中心成立，并任命了首席数据官。这是中国第一家涉藏网络大数据中心。中国西藏网成立于2000年，是全球最大的涉藏新闻综合网站。在互联网技术快速迭代和大数据时代，打造"升级版"中国西藏网，提升网站影响力、公信力和舆论引导力尤为迫切。数据中心将通过数据建模，利用搜索引擎等技术组合手段，模拟用户访问的过程，依据分析结果，从而对运营的数据内容进行栏目细化，不断加大内容生产，建立科学的内容资源库。

青岛出版集团与北京印刷学院开展合作

2014年6月8日，青岛出版集团与北京印刷学院签署战略合作协议，双方将在科学研究、人才培养、品牌共建等方面开展深度合作。科学研究方面，双方将互为依托、相互支持，围绕共同关注的领域联合申报项目，共同承担科研课题，并积极开展学术交流合作，互通信息，相互学习。人才培养方面，双方将联合开展研究生定向培养计划、专业人才继续教育的培养模式，开展和促进多种形式的业务学习和学术交流活动。品牌共建方面，双方就积极推进北京印刷学院和青岛出版集团的品牌联合达成一致，合力创建"北印兰阁"品牌工作室。

列国志数据库会在京举行

2014年6月9日，列国志数据库发布暨国别国际问题研究资讯平台建设研讨会在京举行。这是由社会科学文献出版社打造的国内首个国别国际问题研究资讯平台。国家新闻出版广电总局副局长孙寿山、中国社会科学院副院长李扬等出席会议并致辞。列国志数据库包括国家库、国际组织库、世界专题库和特色专题库四大系列，共175个子库。除图书篇章资源和集刊论文资源外，列国志数据库还包括知识点、文献资料、图片、图表、音视频和新闻资讯等资源类型。

中青国际签约英国出版人集团

2014年6月18日，中青国际出版传媒（CYPI）与英国出版人集团（PGUK）在伦敦签署了建立商业战略合作伙伴关系的协议，双方达成商业战略合作伙伴关系。双方将利用中英两国资源，面向国际主流市场，协作出版发行中国文化艺术、当代建设和创意设计方面的系列图书。

出版业数字化转型升级专题培训班在京召开

2014年7月9日至12日中国音像与数字出版协会在北京举办了"出版业数字化转型升级专题培训"。此次培训是协会受总局数字出版司委托并获人事司培训处批准，为配合出版业数字化转型而举办的系列专题培训。中央各部门所属出版单位、北京市属出版单位和各地新闻出版单位的社长、总编、编辑部主任、数字出版部门主任等核心业务人员共110人参加本期培训。

首套国家级医学数字教材首发

2014年7月12日，由人民卫生出版社有限公司出版的我国首套国家级医学数字教材在内蒙古包头首发。此举标志着我国医学教育出版数字化开始步入纵深领域。该套数字教材以全国高等学校五年制本科临床医学专业规划教材为蓝本，总计出版53种。本次推出《系统解剖学》等4种。该教材入选"中国医学数字出版和国际化信息平台""中国医学教育数字出版平台"两个国家新闻出版改革发展项目库，并获得3200万元中央文化产业发展专项资金支持。

2014中国数字出版年会在京召开

2014年7月15日至16日，由中国新闻出版研究院主办的2014年中国数字出版年会在北京召开。本次年会主题为"融合、发展：互联网与新闻出版业的对话"，来自互联网行业的知名人士与新闻出版业的领军人对话，共商互联网与新闻出版业的融合发展。政府部门、出版集团、报业集团、期刊集团和数字出版企业相关负责人与会并作主题演讲。中宣部出版局副局长刘建生出席年会并致辞，总局数字出版司司长张毅君主持开幕式。来自国内出版传媒集团、新闻出版单位、数字技术企业、高等院校等相关单位的800余名嘉宾和代表出席了会议。

凤凰传媒8000万美元收购美国出版国际公司部分资产

2014年7月16日，凤凰出版传媒股份有限公司与美国出版国际公司在美国芝加哥举行资产交割仪式，凤凰传媒以8000万美元价格收购后者的儿童图书业务及其位于德国、法国、英国、澳大利亚、墨西哥等国的海外子公司全部股权和资产。通过这次并购，凤凰传媒获得美国出版国际公司丰富的电子有声儿童图书出版资源，并一举获得迪士尼等国际一流品牌形象的授权及其全球销售网络。

中国新兴媒体产业融合发展大会在京举行

2014年7月22日，中国新兴媒体产业融合发展大会在京举行，《中国新兴媒体融合发展报告（2013—2014）》同时发布。这是继2013年5月，新华社发布中国新兴媒体年度发展报告后，再次就新媒体行业发展形势发声。该报告聚焦融合发展，从趋势、创新、技术、应用、金融、安全、资本、产业、媒体、社会、管理等多角度入手，记录新兴媒体行业发展历程，解析行业发展趋势及热点，展望未来中国新媒体融合发展走向，并对促进融合发展提出建议。

首届全球数字娱乐IP合作大会在沪举行

2014年8月1日，全球数字娱乐IP（知识产权）合作大会在上海举行。这是全球首个汇集诸多数字娱乐IP合作和授权相关领域商业合作话题探讨的国际性IP大会。大会邀请国内外游戏、影视、动漫、文学出版以及法律等领域的专家、学者及企业高层，通过演讲、座谈等形式，广泛探讨相关话题，为数字娱乐行业的国际 IP 合作搭建平台。

出版业数字化转型升级专题培训班在湖北召开

2014 年 8 月 8 日至 10 日中国音像与数字出版协会在湖北武汉举办了"出版业数字化转型升级专题培训"。此次培训是协会受总局数字出版司委托并获人事司培训处批准，为配合出版业数字化转型而举办的系列专题培训。参加本期培训有河南省、湖北省、湖南省、广东省、海南省、江西、广西壮族自治区和云南 8 个省区、自治区所属图书、报刊出版单位社长、总编、编辑部主任、数字出版部门主任等核心业务人员共 90 人。

人民教育出版社数字教育资源广东省落地仪式在穗举行

2014 年 8 月 17 日，人民教育出版社数字教育资源广东省落地仪式在穗举行。广东省出版集团与人民教育出版社联手，共建基础教育优质数字资源，为广东省广大师生提供信息化环境下教与学的解决方案。此次人教版与粤版数字教育资源在广东整合落地后，由广东省出版集团数字出版有限公司提供全方位撑。

商务印书馆与斯普林格结成战略合作伙伴

2014 年 8 月 27 日，商务印书馆与德国斯普林格出版社战略合作签约仪式在中国国际展览中心（新馆）举行。此次合作将进一步促进斯普林格和商务印书馆之间的相互授权和对出版内容的共同开发。签约仪式上，商务印书馆授权斯普林格出版《中国道路与新城镇化》的英文版，以及赵树凯"农民三部曲"的英文版。

中华基本史籍知识库项目启动

2014 年 8 月 27 日，中华书局与英国出版科技集团正式启动双方合作项目，由英国出版科技集团的中国合资公司——英捷特开发建设"中华基本史籍知识库"的内容管理与发布平台以及相应的数字出版业务管理系统，从而实现中国古籍经典文献数字出版的全流程管理和控制，并通过对接海外成熟的专业营销渠道平台，最大程度推动中国古籍经典和学术文献的"走出去"和数字化运营。

第二十一届北京国际图博会在京举办

2014 年 8 月 27 日至 31 日，第二十一届北京国际图书博览会（简称图博会）在中国国际展览中心新馆举办。本届图博会展览面积 53600 平方米，共设 4 个展馆。参展国家和地区 78 个，参展商 2162 家。本届图博会主宾国是土耳其。图博会期间，还举办第八届中华图书特殊贡献奖颁奖仪式、第二十一届图博会开幕式、2014 年北京国际出版论坛等 3 场重要活动，2014 国际版权贸易研修班、BIBF10+10 国际出版人会议等品牌活动，以及相关座谈会等。

中版集团数字传媒与美俄企业签约

2014 年 8 月 28 日，中版集团数字传媒有限公司在第 21 届北京国际图书博览会上分别与奥林公司（美）、俄罗斯聪明玛莎出版社和瑞奇集团举行合作签约仪式。中版集团数字传媒有限公司与奥林公司签署了《"思耐普"软件独家代理协议》。这套软件可以帮助出版社以较低的成本便捷地大量制作交互 App 应用。与聪明玛莎出版社及瑞奇中国合作，主要致力于"开心球"电子书俄语版的研发和在俄罗斯市场的销售。

人教社与华师共建教育数字出版实验室

2014 年 9 月 13 日，人民教育出版社与华中师范大学签署战略合作协议，双方共享资源，优势互补，共建教育数字出版联合实验室。教育数字出版联合实验室瞄准学习资源数字出版这一重要的学习资源未来发展方向，围绕学习资源数字出版、信息技术学科教学应用、云端一体化学习服务开展一系列关键技术研究和资源、工具开发，并联合培养学习资源数字出版方向的青年骨干人才，在关键技术研究、产品开发、人才培养以及行业标准制定等方面开展全面合作。

首届中国—东盟网络空间论坛举行

2014年9月18日，由国家互联网信息办公室与广西壮族自治区人民政府共同举办的首届中国–东盟网络空间论坛在广西南宁开幕。本届论坛的主题为"发展与合作"，并设有"互联网基础设施建设与数字鸿沟缩小""网络经济发展与国际合作"等4个分议题。来自中国及缅甸、柬埔寨、印度尼西亚、老挝、泰国、马来西亚、新加坡、文莱、菲律宾、越南等东盟10国的政府、企业和学术界代表以及30多家中国著名互联网企业参加了本届论坛，并签署多项合作协议。

外文局联合中国移动拓展数字教育市场

2014年9月23日，中国外文局所属华语教学出版社与中国移动手机阅读基地共同打造的《手机报——方洲新概念作文》正式上线。该报依托华语教学出版社在"方洲新概念"图书出版积累的内容资源和专业人才队伍，面向7—18岁的中小学生，提供贴近实际的阅读与写作内容。该手机报包括美文阅读、名家赏析、名师辅导、佳作展示、精彩素材等多个栏目，致力于传递"精品阅读、轻松写作、美的享受"理念，帮助中小学生提高写作水平。

中韩出版人论道数字教科书出版

2014年9月25日，第十届中韩教科书研讨会在人民教育出版社召开。本届教科书研讨会主题为："数字教科书的现状与未来展望"，中韩出版相关专家学者围绕这一主题分别从两国的现实状况作了深入的介绍。与会人员还就中韩两国数字教科书的国家推进计划、经费来源、实验科目选择、数字教科书与纸质教科书的关系、数字教科书在课堂教学中的地位与作用等问题进行了交流与研讨。

中南重工跨界文化传媒产业

2014年10月10日，中南重工发布公告称与芒果传媒有限公司等共同发起设立"芒果海通创意文化投资基金（有限合伙）"，总投资额为5亿元，其中中南重工出资1亿元，占总出资额的20%。该基金围绕以原创内容研发为核心的综艺节目、音乐、电影、电视剧、游戏、移动互联网应用等传播创意进行投资，同时布局互联网和移动互联网发展的新媒体行业、网络文化产业、数字杂志业、数字报纸业、数字广播业、数字电影业等媒体产业及其他行业中具有发展潜力的企业。

第十四届中国网络媒体论坛苏州举行

2014年10月31日，以"加快融合发展，建设新型媒体"为主题的第十四届中国网络媒体论坛在苏州举办。与会者围绕媒体融合的现实路径、大数据时代的媒体运营、融合视角下的技术趋势等议题展开研讨。与会各方达成了包括"依法办网是网络媒体发展的基础""融合发展是打造新型媒体的路径""新型媒体是网络媒体发展的目标"等内容的《中国网络媒体苏州共识》。

传统文化"教育云"平台上线

2014年11月1日，国内首个传统文化教育技术平台——中华优秀传统文化"教育云"平台在京启动，由中国手游娱乐集团有限公司与中国国学文化艺术中心共同建立。该平台为配合教育部"十二五"课题研究成果《中华优秀传统文化教育全国中小学实验教材》在全国推广使用而设立，与传统文化课堂教学同步。在平台上，教师不仅可以借其辅助教学、布置自主性学习作业，还可以通过技术手段弥补各地区中小学缺乏国学系统课程和专业师资的不足。

国家网信办首次召集移动互联网业界座谈

2014年11月2日，国家互联网信息办公室在京召开移动互联网业界代表座谈会，学习宣传落实党的十八届四中全会精神，共同探寻推进网络空间法治化的"良方"。这是国家网信办成立以来首次召开移动互联网业界代表座谈会。来自中央新闻单位、中央新闻网站、新闻客户端、微博客网站、即时通信工具企业、应用商店企业、移动搜索企业、政务类公众账号和微信公众账号的相关负责人参会发言。

方正阿帕比牵手爱思唯尔共推医学信息服务

2014年11月7日，北大方正信息产业集团有限公司旗下方正阿帕比公司在京宣布与爱思唯尔签署战略合作协议，双方将在资源内容、技术、渠道、工作机制4个方面展开合作。未来，双方将组成联合工作小组，并就市场推广、品牌建设等方面的合作进行探索。

2014中国新媒体峰会在杭州召开

2014年11月7日，由浙江日报报业集团主办、传媒梦工场承办的2014中国新媒体峰会在杭州召开。峰会以"融合创新，预见未来"为主题，邀请相关领域专家学者解读媒体融合，共谋产业融合大未来。在本次峰会上，浙报集团首发《2014中国媒体融合趋势报告》，浙报集团传媒梦工场、中山大学传播与设计学院还联合发布了"中国新媒体影响力指数排行榜"，央视新闻与《南方周末》《人民日报》《壹读》《中国国家地理》等不同类型的20家媒体上榜。

首届国际数字出版大会在京召开

2014年11月19日，以"出版业的手持革命"为主题的首届国际数字出版大会在京召开。来自中国、美国、意大利、西班牙、巴西等国家的中外数字出版人士40余人。活动议题涵盖中国数字出版转型经验与思考、中美图书网络的对比、意大利少儿图书与数字出版、西班牙公司数字学习的发展概况、巴西的移动出版变革、韩国市场数字内容概况、尼日利亚数字出版的探索等。此次会议由北京希普思文化咨询公司和中国知网联合举办。

首届科技与出版融合高端论坛在杭州举行

2014年11月22日，由中国音像与数字出版协会、浙江大学、杭州国家数字出版产业基地主办，浙江大学出版社承办的科技与出版融合高端论坛在杭州举行。论坛的举办恰逢浙江大学出版社30周年社庆。国家新闻出版广电总局副局长孙寿山、浙江大学党委书记金德水出席论坛并讲话。

数字出版标识符专题研究启动

2014年11月26日，国家新闻出版广电总局数字出版司在京召开数字出版标识符研究座谈会。来自总局数字出版司、中国新闻出版研究院、出版物标识符注册中心、行业协会、高校等的专家，就"数字出版标识符研究"课题提纲提出意见和建议。此次座谈会标志着数字出版标识符专题研究正式启动。统一规范出版标识符对于加强数字出版行业管理、加速数字出版产品流通、提高数字出版版权保护、推动新闻出版内容资源深度整合具有重要作用。

重点民营网络文学网站骨干编辑人员培训班在京举办

2014年11月27日至30日，由国家新闻出版广电总局数字出版司组织的重点民营网络文学网站骨干编辑人员培训班在京举办。培训班从中央精神辅导学习、网络出版法规解读、内容编辑把关、网络文学创作、数字版权研讨等角度对重点网络文学网站骨干编辑人员进行了培训。来自全国各地29家网络文学网站的82名骨干编辑参加了培训，基本覆盖了当前市场有规模、有影响的文学网站。

世卫组织卫生信息和出版合作中心揭牌

2014年11月29日，全国高等医药教材建设研究会暨人民卫生出版社专家咨询委员会2014年年会在京召开。年会上,世界卫生组织卫生信息和出版合作中心在人卫社揭牌,与会的500多名代表围绕推动传统媒体和新兴媒体深度融合发展等主题进行了探讨。世界卫生组织卫生信息和出版合作中心在年会上揭牌,并成立专家委员会。合作中心将在国际图书出版、国际权威卫生信息传播、数字出版等领域与世界卫生组织开展深入合作。

首都版权产业联盟与浦发银行开展战略合作

2014年12月11日,首都版权产业联盟与浦发银行北京分行在第九届中国北京国际文化创意产业博览会现场举行了"版权产业金融创新服务平台战略合作协议"签约仪式。双方将为版权联盟会员单位提供股、贷、债等版权金融创新服务,为版权联盟的版权交易平台提供金融支撑服务,并在筹建北京版权产业基金等三大领域展开紧密合作。北京市新闻出版广电局副局长、市版权局副局长、首都版权产业联盟主席王野霏,浦发银行北京分行行长崔炳文代表双方签署协议。

上海新闻出版职业教育集团成立

2014年12月20日,上海新闻出版职业教育集团正式成立。职教集团成立后,将优化整合全市新闻出版职业教育资源,创新新闻出版职业教育发展模式,更好地为上海乃至全国培养高素质高技能型新闻出版人才。上海新闻出版职业教育集团由上海市新闻出版局、上海出版印刷高等专科学校等单位牵头组建。首批参加的单位有40家。职教集团是一个按照平等原则、自愿结合的非营利区域联合性教育组织,集团成员原有的单位性质和隶属关系不变。

2014中国文化产业峰会在吉林召开

2014年12月20日,东北亚区域发展"2014中国文化产业峰会"在吉林省长春市吉林动画学院文化艺术中心国际会议厅召开。此次峰会由吉林动画学院、吉林纪元时空动漫游戏科技股份有限公司承办,大会设立了文化产业投资、动漫、影视等论坛,就文化产业的融资渠道,对外培养和文化融合的微观产业等问题展开讨论。峰会邀请到各相关领域人士与会,就"促进网络新型消费""政府在扶持文化产业发展方面的政策支持""促进区域经济与产业聚集链式发展"等话题进行探讨与交流。

中国数字出版联盟成立

2014年12月27日,中国数字出版联盟成立大会暨第一届全体理事大会在京召开。联盟共有63家成员单位。参加联盟的出版社覆盖了综合性和专业性出版社、中央和地方出版社、出版企业和出版事业单位、国有和民营出版企业、大学出版社和其他出版社等各方面。大会通过了《中国数字出版联盟章程》《图书数据库产品评价指标》《数字版权资源交流使用规则》等规章,选举出100名理事,人民出版社社长黄书元当选联盟理事长。

2015年音像与数字出版大事回顾

电子图书大事回顾

2015全民数字阅读人文大讲堂启动

2015年1月16日,在首都图书馆新馆举行的"全民数字阅读论坛"上,全民数字阅读联盟、2015全民数字阅读人文大讲堂正式启动。该联盟由中国新闻出版研究院、龙源数字传媒集团主办,首都图书馆、中国期刊协会、联通阅读基地、北京出版发行业协会、国民阅读研究与促进中心及300多家期刊社和出版社协办,北京、上海、成都等8个城市共同发起。

宁波建成首个地铁数字图书馆

2015年1月27日,宁波地铁数字图书馆正式投入运行。宁波轨道交通数字图书馆内置3000册精品图书、500集有声读物、20G中国传统文化经典资源库、100集经典影片,内置无线Wi-Fi环境,配备屏幕阅读、U盘下载和手机扫码3种享用资源的方式。

宁夏启动全民阅读数字平台建设

2015年2月2日,由宁夏回族自治区党委宣传部、自治区财政厅、自治区新闻出版广电局在2014年底立项建设的"书香宁夏·全民阅读"数字平台在银川启动。数字平台的建设旨在实现"书香宁夏、全民阅读、文化强区、人人有责、每人一个图书馆、随时阅读不犯难"的目标。平台由该区相关部门与北京中文在线数字出版股份有限公司合作搭建。

内蒙古呼和浩特推出"云借阅"服务

2015年2月12日,内蒙古呼和浩特市玉泉区图书馆推出"云借阅"服务。读者找到自己喜欢的图书、期刊,使用手机扫描"云借阅"触摸屏或者书刊上的二维码即可下载图书、期刊的数字版离线阅读。目前,读者通过"云借阅"可阅读热门图书和期刊2000册,图书馆每个月还会根据读者需求进行更新。

粤港澳古籍民国文献网上资源共享平台开通

2015年6月11日,广东省立中山图书馆、香港中央图书馆和澳门中央图书馆在各自网站互开网络端口,正式开通粤港澳古籍民国文献网上资源共享平台,推动粤港澳三地在古籍保护方面的交流与合作。该平台囊括粤港澳3家图书馆所藏的古籍民国文献和地方文献的全文数据,成为当前中国规模最大的古籍地方文献公益网站之一。广东省立中山图书馆首期110万页珍贵的古籍地方文献资源已在平台上线,免费供读者全文查阅。

技术内容平台联手打造阅读书城

2015年11月14日,东软云观信息技术有限公司分别与二十一世纪出版社集团、湖南少年儿童出版社、京东图书签署战略合作协议,共同构建K-12(从幼儿园到高三年级)阅读群体数字出版生态圈。东软云观与二十一世纪、湖南少儿社的战略合作内容主要集中在版权内容数字化、图书版权资源共享、线上线下联合推广等层面；与京东图书签署战略协议后，双方将联合运营由东软云观打造的"哪吒看书"App。

2015年重点网络文学网站骨干编辑人员专题培训班

2015年11月18日至20日，国家新闻出版广电总局数字出版司、人事司在京共同举办2015年重点网络文学网站骨干编辑人员专题培训班。此次参与培训的人员来自目前我国规模影响较大、市场份额较高的30家网站。培训期间，60余名学员深入学习了习近平总书记在文艺工作座谈会上的重要讲话精神以及相关中央文件精神，系统地了解了网络出版的相关法律法规，也全面熟悉了数字版权的相关知识。学员们还就网络文学发展的深层问题、网络文学内部的管理机制等话题进行了交流与讨论。

海峡两岸网络原创文学大赛揭晓

2015年11月23日，由中国出版集团主办的海峡两岸网络原创文学大赛在京揭晓，《星星亮晶晶》《萤火虫飞呀飞》获本届大赛"大佳银奖"，《狗事》《塞北塞北》《青果青》获"大佳铜奖"，《我的背后是祖国》等10部作品获优秀奖，"大佳金奖"空缺。大赛面向海内外华语作者，共收到有效参赛作品1086部。历经10个月的收集、整理和评审工作，文学评论家李敬泽、潘凯雄、白烨等对复审的200部作品进行了评定。

中国全民阅读网上线

2015年11月25日，由国家新闻出版广电总局指导、新闻出版总署信息中心建设管理的全国全民阅读工作网站"中国全民阅读网"上线仪式在京举行。"中国全民阅读网"是总局组织开展全民阅读的重要平台，是各地宣传展示全民阅读工作成果、分享交流先进经验的权威窗口，是"互联网+全民阅读"的基础支撑。网站具有上情下达、工作指导、资源整合、分享交流、意见征集、社会宣传等多项功能。

互联网期刊大事回顾

第九届中国期刊创新年会

2015年1月15日，以"创新·融合·发展"为主题的第九届中国期刊创新年会在京举行。本届中国期刊创新年会由中国期刊协会、中国新闻文化促进会、中国新闻出版研究院联合主办，出版发行研究杂志社承办。来自全国各出版集团、期刊集团、大型新媒体公司的主要负责人围绕期刊数字化转型，从期刊刊网融合的变革发展、运营创新模式、发展策略与实践等方面进行探讨。

全民数字阅读论坛暨Top100排行发布会在京举行

2015年1月16日，由中国新闻出版研究院和龙源数字传媒集团主办的"全民数字阅读论坛暨Top100排行发布会"在首都图书馆新馆报告厅举行。"2005—2014年数字阅读影响力期刊"和"首届全民数字阅读城市排行"也同期发布。来自《读者》《故事会》《三联生活周刊》《中国新闻周刊》《财经》《读书》等数百位期刊代表，来自北京、上海、深圳、南京、常州、武汉、成都等城市的代表参加发布会。首都图书馆、中央电视台《读书》栏目、中国期刊协会、北京出版发行业协会、联通阅读基地、中国北京出版创意园区等协办了此次发布会。

第五届两岸期刊研讨会在台湾举行

2015年6月23日至29日，第五届两岸期刊研讨会暨期刊展在台湾举行。研讨会由中国期刊协会和台北市杂志商业同业公会共同举办，从数字化出版、多媒体发展、平台载体以及广告新应用、新形态的商业模式、创新以及整合能力等议题切入，探讨如何创造更受欢迎的阅读新体验。期刊展精选大陆和台湾地区的知名畅销期刊在台北进行展览。

2015中国（武汉）期刊交易博览会

2015年9月18日至20日，2015中国（武汉）期刊交易博览会在武汉国际会展中心举行，并在宜昌、襄阳设立分会场。由国家新闻出版广电总局、湖北省人民政府、中国邮政集团公司联合主办，本届刊博会主题为"新常态、新融合、新发展"，举办了创新发展论坛、国际数字出版论坛、"一带一路"国际期刊出版论坛等，还围绕新常态下期刊产业发展主题，针对全球期刊业面临的诸多挑战，如何从单一媒体、传统媒体、平面媒体，向全媒体、新媒体、数字媒体转型，专门设置了数字时代的广告与营销、媒体未来的更多想象等多个平行分论坛。

全国党刊年会聚焦"互联网+"

2015年9月23日，互联网+党刊高峰论坛暨第六届全国党刊年会在京召开。本次大会由中国期刊协会党刊分会主办、北京支部生活杂志社承办、前线杂志社协办，全国44家省、市、自治区党委主管主办的省级党刊和党建类杂志社的社长、总编及采编骨干百余人参加，探讨在当前媒体多元化竞争日趋激烈的形势下，如何有效运用"互联网+"的手段，加快传统媒体和新媒体的融合发展，进一步提升党刊的传播力和影响力。

第十一届中国科技期刊发展论坛在青海举行

2015年9月24日，第十一届中国科技期刊发展论坛在青海省西宁市开幕。本届论坛主题为"融合发展：新常态下科技期刊的发展之路"。论坛上，杨卫、刘旭分别做了题为《走向转型期的中国科技期刊论文》《借鉴系统论与竞争力思想整体提升科技期刊质量》的主题报告。中国编辑学会会长郝振省、日本国家科技信息研究院知识基础信息部部长水野充也围绕科技期刊融合发展这一话题做了报告。

数字报纸大事回顾

陕西报业2015纸媒与新媒体融合发展研讨会在陕西西安召开

2015年1月30日，由陕西省报业协会主办的"陕西报业2015纸媒与新媒体融合发展研讨会"在陕西西安召开。本次研讨会旨在探讨纸媒如何持续发挥主流媒体舆论引导力，总结各报社与新媒体融合发展的经验，研究如何继续推动纸媒与新媒体融合发展。陕西主要报纸及报业新媒体的60余位媒体代表参加研讨会。

全国少儿报刊界研讨数字化转型

2015年4月27日至29日，中国少年儿童报刊工作者协会在重庆市召开第七届理事会第一次会长会议和第二次常务理事会议，会议围绕"创新·融合·发展——媒体融合背景下的少儿报刊数字化转型"主题展开学习讨论和交流。会议邀请数字出版转型发展较快的中国少年儿童新闻出版总社、少年先锋报社、英语周报社等单位代表进行了相关经验交流活动；会议还就少儿报刊如何进一步推动传统报刊与数字技术的融合发展等问题展开探讨。来自全国的61位常务理事代表参加了会议。会议由重庆少年先锋报社承办。

2015年中央报刊主管单位工作会议在京举行

2015年5月20日，国家新闻出版广电总局新闻报刊司在京举行2015年中央报刊主管单位工作会议。会议总结了2015年上半年中央报刊管理工作取得的成绩，并就进一步推动报刊管理各项工作任务的落实做出了部署。来自中央报刊主管单位的100余名相关负责人参加会议。

全国优秀少儿报刊座谈会在京召开

2015年6月23日，中宣部出版局、国家新闻出版广电总局新闻报刊司在京召开全国优秀少儿报刊座谈会。座谈会上，优秀少儿报刊代表获颁荣誉证书。同时，总局全民阅读活动办公室在中国儿童中心、青少年阅读体验大世界挂牌成立"全国少儿报刊阅读基地"，并向北京市一所小学和一家幼儿园捐赠了一批优秀少儿报刊。

首届党报评论融合发展论坛在京举行

2015年7月10日，由人民日报社主办的首届党报评论融合发展论坛在北京举行。来自中央宣传部、中央网信办、中国记协等部门的领导，以及中央新闻单位和全国31家省级党报的主要领导及评论业务负责人，共同探讨党报评论融合发展问题。论坛举行期间，与会嘉宾结合传统媒体与新兴媒体融合发展的时代背景，围绕"党报评论如何用好'金话筒'""当评论遇上'互联网+'""激发党报的'共同体意识'"等议题，进行讨论。

四川日报集团与阿里联合成立"封面传媒"

2015年10月28日，四川日报集团与阿里巴巴集团正式宣布成立"封面传媒"，建设一个强调"个性化定制"的新型主流媒体。作为一个移动媒体平台，"封面"将以新闻客户端为主打，以 The cover.cn 网站为基础，涵盖微博、微信、视频、数据、论坛、智库等，逐步推出多个垂直细分领域的产品矩阵：四川日报集团与阿里巴巴集团已联手组建全新的封面传媒有限责任公司，就"封面"传媒进行运营。

手机出版大事回顾

博雅出版论坛聚焦移动阅读

2015年4月25日，博雅出版论坛在京举办第18期活动，聚焦移动阅读。此次活动中，与会者围绕未来的阅读将呈现怎样一种形态、全民阅读时代移动阅读的未来面临怎样的挑战等话题展开交流，并分享了各自对于移动阅读发展的见解。活动由北京大学、外语教学与研究出版社等单位联合发起。

"书香中国e阅读"推广工程在京启动

2015年4月28日，"书香中国e阅读"推广工程在京启动。推广工程依托中国移动、中国电信和中国联通三大运营商的手机阅读平台，通过政府购买服务的方式，在北京、上海、广州等地选取1000万名进城务工人员，免费提供数字阅读服务。

天翼终端交易博览会在南京举办

2015年7月3日至5日，2015年天翼终端交易博览会暨高峰论坛在南京国际博览中心举办。本届博览会主题为"互联网+，智能为你而来"，是中国电信"互联网+"行动在产业生态层面的具体落实，重点聚焦智能终端、产业互联、可穿戴设备及智能硬件等领域，致力于打造支撑"互联网+"的产业生态圈。

网络游戏大事回顾

第四届全球移动游戏大会在京举行

2015年4月23日至25日，第四届全球移动游戏大会在北京国家会议中心举行。GMGC2015四场大会主题为：2020，岂止未来；合纵全球，有融乃大；进化·革命；伐谋·韬略。大会的八大会议板块包括开发者训练营、独立游戏开发者大赛等。来自全球40多个国家、超过2万名移动游戏业界精英参会。

中部游戏产业联盟在郑州成立

2015年6月6日，由河南云和数据联合发起成立的中部游戏产业联盟成立大会暨第一届一次会员代表大会举行。来自百度、360、腾讯、魔方等40多家游戏生产商及180余位联盟成员参加了成立大会。中部游戏产业联盟由掌趣、诺特、神游、云和等一批河南本土游戏企业联合北上广深及河南籍优秀游戏人发起，是河南省首个专业性游戏行业联盟，也是中部规模最大的游戏联盟。中部游戏产业联盟涵盖手游、页游、端游的研发和运营，以及测试、统计、知识产权等全产业链条。手游是联盟推动的核心和重点。

中国音数协游戏工委成立

2015年6月30日，中国音像与数字出版协会游戏出版工作委员会成立大会在京召开。会议表决通过了游戏工委规章、会费收取标准、财务管理办法、选举办法等，并选举产生了游戏工委领导成员。游戏工委是中国音数协2015年以来组建的第7个二级协会，之前已经组建了专业数字出版工委、大众数字出版工委、数字阅读工委、数字教育出版工委、音乐产业促进工委和电子出版工委。

2015年度中国游戏产业年会在海南省博鳌隆重举办

2015年12月15日至16日，中国音像与数字出版协会、海南省商务厅、海南省文化广电出版体育厅、海南省工业和信息化厅联合主办，中国音像与数字出版协会游戏工作委员会和海南生态软件园投资发展有限公司联合承办，以"让你看到未来"为主题的2015年度中国游戏产业年会在海南省博鳌隆重举办。国家新闻出版广电总局副局长、中国音像与数字出版协会理事长孙寿山发表主题讲话。海南省副省长李国梁出席年会并致辞。年会期间还举办了中国国际游戏交易会、中国游戏产品经理大会、IP及优秀新产品推介会、2015年度中国"游戏十强"大奖颁奖盛典等活动。

网络动漫大事回顾

第12届中国动漫金龙奖

2015年1月5日，第12届中国动漫金龙奖全球大赛，由国家新闻出版广电总局和广东省人民政府联合主办。本届金龙奖延续"漫画综合奖""动画综合奖"和中国漫画大奖的奖项设置，增加了"两个推荐"评奖制度和"最具人气"奖项。本届比赛增设3个游戏类奖项："最佳游戏改编奖""最佳动漫IP奖"和"最具潜力手游奖"，单设"最佳海外漫画奖"与"最佳海外动画奖"，并开设"小金龙"少儿类漫画奖项，评选"最佳少儿单幅插画奖"与"最佳少儿四格漫画奖"。

福建漳州携手台湾开发动漫产业

2015年3月12日，福建漳州牛庄集团、漳州牛庄文创园与台湾动漫文化创意产业发展交流协会在漳州文化创意园签订战略合作协议。台湾动漫文化创意产业发展交流协会将把漳州牛庄文创园作为在大陆首个挂牌的文创园。

中国西安第四届国际原创动漫大赛在京启动

2015年6月10日,由西安市人民政府、中国电视艺术家协会卡通艺术委员会共同主办的"中国西安第四届国际原创动漫大赛"在京启动。本届大赛以"新国风·新丝路·新动漫"为主题,融合丝路文化元素,树立"动漫新国风",打造民族动漫工程。设置了最佳动画影院片奖、最佳漫画奖、丝路国际艺术"民族动漫"特别奖、新丝路创业奖等奖项,其中新丝路创业奖"最佳奖"奖金为20万元,为单项奖金最高奖项。大赛增设优秀学生动漫作品创业奖。

第四届"动漫北京"活动在京开幕

2015年7月24日至26日,第四届"动漫北京"活动在北京国家会议中心开幕。活动包括动漫游戏互动体验、中国动漫游戏高峰论坛、金翼奖颁奖典礼、动漫游戏嘉年华四大板块,涵盖网络游戏互动娱乐、IP授权商务洽谈、coser大赛、动漫游戏嘉年华狂欢、二次元西瓜节等诸多内容。

第十三届中国国际数码互动娱乐展览会在沪开幕

2015年7月29日,第十三届中国国际数码互动娱乐展览会(ChinaJoy)在上海开幕。本届展会以"让快乐更简单"为主题,来自全球30多个国家和地区的700余家企业参展。展会期间,还举办中国国际数码互动娱乐产业高峰论坛、中国游戏商务大会、中国游戏开发者大会、世界移动游戏大会、ChinaJoy嘉年华等一系列专题会议和互动活动。

陕西首个动漫产业创业孵化中心揭牌

2015年9月11日,陕西首个动漫产业创业孵化中心在西安揭牌成立:该中心主要服务于美术设计、动漫游戏制作、信息技术等领域。该孵化中心按照"政府主导、市场配置、企业主体、高校支撑"四力合一的动漫游戏类文化创意产业运营模式,以陕西动漫产业平台为主导,以公司为主体,规划建设人才培养、服务外包等五大中心。孵化中心建立了项目评估委员会,形成专家评估机制,并根据不同的对象,将孵化运行模式分为课题型、准公司型等,形成科学的管理体系。

第八届中国国际漫画节在广州开幕

2015年9月29日,第八届中国国际漫画节开幕式暨2015年"原动力"中国原创动漫出版扶持计划入选项目发布仪式、第12届金龙奖颁奖典礼在广州市星海音乐厅举行。作为国家级的政府扶持项目,2015年"原动力"中国原创动漫出版扶持计划的29个扶持项目和10个重点扶持项目在开幕式现场公布。漫画节主办方还揭晓了本届"动漫广州奖"的获奖名单,漫画节金龙奖的15个奖项也于当晚揭晓。

"动漫客"网络大赛奖项揭晓

2015年11月19日,由贵州省文化厅、贵阳市人民政府主办,贵阳国家高新技术产业开发区、贵州出版集团公司承办的第九届亚洲青年动漫与数字艺术"动漫客"网络大赛奖项揭晓。本届大赛奖项共分为动画、漫画、数字艺术以及文学改编漫画4个类别,总计15个奖项。组委会共收到来自20多个国家及地区的2万余部作品。

视频大事回顾

爱奇艺与英特尔成立战略联盟

2015年1月14日,爱奇艺与英特尔成立"爱奇艺—英特尔战略联盟",共同研发高效的视频服务系统。双方通过定向联合研究，着力攻克视频存储、转码分发、云计算、大数据分析性能优化等领域的技术难题。英特尔深度参与爱奇艺数据中心和内容分发网络的下一代革新。

优酷土豆公布全新组织架构

2015年3月5日，优酷土豆集团正式成立合一文化和创新营销两个业务单元以及电影、电视剧等九大中心。优酷土豆集团旗下共有优酷、土豆、合一影业、云娱乐、合一文化、创新营销六大业务单元。合一文化聚焦电视剧产业的制作和投资，以及创新型网生内容制作；创新营销业务单元重在建立基于互联网的营销创新业务模式。九大中心包括电影、游戏、动漫、音乐、教育5个产业中心以及电视剧、综艺、娱乐、资讯4个内容中心。

2015优秀网络视听作品推选活动启动

2015年6月15日，中国网络视听节目服务协会宣布正式启动"2015优秀网络视听作品推选活动"。评选涉及微电影、网络剧、网络动画片、网络纪录片、网络音频节目等，是网络视听原创内容领域的国家级年度评选活动。此次推选活动旨在引导内容创作方向，鼓励优秀原创作品，发掘扶持新锐创作人才。活动首次开设"大学生原创作品单元"，鼓励和推动大学生创作，激发其创造力和创新力。

互联网视频正版化联盟在京成立

2015年7月11日，互联网视频正版化联盟在京宣布成立。该联盟由搜狐视频、腾讯、优酷、土豆、56网、PPS等互联网公司发起组建，旨在通过联盟成员的自律、互助，维护互联网视频版权市场良好秩序。当天召开的"网络云存储版权保护研讨会"上，联盟成员就相关版权问题发生时的责任和义务做了相关约定。该联盟成员承诺，在自有平台向公众提供正版、优质影视作品，遵守"先授权后使用"的基本版权准则，不在自有平台主动提供未经其他联盟成员授权的节目。

数码印刷大事回顾

国内首家印刷物资电商平台上线

2015年1月8日，江苏大道电子商务有限公司专业从事印刷物资线上线下交易的网络平台"印材城"在江苏泰州正式上线运行。这是国内首家印刷物资电商平台。"印材城"汇聚全球知名印刷品牌，建立物资在线交易和供应链金融服务为一体的印刷物资交易平台，并为报业提供行业资讯。

3D技术打印建筑亮相江苏苏州

2015年1月20日，5幢使用3D打印技术建造的建筑亮相江苏省苏州工业园区。建筑的墙体由大型3D打印机层层叠加喷绘而成，打印使用的"油墨"由建筑垃圾、水泥、砂浆和特制凝固剂等制成。3D打印的墙体牢固强度是传统建筑承重墙的5倍。

《生产型数字印刷机目录（2015年）》发布

2015年3月2日，国家新闻出版广电总局发布了《生产型数字印刷机目录（2015年）》。列入2015年版目录的生产型数字印刷机由2012年版的247种增至343种。作为《数字印刷管理办法》的配套文件，2015年版目录进一步明确了生产型数字印刷机认定标准及范围。2015年版目录在2012年版目录基础上，根据单张纸与连续纸、多色与单色/双色，静电、喷墨与磁成像等不同要素，将生产型数字印刷机细化为10类。

国内首条报业数码印刷生产线签约

2015年3月17日，人民日报社印刷厂就引进数码生产线与北大方正电子有限公司正式签署协议，成为国内首家打造喷墨数码印刷生产线的报业印刷机构。此次人民日报社印刷厂引进方正喷墨数码印刷生产线来进行报纸的数字印刷，同时兼顾书刊市场，发展图书期刊等业务领域，实现其多重业务组合，为后续的数字印刷发展奠定坚实的基础，也为国内报业印刷拓展图书、期刊市场提供借鉴。

2015中国数字印刷联盟高峰年会

2015年4月7日，由中国印刷设备及器材工业协会、北京印刷机械研究所主办，数码及网络印刷分会、今日印刷杂志社承办的"2015中国数字印刷联盟高峰年会"在广东东莞召开。本次会议得到了惠普、施乐、柯尼卡美能达、佳能、富士施乐、方正、悠印、美国赢船的大力支持，来自全国各地的印刷企业、行业协会、专家学者、专业媒体等200余人参会。

中国印刷产业技术发展路线图首次发布

2015年4月10日，中国印刷产业技术发展路线图在第三届中国（广东）国际印刷技术展览会首次发布。发布会对中国印刷产业技术发展路线图的总体结构体系进行了阐述和讲解。路线图以"科学性、前瞻性、创造性、引导性"为宗旨编制而成，总体分为印刷传媒、包装印刷、数字印刷等6个部分，从近期、中期、远期3个阶段分析2015年至2025年技术发展路径。

中国云出版印刷平台上线运营

2015年5月14日，由江苏凤凰新华印务有限公司建设的"CCPP中国云出版印刷平台"正式上线运营。江苏凤凰新华印务有限公司与深圳报业集团印务公司联合，建设"CCPP平台创意设计（深圳）中心"，为平台中的"凤凰定制"板块提供专业创意设计支撑，满足个体用户日趋多元化、创意化、个性化的产品服务需求。定制板块的先导产品为"我的作文集"。发布会上，江苏凤凰新华印务有限公司现场与出版印刷、报业媒体、IT电商、知名作家等CCPP平台产业链各环节代表签订了战略伙伴合作协议。

全国印刷复制信息系统建设推进会召开

2015年5月28日，全国印刷复制信息系统建设推进会在江苏南京举办。该系统全国联网建设"三步走"，"第一步"实现京冀两地委托书联网备案目标已基本完成，北京和河北已实现互联互通。全国印刷复制委托书备案系统系列标准也在制定中，北京、河北、上海、江苏、安徽、山东、湖南、广东、云南等地均已建成独立的印刷管理信息系统。

全国首个印刷文化保护基地在闽授牌

2015年7月22日，中国印刷博物馆福建印刷文化保护基地和国家新闻出版广电总局出版产品质量监督检测中心福建分中心设立授牌仪式在福建建阳举行。此次在连城四堡、南平建阳、三明宁化三地设立的中国印刷博物馆福建印刷文化保护基地是全国首个印刷文化保护基地，总局出版产品质量监督检测中心福建分中心是总局质检中心的第9个分设机构。仪式上，中国印刷博物馆、中国出版博物馆与福建省新闻出版广电局签署了《关于共同建设福建印刷文化保护基地的合作协议》。

绿色印刷材料（上海）交易中心揭牌

2015年10月16日，绿色印刷材料（上海）交易中心揭牌暨沪版教材绿色印刷材料服务平台上线。交易中心旨在通过对绿色印刷源头的控制，实现对教材绿色印刷的全程监管。交易中心以服务沪版教材绿色印刷材料采购为基础，利用"互联网+"技术，线上交易、线下展示、质检咨询多渠道商业模式相结合，为绿色印刷的采购提供安全可靠、便捷高效、低价优质的服务。

2015 亚洲国际标签印刷展览会在沪召开

2015年12月1日至4日，由中国印刷技术协会主办的2015亚洲国际标签印刷展览会在上海新国际博览中心举行。本届展会围绕数字印刷、产品防伪、柔印技术等主题进行展示与研讨。

第十三届毕昇印刷技术奖在京揭晓

2015年12月10日，第十三届毕昇印刷技术奖在京揭晓。该奖项是我国印刷业最高奖，其中毕昇印刷杰出成就奖6名、毕昇印刷优秀新人奖11名。来自政府主管部门、各地印刷技术协会、印刷企业的代表和获奖人员近400人参加了大会。

数字版权大事回顾

中国网络正版音乐促进联盟成立

2015年1月29日，由近30家成员单位发起的"中国网络正版音乐促进联盟"在京成立。联盟由版权管理机构、海内外知名音乐公司、音乐领域相关组织和音乐人代表组成，以推动网络音乐版权产业发展，维护权利人合法权益为宗旨。与会代表有中国音乐著作权协会、IFPI（国际唱片业协会）等版权管理机构，索尼、华纳等10余家海内外知名唱片公司，以及酷狗音乐、QQ音乐等数字音乐平台和权力机构。

八大互联网平台共同发布《保护原创版权声明》

2015年3月15日，今日头条等8家互联网平台共同发布了《保护原创版权声明》，旨在抵制抄袭盗版，保护内容消费者权益。该联署行动由新媒体排行榜组织发起，联署者包括百度百家、凤凰新闻客户端、今日头条、搜狐新闻客户端、网易新闻客户端、微博、一点资讯共8家互联网平台，通过共同约束，呼吁保护内容消费者权益。

中国国际数字知识产权监测维权平台上线

2015年4月22日，中国国际数字知识产权监测维权平台上线发布。中国国际数字知识产权监测维权平台，又称426SO平台，是国家数字音像传播服务监管平台旗下子平台。目前，426SO平台基于国家数字音像传播服务监管平台前期工作成果，已形成针对院线新上映影片的网络防盗解决方案，为版权人提供监测维权服务。

第五届北京音乐版权保护与产业发展论坛举办

2015年4月24日，主题为"共识·共商·共赢"的世界知识产权日宣传周主题活动暨第五届北京音乐版权保护与产业发展论坛举办。来自唱片公司、音乐版权公司、音乐网站的代表和词曲作者、音乐网民就互联网音乐付费模式、付费标准等问题展开讨论。

天津推网络版权保护公益视频

2015年4月26日，以"网络版权的保护与维权"为主题的公益普法专题访谈视频在天津市版权协会网站发布。该视频由天津市版权局和天津市版权协会联合制作。在视频中，南开大学法学院知识产权专家对网络版权概念及延伸，生活中常见的微博、微信、互联网等网络领域侵权和维权问题进行了讲解；天津市版权局有关负责人对2014年"剑网"行动、打击网络侵权活动、重点案件进行了介绍。

全国版权示范城市联盟在青岛揭牌

2015年4月29日，全国版权示范城市联盟成立大会在山东青岛举行。杭州、成都、青岛、苏州、昆山、广州、厦门、张家港等全国版权示范城市代表共同签署了《全国版权示范城市联盟合作协议》。国家版权局，山东省、青岛市有关部门负责人参加了成立大会。

第四届世界知识产权版权金奖颁发

2015年6月11日，第四届"世界知识产权版权金奖（中国）"在福建厦门颁发，14个作品或机构获奖。莫言的《红高粱》（文字作品）、中央电视台的《舌尖上的中国I》（影视作品）等6部作品获得作品奖，北京爱奇艺科技有限公司、北京掌阅科技有限公司等4个单位获得推广运用奖，张抗抗、厦门市美亚柏科信息股份有限公司等4个个人或单位获得保护奖。颁奖仪式由WIPO和国家版权局共同主办，中国版权协会和福建省版权局承办。

海峡国家版权交易中心有限公司成立

2015年6月11日，海峡国家版权交易中心有限公司揭牌仪式在福建厦门举行。该公司由厦门文广传媒集团有限公司牵头发起，与厦门市美亚柏科信息股份有限公司、厦门维信投资有限公司、厦门外图集团有限公司、建信信托有限责任公司共同投资设立。公司以"海峡两岸"为战略定位、按照股东资源优势互补原则配置，旨在充分发挥股东各自在传统出版、云服务及数字知识产权保护等技术、文化投资、版权进出口代理及交易、金融服务等领域的优势资源，实现"科技＋文化＋金融"的融合发展。

12家单位成立国家版权交易中心联盟

2015年10月28日，12家经国家版权局批准的国家版权交易中心（国家版权贸易基地、国际版权交易中心）宣布成立"国家版权交易中心联盟"，旨在加强版权保护和运营，发挥各自特点，整合优势资源，互惠互利、资源共享、合作共赢，共同推动版权产业发展。该联盟包括中国人民大学国家版权贸易基地、北京国际版权交易中心、国家版权贸易基地（上海）、成都国际版权交易中心、横琴国际知识产权交易中心等12家单位。

全国标准版权政策宣贯会举行

2015年10月30日，国家质检总局、国家版权局、国家标准委在深圳市联合举办了全国标准版权政策宣贯会。国家标准版权保护工作组办公室相关负责人介绍了国务院从2010开始连续4年打击侵犯知识产权工作的成果，会议还介绍了我国最新的标准版权保护方面的情况，以及我国保护国际标准版权、打击侵权盗版案件的经验、国际标准化组织版权政策和查办国际标准版权案件的情况，并对加强标准版权保护促进标准传播提出了建议。

百度云盘和六大视频网站签云盘版权保护声明

2015年11月3日，百度云盘和六大视频网站及权利人组织在京签署了云盘版权保护共同声明，表示共同制止利用云盘擅自分享他人作品的行为，自觉抵制擅自分享他人作品的违法行为。根据北京网络版权监测中心的监测数据分析，利用云盘违法传播他人作品的现象呈持续上升的趋势。对此，北京市版权局在开展云存储空间侵权治理专项行动中，对违法行为进行坚决查办，推动网络企业开展自查自纠。同时，支持首都版权产业联盟进一步发挥社会组织作用，利用版权调解机制化解版权纠纷，遏制利用网络云存储空间侵权盗版的势头。

北京成立专门版权组织服务动漫和游戏产业

2015年11月10日，首都版权产业联盟动漫和游戏委员会成立大会暨第一次全体会员大会在北京召开，标志着北京市首家以版权服务为主体的动漫和游戏行业组织建立。成立大会表决通过《首都版权产业联盟动漫和游戏委员会章程》。动漫和游戏相关企业、版权服务中介机构、法律维权机构、行业专家、大学院系、版权保护宣传媒体等共计 80 余家单位和个人成为该委员会的首批会员。

国家版权局与世界知识产权组织签署合作备忘录

2015 年 12 月 1 日，国家版权局和世界知识产权组织在上海签署了《关于进一步加强中国国家版权局与世界知识产权组织双边合作的谅解备忘录》，并举行新闻发布会。双方在版权领域全面开展合作。来自世界知识产权组织相关部门、世界知识产权组织中国办事处、中国版权协会、中国版权保护中心、上海市版权局及各著作权集体管理组织和版权产业界、学界的代表参加了活动。

音像电子大事回顾

阿里巴巴与贝塔斯曼签署数字音乐分发协议

2015 年 3 月 30 日，德国音乐版权管理公司贝塔斯曼音乐集团宣布，已与阿里巴巴集团签署音乐数字版权分发协议。此次合作为阿里巴巴带来超过 250 万个音乐版权，同时也使得贝塔斯曼能在中国发展合法音乐业务。

音乐产业促进工作委员会成立

2015 年 5 月 11 日上午，中国音像与数字出版协会音乐产业促进工作委员会成立大会暨第一次全体理事会在京召开。国家新闻出版广电总局副局长、中国音像与数字出版协会理事长孙寿山出席大会并讲话。会议表决通过了音促委规章、财务管理办法、工作计划等。总局规划发展司副司长李建臣、出版管理司副司长许正明，中国版权保护中心主任段桂鉴、副主任索来军，中国音像与数字出版协会常务副理事长兼秘书长王炬等领导及音促委 50 余家会员单位代表参加会议。

2015 国际音乐博览会（戛纳）举行

2015 年 6 月 5 日至 8 日，第 49 届世界音乐博览会（2015' MIDEM）在法国南部滨海城市戛纳拉开帷幕，为期 4 天的博览会为全球音乐产业所瞩目，吸引了来自全球 70 多个国家的音乐公司、专业人士、知名品牌及新锐艺术家的参与。中国音像与数字出版协会受国家新闻出版广电总局的委托第七次组织中国代表团参加展览。

电子出版工委"十省市电子音像出版单位经验交流座谈会"在武汉召开

2015 年 9 月 16 日，电子出版工作委员会在武汉召开十省市电子音像出版单位经验交流座谈会，国家新闻出版广电总局出版管理司音像电子处处长左骏、工委相关副主任委员及秘书长共同出席会议。会议主要围绕传统电子音像出版单位如何利用存量资源和增量资源，以混合媒体的形式和跨界资本进行融合等问题进行深入交流和探讨。

第二届音乐产业高端论坛在京举行

2015 年 11 月 6 日，"2015 第二届音乐产业高端论坛"在中国传媒大学新国际交流中心隆重举行。本届论坛活动在国家新闻出版广电总局指导下，由中国传媒大学主办，中国传媒大学艺术学部音乐与录音艺术学院、中国音像与数字出版协会音乐产业促进工作委员会联合承办，中国音乐家协会音乐传播学会、国家音乐产业基地等联合协办。中国传媒大学艺术学部党委书记兼副学部部长彭文祥教授主持论坛开幕式。国内外音乐产业相关政府机构、行业协会、音乐教育单位的 200 余位业界领导、专家、学者和企业家们共聚论坛，探讨产业问题、交流发展心得，为促进音乐产业提升出谋划策。

其他大事回顾

中国社会科学院 2014 年度创新工程重大科研成果皮书数据库发布暨研讨会在京举行

2015 年 1 月 9 日,中国社会科学院 2014 年度创新工程重大科研成果皮书数据库发布暨研讨会在京举行。皮书数据库是以社科文献社皮书系列研究报告为基础,整合中国发展与中国经验,以及世界经济与国际关系领域的研究文献、实证报告、调研数据和媒体资讯建设而成的数据库产品。在总结以往数据库建设经验的基础上,2014 年升级完善的新版皮书数据库立足学术出版和皮书品牌建设,在优质内容资源整合、数字资源编辑标引规范建设等方面均实现了新的突破,并将皮书纸书出版、皮书数字出版及皮书国际出版流程贯通,正在打造皮书研创出版、信息发布与知识服务专业平台。

吉林音像社推融媒体四大产品线

2015 年 1 月 9 日,吉林电子音像出版社举办"立体派融媒体互动阅读新体验"新产品发布会。"立体派"图书把三维建模技术、3D 立体显示技术、增强现实技术(Augmented Reality,简称 AR)、虚拟现实技术(Virtual Reality,简称 VR)四大技术进行整合,为读者营造全新的视觉冲击力。本次产品发布会由吉林省新闻出版广电局、吉林出版集团股份有限公司、吉林电子音像出版社共同主办。

中文在线成国内数字出版第一股

2015 年 1 月 21 日,北京中文在线数字出版股份有限公司登陆深交所创业板,正式挂牌上市,成为国内数字出版第一股。中文在线此次发行募集资金将用于数字内容资源平台升级改造项目。该项目预计投资 2 亿元,其中利用募集资金 1.6 亿元。项目建成后,中文在线将新增各类数字内容 10 万种。

大数据知识服务支撑平台建设研讨会在京举行

2015 年 1 月 23 日,由清华大学公共管理学院、中国信息协会、同方知网数字出版集团共同主办的"大数据知识服务支撑平台建设研讨会"在京举行,来自全国各领域的 300 多位专家学者参加会议。由同方知网开发的大数据知识服务平台,已应用到多家机关单位的社会管理创新工作中。

中国古籍保护协会成立

2015 年 1 月 23 日,中国古籍保护协会第一次会员代表大会暨协会成立大会在京召开。该协会是由全国古籍收藏、保护修复、整理出版研究等有关企事业单位、社会团体和相关机构与个人自愿组成的非营利性社会组织。目前,协会有会员 124 人。协会的成立是对正在实施"中华古籍保护计划"的国家古籍保护中心职能的有效补充,有助于形成古籍保护工作的合力。

第八届全国新闻出版业网站年会在京开幕

2015 年 1 月 27 日,由中国出版协会主办、中国新闻出版研究院协办的第八届全国新闻出版业网站年会暨新闻出版业互联网发展大会在京开幕。年会发布了《2014 全国新闻出版业网站运营分析报告》。本届年会以"行业互联网发展"为主题,来自新闻出版行业、互联网公司、数字技术服务商等领域的 200 多位代表参会。年会还举办了融合发展投融资圆桌会议、数字阅读与教育分论坛、电子商务分论坛、期刊融合发展分论坛。

中国音像与数字出版协会专业数字出版工作委员会成立

2015 年 2 月 6 日,经国家新闻出版广电总局批准,中国音像与数字出版协会专业数字出版工作委员会成立大会在京召开。会议期间,投票选举产生了专业数字出版工作委员会主任委员、副主任委员和秘书长，表决通过了专业数字出版工作委员会筹备工作报告、规章、自律公约、会费收取标准、财务管理办法、工作计划的报告等。50余家会员单位代表出席了会议。

阿里巴巴推出阿里经济云图

2015年3月2日，阿里巴巴推出大数据产品——阿里经济云图。申请并开通进入阿里经济云图的权限后，各级政府可自助查询当地多维度的电子商务经济数据，为实现互联网经济分析与决策提供支持。阿里经济云图将分阶段逐步推出地方经济总览、全景分析、数据监测以及知识服务等功能，数据覆盖全国34个省级行政区、300多个地级市、2000多个县级行政单位，数据可以细化到区县一级，历史数据最早可以追溯到2013年。

南京大学在京组建研究院

2015年3月14日，南京大学紫金传媒研究院（北京）在京成立。紫金传媒研究院（北京）还与中国国际广播电台、共识传媒集团和视觉中国集团3家单位签署了战略合作协议。紫金传媒研究院将以"聚焦媒体实务"为特色，搭建一个新闻传播学界和业界交流沟通、互利双赢的平台。一方面为南京大学新闻传播学院的师生在北京开展教学、科研、实习提供服务；另一方面也为传媒界人士参与南京大学新闻传播学院的教学、科研、培训提供便利。

腾讯文学和盛大文学联合成立的阅文集团

2015年3月16日，腾讯文学和盛大文学联合成立的阅文集团正式挂牌。盛大文学和腾讯文学旗下的起点中文网、创世中文网、潇湘书院、红袖添香、小说阅读网、云起书院、QQ阅读、中智博文、华文天下等网文品牌统一由阅文集团管理和运营。两家公司的合并，将整合双方的内容、影响力等资源，成为最大、最全的移动阅读平台。

2015年数字出版管理工作会在沪召开

2015年3月19日至20日，2015年数字出版管理工作暨经验交流现场会在上海召开。会议对过去一年数字出版工作进行了总结，同时分析形势、安排部署今年的工作重点。来自总政宣传部新闻出版局、各省（区、市）新闻出版广电局的数字出版业务负责同志参加了会议。

国内首家海洋专业数字出版平台上线

2015年3月26日，国内首家海洋专业数字出版平台——中国海洋数字出版网正式发布上线。中国海洋数字出版网历时3年建成，由海洋出版社自主研发。网络平台内容涵盖海洋领域的图书、期刊、图片、音视频以及海洋知识库与海洋专题数据库。

大众数字出版工作委员在京召开成立大会

2015年3月27日，大众数字出版工作委员在京召开成立大会，新闻出版广电总局副局长、中国音像与数字出版协会理事长孙寿山出席大会并发表重要讲话。会议选举产生了大众数字出版工委领导班子。工作委员会的成立，对促进大众内容数字出版行业的发展和大众内容数字出版行业队伍的建设，维护会员单位的合法权益，推动大众内容数字出版行业的融合、创新和发展，推动与海内外大众内容数字出版行业界的交流与合作奠定了基础。

数字化转型升级融合发展座谈会召开

2015年3月28日，中国音像与数字出版协会召集部分在京数字出版转型示范单位，以数字化转型升级融合发展为主题进行了座谈和交流。与会代表介绍了本单位数字化转型的阶段、状况、成果和存在的问题，并就跨界融合发展、企业内部协调发展产业链上下游融合发展以及投送平台建设等问题深入探讨。为2015年数字出版转型示范提供了的意见和思路。

2015 亚太 CDN 峰会在京举行

2015 年 3 月 30 日,2015 亚太 CDN（内容分发网络）峰会在京举行。业界相关人士围绕 CDN 的发展方向、行业标准、增值服务以及广电高清 CDN 的建设方向等相关问题进行了探讨。CDN 的作用在于减少传输冗余以及以存储换传输。其应用范畴最主要是娱乐性的音视频、数据文件的传输、网页的加速等。腾讯、网宿科技、迅雷、乐视云、华数传媒、阿里云、中国国际广播电视网络台等单位的代表参加了本次峰会。

中国出版集团公司成立内容建设委员会

2015 年 4 月 7 日，中国出版集团公司在北京召开内容建设委员会成立暨首届编辑大会。新成立的中国出版集团公司内容建设委员会设置顾问委员会、咨询委员会、工作委员会、战略合作单位、专题领导小组等机构，各位专家将在集团产品线规划建设、各类基金项目论证、各类出版物评奖、"中版好书"评选、集团及各单位年度选题论证会等各项重要活动中深度参与。专家资源由集团各单位划分维护，负责跟进专家的最新研究动向和成果，及时推动成果转化。

全国新闻出版信息标准化技术委员会成立

2015 年 4 月 10 日，全国新闻出版信息标准化技术委员会在京召开成立大会。出版行业信息标准化委员会作为总局直接领导的专业技术标准化工作机构，其定位是总揽全行业信息标准化工作全局，承担并协调新闻出版行业信息化建设中的标准体系建设、标准立项和标准制修订等管理工作。与会人员讨论了《新闻出版信息标准化体系表》和《全国新闻出版信息标准化技术委员会第一届工作计划》，表决通过了《全国新闻出版信息标准化技术委员会章程》和《全国新闻出版信息标准化技术委员会秘书处工作细则》。

第十届中国传媒年会在武汉举办

2015 年 4 月 11 日，由传媒杂志社主办，湖北日报传媒集团、湖北省广播电视总台承办的第十届中国传媒年会在武汉举办。本届年会以"转型之机与融合之道"为主题，会议期间发布了《2014 中国传媒创新报告》《中国广电产业发展报告》《互联网+，传媒转型与融合》三大主题报告。会议还设有"报业发展论坛""传媒资本论坛""传媒技术融合论坛"3 个分论坛，推动传统媒体间的融合及传统媒体与新媒体的融合，实现了全媒体内容生产与价值增值的良性互动。

安徽成立文化产业电子商务联盟

2015 年 4 月 12 日，安徽文化产业电子商务联盟成立大会暨合作签约仪式在合肥举行。联盟旨在通过实现企业联合、平台聚合、资源整合、供需结合、商机契合、营销融合，携手开拓市场，提升企业竞争力。联盟由安徽新媒体集团牵头，安徽日报报业集团、安徽广电传媒产业集团等 10 家单位共同发起组建。联盟服务和产品涉及图书、影视、电子出版物、新闻信息、演艺票务、动漫游戏、在线教育等。联盟官方网站"安徽文惠网"同时上线。

首届中国数字阅读大会在杭举行

2015 年 4 月 21 日，首届中国数字阅读大会在浙江杭州举行。大会以"融合·创新·梦想"为主题。在数字阅读大会上，咪咕数字传媒有限公司发布了 2015 年数字阅读白皮书、启动了"2015 数字阅读+"计划，大会同时发布"悦读中国"榜中榜，并举行 2014 年度颁奖仪式，启动了 2015 年互联网文学联赛。大会以"改变阅读的力量""融合构建新生态""互联网+时代的在线教育"为主题，举行了 3 场峰会。来自数字出版、文化产业和互联网相关企业的 700 多位精英参加大会。

第十一届深圳文博会举办

2015年5月14日至18日，第十一届中国（深圳）国际文化产业博览交易会在深圳举办。文博会主会场的展出面积为10.5万平方米，设有新闻出版馆、艺术品馆等九大展馆。政府的组团、企业和机构展团共计2286个，全国31个省（区、市）及港澳台地区全部参展。还设立了61个分会场和76个专项活动点，共有活动728项。本届文博会以"一带一路"为主题，首次设立了"丝绸之路专馆"，展出面积超过2500平方米。

ISLI/MPR全媒体融合出版培训班在深圳开课

2015年5月15日，由国家新闻出版总局数字出版司指导，中国音像与数字出版协会主办的"ISLI/MPR全媒体融合出版培训"在深圳开课，课程由中国MPR注册中心主任韩冰主持，总局数字出版司领导出席会议并发言，各领域专家从编、印、发、技术等角度进行授课讲解，参加培训的人员也进行了广泛的交流讨论。其间，音像与数字出版协会常务副理事长王炬精彩讲解了"互联网+"与数字出版等相关内容。

首个国际标准注册中心落户中国

2015年5月16日，以"关联：信息内容产业的未来"为主题的ISLI国际标准推介论坛在深圳会展中心举行。大会宣布ISLI国际注册中心的承办权授予总部位于中国香港的国际信息内容产业协会（1CIA），这也是首个落户中国的国际标准注册中心。论坛期间，国际信息内容产业协会（ICIA）与中国国家新闻出版广电总局共同签署了《战略合作备忘录》，同时，ICIA和中国音像与数字出版协会在深圳文博会期间还举办了"1SLI国际标准推介展"。

江西国家数字出版基地揭牌

2015年6月5日，江西国家数字出版基地建设研讨会暨江西国家数字出版基地揭牌仪式在南昌高新区举行。数字出版基地按照"一基地、多园区"的模式，在江西全省范围内建设、发展。

社科文献社打造"一带一路"大专题数据库

2015年6月25日，社会科学文献出版社建设的"一带一路"大专题数据库正式上线运行。该数据库是社科文献社针对"一带一路"倡议研究推出的第一个数字出版产品。数据库设置四大学术内容模块：战略研究、实践探索、投资指南与丝路史话。

首届中国互联网文学联赛启动

2015年6月30日，首届中国互联网文学联赛启动仪式在杭州举行。本次联赛以"创作和阅读，下一个大神就是你"为主题，是中国互联网文学领域目前为止规格最高、参与面最广的大型联赛。此次联赛由中国音像与数字出版协会数字阅读工作委员会、咪咕文化科技有限公司主办，咪咕数字传媒有限公司承办，并联合中文在线、浙江出版集团、华策影视等20余家产业合作伙伴共同协办。

中国医学数字教材与慕课建设研讨会

2015年7月12日，人民卫生出版社举行"中国医学数字教材与慕课建设研讨会"，筹建人卫开放大学。全国100多所高等医药院校的300多位专家学者交流研讨"互联网+医学教育"发展趋势，总结第一批"中国医学数字教育项目示范基地"建设经验，共议中国首套国家级医学数字教材和中国医学教育慕课课程建设与应用。

数字化转型升级项目管理专题培训班在京召开

2015年7月12日，由国家新闻出版广电总局数字出版司主办、中国音像与数字出版协会承办的"数字化转型升级项目管理专题培训班"在京召开。此次培训内容主要集中在出版单位在数字化转型升级工作中遇到的项目申请、管理及验收等问题上，由各位专家从项目内容、技术、财务等方面进行了规范性解答。中国MPR注册中心主任韩冰专题讲解了"MPR项目管理申报验收管理规范"。

第六届中国数字出版博览会

2015年7月14日，以"融合·创新·发展"为主题的第六届中国数字出版博览会在北京国际会议中心开幕。本届数博会集中展示了2015年中国数字出版新技术、新产品、新方案。来自政府部门、行业协会、出版集团、数字出版企业的相关负责人围绕"互联网+"时代的出版与阅读、大数据下的媒体融合创新等热门话题作专题演讲。国家新闻出版广电总局第二批转型示范单位融合发展专题圆桌会议和省级管理部门推动融合发展专题会议同期举办。

孙寿山率代表团访问澳大利亚　深化中澳出版交流开展数字技术合作

2015年7月19日至22日，应澳大利亚威尔顿国际出版集团邀请，国家新闻出版广电总局副局长孙寿山率中国出版代表团一行6人赴澳大利亚进行工作访问。出访期间，孙寿山一行出席了澳中数字出版领导人圆桌论坛和安徽时代出版传媒股份有限公司"时代－亚澳公司"揭牌仪式暨"时代－澳大利亚国际出版商合作联盟"启动仪式，并与澳大利亚最大的数字出版企业安吉斯传媒集团及辛克勒图书公司负责人进行工作会谈，进一步推动中澳两国在数字出版方面的交流与合作。

中国互联网发展基金会成立

2015年8月3日，中国互联网发展基金会在北京正式挂牌，这标志着中国同时也是全球范围内第一家互联网领域的公募基金会正式成立。基金会是经国务院批准，民政部登记注册，由国家互联网信息办公室主管，并具有独立法人地位的全国性公募基金会。该基金会主要通过整合社会资源、调动社会力量、运用网络传播规律激发正能量，弘扬社会主义核心价值观，致力于开展积极培育中国互联网人才资源，关注并参与互联网相关的公益活动等4方面工作。

数字教育出版工委工作研讨会在南京召开

2015年9月6日，数字教育出版工委在南京召开工作研讨会，主要讨论结合各单位"十三五"规划重点讨论本工委当年下半年和明年上半年的工作安排和活动建议，切实把握"务实"原则，努力将工委的每项工作都落实到实处，并对2016年做了工作规划。

专业数字出版工委策划主办的"学术出版的知识组织和知识服务"在京召开

2015年9月16日，专业数字出版工作委员会策划主办，中国科学技术信息研究所和北京万方数据有限公司共同承办的"学术出版的知识组织和知识服务"专题研讨会在京召开。国家新闻出版广电总局数字出版司科技处副处长武远明、工委相关副主任委员、中国科技信息研究所所长戴国强及部分专业出版代表共同与会。对于学术及专业出版社下一步数字出版转型的思路，通过各位的积极发言和深度的讨论给下一步工作提供了全新思路和视角。

百家图书馆推动数字文献中国本土保存

2015年9月23日，国家科技图书文献中心（NSTL）邀请多个国内图书馆共同发起签署《数字文献资源长期保存共同声明》。国家图书馆、中国科学院文献情报中心、中国科学技术信息研究所、中国农业科学院农业信息研究所、中国医学科学院医学信息研究所、中国社会科学院图书馆、中国人民解放军医学图书馆、北京大学图书馆、清华大学图书馆等近60个文献信息机构的领导和代表出席了发布会，集体签署了《共同声明》。

出版广电大数据产业项目开发协议签署

2015年10月15日,国家新闻出版广电总局、贵州省人民政府《关于合作推动中国文化(出版广电)大数据产业项目开发的协议》签字仪式在贵阳举行。双方合作开发"国家数字音像传播服务平台""广电融合网""广电网络智能终端定制量产推广"等创新项目。国家新闻出版广电总局有关负责同志,贵州省委、省政府有关部门负责同志参加会见及签字仪式。

第十届北京文博会举办

2015年10月29日至11月1日,由文化部、国家新闻出版广电总局和北京市人民政府共同主办的第十届中国北京国际文化创意产业博览会在京举办。本届文博会以文化与相关产业融合发展为主线,举办综合活动、展览展示、推介交易、论坛会议、创意活动、分会场等六大系列百余场活动。同期还举办主论坛和4场专题论坛、17场推介交易活动、12场创意活动,并在北京市10多个文创功能区和江苏省扬州市设立分会场。还围绕"文博会十周年"举办系列活动。

陕、豫MPR国家标准应用示范项目工作协作会在郑州召开

2015年10月30日,由中国MPR注册中心组织的"陕、豫MPR国家标准应用项目示范项目工作协作会"在中原大地传媒股份有限公司召开,中国MPR注册中心、中国科技大学、陕西新华出版传媒集团有限公司、陕西旅游出版社、中原大地传媒股份有限公司、河南省外文书店、海燕出版社、深圳市天朗时代科技有限公司等单位代表参加了会议。会上各参会单位代表就合作事宜进行了深入交流。

ISLI标识符应用培训会在郑州召开

2015年11月6日,由中国MPR注册中心主办、中原大地传媒股份有限公司承办的ISLI标识符应用培训会在郑州召开。河南省新闻出版广电局出版处副处长李清彬、中国MPR注册中心、中原大地传媒股份有限公司、陕西新华出版传媒集团有限公司、中国水利水电出版社、深圳市天朗时代科技有限公司等相关人员参加了此次培训。该培训以"ISLI标识符在出版物方面的应用"为主题进行了讲解和交流。

28项出版物鉴定技术标准与规范通过国家质检总局验收

2015年11月10日,由国家新闻出版广电总局出版产品质检中心承担研制的质检公益性行业科研专项"出版物鉴定技术标准与规范研究项目"全部28项标准规范,顺利通过国家质检总局组织的验收。"出版物鉴定技术标准与规范研究项目"主要应用于全国"双打"(打击假冒伪劣、打击侵犯知识产权)活动。验收通过的28项成果包括11项国家标准、3项行业标准、14项部门规范性文件,内容涵盖对假冒伪劣、侵权盗版的图书、报纸、期刊、音像制品鉴定,以及对印刷复制产品和电子出版物质量检测的标准与规范。

"学习资源数字出版关键技术与应用示范"项目启动会在京举行

2015年11月10日,2015年国家科技支撑计划项目——"学习资源数字出版关键技术与应用示范"项目启动会在人民教育出版社举行。此项目共设置"学习资源集成技术研究与应用""学习云服务平台关键技术研究与平台开发""学习资源数字出版与电子书包标准研究与检测工具开发""学习资源数字出版与电子书包应用示范"4个课题。此项目由人教社联合华东师范大学、华中科技大学、中国新闻出版研究院、安徽教育网络出版有限公司等11家单位共同完成。

搜狗知乎在技术内容方面展开合作

2015年11月18日,搜狗搜索和知乎社区宣布在技术和内容方面展开合作。搜狗向知乎提供提升搜索功能的定制化技术解决方案，知乎也将向搜狗开放内容端口，实现在搜狗搜索中对知乎内容的"垂直搜索"。合作后，搜狗搜索将对知乎平台的问题、话题及用户3个层面的内容进行结构化呈现，满足用户的多层次需求。这是继微信内容频道上线后，搜狗推出的第二个垂直内容搜索频道。

第二届国际数字出版大会在京举行

2015年11月18日至19日，以"年轻的移动阅读群体与出版业的变革"为主题的第二届国际数字出版大会在京举行。来自中国、美国、德国等国家的数字出版人，就全球出版传媒业面临的移动出版新变革新机遇进行探讨。与会者还从产品、技术、盈利模式等方面，分享了各自在数字出版业务上的探索和经验。会议由中国知网主办，中国新闻出版研究院希普思文化咨询公司承办。

中国社科院新媒体研究中心成立

2015年11月25日，中国社会科学院新媒体研究中心在北京成立。该中心由中国社科院新闻与传播研究所主持，旨在联合院内相关研究（院）所，以及全国学界、业界、政界相关研究机构，致力于新媒体传播规律的研究，提高国家治理和应用新媒体的能力。新媒体研究中心有两个目标八大任务，该中心正在相关机构进行5项合作。

全国全民阅读工作会议召开

2015年11月25日，全国全民阅读工作会议在京召开。会议总结了近10年来全民阅读取得的成效和经验，研究部署未来一个时期的全民阅读工作。来自江苏、湖北、北京、广东、上海、福建、湖南、新疆8个省（区、市）局代表在会上作了全民阅读工作经验交流发言。中央有关部委相关司局负责人、总局相关司局及直属单位负责人，各省（区、市）新闻出版广电局，新疆生产建设兵团新闻出版局，解放军总政治部宣传部新闻出版局相关负责人参加会议。

中国新闻出版研究院30周年座谈会召开

2015年11月27日，中国新闻出版研究院成立30周年座谈会在京召开。中国新闻出版研究院是我国唯一的国家级新闻出版专业研究机构。中国新闻出版研究院院长魏玉山介绍了研究院30年的发展情况及下一步工作打算。中国新闻出版研究院党委书记黄晓新主持会议。中宣部出版局副局长、巡视员刘建生，人民出版社社长黄书元，北京印刷学院党委书记刘超美等在会上发言。总局各司局及直属单位相关负责人、新闻出版兄弟单位负责人、研究院老领导等参加会议。

中国出版创意产业基地A区项目奠基仪式

2015年12月4日，中国出版创意产业基地A区项目奠基仪式在北京市朝阳区南磨房乡举行，版权专业机构、各界社会人士代表等200余人参加奠基仪式。中国出版创意产业基地是中国北京出版创意产业园区（德胜园区）的功能拓展区，由北京市新闻出版广电局（版权局）与北京市朝阳区人民政府签约，确定在朝阳区南磨房乡化工路两侧区域选址建设。中国出版创意产业基地项目总占地22.31公顷，总建筑规模约35万平方米（含周边整合建筑），拟分为A区、B区两个项目分步实施推进。

中国百年教科书整理与研究课题成果报告会在京举行

2015年12月4日，历时5年的国家社科基金重大项目——"中国百年教科书整理与研究"课题成果报告会在京举行。研究成果主要呈48卷、约4000万字，涵盖中小学教学的12个学科。该成果的独特贡献是：首次呈现教科书全学科百年发展全景；创建了百年教科书最全书目，创新教科书编目模式，书目分类、编排更符合教科书体系特性；创立了第一个中国百年中小学教科书全文图像库。该项目协作单位有76家，参与研究人员约550人，收录的百年来全日制中小学教科书有1

万余种、6万余册。

读者传媒上交所上市

2015年12月10日,读者出版传媒股份有限公司A股股票,正式在上海证券交易所挂牌上市。这是西部地区第一家在国内主板上市的出版传媒类企业,也是A股中唯一的、有着著名期刊品牌的概念股。募集资金5.04亿元将投入在刊群建设出版、数字出版等5个项目上,其中刊群建设出版项目欲投入总的募集资金逾半(2.55亿元)。数字出版包含"读者"数字资源多终端服务平台、中小学语文阅读与作文教育平台、专题资讯手机报和数据加工外包服务等4项。

京津冀文化产业联盟成立

2015年12月16日,京津冀文化产业协同发展研讨交流活动在天津举办。京津冀6家文化企业代表成立京津冀文化产业联盟,致力于加强三地文化产业资源的协同开发、管理和利用,打造在全国有重要影响力的京津冀特色文化产业带。

第二届世界互联网大会在浙江乌镇举行

2015年12月16日至18日,第二届世界互联网大会在浙江乌镇举行:本届大会的主题是"互联互通·共享共治——共建网络空间命运共同体"。大会嘉宾来自五大洲120多个国家和地区,包括20多个国际组织的负责人,以及600多位互联网企业领军人物、互联网名人、专家学者,涉及网络空间各个领域大会由国家互联网信息办公室与浙江省人民政府主办,并首次增加联合国经济和社会事务部、国际电信联盟、世界知识产权组织、世界经济论坛等4家国际组织作为协办单位。

网络安全产业联盟(筹)成立

2015年12月29日,中国网络安全产业联盟(筹)在京宣布成立。中国网络安全产业联盟是由我国网络安全行业的代表性企业自愿联合、共同发起组建的非营利性组织。联盟旨在聚合产业势能,营造良好产业发展环境,保障国家网络安全和用户利益,推动网络安全产业做大做强。北京市海淀区领导、网络安全专家以及140多家联盟成员200多名代表参加了会议。

附　录

重要讲话

孙寿山在2016年中国数字阅读大会上的致辞

（2016年4月13日）

尊敬的各位来宾，女士们、先生们、朋友们：

大家上午好！

在春光如画的美好时节，我们再度相聚西子湖畔，共同见证2016年中国数字阅读大会隆重启动。在此，我谨代表国家新闻出版广电总局和中国音像与数字出版协会，对参加本次活动的各位读者朋友表示热烈欢迎！向长期以来积极参与、支持和推动全民阅读工作的社会各界致以诚挚的谢意！同时，也向本次大会主办方、承办方以及全体工作人员，为大会顺利召开所做出的巨大努力表示衷心的感谢！

从"开卷有益"的古训，到"读万卷书，行万里路"的劝勉，从"热爱书吧，这是知识的泉源"的召唤，到"书是人类发出的最美妙声音"的宣言，人们相信，书籍是人类共同的精神财富，是人类进步的阶梯。同样，一个民族的精神品格和文化素质，在很大程度上也取决于全民族的阅读水平，谁在看书，看哪些书，决定了一个民族的精神气质，反映了一个社会的精神面貌，影响着这个国家的未来走向。中华民族从来就是酷爱读书、勤奋学习的民族，读书、学习是我们民族精神动力永不衰竭的源泉，崇尚读书之风绵延数千年，使得璀璨的中华文明传承至今。

以习近平为总书记的党中央高度重视全民阅读工作，对"开展全民阅读活动"做出了全面部署，2014年、2015年、2016年国务院政府工作报告连续三年提出"倡导全民阅读"，在《国民经济和社会发展第十三个五年规划纲要》中，也将"全民阅读"工作纳入了文化重大工程。国家新闻出版广电总局按照中央部署，持续开展全民阅读活动，通过组织倡导、搭建平台、塑造品牌等一系列举措，大力培育和践行社会主义核心价值观，努力传承和弘扬中华优秀传统文化，在全社会营造了浓郁的读书氛围，使全民阅读理念深入人心。

浙江省和杭州市顺应互联网特别是移动互联网迅猛发展的大趋势，创办中国数字阅读大会，为全民阅读的推广搭建了全新的推进平台和发展平台，为相关产业搭建了有效的交流平台和展示平台，不仅拓展了人民群众参与全民阅读活动的方式，也丰富了全民阅读的内涵，是全民阅读活动的创新举。"2016年中国数字阅读大会"以"创新·共享·绿色"为主题，重点关注青少年绿色健康数字阅读。不仅将在会上成立青少年绿色数字阅读联盟，而且还将以"青少年数字阅读论坛"的形式，邀请业内知名专家以及相关企业做主题演讲，共同探讨业界如何与家庭、学校实现联动，建立多维的青少年数字阅读动态关注机制，构筑青少年数字阅读的健康防线，打造青少年数字阅读的精神家园。同时，"2016 年中国数字阅读大会"还安排了"互联网文学之夜"、数字阅读展览会、数字阅读的未来峰会、网络文学峰会、在线教育国际论坛等一系列内容丰富的活动，相信大家在这里都能够获得新启发，结交新朋友，得到新收获。

各位来宾，女士们、先生们、朋友们，"十二五"时期，数字出版企业创作生产了一大批内容丰富、形式多样、深受消费者喜爱的数字化产品，这充分体现在数据上：2011 年，数字出版产业营业收入为 1377 亿元，占当年新闻出版业营业收入的 9.5%；据初步测算，2015 年数字出版营业收入将超过 4400 亿元，在新闻出版业营业收入中的占比已达 20.5%。"十二五"期间，数字出版产业营业收入年均增长达 34%。可以预见，"十三五"时期数字出版产业还将保持较高速度的增长。随着数字出版产业的高速增长，数字阅读在全民阅读中的地位和作用也将不断提升，推广数字阅读工作大有可为。国家新闻出版广电总局将不断创新工作思路，全力推动数字阅读深入开展。同时，也希望相关协会在总局领导和统一部署下，凝聚行业力量和共识，为数字阅读的推广与普及贡献智慧。更希望从业单位抓住难得的发展机遇，勇于创新，为数字阅读提供更好的内容、更好的设备和更加方便快捷的投送方式，不断提升数字阅读体验。希望我们同心协力，在新的起点上共同推动中国数字阅读更上一个台阶。最后，衷心预祝本次大会圆满成功！

谢谢大家！

吴尚之在 2016 北京国际出版论坛上的嘉宾演讲

（2016 年 8 月 23 日）

本届论坛的主题是"融合发展的新前景"。在互联网和移动互联网构建的新型媒体格局下，全球出版业正面临一场深刻变革，传统出版与新兴出版的融合发展，已成为出版业发展的必然趋势和必由之路。我们认为，融合发展应该是全方位、多方面、广领域的。

一、中国出版业融合发展的主要特点

2015 年，中国出版业发展持续向好，中国出版产业规模继续保持较快增长。与此同时，中国出版业高度重视融合发展问题，积极探索融合发展路径，初步展现出了一些融合发展的特点。

（一）引领融合发展的政策体系日趋完善

近年来，中央对互联网和移动互联网架构下的新兴文化产业发展予以高度重视，出台了一系列政策举措。2014 年 8 月，中央全面深化改革领导小组通过了《关于推动传统媒体和新兴媒体融合发展的指导意见》。国家新闻出版广电总局发布了《关于推动传统出版和新兴出版融合发展的指导意见》等文件。出版业融合发展的政策体系基本形成。

（二）推动融合发展的体制机制逐步形成

经过几年的探索，我们正在形成行政推动和发挥市场作用相结合的出版融合发展之路。坚持行政推动就是充分发挥各级出版行政部门在规划制定、政策保障、项目实施、市场监管等方面的主导作用，为出版融合发展创造良好的外部环境。发挥市场作用就是支持传统出版单位控股或参股互联网企业、科技企业，支持出版企业尤其是出版传媒集团跨地区、跨行业、跨媒体、跨所有制兼并重组新型出版企业。

（三）支撑融合发展的新技术应用越来越广泛

大数据、云计算、人工智能技术等新一代信息技术，推动出版流程的专业化、数据化、智能化；数据分析与挖掘技术的广泛应用，实现了内容的个性化推送、分众化生产；VR（虚拟现实）/AR（增强现实）技术被越来越广泛地应用于科普类、儿童类图书出版和手机游戏等领域，极大地丰富了用户的感官体验；媒体内容生产的可视化、多媒体化，让用户对内容情境有了更为直观的感受。

（四）融合发展的模式开始形成

在图书出版领域，面向科学、技术、医学等专业出版数据库、专业知识服务平台等逐步建立与完善，传统的出版服务正在向专业知识服务领域发展；在教育出版领域，出版单位、技术企业等都在研发教育出版的数字产品；在大众出版领域，已经形成了多个影响较大的电子书平台和网络原创平台，并且深受读者喜爱。此外，中国出版业还积极开展与旅游、医疗、金融等领域的跨界融合。

二、推进中国出版业融合发展的主要思路

"十三五"时期，中国出版业的融合发展将从局部突破迈向全面深化。我们要切实推动传统出版和新兴出版在内容、渠道、平台、经营、管理等多方面深度融合，实现出版内容、技术应用、平台终端、人才队伍的共享融通，形成一体化的组织结构、传播体系和管理机制。

（一）树立深度融合发展理念

深度融合发展不是传统出版的互联网化，也不是简单的平台相加，而是以理念、内容、体裁、形式、方法、手段、业态、体制、机制等9个方面的创新为切入点，推动传统出版和新兴出版融为一体，合而为一。

（二）推进精品数字内容建设

要将传统出版的专业采编优势、内容资源优势延伸到新兴出版，在内容的专业、精准、内涵上下功夫，着力推进优质内容的新媒体化。把握新媒体传播规律和社交化、个性化、视频化的传播趋势，探索将出版业的原创内容生产与新媒体信息整合相结合，创新内容生产手段、传播方式、呈现形式，以内容优势赢得发展优势。

(三)加快构建融合型平台

加快构建集内容采编、制作、存储、发布、管理、运营于一体的全媒体出版云平台,建设融合型的内容生产、传播与管理体系,重塑出版流程。着力完善平台内容生产、内容聚集、内容整合、内容管理、内容开发、协同管理、数据分析等功能,实现内容资源的动态聚合、实时分发、精准投送,促进行业各类信息共享融通。

(四)建立融合型传播体系

一方面,进一步优化、创新传统渠道,巩固传统传播能力,大力发展电子商务,整合延伸产业链;另一方面,主动借助新技术、新媒介传播优势,拓展传播新渠道,扩大内容的覆盖面与影响力。特别要充分利用社交媒介聚拢海量用户,推进内容传播与社交网络平台的对接互动,丰富用户体验,增强平台黏性。

(五)加快融合技术体系建设

着力推进技术创新的驱动引领。出版业要抢占网络信息技术的制高点,开展云计算、大数据、智能技术等关键技术在出版业的深度应用,完善以云平台、大数据等先进技术为核心的出版融合技术支撑体系。

(六)注重版权保护与版权运用

完善的版权保护机制、良好的版权运营秩序,是推进融合发展的重要保障。要进一步健全版权保护的法律法规,完善版权保护制度;加大对侵权事件的查处力度,维护著作权人权益;完善版权交易制度和交易平台建设,为版权交易提供更加便利的条件,促进版权产业发展;推动版权保护相关技术研发应用,提升对盗版行为的追踪能力,为版权保护与应用提供良好的技术支持;积极推进全版权运营,努力构建从出版内容到影视改编、游戏创作等的全版权产业链,促进出版内容的多元增值。

孙寿山在 2016 年度中国游戏产业年会上的讲话

(2016 年 12 月 15 日)

各位来宾,女士们、先生们,朋友们:

大家上午好!

很高兴与大家再次相聚海口,共同举办游戏产业界的年度会议。与其他会议有所不同,年会的参与者主要是会员单位,比较便于聚焦业界共同关注的话题,政府主管部门的政策信息也可以更加具有针对性。

大家都知道，半个月前也就是 11 月 30 日，习近平总书记在中国文联、中国作协代表大会上发表了一篇极为重要的讲话。这篇讲话情感激越深沉，内涵深邃丰厚，视野高远宏阔，语言平实透彻，与 2014 年的文艺工作座谈会讲话相得益彰，交相辉映。尽管网络游戏并非文艺工作的主体，但作为广大人民群众喜闻乐见的一种文化娱乐形式，其创作、生产、经营与文学艺术活动有许多相通之处，遵循的基本规律也大致相同。比如，总书记在重要讲话中指出："文艺创作是艰苦的创造性劳动，来不得半点虚假。那些叫得响、传得开、留得住的文艺精品，都是远离浮躁、不求功利得来的，都是呕心沥血铸就的"。我感到这番话似乎就是针对游戏产业说的，既指出了游戏产业现状中的短板，也指明了需要努力的方向。我建议所有网络游戏从业者，都应认真学习总书记的重要讲话，并将讲话精神融汇到各自的创业实践中去。我们本次年会也将以总书记的重要讲话精神为指引，回顾过往、展望未来。

下面，我就此谈几点工作想法，和大家探讨。

一、要把握游戏产业发展新变化

2016 年是"十三五"开局之年，从整体看，游戏产业在保持较快增长的同时，业内分化调整趋向已经开始显现。

产业调查数据显示，2016 年国内游戏市场实现销售收入 1655.7 亿元，同比增长近 250 亿元，增长率为 17.7%。其中，民族原创网络游戏销售收入 1182.5 亿元，同比增长 19.9%，占市场销售总额的 71.4%，已连续 11 年占据国内市场主导地位。移动游戏实现销售收入 819.2 亿元，同比增长 59.2%，继续保持高速增长。与此同时，我国民族原创网络游戏在海外市场的拓展步伐依然强劲，全年海外市场销售收入达 72.3 亿美元，同比增长 36.2%。此外，电子竞技和游戏直播发展迅猛，电子竞技游戏市场全年实现销售收入 504.6 亿元，占市场销售总额的 30.5%；游戏直播用户则已突破 1 亿人次关口。

过去一年，游戏细分市场开始出现明显分化。客户端游戏营销收入 582.5 亿元，同比下降 4.8%；网页游戏营销收入 187.1 亿元，同比下降 14.8%。这两大传统游戏样态首次同时出现负增长，应看作是对业界发出的强烈信号，提示各方要加强对游戏产业发展方向、发展模式的深入思考，审慎抉择，未雨绸缪。

二、要选准游戏产业发展突破口

毋庸置疑，网络游戏是我国近年来发展最为迅猛的内容创意产业之一。这既归功于业界各方的创新创造，也与消费者数量激增、新技术新体验层出不穷等因素密切相关。过去一年，中国游戏用户规模虽然有所增长，但增速明显放缓；移动游戏现有技术更新也已遇到"天花板"；具有高强沉浸感和互动性的 VR、AR 等后续技术目前尚不成熟。在此情形下，2017 年游戏产业要想继续保持上升势头，就必须摒弃以往严重依赖作品数量和用户规模的粗放模式，而着手游戏产业供给侧优化，通过打造精品力作，追求有质量的发展。

过去十几年在业界各方共同努力下，在政府主管部门的引导扶持和有效监管下，我国游戏出版质量确有明显提升，涌现出许多情趣健康向上、颇具文化内涵、深受消费者喜爱的游戏作品。然而，也有不在少数的游戏作品在日益加剧的市场竞争环境中，依然在走同质、低俗的"回头路"。

总局在日常监管中发现，部分游戏企业创新能力不足，为博得"可见度"，不惜重复推出同类产品，甚至模仿、抄袭他人作品；部分游戏企业悍然设置不良功能应用，出售不良诱导道具装备，怂恿玩家体验违法犯罪或低俗行为；部分游戏企业利用内置视频系统，放纵色情、赌博活动，用以吸引用户；还有部分游戏运营平台将同一款游戏更换不同名称，蒙蔽误导消费者。上述问题，在移动游戏领域表现尤为突出。"换皮"抄袭、低俗营销等行为，一直为消费者所诟病，不仅大大缩短了游戏作品的生命周期，难以有效拓展市场，形成品牌效应，更使消费者失去对国产游戏的信任，许多真正优秀的民族原创游戏作品受此牵连，湮没在大量垃圾游戏之中。为此，总局上半年果断发布《关于移动游戏出版服务管理的通知》，并于7月1日起正式实施。据统计，《通知》施行半年来，在各游戏企业特别是移动游戏渠道商的配合下，已累计清理各类"换皮"、抄袭、僵尸游戏作品上万款，初步净化了市场环境，保护了合法企业的利益和消费者权益。

在此指出这些现象，不是否定已经取得的成绩，而是提示大家必须正视存在的问题，并客观分析产生的原因，共同铲除其存在并泛滥的土壤。游戏作为内容创意产业的重要组成部分，同样肩负着反映民族精神、弘扬时代主调、传播文明社会理念、传承优秀传统文化的重要使命。尤其在消费规模增长、技术更新频率和市场营销增速明显放缓的情况下，游戏企业更要站在传播文明、传承文化的高度审视自己的角色定位，自觉肩负起内容生产者的社会责任，将企业持续发展的突破口选择在深耕细作、精益求精上，以"十年磨一剑"的"工匠精神"，打造出更多主题向上、内容健康、"双效"俱佳、叫好叫座的精品力作。唯有如此，才有可能满足人民群众对精神文化多样化和高品位的需求，才能确保企业和产业的长久持续发展。

三、要力促产业发展再上新台阶

产业发展的活力源于拥有大批积极向上、勇于创新的企业，企业发展的活力又在于能够源源不断推出高质量、高品位的产品满足消费者需求，而政府管理部门和行业协会的重要责任，就是要为此营造健康、优良、有序和可持续的发展环境。

首先，广大游戏企业要自觉以中华优秀文化为创作研发源泉，不断提高自主创新能力，提升作品品质与品牌形象。

在五千多年文明发展的历史进程中，中华民族创造了源远流长、博大精深的灿烂文化；改革开放以来，当代中国正经历着历史上最为广泛而深刻的社会变革，进行着人类历史上最为宏大而独特的实践创新。习近平总书记在其重要讲话中指出："中国不乏生动的故事，关键要有讲好故事的能力；中国不乏史诗般的实践，关键要有创作史诗的雄心"。我认为，所有志存高远的游戏企业，既要注重对传统文化的深入开发，取其精华，以传承优秀民族文化为己任，深入挖掘先进文化内涵，唱响时代主旋律，弘扬核心价值观，切实在作品思想内涵与文化品质上下功夫；也要注重增强创新意识，不仅要对全新领域进行探索与开拓，也要在现有市场基础上，从满足用户需求出发，对细分领域进行深耕细作。在游戏出版运营过程中，还要不断强化道德法律和社会责任意识，树立正确的市场观和义利观，即"在市场经济大潮面前耐得住寂寞、稳得住心神，不为一时之利而动摇、不为一时之誉而急躁"，用实际行动创作出无愧于我们这个伟大时代、无愧于我们这个伟大国家、无愧于我们这个伟大民族的优秀作品。

其次，政府主管部门要切实提高管理水平，简政放权，放管结合，优化服务，不断改善产业发展环境。

提高游戏质量，推动产业健康可持续发展，既需要广大游戏企业和从业人员不懈努力，也需要政府管理部门提高管理水平，优化发展环境。新的一年，作为中央和国务院授权的唯一负责网络游戏前置审批和进口网络游戏审批管理的政府部门，国家新闻出版广电总局将重点开展以下几方面工作：

（一）推进简政放权。总局将坚决贯彻落实党中央、国务院"放管服"改革要求，在严格履行有关审批管理职责前提下，及时总结游戏出版审批管理工作经验，深入研究探讨减少申报材料、压缩审查时限、提高审批效率，逐步扩大目前在移动游戏领域实施的分类审批管理范围，推动北京、浙江等地开展国产网络游戏属地内容审查试点，同时加强事中事后监管，优化游戏出版审批管理工作。

（二）完善管理制度。总局将在今年颁布的《网络出版服务管理规定》基础上，研究制定《网络游戏出版管理办法》，针对游戏产业近年来出现的新情况、新问题，明确细化相应管理规则，推动网络游戏出版管理工作科学化、规范化和透明化。同时，着手制订网络游戏行业相关标准，从制度层面保障和鼓励网络游戏产业大胆创新、提高质量，从而打造和推出更多精品力作。

（三）突出监管重点。在端游、页游监管工作相对健全成熟基础上，将重点转至高速发展的移动游戏之上。由于移动游戏数量巨大、品种繁多、情况复杂，虽已经过将近半年的专项清理，仍难以完全到位。新一年度应在继续规范基础上，重点监管那些用户数量大，市场能见度高的移动游戏作品，严防违法违规出版内容扰乱正常市场秩序。年会期间，总局主管部门将组织专题会议，具体部署2017年移动游戏监管工作。

（四）扶持精品力作。推进和落实"中国原创游戏精品出版工程"确定的各项措施，加大对国产网游精品力作的政策扶持力度，对作品入选的游戏研发企业，在申报游戏出版审批以及申办网络出版服务资质时，可给予专门指导，提供优先安排。同时各地出版行政主管部门也将在优惠政策、项目扶持、表彰奖励、教育培训等方面率先考虑"游戏精品工程"入选作品及相关企业。

（五）优化服务平台。总局将继续加大中国音像与数字出版协会游戏出版物工作委员会的支持和指导力度，使游戏工委切实成为政府与企业之间的连接者，会员单位合法权益的维护者，行业自律公约的倡导者，产业健康发展的助推者。游戏出版物工作委员会也必须紧跟行业发展大潮，强化自身建设，转变工作作风，创新服务方式，提高服务水平，增强凝聚力，提升影响力，以扎实有效的工作服务会员单位、服务游戏企业。

各位朋友、各位同志，中国游戏产业虽已取得长足发展，但也面临着激烈的竞争与挑战。这固然会给我们带来巨大压力，却也是进一步改革发展的强大动力。我相信，只要我们坚持正确导向，聚焦内容质量，传承优秀文化，弘扬时代精神，源源不断推出精品力作，就一定能够推动中国游戏产业发展再上新台阶。

谢谢大家！

政策法规

2016年重要政策法规

音像制品管理条例

（2001年12月25日中华人民共和国国务院令第341号公布　根据2011年3月19日《国务院关于修改〈音像制品管理条例〉的决定》第一次修订　根据2013年12月7日《国务院关于修改部分行政法规的决定》第二次修订　根据2016年2月6日《国务院关于修改部分行政法规的决定》第三次修订）

第一章　总　则

第一条　为了加强音像制品的管理，促进音像业的健康发展和繁荣，丰富人民群众的文化生活，促进社会主义物质文明和精神文明建设，制定本条例。

第二条　本条例适用于录有内容的录音带、录像带、唱片、激光唱盘和激光视盘等音像制品的出版、制作、复制、进口、批发、零售、出租等活动。

音像制品用于广播电视播放的，适用广播电视法律、行政法规。

第三条　出版、制作、复制、进口、批发、零售、出租音像制品，应当遵守宪法和有关法律、法规，坚持为人民服务和为社会主义服务的方向，传播有益于经济发展和社会进步的思想、道德、科学技术和文化知识。

音像制品禁止载有下列内容：

（一）反对宪法确定的基本原则的；

（二）危害国家统一、主权和领土完整的；

（三）泄露国家秘密、危害国家安全或者损害国家荣誉和利益的；

（四）煽动民族仇恨、民族歧视，破坏民族团结，或者侵害民族风俗、习惯的；

（五）宣扬邪教、迷信的；

（六）扰乱社会秩序，破坏社会稳定的；

（七）宣扬淫秽、赌博、暴力或者教唆犯罪的；

（八）侮辱或者诽谤他人，侵害他人合法权益的；

（九）危害社会公德或者民族优秀文化传统的；

（十）有法律、行政法规和国家规定禁止的其他内容的。

第四条 国务院出版行政主管部门负责全国音像制品的出版、制作、复制、进口、批发、零售和出租的监督管理工作；国务院其他有关行政部门按照国务院规定的职责分工，负责有关的音像制品经营活动的监督管理工作。

县级以上地方人民政府负责出版管理的行政主管部门（以下简称出版行政主管部门）负责本行政区域内音像制品的出版、制作、复制、进口、批发、零售和出租的监督管理工作；县级以上地方人民政府其他有关行政部门在各自的职责范围内负责有关的音像制品经营活动的监督管理工作。

第五条 国家对出版、制作、复制、进口、批发、零售音像制品，实行许可制度；未经许可，任何单位和个人不得从事音像制品的出版、制作、复制、进口、批发、零售等活动。

依照本条例发放的许可证和批准文件，不得出租、出借、出售或者以其他任何形式转让。

第六条 国务院出版行政主管部门负责制定音像业的发展规划，确定全国音像出版单位、音像复制单位的总量、布局和结构。

第七条 音像制品经营活动的监督管理部门及其工作人员不得从事或者变相从事音像制品经营活动，并不得参与或者变相参与音像制品经营单位的经营活动。

第二章 出 版

第八条 设立音像出版单位，应当具备下列条件：

（一）有音像出版单位的名称、章程；

（二）有符合国务院出版行政主管部门认定的主办单位及其主管机关；

（三）有确定的业务范围；

（四）有适应业务范围需要的组织机构和符合国家规定的资格条件的音像出版专业人员；

（五）有适应业务范围需要的资金、设备和工作场所；

（六）法律、行政法规规定的其他条件。

审批设立音像出版单位，除依照前款所列条件外，还应当符合音像出版单位总量、布局和结构的规划。

第九条 申请设立音像出版单位，由所在地省、自治区、直辖市人民政府出版行政主管部门审核同意后，报国务院出版行政主管部门审批。国务院出版行政主管部门应当自受理申请之日起60日内做出批准或者不批准的决定，并通知申请人。批准的，发给《音像制品出版许可证》，由申请人持《音像制品出版许可证》到工商行政管理部门登记，依法领取营业执照；不批准的，应当说明理由。

申请书应当载明下列内容：

（一）音像出版单位的名称、地址；

（二）音像出版单位的主办单位及其主管机关的名称、地址；

（三）音像出版单位的法定代表人或者主要负责人的姓名、住址、资格证明文件；

（四）音像出版单位的资金来源和数额。

第十条 音像出版单位变更名称、主办单位或者其主管机关、业务范围，或者兼并其他音像出版单位，或者因合并、分立而设立新的音像出版单位的，应当依照本条例第九条的规定办理审批手续，并到原登记的工商行政管理部门办理相应的登记手续。

音像出版单位变更地址、法定代表人或者主要负责人，或者终止出版经营活动的，应当到原登记的工商行政管理部门办理变更登记或者注销登记，并向国务院出版行政主管部门备案。

第十一条　音像出版单位的年度出版计划和涉及国家安全、社会安定等方面的重大选题，应当经所在地省、自治区、直辖市人民政府出版行政主管部门审核后报国务院出版行政主管部门备案；重大选题音像制品未在出版前报备案的，不得出版。

第十二条　音像出版单位应当在其出版的音像制品及其包装的明显位置，标明出版单位的名称、地址和音像制品的版号、出版时间、著作权人等事项；出版进口的音像制品，还应当标明进口批准文号。

音像出版单位应当按照国家有关规定向国家图书馆、中国版本图书馆和国务院出版行政主管部门免费送交样本。

第十三条　音像出版单位不得向任何单位或者个人出租、出借、出售或者以其他任何形式转让本单位的名称，不得向任何单位或者个人出售或者以其他形式转让本单位的版号。

第十四条　任何单位和个人不得以购买、租用、借用、擅自使用音像出版单位的名称或者购买、伪造版号等形式从事音像制品出版活动。

图书出版社、报社、期刊社、电子出版物出版社，不得出版非配合本版出版物的音像制品；但是，可以按照国务院出版行政主管部门的规定，出版配合本版出版物的音像制品，并参照音像出版单位享有权利、承担义务。

第十五条　音像出版单位可以与香港特别行政区、澳门特别行政区、台湾地区或者外国的组织、个人合作制作音像制品。具体办法由国务院出版行政主管部门制定。

第十六条　音像出版单位实行编辑责任制度，保证音像制品的内容符合本条例的规定。

第十七条　音像出版单位以外的单位设立的独立从事音像制品制作业务的单位（以下简称音像制作单位）申请从事音像制品制作业务，由所在地省、自治区、直辖市人民政府出版行政主管部门审批。省、自治区、直辖市人民政府出版行政主管部门应当自受理申请之日起60日内做出批准或者不批准的决定，并通知申请人。批准的，发给《音像制品制作许可证》；不批准的，应当说明理由。广播、电视节目制作经营单位的设立，依照有关法律、行政法规的规定办理。

申请书应当载明下列内容：

（一）音像制作单位的名称、地址；

（二）音像制作单位的法定代表人或者主要负责人的姓名、住址、资格证明文件；

（三）音像制作单位的资金来源和数额。

审批从事音像制品制作业务申请，除依照前款所列条件外，还应当兼顾音像制作单位总量、布局和结构。

第十八条　音像制作单位变更名称、业务范围，或者兼并其他音像制作单位，或者因合并、分立而设立新的音像制作单位的，应当依照本条例第十七条的规定办理审批手续。

音像制作单位变更地址、法定代表人或者主要负责人，或者终止制作经营活动的，应当向所在地省、自治区、直辖市人民政府出版行政主管部门备案。

第十九条　音像出版单位不得委托未取得《音像制品制作许可证》的单位制作音像制品。

音像制作单位接受委托制作音像制品的，应当按照国家有关规定，与委托的出版单位订立制作委托合同；验证委托的出版单位的《音像制品出版许可证》或者本版出版物的证明及由委托的出版单位盖章的音像制品制作委托书。

音像制作单位不得出版、复制、批发、零售音像制品。

第三章 复　制

第二十条　申请从事音像制品复制业务应当具备下列条件：

（一）有音像复制单位的名称、章程；

（二）有确定的业务范围；

（三）有适应业务范围需要的组织机构和人员；

（四）有适应业务范围需要的资金、设备和复制场所；

（五）法律、行政法规规定的其他条件。

审批从事音像制品复制业务申请，除依照前款所列条件外，还应当符合音像复制单位总量、布局和结构的规划。

第二十一条　申请从事音像制品复制业务，由所在地省、自治区、直辖市人民政府出版行政主管部门审批。省、自治区、直辖市人民政府出版行政主管部门应当自受理申请之日起20日内做出批准或者不批准的决定，并通知申请人。批准的，发给《复制经营许可证》；不批准的，应当说明理由。

申请书应当载明下列内容：

（一）音像复制单位的名称、地址；

（二）音像复制单位的法定代表人或者主要负责人的姓名、住址；

（三）音像复制单位的资金来源和数额。

第二十二条　音像复制单位变更业务范围，或者兼并其他音像复制单位，或者因合并、分立而设立新的音像复制单位的，应当依照本条例第二十一条的规定办理审批手续。

音像复制单位变更名称、地址、法定代表人或者主要负责人，或者终止复制经营活动的，应当向所在地省、自治区、直辖市人民政府出版行政主管部门备案。

第二十三条　音像复制单位接受委托复制音像制品的，应当按照国家有关规定，与委托的出版单位订立复制委托合同；验证委托的出版单位的《音像制品出版许可证》、营业执照副本、盖章的音像制品复制委托书以及出版单位取得的授权书；接受委托复制的音像制品属于非卖品的，应当验证委托单位的身份证明和委托单位出具的音像制品非卖品复制委托书。

音像复制单位应当自完成音像制品复制之日起2年内，保存委托合同和所复制的音像制品的样本以及验证的有关证明文件的副本，以备查验。

第二十四条　音像复制单位不得接受非音像出版单位或者个人的委托复制经营性的音像制品；不得自行复制音像制品；不得批发、零售音像制品。

第二十五条　从事光盘复制的音像复制单位复制光盘，必须使用蚀刻有国务院出版行政主管部门核发的激光数码储存片来源识别码的注塑模具。

第二十六条　音像复制单位接受委托复制境外音像制品的，应当经省、自治区、直辖市人民政府出版行政主管部门批准，并持著作权人的授权书依法到著作权行政管理部门登记；复制的音像制品应当全部运输出境，不得在境内发行。

第四章 进 口

第二十七条 音像制品成品进口业务由国务院出版行政主管部门批准的音像制品成品进口经营单位经营；未经批准，任何单位或者个人不得经营音像制品成品进口业务。

第二十八条 进口用于出版的音像制品，以及进口用于批发、零售、出租等的音像制品成品，应当报国务院出版行政主管部门进行内容审查。

国务院出版行政主管部门应当自收到音像制品内容审查申请书之日起30日内做出批准或者不批准的决定，并通知申请人。批准的，发给批准文件；不批准的，应当说明理由。

进口用于出版的音像制品的单位、音像制品成品进口经营单位应当持国务院出版行政主管部门的批准文件到海关办理进口手续。

第二十九条 进口用于出版的音像制品，其著作权事项应当向国务院著作权行政管理部门登记。

第三十条 进口供研究、教学参考的音像制品，应当委托音像制品成品进口经营单位依照本条例第二十八条的规定办理。

进口用于展览、展示的音像制品，经国务院出版行政主管部门批准后，到海关办理临时进口手续。

依照本条规定进口的音像制品，不得进行经营性复制、批发、零售、出租和放映。

第五章 批发、零售和出租

第三十一条 申请从事音像制品批发、零售业务，应当具备下列条件：

（一）有音像制品批发、零售单位的名称、章程；

（二）有确定的业务范围；

（三）有适应业务范围需要的组织机构和人员；

（四）有适应业务范围需要的资金和场所；

（五）法律、行政法规规定的其他条件。

第三十二条 申请从事音像制品批发业务，应当报所在地省、自治区、直辖市人民政府出版行政主管部门审批。申请从事音像制品零售业务，应当报县级地方人民政府出版行政主管部门审批。出版行政主管部门应当自受理申请书之日起30日内做出批准或者不批准的决定，并通知申请人。批准的，应当发给《出版物经营许可证》；不批准的，应当说明理由。

《出版物经营许可证》应当注明音像制品经营活动的种类。

第三十三条 音像制品批发、零售单位变更名称、业务范围，或者兼并其他音像制品批发、零售单位，或者因合并、分立而设立新的音像制品批发、零售单位的，应当依照本条例第三十二条的规定办理审批手续。

音像制品批发、零售单位变更地址、法定代表人或者主要负责人或者终止经营活动，从事音像制品零售经营活动的个体工商户变更业务范围、地址或者终止经营活动的，应当向原批准的出版行政主管部门备案。

第三十四条 音像出版单位可以按照国家有关规定，批发、零售本单位出版的音像制品。从事非本单位出版的音像制品的批发、零售业务的，应当依照本条例第三十二条的规定办理审批手续。

第三十五条 国家允许设立从事音像制品发行业务的中外合作经营企业。

第三十六条 音像制品批发单位和从事音像制品零售、出租等业务的单位或者个体工商户，不得经营非音像出版单位出版的音像制品或者非音像复制单位复制的音像制品，不得经营未经国务院出版行政主管部门批准进口的音像制品，不得经营侵犯他人著作权的音像制品。

第六章 罚 则

第三十七条 出版行政主管部门或者其他有关行政部门及其工作人员，利用职务上的便利收受他人财物或者其他好处，批准不符合法定条件的申请人取得许可证、批准文件，或者不履行监督职责，或者发现违法行为不予查处，造成严重后果的，对负有责任的主管人员和其他直接责任人员依法给予降级直至开除的处分；构成犯罪的，依照刑法关于受贿罪、滥用职权罪、玩忽职守罪或者其他罪的规定，依法追究刑事责任。

第三十八条 音像制品经营活动的监督管理部门的工作人员从事或者变相从事音像制品经营活动的，参与或者变相参与音像制品经营单位的经营活动的，依法给予撤职或者开除的处分。

音像制品经营活动的监督管理部门有前款所列行为的，对负有责任的主管人员和其他直接责任人员依照前款规定处罚。

第三十九条 未经批准，擅自设立音像制品出版、进口单位，擅自从事音像制品出版、制作、复制业务或者进口、批发、零售经营活动的，由出版行政主管部门、工商行政管理部门依照法定职权予以取缔；依照刑法关于非法经营罪的规定，依法追究刑事责任；尚不够刑事处罚的，没收违法经营的音像制品和违法所得以及进行违法活动的专用工具、设备；违法经营额1万元以上的，并处违法经营额5倍以上10倍以下的罚款；违法经营额不足1万元的，可以处5万元以下的罚款。

第四十条 出版含有本条例第三条第二款禁止内容的音像制品，或者制作、复制、批发、零售、出租、放映明知或者应知含有本条例第三条第二款禁止内容的音像制品的，依照刑法有关规定，依法追究刑事责任；尚不够刑事处罚的，由出版行政主管部门、公安部门依据各自职权责令停业整顿，没收违法经营的音像制品和违法所得；违法经营额1万元以上的，并处违法经营额5倍以上10倍以下的罚款；违法经营额不足1万元的，可以处5万元以下的罚款；情节严重的，并由原发证机关吊销许可证。

第四十一条 走私音像制品的，依照刑法关于走私罪的规定，依法追究刑事责任；尚不够刑事处罚的，由海关依法给予行政处罚。

第四十二条 有下列行为之一的，由出版行政主管部门责令停止违法行为，给予警告，没收违法经营的音像制品和违法所得；违法经营额1万元以上的，并处违法经营额5倍以上10倍以下的罚款；违法经营额不足1万元的，可以处5万元以下的罚款；情节严重的，并责令停业整顿或者由原发证机关吊销许可证：

（一）音像出版单位向其他单位、个人出租、出借、出售或者以其他任何形式转让本单位的名称，出售或者以其他形式转让本单位的版号的；

（二）音像出版单位委托未取得《音像制品制作许可证》的单位制作音像制品，或者委托未取得《复制经营许可证》的单位复制音像制品的；

（三）音像出版单位出版未经国务院出版行政主管部门批准擅自进口的音像制品的；

（四）音像制作单位、音像复制单位未依照本条例的规定验证音像出版单位的委托书、有关证明的；

（五）音像复制单位擅自复制他人的音像制品，或者接受非音像出版单位、个人的委托复制经营性的音像制品，或者自行复制音像制品的。

第四十三条　音像出版单位违反国家有关规定与香港特别行政区、澳门特别行政区、台湾地区或者外国的组织、个人合作制作音像制品，音像复制单位违反国家有关规定接受委托复制境外音像制品，未经省、自治区、直辖市人民政府出版行政主管部门审核同意，或者未将复制的境外音像制品全部运输出境的，由省、自治区、直辖市人民政府出版行政主管部门责令改正，没收违法经营的音像制品和违法所得；违法经营额1万元以上的，并处违法经营额5倍以上10倍以下的罚款；违法经营额不足1万元的，可以处5万元以下的罚款；情节严重的，并由原发证机关吊销许可证。

第四十四条　有下列行为之一的，由出版行政主管部门责令改正，给予警告；情节严重的，并责令停业整顿或者由原发证机关吊销许可证：

（一）音像出版单位未将其年度出版计划和涉及国家安全、社会安定等方面的重大选题报国务院出版行政主管部门备案的；

（二）音像制品出版、制作、复制、批发、零售单位变更名称、地址、法定代表人或者主要负责人、业务范围等，未依照本条例规定办理审批、备案手续的；

（三）音像出版单位未在其出版的音像制品及其包装的明显位置标明本条例规定的内容的；

（四）音像出版单位未依照本条例的规定送交样本的；

（五）音像复制单位未依照本条例的规定留存备查的材料的；

（六）从事光盘复制的音像复制单位复制光盘，使用未蚀刻国务院出版行政主管部门核发的激光数码储存片来源识别码的注塑模具的。

第四十五条　有下列行为之一的，由出版行政主管部门责令停止违法行为，给予警告，没收违法经营的音像制品和违法所得；违法经营额1万元以上的，并处违法经营额5倍以上10倍以下的罚款；违法经营额不足1万元的，可以处5万元以下的罚款；情节严重的，并责令停业整顿或者由原发证机关吊销许可证：

（一）批发、零售、出租、放映非音像出版单位出版的音像制品或者非音像复制单位复制的音像制品的；

（二）批发、零售、出租或者放映未经国务院出版行政主管部门批准进口的音像制品的；

（三）批发、零售、出租、放映供研究、教学参考或者用于展览、展示的进口音像制品的。

第四十六条　单位违反本条例的规定，被处以吊销许可证行政处罚的，其法定代表人或者主要负责人自许可证被吊销之日起10年内不得担任音像制品出版、制作、复制、进口、批发、零售单位的法定代表人或者主要负责人。

从事音像制品零售业务的个体工商户违反本条例的规定，被处以吊销许可证行政处罚的，自许可证被吊销之日起10年内不得从事音像制品零售业务。

第四十七条　依照本条例的规定实施罚款的行政处罚，应当依照有关法律、行政法规的规定，实行罚款决定与罚款收缴分离；收缴的罚款必须全部上缴国库。

第七章　附　则

第四十八条　除本条例第三十五条外，电子出版物的出版、制作、复制、进口、批发、零售等活动适用本条例。

第四十九条 依照本条例发放许可证，除按照法定标准收取成本费外，不得收取其他任何费用。

第五十条 本条例自 2002 年 2 月 1 日起施行。1994 年 8 月 25 日国务院发布的《音像制品管理条例》同时废止。

网络出版服务管理规定

第一章 总 则

第一条 为了规范网络出版服务秩序，促进网络出版服务业健康有序发展，根据《出版管理条例》《互联网信息服务管理办法》及相关法律法规，制定本规定。

第二条 在中华人民共和国境内从事网络出版服务，适用本规定。

本规定所称网络出版服务，是指通过信息网络向公众提供网络出版物。

本规定所称网络出版物，是指通过信息网络向公众提供的，具有编辑、制作、加工等出版特征的数字化作品，范围主要包括：

（一）文学、艺术、科学等领域内具有知识性、思想性的文字、图片、地图、游戏、动漫、音视频读物等原创数字化作品；

（二）与已出版的图书、报纸、期刊、音像制品、电子出版物等内容相一致的数字化作品；

（三）将上述作品通过选择、编排、汇集等方式形成的网络文献数据库等数字化作品；

（四）国家新闻出版广电总局认定的其他类型的数字化作品。

网络出版服务的具体业务分类另行制定。

第三条 从事网络出版服务，应当遵守宪法和有关法律、法规，坚持为人民服务、为社会主义服务的方向，坚持社会主义先进文化的前进方向，弘扬社会主义核心价值观，传播和积累一切有益于提高民族素质、推动经济发展、促进社会进步的思想道德、科学技术和文化知识，满足人民群众日益增长的精神文化需要。

第四条 国家新闻出版广电总局作为网络出版服务的行业主管部门，负责全国网络出版服务的前置审批和监督管理工作。工业和信息化部作为互联网行业主管部门，依据职责对全国网络出版服务实施相应的监督管理。

地方人民政府各级出版行政主管部门和各省级电信主管部门依据各自职责对本行政区域内网络出版服务及接入服务实施相应的监督管理工作并做好配合工作。

第五条 出版行政主管部门根据已经取得的违法嫌疑证据或者举报，对涉嫌违法从事网络出版服务的行为进行查处时，可以检查与涉嫌违法行为有关的物品和经营场所；对有证据证明是与违法行为有关的物品，可以查封或者扣押。

第六条 国家鼓励图书、音像、电子、报纸、期刊出版单位从事网络出版服务，加快与新媒体的融合发展。

国家鼓励组建网络出版服务行业协会，按照章程，在出版行政主管部门的指导下制定行业自律规范，倡导网络文明，传播健康有益内容，抵制不良有害内容。

第二章 网络出版服务许可

第七条 从事网络出版服务，必须依法经过出版行政主管部门批准，取得《网络出版服务许可证》。

第八条 图书、音像、电子、报纸、期刊出版单位从事网络出版服务，应当具备以下条件：

（一）有确定的从事网络出版业务的网站域名、智能终端应用程序等出版平台；

（二）有确定的网络出版服务范围；

（三）有从事网络出版服务所需的必要的技术设备，相关服务器和存储设备必须存放在中华人民共和国境内。

第九条 其他单位从事网络出版服务，除第八条所列条件外，还应当具备以下条件：

（一）有确定的、不与其他出版单位相重复的，从事网络出版服务主体的名称及章程；

（二）有符合国家规定的法定代表人和主要负责人，法定代表人必须是在境内长久居住的具有完全行为能力的中国公民，法定代表人和主要负责人至少1人应当具有中级以上出版专业技术人员职业资格；

（三）除法定代表人和主要负责人外，有适应网络出版服务范围需要的8名以上具有国家新闻出版广电总局认可的出版及相关专业技术职业资格的专职编辑出版人员，其中具有中级以上职业资格的人员不得少于3名；

（四）有从事网络出版服务所需的内容审校制度；

（五）有固定的工作场所；

（六）法律、行政法规和国家新闻出版广电总局规定的其他条件。

第十条 中外合资经营、中外合作经营和外资经营的单位不得从事网络出版服务。

网络出版服务单位与境内中外合资经营、中外合作经营、外资经营企业或境外组织及个人进行网络出版服务业务的项目合作，应当事前报国家新闻出版广电总局审批。

第十一条 申请从事网络出版服务，应当向所在地省、自治区、直辖市出版行政主管部门提出申请，经审核同意后，报国家新闻出版广电总局审批。国家新闻出版广电总局应当自受理申请之日起60日内，做出批准或者不予批准的决定。不批准的，应当说明理由。

第十二条 从事网络出版服务的申报材料，应该包括下列内容：

（一）《网络出版服务许可证申请表》；

（二）单位章程及资本来源性质证明；

（三）网络出版服务可行性分析报告，包括资金使用、产品规划、技术条件、设备配备、机构设置、人员配备、市场分析、风险评估、版权保护措施等；

（四）法定代表人和主要负责人的简历、住址、身份证明文件；

（五）编辑出版等相关专业技术人员的国家认可的职业资格证明和主要从业经历及培训证明；

（六）工作场所使用证明；

（七）网站域名注册证明、相关服务器存放在中华人民共和国境内的承诺。

本规定第八条所列单位从事网络出版服务的，仅提交前款（一）（六）（七）项规定的材料。

第十三条 设立网络出版服务单位的申请者应自收到批准决定之日起30日内办理注册登记手续：

（一）持批准文件到所在地省、自治区、直辖市出版行政主管部门领取并填写《网络出版服务许可登记表》；

（二）省、自治区、直辖市出版行政主管部门对《网络出版服务许可登记表》审核无误后，在10日内向申请者发放《网络出版服务许可证》；

（三）《网络出版服务许可登记表》一式三份，由申请者和省、自治区、直辖市出版行政主管部门各存一份，另一份由省、自治区、直辖市出版行政主管部门在15日内报送国家新闻出版广电总局备案。

第十四条　《网络出版服务许可证》有效期为5年。有效期届满，需继续从事网络出版服务活动的，应于有效期届满60日前按本规定第十一条的程序提出申请。出版行政主管部门应当在该许可有效期届满前做出是否准予延续的决定。批准的，换发《网络出版服务许可证》。

第十五条　网络出版服务经批准后，申请者应持批准文件、《网络出版服务许可证》到所在地省、自治区、直辖市电信主管部门办理相关手续。

第十六条　网络出版服务单位变更《网络出版服务许可证》许可登记事项、资本结构，合并或者分立，设立分支机构的，应依据本规定第十一条办理审批手续，并应持批准文件到所在地省、自治区、直辖市电信主管部门办理相关手续。

第十七条　网络出版服务单位中止网络出版服务的，应当向所在地省、自治区、直辖市出版行政主管部门备案，并说明理由和期限；网络出版服务单位中止网络出版服务不得超过180日。

网络出版服务单位终止网络出版服务的，应当自终止网络出版服务之日起30日内，向所在地省、自治区、直辖市出版行政主管部门办理注销手续后到省、自治区、直辖市电信主管部门办理相关手续。省、自治区、直辖市出版行政主管部门将相关信息报国家新闻出版广电总局备案。

第十八条　网络出版服务单位自登记之日起满180日未开展网络出版服务的，由原登记的出版行政主管部门注销登记，并报国家新闻出版广电总局备案。同时，通报相关省、自治区、直辖市电信主管部门。

因不可抗力或者其他正当理由发生上述所列情形的，网络出版服务单位可以向原登记的出版行政主管部门申请延期。

第十九条　网络出版服务单位应当在其网站首页上标明出版行政主管部门核发的《网络出版服务许可证》编号。

互联网相关服务提供者在为网络出版服务单位提供人工干预搜索排名、广告、推广等服务时，应当查验服务对象的《网络出版服务许可证》及业务范围。

第二十条　网络出版服务单位应当按照批准的业务范围从事网络出版服务，不得超出批准的业务范围从事网络出版服务。

第二十一条　网络出版服务单位不得转借、出租、出卖《网络出版服务许可证》或以任何形式转让网络出版服务许可。

网络出版服务单位允许其他网络信息服务提供者以其名义提供网络出版服务，属于前款所称禁止行为。

第二十二条　网络出版服务单位实行特殊管理股制度，具体办法由国家新闻出版广电总局另行制定。

第三章　网络出版服务管理

第二十三条　网络出版服务单位实行编辑责任制度，保障网络出版物内容合法。

网络出版服务单位实行出版物内容审核责任制度、责任编辑制度、责任校对制度等管理制度，保障网络出版物出版质量。

在网络上出版其他出版单位已在境内合法出版的作品且不改变原出版物内容的，须在网络出版物的相应页面显著标明原出版单位名称以及书号、刊号、网络出版物号或者网址信息。

第二十四条 网络出版物不得含有以下内容：

（一）反对宪法确定的基本原则的；

（二）危害国家统一、主权和领土完整的；

（三）泄露国家秘密、危害国家安全或者损害国家荣誉和利益的；

（四）煽动民族仇恨、民族歧视，破坏民族团结，或者侵害民族风俗、习惯的；

（五）宣扬邪教、迷信的；

（六）散布谣言，扰乱社会秩序，破坏社会稳定的；

（七）宣扬淫秽、色情、赌博、暴力或者教唆犯罪的；

（八）侮辱或者诽谤他人，侵害他人合法权益的；

（九）危害社会公德或者民族优秀文化传统的；

（十）有法律、行政法规和国家规定禁止的其他内容的。

第二十五条 为保护未成年人合法权益，网络出版物不得含有诱发未成年人模仿违反社会公德和违法犯罪行为的内容，不得含有恐怖、残酷等妨害未成年人身心健康的内容，不得含有披露未成年人个人隐私的内容。

第二十六条 网络出版服务单位出版涉及国家安全、社会安定等方面重大选题的内容，应当按照国家新闻出版广电总局有关重大选题备案管理的规定办理备案手续。未经备案的重大选题内容，不得出版。

第二十七条 网络游戏上网出版前，必须向所在地省、自治区、直辖市出版行政主管部门提出申请，经审核同意后，报国家新闻出版广电总局审批。

第二十八条 网络出版物的内容不真实或不公正，致使公民、法人或者其他组织合法权益受到侵害的，相关网络出版服务单位应当停止侵权，公开更正，消除影响，并依法承担其他民事责任。

第二十九条 国家对网络出版物实行标识管理，具体办法由国家新闻出版广电总局另行制定。

第三十条 网络出版物必须符合国家的有关规定和标准要求，保证出版物质量。

网络出版物使用语言文字，必须符合国家法律规定和有关标准规范。

第三十一条 网络出版服务单位应当按照国家有关规定或技术标准，配备应用必要的设备和系统，建立健全各项管理制度，保障信息安全、内容合法，并为出版行政主管部门依法履行监督管理职责提供技术支持。

第三十二条 网络出版服务单位在网络上提供境外出版物，应当取得著作权合法授权。其中，出版境外著作权人授权的网络游戏，须按本规定第二十七条办理审批手续。

第三十三条 网络出版服务单位发现其出版的网络出版物含有本规定第二十四条、第二十五条所列内容的，应当立即删除，保存有关记录，并向所在地县级以上出版行政主管部门报告。

第三十四条 网络出版服务单位应记录所出版作品的内容及其时间、网址或者域名，记录应当保存60日，并在国家有关部门依法查询时，予以提供。

第三十五条 网络出版服务单位须遵守国家统计规定，依法向出版行政主管部门报送统计资料。

第四章 监督管理

第三十六条 网络出版服务的监督管理实行属地管理原则。

各地出版行政主管部门应当加强对本行政区域内的网络出版服务单位及其出版活动的日常监督管理，履行下列职责：

（一）对网络出版服务单位进行行业监管，对网络出版服务单位违反本规定的情况进行查处并报告上级出版行政主管部门；

（二）对网络出版服务进行监管，对违反本规定的行为进行查处并报告上级出版行政主管部门；

（三）对网络出版物内容和质量进行监管，定期组织内容审读和质量检查，并将结果向上级出版行政主管部门报告；

（四）对网络出版从业人员进行管理，定期组织岗位、业务培训和考核；

（五）配合上级出版行政主管部门、协调相关部门、指导下级出版行政主管部门开展工作。

第三十七条 出版行政主管部门应当加强监管队伍和机构建设，采取必要的技术手段对网络出版服务进行管理。出版行政主管部门依法履行监督检查等执法职责时，网络出版服务单位应当予以配合，不得拒绝、阻挠。

各省、自治区、直辖市出版行政主管部门应当定期将本行政区域内的网络出版服务监督管理情况向国家新闻出版广电总局提交书面报告。

第三十八条 网络出版服务单位实行年度核验制度，年度核验每年进行一次。省、自治区、直辖市出版行政主管部门负责对本行政区域内的网络出版服务单位实施年度核验并将有关情况报国家新闻出版广电总局备案。年度核验内容包括网络出版服务单位的设立条件、登记项目、出版经营情况、出版质量、遵守法律规范、内部管理情况等。

第三十九条 年度核验按照以下程序进行：

（一）网络出版服务单位提交年度自检报告，内容包括：本年度政策法律执行情况，奖惩情况，网站出版、管理、运营绩效情况，网络出版物目录，对年度核验期内的违法违规行为的整改情况，编辑出版人员培训管理情况等；并填写由国家新闻出版广电总局统一印制的《网络出版服务年度核验登记表》，与年度自检报告一并报所在地省、自治区、直辖市出版行政主管部门；

（二）省、自治区、直辖市出版行政主管部门对本行政区域内的网络出版服务单位的设立条件、登记项目、开展业务及执行法规等情况进行全面审核，并在收到网络出版服务单位的年度自检报告和《网络出版服务年度核验登记表》等年度核验材料的45日内完成全面审核查验工作。对符合年度核验要求的网络出版服务单位予以登记，并在其《网络出版服务许可证》上加盖年度核验章；

（三）省、自治区、直辖市出版行政主管部门应于完成全面审核查验工作的15日内将年度核验情况及有关书面材料报国家新闻出版广电总局备案。

第四十条 有下列情形之一的，暂缓年度核验：

（一）正在停业整顿的；

（二）违反出版法规规章，应予处罚的；

（三）未按要求执行出版行政主管部门相关管理规定的；

（四）内部管理混乱，无正当理由未开展实质性网络出版服务活动的；

（五）存在侵犯著作权等其他违法嫌疑需要进一步核查的。

暂缓年度核验的期限由省、自治区、直辖市出版行政主管部门确定，报国家新闻出版广电总局备案，最长不得超过 180 日。暂缓年度核验期间，须停止网络出版服务。

暂缓核验期满，按本规定重新办理年度核验手续。

第四十一条 已经不具备本规定第八条、第九条规定条件的，责令限期改正；逾期仍未改正的，不予通过年度核验，由国家新闻出版广电总局撤销《网络出版服务许可证》，所在地省、自治区、直辖市出版行政主管部门注销登记，并通知当地电信主管部门依法处理。

第四十二条 省、自治区、直辖市出版行政主管部门可根据实际情况，对本行政区域内的年度核验事项进行调整，相关情况报国家新闻出版广电总局备案。

第四十三条 省、自治区、直辖市出版行政主管部门可以向社会公布年度核验结果。

第四十四条 从事网络出版服务的编辑出版等相关专业技术人员及其负责人应当符合国家关于编辑出版等相关专业技术人员职业资格管理的有关规定。

网络出版服务单位的法定代表人或主要负责人应按照有关规定参加出版行政主管部门组织的岗位培训，并取得国家新闻出版广电总局统一印制的《岗位培训合格证书》。未按规定参加岗位培训或培训后未取得《岗位培训合格证书》的，不得继续担任法定代表人或主要负责人。

第五章　保障与奖励

第四十五条 国家制定有关政策，保障、促进网络出版服务业的发展与繁荣。鼓励宣传科学真理、传播先进文化、倡导科学精神、塑造美好心灵、弘扬社会正气等有助于形成先进网络文化的网络出版服务，推动健康文化、优秀文化产品的数字化、网络化传播。

网络出版服务单位依法从事网络出版服务，任何组织和个人不得干扰、阻止和破坏。

第四十六条 国家支持、鼓励下列优秀的、重点的网络出版物的出版：

（一）对阐述、传播宪法确定的基本原则有重大作用的；

（二）对弘扬社会主义核心价值观，进行爱国主义、集体主义、社会主义和民族团结教育以及弘扬社会公德、职业道德、家庭美德、个人品德有重要意义的；

（三）对弘扬民族优秀文化，促进国际文化交流有重大作用的；

（四）具有自主知识产权和优秀文化内涵的；

（五）对推进文化创新，及时反映国内外新的科学文化成果有重大贡献的；

（六）对促进公共文化服务有重大作用的；

（七）专门以未成年人为对象、内容健康的或者其他有利于未成年人健康成长的；

（八）其他具有重要思想价值、科学价值或者文化艺术价值的。

第四十七条 对为发展、繁荣网络出版服务业做出重要贡献的单位和个人，按照国家有关规定给予奖励。

第四十八条 国家保护网络出版物著作权人的合法权益。网络出版服务单位应当遵守《中华人民共和国著作权法》《信息网络传播权保护条例》《计算机软件保护条例》等著作权法律法规。

第四十九条 对非法干扰、阻止和破坏网络出版物出版的行为，出版行政主管部门及其他有关部门，应当及时采取措施，予以制止。

第六章 法律责任

第五十条 网络出版服务单位违反本规定的,出版行政主管部门可以采取下列行政措施:

(一)下达警示通知书;

(二)通报批评、责令改正;

(三)责令公开检讨;

(四)责令删除违法内容。

警示通知书由国家新闻出版广电总局制定统一格式,由出版行政主管部门下达给相关网络出版服务单位。

本条所列的行政措施可以并用。

第五十一条 未经批准,擅自从事网络出版服务,或者擅自上网出版网络游戏(含境外著作权人授权的网络游戏),根据《出版管理条例》第六十一条、《互联网信息服务管理办法》第十九条的规定,由出版行政主管部门、工商行政管理部门依照法定职权予以取缔,并由所在地省级电信主管部门依据有关部门的通知,按照《互联网信息服务管理办法》第十九条的规定给予责令关闭网站等处罚;已经触犯刑法的,依法追究刑事责任;尚不够刑事处罚的,删除全部相关网络出版物,没收违法所得和从事违法出版活动的主要设备、专用工具,违法经营额1万元以上的,并处违法经营额5倍以上10倍以下的罚款;违法经营额不足1万元的,可以处5万元以下的罚款;侵犯他人合法权益的,依法承担民事责任。

第五十二条 出版、传播含有本规定第二十四条、第二十五条禁止内容的网络出版物的,根据《出版管理条例》第六十二条、《互联网信息服务管理办法》第二十条的规定,由出版行政主管部门责令删除相关内容并限期改正,没收违法所得,违法经营额1万元以上的,并处违法经营额5倍以上10倍以下罚款;违法经营额不足1万元的,可以处5万元以下罚款;情节严重的,责令限期停业整顿或者由国家新闻出版广电总局吊销《网络出版服务许可证》,由电信主管部门依据出版行政主管部门的通知吊销其电信业务经营许可或者责令关闭网站;构成犯罪的,依法追究刑事责任。

为从事本条第一款行为的网络出版服务单位提供人工干预搜索排名、广告、推广等相关服务的,由出版行政主管部门责令其停止提供相关服务。

第五十三条 违反本规定第二十一条的,根据《出版管理条例》第六十六条的规定,由出版行政主管部门责令停止违法行为,给予警告,没收违法所得,违法经营额1万元以上的,并处违法经营额5倍以上10倍以下的罚款;违法经营额不足1万元的,可以处5万元以下的罚款;情节严重的,责令限期停业整顿或者由国家新闻出版广电总局吊销《网络出版服务许可证》。

第五十四条 有下列行为之一的,根据《出版管理条例》第六十七条的规定,由出版行政主管部门责令改正,给予警告;情节严重的,责令限期停业整顿或者由国家新闻出版广电总局吊销《网络出版服务许可证》:

(一)网络出版服务单位变更《网络出版服务许可证》登记事项、资本结构,超出批准的服务范围从事网络出版服务,合并或者分立,设立分支机构,未依据本规定办理审批手续的;

(二)网络出版服务单位未按规定出版涉及重大选题出版物的;

(三)网络出版服务单位擅自中止网络出版服务超过180日的;

(四)网络出版物质量不符合有关规定和标准的。

第五十五条 违反本规定第三十四条的，根据《互联网信息服务管理办法》第二十一条的规定，由省级电信主管部门责令改正；情节严重的，责令停业整顿或者暂时关闭网站。

第五十六条 网络出版服务单位未依法向出版行政主管部门报送统计资料的，依据《新闻出版统计管理办法》处罚。

第五十七条 网络出版服务单位违反本规定第二章规定，以欺骗或者贿赂等不正当手段取得许可的，由国家新闻出版广电总局撤销其相应许可。

第五十八条 有下列行为之一的，由出版行政主管部门责令改正，予以警告，并处3万元以下罚款：

（一）违反本规定第十条，擅自与境内外中外合资经营、中外合作经营和外资经营的企业进行涉及网络出版服务业务的合作的；

（二）违反本规定第十九条，未标明有关许可信息或者未核验有关网站的《网络出版服务许可证》的；

（三）违反本规定第二十三条，未按规定实行编辑责任制度等管理制度的；

（四）违反本规定第三十一条，未按规定或标准配备应用有关系统、设备或未健全有关管理制度的；

（五）未按本规定要求参加年度核验的；

（六）违反本规定第四十四条，网络出版服务单位的法定代表人或主要负责人未取得《岗位培训合格证书》的；

（七）违反出版行政主管部门关于网络出版其他管理规定的。

第五十九条 网络出版服务单位违反本规定被处以吊销许可证行政处罚的，其法定代表人或者主要负责人自许可证被吊销之日起10年内不得担任网络出版服务单位的法定代表人或者主要负责人。

从事网络出版服务的编辑出版等相关专业技术人员及其负责人违反本规定，情节严重的，由原发证机关吊销其资格证书。

第七章 附 则

第六十条 本规定所称出版物内容审核责任制度、责任编辑制度、责任校对制度等管理制度，参照《图书质量保障体系》的有关规定执行。

第六十一条 本规定自2016年3月10日起施行。原国家新闻出版总署、信息产业部2002年6月27日颁布的《互联网出版管理暂行规定》同时废止。

新闻出版许可证管理办法

第一章 总 则

第一条 为加强新闻出版许可证（以下简称许可证）管理，规范新闻出版市场秩序，维护公民、法人和其他组织的合法权益，根据《中华人民共和国行政许可法》《出版管理条例》《音像制品管理条例》《印刷业管理条例》等相关法律、法规制定本办法。

  第二条 本办法所称许可证，是指新闻出版行政部门根据公民、法人或其他组织的申请，经依法审查，准予其从事新闻出版活动的行政许可证件。

  许可证的设立、设计、印刷、制作、发放、使用、换发、补发、变更、注销等管理适用本办法。

  第三条 新闻出版行政部门在许可证管理中应当遵循依法、公开、规范、便民的原则。

  无法律法规依据，不得以任何名义和形式向行政相对人收取涉及许可证的相关费用。

  第四条 国家新闻出版广电总局负责全国新闻出版许可证监督检查、统一备案和信息公示等职责；地方新闻出版行政部门负责本辖区许可证的监督检查职责。

  各级新闻出版行政部门负责对所发放、注销、吊销的许可证在政府网站或经批准公开发行的报纸上进行公示。

第二章 许可证的设立、设计、印刷、制作与发放

  第五条 许可证设立，是指对依法设定的行政许可项目，决定以颁发许可证的形式作为许可证件。

  许可证设立，必须以法律法规设定的行政许可为依据。

  第六条 许可证设计，是指对许可证的登记项目和样式进行的设计。设计许可证时须规定其有效期限。

  国家新闻出版广电总局负责各类许可证的设立与设计。

  第七条 许可证印刷，是指按照许可证的设计样式，印刷不含登记内容的纸质许可证或复制不含登记内容的电子许可证。

  许可证的印刷原则上由实施行政许可的新闻出版行政部门负责，根据实际情况也可由上级新闻出版行政部门统一印刷。

  第八条 许可证制作，是指空白许可证的内容填写、盖章、封装等。

  许可证须由新闻出版行政部门依法作出行政许可批准决定或按本办法及有关规定履行补发、换发手续后制作。

  许可证的许可登记项目内容必须与行政许可决定内容相一致。许可证不得交由行政相对人自行填写或由其他机构代为填写。

  许可证登记事项发生变更的，由办理变更登记的新闻出版行政部门在许可证相应位置加盖变更专用章。

  许可证加盖实施行政许可的或办理变更登记的新闻出版行政部门公章或变更专用章后，正本、副本具有同等的法律效力，其他任何部门或单位不得在许可证上加盖公章。

  第九条 许可证发放，是指将许可证送达行政相对人。

  许可证原则上由实施行政许可的新闻出版行政部门发放。为方便行政相对人，也可由实施行政许可的新闻出版行政部门依法委托下级新闻出版行政部门代为发放。

  新闻出版行政部门应当自做出行政许可批准决定之日起10个工作日内，将许可证送达行政相对人。

  委托发放许可证的，下级新闻出版行政部门应自收到行政许可批准决定和许可证后4个工作日内送达行政相对人，并不得要求行政相对人另行办理许可证申领手续。

第三章 许可证的使用、换发与补发

第十条 许可证持证者应按照许可证所载明的业务范围和期限从事新闻出版活动。

第十一条 许可证不得伪造、涂改、冒用，或者以买卖、租借等任何形式转让。

第十二条 许可证有效期满即失效。持证者需要延续依法取得的许可证的，应当在该许可证有效期限届满 30 日前，向原发证机关提出换发许可证申请。

第十三条 许可证发生损坏、丢失的，持证者应持损坏许可证原件或在经批准公开发行报纸上发表的遗失声明，向原发证机关申请补发新证。原发证机关应在自收到损坏许可证原件或遗失声明 5 个工作日内，注销旧证，发放新证。

第十四条 换发新的许可证时，应同时收回旧证。除国家新闻出版广电总局直接换发的许可证外，其余旧证按属地管理原则由属地许可证换发部门统一登记销毁，并于销毁后 1 个月内将换发、销毁情况逐级报上级新闻出版行政部门备案。

第四章 许可证的变更与注销

第十五条 许可证登记的许可事项发生变更的，实施行政许可的新闻出版行政部门应根据持证者提出的许可申请，履行审批程序，按审批权限在变更记录页上办理变更登记或由原发证机关换发新证。

第十六条 许可证登记的非许可事项发生变更的，实施行政许可或受委托的新闻出版行政部门根据持证者提出的变更申请，原则上应现场即时完成许可证副本变更记录页的变更登记或由原发证机关换发新证，为行政相对人提供便捷高效的服务。

第十七条 实行年度核验制度的行政许可，许可证在年度核验合格并加盖核验章后继续使用。

第十八条 有《行政许可法》第七十条规定情形的，由实施行政许可的新闻出版行政部门在 1 个月内注销许可证并公示。

第五章 许可证的电子信息化管理

第十九条 国家实行统一的许可证信息化管理。国家新闻出版广电总局负责"全国新闻出版许可证信息管理系统"的总体设计、建设指导以及应用协调等工作，实行许可证信息的全国联网、集中公示和有效管理。

第二十条 地方各级新闻出版行政部门按要求做好"全国新闻出版许可证信息管理系统"的衔接、应用工作，严格履行信息采集、报送等职责。

第二十一条 新闻出版行政部门在条件具备时制作发放电子许可证。电子许可证与纸质许可证具有同等的法律效力。

第六章 法律责任

第二十二条 新闻出版行政部门有下列行为之一的，依据《行政许可法》第六十九条、第七十四条，由其上级行政机关或者监察机关责令纠正违法违规行为，撤销行政许可，注销所发放的许可证并予以通报批评；情节严重的，追究部门主要领导和直接责任人员的行政责任：

（一）无法定行政许可依据或超越权限设立许可证的；

（二）未经法定行政许可，擅自制作、发放许可证的；

（三）违规在许可证上加盖公章的；

（四）擅自改变许可证样式、登记项目并制作、发放许可证的。

第二十三条　新闻出版行政部门有下列行为之一的，由其上级行政机关或者监察机关责令改正并通报批评：

（一）由行政相对人或其他机构代为填写许可证内容的；

（二）不按行政许可决定填写许可证内容的；

（三）发放许可证时要求行政相对人另行办理申领手续的；

（四）未按规定及时发放许可证的；

（五）未按规定逐级报备废旧许可证销毁情况的。

第二十四条　违法违规收取涉及许可证有关费用的，依据《行政许可法》第七十五条，由其上级行政机关或者监察机关追究有关领导和直接责任人员的行政责任，监督退还所收取的费用并通报批评；情节严重的，移交有关部门查处。

第二十五条　新闻出版行政部门工作人员在涉及许可证的有关工作中，利用职务获取不当利益的，依据《出版管理条例》第六十条规定处罚。

第二十六条　行政相对人有下列行为之一的，依据《行政许可法》《出版管理条例》《音像制品管理条例》《印刷业管理条例》和有关部门规章的规定处罚；没有相应规定的，由新闻出版行政部门责令改正，情节严重的，并处警告或3万元以下罚款：

（一）许可证登记事项发生改变，未依法依规进行变更登记的；

（二）涂改、出卖、租借或者以其他形式非法转让许可证的；

（三）以欺骗、贿赂等不正当手段取得许可证的；

（四）未按许可证载明的业务范围从事新闻出版活动的。

第七章　附　则

第二十七条　《新闻记者证》等有关人员资格证书不适用本办法。

第二十八条　省级新闻出版行政部门可根据本地区实际制定实施办法。

第二十九条　电子许可证和"全国新闻出版许可证信息管理系统"的管理办法由国家新闻出版广电总局另行制定。

第三十条　地方性法规设定行政许可的许可证的设立、设计、印刷、制作、发放、变更登记事项、注销等，可参照本办法进行管理。

第三十一条　本办法自2016年3月1日起施行。

国家新闻出版广电总局（国家版权局）新闻出版行政许可工作规程

第一章　总　则

第一条　为深化行政审批制度改革，推进政府职能转变，推动行政许可工作阳光透明、依法规范运行，根据《中华人民共和国行政许可法》有关规定，结合新闻出版方面行政许可工作实际，制定本规程。

第二条 新闻出版行政许可工作遵循依法行政、公开透明、便民高效、权责一致的原则，接受社会监督。

第三条 本规定适用于列入国务院各部门行政许可事项清单的由新闻出版广电总局作为实施机关的新闻出版行政许可事项。

第四条 新闻出版行政许可事项全面实行"一个窗口"对外统一受理。探索、完善符合行政审批制度改革精神和行业管理实际的集中办理工作机制。

第五条 新闻出版行政许可事项办理模式分为集中办理和非集中办理两种。综合业务司承办的行政许可事项实行集中办理模式；非集中办理事项由相关司分别承办。

第二章 机 构

第六条 国家新闻出版广电总局成立新闻出版行政审批工作领导小组，负责指导和协调总局新闻出版行政审批工作。

第七条 新闻出版行政审批工作领导小组定期召开重要许可事项审批小组会议，集体研究审议新闻出版重要许可事项。领导小组各成员单位负责同志参加会议。

第八条 新闻出版行政审批工作领导小组办公室设在综合业务司。办公室负责领导小组的日常工作。

第九条 国家新闻出版广电总局设立行政受理中心，负责新闻出版行政许可事项的受理、行政许可决定的送达及信息公开。承办新闻出版行政许可事项的各司派专人进驻行政受理中心实行"一个窗口"统一受理。

第三章 受 理

第十条 受理工作遵循"便民、高效、规范"原则，科学编制并通过总局网站等渠道发布新闻出版行政许可事项服务指南，按照法定时限完成许可材料的形式审查工作。

第十一条 行政受理中心对申请人提出的行政许可申请，凡申请事项依法不需要取得行政许可的，应即时告知申请人不受理；不属于新闻出版广电总局职权范围的，应当做出不予受理的决定，出具不予受理通知书，并告知申请人向有关行政机关申请。

第十二条 申请事项属于新闻出版广电总局职权范围，但申请材料不齐全或者不符合法定形式的，应当场或者在5个工作日内出具补正通知书，一次性告知申请人需要补正的全部内容。

实行集中办理模式的新闻出版行政许可事项，未按规定时间补正材料的，由行政受理中心出具催报通知书。补正材料两次催报仍不能按规定报送的，行政受理中心可发出申请材料退回通知书，将申报材料退回申请人。

实行非集中办理模式的新闻出版行政许可事项，其补报、催报相关文书由承办部门签发。

第十三条 申请事项属于新闻出版广电总局职权范围，申请材料齐全、符合法定形式，或者申请人按照本行政机关的要求提交全部补正申请材料的，行政受理中心应当予以受理，并向申请人出具受理通知书。

实行集中办理模式的新闻出版行政许可事项，受理通知书由综合业务司签发，受理通知书抄送承担相应监管职能的司。

实行非集中办理模式的新闻出版行政许可事项，其受理通知书由承办部门签发。

第四章 办 理

第十四条 办理工作遵循"依法、规范、透明、高效"原则，严格依照现行政策法规和审批原则审核办理行政许可事项，除涉及国家秘密、商业秘密或个人隐私外，最大限度公开办理流程和进展信息，严格遵守行政许可事项办理时限规定。

第十五条 实行集中办理的新闻出版行政许可事项按照对象、内容和性质分为4类，并对应不同的办理流程：

（一）快结许可事项。是指涉及从业单位名称、产品名称、主管主办单位名称简单变化调整的行政许可事项。此类事项由承办部门审查，部门主要负责人做出许可决定并签发许可文书。

（二）一般许可事项。是指涉及从业单位、产品、资质的实质性行政许可事项，具有较强的政策性、复杂性。此类事项由承办部门审查，提出审查意见报总局分管领导，由总局分管领导做出许可决定并签发许可文书。

（三）重要许可事项。是指新增出版单位、产品、资质，以及其他政策性强或情况复杂的行政许可事项。此类事项由承办部门审查并在部门内部集中审议，提出审查意见报总局分管领导审核后，提交重要许可事项审批小组会议审议，通过会议研究做出许可决定，并由重要许可事项审批小组组长签发许可文书。

（四）重大审批事项。是指关系国家重大利益，或突破现行政策，或其他对国家、社会和行业有重大影响的许可事项。此类事项由承办部门审查并经部门内部集中审议、总局分管领导审核、重要许可事项审批小组会议审议后，报总局党组会审议。审议通过后，由行政审批工作领导小组负责人做出许可决定并签发许可文书。

第十六条 需要对行政许可事项进行专家评估论证的，由承办部门组织相关领域专家进行论证，形成专家评估论证报告，作为行政许可决策参考的重要依据。专家评估论证所需时间不计算在行政许可事项法定办理时限内。

第十七条 需要对行政许可事项进行现场勘查核验的，由承办部门直接或委托省级新闻出版广电行政主管部门单独或组织专家进行现场勘查核验，形成勘查核验报告，作为行政许可决策参考的重要依据。组织专家进行现场勘查核验所需时间不计算在行政许可事项法定办理时限内。

第十八条 需要就行政许可事项向相关业务司或省级新闻出版广电行政主管部门征求意见的，由承办部门出具行政许可征求意见函，并写明征求意见的截止时间。行政许可事项办理时限为30个工作日及以下的事项，反馈意见时限为3个工作日；行政许可事项办理时限为30个工作日以上的事项，反馈意见时限为6个工作日。

第十九条 办理过程中，原则上不再要求申请人提供补充材料。确需补充的，由承办部门做好补报材料各环节的信息记录，包括补报内容、补报理由、通知方式、补报时限、联系人等。

第五章 许可决定送达

第二十条 总局作出行政许可决定后，实行集中办理模式的新闻出版行政许可事项，由行政受理中心负责将许可决定（批准文件、许可证等）送达申请人；实行非集中办理模式的新闻出版行政许可事项，由承办部门负责将许可决定（批准文件、许可证等）送达申请人。

第二十一条 实行集中办理模式的新闻出版行政许可事项，批复文件抄送承担监管职责的相关司。

第六章 信息公开、归档与审批信息数据库建设

第二十二条 行政许可信息在符合政府信息公开保密审查规定的前提下，通过总局网站面向社会发布，供公众查询使用。信息公开范围包括：

1. 行政许可事项清单及设定依据；
2. 行政许可事项申报材料目录、申报程序、条件及示范文本、格式文本；
3. 行政许可事项受理结果、办理进度、许可决定。

第二十三条 实行集中办理模式的新闻出版行政许可事项，行政许可档案文件由综合业务司统一登记管理。实行非集中办理模式的新闻出版行政许可事项，行政许可档案文件由承办部门分别登记管理。

第二十四条 行政许可档案材料包括受理通知书及全套受理材料、专家评估论证报告、勘查核验报告、办理说明、集中审议会议纪要、批复文件及总局公文运转流程规定的全套材料（发文稿纸、发文原件等）。

行政许可事项办结后，全套档案材料按档案管理相关规定，送国家新闻出版广电总局办公厅档案室建档、保管。

第二十五条 行政许可承办部门负责所承办事项涉及的单位、产品、人员数据库建设和维护工作。

实行集中办理模式的新闻出版行政许可事项，其审批信息数据库除包括审批基本信息外，还包括由承担监管职责的司提供的从业单位受到行政处罚的记录、未予通过年度核验或缓验的记录、注销登记等信息。

承担监管职责的司对从业单位做出行政处罚决定、注销登记决定或认定其未通过年度核验、缓验等，相关文书应及时抄送综合业务司。

第七章 监 督

第二十六条 国家新闻出版广电总局人事司、直属机关纪委依照各自职责，对国家新闻出版广电总局实施的新闻出版行政许可事项审批工作实施监督检查，依法依纪开展行政审批效能监督和过错追究。

第二十七条 国家新闻出版广电总局网站公布举报电话、电子邮箱，接受申请人和社会公众对新闻出版行政许可事项审核办理工作的监督、举报和投诉。

第八章 附 则

第二十八条 本规程自印发之日起施行。2009年8月6日原新闻出版总署办公厅发布的《新闻出版总署（国家版权局）行政审批工作规程》同时废止。

国家新闻出版广电总局关于实施《"十三五"国家重点图书、音像、电子出版物出版规划》的通知

新广出发〔2016〕33号

各省、自治区、直辖市和新疆生产建设兵团新闻出版广电局，中央和国家机关各部委、民主党派、人民团体新闻出版主管部门，中央军委政治工作部宣传局，中央各重点出版集团，有关中央直属企业：

《"十三五"国家重点图书、音像、电子出版物出版规划》（以下简称"'十三五'出版规划"）编制工作从2014年8月制定相关工作方案开始，经历了前期调研、项目申报、专家论证、征求意见四个阶段，首次遴选工作已全部完成。"十三五"出版规划项目由图书和音像制品、电子出版物两大部分11个子规划组成，其中图书部分包括9个子规划，分别是主题出版规划、重大出版工程规划、文艺原创精品出版规划、未成年人出版物出版规划、少数民族出版规划、古籍出版规划、辞书出版规划、社会科学与人文科学出版规划、自然科学与工程技术出版规划。音像制品、电子出版物部分包括2个子规划，分别是音像制品出版规划和电子出版物出版规划。首次遴选的"十三五"出版规划项目共2171种，未来五年"十三五"出版规划总体规模为3000种左右。

"十三五"时期（2016—2020年）是全面建成小康社会决胜阶段，也是推动社会主义文化繁荣发展、建设社会主义文化强国的重要时期。科学编制和有效实施"十三五"出版规划，对于出版业全面贯彻党的十八大和十八届三中、四中、五中全会精神，深入贯彻习近平总书记系列重要讲话精神，服务党和国家工作大局，进一步提高精品出版能力，满足人民群众精神文化需求，不断提升我国出版总体实力和核心竞争力，增强中华文化软实力具有十分重要的意义。现就有关工作通知如下：

一、加强组织领导。各级出版行政管理部门和出版单位主管部门、各有关出版单位要深刻认识实施"十三五"出版规划的重要意义，把规划实施工作列入主要议事日程，充分利用国家、省、出版单位管理体系，精心安排好规划实施工作，组织制订好贯彻落实方案，对规划项目任务、责任单位、保障措施、工作进度等做出具体安排。

二、健全保障机制。各有关出版单位要建立健全规划实施保障机制，做到人员（社领导、项目负责人、责任编辑、作者）、资金、时间三落实，规划实施工作要与出版资助、评奖推优、业绩考核等相衔接。列入"十三五"出版规划的项目，总局将其作为国家出版基金、少数民族文化事业发展补助资金、古籍整理出版专项经费等出版资助的重点。各地在实施出版规划项目时，要结合实际情况，制定相应配套扶持资助措施。

三、强化质量监管。各有关出版单位要把做好"十三五"出版规划工作作为实施出版精品战略、打造精品力作的重要抓手，在项目实施过程中严格落实"三审三校"制度，切实把好书稿统筹、编辑加工、装帧印刷等环节的质量关，确保规划项目的出版质量，属于重大选题范围的须履行重大选题备案程序。

四、抓好检查评估。各级出版行政管理部门和出版单位主管部门要加强对规划项目实施工作的

检查、督促，紧密跟踪规划项目落实情况，做好规划项目实施工作的考核，对未及时完成规划项目工作任务或未达到预期工作目标的单位，督促其整改；对组织有力、工作积极、成效突出的单位，予以表扬鼓励。

五、完善动态管理。各级出版行政管理部门和出版单位主管部门要在检查评估的基础上，完善对规划项目的动态管理，对不能按时完成或质量达不到要求的项目，予以撤销，并根据实际情况，组织策划新的优质选题。总局在"十三五"时期，每年拟增补400—500种重点出版选题，将新增的优质选题纳入总体规划当中，把达不到规划实施要求的部分项目淘汰出去，不断优化规划项目结构与品质，确保"十三五"出版规划的国家水平。

六、注重宣传推广。各级出版行政管理部门和出版单位主管部门要积极组织有关出版发行单位做好规划项目的出版发行工作。要通过多种渠道、采取多种形式对规划实施工作进行宣传，及时组织出版发行单位开展规划项目成果的展示展销活动和宣传推广。列入规划项目的出版物，可以在封面、扉页或其他适当位置标注"'十三五'国家重点出版物出版规划项目"字样。通过宣传推广，扩大"十三五"出版规划的社会影响力，充分发挥国家规划的示范、引领作用，在全社会营造良好的文化氛围。

附件："十三五"国家重点图书、音像、电子出版物出版规划

国家新闻出版广电总局

2016年4月23日

关于进一步明确进口用于出版的音像制品审批工作相关要求的通知

国发〔2016〕11号

各相关音像出版单位：

根据《国务院关于第二批清理规范192项国务院部门行政审批中介服务事项的决定》（国发〔2016〕11号）的相关规定，现将进口用于出版的音像制品审批工作的相关要求通知如下：

一、根据《音像制品进口管理办法》第十六条的规定，进口用于出版的音像制品应当先行申请著作权合同登记，取得登记文件后方可履行进口音像制品内容审查手续。现根据国发〔2016〕11号文件规定，进口用于出版的音像制品不再要求申请人提供著作权合同登记文件，改由国家新闻出版广电总局统一委托中国版权保护中心开展合同登记工作。

二、进口用于出版的音像制品审批材料采取"一站式受理"，统一在国家新闻出版广电总局（宣武门办公区）行政受理大厅办理受理工作，提交材料包括：1.《进口录音（像）制品报审表》；2.版权贸易协议中外文文本草案，原始版权证明书和版权授权书；3.节目样片（载体形式为CD、VCD、DVD、BD或其他通用载体）；4.中外文曲目、歌词或对白，其中音乐类节目要求提供音乐专辑介绍、专辑曲目、歌词中文翻译、表演者、演奏者、词曲作者及主创人员简介，影视类节目要求提供剧情梗概、编导人员、演员、制作公司介绍、国际发行及获奖情况；5.内容审查所需的其他材料。

三、以上所称进口用于出版的音像制品含信息网络出版，在著作权合同登记和认证工作过程中，不向申请人收取任何费用。

特此通知。

国家新闻出版广电总局
2016 年 5 月 19 日

关于移动游戏出版服务管理的通知

新广出办发〔2016〕44 号

各省、自治区、直辖市新闻出版广电局，新疆生产建设兵团新闻出版广电局，中央军委政治工作部宣传局，各游戏出版服务单位：

为进一步规范移动游戏出版服务管理秩序，提高移动游戏受理和审批工作效率，根据《出版管理条例》《网络出版服务管理规定》及相关管理规定，现将有关事项通知如下：

一、本通知所称移动游戏，是指以手机等移动智能终端为运行载体，通过信息网络供公众下载或者在线交互使用的游戏作品。

本通知所称移动游戏出版服务，是指将移动游戏通过信息网络向公众提供下载或者在线交互使用等上网出版运营服务行为。

本通知所称游戏出版服务单位是指取得国家新闻出版广电总局网络出版服务许可，具有游戏出版业务范围的网络出版服务单位。

二、游戏出版服务单位负责移动游戏内容审核、出版申报及游戏出版物号申领工作。

三、申请出版不涉及政治、军事、民族、宗教等题材内容，且无故事情节或者情节简单的消除类、跑酷类、飞行类、棋牌类、解谜类、体育类、音乐舞蹈类等休闲益智国产移动游戏，按照以下要求办理：

（一）游戏出版服务单位按照《出版管理条例》《网络出版服务管理规定》等要求，参照中国音像与数字出版协会制定的《移动游戏内容规范》，审核申请出版的移动游戏内容，填写《出版国产移动游戏作品申请表》（见附件），并在预定上网出版（公测，下同）运营至少 20 个工作日前，将此表及相关证照的复印件（一式两份）报送属地省级出版行政主管部门。

（二）省级出版行政主管部门收到申请材料后 5 个工作日内应完成下列工作：1. 审核申请材料的完备性和准确性。2. 符合要求的，一份申请材料和省级出版行政主管部门审核意见报国家新闻出版广电总局，另一份由省级出版行政主管部门存档。3. 不符合要求的，申请材料退回申请者并书面说明理由。

（三）国家新闻出版广电总局收到省级出版行政主管部门报送材料 10 个工作日内，做出是否批准的决定，并将决定通知省级出版行政主管部门。省级出版行政主管部门接到国家新闻出版广电总局批复意见后的 3 个工作日内，通知游戏出版服务单位。

（四）游戏出版服务单位取得批复文件后，应按批复文件要求，组织游戏上网出版运营，并在游戏上网出版运营后 7 个工作日内，向属地省级出版行政主管部门书面报告上网出版运营时间、可下载的地址、运营机构数量及主要运营机构名称和是否开放充值等出版运营情况；超过预定上网出版运营时间20个工作日仍不能上网出版的，应及时向属地省级出版行政主管部门书面说明理由。

四、申请出版非本通知第三条范围内的国产移动游戏，按照《关于进一步规范出版境外著作权人授权互联网游戏作品和电子游戏出版物申报材料的通知》（新广出办函〔2014〕111号）（以下简称《规范通知》）和《关于启动网络游戏防沉迷实名验证工作的通知》（新出联〔2011〕10号）的要求办理，其中，《规范通知》附件1所列申报材料中第（二）至（六）项变更为提交《出版国产移动游戏作品申请表》。

五、申请出版境外著作权人授权的移动游戏，按照《规范通知》和《关于启动网络游戏防沉迷实名验证工作的通知》的要求办理。

六、已经批准出版的移动游戏的升级作品及新资料片（指故事情节、任务内容、地图形态、人物性格、角色特征、互动功能等发生明显改变，且以附加名称，即在游戏名称不变的情况下增加副标题，或者在游戏名称前增加修饰词，如《新××》，或者在游戏名称后用数字表明版本的变化，如《××2》等进行推广宣传）视为新作品，按照本通知规定，依其所属类别重新履行相应审批手续。

七、已经批准出版的移动游戏变更游戏出版服务单位、游戏名称或主要运营机构，应提交有关变更材料，经省级出版行政主管部门审核后报国家新闻出版广电总局办理变更手续

八、移动游戏上网出版运营时，游戏出版服务单位应负责游戏内容完整性，须在游戏开始前、《健康游戏忠告》后，设置专门页面，标明游戏著作权人、出版服务单位、批准文号、出版物号等经国家新闻出版广电总局批准的信息，并严格按照已批准的内容出版运营。游戏出版服务单位负责审核并记录游戏日常更新，对擅自添加不良内容的行为，应及时予以制止；对不配合的，应及时报属地省级出版行政主管部门予以处置。情节严重的，属地省级出版行政主管部门可按相应程序办理游戏出版批准撤销手续，并追究相应责任。

九、移动游戏联合运营单位在联合运营移动游戏时，须核验该移动游戏的审批手续是否完备，相关信息是否标明，不得联合运营未经批准或者相关信息未标明的移动游戏。

十、各类手机、平板电脑等移动智能终端生产和经营单位预装移动游戏时，须核验该移动游戏的审批手续是否完备，相关信息是否标明，不得预装未经批准或者相关信息未标明以及侵权盗版的移动游戏。

十一、各省级出版行政主管部门应配备满足工作需要的人员与技术设备，在30个工作日内完成属地已获批准移动游戏出版情况的监督审查，并将审查结果报国家新闻出版广电总局。

十二、已获批准且涉及异地运营的移动游戏，由受理申请出版该游戏的省级出版行政主管部门按本通知第十一条负责相关监管工作，异地运营机构所在地省级出版行政主管部门应配合进行日常监管。

十三、本通知自2016年7月1日起施行。自施行之日起，未经国家新闻出版广电总局批准的移动游戏，不得上网出版运营。

十四、本通知施行前已上网出版运营的移动游戏（含各类预装移动游戏），各游戏出版服务单位及相关游戏企业应做好相应清理工作，确需继续上网出版运营的，按本通知要求于2016年10月1日前到属地省级出版行政主管部门补办相关审批手续。届时，未补办相关审批手续的，不得继续上网出版运营。

十五、未按照本通知要求履行相关审批手续即上网出版运营的移动游戏，一经发现，相关出版行政执法部门将按非法出版物查处。

十六、请各省级出版行政主管部门根据本通知要求认真组织实施，并及时向国家新闻出版广电

总局报告工作进展情况。

附件：出版国产移动游戏作品申请表

国家新闻出版广电总局办公厅
2016 年 5 月 24 日

关于加快新闻出版业实验室建设的指导意见

新广出办发〔2016〕81 号

各省、自治区、直辖市新闻出版广电局，新疆生产建设兵团新闻出版广电局，各相关行业协会、行业机构，各新闻出版企业，各相关院校及科研院所：

为全面贯彻中共中央、国务院《关于深化体制机制改革加快实施创新驱动发展战略的若干意见》精神，贯彻落实《国家"十三五"时期文化改革发展规划纲要》《新闻出版广播影视"十三五"发展规划》《新闻出版广播影视"十三五"科技发展规划》等提出的相关任务，完善新闻出版业科技创新体系，培养和凝聚高端复合型人才，加快新闻出版业转型升级，创新融合发展模式，提高新闻出版业自主创新能力，在"十三五"期间推动新闻出版业实验室（以下简称"实验室"）建设，特制定本指导意见。

一、建设背景

目前，新闻出版业已成为推动社会经济转型发展的重要力量、促进科技深度融合发展的关键领域、保障国家文化安全与互联网安全的主要阵地。"十三五"期间，新闻出版业需要加快实验室建设，以发挥科技的支撑与引领作用，加强科技研发、标准研制、技术应用、人才培养、模式创新，加快新闻出版业转型升级，促进传统媒体与新兴媒体、传统出版与新兴出版的融合发展，推动新闻出版业拓展新业务、建立新业态、产生新效能。

二、重要意义

（一）完善新闻出版业科技创新体系的迫切要求。通过实验室的建设，强化科技创新体系建设，促进产学研用的有机结合，有利于完善科技创新长效机制，提高新闻出版业可持续性创新能力。

（二）提升新闻出版业核心竞争力的有效手段。通过实验室的建设，强化产业技术原始创新能力，突破一批重大技术装备和产业关键技术，有利于打破技术壁垒，提升新闻出版业的核心竞争力。

（三）促进新闻出版业融合发展的必然选择。通过实验室的建设，跟踪、培育和掌握一批前沿技术，推进高新技术的产业应用，促进业务模式创新，有利于推动新闻出版业自身、新闻出版业与其他产业的融合发展。

（四）强化企业成为创新主体地位的重要途径。通过实验室的建设，以新闻出版行业需求为导向，引导企业加大投入，整合产学研用资源，有利于提升企业创新能力，夯实企业的创新主体地位。

三、指导思想

坚持自主创新、重点突破、支撑发展、跨界融合、引领未来的指导方针，以开展创新活动、培育创新成果、凝聚高端复合型人才、满足行业发展需求为目标，立足国内、跟踪国际发展趋势，实施课题引领、项目带动战略，着力解决制约行业发展的瓶颈问题，推动科技成果应用，探索模式创新，加强新闻出版与科技融合，加快新闻出版业转型升级，促进新闻出版业融合发展，为新闻出版业健康、有序、可持续发展提供有力支撑。

四、建设目标

到"十三五"期末，通过建设重点突出、布局合理、规模适度的实验室群，全面推进关键技术研发，深入开展标准研制，提升行业科技成果的应用水平，全面推动数字化转型升级，积极探索融合发展的模式创新，促进人才培养与队伍建设，优化创新环境，发挥新闻出版业实验室群的创新驱动力，推动新闻出版业创新体系建设。

五、建设原则

（一）统筹规划、合理布局。围绕中心、服务大局，把握新闻出版业发展趋势，服从建设新闻出版强国的总体部署，立足新闻出版业的发展实际，加强国际交流与合作，统筹整合资源、强化顶层设计，合理规划各级各类实验室的发展定位和建设布局。

（二）政府引导、企业为主。充分发挥政府的引导与扶持作用，依托行业机构加强指导，支持以新闻出版企业为主体，调动高等院校、科研院所等单位的积极性，鼓励技术企业积极参与，以分级管理、分类指导、产学研用相结合的方式推动实验室建设。

（三）需求导向、有序推进。全面系统梳理新闻出版业在科技创新、模式创新方面的发展需求，科学合理布局，突破重点、夯实基础、急用先行，分阶段、分层次、分类别推进实验室建设工作。

（四）创新机制、强化管理。积极探索体制机制创新路径，加强实验室建设与其他工作的协同，鼓励实验室充分利用外部资源，促进各实验室之间的资源共享、优势互补，逐步建立科学评价、动态调整的管理机制。

六、建设任务

（一）总体建设任务

深入分析制约新闻出版业发展的瓶颈，针对改革与发展的迫切需求，提出有针对性的实验课题；开展新闻出版领域共性关键技术攻关，不断积累原始创新成果和知识产权；推动与新闻出版业发展需求相适应的新兴学科建设，促进学术带头人和行业领军人才培养，支持适应新业态发展的基础人员培训；积极开展国际合作、学术研讨和专题交流，全面掌握国内外新闻出版科技发展动向，跟踪国内外新闻出版新业态与新模式的发展趋势；为政府提供决策支持，为行业提供咨询服务，面向企业开展创新成果的应用推广。

（二）分级建设任务

围绕国家新闻出版业科技发展的重大战略部署，由新闻出版广电总局批准建立新闻出版业重点实验室；围绕区域新闻出版业发展规划，由各省级新闻出版广电行政管理部门批准建立区域性实验室；围绕行业机构、行业协会相关领域的专项工作计划，由其推动建立专项实验室；围绕企业发展战略规划，由新闻出版企业自主建立或与相关机构联合建立企业实验室。

（三）分类建设任务

各级新闻出版业实验室分为出版融合发展实验室、科技与标准实验室两类，两类实验室互为补充、互为支撑，互相优先提供和运用研究成果。

出版融合发展实验的建设任务，重点研究推动传统出版和新兴出版在内容、渠道、平台、运营、管理以及体制机制等方面深度融合，开展模式创新实践。"十三五"期间，要在应用基础和应用研究、内容资源与生产要素整合融通、内容生产和服务、拓展新技术新应用新业态、一体化传播体系建设、资产管理与资本运作、经营管理机制及生产运营方式、组织机构及运行方式、发挥市场作用、政府管理服务的创新及实践等方向，建设一批出版融合发展实验室。

科技与标准实验室的建设任务，重点解决行业共性关键技术与标准的研发及应用，开展科技创新实践。"十三五"期间，要在生产技术与装备、资源编码与管理、知识挖掘与服务、内容表达与呈现、产品传播与营销、数据管理与运营、版权保护与应用等领域，建设一批专业领域科技与标准实验室、跨领域综合性科技与标准实验室。

七、保障措施

（一）建章立制。新闻出版广电总局将制定实验室管理办法，明确管理职责、规范管理程序、严格考评办法，分类组织行业重点实验室的征集评定工作；指导各省级新闻出版广电行政管理部门、各行业机构与行业协会制定区域性、专项性实验室管理办法，开展征集工作；支持企业围绕自身发展规划建立企业内部管理制度，加快建设企业实验室，逐步完善新闻出版业实验室群的建设与管理。

（二）加大投入。新闻出版广电总局将对新闻出版业重点实验室优先安排补贴资金，对其符合条件的产业化项目优先列入国家新闻出版改革发展项目库，优先支持其承接新闻出版业转型升级、融合发展的重大项目，优先安排其有关人员参加新闻出版广电总局组织的专题学习和培训。

（三）加强推广。新闻出版广电总局将及时总结实验室的创新实践成果，面向行业开展宣传推广活动，提高实验室知名度与影响力，鼓励社会力量广泛参与实验室建设。

（四）组织协调。各级新闻出版广电行政部门要结合本地区实际，切实加强实验室建设的组织领导，加强跨地区跨部门协作，确保各项建设任务的落实。

国家新闻出版广电总局办公厅
2016 年 10 月 13 日

关于加强网络文学作品版权管理的通知

国版办函〔2016〕42号

为加强网络文学作品版权管理，进一步规范网络文学作品版权秩序，根据《中华人民共和国著作权法》《信息网络传播权保护条例》等法律、法规，现就有关事项通知如下：

一、任何组织或者个人通过信息网络传播文学作品，以及为用户通过信息网络传播文学作品提供相关网络服务，应当遵守著作权法律、法规，尊重权利人的合法权利，维护网络文学作品版权秩序。

二、通过信息网络提供文学作品以及提供相关网络服务的网络服务商，应当加强版权监督管理，建立健全侵权作品处理机制，依法履行保护网络文学作品版权的义务。

三、通过信息网络提供文学作品的网络服务商，应当依法履行传播文学作品的版权审查和注意义务，除法律、法规另有规定外，未经权利人许可，不得传播其文学作品。

四、通过信息网络提供文学作品的网络服务商，应当建立版权投诉机制，积极受理权利人投诉，及时依法处理权利人的合法诉求。

五、提供搜索引擎、浏览器、论坛、网盘、应用程序商店以及贴吧、微博、微信等服务的网络服务商，未经权利人许可，不得提供或者利用技术手段变相提供文学作品；不得为用户传播未经权利人许可的文学作品提供便利。

六、提供搜索引擎、浏览器、论坛、网盘、应用程序商店以及贴吧、微博、微信等服务的网络服务商，应当在其服务平台的显著位置载明权利人通知、投诉的方式，及时受理权利人通知、投诉，并在接到权利人通知、投诉24小时内删除侵权作品、断开相关链接。

七、提供搜索引擎、浏览器等服务的网络服务商，不得通过定向搜索或者链接，以及编辑、聚合等方式传播未经权利人许可的文学作品。

八、提供贴吧、论坛、应用程序商店等服务的网络服务商，应当审核并保存吧主、版主、应用程序开发者等的姓名、账号、网络地址、联系方式等信息。

九、提供对以文学作品或者作者命名的贴吧、论坛等服务的网络服务商，应当责成吧主、版主等确认用户提供的文学作品系权利人本人提供，或者已经取得权利人许可。

十、提供信息存储空间服务的网盘服务商，应当遵守国家版权局《关于规范网盘服务版权秩序的通知》，主动屏蔽、删除侵权文学作品，防止用户上传、存储并分享侵权文学作品。

十一、国家版权局建立网络文学作品版权监管"黑白名单制度"，适时公布文学作品侵权盗版网络服务商"黑名单"、网络文学作品重点监管"白名单"。

十二、各级版权行政机关应当加强网络文学作品版权执法监管力度，依法查处网络文学作品侵权盗版行为，保障网络文学作品版权秩序。

十三、本通知自印发之日起实施。

国家版权局办公厅

2016年11月4日

国家新闻出版广电总局
关于印发《全民阅读"十三五"时期发展规划》的通知

新广出发〔2016〕80号

各省、自治区、直辖市新闻出版广电局，新疆生产建设兵团新闻出版广电局，中央军委政治工作部宣传局，中央和国家机关各部委、各民主党派、各人民团体出版单位主管部门，中国出版集团公司、中国教育出版传媒集团有限公司、中国科技出版传媒集团有限公司，总局直属各单位：

《全民阅读"十三五"时期发展规划》已经总局党组会议审议通过，现印发给你们，请认真贯彻执行。规划执行过程中的重大问题，请及时向总局报告。

国家新闻出版广电总局

2016年12月17日

附：全民阅读"十三五"时期发展规划

为深入贯彻落实党中央、国务院关于开展全民阅读的重要部署，提升国民素质和社会文明程度，共同建设书香社会，根据《中共中央关于制定国民经济和社会发展第十三个五年规划的建议》《中华人民共和国国民经济和社会发展第十三个五年规划纲要》和《国家"十三五"时期文化改革发展规划纲要》，编制本规划。

序言

阅读是人类获取知识、增长智慧的重要方式，是一个国家、一个民族精神发育、文明传承的重要途径。中华民族有着优良的读书传统，崇尚读书、诗书继世之风绵延数千年。

党的十八大以来，以习近平同志为核心的党中央高度重视全民阅读。2012年11月，党的十八大报告提出"开展全民阅读活动"。2014年以来，"倡导全民阅读"连续3年写入国务院政府工作报告。《中华人民共和国国民经济和社会发展第十三个五年规划纲要》要求"推动全民阅读"，并将全民阅读工程列为"十三五"时期文化重大工程之一，将全民阅读提升到国家战略高度。

"十三五"时期，是全面建成小康社会的决胜阶段，是实现"两个一百年"宏伟目标、实现中华民族伟大复兴中国梦的关键时期。在新的历史条件下，深入开展全民阅读对于提高公民的思想道德素质和科学文化素质，培育和践行社会主义核心价值观，传承中华优秀传统文化，满足人民群众日益增长的精神文化需求，都具有重大而深远的意义。

一、指导思想、基本原则和主要目标

（一）指导思想

高举中国特色社会主义伟大旗帜，以邓小平理论、"三个代表"重要思想、科学发展观为指导，全面贯彻党的十八大和十八届三中、四中、五中、六中全会精神，深入贯彻习近平总书记系列重要讲话精神和治国理政新理念新思想新战略，紧紧围绕"五位一体"总体布局和"四个全面"战略布局，牢牢把握"两个巩固"根本任务，按照全面建成小康社会的总体要求，以满足人民群众精神文化需求为出发点和落脚点，完善体制机制，创新方式方法，将丰富阅读活动内容与提升思想文化内涵相结合，将出版精品与推荐精品相结合，将公益活动和市场推广相结合，将传统阅读与数字阅读相结合，将服务与管理相结合，全面提升全民阅读质量和水平，推动国民素质和社会文明程度显著提高，为实现"两个一百年"奋斗目标和中华民族伟大复兴中国梦提供强大的精神动力和文化支撑。

（二）基本原则

——坚持政府主导，社会参与。全民阅读功在当代、利在千秋。必须强化政府责任，完善机制，健全制度，加强宏观指导和政策推动。开展全民阅读，每个人既是参与者，也是推动者。必须充分调动社会各界的积极性、主动性和创造性，鼓励、动员和引导社会力量共同参与，加强理念创新、制度创新、方式创新，推动全民阅读长期深入开展。

——坚持重在内容，提升质量。全民阅读的核心是阅读内容。必须加强优秀作品的创作生产，进一步完善创作出版扶持和激励机制，加强对精品力作的宣传推广，拓宽传播渠道，为全民阅读提供更多优质阅读内容，充分发挥引领示范作用，不断提升全民阅读的质量和水平。加强对数字化阅读的规范和引导，推动传统阅读和数字阅读相融合。

——坚持少儿优先，保障重点。少儿阅读是全民阅读的基础。必须将保障和促进少年儿童阅读作为全民阅读工作的重点，从小培育阅读兴趣、阅读习惯、阅读能力。要着力保障农村留守儿童、城市流动儿童和贫困家庭儿童的基本阅读需求。要着力保障残疾人、进城务工人员等困难群体、特殊群体的基本阅读需求。

——坚持公益普惠，深入基层。全民阅读具有典型的公益性。必须加快推进全民阅读推广服务体系城乡一体化建设，坚持公益性、基本性、均等性和便利性相统一，面向基层、面向群众，保障全民平等享有基本阅读权益。

（三）主要目标

本规划期限为 2016 年到 2020 年。主要目标是：各类全民阅读活动蓬勃开展，全民阅读氛围更加浓厚，全民阅读理念更加深入人心，优质阅读内容供给能力显著提升，全民阅读基础设施建设更加完善，阅读推广人队伍更加壮大，各类阅读推广机构不断涌现，全民阅读法制化建设取得积极进展，全民阅读工作体制机制更加健全，基本形成与全面建成小康社会发展要求相适应的以人为本、面向基层、惠及群众、兼顾重点的全民阅读推广服务体系，推动国民素质和社会文明程度显著提高。

二、重点任务

（一）举办重大全民阅读活动

开展全国范围的"书香中国"系列活动，动员各方力量，加强品牌建设，办好各类读书节、读书周、读书月、读书季等全民阅读活动，提升群众参与度、平台辐射面和品牌号召力。

在世界读书日、"六一"儿童节及其他重要节庆期间开展内容丰富、形式多样的全民阅读活动，各级领导干部带头参加，引领示范，不断扩大全民阅读的社会影响力。

围绕党和国家工作大局和重大节庆活动，组织开展主题演讲、经典诵读、读书征文、知识竞赛等丰富多彩的主题阅读活动，弘扬主旋律、传播正能量。

办好全国书博会、书展、书市等各种行业展会，通过论坛讲座、评书荐书、名家签售等人民群众喜闻乐见的形式，将之打造成为连接作者、读者、出版者和书店、媒体的阅读桥梁，充分发挥其推动全民阅读的功能和作用。

专栏1　全民阅读品牌活动

（一）"书香中国"系列活动

打造"书香中国"系列活动品牌，培育和巩固"书香中国·北京阅读季""书香江苏""书香荆楚·文化湖北""书香中国·上海周""书香岭南""书香湖南""书香八闽""书香辽宁""书香龙江""海南书香节""书香八桂""书香燕赵""书香赣鄱""三秦书月""书香安徽阅读季""书香天府""书香齐鲁""书香陇原""书香天津""书香天山""书香宁夏""书香青海"以及"深圳读书月""苏州读书节"等全国各地书香活动品牌。到2020年，所有省（自治区、直辖市）、计划单列市、地级市都有品牌活动，80%以上的县（区）有品牌活动。

（二）举办主题读书活动

结合传承和弘扬中华优秀传统文化、加强中国特色社会主义和中国梦宣传教育、弘扬社会主义核心价值观、民族团结进步、迎接党的十九大召开、庆祝建军90周年、纪念改革开放40周年、新中国成立70周年、全面建成小康社会、中国共产党成立100周年等重大主题，广泛开展各类主题读书活动。

（三）行业展会服务全民阅读

充分发挥全国图书交易博览会、北京国际图书博览会等行业展会推广全民阅读的重要功能，举办"读者大会"等全民阅读活动。

（二）加强优质阅读内容供给

完善创作出版扶持引导机制，引导广大作者和出版者自觉践行社会主义核心价值观，传承和弘扬中华优秀传统文化。发挥国家出版基金的积极作用，实施重大出版工程等，出版更多在文化传承上有新的突破、学术水平上有新的超越的精品力作。充分发挥"五个一工程"奖、中国出版政府奖、中华优秀出版物奖等奖项的导向作用。

进一步完善针对不同读者群体的优秀出版物推荐机制，提升推荐出版物的权威性和影响力。坚持价值导向、专家意见、市场表现、群众口碑、质量标准相统一的原则，向读者推荐更多思想精深、艺术精湛、制作精良的优秀出版物。继续开展面向青少年、老年人、少数民族等不同群体的优秀出版物推荐活动，推动精品出版物宣传推介常态化、制度化。加强和改进书评机制，加强图书评论工作，加强对各类图书排行榜的引导和管理。

专栏2　全民阅读优质内容建设工程

（一）重点出版物出版工程

"十三五"时期推出重点主题出版物、重大出版工程、文艺原创精品、未成年人出版物、少数民族文字出版物、古籍、辞书、社会科学与人文科学出版物、自然科学与工程技术出版物等3000种左右。

（二）优秀出版物推荐工程

进一步完善推荐机制，做好"中国好书""向全国青少年推荐百种优秀出版物""优秀老年人出版物""大众喜爱的50种图书""优秀民族图书""中华优秀传统文化普及图书""优秀少儿报刊""精品文学期刊""优秀网络文学原创作品"等推荐工作。

（三）推动全民阅读深入基层、深入群众

大力推进全民阅读进农村、进社区、进家庭、进学校、进机关、进企业、进军营，使阅读活动真正深入基层、深入群众。倡导党员干部带头读书，建立和完善党员干部读书学习制度，激发广大党员干部读书学习的热情，带领本单位、本系统、本地区大兴读书之风。倡导在高校大学生和中青年人群中建立读书会，开展读书活动。充分利用农家书屋、社区书屋、职工书屋等各类阅读设施，开展各种形式的基层读书活动。开展书香军营活动，服务强军建设。完善"书香之家""书香之乡（镇、街道）"等的推荐机制，发挥典型榜样的引领示范作用，展现基层群众的读书传统和读书风采。

强化公益性文化单位在全民阅读工作中的重要作用，文化馆（站）、公共图书馆、科技馆、工人文化宫、青少年宫、妇女儿童活动中心等各级公益性文化单位要常年开展主题读书活动、荐书送书活动、读书交流会等。鼓励政府机关、社会组织和企事业单位开展公益性阅读活动。实施市民阅读发放计划。完善全民阅读示范单位、先进个人和优秀项目推荐机制。

专栏3　全民阅读"七进"工程

（一）"书香之家""书香之村（社区）""书香之乡（镇、街道）"、书香企业、书香机关推荐活动

"十三五"期间推荐3000家"书香之家"、500个"书香之村（社区）"、200个"书香之乡（镇、街道）"、1000个"书香企业"、500个"书香机关"，向全社会展现基层群众读书风采，引领阅读风尚。

（二）开展"书香中国·全民阅读大讲堂""强素质·作表率"读书讲坛

邀请文化名家、社会名人深入群众，引导党员干部和群众认真读书学习、开阔文化视野、全面增强素质，有效推动学习型党组织建设、学习型社会建设。

（三）"书香军营"系列活动

组织一批文化界、艺术界的名家大家深入基层部队，举办"书香军营"讲坛，并广泛开展"主题读书日""月读一书""名家荐书""军营读书节"等活动，营造浓厚的军营阅读氛围。

（四）大力促进少年儿童阅读

大力倡导家庭阅读、亲子阅读，发挥父母和未成年人监护人言传身教的重要作用，推动全社会共同创造、维护少年儿童良好阅读环境。鼓励幼儿园开展与学龄前儿童的年龄和心理状况相适应的阅读活动，着力培养阅读兴趣、阅读习惯。

加强中小学书香校园文化建设，完善中小学图书馆等校园阅读设施，开展多种形式的校园阅读活动。充分利用少年儿童图书馆、农家书屋、职工书屋、社区书屋、基层综合性文化服务中心以及青少年活动中心、少年宫等青少年活动场所，支持和帮助中小学生参加校外阅读活动，开展少儿阅读推广活动。

加强对少儿阅读规律的研究和运用，科学研究不同年龄、不同群体、不同性别少年儿童的智力、心理、认知能力和特点，借鉴国外阅读能力测试、分级阅读等科学方法，探索建立中国儿童阶梯阅读体系，加快提高我国少年儿童的整体阅读水平。

重点保障农村留守儿童、城市流动儿童、贫困家庭儿童等儿童群体的基本阅读需求。鼓励学校、全民阅读设施管理单位、阅读推广人及阅读推广机构等对其进行定期阅读指导和服务。将本行政区域内的外来务工人员随居子女纳入当地全民阅读服务保障范围。有条件的地方可以积极探索开展农村地区学龄前儿童基础阅读促进工作。

专栏4　少年儿童阅读工程

（一）家庭阅读·亲子阅读工程

　　开展丰富多彩、喜闻乐见的亲子阅读活动，通过推荐优秀读物、开展阅读指导、开展爱心捐赠、阅读推广展示等，传递家庭教育科学理念，引领亲子阅读风尚，营造书香氛围，培育良好家风，促进儿童健康成长。

（二）少儿阶梯阅读推广

　　建立符合中国儿童特点的阶梯阅读体系，开展我国少儿阶梯阅读工程的研发及推广应用工作。开展我国少儿阅读能力测试项目的研发工作，建设少儿阅读能力监测体系，科学推动整体提高少儿阅读能力。

（三）"书香校园"建设

　　通过创造浓郁的阅读氛围，整合丰富的阅读资源，开展多彩的读书活动，让阅读成为师生最日常的生活方式，进而推动书香校园的形成。

（四）"少儿报刊阅读季"活动

　　广泛开展各种内容丰富、形式多样的少儿报刊阅读活动，充分利用"4·23世界读书日""六一"国际儿童节等重要时间节点，开展组织捐赠优秀少儿报刊、"好报刊伴我成长"等专题宣传推广活动。

（五）保障困难群体、特殊群体的基本阅读需求

　　切实加强针对残障人士、外来务工人员、贫困地区居民等困难群体、特殊群体的阅读服务，保障其基本阅读需求。加快将进城务工人员阅读服务纳入常住地全民阅读服务体系，鼓励以社会文化机构、用工企业等为主体，满足进城务工人员的基本阅读需求，继续扩大"书香中国e阅读"工程的覆盖范围。

　　鼓励全民阅读设施管理单位及阅读推广人等进行定期阅读指导和服务，有针对性地向残疾人提供盲文出版物、有声读物等阅读资源、设施与服务。各类全民阅读设施应加强无障碍设施建设。建立和完善社会各界为特殊群体、困难群体开展志愿者助读、发放购书券、组织出版物捐赠等捐助和服务的渠道。

专栏5　重点群体阅读促进工程

（一）盲文出版物出版与阅读推广工程

　　加强盲文出版基地建设，实施盲文出版工程，支持有声读物开发，扩大各类盲人读物有效供给，完善盲文出版物、有声出版物邮寄借阅平台，推动各级图书馆开设视障阅览室，面向视力障碍人群，提供阅读服务。

（二）"书香中国e阅读"推广工程

　　以政府购买服务的方式，定期向全国进城务工人员、边疆民族地区手机用户推送国家新闻出版广电总局组织推荐的各类优秀图书、报刊等。2016年覆盖人群1000万人，到2020年覆盖5000万人。

（六）完善全民阅读基础设施和服务体系

　　统筹规划，合理布局，进一步加大城乡基层全民阅读设施建设力度。制定和完善公共图书馆、基层综合性文化服务中心、农家书屋等公共文化服务设施建设标准和资源配置标准，推进全民阅读公共文化设施建设的规范化、标准化。

　　加快促进城乡基本公共文化服务均等化，实现农村、城市社区公共文化服务资源整合和互联互通，以创新管理机制、提升服务效能为重点，探索长效管理机制。充分发挥各级各类图书馆在阅读推广中的重要作用。加强出版物发行网点建设，特别是农村和社区网点建设，支持实体书店、书报亭、高校书店等各类阅读设施的发展，发挥其促进全民阅读的公益功能。在充分利用现有设施基础

上，统筹建设社区阅读中心、数字农家书屋、公共数字阅读终端等设施。

专栏6　全民阅读设施建设重点工程

（一）农家书屋提升工程

建立健全农家书屋管理员队伍，完善出版物补充机制，加大少年儿童出版物配备比例，推动数字（卫星）农家书屋建设，推动农家书屋和基层图书馆、基层综合性文化服务中心资源整合，培育"我的书屋·我的梦"农村少年儿童阅读活动品牌，更好发挥农家书屋作为农村阅读活动和阅读服务主阵地的作用。

（二）支持实体书店发展

坚持改革创新，发挥市场作用，加强政府引导，注重统筹协调，推动实体书店与社会经济协调发展，到2020年，基本形成布局合理、功能完善、主业突出、多元经营的实体书店发展格局。

（三）城乡阅报栏（屏）建设工程

在车站、商场、广场、社区、学校、医院等人流密集地点新增建设一批阅报栏（屏）和全民阅读数字触摸屏，完善数字阅读屏维护更新机制。

（七）提高数字化阅读的质量和水平

适应数字化新趋势，充分利用数字技术，大力推进数字化阅读发展，建立全民阅读数字资源平台，推进数字化阅读服务。建立内容丰富的数字阅读资源库群，加强公共电子阅览室建设计划和全国文化信息资源共享工程网络建设，加强数字图书馆建设。形成覆盖全国的全民阅读数字服务网络。

加快推进传统出版单位数字化转型升级，通过制订配套政策、专项资金资助、推介示范单位等多种方式，推动出版与科技融合发展。实施网络文艺精品创作和传播计划，加强网络文学出版传播的管理和引导，推出更多网络原创精品力作。加强数字出版内容投送平台建设和管理，改善数字出版内容消费服务方式，提升公众数字阅读消费满意度。深入探索读者阅读行为和阅读习惯的数字化转型，提供更便捷、人性化的数字化阅读技术服务，全面推进全民阅读的多媒体、多平台融合。

专栏7　数字化阅读建设重点工程

（一）全民数字化阅读推广工程

组织开展系列专题数字化阅读活动，大力提升全民数字化阅读率；支持建设一批数字化阅读服务平台，助力全民阅读普及，提升数字出版在公共文化服务体系建设中的支撑能力。

（二）国家全民阅读数字化平台建设

建设3至4家国家级公益性数字化阅读推广、优质阅读内容数字化传播、移动阅读数字化传播平台，与各类图书馆、农家书屋等终端联网，向读者提供数字化阅读服务。

（三）网络文学精品出版工程

用3至5年时间，使创作导向更加健康，创作质量明显提升，推出一批思想精深、艺术精湛、制作精良、深受群众喜爱的原创网络文学精品，在网络内容建设和文艺创新中的作用更加突出。

（八）组织引导社会各方力量共同参与

鼓励和吸引社会力量建设全民阅读公共设施、提供全民阅读服务。充分发挥热心阅读推广的社会名人、文化名家的阅读引领作用。鼓励和支持公务员、教师、新闻出版工作者、大学生等加入阅读推广人队伍，定期培训，提升阅读推广人队伍的整体素质和服务能力。鼓励和支持文化团体、教育机构和其他社会组织开展阅读推广并提供公益阅读服务。成立各级全民阅读促进协会。鼓励和支持高等院校和科研单位进行阅读研究，鼓励从跨学科的角度研究阅读理论，创新研究方法，加强阅读学学科建设，促进全民阅读工作的开展。

专栏8　社会力量参与机制

（一）建立阅读推广人队伍

制定阅读推广人培养方案及管理办法，建立基层全民阅读工作者队伍培训机制，对全国各级全民阅读工作人员、图书馆馆员、农家书屋管理员、阅读推广人等进行系统培训，提高全民阅读推广能力，支持开展各类基层读书活动。

（二）培育阅读推广机构

充分发挥各类绘本馆、阅读空间、读书会等的重要作用，提升阅读推广专业性、阅读服务规范性，培育一批在社会上具有广泛影响力的阅读推广机构。

（三）成立全民阅读促进协会

汇聚相关部门、群团组织、阅读推广机构、出版发行单位、公共图书馆、基层阅读组织、知名作家学者以及其他热心全民阅读推广的社会人士，组建各级全民阅读促进协会，开展全民阅读推广工作。到2020年，全国所有省（自治区、直辖市）都应成立全民阅读促进协会，50%的地级市应成立全民阅读促进协会。

（九）加强全民阅读宣传推广

重视和发挥中央媒体和地方媒体、传统媒体和新兴媒体、主流媒体和各类媒体的重要作用，形成强大宣传合力，营造全民阅读的良好氛围。进一步做好理念创新、手段创新、载体创新，把创新的重心放在基层一线，从围绕相关节庆、重点事件报道向常态化、持续化发展，从书评、书摘、书讯等传统栏目向典型报道、深度报道、专题报道、系列报道扩展，从报刊读书栏目、广播电视读书节目向公益广告、户外传媒、新媒体等全媒介多元化发展。

鼓励和支持各类媒体、组织全民阅读媒体联盟和全民阅读百网联盟成员单位深入街道、社区和乡镇、农村等基层，抓取第一手新闻素材，把鲜活读书故事、先进读书人物传递给广大读者。要充分发挥正面宣传鼓舞人、激励人的作用，多宣传读书陶冶情操、读书改变命运、读书成就人生等感人故事，让全民阅读理念春风化雨，润物无声。

专栏9　全民阅读宣传推广

（一）全民阅读媒体联盟和全民阅读百网联盟

充分发挥各类媒体的特点，适应分众化、差异化传播趋势，实现传统宣传推广形式与新媒体宣传推广形式深度融合，以全民阅读官方网站和全民阅读工作网站为平台和纽带，利用官方微博、微信公众号和新闻客户端"两微一端"，资源共享、信息互通、资讯互联，形成合力，共同向广大读者宣传推广全民阅读。

（二）书香中国万里行

组织全民阅读媒体联盟、全民阅读百网联盟成员单位深入街道、社区和乡镇、农村等基层，宣传报道全民阅读先进典型和感人事迹，营造开展全民阅读的良好氛围。

三、加强组织领导和统筹实施

加强全民阅读工作的组织领导和统筹协调，建立相关部门共同参与的协商推进机制，形成合力，共同承担全民阅读工作的职责。加强全民阅读法制建设，制订发布《全民阅读促进条例》，鼓励和推动地方开展全民阅读立法工作。

建立书香社会指标体系，定期评估和发布。鼓励将全民阅读指数纳入社会发展指标体系，纳入创建文明城市指标体系，将工作情况纳入目标管理和考核体系。

专栏 10　全民阅读长效机制建设工程

（一）制订《全民阅读促进条例》

将全民阅读纳入法制化轨道，规范政府责任，保障公民基本阅读权利，促进全民阅读服务体系建设。推动地方全民阅读立法工作。到 2020 年，推动全国所有省（自治区、直辖市）出台本地的全民阅读地方性法规、地方政府规章及政策性文件等。

（二）建立全民阅读指导委员会

建立国家全民阅读指导委员会和地方各级全民阅读指导委员会，形成各部门综合协调机制，共同研究全民阅读工作中的重大问题，制订全民阅读公共服务基本标准，协调全民阅读基础设施建设与资源配置，促进阅读相关机构和组织合作。

（三）书香社会指标体系

定期开展全国国民阅读调查，建设全民阅读监测体系，监测全民阅读发展水平、阅读服务公众满意度、阅读服务标准实现程度；对全民阅读活动、工程效果进行第三方测评，收集群众反馈意见，对活动进行科学评估。

2005—2015 年重要政策法规回顾

关于加强音像制品、电子出版物和网络出版物审读工作的通知

新出音〔2007〕129 号

各省、自治区、直辖市新闻出版局，海南省文化广电出版体育厅，总政宣传部新闻出版局，新疆生产建设兵团新闻出版局：

近年来，我国音像电子和网络出版业发展很快，年出版音像制品和电子出版物已超过 4 万种，网络出版的发展势头迅猛，大量优秀音像制品、电子出版物和网络出版物的出版，极大地丰富了人民群众的精神文化生活。然而一些音像电子和网络出版单位由于政治意识淡薄，责任意识、大局意识不强，在出版过程中也出现了不少问题，主要表现为：有的出版内容违反了国家的法律规定和党的方针政策，损害公共利益；有的内容庸俗，低级趣味，有害青少年身心健康；有的质量低劣，粗制滥造。因此，为更好地做好音像制品、电子出版物和网络出版物的审读工作，提高音像电子网络出版内容质量、满足社会和人们的精神文化需求，加强出版管理工作，现就有关事宜通知如下：

一、要充分重视加强审读工作的重要性和必要性

审读工作是新闻出版行政部门的一项基础性工作，是新闻出版行政部门转变政府职能，加强社会监管，依照国家法律法规所进行的一项重要执法工作，也是巩固马克思主义在意识形态领域指导地位的需要。音像制品、电子出版物和网络出版物作为新兴媒体，技术含量高，内容丰富，传播速度快，传播范围广，社会影响大，各省级出版行政部门要高度重视对音像制品、电子出版物和网络出版物的审读，要以"三个代表"重要思想和党的十六届六中全会精神为指导，不断增强政治意识和大局意识，把握正确的出版方向，为推动社会主义和谐社会建设提供强大的精神动力和智力支持，为党的十七大胜利召开营造良好的舆论环境。

二、审读工作的重点和内容

新闻出版管理中的审读,主要对出版内容是否符合国家的法律、法规及方针、政策,是否存在反对宪法确定的基本原则的,是否危害国家统一、主权和领土完整,危害国家安全,泄露国家机密,破坏民族团结,宣扬邪教迷信和色情暴力等方面进行审读。音像制品、电子出版物和网络出版物审读主要包括:

(一)音像制品和电子出版物年度选题计划的审核。要按照总署下发的加强音像制品和电子出版物年度选题计划备案工作的通知,认真做好音像制品和电子出版物年度选题审核和备案工作。

(二)对已出版的音像制品和电子出版物的内容进行审读。包括专项审读和日常审读:

专项审读,即是有针对性的,对重点选题、重大选题和敏感选题的审读,特别是对涉及"双重大"内容或社会热点选题的审读。

日常审读,即通过抽查或例行审读,及时了解出版动态、特点和存在的问题,监督了解音像制品和电子出版物的整体质量。

(三)对网络出版内容的监管。检查网站出版内容是否符合许可范围、出版宗旨。重点关注网络出版中常带有倾向性、苗头性的问题,争取早发现、早研判、早报告、早处置。对网络出版中所发现的重大突发事件,力求第一时间报告舆情,并按中央有关文件的要求提出处置意见和措施,及时处理。建立健全网络出版舆论信息收集和分析、信息协作和沟通机制,要加强对群众举报的受理和有害信息的查处工作,并依法严惩制作传播有害出版信息的网站和个人。

三、要建立健全审读制度及程序

各省级出版行政部门要加强审读工作的制度化建设,建立健全反应灵敏、调控有力的审读信息预警机制,要投入必要的人力、物力和资金,确保本辖区内音像电子和网络出版的审读工作有效开展。

(一)加强审读工作的组织领导,建立审读办法和审读工作程序。

各省级出版行政部门要加强对审读工作的领导,成立音像电子和网络出版审读的组织机构,并结合本区域的实际情况,制定本区域内音像电子和网络出版的审读办法和审读工作流程。

(二)建立必要的专家审读队伍。

音像制品、电子出版物和网络出版物的审读队伍要由政策水平强、具有一定权威性的专家组成,专家的选择要涵盖不同的学科,并要求能熟练运用音像、计算机和网络技术。同一出版物要由2名或2名以上的专家进行审读,专家的审读要形成审读报告,供出版部门决策时参考,对审读意见分歧较大的要组织召开专家审读论证会。

(三)各地要高度重视互联网出版技术手段的建设,提高互联网出版监管智能水平,增强互联网出版舆情研判的科学性和时效性,建立适合本地区互联网出版舆情分析系统,与总署网络出版监控系统有效对接。

(四)加强信息反馈,确保审读信息的畅通。

总署负责全国音像电子和网络出版审读工作的监督和指导,组织重点或专项审读工作,具体工作由总署音像电子和网络出版管理司承担。各省级新闻出版局负责本地区审读工作的组织、协调、监督和指导，要与总署建立通畅的信息沟通渠道，要有专人负责。总署将及时向各省级新闻出版行政部门通报全国音像电子和网络出版审读工作的开展情况、审读工作的动态及需要注意的问题。为便于审读信息的沟通，总署音像电子和网络出版管理司设立了工作信箱：yinxiangsi@yahoo.com.cn，各省级新闻出版行政部门也要设立相应的工作信箱，工作信箱的回执可在中国音像电子和网络出版管理网上进行下载，请填写完整并盖章后于2007年3月10日前反馈我署。

四、严格执行重大出版情况报告制度

对本区域发生或审读中发现的重大出版事项和产生重大社会影响的出版问题，各音像电子和网络出版单位要及时报告本地区新闻出版行政部门，各地新闻出版局要及时报告总署。

各新闻出版行政部门要尽职尽责，扎扎实实地把好审读这个关口，为促进我国音像电子和网络出版事业健康、繁荣发展服务。

新闻出版总署
2007年2月16日

关于加强对进口网络游戏审批管理的通知

新出厅字〔2009〕266号

各省、自治区、直辖市新闻出版局，新疆生产建设兵团新闻出版局，解放军总政治部宣传部新闻出版局，各游戏出版运营企业：

在党中央和国务院的正确领导下，网络游戏出版服务业经过多年的规范引导，取得了快速发展，总体情况是好的。但是，近一个时期也存在着一些不容忽视的问题：一些非法企业通过互联网大肆传播色情暴力等不良游戏作品；有的企业未经审批擅自出版运营进口网络游戏；有的境外机构打着技术输入的幌子，在相关展览、会议中大量推广、演示未经审批的境外游戏作品，造成不良社会影响；有的部门未经国务院授权，自设网络游戏前置审批和进口网络游戏审查，造成重复审批，干扰了正常的管理程序。为了进一步规范网络游戏出版服务的前置审批和对境外著作权人授权的网络游戏作品的审批和监督管理工作，规范与进口网络游戏相关的会展交易活动，现通知如下：

一、根据《国务院办公厅关于印发国家新闻出版总署（国家版权局）主要职责内设机构和人员编制规定的通知》（国办发〔2008〕90号）（以下简称"三定方案"）的规定，新闻出版总署负责"对游戏出版物的网上出版发行进行前置审批"。任何企业在中国境内从事网络游戏出版运营服务，必须经新闻出版总署进行前置审批，取得具有网络游戏出版服务范围的互联网出版服务许可证。未经审批许可，擅自从事网络游戏出版运营服务的，一经发现，立即依法取缔。

二、根据国务院"三定方案"规定，新闻出版总署"负责对出版境外著作权人授权的互联网游戏作品进行审批"。任何境外著作权人授权的进口网络游戏作品，未经新闻出版总署审查批准，一律不得在境内提供出版运营服务。违者将依法予以取缔，停止运营。

三、新闻出版总署是唯一经国务院授权负责境外著作权人授权的进口网络游戏的审批部门，如发现有其他部门越权进行前置审查审批，违法行政，有关企业可依法向国务院监督部门举报或提起行政诉讼。

四、在境内举办各种游戏的会展交易节庆活动中，凡涉及境外游戏作品的展示、演示、交易、推广等内容的，必须按进口网络游戏审批规定，事先报新闻出版总署审查批准。违者将依法予以取缔，并追究主办、承办单位和相关企业的责任。

五、有关报纸、杂志及网络媒体，不得为上述违规行为和活动进行报道和宣传，同时要发挥舆论监督作用。

六、各地新闻出版行政部门要加强管理和监督，应根据本《通知》要求，对本地区相关企业和活动进行一次集中清理。对违反国家相关法律法规的行为，要坚决查处纠正，确保网络游戏出版服务业健康有序发展。

2009 年 7 月 1 日

关于加快我国数字出版产业发展的若干意见

新出政发〔2010〕7 号

各省、自治区、直辖市新闻出版局，新疆生产建设兵团新闻出版局，解放军总政治部宣传部新闻出版局，中央和国家机关各部委、各民主党派、各人民团体新闻出版主管部门，中国出版集团公司：

数字出版是指利用数字技术进行内容编辑加工，并通过网络传播数字内容产品的一种新型出版方式，其主要特征为内容生产数字化、管理过程数字化、产品形态数字化和传播渠道网络化。目前数字出版产品形态主要包括电子图书、数字报纸、数字期刊、网络原创文学、网络教育出版物、网络地图、数字音乐、网络动漫、网络游戏、数据库出版物、手机出版物（彩信、彩铃、手机报纸、手机期刊、手机小说、手机游戏）等。数字出版产品的传播途径主要包括有线互联网、无线通讯网和卫星网络等。由于其海量存储、搜索便捷、传输快速、成本低廉、互动性强、环保低碳等特点，已经成为新闻出版业的战略性新兴产业和出版业发展的主要方向。

发展数字出版产业，对于提升我国文化软实力，推动文化产业乃至国民经济的可持续发展，转变出版业发展方式具有重要意义。进入新世纪以来，我国数字出版产业取得了较快进展。与此同时，由于存在投入成本高，盈利模式不成熟，相关标准不统一等问题，制约了数字出版产业的进一步发展，其生产力尚未得以充分释放。为贯彻落实中央关于调整产业结构和转变发展方式的战略部署，贯彻落实《文化产业振兴规划》和新闻出版总署《关于进一步推动新闻出版产业发展的指导意见》，推进出版业升级，现就加快我国数字出版产业发展提出如下意见。

一、加快数字出版产业发展的总体目标

1.战略目标。要以数字化带动新闻出版业现代化，鼓励自主创新，研发数字出版核心技术，推动出版传播技术升级换代，构建传输快捷、覆盖广泛的现代新闻出版传播体系；要形成一批发展思

路清晰、内容资源充沛、立足自主创新、出版方式多样、营销模式成熟、市场竞争力强、产品影响广泛的数字出版龙头企业；要切实从社会需求出发，将优质内容与数字技术紧密结合，打造弘扬中华优秀文化、反映科学技术进步、体现时代精神、为大众喜闻乐见、具有国际影响力的数字出版产品和品牌；要构建要素完整、结构合理、水平先进、效益良好、多方共赢的数字出版产业发展新格局，把数字出版产业打造成新闻出版支柱产业。

2. 发展指标。到"十二五"末，我国数字出版总产值力争达到新闻出版产业总产值25%，整体规模居于世界领先水平。在全国形成8—10家各具特色、年产值超百亿的国家数字出版基地或国家数字出版产业园区，形成20家左右年主营业务收入超过10亿元的具有国际竞争力的数字出版骨干企业。到2020年，传统出版单位基本完成数字化转型，其数字化产品和服务的运营份额在总份额中占有明显优势。

二、加快数字出版产业发展的主要任务

3. 加快推动传统出版单位数字化转型。加快书报刊出版单位采用新技术和现代生产方式改造传统出版流程；高度重视出版资源数字化工作，加快存量资源整理，按统一标准进行分类、存储；积极探索出版资源数字版权授权解决方案；鼓励传统出版单位开展网络出版业务；支持传统出版单位设立完全市场化的数字出版公司，尽快做大做强，成为数字出版龙头企业。

4. 加快推动音像电子出版单位数字化升级。积极运用新媒体、新技术加速产业升级；鼓励音像电子出版单位与通信运营商、网络运营商及硬件制造商进行全方位合作，拓展新业态。

5. 加快推动传统印刷复制企业数字化改造。推动传统印刷复制企业积极采用数字和网络技术，改造印刷生产流程和设备，大力发展数字印刷，提高对消费者多样化、个性化需求的服务供给能力。

6. 大力增强网游动漫出版产品的创作和研发能力。鼓励企业通过自主创新，充分挖掘中华优秀文化，研发网游动漫精品，提高国产网游动漫产品的质量和市场占有率，提升产品附加值；打造网游动漫知名品牌，提高市场运作能力；组织实施民族网游动漫海外推广计划，大力支持国产原创网游动漫产品开发海外市场。

7. 切实加强新闻出版公共服务项目的数字化建设。对新闻出版公共服务工程中的数字化项目予以资金、政策、技术等方面的扶持；支持和鼓励出版单位、数字化公司承担和拓展数字出版公共服务项目；积极支持"农家书屋"向数字化方向发展；高度重视数字阅读，拓展全民阅读的空间；加快全民阅读工程指导性网站建设；积极开发盲文有声教材和读物；充分利用互联网，扩大民文出版物传播范围。

8. 加快国家数字出版重点科技工程和重大项目建设。加快国家数字复合出版工程、数字版权保护技术研发工程、中华字库工程和国家知识资源数据库工程等数字出版重大科技工程项目的建设进度；建设国家重点数字出版工程项目库，扶持企业建设以公共服务平台建设、内容资源数据库建设、数字出版软件产品开发以及相关技术研发为主的数字出版工程项目；加快数字出版领域科技推广和成果转化；扶持以动漫出版、网络游戏出版、数据库出版等为主的数字出版项目；扶持具有自主知识产权的电子纸、终端阅读器等新产品、新载体的研发和应用。

9. 加快推进数字出版相关标准研制工作。坚持"基础、急用"标准先行的原则，尽快制定各种数字出版相关的内容标准、格式标准、技术标准、产品标准、管理和服务标准，完成数字出版、移动出版等相关数字出版标准体系的制定，在生产、交换、流通、版权保护等过程中形成符合行业规范的数字出版业标准化体系，创造公平的市场竞争环境。

10. 推动数字出版产业聚集区建设。打破行政区划壁垒，在有条件的区域建设数字出版产业聚集区，形成一批核心数字出版产业集群和特色产业基地；吸引国内国际知名的相关企业落户，逐步形成产业集群效应；支持进入国家级数字出版基地的企业开展互联网出版业务。

11. 支持非公有制企业从事数字出版活动。支持民营新技术公司研发基于不同传输平台和阅读终端的游戏、动漫、音乐等数字出版产品和具有自主知识产权的移动终端等硬件设备；建立数字出版企业评估体系，对长期从事数字出版活动且出版导向正确、技术实力雄厚、竞争优势明显、发展前景广阔、经营业绩突出的非公有制企业予以重点扶持；建立健全互联网出版准入退出机制，完善准入退出评估标准。

12. 推动数字出版"走出去"。鼓励企业充分利用国际国内两种资源和两个市场，借助网络传输快捷、覆盖广泛和无国界特性，加快推动优秀出版物通过数字出版方式进入国际市场，参与国际竞争，不断增强中国新闻出版的传播能力，提高中华文化的国际影响力；重点扶持和培育在"走出去"方面措施得力、成效显著的数字出版骨干企业和示范单位，对切实跨出国门并取得显著成绩的重大项目和重点企业予以资金资助、税收减免和其他奖励。

三、加快数字出版产业发展的保障措施

13. 加强组织领导。各级新闻出版行政部门要充分认识加强数字出版工作的重要性和紧迫性，把推进数字出版产业发展作为本地区新闻出版业繁荣发展的重要工作内容；要加强组织领导，完善组织机构，积极创造条件，设立专职数字出版管理部门；要加强对本地区数字出版产业发展的统计、规划、协调和引导，做好对本地区从事数字出版内容生产、加工、复制和数字出版产品销售、进出口等活动的数字出版企业的监管与服务工作；要采取有效措施，切实解决数字出版管理工作中存在的突出问题，为数字出版产业发展创造良好的环境和条件。

14. 发挥部门合力。地方各级新闻出版行政部门要主动加强与当地党委、政府相关部门的沟通合作，争取本地发展和改革、财政、税务、工信、科技等综合职能部门对数字出版工作的支持，将数字出版发展规划纳入本地经济社会发展规划之中，为本地数字出版产业发展创造条件、提供保障；要结合本地实际，深入研究针对数字出版产业的财税政策，充分发挥政策的推动引导作用，促进数字出版产业健康发展，把国家以及各地支持推进数字化进程、文化体制改革和文化产业发展的优惠政策落到实处，为数字出版产业发展争取更多的政策支持。

15. 优化资源配置。对内容资源丰富、具备技术和其他条件的传统出版单位优先赋予互联网出版权；鼓励条件成熟的传统出版单位开发基于互联网、无线通讯网、有线电视网、卫星传输等各类移动终端的数字出版产品；鼓励传统出版企业与新媒体公司进行深层次合作，探索新型业务模式和营销模式，拓展和延伸出版产业链；倡导联合重组，鼓励非公有制企业与拥有内容资源优势的国有出版企业嫁接重组，拓展发展领域，形成新的市场主体。

16. 加大投入力度。要逐步完善数字出版投入机制，积极争取各级财政对数字出版产业发展的扶持，加大对重点数字出版工程项目的资金投入；充分发挥文化产业发展专项资金、宣传文化发展专项资金、科技创新资金和现代信息服务业专项资金的扶持导向作用，面向全社会，推动设立扶持数字出版专项资金，重点用于数字出版公共服务平台和骨干项目建设；鼓励社会各界参与数字出版产业发展，用足用好金融领域支持文化产业振兴和繁荣发展的优惠政策，拓宽投融资渠道，引入战

略投资者，实现投资主体多元化。

17. 搭建交流平台。继续支持和扶持办好中国数字出版博览会、中国数字出版年会、中国国际数码互动娱乐展览会、中国国际动漫创意产业交易会、中国国际漫画节等数字出版产业方面的重要会展；积极组织参与全国图书博览会、全国图书订货交易会、北京国际图书博览会、深圳文博会、海峡两岸图书交易会，搭建展示和交流平台，推动数字出版新技术、新经验、新模式的深度交流，展示数字出版新产品和新技术。

18. 加强版权保护。要加大版权保护宣传力度，强化版权保护意识；加大对数字版权侵权盗版行为的打击力度，切实保障著作权人合法权益；加快技术创新和标准制定，为版权保护提供有效的技术手段；积极建立以司法、行政、技术和标准相结合的版权保护体系。

19. 强化网络监管。要建立属地内出版、外宣、公安、通信、"扫黄打非"等部门的协调、沟通和信息共享机制；增强网络出版突发事件的应对能力，提高监管工作的预见性、针对性和时效性，全面提升主动监管能力和技术保障水平；要加大对互联网低俗之风和手机网站传播淫秽色情信息的打击力度，同时切实加强对网络游戏出版审批把关和网络游戏动态出版、非法出版的监管，全面净化互联网和手机出版环境；各地要加快网络出版监管系统建设，积极探索网络出版监管的有效方式，强化长效动态监管机制。

20. 完善法规体系。加快修订《出版管理条例》《互联网出版管理暂行规定》等法律法规，制定发布《手机媒体出版服务管理办法》《数据库出版服务管理办法》《互联网文学出版服务管理办法》和《互联网游戏审批管理细则》等部门规章，加快规范数字出版产业发展的法规体系建设。

21. 健全考评体系。要建立健全数字出版工作考评体系，加大对出版单位数字出版业绩考核的指标权重，重点评估其数字出版总体规划、新兴媒体和服务建设、内容资源数字化加工水平、出版流程再造、数字出版企业的市场表现、数字出版人才队伍建设、数字出版创新成果等具体指标和数据；充分调动企业经营管理者和数字出版从业人员的积极性和主动性，激发文化创造力，把推动数字出版的实际效果和发展水平纳入年度考评指标。

22. 加快人才培养。要不断完善数字出版人才培养体系，加大数字出版人才培养力度，特别是传统出版单位数字出版高级管理人才、高级营销人才、高级策划人才及数字出版编辑人才的培养，加快解决数字出版产业高层次、复合型人才的短缺问题；积极开展形式多样的数字出版产业经营管理人才培训，鼓励数字出版企业与高等院校及科研机构合作，建立人才培养和实训基地，逐步建立起教育培训和岗位实践相结合的数字出版产业人才培养机制；进一步健全人才引进、使用和考核机制。

2010 年 8 月 16 日

关于发展电子书产业的意见

新出政发〔2010〕9 号

各省、自治区、直辖市新闻出版局，新疆生产建设兵团新闻出版局，解放军总政治部宣传部新闻出版局，中央和国家机关各部委、各民主党派、各人民团体新闻出版主管部门，中国出版集团公司：

为加快我国新闻出版产业结构调整和发展方式转变，更好地满足人民群众的精神文化需求，提高我国新闻出版业的传播能力和国际竞争力，现就发展电子书产业提出如下意见。

一、电子书产业发展的重要意义

1. 电子书是指将文字、图片、声音、影像等信息内容数字化的出版物，本意见具体所指的是植入或下载数字化文字、图片、声音、影像等信息内容的集存储介质和显示终端于一体的手持阅读器。电子书已发展成为一种知识信息传播的重要载体，新型出版物的主要形态。由此形成的电子书产业包括内容提供商、技术提供商、设备制造商和渠道运营商等产业环节，其产业链由内容原创、编辑加工、数字转换、芯片植入、平台投送、设备生产、市场销售和进出口贸易等环节构成，是出版发行和互联网、数字化等高新技术相融合的产物。

2. 我国电子书产业发展迅猛，已成为全球重要的生产和消费国家。数字出版产业的快速成长、数字阅读需求的迅速扩大，以及大众领域、专业领域和教育领域孕育的广阔市场空间，给电子书产业带来了良好的发展机遇。与此同时，电子书原创内容不足、编校质量低劣、相关标准缺失、版权保护手段滞后、市场竞争无序、产业监管缺位、专业技术人才缺乏等一系列制约电子书产业发展的问题亟待解决。

3. 发展电子书产业，有利于促进新闻出版产业结构调整和发展方式转变，有利于满足人民群众多层次、多样化和多方面的精神文化需求，对于提升文化创新能力，打造方便快捷、覆盖广泛的文化传播体系，提高中华文化的传播能力和国际竞争力具有重要意义。各级新闻出版行政部门要切实履行工作职责，充分发挥职能作用，把发展电子书产业作为当前重要任务认真抓好。

二、电子书产业发展的指导思想和基本原则

4. 电子书产业发展的指导思想是：高举中国特色社会主义伟大旗帜，坚持社会主义先进文化前进方向，坚持弘扬社会主义核心价值体系，坚持把科学发展观贯穿电子书产业发展的各个方面和各个环节。始终把发展作为第一要务，立足当前，兼顾长远，积极培育电子书产业，以促进新闻出版业结构调整和发展方式转变。通过制订电子书产业发展规划、政策法规、相关标准及配套措施，促进内容、资金、技术、人才等资源的优化配置，提升自主创新能力，打造龙头企业和知名品牌，强化市场监管，优化市场环境，切实推动电子书产业又好又快发展。

5. 电子书产业发展的基本原则是：坚持政府引导与市场主导相结合，加强科学规划和宏观调控，把企业作为发展主体，充分发挥市场配置资源的基础性作用，调动电子书产业各个环节的积极性；坚持重点扶持与协调发展相结合，通过项目带动、品牌带动，促进电子书产业全面发展；坚持加快发展与有效管理相结合，发挥政策杠杆作用，促进电子书产业良性发展。

三、电子书产业发展的重点任务

6. 丰富电子书内容资源。支持和鼓励传统出版单位发挥资源优势，应用高新科技，积极开展出版内容资源的数字化加工制作，形成传统出版单位与电子书生产单位及著作权人之间的良性合作机制，促进传统优质出版资源转化为电子书内容资源。

7. 优化传统出版资源数字化转换质量。提供原创内容的互联网出版单位，要加强网络编辑专业队伍建设，规范编辑出版流程，健全内容审校制度，提高网络出版物的编校质量，提供更多的导向正确、格调高雅、积极健康的电子书内容资源。

8. 搭建电子书内容资源投送平台。推动传统出版单位、发行单位、数字化技术提供商，依托各自资源优势，联合搭建内容丰富、质量优良、版权清晰、使用便捷、服务周到、利益兼顾的国家级电子书内容资源投送平台。

9. 提高电子书生产技术水平。鼓励手持阅读器生产企业提高自主研发能力，重点在电子显示、操作系统、版权保护等关键技术上取得突破，提高产品核心竞争力。不断改进产品外观设计，完善使用功能，丰富阅读体验。

10. 实施电子书产业重大项目。推动实施一批具有战略性、示范性的电子书产业项目，将电子书生产企业纳入国家数字出版基地重点支持领域，推动电子书生产企业联合重组，提高电子书产业的集中度和规模化、集约化、专业化水平。

11. 落实电子书品牌战略。支持电子书生产企业做强做大优势产品，打造一批深受消费者喜爱、社会认知度广、市场占有率高的电子书品牌。

12. 培育电子书消费市场。积极开展各种数字阅读体验活动，培养新型阅读习惯，拉动电子书市场需求。鼓励开发面向大众、面向农村、面向教育的普及型产品，不断拓展电子书产业的市场空间。支持和鼓励电子书企业"走出去"，拓展海外市场，提高我国电子书产业的国际竞争力。

13. 加快电子书标准制订。组织成立电子书标准工作组，研究制订电子书格式、质量、平台、版权等方面的行业及国家标准。加强对电子书的质量检测、认证等工作，为促进电子书产业发展提供标准支撑。

14. 依法依规建立电子书行业准入制度。依据《出版管理条例》《电子出版物出版管理规定》《互联网出版管理暂行规定》《出版物市场管理规定》等法规，对从事电子书相关业务的企业实施分类审批和管理。对从事电子书内容原创、编辑出版和电子书内容资源投送平台运营业务的企业，作为电子出版物出版单位和互联网出版单位进行审批和管理；对从事出版物内容的数字转换、编辑加工、芯片植入的企业，作为电子出版物复制单位进行审批和管理；对从事电子书的总发行、批发、零售业务的销售企业，作为电子出版物发行单位进行审批和管理；对从事电子书进口经营业务的企业，作为电子出版物进口单位进行审批和管理。

四、电子书产业发展的保障措施

15. 制订电子书产业发展规划。深入分析电子书产业发展现状，准确把握未来发展走向，加快研究制订电子书产业发展规划，将其纳入新闻出版产业发展总体规划之中，分阶段、有步骤地组织实施。

16. 加快电子书行业法规体系建设。建立健全电子书产业发展相关的法律法规体系，研究制订电子书相关法规和管理规章，为电子书产业发展提供法制保障。

17. 优化电子书产业发展环境。贯彻落实《国家知识产权战略纲要》，加大版权保护力度，探索建立新技术条件下科学合理的数字作品版权授权使用机制，严厉打击侵权盗版行为，切实维护各方面的权益。加强出版物市场监管，依法打击非法出版活动，构建健康、有序的电子书市场秩序。加强行业诚信体系建设，推动行业自律，努力营造"依法经营、违法必究、公平交易、诚实守信"的电子书产业发展环境。

18. 加强电子书行业自律。适时成立电子书行业协会，鼓励内容提供商、技术提供商、设备制造商和渠道运营商等参与其中，共同规范电子书的生产和销售。充分发挥行业协会的自律作用，组织各种发展力量，协助政府规范市场竞争秩序，引导电子书产业健康有序发展。

19. 深入开展电子书相关理论研究。密切关注国内外电子书产业发展走向，深入探索电子书产业发展规律，积极研究新观念、新技术、新方法给电子书产业发展带来的机遇和挑战，为电子书产业健康快速发展提供智力支持。

20. 加强电子书专业人才队伍建设。积极培养电子书产业领军人物，统筹抓好行业领导人才、经营管理人才、专业技术人才特别是创新型、技能型、复合型人才队伍建设，造就一批电子书产业领域的经营专家、技术专家和企业家。

2010 年 10 月 9 日

关于启动网络游戏防沉迷实名验证工作的通知

新出联〔2011〕10 号

各省（自治区、直辖市）新闻出版局、文明办、教育厅（教委）、公安厅（局）、通信管理局、团委、妇联、关心下一代工作委员会，各网络游戏运营企业：

2007 年 4 月，新闻出版总署、中央文明办、教育部、公安部、信息产业部、共青团中央、中华全国妇女联合会、中国关心下一代工作委员会等八部委联合发出《关于保护未成年人身心健康 实施网络游戏防沉迷系统的通知》（以下简称："防沉迷通知"）。自"防沉迷通知"发出以来，在有关部门、社会各界及全国网络游戏运营企业的共同努力下，网络游戏防沉迷系统实施工作取得了显著成效，网络游戏运营企业保护未成年人身心健康的责任意识明显增强，各项保障措施逐步到位；网络游戏审批管理已将防沉迷系统的设置作为前置审批的必要条件，有力地促进了防沉迷措施在全行业的贯彻落实；网络游戏防沉迷系统的独立监测机制不断完善，增强了对运营企业网络游戏防沉迷系统实施情况的有效监督和对违规行为的及时查处力度；未成年人使用网络游戏的时间得到一定控制，沉迷网络游戏的状况有了明显改善。

为进一步落实"防沉迷通知"要求，切实保护未成年人身心健康，推动网络游戏防沉迷系统实施工作取得更大成效，实施防沉迷实名验证是至关重要的一环，也是十分必要的，有利于防止未成年人盗用或者使用虚假成年人身份信息，规避网络游戏防沉迷系统的限制。经批准，公安部所属全国公民身份证号码查询服务中心（以下简称："身份查询中心"）承担全国网络游戏防沉迷实名验证工作。经与网络游戏运营企业充分协商，广泛征求意见，制定了《网络游戏防沉迷实名验证流程》，并完成了网络游戏防沉迷实名验证系统软件开发工作。目前，实施网络游戏防沉迷实名验证条件已经成熟，各项准备工作基本到位，经研究，决定在全国范围内启动网络游戏防沉迷实名验证工作。现将有关要求通知如下：

一、高度重视网络游戏防沉迷实名验证工作。全国各有关部门、相关机构、网络游戏运营企业，应将实施网络游戏防沉迷实名验证工作作为切实履行保护未成年人身心健康的社会责任的一项重要任务，抓紧抓好所有在线使用的网络游戏（不含手机网络游戏）的防沉迷实名验证工作。

二、"身份查询中心"承担全国网络游戏防沉迷实名验证工作。为保障验证工作合规有序进行，"身份查询中心"应向网络游戏运营企业说明实名验证具体工作要求，按《网络游戏防沉迷实名验证流程》及时有效地验证网络游戏运营企业报送的身份信息，并反馈验证结果。

三、网络游戏运营企业要按规定要求，全力做好网络游戏防沉迷实名验证的各项相关工作。首先，要认真做好本企业应承担的网络游戏用户注册信息识别等工作；其次，按流程及时报送需验证的用户身份信息；再次，严格将经实名验证证明是提供了虚假身份信息的用户纳入网络游戏防沉迷系统。

四、进一步加强对运营企业网络游戏防沉迷系统实施情况的监测。除对运营企业按网络游戏防沉迷系统标准开发和实施网络游戏防沉迷系统进行监督检测外，还要密切跟踪实名验证等实施工作情况，提高检测频率和质量。所有网络游戏运营企业必须严格按照《网络游戏防沉迷系统开发标准》和《网络游戏防沉迷系统实名认证方案》进行开发部署，不得随意更改实施方式，扩大或缩小系统功能权限等，违者，将按照有关法律法规予以查处，并停止其网络游戏出版运营和相关互联网接入服务，直至取消其相关许可。

五、明确分工，加强协作，积极推进实名验证等网络游戏防沉迷系统实施工作。新闻出版行政部门负责协调网络游戏防沉迷系统实施工作；把好网络游戏审批关，坚持将网络游戏防沉迷系统的设置作为前置审批的必要条件；继续开展网络游戏防沉迷系统监测，特别是督促运营企业切实抓好实名验证工作，对存在不达标问题的网络游戏运营企业进行查处。文明办要把实名验证等网络游戏防沉迷系统实施工作纳入净化社会文化环境工作之中，积极协调有关新闻单位做好宣传引导工作。公安部门负责对"身份查询中心"进行督促指导，要求"身份查询中心"增强责任感，精心安排，依法依规、保质保量开展实名验证工作。通信管理部门要协助有关部门做好相关网站的管理工作。教育、团委、妇联、关心下一代工作委员会等部门要加大网络游戏防沉迷系统宣传力度，要继续发挥"五老"网吧义务监督员的作用，配合做好实名验证等网络游戏防沉迷系统实施工作，积极引导教育未成年人科学使用网络游戏，养成文明健康的上网习惯。

自本通知下发之日起启动网络游戏防沉迷实名验证工作，2011年9月30日前为试行期，2011年10月1日起正式实施。

新闻出版总署 中央文明办 教育部
公安部 工业和信息化部 共青团中央
中华全国妇女联合会
中国关心下一代工作委员会
2011年7月1日

关于深入开展网络游戏防沉迷实名验证工作的通知

新广出办发〔2014〕72号

各省、自治区、直辖市新闻出版广电局，新疆生产建设兵团新闻出版广电局，解放军总政治部宣传部新闻出版局，各互联网出版机构、网络游戏运营企业：

为保护未成年人身心健康，新闻出版总署、中央文明办、教育部、公安部、工业和信息化部（原信息产业部）、共青团中央、中华全国妇女联合会、中国关心下一代工作委员会等八部委于2007年4月、2011年7月先后联合下发《关于保护未成年人身心健康实施网络游戏防沉迷系统的通知》《关于启动网络游戏防沉迷实名验证工作的通知》（以下简称"两个《通知》"）。自两个《通知》发出以来，在有关部门、社会各界、互联网出版机构、网络游戏运营企业的共同努力下，网络游戏防沉迷系统实施工作取得了阶段性成果，网络游戏企业保护未成年人身心健康的社会责任意识显著增强，未成年人的网络游戏消费理念得到普遍优化、不良网络游戏习惯得到明显改变。

为巩固网络游戏防沉迷系统实施工作，健全长效机制，更好地保护未成年人身心健康，适应网络游戏产业发展新情况新变化，国家新闻出版广电总局研究决定，切实采取有效措施，进一步激发出版行政主管部门、互联网出版机构、网络游戏运营企业保护未成年人合法权益的自觉性、主动性、积极性，深入开展网络游戏防沉迷实名验证工作。现将有关事项通知如下：

一、工作要求

全国各级出版行政主管部门、互联网出版机构及网络游戏运营企业，要进一步增强保护未成年人身心健康的社会责任感，深入落实两个《通知》关于网络游戏防沉迷实名验证工作要求，把网络游戏防沉迷系统实施工作作为一项长期任务，常抓不懈。

二、适用范围

网络游戏防沉迷系统实施工作适用于除移动网络游戏之外的所有网络游戏。受硬件及技术等因素限制，网络游戏防沉迷系统实施工作暂不适用于移动网络游戏。

三、监管措施

（一）各级出版行政主管部门要将网络游戏防沉迷实名验证工作水平作为有关出版机构能否从事游戏出版业务的重要指标，深入调研实际情况，加强管理与督导，提升出版者责任意识及其对相关网络游戏运营企业的协调能力，把本行政区域网络游戏防沉迷系统实施工作落实到位。

（二）各级出版行政主管部门受理网络游戏出版申请时，须要求申报单位所申报出版网络游戏的运营企业完备网络游戏防沉迷实名验证手续，并提供全国公民身份证号码查询服务中心出具的证明文件；否则，不予受理。

（三）各级出版行政主管部门扶持深入开展网络游戏防沉迷实名验证工作的互联网出版机构、网络游戏运营企业发展，优先推荐其参与国家、地方组织的出版项目，参加相关评优、评奖等活动。

四、实行通报制度

国家新闻出版广电总局数字出版司将在每季度初向社会发布互联网出版机构、网络游戏运营企业上一季度防沉迷实名验证数据，接受社会各界监督，听取社会各界意见。

本通知自 2014 年 10 月 1 日起实施。

国家新闻出版广电总局办公厅
2014 年 7 月 25 日

关于推动网络文学健康发展的指导意见

网络文学是依托互联网创作和传播文学作品的新形态，具有内容丰富、形式多样、题材多元、传播广泛、消费便捷等特点。近年来，网络文学迅速发展，已成为我国数字出版产业的重要组成部分和网络文艺的重要类型，广受众多文学爱好者及青少年喜爱。同时必须看到，目前网络文学也存在数量大质量低，有"高原"缺"高峰"，抄袭模仿、内容雷同，机械化生产、快餐式消费以及片面追求市场效益，侵权盗版屡打不绝，市场主体良莠不齐，管理规则不健全，市场监管不完善等突出问题。

推动网络文学健康有序发展，对繁荣文学创作，引导文艺创新，提升数字出版产品质量和服务水平，培育出版产业新的增长点，丰富网络内容建设，激发民族文化创造活力，满足人民群众精神文化需求，增强国家文化软实力等都具有重要意义。现就网络文学健康发展提出如下指导意见。

一、指导思想、基本原则和发展目标

（一）指导思想。坚持为人民服务、为社会主义服务根本方向，高扬社会主义核心价值观旗帜，追求真善美，传播正能量；紧跟时代发展，把握人民需求，以中国梦为时代主题，以爱国主义为主旋律，以中国精神为灵魂，以中华优秀传统文化为根基，始终把创作生产优秀作品作为中心环节，推出更多人民喜闻乐见的优秀作品，使人民群众精神文化生活更加丰富和积极向上。

（二）基本原则。坚持百花齐放、百家争鸣方针，提倡体裁、题材、形式、手段充分发展；把社会效益和社会价值放在首位，实现社会效益与经济效益、社会价值与市场价值相统一；坚持深化改革与促进发展并重，规范管理与扶持引导并举，形成精品力作不断涌现、优秀人才脱颖而出的生动局面；加快科技创新和成果运用，以精品战略、品牌战略和重点项目为带动，激发网络文学产业链各个环节的创造热情，构建优势互补、良性竞争、有序发展的产业格局。

（三）发展目标。用 3 至 5 年时间，使创作导向更加健康，创作质量明显提升，陆续推出一批思想精深、艺术精湛、制作精良、深受群众喜爱的原创网络文学精品；使运营和服务的模式更加成熟，与图书影视、戏剧表演、动漫游戏、文化创意等相关产业形成多层次、多领域深度融合发展，在网络内容建设和文艺创新中的作用更加突出；培育一批原创能力强、投送规模大、覆盖范围广、管理有章法的网络文学出版和集成投送骨干企业，打造一批具有市场竞争力的品牌，为弘扬社会主义先进文化、丰富人民群众精神文化生活，推动数字出版和文化产业繁荣发展发挥重要作用。

二、重点任务

（四）把握正确导向。引导网络文学创作者牢固树立马克思主义文艺观，坚持以人民为中心的创作导向，把人民作为创作表现的主体，作为审美的鉴赏者和评判者，把满足人民精神文化需求作为内容创作和传播的出发点、落脚点；引导网络文学创作植根现实生活，为人民抒写、为人民抒情、为人民抒怀；倡导网络文学创作塑造美好心灵、引领社会风尚，使网络文学价值引导、精神引领、审美启迪等方面作用得到充分发挥。

（五）实施精品工程。引导网络文学企业把出版优秀作品作为中心环节，努力推出更多传播当代中国价值观念、体现中华文化精神、反映中国人审美追求，思想性、艺术性、观赏性有机统一的优秀作品；引导网络文学企业以社会主义核心价值观为引领，大力弘扬中国精神，唱响爱国主义主旋律，聚焦中国梦的时代主题，传承中华优秀传统文化，展示中国文化独特魅力；倡导网络文学企业把创新精神贯穿创作生产全过程，不断增强网络文学的吸引力和感染力；推动设立"网络文学精品工程"，支持网络文学企业积极承担国家重点出版工程项目，在选题立项、作品生产、评选、评奖、表彰和宣传推广等方面加大扶持力度。

（六）不断提升作品质量。把内容质量作为网络文学的生命线，积极引导网络文学讲品位、重格调，弃粗鄙、戒恶搞；建立网络文学内容质量管理长效机制，健全作品抽查、阅评制度，完善符合网络文学作品出版特点的审读流程及管理办法；支持网络文学企业根据自身特点，建立有利于精品力作不断涌现的编、审、发出版全过程质量评估体系和控制机制。

（七）健全编辑管理机制。完善网络文学编辑人员管理机制，落实持证上岗制度，建立健全网络文学发表作品的作者实名注册、责任编辑及出版单位署名等管理制度；以明确范围、规范程序、强化监督和责任追溯为重点，加强网络文学编辑人员内容导向判断和艺术水准把关的发稿能力建设，加强网络文学编辑人员的职业道德教育和业务培训，引导企业建立有利于落实编辑责任制的考评办法和激励机制。

（八）建立完善作品管理制度。坚持有利于企业管理、有利于公众查询、有利于版权保护及利用的原则，加快推动网络文学作品登记识别、标识申领、存储分类等作品管理技术标准研发，建立兼容性强、使用便捷的原创网络文学作品编目系统、版权信息系统和社会公示及查询系统，逐步建立完善海量网络文学作品有效管理制度，为网络文学产业链深度开发和多重使用提供有效信息、科学数据及可靠支撑。

（九）推动内容投送平台建设。鼓励企业充分利用互联网、移动互联网，以图文、音频、视频等不同形式，对优秀原创网络文学作品进行全方位、多终端化开发利用及传播，实现一次开发生产、多种载体发布；支持网络文学企业与电子商务、金融、物流、通信等不同类型企业进行战略合作和资源整合，构建线上和线下流通相结合的投送传播体系；发挥集成汇编类文学网站作品数量大、品种多、目标用户定位准等特点，打造开放式、综合性、多功能网络文学作品投送平台，提高投送实效性和用户满意度，扩大优秀网络文学作品的覆盖范围。

（十）大力培育市场主体。鼓励拥有优质资源、创新能力强、市场化程度高的国有出版企业开展网络文学出版业务，尽快做大做强，发挥网络文学生产创作引领作用；在国家许可范围内，引导社会资本以独资、控股、收购、并购等多种形式参与网络文学出版，对导向正确、主业突出、管理规范、实力雄厚、核心竞争力强的民营文化企业授予网络文学出版资质，发挥其产品策划、资本运作、技术运用、生产管理、市场营销等多方面优势，使网络文学发展路径更加宽阔。

（十一）开展对外交流，推动"走出去"。支持网络文学作品在坚守中华文化立场，传承中华优秀文化，展示中华审美风范的基础上，学习借鉴世界优秀文化成果和艺术形式；鼓励网络文学作品积极进入国际市场，在世界舞台讲好中国故事、传播好中国声音、阐发中国精神、展示中国风貌；支持有条件的网络文学企业通过海外并购、联合经营、设立分支机构等方式开拓海外市场，加大对优秀网络文学作品对外贸易、版权输出、合作出版传播渠道的拓展扶持力度；鼓励以技术、标准、产品、品牌、知识产权、差异化服务等自身优势和特点参与国际竞争。

三、保障措施

（十二）开展网络文学评论引导。充分发挥文学评论褒优贬劣、激浊扬清的作用，在艺术质量和水平上实事求是，在大是大非问题上表明立场，说真话、讲道理；遵循网络文学创作传播的规律和特点，积极开展多种形式的网络文学作品内容研讨和评论，坚持把人民群众满意认可作为衡量标准，综合作品价值取向、艺术水准、审美情趣、读者口碑，凝聚社会共识，逐步建立科学的网络文学作品评价体系，切实改变文学网站单纯追求点击率倾向。

（十三）发挥科技创新引领作用。加大推动网络文学与新媒体的融合力度，创新融合发展模式，促进多种内容资源、媒介渠道、技术应用、人才队伍的共享融通、优势互补；支持网络文学企业加快信息应用技术、数字版权保护技术、产品技术标准等高新技术的研发研制及应用推广；鼓励网络文学在选题管理、制作生产、内容表现、编校审读、作品传播、增值服务等诸多环节的技术更新，发挥科技创新在推动网络文学健康发展过程中的引领、示范和带动作用。

（十四）切实加强版权保护。健全法律法规，加强日常监管，持续打击网络文学作品侵权盗版行为，保障著作权人合法权益，构建网络文学版权保护的长效机制；鼓励企业建立规范的版权资产登记、使用、流转等环节管理制度，提高存量版权资产评估和增量版权资产使用水平；加快网络文学作品版权保护技术及标准研发和运用，逐步形成司法、行政、技术和标准相结合的版权保护体系；加大版权保护宣传力度，引导产业链各环节及社会公众树立和强化版权保护意识。

（十五）依法规范市场秩序。坚持依法行政、依法管理，加快推进网络出版监管属地管理体制机制建设，加强管理部门网络出版执法队伍和监管能力建设，发挥"扫黄打非"综合协调作用，综合运用法律、行政、经济等多种方式，加大对利用网络文学传播淫秽、色情等有害内容的打击力度；大力整治扰乱市场秩序、侵害用户利益等行为，引导网络文学产业链各环节建立透明、诚信的收益分成机制；督促网络文学企业加强对签约、注册作者和自由撰稿人的规范化管理；搭建数字化社会舆论监督的便捷通道，简化读者举报受理流程，探索引入公众参与监督的便捷途径。

（十六）加大政策扶持力度。积极争取各级财政对网络文学发展的扶持，加大对优质原创内容支持；完善相关出版基金和专项资金的支持方式，重点扶持符合国家文化创新和精品生产、具有示范性和导向性的网络文学出版产业项目研发，以财政资金引导带动更多社会资本的参与；积极推动网络文学出版等环节增值税优惠政策的落实。

（十七）加快人才培养。加强网络文学从业者思想道德建设，深化马克思主义文艺观教育，引导网络文学创作、编辑、出版、传播等环节自觉践行社会主义核心价值观，培养造就一批思想、业务、道德水平高的名作家、名编辑；完善网络文学出版人才培养体系，着力培养管理人才、营销人才、策划人才，切实解决高层次、专业化、复合型人才短缺问题；依托社会组织、行业协会、大专院校开展多种形式的专业人才技术培训，完善人才评价标准，形成人才培养、引进、使用、考核、晋升、退出等全过程良性互动机制，为网络文学繁荣持续发展提供源源不断的人才保障。

（十八）加强行业自律。支持网络文学企业组建行业组织，研究新问题，交流新经验，加强产业链各环节间的充分沟通、互利合作，更好地履行协调、监督、服务、维权等职能，健全行业规范，完善行业自律管理；支持行业协会依照相关法规和章程，开展版权代理、评估鉴定、技术交易、推介咨询等服务，促进共同发展。

各地新闻出版广电行政部门要在党委领导下，紧紧依靠网络文学工作者，尊重和遵循文艺规律，切实加强对网络文学工作的指导和扶持，加强对网络文学从业者的引导和团结，坚持守土有责、守土尽责；要从激发民族文化创造活力，增强国家文化软实力的高度，充分认识推动网络文学健康发展的重要意义，抓紧研究制定本地区做好新形势下网络文学工作的意见，进一步明确政策措施、具体路径和有效办法；要结合本地区实际情况，确保各项任务措施落到实处，切实解决发展中存在的突出问题，营造有利于网络文学持续、健康发展的良好环境和条件。

新闻出版转型升级与融合发展相关政策法规回顾（2005—2016）

关于中央文化企业数字化转型升级项目技术需求的编制说明

科技与数字〔2013〕159号

各相关出版企业：

为更好地实施中央文化企业数字化转型升级项目，指导第一批数字化转型升级项目实施企业做好预算编制工作，现就有关问题说明如下：

一、项目实施的技术需求

（一）所需软件系统

项目支持企业采购开展数字化转型升级业务所需的软件系统，相关企业应当结合自身数字化进程、数字出版业务积累的实际，实事求是地提出在软件系统方面的需求。相关企业应当在如下软件系统中选择：

1. 数字化加工软件。

对存量资源数字化加工及新增资源同步数字化的技术工具，用以实现数字内容资源的汇聚与可控性。

软件应当可对存量及新增资源进行数字化转化、结构化标注、嵌入标准化的管理编码，实现纸质出版产品与数字出版产品的同步生产；数字内容经嵌入编码、标引加工后，可以生成满足跨平台、多终端、多渠道发布格式要求的数字出版物，实现出版企业对资源的可控性。数字化加工软件应包括一系列软件工具和流程化管理系统。

2. 内容资源管理系统。

对加工之后的出版内容资源进行管理的系统，用以实现对主流格式的电子文档分类存储服务，实现有效管理，为下一步的产品开发和运营服务提供支撑。

系统应当实现，对文字、图片、音视频等多种类型的数字资源进行有效管理，提供资源入库、资源分类、资源标引、资源检索、资源关联管理、内容审查、版权信息管理、版本管理等功能。

3. 编辑加工系统。

对出版内容生产业务进行全流程数字化编辑的系统，用以基本实现协同制作、多元发布。

系统应当实现，对数字出版产品生产过程的全流程管理，为创作、投约稿、编辑、排版、审核、发布等各环节提供协同工作环境。系统应当提供开放接口，支持与出版编务系统、ERP 系统及其他数字出版业务系统的集成和衔接。

4. 产品发布系统。

对成型的数字出版产品进行发布、运营的支持系统，用以支持出版企业开展可控的产品运营，满足多终端传播和个性化数字阅读的需求。

系统应当实现，支持出版者自主运营，可实现多种类型数字出版产品的跨平台、跨终端阅读，满足数字版权管理与保护的需要，实现安全发布与服务，并可与第三方系统对接。

（二）所需硬件

项目支持企业采购开展数字化转型升级工作所必备的基础性硬件设备，包括通用硬件设备（含与之配套的系统软件）及专用硬件设备。

通用硬件设备是指：个人计算机、服务器、存储设备、网络设备、安全设备等及配套系统软件。用以支撑数字内容资源的个人终端的人工处理与管理；支撑数字出版业务系统运行；支撑相关结构化数据管理系统；满足数字资源存储的基本需求；满足信息化建设的基础硬件配置要求，在网络安全、数据安全、应用安全、系统安全方面提供硬件保障。

专用硬件设备是指：拥有特定出版资源、面向特定出版市场的出版企业所必须配置的专用硬件设备。用以满足特殊数字化生产需求，提高特定形态数字出版产品的生产能力。

（三）资源数字化建设。

项目支持企业开展资源数字化建设，实现数字内容资源的有效聚合，为开展数字化转型升级奠定基础。

二、相关需求的估价参考

（一）对于软件系统，估价为：数字化加工软件 10 万—20 万元，内容资源管理系统 40 万—60 万元，编辑加工系统 30 万—50 万元，产品发布系统 30 万—50 万元，总价格在 110 万—180 万元。其中，应当包含技术企业系统集成服务、调试服务、后续 3 年维护服务费用。

（二）对于硬件设备，在政府采购范围内的，应当参考政府采购价格，并注明出处；不在政府采购范围内的，应当提出测算依据（如市场参考价格），并在预算编制时注明。

（三）对于资源数字化转化服务，估价为每本图书 500—800 元 / 本，对个别需要精细化转化制作的图书，不超过 2000 元 / 本。对其他资源数字化或有特殊精细数字化需求的，应当提出测算依据（如市场参考价格），并在预算编制时注明。

三、需求报送的相关要求

在根据上述说明做好预算编制、按时报送至财政部文资办的同时，各相关企业应当做好需求报送工作。各相关企业须认真填写由新闻出版广电总局编制的《中央文化企业数字化转型升级项目需求调查表》（包括基本情况调查、资源数字化需求调查、软件需求调查、硬件需求调查，见附件），并于 10 月 11 日前报送至总局数字出版司。相关需求内容应当与预算编制一致。

四、项目采购方式的说明及要求

（一）对于软件系统，将在汇总各相关企业报送的需求后，由新闻出版广电总局统一组织开展集中采购，确定软件供应商名录；再由各企业在软件供应商名录中选择适合本企业的软件供应商，最终签署采购协议。

（二）对于硬件设备，由各相关企业参考政府采购相关要求，根据实际需求自行购置。有专用硬件设备采购需求的，应当在填报《中央文化企业数字化转型升级示范项目系列调查表（硬件需求调查）》时专门注明，在预算编制时单独提出采购需求，并附必要性分析及价格测算依据。

（三）对于资源数字化，由各相关企业自行采购资源数字化加工服务。对其他资源数字化或有特殊精细数字化需求的，应当在填报《中央文化企业数字化转型升级示范项目系列调查表（资源数字化需求调查）》时专门注明，在预算编制时单独提出采购需求，并附必要性分析及价格测算依据，以及《待加工资源目录》。

联系人：武远明、康宝中、阮玉顺

联系电话：010-83138703、83138706、83138707

附件：《中央文化企业数字化转型升级项目需求调查表》（含基本情况调查、资源数字化需求调查、软件需求调查、硬件需求调查）

国家新闻出版广电总局数字出版司

2013 年 9 月 29 日

关于推荐中央文化企业数字化转型升级项目资源加工和系统集成服务商的通知

科技与数字〔2013〕194 号

各中央文化企业：

中央文化企业数字化转型升级项目自 2013 年 8 月启动以来，按计划稳步推进，目前已完成业务流程改造软件和内容资源关联、复合应用软件系统供应商的招标工作。为配合下一步工作的开展，现推荐一批资源加工企业和系统集成服务商，供参与数字化转型升级项目的中央文化企业在相关工作时参考。

特此通知。

附件：1. 资源加工服务商推荐名录

2. 系统集成服务商推荐名录

国家新闻出版广电总局数字出版司

2013 年 12 月 11 日

附件 1

中央文化企业数字化转型升级项目资源加工服务商推荐名录

序 号	企业名称	联系人	联系电话
1	河南省新华书店发行集团"全媒体数字加工中心"	潘瑛矗	13653835613
2	湖南省青苹果数据中心有限公司	唐五一	0731-88231878
3	方正国际软件有限公司	周卫国	13910233310
4	北京汉龙思琪数码科技有限公司	邸建军	13910383300
5	北京多看科技有限公司	冯楠	13910075643
6	北京易成轩科技有限责任公司	高萍萍	13699137990
7	北京维旺明科技有限公司	张畅	13901296998
8	北京智库泉数据处理有限公司	崔士康	13901356240

附件 2

中央文化企业数字化转型升级项目系统集成服务商推荐名录

序 号	企业名称	联系人	联系电话	备 注
1	中国软件与技术服务股份有限公司	林彬	13801314453	系统集成一级资质
2	紫光软件系统有限公司	巢凌霞	18001180060	系统集成一级资质
3	方正国际软件（北京）有限公司	周卫国	13910233310	系统集成一级资质
4	中科软科技股份有限公司	张荣	13911259664	系统集成一级资质
5	北京慧点科技股份有限公司	李驰	18601361627	系统集成二级资质
6	北京环亚时代信息技术有限公司	万青武	18611739627	系统集成二级资质
7	北京捷成世纪科技股份有限公司	韩国顺	13911626815	系统集成二级资质
8	北京中电广通科技有限公司	李强	18611571055	系统集成二级资质

关于加强数字出版内容投送平台建设和管理的指导意见

新出政发〔2013〕11号

各省、自治区、直辖市新闻出版局,新疆生产建设兵团新闻出版局,解放军总政治部宣传部新闻出版局,中央和国家机关各部委、各民主党派、各人民团体新闻出版主管部门,中国出版集团公司、中国教育出版传媒股份有限公司、中国科技出版传媒集团有限公司:

为贯彻落实国务院《文化产业振兴规划》《国家"十二五"时期文化改革发展规划纲要》《中共中央关于深化文化体制改革推动社会主义文化大发展大繁荣若干重大问题的决定》和党的十八届三中全会精神,进一步加快社会主义文化强国建设步伐,促进数字出版产业健康有序发展,现就加强数字出版内容投送平台建设和管理提出如下意见。

一、加强数字出版内容投送平台建设和管理的重要意义

1. 本意见所称数字出版内容投送平台,是指将出版主体和著作权人拥有的数字出版内容资源进行集成整合,以分销投送数字出版内容为主营或兼营业务的网站、客户端以及其他数字出版内容交易渠道和数字阅读服务体系等网络出版的主要传播载体。作为数字出版产业链承上启下的关键环节,数字出版内容投送平台是聚合、投送优质数字出版内容的重要枢纽;是贯通内容提供者与消费市场的重要节点;是数字化时代新闻出版企业为读者提供优质、便捷服务的重要渠道。

2. 目前,大型出版传媒集团、电信运营商、技术提供商、智能终端生产商以及电子商务企业等纷纷进入数字出版内容传播领域,在全国范围内形成数量众多、规模不等的数字出版内容投送平台,既相互竞争、互为促进,同时也存在缺乏规划、散而不强、管理缺失等问题。一方面,许多未经许可的大众阅读与综合服务型内容投送平台同质化倾向凸显,优质精品内容匮乏,有些甚至成为传播虚假、低俗和盗版内容的温床;另一方面,面向定向市场,提供专业化服务的专业和教育学习型出版内容投送平台发展相对缓慢,细分市场旺盛的消费需求得不到有效满足,众多传统新闻出版机构积累的优质出版内容资源得不到有效投送和广泛传播。

3. 加强数字出版内容投送平台建设与管理,是推动新闻出版业转型升级,构建完善数字出版产业生态系统的现实需要;是促进新闻出版产业结构调整和发展方式转变,更好满足人民群众多样化、多层次和多方面精神文化需求的有效途径;是提升文化创新能力,打造现代文化传播体系的必由之路;是繁荣和发展社会主义先进文化,提高中华文化传播力和影响力,增强文化软实力和综合国力的客观要求。

二、数字出版内容投送平台建设和管理的主要目标

4. 构建技术先进、覆盖广泛、传输快捷的现代优质数字出版内容传播体系。鼓励平台运营商提高技术创新能力,采用先进技术,形成动态聚合、实时分发、精准投送的数字阅读服务系统;充分利用多种网络传播渠道,形成不同类型数字出版内容投送能力;改善数字出版内容消费服务方式,

提升人民群众数字出版内容消费满意度。

5. 打造多种主体参与的数字出版内容投送新格局。鼓励大型出版传媒集团和有实力的电信运营商、技术提供商、电子商务企业等各类市场主体积极参与数字出版内容投送业务，建设大众阅读、专业信息、教育学习以及综合服务等多种类型数字出版内容投送平台，形成统筹规划、优势互补、良性竞争、服务规范、有序发展的数字出版内容投送格局。

6. 培育带动数字出版产业快速发展的骨干平台。建立科学的评估体系，在现有数字出版内容投送平台基础上，遴选5—8家获得消费者好评、社会认知度广、市场占有率高的企业，支持其做大做强，形成一批导向正确、内容优质、传播能力强、用户体验好、善于开发目标读者的数字出版内容投送骨干平台与龙头企业，带动数字出版产业和新型文化消费市场快速发展。

7. 营造健康有序的数字出版内容投送平台建设、运营市场环境。建立健全市场准入机制，引导企业依法有序开展数字出版内容投送业务；规范数字出版产业链各环节间的业务合作，提高协调协作水平；分类评估和推动国家级数字出版内容投送平台建设，正确引导大众阅读取向，培育专业数字阅读和教育服务市场；倡导正版阅读、健康阅读和绿色阅读，打击侵权盗版等违法违规行为，切实推进数字出版产业健康、快速和可持续发展。

三、数字出版内容投送平台建设和管理的主要任务

8. 丰富内容资源。支持传统新闻出版企业积极开展出版内容资源的数字化加工制作，加快建设和积累优质数字内容资源；鼓励获得内容原创资质的网络出版企业加大创新力度，丰富内容品种，提高创作质量，推出精品力作；鼓励各类新闻出版企业、技术研发企业、运营服务企业积极开发符合社会主义核心价值观，满足消费者高尚精神追求，将高新技术与文化内涵完美融合的创新产品，为各类投送平台输送源源不断多品种高质量数字出版内容。

9. 提升技术能力。支持和鼓励平台运营企业研发和引进关键技术，消除产业链各环节技术屏障，提高平台技术支撑和应用水平，提供基于多种网络传输渠道，适应多种终端无缝衔接的消费服务。

10. 完善运营服务。推动平台运营服务企业创新建设思路，主动为内容供应商提供内容加工、格式转换、版权加密、市场推广和营销信息等综合服务；不断提高平台的开放兼容能力、聚合发布能力及版权保护水平，提高平台的分类营销和内容推送能力；改善和丰富用户体验，提高需求响应能力。

11. 强化责任意识。各类数字出版内容投送平台是内容传播的责任主体，应对其传播和上线运营的数字出版内容和质量依法依规进行审核监督，并按要求向国家出版行政主管部门提供内容监管数据，承担相应法律责任。要建立规范的数字出版内容质量监控机制、科学的内容筛选发布流程、严格的内容把关和质量保障体系以及传播有害信息的责任追究制度，强化内容版权审核和确权管理，规范编辑出版标准，建立产品准入制度和上线运营规则，确保为读者提供导向正确、格调高雅、积极健康、质量上乘的数字出版内容。

12. 优化结构布局。通过政策引导和市场选择，逐步优化大众阅读、专业阅读、学习教育与综合服务平台布局结构。鼓励跨区合作，力避重复建设；鼓励资源整合、倡导优势互补。鼓励建设定位精准、目标清晰、特色突出的专业信息型平台，形成专业内容与读者特定需求的契合互动。着力推动教育学习型平台发展，优先教学内容信息整合，推进教育资源公平分享。

13. 建立共赢机制。制订落实数字出版内容平台相关政策法规、适用标准及配套措施，完善市

场公平交易规则。平衡产业链各环节的合理利益，建立收益比例协商、交易信息透明、风险共同分担的良性市场机制。着力扭转优质数字出版内容价值倒挂和过分依赖第三方付费模式的局面。激励内容创新，提升作品质量，充分维护内容提供企业和著作权人的合法权益。鼓励创新合作模式，走合作共赢、共同发展之路。

14. 健全资质管理。依据《出版管理条例》《互联网信息服务管理办法》和《互联网出版管理暂行规定》等法律法规，对各种不同业务类型、面向不同消费市场的数字出版内容投送平台，采取分类管理方式。从事数字出版内容投送及相关业务的企业应依法取得网络出版资质；投送平台发布的应为获得图书、音像、电子、报纸、期刊等传统出版及网络出版资质的企业单位所提供的出版内容，平台运营企业提供服务时应核验内容提供方的资质；直接为个人原创作品提供出版服务的网络平台应依法取得具有原创业务范围的网络出版资质。

四、数字出版内容投送平台建设和管理的保障措施

15. 确保正确政治导向。严格遵守新闻出版相关法律法规，积极传播导向正确、内容健康、形态多样的数字出版内容产品，不给违规和有害数字内容产品提供传播渠道；坚持把社会效益放在首位、社会效益和经济效益相统一。

16. 强化内容质量管理。开展数字出版内容质量、编校质量、制作质量的检测与评估，提高企业生产优质精神食粮，传播民族优秀文化意识，引导企业在内容把关、编辑规范、质量保障等方面加大工作力度，改变数字出版优质内容匮乏现状，促进产业良性发展。

17. 加强数字版权保护。从法规建设、专有技术、社会教育等多方面入手，完善数字出版版权保护体系；建立数字出版版权监管制度，持续打击数字出版内容侵权盗版行为，逐步解决数字出版版权授权和使用中的深层次问题；开展数字出版内容资源唯一标识试点工作，鼓励有条件的内容提供和投送平台先行尝试建立本企业内容资源标识标准。

18. 统一数字内容标准。加快推进数字内容出版系列标准自主研制以及与国际通用标准对接工作，尽快消除标准多元造成的资源浪费、消费成本高、用户体验差等弊端，为数字出版产业的繁荣发展营造优良生态环境。

19. 加大政策扶持力度。在遵循市场规律前提下，引导优质出版内容资源向导向正确、版权清晰、技术先进、交易透明、特色鲜明、服务优良和用户广泛的投送平台适当集中；对认定为国家级投送平台的核心技术研发，予以政策、项目、技术等多方面扶持；支持数字出版内容投送平台为农村和中西部地区提供特色化服务，提升现有公共阅读服务设施的传播能力和信息化服务水平。

20. 发挥示范引领作用。引导传统新闻出版企业探索建设符合自身资源、技术、资金、人才条件，具有明确目标受众和市场定位的数字出版内容投送平台；开展分类试点，推动重点企业在市场竞争中逐渐形成自身特色，完善服务功能，发挥示范引领作用。

21. 加快人才队伍建设。加大人才培养力度，完善人才培养体系，建立人才引进机制，拓宽人才成长渠道，以高层次、高技能、复合型人才为重点，统筹推进数字出版相关策划人才、编辑人才、营销人才、技术人才和管理人才队伍建设。

22. 倡导行业自律自管。充分发挥行业协会作用，加强产业链各环节间的充分沟通、互利合作，

在凝聚共识基础上，制订行业规则，实现自律自管，促进共同发展。

国家新闻出版广电总局
2013 年 12 月 30 日

国家新闻出版广电总局　财政部
关于推动新闻出版业数字化转型升级的指导意见

各省、自治区、直辖市新闻出版广电局、财政厅（局），各计划单列市新闻出版广电局、财政厅（局），新疆生产建设兵团新闻出版广电局、财务局：

面对数字化与信息化带来的挑战与机遇，传统新闻出版业只有主动开展数字化转型升级，才能实现跨越与发展。开展数字化转型升级是进一步巩固新闻出版业作为文化主阵地主力军地位的客观需要，是抢占未来发展制高点、参与国际竞争的重要途径。经过几年的探索和积累，目前新闻出版业已经具备了实现整体转型升级的思想基础、技术基础、组织基础和工作基础，但还存在资源聚集度不高、行业信息数据体系不健全、技术装备配置水平较低、对新技术与新标准的应用不充分、市场模式不清晰、人才不足等问题。为贯彻党的十八大关于加快文化与科技融合的精神，落实《国家"十二五"时期文化改革发展规划纲要》关于"出版业要推动产业结构调整和升级，加快从主要依赖传统纸介质出版物向多种介质形态出版物的数字出版产业转型"的要求，推动新闻出版业健康快速发展，特制定本意见。

一、总体要求

（一）指导思想

深入贯彻落实党的十八大、十八届三中全会精神，充分发挥市场机制作用，通过政府引导、以企业为主体，加速新闻出版与科技融合，推动传统新闻出版业转型升级，提高新闻出版业在数字时代的生产力、传播力和影响力，为人民群众的知识学习、信息消费提供服务，为国民经济其他领域的产业发展提供知识支撑，更好更多地提供生活性服务与生产性服务，推动新闻出版业成为文化产业的中坚和骨干，为把文化产业打造成国民经济支柱性产业做出积极贡献。

（二）主要目标

通过三年时间，支持一批新闻出版企业、实施一批转型升级项目，带动和加快新闻出版业整体转型升级步伐。基本完成优质、有效内容的高度聚合，盘活出版资源；再造数字出版流程、丰富产品表现形式，提升新闻出版企业的技术应用水平；实现行业信息数据共享，构建数字出版产业链，初步建立起一整套数字化内容生产、传播、服务的标准体系和规范；促进新闻出版业建立全新的服务模式，实现经营模式和服务方式的有效转变。

（三）基本原则

改革先行、扶优助强、鼓励创新、示范推广。优先扶持已完成出版体制改革、具备一定数字化转型升级工作基础的新闻出版企业，鼓励新闻出版企业在数字化转型升级进程中大胆创新，探索新产品形态、新服务方式、新市场模式，形成示范项目并进行推广。

分步启动、并行实施、迭加推进、市场调节。优先支持已经先行启动转型升级项目的企业，对不同支持方向的转型升级项目并行推进，正确处理政府与市场关系，充分发挥财政资金引导示范作用，培养企业市场风险意识，提高企业市场应对能力。

二、主要任务

（一）开展数字化转型升级标准化工作

支持企业对《中国出版物在线信息交换（CNONIX）》国家标准开展应用。重点支持图书出版和发行集团。包括：支持企业研制企业级应用标准；采购基于CNONIX标准的数据录入、采集、整理、分析、符合性测试软件工具，开展出版端系统改造与数据规范化采集示范；搭建出版、发行数据交换小型试验系统，实现出版与发行环节的数据交换；开展实体书店、电子商务（网店）、物流各应用角度基于CNONIX标准的数据采集、市场分析、对出版端反馈的应用示范。

支持企业对《多媒体印刷读物（MPR）》国家标准开展应用。重点支持教育、少儿、少数民族语言等出版单位，推动企业从单一产品形态向多媒体、复合出版产品形态，从产品提供向内容服务的数字化转型升级。包括：研制企业级应用标准；部署相应软件系统；完成选题策划、资源采集，研发教材教辅产品、少儿、少数民族文字阅读产品；开展底层技术兼容性研究与应用；建设MPR出版资源数据库；创新产品销售体系，构建从实体店到电子商务的立体销售体系。

支持企业面向数字化转型升级开展企业标准研制。支持出版企业研制企业标准，以及开展国家标准、行业标准的应用研究；支持、鼓励相关技术企业研制基于自主知识产权技术的企业标准；支持以企业标准为基础申报行业标准、国家标准乃至国际标准。

（二）提升数字化转型升级技术装备水平

支持企业采购用于出版资源深度加工的设备及软件系统。以实现出版资源的知识结构化、信息碎片化、呈现精细化为目标，支持企业采购出版资源专业化的深度加工服务；支持部分专业出版单位采购专用的扫描设备、识别软件等资源录入设备及软件。

支持企业采购用于出版业务流程改造、复合出版产品生产与投送的软件及系统。以数字环境下出版业务流程再造、实现出版业务流程完整性为目标，支持采购出版内容资源数字化加工软件、内容资源管理系统、编辑加工系统、产品发布系统等软件及系统；以实现出版产品表现形式完整性为目标，支持采购关联标识符编码嵌入软件、复合出版物生产和投送系统等软件及系统。

支持企业采购版权资产管理工具与系统。以支撑新闻出版企业版权运营多元化为目标，为全面开展版权运营奠定基础，支持采购版权资产管理工具与系统，包括：自有版权资产与外购版权资产数据输入模块，以控制版权资产的规范化输入；授权管理模块，以控制版权资产的规范化输出；版权管理模块和业务支撑管理模块,以记录版权资产状况、控制版权运营策略;与出版企业其他生产业务流程系统进行对接,以实现对版权资产的精细化管理,对存量版权资产的清查和增量版权资产的管控。

(三)加强数字出版人才队伍建设

支持出版企业与高校、研究机构联合开展基础人才培养,开展定向培养。支持、鼓励高校设立专业课程,联合研究机构,培养面向出版企业数字化转型升级的专业人才,定向输送出版与科技专业知识相融合的基础性人才。

支持相关技术企业与高校、研究机构联合开展数字出版业务高级人才培养。支持、鼓励技术企业提供技术支撑,参与高校、研究机构的高级人才培养计划,开展面向出版企业在岗高级数字出版人才的培养。

(四)探索数字化转型升级新模式

支持教育出版转型升级模式探索。重点支持部分以教育出版为主的出版企业开展电子书包应用服务项目。包括:研制电子书包(数字出版教育应用服务)系列标准;以课程标准和完整的教材教辅内容框架为基础,整合内容资源,开发富媒体、网络化数字教材,开展立体化的教育出版内容资源数字化开发,打造数字资源库,为电子书包试验的顺利推进奠定内容基础;构建对教育出版内容的价值评测、质量评测的完整评测系统;研发包括下载与推送、使用统计等功能的教育出版内容资源服务系统;构建包括教学策略服务、过程性评测、个性化内容推送、内容互动服务等教学应用服务支撑体系,并开展入校落地试验;基于用户数据分析技术开展个性化定向投送平台建设(B2C模式),基于集团化学习的出版资源投送平台建设(B2B模式)。

支持专业出版转型升级模式探索。重点支持部分专业出版企业按服务领域划分、联合开展专业数字内容资源知识服务模式探索。包括:开展知识挖掘、语义分析等知识服务领域关键技术的应用,基于专业内容的知识服务标准研制,基于专业出版内容的知识资源数据库建设,基于知识资源数据库的知识服务平台建设。

支持大众出版转型升级模式探索。重点支持出版企业在关注阅读者需求、引导大众阅读方向的模式创新。包括:建设作者资源管理系统,选题热点推荐与评估系统;开展生产与消费互动的定制化服务模式探索,形成线上与线下互动(O2O)的出版内容投送新模式;建设经典阅读、精品阅读产品投送平台。

三、保障措施

(一)加大财政扶持。加大财政对新闻出版业数字化转型升级的支持力度,将新闻出版业数字化转型升级项目作为重大项目纳入中央文化产业发展专项资金扶持范围,分步实施、逐年推进。发挥财政资金杠杆作用,推动重点企业的转型升级工作,引导企业实施转型升级项目。

(二)充分利用新闻出版改革与发展项目库。进一步完善新闻出版改革与发展项目库建设,征集符合本指导意见并具有较强示范带动效应的新闻出版业数字化转型升级项目,加强对重点项目的组织、管理、协调、支持和服务。

(三)加强组织实施。各级新闻出版广电行政部门、财政部门要按照本意见要求,在党委、政府的领导下，结合本地区实际，切实加强新闻出版业数字化转型升级工作的组织领导，同时加强跨地区、跨部门协作，确保各项任务的执行和落实。

国家新闻出版广电总局
财政部
2014 年 4 月 24 日

关于中央文化企业数字资源库建设项目技术需求编制及相关问题的说明

数出〔2014〕97 号

各相关中央文化企业：

为更好地实施中央文化企业数字资源库建设项目，指导各企业做好预算编制工作，现就有关问题说明如下：

一、项目目标

建立科学的数字内容资源管理机制，开展数字资源库建设；建立科学的知识分类体系动态维护机制，构建知识资源体系，进一步推动中央文化企业数字化转型升级。

二、项目实施的技术需求

（一）开展数字资源管理的技术需求。相关中央文化企业应当加快构建科学的数字内容资源管理机制，研制企业标准，配置数字资源管理系统，开展数字资源库建设，创新数字内容产品的形态、载体、传播渠道、服务方式和盈利模式。项目建设应满足如下技术需求：

1. 研制数字资源管理标准。应当研制相关企业标准，以实现数字内容资源的共享、互通、共用和复用。包括：研制数字资源管理工具、系统等技术标准；研制数字资源标引规则、数字资源拆分规则、数字资源质量控制规范、数字资源库操作流程规范等管理标准。

2. 配备工具软件与系统。应当配备用于开展数字资源管理的相关技术工具，以提高数字资源管理能力。主要包括：采购版权资产管理软件，以实现对各类数字资源版权的有效管理；采购基于CNONIX 国家标准的数据采集工具、客户端等，以实现数据的无障碍交换；研制数字资源管理系统，对数字资源进行知识化标引、拆分、重组、复用，优化资源采集、入库、管理和发布流程，实现数字资源知识化分类管理。

3. 配置专用硬件设备。应当配置专门的磁盘阵列等存储设备、容灾与备份设备，并适当扩展相应的网络设备、数据交换设备，适当升级带宽等，以解决新型数字资源存储体量大、非结构化带来的管理能力不足问题。

（二）开展知识资源体系建设的技术需求。

相关中央文化企业应当建立科学的知识分类体系动态维护机制，开展精细化、知识化的增量数字资源生产，研制企业标准，配置知识资源管理工具。项目应满足如下技术需求：

1. 制作数字资源。应当在解决好版权授权问题的基础上加快数字资源建设，以提高数字资源储备。包括：针对以文本形式、以非结构化方式完成的存量资源数字化转化成果，完成基础性结构化加工；结合市场需求与自身资源优势，制作动画、音视频、图片等新型数字资源。

2. 研制知识资源体系标准。应当研制适用于本企业的知识资源体系标准，以实现知识资源体系建设的规范化。包括：研制数字资源知识分类体系；研制数字资源知识化管理标准；研制图片（二维、三维）、音频、视频、动画（二维、三维）、多媒体课件等各种数字资源制作标准；研制数字资源的格式标准与存储标准。

3. 配备工具软件与系统。应当配备用于支持知识资源体系建设的技术工具与系统。包括：采购基本的知识资源生产工具，如非线性编辑与加工软件、解码工具软件等，以实现视频、动画等新型数字资源的高效生产；购置或开发相应的知识管理工具软件，以实现数字资源的知识化管理，实现知识分类体系的动态维护。

三、关于项目申报的相关说明

1. 建设周期。项目建设周期原则上控制在一年内，最晚不超过 2015 年年底前完成。

2. 报送要求。需同时报送项目计划书的纸质版及电子版，纸质版送财政部文资办、总局数字出版司各三份。电子版以光盘形式提交财政部文资办，以电子邮件形式提交总局数字出版司。

3. 沟通联系。对于编制工作中的问题，请及时与财政部文资办综合处联系（联系人及电话：戚骥 010-68553745、余宛泠 010-68553743、湛志伟 010-68553747）。对于技术需求的相关问题，请及时与国家新闻出版广电总局数字出版司联系（联系人及电话：康宝中 010-83138707、武远明 010-83138703、冯宏声 010-83138706、王强 010-83138709，数字出版司电子邮件为 shuzihua2014@sina.com）。

国家新闻出版广电总局数字出版司
2014 年 8 月 4 日

关于开展专业数字内容资源知识服务模式试点工作的通知

新广出办函〔2015〕82 号

各有关出版单位：

为加快推进专业化知识服务平台建设，有效聚集专业领域数字内容资源，推动国家知识服务体系建设，经研究，决定开展"专业数字内容资源知识服务模式试点工作"。现将征集专业数字内容资源知识服务模式试点单位的有关事项通知如下：

一、申报条件和要求

（一）基本要求

1. 申报单位必须是经新闻出版行业主管部门批准设立的、具有独立法人资格的出版单位，并已获得新闻出版行业主管部门颁发的互联网出版许可证。

2. 申报单位应高度重视转型升级的推动工作，被评为国家级或省级"数字出版转型示范单位"的，将优先考虑。

3. 申报单位在数字出版领域多次获得国家财政资金支持的，将优先考虑。

（二）资产与经营状况

4. 申报单位须全面完成转企，法人治理结构完善，各项企业管理制度健全。

5. 申报单位须资产状况良好，会计信用和纳税信用良好，近三年保持持续盈利，净资产状况良好。

6. 申报单位经营状况良好，近三年发行码洋及利润情况较好。

（三）出版资源状况

7. 申报单位应具备一定规模的内容资源储备，已出版过的图书（不计重印书、再版书，只按最新版计算）不少于5000种；出版过专业类百科、词典、年鉴的申报单位，将优先考虑。

8. 申报单位应在申请试点领域具有代表性，内容资源在行业中具有明显领先优势并体现发展趋势，具有较高的传统出版市场占有率。

（四）规划与机构

9. 申报单位应已制定较为健全、详细的数字出版规划及制度，并已有效实施。

10. 申报单位应有较为健全的转型升级工作机构，设有数字出版（信息化）专门机构，配备数字出版（信息化）专职人员，并已开展具有一定规模的数字出版业务。

11. 申报单位应重视标准化工作，并具备一定的工作基础，有一定的标准化工作经验。

（五）人才队伍

12. 申报单位应具备开展数字出版业务的专业编辑、产品、技术、营销等多方面的人力资源，具有开展全流程的数字出版经验积累。50%以上的编辑人员应能够熟练使用信息化软件和数字出版平台处理稿件。

13. 申报单位应具备对内容资源进行标引、加工及审校的能力和条件。对语义分析及建模技术、规模化资源与组织技术、云计算技术、数据挖掘和知识管理、知识组织、管理与呈现、基于大数据全样本的用户行为分析等新技术具有较为深入的认识和应用能力。

14. 申报单位在申请试点领域应具备国内领先、全面、权威的专家资源，并具有维护专家资源的长效机制。

（六）数字出版基础

15. 申报单位应已完成数字化转型升级流程再造软硬件的部署，在资源建设、产品研发、知识服务等方面已进行探索，拥有较为成熟的数字出版产品。

16. 申报单位在申请试点领域应具备一定规模的数字化资源储备。已建有数字化资源数据库，并有精准明确分销渠道，数据库资源条目数量在5万条以上。已完成结构化加工的图书不少于3000种，图片资源不少于1万张，音视频资源不少于100小时。

（七）其他要求

17. 申报单位应承诺，能够按照专业数字内容资源知识服务模式试点工作要求，与总局确定的试点工作具体组织单位建立对接机制和良好的合作关系。

二、申报和认定程序

1. 自愿申报。总局数字出版司委托中国新闻出版研究院负责具体申报评审的组织工作。符合申报条件的单位填写《专业数字内容资源知识服务模式试点单位申报书》（详见附件），报中国新闻出版研究院。

2. 资格初审。中国新闻出版研究院将依据申报条件，对申报材料初审后报数字出版司。

3. 择优确定。数字出版司将对申报单位的材料进行评审，择优确定专业数字内容资源知识服务模式试点单位。

三、对试点单位的支持

1. 在相关项目申报中，优先推荐试点单位的专业化数字内容资源知识服务平台建设项目。
2. 对专业数字内容资源知识服务模式试点的典型范例在行业内开展相关宣传工作。
3. 对各试点单位的专业化数字内容资源知识服务平台建设公益性成果产业化、关键核心技术应用改造、技术创新等方面优先给予必要的政策或经费支持。

四、申报时间及联系方式

请各申报单位认真填写《专业数字内容资源知识服务模式试点单位申报书》，并于2015年4月15日前将申报材料（纸质版）报中国新闻出版研究院，将申报材料（电子版）同时报送总局数字出版司和中国新闻出版研究院，逾期不予受理。

新闻出版广电总局数字出版司
联系人：康宝中
联系电话：010-83138707
电子邮箱：shuzihua2014@sina.com
中国新闻出版研究院
通讯地址：北京市丰台区三路居路97号，100073

联系人：李游

电话：13488654774

电子邮箱：cucyoyo@126.com

附件：专业数字内容资源知识服务模式试点单位申报书

国家新闻出版广电总局办公厅
2015 年 3 月 23 日

关于推动传统出版和新兴出版融合发展的指导意见

新广发〔2015〕32 号

各省、自治区、直辖市新闻出版广电局、财政厅（局），新疆生产建设兵团新闻出版局、财务局，解放军总政治部宣传部新闻出版局：

推动传统出版和新兴出版融合发展，把传统出版的影响力向网络空间延伸，是出版业巩固壮大宣传思想文化阵地的迫切需要，是履行文化职责的迫切需要，是自身生存发展的迫切需要。根据中共中央办公厅、国务院办公厅印发的《关于推动传统媒体和新兴媒体融合发展的指导意见》，结合出版业实际情况，现就推动传统出版和新兴出版融合发展，提出如下指导意见：

一、总体要求

1. 指导思想。以邓小平理论、"三个代表"重要思想、科学发展观为指导，深入贯彻落实习近平总书记系列重要讲话精神，贯彻落实中央关于全面深化改革的重大战略部署，坚持以先进技术为支撑、内容建设为根本，充分运用新技术，创新出版方式、提高出版效能，进一步掌握网络空间话语权，进一步提高出版业的影响力传播力和竞争实力，推动出版业更好更快发展。

2. 基本原则。必须始终坚持党管出版，把坚持正确政治方向和出版导向贯穿到出版融合发展的各环节、全过程，自觉体现社会主义核心价值观，始终坚持把社会效益放在首位，努力实现社会效益和经济效益有机统一；坚持正确处理传统出版和新兴出版关系，以传统出版为根基实现并行并重、优势互补、此长彼长；坚持强化互联网思维，积极推进理念观念、管理体制、经营机制、生产方式创新；坚持一体化发展，推动传统出版和新兴出版实现出版资源、生产要素的有效整合；坚持内容为本技术为用、内容为体技术为翼，运用先进技术传播先进文化；坚持重点突破和整体推进相结合，因地制宜、积极探索、差异化发展。

3. 工作目标。按照积极推进、科学发展、规范管理、确保导向的要求，立足传统出版，发挥内容优势，运用先进技术，走向网络空间，切实推动传统出版和新兴出版在内容、渠道、平台、经营、管理等方面深度融合，实现出版内容、技术应用、平台终端、人才队伍的共享融通，形成一体化的组织结构、传播体系和管理机制。力争用 3—5 年的时间，研发和应用一批新技术新产品新业态，确立一批示范单位、示范项目、示范基地（园区），打造一批形态多样、手段先进、市场竞争力强的新型出版机构，建设若干家具有强大实力和传播力公信力影响力的新型出版传媒集团。

二、重点任务

4. 创新内容生产和服务。始终坚持贴近需求、质量第一、严格把关、深耕细作，将传统出版的专业采编优势、内容资源优势延伸到新兴出版，更好发挥舆论引导、思想传播和文化传承作用。探索和推进出版业务流程数字化改造，建立选题策划、协同编辑、结构化加工、全媒体资源管理等一体化内容生产平台，推动内容生产向实时生产、数据化生产、用户参与生产转变，实现内容生产模式的升级和创新。顺应互联网传播移动化、社交化、视频化、互动化趋势，综合运用多媒体表现形式，生产满足用户多样化、个性化需求和多终端传播的出版产品。强化用户理念和体验至上的服务意识，既做到按需提供服务、精准推送产品，又做到在互动中服务、在服务中引导，不断增强用户的参与度、关注度和满意度。

5. 加强重点平台建设。整合、集约优质内容资源，推动建立国家级出版内容发布投送平台、国家学术论文数字化发布平台、出版产品信息交换平台、国家数字出版服务云平台、版权在线交易平台等聚合精品、覆盖广泛、服务便捷、交易规范的平台及出版资源数据库，推进内容、营销、支付、客服、物流等平台化发展。鼓励平台间开放接口，通过市场化的方式，实现出版内容和行业数据跨平台互通共享。

6. 扩展内容传播渠道。各出版发行单位要探索适合自身融合发展的道路，创新传统发行渠道，大力发展电子商务，整合延伸产业链，构建线上线下一体化发展的内容传播体系。进一步加强实体书店建设，努力将实体书店建设成为集阅读学习、展示交流、聚会休闲、创意生活等功能于一体的复合式文化消费场所。支持实体书店与电子商务合作，在区域配送发挥各自优势。探索以用户为中心的全渠道服务模式。进一步开拓农村等出版产品消费市场。利用社交网络平台，建立出版网络社区等传播载体，打通传统出版读者群和新兴出版用户群，着力增强黏性，广泛吸引用户。借力商业网站的微博微信微店等渠道，不断扩大出版产品的用户规模，进一步扩大覆盖面。

7. 拓展新技术新业态。运用大数据、云计算、移动互联网、物联网等技术，加强出版内容、产品、用户数据库建设，提高数据采集、存储、管理、分析和运用能力。积极通过多种方式吸收借鉴、善加利用先进的传播技术和渠道，借力推动出版融合发展。充分利用新一代网络的技术优势，加快发展移动阅读、在线教育、知识服务、按需印刷、电子商务等新业态。加强出版大数据分析、结构化加工制作、资源知识化管理、数字版权保护、数字印刷、发布服务以及产品优化工具、跨终端呈现工具等关键性技术的研发和应用实践，着力解决出版融合发展面临的技术短板。建立和完善用户需求、生产需求、技术需求有机衔接的生产技术体系，不断以新技术引领出版融合发展，驱动转型升级。有计划地组织相关标准的制修订工作，完善标准化成果推广机制，加快国际标准关联标识符（ISLI）、中国出版物在线信息交换（CNONIX）等标准的推广和应用。

8. 完善经营管理机制。积极适应出版融合发展要求，主动探索出版单位内部组织结构的重构再造，逐步建立顺畅高效、适应市场竞争和一体化发展的内部运行机制。变革和融合传统出版和新兴出版生产经营模式，建立健全一个内容多种创意、一个创意多次开发、一次开发多种产品、一种产品多个形态、一次销售多条渠道、一次投入多次产出、一次产出多次增值的生产经营运行方式，激发出版融合发展的活力和创造力。探索建立首席信息官制度，加强版权、商标、品牌等的保护和多元化、社会化运营，构建融合发展状态下的经营管理模式。

9. 发挥市场机制作用。坚持行政推动和发挥市场作用相结合，探索以资本为纽带的出版融合发展之路，支持传统出版单位控股或参股互联网企业、科技企业，支持出版企业尤其是出版传媒集团跨地区、跨行业、跨媒体、跨所有制兼并重组。在网络出版以及对外专项出版领域，探索实行管理股试点。引导社会力量参与融合项目的技术研发和市场开拓，鼓励支持符合条件的出版企业上市融资，促进金融资本、社会资本与出版资源有效对接。增强传统出版单位的市场竞争意识和能力，健全技术创新激励机制和容错、纠错机制，探索建立股权激励机制。

三、政策措施

10. 加强相关法律法规修制工作。推动修订《中华人民共和国著作权法》，加快修订出台《网络出版服务管理规定》和《出版物市场管理规定》。制定新闻出版许可证管理办法、新闻采编人员职业资格制度暂行规定和网络连续出版物管理规定等。制定网络出版等新兴出版主体资格和准入条件，制定加强信息网络传播权行政保护指导意见，推动网络使用作品依法依规进行。通过逐步建立以法律法规为主体，以部门规章为配套，以规范性文件为补充的法律法规体系，规范、保障、推动出版融合发展。

11. 加大财政政策支持力度。充分发挥财政引导示范和带动作用，着力改善传统出版和新兴出版融合发展环境。加大中央文化产业发展专项资金支持力度，完善和落实项目补助、贷款贴息、保费补贴、绩效奖励等措施，更好地与新闻出版改革发展项目库等进行衔接，实现财政政策、产业政策与企业需求的有机衔接。支持出版企业在项目实施中更多运用金融资本、社会资本，符合条件的可通过"文化金融扶持计划"给予支持。加大国家出版基金对涉及出版融合发展的出版项目支持力度。继续实施新闻出版业转型升级重大项目，探索将传统出版和新兴出版融合发展纳入重大项目支持范围，突出重点、分步实施、逐年推进。

12. 优化出版行政管理。坚持和完善新闻出版主管主办制度，坚持出版特许经营，严格许可证管理。对网上网下、不同出版业态进行科学管理、有效管理，建立统一的导向要求和内容标准，建立出版单位社会效益评价机制。严厉打击各类非法出版物、网上淫秽色情信息，严厉打击出版领域的侵权盗版行为尤其是网上侵权盗版行为，创造良好的版权保护环境。加强质量管理，建立不良产品和企业退出机制。鼓励有条件的地区和出版单位率先发展，支持有先发优势的产业带、产业基地（园区）依托资源条件和产业优势，建设出版融合发展聚集区，扶持创业孵化，培育新的经济增长点。建立国家级出版融合发展研究基地（中心），对融合发展重大项目实施集智攻关。支持行业组织在出版融合发展研究、标准制定、自律维权等方面发挥积极作用。

13. 实施项目带动战略。充分发挥全民阅读、国家古籍整理出版、农家书屋、民文出版、出版发行网络建设、绿色印刷、"丝路书香"、国家数字复合出版、数字版权保护技术研发等项目的带动作用，支持提升出版融合发展的质量和水平。

14. 强化人才队伍建设。制定出版融合发展人才培养规划，支持出版单位与高校、研究机构和创新型企业联合开展出版融合发展人才培养，加大新兴出版内容生产人才、技术研发人才、资本运作人才和经营管理人才培养引进力度，进一步优化人才结构。建立出版融合发展人才资源库。鼓励出版传媒集团设立人才基金，鼓励出版单位加强领军人才和复合型人才队伍建设。建立健全绩效考核体系，创新项目用人机制，探索出版融合发展条件下吸引人才、留住人才、用好人才的有效途径。

四、组织实施

15. 统筹推进任务措施落实。各出版行政主管部门、出版单位要将出版融合发展列入行业和单位"十三五"规划等重大产业发展规划，制定实施方案，明确时间表、路线图、任务书，合理设计和规划实施项目，重大项目要按程序报批备案。制定精细化的项目指标，加强跟踪测评和效果评估。建立责任考核机制，一层抓一层，层层抓落实，将出版融合发展任务、重点项目落到实处。

16. 进一步加强组织领导。各级出版行政主管部门主要负责同志亲自抓、负总责，会同财政部门结合本地区（部门）实际，切实加强对出版融合发展的组织领导。要形成统一高效的议事决策和协调推动机制，整合各方资源，加强外部协作，强化内部协调，为推动出版融合发展提供有力保障。

国家新闻出版广电总局
中华人民共和国财政部
2015 年 3 月 31 日

关于中央文化企业行业级数字内容运营平台项目技术需求编制及相关问题的说明

数出〔2015〕132 号

各相关中央文化企业：

为更好地实施中央文化企业行业级数字内容运营平台项目，指导各企业做好预算编制工作，现就技术需求编制及相关问题说明如下：

一、项目目标

在基本完成中央出版企业数字化生产能力建设、数字化资源管理能力建设，并已聚集相当数量数字内容资源的基础上，按统一的行业标准和开发要求，建设行业级数字内容运营平台，提升中央文化企业行业级数字内容运营能力，提高出版企业的数据管理与应用能力，加快实现向社会提供多种形态数字内容产品、创新多种市场服务模式、开展全方位数字内容运营，大力提升出版企业的运营能力，为建设"新闻出版业数字内容生产运营服务平台"奠定基础。

二、项目定位与实施原则

1. 项目总体定位：为出版企业面向特定专业领域内容消费市场开展行业级数字内容运营提供支撑。

2. 项目总体原则：一是强调需求导向，应当以最终内容消费端的需求为导向，创新内容产品形态与内容服务模式，技术方案应当充分满足内容生产与服务的运营需求，注重提取行业发展的共性需求；二是强调内容企业为主，项目建设须以出版企业为实施主体，充分发挥数字内容资源优势，明确提出生产营销需求后选取适合的技术企业配合完成；三是强调带动效应，平台建设单位应当与业内掌握同类内容资源的出版企业形成良性合作，形成资源的有效聚集与运营的规模化；四是强调运营模式创新，平台建设单位应当通过项目实施，提高与所处专业领域相关行业的对接水平，以技术工具及平台为支撑，探索相应市场运营模式的建设。

三、平台建设具体要求

1. 平台建设应当标准化、规范化。应当编制平台建设技术标准与规范，有完整的平台建设技术标准体系，注重内部及外部技术接口的统一与开放；应当编制明确的数据交换规范、数据交互与传输的技术标准，支持基于不同技术解决方案的内容产品、内容资源数据包、交易记录数据包的交换；应当编制平台运营的内部管理规范、对外合作规范、运营流程规范，支持各行业级数字内容运营平台之间管理运营的一致性；应当编制数字内容产品的相关标准，包括平台所支持的产品长期保存标准、产品质量标准、产品与服务的相关数据标准及其他相关标准与规范。

2. 数字内容产品的研发应当具有创新性。应当结合市场需求，研发不同类型的数字内容产品。在已经相对成熟的单本电子书、增强型电子书、数据库、数字图书馆的产品形态基础上，注重研发知识库、互动型知识服务内容产品、个性化内容服务产品及其他形态的数字内容产品。

3. 平台建设应当具有开放性。应当与各企业的主流 ERP 系统兼容，成为支撑出版企业生产营销活动的内部平台，并尽可能与企业的门户网站、电商平台、微店平台、微信微博宣传营销平台、App 客户端等实现兼容与连接；应当与现有各垂直领域内同类数字资源库实现业务与技术的兼容；应当实现与其他各类数字内容运营平台的技术、数据及功能的对接，注重实现跨平台统一结算等功能。

4. 平台建设应当与现有各项转型升级工作相衔接。应当与 ISLI/MPR 编码制作工具及系统衔接，与 ISLI/MPR 标准示范项目对接，实现内容资源的有效管理，为基于跨资源属性关联构建复合产品奠定基础；应当与企业现有的各类版权资产管理工具及系统衔接；应当嵌入基于 CNONIX 标准的相关数据管理工具与系统，实现数据资产管理的有效衔接；应当与专业数字内容知识服务模式试点项目结合，注重与知识采集、生产、加工、管理工具及系统的衔接，创新知识产品形态、构建知识服务模式。

5. 平台建设应当与此前国有资本金预算支持项目相衔接。相关项目包括 2013 年央企转型升级（技术装备配置部署）项目、2014 年专业数字内容资源库建设项目。申请行业级数字内容运营平台建设项目的，应当明确本次平台建设的项目边界，避免重复建设；优先支持参与过上述项目、并已基本完成项目建设任务的相关单位。

6. 平台建设的其他要求。应当有清晰的阶段性目标、建设任务、技术路线，提出可操作的、长期的运行维护机制；应当充分考虑平台部署成本与效益、安全性与可行性，提出明确、具体的平台环境部署方案，明确部署方式（本地化部署或云端部署）；应当明确日常运营管理机制、平台运营模式及清晰的营利预期，建立专门机构负责数字内容运营平台的运营，应当注重与其他掌握同类内容资源的出版企业开展合作；应当注重建设投入的合理性，有合理的经费预算。应重点考虑平台的安全性，参照有关信息系统安全等级保护的相关规定和要求，在项目建设方案中予以明确。

四、关于项目申报的相关说明

1. 建设周期。项目建设周期原则上控制在一年半，最晚不超过 2017 年 6 月完成。

2. 报送要求。需同时报送项目计划书的纸质版及电子版，纸质版送财政部文资办、总局数字出版司各三份。电子版以光盘形式提交财政部文资办，以电子邮件形式提交总局数字出版司。

3. 沟通联系。对于项目方案编制工作中的问题，请及时与财政部文资办综合处联系（联系人及电话：戚骥 010-68553745、余宛泠 010-68553743、湛志伟 010-68553747）。对于技术需求的相关问题，请及时与国家新闻出版广电总局数字出版司联系（联系人及电话：康宝中 010-83138707、武远明 010-83138703、冯宏声 010-83138706、王强 010-83138709，数字出版司电子邮件为：shuzihua2014@sina.com）。

国家新闻出版广电总局数字出版司

2015 年 7 月 30 日

关于申报新闻出版产业示范项目的通知

新广出办函〔2015〕338 号

各省、自治区、直辖市新闻出版广电局，新疆生产建设兵团新闻出版局，解放军总政治部宣传部新闻出版局，中央和国家机关各部门、各民主党派、各人民团体出版单位主管部门，中国出版集团公司、中国教育出版传媒集团有限公司、中国科技出版传媒集团有限公司：

为深入贯彻落实党中央、国务院推动文化产业发展相关政策文件精神，有效实施项目带动战略，推动新闻出版业大发展大繁荣，总局建立了新闻出版改革发展项目库。一批优秀新闻出版项目的实施，发挥了以项目集聚生产要素、拉动投资增长、提升行业综合竞争力的作用，有力地推动了新闻出版业转型升级。为进一步推动新闻出版业把社会效益放在首位，实现社会效益和经济效益相统一，发挥新闻出版改革发展项目库示范引领作用，促进传统出版与新兴出版融合发展。经研究，总局决定开展推荐新闻出版产业示范项目工作。现将有关事项通知如下：

一、申报条件和要求

项目应符合中央关于推进新闻出版产业发展的要求，是具有示范、引领作用，社会效益、经济效益俱佳的重点骨干项目。具体要求如下：

1. 项目实施社会效益良好。在提升内容质量和工作效率，推动新闻出版重点领域的重大技术突破，新闻出版融合发展，加速企业转型升级，提升传播力、影响力等方面具有示范作用。

2. 项目实施经济效益良好。项目实施已经取得预期经济效益，有效降低企业生产或管理成本，或已经形成清晰的盈利模式，形成一定的产品市场。

3. 项目须是新闻出版改革发展项目库入库项目。

4. 项目已实施完成，结项手续齐全。

5. 项目在线信息更新及时，项目实施、变更、管理及结项文件已经上传至新闻出版改革发展项目库系统。

6. 项目管理规范。项目单位项目管理制度健全，建立了项目实施法人负责制，实行了政府采购和招标制，建立了项目合同制、监理制，各项管理制度执行严格。

7. 项目资金管理规范，建立了专项财务制度，实行了专账核算，明确了专人管理，确保了专款专用，没有发生项目资金挪作他用，账务管理不规范等问题。获得各级财政专项资金的项目，项目资金使用符合专项资金使用的范围、标准和程序。

8. 每个单位申报项目数量不超过 1 个；各集团单位通过集团统一申报，每个集团申报项目数量不超过 2 个；每个省、自治区、直辖市申报项目数量原则上不超过 5 个。

二、申报程序

1. 示范项目申报遵循自愿原则。项目单位自愿申报，按要求填写《国家新闻出版产业示范项目申请表（2015 年）》（以下简称《申请表》，见附件）。

2. 各地方单位将《申请表》送各省、自治区、直辖市新闻出版行政部门，各中央新闻出版单位将《申请表》送主管部门。

示范项目推荐遵循择优原则。各省（区、市）新闻出版行政部门、各中央出版单位主管部门要在对《申请表》进行审核的基础上，采用专家评审、实地考察等方式，择优确定推荐示范项目。

3. 请各省（区、市）新闻出版行政部门、各中央出版单位主管部门将《申请表》及审核、推荐意见，于 2015 年 11 月 30 日前送总局规划发展司。

三、对示范项目承担单位的支持

总局规划发展司将组织评审，并选择部分项目进行现场考察，最终择优确定新闻出版产业示范项目。示范项目总局将予以以下支持：

1. 总局将对新闻出版产业示范项目予表彰，并以现场会、经验总结会等多种形式在全国范围宣传推广。

2. 支持示范项目承担单位优先申报 2016 年度新闻出版改革发展项目库，在入库评审中给予加分奖励，并优先支持入库。

3. 在 2016 年度新闻出版重点项目推荐工作中，总局优先将示范项目承担单位的项目，作为文化产业发展专项资金支持重点项目，向财政部文资办予以推荐。

4. 在总局即将开展的两个效益相统一的评价考核工作中，项目实施情况将作为重要考核内容，对示范项目承担单位将优先确定为"新闻出版双效统一示范单位"。

附件：国家新闻出版产业示范项目申请表（2015 年）

国家新闻出版广电总局办公厅

2015 年 9 月 30 日

（联系人：赵清玉、张印昊

联系电话：010-83138540、83138308

邮寄地址：北京市西城区宣武门外大街 40 号国家新闻出版广电总局规划发展司

邮政编码：100052）

关于征集专业数字内容资源知识服务模式试点工作技术支持单位的通知

数出〔2015〕175号

各有关单位：

为落实《国家"十二五"时期文化改革发展规划纲要》中提出的"国家知识资源数据库工程"的建设任务，有效聚集专业领域数字内容资源，开展分领域的知识服务平台建设，加快国家知识服务平台建设，推动国家知识资源服务体系建设，今年3月，国家新闻出版广电总局启动了"专业数字内容资源知识服务模式试点"工作，征集并确定了28家出版单位作为试点单位参与试点工作。

为确保此项工作的顺利开展，推动各试点单位采购部署符合试点工作要求的技术工具，完成知识服务各环节、流程的技术工具配置和专业领域数字内容资源知识服务平台建设，创新知识服务产品、探索知识服务模式，经研究，决定公开征集专业数字内容资源知识服务模式试点工作技术支持单位，现就有关事项通知如下：

一、征集工作的组织

国家新闻出版广电总局数字出版司负责征集工作的统筹与部署。包括：制定征集工作方案、确定专家评审组成员、对评审结果复核、提交总局终审、发布入围单位名单。

中国新闻出版研究院负责具体组织工作。包括：组织技术单位开展申报的具体工作，统一接收相关应征材料、完成初步形式审查，负责评审会的具体组织工作。

二、征集工作目标

国家新闻出版广电总局将通过公开征集、评审，择优选取技术单位，列入"专业数字内容资源知识服务模式试点工作技术支持单位推荐名录"，推荐给专业数字内容资源知识服务模式试点单位，供其选择。

三、技术支持单位类别及技术要求

1. 相关核心技术支持单位。

应当提供：满足知识体系建设、知识管理和知识化加工所需要的相关核心技术。包括，自动抽词技术、词间关系自动构建技术、知识点（源与目标）关联标识符编码嵌入识别与解析技术、本体存储与检索技术以及知识挖掘技术、知识搜索和推理技术、大数据分析技术和自然语言理解等应用技术。应当具备较高的实用性、准确性和处理效率；应当符合知识库建设系列标准中相关标准的要求；应当为知识体系建设及知识化加工工具提供简捷、高效的开发接口。

2. 知识体系建设及知识化加工、管理技术支持单位。

应当提供：知识体系构建及管理工具、知识化加工工具、知识管理系统，以及专业领域知识体系建设和知识化加工服务。相关工具，应当适用于基于多渠道海量资源的知识提取和加工需求；应当支持专业领域的知识体系建设；应当实现词表、知识元、关联关系构建及其标识符应用提取与建设；应当实现对知识元属性空间、关系空间的管理；应当实现对结构化内容资源实现基于知识体系的语义标签标引和管理；应当根据实际需要实现对知识化加工流程的灵活配置；应当符合试点项目系列标准中相关标准的要求。相关服务，应当具备知识体系建设和知识化加工专业队伍、具有知识体系建设经验、知识服务产品规划与设计经验；应当具有完善的质量管理体系；应当具有丰富的项目管理、协调能力和风险控制能力。

3.知识服务与运营技术支持单位。

应当提供：知识产品生产系统、知识服务管理和运营平台，以及支持出版机构开展知识服务运营的技术服务。相关生产系统，应当具备知识产品生产、封装、发布功能，使用户可自由组织知识资源并封装成知识服务产品。相关服务管理系统及平台，应当具有知识资源检索、知识地图导航、知识资源推荐、相关统计、用户互动和电子商务功能。相关服务，应当具备运营支持能力，应当为出版机构面向用户提供知识产品及各种模式的知识服务提供技术服务。

四、应征技术单位的基本条件

1. 应征技术单位应当是在中华人民共和国境内注册的机构，包括法人、其他组织。
2. 参照《中华人民共和国政府采购法》第二十二条的规定，应征技术单位应当符合如下条件：
（1）具有独立承担民事责任的能力；
（2）具有良好商业信誉和健全的财务会计制度；
（3）具有履行合同所必需设备和专业技术能力；
（4）有依法缴纳税收和社会保障资金良好记录；
（5）参加应征活动前的三年内，在经营活动中没有重大违法记录；
（6）法律、行政法规规定的其他条件。
3. 应征技术单位的可供技术产品应符合国家有关部门规定的相应技术、节能、安全和环保标准；
4. 应征技术单位应当对出版机构如何开展知识服务有足够认识和深入理解，对建设任务的技术路线与技术实现流程描述清晰，具备相关信息化建设项目的管理经验，具有基于互联网技术的应用实践；
5. 应征技术单位可以提供在出版、发行领域信息化建设的相关成功范例，特别是知识服务平台建设方面的范例；
6. 应征技术单位可以提供经国家认定的高新技术公司和双软企业的资质证明。

五、应征材料的相关要求

1. 应征材料的内容要求。

应征材料的内容应当包括：一是应征单位基本情况说明。应征单位在工商行政管理部门或其他部门注册的完整名称、注册地、注册资本、法人代表情况、经营范围、员工数量（技术人员、服务人员数量）等，应征单位应当提供应征工作联系人，及其职务、联系电话、传真电话、EMAIL。二是应征单位的技术响应说明。应征单位应当按照本通知第三条技术要求，提交可供技术产品的情况介绍，并有针对性地做出技术响应说明。同时，应当提供可供技术产品及售后服务的市场参考报价。三是其他证明材料。应征单位应当按照本通知第四条关于基本条件的要求，提交说明材料，并提供相应证明材料作为附件，包括但不限于：提交企业组织机构代码证复印件、营业执照复印件、税务登记证复印件、双软企业证书复印件及有关知识产权证明等其他相关证明文件复印件。如提供服务过出版、发行行业用户名录的，应当附服务合同复印件（评审中对未提交合同复印件的，视为无行业业绩）。

2. 应征材料提交要求与时限。

应征材料应当以纸介质与电子文档形式同时提交。

应征材料的纸介质应打印装订 10 份，并同时提交电子文档（以光盘形式）。

对应征材料的封面要求：注明"专业数字内容资源知识服务模式试点工作技术支持单位应征材料"字样；注明应征技术支持单位类别，即本通知第三条所列单位类别，如一家单位同时应征多个技术支持单位类别时，应当分别制作应征材料；注明单位名称、联系人及联系方式。

应征材料应在 2015 年 10 月 25 日前提交至中国新闻出版研究院（邮寄地址附后），逾期不予受理。

六、评审结果的公布

国家新闻出版广电总局数字出版司将组建专家评审组对应征单位进行评审，最终形成"专业数字内容资源知识服务模式试点工作技术支持单位推荐名录"，在新闻出版广电总局网站"新闻出版业数字化转型升级专栏"予以公布。

七、后续工作

专业数字内容资源知识服务模式试点单位可参照财政部《政府采购非招标采购方式管理办法》及相关规定，从"专业数字内容资源知识服务模式试点工作技术支持单位推荐名录"中优先遴选符合本单位具体需求的技术单位，完成相关技术产品的采购工作。

八、征集工作联系人及联系方式

国家新闻出版广电总局数字出版司

联系人：武远明、康宝中、倪薇钧

联系电话：010-83138703、83138707

中国新闻出版研究院

联系人：李游、王超

联系电话：010-52257071、13488654774、13401164414

邮寄地址：北京市丰台区三路居路 97 号中国新闻出版研究院（邮编：100073）

附件：专业数字内容资源知识服务模式技术需求表

国家新闻出版广电总局数字出版司

2015 年 10 月 13 日

关于推荐专业数字内容资源知识服务模式试点工作技术支持单位的通知

数出〔2015〕194号

各有关单位：

根据开展专业数字内容资源知识服务模式试点工作的统一部署，为配合下一步工作的开展，现推荐中国科学技术信息研究所等11家单位为相关核心技术支持单位；中新金桥数字科技（北京）有限公司等9家单位为知识体系建设及知识化加工、管理技术支持单位；武汉理工数字传播工程有限公司等12家单位为知识服务与运营技术支持单位。推荐名录供各试点单位开展工作时参考。

特此通知。

表1 相关核心技术支持单位推荐名录

序 号	单位名称
1	中国科学技术信息研究所
2	灵玖中科软件（北京）有限公司
3	同方知网数字出版技术股份有限公司
4	天闻数媒科技（北京）有限公司
5	北京拓尔思信息技术股份有限公司
6	中国科学院自动化研究所
7	北京中献电子技术开发中心
8	汕头大学出版社有限公司
9	北京北大方正电子有限公司
10	北京博云易讯科技有限公司
11	北京大学

表2 知识体系建设及知识化加工、管理技术支持单位推荐名录

序 号	单位名称
1	中新金桥数字科技（北京）有限公司
2	同方知网数字出版技术股份有限公司
3	北京博云易讯科技有限公司
4	中国科学技术信息研究所
5	北京北大方正电子有限公司
6	山东斯麦尔数字出版技术有限公司
7	北京中献电子技术开发中心
8	天闻数媒科技（北京）有限公司
9	北京方正阿帕比技术有限公司

表3 知识服务与运营技术支持单位推荐名录

序号	单位名称
1	武汉理工数字传播工程有限公司
2	同方知网数字出版技术股份有限公司
3	北京北大方正电子有限公司
4	北京方正阿帕比技术有限公司
5	北京万方数据股份有限公司
6	北京博云易讯科技有限公司
7	北京凤凰学易科技有限公司
8	中新金桥数字科技（北京）有限公司
9	版云（北京）科技有限责任公司
10	北京中献电子技术开发中心
11	北京中科院软件中心有限公司
12	人大数媒科技（北京）有限公司

国家新闻出版广电总局数字出版司

2015年11月11日

关于征求对《新闻出版企业数字化转型升级软件系统技术需求框架（征求意见稿）》意见的通知

数出〔2016〕52号

各新闻出版企业，相关技术企业和科研院所：

为抓住信息技术给新闻出版业带来的发展新机遇，促进数字出版健康、快速、可持续发展，带动新闻出版业社会效益与经济效益的不断提升，加快我国向新闻出版强国迈进的步伐，国家新闻出版广电总局将在"十三五"期间继续深入推动新闻出版业数字化转型升级工作。

数字化转型升级工作的基础任务，是配置与优化新闻出版企业的技术装备，支持其开展数字化资源管理、产品生产与服务运营。为此，国家新闻出版广电总局数字出版司委托新闻出版总署信息中心，总结新闻出版重大科技工程的研发成果，结合2013年数字化转型升级工作启动以来的工作实践，对新闻出版企业开展数字化转型升级所涉软件系统进行了全面梳理，编制了数字化转型升级软件系统技术需求框架，以更好地指导新闻出版企业开展数字化转型升级的技术装备配置与优化工作，引导技术企业的研发方向。

现将《新闻出版企业数字化转型升级软件系统技术需求框架（征求意见稿）》发出，征求新闻出版企业、相关技术企业和科研院所等单位的意见和建议。请各单位于2016年7月12日前将相关意见和建议以电子邮件方式反馈给新闻出版总署信息中心。

联 系 人：李欣、马海伦

电　　话：010-83140567、83140562

电子邮箱：szhzxsj@cppinfo.cn
附件：1. 意见反馈表
      2. 新闻出版企业数字化转型升级软件系统技术需求框架（征求意见稿）

国家新闻出版广电总局数字出版司
2016 年 6 月 30 日

关于征集新闻出版业数字化转型升级软件技术服务商的通知

新广出办函〔2016〕274 号

各省、自治区、直辖市新闻出版广电局，新疆生产建设兵团新闻出版广电局：

为全面贯彻落实《关于推动新闻出版业数字化转型升级的指导意见》，继续深入推进新闻出版业数字化转型升级工作，指导新闻出版企业开展技术装备配置与优化工作，引导技术企业的研发方向，基于《新闻出版企业数字化转型升级软件系统需求框架》（以下简称《需求框架》），新闻出版广电总局（以下简称"总局"）决定面向全国开展新闻出版业数字化转型升级软件技术服务商的征集工作，现就有关事项通知如下：

一、征集工作目标

总局将通过公开征集、评审，择优选取技术服务商，并发布《新闻出版业数字化转型升级软件技术服务商推荐名录》，推荐给参与新闻出版业数字化转型升级项目的出版企业，供其选择。

二、征集工作的组织

总局负责征集工作的统一部署，具体工作由数字出版司负责实施。

新闻出版总署信息中心负责征集工作的具体组织。包括：汇总、整理各省、自治区、直辖市新闻出版广电局报送的技术服务商应征材料，组织召开评审会等。

各省、自治区、直辖市新闻出版广电局负责本辖区内技术服务商征集工作。包括：组织本辖区内技术服务商开展应征工作，对应征材料进行形式审查，以及汇总上报。

三、应征技术服务商类别

《需求框架》中每个一级标题为一个类别，技术服务商应对照每个类别的具体要求进行应征。

技术服务商可对《需求框架》中的任意一个类别或多个类别进行应征，但必须对其所应征类别中的全部内容进行响应，响应程度包括可实现和可部分实现。

技术服务商对《需求框架》中多个类别进行应征时，须按应征类别分别编制应征材料。

四、应征技术服务商的基本条件

1. 应征技术服务商应当是在中华人民共和国境内注册的机构，包括法人、其他组织。
2. 应征技术服务商须为中资控股且中资比例为50%（含）以上的单位，且法定代表人须为中华人民共和国公民。
3. 应征技术服务商须为所应征软件系统的制造商。
4. 参照《中华人民共和国政府采购法》第二十二条的规定，应征技术服务商应当符合如下条件：
（1）具有独立承担民事责任的能力；
（2）具有良好商业信誉和健全的财务会计制度；
（3）具有履行合同所必需设备和专业技术能力；
（4）有依法缴纳税收和社会保障资金良好记录；
（5）参加应征活动前的三年内，在经营活动中没有重大违法记录；
（6）法律、行政法规规定的其他条件。
5. 应征技术服务商的可供应软件系统应符合国家有关部门规定的相应技术、节能、安全和环保标准；如国家有关部门有强制性规定或要求的，则必须符合相应规定或要求。
6. 不接受进口产品应征（进口产品是指通过中国海关报关，验放进入中国境内，且产自关境外的产品）。
7. 不接受联合体应征。
8. 应征技术服务商应当对新闻出版企业开展数字化转型升级有足够认识和深入理解，具备相关信息化建设项目的管理经验，具有基于互联网技术的应用实践。
9. 应征技术服务商需要提供至少三个支持新闻出版企业开展信息化建设、特别是数字化转型升级的成功范例。
10. 应征技术服务商可以提供经国家认定的高新技术公司和双软企业的资质证明。

五、应征材料的相关要求

应征材料包括基础材料（纸质版和电子版）和应征软件系统的演示视频（光盘）。

1. 基础材料的要求。

应征技术服务商应提交应征软件系统的基础材料（纸质打印装订）10份，同时提交电子文档（以光盘形式）2份。

基础材料应包括以下内容：
（1）应征技术服务商基本情况说明；
（2）应征单位的技术响应说明；
（3）应征软件系统演示光盘的文档目录；
（4）其他证明材料。

2. 应征软件系统演示视频的要求。

应征技术服务商应提交应征软件系统的功能演示视频电子文档（以光盘形式）2份，并在光盘盘面、文档文件名称、视频片头等处注明应征类别编号及名称、应征技术服务商名称等信息。

视频文件要求：

（1）视频文件必须采用主流格式（要求采用通用播放器能够播放，如暴风影音等），每个视频文件不超过10分钟。

（2）演示视频须与技术响应说明对应。

（3）视频图像和声音必须清晰。

3. 应征材料提交时限。

各省、自治区、直辖市新闻出版广电局应于2016年8月31日前完成对本辖区技术服务商应征材料的初审和汇总，并以局发文形式将应征材料提交至新闻出版总署信息中心，逾期不予受理。

六、征集工作联系人及联系方式

国家新闻出版广电总局数字出版司

联系人：倪薇钧、康宝中、武远明

电话：010-83138339、83138707、83138703

新闻出版总署信息中心

联系人：马海伦、李欣、吴治强

电话：010-83140562、83140567、83140500

地址：北京市西城区白纸坊西街3号

邮编：100053

附件：1. 新闻出版企业数字化转型升级软件系统需求框架

2. 新闻出版业数字化转型升级软件技术服务商应征材料（模板）

国家新闻出版广电总局办公厅

2016年8月2日

关于加快新闻出版业实验室建设的指导意见

新广出办发〔2016〕81号

各省、自治区、直辖市新闻出版广电局，新疆生产建设兵团新闻出版广电局，各相关行业协会、行业机构，各新闻出版企业，各相关院校及科研院所：

为全面贯彻中共中央、国务院《关于深化体制机制改革加快实施创新驱动发展战略的若干意见》精神，贯彻落实《国家"十三五"时期文化改革发展规划纲要》《新闻出版广播影视"十三五"发展规划》《新闻出版广播影视"十三五"科技发展规划》等提出的相关任务，完善新闻出版业科技创新体系，培养和凝聚高端复合型人才，加快新闻出版业转型升级，创新融合发展模式，提高新闻出版业自主创新能力，在"十三五"期间推动新闻出版业实验室（以下简称"实验室"）建设，特制定本指导意见。

一、建设背景

目前，新闻出版业已成为推动社会经济转型发展的重要力量、促进科技深度融合发展的关键领域、保障国家文化安全与互联网安全的主要阵地。"十三五"期间，新闻出版业需要加快实验室建设，以发挥科技的支撑与引领作用，加强科技研发、标准研制、技术应用、人才培养、模式创新，加快新闻出版业转型升级，促进传统媒体与新兴媒体、传统出版与新兴出版的融合发展，推动新闻出版业拓展新业务、建立新业态、产生新效能。

二、重要意义

（一）完善新闻出版业科技创新体系的迫切要求。通过实验室的建设，强化科技创新体系建设，促进产学研用的有机结合，有利于完善科技创新长效机制，提高新闻出版业可持续性创新能力。

（二）提升新闻出版业核心竞争力的有效手段。通过实验室的建设，强化产业技术原始创新能力，突破一批重大技术装备和产业关键技术，有利于打破技术壁垒，提升新闻出版业的核心竞争力。

（三）促进新闻出版业融合发展的必然选择。通过实验室的建设，跟踪、培育和掌握一批前沿技术，推进高新技术的产业应用，促进业务模式创新，有利于推动新闻出版业自身、新闻出版业与其他产业的融合发展。

（四）强化企业成为创新主体地位的重要途径。通过实验室的建设，以新闻出版行业需求为导向，引导企业加大投入，整合产学研用资源，有利于提升企业创新能力，夯实企业的创新主体地位。

三、指导思想

坚持自主创新、重点突破、支撑发展、跨界融合、引领未来的指导方针，以开展创新活动、培育创新成果、凝聚高端复合型人才、满足行业发展需求为目标，立足国内、跟踪国际发展趋势，实施课题引领、项目带动战略，着力解决制约行业发展的瓶颈问题，推动科技成果应用，探索模式创新，加强新闻出版与科技融合，加快新闻出版业转型升级，促进新闻出版业融合发展，为新闻出版业健康、有序、可持续发展提供有力支撑。

四、建设目标

到"十三五"期末，通过建设重点突出、布局合理、规模适度的实验室群，全面推进关键技术研发，深入开展标准研制，提升行业科技成果的应用水平，全面推动数字化转型升级，积极探索融合发展的模式创新，促进人才培养与队伍建设，优化创新环境，发挥新闻出版业实验室群的创新驱动力，推动新闻出版业创新体系建设。

五、建设原则

（一）统筹规划、合理布局。围绕中心、服务大局，把握新闻出版业发展趋势，服从建设新闻出版强国的总体部署，立足新闻出版业的发展实际，加强国际交流与合作，统筹整合资源、强化顶层设计，合理规划各级各类实验室的发展定位和建设布局。

（二）政府引导、企业为主。充分发挥政府的引导与扶持作用，依托行业机构加强指导，支持以新闻出版企业为主体，调动高等院校、科研院所等单位的积极性，鼓励技术企业积极参与，以分级管理、分类指导、产学研用相结合的方式推动实验室建设。

（三）需求导向、有序推进。全面系统梳理新闻出版业在科技创新、模式创新方面的发展需求，科学合理布局，突破重点、夯实基础、急用先行，分阶段、分层次、分类别推进实验室建设工作。

（四）创新机制、强化管理。积极探索体制机制创新路径，加强实验室建设与其他工作的协同，鼓励实验室充分利用外部资源，促进各实验室之间的资源共享、优势互补，逐步建立科学评价、动态调整的管理机制。

六、建设任务

（一）总体建设任务

深入分析制约新闻出版业发展的瓶颈，针对改革与发展的迫切需求，提出有针对性的实验课题；开展新闻出版领域共性关键技术攻关，不断积累原始创新成果和知识产权；推动与新闻出版业发展需求相适应的新兴学科建设，促进学术带头人和行业领军人才培养，支持适应新业态发展的基础人员培训；积极开展国际合作、学术研讨和专题交流，全面掌握国内外新闻出版科技发展动向，跟踪国内外新闻出版新业态与新模式的发展趋势；为政府提供决策支持，为行业提供咨询服务，面向企业开展创新成果的应用推广。

（二）分级建设任务

围绕国家新闻出版业科技发展的重大战略部署，由新闻出版广电总局批准建立新闻出版业重点实验室；围绕区域新闻出版业发展规划，由各省级新闻出版广电行政管理部门批准建立区域性实验室；围绕行业机构、行业协会相关领域的专项工作计划，由其推动建立专项实验室；围绕企业发展战略规划，由新闻出版企业自主建立或与相关机构联合建立企业实验室。

（三）分类建设任务

各级新闻出版业实验室分为出版融合发展实验室、科技与标准实验室两类，两类实验室互为补充、互为支撑，互相优先提供和运用研究成果。

出版融合发展实验的建设任务，重点研究推动传统出版和新兴出版在内容、渠道、平台、运营、管理以及体制机制等方面深度融合，开展模式创新实践。"十三五"期间，要在应用基础和应用研究、内容资源与生产要素整合融通、内容生产和服务、拓展新技术新应用新业态、一体化传播体系建设、资产管理与资本运作、经营管理机制及生产运营方式、组织机构及运行方式、发挥市场作用、政府管理服务的创新及实践等方向，建设一批出版融合发展实验室。

科技与标准实验室的建设任务，重点解决行业共性关键技术与标准的研发及应用，开展科技创新实践。"十三五"期间，要在生产技术与装备、资源编码与管理、知识挖掘与服务、内容表达与呈现、产品传播与营销、数据管理与运营、版权保护与应用等领域，建设一批专业领域科技与标准实验室、跨领域综合性科技与标准实验室。

七、保障措施

（一）建章立制。新闻出版广电总局将制定实验室管理办法，明确管理职责、规范管理程序、严格考评办法，分类组织行业重点实验室的征集评定工作；指导各省级新闻出版广电行政管理部门、各行业机构与行业协会制定区域性、专项性实验室管理办法，开展征集工作；支持企业围绕自身发展规划建立企业内部管理制度，加快建设企业实验室，逐步完善新闻出版业实验室群的建设与管理。

（二）加大投入。新闻出版广电总局将对新闻出版业重点实验室优先安排补贴资金，对其符合条件的产业化项目优先列入国家新闻出版改革发展项目库，优先支持其承接新闻出版业转型升级、融合发展的重大项目，优先安排其有关人员参加新闻出版广电总局组织的专题学习和培训。

（三）加强推广。新闻出版广电总局将及时总结实验室的创新实践成果，面向行业开展宣传推广活动，提高实验室知名度与影响力，鼓励社会力量广泛参与实验室建设。

（四）组织协调。各级新闻出版广电行政部门要结合本地区实际，切实加强实验室建设的组织领导，加强跨地区跨部门协作，确保各项建设任务的落实。

国家新闻出版广电总局办公厅
2016 年 10 月 13 日

关于开展首批新闻出版业科技与标准重点实验室申报工作的通知

新广出办发〔2016〕82 号

各省、自治区、直辖市新闻出版广电局，新疆生产建设兵团新闻出版广电局，各相关行业协会、行业机构，各新闻出版企业，各相关院校及科研院所：

为贯彻落实《关于加快新闻出版业实验室建设的指导意见》，逐步完善新闻出版业科技创新体系，提高新闻出版领域科技自主创新能力，根据统一工作部署，现开展首批新闻出版业科技与标准重点实验室申报工作，以下简称"实验室"。有关事项通知如下。

一、申报主体

申报主体范围为新闻出版企业、相关高等院校、科研院所，可单独申报或联合申报。鼓励技术企业参与联合申报。

二、申报方向

本着急用先行的原则，按照新闻出版业科技创新，特别是数字化转型升级的需求，在新闻出版产业链各环节的具体领域，建设一批专业领域实验室和跨领域综合性实验室，关注新材料、新装备、新工艺及共性关键技术的跟踪、攻关与应用研究。

（一）专业领域实验室

1. 生产技术与装备方向：重点关注支持动态采编、协同采编、智能采编、作者管理、读者管理等相关技术；关注语义分析、语音识别技术；关注混合存储等新型存储技术与装备；关注数字墨水、数字显示屏相关技术与装备；关注支持绿色印刷的材料、设备、工艺及技术；关注新型柔性印刷材料、光敏油墨等新型印刷材料、设备、工艺及技术。

2. 资源编码与管理方向：重点关注支持多种属性内容资源标识符标准注册、登记、嵌入、管理、关联、融合的相关技术、工具及系统；关注实现复合形态内容资源有效管理的相关技术；关注ISLI/MPR国家标准的应用模式创新。

3. 知识挖掘与服务方向：重点关注知识挖掘与发现、知识关联与重组、知识应用与管理、自然语言理解与深度学习等技术；关注主题词表、叙词表、本体建设等工具；关注知识资源加工、资源管理、产品运营与服务管理等系统；关注知识服务模式创新。

4. 内容表达与呈现方向：重点关注平面及三维动画、影像、声音等富媒体内容呈现及交互技术；关注增强现实、虚拟现实、仿真现实等内容可视化产品的制作技术及工具；关注人机交互及智能应答技术，及相关系统和平台建设。

5. 产品传播与营销方向：重点关注支持内容产品传播方式、渠道、营销、客户管理及服务模式创新的相关技术、工具及系统；关注线上线下一体化、电子商务、供给侧直销等模式创新；关注CNONIX国家标准的应用模式创新。

6. 数据管理与运营方向：重点关注数据汇聚与治理、交换与共享、分析与应用、存储与安全等相关技术；关注数据管理、数据应用、数据服务等工具和平台；关注数据汇聚机制、数据资源应用模式建设；关注数据建模与分析。

7. 版权保护与应用方向：重点关注数字水印、加解密等数字版权保护技术；关注版权许可认证、版权登记、侵权追踪、取证维权等工具和系统；关注版权资产管理、评估、交易管理与运营支持系统。

8. 其他高新技术跟踪与应用方向：重点关注可应用于新闻出版领域的相关高新技术。

（二）跨领域综合性实验室

重点关注支撑各专业领域的共性技术攻关与应用，跨专业领域的应用技术交叉与融合、集成与应用。

三、申报条件

1. 申报主体须是在中国境内注册5年以上、具有独立法人资格的单位。联合申报的，必须确立一个法人单位为牵头单位，其他单位为共建单位，并附有共建协议书，明确共建单位各方的权责，联合申报的单位数量不超过 5 家。

2. 申报主体应具有稳定的科研队伍，拥有学术水平高、科研能力强的带头人。

3. 申报主体应为实验室的建设运行提供必要的经费支持和条件保障。

4. 申报主体应制定符合申报方向的实验室建设发展规划，目标明确、思路清晰、管理规范。

5. 申报主体应承担过新闻出版领域的相关课题及项目。

四、申报要求

1. 申报主体应按要求填写《新闻出版业科技与标准重点实验室申报书》（见附件1），纸质版一式 5 份，同时提交电子版。

2. 各地方申报主体的申报材料向各省级新闻出版广电行政管理部门提交，各省级新闻出版广电行政管理部门经初审、汇总后向总局数字出版司提交《申报新闻出版业科技与标准重点实验室情况汇总表》（见附件2）及相关材料；中央申报主体直接向总局数字出版司提交。

3. 每个申报主体限报一个实验室。联合申报的牵头单位不得再独立申报，或作为其他实验室牵头单位申报。

4. 向总局数字出版司提交申报材料的截止日期为 2016 年 11 月 30 日。逾期将不予受理。

五、联系方式

联系人：康宝中，武远明

联系电话：010-83138707，83138703

通信地址：北京市西城区宣武门外大街 40 号

电子邮件：kjbzhsys@163.com

附件：1. 新闻出版业科技与标准重点实验室申报书；
   2. 申报新闻出版业科技与标准重点实验室情况汇总表。

国家新闻出版广电总局办公厅
2016 年 10 月 13 日

关于发布《新闻出版业数字化转型升级软件技术服务商推荐名录（2016）》的通知

各省、自治区、直辖市新闻出版广电局，新疆生产建设兵团新闻出版广电局，各新闻出版企业：

为全面贯彻落实《关于推动新闻出版业数字化转型升级的指导意见》《新闻出版广电"十三五"时期科技发展规划》，继续深入推进新闻出版业数字化转型升级工作，自今年8月起，基于《新闻出版企业数字化转型升级软件系统需求框架（2016版）》，新闻出版广电总局面向全国启动了新闻出版业数字化转型升级软件技术服务商的征集工作，在各地新闻出版广电局的具体指导和组织下，各地相关技术企业积极响应、踊跃参与，现已完成技术服务商的征集、专家评审及遴选工作。

现发布《新闻出版业数字化转型升级软件技术服务商推荐名录（2016）》，供各新闻出版企业在开展数字化转型升级工作时参考。

特此通知。

附件：1.《新闻出版业数字化转型升级软件技术服务商推荐名录（2016）》
　　　　（按省份及企业名称排序）
　　　2.《新闻出版业数字化转型升级软件技术服务商推荐名录（2016）》
　　　　（按《新闻出版企业数字化转型升级软件系统需求框架（2016版）》的需求响应情况排序）

国家新闻出版广电总局办公厅
2016年10月26日

附件1　新闻出版业数字化转型升级软件技术服务商推荐名录（2016）（按省份及企业名称排序）

北京市（40家）

版云（北京）科技有限责任公司
北京百分点信息科技有限公司
北京北大方正电子有限公司
北京博古培今科技有限公司
北京博云易讯科技有限公司
北京创新力博数码科技有限公司
北京方正阿帕比技术有限公司
北京捷成世纪科技股份有限公司
北京九瑞网络科技有限公司
北京南北天地科技股份有限公司
北京千纵文化传媒有限公司
北京仁和汇智信息技术有限公司
北京瑞易吉成数字科技有限公司
北京斯麦尔数字出版技术有限公司
北京泰克贝思科技股份有限公司
北京拓尔思信息技术股份有限公司
北京万方数据股份有限公司
北京文华在线教育科技股份有限公司
北京维旺明科技股份有限公司
北京新学堂网络科技有限公司
北京星震同源数字系统股份有限公司
北京迅奥科技有限公司
北京益华鼎泰科技发展有限公司
北京英捷特数字出版技术有限公司
北京云章科技有限公司

北京泽元迅长软件有限公司
北京中电翔云信息技术有限公司
北京中科院软件中心有限公司
北京中启智源数字信息技术有限责任公司
北京中视瑞德文化传媒股份有限公司
北京中易中标电子信息技术有限公司
北京紫荆新锐网络科技股份有限公司
方正国际软件（北京）有限公司
明博教育科技股份有限公司
人大数媒科技（北京）有限公司
天闻数媒科技（北京）有限公司
同方知好乐教育科技（北京）有限公司
同方知网数字出版技术股份有限公司
中国科学技术信息研究所
中新金桥数字科技（北京）有限公司
天津市（1家）
版信圆融（天津）科技有限公司
河北省（1家）
河北鹏翔科技有限公司
山西省（1家）
山西同方知网数字出版技术有限公司
内蒙古自治区（2家）
内蒙古德力海信息技术有限公司
内蒙古维力斯信息技术有限公司
辽宁省（2家）
大连云观信息技术有限公司
东软集团股份有限公司
上海市（2家）
上海精灵天下数字技术有限公司
上海睿泰信息科技有限公司
江苏省（5家）
江苏云媒数字科技有限公司
南京嘿哈软件科技有限公司
南京宜开数据分析技术有限公司
苏州梦想人软件科技有限公司
苏州天梯卓越传媒有限公司
福建省（3家）
厦门简帛信息科技有限公司

厦门市乐创信息科技有限公司
厦门中图壹购信息技术有限公司
山东省（2家）
山东斯麦尔数字出版技术有限公司
潍坊北大青鸟华光照排有限公司
湖北省（1家）
武汉理工数字传播工程有限公司
广东省（2家）
深圳市天朗时代科技有限公司
珠海启裕软件科技有限公司
重庆市（2家）
重庆迪帕数字传媒有限公司
重庆维普资讯有限公司
四川省（1家）
四川川大智胜系统集成有限公司
陕西省（2家）
西安三才科技实业有限公司
西安知先信息技术有限公司

附件2　新闻出版业数字化转型升级软件技术服务商推荐名录（2016）（按《新闻出版企业数字化转型升级软件系统需求框架（2016版）》的需求响应情况排序）

出版者申领标识符工具集
深圳市天朗时代科技有限公司
北京中科院软件中心有限公司
ISLI标识符嵌入及关联构建工具集
深圳市天朗时代科技有限公司
山东斯麦尔数字出版技术有限公司
出版企业内容资源及标识管理系统
深圳市天朗时代科技有限公司
山东斯麦尔数字出版技术有限公司
武汉理工数字传播工程有限公司
基于标识符的流格式融合产品生产系统
深圳市天朗时代科技有限公司
武汉理工数字传播工程有限公司
融合出版产品投送与运营系统
北京中科院软件中心有限公司
深圳市天朗时代科技有限公司
武汉理工数字传播工程有限公司

版信圆融（天津）科技有限公司
融合出版复合采编系统
珠海启裕软件科技有限公司
北京拓尔思信息技术股份有限公司
同方知网数字出版技术股份有限公司
上海精灵天下数字技术有限公司
武汉理工数字传播工程有限公司
潍坊北大青鸟华光照排有限公司
北京迅奥科技有限公司
北京维旺明科技股份有限公司
图书复合采编系统
北京北大方正电子有限公司
同方知网数字出版技术股份有限公司
上海精灵天下数字技术有限公司
潍坊北大青鸟华光照排有限公司
北京瑞易吉成数字科技有限公司
珠海启裕软件科技有限公司
东软集团股份有限公司
期刊复合采编系统
北京北大方正电子有限公司
珠海启裕软件科技有限公司
同方知网数字出版技术股份有限公司
北京中科院软件中心有限公司
北京千纵文化传媒有限公司
潍坊北大青鸟华光照排有限公司
武汉理工数字传播工程有限公司
西安三才科技实业有限公司
报纸复合采编系统
北京北大方正电子有限公司
东软集团股份有限公司
北京紫荆新锐网络科技股份有限公司
北京拓尔思信息技术股份有限公司
珠海启裕软件科技有限公司
同方知网数字出版技术股份有限公司
潍坊北大青鸟华光照排有限公司
北京维旺明科技股份有限公司
工具书编辑系统
北京北大方正电子有限公司

同方知网数字出版技术股份有限公司
珠海启裕软件科技有限公司
上海精灵天下数字技术有限公司
潍坊北大青鸟华光照排有限公司
北京中易中标电子信息技术有限公司
待编稿库系统
北京北大方正电子有限公司
东软集团股份有限公司
北京拓尔思信息技术股份有限公司
珠海启裕软件科技有限公司
同方知网数字出版技术股份有限公司
上海精灵天下数字技术有限公司
潍坊北大青鸟华光照排有限公司
武汉理工数字传播工程有限公司
智能检校工具
北京北大方正电子有限公司
同方知网数字出版技术股份有限公司
潍坊北大青鸟华光照排有限公司
北京仁和汇智信息技术有限公司
西安三才科技实业有限公司
山东斯麦尔数字出版技术有限公司
格式转换工具集
北京北大方正电子有限公司
同方知网数字出版技术股份有限公司
北京中科院软件中心有限公司
潍坊北大青鸟华光照排有限公司
珠海启裕软件科技有限公司
上海精灵天下数字技术有限公司
北京星震同源数字系统股份有限公司
北京新学堂网络科技有限公司
图书选题策划系统
北京拓尔思信息技术股份有限公司
北京北大方正电子有限公司
天闻数媒科技（北京）有限公司
同方知网数字出版技术股份有限公司
山东斯麦尔数字出版技术有限公司
潍坊北大青鸟华光照排有限公司
苏州天梯卓越传媒有限公司

新闻选题分析与评价系统

北京北大方正电子有限公司

北京拓尔思信息技术股份有限公司

天闻数媒科技（北京）有限公司

同方知网数字出版技术股份有限公司

潍坊北大青鸟华光照排有限公司

山东斯麦尔数字出版技术有限公司

内容相似性分析系统

同方知网数字出版技术股份有限公司

北京万方数据股份有限公司

重庆维普资讯有限公司

北京拓尔思信息技术股份有限公司

北京北大方正电子有限公司

潍坊北大青鸟华光照排有限公司

北京迅奥科技有限公司

作者创作支持系统

北京拓尔思信息技术股份有限公司

同方知网数字出版技术股份有限公司

潍坊北大青鸟华光照排有限公司

西安知先信息技术有限公司

山东斯麦尔数字出版技术有限公司

数据出版支持系统

北京北大方正电子有限公司

同方知网数字出版技术股份有限公司

潍坊北大青鸟华光照排有限公司

山西同方知网数字出版技术有限公司

河北鹏翔科技有限公司

北京斯麦尔数字出版技术有限公司

作者管理系统

珠海启裕软件科技有限公司

同方知网数字出版技术股份有限公司

北京中电翔云信息技术有限公司

上海精灵天下数字技术有限公司

潍坊北大青鸟华光照排有限公司

武汉理工数字传播工程有限公司

西安三才科技实业有限公司

山东斯麦尔数字出版技术有限公司

苏州天梯卓越传媒有限公司

版面样式编辑工具
北京北大方正电子有限公司
珠海启裕软件科技有限公司
同方知网数字出版技术股份有限公司
上海精灵天下数字技术有限公司
潍坊北大青鸟华光照排有限公司
山西同方知网数字出版技术有限公司
北京维旺明科技股份有限公司

XML 排版工具
北京北大方正电子有限公司
珠海启裕软件科技有限公司
同方知网数字出版技术股份有限公司
上海精灵天下数字技术有限公司
潍坊北大青鸟华光照排有限公司
厦门市乐创信息科技有限公司

富媒体产品（流媒体）制作与管理工具集
江苏云媒数字科技有限公司
北京北大方正电子有限公司
珠海启裕软件科技有限公司
明博教育科技股份有限公司
北京千纵文化传媒有限公司
北京新学堂网络科技有限公司
同方知网数字出版技术股份有限公司
武汉理工数字传播工程有限公司
大连云观信息技术有限公司

全媒资管理系统
东软集团股份有限公司
北京拓尔思信息技术股份有限公司
深圳市天朗时代科技有限公司
北京北大方正电子有限公司
北京捷成世纪科技股份有限公司
北京中科院软件中心有限公司
珠海启裕软件科技有限公司
江苏云媒数字科技有限公司
版云（北京）科技有限责任公司
同方知网数字出版技术股份有限公司
北京博云易讯科技有限公司
北京中电翔云信息技术有限公司

数字内容与产品发布系统

北京北大方正电子有限公司

北京博云易讯科技有限公司

厦门简帛信息科技有限公司

深圳市天朗时代科技有限公司

同方知网数字出版技术股份有限公司

上海精灵天下数字技术有限公司

珠海启裕软件科技有限公司

版云（北京）科技有限责任公司

北京瑞易吉成数字科技有限公司

北京新学堂网络科技有限公司

北京中电翔云信息技术有限公司

北京泰克贝思科技股份有限公司

语料库构建与管理工具集

北京北大方正电子有限公司

北京拓尔思信息技术股份有限公司

北京中科院软件中心有限公司

同方知网数字出版技术股份有限公司

潍坊北大青鸟华光照排有限公司

上海精灵天下数字技术有限公司

北京泰克贝思科技股份有限公司

虚拟现实内容制作系统

苏州梦想人软件科技有限公司

南京嘿哈软件科技有限公司

北京北大方正电子有限公司

珠海启裕软件科技有限公司

北京捷成世纪科技股份有限公司

潍坊北大青鸟华光照排有限公司

增强现实内容制作系统

苏州梦想人软件科技有限公司

北京捷成世纪科技股份有限公司

南京嘿哈软件科技有限公司

深圳市天朗时代科技有限公司

珠海启裕软件科技有限公司

北京北大方正电子有限公司

潍坊北大青鸟华光照排有限公司

出版端 CNONIX 数据采集管理工具

北京云章科技有限公司

北京捷成世纪科技股份有限公司
北京中启智源数字信息技术有限责任公司
发行端 CNONIX 数据采集管理工具
北京捷成世纪科技股份有限公司
北京中启智源数字信息技术有限责任公司
北京南北天地科技股份有限公司
图书馆端 CNONIX 数据采集管理工具
北京捷成世纪科技股份有限公司
北京中启智源数字信息技术有限责任公司
库房端 CNOINX 数据采集管理工具
北京云章科技有限公司
北京中启智源数字信息技术有限责任公司
物流端 CNONIX 数据采集管理工具
北京云章科技有限公司
北京中启智源数字信息技术有限责任公司
北京南北天地科技股份有限公司
印刷端 CNONIX 数据采集管理工具
北京云章科技有限公司
北京中启智源数字信息技术有限责任公司
CNONIX 数据文件生成工具
北京云章科技有限公司
北京捷成世纪科技股份有限公司
北京中启智源数字信息技术有限责任公司
版权（版权交易）资产管理系统
版云（北京）科技有限责任公司
北京方正阿帕比技术有限公司
北京中视瑞德文化传媒股份有限公司
上海精灵天下数字技术有限公司
南京宜开数据分析技术有限公司
潍坊北大青鸟华光照排有限公司
同方知网数字出版技术股份有限公司
版权保护工具集
上海精灵天下数字技术有限公司
北京方正阿帕比技术有限公司
南京宜开数据分析技术有限公司
同方知网数字出版技术股份有限公司
北京英捷特数字出版技术有限公司
北京博云易讯科技有限公司

按需印刷系统
北京北大方正电子有限公司
潍坊北大青鸟华光照排有限公司
北京中科院软件中心有限公司

数字印刷流程控制系统
北京北大方正电子有限公司
北京中科院软件中心有限公司
潍坊北大青鸟华光照排有限公司

运营活动管理系统
北京北大方正电子有限公司
北京泽元迅长软件有限公司
上海精灵天下数字技术有限公司
四川川大智胜系统集成有限公司
北京英捷特数字出版技术有限公司
北京泰克贝思科技股份有限公司
北京博云易讯科技有限公司
北京方正阿帕比技术有限公司
方正国际软件（北京）有限公司

新闻出版机构运营服务
北京北大方正电子有限公司
北京方正阿帕比技术有限公司
上海精灵天下数字技术有限公司
北京泽元迅长软件有限公司
北京博云易讯科技有限公司
北京中电翔云信息技术有限公司
北京泰克贝思科技股份有限公司
方正国际软件（北京）有限公司
同方知网数字出版技术股份有限公司

企业 EDI 订单处理系统
北京泽元迅长软件有限公司
北京益华鼎泰科技发展有限公司
上海精灵天下数字技术有限公司
北京云章科技有限公司
厦门中图壹购信息技术有限公司
北京泰克贝思科技股份有限公司
武汉理工数字传播工程有限公司
北京博云易讯科技有限公司
同方知网数字出版技术股份有限公司

用户数据采集与分析系统
东软集团股份有限公司
北京北大方正电子有限公司
北京百分点信息科技有限公司
北京泽元迅长软件有限公司
北京方正阿帕比技术有限公司
上海精灵天下数字技术有限公司
同方知网数字出版技术股份有限公司
北京博云易讯科技有限公司
南京嘿哈软件科技有限公司

可信交易与安全交易管理系统
北京方正阿帕比技术有限公司
上海精灵天下数字技术有限公司
北京泽元迅长软件有限公司
方正国际软件（北京）有限公司
同方知网数字出版技术股份有限公司
武汉理工数字传播工程有限公司

数字化支付结算工具
北京北大方正电子有限公司
北京泽元迅长软件有限公司
上海精灵天下数字技术有限公司
北京博云易讯科技有限公司
北京中科院软件中心有限公司
北京瑞易吉成数字科技有限公司
北京方正阿帕比技术有限公司
方正国际软件（北京）有限公司

多形态广告系统
北京北大方正电子有限公司
方正国际软件（北京）有限公司
上海精灵天下数字技术有限公司
北京泽元迅长软件有限公司
同方知网数字出版技术股份有限公司
北京维旺明科技股份有限公司
北京方正阿帕比技术有限公司

在线学习平台
上海睿泰信息科技有限公司
北京北大方正电子有限公司
北京泽元迅长软件有限公司

天闻数媒科技（北京）有限公司
北京文华在线教育科技股份有限公司
同方知好乐教育科技（北京）有限公司
版信圆融（天津）科技有限公司
上海精灵天下数字技术有限公司
北京千纵文化传媒有限公司
重庆迪帕数字传媒有限公司
明博教育科技股份有限公司
北京博古培今科技有限公司

主题词表建设工具

北京拓尔思信息技术股份有限公司
北京北大方正电子有限公司
同方知网数字出版技术股份有限公司
中国科学技术信息研究所
东软集团股份有限公司
北京博云易讯科技有限公司
北京方正阿帕比技术有限公司
中新金桥数字科技（北京）有限公司
版云（北京）科技有限责任公司

本体建设工具

北京拓尔思信息技术股份有限公司
北京北大方正电子有限公司
北京方正阿帕比技术有限公司
中国科学技术信息研究所
东软集团股份有限公司
同方知网数字出版技术股份有限公司
北京博云易讯科技有限公司
中新金桥数字科技（北京）有限公司
版云（北京）科技有限责任公司

知识资源管理系统

北京拓尔思信息技术股份有限公司
北京北大方正电子有限公司
同方知网数字出版技术股份有限公司
中国科学技术信息研究所
北京博云易讯科技有限公司
北京方正阿帕比技术有限公司
中新金桥数字科技（北京）有限公司
版云（北京）科技有限责任公司

北京中电翔云信息技术有限公司
北京泽元迅长软件有限公司
上海精灵天下数字技术有限公司
知识资源加工工具
北京拓尔思信息技术股份有限公司
北京北大方正电子有限公司
同方知网数字出版技术股份有限公司
中国科学技术信息研究所
北京方正阿帕比技术有限公司
东软集团股份有限公司
北京博云易讯科技有限公司
中新金桥数字科技（北京）有限公司
版云（北京）科技有限责任公司
北京泽元迅长软件有限公司
上海精灵天下数字技术有限公司
北京九瑞网络科技有限公司
知识产品运营与知识服务管理系统
北京拓尔思信息技术股份有限公司
北京北大方正电子有限公司
同方知网数字出版技术股份有限公司
北京方正阿帕比技术有限公司
中国科学技术信息研究所
北京博云易讯科技有限公司
东软集团股份有限公司
版云（北京）科技有限责任公司
中新金桥数字科技（北京）有限公司
北京泽元迅长软件有限公司
北京中电翔云信息技术有限公司
人大数媒科技（北京）有限公司
少数民族文字出版辅助工具集
潍坊北大青鸟华光照排有限公司
内蒙古德力海信息技术有限公司
内蒙古维力斯信息技术有限公司
少数民族文字出版资源管理系统
北京北大方正电子有限公司
潍坊北大青鸟华光照排有限公司
内蒙古德力海信息技术有限公司

古籍出版数字化工具集
北京中易中标电子信息技术有限公司
中新金桥数字科技(北京)有限公司
北京创新力博数码科技有限公司
潍坊北大青鸟华光照排有限公司

关于发布首批新闻出版业科技与标准重点实验室的通知

新广出办发〔2016〕105 号

各省、自治区、直辖市新闻出版广电局,新疆生产建设兵团新闻出版广电局,各新闻出版企业,各相关院校及科研院所:

为全面贯彻落实《新闻出版广播影视"十三五"科技发展规划》以及《关于加快新闻出版业实验室建设的指导意见》,逐步完善新闻出版业科技创新体系,提高新闻出版领域科技自主创新能力,加强前沿技术跟踪与应用研发,根据新闻出版业实验室建设的统一部署,总局于 2016 年 10 月启动了首批新闻出版业科技与标准重点实验室申报评审工作。

在各地新闻出版广电局的指导和组织下,相关单位积极响应、踊跃参与。目前,总局已完成首批新闻出版业科技与标准重点实验室的评审工作,现发布《首批新闻出版业科技与标准重点实验室名单》。

特此通知。

附件:首批新闻出版业科技与标准重点实验室名单

国家新闻出版广电总局办公厅

2016 年 12 月 23 日

附件 首批新闻出版业科技与标准重点实验室名单

专业领域实验室(26 家)

序号	研究方向	实验室名称	牵头单位	共建单位
1	生产技术与装备(3 家)	印刷环保技术重点实验室	中国印刷科学技术研究院	无
2		新新绿色印刷新材料实验室	上海新星印刷器材有限公司	上海新华印刷有限公司
3		柔软印刷绿色制版与标准化实验室	上海出版印刷高等专科学校	富林特(油墨)上海有限公司 上海印刷技术研究所
4	资源编码与管理(1 家)	ISLI 标准应用研发联合实验室	九州出版社	北京中启智源数字信息技术有限责任公司 中新金桥数字科技(北京)有限公司 深圳市天朗时代科技有限公司 北京北大方正电子有限公司

续表

序号	研究方向	实验室名称	牵头单位	共建单位
5	知识挖掘与服务（6家）	学术期刊动态语义出版与知识服务重点实验室	中国科学院文献情报中心	北京万方数据股份有限公司 中国科学院软件研究所 数据堂（北京）科技股份有限公司 北京玛格泰克科技发展有限公司
6		古籍数字化与知识工程重点实验室	中华书局有限公司	古联（北京）数字传媒科技有限公司 中国科学院软件研究所 中国科学技术信息研究所 中科软科技股份有限公司
7		富媒体数字出版内容组织与知识服务重点实验室	中国科学技术信息研究所	科学技术文献出版社 东南大学 武汉科技大学
8		医学融合出版知识技术重点实验室	中国医学科学院医学信息研究所	北京万方数据股份有限公司 人民卫生出版社有限公司 中国中医科学院中医药信息研究所 北京拓尔思信息技术股份有限公司
9		知识产权知识挖掘与服务实验室	知识产权出版社有限责任公司	北京中献电子技术开发中心 北京中知智慧科技有限公司
10		社会科学研究领域知识挖掘与服务实验室	社会科学文献出版社	灵玖中科软件（北京）有限公司
11	内容呈现与表达（7家）	国家数字林业重点实验室	中国林业出版社	北京林业大学 中国林业科学研究院 北京瑞易吉成数字科技有限公司 北京南北天地科技股份有限公司
12		数字教育富媒体呈现与交互技术重点实验室	江苏睿泰数字产业园有限公司	江苏云媒数字科技有限公司 江苏大学出版社有限公司
13		基于AR/VR呈现方式的知识服务科技重点实验室	红星电子音像出版社有限责任公司	江西新媒体出版社有限公司 中国科学院计算机网络信息中心
14		内容表达与呈现智媒体实验室	江苏省新闻出版学校	江苏兆物数字文化传媒有限公司 南京大学多媒体科教制作中心 江苏凤凰教育出版社有限公司
15		数字影音互动科技与标准重点实验室	中国民主法制出版社有限公司	北京理工大学北京市互动媒体艺术工程技术研究中心 深圳市米尔声学科技发展有限公司 新宸盛元股权基金管理（深圳）有限公司
16		数字出版与排版技术标准重点实验室	掌阅科技股份有限公司	无
17		虚拟混合现实技术互动多媒体实验室	苏州工业园区新国大研究院	金陵科技学院 苏州梦想人软件科技有限公司

续表

序号	研究方向	实验室名称	牵头单位	共建单位
18	产品传播与营销（3家）	CNONIX 国家标准应用与推广实验室	北方工业大学	九州出版社 上海新华传媒连锁有限公司 北京中启智源数字信息技术有限责任公司 《中国出版传媒商报社》有限公司
19		教育内容产品互联网传播与营销重点实验室	时代新媒体出版社有限责任公司	中国科学院自动化研究所 安徽教育网络出版有限公司
20		国际出版及版权传播营销标准研究实验室	山东友谊出版社有限公司	北京瑞易吉成数字科技有限公司
21	数据管理与运营（3家）	大数据治理与服务	上海计算机软件技术开发中心	复旦大学 上海世纪出版（集团）有限公司 上海新华传媒连锁有限公司 上海精灵天下数字技术有限公司
22		媒体大数据应用实验室	南方报业传媒集团	北京百分点信息科技有限公司
23		出版发行行业数据应用实验室	江苏凤凰出版传媒股份有限公司	化学工业出版社 湖南省新华书店有限责任公司 新疆维吾尔自治区新华书店 北京中启智源数字信息技术有限责任公司
24	版权保护与应用（3家）	DCI 技术研究与应用联合实验室	中国版权保护中心	北方工业大学
25		数字内容防伪与安全取证重点实验室	清华大学	中国新闻出版研究院 北京金石威视科技发展有限公司
26		数字版权服务技术实验室	中国科学院自动化研究所	中国新闻出版研究院 版云（北京）科技有限责任公司

跨领域综合性实验室（16家）

序号	实验室名称	牵头单位	共建单位
1	新闻出版技术与标准应用国家重点实验室	中国新闻出版研究院	中国音像与数字出版协会 中国科学院自动化研究所 深圳市天朗时代科技有限公司 同方知网数字出版技术股份有限公司
2	新闻出版领域关键技术应用研究与服务综合实验室	北京印刷学院	九州出版社 河北省新华书店有限责任公司 云南新华书店集团有限公司 福建新华发行（集团）有限责任公司
3	新闻出版业科技与标准跨领域综合重点实验室	新华文轩出版传媒股份有限公司	电子科技大学
4	基于 ISLI/KLS 知识服务标准研究与产业化推广重点实验室	中国建筑工业出版社	中国新闻出版研究院 金桥数字科技（北京）有限公司清华大学建筑学院
5	新闻出版业数据管理与知识服务重点实验室	中南出版传媒集团股份有限公司	湖南大学 天闻数媒科技（北京）有限公司
6	"基于 ISLI/KLS 的在线知识服务模式创新"科技与标准重点实验室	电子工业出版社	电子科技大学 中新金桥信息技术（北京）有限公司

续表

序号	实验室名称	牵头单位	共建单位
7	新闻出版大数据用户行为跟踪与分析实验室	北京师范大学	上海新华传媒连锁有限公司 北京当当网信息技术有限公司 北京中启智源数字信息技术有限责任公司 TalkingData（北京腾云天下科技有限公司）
8	新闻出版智能媒体技术重点实验室	北京大学	北京方正阿帕比技术有限公司
9	智慧型知识服务关键技术与标准重点实验室	地质出版社	南京大学信息管理学院 北京印刷学院 中国科学技术信息研究所
10	数字版权管理技术研究实验室	国家新闻出版广电总局广播科学研究院	中信国安信息产业股份有限公司 深圳市海思半导体有限公司 中云文化大数据科技有限公司
11	数字出版大数据挖掘与治理及呈现技术标准实验室	渤海大学	锦州高新技术产业开发区 辽宁中元至强信息科技有限公司
12	AR+教育数字出版联合实验室	广东省出版集团数字出版有限公司	华南师范大学 北京北大方正电子有限公司 苏州梦想人软件科技有限公司
13	基于科技大数据的知识产品服务技术重点实验室	北京万方数据股份有限公司	无
14	蒙古文数字资源标准化应用研究重点实验室	内蒙古出版集团有限责任公司	内蒙古德力海信息技术有限公司 内蒙古漠尼文化传媒有限责任公司 内蒙古维力斯信息技术有限公司 内蒙古大学
15	新闻出版业高新技术与大数据应用综合实验室	新闻出版总署信息中心	北京印刷学院 版信圆融（天津）科技有限公司
16	ISLI在汉语国际推广与中国文化"走出去"产品的应用创新研究实验室	北京语言大学出版社有限公司	中国新闻出版研究院 中国音像与数字出版协会 深圳市天朗时代科技有限公司 同方知网数字出版技术股份有限公司

标准化工作相关政策法规回顾（2005—2016）

关于征求《数字复合出版标准工作管理办法》《〈国家数字复合出版系统工程〉标准研制工作方案》意见的通知

新出厅字〔2008〕141号

各省、自治区、直辖市新闻出版局，新疆生产建设兵团新闻出版局，解放军总政宣传部新闻出版局，各出版集团、报业集团、期刊集团，各有关单位：

国家数字复合出版系统工程作为数字出版的重点工程，已被明确列入《国家"十一五"时期文化发展规划纲要》和《新闻出版业"十一五"发展规划》。国家数字复合出版系统工程建设是我国推进文化创新，增强文化活力、构建和谐社会的内在要求，是出版业走自主创新道路、创新生产方式、培育新业态的重要体现，是重大技术装备国产化的重要组成部分，是我国出版业行业转型和产业升级的主要推动力，是发展出版生产力的关键措施。

国家数字复合出版系统工程对规范全行业的数字出版流程，实现"知识标引，多重应用""一次制作，多元发布"，降低行业运行成本，开辟出版新业态；提供政府新闻出版监管的新手段，明显提高政府监管力度和效率；为数字图书馆和书店等相关领域提供统一的数据源，避免重复建设和"信息孤岛"，解决数字图书馆发展中的版权"瓶颈"问题，具有深远的战略意义。

为保证该项工程建设和实施的顺利，总署将协调全国新闻出版信息标准化技术委员会成立相关机构，组织制定并完善一系列数字复合出版标准及规范，以指导系统开发、行业应用与数字图书馆等相关领域应用，为我国数字出版健康发展奠定坚实的基础和提供标准化技术保障。根据工程建设"需求主导，标准先行，技术突破，典型示范，全面应用"的总体方针，总署制定了《数字复合出版标准工作管理办法》（征求意见稿）、《〈国家数字复合出版系统工程〉标准研制工作方案》（征求意见稿）和《数字复合出版标准研制工作调查问卷》。

现将以上材料发给你单位（可到新闻出版总署网站 www.gapp.gov.cn 和新闻出版总署信息中心网站 www.cppinfo.com 下载），请提出修改意见，并依据有关要求自愿报名积极参与数字复合出版相关标准化工作，于 2008 年 6 月 20 日反馈至总署科技发展司。

联系人：康宝中

电话：010-65212754

E-mail：kangbaozhong@gapp.gov.cn

新闻出版总署办公厅

2008 年 5 月 27 日

附件：

  关于变更反馈截止日期的说明

  数字复合出版标准工作管理办法（征求意见稿）

  《国家数字复合出版系统工程》标准研制工作方案（征求意见稿）

  数字复合出版标准研制工作调查问卷

关于贯彻实施《MPR 出版物》系列国家标准的通知

新出字〔2012〕305 号

各省、自治区、直辖市新闻出版局，新疆生产建设兵团新闻出版局，解放军总政宣传部新闻出版局，署直各单位，中国出版集团公司，中国教育出版传媒集团公司，中国科技出版传媒集团公司，全国各新闻出版单位：

2011年12月30日，国家质量监督检验检疫总局和国家标准化管理委员会批准发布了GB/T 27937.1-2011《MPR出版物 第1部分：MPR码编码规则》等5项国家标准。现将该5项国家标准转发给你单位，请遵照实施。

MPR（Multimedia Print Reader）出版物，即多媒体印刷阅读出版物，是一种以唯一性关联编码为基础，以印刷矩阵式二维码为机读符号，对多种出版载体和表现形式进行整合和精确关联，形成以纸质印刷载体为基础的多媒体复合数字出版形态的出版物。MPR出版物将数字技术引入传统印刷技术支持的出版活动，实现了纸质出版物的有声听读，可以满足阅读者通过视听多感官、抽象化与具象化全方位获取信息的需求，可实现基于新技术手段的横向阅读、深度阅读、多维度阅读，是数字技术时代对出版形式的突破，是一种全新的出版物种。MPR出版物技术具有编码容量巨大、成本低廉、可靠性强和印制便捷等特点，与数字出版实现了良好的衔接，对我国传统出版产业完成改造升级、平稳转型将发挥重要的支撑作用。

为推动《MPR出版物》系列国家标准实施，加快产业推广应用步伐，让MPR出版物早日惠及出版产业，现做如下安排：

一、新闻出版总署鼓励各出版单位贯彻执行《MPR出版物》系列国家标准，积极开展MPR出版业务。对出版单位在实践中探索出的各种行之有效的MPR出版物经营模式在全行业进行宣传推广，总署将协调有关部门通过各种渠道给予必要的政策、经费支持。

二、各省级新闻出版局要高度重视MPR出版物技术的应用推广工作，将其作为开展数字出版业务、实现数字化转型升级的重要任务来抓，指导本地出版单位认真贯彻执行《MPR出版物》系列国家标准，规范纸质有声读物的出版，支持本地出版单位实施贯彻执行《MPR出版物》系列国家标准的产业化项目。

三、新闻出版总署根据《MPR出版物》系列国家标准的相关规定，决定设立"中国MPR注册中心"，负责开展MPR用户注册、MPR编码发放和使用管理工作，对出版应用提供指导和服务。该中心由中国音像协会负责筹建。

四、请各出版单位于2012年12月30日前登录"中国MPR注册中心"网站（www.mpreader.org）进行在线登记注册。同时请下载并填报"MPR出版者注册登记表"，填写盖章后于2012年12月30日前寄至"中国MPR注册中心"筹备处。各出版单位在完成在线登记注册及书面申请后，将免费获得本单位账号和用户密码，即可通过MPR管理网络平台申领MPR编码，同时获取MPR相关资料和MPR出版技术咨询服务。

新闻出版总署

2012年11月21日

（中国MPR注册中心筹备处联系方式：

中国音像协会

地址：北京西城区莲花池东路102号天莲大厦10层1006房间（100055）

筹备处联系人：张传静 电话：010-65123917

在线注册业务支持电话：0755-83597570/7367）

关于征集《中国出版物在线信息交换（CNONIX）》国家标准应用示范工作技术服务商的通知

数出〔2015〕33号

各有关技术企业：

《中国出版物在线信息交换（CNONIX）》国家标准于2013年12月正式颁布，为解决长期困扰新闻出版业的上下游信息数据流通不畅问题、实现新闻出版业的产品信息数据可交换、实现行业数据聚集与提升行业数据价值奠定了基础，将有效推动新闻出版业大数据体系建设。为加快该标准的应用与推广，国家新闻出版广电总局在CNONIX国家标准试点工作基础上，于2014年12月启动CNONIX国家标准应用示范工作，通过公开征集、评审，确定了22家新闻出版领域相关企业作为"CNONIX国家标准应用示范单位"。

为更好地推进CNONIX国家标准应用示范工作，加快推动各应用示范单位对CNONIX国家标准的应用，采购部署符合CNONIX标准的软件工具及数据采集、数据管理等服务系统，配置CNONIX国家标准符合性测试工具，并实现与企业管理系统（ERP）的对接，经研究，决定公开征集CNONIX国家标准应用推广示范项目技术服务商。

现就有关事项通知如下：

一、征集工作的组织

国家新闻出版广电总局负责征集"CNONIX国家标准应用推广示范项目技术服务商"的具体工作部门为数字出版司。

其中，征集工作的申报组织工作，将委托全国出版物发行标准化技术委员会秘书处负责，由其统一接收相关应征材料并完成初步形式审查；征集工作的评审工作，将由国家新闻出版广电总局数字出版司组建专家评审组，专家评审组将评审结果提交后，由国家新闻出版广电总局数字出版司负责终审。

二、征集工作目标

国家新闻出版广电总局将通过公开征集，按择优原则选取技术企业，列入"CNONIX国家标准应用推广示范项目技术服务商推荐名录"，推荐给"CNONIX国家标准应用示范单位"，供其选择，作为各单位具体应用示范项目的技术服务商。

三、征集供应商类别及技术要求

1. 出版端软件供应商。

应当提供：基于CNONIX标准的出版端ERP系统。应当实现书号实名申报系统、CIP申报系统、成书信息申报系统之间的全面无缝衔接，实现出版单位与发行单位信息交换贯通，实现与第三方物流系统对接，实现出版ERP系统与数字资源库、协同编纂等数字出版相关系统的产品信息和资源采集的对接，实现出版ERP系统与出版社网站或第三方相关网站系统的对接。应提供出版端ERP系统与CNONIX数据交换平台的数据交换接口，并实现安全可靠的数据交换。

2. 发行端软件供应商。

应当提供：基于CNONIX标准的发行端ERP系统。应当可以为发行单位提供全线产品的ERP系统，包括可以实现对商流及物流进行管理的ERP系统。应提供发行端的ERP系统与CNONIX数据交换平台的数据交换接口，并实现安全可靠的数据交换。

3. 数据服务工具供应商。

应当提供：基于CNONIX标准的数据采集、格式转换、代码动态管理、数据分析和发布等服务的软件工具。一是为出版社实现书目数据的采集、代码动态管理、数据分析与发布，为实现与发行端业务数据的交换和整合提供技术保障；二是为发行单位实现业务数据的采集、格式转换、代码动态管理、数据分析与发布，为实现与出版、电子商务等上下游数据的交换和整合提供技术保障。

4. 标准符合性测试服务商。

应当提供：基于CNONIX标准的符合性测试软件工具和服务。为应用示范单位对其采集的数据、部署的软件系统等进行测试，为验证其是否符合CNONIX标准提供技术保障。

四、应征技术企业的基本条件

1. 应征技术企业应当是在中华人民共和国境内注册的本国供应商，包括法人、其他组织。
2. 参照《中华人民共和国政府采购法》第二十二条的规定，应征技术企业应当符合如下条件：
   （1）具有独立承担民事责任的能力；
   （2）具有良好商业信誉和健全的财务会计制度；
   （3）具有履行合同所必需设备和专业技术能力；
   （4）有依法缴纳税收和社会保障资金良好记录；
   （5）参加应征活动前的三年内，在经营活动中没有重大违法记录；
   （6）法律、行政法规规定的其他条件。
3. 应征技术企业的可供技术产品应符合国家有关部门规定的相应技术、节能、安全和环保标准。
4. 应征技术企业应当熟悉CNONIX国家标准，具有基于互联网技术的应用实践。
5. 应征技术企业可以提供在出版、发行领域有信息化建设的相关成功范例，特别是实现企业间数据交换项目的范例。
6. 应征技术企业可以提供经国家认定的高新技术公司和双软企业的资质证明。

五、应征材料

应征材料应当包括如下内容：

1. 企业基本情况说明。

企业在工商行政管理部门注册的完整名称、注册地、注册资本、法人代表情况、经营范围、员工数量（技术人员、服务人员数量）等。

企业应当提供应征工作联系人，及其职务、联系电话、传真电话、E-mail。

2. 技术响应说明。

应征技术企业应当按照本通知第三条的相关技术要求，提交可供技术产品的情况介绍，并有针对性地做出技术响应说明。同时，应当提供可供技术产品及售后服务的市场参考报价。

3. 其他证明材料。

应征技术企业应当按照本通知第四条关于基本条件的要求，提交说明材料，并提供相应证明材料作为附件，包括但不限于：提交企业组织机构代码证复印件、营业执照复印件、税务登记证复印件、双软企业证书复印件及有关知识产权证明等其他相关证明文件复印件。如提供服务过出版发行行业用户名录的，应当附服务合同复印件（评审中对未提交合同复印件的，视为无行业业绩）。

4. 应征材料提交方式与时限。

应征材料的纸介质应打印装订8份，并同时提交电子文档（以光盘形式）。

应征材料封面应注明："CNONIX国家标准应用推广示范项目技术服务商应征材料"字样；注明应征供应商类别，即本通知第三条所列供应商类别，如一家企业同时应征多个供应商类别时，应当分别制作应征材料；注明企业名称、联系人及联系方式。

应征材料应在2015年3月20日前提交至全国出版物发行标准化技术委员会秘书处，逾期不受理。

六、评审工作

新闻出版广电总局将组建专家评审组，对申报的技术企业进行评审，最终形成面向CNONIX国家标准应用示范单位的"CNONIX国家标准应用推广示范项目技术服务商推荐名录"，并在新闻出版广电总局网站"新闻出版业数字化转型升级专栏"予以公布。

七、后续工作

CNONIX国家标准应用示范单位可参照财政部《政府采购非招标采购方式管理办法》及相关管理规定，从"CNONIX国家标准应用推广示范项目技术服务商推荐名录"中遴选符合需求的技术企业，完成相关技术产品的采购工作。

八、征集工作联系人及联系方式

国家新闻出版广电总局数字出版司
联 系 人：武远明、康宝中、倪薇钧
联系电话：010-83138703、83138707
全国出版物发行标准化技术委员会秘书处
联 系 人：姜莎
联系电话：010-58110837

国家新闻出版广电总局数字出版司
2015年3月6日

中国音像与数字出版协会概况

名称：中国音像与数字出版协会

英文：China Audio-video and Digital Publishing Association（CADPA）

中国音像与数字出版协会（原名中国音像协会），是由全国从事音像与数字出版行业生产经营的企事业单位及个人自愿结成的、具有独立法人资格的非营利社会团体，是中华人民共和国唯一的全国性音像与数字出版行业组织。

中国音像协会于1994年4月29日，经国家新闻出版署和民政部批准成；2013年3月，经国家新闻出版总署和民政部批准更名为中国音像与数字出版协会。

中国音像协会于1994年4月29日召开第一次会员代表大会，推选出第一届理事会理事38席，当选会长刘国雄（原中宣部出版局局长，时任学习出版社社长），秘书长蔡金鹏（原国家新闻出版总署音像司司长，时任国家新闻出版总署音像司专员），领导班子6人。会员单位225家。

2001年5月19日召开第二次会员代表大会，产生第二届理事会。当选会长刘国雄（连任），秘书长朴东生（原中国录音录像出版总公司总经理），领导班子成员15位，常务理事51席，理事82席，会员单位446家。

2007年3月26日召开第三次会员代表大会，产生第三届理事会。当选会长于永湛（原国家新闻出版总署副署长，时任全国政协教科文卫委员会副主任），秘书长王炬（专职），领导班子成员17位，常务理事43席，理事112席。会员单位528家（单位），个人会员253位。

2013年3月13日，经民政部批准更名为中国音像与数字出版协会。

2013年10月17日召开第四次会员代表大会，产生第四届理事会，当选理事长孙寿山（原国家新闻出版广电总局副局长），秘书长王炬（专职），领导班子成员28位，常务理事89席，理事191席。会员单位680家，个人会员376位。

中国音像与数字出版协会单位会员涵盖：音像与数字出版内容创作、产品制作、内容传播，音像与数字出版内容播放终端建设，音像与数字出版产业标准规范，音像与数字出版产业发展研究等单位，现有会员单位1320余家（截止到2017年4月30日）；在唱片创作、光盘制作、教育音像、数字音像、音视频工程、音乐产业促进、游戏出版、反盗版，以及专业数字、大众数字内容制作，数字传媒及数字分销等10多个方面设有分支机构。

主管、主办实体一家：北京伯通电子出版社。

中国音像与数字出版协会是代表广大会员利益的行业组织，是政府主管部门联系音像与数字出版产业的桥梁和纽带。中国音像与数字出版协会的常设办事机构是秘书处，秘书处下设办公室、会员部、国际交流部、信息咨询部、技术与标准部和专家委员会。

中国音像与数字出版协会的宗旨和主要职能是：高举习近平新时代中国特色社会主义思想伟大旗帜，遵守宪法、法律、法规和国家政策，遵守社会道德风尚，团结全体会员，执行党和国家对音像与数字出版业的法律法规及各项政策，致力于维护本会会员的合法权益，促进国内、国际行业交流，为繁荣和发展音像与数字出版业做贡献。

组织会员对我国音像与数字出版业的相关政策、发展规划和重大课题等进行调研，向会员和有关部门提供信息，提出建议；发挥集体力量，为会员办实事，保护会员的知识产权和其他合法权益，协助解决会员在实际工作中遇到的问题；培训专业人才，推广先进技术，交流业务信息，提供咨询服务；经政府有关部门批准，组织全国性音像与数字出版物的评奖活动，受政府委托承办或根据市场和行业发展需要，组织全国性音像与数字出版物的展销活动；举办音像与数字出版业的交流和学术活动；开展与海外同行业及相关国际组织的合作，参加有关国际交流活动；承办政府部门委托的事项等是协会的主要职能。

中国音像与数字出版协会成立23年来，开展过许多重大的项目，近年比较成功的项目有：

2001、2002年成功举办两届"中国唱片金碟奖"。

2003年成功承办"第三届全国优秀文艺音像制品奖"。

2003年成功地进行了音像业"明星发行品牌"推广活动，为当年度15家著名发行企业颁发了殊荣称号。

2004年成功举办了"纪念中国唱片100周年"系列活动，刘云山等中央领导同志参观了纪念展览，中宣部、新闻出版总署、文化部还联合举行了"纪念中国唱片100周年座谈会"。

2005、2006、2007年在上海成功举办了三届国际音像电子博览会和高峰论坛，吸引了国内外众多音像及相关企业和机构参加博览会，我国政府主管部门的领导、学者和企业家以及美国、英国、德国、日本、韩国和国际唱片业协会等高层人士出席高峰论坛并发表演讲。

2006年经国家版权局批准，中国音像协会筹备成立了"音像版权集体管理中心"和KTV版权运营部，推动开展对音像版权实施集体管理的工作。

2008年以来，受国家新闻出版总署的委托连续多年组团赴法国，在每年一届的国际音乐交易博览会（MIDEM）搭建中国展台，在国际专业平台上展示我国音像出版产业、民族音乐原创的发展水平和成就。

此外，还组织业务研讨和培训，为会员提供咨询和开展音视频工程资质认证等服务；开展与海内外同行及有关国际组织的联系，参加有关音像与数字出版业的国际交流与合作，以及举办地区和国际间的音像制品展览和论坛等交流活动。

中国音像与数字出版协会致力于促进海内外音像与数字出版单位的合作发展，积极做好法律保障和版权引进与内容产品原创交流的工作，推动中国音像与数字出版产业的整体发展。

现任主要领导（第四届理事会）

（2013年10月17日第四届会员代表大会当选）

理事长：

孙寿山　国家新闻出版广电总局副局长、党组成员

第一副理事长：

张毅君　国家新闻出版广电总局数字出版司司长

副理事长：

张拥军　中宣部出版局副局长

朱启会　国家新闻出版广电总局出版管理司副司长

常务副理事长：

王　炬（专职）

副理事长（按姓氏笔画排序）：

王　岳　人民教育出版社副总编辑　人民教育电子音像出版社社长

毛凤昆　原北京电视艺术中心音像出版社社长

朱　光　百度副总裁

朱　泓　中国移动无线音乐基地总经理

刘晓松　A8音乐集团董事局主席兼CEO　A8新媒体集团董事长

池宇峰　完美世界董事长

杨　祥　高等教育出版社总编辑

宋　柯　阿里音乐CEO

张宛沙　解放军音像出版社社长

林佑钦　广东飞仕商城投资管理有限公司董事长

林　鹏　中国科技出版传媒股份有限公司董事长、总经理、总编辑

周建潮　中国唱片总公司总经理

胡　奎　方正信息产业控股有限公司助理总裁

郝振省　中国新闻出版研究院院长、党委副书记

敖　然　电子工业出版社社长兼党委书记　中国工信出版传媒集团有限责任公司党组书记

费玉珍　数字音像工作委员会负责人

蒋勇青　北京万方数据股份有限公司总经理

韩宝昌　重庆国家数字出版基地领导小组办公室主任

童之磊　中文在线董事长兼总裁

赖秀薇　太平洋影音公司总经理

臧志君　内蒙古文化音像出版社社长、总编辑　内蒙古出版集团副董事长

臧彦彬　唱片工作委员会理事长　国家音乐产业基地上海园区负责人　上海新汇文化娱乐集团副总裁

戴和忠　中国移动手机阅读基地总经理

秘书长：

王　炬（兼）

协会常设机构

秘书处：秘书处是协会常设机构，在理事长的领导下负责协会各项工作。协会日常事务由秘书长负责。

秘书长：

王　炬（兼）

副秘书长：

王　强

朱　禾
王　勤
汪京京

秘书处下设部门：

办公室

办公室负责协会的日常工作安排、人员管理、文件档案管理和办公设施管理等工作。

办公室主任：朱禾（兼）　电话：65125831

会员部

负责会员的发展、联络和管理，组织会员的各种会议和活动。

联系人：来卫芹　电话：65122882

国际交流部

负责协会外事活动，"走出去"工程，以及对外事务的联络。

主任：张传静　电话：65123917

技术与标准部

主要参与制定和修订有关产品、技术、质量等行业标准，组织推进已有行业标准的实施，依法及政府授权或委托，开展行业资质认证以及产品质量检测认证等工作，负责行业岗位技能培训、专业领域的职业技能培训和业务交流等。

负责人：岑振唯　电话：65125524

信息咨询部

负责产业信息、数据的收集整理和统计分析，发布统计信息和数据，为政府主管部门和会员提供信息咨询服务，负责组织或与有关机构合作，开展行业动态监测、产业调研、政策法规咨询，协助政府制定产业政策和行业发展规划，编撰行业发展报告，协会网站维护等事务。

主任：张金晖　电话：65125831

专家委员会

专家委员会作为常设咨询机构，成员由各专业工作委员会的专家组成，为企业和行业制定各项专业指标、技术标准、产品标准和质量标准提供专业咨询服务，为会员所需提供专家服务等。

联系人：王勤（兼）　电话：65125524

委托项目：

MPR 注册中心

MPR 注册中心是经国家新闻出版广电总局批准，由中国音像与数字出版协会建立的 MPR 标准注册管理与服务机构。中心以开展《MPR 出版物》国家标准编码分配管理、注册维护、宣传贯彻和推广应用工作为主要任务。中心常设综合办公室、注册管理部、产业事业部和技术支持部四个部门。

中心主任：韩冰

综合办公室主任：张传静

注册管理部部长：冯思然

产业事业部部长：贾大林

技术支持部：刘俊

2016年主要业务活动：

协助总局实验室项目申报。2016年4月底总局发布了《关于申报出版融合发展重点实验室有关工作的通知》。通知下发后，中心协助相关出版单位进行项目申报，并参与了以中原大地出版传媒集团作为依托单位的融合发展重点实验室项目，并最终入围实验室名单。2016年10月，总局发布了《关于开展首批新闻出版业科技与标准重点实验室申报工作的通知》，中心作为共建单位参与了五个实验室的项目申报及共建工作，最终有两个入选科技与标准实验室项目。

组织开展标准培训活动。2016年5月9日，中心与ISLI国际标准注册机构在深圳联合主办了"MPR国家标准应用示范工作阶段性会议暨ISLI/MPR标准与全媒体融合出版技术系统应用者大会"，总局有关领导深度解读了《新闻出版业"十三五"时期科技发展规划》，深圳市天朗时代科技有限公司向与会人员展示了升级改造后的ISLI/MPR技术系统。

ISLI/MPR项目验收工作。2016年，中心继续接受总局数字出版司的委托，对新闻出版业数字化转型升级MPR国家标准应用示范项目进行验收。2016年6月30日，中心参与了中国少年儿童出版社"基于MPR标准的少儿复合出版应用示范"项目验收工作。

参与重大项目工程申报工作。2016年初，国家发展和改革委员会向国家有关机关发出了《关于组织实施促进大数据发展重大工程的通知》。总局数字出版司组织业内相关单位进行研讨、就如何开展有关工作进行部署。协会暨中心作为新闻出版业大数据应用工程项目的共建单位之一，全程参与了项目的顶层设计、项目申报书及其有关材料的编制起草工作，并就该工程建设事宜，与其他两家共建单位，即总署信息中心和新闻出版研究院签署了《新闻出版业大数据应用工程共建协议》。项目资金申请报告、视频等资料已于2016年11月底提交给国家发展和改革委员会。

除此之外，为配合总局有效实施ISLI国家标准，探索ISLI/MPR标准和技术在出版领域应用的衔接和使用，2016年MPR注册中心更多地参与了ISLI标准和技术在知识服务、物流领域及与其他相关标识符互操作问题的研究工作。在已经形成了有效的工作机制和具备相关标准推广工作经验的基础上，中国音像与数字出版协会于2016年12月底向总局提出承担"中国ISLI注册中心"的申请。

秘书处现有人员情况：

协会秘书处现有职工14人，其中秘书处专职工作人员7人（含秘书长1位，副秘书长2位，工作人员4位），委托项目7人。

协会于2002年成立党支部，直属总局（原国家新闻出版总署）机关党委。现有党员7人。2016年11月21日完成换届，现任书记朱禾，宣传委员冯思然，组织委员张传静。协会下属各分支机构独立运作，自主借调或聘用工作人员，大部分为兼职人员，兼职人员人事关系和组织关系都在原单位。

协会主要经费来源是会费、政府委托项目、购买服务和为会员及行业提供有偿服务。会费收入是协会固定经费来源，现行的会费标准是经第四次会员代表大会审议通过的，标准为：会员2000元/年，理事4000元/年，常务理事8000元/年，副理事长20000元/年。

秘书处办公地址：北京市西城区莲花池东路102号天莲大厦17层

邮政编码：100055

传真：65127030

E-mail：cava2008@163.com

协会网址：http://www.cadpa.org.cn

现有分支机构情况

（截止到 2017 年 6 月底以前有活动的）

1. 唱片工作委员会

主任委员：

宋　柯　阿里音乐 CEO

副主任委员：

刘　鑫　太麦 / 海蝶国际集团总裁

张耕宇　福茂巨才文化传播（北京）有限公司执行董事

沈永革　北京天娱传媒有限公司天娱音乐总裁

沈黎晖　摩登天空总经理

徐　毅　索尼音乐娱乐（上海）有限公司首席执行官

周建潮　中国唱片总公司总经理、党委书记（第三届副主任委员）

周亚平　北京鸟人艺术推广有限责任公司董事长

臧彦彬　上海新汇文化娱乐集团副总裁

刘钦隆　广州太平洋影音公司总经理

秘书长：

刘　鑫（兼）

2016 年主要业务活动：

深入参与政府沟通工作，为会员音乐企业寻求政府项目支持。不断向政府主管部门传递行业心声、争取行业利益。多次参与总局举办的有关发展音乐产业的研讨会，在行业税收、演出审批、ISRC 免费申领、行业标准制定、行业协会奖项申办等方面反映了行业需求，表明了推动数字音乐收费的关键性，强调了加快著作权立法保障的必要性；应邀作为中国音乐产业的唯一代表参展由文化部、国家新闻出版广电总局、北京市政府主办，北京市委宣传部等 26 个委办协办的第十一届中国北京国际文化创意产业博览会；受 IFPI 委托参与内地唱片公司品牌影响力的调研咨询；作为中国原创唱片行业代表，配合协会组织参与第 50 届 MIDEM 世界音乐博览会；编写《2016 中国音乐产业调研报告》。

承接总局委托：无

2. 光盘工作委员会

理事长：

周建潮　中国唱片总公司原总经理

副理事长：

黄晓新、蟠龙法、肖武等

秘书长：

肖　武（兼）

2016 年主要业务活动：

配合管理部门年度核验，引导复制单位申报材料；配合 3·15 检测活动提供质检设备、技术和人员支持；3 月份到 11 月份再启 DVD 6C 专利许可协议谈判，为会员单位争取权益；配合"光盘复制业'十三五'时期发展指导意见"开展宣讲研讨；配合主管部门做好评优评先，并参与组织活动；

组织业内专家制定相关行业标准，推动构建光盘复制标准体系。

承接总局委托：

受印刷发行管理司委托编制《光盘复制业"十三五"时期发展指导意见》。

3. 制作发行工作委员会

2017年由太平洋影音公司牵头启动换届筹备工作。

4. 数字音像工作委员会

主任委员：

郝雪松　天擎华媒（北京）科技有限公司总经理

副主任委员：

汪　廷　北京东方瞭望文化传播有限公司总经理

姬　佩　乐映文化科技（北京）有限公司总经理

徐锦培　中央广播电视大学音像出版社社长

龙昌明　光一科技股份有限公司董事长

江燕红　联慧华媒（北京）科技有限公司总经理

郝建亚　北京市鑫诺律师事务所主任

2016年主要业务活动：

继续参加"净网2016"专项行动，并基于平台对网络淫秽色情信息进行监测，为"净网2016行动"提供技术监测和技术支撑；运维"中国数字知识产权监测维权平台（426SO）"继续为影视行业用户开通从作品认领、监测取证到诉讼维权的一站式监测维权服务，为影视版权维权提供盗版播放链接、IP、区域分布、网站信息等监测信息；积极拓展线下娱乐经营场所，如私人影吧、KTV、网吧、酒店、购物中心等，依托版权云项目"先行先试"的政策优势，为开展泛娱乐经营的场所提供服务，主要包括将符合标准的场所纳入CCDI项目，成为版权云旗下体验店，同时为版权人及经营场所搭建版权交易的平台；联合北京印刷学院新闻出版学院、北京出版产业与文化研究基地、天擎华媒（北京）科技有限公司三家单位共同推出《2015年境内院线电影网络盗版监测统计报告》。

承接总局委托：

受反非法和违禁出版物司委托开展网络有害信息专项监测工作。

5. 教育音像工作委员

主任委员：

林　全　西安交通大学音像出版社有限责任公司社长

副主任委员：

蔡剑峰　外语教学与研究出版社有限责任公司社长

陈坚林　上海外语音像出版社有限公司社长

梁晓庆　中央广播电视大学音像出版社有限责任公司社长

任雪松　辽宁教育电子音像出版社有限公司社长

张　健　北京语言大学出版社有限公司副社长

王　岳　人民教育电子音像出版社有限公司社长

李永强　中国人民大学出版社有限公司社长

余庆华　中科技大学电子音像出版社副社长

（9）张超中　清华大学出版社有限公司分社社长

（10）周永坤　云南大学音像出版社社长

秘书长：

郭建忠　西安交通大学音像出版社有限责任公司副社长

常设地址：西安市

2016年主要业务活动：

与大学版协联合举办主题为"文化产业项目建设及教育音像出版"的大学数字出版与教育音像出版论坛，就数字出版文化产业项目的建设、管理、运营以及教育音像出版现状和思考等方面进行了多维度的交流与探讨。积极号召并组织会员单位参加第29届全国大学出版社图书订货会，专设音像电子及数字产品演示位，形式创新、音像展示费用降低，使用智能电视滚动播放精品音像产品。

承接总局委托：无

6. 有声读物专业委员会

主任委员：

闻宗禹　广东大音音像出版社社长兼总编辑

副主任委员：

张　农　中国广播音像出版社社长

沃淑萍　中国盲文出版社副总编辑

黄　颖　中国人民大学音像出版社有限公司副社长

梁志国　北京师范大学音像电子出版社有限责任公司社长

王六一　三辰影库音像出版社社长

陈　学　咪咕数字传媒有限公司副总经理

肖　伟　天翼阅读文化传播有限公司总经理

周燕国　中国联通阅读运营中心总经理

孙　淼　中文在线鸿达以太文化发展有限公司总经理

乔莉莉　北京方正阿帕比技术有限公司出版行业部总经理

吕　勇　上海倾听信息技术有限公司（蜻蜓FM）高级副总裁

张鸿亮　深圳市天朗时代科技有限公司副总裁

秘书长：

谢文勇　广东大音音像出版社副社长

常设办公地址：广州市

2016年主要业务活动：

在北京举行的全国图书订货会期间，有声读物专业委员会策划了在大会主流平台"红沙发"上，以《听书，让阅读更精彩》为主题的大型宣传活动；召集国内部分有声读物出版单位参加"加快有声读物制作出版的研讨会"，就加快有声读物优质产品制作、出版为主题进行了研讨。

承接总局委托：

承接总局"有声读物发展现状"调研课题的研究任务，在此基础上申报了国民听书率研究的调研课题。

7. 音视频工程专业委员会

主任委员（轮值制）：

王国红	北京真视通科技股份有限公司总经理
殷　越	北京中科软件有限公司总经理
刘　辉	北京立思辰新技术有限公司总经理
李　明	中建电子工程有限公司总经理

副主任委员：

姜　巍	北京天润新禾信息技术有限公司总经理
贾　平	浙江融创信息产业有限公司总经理
何伟峰	广州飞达音响股份有限公司总经理
马正祥	天筑科技股份有限公司董事长
贾长雁	北京至朋佳音数码科技有限公司总经理
曾　晨	北京帜扬信通科技股份有限公司总经理
雷宁秋	北京奥特维科技有限公司总经理
王邦文	北京康邦科技有限公司总裁
戴宏都	北京华科鸿泰智能系统工程有限责任公司董事长
王　臣	北京威胜得数码科技有限公司总经理
薛俊峰	北京冠华荣信系统工程有限公司董事长
管益森	青岛通利电子工程有限公司副董事长
王瑞光	北京视通天地科技发展有限公司总经理
曾清良	厦门市清鑫科技有限公司总经理
赵炳崑	北京昆光职业技能培训学校校长

秘书长：

赵炳崑（兼）

2016年主要业务活动：

继续开展行业资格认定，推进行业规范化、标准化建设，组织专家走访调研，为106家会员单位进行了音视频集成工程企业资质评定；委托专业技能培训学校联合开展"音视频设计工程师"培训，来自会员单位30多名学员参加了培训并通过考试；6月，根据中共中央办公厅、国务院办公厅《行业协会商会与行政机关脱钩总体方案》精神，修订《中国音像与数字出版协会音视频工程专业委员会规章》并根据新《规章》确定了主委轮值制的全新组织模式，推选了4名行业领军企业做轮值主任委员。

承接总局委托：无

8. 反盗版工作委员会

理事长：

冯　晶	江苏省音像制品分销协会会长

副理事长：

李艳军	北京市音像制品分销行业协会会长
薛　天	上海市音像制品分销行业协会秘书长
彭　涛	陕西省音像协会会长

熊　俊　湖北省音像制品分销协会秘书长
甘　春　新疆维吾尔自治区音像制品分销协会秘书长
张栋伟　北京网尚文化传播有限公司市场部总经理
冯山泉　北斗卫星数字新媒体（北京）有限公司CEO

秘书长：

陈鄂

常设办公地址：南京市

2016年主要业务活动：

受权利人委托，及时开展反盗行动，组织力量赴盗版猖獗的浙江、广东、河南、山东等地调查取证，通过司法诉讼，已有48个案件达成和解，不仅为权利人挽回了一些损失，也有效打击了盗版者的嚣张气焰，从而促进了HQII光盘的正常销售；继续抓好与唱工委"联合行动"的收尾工作，努力推进反盗维权案件的进展，目前正在进行的卡拉OK侵权案件130多个。

承接总局委托：无

9. 音乐产业促进工作委员会

主任委员：

汪京京　中国音像与数字出版协会副秘书长

副主任委员：

王　宇　成都音像出版社有限公司董事长、总经理
刘钦隆　太平洋影音公司总经理
许家勋　环球嘉年华（北京）投资有限公司总裁
曾达钦　北京国家音乐产业基地1919园区负责人　竞园视觉（北京）文化传播有限公司总经理
张　帆　北京迷笛音乐学校创始人、校长
李　罡　北京现代音乐教育集团董事长　北京现代研修音乐研修学院创始人
金　聆　北京天桥盛世投资集团有限责任公司总经理
侯　钧　中国唱片总公司副总经理
周小川　广东星外星文化传播有限公司创始人　星外星音乐总裁
赵志安　中国传媒大学音乐与录音艺术学院副院长
唐月明　北京国家音乐产业基地负责人　无限星空音乐有限公司总经理
徐　轩　国音臻艺文化传媒公司总裁　中国音乐家协会音乐高校联盟副秘书长
徐宏莉　新华昆仑文化产业基金筹备组负责人
黄卓钧　深圳深广瀛投资发展集团有限公司董事长
廖　宇　咪咕音乐有限公司党委书记、董事、总经理
廖联清　成都传媒文化投资有限公司董事长、总经理
熊　锐　成都东方文商企业运营管理有限公司董事长兼总经理　荷苗小剧场创始人

秘书长：

徐宏莉（兼）

2016年主要业务活动：

代表协会与北京新闻出版广电局共同举办了"第六届北京音乐版权保护产业发展论坛"；与四川新华发行集团签署《战略合作协议》，共同推进成立以新华发行集团为主要发起人的"音乐文化产业投资基金"，并推进双方所属的文化资源与产业基金进行深度嫁接，共同开拓文化产业多元化市场；组织撰写《2016中国音乐产业发展报告》；与中国传媒大学艺术学部音乐与录音艺术学院联合承办了在中国传媒大学举办的"第三届音乐产业高端论坛"，论坛上正式发布了《2016中国音乐产业发展报告》；与四川省有关部门和四川师范大学联合主办"中国音乐产业发展成都峰会暨《关于推进我国音乐产业发展的若干意见》发布实施周年论坛"。

承接总局委托：

2017年，规划发展司委托"中国城市音乐产业发展指数研究课题项目"。

10. 游戏出版工作委员会

主任委员：

张毅君　中国音像与数字出版协会第一副理事长

常务副主任委员：

刘杰华　国家新闻出版广电总局数字出版司调研员

副主任委员（按姓氏笔画）：

丁　磊　广州博冠信息科技有限公司（网易）首席执行官

王　勇　上海第九城市信息技术有限公司副总裁

池宇峰　北京完美时空网络技术有限公司董事长

陈德文　北京畅游天下网络技术有限公司（搜狐畅游）总裁

邹　涛　北京金山数字娱乐科技有限公司高级副总裁

张向东　上海数龙计算机科技有限公司（盛大）首席执行官

顾　懿　久游网首席执行官

曹国伟　北京新浪互联信息服务有限公司首席执行官兼总裁

程　武　腾讯科技（深圳）有限公司副总裁

秘书长：

刘杰华（兼）

2016年主要业务活动：

4月、7月、12月分别于北京、上海、海南组织举办国际游戏商务大会，发挥协会促进国际交流合作、拉动中国游戏海外市场增长的作用和协调能力；7月、12月分别于上海、海南举办的第14届展览、第13届年会，以及9—11月开展的第13次年度产业调查反响良好，得到管理部门、协会、新闻媒体、会员单位等社会各界的认可；积极推动中国游戏数码港项目建设。与海南省政府决定共同推动建设的面向国际、服务于全行业的唯一的建设项目，截至2016年年底，已经有225家游戏企业落户，收入突破30亿元；配合游戏出版监管组织举办培训，6月、10月在北京、四川、上海组织举办3期移动游戏出版培训班，参加培训的单位累计212家，其中包括省级新闻出版广电局14家、出版单位32家、游戏企业166家，参加培训人数累计340人。

承接总局委托：

2016年度中国原创游戏精品出版工程项目评审及推广工作；

2016年度网络游戏内容管理培训项目。

11. 专业数字出版工作委员会

主任委员：

李　弘　中国工信出版传媒集团科研部主任

副主任委员：

林　鹏　中国科技出版传媒股份有限公司董事长兼总经理、总编辑

蒋勇青　北京万方数据股份有限公司总经理

董清松　中国纺织出版社党委副书记

姚彦兵　人民邮电出版社副社长

谢　炜　社会科学文献出版社数字资源运营中心社长助理

姜占峰　人民交通出版社信息技术总监

宋永刚　人民卫生电子音像出版社有限公司总经理助理

秦新利　人民军医电子出版社数字出版部主任

魏　枫　中国建筑工业出版社数字出版中心主任

刘爱芳　中国农业出版社数字出版办公室主任

张承兵　人民法院电子音像出版社副社长

张　金　科学普及出版社（中国科学技术出版社）社长助理

张新新　地质出版社总编辑助理

秘书长：

张　峻　电子工业出版社数字出版中心副主任

2016年主要业务活动：

主办专业类出版社"十三五"数字出版研讨会；举办首期"数字出版产品经理实战训练营"；受托举办两期"数字出版项目及产品经营管理业务培训班"，培训计入总局24学时的继续教育培训学时，并向182名认真完成培训课时的学员颁发了总局24学时的继续教育证书。协助数字阅读工委开展2016年度"出版专业职业资格考试（中级）考前培训"工作。

承接总局委托：

受托举办"数字出版项目及产品经营管理业务培训班"。

12. 数字教育出版工作委员会

主任委员：

杨　祥　高等教育出版社有限公司总编辑

副主任委员：

王志刚　人民教育出版社副社长

范晓虹　外语教学与研究出版社副社长

卢先和　清华大学出版社副社长、副总编

李永强　中国人民大学出版社社长、书记

朱双龙　人民卫生出版社副总编辑

梁志国　北京师范大学音像电子出版社社长、总经理

张晓楠　中国少年儿童新闻出版总社副总编辑

刘　臣　中央广播电视大学出版社有限公司社长
王瑞书　江苏凤凰教育出版社总编辑
王　健　华东师范大学出版社副社长
李　程　大象出版社有限公司数字中心主任
陈建军　重庆出版集团副总经理
石立民　广西教育出版社总编辑
贾庆鹏　青岛出版集团有限公司副总经理、副总编辑

秘书长：
张　泽　高等教育出版社有限公司数字技术部主任、编审

2016年主要业务活动：
主办首届"中国数字教育与出版论坛"，论坛主题为"数字教育出版的实践探索与创新融合"，围绕教育信息和教育出版数字化两大内容进行交流和研讨。

承接总局委托：无

13. 大众数字出版工作委员会

主任委员：
童之磊　北京中文在线数字出版股份有限公司董事长兼总裁

副主任委员：
许丹丹　人民网股份有限公司总裁助理、副总编辑
赖雪梅　中版集团数字传媒有限公司总经理
汤　潮　北京龙源创新信息技术有限公司总裁
田荣华　湖北长江传媒数字出版有限公司总经理
吴文辉　上海阅闻信息技术有限公司（腾讯文学）CEO
刘　方　作家出版社副总编辑
朱　泓　中国移动无线音乐基地总经理

秘书长：
谢广才　北京中文在线数字出版股份有限公司常务副总裁

2016年主要业务活动：
组织会员参加2016年第23届北京国际图书博览会（BIBF）及2016年数字出版年会。

承接总局委托：无

14. 电子出版工作委员会

主任委员：
张晓东　人民教育电子音像出版社有限公司副总编辑

副主任委员：
宋吉述　江苏凤凰电子音像出版社社长
张力勇　方圆电子音像出版社有限责任公司社长
刘永东　红星电子音像出版社有限责任公司社长
刘子如　广东海燕电子音像出版社有限公司社长
汤弘亮　浙江电子音像出版社有限公司社长

吕美亮　山东电子音像出版社有限公司社长
王　勇　北京外语音像出版社副总编辑
向万成　四川师范大学电子出版社有限公司社长
于文胜　新疆电子音像出版社社长
杨　林　湖南电子音像出版社社长
于立泳　《中国学术期刊（光盘版）》电子杂志社有限公司副总编辑
向其霖　重庆维普资讯有限公司总经理

秘书长：
张晓东　人民教育电子音像出版社有限公司副总编辑

2016年主要业务活动：
主办"互联网+背景下的教育电子出版融合发展"研讨会；根据总局出版管理司要求，继续对我国市场上电子书现状开展了一系列调研活动。

承接总局委托：无

15. 数字阅读工作委员会

主任委员：
张燕鹏　咪咕数字传媒有限公司总经理

副主任委员：
周燕国　中国联通阅读基地运营中心总经理
肖　伟　天翼阅读文化传播有限公司总经理
朱卫国　浙江出版集团数字传媒有限公司总经理
汪海英　盛大文学有限公司副总裁
区碧茹　广东省出版集团数字出版有限公司副总经理
皮　钧　中国青年出版（总）社党组书记、社长
彭金良　北京卓众出版有限公司总经理、党委书记
乔莉莉　北京方正阿帕比技术有限公司总监
朱　志　广州市久邦数码科技有限公司联席COO
邵冰冰　杭州蓝狮子图书经营有限公司董事长
张凌云　掌阅科技股份有限公司总裁
汪新红　北京世纪超星信息技术发展有限公司副总经理

秘书长：
丁悦华　咪咕数字传媒有限公司副总经理

2016年主要业务活动：
承办的2016中国数字阅读大会，旨在联合各方共同探讨数字阅读领域的发展趋势和未来机遇，切实推动传统出版与新兴出版融合发展，促进产业转型升级；联合打击盗版，倡导绿色阅读，联合有意向的会员单位，建立绿色正版联盟，号召各方共同开展维权行动，督促会员单位依托第三方合作伙伴加强全网排查力度。2016年绿色正版联盟加大维权力度，共进行反盗版维权案件47起，创新维权模式；指导开展"2017中国互联网文学联赛"走入国内知名高校活动；面向会员单位举办2016年度全国出版专业资格证考前培训，旨在提升会员单位自身专业素质，增强工委会的凝聚力，

从而更好发挥行业影响力,推动数字阅读产业发展。

承接总局委托:

受数字出版司委托编制《年度数字阅读白皮书》。

国家数字出版基地简介

一、安徽国家数字出版基地

2012年12月,安徽国家数字出版基地挂牌成立。按照一个基地两个园区(合肥园区、芜湖园区)的模式实施建设。合肥园区以"园中园"方式规划建设,重点培育建成集内容企业、技术企业、渠道企业、终端企业于一体的数字出版产业链。芜湖园区主基地以芜湖华强文化科技产业园、鸠江文化创意产业园为依托,形成覆盖数字出版内容创意、技术提供、传播、终端制造等核心环节的数字出版产业链;辅基地以芜湖服务外包产业园、新华印务产业基地和高教园区为依托,推动传统出版企业转型发展,结合数字出版企业的人才需求,发展数字出版产业教育培训。

二、北京国家数字出版基地

2013年12月,北京国家数字出版基地挂牌成立。基地基于移动互联网发展趋势,以教育出版、移动出版、互联网出版为核心,按照"差异发展、特色发展、错位发展"的理念,以建设成国际化、国家级的数字出版产业核心区为目标。2014年5月,北京市人民政府发布的《北京市文化创意产业功能区建设发展规划(2014—2020年)》提出:"以位于丰台区的北京国家数字出版基地为重点,推进发展集数字出版创意策划、数字内容加工生产、数字出版平台运营等服务于一体的,面向互联网、移动网络和智能移动设备的数字出版产业,打造国内一流的数字出版基地"。

三、福建海峡国家数字出版基地

2013年6月,海峡国家数字出版基地挂牌成立。基地以福州和厦门数字出版产业为中心,构筑包括福州、厦门、漳州、泉州、莆田等在内的沿海数字出版产业带,并向平潭综合实验区延伸,采用"一基地多园"的模式建设,设立福州园区、厦门园区和平潭综合实验区等5个产业园区,重点发展数字图书、数字报刊、海峡数据库出版、动漫游戏、移动互联网出版、数字印刷、数字版权等七大业务板块。

四、广东国家数字出版基地

2011年5月,广东国家数字出版基地作为第一家以省为单位挂牌的基地在广州天河软件园挂牌成立。基地以广州、深圳为核心,采取"一基地、多园区"的建设方式,充分利用全省现有的数字出版产业基础和优势资源,以"发挥区位优势,突出技术研发,着力市场培育,实现集聚发展"为工作主线,重点发展电子报纸、电子图书、电子杂志、手机出版、数据库出版、网络教育、数字音乐、网络游戏、动漫、按需出版与数字印刷等产业。

五、杭州国家数字出版基地

2012年4月，杭州国家数字出版基地作为第一家以城市为主体挂牌的基地在浙江杭州挂牌成立。基地构建了以城市为整体、核心园区和数个功能园区为特征的组团式发展格局，包括滨江数字出版核心园区、杭报数字出版园区、中国移动手机出版园区、中国电信数字阅读园区、华数数字出版园区、数字娱乐出版园区、滨江动漫出版园区、人民书店数字出版园区等八大功能园区。

六、湖北华中国家数字出版基地

2011年9月，湖北华中国家数字出版基地在湖北武汉挂牌成立，落户于武汉经济技术开发区。华中国家数字出版基地是唯一一家授予开发区内独立项目——"华中智谷"的基地。基地规划用地246.66亩，总建筑面积32.88万平方米，采取"定向开发、市场主导、多元投资、联合运营、主体突出"的运作模式，重点发展知识内容数字产品与服务、数字在线教育及培训、动漫产业、游戏产业、数字影音、网络增值服务、数字出版终端、衍生产品开发等八大产业门类。

七、江苏国家数字出版基地

2011年6月，江苏国家数字出版基地挂牌成立，采用在主要城市设立分园的做法。目前由南京园区、苏州园区、扬州园区、无锡园区、镇江园区五个分园组成，各分园由地方政府独立运作，根据当地不同基础，模式各不相同。南京园区落户南京雨花经济开发区。以28平方公里的南京雨花经济开发区为核心区，延展区则覆盖70平方公里的软件谷全域，以数字出版内容为主体，延展区以软件技术为专长，文化与科技相融共生。

八、江西国家数字出版基地

2015年6月，江西国家数字出版基地在南昌高新区挂牌成立，这是2014年3月国家新闻出版广电总局加强国家级基地设立评定标准以后第一家国家级数字出版基地。基地目前以南昌高新区全域为布局范围，未规划单独区域。南昌高新区规划面积231平方公里。基地聚集数字出版企业132家，年销售收入超过3亿元的企业有6家，已形成了数字传媒、动漫游戏、数字内容、手机应用、人才培训等五大产业集群。

九、山东青岛国家数字出版基地

2014年3月，青岛国家数字出版产业基地挂牌成立，基地依托大企业和成熟园区形成五大园区，包括以海尔集团、海信集团为依托的数字出版终端研发生产园区、以青岛出版集团为依托的数字出版内容园区、以市北中央商务区为依托的数字出版企业孵化园区、以国家广告产业园为依托的数字创意新媒体园区和以青岛光谷软件园为依托的软件研发园区。

十、上海张江国家数字出版基地

2008年7月，张江国家数字出版基地在上海挂牌成立，这是国家新闻出版广电总局（原国家新闻出版总署）批准建立的全国第一个数字出版基地。张江基地以"园中园"形式建设，共计45万平方米，产业业态以原创和IT新技术为基础，逐渐形成数字出版、网络游戏、动漫、新媒体为核心的业态。基地包括盛大文学、中文在线、沪江网、龙源期刊等知名企业，基地已形成了原创内容生产、内容运营、底层技术提供、终端显示开发、配套支持等相对完整的产业链，包括数字内容、游戏、互联网、动漫影视等主要产业门类。

十一、天津国家数字出版基地

2011年10月，天津国家数字出版基地挂牌成立，位于天津市空港经济区，以"园中园"方式规划建设面积3.5平方公里，建筑面积约260万平方米。基地依托数字出版公共服务平台、数字版权交易中心、云计算中心的不断完善，为入驻企业提供专业化的服务，吸引一批行业龙头企业进入园区，推动数字出版产业的发展。

十二、陕西西安国家数字出版基地

2012年6月，西安国家数字出版基地在西安高新区挂牌成立，成为西部首个国家级数字出版基地，基地以"高新技术为支撑，数字化内容为核心，产业示范为手段"，以数字企业为基础进行适应性设计规划，基地定位于建成集内容原创、技术研发、数字加工、版权运营、复合出版、终端服务等为主的产业集群，建成集孵化培育、人才培训、平台运营、投融资健全等为一体的服务体系。

十三、中南国家数字出版基地

2011年11月，中南国家数字出版基地于湖南长沙天心文化产业园挂牌成立。重点建设数字出版产业发展平台、数字出版运营技术平台、数字出版内容营销平台、数字出版公共服务平台、数字出版公共服务平台。以现有出版产业为基础，研发数字出版核心技术，推动出版传输技术升级换代，构建传输快捷、覆盖广泛的现代出版传播体系；形成一批市场竞争力强、产品影响广泛的数字出版龙头企业，打造一批具有国际影响力的数字出版产品和品牌。

十四、重庆北部新区国家数字出版基地

2010年4月，重庆北部新区国家数字出版基地以"园中园"方式在重庆北部新区高新园挂牌成立。基地采取分期建设的方式，先期利用2.5万平方米建成空间，后期逐步建成50万平米空间。重点打造十大产业：数字图书、数字报刊、互联网出版、手机出版、数据库出版、按需出版和数字印刷、网络游戏动漫、数字音乐、数字教育、跨媒体复合出版。

2016年音像电子与数字出版重要活动简介

一、2016年第十二届中国（深圳）文化产业博览交易会

2016年5月12日—16日，第十二届中国（深圳）国际文化产业博览交易会（以下简称"文博会"）在深圳会展中心举办。本届文博会由深圳市政府、中国（深圳）国际文化产业博览交易会组委会办公室、中国工艺美术学会主办，深圳报业集团、深圳国际文化产业博览交易会有限公司、深圳市工艺美术行业协会联合承办。

文博会是中国唯一一个国家级、国际化、综合性的文化产业博览交易会，自2004年首办每年5月在深圳举行，先后被列入党的十七届六中全会《中共中央关于深化文化体制改革推动社会主义文化大发展大繁荣若干重大问题的决定》《国家"十二五"时期文化发展规划纲要》等重要文件，是推动中国文化产业发展、促进中华文化"走出去"的国家级平台。文博会坚持"政府办展、企业办展、市场运作、打造平台、以展兴业"的运作机制，建立专业文化会展公司进行市场化运营，开创"主会场＋分会场"的展会模式，逐步走出了一条办展办会的新路。文博会重点吸引产业化程度高、市场化前景好的文化项目和文化产品参展交易，着力培育"文化＋科技""文化＋创意""文化＋旅游""文化＋金融"等新型业态。

第十二届文博会展会主题是"创意工美·多彩生活"，沿用"2+3"专业化办展模式，即展期前两天5月12日、13日为专业观众日，展期后三天5月14至16日为公众开放日。专业观众日期间将开展各类座谈会、"一对一""一对多"采购洽谈会、投融资项目推介、签约活动、评奖活动等多项配套活动，提升展会的交易实效，营造高端专业的交易氛围。公众开放日期间，民众可购票进场参观、采购，充分享受文化权利。

作为"十三五"开局之年的一届文博会，也是文博会从初创培育期向成长发展期转型升级的关键一届展会。会上确立了走质量型内涵式发展之路，本届文博会主要有以下六个方面的成果和特色：

（一）主题鲜明　彰显国家战略

本届文博会深入落实国家"一带一路"战略，着力推进大众创业、万众创新，重点打造"一带一路"馆，首次打造文化创客馆。本届文博会面向"一带一路"沿线国家和地区出口总额为137.377亿元，占文博会出口总额的77.63%，比上届增长34.89%。

（二）注重内涵　参展结构优化

本届文博会主展馆设文化产业综合馆和8个专业馆，首次设立电影展区，集中展示党的十八大以来中国电影发展成果、电影＋科技新技术，力推中国电影出口，同时配套设立电影体验馆、举办下半年新片推介会等，受到高度关注和广泛好评。本届文博会切实加强知识产权保护工作，首次在

主展馆设立知识产权展区、版权服务站，现场开展确权、登记发证及维权执法等活动。

（三）成交活跃　交易更重实效

本届文博会采取系列举措提高市场化程度，交易环境更加优化，延续了供求两旺、交易活跃的可喜局面。组展方式进一步市场化，主要通过与省级以上行业协会合作组展，强化展前参展商、采购商双方需求收集和配对，重点统计合同成交、拍卖、零售等实质性交易数据。本届文博会实质性成交 2032.014 亿元（已剔除超过 1000 亿元的意向成交额），比上届增长 23.42%。

（四）跨界融合　文化新业态集聚

本届文博会上，一批"文化+"新业态集中亮相，突出展示文化与科技、互联网、金融、商业、旅游、体育、时尚等产业融合发展成果及新型文化产品，主展馆中属于"文化+"新业态企业达 146 家，多个省区市在本届文博会上将文化的跨界融合作为展示的重点。

（五）出口向好　国际品牌提升

本届文博会加大了文博会官网英文版、文博会 Facebook 主页等网络海外宣传推介力度，与其他大型展会合作吸引境外采购商，与 48 家海外专业展览组织及机构合作邀请海外采购商。全球 40 个国家和地区的 115 家海外机构参展，98 个国家和地区的 19523 名海外采购商到现场进行采购，出口交易金额 176.972 亿元，同比增长 7.35%。亿元以上出口交易项目 23 个。海外参展面积达到 20%，本届文博会出口交易金额 176.972 亿元，同比增长 7.35%。

（六）各界关注　社会效益凸显

中共中央政治局委员、中央书记处书记、中宣部部长刘奇葆同志亲临文博会主展馆视察，中央有关部门负责同志和全国多个省市领导来深参加了各项配套活动。文博会期间的各类配套活动超过 700 项，展会期间总参观人数达 587.085 万人次，同比增长 12.08%。

二、中国数字出版博览会

中国数字出版博览会是我国唯一以促进数字出版产业发展为目的的国家级大型交流会展活动，自 2005 年起以隔年交替的方式举办，至今已连续举办六届博览会（2016 年未举行）。

首届中国数字出版博览会

首届中国数字出版博览会于 2005 年 7 月 8 日—10 日在北京举行，本届博览会以"互联互通，共建共享"为主题，由新闻出版总署和国家版权局主办，中国出版科学研究所和北京卓鹏企业管理顾问有限公司承办。本次博览会的主体框架一是"首届中国数字出版趋势与技术高峰论坛"，围绕以数字出版为核心的十个专题展开深入讨论；二是"首届中国数字出版与网络传播展览会"，展示业内各个领域的先进技术及成果。《中国数字出版产业发展报告》和《中国数字出版行业前沿技术集锦》作为博览会的科技成果向业内发布。

第二届中国数字出版博览会

第二届中国数字出版博览会于 2007 年 7 月 16 日—19 日在北京举行，本届博览会以"数字创新出版，网络改变世界"为主题，由新闻出版总署举办、中国出版科学研究所和中文在线承办。会议由 2007 数字出版高峰论坛、2007 数字出版展览展示和数字出版年度示范企业、推荐品牌、创新人物、优秀作品评选推介活动三部分共同组成。本届数博会共举办了 20 场高峰论坛、10 场主题分论坛、7 场签约仪式及 2 场产品演示会。

第三届中国数字出版博览会

第三届中国数字出版博览会于 2009 年 7 月 7 日—9 日在北京举行，本届博览会以"落实数字化发展战略 推进出版业升级转型"为主题，突出强调内容的实务性与战略性。会议由中国出版科学研究所主办，中文在线、北京希普思文化咨询有限公司承办。会议由高峰论坛、展览会、专题活动三部分组成。政府管理部门组团参展多和大型特装展位多是本届数博会的突出特点。

第四届中国数字出版博览会

第四届中国数字出版博览会于 2011 年 7 月 6 日—8 日在北京举行，本届博览会以"传统与现代融合，内容与技术共生"为主题，由中国出版科学研究所主办，中文在线、北京希普思文化咨询有限公司承办。本届数博会由展览会、高峰论坛、圆桌会议、主宾省/主宾企业系列活动、年度评选、专题活动六部分组成。同往届相比具有三方面特点：首先，参展企业数量更多，展区面积更大，覆盖范围更广；其次，参展的数字出版产品更加丰富，技术更加先进；第三，数博会的影响力更加广泛，不仅国内企业踊跃参展，也引起了海外及国际业界的广泛关注。首次举办了国家数字出版基地发展圆桌会议及出版集团数字传媒公司发展圆桌会议，探讨了备受业内关注的问题并提出相应的解决措施。

第五届中国数字出版博览会

第五届中国数字出版博览会于 2013 年 7 月 8 日—10 日在北京举行，本届博览会以"科技与出版融合 转型与创新并举"为主题，由中国新闻出版研究院主办，中文在线和北京希普思文化咨询有限责任公司承办。会议由数字出版新成果展览、数字出版高峰论坛、数字出版示范企业圆桌会议、数字出版主宾企业系列活动、数字出版企业、品牌、人物、技术、作品推介、数字出版专题活动等六大部分组成。2013 中国数字出版年度推介活动授牌仪式也同期举行。

第六届中国数字出版博览会

第六届中国数字出版博览会于 2015 年 7 月 14 日—16 日在北京举行，本届博览会以"融合·创新·发展"为主题，由中国新闻出版研究院主办，中文在线和北京希普思文化咨询有限责任公司承办。会议围绕"互联网+"时代的出版与阅读、网络文学 IP（知识产权）跨界合作、大数据下的媒体融合创新等热门话题集中展示了 2015 年中国数字出版新技术、新产品、新方案。总局第二批转型示范单位融合发展专题圆桌会议和省级管理部门推动融合发展专题会议同期举办。

三、2016 第十四届中国国际数码互动娱乐展览会（ChinaJoy）

第十四届中国国际数码互动娱乐展览会（以下简称"ChinaJoy"）于 2016 年 7 月 28 日—31 日在上海新国际博览中心开幕，该会由国家新闻出版广电总局等十二个政府部门指导，由中国音像与数字出版协会游戏出版物工作委员会、中华人民共和国商务部外贸发展局、上海市新闻出版局和上海汉威信恒展览有限公司联合主办，上海市浦东新区人民政府协办。

作为全球数码互动娱乐领域最具影响力的盛会，2016ChinaJoy 的展会规模将继续扩充，史无前例地增加到 11 个展馆，总面积达到 14 万平方米（其中包括 40000 平方米 BTOB 展区和 100000

平方米 BTOC 展区），相比去年共增加 2 万平方米。展商总数相比去年规模也进一步大幅提升——其中 BTOC 展商总数近 300 家，BTOB 展商总数 600 余家，BTOB 海外展商总数 200 余家。本届 ChinaJoy 被赋予全新定位：全球最大的以游戏为主导，覆盖泛娱乐领域（包括影视、动漫、网络文学）的数字娱乐内容展示平台。基于此，ChinaJoy 一方面将配合参展企业对"泛娱乐"这一主题的广泛关注及跨平台合作的巨大需求，在以往既有基础上与时俱进，迎合产业发展大潮，引领数字娱乐潮流，打造更多元化的跨界 BTOB 商务合作平台；另一方面也将推出更多形式新颖、内容丰富的活动，并展示更多的全球顶级数码互动娱乐产品与广大玩家和爱好者分享。

ChinaJoy 是继日本东京电玩展之后的又一同类型互动娱乐大展。此展会意在逐步加强中国国内电子娱乐产品行业管理，积极规范电子和网络出版物市场，严厉打击盗版及非法复制行为。进一步支持、鼓励正当经营和正版电子娱乐产品的生产、销售。为推动中国电子娱乐产品市场的健康、有序发展提供宣传的平台。

目前，ChinaJoy 已形成了以中国国际数码互动娱乐展览会（含 BTOC 互动娱乐展示区和 BTOB 综合商务洽谈区）为核心，并包括同期举办的中国国际动漫及衍生品授权展览会（C.A.W.A.E）、中国国际数字娱乐产业大会（CDEC）、全球游戏产业峰会、全球电子竞技产业峰会、二次元产业峰会、中国游戏开发者大会（CGDC）在内的"泛娱乐"系列展会阵容，内容涵盖了 PC 网络游戏、移动游戏、主机游戏、电子竞技、动漫二次元娱乐、影视及音乐、网络文学等多种泛娱乐业态，受众群包括玩家、消费者、商务人士及技术开发人员等业内各界人士，从而形成了全球规模最大的围绕数字化泛娱乐跨界融合、涵盖数字娱乐全态的产业交流和展示平台。

四、2016 年第十一届中国北京国际文化创意产业博览会

2016 年 10 月 27 日—30 日，第十一届北京文博会在中国国际展览中心举行。会上围绕"创新、协调、绿色、开放、共享"的发展理念，以"激发文化活力，引领产业创新"为主题，精心搭建综合活动、展览展示、推介交易、论坛会议、创意活动、分会场"六位一体"的活动平台。中国北京国际文化创意产业博览会（简称北京文博会）创办于 2006 年，是经国务院批准，由文化部、国家新闻出版广电总局和北京市人民政府共同主办，中国出版协会、中国文化产业协会和北京市委办局共 28 个单位协办，北京市贸促会承办，每年定期举行的大型国际文化创意产业盛会，迄今已连续举办十一届。

第十一届文博会凸显六个鲜明特色：
（一）全方位推广传统文化，展示中华文化的全球价值
（二）文化跨界融合成为常态，助推产业转型升级
（三）原创品牌集中呈现，引领产业高端发展
（四）突出京津冀文化协同发展，服务国家发展战略
（五）推动"双创"，激发文化创意产业发展新动能
（六）落实"一带一路"国家战略，推动中华文化走出去

本届北京文博会签约、成交呈现四大特点：一是文化科技类项目签约额超过三分之一，显示北京文博会"文化+科技"引领文化创新的鲜明特色；二是设计创意类项目占总签约额的 15%，原创内容产业呈现勃勃生机；三是京津冀产业协同发展项目签约额达 165 亿元人民币，落实京津冀协同

发展国家战略成效显著；四是文化贸易类项目签约额占比27%，比上一届增加一倍以上，中华文化走出去硕果累累。据不完全统计，本届北京文博会期间，共签署文化创意产业的产品交易、艺术品交易、银企合作等协议总金额958.33亿元人民币。

五、2016年度中国（海口）游戏产业年会

2016年12月14日—16日，由中国音像与数字出版协会、海南省商务厅、海南省文化广电出版体育厅、海南省工业和信息化厅、澄迈县人民政府主办，中国音像与数字出版协会游戏出版物工作委员会和海南生态软件园投资发展有限公司联合承办的2016年度中国游戏产业年会在海南省海口市举行。

中国游戏产业年会是由国家新闻出版广电总局主管，中国音像与数字出版协会、海南省工业和信息化厅、海南省文化广电出版体育厅等主办的一项面向游戏产业界的重大峰会。通过总结经验、表彰优秀、企业交流等活动，已成为面向国内游戏产业最权威、最专业的大会，被业内人士视为中国游戏产业发展的风向标。"游戏十强"作为产业年会的重点环节，备受业界内外人士关注。"游戏十强"评选旨在表彰本年度中国游戏产业涌现的卓越贡献企业家、优秀企业单位、各类游戏精品大作。形式由企业申报产品、企业和人物，以游戏玩家、行业代表视角审时度势评选年度最佳，是获得玩家和业界双重承认的"第九艺术封神榜"，因其代表性、影响力、公信力被誉为中国游戏产业最高奖项。

本届产业年会的主题是"大作随行e乘风"，国家新闻出版广电总局副局长孙寿山在现场发布《2016年度中国游戏产业年度报告》。报告显示，2016年移动游戏收入819.2亿元，同比增长59.2%；端游582.5亿元，端游同比下降了4.8%；2016年中国游戏实际收入1655.7亿元，其中电竞游戏收入504.6亿；中国上市游戏企业158家；总局批准出版国产游戏约3800款；进口游戏约260款，游戏直播用户突破1亿。

主论坛之外还分别举行了"电竞黄金时代""移动游戏未来""游戏国际化"三个主题的高峰对话，来自游戏产业不同领域，不同方向的企业代表围绕2016年火热话题展开激烈探讨。同时，2016年度"游戏十强"颁奖盛典如期举行，各大重量级奖项一一揭晓。

索 引

《007 大战黑衣人》，503
《100 位名人的一天》，506
《2005 年中国无线音乐市场研究报告》，488
《2006—2020 年国家信息化发展战略》，480
《2006 年中国博客调查报告》，484
《2007 中国宽频市场与潜力调查报告》，504
《2008 年打击网络侵权盗版专项行动实施方案》，523
《2010—2011 年中国出版业发展报告》，566
《2010—2011 年中国互联网市场数据报告》，561
《2010—2011 年中国数字出版产业年度报告》，566
《2010 年中国手机游戏用户行为调查报告》，551
《2010 年中国游戏产业调查报告》，552
《2011—2012 年中国数字出版产业年度报告》，592
《2011 年全国新闻出版业网站运营分析报告》，570
《2012—2013 年中国移动互联网发展趋势》，609
《2012 年中国互联网产业发展综述》，609
《2012 年中国手机杂志阅读报告》，601
《2012 年中国游戏产业报告》，601
《2012 年中国游戏产业海外市场报告》，601
《2013 年上海游戏出版产业报告》，621
《2013 年世界杂志媒体创新报告》，600
《2013 年中国游戏产业报告》，603
《2014 年绿色印刷实施成果分析报告》，624
《2014 全国新闻出版业网站运营分析报告》，648
《2014 中国传媒创新报告》，650
《2014 中国媒体融合趋势报告》，635
《2014 中国音乐产业发展报告》，628
《2014 中国游戏产业报告（1—6 月）》，621
《2015—2016 中国传媒融合发展年度报告》，449
《2015—2016 中国数字出版产业年度报告》，95，239
《2015 年 10 月—12 月中国移动游戏产业报告》，351
《2015 年境内院线电影网络盗版监测统计报告》，778
《2015 年中国出版业发展报告》，457
《2015 年中国民营书业发展报告》，459
《2015 年中国数字阅读白皮书》，55

《2015 中国音乐产业发展报告》，61
《2016—2017 年中国手机地图市场研究报告》，374
《2016—2017 年中国手机音乐客户端市场研究报告》，372
《2016—2017 年中国移动手机音乐客户端市场研究报告》，372
《2016 互联网全行业洞察及趋势报告》，430
《2016 年度湖北数字出版专项资金竞争性分配实施方案》，169
《2016 年度数字出版产业引导目录》，169
《2016 年度微博用户发展报告》，409
《2016 年度中国数字阅读白皮书》，393
《2016 年度中国游戏产业年度报告》，794
《2016 年绿色印刷实施成果报告》，453
《2016 年数字阅读白皮书》，79，81
《2016 年腾讯娱乐白皮书》，406
《2016 年新闻出版产业分析报告》，154
《2016 年移动游戏行业报告》，371
《2016 年中国学术期刊国际引证年报》，447
《2016 年中国学术期刊国内引证年报》，447
《2016 年中国音乐产业发展报告》，93
《2016 年中国游戏产业报告》，371，425
《2016 年中国游戏产业影游融合报告》，298
《2016 上半年中国教育行业投融资报告》，418
《2016 中国网络视听发展研究报告》，452
《2016 中国音乐产业调研报告》，777
《2016 中国音乐产业发展报告》，457，782
《2017 微信春节数据报告》，83
《2B 家庭欢乐多》，373
《3·15 中国作家讨百度书》，546
《3D 太空视野》，117
《3D 武器兵工厂》，117

《AION》，501
《Allegiant》，302
Apabi 读书网，480

App 及广告联盟相关版权侵权问题研讨会，455

BMG，284，476

BTV 在线，519

《Castle Clash》，442

ChinaJoy，97，126，132，133，148，149，352，354，427，450，472，473，499，500，529，552，576，602，621，642，792，793

《CNONIX 标准动态维护规范》，272

《CNONIX 标准符合性测试规范》，272

《CNONIX 标准应用实施指南》，272

《CNONIX 标准应用指南》，271

《CNONIX 更新代码表》，272

《CNONIX 数据安全管理规范》，272

《CNONIX 数据质量要求》，272

《CNONIX 图书出版信息填报规范》，271

《CNONIX 应用标准编制指南》，271

《CNONIX 应用标准体系表》，271

《CNONIX 应用术语》，271

《COK 列王的纷争》，442

DigiBook，469，477

《DOTA2》，129，299，301，419，438

《e-Learning（易乐宁）云课堂系统》，163

EMI，481

《EVE Online》，485，486，485，499

《Fate/Grande Order》，362，369

《FHM》，66

FrankD.Steenburgh，507

Google，67，327，347，444，469，471

《Hello Kitty 快乐消》，352

《HSK 标准教程》，278

IDM，471

"IP 一体化共创多赢生态"高端主题论坛，455

iResearch（艾瑞）市场咨询，481

《ISLI/MPR 复合数字出版企业标准》，278

《ISLI/MPR 复合数字出版应用标准》，278

《ISO 17316：2015 信息与文献——国际标准关联标识符（ISLI）》，276

JackLee，469

《Key Links 机灵英语分级阅读》，181，182

《Legacy of Discord》，131

《Legacy of Discord-Furious Wings》，444

《LOL》，438

Minecraft，296

《MPR 编辑标准化流程》，278

《MPR 出版物审查表》，278

《MPR 出版物　第 1 部分：MPR 码编码规则》，241，768

《MPR 出版物标识使用说明》，278

《MPR 出版物出版流程记录单》，278

《MPR 出版物国家标准》，589

《MPR 出版物制作流程说明》，278

《MPR 复合数字出版产业化工程》，179

《MPR 选题标准化流程》，278

《MPR 印刷标准化流程》，278

《MPR 应用推广试点项目实施方案》，179

MSN，470

《NK-WOLF 安全认证〈南开认证〉行业白皮书》，468

OCLC，493

PROQUEST，525，567

《QQ 飞车》，529

《QQ 旋舞》，529

SNK 全明星游戏，352

Sony/ATV，455

TOM，470，471，479—481，494，499

Top100，447，471，525，638

《X-Up》，501

《X-乒乓》，501

《X 战警：天启》，265

《Zombie War》，132

A

a

阿波罗多媒体有限公司，521

《阿福寻规记》，158，161

阿里巴巴集团，267，284，452，618，623，629，640，647

ai

埃斯普雷索图书印刷机，532
艾瑞市场咨询，488
《艾希》，430
爱读爱看网，493，516，522
爱国者百看网络电子书，558
爱国者电子，558
爱国者数码音乐网，470，480
爱国主义网络游戏出版工程，473
《爱宠萌消消》，193
爱奇艺，161，196，200，265，361，364，373，406，407，408，456，604，622，623，642，643，646

an

安徽教育网络出版公司，566，653
安徽省人民政府，554
《安娜·卡列尼娜》，320
《安全教育》，188
按需出版市场，531
按需印刷领域，532

ao

《傲世九重天》，350
《奥特曼》，350
奥运手机动漫高峰论坛，498

B

ba

《巴渝曲艺系列》，33，194
《爸爸读过的英雄故事》，103
《爸爸去哪儿4》，406

bai

白马湖动漫广场，451，603
百代，476，490
百度侵权案，556
百度阅读开放平台，547
百花文艺出版社，458
百花洲文艺出版社，528
百看网络电子书，558
《百首抗日战争歌曲集》，112
百阅，551
《拜见女王陛下》，364
《拜托了冰箱2》，406

ban

版博会主宾国，456
版权保护合作备忘录，454
版权相关热点问题媒体研讨班，557
版式技术产业应用联盟，525
《半岛晨报》，496

bang

《榜样——双百人物英雄故事》，171

bao

《包装印刷材料分类》，271
《包装印刷产品分类》，271
《保护未成年人健康创建绿色网游环境防沉迷宣言书》，473，474
《保护原创版权声明》，645
保护知识产权宣传周高峰论坛，508
《保卫萝卜》，161
报讯通，527
报业竞争力年会，483
《报纸出版管理规定》，522
报纸出版业"十一五"发展纲要，483
《暴雪传奇》，70
暴雪娱乐，499，500
《暴走法条君》，406

bei

北部湾数字出版基地，562
北大法学院，539
北大方正，121，225，469，476，480，481，493，496，

500，507，513，522，561，566，574，580，605，635，643，740，741，750，753，754，755，756，757，759，760，761，762，763，766

北大文化产业研究院，539

《北斗神拳2》，352

北方工业大学，557，765

北国网，550

北国无线移动新媒体有限公司，550

北京版权保护协会网络出版工作委员会，101，454

北京版权保护中心，498，623

北京版信通技术有限公司，454

北京版银科技有限责任公司，454，581

北京播客聚会活动，506

北京长安俱乐部，483

北京出版集团，383，447，464，516

北京大百科光盘有限责任公司，491

北京大学，244，245，378，431，453，482，507，512，533，537，539，563，577，580，617，618，640，652，740，766

北京德诺美科技有限公司，564

北京电视台，472，519

北京电影学院动画学院，501

北京钓鱼台国宾馆，478

北京东城图书馆，547

北京动漫游戏产业联盟，530，553

北京方正印捷数码技术有限公司，490

北京非常动力网络科技有限公司，509

《北京浮生记》，426

北京歌华文化发展集团，474

北京光宇华夏，487

北京国际版权交易中心，508，555，606，607，646

北京国际版权贸易研讨会，508，556，582

北京国际出版论坛，461，478，483，568，594，633，659

北京国际电影节，20，454

北京国际图书博览会，4，20，110，462，556，569，624，633，696，707，784

北京国际文化创意产业博览会，464，515，598，636，653，777，793

北京国际印刷技术展览会，476，532，605

北京海淀法院，476

北京汇众益智科技有限公司，518

北京科影音像出版社，35，544

北京拉风美文文化，516

北京理工大学，518，764

北京联合光华科技有限公司，490

北京联讯国际传媒有限公司，527

北京绿色印刷产业促进商务交流会，453，624

北京梦幻动画科技有限公司，501，502

《北京青年》，299，345

《北京青年报》，469，470，490，619

北京清华紫光国际交流中心，489

北京清科创业投资研究中心，470

北京人文奥运研究中心，472

北京儒意欣欣文化发展有限公司，458

北京软件行业协会，478

北京商报社，498

北京师范大学出版集团，561

北京师范大学出版社，244，476

北京世纪东方通信有限公司，527

北京市大兴区国家新媒体产业基地，560

北京市第一中级人民法院，476，557

北京市动漫游戏优秀作品奖，553

北京市规范软件应用市场整顿工作，455

北京市海淀区人民法院刑事审判庭，482

北京市科委，486，498

《北京市网络文学出版规范管理》，99

北京市文化局，553，614

北京市新闻出版版权人力资源服务中心，466

北京市新闻出版局，472，486，515，556，580，616

北京市政府，470，571，597，614，777

北京市政协，534

北京书生公司，478，546

北京数字认证股份有限公司，454

北京数字娱乐产业示范基地，486

北京图书订货会，560，625，629

《北京晚报》，479

《北京网络出版动态》，99

北京希普思文化咨询公司，541，635，792

《北京现代商报》，488

北京像素软件科技股份有限公司，471

北京新华发行集团有限责任公司，461

北京新华先锋文化传媒有限公司，460

北京新闻大厦，473，474，490，503

北京信息产业协会，485

北京雅昌艺术中心，455

北京音乐版权保护产业发展论坛，457，782

北京音乐版权保护与产业发展论坛，556，626，645

北京印刷协会，452，453，580，605

北京印刷学院，245，266，378，379，380，463，507，570，571，588，591，594，595，607，615，624，631，654，765，766，778

《北京娱乐信报》，490

北京语言大学，505，587

北京原创联盟音乐文化发展公司，537

北京智通无限科技有限公司，480

北京中华世纪坛，473，474，475

北京中文在线文化发展有限公司，476，524

北京中小学校阅读联盟，463

北京卓众出版有限公司，447，785

北京作家协会，447，464

北青网，494

贝恩资本集团，506

《被逼的》，503

ben

《奔跑吧，足球》，208

《奔跑吧兄弟》，345

beng

《崩坏》，142，362，369

《崩坏学园》，130

bi

比特网，504

《彼得堡时报》，320

bian

编辑学研究高层论坛，463

变形金刚，451

《遍地狼烟》，572

biao

标准推广与版权保护推进会，455

《标准网络出版发行管理规定》，469

bing

《冰雪神韵》，117

bo

播客，178，407，503—506，518，519，531，578，604

播客春晚，504

《播客风暴》，503

伯明翰大学，464

博集天卷，561

博客电子杂志，485

《博客服务自律公约》，505

博客与播客大事报道的回顾，503，518，531

博库手持阅读器，546

博库书城网，546

博库网，551

博识通，539

bu

《步步惊心》，408

《部落冲突：皇室战争》，294，340，342，371，435

《部落的崛起》，70

C

cai

《材料帝国》，123

《财富》，73

《财经》，638

《财经时报》，482

《彩E手机报》，475

cang

仓储式数字作品出版平台，560

《苍翼之刃》，349

cao

曹宏遂，537

曹健林，521

《草根论语》，485

cha

查处违规光盘复制企业专项行动，491

《茶舞江山——小探马》，208

chan

《产业结构调整指导目录》，558

chang

《长安画派》，242

长江发行网，491

长江教育研究院，466

长江日报报业集团，539

长江文艺出版社，516

长沙出版物交易中心，488

长沙动漫产业招商引资，488

长沙师范学校，541

长沙市雅高彩印有限公司，541

《长沙晚报》，488

常州动漫基地，498

常州市人民政府，486

畅游，133，294，553，782

《唱响中国梦》，154

chao

《超级地图》，484

《超级飞侠》，278

《超级幻影猫》，430

《潮州古筝音乐·筝鸣》，176

chen

《郴州市动漫产业发展扶持奖励办法》，451

陈戈，536

陈磊，486

陈堂，483

陈学，456，779

陈英杰，521

陈英明，511

cheng

《成都出现首家手机报》，475

成都传媒集团，394，457

成都东郊记忆音乐公园演艺中心，457

《成都日报》，472

《成都商报》，619

成都市人民政府，483，627

成都天府软件园，455

《城堡争霸》，442

《城市部落数字竞技娱乐》，114

《城市早晨》，396

程晓阳，538

chi

《吃什么，怎么吃》，517

《痴汉是犯罪》，470

chong

重庆出版传媒创意中心，465

重庆出版集团，194，195，199，201，202，465，516，534，564，615，619，784

重庆科学院，564

重庆三峡光盘发展有限责任公司，491

《重庆商报》，469

《重庆市出版业"十三五"发展规划》，201

重庆市期刊协会，477
《重庆市数字出版业"十三五"发展规划》，201，203
重庆市新闻出版局，200，469
重庆天健创意（动漫）产业基地，564

chu

出版产业庄园，541
出版发行研究杂志社，447，638
《出版管理条例》，84，115，168，450，672，678，679，682，688，707，709，722
《出版机构系统接口规范》，271
出版界推出首部贺岁电影，561
《出版商务周报》，493，494，495，496，497，500，501，506，514，519
出版物 RFID 项目，564
《出版物经营许可证》，268，669
《出版物市场管理规定》，105，709，732
出版与教育行业融合大会，466
《出版之门》，469，482，490，491
《初中 Scratch 创意设计》，124
《雏蜂》，364
《楚天都市报》，619
触摸屏读报系统，526

chuan

川崎代治，538
《穿越火线》，293，339，342，421，434
《穿越直播　重返70年前英雄支撑》，198，203
传媒人俱乐部，483
传媒杂志社，461，512，586，609，650
传媒资本论坛，461，650
《传奇》，350，474，499
《传奇霸业》，348，349
《传说之下》，430
《传统出版业务全流程平台数字化再造项目》，120

chuang

"创世纪"创意征集大赛，469

《创世破晓》，350
创新创业实训基地战略合作项目，446
《创业企业融资法案》，311
《创业时，我们在知乎聊什么？》，305，308，309
创意广州动漫网游总动员，487

chun

春夏季中国主流报纸十大流行语，505

ci

《词汇漫画书》，187
《辞海》，125
辞海彩色电纸阅读器，558
《刺客信条：血帆》，351—353

cong

《从前有座灵剑山》，362

cu

《促进数字出版产业发展的意见》，598
《促进信息消费扩大内需的若干意见》，44

D

da

《打狗棍》，345
打击网络侵权盗版专项行动，490，523
大成律师事务所，498
《大地之音》，560
《大耳娃智趣学习宝典》，586
《大粉》乐队，456
《大国工匠》，171
大河手机动漫，526
《大后方》，194
《大黄山》，154
大佳网，547，565
《大开眼界·恐龙世界大冒险》，369
大连市新华书店，475
《大连晚报》，475

大梅沙音乐基地，537，538

大唐电信，342，421，561

《大天使之剑》，348，349

《大头儿子大冒险》，154

大王造纸渡边淳一文学馆会社，463

大象出版社，245，463，784

《大型电视教学片——新汉字宫》，103

大洋网，488

大英百科全书出版社，525

大众报业跨媒体经营，549

《大众电影》，618

dai

《带土味的舞台》，118

《待加工资源目录》，718

dan

丹麦摇滚音乐协会，510

《单恋大作战》，364

《担盐换菜脯》，559

dang

当当网电子书平台，548

当乐网，551

《当我们还是毛坯警察的时候》，193

党报客户端发展高峰论坛，448

党报客户端郑州共识，448

dao

《刀剑 2》，576

《刀剑 Online》，471

《刀塔西游》，208

《导向安全责任书》，105

《盗墓笔记》，82，128，161，368

《稻之道》，185

de

德国歌德学院，544

德国之声，506

德意志银行，500

di

迪士尼海外网络动漫游戏制作基地，554

抵制盗版联合体，555，566

地方网游规范，528

《地铁报》，396

《地图上的长征》，181

《地下城堡》，161

《地下城与勇士》，529

《帝国战争》，346，443

《第 39 次中国互联网发展状况统计报告》，74，77，370，374，393

第九城市，472，473，499，500，542，552，782

《第六次全国国民阅读调查》，524

《第一财经日报》，475，476，489，503，519

dian

电话查书，475

《电脑爱好者》，601

《电脑报》，194，197，501，549

电信增值业务高层论坛，489

《电讯报》，67

《电影产业促进法》，5

电子版汉语古典文献文库，481

《电子版同文汉文史考证文库》，481

电子报纸，230，480，483

《电子出版物出版管理规定》，63，93，521，709

《电子词典内容质量及版权状况检测报告》，558

电子工业出版社，81，462，476，510，511，628，765，774，783

电子竞技杂志社，447

电子科技大学，244，457，765

《电子书版权页规范》，546

电子书包，80，124，152，156，157，166，213，391，392，509，547，562，567，570，589，653，725

《电子书产业发展跟踪研究》，546

电子书产业峰会，560
电子书成品管理系统，546
《电子书格式比较研究》，546
《电子书内容标准体系表》，546
电子书试阅服务，516
电子书陷入降价漩涡，558
电子书阅读器测试报告，558
电子图书产业系统认证标准，468
电子图书大事报道的回顾，493，516，524
电子图书大事回顾，546，572，599，617，637
电子图书大事记，446
电子图书读书月，480
电子图书项目，564
电子音像大事报道的回顾，491，520
《电子游戏市场新挑战：更好的中法合作》，101
电子阅读器，75，250，261，381，387，481，495，496，520，528，534，535，547，557，558，559，563，582，583，607，631
电子阅读器大事报道的回顾，534
电子阅读器与平板电脑大事的回顾，557，582，607
电子纸报纸，484
电子纸大事报道的回顾，509，520
电子纸信息技术产业化研讨会，509

diao

《钓鱼》，110
《调查表》，152

ding

丁磊，486，782
鼎新触摸屏读报系统，526

dong

《东北抗联》，117
《东北抗联精神永存》，112
东北三省网络出版节，483，485
东北新闻网，470
东北亚地区地方政府首脑会议媒体论坛，461

东北亚媒体合作联盟，461
东方动漫书，502
东方红，538
东方明珠国际新闻中心，474
《东方早报》，481，490
东京亚洲音乐节，511，538
东南商报社社区电子杂志，525
东南网全媒体新闻中心，448
东南卫视，503
《东南亚国家语言口语丛书》，188，189
动画春节联欢晚会颁奖典礼，472
动画春晚数字艺术年度大奖，472
动漫"创计划"，452
动漫版权交易会，554
动漫产业高峰论坛，503
动漫产业教学（科研）创作基地与优质生源培育基地，529
动漫产业税收优惠政策，530
动漫行业年鉴，529
动漫数字出版网站，553
动漫游戏人才专项奖学金，518
动漫职业教育培训机构，518
动漫职业培训，518
动态农业专业知识仓库，470

dou

《斗破苍穹》，361，362
《斗战神》，293，339，434
豆丁网，416，547

du

《嘟嘟熊画报》，278
《读报参考》，452
《读点经典》出电纸书，534
《读书》，638
《读者》，213，400，494，575，586，638
《读自己》，285
《独立报》，66

duan

《端脑》，364

短信文学总评榜，494

dui

《对健全我区网络文学网站内容监管机制的思考》，186

duo

多家手机媒体探讨盈利模式，527

多媒体触摸查书，475

多媒体数字报纸，484

多媒体网络教材，539

《多媒体印刷读物（MPR）》，724

多平台高清漫画频道，554

多线互动式手机小说，527

《躲猫猫》，366

E

e

俄罗斯滨海边疆区报社，461

《俄罗斯方块》，425

er

儿童成长数字图书馆，446

《儿童动漫实境英语》，181

儿童网游企业，552

《儿童英语》，180，181

《二十国集团数字经济发展与合作倡议》，71

《二十四史》，192，490

《二胎囧爸》，124

F

fa

《发行机构系统接口规范》，272

法规司，93，543，584

法国国际出版局，478

法国戛纳电视节，451

法国维旺迪公司，501

法国育碧公司，472

法兰克福书展，542

《法制日报》，482，490

《法治政府建设实施纲要（2015—2020）》，24

fan

番薯网，524，554

《翻译官》，79

"反盗版百日行动"座谈会，490，491

反盗版工作委员会理事会，560

《反恐突击队》，353

泛珠三角（9+2）区域合作与发展论坛，504

fang

方成先生作品授权签字仪式，553

方正阿帕比，379，493，497，515，516，517，522，524，525，526，540，542，563，593，617，631，635，740，741，750，758，759，760，761，762，766，779，785

方正电子数字出版研讨会，561

方正数字出版产业峰会，513，522

方正印捷，490，605

方中华，493

《放歌祖宗海》，190

《放开那三国2》，193

fei

《飞翔篮球梦》，489

非法传播或下载成打击重点，479，489

《非公有资本进入文化产业若干决定》，474

《非遗瑰宝芗剧名段赏析》，158

《菲斯》，430

feng

《丰碑——久久为功的塞外奇迹》，103

《风情中国》，31

《风雪爬犁》，117
风云计划，499
《风之旅人》，426
《封面传媒》，205
封面文化博览会组委会，511
《疯狂部落》，161
《疯狂的石头》，504
《疯狂的小鸟》，70
烽火连城，451
冯宏声，59，122，207，459，460，727，735
凤凰出版传媒集团，3，79，244，461，531，587，591，605，620，632，765
凤凰数码印务有限公司，531
凤凰网，548

fu

扶持动漫产业发展有关税收政策问题的通知，530
扶持游戏精品出版工作机制，450
《扶摇皇后》，572
《福建非物质文化遗产传承人大系·2016》，158
福建日报报业集团，448
福建省新闻出版广电局，162，163，453，644
福建印刷文化保护基地建设合作协议，453
福昕电子阅读器，535
福昕软件公司，535
福州大学，541
《福州市动漫游戏产业发展扶持奖励办法》，162
《辐射：避难所网络版》，131
复旦大学，329，379，542，593，600，765
《复兴之路》，124
《复原遗失的中国古文明3D出版工程》，36，154
《复制经营许可证》，668，670
富士施乐，476，644

G

gai

《改革方案》，205

gan

《赶碳乐园》，124

gang

《钢的琴》，345

gao

高等教育出版社，80，314，416，495，774，783，784
高等学校中英文图书数字化国际合作计划，471
高端彩色打印服务器系统，507
高通，547
《高中化学教学资料片》，158
《高中新课程网络课堂》，540

ge

《哥伦比亚数字出版导论》，325
《歌手4》，369
《阁楼》，66
《格萨尔说唱艺人电子有声读物》，36，213
《格萨尔王传》，36

gei

《给孩子的智慧系列》，181

gen

《根据地》，165

gong

《工人日报》，610
《公共图书馆法案草案》，370
《公共文化服务保障法》，5
《功夫》，345
《功夫鸡》，161
《功夫少林》，351，352
《功夫兔》，485
《功夫熊猫》，297
共青团中央，37，473，513，526，552，576，597，

710，711，712
《共同声明》，652
《共同推进数字出版产业发展战略合作备忘录》，551

gou

《狗事》，638

gu

《孤岛危机》，137
古登堡计划，493
《古董与收藏》，462
《古汉语常用字字典》，595
《古墓丽影》，70
《古文观止》，278
谷歌中国，536
股份制数码印刷公司，531
故宫博物院，453
《故事会》，400，638
顾建文，531
顾勤，539

guan

《关公传奇》，114
《关于印发（数字印刷管理办法）的通知》，555
《关于印发促进消费带动转型升级行动方案的通知》，423
《观察星》，489
《观山湖年鉴（2016）》，206
官建文，564
"贯通电子书产业链"新闻发布会，546

guang

光明方正新媒体技术联合实验室，564
《光明日报》，92，468，535，610
光明网，494，549
《光盘复制业"十三五"时期发展指导意见编制工作》，778
光通，472，473，485，499

《广播电视传输保障法》，24
《广播电视法》，24
《广播电视节目制作经营许可证》，3，268
广东大音音像出版社，29，31，175，456，779
广东电子书产业专题座谈会，546
广东广播电视台，30，449
广东国家数字出版基地，176，230，231，232，233，466，562，563，564，787
广东环宇音像有限公司，491
广东金蟾软件，548
广东南方报业传媒集团有限公司，458
广东南方媒体融合发展投资基金，178，458
广东省出版集团有限公司，175，179，180，181，182，224，225，230，562，604，633，766，785，788
广东省机构编制委员会办公室，521
广东省人民政府，477，578，597，603，622，641
广东省新闻出版局，184，521，546，562，603，604，608
广东省作家协会，548
广东泰盛文化传播有限公司，544
广东网络文学院，548
《广东乡土音乐》，181
《广东语言文化学习与传播丛书》，181
广东中凯文华发展有限公司，544
广西师范大学出版社，186，462，465，574
《广西世居民族影像志》，32，185
广西新闻出版工作会议，562
广西新闻出版业"十二五"规划，562
广西新闻网，550
广西掌媒，550
《广艺水浒传》，518
广州动漫行业协会，529
广州（国际）动漫节，487，502
广州动漫星城，487
广州国际动漫节，502
广州国家网络游戏动漫产业基地，487
广州金蟾软件研发中心有限公司，534
广州锦汉展览中心，477，500，530

《广州日报》手机语音报纸，488

广州软件信息广场，473

广州市久邦数码科技有限公司，564，785

广州太平洋影音公司，538，777

广州天河软件园，562

广州网游动漫文化节，473

gui

《归家异途》，430

《龟兔赛跑》，158

规范网盘服务版权秩序通知，693

硅谷动力网，501，516

硅谷动力游戏频道，473

《鬼吹灯》，339，345，368，434

贵州广电传媒集团，263，454

贵州同步小康优秀民间歌谣省选本，206

《桂剧传统曲目精粹》，185

gun

滚石，177，178，284，481

guo

郭峰，481

郭敬明，546

国产动画发展专项资金项目，451

《国产漫画三国演义》，553

国产网游，485，664，705

《国产游戏审查报告》，99

国际（扬州）电子书产业高峰论坛，547

国际版权交易中心，508，532，533，555，556，581，606，607，646

国际版权论坛，456，508，533，545，627

国际版权贸易发展论坛，508

国际标准关联标识符国际注册中心，459

《国际标准连续出版物号（ISSN）》，274

《国际标准录音作品号（ISRC）》，274

《国际标准图书书号（ISBN）》，274

《国际标准音乐编号（ISMN）》，274

国际博客大奖，506

国际唱片业协会，62，456，509，511，512，536，539，545，566，645，773

国际电视总公司，511，544

国际动漫游戏商务大会，451

《国际金融报》，469

国际期刊联盟，479，494，618

国际数字出版与网络出版高级研讨班，513

国际数字娱乐嘉年华，513

国际无线娱乐大会，489

《国际新闻》，527

国际音乐展演市场拓展论坛，559

国际音频工程协会，457，585

国际音像电子博览会，481，491，509，510，773

国际音像电子产业高峰论坛，491，509

《国际影响力优秀学术期刊》，447

国际游戏商务大会高峰论坛，450

国际在线，468，488，519

国际智慧教育展览会，466

《国家"十一五"时期文化发展规划纲要》，484，767

国家版权局，62，63，84，85，283，368，382，454，455，456，470，472，473，476，477，489，490，491，508，509，510，513，520，523，533，534，545，552，555，556，557，576，582，583，584，603，606，607，610，626，627，646，647，682，685，693，703，773，791

国家版权贸易基地授牌仪式，509，581，627

国家标准版权保护工作组办公室，455，646

国家标准化管理委员会，226，241，462，469，592，768

《国家标准化体系建设发展规划（2016—2020年）》，274

国家动漫精品工程，554

国家动漫游戏产权交易中心，502

国家动漫游戏产业振兴基地，473，502，577

国家互联网信息办公室，450，563，576，627，634，635，652，655

国家级版权交易系统，532

国家级出版传媒创意区（中心），564

国家级动漫公共技术服务平台，518

国家级全民阅读规划，466

国家级手机媒体平台，550

国家级搜索引擎，562

国家科学技术成果鉴定，507

国家科学图书馆，482

国家数字版权研究基地，533

国家数字出版基地，55，96，122，125，126，127，151，152，153，154，155，168，169，170，173，175，176，196，199，200，201，211，230，231，232，233，234，466，540，543，562，563，564，565，566，567，568，569，570，571，591，592，593，613，616，651，705，709，774，787，788，789，792

国家数字出版基地发展圆桌会议，566，792

国家数字出版实验室，558

《国家数字复合出版系统工程》，4，11，47，58，97，107，115，205，246，705，732，766，767

国家体育总局，123，342，358，421，423，472，473，486，488，552，576

国家图书馆，446，471，477，525，547，558，593，595，617，652，667

国家图书馆少年儿童馆，547

国家网络游戏动漫产业发展基地，175，230，472

《国家舞台艺术精品工程精选——立秋、立春》，103

《国家新闻出版广电总局进口音像制品内容审查标准》，63

国家音乐产业基地，17，61，127，457，539，544，545，559，560，571，583，585，586，608，647，774，781

国家音乐产业基地音乐制作中心，544，560，585

国家语委科研规划领导小组办公室，491

国家语言资源监测与研究中心，505

国家哲学社会科学文献中心，467

国家哲学社会科学学术期刊数据库，467

国家知识产权局，166，470，532

《国家知识产权战略纲要》，709

《国家中长期教育改革和发展规划纲要（2010—2020年）》，315

国立动漫创作电子编辑系统，486

国内视音频网站版权第一案，504

国内数字版权第一案，557

国新出版物发行数据调查中心，495，512

果麦文化，82，385，461

《过年》，118

H

ha

哈佛大学图书馆，525

《哈利波特》，70

hai

《海疆学术资料馆数字化知识服务》，158

海内外数字文化版权交流平台，38，458

海南方言歌曲创作演唱大奖赛获奖作品辑，190

《海南日报》，193，395

《海上丝路之南珠宝宝》，186

《海叔的礼物》，485

海通创意资本管理有限公司，458

海外动漫奖，487

《海外文摘》，471

海外中文学习教材，524

海西创新奖，451

海峡出版发行集团，158，565，573

海峡两岸图书交易会，503，544，707

海峡两岸音像市场与音像企业发展研讨会，520

《海燕童书——快乐的早期阅读》，181

han

韩国江原日报社，461

韩国漫画家协会，498

韩国文化体育观光部，556

韩国移动游戏协会，450

韩国游戏新品推介会，450

韩国著作权委员会，533，556

韩寒，546
《汉、藏、梵、英字母卡片》，218
汉王电纸书，534，535，547，558
汉王电子阅读器，520
汉王科技，520，535，547，557，558，559，572，582
汉王侵权案，557
《汉英小词典》，278
《汉语乐园》，278
《汉字故事全媒体在线平台》，117，118

hang

《行业协会商会与行政机关脱钩总体方案》，780
杭报集团，484
杭州蓝狮子财经创意中心，490
《航海世纪》，473
《航海王》，350
《航海王强者之路》，351，352

hao

《好好说话》，385
《好孕妈妈》，573
《浩天奇缘OL》，576

he

合肥报业网，479
《合肥晚报》，479
《合金弹头》，348
合力宏通广告有限责任公司，497
合一集团，452
何彬，560
何加正，564
《和讯网》，476
河北出版传媒集团公司，560，579，593，605，606
河北冠林数字出版有限公司，38，560
河北日报报业集团，449
河北省新华书店集团公司，560，765
《河湟民间故事》，36
河南报业网，479

河南华夏通信技术有限公司，526
河南日报报业集团，448，449，483，568
河南省新华书店发行集团有限公司，461
河南先达光碟有限公司，491
《核科学与技术专业资源数据库》，120
荷兰奥西集团，506
荷兰公司，485

hei

《黑海新娘》，161
黑龙江省动漫产业基地，488
黑龙江省人民政府，564
黑龙江省图书音像发行集团，461
黑龙江省新闻出版局，119，120，121，122，483，565
黑龙江新洋科技，488
《黑猫警长2》，621

heng

恒丰网络，473

hong

《红灯记》，158
《红高粱》，646
《红色记忆——武乡人民抗战的歌》，103
红袖添香，493，649
虹口区政府，547，570

hu

《呼吁书》，510
《狐妖小红娘》，362，373
湖北长江出版集团，491
《湖北日报》，491
湖北省新闻出版广电局，170，447，569，609
湖北省印刷协会，453
湖南凌华印务有限责任公司，541
湖南青苹果，549
湖南日报报业集团，504
湖南省郴州市政府，451

《湖南省网络出版内容审读实施办法》，173

《湖南手机报》，488

湖南首份手机报，488

湖南卫视，553

湖南文创产业专业规划，561

湖南喜乐帝少年动漫欢乐城，488

湖南雅嘉彩色有限公司，541

《虎×鹤》，364

互动数字媒体研发合作谅解备忘录，521

《互联网+，传媒转型与融合》，650

《"互联网+"行动指导意见》，340

《互联网+教育项目合作协议》，110

《互联网出版管理暂行规定》，84，115，304，340，368，679，707，709，722

互联网出版平台研发及服务体系构造专案，492

互联网出版违规警告制度，470

《互联网出版许可证》，96

《互联网传播保护条例（草案）》，476

互联网创新领袖国际论坛，512

互联网服务标准，565，566

互联网观察中心，505

互联网期刊大事报道的回顾，494，525

互联网期刊大事回顾，548，573，600，618，638

互联网期刊大事记，447

互联网时代的读者阅读调查报告，481，484

互联网实验室，488

互联网视频正版化联盟，455，643

《互联网视听节目服务抽查情况公告》，519

《互联网视听节目服务管理规定》，506

《互联网思维"独孤九剑"》，307

《互联网文学出版服务管理办法》，707

互联网新的爆发点，504

《互联网新闻信息服务管理规定》，470

《互联网信息服务管理办法》，672，678，679，722

互联网音乐版权国际研讨会，490

《互联网游戏出版管理办法》，487

《互联网游戏审批管理细则》，707

互联网与版权保护圆桌会议，533

互联网运营商技术创新论坛，515

《互联网站从事登载新闻业务管理暂行规定》，470

互联网政策与资源工作委员会博客研究组，484

《互联网著作权行政保护规定》，476

"沪版图书内容数字化"项目，548，599

hua

《花千骨》，82，344

《花语月》，428，431

华尔街日报，66，320，513

华南国际印刷展，452，604

华旗资讯，470

华声在线，504

《华盛顿邮报》，67

华师大出版社，562

华为，73，132，162，265，319，351，515，561，562，563

华文历史报纸文献数据库互联网数据发布合作协议，549

华夏力通，554

华云音乐，455

华西村，548

《画儿书架社区》，485

《画江湖之杯莫停》，352

《话说红军长征——纪念红军长征胜利80周年》，175

huai

《淮河六章》，154

huan

欢聚时代，439，451

《欢乐派男生》，486

《欢乐颂》，79，371

《欢乐真人麻将》，351

环境保护部，453

环球唱片，468

环球跨世纪完整音乐内容库，456

《环球时报》，397

环球音乐，456

环球音乐顶级演唱会，456
《幻城》，344
幻剑书盟，479，480，489，494
《幻魔之眼》，114
《幻影纹章》，142
《换届之年堪当人梯》，198，203

huang

《皇室战争》，420，442
黄澄清，484
《黄河在怒吼——抗战救亡诗词精选》，187
黄华华，477
《黄金单身汉》，406
黄晓新，537，654，777
黄玉郎，474

hui

汇众教育，528
慧聪网印刷行业频道，476

huo

《火锅英雄》，265
《火炬之光》，301
《火星情报局I》，406

J

ji

《机械工程手册数字版》，40
《机械昆虫游戏接力赛》，117
《基于"问题导学"的开放在线课程平台》，104
激动网，531
吉林"百网工程"，543
吉林出版工作者协会，542
吉林动漫集团，529
吉林日报社，461
吉林数字出版论坛，542
吉林音像出版社，32，111，112，115，117，536
吉林音像电子出版协会，536

《极限挑战》，299，302
《极刑·饭》，361
集成式数字出版印刷，555
《济南日报》，489
《计算机软件保护条例》，677
《记住》，112
《纪念碑谷》，430

jia

加快发展数字出版产业发展的若干意见，588
加快广播电视媒体与新兴媒体融合发展的意见，221
加快互联网经济发展十条措施，162
加快数字出版产业发展的意见，591，592
加快推进全国有线电视网络整合发展的意见，17
加快我国数字出版产业发展的若干意见，219，315，704
加快新闻出版业实验室建设的指导意见，55，78，116，690，744，747，763
加快重庆数字出版产业发展的指导意见，561
加拿大音乐周，536
加强网络出版服务管理实施办法，56
加强网络出版监管工作的通知，56，105
加强网络文学作品版权管理的通知，84，85，455，693
加强新闻出版业数字化转型升级项目管理工作的通知，116
加强音像行业自律，537
加强中国特色新型智库建设的意见，89
佳视得多媒体有限公司，521
家装全程播客，505
《嘉人 Marie Claire》，601
贾平凹，546

jian

《坚持正确舆论导向倡议书》，172
《坚持正确舆论导向承诺书》，172
《剪纸的故事》，629
《建设机械技术与管理》，172
建投华文传媒投资有限责任公司，461

剑桥大学出版社，525
《剑网 1》，474
"剑网 2016" 行动，63，368，455
《剑侠情缘网络版 2》，528
《剑侠世界》，339，434，528
《健康游戏忠告》，114，689
健康智能互动游戏，472

jiang

《江那边的父亲》，185
《江南时报》，471，474
江绍高，564
江苏动漫游戏节，503
江苏凤凰教育出版社，224，460，764，784
江苏科学技术出版社，531
江苏睿泰教育科技有限公司，245，460，764
江苏省文化厅，486
江苏苏中印刷有限公司，531
江苏主宾省论坛活动，453
江西出版集团，476，540
江西教育出版社，524，539
江西克莱博体育文化传媒中心，527
江西省版权输出奖，456
江西省电教馆，539
江西省人民政府，456
江西省新闻出版局，561，626
江西文明网江西手机台，527
蒋大为，481
蒋建国，537，544，621，630
蒋耀平，519

jiao

《焦点访谈》，265
教育出版数字化交流讲座，564
《教育信息化十年发展规划（2011—2020 年）》，414
教育音像电子出版物订货会，509
教育音像改革与发展研讨会，520
教育音像工委会，538

教育游戏专家座谈会，498
教育智库与教育治理高峰论坛，466
《教育智库与教育治理研究丛书》，466
《教育周报》，108

jie

《接力婴幼原创图画书产品群》，185
街头流动音乐便利站，468
解放日报报业集团，480，483，540
"借奥运契机，发展数字报业" 专题研讨会，496

jin

《今日美国》，67
"金海豚" 动画作品大赛，451
金嘉电脑，547
金翎奖，487，500
金龙奖，451，487，518，553，554，578，622，641，642
《金融时报》，396
《金融素养》，124
金山软件，500，528
金鹰卡通，553
金庸名著数字漫画快车，469
金羽毛绘本高峰论坛，462
锦天科技，499
《进口录音（像）制品报审表》，687
进口音像制品管理工作会议，538
进口音像制品内容审查办公室，521
进一步推动新闻出版产业发展的指导意见，704
晋江原创网，493
禁止利用网络游戏从事赌博活动的通知，114

jing

京版十五社反盗版联盟，454
京东商城，546，558，572，597
《京华时报》，83，395，472，488，489，491，557，573，596
《京津沪渝创意产业发展合作宣言》，542
京津沪渝首届创意产业联席会议，542

京津冀绿色印刷原辅材料及环保治理论坛，453
《京腔京韵满课堂》，124
京师数字教育平台，548
《经济日报》，469，483，490，491，610
《经济学人》，68
《惊梦》，428
《精英志》电子杂志出版论坛，483
《精装书籍要求》，624
《镜界》，430

jiu

《九层妖塔》，368
九天音乐网，476，479

jü

鞠健夫，531
巨鲸音乐，471，536，539
巨人网络公司，122，129，130，131，136，500
《聚爆》，431

jue

《决策参考》，121
《决策内参》，461
《决策与信息》网络智库平台，461
《决战沙城》，351，352
《决战汶川》，117
《绝色中文》，524
绝色中文网，524

jun

骏网，471

K

ka

咔咔动画，497

kai

《开心农场》，346，443

《开心学汉语》，181
凯鹏华盈，518

kang

康佳手机，497
抗战救亡演讲词精选，187
《抗战救亡作品诵读系列》，188
《抗战奇兵》，158

kao

《考古云南——云南历史文化发展脉络探寻》，208

ke

柯尊平，482
科大讯飞，197，244，287，382，418，479，589
科技出版融合发展研讨会，458
《科技日报》，492
科技咨询网，499
科技资讯网，517
科学出版社，463
《科学时报》，470
《科学通报》，447
科学网，408，495，498
可口可乐，472
《刻痕》，426

kong

《孔融让梨》，158
《恐龙大图鉴》，117
《恐龙时代》，117
《恐龙时代玩具套装版》，117
《控虫师》，355
《控诉》，193

kou

《口袋妖怪 Go》，70
《口袋妖怪官方指南》，70
《口袋妖怪收藏家官方贴画指南》，70

《口水三国》,361

寇晓伟,485

ku

《酷玩科学系列》,110

kua

《跨界歌王》,299,302

kuai

《快把我哥带走》,364
《快公司》,178
《快快乐乐学英语》,117
《快乐大赢家》,351
《快乐壮文》,187,188
筷子兄弟,505,506

kuan

宽频优秀服务商,504

kuang

《狂仙》,350

kui

《魁拔》,350

kun

昆仑信托,448

L

la

《拉仔的秘密》,572
《蜡笔小新》,365
《蜡笔小新消消乐》,365
《蜡烛人》,430

lan

兰登书屋,68,390,478

《兰空VOEZ》,136
《澜IAN》,489

lang

《狼来了》,158
《狼族少年》,362
《琅琊榜》,350

lao

《劳动维权案例与实务》,158
《老九门》,344,371
《老年生活报》,452
老年搜索频道,540
《老炮儿》,345

le

乐视,101,133,177,286,373,408,451

lei

雷曼兄弟,500

li

《黎族文身口述档案》,190
李宝中,537
李承鹏,546
李东东,537
李东生,538
李谷一,481
李家强,522
李嘉诚基金会,513
李佩甫,475
李逸平,510
《鲤》,427,430,431
《历历在幕——没有共产党就没有新中国》,92
《立秋》,103
利物浦城市之声,457

lian

连邦,472

《连环小人书·不惧远征难》，195
《连线》，306，320
联众，451
《恋舞 OL》，131

liang

梁峰，538
梁钢，477
梁美丝，511，512
两岸动漫艺术节，485
两岸数字出版研讨会，566
两岸音乐展演与唱片发行交流商务论坛，560
两岸音像行业交流活动，521
《"两会" TALKS》，184

liao

辽宁报业集团，550
辽宁报业集团移动新媒体产品推介会，550
辽宁出版集团，106，107，108，109，110，245，470，541，563
辽宁省版权局，105，454
辽宁省新闻出版局，107，110，483，596
《瞭望东方周刊》，531

lie

《列王的纷争》，339，346，434，442，443

lin

林丽，521
林全，521，778

ling

《灵魂摆渡》，299，345
灵通网，468
《零分偶像》，364
《零世界》，576
《岭南幼儿多元智能课程》，181
《领导干部数字手册》，560

liu

刘国雄，481，772
刘晓东，484
刘晓海，512
刘心武，546
刘援朝，510
《流氓燕》，211
流行音乐下载网站，479
《留给你的北方》，118
柳斌杰，247，459，477，509，522，537，538，545，563
六间房，265，503
《六龙御天》，350
《六扇门》，130

long

龙昌明，454，778
龙的天空，493
龙虎网，475
龙新民，482
龙源期刊网，288，289，399，484，525，543，548，573
龙源数字传媒集团，399，401，402，447，595，637，638
《龙珠觉醒》，351，352

lou

娄勤俭，538

lu

《炉石传说》，339，342，421，434，438
《炉石传说的艺术》，70
《陆战雄狮》，353
录音制品的广播权和表演权报告会，511
路洲，560
《露娜战纪》，352

lü

吕勇，456，779
律商联讯公司，478
绿色网络·青少年论坛，469，482

《绿色网络文化产品评价标准》，514
绿色网络文化产品征集和推介活动，514
绿色印刷图书环保质量抽查检测，453
绿色印刷推进会，453，624
绿色游戏运营专区，552

luo

《罗辑思维》，82
《罗刹大人请留步》，362
《洛杉矶时报》，319，320
洛藏，539
《洛藏藏汉英电子词典》，539

M

ma

《妈妈是超人》，406
《麻辣变形计》，302，299
麻球游戏盒子，552
《麻省理工科技评论》，73
马来西亚红蜻蜓出版有限公司，462
马利，564

man

《馒头日记》，364
《漫画BAR》，577
《漫画SHOW》，577
漫画期刊国际研讨班，531
《漫画世界》，577
漫画世界杂志社，518
漫画书刊骨干编辑培训班，531
《漫画月刊》，526
《漫头玩转08奥运》，518
漫友文化，487，553，577，622
漫友杂志社，518

mao

猫儿宝贝，506

毛力，469
毛小茂，537
《冒险与挖矿》，430

mei

《眉姐》，517
媒体融合发展创新战略合作协议，448
媒体融合实验室，513
媒体融合专业，512
《每日经济新闻》，477，482，484，499
美国按需图书公司，532
美国唱片协会，539
美国电影协会，545
美国独立唱片协会，559，584，585
美国独立音乐周，559，584
美国密苏里大学新闻学院，513
美国纽交所，500，552
美国纽约大学，513
美国心理学会，567
美国艺电，486，499
"美猴奖"颁奖典礼，497
《美丽新农村系列》，195
《美丽中国梦》，176
美林银行，500
《美人鱼》，128
《美食堂》，601
《美元是张纸》，561
《魅力方块字》，124

meng

蒙古国中央群众杂志社，461
《梦幻西游》，143，339，434，442
《梦幻战争2》，426

mi

咪咕，130，150，153，244，286，287，381，385，450，456，458，650，651，779，785
《谜团》，577

《米娜》，601
《秘书处细则》，592
《蜜蜂鸟社会化分销平台》，120

miao

《妙手天医在都市》，365

min

民族游戏，151，528，552
民族语言文字规范标准建设及信息化科研项目，491
《闽南话水平测试：词汇与朗读》，158
闽南语音乐中心，559

ming

名刊学报主编会议，548
《名片陕西》，242
《明星大侦探》，406

mo

《模拟音频的数字转换技术》，584
摩登天空，457，536，777
《摩尔庄园》，572
《蘑菇点点》，518
《魔比斯环》，483
《魔法纹章》，130
《魔兽》，70，265，344，345
《魔兽世界》，293，297，499，500
《魔兽世界编年史》，70
《魔域》，161
墨堂国际艺术馆，451

mu

慕容雪村，546

N

na

《纳米研究》，628
纳斯达克市场挂牌交易，499

nan

《男人帮》，299
《男艺伎回忆录》，505
南方财经全媒体集团，184，449
《南方都市报》，469，475，477，619
《南方日报》，183，475，487
南方网，473
《南方网红访谈室》，184
《南方周末》，395，635
南非开普敦国际动画节，451
《南瓜先生大冒险》，426
南京大学，89，236，240，244，245，282，284，287，291，378，379，464，483，512，649，764，766
南京图书馆，453
南开大学，468，609，645
《南明年鉴（2016）》，206

ni

尼尔森机构，510
《你好，乔安》，302
《逆天仙帝》，365
《逆袭吧魔王！》，361

nian

《年度数字阅读白皮书》，786
年度阅读与出版流行趋势，565
年度纸质图书畅销榜，466

nie

聂震宁，553

ning

宁波报业集团，484
《宁波播报》，484
宁波日报报业集团，484，496，526
宁夏日报报业集团手机媒体，526
《宁子墨那代人》，185
《凝暮颜》，572

niu

《牛津高阶英汉双解词典》，619
《牛牛和妞妞》，186，187
《纽约时报》，66—68

nong

《农家书屋》，620
《农民画在中国》，118
《农民日报》，610
农业数字图书馆，463，469，470

nu

《怒江之声》，33，208

nü

《女帝后宫传奇》，193
《女娲成长日记》，369
《女王的纷争》，346，443
《女友》，400
《女总裁的贴身高手》，286

nuo

诺基亚，497，527，572

O

ou

《偶滴歌神啊3》，406
偶偶网，505
《偶像事变》，361

P

pa

《啪啪三国》，173

pai

派格太合，472

pan

《盘古OL》，518
盘古齿轮游戏工作室，518
盘古搜索，562
盘石网盟，462

pei

"培养编辑名家"主题征文，464

peng

彭松建，522

pin

《品鉴》，195

ping

《乒乓》，425
《平装书籍要求》，624
苹果Ipad，548
《苹果打破华尔街第一季度预期》，320

Q

qi

七龙珠，451
《七堂极简物理课》，385，390
《七月与安生》，355
期货日报社，449
《期刊出版管理规定》，522
期刊融合发展高峰论坛，447
期刊网络传播Top100排行发布会，525
期刊网络传播数据分析排行，471
齐相潼，510
《奇迹MU》，350
《奇葩说》，82，385
企鹅兰登，68，82，385，390，461
起点中文网，124，293，460，489，528，649
《汽车族》，601

qian

《千古风流话裴氏》，103

千龙网，475，480

《千载南音》，158

《前夫大人请走开》，365

《前线》，102

"前沿科普文丛"合作计划，464

《钱经》，601

《乾坤在线》，114

qiao

《悄悄话树洞》，572

《巧虎》，366

俏佳人，538

qin

《亲爱的翻译官》，371

侵犯互联网出版物著作权刑事案，482

侵权诉讼，257，500

秦尚志，538

qing

青岛报业传媒数字印刷产业园，452

《青岛出版传媒并购悦读纪公司》，163

青岛出版集团，165，166，462，463，591，631，784

《青岛日报》，452

《青岛晚报》，452

《青岛早报》，452

《青果青》，638

《青海大学学报》，217

《青海教育》，217

《青海日报》，217

《青海社会科学》，217

青年报社，37，394，480

《青年参考》，505

《青年时报》，483

青鸟华光维、哈、柯、傣文电子出版项目，491

《青柠之夏》，361

青苹果数据中心有限公司，549，620，719

青少年动漫作文大赛，503

《青云志》，154，344，371

《轻兵器》，471

清华大学，244，288，425，428，453，463，469，481，548，613，627，648，652，765

清华大学出版社，476，522，779，783

清缴整治低俗音像制品专项行动，537，538

《"清朗"行动专项报告》，103

清韵书院，493

《情义江湖》，474

qiu

《秋叶原之旅》，361

《球娘》，364

《球球大作战》，129，130，339，340，371，420，421，434，435

qu

屈景明，536

quan

全国"反盗版百日行动"，489

全国"扫黄打非"工作小组办公室，96，185，472，470，471，489，537

《全国版权示范城市联盟合作协议》，646

全国报刊媒体融合创新范例路演，448

全国报协秘书长会议，448

全国报业创新与发展峰会，496

全国报业手机报业务研修班，526

《全国报纸出版业"十一五"发展纲要（2006—2010）》，483

全国财经传播研究会筹备会，466

全国藏学编辑培训班，466

全国出版业网站年会，542

全国大学出版社数字出版工作研讨会，522

全国大中专教材网络采选系统，461

全国地方网站内容与建设管理研讨交流会，482
全国电子与网络出版研讨会，484
全国工商联，470
《全国国民阅读调查报告》，74，370
全国国民阅读调查结果，563
全国国民阅读调查课题组，524
全国国民阅读倾向与抽样调查，481
全国互联网出版管理培训班，543
全国教育类出版物成果展，466
全国绿色印刷周，453
全国名师名校长峰会，465
全国农业展览馆，476，578，597
全国少儿图书馆数字阅读推广先导项目，547
全国省级党报集团媒体融合研讨会，449
全国省级党报总编辑年会，449
全国省级晚报（都市报）经营峰会，448
全国省级晚报（都市报）经营联盟，448
全国手机报新媒体发展推进现场会，450
全国书市，468
《全国数字出版转型示范跟踪研究报告》，65，464
全国数字出版转型示范现场会，55，150，170，186，195，202，211，464
全国图书订货会，456，779
《全国未成年人思想道德建设纲要》，581
全国新华书店集团首届服务教育信息化产业高层座谈会，460
全国新闻出版标准化技术委员会年会，226，465，631
全国新闻出版单位数字出版工作交流会，459
全国新闻出版改革发展项目工作会议，464
全国新闻出版统计工作会议，465
全国新闻出版信息标准化技术委员会，514，650，767
《全国音乐产业发展现状调研报告》，106
全国音像出版复制发行工作座谈会，537，538
全国音像电子和网络出版管理工作会议，480
全国音像发行研讨会，512
全国音像分销协（商）会联席会议，537
全国音像协会联席会议，560

全国印刷复制管理暨出版"3·15"质检活动，456
全国印刷经理人年会，453
全国优秀新闻作品最高奖，479
全国中小学实验教学说课活动，465
《全景式新华书店》，587
全媒体"国博"文化产业链，565
全媒体多通道数字出版系统，540
全媒体新闻资源管理系统，549
全面合作伙伴关系，504
《全民阅读促进条例》，13，24，370，700，701
全民阅读嘉年华，447
全民阅读蓝皮书，586
《全民阅读手绘图册》，198
全球电子竞技产业峰会，132，450，793
全球付集团，462
全球视频媒体论坛，452
全球数字图书馆扫描图书，494
全球网印与数码印刷高峰论坛，507
全球移动互联网大会，450，563，589，611
全球游戏产业峰会，132，450，793
《全球游戏市场报告》，70
全信息标准数字化智能信息系统，549
全英最佳城市音乐节奖，457
《全职法师》，369
《全职高手》，361
《泉州的声音》，559
《拳皇》，348

R

re

《热血高校》，350

ren

人才战略合作框架协议，463
人民出版社，103，106，111，112，180，181，206，217，218，458，476，541，606，629，636，654
《人民的名义》，82

人民教育电子音像出版社，29，38，484，538，774，778，784
人民军医出版社，567
人民宽频开播，504
《人民日报》，92，395，397，469，479，481，484，485，487，489，497，498，526，557，575，610，635
《人民日报·海外版》，475，477，491
《人民日报·华东新闻》，479
《人民日报联通手机报》，498
人民日报媒体技术股份有限公司，448
人民日报社，448，472，497，514，549，564，601，640，643，644
人民网，355，397，469—482，484，485，486，487，488，490，497，501，504，505，512，519，549，564，570，575，576，602，784
人民网动画春晚颁奖典礼，472
人民网环保博客大赛，505
人民网研究院，397，564，575
人民卫生出版集团，464
《人民卫生出版社数字出版战略规划》，331
人民邮电出版社，80，221，553，783
《人皮衣裳》，362
任伟泉，476
任玉成，453

ri

日本唱片协会，511，536
日本唱片协会代表团，536
日本世嘉株式会社，474
日本内容产品海外流通促进机构，544，581
日本文化产业·音乐振兴财团，511
日本驻华大使馆新闻文化中心，501

rong

《融合发展（数字化转型）战略合作协议》，107
"融媒体"客户端，551

ru

《如懿传》，408

ruan

软银，517

rui

瑞丽集团，483
瑞士银行，500

S

sa

《萨克斯曲选》，117

sai

《塞北塞北》，638
赛迪网，516

san

三辰音像公司，30，511，779
"三个一批"调研会，538
《三国：全面战争中文版》，426
《"三海"特色专业出版社转型升级项目》，120
《三联生活周刊》，289，638
三联生活周刊杂志社，447，448
三门户网站，493
《三秦瑰宝》，210
《三十回新编长篇评书——琼崖女子特务连》，190
"三通"战略，452
"三网"融合之路，542
《三峡·三国名胜古迹图志》，194

sao

扫黄打非，8，22，24，53，96，151，192，210，264，265，266，470，471，479，489，537，707，715

sha

沙滩音乐节，545
莎士比亚（中国）中心，464

shan

《山不在高》，161
山东广电网络公司，549
《山海奇缘》，114
山田尚志，538
山西省数字印刷与印刷数字化研讨会，555
《山西省网络出版审读办法》，56
《山西数字出版振兴崛起政策研究报告》，104
《闪客帝国》，428
闪酷地带手机动漫服务，497
《闪翼拳皇》，426
陕西奥达企业集团，461
陕西出版集团，277，537，629
陕西嘉汇汉唐图书发行有限责任公司，461
陕西旅游集团，537
陕西师范大学出版总社，210，459
汕头大学，175，513，740
汕头经济特区南美电子实业有限公司，491

shang

商务型网络读书频道，470
商务印书馆电子音像出版中心，538
商业软件联盟，545
上海阿耳法信息技术有限公司，540
上海报业集团，129，448，618，619
上海步升文化传播公司，476
上海财经大学，466
上海电子书包试点项目，562
上海动甑漫画展览会，474
上海光大会展中心，485
上海国际数字广告技术大会，471
上海国际数字媒体技术与产业发展论坛，513
上海国家音乐产业基地制作中心，544
上海交通大学，463，593
上海教育出版社，562
上海理工大学，245，378，379，540，567
上海丽声影音公司，559，584
上海世博会事务协调局，532
上海世纪出版集团，125，558，630
《上海市促进数字出版产业发展若干规定》，562
上海市广告协会，471
《上海市视听新媒体行业协会章程》，571
《上海市网络游戏服务规范》，528
上海市文化广播影视管理局，473，502，577
上海市新闻出版局，122，123，127，134，137，143，150，491，510，541，544，547，570，597，599，605，621，636，792
上海市信息服务业行业协会，528
上海市政府，128，131，137，510，539，552，567，576
《上海数字出版业发展引导目录（2009版）》，540
上海外语教育出版社，39，124，562，570
上海万丰文化传播有限公司，549
上海文广新闻传媒集团，502，504
上海新华传媒股份有限公司，502
上海新汇，538，539，544，545，559，560，584，585，774，777
上海译文出版社，82，385，461
上海易狄欧电子科技有限公司，535
上海音乐产业创意园区，539
上海印刷博物馆，453
上海印刷大奖，453
上海游塘存，474
上海展览中心，461，473，502
上海张江集团，543
上海掌上灵通公司，475
上海证券交易所，464，655
上游游戏中心，487
《尚漫》，553

shao

《少数民族文化数字出版促进工程》，47，54，55，57
《少数民族文化数字出版促进工程项目书》，95
少数民族语言手机报，527
少儿"播客频道"，505
"少儿电纸书阅读"活动，547

《少年锦衣卫》，361
《少年林白水》，158
《少年三国志》，131，359，434，442
《少年西游记》，131，339，434
《邵江海口述历史》，158

she

《舌尖上的中国 I》，646
社会各界抵制低俗音像制品座谈会，537
《社会记录》，504
社会科学文献出版社，224，468，567，577，609，631，651，764，783
《社会主义核心价值观（动漫版）》，184
社交型电子书，547
《社区周刊》，525
《射雕英雄传》，301，469
《射雕英雄传 3D》，299，345
《涉藏图书选题分析及读者服务平台》，205
《摄影之友》，601

shei

《谁说我只会之乎者也》，485

shen

深港动漫嘉年华，518
《深海 47 米》，265
《深海迷航》，301
《深化标准化工作改革方案》，270，275
深圳出版发行集团，175，459，466，589，590
《深圳的声音》，545
深圳发行集团，491
深圳麦士威科技有限公司，477
深圳梅沙原创音乐前沿基地，537
《深圳全民阅读发展报告》，459
《深圳商报》，491，606
深圳市海恒智能技术有限公司，564
深圳市华鼎文化发展有限公司，537
深圳市书城电子出版物有限公司，491

深圳市天朗时代科技有限公司，175，187，226，459，520，653，752，756，757，763，765，766，776，779
《深圳市小学英语 mini 课堂》，181
《深圳市小学英语第一课堂》，181
深圳阅读蓝皮书，459
《神雕侠侣》，299，301，344
《神龙报春》，590
《神明之胄》，364
《神魔大陆》，301
《神泣》，499
《神仙道》，161
《神域天堂》，114
沈黎晖，536，777
沈仁干，520
沈阳冰锋，486
沈阳国际动漫产业城，502
沈阳棋盘山国际风景旅游开发区，541

sheng

《生产型数字印刷机目录（2015 年）》，643
《生命作证》，195
《圣剑英雄传：英雄救美》，425
《圣莲传说》，355
盛大·点击书，474
盛大网络，125，468，473，474，481，486，528
盛大文学，124，383，389，527，528，533，542，546，547，551，556，572，574，596，600，611，649，785
盛大易宝平台，481
盛大游戏，122，125，131，136，176，528，552，602
《盛开》，211

shi

《失孤》，345
《失恋 33 天》，299，345
《失落城堡》，430
《诗经》，32
施普林格公司，495，513，522

十大侵犯知识产权犯罪国内案件，474
《十七大手机报》，497，498
《"十三五"国家战略性新兴产业发展规划》，72
《"十三五"国家重点图书、音像、电子出版物出版规划》，105，154，686
十省电子音像出版社联席会，460
《十万个冷笑话》，364
十月文学院，447，464
十月杂志社，447
石坂敬一，536
石峰，495
石家庄第二届国际动漫节，502
石家庄第四届国际动漫博览交易会，530
石家庄动漫衍生产品集散交易中心，530
石家庄首届国际动漫节，487
《石家庄日报》，487
石景山区人民政府，486，552
石油工业出版社，40，525
石油数字图书在线，525
时代出版传媒公司，566
时代出版传媒股份有限公司，154，244，565，586，588，652
《时空幻境》，430
《时空裂痕》，602
《时空旅途》，430
时尚杂志社，447
《史蒂夫·乔布斯传》，305，307
《史记》，38
《氏族之王》，70
世博会音乐著作权合作备忘录，532
世纪东方，527
世嘉，474，485
世界版权经理人大会，533
世界创客教育高峰论坛，465
《世界的味道》，195
世界电子书博览会，493
世界电子书图书馆，493
世界读书日，112，182，480，696，698

世界互联网大会，465，655
《世界闽南语音视频数据库》，158
世界期刊大会，479，494
《世界文化遗产：哈尼梯田——雕刻大山的杰作》，208
《世界无人系统大全》，40
世界移动互联网大会，462
世界展览服务公司，471
《世界争霸》，346，443
世界知识产权组织，456，534，557，627，647，655
世界知识出版社，458
世界中文报业协会年会，449
《市场报》，479，484，486
《侍魂》，348，351，352
《侍魂OL》，351
视频媒体大事记，452
视频网站，265，361，406，407，408，411，412，503，504，505，506，519，556，623，646
视音频基金计划，506
室内少年动漫广场，488

shou

收费阅读，396，526
《手绘厦门恋爱地图》，186，187
手机"移动购书"新服务，488
手机报，75，77，164，195，196，202，217，394，450，475，483，488，495，496，497，498，517，526，527，550，574，586，634，655，704
手机查书，475
手机出版大事报道回顾，497，517，526，550，574，601，619，640
手机动漫大赛，553
手机短信接力小说，475
《手机媒体出版服务管理办法》，707
"手机媒体的昨天·今天·明天"传媒沙龙，527
《手机青年报》，526
手机式阅读器，534
手机书，517
手机书屋，237，238，240，564

手机游戏，114，115，151，153，159，299，353，365，370，385，489，550，551，552，576，621，660，704

手机游戏产业高峰论坛，489

手机游戏平台，551

手机阅读"红书包"，550

手机阅读高峰论坛，528，574

手机增值业务合作协议，526

手写电纸书 N518，535

《守望》，158

《守望先锋》，129

shu

"书"赢天下第二届网络文学大赛，516

《书法伴侣》，195

"书香还是数字香"电子纸专题，534

书香中国·北京阅读季领导小组办公室，463

《蜀山战纪剑侠传奇》，344

沭阳县文化产业发展论坛暨文化创意产业园奠基仪式，465

数博会电子书包与数字教育出版分论坛，567

《数独》，168

《数据分析软件开发》，164

《数据库出版服务管理办法》，707

《数据字典维护规范》，271

《数码印刷》，580

数码印刷大事报道，476，490，506，531

数码印刷大事回顾，555，579，604，623，643

数码印刷网络服务平台，476

数码印刷研讨会，476

"数码印刷在中国"系列活动，507

"数码印刷在中国"技术高峰论坛，532，606

《数学周报》，108

数字版权"自助保护系统"，508

数字版权保护技术研发工程，4，11，48，55，58，85，97，151，246，247，248，249，261，262，390，456，557，705

《数字版权标识标准》，253

数字版权大事报道回顾，475，489，508，519，532，555，580，606，625，645

数字版权大事记，454

数字版权交易服务中心，556

《数字版权唯一标识符（DCI）》，24

数字版权唯一标识符（DCI）体系，23，455，556

数字版权唯一标识符技术联合实验室，557

《数字版权资源交流使用规则》，636

《数字报业北京宣言》，483

数字报业实验室计划，483

数字报业实验室联络员工作会议，495

数字报业新技术现状与应用前景研讨会，496

数字报业专题研讨会，495

数字报纸，8，69，75，76，77，239，393，394，395，396，397，398，448，479，484，495，496，512，526，549，566，573，600，618，634，639，704

数字报纸大事报道回顾，495，526，549，573，600，618，639

数字报纸大事记，448

数字编辑初级和中级职称评审，458

《数字出版"十二五"发展规划》，235，565

《数字出版编辑流程》，277

数字出版部门主任联盟年会，459

数字出版产品经理实战训练营，458，783

数字出版产业数据中心，565

《数字出版处网络出版监管平台管理制度》，115

数字出版发展战略研讨会，542

数字出版发展座谈会，534

数字出版峰会，522

数字出版高层论坛，465

数字出版经营战略讲座，515

《数字出版内容卫星传输规范》，84，271，615

《数字出版千人培养计划》，55

《数字出版千人培养计划项目实施方案》，95

数字出版项目及产品经营经理业务培训班，460，466

数字出版信息中心信息系统，515

数字出版行政管理机构，521

数字出版研讨会，460，561，566，592，783

数字出版引领期刊未来研讨会，495
数字出版与文化产业国际研讨会，563
数字出版与印刷传媒教育机构，541
数字出版与印刷传媒系，541
数字出版云计算中心，566，568，789
数字出版战略合作协议，522，589，613
数字出版中心，540，549，565，783，789
《数字复合出版标准工作管理办法》，766，767
《数字复合出版标准研制工作调查问卷》，767
数字富媒体产品，458
《数字化编辑出版工具系统》，104
数字环境下版权和相关权集体管理研讨会，534
数字环境下的版权管理和执法国家研讨会，557
数字交互多媒体出版平台，502
数字教育出版工作委员会，460，783
数字教育论坛，543
《数字内容资源管理办法》，277
《数字期刊产品服务规范》，271
《数字期刊分类与代码》，271
《数字期刊核心业务流程规范》，271
《数字期刊内容质量管理规范》，271
《数字期刊术语》，84，271
数字时代出版产业发展与人才培养研讨会，492
数字书刊，548
数字图书馆读书卡，482
数字图书馆推广工程建设五年间成果展，446
数字文化产业创新基地，566
《数字文献资源长期保存共同声明》，652
数字新媒体高峰论坛，514
数字音乐元年，481
数字音像网络出版发行产业研讨会，521
《数字印刷的分类》，624
《数字印刷管理办法》，555，643
《数字印刷品质量要求及检验方法》，579
数字印刷与印刷数字化技术，555
《数字印刷质量要求及检验方法》，271
《数字硬打样系统质量要求及检验方法》，270，579
数字娱乐产业论坛，486

数字娱乐产业示范基地，486，497
数字娱乐人才培养平台，542
数字阅读论坛，522，637，638，658
数字作品版权登记平台，489

shuang

双边合作数字化项目，525

shuo

《说·琴——人间四月天》，176
《说剑》，430
《说文解字》，468

si

私服外挂，472，473
私设《传奇3》游戏服务器终端案，474
《"思耐普"软件独家代理协议》，633
四川大学腾讯新媒体研究所，541
四川省音乐产业发展领导小组，457
四川师范大学，457，782，785
四川师范大学音乐学院，457
四川数字出版传媒有限公司，33，561，588
四川数字图书馆共享平台，482
四川新华文轩出版传媒投资，561
《四大名捕大对决》，351
《四大名捕对决》，352
《四库全书》，477

song

宋柯，536，560，584，774，777

sou

搜狗，133，374，451，596，653，654
搜狐，83，161，321，373，397，408，410，470，472，473，484，493，495，504，505，513，522，531，553，581，606，611，643，645，782
《搜书网》，477

su

苏州大学凤凰传媒学院，446
《苏州手机报》，394

sui

《隋乱》，572
穗港澳动漫游戏展，500

sun

孙波，454
孙春龙，531
孙宏伟，538，544
孙家正，477
孙寿山，50，97，173，247，450，458，460，503，513，522，537，553，583，611，615，621，629，630，631，635，641，647，649，652，658，661，772，773，794
孙颙，510

suo

索尼，131，133，136，153，176，429，431，432，476，508，645，777

T

tai

台北市出版商业同业公会，544
台北市电脑公会，163，450
台北市杂志商业同业公会，566，618，639
台湾博客来书店，516
台湾大宇信息，471
台湾地区图书出版事业协会，544
台湾联合在线，522
台湾省影音节目发行商业同业公会，520，521
《太谷秧歌》，103
太合麦田音乐，536
太和麦田，510
《太极熊猫》，442
《太空大战》，425
《太空第一课》，117
太平洋影音公司，30，32，33，34，176，538，559，774，777，778，781
《太行奶娘》，103
泰盛，538，544

tan

《坦克世界》，353，354

tang

《唐顿庄园》，67
唐骏，486

tao

韬奋出版人才高端论坛，464，596
《逃亡兔》，351，352
《桃花缘》，364
《桃花源记》，486
淘米，552，572

teng

腾讯音乐，284，372，536
《腾讯娱乐白皮书》，406

ti

《提问2013》，612
体育手机报《运动汇》，527

tian

《天地翻覆——中国文化大革命历史》，165
《天火大道》，352
天极网，498，499，500
《天将雄师》，350
天津国家数字出版基地云计算中心，565，568
天津海泰数字版权交易服务中心，556
天津科技出版社，517
天津日报社数字化系统，549

天津神界漫画有限公司，553，601

天津市妇女儿童发展基金会，446

天津市老区建设促进会，446

天津图书馆，446

天津图书馆文化中心馆，446

天凯，538

《天龙八部》，364

《天启之门》，350

《天堂2》，350

《天外有天》，622

天闻数媒，172，173，417，418，562，563，740，751，754，755，761，765

《天下3》，345

天下书盟，493

天涯社区，193，493

天翼阅读·杂志版，548

天语同声信息技术公司，544

《天域幻想》，351

ting

《听刘慈欣讲科幻》，103

《听书，让阅读更精彩》，456，779

tong

通力公司，469，474，477，487，502

《通灵妃》，362

通信产业报社，489

《通信世界》，497

《通职者》，362

同方知网，104，198，237，239，399，400，401，403，447，542，589，591，614，630，648，740，741，751，753，754，755，756，757，758，759，760，761，762，765，766

同济大学知识产权学院，512

《同文汉文史考证文库》，481

同文研究院，481

同心出版社，486

《童谣雅韵—岭南童谣大典》，175

统一版式文档技术，525

tou

《偷星九月天》，362

tu

《图书、音像电子出版企业社会效益评价考核办法》，93，94

《图书产品信息加工规范》，272

图书出版工作四大任务，516

《图书出版信息采集规范》，272

图书电影，561

《图书发行信息采集规范》，272

《图书管理系统接口规范》，271

《图书数据库产品评价指标》，636

《图书质量保障体系》，679

图书质量管理工作座谈会，459

土豆播客，506

土豆网，503，504，505，506，519

《土豆侠》，161

《兔子帮》，603

W

wai

外文学术期刊数据库，467

wan

完美时空，371，499，500，782

《完美世界》，299，301

《玩出小小数学迷》，181

《玩手机》，289

万方数据，244，288，399，400，401，402，490，522，652，741，750，755，764，766，774，783

wang

汪俊，469

王国庆，509，522，626

王华，511

王化鹏，512，536

王家耀，477

王炬，266，454，459，510—512，520，536—539，544，559，560，583—585，608，609，611，612，615，528，647，651，772，774

王立平，520

《王牌御史》，362

王勤，105，122，460，609，775

《王权争霸》，346，443

王任享，477

王选新闻科技奖，549

王岩镔，456，537

王岳，38，484，774，778

《王者荣耀》，129，143，420，435

网博会，470，542，543，597，615

网龙公司，160，161，501

网络版权监测及维权新机制，556

网络版权联盟，475，490

网络报，75，191，483

网络编辑师资格认证，469

《网络出版服务管理办法》，211

《网络出版服务管理规定》，51，55，56，84，96，99，105，134，154，155，168，185，192，206，207，210，214，217，340，368，428，450，664，688，732

《网络出版服务许可证》，158，206，673，674，676，677，678，679

《网络出版监管审查报告》，99

《网络出版监管系统建设合同》，119

网络出版印刷，476

网络出版与平面出版新格局研讨会，469

网络单曲下载，481

网络档案馆，493

《网络导报》，586

网络动漫大事报道回顾，501，518，529，553，577，603，622，641

网络动漫大事记，451

网络公共信息服务场所清理整治工作，469

《网络广告联盟版权自律倡议》，85

网络贺岁电影，503

网络期刊节，484

网络侵权情况调查会，510

网络实名制，482

网络视频版权治理新模式研讨会，555

网络图书盗版案，490

网络图书销售额，469

网络维权百日行动，490

《网络文学出版服务单位社会效益评估试行办法》，55，58，96

网络文学发展与出版峰会，480

《网络文学评论》，548

网络文学网站，51，53，55，58，80，88，96，99，100，124，185，186，193，446，479，635，638

《网络文学行业自律倡议书》，85，96

网络文学行业自律倡议书新闻发布会，460

《网络文学阅评制度》，99

网络新闻作品，479

网络音乐版权保护与商业模式研讨会，454

网络音乐坊，471

网络音乐行业发展联盟，565

《网络游戏出版服务管理办法》，58

《网络游戏出版管理办法》，53，664

网络游戏大事报道回顾，498，517，528，551，576，601，620，641

网络游戏大事记，450

网络游戏反盗版和产业保护联盟，451

网络游戏防沉迷实名验证工作，552，689，710，711，712

《网络游戏防沉迷实名验证流程》，710，711

网络游戏防沉迷系统，482，499，552，710，711，712

《网络游戏防沉迷系统规范》，169

《网络游戏防沉迷系统及实名认证服务协议》，498

《网络游戏防沉迷系统开发标准》，473，498，711

《网络游戏防沉迷系统实名认证方案》，498，711

网络游戏门户，517

《网络游戏内容审查专家工作职责》，99
网络游戏疲劳系统，473
网络游戏原创力量调查活动，474
《网络有害信息专项监测工作》，778
网络阅读在线率，524
网络杂志营销年会，481
网络在线阅读，524
网页游戏发展论坛，543
《网易游戏》，474
网游防沉迷系统，473
网站履行主体责任高峰论坛，466
网站推行实名注册制度，556

wei

"危机传播与中国经验"高峰论坛，541
《微党课》，194
《微观战争》，426
《微微一笑很倾城》，344，371
《为WHY》，480
韦唯，481
《维护著作权人合法权益联合备忘录》，596
《维京人的日常》，427
维普资讯，196，198，202，204，288，399，400，402，469，560，752，755，785
《维吾尔文新闻早晚报》，527
维亚康母，484
潍坊北大青鸟华光照排有限公司，164，491，752，753，754，755，756，757，758，759，762，763
卫星数字出版物发行平台研讨会，544
《"卫星数字农家书屋"战略合作协议》，596
魏国华，469
魏玉山，170，261，459，654

wen

《温州日报》，495
文博会动漫游戏产业发展论坛，498，503
"文革"题材音像制品，491
《文化产业促进法》，24
《文化产业发展专项资金管理暂行办法》，189，225
《文化产业振兴规划》，704，720
文化创意产业论坛，556，622
"文化名人视频访谈"专区，522
《文汇报》，512
《文汇读书周报》，486
文汇新民联合报业集团，512
文津阁本《四库全书》，477
文明办网倡议书，480
"文学+"新经典，455
文学创作与出版座谈会，465
《文学是人学：林兴宅》，158
文学网站版权纠纷，489
闻宗禹，456，779
《问道》，161，487

wo

《我才不会被女孩子欺负呢》，364
《我的背后是祖国》，638
《我的名字叫建国》，117
《我的世界》，297，430，435
《我的爷爷是抗联》，112，118
《我的中国梦——奋斗的青春最美丽》，154
《我读过你的邮件》，527
《我家住进了大魔王》，362
《我叫白小飞》，293，362
《我就在你身边》，175
我乐网，506
《我们爱科学》，278
《我们的三十年——三峡影像记录》，195
我闪，497
《我是侠》，481
《我与哈尔滨》，118
沃达丰，517

wu

《乌镇》，33
邬书林，509，510，536，537，538

《无冬之夜》，301
《无极》，472
无线增值产业发展论坛，488
无线资讯网，489
无限星空音乐集团，457，608
无纸化办公，534
吴尚之，521
吴雨，536，584
《吴忠日报》数字报，496
吴忠网，496
五洲博尔文化传媒（北京）有限公司，465
武汉大学网，492
武汉科信达科技有限公司，539
武汉市印刷协会，453
《武汉宣言》，570
《武林外传》，299，345
《武神赵子龙》，344，350
武侠类网络游戏，471
《舞台艺术》，195
《务工技能提升电子手册》，195

X

xi

《汐》，430
《西安城墙》，242
西安天盛软件有限公司，537
西安西部出版物交易中心项目，461
西部手机书屋项目，564
西部数字出版产业协同创新中心，459
西藏大学教师，539
西陆文学，493
《西南联合大学名人访谈录》，208
西南师大版中小学数字图书馆，524
西南师大出版社，524
西南师范大学出版社，196，197，198，200，202，203，524
《西宁晚报》，217

西山居，133，177，294，299，451
《西游记之孙悟空三打白骨精》，349，350
《希望使命》，158
《喜羊羊快跑》，351，352
《系统解剖学》，632
《系统控制唯一标识符》，272

xia

《狭义与广义相对论浅说》，325
下一代网络融合与发展中国峰会，542
《夏有乔木雅望天堂》，355
厦门首届动漫游戏展，503
厦门国际动漫节，161，451，603
厦门国际会展中心，451，503，603
《厦门日报》，485
《厦门市动漫产业发展资金管理暂行办法》，162
《厦门市闽南话水平测试大纲》，158
厦门市新闻出版工作会议，485
厦门外图集团有限公司，544，646

xian

《仙魂》，191
《仙剑奇侠传幻璃镜》，137
《仙剑奇侠传三》，137
《仙剑奇侠传四》，137
《现代兵器》，601
现代出版社，502
现代广告杂志社，470
《现代广州话（粤语）规范词典》，181
《现代汉语词典》，595
《现代家庭》，471
《现代教育与技术》，213
线上读书收费，493

xiang

《乡村乱情》，210
香港动漫教父，474
香港亚洲流行音乐节，456

香港音乐会展，509

香港音乐节，536

香港娱乐博览会，509

香港玉皇朝集团，474，477

《想念》，606

《相声大师》，124

xiao

《潇湘晨报》，488

小欧电子书，535

《小瑞与大魔王》，161

《小小糖果护卫队》，208

《小熊贝儿》，218

《小学科技活动校本教材》，187

《小学生礼仪英语（Be a Polite Kid）》，124

《小学生趣味程序设计》，124

《校长爸爸——百名学子眼中的莫振高校长》，187，188

校企共建数字出版基地，540

《校园全景数字图书馆》，587

《笑傲江湖》，301，364，469

《笑傲江湖 OL》，299

xie

谢爱伟，510

谢国民，536

《谢谢小猴子》，158

xin

《心声音频馆》，173

《昕薇》，601

新版产业结构调整目录，558

新版式技术，525

《新编大型教学电视片——新汉字宫》，103

《新编沪语游戏童谣》，125

《新编泰国语口语教程》，187，188

《新编越南语口语》，187，188

《新潮汕话字典》，181

《新大话西游》，345

《新大头儿子和小头爸爸》，154

《新概念汉语》，278

新华出版社，550

《新华词典》，595

《新华—道琼斯手机报》，574

新华国采教育网络科技有限责任公司，461

新华瑞德数字媒体服务平台，561

新华社全媒体平台，462

新华社新闻信息中心，527

新华社重庆分社新闻信息中心，477

新华手机报，497，527

新华书店发展论坛，463

新华网，365，464，470，471，473，475，480，481，482，483，485，486，487，494，495，500，503，504，505，515，516，518，519，560，587，620

新华网产业园区，560

新华文轩出版传媒股份有限公司，460，461，463，765

《新华文摘》，471

《新华字典》，595

新加坡新闻、通讯及艺术部，521

新加坡元大投资咨询有限公司，564

新疆维吾尔自治区人民政府，554

《新疆新闻》，527

《新京报》，468，477，489，493

《新课程能力培养》，110

新浪播客原创联盟，505

新浪播客作品，506

新浪第五届原创文学大赛，494

新浪互联星空播客，504，506

新浪科技，469，470，471，476，478，488，489

新浪网，211，468，472，477，478，485，488，494，497，498，499，500，502，504，505，506，539

新浪音乐，536

新浪中国游戏排行榜颁奖典礼，450

《新浪主流博客周刊》，485

《新旅行》，601

《新媒体导向管理责任书》，172

新媒体峰会，483，592，635

新媒体暨首届中国博客发展峰会，504
《新媒体监测专刊》，172
新媒体手机数字平台，527
新媒体项目界面（上海）网络科技有限公司，448
《新民晚报》数字报纸，496
新民网，496
《新能源在召唤》，188
新农村数字阅读平台，548
新青年掌上读书计划，551
新日本海新闻社，461
新世纪高校教材建设高端论坛，459
《新世纪强军路》，628
《新宋》，572
《新文化网》，485
《新闻晨报》，486
新闻出版报社，496，515，557，596
新闻出版标准化基地，175，465
《新闻出版改革发展项目库2017年度项目申报指南》，97
《新闻出版广播影视"十三五"科技发展规划》，55，57，690，744，763
《新闻出版广播影视从业人员廉洁行为若干规定》，23
《新闻出版广播影视从业人员职业道德自律公约》，23
《新闻出版广播影视业"十三五"时期发展规划》，78
《新闻出版广电"十三五"时期科技发展规划》，749
《新闻出版统计管理办法》，679
《新闻出版信息标准化体系表》，650
《新闻出版行业标准化管理办法》，84
《新闻出版行业科技发展调查》，236
《新闻出版业"十三五"时期科技发展规划》，55，150，776
《新闻出版业大数据应用工程共建协议》，776
《新闻出版业科技与标准重点实验室管理办法》，58
《新闻出版业科技与标准重点实验室申报书》，749
《新闻出版业数字出版"十三五"时期发展规划》，55，57，172
《新闻出版业数字化转型升级制度保障体系参考范本》，57

《新闻出版总署（国家版权局）行政审批工作规程》，685
新闻大数据云平台，452
《新闻记者证》，682
《新闻联播》，92，93，537
《新闻午报》，481
新闻资讯应用软件，528
《新仙剑奇侠传》，351，352
《新消息报》手机报，526
新形势下中国音像业的生存与发展研讨会，510
《新语文读本·小学卷》，187
《信息化和工业化深度融合专项行动计划（2013—2018年）》，323
《信息时报》，488
信息时报社，473
《信息网络传播权保护条例》，482，677，693
《信息网络传播权保护指导意见》，556

xing

《星辰变》，528
《星际迷航》，301
《星际争霸》，133
《星际争霸的影像艺术》，70
《星球大战：指挥官》，351，352
《星球大战指挥官》，351
星球地图出版社，42，477
《星星亮晶晶》，638
星云纵横有限公司，452
《行尸走肉》，351—353
《行政许可服务指南》，94

xiong

熊培云，547

xiu

秀峰书院揭牌仪式，465
《秀丽江山之长歌行》，344

xu

徐敏，490

徐维凡,522
许晓峰,544,559
许佑宇,520
许正明,60,521,538,647

xuan

《轩辕剑》,352,353
《轩辕剑之天之痕》,350
《炫彩少儿科普》,117
《炫动漫》,603
《炫光动感》,431

xue

《学前儿童游戏设计与指导》,187
《学生安全自救宝典》,158
学生版电纸书,535
学术期刊网络出版总库,484
学术期刊在线出版平台,495
《雪球专刊》,308,309
《雪鹰领主》,128

xun

《寻访海上丝绸之路》,176
《寻龙诀》,368
《寻找自我的世界》,553

Y

ya

雅高印刷奖学金,541
雅虎中国,470
亚马逊,70,110,153,197,286,307,308,309,341,387,390,391,392,450,466
亚神音乐,510
亚太网印精品评比,507
亚太网印制像展,507
亚太印刷论坛,453,625
《亚特兰蒂斯传奇》,426

亚洲流行音乐节,456,559,584,585,608
亚洲青年动漫大赛,530

yan

烟台日报集团,485
阎晓宏,125,151,155,170,173,196,261,477,490,509,513,520,537,538,545,583,624,627,630

yang

央广视讯传媒股份有限公司,458
央视电影频道,504
央视国际视通智库,452
《羊城晚报》,475
阳光保险集团,466
阳光电视网城,489
阳光媒体,489
《阳光足球》,489
杨定华,509
杨岳,468

yao

《妖怪名单》,362
《妖精种植手册》,362
《妖神记》,362

ye

《叶问3》,265

yi

《一本书一座城》,33
一带一路高峰论坛,462
一带一路国家优秀出版物展销,462
一带一路数字文化工程项目,458
《一带一路研究系列知识服务》,158
一带一路图书馆,458
一幅图(原改图网),453
《一个村庄里的中国》多版本电子书,547

《一个人的非洲》，480
《一诺千金》，105
《一人之下》，362
医学数字出版平台，567
《壹读》，635
壹人壹本公司，557
移动出版大事记，449
移动传媒平台，527
移动短信查书系统，475
移动互联网时代的期刊运营暨媒体融合案例报告会，447
《移动互联网应用程序信息服务管理规定》，85，450
移动梦网，475
移动视频年会，504
移动书城，213，214，551
移动数字出版发行平台及解决方案，497
移动游戏产业年度高峰会，449
移动游戏高峰论坛，551
《移动游戏内容规范（2016年版）》，55，96，193，340，428，433，450，688
移动娱乐峰会，543
《倚天屠龙记》，154，299，301，345，351，352
《艺术北纬三十度》，33
译林出版社，464
易观国际，550，558，559

yin

《阴阳代理人》，355
《阴阳师》，362，369，444
《音乐》，180，187，188
音乐版权基础信息库，455
音乐版权交易中心，556
音乐版权搜索引擎，490
音乐产业促进工作委员会，61，93，457，628，647，781
《音乐产业发展报告》，628
音乐产业高端论坛，93，457，782
《音乐家吴火荣》，158
《音乐界人士呼吁书》，584

音频分享平台喜马拉雅FM，461
音视频工程专业委员会，457，584，585，628，780
《音视频设计工程师》，780
音像出版制作发行企业座谈会，538
音像电子出版物样本信息数据库，513
音像电子大事报道回顾，477，509，536，559，583，608，628，647
音像电子大事记，456
音像市场管理工作会议，537
音像数字化公共服务平台论证会，510
音像业走出去调研会，511
音像与数字出版大事回顾，468，479，493，516，524，544，546，572，599，617，637
音像与数字出版大事回顾，468，479，493，516，524，544，546，572，599，617，637
音像与数字出版其他大事报道的回顾，477，491，512，521，539
《音像制品出版许可证》，666—668
《音像制品管理条例》，672，682
《音像制品进口管理办法》，687
《音像制品制作许可证》，667，670
银河传媒，517
《银之守墓人》，362
《印后加工材料分类》，624
《印后加工一般要求》，624
印捷网，476，477
印刷革命，490
《印刷技术胶印橡皮布》，270
印刷企业污染物控制与治理技术论坛，453
印刷数字化流程演示会，555
《印刷业管理条例》，680，682

ying

英国波恩茅斯大学，487
英国独立唱片协会，511
英国企鹅集团，524
英国音乐展会，511
英特尔迅驰芯动视音频创意大赛，506

《英文大乐园》，218

《英雄联盟》，129，133，293，294，299，419

《英雄与祖国同在系列之爸爸读过的英雄故事》，103

《英雄之境》，161

《英语学习辅导报》，191

《婴儿画报》，278

《樱桃小丸子》，350

《萤火虫飞呀飞》，638

"影·享2016——优酷会员品牌战略"发布会，452

《影视圈》，601

《影响2012年中国互联网发展的十件大事》，609

影印版《四库全书》，477

yong

《永恒纪元》，131，348—350

you

优酷会员频道，452

优酷网，349，504，505，506，519

优朋普乐，531

优酷公司，519

游戏产业高峰论坛，451，489

《游戏出版物内容审查标准》，99

游戏工厂项目，564

游戏精品工程，193，451，664

游戏软件专业测评基地，473

《游戏审读工作保密制度》，99

游戏十强颁奖盛典，451

游戏行业权威报告，451

有声报纸，479

有声读物专业委员会，456，779

《幼儿画报》，278

《幼儿园区域创设与指导》，187

《幼儿园主题活动音乐钢琴伴奏曲集》，187

yu

于永湛，472，510，511，512，536，772

于友先，522

余敏，477

《与爱有关》，362

《与红嘴的战争》，553

《雨雪》，426

语文报社有限责任公司，104

玉皇朝，474

育碧，131，352，430，472

裕固语多媒体动漫故事库，213

yuan

元太，535，547

原创动漫边疆推广计划，554

原创动漫大赛，161，503，642

"原动力"中国原创动漫出版扶持计划入选名单，451

《原始旅程》，432

yue

《约吧大明星》，406

"悦读·悦学"系统，81，462

阅读榜单及趋势报告，466

《阅读中国》，573

阅文集团，82，123，124，125，128，286，293，345，361，362，369，371，381，383，385，446，649

yun

云出版服务平台，563，579

"云端读报"平台，549

《云端早报》，549

《云南民族民间手工刺绣》，208

《云南日报》，573

《云南少数民族民间戏剧》，208

《云南少数民族民居》，208

云南省西双版纳报社，491

《云南往事》，208

云培训体系，528

云中书城，546，547，551，572

《运动汇》，527

Z

zai

在华国际出版商版权保护联盟，454
在线读书频道，546
在线全民阅读网，524
在线时尚杂志精品，483
《在线学习平台》，104

zan

《咱们结婚吧》，299，345
《暂行修订》，84

zang

臧彦彬，538，539，560，584，585，774，777

ze

《择天记》，128，361，368，369
《择天记3》，352

zeng

赠送彩铃，481

zhan

《战地风暴》，442
《战地之王》，529
《战痕天下》，191
《战机世界》，353，354
《战舰世界》，353，354
《站在贫困线上奔小康—我去做第一村书记》，118

zhang

张朝阳，553
张崇仁，560
张凡，537，538
张桂明，560
张洪波，556
张江国家数字出版基地，122，125，126，127，230，231，232，233，540，543，593，789
张亮，510，511
张文远，536
张小康，521
张小影，537
张毅君，55，125，170，196，247，261，458，509，521，544，609，611，612，620，629，631，632，773，782
张友利，510
《张元幹》，158
掌媒布局开放式移动新媒体平台，527
掌媒科技，527
掌媒频道，550
掌趣，133，451，641
掌上灵通，475，479
"掌上天下"手机网站，475
掌上新华，475
掌阅科技股份有限公司，244，464，764，785
掌中乐园，551

zhao

赵炳昆，457
赵海云，511
赵实，519

zhe

浙江出版联合集团，244，463，543，546
浙江大学，80，244，431，470，471，635
浙江教育出版社，463
浙江科技出版社，463
浙江日报报业集团，244，479，586，592，635
浙江在线，479，612

zhen

《真爱》，320
《真相》，193
振兴民族网络游戏，468
《镇魂街》，364

《震撼世界的长征—纪念红军长征胜利80周年》，92

zheng

争取录音制品广播权和表演权调研会，511
《征途》，131，142
正版音乐收费下载服务，488
正版音乐搜索服务，536
正大国际音乐，511
证券时报社国时资产，449
郑伟，522
郑州大学，245，312，461
郑州大学出版社，461
郑铸东，544
《政府采购非招标采购方式管理办法》，739，771
《政府工作报告》，390

zhi

《知乎·周刊》，308，309
知识产权出版社，224，237，462
知识产权大数据资源体系，462
知识产权维权联盟年会，455
知识产权维权援助工作，455
《知识服务支持工具系统》，104
《知音》，400
蜘蛛网数字报刊，549
直播星数字信息技术有限公司，544
《职业技术教育》，113
《职业女性》，102
纸上创意国际讲坛，453
纸质数码有声出版技术，520

zhong

中版闪印王，555，597
中报砥石文化产业发展基金，449
中部（武汉）文化产业博览交易会，488
中唱，510，511，538，544，608
《中超风云》，340，371，435
中关村手机动漫产业联盟，498

中国（北京）国际文化创意产业博览会，515
中国（贵阳）卡通艺术活动，530
中国（上海）国际印刷周，453
中国（深圳）国际文化产业博览交易会，125，176，459，522，537，540，589，612，651，790
中国（郑州）国际动漫论坛，530
中国MPR注册中心，274，277，459，651，652，653，768
中国版本图书馆文化教育音像出版物数据库，537
《中国版权》，626
中国版权保护中心，94，454，455，501，508，509，532，533，555，556，557，580，606，607，625，626，647，687，765
中国版权年会，519，534，557，607，627
中国版权十大事件，555，626
中国版权协会，455，519，520，544，555，557，566，607，626，627，646，647
中国版权杂志社，455，627
中国保护知识产权网，508
中国保护知识产权网络论坛，508
《中国报商联盟西湖宣言》，619
中国报网互动共赢高峰论坛，495
中国报协行业报委员会，496
中国报业短视频微电影大赛，449
中国报业发展大会，448
中国报业融合创新联盟，448
《中国报业融合发展宣言》，619
中国报业社长、总编高级研修班，448
《中国报业泰山宣言》，448
中国报业投资联盟大会暨首届投融资峰会，449
中国报业协会，526，549，601，619
中国报业新媒体大会，449
《中国报业新媒体影响力排行榜》，449
中国编辑学会，463，464，570，591，594，639
中国编辑学研究中心，463
《中国标准草书大典》，629
《中国标准关联标识符（ISLI）》，226，270，276，462
中国标准音像制品编码（ISRC）登记，455

中国播客大赛颁奖典礼，505
中国博客大赛，531
中国博客第一案，482
中国博客网，483，490，493
中国博客信息技术有限公司，483
中国藏学研究中心科研办，466
中国藏学杂志社，466
中国产业报协会，509
中国常州网，487
中国唱片业历史回顾展，537
中国唱片总公司，29，32，34，483，608，774，777，781
《中国城市音乐产业发展指数研究课题项目》，782
中国出版（版权）发展论坛，564
《中国出版传媒商报社》，765
中国出版工作者协会，472，474，491，498，510，522，544，552，563，601，792
中国出版集团，3，20，79，244，383，451，516，532，547，553，555，565，567，570，574，589，590，591，594，599，607，620，624，625，638，650，694，704，707，720，735，767
中国出版科学研究所，477，492，512，513，514，517，522，524，525，530，541，791，792
中国出版蓝皮书，566
中国出版年会，457
中国出版网，473，477，482，490，492，513
《中国出版物在线信息交换（CNONIX）》，24，173，724，769
中国出版协会，457，459，563，570，591，592，601，607，624，648，793
中国出版业十件大事，457
中国出版政府奖，94，100，105，159，173，208，211，330，331，562
中国传媒百人专家团年会，495
中国传媒创新年会，512
中国传媒大学，30，32，61，93，265，310，381，457，466，497，514，529，577，588，615，622，628，647，781，782

中国传媒高层沙龙论坛，483
《中国传媒科技》，527
中国传媒年会，461，586，609，650
中国传媒融合发展年会，449
《中国传媒投资发展报告（2016）》，461
中国传统文化多媒体百科全书，516
《中国传统文化经典》，516
《中国大百科全书》数据库，547
中国大百科全书出版社，476，547
中国大学出版社协会，522
《中国道路与新城镇化》，633
《中国电力报》，586
中国电视游戏产业联盟，449
中国电信福建公司，529
中国电信，133，135，153，190，351，364，382，416，504，576，577，594，608，609，620，640
中国电信数字阅读业务，548
《中国电业》，586
中国电子竞技产业国际高峰论坛，486，487
中国电子商务协会，462，485
中国电子图书产业年会，481
中国电子信息产业发展研究院，489
中国电子学会，509，590
中国电子阅读器销售，558
中国电子政务网，485
中国—东盟数字出版基地，562，591
中国—东盟文化产品（出版物）物流园，562
中国动画电影创投会，451
《中国动画年鉴》，529，577
《中国动漫产业发展报告（2012）》，577
中国动漫产业发展与青少年健康成长高峰论坛，488
中国动漫投融资国际版权交易会，503
中国动漫艺术大展学术研讨会，531
中国动漫游戏城建设项目，530
中国动漫游戏人才年会，543
中国都市报研究会总编辑年会，496
中国对外翻译出版公司，516，517
中国发展战略研究会，509

中国法院网，482
中国反侵权假冒经验交流会，454
《中国方程式》，612
中国妇女发展基金会，446
《中国高等学校学术文摘》，495
中国高清光盘联盟，536
中国高校科技期刊研究会，447
中国工程院院士，477
中国公共关系协会，458
中国共产党党员学习小书包，458
中国共产党思想理论资源数据库，458
中国古文献建成电子文库，481
《中国古筝》，117
中国故事系列图书全球版权推介会，462
中国关心下一代工作委员会，552，576，710，711，712
中国广播电视协会，542，586
《中国广电产业发展报告》，650
中国广告协会，470，539
中国国际版权博览会，456，533，573
中国国际电视总公司，544
中国国际动漫产业信息发布暨项目洽谈会，503
中国国际动漫创意产业交易会，503，530，554，707
中国国际动漫及衍生品授权展览会，132，450，793
中国国际动漫节，426，451，497，501，529，553，603，622
中国国际动漫艺术周，487
中国国际动漫游戏博览会暨高峰论坛，473
中国国际漫画节，176，451，530，554，578，622，642，707
中国国际贸易促进委员会，473，545，552，614
中国国际青少年动漫周，502，529
中国国际全印展，453，490，625
中国国际数码互动娱乐产品及技术应用展览会，126，473，499，500
中国国际数码互动娱乐产业高峰论坛，482，552，576，621，642
中国国际数码互动娱乐展览会，97，126，132，148，427，450，529，552，576，602，621，642，707，792，793
中国国际数字内容产业（上海）博览会，485
中国国际数字音乐节，534
中国国际数字娱乐产业大会，132，450，793
中国国际数字娱乐领袖峰会，534
中国国际网络文化博览会，470，484，515，542，597，614
中国国际网络文化高峰论坛，484
中国国际音像博览会，477
中国国际音像电子博览会，481，491，509，510
中国国际印刷新技术展，507
中国国际影视动漫版权博览会，534
中国国际影像文化节，534
中国国家博物馆，565，577
中国国家地理，289，448，635
《中国好声音》，284
中国互联网大会，484，514，531，594，614
中国互联网发展基金会，466，652
《中国互联网广告推荐使用标准（试行）》，539
《中国互联网络发展状况统计报告》，393，404，415，482
中国互联网络信息中心，74，79，393，404，415，482，484
《中国互联网视听节目服务自律公约》，519
中国互联网协会，451，472，475，481，484，490，505，512，514，515，542，555，565，580，581，609，614
中国互联网协会网络版权联盟，490
中国互联网协会网络艺术家联盟，481
中国惠普有限公司，561
《中国计算机报》，481，500
中国计算机世界传媒集团，552
中国记协，479，640
中国建筑工业出版社，460
中国健康传媒集团，465
中国教学仪器设备公司，465
中国教育报刊社优秀出版物展，466

中国教育出版网，543
中国教育新媒体产业协作体，513
中国教育音像，538，585
中国节网，472
中国金融与财经传播创新峰会，466
《中国近现代绘画名家影像数据库》，164
中国经济报刊协会，466
《中国惊奇先生》，362
中国科技部火炬高技术产业开发中心，487
中国科技类学术期刊发展战略研究，447
中国科技期刊编辑学会，447
中国科技期刊发展论坛，495，525，548，639
中国科技期刊国际影响力高层座谈会，447
《中国科学》，447
中国科学院，42，244，447，453，463，470，482，541，613，652，740，764，765
中国科学院大学，453
中国科学杂志社，447
中国宽频网站十强，504
中国宽频业务与发展峰会，504
中国蓝光（CBHD）产品发布会，538
中国蓝光新闻发布会，536
中国流行音乐榜十大新人颁奖活动，538
《中国绿色印刷企业年度调查报告（2016）》，453
中国漫画家大会，554，622
中国漫像文化节，451
中国盲文图书馆，463
中国贸促会浦东分会，491
《中国梦航天梦》，118
中国民营书业发展高峰论坛，459
中国民族器乐学会，508
中国民族网络游戏出版工程，474，499，500，552，602
中国民族原创网游，485
中国农民手机报，550
《中国农业知识仓库》，470
《中国蒲剧表演特技》，103
中国普天，486

中国期刊创新年会，447，638
中国期刊协会，447，495，550，586，592，600，618，637，638，639
中国企业版权联盟组委会，515
中国青少年网络发展论坛，543
中国青少年网络协会，468，469，482，488，543，552
中国人民大学出版社，32，547，778，783
中国日报，395，517，528
中国软件行业协会，478，486，602
中国商业电讯，491
中国少年雏鹰网，505
中国社会科学院，42，467，488，567，597，631，648，652，654
中国摄影著作权协会，555
中国十大出版人物，457
中国实体书店创新发展年会，461
中国视频分享网站十强，504
中国手机出版服务平台，517
中国手机电视台，550
中国手机动漫发展论坛，497
中国手机文化盛典，527
《中国手机用户研究报告2011》，558
中国手机杂志排行榜，550，601
中国首届网络音乐节，483
《中国蜀道》，242
中国数字版权维权联盟，555
中国数字报业实验室，495，496
中国数字报业网，495，496，534
中国数字出版博览会，331，477，513，541，566，567，613，652，707，791，792
《中国数字出版产业发展报告》，791
中国数字出版技术有限公司，543
《中国数字出版联盟章程》，636
中国数字出版论坛，477
中国数字出版门户，565
中国数字出版年会，170，186，460，492，592，632，707

中国数字出版趋势与技术高峰论坛，477，791

中国数字出版网，516

《中国数字出版行业前沿技术集锦》，791

中国数字出版行业应用服务平台，565

中国数字出版研究中心，477

中国数字出版与期刊发展研究论坛，469，477

中国数字出版与网络传播展览会，477，791

中国数字教育与出版论坛，460，784

《中国数字媒体产业投资机会研究报告》，470

中国数字图书馆可持续发展研讨会，493，516，593，631

中国数字图书全球发行平台，446

中国数字艺术教育研讨会，481

中国数字音像产业服务支撑平台，455

中国数字阅读大会，55，95，446，650，658，659，785

《中国水利史典》，41

中国水利水电出版社，41，458，653

中国通信产业发展形势报告会，474

中国通信协会，485

"中国图书对外推广计划"工作会议，460

中国图书进出口（集团）总公司，508，556，582，584，594，599，607，614，624

中国网，480，481，519

中国网络版权保护大会，454

《中国网络版权维权联盟自律公约》，606

中国网络出版产值，483

中国网络电视台，551，570

中国网络空间安全协会，458

中国网络媒体论坛，471，570，634

《中国网络媒体苏州共识》，634

中国网络视频反盗版联盟，531

《中国网络视频蓝皮书》，578

中国网络视听节目服务协会，452，643

中国网络文学节，493，534

中国网络文学联盟，493

中国网络游戏版权保护联盟，555

中国网络游戏原创力量调查报告新闻发布会，474

中国网络杂志出版业论坛，494

中国网民读书节，522

中国网民获取信息主要途径，482

中国网民文化节组委会，531

"中国网事"栏目，551

中国网印及制像协会组织，507

中国网游竞技大赛，517，529

中国网游竞技大赛全国总决赛，529

中国网游十年纪念活动，529

中国文化产业项目投融资洽谈会，534

中国文化市场网，484

中国文明网，560

《中国文摘》，597

中国文字著作权协会，535，555，575，626

中国无线娱乐数字版权保护宣言，508

中国西部出版传媒发展研究院，463

中国西部网，483

中国嘻哈榜，559

《中国戏曲动漫》，172

中国校园文学社团联谊会，493

中国校园文学杂志社，493

中国新华书店协会，460

《中国新媒体发展报告（2011）》，567

中国新媒体艺术系主任（院长）论坛，514

《中国新闻出版报》，476，493—498，501—509，512—522，565，610

中国新闻出版传媒集团，447，457，460，463，466，563，564，571，588，589，591，615

《中国新闻出版广电报》，92

《中国新闻出版统计资料汇编》，235

中国新闻出版网，495，513

中国新闻出版研究院，74，81，85，89，90，95，170，227，245，247，261，275，277，375，386，390，391，393，403，447，456，457，458，459，460，463，465，546，558，563，566，568，570，571，586，587，592，593，596，609，611，613，632，635，637，638，648，653，654，729，737，739，765，766，774，792

中国新闻奖, 198, 203, 479
中国新闻文化促进会, 447, 586, 638
《中国新闻周刊》, 638
中国新闻周刊杂志社, 447
《中国新兴媒体融合发展报告（2013—2014）》, 632
中国信息无障碍论坛, 463
中国行业报新媒体发展研讨会, 496
中国行业报新媒体研究会, 496
《中国学术期刊（光盘版）》, 37, 288, 785
《中国学术期刊网络出版总库》, 484
中国学术期刊未来论坛, 447
中国摇滚榜, 559
中国—欧盟知识产权保护项目, 555
中国医药报社, 465
中国医药科技出版社, 465
《中国移动互联网发展报告（2012）》, 575
《中国移动视频市场年度综合分析2017》, 373
中国移动手机阅读高峰论坛, 528, 574
中国移动数字阅读基地, 550
中国移动应用商城, 552
中国移动浙江阅读基地, 556
中国音乐产业大会, 457, 608
《中国音乐产业发展报告》, 61
中国音乐产业发展成都峰会, 457, 782
中国音乐家协会高校音乐联盟, 457
中国音乐家著作权协会, 556
中国音乐流行榜, 559
中国音乐系列排行榜, 559
中国音乐著作权协会, 508, 520, 532, 536, 556, 645
中国音乐作品版权保护合作计划, 508, 509
中国音乐作品版权服务平台, 509
中国音像代表团, 509, 511, 520, 536, 544, 559, 583, 584, 608, 628
中国音像电子博览会, 510
中国音像内容管理与数字化公共服务平台论证会, 510
中国音像协会, 241, 481, 491, 508, 509, 510, 511, 512, 520, 521, 523, 536, 537, 538, 539, 544, 545, 559, 560, 583, 584, 585, 608, 609, 768, 772, 773
中国音像协会争取广播权和表演权座谈会, 510
中国音像与数字出版协会, 62, 85, 95, 105, 106, 121, 122, 154, 189, 241, 263, 266, 268, 276, 277, 279, 292, 294, 295, 297, 298, 302, 340, 360, 419, 424, 428, 433, 436, 437, 440, 441, 444, 450, 454, 456, 457, 458, 459, 460, 585, 603, 608, 611, 613, 615, 621, 628, 631, 632, 633, 635, 641, 647, 648, 649, 651, 658, 688, 765, 766, 772, 773, 775, 780, 781, 782, 794
《中国音像与数字出版协会音视频工程专业委员会规章》, 780
中国音像著作权集体管理协会, 520, 523, 536, 555, 556, 625
《中国音像著作权集体管理协会章程》, 520
中国印刷（合版）信息化与智能化高峰论坛, 453
中国印刷博物馆, 453, 644
中国印刷技术协会, 507, 580, 583, 605, 606, 624, 625, 645
中国印刷教育展馆, 532
中国印刷科学技术研究所, 507, 580, 604, 606
中国印刷论坛, 453, 625
中国印刷史学术研讨会, 453
中国优秀游戏制作人评选颁奖盛典, 534
中国邮政集团公司, 447, 639
中国游戏产业服务支撑平台, 455
中国游戏产业年会, 97, 121, 451, 472, 485, 498, 528, 551, 601, 602, 621, 641, 661, 794
中国游戏开发者大会, 132, 426, 450, 500, 529, 602, 621, 642, 793
中国游戏商务大会, 529, 552, 576, 602, 621, 642
中国有声出版业启动发布会, 461
中国原创动漫出版扶持计划, 10, 172, 176, 186, 208, 451, 530, 642
中国原创动漫作品版权保护合作计划, 501
中国原创动漫作品版权保护平台, 502

中国原创短信文学总评榜，494
中国原创手机动漫大赛，497
中国原创音乐出版成就展，537
《中国原创游戏精品出版工程》，151
《中国杂文百部》，118
中国证券网，500，517
中国政府网，560
中国知识产权法律检索系统，533
中国知识产权研究会，489
中国知网，288，289，525，567，569，635，654
中国职工之家，481，521
《中国智库网络影响力评价报告》，89
《中国中小学生英语分级阅读书系》，181
中国专利信息年会，462
中国资讯中心，471
中国作家出版集团，476
中国作家协会，123，548，568，572，600，617
中韩版权研讨会，533
中韩出版学术年会，514，568
中韩设计高峰论坛，453
中韩著作权研讨会，556
中华版权代理总公司，454，501，509
中华创业投资协会，470
中华动漫资源库，553
《中华读书报》，480，484
《中华工商时报》，468
中华全国妇女联合会，552，710，711，712
中华全国新闻工作者协会，471
《中华人民共和国标准化法》，84
《中华人民共和国电信法》，472
《中华人民共和国电影产业促进法》，24，85
《中华人民共和国公共文化服务保障法》，12，24，239
《中华人民共和国行政许可法》，679，683
《中华人民共和国政府采购法》，738，743，770
《中华人民共和国著作权法》，24，557，584，677，693，732
中华书局，37，41，453，490，557，607，633，764

中华网游戏集团，499
《中华文明》，499
中华医学会，37，522
《中华英雄谱》，473
《中华优秀传统文化教育全国中小学实验教材》，634
《中华粤韵》，176
中计在线网，498
中卡世纪，502
中凯文化，510，544
中录总社，544
中旅银行，449
中美在线音乐研讨会，539
中南传媒，173，174，561，563，565
中南国家数字出版基地，173，230，231，232，233，564，570，789
中南五省区教育出版社工作会议，465
中欧网络版权保护研讨会，533
中欧研讨会聚焦数字环境下的版权执法，555
中青网协，469，482
中青盈创国际广告（北京）有限公司，450
中日版权保护交流活动，544
中日动漫版权保护研讨会，501
中赛信合（北京）投资管理有限公司，458
《中少总社MPR出版物制作规范》，278
中外企业知识产权高层论坛，532
中外知识产权合作国际论坛，489
中文"在线反盗版联盟"，476，490，519
中文古籍网上出版平台，494
《中文科技期刊数据库》，469
中文期刊网络传播排行发布会，525
《中文小书架》，278
中文在线，80，150，151，169，240，261，262，286，455，476，508，524，541，562，590，591，597，600，617，620，637，648，651，774，779，784，792
中文在线反盗版联盟，508
中文正版电子书数据库，493
《中西文化面对面数字课程—课本剧》，125

《中小学生守则》，39
《中小学数字教材》，169
《中小学数字教材质量要求及检测方法》，84
中新网，471，486
中信出版集团，82，383，385，461
中信泰富集团，486
《中学物理教学视频资料片》，158
中央财经大学，466
中央厨房式集成生产模式，448
中央广播电视大学音像出版社，30—32，34—35，778
中央人民广播电台，12，381，458，556
中央网信办，195，450，640

中央文明办，468，552，710，711，712
《中医故事》，172
中英文双语手机报，517
中原出版传媒集团，463，589
中原农民出版社，463
中原证券，449

zhou

《周国平散文精选》，168
周和平，482

（衡中青编制）

后 记

《中国音像与数字出版年鉴》（以下简称《年鉴》）是在国家新闻出版广电总局数字出版司和出版管理司的指导下，由中国音像与数字出版协会组织，北京伯通电子出版社承编，是第一部系统反映我国音像电子与数字出版发展的年度资料性文献。本《年鉴》将逐年编纂，每年1卷。本卷系首卷。

为体现《年鉴》的科学性、系统性，在有限的篇幅里反映高度密集的有效信息，编辑团队在年鉴总体框架下，对内容进行了反复调整和多次修订，使之更趋合理，同时亦方便读者查阅。

本卷《年鉴》在立项、组稿和编辑过程中，得到了周慧琳、谢东晖、许正明、许文彤、朱启会、冯宏声、王强、张怀海、武远明、王楠、刘杰华、程晓龙、高远、苏静等国家新闻出版广电总局诸多同志的大力支持和帮助，以及中国新闻出版研究院魏玉山等业内专业人士的支持和帮助（恕未能一一列举），在此谨致谢意！

本卷《年鉴》经由调研论证、大纲编写、组稿统稿、编辑加工、审校付印等阶段，参与各阶段的工作人员均竭尽所能，务求尽善尽美。虽如此，因编辑人员的水平和能力所限，加之系首次编辑数字出版年鉴，时间紧经验少，难免会存有疏漏与错误之处，恳请音像电子与数字出版界同仁和广大读者给予批评、指正。编辑团队将与业界朋友携手，共同为我国音像与数字出版业在融合创新发展的理论研究和工作实践方面贡献绵薄之力，为我国数字经济大发展做出一份贡献。

《中国音像与数字出版年鉴（2017）》编辑部
2018年1月